HISTOIRE GÉNÉRALE DE PARIS

CARTULAIRE GÉNÉRAL DE PARIS

OU

RECUEIL DE DOCUMENTS

RELATIFS

À L'HISTOIRE ET À LA TOPOGRAPHIE DE PARIS

FORMÉ ET PUBLIÉ

PAR

ROBERT DE LASTEYRIE

TOME PREMIER

528-1180

Sceau de Ferry de Paris, chevalier. (1171.)

PARIS

IMPRIMERIE NATIONALE

M DCCC LXXXVII

HISTOIRE GÉNÉRALE DE PARIS

COLLECTION DE DOCUMENTS

PUBLIÉE

SOUS LES AUSPICES DE L'ÉDILITÉ PARISIENNE

—◦◦◦—

CARTULAIRE GÉNÉRAL DE PARIS

L'Administration municipale laisse à chaque auteur la responsabilité des opinions émises dans les ouvrages publiés sous les auspices de la Ville de Paris.

TOUS DROITS RÉSERVÉS.

HISTOIRE GÉNÉRALE DE PARIS

CARTULAIRE GÉNÉRAL DE PARIS

OU

RECUEIL DE DOCUMENTS

RELATIFS

À L'HISTOIRE ET À LA TOPOGRAPHIE DE PARIS

FORMÉ ET PUBLIÉ

PAR

ROBERT DE LASTEYRIE

TOME PREMIER

528-1180

Sceau de Ferry de Paris, chevalier. (1171.)

PARIS

IMPRIMERIE NATIONALE

M DCCC LXXXVII

VILLE DE PARIS.

COMMISSION DES TRAVAUX HISTORIQUES.
(1ᵉʳ AOÛT 1887.)

MEMBRES DE DROIT.

MM. POUBELLE (Eugène) C. ✻, Préfet de la Seine. *Président.*

HOVELACQUE (Abel), Président du Conseil municipal.

FAVALELLI (Charles) ✻, Secrétaire général de la Préfecture de la Seine.

ALPHAND (Adolphe) G. O. ✻, I. ✺, Directeur des Travaux de Paris.

CARRIOT (Eugène) O. ✻, I. ✺, Directeur de l'Enseignement primaire.

RENAUD (Armand) A. ✺, Inspecteur en chef des Beaux-Arts et des Travaux historiques. *Secrétaire.*

MEMBRES NOMMÉS.

MM. DELISLE (Léopold) C. ✻, I. ✺, Membre de l'Académie des inscriptions et belles-lettres. Administrateur général Directeur de la Bibliothèque nationale. *Vice-Président.*

DE ROZIÈRE (Eugène) O. ✻, Membre de l'Académie des inscriptions et belles-lettres, Inspecteur général honoraire des Archives. *Vice-Président.*

GRÉARD (Octave) G. O. ✻, I. ✺, Membre de l'Académie française et de l'Académie des sciences morales et politiques, Vice-Recteur de l'Académie de Paris.

HAMEL (Ernest) ✻, Publiciste.

DE LA GOUBLAYE DE MÉNORVAL (Eugène) I. ✺, Publiciste, Membre du Conseil municipal.

LENOIR (Albert) O. ✻, Membre de l'Académie des beaux-arts.

PERRENS (François-Tommy) O. ✻, Inspecteur de l'Académie de Paris.

COUSIN (Jules) ✻, Conservateur de la Bibliothèque et des Collections historiques de la Ville de Paris.

DE LASTEYRIE (Robert) ✻, I. ✺, Professeur à l'École des chartes.

DE MONTAIGLON (Anatole) ✻, A. ✺, Professeur à l'École des chartes.

GUIFFREY (Jules) ✻, Archiviste aux Archives nationales.

LAMOUROUX (Docteur Alfred), Membre du Conseil municipal.

COMMISSION DES TRAVAUX HISTORIQUES.

MM. LUCE (Siméon) ✠, Membre de l'Académie des inscriptions et belles-lettres, Professeur à l'École des chartes.

DEPASSE (Henri), Publiciste, Membre du Conseil municipal.

LONGNON (Auguste), ✠, A. ✪, Membre de l'Académie des inscriptions et belles-lettres, Sous-Chef de Section aux Archives nationales.

MEMBRES ADJOINTS AVEC VOIX CONSULTATIVE.

MM. LE VAYER (Paul) A. ✪, Inspecteur des Travaux historiques. *Secrétaire adjoint.*

BONNARDOT (François) I. ✪, Sous-Inspecteur des Travaux historiques.

TISSERAND (Lazare-Maurice) I. ✪, Inspecteur principal honoraire des Publications historiques de la Ville de Paris.

AVERTISSEMENT.

I

Lorsque la ville de Paris entreprit l'importante collection de documents comprise sous le titre d'*Histoire générale de Paris,* elle se proposa d'y faire entrer non seulement des monographies relatives aux principales époques de l'histoire parisienne, ou aux institutions, aux arts, aux monuments qui ont fait la gloire de notre cité, mais encore des séries de documents originaux de toute nature, tels que chroniques, descriptions, chartes, comptes, etc.

On sait comment ce plan a été réalisé jusqu'ici. A côté des volumes consacrés à certains grands faits historiques, à la topographie parisienne, à divers établissements publics ou à des catégories déterminées de monuments, la collection de l'*Histoire générale de Paris* a déjà fait une place importante aux plus anciennes descriptions de la Ville et à ses premiers historiens.

Mais ces historiens, si l'on excepte Abbon, l'auteur du poème sur le siège de Paris par les Normands, appartiennent à une époque relativement récente. «C'est au xive siècle seulement qu'apparaissent les premiers écrivains qui aient consacré à la ville de Paris un travail de quelque étendue et présenté leurs idées sous la forme d'une composition régulière[1].» Jusque-là nous n'avons, pour reconstituer l'histoire et la topographie de notre cité, que les mentions éparses dans les chroniques ou les renseignements bien autrement précis que renferment les chartes et diplômes conservés dans les archives.

Aussi la Commission chargée de surveiller la publication de l'*Histoire géné-*

Origine de ce recueil.

---

[1] Le Roux de Lincy et Tisserand, *Paris et ses historiens,* p. VII.

rale de Paris a-t-elle pensé qu'il y aurait un intérêt considérable à rechercher dans nos divers dépôts publics toutes les chartes qui peuvent y être conservées en original ou en copie, et qui sont antérieures à l'apparition des premiers historiens de Paris, c'est-à-dire au xive siècle.

En s'arrêtant à ce projet, on ne faisait que reprendre et développer une idée déjà vieille de plus d'un siècle. Dès le xviiie siècle, en effet, l'ancien Bureau de la Ville, comprenant de quelle importance il pouvait être de recueillir tous ces documents si précieux pour l'histoire, avait ordonné, par délibération en date du 23 mars 1735, que les chartes, édits, déclarations, lettres patentes, arrêts du Conseil, etc., intéressant la ville de Paris, seraient rangés par ordre chronologique et inventoriés, et que, pour rendre cette collection aussi complète que possible, on prendrait copie des documents qui se trouvaient dans des dépôts publics ou chez des particuliers[1].

Nous ignorons malheureusement quels fruits a portés cette délibération; les anciennes archives de l'Hôtel de ville ont depuis été dispersées, et de la mesure intelligente prescrite en 1735 par nos anciens administrateurs, il ne reste que le souvenir.

Nos édiles du xixe siècle, désireux de faire une œuvre plus durable, n'ont pas voulu se contenter de former des collections manuscrites : ils ont résolu d'imprimer toutes les pièces qui ont pu échapper à l'action du temps, de donner un texte définitif de celles qui ont été publiées jusqu'ici, trop souvent d'après des copies défectueuses, et de dresser une sorte de répertoire de tous les documents qui peuvent fournir quelques renseignements sur l'histoire et la topographie de la ville de Paris.

La Commission des travaux historiques cherchait à mettre ce projet à exécution, quand, au mois de juin 1873, un savant qui passait à juste titre pour un des paléographes les plus expérimentés des Archives nationales, Jules Tardif, vint nous proposer d'entreprendre de concert avec lui le recueil de tous les actes parisiens antérieurs à la mort de Philippe le Bel. Jules Tardif était de ces hommes avec lesquels l'accord est facile, sa proposition fut vite acceptée, et quelques semaines plus tard nous présentions ensemble à la Commission des travaux historiques un projet de Cartulaire général de Paris. Le plan de ce travail, dont les grandes lignes avaient été tracées par Jules Tardif, fut promptement adopté par les membres de la

---

[1] *Histoire générale de Paris.* Introduction, p. 147.

AVERTISSEMENT.

Commission, et dès le mois de novembre 1873 nous nous mettions résolument à l'œuvre.

Malgré le soin que nous avions mis à calculer les proportions de l'ouvrage et les difficultés de la tâche, les richesses conservées aux Archives nationales sont tellement considérables, que nous ne tardâmes pas à reconnaître que nos évaluations premières étaient au-dessous de la réalité, que le nombre de pièces qui devraient entrer dans notre recueil serait fort supérieur à ce que nos premiers calculs avaient pu faire supposer, et que, pour être assurés de ne point laisser de côté un grand nombre de documents inédits, il était nécessaire de procéder à un dépouillement complet et méthodique des principaux fonds des Archives. C'était une tâche trop considérable pour que Jules Tardif pût s'en acquitter, absorbé qu'il était déjà par d'importants travaux personnels qu'une mort prématurée ne lui a point permis de terminer. Pris par son service aux Archives nationales, occupé à des recherches approfondies sur les premiers siècles de notre histoire, poursuivant en même temps avec ardeur l'étude des langues orientales les plus difficiles, il dut reconnaître, au bout de peu de mois, qu'il n'avait point les loisirs nécessaires pour se livrer au vaste travail que nécessitait notre commune entreprise; et après avoir mis notre œuvre en train, après en avoir bien arrêté les grandes lignes, il renonça à une collaboration qu'il ne pouvait rendre suffisamment effective; et c'est ainsi que cet ouvrage, commencé à deux, paraît aujourd'hui sous le nom d'un seul auteur.

Mais si un seul nom se lit à la première page de ce livre, nous devons acquitter un devoir de reconnaissance et de loyauté, en proclamant la part considérable que Jules Tardif a eue dans la composition de ce Cartulaire. C'est à lui que doit principalement revenir l'honneur de l'avoir conçu, et quoique sa collaboration en titre ait cessé longtemps avant que les premières lignes aient été données à l'imprimerie, nous tenons à reconnaître que, si l'exécution du travail a quelque qualité, c'est encore à lui que le mérite en revient; car, jusqu'au jour où la mort l'enlevait à l'amitié et à l'estime de tous ceux qui l'ont connu, il n'a cessé de nous aider de ses conseils, de nous prêter le secours de son expérience d'érudit et de sa science de paléographe. Nous l'avons consulté sans cesse, et sur le choix des pièces à admettre dans ce recueil, et sur ces mille questions de détail que pouvaient soulever la lecture des documents, leur authenticité, leur date, l'âge des copies qui nous les ont conservés.

Toutefois, malgré ce précieux concours, nous n'aurions jamais pu mener cette entreprise au point où elle est aujourd'hui, si plusieurs de nos confrères de l'École des chartes n'avaient bien voulu nous prêter leur assistance.

M. Camille Rivain, notamment, a été notre auxiliaire dévoué pendant bien des mois dans l'interminable dépouillement des fonds ecclésiastiques aux Archives nationales; M. Paul Guérin nous a utilement aidé pour l'établissement définitif des textes et la collation d'un grand nombre de pièces; enfin M. Tuetey a dépouillé pour nous une partie des cartulaires conservés aux Archives. Sans le secours de ces excellents confrères, nous aurions assurément reculé devant l'énormité de la tâche qui nous incombait. Nous devons également des remerciements à M. Léopold Delisle, pour les bons conseils qu'il nous a prodigués avec son habituelle et inépuisable bienveillance; à M. Auguste Longnon, pour la solution d'un grand nombre de ces questions de topographie et d'onomastique dans lesquelles il est passé maître; enfin à M. Paul Meyer, qui a bien voulu nous rapporter d'Angleterre la collation de plusieurs documents importants, et à M. Auguste Molinier, qui nous a souvent épargné de longues recherches dans les manuscrits de la bibliothèque Sainte-Geneviève.

II

Plan de ce recueil.

Nous venons d'exposer de quelle façon l'idée de ce recueil était née. Il nous reste à dire suivant quel plan cette idée a été mise à exécution.

Les grandes lignes de ce plan ont été définitivement arrêtées par la Commission des travaux historiques de la ville de Paris, dans sa séance du 29 juillet 1874. Sur le rapport de M. Léopold Delisle, la Commission décida :

«Que le recueil comprendrait :

«1° Les documents concernant l'histoire de Paris, ses privilèges, son administration, ses corporations civiles et religieuses, ses collèges, ses établissements hospitaliers, etc.;

«2° Les titres divers relatifs aux biens des établissements publics et particuliers situés dans l'enceinte actuelle de Paris;

«Que cette publication s'étendrait de l'an 558, date du plus ancien document conservé dans nos Archives[1], jusqu'à l'année 1315, et que les pièces seraient publiées dans l'ordre chronologique. »

Ce court extrait des décisions de la Commission résume de la façon la plus claire le programme dont nous nous sommes inspiré dans tout le cours de ce travail.

À vrai dire, ce programme pourra soulever quelques critiques. On blâmera peut-être le mélange, en un ordre chronologique unique, de tant de pièces provenant des fonds les plus divers, et, pour être sincère, nous devons reconnaître que ce mode de publication offre des inconvénients nombreux. Il vaut assurément bien mieux, en règle générale, publier les chartes par fonds et donner, dans la mesure du possible, toutes les pièces relatives à un même établissement. C'est le seul moyen de résoudre convenablement toutes les difficultés de détail que soulève la publication des textes. Ainsi, pour le xiie siècle principalement, beaucoup de chartes sont sans date, et l'on ne peut déterminer l'époque où elles furent écrites qu'à l'aide des noms de témoins contenus dans les souscriptions. Il faut donc les rapprocher des pièces analogues contenues dans le même fonds, tâche relativement aisée quand on publie tous les cartulaires d'une même église, comme l'a fait Guérard pour Notre-Dame de Paris, Saint-Victor de Marseille ou Saint-Père de Chartres; mais tâche singulièrement ardue, quand, pour classer une pièce isolée, on est obligé d'aller feuilleter de volumineux manuscrits dépourvus de tables, ou de compulser de nombreuses liasses de pièces originales, dans l'espoir, si souvent déçu, d'y découvrir quelque point de repère chronologique.

L'ordre suivi dans ce recueil offre de non moindres inconvénients pour l'identification des noms de personnes et de lieux. Les documents d'un même fonds s'éclairent mutuellement : telle localité, nommée dans une pièce avec une désignation trop peu précise pour qu'on puisse la reconnaître, pourra être déterminée facilement à l'aide de quelque autre document du même fonds qui en indique plus exactement l'emplacement.

Ces considérations ont une valeur que l'on ne peut nier et elles seraient de nature à faire condamner complètement le plan adopté pour la composition de cet ouvrage, si elles ne s'effaçaient devant une considération d'ordre

---

[1] La vraie date de ce document est 528. Voir ci-après, p. 2, note 4.

pratique qui devait forcément s'imposer dans une entreprise du genre de celle-ci.

Il ne faut pas perdre de vue, en effet, que les fonds d'archives, les cartulaires qui ont fourni les éléments de ce recueil, contiennent un nombre très considérable de pièces sans rapport avec l'histoire proprement dite de Paris. Tous nos grands établissements religieux possédaient des domaines ruraux, souvent fort éloignés de la Ville. Les titres de propriété de tous ces domaines, pour précieux qu'ils soient, n'intéressent point l'histoire de notre cité, et les comprendre dans notre recueil, c'eût été noyer les pièces vraiment curieuses pour l'histoire de Paris au milieu d'une foule de documents étrangers à cette histoire ; c'eût été, d'ailleurs, accroître dans des proportions énormes une collection déjà bien vaste. On était donc absolument forcé de laisser de côté toutes les pièces qui n'intéressaient pas directement Paris. Or, du moment qu'on renonçait à publier chaque fonds intégralement, tous les avantages qu'il pouvait y avoir à laisser les documents groupés suivant leur provenance s'évanouissaient, et le classement chronologique des pièces s'imposait comme le plus simple, le plus logique, et surtout le plus clair.

III

Sources dont s'est servi l'auteur de ce Cartulaire.

Ce qui vient d'être dit de la façon dont ce Cartulaire a été conçu et du plan suivant lequel il est composé permet aux lecteurs de comprendre sans longue explication comment ont été réunis les documents qui y figurent.

Ce sont nos deux grands dépôts publics, les Archives nationales et la Bibliothèque nationale, qui en ont fourni la plupart des éléments. Les Archives principalement sont d'une richesse véritablement extraordinaire en fait de documents parisiens. La plupart proviennent d'anciens établissements religieux. Toutes nos abbayes parisiennes, l'évêché, le chapitre de Notre-Dame, la plupart de nos églises collégiales et beaucoup de simples paroisses possédaient de riches archives. Or, malgré toutes les causes qui auraient pu les détruire ou les disperser, ces archives ont généralement peu souffert. La Révolution, en les mettant sous séquestre [1], les a sauvegardées, loin de leur

---

[1] On peut voir, sur la façon dont tous ces documents ont été réunis aux Archives nationales, Bordier, *Les Archives de la France*, 1855, in-8°; Laborde, *Les Archives de la France*, 1867, in-8°, et les notices placées en tête des inventaires publiés par les soins de l'administration des Archives.

AVERTISSEMENT.

nuire, et nous les retrouvons aujourd'hui à peu près aussi complètes qu'à la fin de l'ancien régime [1]. C'est un point que l'on peut vérifier facilement en compulsant les inventaires dressés par les anciens possesseurs de ces titres. Nous avions pensé, en les dépouillant, y trouver la mention d'un assez grand nombre de documents aujourd'hui perdus. En réalité, ce dépouillement ne nous a presque rien donné, les déficits que nous avons pu constater sont peu nombreux et l'équité ne permet point de les imputer uniquement à la Révolution.

La grande majorité des documents que nous avons recueillis aux Archives proviennent des séries K, L et S. Il serait trop long de donner ici le détail de tous les cartons ou registres que nous avons dépouillés; la série S, à elle seule, contient plus de 3,000 cartons, que nous avons dû parcourir un à un et pièce à pièce [2]. C'est là que l'abondance de la moisson a dépassé toutes nos prévisions. Toutefois la plupart des actes contenus dans la série S ne datent que du XIIIe siècle : aussi ce premier volume ne contient-il qu'un petit nombre de documents empruntés à cette série. Les pièces de date antérieure que contenaient les cartons de la série S ont été distraits, par la Commission du triage des titres, de leur place naturelle, et portés à la Section historique, où ils forment la magnifique série L. Inutile de dire que cette série d'une importance historique si capitale a été de notre part l'objet d'une attention toute particulière. Nous en avons vu nous-même presque tous les cartons, et c'est là que nous avons retrouvé les originaux de beaucoup de pièces dont on ne connaissait jusqu'ici que des copies conservées dans les cartulaires.

Le reste nous a été fourni par les premiers cartons de la série K, qui forment cette inappréciable suite connue sous le nom de *Cartons des rois*, série factice dont la constitution aux dépens de tous les autres fonds des Archives ne peut être trop blâmée en principe, mais a eu du moins l'avantage de mettre en relief ce que les Archives nationales contiennent de plus précieux,

---

[1] Nous ne parlons ici, bien entendu, que des archives des grands établissements religieux de Paris.

[2] La série S comprend en réalité 7662 numéros. Mais de ce chiffre il faut défalquer un grand nombre de cartons ou registres qui ne contiennent que des documents absolument étrangers à Paris, tels que les cartons S. 3210 à 3304 (abbayes classées par départements), S. 3520 à 3628 (paroisses rurales du département de la Seine), S. 4812 à 4945 (ordre de Saint-Lazare), S. 4946 à 6101 (ordre de Malte); ou des documents de date très postérieure à celle dans laquelle nous devions nous renfermer, comme la plupart des cartons S. 6181 à 6589 (pièces relatives à l'Université et aux anciens collèges de Paris), S. 6590 à 7050 (congrégations et séminaires), S. 7051 à 7662 (mélanges relatifs aux affaires ecclésiastiques); enfin une suite importante de registres, tels que pouillés, ceuilloirs, censiers, inventaires de titres, etc., généralement postérieurs au XVIe siècle.

et de sauvegarder, aux jours où l'on pouvait craindre bien des actes de vandalisme, une merveilleuse collection de documents qui, par leur antiquité et leur nombre, dépassent de bien loin tout ce que les autres pays d'Europe pourraient être tentés de leur comparer.

Cette belle série est bien connue aujourd'hui grâce à l'inventaire qu'en a donné Jules Tardif[1], et dans lequel sont imprimées presque toutes les pièces qui se distinguent par leur importance ou leur ancienneté. Mais, quoique les textes qu'en a donnés Tardif soient généralement établis avec soin, nous n'avons pas cru devoir nous dispenser de réimprimer, en les collationnant soigneusement à nouveau, la plupart des pièces de cette série qui devaient figurer dans notre recueil.

Enfin, pour terminer ce rapide coup d'œil sur les ressources que nous ont fournies les Archives nationales, il faut mentionner la série LL dans laquelle on a réuni, sauf de très rares exceptions[2], tous les cartulaires conservés aux Archives. Il serait trop long d'énumérer ici ces précieux registres[3]. Quelques-uns, comme le Cartulaire ††† de Saint-Germain-des-Prés, les *Pastoraux* de Notre-Dame, le *Livre blanc* de Saint-Denis, etc., jouissent depuis deux siècles, auprès des érudits, d'une réputation méritée.

La Bibliothèque nationale, quoique loin d'être aussi riche que les Archives au point de vue spécial qui nous occupe, possède également des documents parisiens d'une grande importance; parmi ceux dont nous avons fait le plus fréquent usage, nous devons mettre en première ligne : le Cartulaire de l'évêché de Paris[4], si souvent cité par les auteurs du xviiie siècle et dont Guérard a fait la base de son édition des cartulaires de Notre-Dame; un cartulaire de Saint-Martin-des-Champs, connu sous le nom de *Liber testamentorum*[5] et qui remonte au xiie siècle : c'est, avec le registre ††† de Saint-Germain-des-Prés, le plus ancien de nos cartulaires parisiens, et nous y avons trouvé bon

---

[1] Tardif, *Monuments historiques, Cartons des rois*, Paris, 1866, grand in-4°.

[2] Par exemple, un petit cartulaire de l'abbaye de Montmartre du xiiie siècle, auquel nous avons fait de fréquents emprunts, et qui est coté L. 1030, n° 1.

[3] La liste en a été donnée dans l'*Inventaire général sommaire* publié en 1867 par l'administration des Archives (voir col. 139 et suiv.), et avec plus de détail dans l'*Inventaire sommaire ou tableau méthodique des fonds conservés aux Archives nationales* publié en 1871. Nous rappellerons aussi que dès 1856 M. Delisle avait donné dans son *Catalogue des actes de Philippe Auguste* un tableau fort commode de la plupart des cartulaires conservés soit aux Archives, soit à la Bibliothèque nationale. M. Cocheris, dans ses additions à l'*Histoire du diocèse de Paris* de l'abbé Lebeuf les a également cités presque tous.

[4] Ms. lat. 5413.

[5] Ms. lat. 10977.

AVERTISSEMENT.

nombre d'actes inédits; un cartulaire de Saint-Magloire[1]; une précieuse série de documents sur l'abbaye de Saint-Victor[2]; enfin un cartulaire de la ville de Paris[3] fort curieux, mais trop peu développé malheureusement, car il ne contient guère qu'une soixantaine de pièces.

Nous ne mentionnerons pas, de crainte de fatiguer nos lecteurs, les copies de chartes, les nécrologes et autres manuscrits de la Bibliothèque nationale où peuvent se rencontrer des pièces isolées; nous avons toujours indiqué soigneusement les emprunts que nous leur avons faits.

Quant aux autres dépôts publics de Paris, il est inutile d'en parler, du moins pour ce premier volume. Nous devons cependant une mention à la bibliothèque Sainte-Geneviève, qui possède une belle suite de documents provenant de l'abbaye dont elle porte le nom, et aux riches archives de l'Assistance publique, où nous avons recueilli quelques chartes du XII° siècle.

IV

On comprendra que, dans une quantité de pièces aussi considérable, il était nécessaire de faire un choix. Pour que ce choix ne fût pas trop arbitraire, nous avons dû nous imposer certaines règles, et nous devons les faire connaître à nos lecteurs.

Règles qui ont présidé au choix des documents.

En principe, nous nous sommes efforcé de réunir tous les documents parisiens que nous avons pu trouver, sans considérer s'ils étaient ou non publiés déjà; car s'astreindre à ne donner que des actes inédits, c'était laisser de côté les plus précieux monuments de notre histoire. D'ailleurs, beaucoup des documents les plus connus n'ont jamais été imprimés que d'après les copies contenues dans les cartulaires; or nous nous sommes imposé le soin de rechercher toujours les originaux des actes que nous imprimions, et nous avons pu, de la sorte, donner dans bien des cas le texte exact de pièces importantes assez mal publiées jusqu'ici.

Nous avons donc voulu recueillir tous les actes parisiens, c'est-à-dire toutes les pièces pouvant intéresser à un titre quelconque l'histoire ou la topographie de la ville de Paris.

Mais on comprend que cette définition doit être entendue d'une façon plus ou moins large, suivant l'époque que l'on considère. On ne saurait en

---

[1] Ms. lat. 5413. — [2] Ms. lat. 14366 à 14377 et 14672 à 14687. — [3] Ms. lat. 9162.

Cartul. — I.

effet traiter de la même manière les siècles où les documents abondent, comme le xiiie et le xive, et les temps où ils sont rares, comme toute la période antérieure au milieu du xie siècle; aussi avons-nous mentionné, dans la première partie de ce volume, des chartes qui au premier abord peuvent sembler déplacées dans un Cartulaire général de Paris, telles que la fondation de l'abbaye de Bourgueil[1] ou la confirmation accordée par Philippe Ier à l'abbaye de Saint-Corneille de Compiègne[2]. Mais, si l'on veut bien se reporter aux notes dont nous avons toujours accompagné les actes de cette nature, on verra que nous nous sommes cru autorisé à les prendre à cause des éléments chronologiques qu'ils fournissent pour fixer le commencement ou la fin de l'administration d'un de nos évêques ou de quelque abbé, ou pour déterminer la date d'un concile tenu à Paris, ou encore parce qu'on y trouve la première mention connue de quelque édifice parisien.

D'autres fois, nous avons dû prendre certaines pièces, à coup sûr peu intéressantes pour l'histoire générale, mais qui pouvaient offrir de l'intérêt pour l'histoire de quelque établissement parisien : telles sont, par exemple, les donations ou constitutions de prébendes qui fournirent à l'abbaye de Saint-Victor, dans les premiers temps de sa fondation, la principale source de ses revenus; et nous avons dû mentionner presque toutes les pièces de cette nature que nous avons rencontrées, parce qu'elles s'éclairent mutuellement et que, n'étant pas toutes datées, il eût été à peu près impossible de les classer convenablement si nous ne les avions toutes rapprochées les unes des autres.

Nous avons dû en agir de même avec une autre classe très nombreuse de pièces : nous voulons parler des confirmations de biens et de privilèges octroyées à nos grands établissements religieux par les rois, par les évêques et surtout par les papes. A côté des renseignements parisiens que ces documents renferment, on y trouve souvent de longues énumérations de biens fort éloignés parfois de la Ville. Mais ce n'était point une raison suffisante pour les laisser de côté, d'autant plus que ces énumérations ont l'avantage de présenter un tableau abrégé des revenus de nos grands établissements religieux et de nous renseigner sur leurs richesses.

D'ailleurs, ces confirmations permettent bien souvent d'enfermer dans des limites chronologiques assez précises des documents que l'on ne saurait dater

---

[1] Voir notre n° 71. — [2] Voir notre n° 108.

AVERTISSEMENT.

autrement. En voici un exemple caractéristique, que nous citerons d'autant plus volontiers qu'il nous permettra en même temps de réparer une omission involontaire.

M. Édouard de Barthélemy[1] et après lui M. Luchaire[2] ont publié l'acte suivant :

> Ego Ludovicus, Dei gratia Francorum rex, concedo sanctimonialibus de Monte Martyrum in elemosinam navem quam habent in Sequana, liberam ab omnibus consuetudinibus quas alie naves persolvunt per totam terram meam, et ut nullus hominum, seu prepositus, seu aliquis ministrorum servorumve meorum, aliquo modo prefatam elemosinam inquietare presumat, sigilli nostri auctoritate confirmamus et corroboramus, quod inconcussum et inviolatum sit [3].

M. Luchaire et M. Édouard de Barthélemy ont attribué sans hésiter ce document à Louis VII. M. Luchaire fait remarquer que l'absence du titre de «dux Aquitanorum» est la seule particularité qui puisse fournir une indication chronologique pour cette charte, et il la place en conséquence entre les années 1154 et 1180. Mais, en lisant les différentes confirmations générales des biens de l'abbaye publiées par M. de Barthélemy, on peut préciser davantage l'époque où le bateau qui fait l'objet de cette pièce dut être donné à l'abbaye. Il est en effet mentionné en ces termes dans une bulle d'Alexandre III, de 1164 [4] : «In pago Meledunensi nemus et navem ad ligna per Secanam adducenda ab omni consuetudine liberam.» Cette phrase est empruntée littéralement à une bulle d'Eugène III, du 7 des ides de juin 1147 [5], et c'est sur cette bulle sans doute que M. de Barthélemy s'est appuyé pour dater cette pièce de l'an 1147 [6].

Mais c'est bien à tort, car si l'on continue à parcourir les chartes de l'abbaye de Montmartre, on voit que ce même bateau est mentionné déjà, en 1134, dans un important diplôme de Louis VI que l'on considère comme le titre fondamental de l'abbaye de Montmartre[7]. C'est donc Louis VI qui avait accordé ce privilège à l'abbaye, c'est de lui qu'émane la charte[8] qui

---

[1] *Recueil des chartes de Montmartre*, p. 78.
[2] *Études sur les actes de Louis VII*, p. 342.
[3] Copie du XIIIᵉ siècle aux Arch. nat., L. 1030 (Cartulaire de l'abbaye de Montmartre), fol. 15 v°.
[4] *Rec. des chartes de Montmartre*, p. 100.
[5] *Ibid.*, p. 81.
[6] *Ibid.*, p. 80.
[7] *Ibid.*, p. 60. Aucun doute n'est permis quant à l'identification du bateau mentionné dans ces divers actes, car le diplôme de 1134 se sert des mêmes termes qu'on retrouve trente ans plus tard dans la bulle d'Alexandre III : «In pago Miledunensi nemus et navem ad ligna per Secanam adducenda ab omni exactione et consuetudine prorsus liberam et quietam.»
[8] C'est plutôt le résumé d'une charte.

nous occupe et qu'il faudra désormais rayer du catalogue des diplômes de Louis VII.

On voit par cet exemple combien il eût été regrettable d'omettre de parti pris cette catégorie de documents. Mais, comme la plupart du temps ils se répètent, nous nous sommes le plus souvent contenté d'en donner l'indication sommaire, et nous n'avons imprimé *in extenso* que ceux qui avaient une importance particulière, qui se recommandaient par leur antiquité, ou qui n'avaient point encore été publiés intégralement.

V

Importance des chartes pour l'histoire politique de Paris.

Si nous avons réussi à bien exposer, dans les lignes qui précèdent, les règles qui ont inspiré le choix des documents réunis dans ce Cartulaire, il nous sera maintenant facile de faire comprendre aux personnes les moins familières avec les anciens titres le but que nous nous sommes proposé en composant ce livre et le genre de services qu'il peut rendre aux historiens.

Les chartes fournissent des renseignements abondants et précis non seulement pour l'histoire politique ou religieuse, mais encore pour l'histoire intime de notre cité, pour la connaissance du droit, de l'état des mœurs, de la condition des personnes, des accroissements de la Ville, de sa topographie; elles nous apprennent en un mot mille détails que l'on chercherait vainement dans les chroniques, et que pourtant l'historien doit posséder s'il veut se faire une idée exacte et complète de ce que fut le Paris de nos ancêtres.

Ainsi, jusqu'au milieu du xie siècle, tout ce qui concerne notre cité occupe si peu de place dans les écrits des chroniqueurs, qu'il serait assez difficile de se faire, sans le secours des chartes, une idée juste du rang qu'occupait Paris parmi les autres villes du royaume.

Grégoire de Tours, en effet, nous montre qu'au début de la monarchie Paris était considéré comme la capitale du royaume des Francs. Clovis et ses premiers successeurs y ont résidé souvent, et les luttes intestines de ses descendants montrent l'importance qu'ils attachaient à la possession de Paris[1]. Il faut se garder de croire cependant que notre ville soit toujours, depuis lors, restée la capitale incontestée de la France et la résidence officielle de nos rois. Pendant plus de quatre cents ans au contraire, du viie au xie siècle,

---

[1] M. Auguste Longnon a fort bien résumé dans sa *Gaule au vi^e siècle*, p. 347 et s., tout ce que Grégoire de Tours nous apprend sur ce point.

AVERTISSEMENT.

Paris ne vit plus qu'à de bien lointains intervalles les chefs du royaume des Francs; c'est ailleurs que ceux-ci avaient transporté le véritable siège de leur empire. Le témoignage des chartes en donne une preuve frappante. Nous avons fait le relevé de tous les diplômes royaux datés de Paris que l'on connaît aujourd'hui, et l'on nous permettra, malgré l'aridité du sujet, de consigner ici les résultats que nous a donnés ce relevé.

La dernière édition de nos diplômes royaux de la première race contient 195 diplômes, dont 97 réputés authentiques et 98 faux ou suspects[1]. Or il n'y a dans ce nombre que neuf diplômes datés de Paris, et des neuf un seul paraît bien authentique[2]; encore ne nous est-il point parvenu en original et ne peut-on être sûr que la mention de Paris n'y soit pas le résultat d'une interpolation. Les huit autres sont tous faux ou du moins à bon droit suspects[3].

Cette pénurie extraordinaire de diplômes mérovingiens datés de Paris est curieuse à constater. Elle peut en partie s'expliquer par le nombre relativement si faible des diplômes de la première race.

Mais si les diplômes des rois carolingiens sont beaucoup plus nombreux, il en est pourtant bien peu qui soient datés de Paris. Ainsi nous

---

[1] Nous voulons parler de l'édition de K. Pertz dans les *Monumenta Germaniæ historica*. On sait que le nombre des diplômes réputés authentiques par K. Pertz doit être un peu réduit, comme l'ont prouvé MM. Sickel et Havet.

[2] Nous l'avons cité page 25 sous le n° 18. — Il faut y joindre un capitulaire de Clotaire II qui fut publié dans un concile tenu à Paris le 18 octobre 614. (Boretius, *Capitul. regum Franc.*, dans les *Mon. Germ. hist.*, in-4°, 1883, p. 20.)

[3] On sera peut-être curieux d'avoir ici la liste de ces pièces. La voici par ordre chronologique :

499, octobre. — Diplôme de Clovis Ier, en faveur de l'abbaye de Saint-Pierre-le-Vif, daté «Parisius urbe regia». (Voir Pardessus, *Diplom. chartæ*, t. I, p. 34, et Pertz, *Diplom.*, p. 114.)

545. — Diplôme de Sigebert Ier, relatif à la chapelle de Saint-Pierre à Château-Landon, daté «Parisius publice». (Voir Pardessus, t. Ier, p. 108, et Pertz, p. 129.)

631, 10 avril. — Diplôme de Dagobert Ier, relatant la donation à l'abbaye de Saint-Denis de diverses églises dédiées à ce saint, daté «Parisius faeliciter». (Voir Pardessus, t. II, p. 8, et Pertz, p. 142.)

631 ou 632, 29 juillet. — Confirmation par Dagobert Ier de l'immunité accordée à l'abbaye de Saint-Denis, datée «Parisius». (Voir Pardessus, t. II, p. 48, et Pertz, p. 143.)

634, 10 avril. — Donation par Dagobert Ier, à l'abbaye de Saint-Denis, du lieu de *Vallis* sur le Cher, datée «Parisius faeliciter». (Voir Pardessus, t. II, p. 29, et Pertz, p. 153.)

637, 1er mai. — Donation par Dagobert Ier, à l'abbaye de Saint-Amand, d'un lieu situé sur la Scarpe, datée «Parisius civitate feliciter». (Voir Pardessus, t. II, p. 46, et Pertz, p. 160.)

664. — Confirmation par Childéric II d'une fausse bulle du pape Grégoire le Grand pour le monastère de Nantua, datée «in civitate Parisius». (Pardessus, t. II, p. 136, et Pertz, p. 183.)

722, 2 mars. — Confirmation par Thierry IV d'une donation faite à l'abbaye de Saint-Maur-des-Fossés. (*Bibl. de l'École des chartes*, t. XI, p. 64; Tardif, *Cartons des rois*, p. 42; Pertz, *Diplom.*, p. 202.)

avons environ sept cents diplômes ou lettres authentiques de Pépin, Carloman, Charlemagne et Louis le Pieux[1]; or il ne s'en trouve pas un seul qui soit daté de Paris[2]. Charles le Chauve nous a laissé trois cents diplômes environ. Dans ce nombre il n'y en a que deux qui soient datés de Paris, l'un du 26 février 855, pour Saint-Sulpice de Bourges[3]; l'autre du 19 juillet 863, pour l'abbaye de Vabres[4].

De Louis le Bègue, on ne connaît actuellement qu'un seul diplôme daté de Paris, c'est un privilège du 2 avril 878 pour l'Église de Paris[5].

Charles le Gros en a laissé davantage. On en connaît sept ou huit, tous des trois derniers mois de l'année 886. C'est l'époque où ce triste descendant de Charlemagne venait acheter la retraite des Normands qui depuis plusieurs mois assiégeaient Paris[6].

Quant au roi Eudes, qui venait de s'illustrer comme comte de Paris dans la défense de la capitale, nous ne possédons de lui, après son accession au trône, que deux diplômes datés de Paris[7].

Cela ne fait donc, pour les Carolingiens, qu'un total de 12 ou 13 diplômes (dont 7 ou 8 pour Charles le Gros tout seul) sur un ensemble de près de 1,300 pièces.

Sous les premiers Capétiens, les diplômes royaux datés de Paris sont encore assez rares. Il y en a quatre dans le très petit nombre d'actes émanés de Hugues Capet qui nous sont parvenus, mais ils sont loin d'être tous à l'abri du soupçon[8].

Pour le roi Robert, la proportion des diplômes datés de Paris n'est pas aussi forte que l'on pourrait le croire. M. Pfister, dans le catalogue qu'il a

---

[1] M. Sickel, dans ses *Regesten der Urkunden der ersten Karolinger*, en a enregistré 692.

[2] Tout au plus pourrait-on supposer que les deux lettres écrites par Louis et Lothaire en décembre 825, à l'occasion du concile tenu à Paris pour délibérer sur la question des images, peuvent avoir été écrites dans cette ville. Mais elles sont sans date de lieu. (Voir Sickel, *Regesten*, p. 154 et 155, n°˚ 235 et 236.)

[3] Nous l'avons cité (voir p. 58, n° 41) parce que c'est le plus ancien acte qui mentionne formellement le palais des rois à Paris.

[4] D. Vaissette, *Hist. du Lang.*, t. I, p. 110; *Rec. des hist. de la France*, t. VIII, p. 586.

[5] Voir notre n° 51, p. 69.

[6] *Rec. des hist. de la France*, t. IX, p. 351 à 358.

[7] *Rec. des hist. de la France*, t. IX, p. 447 et 448.

[8] On trouvera trois de ces pièces sous les n°˚ 67, 68 et 71 de notre Cartulaire. Il faut y joindre un jugement de Hugues Capet en faveur de l'abbaye de Saint-Benoît-sur-Loire (Mabillon, *Acta SS. ord. S. Bened.*, sæc. VI, part. I, p. 34; et *Rec. des hist. de la France*, t. X, p. 561); un seul de ces quatre diplômes (celui que nous avons donné sous le n° 68) est à l'abri de tout soupçon de fausseté ou d'interpolation.

dressé des actes de ce prince[1], n'en cite que 7 sur 93[2]. Encore faut-il faire des réserves quant à l'authenticité d'une de ces pièces[3].

Le règne de Henri Ier n'a point été jusqu'ici l'objet d'une étude approfondie, et nous ignorons combien il peut exister de diplômes de ce prince. Nous n'en connaissons guère qu'une quarantaine, dont huit sont datés de Paris[4].

A partir du règne suivant, les actes royaux commencent à se multiplier singulièrement, et le nombre de ceux qui sont datés de Paris s'accroît si rapidement qu'il n'y a plus d'intérêt à en dresser la liste. Nous en avons recueilli une vingtaine[5] pour le règne de Philippe Ier et 70 pour le règne de Louis VI. Quant à Louis VII, il passa certainement la plus grande partie de sa vie à Paris, car nous avons 300 ou 400 diplômes de lui datés de cette ville; et les longs séjours qu'il y fit ont certainement contribué dans une large mesure au rapide développement que la capitale de la France prit à dater de cette époque.

Si le rôle politique de Paris a été peu considérable du VIIe au XIe siècle, il n'en faut pas conclure cependant que la ville fût complètement déchue de son importance. Il ne faut pas oublier que c'était un chef-lieu de cité, le siège d'un évêché, une ville très commerçante; et si les hasards de la politique, les tendances germaniques de certains de nos rois, leur goût pour la chasse, ou les nécessités de la guerre les éloignaient des bords de la Seine, Paris n'en restait pas moins une des principales villes du nord de la France, comme le prouve la place qu'elle tient dans l'histoire ecclésiastique de l'époque.

Importance des chartes pour l'histoire ecclésiastique de Paris.

---

[1] *Études sur le règne de Robert le Pieux*, p. 62 et suiv.

[2] Nous n'avons cité que deux de ces pièces (voir nos n°s 73 et 77). On trouvera les autres sous les n°s 14, 18, 65, 83, 84 du catalogue dressé par M. Pfister.

[3] Celle que nous avons donnée sous le n° 73. (Voir ci-après, p. 100, note 2.)

[4] Cinq de ces pièces se trouvent dans notre recueil sous les n°s 86, 88, 89, 90 et 96. Les trois autres sont : un diplôme pour l'église de Chartres, daté du 17 avril 1048 (*Gall. christ.*, t. VIII, instr., col. 300, et *Rec. des hist. de la France*, t. XI, p. 583); un diplôme du 29 juin 1058 réglant les droits des comtes de Corbeil sur l'abbaye de Saint-Maur-des-Fossés (Dubois, *Hist. eccles. Paris.*, t. I, p. 659, et *Rec. des hist. de la France*, t. XI, p. 596); et un autre diplôme de la même année confirmant les donations faites à l'abbaye de Saint-Germain-des-Prés par Imbert, évêque de Paris (Bouillart, *Hist. de Saint-Germain-des-Prés*, pr., p. XXVII, et *Rec. des hist. de la France*, t. XI, p. 597).

[5] Nous n'en avons mentionné que sept dans notre recueil. (Voir nos n°s 98, 100, 101, 108, 129, 144.)

C'est encore dans les chartes que l'on trouve les documents les plus positifs à cette égard, et les affaires religieuses jouaient un trop grand rôle au moyen âge, pour que nous ayons cru devoir laisser de côté les actes qui peuvent apporter quelque lumière à l'histoire religieuse de notre cité.

Aussi trouvera-t-on réunies dans ce Cartulaire les pièces relatives aux principaux faits d'histoire ecclésiastique qui se sont passés à Paris ou dans lesquels des Parisiens ont joué un rôle considérable : ainsi les démêlés de l'évêque Étienne avec le roi Louis VII; la déposition d'Ernis, abbé de Saint-Victor; le meurtre de Thomas, prieur de la même abbaye, etc. Mais nous avons laissé de côté tout ce qui nous a paru rentrer plus spécialement dans le domaine de la théologie, et c'est pour ce motif que nous n'avons point donné les pièces relatives aux divers synodes et conciles qui se sont tenus à Paris, nous réservant de présenter ici un tableau sommaire de toutes ces assemblées, avec quelques brèves indications sur les actes qui s'y rapportent.

On compte habituellement seize conciles tenus à Paris antérieurement à Philippe Auguste; en voici la liste, dans laquelle nous intercalerons, sans changer les numéros d'ordre donnés à ces conciles par les auteurs spéciaux, plusieurs réunions du même genre que les chartes mentionnent :

362. — 1ᵉʳ Concile de Paris. On y condamna l'hérésie arienne. Il nous en est resté une lettre adressée par les Pères de ce concile aux évêques de l'église d'Orient. Cette lettre est privée de souscriptions et ne traite que de théologie pure [1].

Vers 555 [2]. — 2ᵉ Concile de Paris. On y prononça la déposition de l'évêque de Paris Saffaracus. Le décret de déposition, souscrit par 27 évêques, nous a été conservé [3].

Vers 557 [4]. — 3ᵉ Concile de Paris, condamnant les détenteurs de biens ecclésiastiques. Les canons nous en ont été conservés par plusieurs manuscrits. Ils sont suivis des sou-

---

[1] Voir Sirmond, *Concilia antiqua Galliæ*, t. I, p. 16; Labbe, *Concil.*, t. II, col. 821; Hardouin, *Concil.*, t. I, col. 727; Mansi, *Concil.*, t. III, col. 358. — Cf. Héfélé, *Hist. des conciles* (trad. Delarc), t. II, p. 108.

[2] Cette date n'est pas certaine. Elle a été proposée par Sirmond et Labbe, et admise par Héfélé (*Hist. des conc.*, t. III, p. 549). Le Cointe (*Annal. eccles. Franc.*, t. I, p. 779) a adopté la date de 552, à laquelle se sont rangés les auteurs de la *Gallia christiana*. Enfin D. Labbat et Pardessus (*Diplom.*, t. I, p. 112) ont préféré celle de 553.

[3] Il a été publié par Sirmond, *Conc. antiq. Gall.*, t. I, p. 301; Le Cointe, *Annal. eccles. Franc.*, t. I, p. 779; Labbe, *Concil.*, t. V, col. 811; Dubois, *Hist. eccles. Paris.*, t. I, p. 77; Hardouin, *Concil.*, t. III, col. 335; Mansi, *Concil.*, t. IX, col. 739; Labbat, *Coll. conc. Gall.*, col. 1089.

[4] Voir les raisons qu'Héfélé (t. III, p. 552) donne à l'appui de cette date.

AVERTISSEMENT.

scriptions de quinze évêques, au nombre desquels on remarque l'évêque de Paris, saint Germain, dont la souscription est ainsi conçue : « Germanus peccator episcopus consensi et subscripsi[1]. »

573, 11 septembre. — 4° Concile tenu à Paris sur l'initiative du roi Gontran, et dans lequel fut condamné le prêtre Promotus, qui avait usurpé le titre d'évêque à Châteaudun[2]. Il nous reste trois documents relatifs à ce concile, ce sont :

1° Une lettre de Pappolus, évêque de Chartres, dénonçant aux pères du concile l'usurpation du prêtre Promotus[3] ;

2° Une lettre synodale prononçant la condamnation de Promotus et infligeant un blâme à l'archevêque de Reims, qui l'avait sacré[4]. Cette lettre est signée par trente-deux évêques, au nombre desquels se trouve l'évêque de Paris, saint Germain, dont la souscription est ainsi conçue : « Germanus, peccator etsi indignus, in Christi nomine episcopus ecclesiæ Parisiacæ, constitutionem nostram relegi et subscripsi. »

3° Une lettre adressée par le synode au roi Sigebert pour l'inviter à ne point soutenir Promotus[5].

Cette importante réunion se tint dans la basilique des apôtres Saint-Pierre-et-Saint-Paul, plus tard Sainte-Geneviève, comme nous l'apprend la date d'une des lettres synodales : « Subscripta constitutio ista in basilica domni Petri, indictione suprascripta [VI], Parisius. »

577. — 5° Concile de Paris. Les actes de ce concile sont perdus, mais Grégoire de Tours a longuement raconté les événements qui s'y sont passés[6].

614, 18 octobre. — 6° Concile de Paris. On y régla des questions de discipline ecclésiastique, soixante-dix-neuf évêques y assistèrent[7]. Le roi Clotaire II publia à la suite de cette réunion un important édit dont le texte nous a été conservé et dont le titre est

---

[1] Les canons de ce concile ont été publiés par Sirmond, *Concilia antiq. Gall.*, t. I, col. 313; Labbe, *Concil.*, t. V, col. 814; Hardouin, *Concil.*, t. III, col. 335; Mansi, *Concil.*, t. IX, col. 743; Labbat, *Collect. concil. Gall.*, col. 115.

[2] Voir Héfélé, *Hist. des conciles*, t. III, p. 571.

[3] Sirmond, *Concil.*, t. I, p. 350; Labbe, *Concil.*, t. V, col. 918; Dubois, *Hist. eccles. Paris.*, t. I, p. 103; Hardouin, *Concil.*, t. III, col. 401; Mansi, *Concil.*, t. IX, col. 865; Labbat, *Coll. concil. Galliæ*, col. 1193.

[4] Sirmond, t. I, p. 351; Labbe, t. V, col. 919; Dubois, *Hist. eccles. Paris.*, t. I, p. 103; Hardouin, Cartul. — I.

t. III, col. 403; Mansi, t. IX, col. 866; Labbat, col. 1195.

[5] Sirmond, t. I, p. 353; Labbe, t. V, col. 921; Dubois, *Hist. eccles. Paris.*, t. I, p. 105; Hardouin, t. III, col. 405; Mansi, t. IX, col. 868; Labbat, col. 1197.

[6] *Hist. Franc.*, l. V, ch. XIX. — Cf. Sirmond, t. I, p. 357; Labbe, t. V, col. 925; Hardouin, t. III, col. 405; Mansi, t. IX, col. 875; Labbat, col. 1206; Héfélé, *Hist. des conc.*, t. III, p. 572.

[7] Sirmond, t. I, p. 470; Labbe, t. V, col. 1649; Hardouin, t. III, col. 551; Mansi, t. X, col. 539; Héfélé, t. III, p. 609.

ainsi conçu : «Incipit actuum vel constitutionem inclyti principis Clothacharii regis super omnem plebem in conventu episcoporum, in sinodo Parisius adunata sub dio xv kalendas novembris, anno xxx° 1° suprascripti regis imperium[1]. »

631 ou 632, 29 juillet. — On possède un diplôme de Dagobert qui mentionne à cette date un grand synode tenu à Paris[2]. Mais cet acte est faux, et les historiens des conciles ne parlent pas de ce prétendu synode.

825, novembre. — 7ᵉ Concile de Paris, convoqué par les empereurs Louis le Pieux et Lothaire[3], qui voulaient avoir l'avis des évêques francs sur le culte des images. Il nous en reste, entre autres documents, une lettre synodale[4] fort curieuse au point de vue théologique[5].

829, 6 juin. — 8ᵉ Concile de Paris. Réunion d'une grande importance au point de vue ecclésiastique et dont il nous est resté une longue série de canons divisés en trois livres[6]. C'est à ce concile qu'il est fait allusion dans l'acte de partage des biens de l'église de Paris fait par l'évêque Inchade[7].

846, 14 février[8]. — 9ᵉ Concile de Paris. Ce concile continua l'œuvre commencée dans une importante réunion ecclésiastique tenue à Meaux, le 17 juin 845. Aussi les canons qui y furent promulgués sont-ils souvent confondus avec ceux du concile de Meaux[9].

849. — 10ᵉ Concile de Paris. Il nous reste de cette réunion une lettre adressée

---

[1] La meilleure édition de ce document est celle de Boretius, *Capitul. reg. Franc.*, p. 20, dans les *Monum. Germ. hist.*, série in-4°.

[2] Voir notre n° 8.

[3] Voir Héfélé, t. V, p. 236, pour le détail des documents qui nous restent sur cette réunion, qui ne paraît pas avoir été un concile proprement dit, mais une sorte d'assemblée consultative des évêques francs. (Cf. Sickel, *Regesten der Urkunden der ersten Karolinger*, p. 154 et 155.)

[4] Cette lettre a paru suspecte à Bellarmin, qui l'a vivement attaquée. Mabillon l'a longuement discutée dans la préface du IVᵉ siècle des *Acta sanct. ord. S. Bened.*, part. I, p. xv et s.

[5] *Synodus Parisiensis de imaginibus, anno Christi* DCCCXXIV, *ex vetustiss. cod. descripta*, etc. (Francfort, 1596); Baronius, *Annal.*, t. IX, p. 744; Sirmond, *Concil. antiq. Gall.*, t. I, p. 459; Labbe, t. VII, col. 1542; Le Cointe, *Annal. eccles. Franc.*, t. VII, p. 761; Delalande, *Concil. Gall.*, supplem., p. 109; Hardouin, t. IV, col. 1257; *Rec. des hist. de la France*, t. VI, p. 338; Baluze, *Capitul.*, t. I, p. 643, ad ann. 824; Mansi, t. XIV, col. 474.

[6] Baronius, *Annal.*, t. X, p. 809; Sirmond, *Concil. antiq. Gall.*, t. II, p. 475; Le Cointe, *Annal. eccles. Franc.*, t. VIII, p. 66; Labbe, t. VII, col. 1590; Hardouin, t. IV, col. 1289-1360; Mansi, t. XIV, col. 529-604; *Rec. des hist. de la France*, t. VI, p. 345; Héfélé, *Hist. des conciles*, t. V, p. 253-267.

[7] Voir notre n° 35.

[8] Ou plutôt 847 (n. st.). Car les actes de ce concile sont datés de l'an 846, ind. x, et l'indiction x n'a commencé qu'au 1ᵉʳ septembre 846. (Voir Héfélé, t. V, p. 321.)

[9] Sirmond, t. III, p. 25 et suiv.; Labbe, t. VII, col. 1848; Hardouin, t. IV, col. 1475 et suiv.; Mansi, t. XIV, col. 811-841. — Cf. Héfélé, t. V, p. 315-321.

par les membres du synode à Noménoé, duc de Bretagne[1], et deux pièces relatives aux donations que Herimannus, évêque de Nevers, avait faites à son église [2].

853. — 11ᵉ Concile de Paris[3]. Les actes de ce synode sont perdus, mais Hincmar[4] nous a conservé le texte d'une lettre de Prudentius, évêque de Troyes, qui s'y rapporte. On y lit que l'occasion de cette réunion avait été le sacre de l'évêque de Paris, Énée, successeur d'Erchenrad.

1024. — 12ᵉ Concile de Paris. On y décida que saint Martial de Limoges pouvait être appelé apôtre [5].

1045, octobre. — Un acte de l'évêque Imbert que nous avons cité[6] mentionne à cette date un synode tenu à Paris, dont les actes sont perdus et dont ne parle aucun des historiens des conciles.

1050 ou 1051, 16 octobre. — 13ᵉ Concile de Paris. On y prononça la condamnation de l'hérétique Bérenger. Les actes en sont perdus [7].

1074. — 14ᵉ Concile de Paris. Ce synode, dont on ne possède aucun acte, eut pour objet de répondre à l'encyclique adressée par Grégoire VII à l'épiscopat français, le 10 septembre 1074 [8].

1092. — On possède sous cette date un acte de Philippe Iᵉʳ en faveur de Saint-Corneille de Compiègne[9], où se trouve mentionné un synode tenu à Paris. Mais nous avons montré que la date de cet acte est erronée, qu'il faut la reculer jusqu'à 1075 environ; nous serions donc disposé à reconnaître dans ce synode le 14ᵉ Concile de Paris, que nous venons de mentionner.

1104. — Synode tenu à Paris, dans lequel fut levée la sentence d'excommunication

---

[1] Duchesne, *Hist. Franc. script.*, t. II, p. 769; Baluze, *Lupi Ferrar. opera*, p. 126; Migne, t. CXIX, p. 606; Labbe, t. VIII, col. 58; Hardouin, t. V, col. 19; Mansi, t. XIV, col. 923.

[2] Hardouin, t. V, col. 22 et 23; Mansi, t. XIV, col. 925 et 927. — Cf. Héfélé, t. V, p. 358.

[3] Il n'est pas absolument certain que cette réunion se soit tenue à Paris. Elle peut avoir eu lieu à Sens.

[4] *De prædest.*, ch. XXI et XXVI; dans Migne, *Patrol.*, t. CXXV, col. 182 et 268. — Cf. Migne, t. CXXV, p. 64.

[5] Mansi, *Concil.*, t. XIX, col. 422; Pagi, dans ses notes sur Baronius, *Annal. eccles.*, t. XVI, p. 548; Héfélé, t. VI, p. 259.

[6] Voir notre n° 91.

[7] L'analyse nous en a été conservée par Durand, abbé de Troarn, dans son traité *De corpore et sanguine Christi contra Berengarium*. Voir la *Bibl. max. Patrum*, t. XVIII, p. 437. — Cf. Labbe, *Concil.*, t. IX, col. 1059; Hardouin, *Concil.*, t. VI, part. I, col. 1021; Mansi, *Concil.*, t. XIX, col. 781; Héfélé, t. VI, p. 333.

[8] Voir les *Acta Sanctorum April.*, t. I, p. 756, in vita S. Galterii, ch. II; Mansi, *Concil.*, t. XX, col. 437; Héfélé, t. VI, p. 489.

[9] Voir notre n° 18. — Cf. Labbe, *Concil.*, t. X, col. 481; Mansi, *Concil.*, t. XX, col. 751; Héfélé, *Histoire des conciles*, t. VII, p. 18.

prononcée contre Philippe Ier et Bertrade. On possède une curieuse lettre de Lambert d'Ardres au pape Pascal II qui raconte ce qui s'est passé dans cette réunion[1].

1129. — Synode tenu à Paris dans l'abbaye de Saint-Germain-des-Prés; on y ordonna que les religieuses de l'abbaye d'Argenteuil seraient dispersées dans divers monastères à cause de leur inconduite[2].

1147. — Concile tenu à Paris, où fut condamné Gilbert de la Porrée. Nous avons cité l'importante lettre de Geoffroy de Clairvaux qui s'y rapporte[3].

1170. — Nous avons donné deux documents qui semblent prouver qu'un concile fut réuni à cette date à Paris pour l'examen d'une erreur théologique de Pierre Lombard[4]. Cette réunion n'est pas mentionnée par les historiens des conciles.

On voit par la liste qui précède qu'en ajoutant le témoignage des chartes aux autres sources d'information, on trouve, pour la période qu'embrasse le présent volume, vingt et un conciles ou synodes tenus à Paris, soit cinq de plus que n'en comptent habituellement les historiens ecclésiastiques. C'est là un résultat qu'il nous a paru intéressant de mettre en lumière.

VI

Importance des chartes :

L'importance des chartes au point de vue historique est si grande, les renseignements que l'on en peut tirer sont tellement variés, que nous serions entraîné trop loin si nous voulions mettre en relief tout ce que les historiens peuvent trouver dans les documents ici réunis, et qu'ils chercheraient vainement dans les chroniques.

Les chartes nous permettent de pénétrer d'une façon presque intime dans la vie des gens du moyen âge, elles nous montrent de quelle manière les familles se constituaient, comment la langue se formait, comment les villes s'agrandissaient.

pour la langue et l'onomastique,

Rien que ces listes de noms qui figurent au bas de beaucoup de pièces offrent au philologue l'occasion d'une foule d'observations curieuses. C'est là

---

[1] Voir notre n° 136.
[2] Voir Labbe, t. X, col. 936; Hardouin, t. VI, part. II, col. 1146; Mansi, t. XXI, col. 379. — Cf. Héfélé, t. VII, p. 205.
[3] Voir notre n° 333. — Cf. le *Libellus contra Gilbertum*, du même Geoffroy de Clairvaux, dans Migne, *Patrol.*, t. CLXXXV, col. 617. — Cf. Labbe, t. X, col. 1105; Mansi, t. XXI, col. 707; Héfélé, t. VII, p. 300 et suiv.
[4] Voir nos n°s 484 et 485.

AVERTISSEMENT.

qu'on trouve parfois les premiers exemples de certains mots français. On peut y suivre avec certitude les séries de déformations par lesquelles ont passé les vocables latins pour arriver aux formes admises dans notre langue.

Ces listes de témoins nous montrent à quelle époque ont commencé à se former les noms de famille. Ainsi, dans notre Cartulaire, hommes et femmes ne portent jusqu'au xi° siècle qu'un nom unique. Le premier exemple que nous trouvions d'un double nom est de la fin du x° siècle. Un certain *Robertus de Nogeria* figure comme témoin dans un diplôme de Hugues Capet [1]. Mais ce diplôme est apocryphe, et ce nom, joint à celui de *Genselinus Silvanectensis buticularius* qui l'accompagne, suffirait à prouver la fausseté du diplôme, car il faut attendre un demi-siècle au moins pour trouver des noms de même forme [2]. C'est vers 1060 que nous voyons apparaître des souscriptions où un nom de lieu (lieu de naissance ou fief) est joint au prénom, ainsi *Thetbaldus de Montemorenci, Amalricus de Monteforti, Radulfus Belvacensis* [3], puis *Simon de Monteforti, Amalricus de Castelloforti, Willelmus de Gomethiaco, Herveus de Marleio, Warinus de Parisius* [4], etc. A côté des noms ainsi composés nous rencontrons des sobriquets. Déjà en 1045 nous avons un *Hugo Rufus* [5]; en 1060, nous trouvons un *Amalricus Rufus* [6]; mais c'est seulement depuis les premières années du xii° siècle que les surnoms deviennent aussi fréquents que variés. Ainsi nous rencontrons vers 1108 *Warnerius Calceus, Johannes Pauper, Radulfus Delicatus, Walterius Musavena, Rotbertus Longus, Rotbertus Pes de Alcha, Rainardus Bella Caro* [7], *Hugo Strabo* [8], etc. Enfin, depuis la seconde moitié du xii° siècle, beaucoup d'individus sont désignés par le nom de leur père, comme *Walterus filius Berneri* [9], *Ansellus filius Tiberti* [10], ou simplement *Ansellus Tiberti* [11].

Ces quelques exemples montrent quelles ressources on peut trouver dans les chartes pour l'étude de l'onomastique.

Est-il nécessaire d'insister sur tous les renseignements qu'elles peuvent fournir à l'historien pour la topographie du vieux Paris? On voit naître, pour

pour la topographi de Paris.

---

[1] Voir p. 95.
[2] Nous avons un *Hugo Melletensis* dans un diplôme de Robert en 997 (voir p. 101). Mais nous croyons ce diplôme faux, et cette souscription n'est qu'un argument de plus à l'appui de notre opinion.
[3] Voir p. 124.
[4] Voir p. 127.
[5] Voir p. 118.
[6] Voir p. 124.
[7] Voir p. 166.
[8] Voir p. 170.
[9] Voir p. 124.
[10] Voir p. 328.
[11] Voir p. 399.

ainsi dire, dans notre Cartulaire tous ces noms qui ont servi dans la suite à désigner les principales rues de la Ville.

Il en devait exister bien peu avant le xe siècle; nous en avons la preuve non seulement dans le silence des pièces trop peu nombreuses qui nous restent des temps antérieurs, mais surtout dans un document qui serait d'une valeur inappréciable s'il était possible d'identifier toutes les parties de la Ville qu'il mentionne : c'est ce fragment de polyptyque de l'abbaye de Saint-Maur-des-Fossés que nous a conservé un manuscrit du xe siècle [1]. Aucune des rues de Paris mentionnées dans ce polyptyque n'est désignée autrement que par l'expression banale de *via publica*. C'est par des expressions analogues qu'on désignait les rues les plus importantes; ainsi, au ixe siècle, un diplôme de Charles le Chauve mentionne la *via quæ tendit ad Magnum Pontem* [2]. Le premier exemple d'un nom de rue que fournissent nos chartes est de l'an 820. Louis le Pieux, voulant délimiter la partie de la Ville soumise à l'Église de Paris, interdit aux officiers royaux de percevoir aucuns droits ou d'exercer leurs pouvoirs «de regali via ex parte Sancti Germani à Sancto Mederico usque ad locum qui vocatur Tudella, in *ruga Sancti Germani* neque in aliis minoribus viis que tendunt ad monasterium ejusdem prenominati Sancti Germani» [3]. La *ruga Sancti Germani* est sans aucun doute la rue Saint-Germain-l'Auxerrois. On la retrouve sous la même dénomination une quarantaine d'années plus tard dans le diplôme par lequel Charles le Chauve cède à l'évêque Énée le Grand Pont nouvellement construit [4]. Quant aux autres rues visées dans le diplôme de 820, elles ne portent point encore de nom; aussi ce texte a-t-il fort embarrassé les critiques. La *via regalis* doit être la rue Saint-Martin ou son prolongement vers la Seine, puisque notre texte semble y placer l'église Saint-Merry. Mais où était le lieu nommé *Tudella*? L'abbé Lebeuf [5] le place à la Grange-Batelière. Jaillot a fort bien montré combien cette opinion était peu vraisemblable [6], mais il n'est peut-être pas plus près de la vérité en cherchant ce lieu dans la rue Saint-Germain-l'Auxerrois. Tout son raisonnement repose en effet sur la question de savoir si l'on doit mettre une

---

[1] Voir notre n° 54.
[2] Voir p. 63.
[3] Voir p. 44.
[4] Voir p. 63.
[5] *Hist. du diocèse de Paris*, t. I, p. 117. — Nous avons, par inadvertance (p. 44, n. 1), prêté l'opinion de Lebeuf à Jaillot, qui l'a combattue longuement.
[6] *Recherches sur Paris*, t. II, quartier de Montmartre, p. 25.

virgule après le mot *Tudella*, comme si les anciens titres étaient ponctués avec assez de soin pour qu'on pût chercher des arguments dans un détail aussi incertain.

Bien des années devaient s'écouler encore avant qu'on prît l'habitude de désigner toutes les rues de la Ville par un nom facile à reconnaître, et ce n'est guère qu'au xii⁰ siècle que nous voyons les expressions vagues et les périphrases remplacées, dans la désignation des rues, par des noms dont quelques-uns se sont perdus de bonne heure et sont difficiles à identifier aujourd'hui, tandis que d'autres se sont conservés pendant tout le moyen âge. Ainsi on trouvera dans ce Cartulaire la rue de la Poterie, sous le nom de *Poteria*[1] ou de *Figularia*[2]; la rue des Sablons, *Sabulum*[3]; le *vicus Judæorum*[4], qui serait devenu d'après Jaillot la rue de la Friperie[5]; le *vicus Parvi Pontis*[6], qui ne peut être que la rue du Marché-Palu ou la rue de la Juiverie; le *vicus Chevruchun*[7], qui, s'il faut en croire une note que nous avons citée[8], doit être identifié avec la rue de Champrosay, devenue depuis le xvi⁰ siècle la rue de Perpignan[9].

Nous n'insisterons pas davantage sur l'intérêt si varié que peuvent présenter les documents réunis dans ce Cartulaire général de Paris; nous ajouterons seulement que, pour justifier autant que possible le titre de cet ouvrage, nous nous sommes efforcé de fournir des éléments de travail aux personnes qui étudient l'histoire de Paris à un point de vue quelconque; c'est ce qui nous a engagé à insérer un certain nombre de pièces qui n'ont pas un rapport absolument direct avec l'histoire parisienne, mais qui fournissent de curieux renseignements pour la connaissance des mœurs, ou pour l'étude du droit et de la condition des personnes dans le vieux Paris.

On trouvera donc dans notre Cartulaire un certain nombre de chartes qui font connaître la condition des serfs aux xi⁰ et xii⁰ siècles, qui présentent des exemples d'affranchissements, d'échanges, de mariages, etc., ou qui montrent les serfs arrivant graduellement à une émancipation relative, grâce aux privilèges accordés à nos grandes abbayes parisiennes.

---

[1] Voir p. 362.
[2] Voir p. 421.
[3] Voir p. 468.
[4] Voir p. 206, 257, 272, etc.
[5] Jaillot, t. III, quartier des Halles, p. 31.
[6] Voir p. 337.
[7] Voir p. 279, 283, etc.
[8] Voir p. 417, note 1.
[9] Cf. Jaillot, *Recherches*, etc., t. I, quartier de la Cité, p. 155-156.

C'est également pour donner une idée de la procédure suivie à Paris dans les affaires contentieuses que nous avons imprimé ou tout au moins mentionné plusieurs jugements royaux[1] et un ou deux de ces curieux procès-verbaux de duels judiciaires dans lesquels se reflètent avec une naïveté quelque peu sauvage les mœurs de l'époque[2].

Mais les documents de ce genre qui nous sont parvenus ne se rattachent point à l'histoire parisienne par des liens assez étroits pour qu'il fût possible d'insérer dans notre recueil tous ceux que nous pouvions rencontrer. Nous avons donc fait un choix restreint, puisse-t-il ne pas nous exposer à trop de critiques !

VII

Soins apportés à la publication des documents contenus dans ce Cartulaire.

Nos lecteurs sont maintenant édifiés sur la façon dont ce recueil a été conçu et sur les principes qui ont présidé au choix des pièces qui en font partie ; mais quelques mots sont encore nécessaires pour expliquer de quelle façon nous avons compris nos devoirs d'éditeur.

Notre premier soin a été de rechercher autant que possible les originaux de tous les documents que nous avons imprimés ou simplement cités, et c'est d'après ces originaux, toutes les fois qu'ils existent, que nos textes ont été établis. En l'absence de l'original, nous avons toujours fait la collation des diverses copies qui pouvaient nous être restées d'une même pièce, et nous en avons indiqué scrupuleusement les variantes.

A la suite de chaque document on trouvera la mention, par ordre chronologique, de toutes les copies anciennes que nous avons connues, avec leur cote actuelle dans les divers dépôts où elles sont conservées. Non seulement nous avons toujours donné les cotes actuelles, mais nous y avons joint, toutes les fois que cela pouvait être utile, les cotes anciennes; et nous avons pu ainsi identifier certaines pièces avec des mentions contenues dans d'anciens inventaires, parfois même avec des documents que l'on pouvait croire perdus[3].

Quant aux livres où se trouvent déjà publiées des pièces de ce recueil, nous les avons toujours cités à la suite des documents dont nous n'avons pas donné

---

[1] Voir nos nos 15, 16, 21, 23, 160, etc.

[2] Voir par exemple notre n° 388.

[3] Ainsi notre n° 282 porte actuellement aux Archives la cote K. 23, n° 67. Mais sa cote ancienne S. 5077, n° 3, en montrant que c'est une pièce distraite du fonds du Temple, permet de l'identifier avec une charte que M. Monnier, l'historien de ce fonds, avait cru perdue.

le texte *in extenso*. Mais nous avons cru pouvoir nous dispenser de toute indication bibliographique pour les textes dont nous donnions nous-même une édition nouvelle; à quoi bon en effet allonger un travail déjà trop développé en mentionnant toutes les éditions de ces chartes dont nous nous étions efforcé d'établir le texte avec plus d'exactitude et de correction que tous nos devanciers? Nous avons d'ailleurs eu soin de nous reporter à tous les ouvrages où nous pouvions trouver soit une variante importante, soit une observation intéressante, soit une divergence de date, et nous avons eu soin de les signaler en note, toutes les fois que cela pouvait avoir quelque intérêt.

On nous reprochera peut-être de n'avoir pas indiqué en général d'où dérivent les diverses copies de chaque pièce, de même que les éditeurs de chroniques ont soin d'indiquer la filiation des manuscrits dont ils se servent. Mais il nous a semblé qu'il était impossible d'en agir ainsi avec des chartes. Il n'est pas un éditeur de textes qui ne sache, en effet, combien il est parfois difficile de déterminer la filiation des manuscrits d'un même auteur; or, si cela est difficile pour un texte de quelque étendue, on comprendra que cela le soit bien davantage avec une charte qui donne tout au plus deux ou trois pages d'impression. Dans des textes aussi courts, il est le plus souvent impossible de trouver des variantes caractéristiques en nombre suffisant pour établir avec certitude la filiation des copies.

Nous avons donc préféré nous abstenir que de nous exposer sur ce point à des conclusions arbitraires. Mais toutes les fois que nous avons eu la certitude absolue qu'une copie manuscrite ou imprimée dérivait directement de telle ou telle autre, nous avons eu soin de l'indiquer.

Nos transcriptions sont toujours précédées du titre de la pièce tel qu'il est écrit au dos de l'original, du moins lorsque ce titre est contemporain du document. Ces titres anciens ont parfois plus d'intérêt qu'on ne le supposerait de prime abord. Ils peuvent même ajouter aux renseignements contenus dans une charte, et dans ce dernier cas nous n'avons pas hésité à les prendre, même quand ils étaient de date relativement moderne.

Ici, par exemple, nous avons relevé en note un titre du XVe siècle qui montre entre quelles mains se trouvait à cette date une terre donnée en 995 aux moines de Marmoutier[1]. Là le titre donné à une charte par un auteur du XVIIe siècle, Marryer, nous a permis d'identifier un diplôme de Louis VII que M. Luchaire croyait perdu et qu'il avait publié lui-même sans le recon-

---

[1] Voir p. 96, note 2.

naître[1]. Ailleurs une série de mentions du même genre nous ont permis de suivre jusqu'au xviiie siècle l'histoire sommaire d'une maison donnée à l'Hôtel-Dieu pendant le cours du xiie siècle par Hugues de Châteaufort[2]. Mais si nous avons recueilli avec empressement les trop rares mentions de ce genre qui nous ont paru instructives, nous nous sommes bien gardé d'allonger inutilement nos notes en y insérant ces cotes insignifiantes et de date peu ancienne qu'on lit si souvent au dos des pièces.

De la critique des chartes.

Si le premier devoir d'un éditeur est de donner des textes corrects, le second est de s'assurer de l'authenticité des documents qu'il publie et d'en déterminer soigneusement la date. On reconnaîtra, nous l'espérons, que nous avons toujours eu cette double préoccupation, si l'on veut bien jeter les yeux sur les notes nombreuses et parfois assez développées que nous avons consacrées aux questions de diplomatique ou de chronologie soulevées par nos documents.

Quoique la plupart de ces vieilles chartes parisiennes aient été publiées plus d'une fois et par des savants de haute autorité, le dernier mot n'est pas dit sur chacune d'elles. Notre excellent confrère M. Julien Havet a récemment démontré, dans une série d'articles dont nous aurions voulu pouvoir profiter quand nous imprimions nos pièces mérovingiennes, que bien des choses restaient à dire sur les diplômes de la première race. Il a prouvé, et nous nous rangeons absolument à sa manière de voir, que le qualificatif de *vir inluster* donné par tous les paléographes aux rois mérovingiens ne leur avait jamais appartenu, que Pépin et Charlemagne seuls l'ont porté après leur accession au trône[3], et que le datif *viris inlustribus* devait remplacer le nominatif dans tous les diplômes où l'abréviation *v. inl.* se rencontre à la suite de la suscription royale[4]. M. Havet a de même reconnu avec une rare perspicacité la fausseté de documents admis jusqu'ici par tous les critiques[5].

---

[1] Voir p. 264, note 1.

[2] Voir p. 461, note 1.

[3] Les conclusions de M. Havet ont été combattues par M. Pirenne dans le *Compte rendu de la Comm. royale d'histoire de Belgique*, 4e s., t. XIII, et par M. Breslau, dans le *Neues Archiv der Gesellschaft für ältere deutsche Geschichtskunde*, t. XII. Mais les objections de ces deux savants ont été facilement réfutées par M. Havet dans la *Bibl. de l'École des chartes*, t. XLVIII (1887), p. 127 et s. Enfin, pendant que nous imprimions ces lignes, M. d'Arbois de Jubainville vient de lire devant l'Académie des inscriptions et belles-lettres un travail qui apporte des arguments nouveaux et concluants à la thèse de M. Havet.

[4] *Bibl. de l'École des chartes*, t. XLVI (1885), p. 138.

[5] *Ibid.*, p. 205, 430; et t. XLVIII, p. 1.

AVERTISSEMENT.

On ne nous trouvera donc pas trop hardi d'avoir contesté nous aussi l'authenticité de divers diplômes que personne ne paraissait avoir suspectés [1]. Nous ne croyons pas d'ailleurs avoir poussé la critique à l'excès, et s'il est un reproche à nous faire, c'est plutôt d'avoir manifesté parfois nos doutes avec trop de réserve.

Ainsi nous nous sommes peut-être exprimé trop timidement au sujet du diplôme qui ouvre le recueil. Tout cependant s'accorde pour le faire rejeter. Nous avons démontré que la date en était inadmissible. On y trouve le récit d'un miracle légendaire qui paraît emprunté à la vie de saint Germain [2]. Le style n'en est point satisfaisant. Le roi Childebert y parle à la première personne du pluriel, comme le font habituellement les rois mérovingiens, mais dans le récit du miracle il emploie la première personne du singulier [3]. Inutile d'observer que l'orthographe ne ressemble pas plus que le style à celle des diplômes authentiques. Les formules prêtent à la critique. Ainsi la suscription est tronquée, l'annonce de la souscription royale n'a pas la forme habituelle, la date de lieu manque, la date d'année commence par le mot *actum* au lieu de *datum*. De plus, elle est avant la souscription au lieu d'être après, ce qui est sans exemple. Enfin la souscription est incomplète, et elle n'est pas de style, car les rois mérovingiens signaient $X\ldots$ *rex* et non *rex Francorum*. On ne doit donc point hésiter à rejeter complètement cet acte, qui a joui jusqu'ici d'une confiance imméritée.

Nous craignons bien également d'avoir traité avec trop d'indulgence le fameux testament de Bertrand, évêque du Mans. Nous n'en ferons point ici une critique approfondie. M. Havet s'en occupe et il ne tardera pas à nous faire savoir ce qu'on doit penser de ce document. Mais nous ne pouvons nous empêcher d'observer que la copie qui a principalement servi jusqu'ici à en établir le texte nous est parvenue dans une chronique bien peu digne de confiance. Les *Gesta episcoporum Cenomanensium* contiennent des pièces trop

---

[1] Voir par exemple nos n°s 1, 13, 29, 32, 37, 38, 44, 45, 65, 76, 89, 93, etc. — Nous devons faire remarquer que notre volume est resté près de sept ans sous presse, et dans cet intervalle ont paru plusieurs ouvrages dont nous n'avons pu profiter, et où l'on a signalé la fausseté de diverses pièces que nous avions rejetées de notre côté. Ainsi M. Pfister a contesté l'authenticité d'un diplôme de Robert pour l'abbaye de Saint-Denis (Pfister, *Études sur le règne de Robert le Pieux*, p. XXXII et LXXI-LXXII), dont nous avions déjà démontré la fausseté. (Voir notre n° 78.) M. Pflugk-Harttung (*Specimina selecta chartar. pont. roman.*, pl. 113) a fait de même pour une prétendue bulle de Benoît VII que nous avons donnée sous le n° 65.

[2] Cf. le récit d'un miracle analogue dans la vie de saint Germain, *Acta SS. Maii*, t. VI, p. 771.

[3] « Continuo sumpsi sanitatis donum... »

manifestement fausses[1] pour que la présence de ce testament en si mauvaise compagnie soit faite pour le recommander à l'indulgence des diplomatistes.

Nous serions entraîné trop loin si nous voulions passer ici en revue toutes les chartes dont nous avons discuté la valeur. Les notes dont nous les avons accompagnées, si elles ne suffisent pas toujours à convaincre nos lecteurs, auront du moins pour résultat d'éveiller leur attention et de les obliger, avant d'employer ces documents, à les examiner de plus près qu'on ne l'a fait jusqu'ici.

De la chronologie. La chronologie soulève des difficultés non moins grandes que la diplomatique, et le manque de dates dans un grand nombre de documents des XIe et XIIe siècles a dû forcément nous entraîner dans quelques erreurs. Nous en avons nous-même reconnu plusieurs en cours d'impression. Ainsi nous nous sommes aperçu, malheureusement trop tard, que notre n° 584 aurait dû prendre place vers l'an 1145 et que nous avions rapporté au milieu du XIIe siècle une pièce (n° 370) qui peut se classer avec certitude entre 1145 et 1148[2].

A part les bulles pontificales, il y a bien peu de pièces du XIIe siècle qui soient datées du jour et du mois. Celles qui sont datées ne le sont que de l'année de l'Incarnation ou du règne du roi ou du pontificat d'un évêque. Pour classer ces pièces, il est donc nécessaire de déterminer avec rigueur le point de départ de ces années. Notre tâche, à cet égard, a été bien simplifiée pour la seconde moitié de ce volume par l'ouvrage de M. Luchaire sur les actes de Louis VII. L'impression de la partie correspondante de notre Cartulaire n'était pas encore assez avancée, quand ce livre a paru, pour que nous n'ayons pu en profiter; mais si cet ouvrage nous a rendu des services que nous nous plaisons à reconnaître, nous ne nous sommes point cru permis d'adopter sans contrôle les dates proposées par M. Luchaire, et l'on verra qu'à plusieurs reprises nous avons cru devoir contester ses conclusions.

---

[1] Les auteurs de l'*Histoire littéraire de la France* l'avaient reconnu dès le siècle dernier (t. V, p. 146).

[2] Peut-être aussi notre n° 468 aurait-il dû se placer avant le n° 467; car il paraît probable que le chanoine Philippe, mentionné dans cette dernière pièce, n'est autre que le neveu de l'évêque de Meaux dont parle le pape Alexandre III dans cette lettre au chapitre de Paris que nous avons citée sous le n° 468. Enfin, nous aurions dû placer notre n° 161 avant la pièce numérotée 160; car cette dernière porte la souscription du bouteiller Gilbert, qui succéda en 1112 au bouteiller Guy, encore nommé dans la pièce n° 161.

AVERTISSEMENT.

Un point surtout devait appeler notre attention et méritait une étude approfondie, c'est la question de savoir à quelle date commençait l'année civile à Paris. Il existe peu de problèmes plus confus, car chaque province avait à cet égard des usages particuliers, et la même province n'a pas toujours suivi les mêmes usages aux différentes époques du moyen âge.

Jusqu'à preuve du contraire, on peut admettre qu'à Paris on observait, du moins sous la troisième race, les règles admises à la chancellerie royale. Mais quelles étaient ces règles? Il est bien difficile de le dire, malgré les consciencieuses recherches qui ont tout récemment encore été faites sur cette question.

Ainsi M. Pfister, dans son étude sur le règne du roi Robert, a admis que la chancellerie de ce prince faisait commencer l'année au 1er mars [1]. Mais en réalité les arguments invoqués par M. Pfister autorisent à croire que l'année ne commençait point au 1er janvier, ils ne permettent pas d'en placer avec certitude le point de départ au 1er mars, plutôt qu'au 25 mars ou à Pâques.

Examinons en effet les diplômes sur lesquels M. Pfister appuie son argumentation.

Le premier est ainsi daté : « Actum Senonis civitate, anno Dominice Incarnationis MXVIII, regnante serenissimo rege Rotberto anno XXXII, VI kal. martii. » La trente-deuxième année de Robert court du 25 décembre 1018 au 24 décembre 1019. Ce diplôme est donc du 24 février 1019, quoiqu'il soit daté de 1018. Cela prouve que Robert ne commençait pas l'année au 1er janvier, mais ne prouve pas qu'il la commençât au 1er mars plutôt qu'au 25 mars ou à Pâques.

Un deuxième diplôme est ainsi daté : « Actum Avaloni, anno Incarnati Verbi MXXIII, regnante Rotberto rege anno XXXVII. » Or, dit M. Pfister, à reculer la date du règne autant que possible, la trente-septième année de Robert coïncide avec l'an 1024 (n. st.). Cela est fort juste, mais quand il ajoute : « il faut donc admettre que ce diplôme a été donné entre le 1er janvier et le 1er mars 1024, » il pose une conclusion qui ne découle aucunement de ses prémisses, car la date de ce diplôme pourrait aussi bien se concilier avec le style de l'Annonciation ou le style de Pâques.

Le dernier diplôme invoqué par M. Pfister n'est pas plus probant, car

---

[1] Pfister, *Études sur le règne de Robert le Pieux*, p. XXXIV et s.

il est seulement daté : «Actum publice Aurelianis, anno Incarnati Verbi M° XX° IX°, regnante Roberto anno XLIII.» Or la quarante-troisième année de Robert correspond à notre année 1030; on peut donc affirmer que ce diplôme est postérieur au 1ᵉʳ janvier; mais rien ne dit qu'il soit, comme le croit M. Pfister, antérieur au 1ᵉʳ mars, car il serait daté de la même façon si le début de l'année avait été fixé au 25 mars ou à Pâques.

M. Pfister n'apporte donc aucune preuve directe que la chancellerie de Robert ait commencé l'année au 1ᵉʳ mars.

Il a bien, il est vrai, démontré que cette façon de commencer l'année était usitée au XIᵉ siècle en Bourgogne; mais cela ne prouve absolument rien pour ce qui se pratiquait à Paris et à la cour du roi Robert, car nous avons déjà dit et tout le monde sait que chaque province avait à cet égard des usages spéciaux.

Nous sommes plus touché d'un autre argument qu'invoque M. Pfister et qui s'applique à une région toute voisine de Paris et dépendant du domaine royal. Le grand évêque Fulbert enseignait à ses élèves de l'école épiscopale de Chartres une façon de compter les réguliers de janvier et de février différente de la nôtre. Tandis que pour nous le régulier de janvier est 2 et celui de février 5, d'après Fulbert c'était 3 et 6, ce qui oblige à admettre qu'il commençait l'année au 1ᵉʳ mars et comprenait dans chaque année les mois de janvier et de février, qui, pour nous, appartiennent à l'année suivante. Mais pour pouvoir tirer de cet argument toute sa valeur, il faudrait prouver que ce calcul n'est point resté à l'état théorique et démontrer par quelque diplôme bien concluant qu'il est vraiment entré dans la pratique des chancelleries de l'Île-de-France.

Il n'y a donc, on le voit, qu'une présomption favorable pour l'opinion de M. Pfister. Il n'y a, lui-même l'a reconnu du reste, aucune certitude.

sous Henri Iᵉʳ,

Sommes-nous mieux fixés en ce qui concerne les successeurs de Robert le Pieux?

Les diplômes de Henri Iᵉʳ n'ont pas encore été étudiés d'assez près pour qu'il soit facile de dire quels usages ont prévalu à la chancellerie de ce prince. Voici cependant un acte qui prouverait qu'on n'y suivait ni le style de Pâques ni celui de l'Annonciation. C'est une confirmation accordée au monastère de Saint-Nicolas d'Angers et qui est ainsi conçue : «Actum est hoc apud Andegavam civitatem publice, anno ab Incarnatione Verbi divini MLVII, indictione X, kalendis martii, in monasterio Sancti Albini, anno quoque regni domini Henrici regis XXVI [1]. » La vingt-sixième année du règne de Henri Ier va du 20 juillet 1056 au 19 juillet 1057. Cette pièce est donc du 1er mars 1057, ce qui s'accorde avec l'indiction x. Or elle porte le millésime de 1057; les notaires qui l'ont rédigée ne faisaient donc commencer l'année ni à Pâques ni à l'Annonciation. Mais la commençaient-ils au 1er mars, comme M. Pfister le suppose pour le roi Robert, ou au 1er janvier? Rien ne le dit et nous ne connaissons point d'autres pièces qui permettent de trancher la question.

Même embarras pour le règne de Philippe Ier. M. de Wailly [2] a cru trouver dans un diplôme qu'il attribue au 24 février 1101 la preuve que ce prince employait le style de Pâques. Mais cette conclusion n'est point rigoureuse, car la pièce est datée : « anno Incarnati Verbi M C, epacta XVIII, indictione et concurrentibus VII. Data Parisius, VI kal. martii, luna XII, anno regni nostri XLIII. » Or, à admettre qu'elle soit bien de 1101 [3], le millésime M C qu'elle porte peut s'accorder tout aussi bien avec le style du 1er mars ou du 25 mars qu'avec celui de Pâques. Il n'est inconciliable qu'avec le style de la Circoncision.

sous Philippe Ier.

Mais en revanche dom Bouillart [4] et Du Bois [5] ont publié un diplôme du même roi pour l'abbaye de Saint-Germain-des-Prés, dont les dates ne peuvent s'expliquer que si l'on place le commencement de l'année au 1er janvier. Ce diplôme, en effet, se termine ainsi : « Actum Pissiaco castro, anno Verbi Incarnati M LXXXII°, regnante Philippo rege a° XXIII°... Datum mense januario die VI^{ta}, indictione V^a. » L'indiction V prouve que cette pièce est du 6 janvier 1082; ce qui concorde avec la vingt-troisième année de Philippe, en comptant son règne, comme on l'a fait souvent, de son sacre (23 mai 1059). Or, si l'on avait employé le style de Pâques, de l'Annonciation ou du 1er mars, l'acte porterait le millésime M LXXXI.

---

[1] Labbe, *Alliance chronol.*, t. II, p. 574. — Besly, *Hist. des comtes de Poictou*, p. 331. — *Gallia christ. vetus*, t. IV, p. 688. — *Rec. des hist. de la France*, t. XI, p. 593.

[2] *Éléments de paléogr.*, t. I, p. 350.

[3] Notons en effet que, si l'on compte les années de Philippe Ier à la façon ordinaire, c'est-à-dire de la mort de son père (4 ou 29 août 1060), ou de son sacre (23 mai 1059), la quarante-troisième année de son règne ne peut s'accorder qu'avec l'an 1103 ou 1102. D'autre part, le concurrent XVIII est celui de 1100 et l'indiction VII indique l'année 1099. Comment arriver à des conclusions certaines au milieu de ces contradictions, qui ne sont pas rares dans les actes de Philippe Ier? (Cf. notre n° 129, p. 152, n. 1.)

[4] *Hist. de Saint-Germain-des-Prés*, pr., p. 32.

[5] *Hist. eccles. Paris.*, t. I, p. 719.

CARTULAIRE GÉNÉRAL DE PARIS.

sous Louis VI,

Les diplômes de Louis VI prêtent à des observations également contradictoires.

Nous en avons un d'une authenticité absolue [1] et qui est daté : « anno MCXI, consecrationis III. » Le sacre (consecratio) de Louis VI ayant eu lieu le 3 août 1108, cette pièce se place entre le 3 août 1110 et le 2 août 1111; d'autre part, elle est antérieure au 12 mars. Il faut donc, puisqu'elle est datée de 1111, qu'on y compte l'année de l'Incarnation du 1er janvier ou tout au moins du 1er mars.

Voici d'ailleurs une seconde pièce plus ancienne d'un an et qui prouve que Louis VI a parfois commencé l'année au 1er janvier [2]. Elle est datée : « anno M° C° X°, indictione III², pridie nonas februarii, anno unctionis nostræ II°. » L'an II du règne de Louis VI est compris entre le 3 août 1109 et le 2 août 1110; ce diplôme est donc du 4 février 1110, ce que confirme l'indiction; or il porterait le millésime de 1109, si l'on avait pris pour point de départ de l'année une date postérieure au 1er janvier.

En revanche, on peut citer une charte de Sainte-Geneviève [3] antérieure d'un mois à peine à celle-là, et qui prouve que certaines chancelleries parisiennes, à la même date, faisaient commencer l'année après le 1er janvier, et l'on peut citer également un diplôme royal de 1120 qui oblige à placer le point de départ de l'année après le 1er janvier, sans fournir aucun argument pour Pâques plutôt que pour l'Annonciation [4].

On comprend donc qu'il eût été téméraire de vouloir tirer une règle générale de données aussi contradictoires; aussi n'avons-nous point cherché, pour toute la période antérieure à Louis VII, à indiquer les dates extrêmes de chaque année entre lesquelles nos pièces devaient se placer.

sous Louis VII.

Quant au règne de Louis VII, il vient d'être étudié avec soin par M. Luchaire, et cet auteur a conclu que le commencement de l'année était alors fixé à Pâques [5]. Mais si les actes qu'il invoque peuvent prouver que la chancellerie de ce prince ne commençait pas l'année au 1er janvier, ils ne fournissent point de preuve péremptoire pour le style de Pâques plutôt que pour celui de l'Annonciation ou du 1er mars.

---

[1] C'est notre n° 157.
[2] C'est notre n° 155 bis.
[3] Voir notre n° 155.
[4] Voir notre n° 185. Il faut, à la note que nous avons consacrée à cette pièce, ajouter les mots : « au 25 mars. »
[5] Luchaire, *Études sur les actes de Louis VII*, p. 26 et 27.

On en jugera en examinant ici les preuves invoquées par le savant historien des premiers Capétiens.

Un acte de Louis VII est daté de Châlons-sur-Marne, la dixième année de son règne, l'an 1146 [1]. L'année du règne indique que cette pièce se place entre le 1er août 1146 et le 31 juillet 1147. « Or, dit M. Luchaire, nous savons par un chroniqueur que, le 2 février 1147, Louis VII se trouvait à Châlons, où il était allé au-devant de saint Bernard, qui revenait de Lorraine. Si nous ajoutons que l'acte en question a été octroyé sur le conseil de l'abbé de Clairvaux, on pourra conclure sans témérité qu'ici la date 1146 représente en réalité 1147 du nouveau style. » Cette conclusion est parfaitement justifiée et tout porte à croire que cet acte est de février 1147, mais ce n'est pas une preuve péremptoire en faveur du style de Pâques, car la date de cette pièce s'expliquerait tout aussi naturellement avec le style de l'Annonciation ou celui du 1er mars.

Une confirmation de biens pour l'abbaye de Saint-Bénigne [2] est datée de Dijon l'an 1146, dixième du règne de Louis VII. Or on sait que Louis VII était à Dijon le 30 et le 31 mars 1147; il y était venu recevoir le pape Eugène III et assista avec lui à la consécration de l'église de ce monastère. « Il est donc infiniment probable, ajoute M. Luchaire, que la charte de Saint-Bénigne a été faite entre le 31 mars et le 20 avril 1147, époque où Louis VII était de retour à Paris et où commence l'année 1147 du vieux style. » Cela est possible; mais pourquoi cette confirmation n'aurait-elle pas précédé la consécration de Saint-Bénigne au lieu de la suivre? M. Luchaire admet qu'elle a pu avoir lieu dans les vingt jours qui ont suivi le moment précis où nous constatons la présence de Louis VII à Dijon. On peut aussi bien admettre qu'elle ait eu lieu dans les quelques jours qui ont précédé, c'est-à-dire avant le 25 mars? Les dates de cette pièce peuvent donc s'accorder avec le style de l'Annonciation autant qu'avec celui de Pâques.

M. Luchaire invoque encore un acte relatif à un procès de l'abbaye de Maillezais avec Sebrand Chabot [3] et un privilège en faveur de la Trinité de Poitiers [4], qui tous deux sont datés de 1151 quoique l'un soit du 2 février 1152 et l'autre antérieur de très peu de jours à cette date. Mais ces deux pièces

---

[1] Marlot, *Historia Remensis ecclesiæ*, t. II, p. 352.

[2] Pérard, *Rec. de pièces curieuses sur l'hist. de Bourgogne*, p. 232.

[3] Besly, *Hist. des comtes de Poictou*, p. 309. — *Gallia christ. nova*, t. II, instr., col. 282.

[4] Original aux Arch. de la Vienne. Voir Luchaire, p. 186, n° 269.

prouvent seulement que la chancellerie de Louis VII ne commençait pas l'année au 1ᵉʳ janvier. Elles ne fournissent pas un argument pour Pâques plutôt que pour le 1ᵉʳ ou le 25 mars.

Même conclusion pour cette confirmation des privilèges de Saint-Remy de Reims[1], datée de 1151, an du règne 19, épacte 12, concurrent 7, que M. Luchaire place entre le 13 janvier 1152 et Pâques (29 mars) 1152. Nous voulons bien admettre avec lui, pour ne pas nous perdre dans une trop longue discussion, que l'an du règne est ici compté de janvier 1134 et non de juillet 1133, comme le pensaient M. de Wailly[2] et l'abbé Lebeuf[3]. Nous admettrons même que l'abbé Eudes, mentionné dans l'acte, est le successeur de Suger à Saint-Denis[4], quoiqu'il soit bien plus naturel de croire avec la *Gallia christiana*[5] que c'est l'abbé de Saint-Remy de Reims, l'abbaye même à qui le privilège était concédé. Mais tout cela ne prouve rien en faveur du style de Pâques, car les éléments chronologiques contenus dans ce diplôme sont aussi bien compatibles avec le style de l'Annonciation ou du 1ᵉʳ mars.

Enfin nous en dirons autant de la dernière preuve invoquée par M. Luchaire et qui est une charte pour l'abbaye de Montmartre[6], datée de Paris 1154 et donnée par Louis VII à son retour d'Espagne, c'est-à-dire après le 9 février 1155. M. Luchaire la place entre le 9 février et le 27 mars. Il aurait pu tout aussi bien l'attribuer à la période comprise entre le 9 février et le 1ᵉʳ mars, ou entre le 9 février et le 25 mars.

On le voit donc, aucune des preuves invoquées par M. Luchaire n'est péremptoire, et cet auteur ne se serait sans doute point arrêté si facilement à la date de Pâques, s'il n'avait été influencé par les conclusions auxquelles M. Léopold Delisle était arrivé pour le règne de Philippe Auguste. Mais il importe de remarquer que M. Delisle n'a prouvé d'une façon certaine l'usage du style de Pâques à la chancellerie de Philippe Auguste que pour le XIIIᵉ siècle. Le premier diplôme de ce roi incontestablement daté d'après le style de Pâques est d'avril 1215 (n. st.)[7]. M. Delisle en a bien trouvé sept autres antérieurs qui prouvent que Philippe Auguste commençait l'année

---

[1] Martène, *Veter. script. amplissima coll.*, t. I, col. 815.
[2] *Éléments de paléogr.*, t. I, p. 355.
[3] *Mém. de l'Acad. des inscr. et belles-lettres*, t. XXVII, p. 184-190.
[4] D'où la date du 13 janvier 1152, jour de la mort de Suger.
[5] *Gall. christ.*, t. IX, col. 291.
[6] Voir notre n° 390.
[7] *Catal. des actes de Philippe Auguste*, n° 1549.

après la Circoncision, mais qui ne permettent point de conclure pour Pâques plutôt que pour le 25 ou le 1ᵉʳ mars.

On voit donc que cette question du point de départ de l'année civile à la chancellerie royale n'est vraiment bien élucidée que depuis le xiiiᵉ siècle. Toutefois, les conclusions de M. Luchaire ayant assez de vraisemblance et étant conformes à l'opinion commune, nous n'avons pas osé nous en écarter, et sous le bénéfice des réserves que nous venons de faire, nous avons supposé pour tout le règne de Louis VII l'année commençant à Pâques.

VIII

Nous nous sommes déjà trop étendu sur la façon dont nous avons compris nos devoirs d'éditeur; il nous reste cependant à parler d'un accessoire important des pièces qui composent ce recueil, c'est-à-dire des sceaux qui en garnissent les originaux. *Des sceaux.*

Nous avons eu soin de mentionner toujours à la fin de chaque document s'il était scellé ou si, le sceau ayant disparu, on pouvait reconnaître sur l'original qu'il en avait existé un. Mais nous n'avons pas cru devoir donner après chaque pièce la description du sceau qui y était appendu. Nous aurions en effet été entraîné à bien des répétitions, et d'ailleurs les sceaux royaux, qui sont de beaucoup les plus nombreux dans ce Cartulaire, sont trop connus aujourd'hui pour qu'il fût intéressant de les décrire.

Il n'en est pas de même du petit nombre de sceaux véritablement parisiens qui nous ont été conservés; de ceux-ci on ne s'est guère occupé, et ils ont un lien trop intime avec notre sujet pour qu'il nous fût permis de n'en point parler. L'administration municipale, qui ne recule devant aucuns frais pour accroître l'intérêt des beaux volumes qu'elle publie, a fait exécuter un certain nombre de planches où nous avons groupé les plus anciens monuments de la sigillographie parisienne. Dans ces planches, comme dans les descriptions qui vont suivre, nous n'avons compris que des sceaux véritablement parisiens, c'est-à-dire ceux des évêques, des abbés, et en général des personnages ecclésiastiques ou civils ou des établissements qui appartiennent proprement à l'histoire de Paris.

Aucun de ces sceaux n'est antérieur au xiiᵉ siècle, et nous ne croyons pas qu'il existe encore une seule empreinte de sceau parisien plus ancienne que le sceau de l'évêque Galon. Tous, sauf celui de Galon, sont des sceaux pen- *Premiers sceaux pendants.*

dants. Ce mode d'attache est, on le sait, une des particularités qui aident à distinguer les sceaux du xiiᵉ siècle de ceux du xiᵉ. On trouvera mention dans notre recueil du plus ancien sceau royal pendant qui existe sans doute à cette heure. Il paraît avoir échappé jusqu'ici à l'attention des sigillographes. Il appartient à l'an 1113 et est ainsi antérieur de cinq années au premier sceau pendant de Louis VI que signale l'inventaire des Archives nationales [1]. Il est fixé au bas de l'acte de fondation de l'abbaye de Saint-Victor [2]; chose à noter, cet acte nous est parvenu en double original; l'un des exemplaires est scellé en placard, l'autre porte un sceau pendant.

Nous ne croyons pas, quoi qu'en aient pu dire les Bénédictins [3], qu'aucun des prédécesseurs de Louis VI ait jamais fait usage de sceau pendant. C'était l'opinion de Du Cange [4] et de Mabillon [5], et si les Bénédictins ont cité un diplôme du roi Robert et un de Philippe Iᵉʳ munis d'un sceau pendant, leur témoignage n'a guère de valeur; car, M. de Wailly l'a fait observer avec raison [6], ils n'ont jamais vu ces deux diplômes et n'ont pu s'assurer de leur authenticité ni de l'authenticité des sceaux qui y étaient appendus.

Nous devons faire observer cependant que, parmi les actes que nous publions, il se trouve une pièce de Philippe Iᵉʳ dont l'original porte les traces d'un sceau pendant. Ce sceau existait encore au commencement de ce siècle, comme le prouve une note jointe à la pièce par quelque archiviste du temps du premier Empire, et qui est ainsi conçue : «Original muni d'un large sceau pendant.» Il s'est perdu depuis, chose assurément bien regrettable, car on ne peut plus vérifier s'il appartenait vraiment à Philippe Iᵉʳ ou si ce n'était point le sceau de quelque autre roi qu'on aurait appendu à la pièce postérieurement, pour lui donner plus d'autorité. Cette dernière hypothèse est d'autant plus permise que ce sceau n'était point appendu à une lanière de cuir ou de parchemin, ou à une cordelette, comme le sont toujours les plus anciens sceaux pendants, mais qu'il était fixé sur une simple queue découpée dans la partie inférieure du parchemin. Or on sait que les sceaux pendants sur simple queue ne se rencontrent guère dans les actes royaux que depuis le xiiiᵉ siècle. Le plus ancien exemple qu'on en ait signalé pendant longtemps ne datait que de 1215 [7]. M. Luchaire en a récemment décou-

---

[1] Douët d'Arcq, *Inv. des sceaux des Archives nat.*, t. I, p. xxiii.
[2] Voir notre n° 163.
[3] *Nouv. traité de Diplom.*, t. IV, p. 400.
[4] *Hist. de Villehardouin*, p. 263.
[5] *De re diplom.*, p. 150-151.
[6] *Élém. de paléogr.*, t. II, p. 31.
[7] *Élém. de paléogr.*, t. II, p. 35.

vert un parmi les actes de Louis VII[1], mais on n'en connaît pas pour le règne de Louis VI, et l'on peut douter, à plus forte raison, que l'on ait jamais scellé sur simple queue à la chancellerie de Philippe Ier. Il n'est donc pas démontré qu'aucun roi de France ait fait usage du sceau pendant avant Louis VI.

Nous avons dit plus haut que les sceaux parisiens antérieurs à la fin du xiie siècle nous étaient parvenus en bien petit nombre. En voici l'énumération :

Description des plus anciens sceaux parisiens.

1. — Sceau de Galon, évêque de Paris (1104-1116).

Sceau en ovale aigu de 75 millimètres sur 32. — Effigie de l'évêque en costume pontifical, debout, vu de face, tête nue[2], tenant la crosse de la main gauche, bénissant de la droite. — Légende :

✠ SIGILLV̄ GVALONIS PA ∥ riSIENSIS EPISCOPI

Sceau plaqué de couleur brune très foncée.

L'exemplaire ici gravé (pl. I, n° 1) est appliqué au bas d'un acte de 1107 ordonnant la réformation de l'abbaye de Saint-Éloi[3]. Les Archives nationales en possèdent un second exemplaire moins bien conservé, qui est plaqué sur un acte de 1108 constatant la donation au prieuré de Saint-Martin-des-Champs de la terre d'Aunay. C'est d'après ce second exemplaire que Douët d'Arcq a donné une description, d'ailleurs peu exacte, de ce sceau[4].

2. — Sceau de Girbert, évêque de Paris (1116-1124).

Sceau en ovale aigu de 73 millimètres environ sur 40. — Effigie de l'évêque en costume pontifical, debout, vu de face, tête nue[5], tenant la crosse de la main gauche, bénissant de la droite. — Légende :

SIGILLum Girberti ∥ parISIENSIS ēp̄ī

Sceau pendant sur cordelette de chanvre, couleur jaune foncée.

Il n'en existe qu'un exemplaire mutilé[6], appendu à un acte de 1122 confirmant une donation de moulins faite à l'abbaye de Saint-Victor par l'évêque Galon[7].

3. — Sceau de l'évêque Étienne de Senlis (1124-1142).

Sceau en ovale aigu de 66 millimètres sur 36. — Effigie de l'évêque en cos-

---

[1] Voir aux Arch. nat., K. 23, n° 12¹¹. — Cf. *Études sur les actes de Louis VII*, p. 78.
[2] Douët d'Arcq s'est trompé en le croyant mitré.
[3] Arch. nat., K. 20, n° 9. — Voir notre n° 143.
[4] *Inv. des sceaux*, t. II, p. 533, n° 6775.
[5] Douët d'Arcq s'est trompé en le croyant mitré.
[6] Douët d'Arcq, t. II, p. 533, n° 6776.
[7] Arch. nat., L. 892, n° 1. — Voir notre n° 194.

CARTULAIRE GÉNÉRAL DE PARIS.

tume pontifical, debout, vu de face, tête nue, tenant la crosse de la main gauche et bénissant de la droite [1]. — Légende :

SIGILLVM STEPHANI ∥ PARISIENSIS EPISCOPI

Sceau pendant sur lacs de soie. Couleur rouge.

Les Archives possèdent plusieurs exemplaires de ce sceau [2]; celui qui est ici gravé est emprunté à une confirmation pour l'abbaye de Saint-Victor que nous avons publiée sous la date de 1142 environ [3], mais qui pourrait bien être un peu plus ancienne, car on possède un second sceau de l'évêque Étienne qui paraît avoir remplacé celui-ci et que l'on trouve apposé à une pièce de 1138 environ [4].

4. — Autre sceau de l'évêque Étienne de Senlis.

Sceau en ovale aigu de 77 millimètres sur 45. — Effigie de l'évêque en costume pontifical [5], assis, de face, tête nue, tenant la crosse de la main gauche, bénissant de l'autre. — Légende :

SIGILLVM STEPHANi ∥ pariSIENSIS EPISCOPI

Sceau de cire brune, appendu par le travers à une lanière de cuir.

Nous n'en connaissons que l'exemplaire mutilé qu'a décrit Douët d'Arcq [6] et qui est fixé à une charte de 1138 environ, portant donation de l'église d'Athis à l'abbaye de Saint-Victor [7].

5. — Sceau de Thibaud, évêque de Paris (1143-1157).

Sceau en ovale légèrement aigu de 65 millimètres sur 45. — Effigie de l'évêque assis, de face, en costume pontifical, mitre en tête; il tient la crosse de la main gauche et bénit de la droite.

✠ SIGILLVM TEOBALDI PARISIENSIS EPISC

Sceau de cire blanche appendu à une courte lanière de cuir.

L'exemplaire reproduit ici (planche II, n° 5) est appendu à une charte de 1144, relative à l'accord établi entre l'abbaye de Saint-Victor et le prieuré de Saint-Martin-des-Champs au sujet d'une des prébendes de Notre-Dame [8]. Les Archives nationales en possèdent trois autres épreuves [9].

---

[1] Cf. Douët d'Arcq, t. II, p. 533, n° 6777.
[2] Voir les pièces cotées L. 888ᵃ, n°ˢ 1, 2, 3, et K. 23, n° 6¹⁶.
[3] Voir notre n° 293.
[4] Voir le n° suivant.
[5] Douët d'Arcq a pris pour un pallium l'orfroi qui garnit sa chasuble.

[6] Douët d'Arcq, Inv. des sceaux, t. II, p. 533, n° 6778.
[7] Arch. nat., L. 896, n° 43.
[8] Arch. nat., L. 888ᵃ, n° 6 = notre n° 313.
[9] Voir les pièces cotées K. 23ᵇ, n° 22; L. 888ᵃ, n° 5, et S. 2158. — Cf. Douët d'Arcq, Inv. des sceaux, t. II, p. 633, n°ˢ 6779 et 6780.

AVERTISSEMENT.

6. — Sceau de Pierre Lombard, évêque de Paris (1159 à 1160).

Sceau en ovale aigu de 75 millimètres sur 48. — Effigie de l'évêque debout, de face, en costume pontifical, coiffé d'une mitre à deux cornes garnie de fanons; il tient la crosse de la main gauche et bénit de la droite.

✠ SIGILL MAGISTRI PETRI PARISIESIS EPISCOPI

Sceau de cire jaune appendu à une lanière de cuir.

L'exemplaire reproduit (pl. II, n° 5) est fixé à une charte de l'an 1159 pour l'abbaye de Saint-Victor[1]. Les Archives nationales en possèdent un second appendu à une charte de 1160 pour la maison de Saint-Lazare[2].

7. — Sceau de Maurice de Sully, évêque de Paris (1160 à 1196).

Sceau en ovale aigu de 78 millimètres sur 52. — Effigie de l'évêque assis sur un siège pliant dont les montants sont garnis de têtes de chien. Il est vêtu du costume pontifical et coiffé d'une mitre à deux cornes garnie de fanons. Il tient la crosse de la main gauche et bénit de la droite. — Légende :

✠ SIGILLVM MAVRITII ∥ PARISIENSIS EPI

Sceau de cire jaune pendant sur lanière de cuir.

Les Archives possèdent un certain nombre d'exemplaires de ce sceau sur cires de diverses couleurs[3]. Celui qui est gravé sur notre planche II est fixé à une charte de 1164, relative à l'acquisition de deux maisons que Maurice voulait démolir pour l'agrandissement de la cathédrale[4].

8. — Sceau du chapitre de Paris (XIIe siècle).

Sceau en ovale aigu de 73 millimètres sur 48. — La Vierge, patronne de l'Église de Paris, assise sur une sorte de coussin ou peut-être sur un arc-en-ciel, les pieds posés sur une fleur de lys. Elle a la figure entourée d'un voile et la tête coiffée d'une couronne à trois fleurons. De la main droite, elle tient une fleur de lys; elle lève la gauche à hauteur de l'épaule, les cinq doigts allongés. — Légende :

✠ CONGREGACIO SCÆ ∥ MARIÆ PARISIENSIS.

Sceau de cire rouge fixé à une lanière de cuir.

Ce sceau paraît être resté longtemps en usage. Le plus ancien exemplaire que les Archives nationales en possèdent paraît être celui que nous avons fait graver et qui est appendu à une charte du doyen Barthélemy confirmant une donation du mé-

---

[1] Arch. nat., L. 896, n° 37. — Cf. Douët d'Arcq, *Inv. des sceaux*, t. II, p. 533, n° 6781.

[2] Arch. nat., M. 30, n° 3. — Voir notre n° 415.

[3] Voir notamment et par ordre d'ancienneté les pièces cotées S. 2142, n° 14 (c'est l'exemplaire qu'a décrit Douët d'Arcq, *Inv. des sceaux*, t. II, p. 533, n° 6782; il est de 1170; voir notre n° 477); L. 532, n° 3 = notre n° 496; S. 2158, n° 8 = notre n° 496; L. 892, n° 22 = notre n° 515; M. 10, n° 44 = notre n° 549, et L. 888³, n° 8 = notre n° 581.

[4] Arch. nat., L. 892, n° 7 = notre n° 451.

decin Obizon à l'abbaye de Saint-Victor [1]. Le doyen Clément s'en servait encore [2], et son successeur Barbedor n'en a sans doute pas eu d'autre.

9. — Sceau de Bernard, archidiacre de Paris (xiie siècle).

Sceau en amande de 53 millimètres sur 33. — Effigie de l'archidiacre à mi-corps de trois quarts à droite. Il est nu-tête, vêtu de la dalmatique, et porte l'étole en sautoir sur l'épaule gauche. Il bénit de la main droite et tient un livre ouvert de l'autre main. — Légende :

✠ SIGILLVM BERHAR ‖ DI ARCHIDIACONI

Sceau de cire blanche sur mince lanière de cuir.

Une épreuve de ce sceau s'est conservée au bas d'un des titres de Saint-Victor que nous avons publiés [3], mais elle est moins bonne que celle qui a servi à la description de Douët d'Arcq [4] et qui est appendue à une charte relatant une acquisition de biens faite par l'abbaye de Saint-Victor à Viry en Vermandois [5]. Aussi est-ce cette dernière que reproduit notre planche III.

10. — Sceau de Gautier, archidiacre de Paris (xiie siècle).

Sceau en ovale peu aigu, de 50 millimètres sur 31. — Effigie de l'archidiacre en pied et de face. Il est vêtu du costume sacerdotal et non de la dalmatique des diacres, parce qu'il était chapelain de l'évêque de Paris en même temps qu'archidiacre. Il tient un livre de la main droite et a l'autre levée et ouverte. — Légende :

✠ S WALTI · ARCHIDIACONI · ⟩· CAPELLANI

Sceau de cire blanche sur lanière de cuir.

Ce sceau est appendu à un acte de 1179 par lequel Gautier, chapelain de l'évêque de Paris, atteste que Raoul Boucel a donné à l'abbaye de Saint-Victor un champ situé à Boulancourt [6].

11. — Sceau du chapitre de Saint-Marcel (xiie siècle).

Sceau rond de 59 millimètres de diamètre. — Effigies, en buste et disposées face à face, de saint Clément et de saint Marcel. Tous deux sont nu-tête, vêtus d'un

---

[1] Arch. nat., L. 892, n° 3 = notre n° 291. — Voir d'autres épreuves sous les n°[s] L. 788[A], n° 6 = notre n° 319; K. 23², n° 153 = notre n° 321, et L. 892, n° 2 = notre n° 326. C'est cette dernière qui a servi à la description de Douët d'Arcq, Inv. des sceaux, t. II, p. 602, n° 7252.

[2] Voir aux Arch. nat. la pièce cotée L. 892, n° 6 = notre n° 435.

[3] Voir notre n° 366, aux Arch. nat., L. 892, n° 18.

[4] Inv. des sceaux, t. II, p. 624, n° 7406.

[5] Arch. nat., S. 2158, n° 7, aujourd'hui coté L. 908, n° 60.

[6] Arch. nat., S. 2137, n° 17, aujourd'hui L. 897, n° 23. — Cf. Douët d'Arcq, Inv. des sceaux, t. II, p. 624, n° 7407.

manteau qui leur cache une épaule; ils tiennent chacun une crosse de la main que le manteau ne cache pas. — Légende :

✻SIGILLV̄ SC̄I CLEMENTIS ET SC̄I MARCELLI.

Sceau de belle couleur verte appendu à une lanière de cuir.

Nous avons cru pouvoir insérer ici ce sceau, quoique le seul exemplaire que nous en connaissions soit fixé à un accord passé en 1202 entre le chapitre de Saint-Marcel et l'abbaye de Saint-Victor[1]. Mais le style encore barbare de la gravure autorise à croire que la matrice de ce sceau a été fabriquée un assez grand nombre d'années auparavant. L'exemple, déjà cité plus haut, du chapitre de Paris nous montre que les chapitres conservaient souvent le même sceau pendant bien des années, et ce qui prouve qu'il n'y a aucune témérité à reculer ce sceau jusqu'à 1180 au moins, c'est qu'à la même pièce est appendu un sceau de Saint-Victor dont nous possédons des exemplaires remontant à l'année 1150 environ[2].

12. — Sceau de l'abbaye de Saint-Victor (XIIe siècle).

Sceau en ovale légèrement aigu de 62 millimètres sur 42. — Figure en pied de saint Victor, de profil à droite. Il est revêtu du costume militaire de la seconde moitié du XIIe siècle, soit du grand haubert de mailles, fendu par devant et tombant à mi-cuisse, avec capuchon de mailles, chausses de mailles et éperons; casque conique avec nasal et longs lambrequins tombant par derrière. Il tient une épée large et courte, à fort pommeau, et a la moitié du corps cachée par un grand bouclier triangulaire, de forme bombée, muni d'un *umbo* très saillant, et orné d'une sorte de rais d'escarboucle. — Légende :

✻SIGILLVM SANCTI·VICTORIS PARISIENSIS

Sceau de cire verte sur lanière de cuir.

Douët d'Arcq a trouvé aux Archives une épreuve de ce sceau sur une pièce de 1150 environ qu'il n'a pas désignée assez clairement pour que nous ayons pu la retrouver[3]. Il en existe plusieurs autres de la seconde moitié du XIIe siècle sur cire verte ou blanche[4]. Mais le plus bel exemplaire que nous en connaissions est fixé au bas de l'accord de 1202[5] cité ci-dessus; aussi est-ce celui que nous avons fait reproduire.

13. — Sceau de Hugues, abbé de Saint-Germain-des-Prés (1147-1152).

Sceau en ovale légèrement aigu de 68 millimètres environ sur 25. — Effigie de

---

[1] Arch. nat., S. 2159, n° 3. — Cf. Douët d'Arcq, *Inv. des sceaux*, t. II, p. 604, n° 7265.

[2] Douët d'Arcq, *Inv. des sceaux*, t. III, p. 28, n° 8326.

[3] *Inv. des sceaux*, t. III, p. 28, n° 8326.

[4] Voir les pièces cotées L. 2158, n° 7; L. 892, n° 24, et S. 2159, n° 3.

[5] S. 2159, n° 3.

IMPRIMERIE NATIONALE.

l'abbé debout, de face, en costume sacerdotal, tête nue, la crosse dans la main droite, un livre dans la gauche. — Légende :

siGILium hvgONIS... ‖ ...germaNI DE PRATIS.

Sceau de cire jaune sur lanière de cuir.
Appendu à un acte non daté constatant l'achat d'un pressoir à Étampes[1].

14. — Sceau de Hugues, abbé de Saint-Germain-des-Prés (1162-1175).

Sceau en ovale légèrement aigu de 65 millimètres sur 45. — Effigie de l'abbé debout, de face, en costume sacerdotal, tête nue, la crosse dans la main droite, un livre dans la gauche. — Légende :

siGILE hVGONIS ABBATIS ‖ sci Germani parisIENSIS.

Sceau de cire blanche sur lanière de cuir.
Appendu à un acte non daté par lequel Pierre de Samois renonce à ses prétentions sur les bois de l'abbaye de Saint-Germain-des-Prés à Samois[2]. Douët d'Arcq en a vu un second exemplaire sur une charte de 1176 qu'il n'a pas désignée avec assez de précision pour que nous ayons pu la retrouver[3].

Le même auteur a publié la description d'un autre sceau d'abbé de Saint-Germain qu'il croyait plus ancien que les deux précédents; il l'attribuait à Hugues IV et l'avait trouvé sur un acte de 1138[4]. Ce sceau n'existe plus et nous ne le connaissons que par le moulage très fruste qui en fut fait jadis par les soins de l'administration des Archives. L'effigie presque informe qu'on y reconnaît semble avoir été beaucoup trop élégante pour un sceau du xiiᵉ siècle, et nous craignons fort que Douët d'Arcq n'ait commis quelque méprise. Dans cette incertitude, nous nous sommes abstenu de faire reproduire ce sceau.

15. — Sceau d'Étienne de Tournay, abbé de Sainte-Geneviève.

Sceau en ovale aigu de 50 millimètres sur 33. — Effigie de moine debout, de face, tête nue, tenant des deux mains un livre sur sa poitrine. — Légende :

✱ SIGILE STEFANI ‖ ABATIS S GENOVEFE.

Les Archives nationales ne possèdent qu'un moulage de ce sceau pris sur une pièce conservée aux Archives de l'Yonne[5].

---

[1] Jadis coté L. 1196, n° 12, aujourd'hui L. 807. — Voir Douët d'Arcq, Inv. des sceaux, t. II, p. 109, n° 8900.

[2] Jadis coté L. 1196, n° 19, aujourd'hui L. 807. — Voir Douët d'Arcq, Inv. des sceaux, t. II, p. 109, n° 8901.

[3] Ibid., n° 8902.

[4] Ibid., n° 8899.

[5] Douët d'Arcq, Inv. des sceaux, t. III, p. 114, n° 8934. Nous ne pouvons, malheureusement, indiquer la couleur de ce sceau, notre obligeant confrère M. Molard, archiviste de l'Yonne, l'ayant

AVERTISSEMENT.

16. — Sceau d'Isembard, prieur de Saint-Éloi.

Sceau en amande de 54 millimètres sur 39. — Personnage à mi-corps, de face, tête nue, vêtu d'une sorte de manteau rond, qui pourrait être une chasuble. Il tient un livre des deux mains. — Légende :

✠ SIGILLE ISENBARDI PRIORIS SANCTI ELIGII PAR

Sceau de cire blanche sur lanière de cuir tressée.

La gravure est faite d'après une belle épreuve suspendue à un acte de 1180 environ relatif à des vignes situées à Savies [1].

17. — Sceau d'Élisabeth, abbesse de Montmartre.

Sceau en ovale aigu de 66 millimètres sur 45. — Effigie d'abbesse assise de ace sur un pliant dont les pieds sont ornés de têtes de chien. Elle est vêtue d'une longue robe, d'un ample manteau attaché sur la poitrine et relevé sur les bras. Un voile lui couvre la tête. Elle tient la crosse de la main gauche et un livre de la droite. — Légende :

siGIL..... mouTIS MARTIRVM ABBATISE

Sceau de cire blanche sur lanière de cuir.

Nous n'en connaissons qu'un exemplaire mutilé fixé à un acte de 1182 constatant la cession à Philippe Auguste de tout ce que l'abbaye de Montmartre possédait à Auvers [2].

18. — Sceau du prieuré de Saint-Martin-des-Champs.

Sceau rond de 60 millimètres de diamètre. — Personnage à mi-corps, de face, vêtu du costume sacerdotal, tête nue, tenant une crosse de la main droite, un livre de la gauche. — Légende :

SIGILLum scI MARTINI DE CANPIS

Sceau de cire blanche sur mince lanière de cuir.

Ce sceau est fixé à une charte de l'an 1144 [3] relative à un arrangement avec l'abbaye de Saint-Victor au sujet d'une prébende dans l'église Notre-Dame de Paris.

19. — Autre sceau du prieuré de Saint-Martin-des-Champs.

Sceau rond de 70 millimètres de diamètre. Même effigie que sur le précédent avec de légères variantes. — Légende :

✠ SIGILLVM · SANCTI · MARTINI · DE · CAMPIS.

---

vainement recherché dans la riche collection dont il a la garde.

[1] Arch. nat., S. 2155, n° 10. Voir notre n° 582. — Cf. Douët d'Arcq, *Inv. des sceaux*, t. III, p. 201, n° 9556.

[2] Arch. nat., J. 731, n° 1. — Douët d'Arcq, *Inv. des sceaux*, t. III, p. 156, n° 9233.

[3] Arch. nat., L. 892, n° 21, anciennement L. 1477 = notre n° 314. — Cf. Douët d'Arcq, *Inv. des sceaux*, t. III, p. 183, n° 9425.

Sceau de cire blanche sur lanière de cuir, appendu à une transaction entre le prieur Robert et l'abbaye de Saint-Victor, au sujet de biens situés à Villiers-le-Bel[1]. Cette charte est sans date, mais on voit par les noms des témoins qu'elle est de 1180 environ.

20. — Sceau de la maison du Temple à Paris (xiie siècle).

Sceau rond de 22 millimètres de diamètre. — Le temple de Jérusalem sous la forme d'un bâtiment en rotonde à deux étages surmonté d'une lourde coupole. — Légende illisible.

Sceau de cire jaune sur double queue de parchemin.

Ce sceau est appendu à un acte d'Évrard, commandeur du Temple à Paris, en date de 1160 environ[2].

21. — Sceau de Ferry de Paris, chevalier (xiie siècle).

Sceau rond de 55 millimètres environ de diamètre. — Chevalier armé en guerre, sur un cheval lancé au galop, tourné à droite. Il est vêtu d'un haubert treillissé et coiffé d'un heaume conique. De la main droite il tient l'épée, de la gauche le bouclier. — Légende :

SIGILL FERRICI PARI || SIENSIS ✶

Sceau de cire blanche sur lanière de cuir.

Ce sceau est appendu à une donation faite en 1171 par Ferry de Paris à l'abbaye de Saint-Victor[3].

22. — Autre sceau de Ferry de Paris.

Sceau rond de 56 millimètres de diamètre. — Même type que le précédent, mais avec des variantes dans la figure et dans la légende. Ainsi le cavalier porte une longue tunique sous son haubert, et on en voit le bas qui flotte derrière sa jambe. Le casque est à timbre rond et non conique. — Légende :

SIGILL FERRICI PARI || SIENSIS ✶

Sceau de cire jaune sur lanière de cuir.

Les sceaux des petits seigneurs laïques sont encore si rares à cette date que j'ai cru intéressant de donner les deux variétés que l'on possède du sceau de Ferry, d'autant plus que celle-ci paraît être complètement inédite. Elle est appendue à une charte[4] d'Achard, abbé de Saint-Victor, qui fait abandon à Ferry, moyennant cer-

---

[1] Arch. nat., S. 2105, n° 1. — Douët d'Arcq, *Inv. des sceaux*, t. III, p. 183, n° 9426.

[2] Arch. nat., S. 2154, n° 18. Voir notre n° 420. — Douët d'Arcq, t. III, p. 241, n° 8858.

[3] Arch. nat., K. 25, n° 4°. Voir notre n° 499. — Cf. Douët d'Arcq, t. II, p. 19, *Inv. des sceaux*, n° 3160.

[4] Arch. nat., L 904, n° 15.

taine redevance, de tous droits sur la dîme de Palaiseau. Cette charte est un chirographe; la copie destinée à Ferry fut revêtue du sceau de Saint-Victor; celle que l'abbaye conserva dans ses archives fut munie du sceau de Ferry; c'est cette dernière qui nous est parvenue.

Les vingt-deux numéros qui précèdent contiennent la description des plus anciens sceaux parisiens que l'on ait signalés jusqu'ici. Nous aurions pu y joindre ceux d'un petit nombre de grands feudataires, tels que Galeran de Meulan, Mathieu de Montmorency, que leur position à la cour retenait souvent à Paris et dont plusieurs chartes figurent dans ce recueil, mais c'eût été allonger encore cette trop longue introduction.

Il est temps de mettre fin aux observations dont nous avons cru utile de faire précéder ce Cartulaire général de Paris. Nous ne nous flattons pas qu'elles soient de nature à dissiper toutes les critiques que ce travail peut faire naître. Nous connaissons trop bien toutes les imperfections de notre œuvre pour ne pas acquiescer d'avance au jugement qu'on en pourra porter. Puisse-t-on cependant traiter ce livre avec quelque indulgence en considération des longues et ingrates recherches qu'il nous a coûtées!

15 octobre 1887.

R. DE LASTEYRIE.

CARTULAIRE GÉNÉRAL DE PARIS. PL. I.

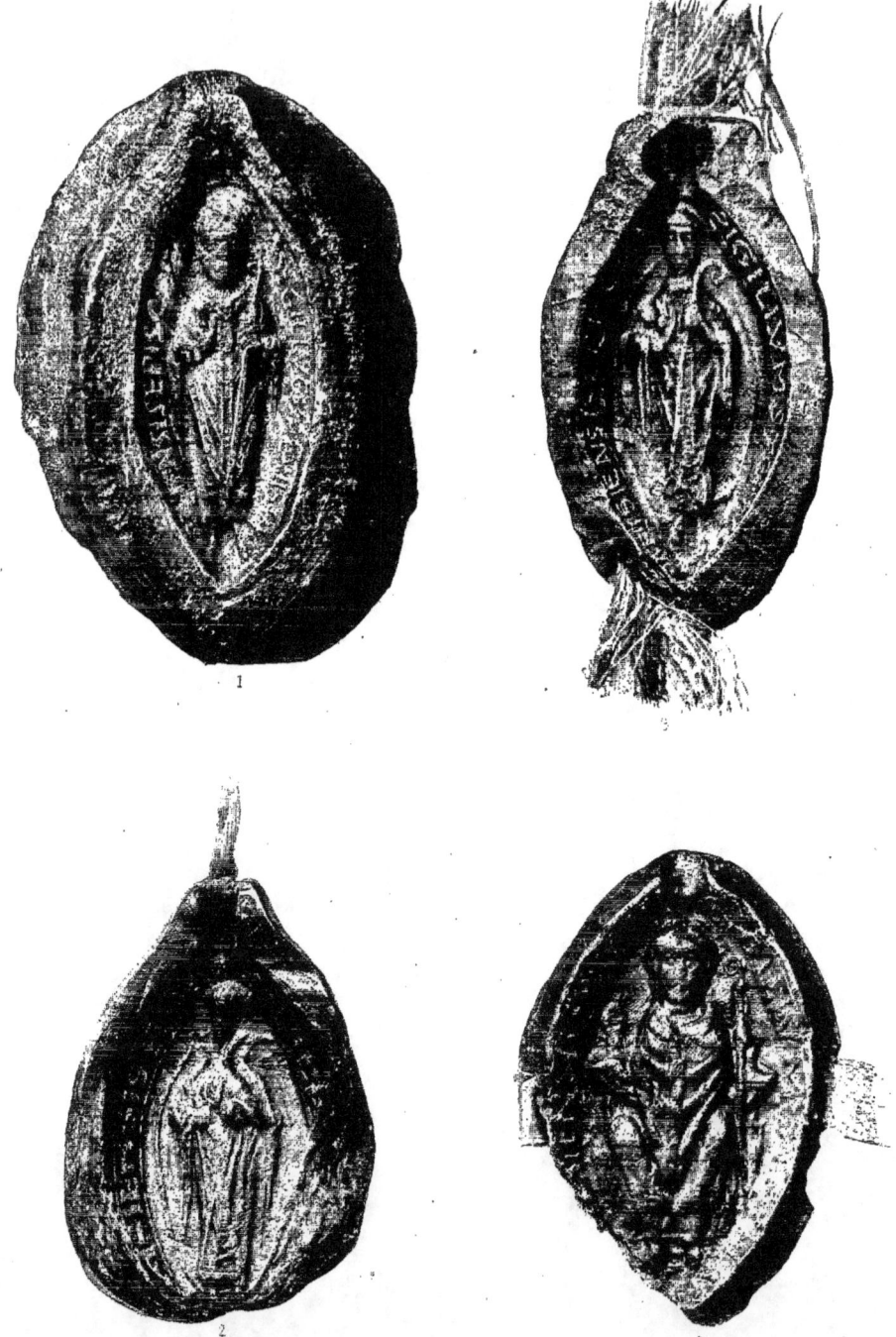

SCEAUX

DE L'ÉVÊQUE GALON (1) — DE L'ÉVÊQUE GIRBERT (2)
DE L'ÉVÊQUE ÉTIENNE (3 et 4)

SCEAUX

DE L'EVÊQUE THIBAUD (5). DE L'EVÊQUE PIERRE LOMBARD (6)
DE L'EVÊQUE MAURICE DE SULLY (7) — DU CHAPITRE DE NOTRE-DAME (8)

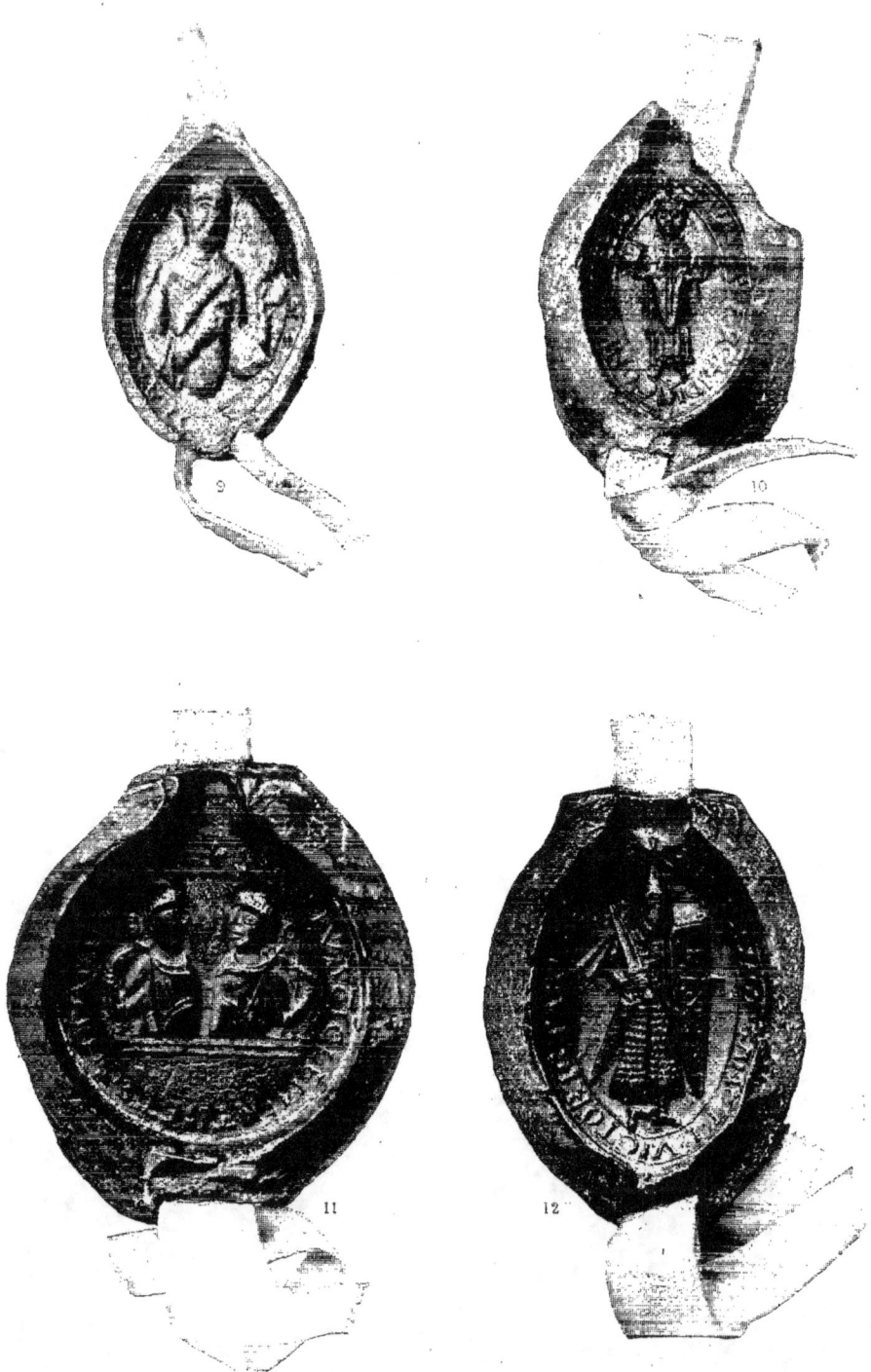

SCEAUX

DE L'ARCHIDIACRE BERNARD (9) — DE L'ARCHIDIACRE GAVTIER (10)
DV CHAPITRE DE St MARCEL (11) — DE L'ABBAYE DE St VICTOR (12)

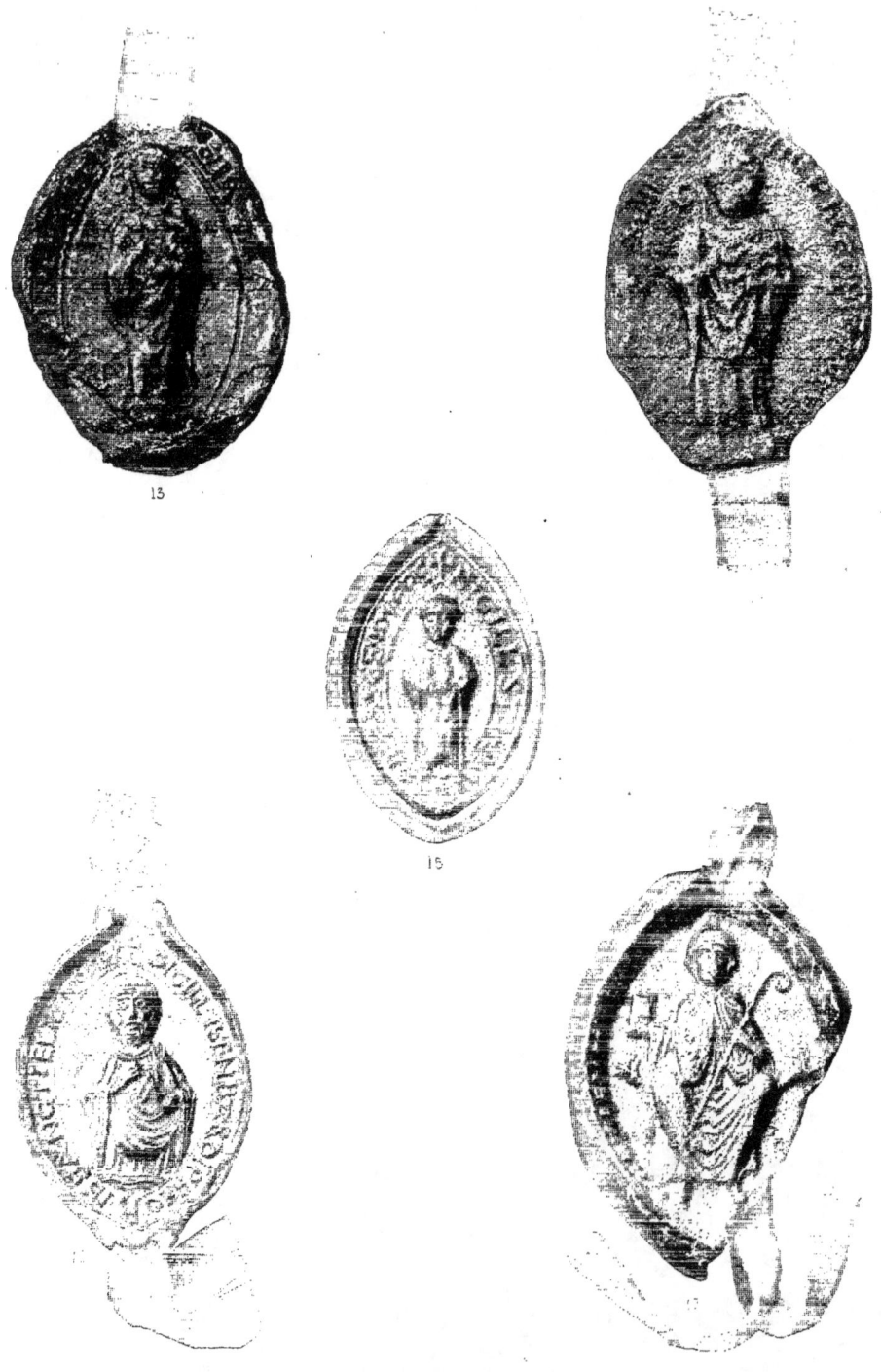

SCEAUX

DE HVGVES IV ET DE HVGVES V, ABBÉS DE S! GERMAIN DES PRÉS (13 et 14);
D'ÉTIENNE, ABBÉ DE S!ᵉ GENEVIEVE (15);
D'ISEMBARD, PRIEVR DE S! ÉLOY (16); ET D'ÉLISABETH, ABBESSE DE MONTMARTRE (17).

SCEAUX.
DV PRIEVRÉ DE S? MARTIN DES CHAMPS (18_19)
DV TEMPLE (20) _ DE FERRY DE PARIS (21.22)

CARTULAIRE GÉNÉRAL DE PARIS.

CARTULAIRE GÉNÉRAL DE PARIS.

1

528, Janvier.

Donation par Childebert Ier à l'Église de Paris de divers domaines situés en Provence et dans le pays de Melun [1].

DE PAGO MILIDUNINSI DE CELLAS.

✠ [Childebertus, rex Francorum] [2]. Maximum nobis generare praemium ad aeternę retributionis beatitudinem confidimus, si ad loca sanctorum oportuna beneficia concedimus. Igitur apostolicus vir domnus et pater noster Germanus, Parisiacae urbis episcopus, nobis innotuit praedicatione sua quia, dum in saeculo hoc habitamus, semper de futuro cogitare debemus, et admonuit nos ut sanctarum ecclesiarum memoriam haberemus, et semper bonis illorum potiora adderemus, ut in aumentum [3] nobis proficeret, admonens ętiam elemosinarum largitionem non omittere, ut consuetudo erat illius. Accidit etiam ut quodam tempore domnus pontifex invenisset nos in pago Miliduninse [4], in villa Cellas nominata, gravi egritudine correptum, unde multorum medicorum adhibita est corpori [5] meo cura; sed nullatenus aliquot [6] vestigium sanitatis inmittere potuerunt. Demum ipse domnus sacerdos tota nocte vigilans in oratione stetit, et crastina manuum suarum sanctarum [impositione] [7] tetigit corpus graviter infirmatum, et continuo sumpsi sanitatis donum, quod a nullo percipi [8] potui medicorum. Ideo nos, pro tam magna virtute [9] qua [10] Dominus, per manus sacerdotis, pro stabilitate regni nostri et aeterna retributione ministravit, donamus ad sanctam

---

[1] Cette pièce est la plus ancienne charte, concernant Paris ou un établissement parisien, qui nous ait été conservée. Aussi devait-elle figurer en tête de notre recueil, bien que la plupart des lieux qui y sont nommés soient fort éloignés de Paris, et que nous soyons peu disposé à la croire authentique.

[2] La suscription manque dans la copie B. Elle semble avoir été effacée à dessein dans A.

[3] *Var.* «augmentum» (B, C).

[4] *Var.* «Milduninse» (B); «Mildunense» (C).

[5] *Var.* «unde multorum adhibita est medicorum corpori» (C).

[6] *Var.* «aliquod» (B, C).

[7] Manque dans A. Est ajouté en interligne dans B.

[8] *Var.* «percipere» (C).

[9] *Var.* «justicia» (B, C).

[10] *Var.* «quam» (B).

matrem ecclęsiam Parisiacam, ubi ipse domnus Germanus praeesse videtur, hoc est ipsam villam Cellas nominatam, ubi sanitatem recuperavimus, sitam in pago Miliduninse, super alveum Sequane, ubi Iona illam ingreditur, cum basilicis, adpendiciis, territuriis, mancipiis, vineis, silvis, pratis, cultis et incultis, omnia et ex omnibus, totum et ad integrum, quicquid ad ipsam villam aspicit et fiscus noster continet cum integritate, a die praesenti ad memoratam casam Dei sive ad domnum sacerdotem donamus et confirmamus. Sed et ipse domnus pontifex petivit nobis in Provincia locellum nostrum, in pago Furiurinse, cui vocabulum est Cella, propter arbores oliviferas ad luminaria facienda. Quod nos, pro mercedis nostrae augmento, concedimus et condonamus : hoc est memoratam Cellam cum basilica Sancti Romani, una cum terminis suis et mancipiis, cum integritate seu et appendiciis suis; in alia ville, super fluvio Caramio, a termino Broniolacinse usque ad fontem Campinam, quicquid fiscus noster continet ibidem, totum cum integritate, ad ipsam matrem ecclęsiam Parisiacam concedimus et per strumentum [1] firmamus. Condonamus etiam et salinas, et in Masilia..... cum aedificio qui super est aedificatus, omnia et ex omnibus, sicut superius insertum est, a die praesenti ut supra [2], matri ecclęsię Parisiacae, que est dedicata in honore sanctae Mariae matris Domini nostri Ihesu Christi, seu et ecclęsię sanctorum martyrum Stephani atque Vincentii necnon et apostolorum XII ac reliquorum sanctorum dominorum quorum inibi pignorum continentur, sub manu domni pontificis ipsę res per longitudinem dierum et multorum annorum spatium habeat, teneat, possideat, et quicquid exinde elegerit faciendi, liberam in omnibus habeat potestatem faciendi [3], per praesentem auctoritatem nostram, quam perpetualiter mansuram esse decrevimus. Et ut hęc auctoritas firmior habeatur et per tempora conservetur, manu nostra eam firmamus et roboramus. Actum anno XVII [4] regni nostri, in mense Januario.

 Childebertus rex Francorum.

 A. Copie du x⁰ siècle, aux Arch. nat. K. 1, n° 1.
 B. Copie du xii⁰ siècle, aux Arch. nat. LL. 177 (*Livre noir de Notre-Dame*), p. 136.
 C. Copie du xiii⁰ siècle, aux Arch. nat. LL. 176 (*Petit Pastoral de Notre-Dame*), p. 100.

---

[1] *Var.* «instrumentum» (C).

[2] *Var.* «et supra» (C).

[3] *Var.* «liberam habeat potestatem [faciendi] in omnibus» (C).

[4] Cette pièce est datée, dans les cartulaires de Notre-Dame (copies B et C), de la xvii⁰ année de Childebert, c'est-à-dire de l'an 528. Le père Labbe, qui la publia pour la première fois (*Mélanges curieux*, t. II, p. 398), observa qu'à cette date saint Germain ne portait pas encore le titre d'évêque de Paris, qui lui est ici donné; il en conclut que le diplôme était faux ou interpolé. Dubois, qui donna une autre édition de ce document (*Hist. eccles. paris.* t. I, p. 82), d'après une très ancienne copie conservée dans les archives de Notre-Dame (copie A), crut qu'on pouvait lire sur cette ancienne copie *anno* XLVII au lieu de *anno* XVII, ce qui reporterait l'acte à l'an 558. Les auteurs qui ont publié depuis lors ce document l'ont daté, les uns de 528, sans remarquer combien cette date est incompatible

2

558, 6 décembre.

Fondation de l'abbaye de Saint-Vincent et Sainte-Croix, par Childebert I[er](1).

PRECEPTUM CHILDEBERTI REGIS.

☧ Childebertus, rex Francorum, vir inluster. Recolendum nobis est et perpensandum utilius, quod hii qui templa Domini Jhesu Christi redificaverunt, et pro requie animarum ibidem tribuerunt, vel in alimonia pauperum aliquid dederunt, et voluntatem Dei adimpleverunt, in aeterna requie, sine dubio, apud Domini mercedem recipere meruerunt. Ego Childebertus rex, una cum consensu et voluntate Francorum et Neustrasiorum, et exortatione sanctissimo Germano, Parisiorum urbis pontificis, vel consensu epicoporum, coepi construere templum in urbe Parisiaca, prope muro[s civit]atis, in terra quae aspicit ad fiscum nostrum Isciacense, in loco qui appellatur Locotitie, in honore sancti Vincentii martiris, cujus reliquias de Spania apportavimus, seu et sancte Crucis, vel sancti Stephani et sancti Ferreoli, et sancti Juliani, et beatissimi sancti Georgii, et sancti Gervasii, Protasii, pueri Nazarii [et] Celsi, [quorum] reliquię ibi sunt consecra[tę. Propte]rea in honore dominorum sanctorum cedimus nos fiscum largitatis nostre, qui vocatur Isciacus, qui est in pagis Parisiorum, prope alveum Sequanę, una cum omnia que ibi sunt aspecta, cum mansis, comanentis, agris, territoriis, vineis, sylvis, pratis,

---

avec le contexte de l'acte, les autres de 558, en faisant la correction proposée par Dubois. Malheureusement rien n'autorise cette correction. Il existe, il est vrai, dans l'ancienne copie visée par Dubois, une déchirure entre les deux premières lettres de la date, déchirure où la lettre L, restituée par cet auteur, pourrait peut-être trouver place; mais, après un minutieux examen du parchemin, après avoir soigneusement rapproché les deux bords de la déchirure, nous avons acquis la certitude qu'aucune lettre ne manque dans la date, et qu'il faut lire *anno XVII*, comme dans les cartulaires, et non *anno XLVII*. Dès lors nous devions restituer à cette pièce la date qui lui est donnée par les trois copies que nous en possédons, c'est-à-dire 528. Cette date, il est vrai, ne saurait convenir, mais cela ne doit pas étonner si l'on admet que la pièce a été fabriquée longtemps après les événements qu'elle raconte. La copie la plus ancienne qui nous en reste (A) n'a aucun caractère d'authenticité; à en juger par l'écriture, elle est du IXe ou du Xe siècle. Comme langue et comme orthographe, elle n'a rien de mérovingien. Elle porte bien en tête l'invocation monogrammatique des diplômes royaux de la première et de la seconde race, mais la suscription est tronquée. Le récit du miracle attribué à saint Germain a un caractère complètement légendaire. Enfin les formules finales diffèrent quelque peu de celles que l'on rencontre dans les actes authentiques de l'époque. D'autre part, la donation mentionnée dans ce diplôme est confirmée par d'autres titres de date postérieure; on doit donc supposer que cet acte aura été refait au IXe ou au Xe siècle, après la perte de l'original.

(1) Quoique cette charte ait été imprimée bien des fois, nous avons cru devoir la donner *in extenso*, à cause de son importance et des critiques dont elle a été l'objet. Nous renverrons ceux qui voudraient connaître le détail des objections élevées contre l'authenticité de cette pièce, à l'excellente dissertation qu'elle a inspirée à M. J. Quicherat. (*Bibl. de l'École des Chartes*, t. XXVI, p. 513.)

servis, inquilinis, libertis, ministerialis, preter illos quos [nos in]genuos esse precipimus; cum omnibus appenditiis suis qui ibi aspiciunt, cum omnibus adjacentiis qui ibi adagunt, cum omnia quę nos deserviunt, tam in aquis vel insulis; cum molendinis inter portam civitatis et turrim positis; cum insulis quę ad ipsum fiscum adjacent; cum piscatori[a que appellatur banna; cum] pis[ca]toriis om-[nibu]s que sunt in ipso alveo Sequane, sumuntque initium a ponte civitatis, et sortiuntur finem ubi alveolus veniens Savara precipitat se in flumine. Has omnes piscationes, quę sunt et fieri possunt in utraque parte fluminis, sicut nos tenemus et nostra forestis est, [tra]dimus ad ipsum locum, ut habeant ibidem Deo servientes victum cotidianum per suadentia tempora. Damus autem hanc potestatem, ut, cujuscumque potestatis littora fuerint utriusque partis fluminis, teneant unam perticam terre legalem, sicut mos est, ad d[ucen]das naves et reducendas, ad mittenda retia et retrahenda, absque ulla refragatione. De argumentis vero per quę aves possunt capi super aquam, precipimus ut nulla potens persona inquietare audeat famulos Dei, sed omnia secure teneant, possideant, per infinitas temporum successiones, cum areis et casis in P[ari]sius [civitate, cum] terra, [cum v]inea et oratorio in honore sancti Andeoli martiris, que de Elario et Ceraunio, dato precio, compar[avimus], omnia et ex omnibus, quicquid ea nos deservierunt, in postmodum pro requie animae meę, quando Deus de hac clar[issim]a luce dederunt discessum, ipse fiscus qui vocatur Isciacus, cum omnia quae ibi sunt aspecta ipso die, ad ipsum templum Domini, quod nos edificamus, deserviat; et omnia quae ibi sunt opus, tam ad lumen quam, in Dei nomine, ad stipendia servis Dei qui ibi instituimus, seu ad ipsos rectores qui ipsos regere habent, omnia et ex omnibus ibi transsolvant, ejusque temporibus et per longum annorum spatia ad ipsum templum Domini, absque contradictione vel refragatione aut juditiaria contentione, inspecta ipsa preceptio, omnique tempore, profitiat in aucmentum [1]. Et haec preceptio cessionis nostre futuris temporibus, Deo auxiliante, firmior habeatur, vel per tempora inviolabiliter conservetur, manibus propriis vel nostris signaculis subter infra decrevimus roborare.

Datum quod fecit menso decembre, dies sex, anno XLVI[II°][2], postquam Chil-

---

[1] Le cartulaire LL 1024 contient ici la phrase suivante, qui ne se trouve ni dans les autres cartulaires ni dans la copie A, considérée autrefois comme un acte original et authentique : «Statuimus «etiam et regia auctoritate precipimus ut nulla «secularis persona aliquas exactiones ab hominibus «prefati monasterii preter voluntatem abbatis et «monachorum aliquatenus requirat, nec judicia-«riam potestatem super eos exercere presumat.» Une main du XVI° siècle a rayé cette phrase et a écrit en marge ces mots : «Hæc non habentur in «originalibus.»

[2] Une déchirure du parchemin a presque fait disparaître les deux derniers chiffres de la date, aussi ont-ils été omis par le dessinateur du fac-similé, exécuté jadis par ordre de M. Letronne. M. Pertz (*Dipl. reg. Franc.*, p. 7), trompé sans doute par le fac-similé, a attribué ce diplôme à l'an 556. Un examen attentif nous a prouvé qu'il fallait lire *anno XLVIII*, ce qui correspond à l'an 558.

debertus rex regnare cepi[t. Ego Valenti]anus notarius et ammanuensis recognovi. et [suscripsi]. Signum Childeberti gloriosisimi regis.

A. Apocryphe du xi⁰ siècle [1] avec traces de sceau, aux Arch. nat. K. 1, n° 2.
B. Copie du xi⁰ siècle, à la Bibl. nat. ms. lat. 12711 (*Chron. interpolée d'Aimoin*), fol. 28 v°.
C. Copie du xii⁰ siècle, aux Arch. nat. LL. 1024 (Cartul. ☩☩☩ de Saint-Germain-des-Prés), fol. 17 r°.
D. Copie du xiii⁰ siècle, à la Bibl. nat. ms. lat. 13089 (Fragm. de Cartulaire), fol. 127 r°.
E. Copie du xiv⁰ siècle, aux Arch. nat. LL. 1026 (Cartul. de Saint-Germain-des-Prés), fol. 1 r°, d'après A.
F. Copie du xiv⁰ siècle, aux Arch. nat. LL. 1029 (Cartul. de Saint-Germain-des-Prés), fol. 1 r°, d'après A.
G. Copie du xv⁰ siècle, aux Arch. nat. KK. 1336 (*Livre des Métiers*), fol. 149 r°.

3

566, 21 août. — Paris.

Exemption [2] de la juridiction épiscopale accordée par saint Germain, évêque de Paris, à l'abbaye de Saint-Vincent et Sainte-Croix [3].

PRIVILEGIUM SANCTI GERMANI PARISIENSIS EPISCOPI.

[Domni]s viris a[postolicis] sanctis et in Christo fratribus, omnibus episcopis Parisiace urbis [cum] gratia Dei futuris, et cel[esti] visitatione ditat[is], Germanus peccator. Omnibus non habetur incognitum qualis ac quantus circa monas[teria et ecclesi]as [au]t erg[a lo]ca [Deum] timenti[um] virorum fuerit in[clite m]emorie [glo]riosissimus Childebertus rex, cujus summa [benivj]olentia multis largita est copiosa beneficia, et immunitati nostre stabilitatem perpetuam. Scilicet c[ogitans quia, qui] ista tempo[ral]ia servaret me[ten]da, sane [4] multo major[a a De]o illi attribuerentur, si ob ejus a[morem] templa [5] funda[ret, et egentium] inopiam substentaret, et pro mannis [6] parva offerret atque pro terrenis

---

[1] M. Quicherat a cherché à prouver que la date de fabrication de cet acte pouvait se placer entre les années 1002 et 1015.

[2] Nous laissons à ce diplôme le titre d'exemption, sous lequel il est généralement cité, mais nous croyons devoir rappeler les excellentes observations faites par M. Quicherat sur la nature de ce document. (Voy. *Bibl. de l'École des Chartes*, t. XXVI, p. 547 et suiv.)

[3] L'authenticité de ce privilège a été vivement attaquée par Launoy (*Assertio inquisitionis in chartam immunitatis*, etc.), habilement défendue par D. Quatremaires (*Privilegium S. Germani propugnatum*). Mabillon (*Ann. Bened.*, t. I, p. 137), Le Cointe (*Annal. eccles.*, t. II, p. 64), Dubois (*Hist. eccles. Paris.*, l. II, c. vi), l'ont révoquée en doute.

Bréquigny (*Diplom. chartæ*, t. I, p. 62) considère l'acte comme interpolé, sinon entièrement faux. M. Quicherat (*Bibl. de l'École des Chartes*, t. XXVI, p. 543 et suiv.) a parfaitement prouvé que le texte prétendu original de ce diplôme (A) n'est qu'une copie du x⁰ ou xi⁰ siècle, que le fond du diplôme est authentique, mais que le copiste y a introduit plusieurs interpolations graves, notamment dans les souscriptions des évêques. Nous avons établi notre texte sur la plus ancienne copie (A), dont nous avons comblé les lacunes à l'aide des cartulaires. Nous donnons en note les principales variantes que présentent les cartulaires.

[4] *Var.* «sibi» (B, C).

[5] *Var.* «ecclesias et templa» (B, C).

[6] *Var.* «pro magnis» (B, C).

celestia adipisceretu[r, unde et nobis ob s]epult[ure sue mer]itum, [aliqua a se considerare manda]vit, et consi[de]rata cess[it]. Itaque [inclitus iste princ]eps Parisius basilicam in honore Sancte Cru[cis] et donni Vincentii, vel reliquorum sanctorum, in unum menbrum cons[truxit, et sibi sepulturam ini]i col]locav[it], ac largit[a tis sue] copiam p[er testamenti] sui pagin[am nob]is [ha]bere decrevit, et h[abendi] meritum loco tanti ordinis constituit. Sed dum pagina testamenti sui et cordis fides sub humana fragilit[ate] temporaliter v[igeret, agente id quorumd]am calliditate, [ne eterna illi tri]buereí[ur be]atitudo, ac scriptu[m n]on sortiretur effectum, si[mul]que abbas et congregatio deputata non perciperent, ac sterilitate victus et vestitus deperirent, monuit me illius recor[datio, et ob amor]em illius terruit me tanta [sec]uri[tas simu]lque pietatis et caritatis affectus. Ille ete[ni]m post Deum, dum superesset, fuit nostra immunitas et securitas, pax et recuperatio, ac sequestratio omnis a civili negotio. [Nos vero] in hac re pietati illius con[su]lentes, et ceterorum [regum velle sta]biliri conantes, ca[ri]tatem fraterne dilectionis vestre nobiscum volumus concordari; quatinus quatinus [1] illius sancti loci honor celeberrimus, et [memoria] jam dicti principis glori[osi], eniteat [eodem in loco] omnibus [ej]us evi temporibus, habeatque abbatem ex propria congregatione [2] ipsa ecclesia, qui sub gubernatione scilicet [3] regum, per successiones, eundem locum [provideat, sitque alie]nus pontifex omnis [Paris]iorum ab eodem loco, ut non deinceps aliq[uam po]testatem in omnibus ad ipsum locum pertinentibus habeat. Simulque sancimus ut nullus metropolitanus aut aliquis [suffraganeus ejus, causa alicujus ordin]ationis, illuc ingr[edi presu]mat, nisi solu[mm]odo ab abbate ejusdem loci vocatus venerit ad sanctitatis [4] misterium celebrandum, aut ad ecclesias [consecr]andas, [aut] ad ben[edictiones cle]ricorum vel monachorum instituendas; quod debi[tum] renuere [5] nullatenus renuere debet. Ceterum quicquid a die presenti, tam a tempore meo, quam et suc[cessorum] meo[rum omniu]m in se[de Parisiorum r]esidentium [6] episcoporum, vel a Deum timentibus principibus ejusdem plebis, in fiscis, villis, agris, in au[ro vel] argento fuerit delegatum sive donatum, ut ad integrum habeat volo, [rogo, conjuro]. Decr[evi etiam per h]anc [car]tulam immunitatis et cessionis meam, basilicam superius nuncupatam, sine gestorum obligatione manere. Et quia id antea consuetudo non fuit, et modo a regibus et prin[cipibus mihi] est concessum, [vol]untatem pietatis vestre in hoc scripto pretermittere nolui, sed in omnibus per vos roborari et confirmari exposco, ut deinceps ratum permaneat. Et si aliquis unquam

---

[1] Cette répétition n'existe pas dans les copies B et C.

[2] *Var.* «ex propria sua electione» (B, C). Ces mots constituent une interpolation importante.

[3] Ce mot manque dans A et B.

[4] *Var.* «ad sacrum» (B).

[5] Ce mot manque dans B et C.

[6] *Var.* «presidentium» (B, C).

fuerit, [qui contra hanc] deliberationem meam, quam ego, pro firmitatis studio, cum metropo[litani] et reliquorum episcoporum consilio ac suasione decrevi conscribere, quoquo tempore venire temptaverit, [aut fortas]sis locum refragandi quesierit, in primis a liminibus sanctarum ecclesiarum ab omnibus episcopis et sacerdotibus Dei, tam presentis temporis quam et futuri, sit excommunicatus et alienus a pace, et in [futuro judicio, cum sanctis et a]micis Dei, in quorum [honore] [1] hec conscriptio facta est, meum ac dominorum metropolitanorum seu coepiscoporum [2] presentium super se adesse sentiat judicium ac sit anathema maranatha. [Et insuper, ut hec car]tula firmiorem possit adipisci plenitudinem, conprovincialium dominorum [episcoporum] et fratrum meorum presbiterorum seu diaconorum conscriptionibus ipsam volui corroborare.

[Actum Parisius civitate, sub die duodecima calendarum septembris, anno quinto regni domni] Cariberti [regis.] Germanus peccator hanc cartu[lam cessio]nis et emunitatis a me factam relegi et subscrip[si, sub die quo supra. Nicetius, Lugdunensis] episcopus [3], in Christi nomine, petente apostolico donno et fratre meo Germano epi[scopo, et don]na Ulthrogote regina, atque donna [Chro]desinta ac Chroberga, constitutionem hanc, scil[icet [4] a presenti tempore a successoribus donni] Germani episcopi perpetuo cu[stodiendam], relegi et manus [mee subscriptione] corroboravi, notato die. P[retextatus, Cabillone]nsis episcopus, deliberationem superius conprehe[nsam, rogante et] presente domno Germano episcopo, gaudenter suscepi relegendam et subcripsi, no[tato die]. Felix, Aureli[ane]nsis episcopus, juxta consensum et deliberationem donni Germani in perpetuo mans[uram, subscripsi], notato die. Eufronius, [Nivernensis] episcopus, rogante donno apostolico Germano [episcopo, ha]nc deliberationem relegi et subscripsi, notato die. Domicianus, C[arnoten]sis episcopus, juxta consensum et deli[berationem] fratris mei [Germani episcopi, conse]nsi et subscripsi, notato die. Donnolus, Cenomanensis episcopus, consensi et subscripsi, notato die. Galetricus peccator, juxta consensum et deliberationem donni [Germani] episcopi, cons[ensi et subscripsi,] notato die. Victurius peccator, juxta deliberationem hanc, Germano presente fratre meo et rogante, consensi et subscripsi, notato die. [Leodebaldus pe]ccator consensi et subscripsi, notato die.

[Amanuensis notarius, sub juss]ione donni Germani episcopi, hoc privilegium cessionis [5] scripsi et subscripsi.

A. Copie du x° siècle, sur papyrus, aux Arch. nat. K. 1, n° 3.
B. Copie du xii° siècle, aux Arch. nat. LL. 1024 (Cartul. ✟✟✟ de Saint-Germain-des-Prés), fol. 1.
C. Copie du xiii° siècle, aux Arch. nat. LL. 1027 (Cartul. de Saint-Germain-des-Prés), fol. 32, d'après B.

[1] Mot omis dans A.
[2] *Var.* «dominorum meorum metropolitani seu episcoporum» (B, C).
[3] *Var.* «archiepiscopus» (B).
[4] *Var.* «semper» au lieu de «scilicet» (B, C).
[5] *Var.* «emunitatis et cessionis» (B, C).

4

615, 27 mars. — LE MANS.

Extrait du testament de Bertran, évêque du Mans, contenant une donation en faveur
de l'église Saint-Germain-de-Paris [1].

In nomine Domini nostri Jesu Christi et Spiritus Sancti, sub die sexto calendas Aprilis anno trigesimo secundo [2] regnante gloriosissimo domno Chlotario rege, Bertrannus etsi indignus peccator, episcopus sanctæ ecclesiæ Cenomanicæ..... testamentum meum condedi..... Mihi placuit delegare, ut villa de Nimione, sita in territorio Parisiaco, cum vineis quæ fundi ratione aptæ ad plastarias [3] et vinitores esse noscuntur, quas mihi domnus Clotarius rex dedit, dum laïcus fui, fundumque quem dedit sæpius laudatus [4] tam de fisco quam de comparato possidendum, sanctæ ecclesiæ Parisiacæ, sub cujus gratia nutritus sum, ad integrum volo esse donatum..... Basilicæ domni et peculiaris patroni mei Germani [5] episcopi, qui me dulcissime enutrivit, et sua sancta oratione, etsi indignum, ad sacerdotii honorem perduxit, si supersistit in basilica domni Vincentii, ubi ejus sanctum corpusculum requiescit, donari jubeo in honorem [6] sepulturæ suæ villam Bobane, quæ est in terraturio Stampense super fluvio Calla, quam mihi gloriosissimus domnus Clotarius rex suo munere contulit. Quod jubeo ea conditione [7] ut, si sanctum corpus [8] ejus in basilicam novam, quam inclitus Chilpericus quondam rex construxit, convenerit [9] ut inibi transferatur, villa ipsa semper ibidem deserviat, ubi ejus sanctum [10] corpus fuerit, ut ipse sanctus pontifex pro meis facinoribus deprecari dignetur, rogo, abba illustris loci illius, ut nomen meum in libro vitæ recitetur..... Domum vero intra muros civitatis Parisiorum, quæ ab Eusebio quondam fuit ædificata vel possessa, et mihi a præcelso domno Clotario rege concessa esse denoscitur, inter sanctam ecclesiam Cenomanicam et sanctam basilicam, hæredes meas, æqualiter possidendam decerno; sic quoque ut de tabernis quæ infra ipsam domum esse noscuntur, locarius ille qui annis singulis exinde speratur, in lumen in sacrosancta ecclesia Cenomanica et prædicta basilica domni Petri et Pauli insumatur [11], et areas quæ foris civitatem sunt item communiter possideant...... Actum Cenomanis in civitate, die et anno superius comprehenso, etc.

A. Copie dans les archives de l'abbaye de la Couture au Mans.
B. Copie dans les *Gesta episcoporum Cenomanensium*, c. XI.

Édit.: (a) Le Courvaisier de Courteilles, *Histoire des évêques du Mans*, p. 184, d'après A. — (b) Mabillon, *Analecta*, p. 255 et suiv. d'après B. — (c) Bréquigny, *Diplomata*, t. I, p. 99, d'après a et b. — (d) Pardessus, *Diplomata*, t. I, p. 197, d'après c. — (e) Cauvin, *Géogr. anc. du diocèse du Mans*, instr. p. XVI, d'après B. — (f) Hauréau, *Gallia Christ.*, t. XIV, col. 104, d'après b.

[1] Cet acte a été incriminé par Launoy (*Dissert.* 3.), et défendu par Bondonnet (*Réfut. des trois dissert. de M. de Launoy*, p. 312 et s.). Mabillon, Bréquigny, Le Cointe (*Annal. eccles. franc.* t. II, p. 681 et s.), ont admis son authenticité. Il a dû subir cependant certaines interpolations.

[2] *Var.* «anno vicesimo secundo» (A). Voir, sur cette date, les observations de Le Cointe et de Bréquigny.

[3] *Var.* «quæ Frontanito ad palastrias» (B).

[4] Les mots «fundum... laudatus» manquent dans B.

[5] Il s'agit ici, non pas de l'église Saint-Germain-des-Prés ni de Saint-Germain-l'Auxerrois, mais de Saint-Germain-en-la-Cité. (Voy. Quicherat, *Les trois Saint-Germain de Paris*, dans les *Mém. de la Soc. des Antiq. de Fr.*, t. XXVIII.)

[6] *Var.* «dono inibi in honore» (B).

[7] Les mots «Quod... conditione» manquent dans B.

[8] *Var.* «si semper corpus» (B).

[9] *Var.* «si convenerit» (B).

[10] *Var.* «semper» (B).

[11] *Var.* «inferatur» (B).

5

625, juin ou juillet. — ÉTRÉPAGNY.

Confirmation, par Clotaire II, d'une donation faite à l'abbaye de Saint-Denis
d'un terrain situé dans Paris [1].

[Chlothacha]rius [rex] Francorum.....
..... [obser]vatis titolis, Christo auspece, credemus pertenere, si ea que cognoverimus partebus sancti domni Dioninsis peculiares patroni nostri..... generaliter c[on]firmamus, adque stabeli dignetate durare jobe[mus]. Ideo v[ir ven]erab[elis], pater nos[ter Do]do abba, epistolam donaciones ..... ia[m in q]ua tenetur insertum are[a, quod est] infra murus [Parisi]us civ[itatis, quem] ex sucession[em gen]etore suo Baddone quondam [ad basileca san]cti domni Dioninsis martheris, ubi Dodo abba deservire [videtur, nus]cetur contulisse. Qui viro petiit ut hoc in ipsa basileca ..... [us confirma]re deberimus : cui nos h[unc bene-fi]cium, pro divino intueto vel referencia ipsius [loci sancti], libente [animo praestitimus] ipso inlustri viro Da[obertcho] area [ipsa ad supradict]a basil[eca, per insp]ecta donatione, legaliter fuisse condonatum, hujus . ...[us cum Dei et n]ostra gracia [ad ipsa basileca vel monachis ibidem] deservientebus proficiat in perpetuo. Et ut hec auctoretas nostris et fu[turis temporibus] ..... manus nostre subscribc[ionebus subter eam decrevimus roborari. Syggolenus] optolit. Chlothacharius (*monogramme*) in Christi nomine, rex, h[anc preceptionem subscripsi] ..... Julias, anno XLI regni nostri. Sterpiniaco feliciter.

Original sur papyrus, aux Arch. nat. K. 1, n° 7.

6

Vers 627. — ÉTRÉPAGNY.

Confirmation, par Clotaire II, d'un testament fait par un marchand nommé Jean
en faveur de l'abbaye de Saint-Denis.

[Chlotacharius rex] Francorum, [vir inluster. Viris illustri]bus Chrodegar .....
... e sana mente per basilecabus de suis propriis facultatebus, [per] testamenti pagenam, voluerit legaliter delegari, per n[ost]ris auctoretatebus testamentum .....

---

[1] Ce diplôme est le plus ancien acte conservé en original aux Archives nationales. Il avait été joint, au x° siècle, à une autre pièce pour former une longue feuille de papyrus sur laquelle on transcrivit un diplôme de Dagobert en faveur de l'abbaye de Saint-Denis. Il a été découvert en 1845. (Voir le *Bull. de la Soc. de l'Hist. de France*, t. XII, p. 260.)

[n]oster Dodo, abba de basileca sancti domni Dioninsio martheris peculiares patroni nostri, testamenti pagenam a Johanne quondam neguciante, filius Hid..... [aliq]uid de suis facultatebus ad basileca ipsius Sancti Dioninsio, vel relequa loca sancta, infra oppedum Parisiorum civetatis, eciam et ad alecus de suis propinquis, per ipso..... ge[neral]iter confirmari deberimus. Quod nos magnetudo vestra, sicut unicuique justa petentes, vel pro nostre mercides conpendium, hunc benefici[um n]on negasse..... [s]epedictus Johannis ad antedicta basileca sancti domni Dioninsio, vel relequa sancta loca, aut suis propinquis, juste nuscetur delegasse: hoc est, in terris, domebus, mancipiis .....entis vel relequo beneficio, hujus auctoretatis nostre vigore et generale beneficium confirmatum ad ipsas basilecas, vel suis propinquis, proficiat in perpetuo .....mentum similiter per hanc preceptione firmati valeant permanere securi. Et ut hec auctoretas, ampliatis titolis nostris et futuris temporebus inconcusso jure .....

☧ Ursinus optulit. Chlothacharius (*monogramme*), in Christi nomine, rex, hanc precep[tio]nem subscripsi...   Bene valete.

... [anno..... regni] nostri. Stirpiniaco, feliciter in Domino, ad vetus pa[lacium].

<small>Original sur papyrus, aux Arch. nat. K. 1, n° 4.</small>

7

629, 30 juillet. — COMPIÈGNE.

Fondation, par Dagobert Ier, d'un marché au profit de l'abbaye de Saint-Denis[1], « in illa strada que vadit ad Parisius civitate, in loco qui dicitur Pasellus Sancti Martini[2]. »

A. Original sur papyrus aujourd'hui perdu.
B. Copie du XIIe siècle, aux Arch. nat. LL. 1156 (Cartulaire de Saint-Denis), fol. 10 r°.
C. Copie du XIIIe siècle, aux Arch. nat. LL. 1157 (Cartulaire blanc de Saint-Denis), p. 2.
D. Copie du XIVe siècle, à la Bibl. nat. ms. lat. 5415 (Cartulaire de Saint-Denis), p. 4.

Édit : (*a*) Doublet, *Hist. de l'abb. de Saint-Denys*, p. 655, d'après A. — (*b*) Miræus, *Opera diplom.*, t. I, p. 241, d'après *a*. — (*c*) *Rec. des Hist. de France*, t. IV, p. 627, d'après *a*. — (*d*) Bréquigny, *Diplom. chartæ*, p. 131, d'après B. — (*e*) Marini, *Papyri diplom.*, p. 97, d'après *a* ou *c*. — (*f*) Pardessus, *Diplom.*, t. II, p. 4, d'après B et C. — (*g*) A. Jacobs, *Revue archéol.* 2e série, t. IV, p. 188, d'après *f*. — (*h*) Pertz, *Diplom.*, p. 140, d'après *a*, B, C.

---

[1] L'authenticité de ce diplôme a été contestée par Germion (*De vet. diplom. reg. Franc.*, t. II, p. 94), Le Cointe (*Annal. eccles. Franc.*, t. II, p. 824), Bréquigny (*l. cit.*), Pardessus (*l. cit.*), Waitz (*Deutsche Verfassungs Geschichte*, 2e édit. t. II, p. 603), Pertz (*Diplomata*, p. 141). Elle a été défendue par Mabillon (*De re diplom.*, p. 626 et *Annal. Bened.*, t. I, p. 345) et admise par A. Jacobs (*l. cit.*). S'il y a doute sur l'authenticité de la pièce, il ne peut y avoir doute sur son ancienneté. Le fait seul qu'elle avait été écrite sur papyrus prouve qu'elle remonte au moins à l'époque carlovingienne. Quant au fond même du document, il est confirmé par un passage des *Gesta Dagoberti* (c. 34) et par d'autres chartes de date postérieure.

[2] Le *Pasellus Sancti Martini* paraît être le ponceau élevé sur le ruisseau de Ménilmontant, et sur lequel passait le chemin de Saint-Denis.

8

631-632, 29 juillet. — Paris.

Immunité accordée par Dagobert Ier à l'abbaye de Saint-Denis, «in universali..... sinodo Parisius congregrata [1].»

A. Apocryphe du ixe siècle, sur papyrus, aux Arch. nat. K. 1, n° 7.
B. Copie du xie siècle, à la Bibl. nat. ms. lat. nouv. acq. 326, fol. 2 r°.
C. Copie du xiiie siècle, aux Arch. nat. LL. 1156 (Cartulaire de Saint-Denis), fol. 5 v°.
D. Copie du xiiie siècle, aux Arch. nat. LL. 1157 (Cartulaire blanc de Saint-Denis), p. 1.
E. Copie du xive siècle, à la Bibl. nat. ms. lat. 5415 (Cartulaire de Saint-Denis), p. 2.

Édit.: (a) Doublet, *Hist. de l'abb. de Saint-Denys*, p. 659, d'après A. — (b) Bréquigny, *Diplom. chartæ*, p. 171, d'après D et a. — (c) Pardessus, *Diplom. chartæ*, t. II, p. 48, d'après D, a et b. — (d) Tardif, *Cartons des Rois*, p. 6, d'après A. — (e) Pertz, *Diplomata*, p. 143, d'après A.

9

Vers 635.

Le roi Dagobert Ier fait donation, par testament, de plusieurs villas à diverses églises de Paris [2].

..... Donamus igitur ad basilicam Domni Vincentii Parisius ubi sepulturam, quandoquidem Deus jusserit, habere disponimus [3], donatumque in perpetuo esse decernimus, villam cognominatam Cumbis villam, in pago Parisiaco, quam Ursa filia Alderici tenuit. Pari modo ad

---

[1] Cet acte mérite d'être signalé, car il mentionne une grande réunion ecclésiastique tenue à Paris «in universali ... sinodo Parisius congregata,» et l'on trouve dans les souscriptions la première mention connue de l'évêque de Paris Landry. Mais la fausseté de cette pièce a été si bien établie par Germon (*De vet. diplom. reg. Franc.*, t. II, p. 103) et par Bréquigny (*l. cit.*), qu'il nous a semblé inutile d'en donner le texte. Un des cartulaires de Saint-Denis (Bibl. nat. ms. lat. 5415, p. 6) contient un autre diplôme daté de Compiègne, 637 (?), qui semble n'être qu'une version incomplète et interpolée de celui que nous mentionnons ici. Dans ce second texte, il n'est pas question de l'assemblée réunie à Paris par Dagobert, et l'on ne trouve aucune souscription. Le texte de ce dernier diplôme se trouve dans Bréquigny, p. 170, dans Pardessus, t. II, p. 47, et dans Pertz, p. 161.

[2] Le texte de ce testament ne nous est pas parvenu dans son intégrité. Nous en possédons seulement des fragments, qui présentent entre eux de notables variantes et n'offrent aucun caractère d'authenticité. Aussi ce document est-il regardé comme faux par les meilleurs critiques. (Valois, *Gesta Franc.*, l. XIX, p. 122; Le Cointe, *Annal. eccles. Franc.*, t. III, p. 28; Bréquigny, *Diplomata*, p. 162, etc.)

[3] Cette phrase suffirait à prouver la fausseté du document, car Dagobert a exprimé dans d'autres diplômes sa volonté d'être enterré à Saint-Denis, notamment dans une donation qu'il fit à cette abbaye en octobre 635. (Pardessus, *Diplom.*, t. II, p. 35.)

basilicam Beati Petri apostoli Parisius, ubi Sancta Genovefa requiescit in corpore, villam Dravernum in Brigeio [1].....

    A. Quatre copies du vii° siècle déposées à Lyon, Metz, Paris, aujourd'hui perdues.
    B. Fragment du ix° siècle, dans les *Gesta Dagoberti*.
    C. Fragment du x° siècle, à la Bibl. Vatic. ms. Christ. n° 581.
    D. Fragment du xi° siècle, à la Bibl. nat. ms. lat. 12711 (*Chronique interpolée d'Aimoin*) fol. 85 r°.
    E. Fragment du xii° siècle, aux Arch. nat. LL. 1024 (Cartul. ☩☩☩ de Saint-Germain-des-Prés), fol. 18 r°.
    F. Copie du xiii° siècle, à la Bibl. nat. ms. lat. 13089, fol. 127 v°.
    G. Copie du xiv° siècle, aux Arch. nat. LL. 1026 (Cartul. de Saint-Germain-des-Prés), fol. 1 v°, d'après E.
    H. Copie du xiv° siècle, aux Arch. nat. LL. 1029 (Cartul. de Saint-Germain-des-Prés), fol. 1 v°, d'après E ou G.

Édit : (*a*) Dubreul, Aimoini *De Gestis Francorum* (1603, in-fol.), p. 176, d'après D. — (*b*) Duchesne, *Script. Hist. Franc.*, t. I, p. 584, d'après B. — (*c*) *Ibid.*, t. III, p. 113, d'après D. — (*d*) Delalande, *Suppl. ad Concil. Gall.*, p. 462, d'après B.—(*e*) Le Cointe, *Annales eccles. Franc.* d'après D.—(*f*) Bouillart, *Hist. de l'abb. de Saint-Germain-des-Prés*, pr. p. 4, d'après E. — (*g*) Bouquet, *Rec. des Hist. de Fr.*, t. II, p. 590, d'après B. — (*h*) *Ibid.*, t. III, p. 133, d'après D. — (*j*) Eckhart, *Francia orientalis*, t. I, p. 205, d'après B. — (*k*) Bréquigny, *Diplomata*, p. 162, d'après B, D, E. — (*l*) Pardessus, *Diplomata*, t. II, p. 38, d'après *k*. — (*m*) Pertz, *Diplomata*, p. 156, d'après B, C, D, E.

10

652, 1ᵉʳ juillet.

Charte d'immunité accordée à l'abbaye de Saint-Denis par Landry, évêque de Paris [2].

Divina largiente gratia, Landericus Parisiorum aecclesiae episcopus. Quoniam quidem inter ea quę, Dei disponente providentia, cursu temporis agimus, si quid recte actum est, ad illius qui et dando premonuit et [pos]se contulit gloriam et nostram prosperitatem, non est dubium adtinere. D[ec]et presertim eos, qui in sacris ordinibus eminere videntur, private et publice rei ita curam agere, ut et sua peccamina adnullare, et, si quid est virtutis, hoc [semper] ad altiora studeant provehere, et aliorum vel benefacta commendare, vel v[itia] invigilent corrigere. Debet etiam esse grata omnium Dei fidelium inter se fam[ili]aritas, et in expetendis dandisque beneficiis adeo oportuna propinquitas, ut nulli prorsus digna petenti non modo non abnuat, verum etiam ut amplius quod dignum est ab altero petere postuletur. Quapropter noverit omnium catholicę ecclesię cultorum gene-

---

[1] Le fragment que nous insérons ici se trouve dans le texte D, écrit dans le monastère de Saint-Germain-des-Prés, mais non dans le texte B (*Gesta Dagoberti*), qui est le plus ancien. Il est donc difficile d'en admettre l'authenticité.

[2] Mabillon (*Annal. Bened.*, t. I, p. 427) et Launoy (*Assert. inquisit. in immun. S. Germani a Pratis*, part. IV, cap. x, sect 1, 3) ont donné de bonnes raisons pour suspecter cette charte. Bréquigny (*Diplomata*, p. 210) suppose qu'elle a dû être refaite au ix° siècle, après la perte de l'original. Quoique cette opinion soit tout à fait vraisemblable, nous avons cru devoir donner le texte de ce diplôme, pour qu'on pût le comparer à l'acte de confirmation que nous publions ci-après au n° 11, p. 15, et qui en a sans doute fourni les principaux éléments.

ralis universitas, quod domnus gloriosissimus Chludovius, Francorum rex, divino irradiatus lumine, religiosa petitione humilitatis nostrae extremitatem poposcit, ut et nos et canonicorum nostrorum communis fraternitas, securitatis et incommutabilitatis privilegium ederemus pro reverentia sancti Dionisii sotiorumque ejus Rustici et Eleutherii, qui cum eo laurea martirii sunt redimiti, ad basilicam ipsorum ubi ipsi corpore requiescunt et in virtutum miraculis coruscant, et ubi Dagobertus genitor suus, quondam rex, vel genitrix sua Nanthildis regina, sepulturas habere videntur: quamquam sancta Cartaginensis sinodus facta a domno beate memorię Bonefacio ejusque coepiscopis, non prohibeant monachos sub privilegio proprio residere, vel sancti Augustini libri de eccles[iasticis] gradibus, doceant monachos sub quiete regulariter viventes, sua singulari lege debere quiescere et ab omni infestatione clericorum intrepidos permanere, ne saecularis strepitus eos ledat quos districta regula servitut[is] Domini moderatur. Quod nos considerantes, dum et canonica ins[titu]tio nos hac de re non prejudicat, vel ideo quia supradicti [domni] Chlodovii regis petitio quasi nobis jussio est, cui difficillimum est resisti, vel pro reverentia tantorum martirum quorum patrocinio se ipse commisit, seu ut ipsis monachis saecundum sanctum ordinem vivere liceat, et ut tam pro nobis quam pro omnibus nostrę ęcclesię fratribus Deum orent, ipsum privilegium, plena voluntate, una cum consensu fratrum meorum, ipsis concessisse visus sum. Per quod decerno, atque ob testificatione divini nominis interdico, ut nec ego deinceps, nec ullus successorum meorum, hoc audeat infringere vel temerario ausu aliquatenus violare, videlicet ut omnis presbiter vel clericus, ex his qui in ipso castro prefati beatissimi Dionisii martiris vel extra, ex loco qui dicitur Fons sancti Remigii, sicut via distinguit quae prebet iter juxta pratum quod dicitur Formosum, usque ad aecclesiam sancti Quintini martiris, et illinc per regalem stratam donec veniatur ad vivarium in capite Tricini pontis, sicut prata fratrum distingunt, usque ad prefatum locum Fontis Sancti Remigii, omnes illi, qui in hoc circumscripto spatio ecclesiis serviunt, sint liberi et absoluti ab omni debito et reditione circadarum et sinodorum. Tamen volumus et pro reverentia sancti martiris Dionisii concedimus, ut, si necessitas eis fuerit, ex nostro vel successorum nostrorum episcopatu, sine pretio, chrisma et oleum suscipiant. Et si quis eorum presbiterorum vel clericorum forte aut occisus, quod absit, aut vulneratus fuerit, aut ex eis omnibus alicujus injuriae acclamatio surrexerit, quicquid ex his omnibus ad nos attinere videtur, hoc totum abbati, qui in ipso sancto loco prefuerit, ceterisque fratribus, habendum et disponendum concedimus. Quod si aliquis calliditate aut cupiditate preventus fuerit, et ea quae sunt superius comprehensa, temerario spiritu violaverit, tribus annis penitentiam agat a communione fratrum sequestratus, et nichilominus hoc privilegium, Christo protegente, qui et adjuvet illud conservantibus et dissipet illud destruere cupientibus, perpetuum maneat incorruptum. Quam diffinitionem constitutionis nostrae, ut nostris et futuris temporibus valitura sit, manus nostre subscriptionibus roboravimus, et coepiscopis domnis et fratribus nostris rogamus ut ipsum insuper firmare debe[ant]. Ego in Christi nomine, Landericus, ac si peccator, episcopus urbis Parisiacę hoc privilegium consensi et subscripsi.

PREMIÈRE COLONNE.

Aunemundus episcopus, consensi et subscripsi.
Gamaldus episcopus, consensi et subscripsi.
[Vul]folenus episcopus, consensi et subscripsi.
[Armentarius episcopus, consensi et subscripsi.]
[Runicus] episcopus, consensi et subscripsi.
Malgardus episcopus, consensi et subscripsi.
Eligius episcopus, consensi et subscripsi.
Grator episcopus, consensi et subscripsi.

DEUXIÈME COLONNE.

Johannes episcopus, consensi et subscripsi.
Burgundofar episcopus, consensi et subscripsi.
Ricoaldus episcopus, consensi et subscripsi.
Baldomerus episcopus, consensi et subscripsi.
Audoenus episcopus, consensi et subscripsi.
Maurinus episcopus, consensi et subscripsi.
Eustogius episcopus, consensi et subscripsi.
Caridandus episcopus, consensi et subscripsi.

TROISIÈME COLONNE.

Bertefredus episcopus, consensi et subscripsi.
Andobertus episcopus, consensi et subscripsi.
Glarus episcopus, [consensi][1] et subscripsi.
Castadius episcopus, consensi et subscripsi.
Litterius episcopus, consensi et subscripsi.
Palladius episcopus, consensi et subscripsi.
Aetherius episcopus, consensi et subscripsi.
Ingildus episcopus, consensi et subscripsi.
Audebertus episcopus, consensi et subscripsi.

[Fa]cto privilegio sub die kalendas Julii[2] [in anno quinto decimo regnante Chlodovio gloriosissimo rege.

---

[1] Mot omis par le scribe. — [2] *Var.* «Sub die Kal. Junii» (C, D).

Ego Austrolenus lector, jubente domno Landerico episcopo, hoc privilegium scripsi et subscripsi][1].

A. Apocryphe du x° siècle sur papyrus, aux Arch. nat. K. 3, n° 1.
B. Copie du xi° siècle, à la Bibl. nat. ms. lat. nouv. acq. 326, fol. 3 r°.
C. Copie du xiii° siècle, aux Arch. nat. LL. 1156 (Cartulaire de Saint-Denis), fol. 6 v°.
D. Copie du xiii° siècle, aux Arch. nat. LL. 1157 (Cartulaire blanc de Saint-Denis), p. 9.
E. Copie du xiii° siècle, aux Arch. nat. LL. 1158 (Cartulaire blanc de Saint-Denis, t. II), p. 479.

11

653, 22 juin. — CLICHY.

Confirmation, par Clovis II, de la charte d'immunité accordée à l'abbaye de Saint-Denis par Landry, évêque de Paris[2].

PRIVILEGIUM CLODOVEI REGIS FACTUM TEMPORIBUS AIGULFI ABBATIS, CONFIRMATUM A LANDERICO EPISCOPO PARISIORUM ET ALIIS.

☧ Chlodovius, rex Francorum, vir inluster.

Oportit climenciae princepali, inter ceteras peticiones, illud quae pro salute adscribetur vel pro timore divini nomenis postolatur, placabeli audito suscipere et ad effectum perducere, ut fiat in mercide conjunccio, dum pro quiete servorum Dei vel congruencia locis venerabilebus inpertitur peticio. Igetur dum et omnipotens Pater, qui dixit de tenebris lumen splendiscere, per Incarnacionis mistirium unigeniti fili sui Domini nostri Jhesum Christi, vel inlustracionem Spiritus Sancti, inluxit in corda sanctorum Christianorum, pro cujus amore et desiderio, inter citeros gloriosos triumphos marterum, beatus Dionisius, Leutherius et Rustecus meruerunt palmam victuriae et coronam percipere gloriosam, ubi per multa tempora in eorum bas[il]eca, in qua requiescere v[ide]ntur, non minema miracola Christus per ipsos vid[et]ur operare, in quo eciam loco genetores nostri, domnus Dagoberctbus et domna Nanthechildis, videntur requiescere, ut per intercessionem sanctorum illorum, in celesti regno cum omnebus sanctis mereant participari et vitam aeternam percipere. Et quia ab ipsis principebus, vel a citeris priscis regebus, vel aeciam a Deo timentebus christianis hominebus, ipse [sanctus] locus in rebus, propter amorem Dei et vita aeterna, videtur esse ditatus, et nostra integra

---

[1] Nous rétablissons, d'après la copie B et le texte donné par Doublet (*Histoire de l'abbaye de Saint-Denys*, p. 443), les dernières lignes de cette pièce, devenues complètement illisibles.

[2] Cet acte, dont l'original sur papyrus se voit encore dans le musée des Archives nationales, est le plus ancien diplôme d'une authenticité absolument certaine, où figure le nom d'un évêque de Paris. On trouve dans les Recueils de Bréquigny et de Pardessus quatre autres diplômes antérieurs à celui-ci, où se lit le nom de l'évêque Landry, mais ils sont tous les quatre faux.

devocio et peticio fuit, ut apostolicus vir Landericus Parisiaci aeclesiae episcopus, privilegio ad ipsum sanctum locum, abbati vel fratrebus ibidem consistentebus, facere vel confirmare pro quiite futura deberit, quo facilius congregacioni ipsi licerit pro stabiletate regni nostri ad limena mart[er]um ipsorum jugeter exorare, hoc ipse pontefex cum suis quoepiscopis, juxta peticionem devocionis nostrae, plenissemam volontatem prest[itisse] vel confirmasse dinuscitur. [Nos] ergo per hanc seriem autoretatis nostrae, juxta quod per supradictum privelegium a pontefecebus factum et prestetum est, pro reverencia ipsorum marterum, vel nostra confirmanda mercide, per hanc auctoretatem jobemus ut si qua ad ipsum locum sanctum [in villa]bus, mancipiis vel quibuscumque r[ebus] adque corpo[re]bus, a priscis principebus seo genetorebus nostris, [vel a Deum timentebus homine]bus, propter amorem Dei, ibidem delegatum aut deinceps fuerit addetum, dum ex munificencia parentum nostrorum, ut dixem[us], ipse sanctus locus videtur esse ditatus, nullus episcoporum, nec praesentes, nec qui futuri fuerint successores, aut eorum ordenatores vel qualibet persona, possit, quoquo ordene, de loco ipso ale[quid] auferre, aut alequa potestate sibi in ipso monast[hirio usurpare, ve]l ale[quid] quase per conmutacionis titolum, absque volontate ipsius congregacionis vel nostrum permissum mino[are], aut calices vel croces, seo indumenta altaris, vel sacros codeces, argentum aurumve, vel qualemcumque speciem de quod ibidem conlatum fuit aut erit, auferre aut menoare vel ad civetate deferre no[n d]ebeat nec praesumat; sed liciat ipsi sanctae congreg[acioni, quod] per ri[ctam del]egacionem conlatum est, perpetem possedere et pro stabiletate regni nostri jugeter exorare : quia nos, pro Dei amore vel pro reverencia ipsorum sanctorum marterum et adhepiscenda vita aeterna, hunc beneficium ad locum ipsum sanctum, cum consilio pontefecum et inlustrium virorum nostrorum procerum, gra[tiss]emo anemo et integra volontate vise fuemus pr[esteti]sse, eo scilecit ordene, ut, sic[ut tempore domni et genetoris nostri ibidem psallencius [per t]urmas fuit instetutus, vel sicut ad monasthirium Sancti Mauricii Agaunis die noctoque tenetur, ita in loco ipso celebretur. Quam viro autoretate decrivemus, Christum in omnebus nobis subfragantem, ut firmior habeatur et per tempora conservitur, subscripcionebus ma[nus nostrae] infra roborare. Beroaldus optulit.

Chlodovius (*monogramme*) rex subscripsit.

† Laudomerus episcopus consenciens subscripsi. — † Aectherius peccator consenciens subscripsi. — † [In] Christi nomine Eligius episcopus subscripsi. — † Ricoaldus peccator consenciens subscripsi. — † Rigobercthus peccator episcopus subscripsi. — Signum † vir inluster Radoberto major domus. — † Castadius peccator episcopus subscripsi. — † In [Christi] nomine Landericus, ac si peccator episcopus, subscripsi. — Aegynarus [subscripsi]. — † Chradoberctus subscripsi. — Signum † vir inluster Ermenrico domesticus. — Signum † vir inluster Merulfo. — Signum † vir inluster Bertecari[us subscripsi]. — Signum † vir inluster Aigulfo

comes palatii. — Gauciobertus diaconus hunc privilegium subscripsi. — Ochelpincus subscripsi. — Signum † vir inluster Austroberto. — S[ignum] † Gaerinus jusus subscripsi. — Ebrulfus subscripsi. — † Incrinus subscripsi. — Signum † vir inluster Probato. — Signum † Gundoberto. — † In Christi nomine Gaerechramnus diaconus subscripsi.

† Vulfoleudus peccator subscripsi. — † Amalbercthus consinsi et subscripsi. — † Chadbedo consinsi et subscripsi. — † Athildus concinsi et subscripsi. — † Varnacharius consinsi et subscripsi. — † Bobo consinsi et subscripsi. — † Desideratus consinsi et subscripsi.

† Aunemundus peccator consenciens subscripsi. — † In Christi nomine Chaoaldus episcopus consenciens subscripsi. — † Rauracus peccator consenciens subscripsi. † Palladius peccator consenciens subscripsi. — † Clarus, in Dei nomine, episcopus, consinsi et subscripsi. — † Arsenctas peccator consenciens subscripsi. — † Grator peccator consenciens subscripsi. — † Vandalmarus consensi et subscripsi. — Syghichelmus consinsi et subscripsi. — † Auderdus vir inluster atque patricius consinsi et subscripsi. — † Gualderadus [1] consinsi et subscripsi. — † Ganctulfus consinsit et subscripsit. — † Rado subscripsi. — † Bodolevos subscripsi. — † Ebroinus subscripsi. — † Ragenobertus subscripsi. — † Arnebercthus subscripsi. — † Chaldo subscripsi. — Signum † vir inluster Madalfrido.   Bene valete.

Datum sub die x kal. Julias, anno xvi rigni nostri, [Cli]piaco, in Dei nomine feliciter.

A. Original sur papyrus, aux Arch. nat. K. 2, n° 3.
B. Copie du xi° siècle, à la Bibl. nat. ms. lat. nouv. acq. 326, fol. 5 r°.
C. Copie du xiii° siècle, aux Arch. nat. LL. 1156 (Cartulaire de Saint-Denis), fol. 14 v°.
D. Copie du xiv° siècle, à la Bibl. nat. ms. lat. 5415 (Cartulaire de Saint-Denis), p. 20.

12

690. — CHAMBLY.

Donations faites par Vandemir et sa femme Ercamberte à diverses églises de Paris [2].

..... conferre debimus; unde in futurum veniam misericordiae animis nostris ..... [do]namus, donatumque in perpetuo esse vo[lom]us, ad basilica Domnae Stefanae in Parisius, ubi domnus Sigofridus pontefex [3] praeesse veditur, villa cogno-

---

[1] Mabillon a lu «Vulderadus» (De re dipl., p. 467). Les deux leçons sont également douteuses.

[2] Quoique ce document semble d'une authenticité inattaquable, il a été vivement incriminé par Germon (De vet. reg. Franc. diplom., t. I, p. 185, t. II, p. 263, t. III, p. 46), mais Mabillon (De Re diplom., p. 472 et suppl. p. 24; Annal. Bened.,

t. I, p. 594), Fontani (Vindic. diplom., p. 193), Ruinart (Eccles. Paris. vindic. adv. Germonium, p. 72) et Bréquigny (Diplomata, t. I, p. 313) ont longuement réfuté les critiques de Germon.

[3] Ce diplôme est le premier où soit mentionné l'évêque de Paris Sigofridus et l'abbé de Saint-Germain-des-Prés Audcharius.

m[enante..... in pago Ca]mliacinsi, cum omne merito vel ageciencias et soledetates suas, sicut a nos presente tempore est possessum. Simile modo donamus ad monastirio Domnae..... [ubi] pred.....ata abbatissa praeesse veditur, villa cognomenante Ingolinocurti, in pago Camiliacinsi, cum omne integritate vel mereto suo, sicut et no[s presente tempore possedire] vedimur. Pare modo donamus ad basilica Domne Germanae [1], ubi vir venerabilis Landebertus abba preesse veditur, villa cognomenanti Fraxi[neto, in pago ..... cum omne integretate] vel merito suo agiciencias vel quicquid presente tempore quieto ordene a nobis ibidem est possessum. [Simi]le modo donamus ad basilica Domne Vincente, vel Do[mni Germani, ubi vir vene]rabilis Audcharius abba praeesse veditur, villas cognomenantis Oxma, in pago Dorcassino, Noviolio in pago Andegavino, cum omne integretate [vel mereto suo], ageciencias vel adpen ditiis tutum et ad integrum, sicut a nobis presente tempore est possessum. Pare modo donamus Vuabuniacas, in pago Beloacinsi ad basilica Domnae .....noaldus abba praeesse veditur, tutum et ad integrum cum ageciencias vel adpendiciis, sicut a nobis presente tempore est possessum. Donamus ... [ubi vir v]enerabilis Vuandremarus abba preesse veditur, villa cognomenante Gomariovilla, in pago Istanpinsi, cum omne integretate vel merito suo, ageciencias, vel adp[endicias, sicut a nobi]s presente tempore est possessum. Simile modo donamus ad Domno Cristivilo monistirio puellarum, in Parisius, ubi Landetrudis abbatisa praeesse ved[itur villa cognomenante N]oviliaco in pago Camiliacinsi. In Dei nomine donamus Gundulfocurti in pago Camiliacinsi, Premiaco in pago Aurelianinsi, ad basilica preciosi Domnae [Dionisii martyris ubi] ipsi in corpore requiiscit et venerabilis vir Chaeno abba preesse veditur, cum omne integretate vel soleditatis eorum, sicut a nobis presente tempore [est possessum. Pare modo donamus] ad monisterio Aolinovilla, ubi vir venerabilis Pigus [2] abba preesse veditur, villa cognomenante Villare, in pago Oxminsi, cum omne mereto et integretate sicut a n[obis presente tempore est pos]sessum. Donamus in Dei [3] ad monisterio Portmauro, ubi vir venerabilis Amalharius abba preesse veditur, locello cognomenante Alticio in pago Materacinsi cum omne in[tegritate vel mereto s]uo quicquid a nobis presente tempore ibidem est possessum. Simele modo donamus Badenao ad Funtanella ad Domno Petro, ubi domnus Vuando in corpore requies [cit cum omne integretate vel sole] ditate ageciencis vel adpendiciis, tutum et ad integrum, sicut a nobis est possessum. Donamus ad basilica Domnae Petri..., ubi vir venerabilis... [abba preesse veditur. villa c]ognomenantis Ispaldis in pago Villicassino, Brennaco in pago Ebrecino, Ararnio in pago Oxminsi, Taciaco in pago Oxminsi, Cormiliaco in pago ... cum omni integretate vel a[dpendicias et soleditates] quicquid ibidem nos presente tempore pos-

---

[1] Il ne faut pas confondre cette église avec l'abbaye de Saint-Germain-des-Prés. (*Gall. Chr.*, t. VII, col. 252. Lebeuf, *Hist. du dioc. de Paris*, t. I, p. 37.)

[2] Tous les éditeurs ont lu « Vigur, » mais certainement à tort.

[3] Suppléez « nomine. »

sedire vedimur. Donamus in Dei nomene ad Domno Desiderio, ubi vir venerabilis Adroaldus abba preesse veditur.... ubi venerabilis vir Carone abba preesse veditur, in pago Ebricino, cum omne mereto suo, sicut a nobis presente tempore est possessum. Donamus ad... preesse veditur villa cognomenante... in pago Lexuino, cum omne integretate vel mereto suo, sicut a nobis presente tempore est possessum. Donamus in Dei nomene [villa cognomenante P]risciaco in pago Camiliacinsi ad Domno Martino in ipso Prisciaco, ubi vir venerabilis Farulfus abba preesse veditur, ubi sepulturas nostras ibidem habimus reconde[tas] ... debent et ses ... ... asse ut habit humana fragiletas, ... in ista hutilitate damnosum, quod Deus advertat de nobis, non contingat, umani ... dulcissema conjux mea Ercamberta, stante ista omnia quod superius diximus, se nos superstitis aderat et Deo si vovirit, villas cognomenantis Lubaria in pago Oxminsi ... sino villare super mare, in pago Lexoino, Cola in pago Lexuino, Cambrimaro in pago Lexuino, Caedraco in pago Cilimanico, Abaciaco in pago Cilimanico; ut jam dixi, dulc[issema conjux mea] Ercamberta, se mihi superstitis fuerit, suprascriptas villas, tam de parti sua quam et de parti nostra, in sua faciat revocare domenacione et monistirio ubi se eligirit d[egere] ... re suis et futuris temporebus ad ipso monastirio predictas villas debiant proficire in augemento. Et ut hec delibiracio nostra, quem pro animis nostris dare decrivimus ... per tempora conservitur, sicut lex edocit reservata ad heredis nostros, villas cognomenantis Edoniaco et Miscello in pago Cadrocino, Oxello et Buciaco in[pago]... tamen stante ista omnia quod superius comuni convenencia ficimus, convinit ut qui pare suo superstetis aderat, ris pare suo possedire debirit, ut ne... umane mercidem amborum ad loca sanctorum delegare debirit. Unde duas epistulas uno tenore comscriptas inter nos fieri et firmare convinit ... Parisiaci ubi apostholicus domnos et pater noster Sigofridus preesse veditur, recondatur : et alia eo modo comscripta, qui de nos pare suo superstitis aderat, habir... [quan]dio vix[erit] quarta parte reservavimus. Si quis viro, quod futurum esse non credo, se nosmedipsi aut aliquis de heredibus nostris ..., contra presentem delibiracionem nostram, Deus ibi contrario quoquo tempore vinire aut infrangire voluerit, inprimetis iram trini magestatis incurrat ub... ipsis domnis sanctis, quorum reliquiae in sepefatas basilicas inserte esse nuscuntur et ab omnebus ecclesiis excomunis apariat, nec hic, nec in futurum veniam p.....rire non possit, una cum socio fisco auri libiras cento, et argenti pondo docenta quoactus exsolvat; et qui repetit nullatinus valiat evindicare. Et haec de[liberaci]o nostra, duci Domno, quoquo tempore firma et inviolata permaniat, stipolacione pro omne firmitate subnexa. Actum Camiliaco, vico publico, quod ficit minsis... anno x϶ι [1] rigni domni nostri Theoderice gloriosissimi rigis.

---

[1] Une partie des éditeurs ont lu *anno xvi*, ce qui est une faute, car le second chiffre est un ἐπίσημον βαῦ, dont la valeur est égale à vi. (Voy. Maffei, *Mus. Veron.* 180, 4. — Labus, *Monum. di S. Ambrogio*, p. 22. — Le Blant, *Inscr. chrét. de la Gaule*, t. I, p. 73.)

✠ Ego in Dei nomine Vuademiris hanc epistola a me facta religi et subscripsi. Ercamberta subscripsi. † Ghranno subscripsi. Signum † viri inlustris Acerelio. Signum † Bosone. Ausonius rogitus a suprascriptis hanc epistola subscripsi. Signum † Bosittone. Signum † Chlodoaldo. Signum † Ingoberto. Signum † Gamardo. Signum † Gandulfo..... subscripsi. Ch..... subscripsi.

Original aux Arch. nat. K. 3, n° 2 *bis* [1].

13

697, 6 avril. — PARIS.

Fondation, par Gamon et Adalgude, au lieu de Limours, d'un monastère de femmes soumis à l'abbaye de Saint-Vincent et Sainte-Croix de Paris [2].

In nomine Sanctę Trinitatis... Igitur ego Gammo et conjunx mea Adalgudis... monasteriolum in loco proprietatis nostrę, nuncupante Lemauso, in honore sancti Johannis et sanctę Crucis vel ceterorum dominorum cepimus construere, ut ibidem puellas in honore Sanctę Marię institueremus, ut sub sancta norma regulę ibidem conversare deberent... Et dum ipse sexus femineus per se minime aliquid valeat exercere, vel pro mercede nostra augenda, vel pro earum necessitatibus gubernandis, eis nullatenus est licitum foris egredi : propterea omnia jam dicta, ipsumque monasterium jam dictum Lemausum, una cum villis vel omnibus adjacentiis suis, ut diximus, in quibuslibet pagis vel territoriis, tam ultra Ligerim quam citra, ad monasterium Sancti Vincentii et Sanctę Crucis, Parisius civitate, ubi Sanctus Germanus in corpore quiescit, ubi Autharius abbas in Dei nomine una cum norma plurima monachorum preesse videtur, donatum in perpetuo esse volumus... et post nostrum quoque discessum, juxta quod superius diximus, tam ipsum monasterium et jam dictas villas cum adjacentiis, ipse Autharius abbas aut successores sui, qui eo tempore in ipso monasterio Sancti Vincentii et Sanctę Crucis Sanctique Germani fuerint, possideant perpetualiter ut habeant in dominationem... Et ut epistola hujus donationis firma permaneat, Bituricas in conventu nobilium, in presentia regis domini nostri Childeberti relecta, et Parisius civitate in monasterio Sancti Vincentii, die sexto mensis Aprilis super altare sanctę Crucis posita, anno tertio ejusdem domini nostri Childeberti regis. — Turnoaldus [3] ac si peccator episcopus subscripsi.— Guntharius, et ipse indignus dia-

---

[1] Les Archives nationales possèdent un autre acte des mêmes personnages, également en original. C'est une donation à l'abbaye de Saint-Germain-des-Prés. Elle est datée du 20 août 682 ou 683 (et non de 730, comme Pardessus l'a imprimé à tort). Elle a été publiée par Guérard (*Polypt. d'Irminon*, app. p. 341); Pardessus (*Diplomata*, t. II, p. 360); Tardif (*Cartons des Rois*, p. 19).

[2] On remarque dans cette pièce certains détails de forme qui pourraient la faire suspecter : le plus important est l'emploi du mot *miles* dans les souscriptions. Mais il a pu être ajouté par le copiste du cartulaire qui nous a conservé l'acte. Quant au fond même de la pièce, son authenticité ressort d'un autre diplôme du 25 février 703 que nous citons ci-dessous (n° 15). Il ne serait pas impossible que ce second diplôme eût servi de modèle pour la fabrication du premier. Toutefois l'authenticité de l'un et de l'autre est généralement admise.

[3] Le Cartulaire porte «Aurnoaldus.»

conus, subscripsi. — Madolandus indignus abbas subscripsi. — In Christi nomine Andeboldus abbas subscripsi. — Durandomarus, gratia Dei abbas, subscripsi. — Desiderandus, in Christi nomine abbas, subscripsi. — Ego Gammo hanc donationis meę cartam relegendo subscripsi. — Adalgudis subscripsi. — Bertinus miles subscripsi. — Berdandus miles subscripsi.

A. Copie du XIIe siècle, aux Arch. nat. LL. 1024 (Cart. ††† de Saint-Germain-des-Prés), fol. 46 r°.

Edit. : (*a*) Mabillon, *Annal. Bened.*, t. I, p. 704, d'après A. — (*b*) Bouillard, *Hist. de Saint-Germain-des-Prés*, pr. p. 6, d'après *a*. — (*c*) Bréquigny, *Diplomata, chartæ*, p. 349, d'après *a*. — (*d*) Pardessus, *Diplomata, chartæ*, t. II, p. 243, d'après *c*.

14

Vers 700. — Paris.

Legs faits à diverses églises de Paris par une dame nommée Ermenthrude.

... Baselicis constitutis Parisius, id est : baselicae Sancti Petri urcio argenteo, valente soledus duodece, et fibla aurea gemmata admanto dari constituo; baselicae Domnae Mariae, gavata argentea valente soledus duodece, et cruce aurea valente soledus septe, dari jubeo; baselicae Domni Stefani anolo aureo nigellato valente soledus quatuor, dari volo; baselicae Domni Gervasi anolo aureo, nomen meum in se habentem scribtum, dari pręcipio; baselicae Sancti Sinfuriani, in qua bonae recordacionis filius meus Deorovaldus requiescit, freno valente soledus duodece, et caballo strato, et carruca in qua sedere consuevi, cum boves et lectaria cum omni stratura sua, pro devotione mea et requiem Deorovaldi dari praecipio... sacrosancte ecclisiae civitatis Parisiorum, missu[rio] argenteo, valente soledus quinquaginta, dari pręcipio. Baselicae Sancte Cruces vel Domni Vincenti cocliaria argentea dece dari jubeo... Ita do, ita ligo, ita testor, ita vos mihi, Quiritis, testimonium perhibetote testanti. Citeri citeraeque proximi proximeque exheredis mihi estote, proculque habetote. Si que liturae vel caraxaturae in hoc testamento meo sunt, ego feci fierique praecipi, dum mihi saepis volui recensri. Addi etiam constitui, si quis contra hanc testamentum venire voluerit, aut voluntatem meam in aliquo corrumpere temptaverit, a communione omnium sanctorum et a liminebus ecclisiarum efficeatur extraneus, et insuper [an]te tribunal Christi anathimatus permaneat.

Actum Parisius, sub die et tempore [su]prascripto.

Signum † Erminethrudiae testatricis. † Mummolus comes, rogante et praesente Ermenethrude, hanc testamentum subscripsi. Scupilio spatarius, rogante Erminethrudiae, huic testamentum subternotavi diae et anno quo supra. Munegiselus, rogante et praesente Ermminethrude, hunc testamentum testis subternotavi die et anno quo supra. Baudacharius defensor subscripsi. E[use]bius, rogatus ab Erminethrude, hunc testamentum es[cripsi et subscripsi].

A. Original sur papyrus, aux Arch. nat. K. 4, n° 1.

Edit. : (*a*) Mabillon, *Liturg. Gall.*, p. 463, d'après A. — (*b*) Mabillon, *De re diplomatica*, app. p. 92 et suiv. d'après A. — (*c*) Bréquigny, *Diplomata, chartæ*, p. 361, d'après A ou *a*. — (*d*) Pardessus, *Diplomata, chartæ*, t. II, p. 255, d'après *c* et A. — (*e*) Tardif, *Cartons des Rois*, p. 34, d'après A.

15

703, 25 février. — QUIERSI.

Jugement par lequel Childebert III confirme la donation, faite par Gamon et Adalgude sa femme, du monastère de Limours à l'abbaye de Saint-Germain-des-Prés.

☧ Childeberthus, rex Francorum, vir inluster. Cum nos ... venerabelis vir Chedelmarus abba [1] ... suggerebat dum dicerit eo quod monastheriolo in pago Stampinse, noncobante Lemauso, una cum adjecencias suas ... ad integrum, quicquid possessio Gammone condam et conjoge suae memorata Adalgude fuerunt, per eorum strumenta ad monasthyrio Sancti Vincenti vel Domni Germani, ubi ipsi preciosus domnus in corpore requiescit, quae est sub opidum Parisiace civetatis constructus, ubi Chedelmarus abba preesse videtur, condonaverant......
Datum quod ficit mensis Februarius dies [xxv,] anno qu rigni nostri, Carraciaco feliciter. Baene valete.

A. Original avec traces de sceau, aux Arch. nat K. 3, n° 13.

Édit. : (a) Mabillon, *Acta SS. Ordinis Sancti Bened.*, sæc. III, pars II, p. 620, d'après A. — (b) Le Cointe, *Annales eccl. Franc.*, t. V, p. 279, d'après A ou a. — (c) Mabillon, *De re diplomatica*, p. 480, et Suppl., p. 95, d'après A et a. — (d) Bouillart, *Hist. de l'abb. de Saint-Germain-des-Prés*, pr. p. 8, d'après A et c. — (e) *Gall. Christ. nova*, t. VII, Instr. col. 4, d'après c. — (f) *Recueil des Historiens de Fr.*, t. IV, p. 680, d'après c. — (g) Bréquigny, *Diplomata*, p. 366, d'après A. — (h) Pardessus, *Diplomata*, t. II, p. 261, d'après g. — (i) Tardif, *Cartons des Rois*, p. 35, d'après A. — (j) Pertz, *Diplomata*, p. 64, d'après A.

16

710, 13 décembre. — MONTMACQ.

Jugement rendu par Childebert III en faveur de l'abbaye de Saint-Denis contre Grimoald, comte de Paris, au sujet des droits à percevoir à Paris et dans le Parisis, sur les marchands qui venaient à la foire de Saint-Denis [2].

HIC SUNT CARTAS DE ILLO THELLENIO, DE ILLO MARCATHO, CHILDEBERTO REGE.

☧ Childeberthus, rex Francorum, vir inluster. Cum in nostra vel procerum nostrorum presencia, Mamacas, in palacio nostro, venientes agentes venerabeli

---

[1] Cet acte est le seul qui mentionne l'abbé Chedelmarus.

[2] L'authenticité de ce diplôme a été attaquée par Germon (*Vet. reg. Franc. diplom.*, t. I, p. 239, et défendue par Mabillon (*De re diplom.*, p. 482). Elle est aujourd'hui considérée comme hors de doute (Bréquigny, *Diplom.*, t. I, p. 388; Pardessus, *Diplom.*, t. II, p. 285; Pertz, *Diplom.*, p. 68). L'examen paléographique de l'original fournit, en effet, des preuves péremptoires à l'appui de l'opinion soutenue par Mabillon. Le scribe a employé des notes tironiennes et des formes monogrammatiques, que les faussaires des siècles suivants n'auraient pu imiter.

viro Dalfino, abbate de baselica peculiaris patronis nostri Sancti Dionisii, ubi preciosus domnus in corpore requiescit, adserebant adversus agentes inlustri viro Grimoaldo, majorem domus nostri, eu qod a longo tempore Chlodovius qondam, avus noster, seu et posthia avuncolus noster Childericus, vel domnus et genetur noster Theudericus, eciam et germanus noster Chlodocharius, per eorum precepcionis, illo teleneu, quicquid de omnes neguciantes, aut Saxonis, vel quascumquelibit nacionis, ad ipsa sancta fistivetate domni Dionisii ad illo marcado advenientes, ad ipsa baselica Sancti Dionisii in integretate concessissent, sic quoque ut nec posthia, nec tunc, pars fisce neque ibydem ad ipso marcado, neque infra pago Parisiaco, aut in ipsa civetate Parisius, postia nullus teleneus ad ipsus homenis negociantes de ipsa vice non exigintur nec tollintur, sed hoc pars predicte baselice domni Dionisii in integretate omne tempore habirit concessum adque indultum. Unde et talis precepcionis predictorum principum in presente ostendedirunt relegendas. Relictas et percursas ipsas precepcionis, inventum est quod taliter ab ipsis principebus ad ipsa casa casa (*sic*) Dei in integretate fuit concessum. Postia dicebant quasi agentes ipsius viro Grimoaldo, majorem domus nostri eciam et comis de ipso pago Parisiaco, mediatate de ipso teleneu eisdem tollerent, vel de parte ipsius baselice abstraerent. Aserebant econtra agentes ipsius viro Grimoaldo, majorem domus nostri, quase de longo tempore talis consuetudo fuissit, ut mediatate exinde casa Sancti Dionisii receperit, illa alia medietate illi comis ad partem fisce nostri. Intendibant econtra agentes Sancti Dionisii, quasi hoc Gairinus qondam, loce ipsius Parisiace comis, per forcia hunc consuetudinem ibydem misissit, et aliquando ipsa medietate de ipso teleneu eisdem exinde tullissit; sed ipsi agentes hoc ad palacium resogessissent, et eorum precepcionis in integretate semper renovassent. Iterum inquisitum est per plures personas, eciam et per ipsas precepciones, qod antedicte princepis ibydem in primordio et in posterum, in integretati concesserunt vel adfirmaverunt. Syc asenciente ipso viro Grimoaldo, majorem domus nostri, eciam et alii pluris nostri fidelis visi fuerunt decrevissi vel judicasse, ut agentes ipsius viro Grimoaldo, pro partem fisce nostri, eusdem exinde per vuadio de ipso teleneu in integretate revestire debirent; qod ita et ficerunt. Sed, dum ac causa taliter acta vel definita seu inquisita vel judecata, in quantum inluster vir Sigofredus, comis palate nostre, testemoniavit, fuissit denusceter, jobimmus ut omne tempore pars predicte monastiriae Sancti Dionisii, ubi ipse preciosus domnus in corpore requiescit, et Dalfinus abba, vel successoris sui, ipso teleneu in integretati de ipsa fistivetate Sancti Dionisii, tam qod ibidem super terras ipsius baselice resedire vedintur, quam et postia ipsa vice ad Parisius omne tempore, inspecta eorum anteriores preceptionis, habiant evindecatum adque elidiatum. Et quatenus, antehactis temporebus, clade intercedente, de ipso vigo Sancti Dionisii ipse marcadus fuit emutatus, et ad Parisius civetate, inter Sancti Martini et Sancti Laurente baselicis ipse marcadus fuit factus, et inde precepcionis predictorum princepum acceperunt, ut in ipso loco aut ubyque ad ipsa fistivetate resedibant ad eorum negucia vel commercia exercienda, ipso teleneu pars prepredicte (*sic*) baselice domni Dionisii in integretate receperit; et se evenit, aut pro clade aut per quacumquelibit delacione interventa, exinde aliuby fuerit ipsi marcatus emutatus, predictus teleneus in integretate ad ipsa casa Dei, presentis temporebus et futuris, in lumenarebus ipsius Sancti Dionisii, pro reverencia ipsius sancti loce, permaniat concessus adque indultus : et sit tam inter parte fisce nostri, quam et inter agentes Sancti Dionisii, omnis lis et altergacio subita.

Actulius jussus recognovit..... Grimoaldo majore domus.   Bene Valete.

Datum quod ficit minsus December, dius xiii, anno xvi rigni nostri, Mamaccas feliciter.

<small>Original avec traces de sceau, aux Arch. nat., K. 3, n° 15.</small>

17

717, 28 février. — COMPIÈGNE.

Donation, par Chilpéric II, à l'abbaye de Saint-Denis, de la forêt de Rouvray et du domaine de Clichy où habitait le garde de la forêt.

CARTA DE ROVERETO.

Chilperichus, rex Francorum, vir inluster.

Se aliquid ad loca sanctorum de nostris munerebus pristamus vel concidemus, hoc nobis ad mercidem vel stabiletate rigni nostri, in Dei nomene, pertenire confidemus. Ideo cognuscat hutiletas seo magnetudo vestra, quod nos, foreste nostra Roverito, cum omnem jure vel termene suo, ad integrum, que est in pago Parisiaco, super fluvium Sigona, una cum illo forestario nomene Lobicino qui conmanit in fisco nostro Vetus Clippiaco, una cum mansus quod in ipso Clippiaco tenire viditur, vel terras ad ipsus mansus aspicientes, ad integrum, ad basileca peculiares patronis nostri Sancti Dionisii, ubi ipse preciosus domnus in corpore requeiscit, vel ubi domnus Turnoaldus episcopus [1] custus preesse viditur, ad peticione inlustri viro Raganfredo, majorimdomus nostro, plina et integra gracia, ad diae presente, vise fuemus concessisse. Quapropter per presente precepcione specialius decernimus urdenandum, quod in perpetuum circa ipso sancto loco mansurum esse volemus, ut ipsa foreste nostra Roverito, cum omnem jure vel termene suo, ad integrum, una cum suprascripto forestario vel mansus suos, cum terras vel prata in ipso Clippiaco, ad integrum, ipse domnus Turnoaldus epi-

---

[1] Cet acte est le dernier en date où figure l'évêque de Paris Turnoald.

scopus ad ipsa sancta basileca domni Dionisii martheris, plina et integra gracia, ex nostro munere largitates, hoc habiat concessum adque indultum, ut eis in antia semper melius delectit pro stabiletate rigni nostri, vel pro salute patriae, Domini meserecordiae adtencius exorare; et nulla requesicione, nec nullo inpidimento ad judicibus publicis, tam nostro tempore quam et ad succedencium rigum, ob hoc habire non pertemiscant, nise ad suprascripta sancta basileca domni Dionisii, nostris et foturis temporibus, proficiat in augmentis. Et ut haec precepcio firmior habiatur, vel per tempora conservitur manus nostri subscripcionebus subter eam decrivemus roborare.

✠ Chilpricus rex subscripsit.

Raganfridus optolit. Bene Valete.

Datum pridiae kalendas Marcias, annum secundum rigni nostri, Conpendio, in Dei nomene feliciter.

Original avec traces de sceau, aux Arch. nat. K.4, n° 3.

18

717, 24 avril. — Paris [1].

Confirmation, par Chilpéric II, des privilèges de l'abbaye de Saint-Maur-des-Fossés. «Data sub die VIII kalendas Maias, anno II regni nostri, Parisius civitate, feliciter.»

Édit.: (a) Labbe, *Alliance chronol.*, t. II, p. 438. — (b) Le Cointe, *Annal. eccles. Franc.*, t. IV, p. 593, d'après a. — (c) Mabillon, *De re diplom.*, p. 486. — (d) Rec. des Hist. de la France, t. IV, p. 695, d'après c. — (e) Gallia christ., t. VII, instr. col. 6, d'après c. — (f) Bréquigny, *Diplomata, chartæ*, t. I, p. 416, d'après c. — (g) Pardessus, *Diplomata, chartæ*, t. II, p. 312, d'après f. — (h) Pertz, *Diplomata*, p. 78, d'après c.

19

Vers 730.

Confirmation, par Thierry III, d'une donation de divers biens situés en Berry, faite par Gautier et sa femme Goda, à l'abbaye de Saint-Germain-des-Prés. «Ad ecclesiam Sanctę Crucis Sanctique Vincentii levitę et martyris ubi preciosus confessor Germanus in corpore requiescit, in suburbio Parisiacę urbis... sub dominatione et providentia Autharii ecclesię Sanctę Crucis predictorumque sanctorum abbate... [2]»

A. Copie du XII° siècle, aux Arch. nat. LL. 1024 (Cartul. ✠✠✠ de Saint-Germain-des-Prés), fol. 18 v°.
B. Copie du XIV° siècle, aux Arch. nat. LL. 1026 (Cartul. de Saint-Germain-des-Prés), fol. 2 r°.
C. Copie du XIV° siècle, aux Arch. nat. LL. 1029 (Cartul. de Saint-Germain-des-Prés), fol. 2 r°.

Édit. : (a) Bouillard, *Hist. de l'abbaye de Saint-Germain-des-Prés*, pr. p. 8, d'après A. — (b) Bréquigny, *Diplomata*, p. 361, d'après a. — (c) Pardessus, *Diplomata, chartæ*, t. II, p. 361, d'après b. — (d) Pertz, *Diplomata*, p. 205, d'après A ou a.

---

[1] Ce diplôme est le plus ancien acte royal, daté de Paris, dont l'authenticité n'ait jamais été mise en doute.

[2] Nous avons cru devoir mentionner ce diplôme, quoiqu'il n'ait qu'une importance secondaire pour l'histoire de Paris. Mais, comme les

20

753, 8 juillet.

Confirmation, par Pépin le Bref, de l'abandon fait à l'abbaye de Saint-Denis, par les rois ses prédécesseurs, des droits du fisc dans tout le Parisis, sur les marchands qui viennent à la foire de Saint-Denis.

CONFIRMATIO DE ILLO MERCATO QUI DICITUR SANCTI DIONYSII, TEMPORE PIPPINI REGIS.

✠ Pippinus, rex Francorum, vir inluster, omnibus ducibus, comitibus, graffionibus, domesticis, vecariis, centenariis, vel omnes agentes tam presentibus quam et futuris, seu et omnes missus nostros de palacio ubique discurrentes. Igitur cognoscat utilitas seu magnitudo vestra, venerabilis vir Folradus, abba de basilica peculiaris patronis nostri sancti Dionisii, ubi ipse preciosus domnus cum sociis suis corpore requiescere videtur, vel ipse abba una cum turma plurima monachorum in ipso cenubio degere videntur, vel Domino militare noscuntur, missa peticione, nobis suggesserunt eo quod a longo tempore [ante]riores reges domnus Dagobertus et Chlodovius, seu et postea Hildericus et Theudericus et Chlotharius, quondam reges, etiam et Hiltbertus et avunculus noster Grimoaldus majorumdomus, ipsique quondam, omnes telloneos, infra pago Parisiaco, de illa festivitate sancti Dionisii in idipso pago Parisiaco, de omnes necuciantes, tam Saxsones quam Frisiones vel alias naciones promiscuas, de quascumque pagos vel provincias ad festivitate sancti Dionisii martyris, tam in ipso marcado quam et in ipsa civitate Parisius de ipsa vice, seu et per villabus, vel per agros, tam ibidem quam et aliubi, ad negociandum vel necocia plurima exercendum et vina conparandum, in portus et per diversa flumina, qui ad ipsa festivitate advenerint, ut ipso telloneus in integritate de ipsa vice ad casa Sancti Dionisii concessissent vel confirmassent; unde et ipsas precepciones vel confirmaciones anteriorum regum nobis in presente obtulerunt relegendas. Relectas et percursas ipsas precepciones seu et confirmaciones, vel illo judicio evindicato domno Hiltberto rege et avunculo nostro Grimoaldo majorumdomo, quem agentes Sancti Dionisii super agentes inlustri viro Grimoaldo majorumdomo evindicaverunt, ipsum nobis obtullerunt ad relegendum; et postea suggerebat ipse Folradus abba, vel monachy Sancti Dionisii, et hoc dicebant ut ille telloneus de illo marcado in villabus vel agros eorum totus absque judicis introitum ad casa Sancti Dionisii

---

meilleurs auteurs l'ont invoqué pour introduire dans la liste des abbés de Saint-Germain-des-Prés un Autharius, deuxième du nom, qu'aucun autre document ne mentionne, il nous a paru utile de signaler la fausseté de ce document, que les précédents éditeurs, sauf M. Pertz, ne semblent pas avoir remarquée. La formule *Dei gratia rex* jointe au nom du roi, la menace de l'enfer et d'une amende de 3oo livres d'or, la forme de certains noms propres, fournissent, croyons-nous, des arguments suffisants pour contester l'authenticité de ce diplôme.

adesse debebat, et hoc dicebant quod ante hos annos, quando Carlus fuit ejectus per Soanachylde cupiditate, et Gairefredo Parisius comite insidiante, per eorum consensu, ad illos necuantes vel marcadantes per deprecacionem unumquemque hominem ingenuum dinarius quattuor dare fecissent, et hoc eis malo ordine tullerunt; et postea Gairehardus comis Parisii, vel agentes sui, ipsam deprecacionem, quomodo ibidem invenerunt per consuetudinem, ad ipsos homines hoc exactabant, et ad unoquemque homine ingenuo de quacumque nacione, qui ad illo marcado adveniebant, dinarius quattuor de eorum capite exactabant, si ingenuus esset, et si servus erat, tunc conjurare debebat quod servus fuisset, et ipsi homines, quando ipso sacramento jurabant, quinque dinarius pro hoc donabant. Et hoc agentes Sancti Dionisii, vel Folradus abba, seu ille monachy dicebant quod per talem consuetudinem ille marcadus fuisset eminuatus vel abstractus, et ille necuciantes vel omnes naciones, qui ad ipso marcado advenire solebant, pro hac causa ipso marcado defugiebant, et ille telloneus de ipsa casa Dei erat minuatus vel abstractus; et ipse Gairehardus hoc dicebat quod alia consuetudine in ipso marcado non misisset, nisi qualem antea per emissione Soanechyldae vel jam dicto Gairefredo missa fuisset et ibidem invenisset, et aliter exinde agere non volebat nisi quomodo domno rege placebat, vel quomodo a longum tempus tempora regum ibidem fuit consuetudo, vel ad ipsa casa Dei [in in]tegritate ipse telloneus fuit concessus vel conservatus. Et dum hac causa sic acta vel perpetrata invenimus, per anteriorum regum tales precepciones vel confirmaciones nobis obtulerunt relegendas, una cum plures nostris fidelibus, id sunt: Milone, Helmegaudo, Hildegario, Chrothardo, Drogone, Baugulfo, Gislehario, Leuthfredo, Rauhone, Theuderico, Maganario, Nithado, Vualthario, Vulfario, et Vuicberto comite palati nostro, visi fuimus judicasse vel decrevisse seu confirmasse, et de novo iterum con[cessi]sse, ut ab hac die nullus [ex] judiciaria potestate, nec in ipso [marca]do, nec per eorum agros, nec portus, nec de homines eorum, nec eorum necuciantes, nec de omnes naciones quascumque qui ad jamdicto marcado adveniunt, nec per villas eorum, nec de navigia, nec de portus, nec de carra, nec de saumas, nullo telloneo, nec foratico, nec rotatico, nec pontatico, nec portatico, nec salutatico, nec cispitatico, nec mutatico, nec nulla exacta, nec consuetudines, nec illos dinarios quattuor, quod de omnes naciones qui ibidem ab ipso marcado adveniunt, quem Soanachyldis et Gairefredus comis, ut supra memoravimus, in consuetudine miserunt ad ipsos necuciantes, nec infra ipso pago Parisiago, nec in ipsa civitate, de ipsa vice nec aliubi, qui ad ipsa sancta festivitate adveniunt, nulla exacta nec contrarietate, neque vos, neque juniores seu successores vestri, exigere nec exactare [non] presumatis; nisi, ut diximus, quicquid exinde fiscus noster forsitan ad parte nostra, seu et ad omnes agentes nostros, potuerat sperare, omnia et ex omnibus ipse telloneus ad ipsa casa Dei in integrum sit concessus atque indultus vel evindecatus, ita ut futuris temporibus per nostra auctoritate vel anteriorum regum, habeant confirmatum vel evindicatum. Quia nos propter Deum et reverencia prefati sancti Dionisii martyris, seu pro animae nostrae remedium, vel stabilitate regni Francorum et filiis nostris vel posteritate eorum, hoc in luminaribus ad ipsa casa Sancti Dionisii, vel ad ipsos monachos, seu pauperes et peregrinos, in nostra aelemosina, hoc in omnibus concessimus vel confirmavimus, ut eis melius delectet pro stabilitate regni nostri, vel pro cunctis leudis nostris, Domini misericordia adtencius deprecare, et ut aevis et perennis temporibus ad ipsa casa Dei proficiat in augmentum. Et ut haec confirmacio nostra, inspecto ipso judicio domno Hildeberto rege vel aliorum regum, seu et avunculo nostro Grimoaldo majorumdomo, firmior habeatur, et circa ipsa sancta casa Dei perenniter conservetur, manu nostra subter eam decrevimus adsignare, et de anolo nostro subter sigillare.

Signum † domno nostro Pippino gloriosissimo rege. ✠ Eius jussus recognovi et subscripsi. Bene Valeas.

✠ Datum quod fecit mense Julius dies octo, anno secundo regni nostri, in Dei nomine feliciter.

    A. Original scellé, aux Arch. nat. K.5, n° 2.
    B. Copie du xiv° siècle, à la Bibl. nat. ms. lat. 5415 (Cartul. de Saint-Denis), p. 25.

21

759, 30 octobre.

Jugement rendu par Pépin le Bref, maintenant les droits de l'abbaye de Saint-Denis sur le marché de Saint-Denis, contrairement aux prétentions de Gérard, comte de Paris.

PRAECEPTUM PIPPINI REGIS DE MERCATO SANCTI DYONISII.

✠ Pippinus, rex Francorum, vir inluster. Venientes agentes Santi Dionisio et Follerado abbate, Aderulfus et Rodegarius, Compendio, palacio publeco, sub die decimo kalendas novembris, anno octavo regni nostri, ubi nos ad universorum causas audiendas et recta judicia determinandum resederemus, ubi visi sunt interpellasse Gerardum comitem, eo quod malo ordine recontendebat et retinebat teloneo infra Parisius ex navibus et pontis volutaticos ac rotaticos, quem ab ipsa die missa sancto Dionisio semper ab antiquo accipiebant agentes sancti domni Dionisio. Unde praedictus Gerardus comes dedit in responsis, quod ipsum teloneum aliter non contendebat nisi quomodo antecessores illius, qui comites fuerunt ante illum, ad ipsum ad suam partem retinebat. Supradicti autem agentes Sancti Dionisii ita contra eum intendebant et ostendebant praeceptum Dagoberti regis, qualiter ipsum marcatum stabilisset in ipso pago, et postea ipsum cum omnes teloneos ad partem Sancti Dionisii delegasset ac firmasset. Et ipse domnus rex Pippinus adfirmabat, quod semper a sua infantia ipsos teloneos partebus Sancti Dionisii habere et colligere vidisset, sed Gerardus comes hoc nullo modo consentiebat. Et tunc talem placitum statuerunt, ut iterum simul ad noctes legitimas convenirent in eodem palatio, et ante jam dictum domnum Pippinum ipsam intentionem difinire debuissent, sicut lex edocebat. Denique venientes jam dicti missi et advocati Sancti Dionisii, Adrulfus et Rotgarius, ad condictum placitum, quarto kalendas novembris, tales testes ibi praesentaverunt, qui ipsos teloneos in Parisius acceperunt cum omni eorum integritate ad partem Sancti Dionisii. Tunc illis judicatum fuit a Vuidone, Raulcone, Milone, Helmgaudo, Rothardo, Gislehario, vel reliquis quamplures, seu et Vuicberto comite palatii nostro, ut pars Sancti Dionisii, vel supradicti advocati, hoc comprobare debuissent, quod et de praesenti visi sunt fecisse. Praedictus namque Gerardus comes ita dedit in responsis quod aliter non volebat facere, nisi quomodo lex erat et domno rege placebat ac suis fidelibus qui ibi residebant. Unde et ipse Gerardus ex praedictos teloneos se exitum dixit coram eis. Quapropter tunc illis oportunum fuit et necessarium ut talem notitiam ex hoc facto accipere debuissent, ut ab hodierno tempore et die pars Sancti Dionisii, vel agentes ipsius, de ipsos teloneos securi et quieti residere valerent, et sit inter ipsos in postmodum omni tempore quieta et subita causatio.

Signum † gloriosissimo domno Pippino rege. ☧ Eius jussus recognovit et subscripsit.

Datum tertio kalendas novembris anno suprascripto, in Dei nomine feliciter.

<small>Original avec traces de sceau, aux Arch. nat. K.5, n° 4³.</small>

22

772, 20 octobre. — Héristal.

Confirmation, par Charlemagne, de l'immunité accordée par ses prédécesseurs à l'abbaye de Saint-Germain-des-Prés.

EMUNITATES QUEM FECIT CAROLUS LANTFREDO.

☧ Carolus, gratia Dei rex Francorum, vir inluster. Regalis serenitas semper ea instruere debet quae ad aeterna multimoda conferant lucra, ut de praesente regimine ad caelestem vitam conscendere, quae et illud nobis oportet et condecet cuncta salubri consilio peragrare, pricipue petitionibus sacerdotum, in quo nostris auribus fuerint prolati ad effectum in Dei nomen mancipare. Ideoque dum et nobis et plures habetur percognitum, qualiter basilica Sancti Vincenti et Sancti Germani sub opidum Parisius constructa, ubi ipse praeciosus domnus in corpore requiescit, a parentibus nostris anteriores reges, vel a nobis, integra emunitate de omnes villas, agros, vel terraturiis, videtur habere concessus. Sed nos, pro mercedis nostrae conpendium, ad petitione venerabile viro Lantfredo abbate, qui ibidem custos praesse videtur, pro reverentia ipsius sancti loci, tam villabus, agris, terraturiis, tam ultra Ligere quam citra Ligere, vel ubi et ubi in regno, Deo propitio, nostro eorum possessiones esse noscuntur, tam emunitatis[1], quam reliqua omnia instrumenta ipsius basilicae Sancti Vincenti vel Sancti Germani, vel undique ibidem delegatum habent, aut adhuc in Dei nomen a Deo timentes hominibus additum vel conlatum fuerit, per nostra praeceptione confirmamus, et integra emunitate a novo concedimus, ut quicquid fiscus noster, de quaelibet modo, de omnes homines, qui super terras ipsius basilicae Sancti Vincenti vel Domni Germani conmanere noscuntur, habere potuerat, et de omnes redibutiones quaslibet, absque ullius judicis introitum aut repetitione, habeant concessum. Praecipientes enim jubemus ut neque vos, neque juniores seu successoresque vestri, nec nullus quislibet ex judiciaria potestate accinctus pro quocumque modo, nullus ingenuis in curtis vel terraturiis praefati basilice quod praesenti tempore possedere videntur, aut quod in antea a Deo timentes hominibus ibidem fuerit additum aut conlatum, nec ad causas audiendum, nec freta exigendum, nec districtiones faciendum, nec mansiones faciendum, nec nullas paratas requirendum, paenitus ingredere, nec exigere, nec facere nullatenus praesumatis, et praetermissa vestras repetitionibus quasi aut vestris temporibus aut antecessoribus vestrorum repetitionem[1], omnia superius scripta perpetuis, Deo auxiliante, temporibus maneat inconvulsum, ita; ut dictum est, quod omnes homines qui super terra vel suprascripte basilice Sancti Vincenti et Domni Germani conmanere noscuntur, et de caput eorum, et de omnes redibutiones quicquid fiscus[1] noster exinde exire aut sperare potuerat, vos omnimodis praesentaliter removere[1] nec requirere non studeatis. Et fortasse, caliditatem judicum faciente, ipsas emunitates aliubi fuerint inruptas, a modo decernimus ut nullus hoc facere praesumat, qui non vult rerum amissione multarum; sed quod a priscis parentibus nostris anteriores reges ad ipsa sancta ecclesia Domni Vincenti et Sancti Germani noscitur fuisse concessum, inspectas eorum praeceptiones, vel nos a novo nostra indulgentia roboramus, atque plenissima et prumptissima voluntate, pro respectu fidei, jam dicto Lantfredo abbati suisque successoribus concedimus, ut quid nullus pro qualibet ocasione[1] refragare aut minui convelli praesumatis. Sed quod fiscus noster de antedictis villis suprascripti basilice Sancti Vincenti vel Domni Germani ubicumque in regno, Deo propitio, nostro habere videntur, ad easdem protenentium potuerit augmentare, ad ipsa sancta basilica perennis temporibus profiat in augmentis. Hanc quoque auctoritatem, ut perenniter nostris et futuris, Deo

---

[1] Nous n'avons pas cru nécessaire de conserver dans le texte de ce diplôme les formes «emunitatis, repitionem, fiscuscus, remore, ocasisione,» qui se lisent dans l'original et qui nous semblent uniquement imputables à l'inadvertance du scribe.

auxiliante, temporibus, a vobis vel vestrisque successoribus inviolabiter ut vigorem perduret firmitatem, manus nostrae subscriptionibus subter eam decrevimus roborare, et de anulo nostro subter siggillare.

Signum (*monogramme*) Caroli gloriosissimi regis.

✠ Rado ad vicem Hitherii.

Data tertio decimo kalendas novembris, anno quinto regni nostri. Actum Haristallio, palatio publico, in Dei nomen filiciter.

A. Copie scellée [1] du IX° siècle, aux Arch. nat. K.6, n° 1ª.
B. Copie du XI° siècle avec traces de sceau, aux Arch. nat. K.6, n° 1ᵇ.
C. Copie du XII° siècle, aux Arch. nat. LL. 1024 (Cartul. ✠✠✠ de Saint-Germain-des-Prés), fol. 27 v°.
D. Copie du XIV° siècle, aux Arch. nat. LL. 1029 (Cartul. de Saint-Germain-des-Prés), fol. 7 r°.

23

775, 28 juillet. — DUREN.

Jugement de Charlemagne, adjugeant à l'abbaye de Saint-Denis le monastère de Plaisir en Pincerais, dont la propriété était contestée par Herchenrad, évêque de Paris [2].

A. Original scellé, aux Arch. nat. K.6, n° 7.

Édit. : (*a*) Mabillon, *De re diplom.*, p. 498, d'après A. — (*b*) Dubois, *Hist. eccles. Paris.*, t. Ier, p. 264, d'après *a*. — (*c*) Félibien, *Hist. de l'abb. de Saint-Denys*, pr. p. 36, d'après A. — (*d*) *Recueil des Hist. de Fr.*, t. V, p. 734, d'après *a*. — (*e*) Migne, *Caroli Magni op.*, t. Ier, p. 945, d'après *a*. — (*f*) Tardif, *Cartons des Rois*, p. 59, d'après A.

---

[1] Cette copie a été considérée comme l'acte original par tous les auteurs qui l'ont publiée. Mais M. Sickel (*Regesten der Urkunden der Ersten Karolinger*, p. 232, n° 16), a donné de bonnes raisons pour croire que l'acte conservé aux Archives n'est pas l'original même, mais une copie exécutée au commencement du IX° siècle. Il est en effet incontestable que la signature du chancelier Rado, telle qu'elle se lit dans cette pièce, n'est pas une signature authentique, mais une imitation plus ou moins fidèle du paraphe de ce chancelier. Il faut donc considérer cette pièce comme une expédition contemporaine, mais non comme l'original même. Il y a lieu également de faire une autre remarque. Cette pièce est indiquée dans les inventaires des Archives comme étant scellée. Or le sceau qu'elle porte est celui de Louis le Pieux, à la légende XPE PROTEGE HLVDOVVICVM IMPERATOREM. Mais, en détachant l'enveloppe de parchemin qui cachait la partie postérieure du sceau, nous avons pu nous assurer que la cire plaquée au revers de la pièce n'est pas de même nature que celle qui porte l'empreinte. Ce sceau aura sans doute été ajouté à la pièce à une époque peu éloignée de nous, car nous savons par Mabillon, qui a publié le texte et le fac-similé de deux ou trois lignes de ce diplôme (*De re diplom.*, p. 387), que le sceau n'existait plus au XVII° siècle.

[2] Ce diplôme nous montre la façon dont la justice s'exerçait au VIII° siècle; il relate une curieuse épreuve judiciaire; il fournit la plus ancienne mention connue de l'épiscopat d'Herchenrad ; il existe encore en original dans le plus riche dépôt d'archives de Paris ; nous lui devions donc une mention dans notre recueil.

24

Avant 775. Novembre.

Confirmation, accordée par Charlemagne à l'abbaye de Saint-Denis, du droit de percevoir à Paris et dans l'Île-de-France tous les droits de péage sur les marchandises apportées à la foire de Saint-Denis.

TRACTORIA DOMNI KAROLI IMPERATORIS DE MERCATO SANCTI DIONISII.

✠ Carolus, gratia Dei rex Francorum et Longobardorum adque patricius Romanorum. Cum, in Dei nomine, Vermeria in palatio nostro resideremus, venientes agentes Sancti Dionisii et Folradi abbatis suggesserunt eo quod a quibusdam teloneus contradiceretur ex mercato Sancti Dionisii. Ideoque notum esse volumus omnibus episcopis, comitibus, abbatibus, vicariis, centenariis, teloneariis et ceteris exactoribus publicis infra pagum Parisiacum honores habentibus, ac reliquos fideles nostros, qualiter vobis ordinamus atque mandamus, ut ubicumque infra pagum Parisiacum missi Sancti Dionisii telonea accipere solent, ab ipso die missa domni Dionisii usque dum ipse mercatus finiatur, nullomodo eis contradicatis, rotaticos, vultaticos, pontaticos, portaticos, et ceteros teloneos ac harganiaticos, sive infra Parisius et per villas a foris, contraire vos vel missi vestri nullatenus audeatis, sed sicut coram Grimoldo majoremdomus ipsum mercatum cum omnibus teloneis legaliter evindicaverunt, et postea, coram domno et genitore nostro Pippino rege, actores Sancti Dionisii et Folleradi abbatis ipsum teloneum ad integrum elidicaverunt, ita nostris et futuris temporibus, per hanc nostram auctoritatem, tam infra Parisius quam et a foris per ipsum pagum, firmum atque concessum omni tempore habeant. Ideoque per hanc tractoriam expresse precipimus atque commendamus, ut ipsum mercatum, cum omnes suos teloneos, sicut anteriores reges ac principes partibus Sancti Dionisii contulerunt, ita in omnibus sint concessi atque indulti. Si quis vero contra precepta anteriorum regum, vel nostro, aliquid facere aut contraire voluerit, tunc missus noster vel comitis super noctes XXI ante nos per bannum nostrum venire faciat in rationes contra misso Sancti Dionisii et Folleradi abbatis similiter, et si ullus telonearius vel aliquis homo ipsum inrumpere temptaverit, tunc missi nostri supradicti illum per fidejussores mittere faciant, ut ipse similiter veniat infra noctes XXI ante nos in rationes. Taliter exinde agite, qualiter gratia nostra vultis habere. Et ut haec tractoria nostris et futuris temporibus firmior habeatur et verius credatur, de anulo nostro subter eam jussimus sigellare.

✠ Rado ad vicem Hitherii.

A. Original [1] avec traces de sceau, aux Arch. nat. K.6, n° 9.
B. Copie du XIV° siècle, à la Bibl. nat. ms. latin 5415 (Cartul. de Saint-Denis), p. 41.

[1] L'inventaire des Archives (Tardif, *Cartons des Rois*, p. 60, n° 77) donne cette pièce comme un original. M. Sickel la considère plutôt comme une expédition contemporaine de l'original. (*Acta Karolin.*, t. I, p. 406.)

25

779, 27 mars. — HÉRISTAL.

Confirmation, par Charlemagne, de l'exemption de droits de péage accordée à l'abbaye de Saint-Germain-des-Prés, par le roi Pépin.

PRECEPTUM DE TELONEIS [1].

✠ Carolus, gratia Dei rex Francorum et Langobardorum atque patricius Romanorum, omnibus episcopis, abbatibus, comitibus seo junioribus vestris. Si oportuna beneficia ad loca sanctarum ecclesiarum vel sacerdotibus prestare non desinemus, hoc nos procul dubium ad aeternam beatitudinem retribuere confidimus. Igitur cognuscat magnitudo seo utilitas vestra qualiter venerabilis vir Hrotbertus, abba de basilica Sancti Vincenti vel Domni Germani, ubi ipse preciosus corpore requiescit, clementia regni [2] nostri suggessit, et preceptionem domni et genitoris nostri bone memoriae Pippini, quondam regis, nobis ostendedit relegendam, ubi reperimus insertum qualiter, propter nomen Domini, et ejus meritis conpellentibus, beneficium prestetisse. Cognuscite ut annis singolis, ubicumque in regno nostro negociantes ipsius sancti loci pergere vellent, sicut ipse Hrotbertus abbat mercare videtur, tam ad luminaria conparanda vel pro reliqua necessitate discurrentes, tam ultra Ligere quam et cetera Ligere, vel in Burgundia etiam et in Proventia, vel in Frantia quam et in Austria, ubicumque in regna, Christo propitio, nostra pergere vellent, nullo toloneo, nec de saumas, nec de carrigine, neque de navigio, neque de qualibet redebutione, exinde ad parte fisci nostri missi sui discurrentes dissolvere non debeant. Propterea per presentem praeceptum decernimus, quod perpetualiter mansurum esse jubemus, ut per ullos portos neque per civitates, tam in Rodomo quam et in Vuicus, neque in Ambianis, neque in Trejecto, neque in Dorstade, neque per omnes portos ad Sancta Mascentia, neque aliubi, neque in Parisiago, neque in Ambianis, neque in Burgundia, in pago Trigasino, neque in Senonico, per omnes ci[vitates] similiter ubicumque in regna, Christo propitio, nostra, aut pagos vel territuriis, teloneus exigetur, nec de navale, nec de carrale, neque de saumas, neque de trava evectione, nec rotatico, nec pontatico, nec pulveratico, nec salutatico, nec cispitatico, nec nulla redebutione, quod fiscus noster exinde poterat sperare, nec vos nec juniores aut successoresque vestri eisdem non requiratis nec exactetis, sed omnia et in omnibus hoc, propter nomen Domini, ipse abba vel successores sui, aut memorata ecclesia Sancti Vincenti vel Domni Germani, habeant indultum, vel ad luminaribus ipsius sancti

---

[1] Au titre primitivement écrit au dos de la pièce ont été ajoutés par un scribe du IXᵉ siècle, les mots : «tam de Villa nova quam de aliis locis «quem Karolus fecit Rotbert abbati, autentico et «exemplaria.» Une partie de cette addition est en notes tironiennes. (Voir Sickel, *Acta regum et imper. Karolin*, 2ᵉ part., p. 250.)

[2] L'original porte «regnini.»

loci proficiat in augmentis. Adjungimus etiam teloneum illum, quem Gaerhardus comis ad Villanova curte Sancti Germani visus fuit recipisse, ut deinceps pars Sancti Germani ipso telloneo, cum omni integritate, in nostra aelimosina ad luminaribus ipsius ecclesiae recipere debeant, absque alicujus contrariaetate. Quam vero auctoritate perpetuisque temporibus valetura manu nostra propria decrevimus roborare.

Signum (*monogramme*) Caroli gloriosissimi regis. ✠ Optatus, ad vicem Radoni, recognovi et subscripsi [1].

Data sexto kalendas Aprilis, anno undecimo et quinto regni nostri. Actum Haristalio, palatio publico.

A. Original avec traces de sceaux, aux Arch. nat. K.7, n° 2.
B. Copie du xi° siècle, à la Bibl. nat. ms. lat. 12711 (*Chronique interpolée d'Aimoin*, l. V), fol. 122 v°.
C. Copie du xii° siècle, aux Arch. nat. LL. 1024 (Cartul. +++ de Saint-Germain-des-Prés), fol. 19 v°.
D. Copie du xiv° siècle, aux Arch. nat. LL. 1026 (Cartul. de Saint-Germain-des-Prés), fol. 3 r°.
E. Copie du xiv° siècle, aux Arch. nat. LL. 1029 (Cartul. de Saint-Germain-des-Prés), fol. 2 v°.

26
Vers 790.

Diplôme de Charlemagne établissant l'Université de Paris [2].

Edit. : (*a*) Middendorp, *Academiarum celebrium universi orbis*, lib. VIII, p. 357. — (*b*) Du Boulay, *Hist. univ. Paris.*, t. I, p. 96, d'après *a*.

27
Vers 795.

Confirmation, par Charlemagne, des biens et privilèges de l'Église de Paris [3].

DE OMNIBUS REBUS.

Karolus, gratia Dei rex Francorum et Longobardorum ac patritius [4] Romanorum, omnibus fidelibus nostris tam presentibus quam et futuris. Si petitionibus sacerdotum, hoc quod a nostris auribus innotuerint, ad effectum pro Dei amore

[1] Suivent en lettres tironiennes les mots : «Optatus ad vicem Radoni ordinantis recognovi et subscripsi.»

[2] Cette pièce est d'une fausseté si manifeste, que la plupart des auteurs n'ont même pas daigné la mentionner.

[3] Daté à tort de 829 dans la *Gallia Christiana*, t. VII, instr. col. 10. M. Sickel (*Acta regum et imperatorum Karolinorum*, 2° partie, p. 431) a fort bien prouvé la fausseté de ce diplôme. M. de Barthélemy (*Bibl. de l'École des Chartes*, 6° série, t. II, p. 164) a proposé de reporter cet acte après l'an 811, sous prétexte que l'on y nomme le comte Étienne, qui, en cette année, fit don à l'Église de Paris du village de Sucy. Mais cette date ne saurait s'accorder avec les titres donnés à Charlemagne dans la suscription. Il y a donc là, comme l'a fait remarquer M. Sickel, une preuve de plus de la fausseté de l'acte.

[4] *Var.* «patricius» (B, C, D, E).

mittere studuerimus, procul dubio aeternę vitę remunerationem habituram non dubitamus. Ideoque dum pluris habetur percognitum qualiter ęcclesia Parisiaca, quę est in honore sanctę Mariae matris domini nostri Jhesu Christi, et sancti Stephani protomartyris, et sancti Dionysii [1], et sancti Germani, et sancti Marcelli, vel sancti Chlodoaldi confessoris, vel caeterorum dominorum quorum pignora in ipsa plebe vel in ipsa ęcclesia Parisiaca adunatę requiescunt, ubi preest Erkenradus in ipsa plebe episcopus, petiit qualiter ad anteriores reges vel a nobis integra emmunitate de omnes villas [2] Parisiaci agros vel terraturiis [3] habere videntur concessas [4]. Sed hoc nos, pro mercedis nostri [5] compendio, vel pro reverentia ipsius sanctę pignorę quę sunt in ipsa plebe Parisius recondite, tam villabus [6], agris, territoriis, cum omnibus ibidem pertinentibus, quarum nomina sunt haec : Ondresiacum [7] cum omni integritate; Hileriacum cum omnibus ad se pertinentibus; Aureliacum, Civiliacum, Castanedum cum cunctis quę illis adjacent; Baniolum [8], Laiacum, et Steovilla cum universis quę pertinent ad eas; insuper et fundos quos fidelium liberalitas stipendiis eorumdem fratrum delegavit : videlicet Sulciacum, quem Stephanus, pie recordationis comes, necnon et uxor ejus Amaltrudis eorum usibus delegaverunt, et adhuc, tam ultra Ligera quam et citra Ligera [9], vel ubi et ubique in regno nostro, Deo propitio, ęcclesia Parisiaca possessio esse videtur, tam pro immunitatis anterioris quondam regibus quam et per reliqua instrumenta, species cartarum [10] ipsius ęcclesiae Parisiaci vel undique ibidem delegatum habentur, aut adhuc in Dei nomine a Deo timentes [11] hominibus additum vel conlatum [12] fuerit, per nostram preceptionem plenius confirmamus, et integra immunitate a novo perpetualiter concedimus, ut quicquid fiscus noster de qualibet [13] modo de omnes liberos homines [14], qui super terram ipsius ęcclesię Parisiacę commanere noscuntur, tam de caput [15] quam et de omnes redibutiones quaslibet [16], absque ullius [17] judicis introitu aut repetitione, ipsa ęcclesia Parisiaca habeat perhenne successum. Precipientes enim jubemus ut neque vos, neque juniores, neque successores vestri, nec ullus quislibet ex judiciaria potestate accinctus, vel per quocunque modo [18] nullisque ingeniis in curtis, vel in territoriis, in insulis positis, vel in aliis locis quod presenti tempore habere vel possidere videntur,

---

[1] *Var.* «Dionisii» (B); «Dyonisii» (C, D, E).
[2] *Var.* «de omnibus villis» (B, C, D, E).
[3] *Var.* «terratoria» (B, C, D); «territoria» (E).
[4] *Var.* «concessa» (B, C, D, E).
[5] *Var.* «nostrę» (B, C, D, E).
[6] *Var.* «villis» (B, C, D, E).
[7] *Var.* «Undresiacum» (C, E); «Andresiacum» (D).
[8] *Var.* «Balneolum» (C, E).
[9] *Var.* «Ligeram» (B, C, D, E). — [10] *Var.* «castarum» (B); «casfarum» (C, E); «caffarum» (D).
[11] *Var.* «deum timentibus» (B, C, D, E).
[12] *Var.* «collatum» (B, C, D, E).
[13] *Var.* «quolibet» (B, C, D, E).
[14] *Var.* «omnibus liberis hominibus» (B, C, D, E).
[15] *Var.* «capitibus» (B, C, D, E).
[16] *Var.* «omnibus reddibutionibus quibuslibet» (B, C, D, E).
[17] *Var.* «illius» (C, D, E).
[18] *Var.* «quemcunque modum» (B, C, D, E).

aut quod inantea a Deo timentes[1] hominibus ibidem additum vel conlatum[2] fuerit, nec ad causas audiendum, nec freda exigenda, nec districtiones faciendas, nec ullas paratas requirendas, nec ullum teloneum de omnias causas[3] exactando, nec rotaticum, nec foraticum, nec pulveraticum prendere, nec exigere, nec facere ullatenus presumatis, et pretermissas vestras repetitiones, quasi aut a vestris temporibus aut successorum regum quasi ibidem fuissent consuetudo ingrediendi supra terram Sanctę Marię, ab hodierna die calcatas fiant. Igitur cognoscat omnium secutura posteritas, presulumque nobis succedentium pia paternitas, quia petierunt a nostra exiguitate fratres nostri sanctę matris ęcclesię, cui, miserante Deo, deservimus. Quorum nos petitioni assensum prebentes, in ęcclesia quę est in honore sancti Stephani protomartyris, coram ipso sacrosancto altari, in presentia venerabilium episcoporum concedimus: Ebboni videlicet archiepiscopi, Aldrici episcopi, Rainoardi episcopi, Rantgarii episcopi, Lantdramni episcopi, Jonę episcopi, Jessę episcopi, Rothadi episcopi, Adelelmi episcopi, Hildemanni episcopi, Godefredi episcopi, Freculfi episcopi, Vuiladi episcopi, Theodiscli episcopi, Amathei episcopi, Alitgarii episcopi, Franconis episcopi, Bernoyni[4] episcopi, Ariboldi episcopi, Elię episcopi, item Jonae episcopi, Hugberti episcopi, Fulcarii episcopi, Ermenberti episcopi. Si quis vero, quod absit, contra hoc nostrae auctoritatis edictum vel concessum insurgere temptaverit, in Dei omnipotentis incurrat maledictionem, et artatus atque constrictus igneis cathenis profundi inferni, percussione sanctae Dei genitricis Mariae et omnium sanctorum horumque episcoporum sit anathematizatus, atque divina ultione perfossus, animam exspiret vindicationis lepre laniatus.

Signum Karoli (*monogramme*) regis gloriosissimi.

A. Copie du xi° siècle, aux Arch. nat. K.7, n° 13ª.
B. Copie du xii° siècle, aux Arch. nat. K.7, n° 13ᵇ.
C. Copie du xii° siècle, aux Arch. nat. LL. 177 (*Livre Noir de Notre-Dame*), p. 96, d'après B.
D. Copie du xiii° siècle, aux Arch. nat. LL. 175 (*Grand Pastoral de Notre-Dame*), p. 580, d'après C.
E. Copie du xiii° siècle, aux Arch. nat. LL. 176 (*Petit Pastoral de Notre-Dame*), p. 41, d'après C.
F. Copie du xiii° siècle, aux Arch. nat. J.152, n° 1².
G. Vidimus de février 1310, aux Arch. nat. K.37, n° 43ª.
H. Copie du xiv° siècle du Vidimus de 1310, aux Arch. nat. JJ.45, n° 6.
I. Copie du xv° siècle, aux Arch. nat. JJᴸ (jadis JJ¹), fol. 82 r°.

28

803. — Paris.

Capitulaire de Charlemagne contenant des additions à la loi salique. «Anno tertio clementissimi domni «nostri Karoli Augusti, sub ipso anno, hæc facta capitula sunt, et consignata Stephano comiti, ut hæc «manifesta fecisset in civitate Parisius mallo publico, et ipsa legere fecisset coram illis scabineis,

---

[1] *Var.* «Deum timentibus» (B, C, D, E). — [2] *Var.* «collatum» (B, C, D, E). — [3] *Var.* «omnibus causis» (B, C, D, E). — [4] *Var.* «Bernoini» (B, C, D, E).

«quod ita et fecit. Et omnes in uno consenserunt, quod ipsi voluissent omni tempore observare usque «in posterum. Etiam omnes scabinei, episcopi, abbatis, comitis, manu propria subter signaverunt.»

A. Copie du x° siècle, à la Bibl. nat. Ms. lat. 4995, f° 19 v°. (1)

Édit. : (a) Baluze, *Capitul. regum Franc.*, t. Ier, p. 391, d'après A. — (b) *Recueil des Hist. de la Fr.*, t. V, p. 663, d'après a. — (c) Pertz, *Leges*, t. Ier, p. 112, d'après A. — (d) Migne, *Patrologia latina*, t. XCVII, p. 255, d'après c.

29

811. — BONNEUIL.

Donation faite par le comte Étienne, et Amaltrude, sa femme, à Inchad, évêque de Paris, des biens qu'ils possédaient dans le Parisis, à Sucy, Noiseau, Boissy, etc. (2).

DE SULCIACO (3).

[✠ (4) Domino sancto] et in Christo apostolico sacrę sanctae Mariae, sancta Ma-

---

(1) Ce capitulaire de l'an 803 nous a été conservé par un grand nombre de manuscrits (voy. Pertz, *Leges*, t. I, p. 112), mais le préambule que nous avons transcrit ici ne se trouve que dans le ms. lat. 4995.

(2) L'authenticité de cette pièce n'a été mise en doute par aucun des auteurs qui l'ont publiée (Dubois, *Hist. eccles. paris.*, t. I, p. 304; *Rec. des Hist. de la France*, t. V, p. 663; Guérard, *Cartul. de Notre-Dame*, t. I, p. 290; Tardif, *Cart. des Rois*, p. 74). Il y a cependant quelques raisons pour croire que cette charte a pu être fabriquée au x° siècle sur des données authentiques. Les Archives nationales en possèdent plusieurs copies, dont l'une (A) a longtemps passé pour l'original. Son écriture nous semble dénoter le xi° siècle plutôt que le commencement du ix°. Une seconde copie (B) presque contemporaine de la première, mais qui offre avec elle d'importantes variantes, a été placée, également à titre d'acte original, dans le musée des Archives nationales. Nous en possédons une troisième (C) qui remonte sans doute à la fin du xi° siècle, et une quatrième (D) qui est du xii°, sans compter celles que nous ont conservées les cartulaires. Si l'écriture de ces diverses copies n'appartient pas au ix° siècle, leur contexte présente certains détails qui ne conviennent guère davantage au temps de Charlemagne. Les comtes de cette époque étaient des officiers révocables, ils ne pouvaient se dire *Dei* ou *Christi gratia comes*. Leurs femmes ne s'appelaient pas *comitissa*; c'est au x° siècle, quand les titres devinrent héréditaires, que l'on trouve des *comitissa, ducissa, vicecomitissa*. Il est difficile de faire concorder les divers éléments de la date. La onzième année de l'empire de Charlemagne commence le 25 décembre 810 pour finir le 25 décembre 811, tandis que la trente-sixième année de son règne en Italie se termine au plus tard au mois de juin 810, ce qui est inconciliable. Enfin, dans trois des copies, l'acte se termine par la signature : «Elisachar cancellarius subscripsit.» Que peut être ce personnage? Est-ce un chancelier de l'Église de Paris? Son nom ne se retrouve nulle part, et, d'ailleurs, aucun acte de l'Église de Paris, ni au ix° ni au x° siècle, n'est signé du chancelier. Il y avait bien, au ix° siècle, un personnage de ce nom, qui était chancelier de Louis le Pieux, mais pourquoi un acte privé serait-il signé par un chancelier royal? Si ce nom figure ici, c'est probablement que l'auteur de la charte l'aura trouvé dans quelque diplôme de l'époque, celui sans doute de l'an 814, dont nous donnons le texte ci-après. En voilà assez, croyons-nous, pour mettre en doute l'authenticité de cette charte. Toutefois l'existence des personnes qu'elle mentionne et la vérité des faits qu'elle rapporte étant confirmées par bon nombre d'autres documents, on peut admettre que le fonds même de l'acte repose sur des données authentiques. Voir l'article que nous avons consacré à cette pièce dans la *Bibliothèque de l'École des Chartes*, t. XLIII, p. 60.

(3) *Var.* «De villa Sulciaco, in pago Parisiaco» (B); «Exemplar de Sulciaco» (D).

(4) Le Chrisme manque dans C et D.

ria [1] Deique genitricis, et Sancti Stephani protomartyris, seu et domni Germani, ubi Inchadus, Parisiacę urbis [episcopus], rector [praeesse vid]etur, quae est infra murum Parisius [2] civitate constructus. Ideoque in Dei nomine Stephanus, humilis Christi gratia comes [3], necnon et Amaltrudis [comitissa, pariter ob am]ore invicem dilectionis, donamus res nostras quæ sunt in pago Parisiaco, in loco quae dicitur [4] Sulciacus, aecclesię quae est in honore [sancti Martini] structa, [cum omni appenditia [5] suisque ad]jacentiis, manso indominicato, cum aliis mansis et mancipiis ibi pertinentibus, cum vineis, silv[is, pratis, pascuis,] aquis [aquarumve decursibus, farinarium [6], mobile et] inmobile, totum et ad integrum, rem inexquisita. Similiter in alio loco, in ipso pago, in loco [qui vocatur] Nocet[us, manso indominicato [7], cum aliis mansis et ma]ncipiis ibidem aspicientibus, vineis, silvis, pratis, pascuis, aquis aquarumve decursibus, farinari[um] [8], mobile [et inmobile, totum et ad integrum, inexquis]ita. Et in tercio loco [9], quae dicitur [10] Molinis [11], manso dominicato, cum omni integritate. In quar[to vero] loco, quae vocatur [12] Buxidus, manso domicato, cum omni integritate, et quicquid ad ipsas res superius nominatas aspicit, tam in rebus quamque in manci[piis] vel terris, vineis, silvis, pratis, pascuis, aquis aquarumve decursibus, farinariis [13], mobile et inmobile, totum et ad integrum, rem inexquisita [14], litis, libertis, cultis et incultis, servis et ancillis, et omnia merita colonorum, tam ibi [15] oriundi quamque aliubi translati sunt, quem [16] nos ante hos dies per jussionem domni im[peratoris] Karolo [17], de partibus Sancta Maria et Sancti Stephani vel domni Germani, de rebus nostris propriis excamiavimus. Igitur ipsas res superius nominatas ad ipsam sanctam matrem æcclesiam superium [18] nominatam, addie praesente perpetualiter tradimus [19] ad possidendum. Duabus vero partibus ad stipendia ipsos canonicos qui ibidem deserviunt, ut quamdiu illi advivunt, seu successoresque eorum, usque in finem saeculi, pro salute animę nostræ, psalterium unum et missas tres cotidie implere studeant. Tertia vero parte ad luminaria sive ad restaurandam ipsam æcclesiam, et de ipsa tercia parte sit nostra luminaria et oblatio vel vinaticum cotidie, usque [20], Domino jubente [21],

---

[1] *Var.* «Sanctę Marię ecclesię sancta Maria.» (B, D, E.)

[2] *Var.* «Parisii» (B, D, E, F).

[3] *Var.* «Christi humilis gratia Dei comes» (B, D).

[4] *Var.* «qui vocatur» (B, D).

[5] *Var.* «apenditia» (B).

[6] *Var.* «aquis, farinariis, aquarumve decursibus» (B, D, E); «aquis aquarumve farinariis, decursibus» (C).

[7] *Var.* «mansum dominicatum» (B, D).

[8] *Var.* «aquarumve farinarium decursibus» (B, D).

[9] *Var.* «tertio» (B, C, D).

[10] *Var.* «qui vocatur» (B, D).

[11] *Var.* «Mulinis» (B).

[12] *Var.* «qui vocatur» (B, D).

[13] *Var.* «aquis, farinariis, decursibus» (B, D).

[14] *Var.* «rem inquisita» (E, F).

[15] *Var.* «inibi» (B, D).

[16] *Var.* «que» (C).

[17] *Var.* «Karoli» (B, D); «Karori» (C).

[18] *Var.* «superius» (B, C, D).

[19] *Var.* «tradidimus» (B, C, D).

[20] *Var.* «usquedum» (B, C, D).

[21] *Var.* «Domino juvante» (B).

ipsa [ęcclesia] usque in finem saeculi consistit. Et quando quidem aniversarium nostrum evenerit, missi [1] ex ipsis canonicis partibus Sancti Dyonisii, et [Sanctum] Germanum, vel Sanctam Genovefa[m], et Sanctum Marcellum vel Sanctum Germanum novum, seu ad Sanctum Chlodoaldum [2], et ad Kala, vel Fossatensis [3] pergant, et pro amborum [4] anymarum [5] nostrarum commemorare ipsas congregationes fatiant [6], cum luminaria et oblationem vel vinaticum, ut omnes fratri qui in istas consistunt congregationes, tam qui modo vivunt quamque successores eorum unanimiter Domini misericordia pro salute animę nostrę [7] deprecare faciant. Et ipsas praedictas res, si fuerit aliquis rector qui alicui aut in beneficio, aut in alico ingenio, a vobis abstrahere praesumserit, nisi, sicut diximus, duas partes ad stipendia fratrum, tertia vero parte ad luminaria, vel oblatione et vinaticum, seu ipsam aecclesiam restaurandam, tunc ipsas res ad proximos heredes vertere faciant, nisi istud fuerit adimpletum; ita ut ab hodierna die quicquid de ipsas res facere volueritis, habendi, tenendi, possidendi, ad ipsa aecclesia pro salute animę nostrae firmiter teneatis. Si quis vero, quod minime fieri credimus, si fuerit, aut nos ipsi, aut aliquis de heredibus vel proheredibus nostris, vel quislibet emissa persona qui contra hanc donationem aliquid agere conaverit, quem nos spontanea voluntate vobis pro animę nostrae remedium ad ipsa aecclesia donamus, aliquis calumpniare praesumpserit, post nostrum quoque discessum, auro libras x, argento pondua c, coactus persolvat, et quod repetit, vindicare non valeat, sed praesens donatio omnique tempore firma et inviolabilis permaneat, cum stipulatione subnixa.

Actum Bonoilo villa, ubi facta et firmata fuit, in anno xi imperii domni nostri Karoli gloriosique augusti, xliii regni ejus in Frantia [8], et xxxvi in Italia, sub indictione iii.

Signum Stefani [9] comitis † et Amaltrudis conjuge [10] ejus † comitissa [11], qui hanc donationem scribere vel firmare jusserunt [12].

S. Leutardi germanum Stephani comitis [13].

S. Ercamboldi.   S. Aviti.   S. Bernardi.   S. Baldini comitis.
S. Erigario.   S. Bennonis.   S. Badoni.   S. Odoni.   S. Vualberti.
S. Ragemfredi.   S. Dadoni.   S. Agetardi.   S. Theodoni.   S. Johannis.

---

[1] *Var.* «misi» (E. F).
[2] *Var.* «Clodoaldum» (B, D).
[3] *Var.* «Fossatis» (B, C, D).
[4] Le mot «amborum» manque dans D, E, F.
[5] *Var.* «animarum» (B, C, D).
[6] *Var.* «faciant» (B, C, D).
[7] *Var.* «animarum nostrarum» (B, D).
[8] *Var.* «Francia» (B, C, D).
[9] *Var.* «Stephani» (B, C, D).
[10] *Var.* «conjugi» (B); «conjugis» (D, E).
[11] *Var.* «comitisse» (C); «necnon et comitisse» (B, D).
[12] *Var.* «rogaverunt» (B, C, D, E).
[13] *Var.* «S. Leutardi comitis» (A). Dans la copie A, ce nom est écrit sur la même ligne que ceux d'Étienne et d'Amaltrude.

S. Teodaldo.   S. Berardi.   S. Rotberti.   S. Acboldi.   S. Odolrici.
S. Colongi.   S. Fulberti. S. Otramni.   S. Bilfredi. S. Gozleni [1].
[Elisachar cancellarius subscripsit] [2].

   A. Copie du xe siècle, aux Arch. nat. S.388, n° 1.
   B. Copie du xe siècle, aux Arch. nat. S.388, n° 3, *alias* K. 7, n° 17².
   C. Copie du xe siècle, aux Arch. nat. S.388, n° 2ª.
   D. Copie du xiie siècle, aux Arch. nat. S.388, n° 2^b, d'après B.
   E. Copie du xiie siècle, aux Arch. nat. LL. 177 (*Livre Noir de Notre-Dame*), fol. 44 v°, d'après B ou D.
   F. Copie du xiiie siècle, aux Arch. nat. LL. 176 (*Petit Pastoral de Notre-Dame*), fol. 121, d'après E.

30

814, 9 septembre. — AIX-LA-CHAPELLE.

Confirmation, par Louis le Pieux, de l'exemption des droits de péage accordée par Charlemagne à l'Église de Paris [3].

☩ In nomine Domini Dei et Salvatoris nostri Jhesu Christi, Hludovuicus, divina ordinante providentia imperator augustus, omnibus episcopis, abbatibus, ducibus, comitibus, vicariis, centenariis, telonariis, actionariis et omnibus rempublicam procurantibus, praesentibus scilicet et futuris. Notum sit quia vir venerabilis Inchadus, Parisiacensis urbis episcopus, detulit nobis praeceptum domni et genitoris nostri Caroli serenissimi augusti, in quo continebatur qualiter ipse et antecessoris sui reges videlicet Francorum, rectoribus ecclesiae Sanctae Mariae semper

---

[1] Toutes les copies paraissent avoir été faites sur un manuscrit dans lequel les souscriptions étaient disposées en colonnes assez confuses. La copie A a conservé la disposition en colonnes. Les autres copistes les ont lues sans doute par lignes horizontales. Voici ces signatures avec leurs variantes réunies dans l'ordre où elles se présentent dans les copies B, C, D : « Ercamboldi (A, B, C, D). — Erigario (A); Erigarii (C); Erengarii (B, D). — Ragemfredi (A); Raganfredi (B, D); Ercamfredi (C). — Adoni (B, C, D); cf. Badoni (A). — Agetardi (A, B, C, D). — Rotherti (A, B, C, D). — Otramni (A, C); Autramni (B); Autranni (D). — Bladini (B, C, D); Baldini (A). — Odoni (A, C) se trouve plus loin dans B et D. — Gaileni (B, C, D); cf. Gozleni (A). — Hildefredi (B, C, D); cf. Bilfredi (A). — Odonis (B, D); voy. plus haut Odoni (C). — Theodonis (B, D); Theodoni (A); manque dans C. — Vualtberti (B, C); Vualberti (A, D). — Johannis (A, B, D); Johanni (C). — Adalrici (B, C, D); Odolrici (A). — Teodoldi (B, C); Theodoldi (D); Teodaldo (A). — Leodoini (B, C); Leoddini (D); manque dans A. — Colongi (A, B, C, D). — Vualdini (B, D); Vualdoni (C); manque dans A. — Berneri (B, D); Gerharii (C); cf. Bernardi (A). — Avid (B, C, D); Aviti (A). — Benini (B, D); Genoni (C); Bennonis (A). — Dadonis (B, D); Dadoni (A, C). — Berarii (C); Berardi (A); manque dans B et D. — Fulberti (A, C); manque dans B et D. — Enfin la signature Acboldi (A); manque dans B, C et D.

[2] Il importe de remarquer que cette souscription manque dans les copies A et C. Elle est suivie, dans B et D, d'une grossière imitation des paraphes carlovingiens.

[3] L'authenticité de ce diplôme semble incontestable. Voyez à l'appui les excellentes observations de M. Sickel (*Acta regum et imperatorum Karolinorum*, 2e partie, p. 300).

virginis et Sancti Stephani protomartyris atque Sancti Germani confessoris, in quorum honore ipsa sedes Parisiaca dicata est, concessissent ut quandocumque eis libuisset missos suos in quamcumque partem negotiandi gratia dirigere, cum carris videlicet et saumis, sive de navigio vel quocumque libet negotio, licentiam haberent pergendi ubi voluerint, absque alicujus infestatione vel inlicita contrarietate. Pro firmitatis namque studio depraecatus est nos praedictus Inchadus episcopus ut, pro mercedis nostrae emolumentum, ipsam praeceptionem renovare juberemus. Cujus petitionem libenter suscepimus, et sicut petiit, per hanc nostram auctoritatem concessimus. Idcirco has litteras nostrae auctoritatis ei successoribusque suis fieri jussimus, per quas cunctis fidelibus sanctae Dei ecclesiae et nostris praesentibus et futuris jubemus ut, ubicumque missi praedicti Inchadi episcopi aut successorum ejus infra dicionem imperii nostri, negotiandi causa, directi fuerint, nemo teloneum, neque quod vulgo dicitur ripaticum, nec rotaticum, aut pontaticum, vel portaticum, sive travaticum atque cispitaticum, nec non et salutaticum aut ullum censum vel ullam redibitionem ab ipsis accipere aut exactare praesumat; sed liceat eos pacifice discurrere, et jura sua libere peragere, et ad quemcumque civitates aut portus vel loca accessum habuerint, nullam inquietudinem aut detentionem vel contrarietatem ab aliquo fidelium nostrorum patiantur; sed ubicumque directi fuerint, securi et quieti, cum omnibus quae deferunt, per praesentem nostram auctoritatem ire et redire valeant. Et ut haec aucto[ritas firmior habeatur] et a fidelibus sanctae [Dei ecclesiae] et nostris diligentius conservetur, manu propria subscripsimus et anuli nostri inpressione sigillari jussimus.

Signum (*monogramme*) Hludovuici serenissimi imperatoris. ✠ Helisachar recognovi et subscripsi.

Data v idus septembris, anno primo, Christo propitio, imperii nostri, indictione VIII. Actum Aquisgrani palatio regio, in Dei nomine, feliciter. Amen.

A. Original, avec traces de sceau, aux Arch. nat. K.8, n° 1ª.
B. Copie du XIᵉ siècle, aux Arch. nat. K. 8, n° 1ᵇ.

31

819, 26 février. — Aix-la-Chapelle.

Confirmation, par Louis le Pieux, des privilèges de l'abbaye de Saint-Germain-des-Prés [1].

PRECEPTUM HLUDOVICI DE LIBERTATE ECCLESIE HUJUS ET LIBERTATE HOMINUM.

✠ In nomine Domini Dei et Salvatoris nostri Jhesu Christi, Ludovicus divina

---

[1] Cet acte n'a jamais été publié, ce qui tient sans doute aux soupçons qu'il aura inspirés aux Bénédictins et aux autres érudits qui l'ont eu entre les mains. M. Guérard (*Polyptiq. d'Irminon*, t. I, p. 14 et 918) et M. Sickel (*Acta Karolin.*, p. 441) en ont fort bien établi la fausseté: 1° les éléments de

ordinante providentia imperator Augustus. Quia quid [1], ob amorem Dei, pro oportunitate servorum Dei agimus, hac [2] nobis ad presentis vite curricula felitius transigenda et ad future beatitudinis premiaf acilius obtinenda non dubitamus. Comperiat igitur omnium fidelium sancte Dei aecclesie nostrorumque presentium et futurorum industria, quia vir venerabilis Hilduinus, monasterii Sancti Vincentii ac Sancti Germani abbas, necnon et sacri palatii archicapellanus, detulit nobis emunitatem genitoris nostri pie recordationis Karoli augusti, in qua invenimus insertum quomodo ipse et antecessores ejus priores reges Francorum, propter divinum amorem et reverentiam sancti Germani, ubique plerique illorum ob nimium amorem prefati loci [3] sua sepeliri corpora mandaverunt [4], supradicto monasterio semper sub plenissima defensione et emunitatis tuitione habuissent. Predictus itaque Hilduinus ob majorem firmitatem rei a mansuetudine nostra postulavit ut eorumdem regum auctoritates, ob amorem Dei et reverentiam ipsius sancti Germani, nostra confirmaremus auctoritate. Nos autem pro mercedis nostre compendio petitioni ipsius libenter adquievimus, et ita in omnibus concessimus sicut in antecessorum nostrorum privilegiis insertum erat, ac hoc preceptum fieri decrevimus, per quod et statuimus et perpetuo mansurum fore, Domino juvante, precipimus ut nullus judex, vel quilibet ex juditiaria potestate, vel aliquis ex fidelibus nostris, tam presentibus quam futuris in ecclesias, aut loca, vel agros, seu reliquas possessiones memorati monasterii, quas moderno tempore tam in Frantia quam in Burgundia, seu in Neustria, sive etiam in Aquitania, vel ubicumque in regnis [5], Deo propitio, juste et rationabiliter possidet, vel que deinceps a catholicis viris eidem ecclesie collate fuerint, ad causas audiendas, vel freda, vel tributa, aut telonea exigenda, aut mansiones vel paratas fatiendas, aut fidejussores tollendos, aut homines ejusdem ecclesie, tam ingenuos quam servos, super terras ipsius conmanentes distrengendos, aut illicitas occasiones requirendas, nostris et futuris temporibus ingredi audeat, vel ea que supra memorata sunt exigere presumat, sed liceat jamdicto abbati suisque successoribus res et homines predicti monasterii sub emunitatis nostre defensione, remota totius juditiarie potestatis

---

la date sont inconciliables, car la sixième année de Louis le Pieux tombe en 819, ce qui correspond à l'indiction XII et non VIII; 2° cet acte aurait été donné du temps de l'abbé Hilduin; or Hilduin n'avait pu déjà succéder à Irminon en 819, puisque Irminon vivait encore en 823, comme le prouve un passage de son *Polyptique* (*Polypt. d'Irmin.*, t. II, p. 278, cf. t. I, p. 14); 3° la signature « Eneas notarius ad vicem Hludovici » ne se rencontre pas dans les diplômes de Louis le Pieux (voy. Sickel, *loc. cit.*); 4° enfin l'exemplaire de ce diplôme, qui paraît avoir servi d'original aux rédacteurs des Cartulaires, a tous les caractères extrinsèques d'un acte apocryphe. Il offre une mauvaise imitation du type d'écriture en usage à la chancellerie des premiers Carlovingiens, imitation qui ne saurait être antérieure au x° ou au xi° siècle.

[1] *Var.* « Quicquid » (B).
[2] *Var.* « hoc » (B).
[3] *Var.* « prefati sancti loci » (B).
[4] *Var.* « preoptaverunt » (B).
[5] *Var.* « regnis nostris » (B).

inquietudine, quieto ordine possidere, et homines de capite contra liberos in omni placito testimonium ferre concedimus, ut in alimoniam pauperum et stipendia monachorum ibidem Deo famulantium perhenni tempore per hoc et alia concessa proficiat et augmentetur, quatinus servi Dei qui ibidem Deo famulantur, pro nobis et pro memorato genitore nostro et totius regni a Deo nobis collati stabilitate celestem deprecari opem[1] attentius debeant. Et ut auctoritas ista a nostris fidelibus melius credatur et diligentius conservetur, manu propria subter firmavimus et anuli nostri impressione signari jussimus.

Signum (*monogramme*) Hludovici gloriosissimi imperatoris. ✠ Signum Eneas notarius ad vicem Hludovici recognovit et subscripsit.

Data quinto kalendas marcii, anno Christo propitio VI^{to} Hludovici piissimi augusti, indictione VIII^{va}. Actum Aquisgrani palatio, in Dei nomine feliciter. Amen.

A. Apocryphe du XIe siècle avec traces de sceau, aux Arch. nat. K.8, n° 6.
B. Copie du XIIe siècle, aux Arch. nat. LL. 1024 (Cartul. ††† de Saint-Germain-des-Prés), fol. 28 v°.
C. Copie du XIVe siècle, aux Arch. nat. LL. 1026 (Cartul. de Saint-Germain-des-Prés), fol. 6 v°.
D. Copie du XIVe siècle, aux Arch. nat. LL. 1029 (Cartul. de Saint-Germain-des-Prés), fol. 8 r°.

32

820, 19 octobre[2]. — Aix-la-Chapelle.

Diplôme par lequel Louis le Pieux confirme les biens et privilèges de l'Église de Paris, et exempte de la juridiction royale certain territoire voisin de Saint-Germain-l'Auxerrois.

DE RUGA SANCTI GERMANI.

In nomine Domini Dei et Salvatoris nostri Jhesu Christi, Hludovuicus, divina ordinante providentia imperator augustus. Notum sit omnibus fidelibus sanctę Dei Ecclesię et nostris, presentibus scilicet et futuris, quia vir venerabilis Inchadus, Parisiacę ęcclesię episcopus, detulit serenitati nostrę quasdam auctoritates, quas

---

[1] *Var.* «spem» (A).

[2] Ce diplôme est daté d'Aix-la-Chapelle, le XIV des calendes de novembre de la septième année du règne de Louis le Pieux, ce qui correspond au 19 octobre 820, mais la plupart des éditeurs ont suspecté l'exactitude de cette date et l'ont corrigée, les uns en 821, comme Lecointe (*Annal. eccles.*, t. VIII, p. 576) et Bréquigny (*Table chronolog.*, t. I, p. 164), les autres en 819, comme Guérard (*Cartul. de Notre-Dame*, t. I, p. 259) et Sickel (*Acta Karolin.*, t. II, p. 320, n° 145). Il est certain que Louis le Pieux passa l'automne de 820 à Quiercy et ne revint à Aix-la-Chapelle que tout à fait à la fin de l'année. C'est ce que nous apprend Eginhard (*Annal.* a° 820) et ce que confirme un diplôme du 29 octobre de cette année, qui est daté de Quiercy. (Voy. notre n° 33.)

Nous croyons cependant devoir maintenir la date du 19 octobre 820 pour plusieurs motifs : 1° il n'est pas matériellement impossible que l'empereur Louis ait été à Aix-la-Chapelle le 19 octobre et à Quiercy le 29 ; la distance qui sépare ces deux localités est d'environ 70 lieues, on pouvait donc facilement la franchir en dix jours; 2° rien ne prouve qu'on doive corriger la date de l'année plutôt que celle du jour ou celle du lieu; dans le doute, mieux

domnus avus noster Pipinus et genitor bonę memorię Karolus, piissimus imperator, ad petitiones prędecessorum suorum ipsius civitatis fieri jusserunt; in quibus continebatur insertum qualiter, pro mercedis aeternę augmento et firmitatis studio, eidem jam nominatę Parisiacę ęcclesię per eorum auctoritates firmaverunt, ut res et mancipia ac telonea, quę ex liberalitate regum vel imperatorum vel per strumenta cartarum eidem prefatę traditę fuerunt ecclesię, deinceps securius possidere potuissent. Nos vero per hanc nostram auctoritatem, easdem res et mancipia ac telonea ipsius ecclesię confirmavimus ac roboravimus, ut in posterum rectores ipsius ecclesię absque ullius inquietudine vel injusta interpellatione quiete teneant et secure possideant. Insuper etiam eidem jam nominato Inchado episcopo suisque successoribus concessimus, atque more paterno per nostram auctoritatem confirmavimus, ut nullus comes neque ulla judiciaria potestas in terra Sanctę Marię in ipsa insula consistente ullum censum de terra Sanctę Marię accipiat, nec de familia ipsius ecclesię, neque de aliis liberis hominibus vel incolis, qui rustice albani appellantur, in ipsa terra Sanctę Marię manentibus, hoc agere presumat, nec etiam eis quislibet ullam inquietudinem vel dominationem, seu ullum bannum contra legem, vel inlicitam occationem facere studeat, neque censum quem dicunt foraticum, neque ripaticum, neque salutaticum, seu ullam redibitionem de terra Sanctę Marię vel desuper manentibus accipere aut exactare audeat; sed liceat sepe nominato episcopo Inchado ac successoribus suis quiete ipsam insulam secundum propriam voluntatem ordinare atque gubernare, et in ipsa terra Sanctę Marię tam tabernas quam alias suas necessitates sine alicujus reddibitione exercere. Pręcipimus etiam atque jubemus ut de regali via ex parte Sancti Germani a Sancto Mederico usque ad locum qui vulgo vocatur Tudella [1], in ruga Sancti Germani, neque in aliis minoribus viis quę tendunt ad monasterium ejusdem prenominati Sancti Germani, ullus missus dominicus aliquam judiciariam potestatem ibi exerceat, neque aliquem censum, neque ripaticum, neque foraticum, neque ullum teloneum recipiat; sed missus episcopi secundum propriam

---

vaut maintenir la date indiquée dans le texte; 3° enfin, il importe de rapprocher ce diplôme du 19 octobre 820 de celui du 29 octobre. On remarque entre eux d'importantes analogies et dans le fond et dans la forme. Le commencement et la fin de l'un et de l'autre sont identiques. Ils sont signés du même notaire : « Durandus ad vicem Fridugisi. » Tous deux se terminent par une formule insolite : « Actum Carisiaco (ou Aquisgrani) palacio publiciter, » au lieu de : « Actum Carisiaco palatio regio. » En un mot, ils ont ensemble un air de parenté incontestable et qui nous semble suspect. M. Sickel, tout en signalant diverses particularités qui peuvent jeter du doute sur la sincérité de ces deux actes, a conclu à leur authenticité. Il se pourrait cependant que l'acte du 19 octobre fût une amplification de celui du 29 octobre, fabriquée au x° siècle par un interpolateur habile qui a voulu confondre en un seul acte le contenu de plusieurs diplômes, notamment celui du 9 septembre 814 (voy. ci-dessus n° 28) et celui du 29 octobre 820.

[1] Ce lieu serait, d'après Jaillot, celui-là même qui fut appelé plus tard la Grange-Batelière (Jaillot, *Recherches sur Paris*, t. II, *Montmartre*, p. 25), mais cette hypothèse ne repose sur aucun fondement sérieux.

voluntatem ordinet et advocatus ejusdem ęcclesię, tam de ipsa terra Sancti Germani quam de predicta terra Sanctę Marię in insula posita, rectam ac legalem rationem reddat, sine aliqua judiciaria potestate inibi vel banno, nisi in mallo legitimo vel regali placito, sicuti lex ecclesiarum pręcipit. De liberis autem hominibus qui super terram ipsius supradictę ecclesię Parisiacę commanere videntur ac eam proservire noscuntur, volumus ut, sicut in pręcepto Pipini avi nostri continetur, nullus in hostem pergat, nisi una cum episcopo ipsius ecclesię vel secundum suam ordinationem remaneat, et neque de ipsis hominibus super terram Sanctę Marię manentibus aliquem censum vel aliquam redibitionem aliquis de capite eorum accipere pręsumat, quę a longo tempore dare consueverant et futuris temporibus persolvere debent; sed quicquid inde fiscus noster exigere aut sperare potuerit per omnia, pro amore Dei et sanctę Dei genitricis Marię, pręfato Inchado episcopo, suisque successoribus libenter concedimus, et gratuitu animo auctoritate nostra confirmamus, ut nullam etiam districtionem de hominibus super terram Sanctę Marię manentibus judiciaria potestas exercere pręsumat, nisi, ut supradiximus, in mallo legittimo comitis, et ibi una cum advocato Parisiacę ecclesię venire non differant, et rectam rationem ac legalem justitiam adimplere cogantur. Haec vero auctoritas, ut firmior in Dei nomine habeatur et a fidelibus sanctę Dei ecclesię et nostris diligentius conservetur, manu propria eam subterfirmavimus et anuli nostri inpressione signari jussimus.

Durandus notarius ad vicem Fridugisi, recognovi et subscripsi.

Data xiii kal. novembris, anno, Christo propitio, vii imperii domni Hludovuici, piissimi imperatoris. Actum Aquisgrani palatii publiciter, in Dei nomine feliciter. Amen.

    A. Copie du xie siècle, avec traces de sceau, aux Arch. nat. K.8, n° 9.
    B. Copie du xiie siècle, aux Arch. nat. LL.177 (*Livre Noir de Notre-Dame*), fol. 89.
    C. Copie du xiiie siècle, aux Arch. nat. LL.176 (*Petit Pastoral de Notre-Dame*), p. 75.

33

820, 29 octobre. — Quiercy.

Confirmation, par Louis le Pieux, de tous les biens et possessions de l'Église de Paris [1].

EXEMPLAR DE OMNIBUS REBUS ĘCCLESIĘ SANCTĘ MARIĘ PARISIACĘ SEDIS.

In nomine Domini Dei et Salvatoris nostri Jhesu Christi, Hludovicus, divina ordinante providentia, imperator augustus. Si petitionibus sacerdotum in quibuslibet necessitatibus ęcclesiasticis nostrę auctoritate sublevandis consulimus, et ad ministerium eorum liberius exequendum opem fierimus, a summo pontifice do-

---

[1] Voyez la note 2 de la page 43.

mino nostro Jhesu Christo ęternę remunerationis largire nobis premia non ambigimus. Proinde notum sit omnibus fidelibus sanctę Dei ęcclesię et nostris, presentibus scilicet et futuris, quia vir venerabilis Inchadus, Parisiacę urbis ęcclesię episcopus, detulit serenitati nostrę quandam auctoritatem, quod [1] domnus et genitor noster bonę memorię Karolus, gloriosissimus imperator, ad petitionem prędecessoris sui Erchenradi, ipsius civitatis episcopi, fieri jussit; in qua continebatur insertum quod, per incuriam et neglegentiam custodum ipsius ęcclesię, strumenta cartarum exusta vel concremata sive perdita fuissent, per quę scilicet quod plures nobiles viri, pro remedio animę suę, res et mancipia ad ipsam delegaverant ecclesiam, et quod idem genitor noster [2] per eandem confirmasset auctoritatem, ut res et mancipia quę in eisdem strumentis inserta fuerant, et unde prędicta ęcclesia eo tempore legibus vestita erat, jure ęcclesiastico secure et quiete rectores ipsius ęcclesię futuris temporibus tenerent atque possiderent. Peciit etiam prędictus Inchadus serenitatem nostram, ut, pro mercedis nostrę augmento et firmitatis studio, eidem ęcclesię, more paterno, nostram auctoritatem super hoc negocio fieri juberemus, per quam modernis et futuris temporibus res et mancipia, quę per prefata strumenta cartarum eidem traditę fuerant ecclesię, firmiter, quiete ac secure a prelatis ipsius ęcclesię haberentur vel possiderentur. Nos itaque, inspecta eadem auctoritate domni et genitoris nostri, libuit nobis ejusdem venerabilis viri petitionibus adsensum prębere et paternę [3] auctoritati hanc quoque nostram jungere auctoritatem. Precipimus ærgo atque jubemus ut omnes res et mancipia quę ex liberalitate eidem conlate fuerunt ęcclesię, nostris et futuris temporibus per hanc nostram auctoritatem, rectores ipsius ęcclesię, absque ullius inquietudine vel injusta interpellatione, quiete et secure habere vel possidere valeant. Quod si forte super eisdem rebus ante prędictam exustionem a prelatis ipsius ęcclesię jure possessis questio orta fuerit, ut pro eis legaliter in foro disceptari necesse sit, ita per hanc nostram auctoritatem eisdem res et mancipia ipsius ęcclesię defendantur, sicuti per eadem strumenta, si igni absumpta non fuissent, legibus defendi poterant. Hęc vero auctoritas, ut firmior in Dei nomine habeatur, et a fidelibus sanctę Dei ęcclesię et nostris diligentius conservetur, manu propria subterfirmavimus et anuli nostri impressione signari jussimus. Signum Hludovici, piissimi imperatoris. Durandus diaconus, ad vicem Fridugisi recognovit. Data III kalendas novembris, anno, Christo propitio, VII imperii domni Hludovici imperatoris. Actum Carisiaco palatio publiciter, in Dei nomine. Amen.

    A. Copie du XII° siècle, aux Arch. nat. LL.177 (*Livre noir de Notre-Dame*), p. 103.
    B. Copie du XIII° siècle, aux Arch. nat. LL.176 (*Petit Pastoral de Notre-Dame*), p. 79.
    C. Copie abrégée du XIII° siècle, aux Arch. nat. J.152, n° 1.
    D. Copie abrégée du XV° siècle, aux Arch. nat. JJ^c (jadis JJ) fol. 82 v°. d'après C.

---

[1] *Var.* «quam» (B). — [2] *Var.* «nostri» (A). — [3] *Var.* «paterni» (A).

34

829, 13 janvier. — Aix-la-Chapelle.

Confirmation par les empereurs Louis le Pieux et Lothaire, du partage des biens de l'abbaye de Saint-Germain-des-Prés, fait par l'abbé Hilduin.

In nomine Domini Dei et Salvatoris nostri Jhesu Christi, Hludovicus et Hlotharius, divina ordinante providentia imperatores augusti. Si ea quę fideles imperii nostri pro statu et utilitate ęcclesiarum ac servorum Dei fideliter ac devote ob Dei amorem in locis sibi commissis statuerint, nostris confirmamus edictis, hoc nobis procul dubio ad ęternam beatitudinem et totius regni a Deo nobis commissi tutelam mansurum esse credimus, et retributorem Dominum in futuro habere confidimus. Igitur notum sit omnibus fidelibus sanctę Dei ęcclesię ac nostris, presentibus scilicet et futuris, quia vir venerabilis Hilduinus monasterii Sancti Vincentii ac Sancti Germani abba, necnon et sacri palatii nostri archicapellanus, nostrę suggessit serenitati quod, pro Dei omnipotentis amore et futuro ejusdem congregationis cavendo periculo, ne aliqua successorum suorum neglegentia aut parcitate ordo in ea futuris temporibus perturbaretur monasticus, stipendia eorum, quę annuatim in cibo et potu accipere debebant, necnon et quasdam villas specialiter necessitatibus illorum deserviendas constituisset ac deputasset, atque per litterarum seriem et largitionis suę cartam, sua aliorumque bonorum hominum manibus roboratam, eis concessisset ac delegasset, quatinus nulla occasione, nec rei publicę servitio, quisquam ex successoribus suis impedimentum in futuro inferre potuisset, pro quo a via rectitudinis et observatione regulari oberrare necesse esset; sed deputatis sibi rebus et stipendiis contenti, absque necessitate et inopia, regularem normam tenere, et sine prevaricatione, quantum humana sinit fragilitas, observare quivissent. Unde humiliter petiit ac postulavit celsitudinem nostram, ut pro rei firmitate, super eandem constitutionem auctoritatis preceptum nostrę, pro divino intuitu ac ipsorum sanctorum reverentia, fieri juberemus, per quod in antea stabilis et inviolata permaneret. Nos vero petitioni illius, quia necessaria et rationabilis erat, aurem accommodantes, et qua voluntate ac ratione talia clementię nostrę suggeret, perspicue intelligentes, veluti postulaverat, fieri adjudicavimus. Quapropter statuimus atque jubemus, secundum quod in illius ordinatione continetur, ut dentur eis annis singulis de tritico puro modii mille quadringenti et quadraginta, et in susceptione hospitum modii centum octoginta, quod sunt simul modii mille sexcenti viginti; de vino modii duo millia; de legumine modii centum octoginta; de caseo pensas centum sexaginta; de pinguedine aut modii viginti, aut porci quinquaginta, quales meliores invenire possunt; de butyro modii quattuor; de melle carrada una ex modiis octo, vel sicut ex censu de villa Lucarias persolvitur; et mensalem de duodecim villis melle et cera, id est unoquoque mense sextaria quattuor, et cera libras duas; de sale modii centum; volatilia cum ovis de duabus festis, id est Pascha et Natalis Domini. Ad vestimenta etiam vel omnes eorum necessitates secundum regularem institutionem procurandas, constituimus illis easdem villas, quas ipse per suam concessionem eis visus est condonasse, id est : Antoniacum cum ipsa capella, vel quicquid ad suum opus presentialiter habuit, vel quicquid inde homines per precarias tenent, vel quicquid per benefitium illius aliqui adhuc habent et illic pertinere videtur, ut post eorum discessum ad usus fratrum revertantur; alteram cujus vocabulum est cella que dicitur Villaris, cum omnibus appenditiis suis, quantum ipse presenti tempore ad suum opus illic habuit, vel quicquid homines per precarias vel per benefitia illius tenent, et illic pertinere videtur; tertiam, que vocatur Matriolas, cum omni integritate sua; quartam, que vocatur Caticantus; quintam cujus vocabulum est Novigentus, cum omni integritate sua [1]; sextam, cujus vocabulum est Spinogilum, cum ipsa capella, vel quicquid inde ad suum opus habuit; septimam locellum, qui vocatur Valedronis; octavam que dicitur Agmantus, una cum ipsa silva, que vocatur Usta. Has ergo villas cum appendiciis et reditibus suis, ut diximus, ad omnes ejusdem congregationis, tam infirmorum quam senum, necessitates faciendas et sustentacula mortalis vite ministranda, imperiali auctoritate et indulgentia per hoc preceptum confirmationis nostre, sicut predictus venerabilis abba in sua confirmavit constitutione, stabili jure eis concedimus ac confirmamus, precipientes ut nullus abba per successiones, quod salubri egit consilio, subtrahere aut minuere audeat, aut ad usus suos retorqueat, aut alicui in benefitio tribuat : sed neque servitia ex eis exactet, neque paraveredos, aut expensas ad hospitum susceptiones recipiat; neque ullas in aliqua re exactiones inde exigat absque inevitabili necessitate, preter mensuras in principali ecclesia Beati Germani et in ponte Parisius longo a tempore dispositas: et si augeri adjudicaverit, et numerum monachorum in majus augeri, amplificandi [2] pecunia majori licentiam habeat. Hec autem [3], ut putamus, ad usus centum viginti monachorum sufficiunt : distrahendi autem aut minuendi eas, quas pro Dei statuimus amore, nequaquam presumat. Sed si facere presumpserit, et post discessum nostrum hanc nostram confirmationem, quam super predicti [4] venerabilis viri Hilduini constitutionem fecimus, violare voluerit, querela ad successores nostros, qui tunc temporis nobis superstites fuerint, devenerit, ipsique, agnita auctoritate nostra, statuta nostra defendant, et sue auctoritatis precepto confirment, qualiter futuris temporibus fratres in coenobio supradicto regulam beati Benedicti servantes, absque perturbatione

---

[1] *Var.* «sua» manque dans A.
[2] *Var.* «amplificari» (A).
[3] *Var.* «enim» (A).
[4] *Var.* «quam supradicti» (A).

libere Deo deservire queant, nobisque merces exinde in perpetua recompensetur ęternitate. Et ut hęc auctoritas, quam ob amorem Dei, et animę nostrę remedium statuimus, firmiorem obtineat vigorem, et deinceps inconvulsa valeat perdurare, manus nostrę subscriptione eam subterfirmavimus et anulo nostro sigillare jussimus.

Data idibus januarii, anno Christo propitio xvi imperii domni Hludovici serenissimi augusti, indictione vii. Actum Aquisgrani palatio regio in Dei nomine feliciter. Amen [1].

A. Copie du xi° siècle, à la Bibl. nat. ms. lat. 12711 (*Chronique interpolée d'Aimoin*, l. V, c. 10.), f° 129 v°.
B. Copie du xii° siècle, aux Arch. nat. LL. 1024 (Cartul. ††† de Saint-Germain-des-Prés), fol. 22 r°.
C. Copie du xiv° siècle, aux Arch. nat. LL. 1026 (Cartul. de Saint-Germain-des-Prés), fol. 4 r°.
D. Copie du xiv° siècle, aux Arch. nat. LL. 1029 (Cartul. de Saint-Germain-des-Prés), fol. 4 v°.

35

[829, juin. — Paris [2].]

Règlement, fait par l'évêque Inchade, pour le partage des biens de l'Église de Paris, entre l'évêque et le chapitre.

EXEMPLAR DE OMNIBUS VILLIS.

Omnium quidem maximeque domesticorum curę esse episcopo necesse est, quatinus omnibus quę religionem devotionemque circa Dei cultum impedire valent explosis, libera hi qui sub eo sunt Domino servitute famulentur. Decet quippe omnes maximeque pastorem pluris pendere famulatum divini cultus quam fundorum terrenorum redditus, secundum quod apostolica instruimur doctrina dicentis : « Qui habuerit substantiam mundi et viderit fratrem suum necessitatem pacientem et clauserit viscera sua ab eo, quomodo caritas Dei manet in eo? » Ut ergo caritatis perpetuo vincula inter nos nec tantum sicuti decet caput menbris inherere et patrem filiorum necessitatem prospicere, dum adhuc per divinam dispositionem supersumus, et artuum imbecillitatem spiritus vivificator vegetat, non modo fratrum nostrorum sanctę videlicet matris ęcclesię quę est in honore sanctę Dei genitricis Marię et sancti Stephani prothomartyris. Ego Inchadus, divina ordinatione Parisiacę civitatis episcopus, utilitati prospicere sed etiam future volo donare quatinus et in nostro tempore omnis necessitatis ab eis excludatur angor, quo sollicitius et devotius possint Domini famulatui subjugari, et futuris successoribus eorum prebeant ex nostri constitutione mercedis augmentum, dum quę

---

[1] *Var.* « amen » manque dans A.
[2] Cet acte n'est pas daté, mais on sait que le concile qu'il mentionne, et pendant lequel il fut écrit, se tint à Paris au commencement du mois de juin 829. (Voy. Le Cointe, *Annal. eccles. Franc.*, t. VIII, p. 51 et suiv.)

nos pie statuimus ab eis constiterit non divelli, quia et dignum est coram Deo et hominibus inter ecclesiasticos bene constituta non rescindi cum et secularia sollempniter ordinata testamenta constet jure suo apud posteros perfrui [1]. Igitur cognoscat omnium secutura posteritas presulumque nobis succedentium pia paternitas, quia petierunt a nostra exiguitate fratres nostri sancte matris ecclesie, cui, miserante Deo, deservimus, ut, metu futurorum casuum propellendo, attribueremus eorum stipendiis quasdam villas de rebus ipsius matris ecclesie, quarum reditibus et ipsi suam necessitatem propellerent, et episcopum multorum molestiis assidue exagitatum non inquietarent. Quorum nos petitioni assensum prebentes, in ecclesia que est in honore sancti Stephani prothomartyris, coram ipso sacrosancto altari, in presentia venerabilium virorum ob Dei causam ad synodale concilium apud Parisiorum urbem convenientium, Eboni videlicet archiepiscopi, Aldrici archiepiscopi, Raginoardi archiepiscopi, Lamdranni archiepiscopi, Jone episcopi, Jesse episcopi, Rantgarii episcopi, Rothadi episcopi, Adalelmi episcopi, Hildemanni episcopi, Godofredi episcopi, Freculfi episcopi, Wiladi episcopi, Theodiscli episcopi, Amathei episcopi, Alitgarii episcopi, Franconis episcopi, Bernoini episcopi, Haribaldi episcopi, Helie episcopi, item Jone episcopi, Hugberti episcopi, Fulcharii episcopi, Hemberti [2] episcopi, quasdam villas cum earum reditibus eorum stipendiis dedimus vel delegavimus, quarum nomina sunt hec : Ondresiacum cum omni integritate, Hileriacum cum omnibus ad se pertinentibus, Aureliacum et Civiliacum et Castanedum cum cunctis que illis adjacent, Baniolum et Lagiacum et Steovilla cum universis que pertinent ad eas; insuper et fundos quos fidelium liberalitas stipendiis eorumdem fratrum delegavit, videlicet Sulciacum, quem Stephanus illustris vir et pie recordationis comes, necnon et uxor ejus Amaltrudis eorum usibus delegaverunt; ita tamen ut tercia pars ejusdem ville luminaribus ecclesie cederet; sed et medietatem nonarum eis attribuimus, que de rebus ecclesie nostre ab his qui eis utuntur nostre ecclesie conferuntur. Hec ergo omnia, paterna caritate devinctus, petitioni fratrum nostrorum ego Inchadus promptissime favens, ut jam prelibavimus, eorum usibus deputamus, ob Dei omnipotentis servitutem propensius exhibendam et ad caritatem uberius proferendam, quatinus non solum pro statu sancte ecclesie, sed et pro pace et incolumitate domni Ludovici regis, prolisque ejus tociusque regni ejus statu, nec non et pro mee absolutione anime, fidelissime ac devotissime Domini misericordiam exorent. Insuper et tectorum curam fratribus deputatorum, ne conlapsa depereant, ad se pertinere noverint. Statuimus si quidem ut supervenientes fratres, tam canonicos quam monachos, de aliis congregationibus, hoc summopere provideant, ut cum caritate eos suscipiant, eosque in cibo et in conlatione

---

[1] Ce long préambule a été omis dans la copie B. — [2] *Var.* «Herberti» (B).

sibi participes faciant. Decima quoque earumdem villarum, id est de indominicato tantum, detur ad integrum ad illud hospitale pauperum quod est apud memoriam beati Christofori, ubi fratres tempore statuto pedes pauperum lavandi gratia confluant. Petimus autem successores nostros, in domini nostri Jhesu Christi amore et fraternę intuitu dilectionis, ut hoc nostrum statutum inviolabiliter manere permittant, quatinus et nos studii nostri atque devotionis remuneremur mercede, et vos pro parilitate operis donemini ęterna felicitate; credimus enim non minorem retributionem manere bene inchoantes quam bene inchoata studio propensiore felicibus votis atque nisibus prosequentes. Hoc autem nostrum statutum, ut pleniorem in Christi nomine obtineat firmitatis vigorem, manus nostrę signaculo subsignavimus, manibusque spectabilium personarum roborari decrevimus.

† Signum Inchadi, Parisiacę civitatis episcopi, qui hoc privilegium pontificali auctoritate fieri jussit, et, ob amissionem luminum, scribere nequivit[1]. Ebbo, divino munere sanctę Remensis ęcclesię archiepiscopus, huic constituto a nobis canonice promulgato subscripsi. Aldricus, sanctę Senonicę sedis archiepiscopus, hoc decretum subterroboravi. Raginoardus, sanctę Rodomensis ęcclesię archiepiscopus, id statutum roboravi. Landramnus, Turonensis archiepiscopus, huic constituto subscripsi. Amatheus, episcopus, id statutum subterroboravi. Alitgarius, episcopus indignus, huic decreto subscripsi. Franco, episcopus, hanc consensionem inferius roboravi. Bernoinus, episcopus, hoc statutum subscripsi[2]. Heirboldus, episcopus, hoc scriptum confirmavi. Jonas, episcopus, hoc scriptum confirmavi. Jesse, episcopus, hoc scriptum roboravi. Rangarius, episcopus, hoc scriptum confirmavi. Rothadus, episcopus, hoc subscriptum concessi. Adelelmus, episcopus, hanc consensionem roboravi. Hildemannus, episcopus, assensum prebui. Godefridus, episcopus, hoc decretum confirmavi. Freculfus, episcopus, hoc concessi. Wiladus, episcopus, hoc confirmavi. Theodesclus[3], episcopus, hoc roboravi. Helias, episcopus, hoc subscripsi. Hugbertus, episcopus, assensum prebui. Fulcharius, episcopus, hoc decretum decrevi. Herbertus, episcopus, aliorum statuta concessi.

A. Copie du xiie siècle, aux Arch. nat. LL. 177 (*Livre noir de Notre-Dame*), p. 118.
B. Copie du xiiie siècle, aux Arch. nat. LL.176 (*Petit Pastoral de Notre-Dame*), p. 165.

---

[1] La particularité mentionnée dans cette souscription peut être invoquée comme preuve de l'authenticité de ce diplôme. On possède, en effet, en original une lettre synodale de 832 environ, par laquelle les évêques de la province de Reims confirment la réforme introduite dans l'abbaye de Saint-Denis par Louis le Pieux. La souscription d'Inchad y est ainsi formulée : «Inchadus Parisiacensis ecclesiæ episcopus interfui et, quia ob amissionem luminum scribere nequivi, manu propria signo crucis subterfirmavi.» (Arch. nat., K. 9, n° 7.) Voy. Mabillon, *De re diplom.*, p. 518.

[2] Le reste manque dans la copie B.

[3] La copie A porte «Theodesdiepus episcopus,» faute de lecture évidente et dont il est facile de se rendre compte.

36

Vers 842.

Association de prières entre les moines de Saint-Germain-des-Prés, de Saint-Denis et de Saint-Remy de Reims.

Cum nim saeculi amatores ad suam aliis ostendendam dilectionem multa saepe inter se caduca et, ut illis videtur, pretiosa largiantur, spiritales viri et a saeculi actibus alieni ac nihil paenitus in saeculo praeter victum et vestitum habentes, ut Deo magis placeant rebus spiritalibus et ad suarum salutem animarum pertinentibus, vim dilectionis suae multo magis roborari debent, ut sicut ab illis habitu et moribus discrepant, ita etiam inter se potiora et precelsiora caritatis munera exhibeant, quoniam in Salvatoris Jhesu Christi discipulatu nemo computari poterit quisquis hoc dilectionis munere caruerit, ipso testante qui ait : « In hoc cognoscent omnes quia mei discipuli estis, si dilectionem ad invicem habueritis. » Monet etiam apostolus dicens : « Caritas fraternitatis maneat in vobis. » Aequum siquidem visum est fratribus in beati confessoris Christi Remigii monasterio sub sanctissimo ac venerabili patre Fulconi manentibus, ut cum fratribus de [monasterio] praeclarissimorum sanctorum videlicet Dyonisii, Rustici et Eleutherii, cui venerabilis pastor Hildoinus preesse videtur, tale decretum de pacis ac dilectionis conjunctione facere et quid unusquisque pro salute atque obitu alterius agere debeat; quod neque ab ipsis neque a successoribus eorum ullo unquam tempore corrumpatur, sed semper firmum atque inviolabile permaneat. Igitur anno xxv imperii domini ac serenissimi Hludovici nos omnes fratres ex monasterio Beati Remigii, hoc scriptum pari consensu atque communi voluntate fecimus, quod et nos omni tempore completuros pollicemur et ut a successoribus nostris conservetur obnixe flagitamus. Primum namque volumus ut talis inter nos et supradictos fratres nostros fervor caritatis et tanta vis dilectionis maneat, ac si in uno, si fieri posset, conservaremur loco. De cetero ut quando aliquis ex ipsis corporis nexibus absolutus a saeculo migraverit unusquisque nostrum infra triginta dies psalterium pleniter compleat, ac sacerdotes nostri missas eidem psalterio congruentes pro eo celebrare studeant et tres vigilias, id est primo et septimo atque tricesimo die, communiter pro eo et devotissime peragamus. Si vero quidam ex eis aliqua corporis incommoditate occupatus fuerit, mox ut nobis nuntiatum fuerit omni die quousque convalescat aut ab hac luce discedat, unusquisque v psalmos pro eo sollicite compleat. Et ut nomina defunctorum illorum inter nomina inserantur nostrorum defunctorum, ut sicut pro nostris ita etiam pro illis cotidie Domino sacrificium offeratur.

INCIPIUNT NOMINA MONACHORUM DE MONASTERIO SANCTI DYONISII.

.... (1)

INCIPIUNT NOMINA MONACHORUM DE MONASTERIO SANCTI GERMANI.

Ebroinus, abba.	Vuicpertus.	Adalarius.	Ingalarius.
Heimo.	Guntardus.	Ingobertus.	Hilmericus.
Sigemundus.	Erleboldus.	Adrevoldus.	Vulfarius.
Lantbertus.	Ermengarius.	Leuthardus.	Sindico.
Adalradus.	Godalmundus.	Sesboldus.	Haimericus.
Altbertus.	Ragenoldus.	Bertoldus.	Brunarius.
Adalharius.	Euto.	Vuandreardus.	Girardus.
Electardus.	Vuaningus.	Heliseus.	Gislemarus.
Arnoldus.	Adalgarius.	Berto.	Boso.
Alecarius.	Trutboldus.	Vuido.	*Fredebolt* (2).
Adalardus.	Hairicus.	Adalradus.	*Adelstamnus rex.*
Odilardus.	Ermenoldus.	Franco.	*Eduuard.*
Martimius.	Adrulfus.	Teodulfus.	*Elfec.*
Gammo.	Adalgisus.	Gauzbertus.	Giroldus.
Otfredus.	Gislarius.	Adalradus.	Vualdricus.
Vuarimbertus.	Haimericus.	Evrardus.	Rotgerius.
Avitus.	Hildebrandus.	Ramnulfus.	Teudo.
Adoardus.	Ragenarius.	Vualefredus.	Bertramnus.
Ingobodus.	Altohardus.	Bertinus.	Ayrardus.
Vualecarius.	Adalardus.	Odalgisus.	Item Ayrardus.
Erlingus.	Ragino.	Hiltbertus.	Rotgerius.
Adalboldus.	Agano.	Frotbaldus.	Adam.
Leutardus.	Girboldus.	Framengarius.	Bernerius.
Hrotbertus.	Rotbertus.	Arulfus.	Vuichardus.
Lupus.	Landricus.	Vuaraculfus.	Dadovuinus.
Rotgangus.	Hairingus.	Gunthardus.	Raynoldus.
Adalongus.	Audacrus.	Ermenoldus.	Vualdrada.
Hiltcarius.	Amalcarius.	Remegius.	Berta.
Flavardus.	Guntardus.	Arnoldus.	Gyrvara.
Bertmerus.	Usuardus.	Derperius.	Vuillehadis.
Hucbertus.	Hildebrandus.	Leutardus.	Girutia.
Vuido.	Adremarus.	Leutgarius.	Gatdo.
Gedeon.	Ermenarius.	Haimoinus.	Firmatus.
Atto.	Odalricus.	Albricus.	Gerlo.
Saregisus.	Cadalo.	Adalbertus.	Arnoldus.
Gislebrandus.	Agustus.	Othadus.	*Hildricus, Richerus.*
Elegius.	Hetenus.	Vuarnarius.	*Osanna.*
Bernoinus.	Berno.	Ragemboldus.	*Vuarinus.*

---

(1) Nous croyons inutile de reproduire la liste des moines de Saint-Denis, elle a été publiée par d'Achery, *Spicileg.*, t. III (éd. in-fol.), p. 334. — (2) Tous les noms que nous imprimons en italiques sont des additions du x°, xi° ou xii° siècle.

Vuinelo.	Teudericus.	Petrus.	Widericus.
Depositio Aliedis comitisse.	Teudericus.	Hugo.	Gerburgis.
	Grimoldus.	Gerbertus.	Ricuinus.
Constancius, Bartolomeus.	Teodericus, Goisbertus.	. . . .	Constantius.
	Wizelinus cum filiis et filiabus.	Radbertus.	Rodbertus.
Adam, Giradus.		Albertus.	Herimarius.
Frederici.	Heremburgis.	Aiulfus.	Hellinus.
Ragemboldi.	Hesylendis.	Arnulfus.	Fulbertus.
Teudonis.	Razelina.	Alendis.	Olbertus.
Andrœae.	Gisla.	Godefridus.	Raddo.
Otherus.	Alendis.	Olgerus.	Rodbertus.
Rodulfus.	Johannes.	Lancherius.	Richeldis.
Gotbertus.	Gonherius.	Gisla, Randulfus.	Aleydis.
Adelaus.	Albricus.	Berefridus.	Widericus.
Berhaidis.	Franco.	Widericus.	Benedictus [1].
Helvuidis.	Haduidis.	Ermengardis.	

Copie du x⁰ siècle, à la Bibl. nat., ms. lat. 13090, fol. 70.

37

Vers 842.

Confirmation par Charles le Chauve des privilèges accordés par Charlemagne et Louis le Pieux à l'abbaye de Saint-Germain-des-Prés [2].

PRECEPTUM EMUNITATIS KAROLI CALVI ET LIBERTATE HOMINUM ECCLESIE HUJUS.

In nomine Domini et Salvatoris nostri Jhesu Christi, Karolus, divina ordinante providentia Francorum rex. Cum petitionibus sacerdotum justis et rationabilibus divini cultus amore favemus, superna nos gratia muniri non dubitamus. Proinde

---

[1] Suit une autre colonne de noms ajoutés au xi⁰ siècle et en partie recouverts par un onglet.

[2] 1° L'écriture de cet acte ne saurait appartenir aux temps de Charles le Chauve; c'est la même écriture bizarre que nous avons déjà signalée dans plusieurs prétendus originaux provenant des archives de Saint-Germain-des-Prés, et qui peut appartenir au x⁰ ou au xi⁰ siècle;

2° La formule initiale : *In nomine Domini et Salvatoris nostri Jhesu Christi,* n'était pas en usage dans la chancellerie de Charles le Chauve. C'est *In nomine Sancte et individue Trinitatis,* qui est la ormule usitée dans tous les diplômes authentiques de l'époque;

3° Il est tout à fait extraordinaire que l'acte soit uniquement signé de l'évêque Ébroïn, quand c'est à lui-même que l'acte est accordé; d'ailleurs, les diplômes de cette époque sont toujours signés d'un des notaires du chancelier Hludovicus;

4° Enfin l'acte n'est pas daté, ce qui est contraire à l'usage constant des chancelleries carlovingiennes;

5° On objectera, il est vrai, que l'acte est scellé et que le sceau paraît être d'une authenticité indiscutable. Nous l'admettons fort bien, mais, si l'on découd, ainsi que nous l'avons fait, le petit sachet de parchemin qui cache la partie postérieure du sceau, on verra que les deux faces du sceau ne sont pas de la même cire. La face sur laquelle se voit l'effigie est d'une cire blanche et crayeuse, le revers est d'une cire foncée, moins ancienne que l'autre

noverit omnium fidelium nostrorum presentium scilicet et futurorum sollertia, quia Ebroinus venerabilis episcopus, rectorque monasterii sancti Germani confessoris, ubi ipse corpore requiescit, siti non procul ab urbe Parisiaca, detulit nobis emunitates avi nostri Karoli [et genitoris nostri][1] Hludovici piissimi augusti, in quibus invenimus insertum, quomodo ipsi et antecessores eorum priores reges Francorum prefato monasterio propter divinum amorem et reverentiam sancti Germani, ubi plerique illorum ob nimium [prefati sancti loci][2] amorem sua sepeliri corpora preoptaverunt, semper sub plenissima defensione et emunitatis tuitione habuissent. Ob firmitatem tamen rei postulavit nobis predictus Ebroinus episcopus et abbas ut eorumdem regum auctoritates, ob amorem Dei et reverentiam ipsius sancti Germani, nostra confirmaremus auctoritate. Cujus petitioni libenter adquievimus et ita in omnibus concessimus ac per hoc preceptum nostrum confirmavimus. [Quapropter precipientes jubemus][3] ut nemo fidelium nostrorum, vel quilibet ex juditiaria potestate, in ecclesias aut loca vel agros seu reliquas possessiones memorati monasterii, quas moderno tempore tam in Frantia quam in Burgundia, seu in Neustria, sive etiam in Aquitania, vel ubicumque in regnis Christo propitio nostris juste et rationabiliter possidet, vel que deinceps a catholicis viris eidem collate fuerint ęcclesię, ad causas [audiendas][4], aut freda vel tributa[5] exigenda, aut mansiones vel paratas fatiendas, nec fidejussores tollendos, aut homines ejusdem aecclesie, tam ingenuos quam servos, super terram ipsius conmanentes distringendos, nec ullas redibitiones aut illicitas occasiones requirendas, nostris et futuris temporibus ingredi audeat, vel ea que supra memorata sunt exigere presumat. Sed liceat jam dicto abbati suisque successoribus res[6] predicti monasterii sub emunitatis nostre defensione[7], quieto ordine possidere. Et homines de capite contra liberos in omni placito testimonium ferre concedimus, ut in alimonia pauperum et stipendia monachorum ibidem Deo famulantium profitiat perhennibus temporibus in augmentis, quatinus servos Dei, qui ibidem

---

de plusieurs siècles. Il est évident que ce sceau, d'une origine parfaitement authentique, a été plaqué sur cette pièce pour lui donner l'apparence d'un original. Nous avons déjà signalé dans un diplôme de Charlemagne une supercherie du même genre. (Voy. ci-dessus, p. 31, note 1.)

Il est donc hors de doute non seulement que ce diplôme de Charles le Chauve n'est pas un original, mais encore qu'il porte dans son contexte des preuves de fausseté, ou tout au moins des interpolations qui doivent le faire suspecter gravement.

Cette pièce a été publiée par Besly (*Histoire des évêques de Poitiers*, p. 32) avec des variantes assez notables pour que nous ayons cru intéressant de les relever.

[1] Les mots «et genitoris nostri» ne se trouvent que dans Besly.

[2] Les mots entre crochets manquent dans A, C et D.

[3] Les mots entre crochets manquent dans A, C et D.

[4] Le mot «audiendas» ne se trouve que dans Besly.

[5] *Var.* «tributa aut telonea» (Besly).

[6] *Var.* «res et homines» (Besly).

[7] *Var.* «remota totius judiciariæ potestatis inquietudine» (Besly).

Deo famulantur, pro nobis et conjuge ac prole nostra, atque stabilitate totius imperii nostri a Deo nobis concessi atque conservandi jugiter [Dominum][1] exorare delectet. Et hanc auctoritatem, ut firmior in Dei nomine habeatur et a fidelibus sancte Dei aecclesie et nostris diligentius conservetur, manu propria subter firmavimus, et anuli nostri impressione signari jussimus[2].

Signum Karoli (*monogramme*) regis gloriosissimi.

Ebroinus episcopus et archicapellanus relegit et recognovit.

A. Apocryphe scellé du xie siècle, aux Arch. nat. K.10, n° 8.
B. Copie du xiie siècle, aux Arch. nat. LL. 1024 (Cartul. ††† de Saint-Germain-des-Prés), fol. 29 v{e}.
C. Copie du xive siècle, aux Arch. nat. LL. 1026 (Cartul. de Saint-Germain-des-Prés), fol. 7 r°.
D. Copie du xive siècle, aux Arch. nat. LL. 1029 (Cartul. de Saint-Germain-des-Prés), fol. 9 r°.

38

845, 26 juin. — Aix-la-Chapelle.

Diplôme par lequel Charles le Chauve défend d'exiger des présents des serves de l'abbaye de Saint-Germain-des-Prés, lorsqu'elles se marient[3].

DE CONTENTIONE MONACHORUM ET BENEFICIIS MILITUM.

✠ In nomine Domini et Salvatoris[4] nostri Jhesu Christi, Karolus, divina ordinante providentia rex Francorum, cunctis sanctę Dei ecclesię fidelibus et nostris notum esse volumus quemadmodum venerabilis vir Gozlinus et abba monasterii sanctissimi presulis Germani Parisiacę urbis nostram adiit presentiam innotescens nobis ingentem altercationem et scandalum, quae erat inter suos milites et monachos ipsius sancti presulis Germani, videlicet propter feminas que ducebantur de villis abbatiae jamdicti abbatis Gozlini suorumque fidelium in potestatem monachorum uxorandi causa, quas postea repetere volebant et capitalitium ab eis require-

---

[1] Le mot «Dominum» manque dans A, C.

[2] Besly donne de cette dernière phrase le texte suivant : «Et ut hanc auctoritatem magnitudinis «nostræ omnes melius credant, et diligentius in «omnibus observent, de anulo nostro subter eam «jussimus sigillari.»

[3] Ce diplôme est aussi suspect que le précédent. Son écriture ne paraît pas être plus ancienne que le xie siècle. On y remarque la même formule d'invocation insolite. Le monogramme n'a pas l'aspect habituel des monogrammes carlovingiens. L'acte est signé par *Ebrohardus ad vicem Gozlini archicapellani*, au lieu d'être signé par un des notaires de la chancellerie *ad vicem Hludovici*. Le sceau n'est pas celui que nous trouvons dans les autres diplômes de Charles le Chauve, et n'offre même aucun caractère d'authenticité. Enfin la date fournit un dernier argument contre le diplôme : Charles le Chauve ne fut empereur que du 25 décembre 875 au 6 octobre 877, il n'a donc pas eu six années d'*imperium*; que s'il s'agit seulement de son règne en France, dont la sixième année tombe en 845, la date est encore fausse, car jamais, à cette date, il n'est question de l'*imperium* que Charles ne devait obtenir que bien des années plus tard.

[4] *Var.* «Sasalvatoris» (A).

bant. Nos quoque ex hac altercatione atque tam forti jurgio consilium requirentes, nostrorum cum assensu principum hac nostri archicapellani et abbatis Gozlini, tale reppérimus consilium pro Dei amore et sancti Germani, quo omni tempore fuisset nobis propitius et misericors, ut femine que ex abbatię ductę fuerint in monachorum po[tes]tatem [1] a nullo umquam ex ipsa potestate abbatis repetantur, nec aliquod capitalitium neque ullum munusculum eis requiratur ab ipsis. Ergo precipientes jubemus vobis hunc pietatis preceptum omni tempore inconvulsum et intemeratum permanere, quemadmodum nostri antecessores sua juserunt precepta sistere firma. Et ut hec auctoritas firmior habeatur et per futura secula melius conservetur de anulo nostro sigillare jussimus. Qui vero nostro tempore aliter facere presumbserit, sive post discessum nostrum han[c] confirmationem violare voluerit, a Deo cujus extitit contemtor penis ęternalibus se damnandum cognoscat.

Ebrohardus ad vicem Gozlini [2] archicapellani recognovi.

Signum Karoli serenissimi regis (*monogramme*).

Data vi° idus Julii, anno Christo propitio vi° imperii domni Karoli serenissimi regis. Actum Aquisgrani palatii in Dei nomine feli[ci]ter. Amen.

A. Apocryphe scellé du xi° siècle, aux Arch. nat. K.11, n° 3.
B. Copie du xii° siècle, aux Arch. nat. LL. 1024 (Cartul. ††† de Saint-Germain-des-Prés), fol. 34 r°.
C. Copie du xiv° siècle, aux Arch. nat. LL. 1026 (Cartul. de Saint-Germain-des-Prés), fol. 10 v°.
D. Copie du xiv° siècle, aux Arch. nat. LL. 1029 (Cartul. de Saint-Germain-des-Prés), fol. 11 r°.

39 [3]

846, 7 août [4]. — Ver.

Exemption accordée par Charles le Chauve, à l'abbaye de Saint-Germain-des-Prés, de tous les péages sur les denrées transportées pour cette abbaye, sur la Seine, la Marne, l'Yonne, l'Oise et l'Aisne.

A. Original scellé, aux Arch. nat. K.11, n° 5.
B. Copie du xii° siècle, aux Arch. nat. LL. 1024 (Cartul. ††† de Saint-Germain-des-Prés), fol. 25 r°.
C. Copie du xiv° siècle, aux Arch. nat. LL. 1026 (Cartul. de Saint-Germain-des-Prés), fol. 5 v°.
D. Copie du xiv° siècle, aux Arch. nat. LL. 1029 (Cartul. de Saint-Germain-des-Prés), fol. 6 v°.

Édit.: (*a*) Labbe, *Alliance chronol.*, t. II, p. 462, d'après A. — (*b*) Bouillard, *Hist. de l'abb. de Saint-Germain-des-Prés*, pr. p. 17, d'après A. — (*c*) *Gal. Christ. nova*, t. VII, instr. col. 12, d'après *a*. — (*d*) *Recueil des Hist. de la France*, t. VIII, p. 484, d'après *b*. — (*e*) Tardif, *Cartons des Rois*, p. 99, d'après A.

---

[1] *Var.* «potatem» (A).
[2] *Var.* «Hebroardi» (B).
[3] On trouve dans le *Cartulaire de Notre-Dame* (Guérard, t. I, p. 248), à la date du 12 mai 846, un diplôme que nous avons cru devoir reporter avec les meilleurs auteurs, au 12 mai 871. Voyez plus bas à cette date. — [4] La plupart des auteurs datent cette pièce du 8 août, par suite d'une erreur de Dom Bouillard qui a lu: vi idus Augusti, au lieu de vii; M. Tardif a rétabli la vraie date d'après l'original, comme nous avons pu le reconnaître personnellement.

40

850, 19 avril. — SERVAIS.

Confirmation, par Charles le Chauve, du partage de biens fait par l'évêque Inchad, entre l'évêque de Paris et le chapitre de Notre-Dame[1].

A. Original avec traces de sceau, aux Arch. nat. K.12, n° 1 ª.
B. Copie du x° siècle, aux Arch. nat. K.12, n° 1 ᵇ.
C. Copie du xi° siècle, aux Arch. nat. K.12, n° 1 ᶜ.
D. Copie du xii° siècle, aux Arch. nat. LL.177 (*Livre noir de Notre-Dame*), p. 40.
E. Copie du xiii° siècle, aux Arch. nat. LL.176 (*Petit pastoral de Notre-Dame*), p. 58.

Édit. : (*a*) Baluze, *Capitul. reg. Francor.*, t. II, app. col. 1459, d'après E. — (*b*) *Recueil des Hist. de la France*, t. VIII, p. 507, d'après *a*. — (*c*) Guérard, *Cartulaire de Notre-Dame de Paris*, t. I, p. 250, d'après E.

41

855, 26 février. — PARIS.

Diplôme[2] de Charles le Chauve, en faveur de l'abbaye de Saint-Sulpice de Bourges. «Datum iv kalendas Martii, anno xv regnante Karolo glorioso rege, indictione III[3]. Actum Parisiis palacio regio, in Dei nomine feliciter. Amen.»

A. Copie du xiv° siècle, aux Archives du Cher, dans le Cartulaire de Saint-Sulpice de Bourges, fol. 19 r°[4].
B. Copie du xvii° siècle, aux Archives du Cher, d'après A.

Édit. : *Recueil des Hist. de la France*, t. VIII, p. 538, d'après A.

42

856.

Lettre du clergé de Paris à Guenilon, archevêque de Sens, et à ses suffragants, leur annonçant l'élection de l'évêque Énée et leur demandant de confirmer cette élection.

Religiosissimis patribus et fratribus Gueniloni, metropolitano Senonicae sedis antistiti, et universo clero ejus, et ceterarum ecclesiarum presulibus, quae dyocesi memoratę sedis censentur, cunctisque in eis Deo famulantibus, clerus matris ecclesiae Parisiorum, et fratres cenobii Sancti Dyonisii, et Sancti Germani, et Beate

---

[1] Tous les domaines mentionnés dans ce document étant situés hors Paris, nous ne croyons pas devoir en reproduire le texte. On ne l'a jamais publié d'après l'original, mais la copie contenue dans le *Petit Pastoral* ne diffère de l'original que par des variantes orthographiques.

[2] Ce diplôme est le plus ancien acte royal qui mentionne expressément le palais des rois Francs à Paris.

[3] *Var.* «indictione VI» (B).

[4] Un incendie a détruit ce cartulaire au mois d'avril 1859.

Genovephę, ac Fossatensis, diversorumque monasteriorum unanimitas, presentem et futuram salutem.

Venerabilem pastorem nostrum Ercanradum nuper decessisse cum longe lateque vulgatum sit, tum sanctitatem vestram latere non potuit; nosque adfici maestitia de vocatione patris defuncti, ac sollicitudine permoveri de electione successuri, prudentia vestra intellegit. Cum enim principaliter se futurum Dominus Jhesus polliceatur cum his qui principes religionis existunt, non patimur diu carere antistite, cujus doctrina ad salutem nostram instituamur, exemplo informemur, benedictionibus in nomine Domini muniamur. Ejus, utpote bonorum omnium auctoris, nequaquam nos cura destitutos firmissime credimus, dum ipse curas nostras sua clementia sustulit, et vota ultronea benignitate prevenit. Namque ipse, in cujus manu cor regis est, gloriosi domini nostri Karoli, quemadmodum plene confidimus, menti infudit, ut ejus nos regimini committeret, quem in divinis et humanis rebus sui fidissimum multis experimentis probasset. Igitur Dei pronam in nos amplectentes misericordiam, et regis nostri piam suspicientes providentiam, Eneam, cujus preconia premisimus, concorditer omnes elegimus, Eneam patrem, Eneam pontificem habere optamus. Quamvis enim tanta prudentia ac probitate precellentissimus rex noster polleat, ut solum ejus judicium de viro memorato posset sufficere, tamen conditionis humanę non nescii, futurorumque curiosi, aulicorum nos ipsi propositum ac mores longe prius inspeximus, et inter graves probabilesque personas et sanctitate ferventes, hunc, quem antistitem habere cupimus, quotquot eum nosse potuimus, ut nunc palam est, absque errore annumeravimus. Proinde, sancti Patres, annitimini ne dilatione divini et regii beneficii torqueamur; sed nobis suspensis, nobis desiderantibus, nobis flagitantibus, ponatur celeriter lucerna super candelabrum; ut lumen veritatis populus Dei videat, et aemula devotione presulis vestigia tenens, sempiternae beatitudini preparetur. Professionem vero nostri consensus in Eneam, Deo annuente, per vestrum ministerium nobis futurum antistitem subscriptionibus nostris certatim roboravimus; ut, nostra unanimitate comperta, votum summa properantia compleatis.

<small>Copie du ixe siècle, à la Bibl. nat. ms. lat. 2858 (*Lettres de Loup de Ferrières*, n° xcviii), fol. 48 r°.</small>

43

856.

Réponse de Guenilon, archevêque de Sens, et de ses suffragants, au clergé de Paris, approuvant l'élection de l'évêque Énée.

Guenilo, sanctae Senonicę sedis metropolitanus episcopus, Heriboldus Autisiodori episcopus, Agius Aurelianorum, Prudentius Tricassinorum, Herimannus Nevernensium, Frotbaldus Carnutum, Hildegarius Meldorum, clero matris ecclesiae Parisiorum, et cunctis in diversis cenobiis sub ea Deo militantibus, salutem. De excessu reverentissimi coepiscopi nostri Ercanradi non mediocriter anxii, vestrique mœroris participes, tandem justissime dispositionis Dei memores, consolationem recipimus, dum vos sub pastore bono agentes, qui summe bonus est, vicarium ejus scilicet visibilem ministeriique nostri consortem absque dilatione expetere vestris litteris tenentibus lineas rationis cognovimus. Praeparatum enim a Deo ei bonum exitum credimus, cujus munere talem videmus patere ingressum : quanquam nobis futurus nunc socius olim fuit praecognitus, et merito suae probitatis amabilis. Quis enim vel leviter tetigit palatium, cui labor Eneae non innotuit, et fervor in divinis rebus non apparuit? Quamobrem electionem vestram in eo factam, Deo propitio, libenter sequimur, ut eum profuturum populo ejus, ad dignitatem pontificatus promovendum concorditer decernamus. Sit igitur vobis pastor, qui pro suis in Deum meritis bene complacuit, et sequentes ejus veracem doctrinam, et sancta opera imitantes, ad cœlestis regni pascua properate felices. Ordinationi autem ejus subscripsimus concorditer universi, ut securi ministerio potestatis ejus fruamini.

<small>Copie du IXe siècle, à la Bibl. nat. ms. lat. 2858 (*Lettres de Loup de Ferrières*, n° xcix), fol. 49 r°.</small>

44

860, 25 avril. — Saint-Denis.

Confirmation, par Charles le Chauve, de l'immunité accordée par Dagobert Ier à l'abbaye de Saint-Denis [1].

PRECEPTUM KAROLI REGIS DE FUGITIVIS.

☧ In nomine sanctae et individuae Trinitatis, Karolus, gratia Dei rex. Quicquid

---

[1] A s'en tenir aux caractères diplomatiques, cet acte ne prête guère à la critique. Aussi les savants qui l'ont édité jusqu'ici l'ont-ils donné comme authentique. Il faut cependant remarquer : 1° qu'il vise un prétendu diplôme de Dagobert (26 mai 632), dont la fausseté est si bien établie (voyez Bréquigny, *Diplomata*, p. 140; Pardessus, *Diplomata*, t. II, p. 13; Pertz, *Diplomata*, p. 143), que nous avons cru inutile de le reproduire; 2° que les deux principaux éléments de la date ne concordent pas, l'indiction v correspondant à la dix-septième année de Charles le Chauve et non à la vingtième. Pour accorder ces deux dates, il faut supposer, ou bien qu'il y a erreur dans le chiffre de l'indiction et substituer au chiffre v celui de viii, qui correspond à la vingtième année de Charles le Chauve, ou bien supposer, comme l'a fait Dom Bouquet, que le règne de Charles le Chauve est ici compté, non pas de 840, comme c'est l'habitude, mais du mois de décembre 837, date de la diète d'Aix-la-Chapelle, dans laquelle Louis le Pieux fit reconnaître Charles comme roi de Neustrie; mais c'est là un mode de compter insolite, dont on ne trouve pas un seul exemple

aecclesiis sanctorum pro divino amore beneficientiae nostrae munere delegando conferimus et conferendo delegamus, profuturum nobis et ad presentem vitam cum felicitate transiendam et ad aeternam beatitudinem facilius obtinendam nullatenus dubitamus. Proinde noverit omnium sanctae Dei aecclesiae filiorum et nostrorum tam presentium quam et futurorum sollercia, quia Hludovicus, abbas ex monasterio sancti Dyonisii peculiaris protectoris nostri, una cum fratribus ipsius coenobii, nostram adierit celsitudinem, humiliter postulans ut eidem loco nostra regia auctoritate immunitatem fieri juberemus. Suam peticionem justam esse considerantes, alacri animo suscepimus atque ob amorem Dei et ejusdem peculiaris protectoris nostri, donni scilicet Dyonisii, cujus jam in multis necessitatibus experti sumus suffragia, hoc quod petebant compleri decrevimus. Ergo statuimus, cum communi consensu ac consilio tocius regni nostri obtimatum, ut predictus locus propriam immunitatem habeat, quatinus, omni inquietudine remota, inibi habitantes liberius Deo famulari possint atque, pro remedio animae donni genitoris nostri, videlicet Hludovici augusti, et Judith reginae atque genitricis nostrae, seu pro incolumitate nostra uxorisque nostrae Hirmintrudis reginæ et regni nostri stabilitate, Dominum et Salvatorem nostrum Jhesum Christum attencius exorare valeant. Cui nimirum immunitati ipsos eosdemque terminos imponi censemus, qui in privilegio donni Dagoberti serenissimi regis, quod de fugitivis ad idem coenobium isdem gloriosissimus rex fecit, prescripti sunt, id est usque ad eum locum quo ad eandem aecclesiam tendentes Tricenam pontem ingrediuntur, necnon et viam usque ad Montem Martyrum ubi ipse praecellentissimus Domini testis agonem suum fideliter explevit, similiterque usque ad viam publicam quae ad Luperam ducit. Itaque hanc totam procintam Deo sanctoque ejus Dyonisio donamus cum omni videlicet judiciaria potestate, hoc est bannum omnemque infracturam et, si quae sunt aliæ consuetudines legum ubicumque infra totam predictam procintam, sive in agris, sive in domibus, sive in viis publicis vel privatis evenerint, cum omni integritate absque ulla querimonia aut contradictione, sicut jam ante diximus, Deo peculiarique protectori nostro, sanctissimo scilicet Dyo-

---

parmi les dix autres diplômes rédigés par le même notaire, et qu'a publiés Dom Bouquet (*Recueil*, t. VIII, p. 587 à 646). Si l'acte nous avait été conservé par un cartulaire, on pourrait mettre l'erreur sur le compte du copiste; mais il est difficile d'admettre qu'elle ait pu se glisser dans un original. Cet original, d'ailleurs, se présente à nous sous une forme suspecte. Outre plusieurs menues particularités, qu'il serait trop long de relever, on y remarque, sur l'emplacement du sceau, perdu depuis longtemps, un de ces paraphes en forme de ruche, dans lesquels les chanceliers des rois carlovingiens enfermaient leur signature sous forme de notes tironiennes. Or ce paraphe a été tracé par une main inexpérimentée, les signes qu'on y remarque n'appartiennent ni à l'alphabet tironien ni à aucun autre. Il est donc difficile de ne pas suspecter ce prétendu original. C'était l'opinion du savant auteur de la *Palæographia critiqua*, Kopp, lorsqu'en marge d'une analyse manuscrite de ce diplôme conservée aux Archives il écrivait ces mots : «Et pourtant faux.»

nisio, concedimus. Contestamur autem et deprecamur omnes successores nostros reges sive cujuslibet dignitatis principes, per sanctam et individuam Trinitatem et per adventum justi judicis Dei et Salvatoris nostri Jhesu Christi, ut hoc nostrae auctoritatis preceptum nulli umquam hominum succedentium ullo quocumque pacto infringere liceat.

Ut autem haec piae confirmatio constitucionis per omnia superventura tempora firmior habeatur firmiusque ab omnibus observetur, manibus propriis subter firmantes sigilli nostri inpressione jussimus insigniri.

Signum Karoli (*monogramme*) gloriosissimi regis.

Adalgarius, notarius, ad vicem Gauzleni recognovit.

Data septimo kalendarum maii, indictione quinta, anno vicesimo regnante Karolo gloriosissimo rege. Actum sancti Dyonisii monasterio. In Dei nomine feliciter. Amen.

A. Original(?) avec traces de sceau, aux Arch. nat. K.12, n° 5ª.
B. Copie du xᵉ siècle avec traces de sceau, aux Arch. nat. K.12, n° 5ᵇ.

45

861, 14 juillet [1]. — COMPIÈGNE.

Diplôme de Charles le Chauve, concédant à Énée, évêque de Paris, le Grand-Pont nouvellement bâti sur le territoire de Saint-Germain-l'Auxerrois.

DE PONTE MAJORI.

In nomine sanctę et individuę Trinitatis, Karolus, gratia Dei rex. Notum sit

---

[1] Cette pièce a été datée de l'an 861 par Dom Bouquet (t. VIII, p. 569), par Bréquigny (*Table des dipl.* t. I, p. 257) et par Boehmer (*Regesta*, p. 157); de 862 par Guérard (*Cart. de Notre-Dame*, t. I, p. 243); de 870 par Baluze (*Capitul.* t. II, p. 1491). Ces divergences viennent de ce que les deux éléments essentiels de la date ne concordent pas, la vingt-deuxième année de Charles le Chauve commençant au 20 juin 861, et l'indiction III ne pouvant convenir qu'à l'année 870. Selon toute apparence, l'erreur porte sur l'indiction, qui devait être IX et non pas III. Le diplôme est en effet daté de Compiègne et du mois de juillet; or on sait par plusieurs autres diplômes que Charles le Chauve passa le mois de juillet 861 à Compiègne ou dans les environs, tandis qu'en 870 il célébra la Pâque dans cette ville, puis la quitta au mois de mai pour se rendre à Attigny. Il passa le reste de l'été à Mersen, à Héristall, à Ponthion, et on ne le retrouve plus à Compiègne avant le mois de septembre de l'année suivante. (Voy. les *Annales* d'Hincmar et Réginon, a° 870, dans Pertz, *Script.*, t. I, p. 487 et 582; cf. Boehmer, *Regesta*, p. 157, 163, 164.) Quant à la date de 862, elle n'a pu être proposée que par inadvertance, la vingt-deuxième année de Charles le Chauve se terminant au 20 juin 862, et notre diplôme appartenant au 14 juillet. Il faut encore remarquer que la formule d'annonce du sceau est bizarre. Nous ne l'avons retrouvée dans aucun autre acte de Charles le Chauve. De plus, nous n'avons rencontré la signature de Gislebertus qu'entre 853 et 855. Enfin on ne possède pas de diplôme *De rua sancti Germani* émané de Charles le Chauve, mais il en existe un de Louis le Pieux (voy. ci-dessus, n° 32), dont l'authenticité prête un peu au doute. Il nous semble après cela qu'il serait téméraire d'accorder à ce diplôme une confiance absolue.

omnibus episcopis, abbatibus, ducibus, comitibus, vicariis, centenariis, telonariis, omnem rem procurantibus, fidelibus nostris, presentibus scilicet et futuris, quia inspirante clementia Salvatoris, pro tocius utilitate regni nostri ac defensione sanctę Dei ęcclesię atque Normannorum infestatione, una cum assensu et voluntate fidelis nostri Parisiacę urbis Ęneę episcopi, placuit nobis extra predictam urbem, de erarii nostri scatto, supra terram monasterii Sancti Germani suburbio commorantis, quod a priscis temporibus Autisiodorensis dicitur, subjectum etiam matri ęcclesię Sanctę Marię commemoratę urbis oportunum, majorem facere pontem. Post expletionem vero ejusdem pontis, tactus, ut credimus, rore cęlesti, dignum judicavimus, pro amore Dei et sanctę Dei genitricis Marię sanctique Stephani, ipsum pontem Ęneę predicti episcopi, successorumque suorum potestati subicere, quatinus tam ipse quam successores ejus ipsum pontem, una cum via quę per terram Sancti Germani ad eundem pontem vadit, Deo propitio, ordinent, absque alicujus comitis ordinatione, et in eadem emunitate permaneat, sicut antea fuit, et in preceptis antecessorum nostrorum et nostro de rua Sancti Germani continetur. Qua concessione facta, precellentię nostrę placuit serenitati, tam ex predicto ponte quam ex via Sancti Germani jam predicti, quę tendit ad eundem pontem, eidem scilicet Eneę episcopo suisque successoribus auctoritatis nostrę solidum inconcussumque statuere preceptum, ita ut tam ipse quam successores ejus in posterum sepe memoratum pontem cunctasque areas aquę ejusdem pontis ac molendinos et quicquid ad eum justo ordine et legatione pertinere videtur, absque ullius comitis vel vicecomitis seu cujuslibet judiciarię potestatis contradictione, libero et pacifico teneant arbitrio. Et ut hoc nostrę auctoritatis atque largitionis preceptum in Dei nomine per succedentia annorum curricula conservetur veriusque ab omnibus credatur, anuli nostri impressione subtersigillari ac decorari jussimus manuque propria nostra affirmare curavimus. Signum (*monogr.*) Karoli gloriosissimi regis. Gislebertus notarius. Data pridie idus Julii, indictione III, anno XXII domni Karoli, gloriosissimi regis. Actum palatio Compendio, in Dei nomine feliciter. Amen.

A. Copie du xii° siècle, aux Arch. nat. LL.177 (*Livre noir de Notre-Dame*), p. 36.
B. Copie du xiii° siècle, aux Arch. nat. LL.176 (*Petit pastoral de Notre-Dame*), p. 46.

46

864, 25 juin. — Pistes.

Article de l'édit de Pistes, maintenant un atelier monétaire à Paris.

.....Sequentes consuetudinem prædecessorum nostrorum sicut in illorum capitulis invenitur, constituimus ut in nullo loco alio in omni regno nostro moneta fiat nisi in palatio nostro, et in Quentovico ac Rotomago, quæ moneta ad Quentovicum ex antiqua consuetudine pertinet et in Remis, et in Senonis, et in Parisio, et in Aurelianis, et in Cavillono, et in Metullo, et in Narbona.....

A. Copie du x᷉ siècle, à la Bibl. nat. ms. lat. 9654 (anc. suppl. lat. n° 75), fol. 111 v° [1].
B. Copie du x᷉ siècle, à la Bibl. nat. ms. lat. 5095, fol. 123 v°.

Édit. : (a) Sirmond, *Opera*, t. III, col. 223. — (b) Baluze, *Capitul. reg. Franc.*, t. II, col. 178. — (c) Bessin, *Concil. Rothomag.*, part. I, p. 23, fragm. d'après b. — (d) *Rec. des Hist. de France*, t. VII, p. 654, d'après b. — (e) Walter, *Corpus Juris antiqui*, t. III, p. 138, d'après b. — (f) Pertz, *Monum. Germ. hist. Leges*, t. I᷉, p. 488, d'après A, a et b.

47

867, 22 avril. — Compiègne.

Restitution faite par Charles le Chauve, à Énée, évêque de Paris, d'une île située près de l'église de Notre-Dame, et dont jouissaient les comtes de Paris.

EXEMPLAR DE INSULA.

In nomine sanctae et individuae Trinitatis, Carolus, gratia Dei rex. Si rogationibus sacerdotum Christi in honore eccles[iarum] sibi commissarum aurem celsitudinis nostrae inclinamus, regiam consuetudinem exercemus, et ad salutem animae nostrae idipsum pertinere procul dubio novimus. Itaque notum sit omnibus sanctae Dei ecclesiae fidelibus et nostris, praesentibus atque futuris, quia ad supplicem petitionem Aeneae, venerabilis Parisii episcopi, reddidimus insulam quandam eidem civitati in orientali [plaga conti]cuam, atque viciniorem eclesiae sanctae Dei genetricis et semper virginis Mariae : quae siquidem, praeter nonam et decimam, antea usibus habebatur et dominio comitis ipsius civitatis et regionis. Unde etiam praecellentiae nostrae praeceptum hoc restitutionis seu restaurationis fieri jussimus, per quod statuimus atque firmamus ut memorata insula, sine cujuspiam comitis inquieta[tione] aut sollicitatione, veluti praesignatum est, dominio [episcopi] sedis Parisii civitatis et [successo]rum ejus perpetua lege subjaceat, eorumque dispositioni, sicut aliae res domin[ationis ipsorum], Domino auxiliante, semper subsistat, nemine contradicente aut qualibet inventione repetente. Ut autem haec restitutionis sive redditionis nostrae de supra[dicta insula] præceptio semper, in Dei nomine, meliorem optineat vigorem, de anulo nostro subter eam jussimus sigillari.

Hildeboldus, notarius, ad vicem Gosleni recognovi et subscripsi. — Domnus rex fieri jussit [2].

---

[1] Nous croyons suffisant d'indiquer les deux meilleurs manuscrits qui nous aient conservé le texte de l'édit de Pistes. On trouvera dans les éditions de Baluze et de Pertz l'indication des autres recueils de capitulaires où ce document est inséré.

[2] En notes tironiennes.

CARTULAIRE GÉNÉRAL DE PARIS.

[Datum x kalendas] Maias, indictione xv, anno xxvii regnante Karolo gloriosissimo rege.

Actum Compendio palatio, in Dei nomine, feliciter. Amen.

    A. Original avec traces de sceau, aux Arch. nat. K. 14 n° 2², *alias* S.231, n° 2.
    B. Copie du xii° siècle, aux Arch. nat. S.231, n° 3.
    C. Copie du xii° siècle, aux Arch. nat. LL. 177 (*Livre noir de Notre-Dame*), p. 39.
    D. Copie du xiii° siècle, aux Arch. nat. LL. 176 (*Petit Pastoral de Notre-Dame*), p. 48.

48

868

Concession par Énée, évêque de Paris, à l'abbaye de Saint-Maur-des-Fossés, d'une prébende dans l'église de Paris [1].

In nomine Patris et Filii et Spiritus Sancti, amen. Docente Christo didicimus qui sua reliquerit et eum sequi studuerit centuplum accipiet vitamque ęternam possidebit. Idem ipse, ad misericordiam peccatores provocans, ait : « Date elemosinam et omnia munda sunt vobis. » Beatus vero Paulus, doctor egregius, jubet nos operari bonum ad omnes, maxime autem ad domesticos fidei. His vocibus, quasi manu quadam sollicitudinis pulsatus, ego Eneas, Dei gratia Parisiorum episcopus, notum facio cunctis sanctę Dei aecclesię filiis, presentibus scilicet et futuris, quod anno dominicę incarnationis octingentesimo sexagesimo octavo, indictione prima, jussu serenissimi Karoli regis, ad Fossatensem ob recipiendum corpus beati levitę Mauri accedens abbatiam, dum a propriis sacram prefati sancti deposui humeris super beatorum apostolorum altare glebam, concessi eidem ec-

---

[1] Cette charte a été incriminée par Launoy (*Opera*, t. II, 1re partie, p. 608) et défendue par Dubois (*Hist. ecc. Paris.*, t. I, p. 449). Launoy y voyait deux indices de fausseté : 1° dans l'emploi du mot *prœbenda*; 2° dans la mention de plusieurs archidiacres au lieu d'un seul. Dubois a réfuté victorieusement la première de ces critiques, en citant des mentions de prébendes dès le commencement du ix° siècle. Il a répondu à la seconde, que c'est précisément à la fin du ix° siècle que l'on a commencé à établir plusieurs archidiacres dans chaque diocèse. Il est vrai qu'on n'a pas d'autres preuves qu'il en fut ainsi dans le diocèse de Paris en 868, mais le fait est trop plausible pour qu'on en puisse tirer un argument contre l'authenticité de cette charte. On pourrait encore critiquer l'annonce du sceau qui termine la pièce. C'est une particularité qui ne se rencontre pas généralement dans les actes épiscopaux du ix° siècle. On trouve, il est vrai, dans un ou deux actes très solennels, mention de l'*annulus* épiscopal (*Nouv. tr. de Diplom.*, t. V, p. 463). Quant à la mention du *sigillum*, nous ne savons s'il en existe pour l'époque carlovingienne un seul exemple bien authentique, du moins dans un simple acte de donation. Ces divers motifs ne suffiraient peut-être pas pour suspecter la charte d'Énée, mais on doit encore remarquer que la plus ancienne copie qui nous en reste porte les attaches de cuir d'un sceau pendant et que son écriture est du xii° siècle. Il est donc possible qu'au xii° siècle, ayant perdu l'acte original, on ait fabriqué celui-ci sur des données sans doute authentiques, et que nous n'ayons ainsi qu'un acte restitué et peut-être interpolé au lieu du texte original.

Cartul. — I.

clesię, annuentibus cunctis archidiaconibus et clericis nostris, qui una mecum illic aderant, in sede nostri episcopatus, in ęcclesia videlicet beatę Dei genitricis Marię, perpetuo prebendam integram, ita ut ab hac hora usque in novissimam hujus seculi horam, tam venerabilis Odo qui nunc illi cęnobio pręest, quam sui successores, eam libere et absque ulla molestia vel inquietudine aut aliquo servitio habeant et secure possideant. Processionem denique annuatim in quadragesima, quarta scilicet feria post dominicam quę passioni Christi pretitulatur, nostris sequacibus, in monimentum processionis quam Christi dilecto confessori Mauro exhibuimus die qua primum receptus est a Fossatensibus, indicimus, ut cujus semel in anno membra revisimus ejus precibus et meritis assidue muniamur. Quicumque ergo nostrorum ad hanc venerint processionem, nullam ibi sumant refectionem, sed sola karitate, quę multitudinem peccatorum operit, illuc abeant atque sibi mutuo data benedictione ad propria jejuni redeant. Abbas vero pręscribti cęnobii, sibique fratres subditi nullam hujus rei gratia persolvant Parisiensi ęcclesię consuetudinem, neque nobis aut successoribus nostris aliquam redibitionem. Quod si aliquis nostrorum successorum hujus concessionis calumpniator aut retractor extiterit, et prebendam reciderit vel imminuerit, processionem quoque Fossatensi ęcclesię a nobis ob amorem beati Mauri traditam, fieri nisi occasione racionabili aliquotiens prohibuerit, excommunicatus nisi penitens resipuerit pereat in ęternum, amen. Ut ergo hoc donum firmum et stabile maneat per successura tempora, coram omnibus in capitulo beatę Marię corroboravi illud manu propria, ac nostris archidiaconibus cunctisque clericis ad roborandum tradidi, nostroque sigillo muniri precepi.

✠ Signum Aeneę Parisiensis episcopi.

A. Copie du xii° siècle avec traces de sceau, aux Arch. nat. L.526, n° 47.

49

871, 12 mai [1]. — SERVAIS.

Donation faite par Charles le Chauve, à l'Église de Paris, de l'abbaye de Saint-Éloi.

DE SANCTO ELIGIO.

✠ In nomine sanctae et individuae Trinitatis, Karolus, gratia Dei, rex. Si eclesiasticis negotiis consulendo eorum statum ad emeliorationem ob Christi amorem

---

[1] La date de ce diplôme soulève quelques difficultés. Un accident a fait disparaître dans l'original le chiffre de l'année; dans le cartulaire on lit «anno sexto regnante Karolo gloriosissimo rege», ce qui correspond à l'an 846. Mais, à cette date, Charles le Chauve n'avait pas encore épousé Richilde, et Engelwinus n'était pas encore évêque de Paris. Aussi Baluze a-t-il proposé de corriger *anno vi°* en *anno xxxi°*, ce qui correspondrait à l'an 871. Cette correction est excellente. Le

deducimus, ab ipso non dubitamus accipere retributionem pro cujus haec peragimus honore. Noverit itaque omnium sanctae Dei eclesiae fidelium atque nostro[rum qui ad pr]aesens[1] et subsequutura sagacitas [quoniam] Angelvuinus, venerabilis et sanctae eclesiae Parisiacensis antistes, ad nostrae humiliter accedens sublimitatis mansuetudinem, deprecatus est ut ob nostrae mercedis conjugisque reg[inae nostrae Richeldis, ac vir]ginis intemeratae genetricis Mariae emolumentum, abbatiam Sancti Eligii [in potestate] sibi creditae eclesiae sitam, eique jure beneficiario nostra munificentia concessa jam dictae eclesiae genitricis Dei sanctae Mariae sibique, et post se Dei nutu futuris pastoribus [in potestat]es [2] ad jus eclesiasticum habendum, concederemus et concedendo inpraevaricabili nostrae auctoritatis praecepto confirmaremus. Cujus petitionibus eo cessimus libentius quo nostrae utilitati profuturum perspeximus amplius, et ob Domini nostri Jhesu Christi suaeque virginis [Mariae am]orem, atque ob utrarumque eclesiarum olim a paganis devastatarum invicem emeliorationem, et utilis[simae] nobis in salutem populi Christiani a genitrice virgine prolis attributionem, hoc nostrae p[rivilegi]tatis praeceptum fieri et illi dari [3] jussimus, per quod supradictam abbatiam c[um omni su]arum integritate rerum, jam dictae eclesiae praesenti futurisque pastoribus delegendo, perpetualiter ad habendum concedimus et concedendo inviolabiliter manere decernimus, atque de nostro jure in jus ac dominationem dominae meae genitricis Dei mei Mariae, solemni more transferimus, taliter ut quicquid exinde statutus a Deo praesul, secundum Dei suamque voluntatem facere voluerit, quemadmodum ex aliis sibi creditis eclesiasticis rebus, canonico in faciendo potiatur arbitrio, eo siquidem pacto ut diem depositionis patris nostri, praecellentissimi imperatoris Hludovuici, quod est duodecimo kalendas [maii], et matris nostrae, gloriosissimae imperatricis Judith, quod est tertio decimo kalendas aprilis, diem quoque nativitatis nostrae, idus Junii, necnon et diem a Deo concessae nobis unctionis, qui post obitum [in diem] ipsum in celebrando transfundetur, [nativitat]em praeterea amabillimae conjugis nostrae Richildis reginae, kalendis augustis, et copulam secundum Dei voluntatem nostrae conjunctionis, insuper et ortum prolis nostrae, si a fecunda virgine impetrando data fuerit, sub continua orationum missarumque assiduitate, cum omni clero sibi commisso, praesens futurusque antistes celebret, et refectio in utraque congregatione, in die ortus prolis

---

prédécesseur d'Engelwinus, l'évêque Énée, étant mort le 27 décembre 870 (*Gall. Christ.*, t. VII, col. 35), l'acte ne peut être antérieur à l'an 871. D'autre part, il est peu probable qu'il soit postérieur, car presque tous les diplômes de Charles le Chauve signés par « Adalgerius ad vicem Gozleni » appartiennent aux années 870 et 871 (*Rec. des Hist. de la France*, t. VIII, p. 627, 629, 630, 631, 632, 633, 637). Un seul est postérieur à cette date (*ibid.*, p. 646). Enfin l'année 871 correspond à la IVe indiction, indiquée dans le diplôme, ce qui achève de prouver l'excellence de la correction proposée par Baluze.

[1] *Var.* « nostrorumque adpresens » (C).

[2] *Var.* « in potestatem et jus ecclesiasticum » (B).

[3] *Var.* « sigillari. » (B).

nostrae, si, ut diximus, a genitrice Dei data fuerit, studiosissime peragatur; de cetero vero pro hac u[triusque eccle]siae majorata emendatione omnis pra[esul pro] nobis, conjuge et prole, regnique statu, Dei misericordiam exorare indesinenter accedat. Ut autem hujus nostrae piissimae largitionis auctoritas potiorem in Dei nomine obtineat firmitatis vigorem, de bulla nostra insigniri jussimus, et manu propria eam subterfirmavimus.

Signum (*monogramme*) Karolo gloriosissimo regis. Legimus. Adalgarius, notarius, ad vicem Gozleni recognovit. Data iiii idus Maii, indictione iiii, a[nno sexto] regnante Karolo gloriosissimo rege. Actum Silvagio palatio, in Dei nomine, feliciter. Amen. AMHN.

A. Original aux Arch. nat. K. 11, n° 4ª.
B. Copie du xii° siècle, aux Arch. nat. K. 11, n° 4ᵇ.
C. Copie du xii° siècle, aux Arch. nat. LL. 177 (*Livre noir de Notre-Dame*), p. 101.
D. Copie du xiii° siècle, aux Arch. nat. LL. 176 (*Petit Pastoral de Notre-Dame*), p. 54.

50

872, 20 avril. — Saint-Denis.

Confirmation par Charles le Chauve du partage des biens de l'abbaye de Saint-Germain-des-Prés, fait par l'abbé Gozlin[1].

In nomine sanctae et individuae Trinitatis, Karolus, gratia Dei, rex ...... Notum sit omnibus fidelibus sanctę Dei ecclesiae ac nostris, praesentibus scilicet et futuris, quia vir venerabilis Gozlinus, abba monasterii almi confessoris Christi [Germani] et Sancti Vincentii ma[rtyris, ne]cnon monac[hi ejusdem congregationis], devo[tissimi oratores nostri, suggesserunt serenitati nostrae, ut pro Dei amore et futuro ejusdem congregationis suffr]agio, ne, aliqua successorum suorum neglegentia, ordo [in ea mona]sticus futuris temporibus perturbaretur, ut sepe manifestum est contigisse, super quasdam villas necessitatibus eorum per propriae confirmationis praeceptum [genitoris nostri Hlu]dovuici serenissimi augusti eidem congregationi jam olim deputatas, super alias etiam [a memorato fideli] nostro Gozl[ino abbate, pro eorum stipendiis], quae annua[tim in cibo et potu] accipere debebant, nostro consen[su et aucto]ritate illis collatas, firmitatis nostrę preceptum fieri juberemus, per quod tam ea quae prae manibus habere videbantur, quam etiam ea quae a nostra largitate in praesenti illis confirmabantur, firmius ac securius per succedentia tempora tenerent ac possiderent. Nos vero neçessariis illorum petitionibus clementiae nostrae aurem accommod[antes, vel]uti [postulaverunt] fieri adjudicavimus, confirmantes eis regali testamento has villas, quarum haec sunt vocabula[2] ..... Prędia denique bonorum hominum largitione sibi donata, una cum clauso secus monasterium sito, eisdem fratribus stabili jure concessimus ..... Suprascripta autem ad centum viginti monachorum sunt

[1] Nous avons déjà donné ci-dessus un partage analogue fait par l'abbé Hilduin. C'est ce qui nous empêche d'imprimer celui-ci *in extenso*. (Cf. notre n° 34. Acte du 13 janvier 829.)
[2] Tous les lieux cités ici sont situés hors Paris. Voy. Tardif, *Cartons des Rois*, p. 133-134.

ordinata ex quo nil umquam cuiquam abbatum licebit subtrahere; augere vero si forte voluerit, multiplicatis ad usum eorum opibus, accumulentur divini servitii cultores......

Signum (*monogramme*) Karoli gloriosissimi regis.

Gammo, notarius, ad vicem Gozleni recognovit et subscripsit. — Goslenus abba ambasciavi. Data xii kalendas maias. Indictione v. Anno xxxii, regnante Karolo gloriosissimo rege, et in successione Hlotharii regis anno iii. Actum monasterio Sancti Dyonisii, in Dei nomine, feliciter. Amen. **AMHN.**

A. Original scellé, aux Arch. nat. K.14, n° 10.
B. Copie du xi° siècle, à la Bibl. nat. ms. lat. 12711 (*Chronique d'Aimoin*, l. V, c. 34), f° 153 r°.
C. Copie du xii° siècle, aux Arch. nat. LL.1024 (Cartul. ††† de Saint-Germain-des-Prés), fol. 32 v°.
D. Copie du xiv° siècle, aux Arch. nat. LL.1026 (Cartul. de Saint-Germain-des-Prés), fol. 8 v°.
E. Copie du xiv° siècle, aux Arch. nat. LL.1029 (Cartul. de Saint-Germain-des-Prés), fol. 10 r°.

Édit. : (*a*) Du Breul, *Aimoini monachi libri V*, p. 332, d'après B. — (*b*) Mabillon, *Acta SS. ord. S. Bened.* sec. III, part. II, p. 119, d'après A. — (*c*) Bouillart, *Hist. de l'abb. de Saint-Germain-des-Prés*, pr. p. 19, d'après C. — (*d*) *Recueil des Hist. de la France*, t. VIII, p. 639, d'après B.—(*e*) Tardif, *Cart. des Rois*, p. 133, d'après A.

51

878, 2 avril. — PARIS.

Diplôme par lequel Louis le Bègue confirme les droits de l'Église de Paris sur l'abbaye de Saint-Éloi et attribue les revenus de la villa de Gentilly au luminaire de ladite église.

DE GENTILIACO QUE EST NOSTRA.

In nomine Domini Dei eterni et Salvatoris nostri Jhesu Christi, Hludovicus, misericordia Dei rex. Si ecclesiasticis negociis consulendo, quorum statum ad emeliorationem ob Christi amorem deducimus, ab ipso non dubitamus accipere retributionem pro cujus hec honore peragimus. Noverit igitur omnium fidelium sancte Dei Ecclesie nostrorumque presens et futura sagacitas, quoniam Adelaidis, karissima nostra conjunx, et Gauzlinus, venerabilis abbas, ad nostram accedentes mansuetudinem, deprecati sunt, ut, in nostre mercedis augmentum semperque virginis intemerate genitricis Marie emolumentum, Ingelvino, venerabili Parisiacensis urbis episcopo, et sue ecclesie, que est in honore sancte Marie matris Domini edificata, per nostrum denuo preceptum, patris nostri imitantes liberalitatem, abbatiam Sancti Eligii, que est infra muros Parisii civitatis, ad jus ecclesiasticum habendam et ab ipso et ab omnibus successoribus suis eternaliter possidendam reconderemus. Quorum precationibus adquiescentes, eo libentius id concessimus quo nostre utilitati amplius profuturum perspeximus. Sed et jamdictus venerabilis episcopus Ingilvinus deprecatus est, ut, ex ipsa abbatia quandam villulam, que vocatur Gentiliacus, cum ecclesia et omnibus ad eandem villulam pertinentibus, memorate sue matri ecclesie, ad luminaria, per hoc ipsum nostre auctoritatis preceptum, perpetualiter habendam concederemus; cujus etiam preces spernere noluimus. Unde, ob Domini nostri Jhesu Christi sueque genitricis amorem, nostrę concessionis iterum fieri pręceptum et jam dicto Ingilvino, venerabili episcopo, atque suę matri ęcclesię dari jussimus, per quod supradictam abbatiam cum omnium suarum rerum integritate, tam ipse quam et omnes post eum futuri pontifices libere teneant, sicut a genitore nostro institutum est, et more ęcclesiastico perhenniter possideant; eo scilicet ordine sicut et alias res quę eidem matri ęcclesię concessę habentur. Verum pręfatam villulam Gentiliacum proprie ad luminaria jugiter teneat. Quam volumus ut nullus episcoporum per accedentia tempora ad suam proprietatem detentet, aut alicui dare pręsumat, sed tantum ad luminaria deserviat, eo siquidem pacto ut diem a Deo nobis concessę unctionis, quę est vi idus decembris, et diem nostri futuri obitus presul memoratus atque sui successores, sub continua orationum missarumque assiduitate, cum omni clero sibi commisso celebret, et refectiones in jam dictis diebus in utraque congregatione studiosissime perangantur. Cęterum, pro presenti utriusque ęcclesię emolumento, a nobis restabilito, omnis pręsul pro nobis, conjuge et prole, regnique statu, Domini misericordiam indesinenter exorare procuret. Et ut hęc nostrę denuo reconfirmationis auctoritas per omnia tempora inviolabiliter conservetur, manu propria subterfirmavimus et anulo nostro insigniri jussimus. Wlfardus notarius, ad vicem Gozlini, recognovit et subscripsit pręceptum hujus exemplarię. Datum iii nonas aprilis, indictione xi, anno i regni domni Hludovici gloriosissimi regis. Actum Parisius civitate, in Dei nomine, feliciter. Amen.

A. Copie du xiie siècle, aux Arch. nat. LL.177 (*Livre noir de Notre-Dame*), p. 92.
B. Copie du xiiie siècle, aux Arch. nat. LL.176 (*Petit Pastoral de Notre-Dame*), p. 77.

52

Avant 888 [1].

Donation par Eudes, comte de Paris, à l'église Notre-Dame, de divers biens et rentes à Fontenay, Charenton, etc.

PRĘCEPTUM DE KARENTON.

Fine mundi appropinquante, ruinis crebrescentibus, jam certa manifestantur signa. Qua de causa Scriptura sacra nos ammonet, dicens: «Date elemosinam et «omnia munda sunt vobis.» Quocirca ego, in Dei nomine, Odo, Parisiorum pagi humillimus comes, cognoscens sarcinam meę malę conscientię atque molem peccaminum meorum, quorum pondere fessus premor, ignorans viam evadendi, nisi totis nisibus ad suffigium perhennę beatitudinis gressus figere destinavero, quic-

---

[1] Cette charte est antérieure au 1er janvier 888, date du couronnement d'Eudes en qualité de roi de France.

quid ab antecessoribus meis per vim atque inaudita aviditate a Parisiacensis sanctę matris ęcclesię possessionibus ablatum fuit, totum, secundum priscam consuetudinem, reddere paratus existo, ut pro hoc facto apud piissimum judicem ęternam possim consequi beatitudinem. Reddo igitur ad luminaria almę Dei genitricis Marię et beati prothomartyris Stephani, ea quę ab antecessoribus meis male fuerunt abstracta : hoc est ex villa Fontaneto, unde ad vinationem prefatę ecclesię debebant omni anno exire de vino modios c, ut liberius, et postposita omni lite, nulla deinceps occasio habeatur in recompensatione hujus meriti. Dono etiam in villa quę vocatur Pressorius, mansa III^a, et ex vinea arpennos x, quia vinum dare nequeo, et pontem Karenton, unde debebant omni anno exire solidi c, ad luminaria sepefate ęcclesię, et ex prefata villa mansum unum, et ex porta Parisiaca tertiam partem. Matriculariis vero qui in jam dicta ęcclesia excubant dono, in villa quę vocatur Tres Molendinos, modios vini LX, de Villa Nova modios X, de Verno modios XX, de Wasiringo modios XX, eo ordine ut in die obitus mei custos ejusdem ęcclesię, pro absolutione animę meę, fratribus ipsius ęcclesię dare studeat ex vino modios vini LX. Si quis vero hoc scriptum meum infringere voluerit, sicut Dathan et Abiro vivi absorbeantur. Et ut hęc scedula rigidiorem per tempora obtineat vigorem, manu propria eam subterfirmavi et relegi. Signum Odonis comitis. Signum Roberti comitis[1]. Signum Altmari comitis. Signum Wadonis. Signum Usuardi. Signum Ripheri. Signum Alberici. Item Signum Alberici. Signum Hadoeri. Signum Natranni. Signum Alteri. Signum Hardradi. Signum Amelonis. Signum Prothasii. Signum Albosti. Signum Usuardi. Signum Erleeri. Signum Beroldi. Signum Robodonis. Signum Heyrici. Signum Rotberti. Signum Hildegarii. Signum Flagonis.

A. Copie du XIIe siècle, aux Arch. nat. LL.177 (*Livre noir de Notre-Dame*), p. 94.
B. Copie du XIIIe siècle, aux Arch. nat. LL.176 (*Petit Pastoral de Notre-Dame*), p. 133.

53

894, 2 mai. — SAINT-DENIS.

Donation par le roi Eudes à l'abbaye de Saint-Denis, d'un manse dépendant du domaine royal de Sarcelles, de deux moulins sur le Rhône et sur le Crould, et de deux terrains situés dans Paris, «areas duas infra Parisius juxta portam ipsius civitatis.»

A. Original, aux Arch. nat. K.15, n° 2.
Édit. : (a) Doublet, *Hist. de l'abbaye de Saint-Denys*, p. 810, d'après A. — (b) Félibien, *Hist. de l'abbaye de Saint-Denys*, pr. p. 77, d'après A. — (c) *Recueil des Hist. de la France*, t. IX, p. 463, d'après A. — (d) Tardif, *Cartons des Rois*, p. 138, d'après A.

---

[1] La copie B a omis toutes les souscriptions qui suivent et les a remplacées par les mots «et plurimorum aliorum».

54

Fin du ıx^e siècle.[1]

Notice des terrains possédés par l'abbaye de Saint-Maur-des-Fossés dans la ville de Paris.

NOTITIA DE AREIS SANCTI PETRI FOSSATENSIS MONASTERII QUE SUNT IN PARISIUS CIVITATE.

Prima area, quam tenet Langaudus, habet in longum pedes xl et in transverso pedes xxv, de uno latere terra Sancti Gervasii, ab alio lateri et uno fronte terra Sancti Juliani; habet exitum in via publica, debet denarios iiii cum eulojas.

Area quem tenet Eburnus habet in longum pedes xc et in transverso pedes l; habet in circuitum terra Sancti Gervasii et exitum in via publica; debet denarios xx cum eulojis.

Area quam tenet Adolfredus habet in longum pedes lxxviii et in transverso pedes xxx, de uno latere terra Sancta Maria, de uno latere et uno fronte terra Sancti Gervasii; habet exitum in via publica, debet denarios tres cum eulogiis.

Area quam tenet Hildemannus habet in longum pedes l, ab uno fronte pedes xlv, ab alio fronte pedes xxv, de uno latere terra Sancti Gervasii, ab alio latere terra Ingelberto, de uno fronte terra Sancti Petri et Sancta Maria; habet exitum in via publica, debet denarios iiij cum eulogiis.

Area quam tenet Vuineboldus habet in longum pedes lxxvi, de uno fronte pedes xv, ab alio fronte pedes x, de uno latus terra Sancti Georgii, ab alio latus et uno fronte terra Sancti Petri; habet exitum in via publica, debet denarios iii cum eulogis.

Area quam tenet Siemarus habet in longum pedes xlvi, de uno fronte pedes xiii, ab alio fronte pedes xi, in circuitum terra Sancti Petri; habet exitum in via publica, debet denarios iii cum eulogis.

Area quam tenet Vuarninga habet in longum pedes lvi et palma, de uno fronte pedes xiii, ab alio fronte similiter, de uno latere et uno fronte terra Sancti Petri, ab alio latere et uno fronte via publica; debet denarios iiii cum eulogis.

Area quam tenet Aia habet in longum pedes cl, de uno fronte pedes xvi, et ab alio fronte pedes xxxv, de uno latere terra Sancti Eligii et de alio latere terra

---

[1] Ce document, qui n'est pas daté, a été transcrit au xe siècle sur les marges d'un manuscrit du ıx^e. L'abbé Lebeuf, qui l'a publié le premier (*Dissert.*, t. II, p. xciii), estime que l'original devait être peu antérieur à cette copie. M. Bordier, qui l'a imprimé de nouveau dans ses *Églises et Monastères de Paris*, p. 45 et suiv., l'attribue à la fin du ıx^e siècle. Il est certain que cette notice ne saurait être plus ancienne, car on y mentionne, au nombre des biens situés hors Paris et dont nous omettons la liste, le *mansus de Floriaco*, qui n'a été donné à l'abbaye de Saint-Maur qu'en 866. (Voy. un acte du 20 juin 866 publié par M. Tardif, *Cartons des Rois*, n° 194.)

Sancti Petri, de uno fronte habet exitum in Marcado, et de alio fronte habet exitum in via publica; debet denarios x cum .....

Area quam tenet Odoinus habet in longum pedes cl, de uno fronte pedes xliii, ab alio fronte pedes xiiii, de uno latere terra Sancti Petri, de alio latere terra Sancti Eligii; habet exitum de uno fronte in Marcado, de alio fronte in via publica; debet denarios xviii cum .....

Area quam tenet Tedulfus habet in longum pedes xxxvi, de uno fronte pedes xxx, de alio fronte similiter; de uno latus et uno fronte via publica, et ab alio latus et uno fronte terra Sancti Petri; debet denarios xii cum .....

Area quam tenet Bertarius habet in longum pedes lii, de uno fronte pedes xxxiiii, de alio fronte similiter, de uno latus terra Sancti Gervasii, et de alio latus terra Sancti Petri; habet exitum in via publica; debet denarios viii cum .....

Area quam tenet Girboldus habet in longum pedes xxvi, in transverso pedes xviii, de uno fronte via publica, et in circuitum terra Sancti Petri; debet denarios iiii cum eulogiis.

Area quam tenet Tedulfus habet in longum pedes xxv, et in transverso pedes xx, et de uno latere terra Gundevoldi, ab alio latus et uno fronte terra Sancti Petri, alio fronte habet exitum in via publica; debet denarios iiii cum .....

Item area quam tenet Tedulfus habet in longum pedes xcv, et in transverso pedes lx, de uno fronte terra Cundevoldi et de uno latus terra Sancti Georgii, ab alio latus et uno fronte via publica; debet denarios iiii cum .....

Area quam tenet Frothardus habet in longum pedes l, et in transversum pedes x, de uno latus terra Sancti Gervasii, de alio latus terra Sancti Dyonisii, de uno fronte terra Sancti Germane, de alio fronte via publica; debet denarios x cum .....

Area quam tenet Castelanus habet in longum pedes lv, et in transversum pedes xvi, de uno latus terra Sancti Germani, de alio latus similiter, de uno fronte terra Sancti Petri; habet exitum in via publica, debet denarios xii cum.....

Area quam tenet Otelbertus habet in longum pedes lv, et in transversum pedes xiiii, habet in circuitum terra Sancti Petri, abet exitum in via publica; debet solidos ii cum .....

Area quam [tenet]⁽¹⁾ Huncbertus habet in longum pedes lv, et in transversum pedes xiii, de uno latus et uno fronte terra Sancti Petri, ab alio lateri terra Sancti Dionisii; habet exitum in via publica; debet denarios vi cum .....

Area quam tenet ⁽²⁾ Dominicus habet in longum pedes lii, de uno fronte pedes xvii, de alio fronte pedes xiiii, de uno latere terra Sancti Germane, de alio

---

⁽¹⁾ Ce mot manque dans le manuscrit — ⁽²⁾ Le scribe avait d'abord écrit "debet".

latus terra Sancti Dyonisii, de uno fronte terra Sancti Petri, de alio fronte via publica; debet solidos II cum . . . . .

Area quam tenet Petrus habet in longum pedes XXII, et in transverso pedes XII, de uno latus et uno fronte terra Sancta Maria, de alio latus terra Veirone, de alio fronte via publica; debet denarios X cum . . . .

Area quam tenet Aistulfus habet in longum pedes LXXIIII, de uno fronte pedes XLV, de alio fronte pedes XLVII, de uno latus et uno fronte terra Sancti Germani, de alio latus terra Sancti Petri, de alio fronte via publica; debet denarios XII cum . . . . .

Area quam tenet Geroardus habet in longum pedes LII, de uno fronte pedes XXIIII, de alio fronte pedes XXV, de uno latere et uno fronte terra Sancti Germani, et de alio latere terra Sancti Petri; habet exitum in via publica; debet denarios XII cum . . . . .

Area quam tenet Tetaldus habet in longum pedes XLII, et in transversum pedes XVII, de uno latere et uno fronte via publica, de uno fronte terra Sancti Christofori, de alio latere terra Sancti Petri de alia potestate; debet solidos II cum . . . . .

Area indominicata habet in longum pedes LII, de uno fronte pedes XX, de alio fronte pedes XVII, de uno latus terra Sancti Germani, de uno fronte terra Sancta Maria, de uno latus et uno fronte via publica.

Area quam tenet Authadus habet in longum pedes CCX, de uno fronte pedes LX, de alio fronte similiter, de uno fronte via publica; habet in circuitum terra Sanctæ Germane; debet solidos VIII, denarios II cum . . . . .

Area quam tenet Deodatus habet in longum pedes XXXI, de uno fronte pedes XVII, de alio fronte pedes VI, de uno latus terra Sancti Germani, de alio latus Sancti Petri de alia potestate, de uno fronte terra Sancti Mederici, de alio latus via publica; debet denarios VI cum . . . . .

Area quam tenet Dertrudis habet in longum pedes CC, de uno fronte pedes XLII, de alio fronte pedes XXVIIII, de uno latere terra Sancti Mederici, de uno latere et uno fronte terra Sancti Germani, de alio fronte via publica; debet solidos II cum . . . . .

Area quam tenet Autulfus habet in longum pedes CLXV, et de uno fronte pedes LX, de alio fronte pedes XXXI, de uno latere terra Sancti Germani, de alio latere terra Sancti Elegio, de ambabus frontibus via publica; debet solidos II cum . . . . .

Area quam tenet Hildramnus habet in longum pedes CLXI, de uno fronte pedes XX, de alio fronte pedes XV, de uno latere terra Sancti Germani, de alio latere terra Sancta Genovephæ, de uno fronte terra Sancti Georgii, de alia fronte via publica; debet denarios VIII cum . . . . .

Item area quam tenet Tetaldus habet in longum pedes CC, in uno fronte pedes xxx, de alio fronte pedes xx, de uno latus terra Sancti Martini, de alio latus terra Sancti Germani, in uno fronte terra Sancti Georgii, in alio fronte via publica : debet denarios iiii cum .....

Area quam tenet Othelmus habet in longum pedes clxxxv, de uno fronte pedes liii, de alio fronte pedes lviiii, de uno latere terra Sancti Martini, de alio latere terra Sancti Mederici, de uno fronte terra Sancti Germani, de alio fronte via publica ; debet solidos i cum .....

Item area quam tenet Tetaldus habet in longum pedes clxxxv, de uno fronte pedes xxv, de alio fronte similiter, de uno latere terra Sancti Germani, de alio latere terra Sancti Mederici, de uno fronte terra Sancti Martini; debet denarios iiii cum .....

Area quam tenet Bertismus habet in longum pedes cxxxv, de uno fronte pedes xv, alio fronte pedes xx, de ambobus lateribus terra Sancti Martini, de uno fronte terra Sancti Germani, de alio fronte via publica ; debet denarios iiii cum .....

Area quam tenet Authadus habet in longum pedes cc, de uno fronte pedes lx, de alio fronte pedes lxxxv, de ambobus lateribus terra Sancti Martini, de uno fronte terra Sancti Germani, de alio fronte via publica ; debet denarios xx cum .....

Sunt in summa solidi xxxvi et denarii xi [1].

A. Copie du x° siècle, à la Bibl. nat. ms. lat. 3, fol. A.

55

900, 24 avril. — VERBERIE.

Confirmation, par Charles le Simple, d'une donation de quinze manses situés à Créteil, faite par Grimoald, vicomte [de Paris], à l'église Saint-Christophe. [2]

DE SANCTO CRISTOPHORO.

☧ In nomine sanctae et individuae Trinitatis, Karolus, divina propitiante clementia, rex. Si justis fidelium nostrorum petitionibus aurem nostrae serenitatis

---

[1] Au dernier feuillet du même manuscrit (fol. 407 v° et 408 r°), se trouve une énumération toute semblable des biens possédés par l'abbaye de Saint-Maur aux environs de Paris. Elle a été publiée par Baluze, *Capitul. reg. Franc.*, t. II. col. 1387.

[2] L'abbé Lebeuf pense que l'église dont il est ici question est celle de Créteil. Nous regardons cette opinion comme au moins douteuse. Il est bien plus vraisemblable que c'est l'église Saint-Christophe-en-la-Cité qui existait depuis longtemps déjà (voir nos pièces n°° 12 et 35), tandis que rien ne prouve l'existence de celle de Créteil avant le xii° siècle. S'il ne s'agissait pas ici de Saint-Christophe de Paris, le rédacteur du diplôme aurait certainement désigné, comme cela se faisait toujours pour les églises rurales, le nom de la *villa* ou du *pagus* où cette église Saint-Christophe se trouvait. L'église Saint-Christophe-de-la-Cité avait seule assez

accommodamus, assensumque illis praebemus, acta praedecessorum nostrorum, regu[m vi]delicet Francorum, imitare videmur, ac per hoc in nostrae fidelitatis devotione promtiores illos efficimus. Deni[que noverit om]nium sanctae Dei ecclesiae fidelium nostrorumque tam [praesentium qu]am et futurorum industria, quod adiens nostrae benignitatis exce]llentiam Grimohardus, viceco[mes atque] fidelis noster, obnixe nostram petiit munificentiam [quatinus res ecclesiae i]n honore beati Christophori martyris Christi dicatae, [in qua ossa si]milium requiescunt, quas idem in animae suae salute eidem ecclesiae tradiderat, auctor[it]atis nostrae praecepto confirmare, et ut nemo deinceps illas res ab eadem ecclesia subtrahere, aut ex eisdem quiddam ce[ns]um exigere præsumat, modis omnibus inhibere dignaremur. [Sunt] autem hae res in pago Parisiacense sitae, in villa Christoilo, hoc est mansa quindecim et mancipia utriusque sexus. Placuit itaque celsitudini nostrae ejusdem viri adquiescere petitionibus, et hoc nostrae auctoritatis praeceptum fieri jussimus, et jamdictae ecclesiae dari decrevimus. Per quod praecipientes jubemus ut eadem ecclesia absque ulla refragatione ascriptas res cum omni earum integritate, terris videlicet cultis et incultis, pratis, vineis, silvis ac mancipiis, aquis aquarumque decursibus, omnique ad se juste et legaliter pertinente jure, perpetuo teneat et possideat, et nemo post praenominati fidelis nostri Grimohardi decessum in eadem ecclesia potestatem habeat, aut ex his re[bus aliquod c]ensum exigere praesumat, neque ulla judiciaria potestas [perpe] trandi, aut hominem ibi confugientem expellendi licentiam habeat. [Sed] libere liceat sacerdoti ecclesię Domino famulare, et sanctorum patrocinia digne venerare, et ejusdem viri pro salute animae supplicare. Et ut hoc nostrae auctoritatis edictum per omnia tempora inviolabilem in Dei nomine obtineat vigorem, manu nostra subterfirmavimus et anuli nostri impressione sigillari jussimus. Signum Karoli (*monogramme*) gloriosissimi regis.

Heriveus notarius ad vicem Askerici episcopi recognovit et subscripsit.

Datum VIII Kalendas [maii, indi]ctione III, anno VIII regnante et redintegrante n[I Karo]lo gloriosissimo rege. Actum apud Vermeriam palatium, in Dei nomine feliciter. AMHN.

    A. Original scellé, aux Arch. nat. K.16, n° 2.
    B. Copie du XII° siècle, aux Arch. nat. LL.177 (*Livre noir de Notre-Dame*), fol. 40.
    C. Copie du XIII° siècle, aux Arch. nat. LL.175 (*Grand Pastoral de Notre-Dame*), p. 591.
    D. Copie du XIII° siècle, aux Arch. nat. LL.176 (*Petit Pastoral de Notre-Dame*), p. 49.

---

de notoriété pour qu'il fût inutile de la désigner d'une façon plus précise. En interprétant ainsi ce diplôme, on comprend comment Créteil devint une possession de l'Église de Paris, car l'église Saint-Christophe-en-la-Cité, à qui la terre de Créteil fut donnée par le vicomte Grimoald, fut toujours une dépendance de la cathédrale; cela permet également de comprendre pourquoi l'église de Créteil a toujours eu pour patron saint Christophe, au lieu de saint Agoard et de saint Aglibert, dont elle possédait les corps de temps immémorial. (Voir Lebeuf, *Hist. du dioc. de Paris*, t. XII, 2° p., p. 12 et s.)

56

903, 25 avril. — COMPIÈGNE.

Confirmation, par Charles le Simple, des privilèges de l'abbaye de Saint-Germain-des-Prés.

PRECEPTUM RECONFIRMATUM POST RABIEM PAGANORUM.

☧ In nomine sanctae et individuae Trinitatis. Karolus, divina propitiante clemencia, rex. Quicquid voto aut gratiarum actione Deo omnipotenti offerimus, cui non solum ea que habemus, quaeque de manu illius accepimus, sed etiam nosmetipsos debemus, qui nos et predecessores nostros, imperatores et reges, nullo nostro merito, sed sua benignissima gratia, regium in stemma hevehere dignatus est, hoc nobis ad presentem vitam felicius transigendam et ad futuram uberius capessendam consequentius fore nullo modo dubitamus. Noverit igitur omnium sanctae Dei ecclesiae nostrorumque fidelium, presentium scilicet futurorumque, universitas quoniam quidam comes nobis admodum dilectus, nomine Rotbertus [1], necnon et grex sanctus monachorum Sancti Germani Parisiacensis, ad nostram accedentes mansuetudinem, obtulerunt preceptum nobis divae memoriae avi nostri Karoli imperatoris [2] atque abbavi Luduvici [3], necnon et Karoli nepotis avi nostri, qui Parisius, rabie paganorum seviente, devenit [4]; deprecati sunt ut nostram munificentiam denuo auctoritative eis reconcessissemus. Nos vero, pro Dei amore et sancti Germani reliquorumque sanctorum veneratione, in quorum honore idem locus constructus habetur, id fieri consensimus. Unde hoc nostrae altitudinis edictum fieri et memorato loco dari jussimus, per quod precipimus atque jubemus ut sicut in memorato edicto avi nostri et abbavi, necnon et memorati Caroli junioris, continetur, ita per succedentia tempora conservatum a nobis et a successoribus nostris inviolabiliter habeatur. Reconfirmamus ergo jamdicto sancto loco ac fratribus ibidem Deo servientibus, villas quae in jam sepedictis continentur edictis, et omnia quae usibus eorum delegata atque contradita existunt; molendinos etiam super fluvium Sequanam, quos jamdicto loco ac fratribus avus noster Karolus

---

[1] Le comte Robert, mentionné dans ce diplôme, est le célèbre comte de Paris, frère du roi Eudes, qui se fit couronner roi de France en 922 et mourut à la bataille de Soissons en 923. Il était abbé laïque de Saint-Germain-des-Prés.

[2] Il s'agit sans doute du diplôme de Charlemagne du 20 octobre 772 ou de celui du 27 mars 779. (Voir ci-dessus, n°ˢ 22 et 25.)

[3] C'est peut-être le diplôme de Louis le Pieux du 26 février 819, dont nous avons signalé ci-dessus la fausseté (voir n° 31), ou plutôt celui du 13 janvier 829 (n° 34).

[4] Ce dernier membre de phrase est un peu obscur. S'agit-il de Charles le Chauve ou de Charles le Gros? Nous ne possédons pas de confirmation accordée par ce dernier à Saint-Germain-des-Prés, tandis que nous en possédons une de Charles le Chauve (voir ci-dessus, n° 37). D'autre part, les mots *qui Parisius*, etc., semblent se rapporter à Charles le Gros.

concessisse dinoscitur, qui etiam in precepto memorati nepotis et equivoci avi nostri Karoli memorari atque contineri videntur, auctoritate regia nihilominus eis concessisse confirmando sciamur; necnon et piscatoria super eundem fluvium sita cum omni continentia utriusque ripae, quae a rege olim Childeberto eis contradita dinoscimus [1], omnino nostra auctoritate reconfirmamus. Haec autem omnia, sicut in preceptis priscorum regum continetur, ita auctoritate regia confirmamus. Et ut hec nostre reconfirmationis auctoritas in Dei nomine conservetur manu propria subterfirmantes, anulo nostro jussimus sigillari.

Signum Karoli (*monogramme*) regis gloriosissimi.

Ernustus notarius ad vicem Askerici episcopi subnotavit et subscripsit [2].

Datum vii kalendas maii, indictione vi, anno undecimo regnantis gloriosissimi regis Karoli, redintegrationis ejus vi. Actum Compendio palacio, in Dei nomine feliciter. Amen [3].

    A. Original avec traces de sceau [4], aux Arch. nat. K.16, n° 3.
    B. Copie du xii° siècle, aux Arch. nat. LL.1024 (Cartul. †††de Saint-Germain-des-Prés), fol. 31 r°.
    C. Copie du xiv° siècle, aux Arch. nat. LL.1026 (Cartul. de Saint-Germain-des-Prés), fol. 8 r°.
    D. Copie du xiv° siècle, aux Arch. nat. LL.1029 (Cartul. de Saint-Germain-des-Prés), fol. 9 v°.

57

907, 21 mai. — DOUZY.

Donation, par Charles le Simple, à l'Église de Paris, de l'abbaye de Saint-Pierre de Rebais, pour aider l'évêque Auschericus à réparer les ruines causées par les Normands. «..... Quocirca omnium ..... noverit religiositas quod Askericus Parisiacę urbis presul venerabilis ..... felicibus intimavit vocibus, nostrorum coram presentia fidelium, ecclesiam Sanctae Marię predictę videlicet urbis, qua isdem presul esse dinoscitur, Nortmannica penitus infestatione destructam atque sevitia consueta prope ad nihilum redactam. Unde...... »

    A. Original ou copie ancienne, jadis conservée dans les archives de Rebais.
    B. Copie du xi° siècle, Arch. nat. K.16, n° 6ᵃ.
    C. Copie du xii° siècle, aux Arch. nat. K.16, n° 6ᵇ.
    D. Copie du xii° siècle, aux Arch. nat. LL.177 (*Livre noir de Notre-Dame*), p. 105.
    E. Copie du xiii° siècle, aux Arch. nat. LL.176 (*Petit Pastoral de Notre-Dame*), p. 56.

Édit.: (a) Duplessis, *Hist. de Meaux*, t. II, p. 6, d'après A. — (b) Labbe, *Alliance chronol.*, t. II, p. 499. — (c) *Gallia Christ. vetus*, t. I, p. 411, d'après A. — (d) *Gallia Christ. nova*, t. VII, instr. col. 16, d'après E. — (e) *Recueil des Hist. de France*, t. IX, p. 505, d'après E.

---

[1] Voir ci-dessus notre n° 2, page 4.
[2] «Subscripsit» est en notes tironiennes.
[3] «Amen» est en notes tironiennes.
[4] Le sceau n'existe plus. L'écriture de ce diplôme paraît différer quelque peu de celle des autres diplômes de Charles le Simple. Le préambule: «Quicquid voto, etc.....» ne se rencontre, croyons-nous, dans aucun autre acte de ce prince. Mais ces détails ne sont pas assez importants pour nous empêcher de considérer la copie conservée aux archives comme un acte authentique, voire même un original.

58

909, 16 septembre.

Confirmation, par Charles le Simple, de la donation faite à l'Église de Paris par Charles le Chauve, du Grand-Pont et des places et moulins qui en dépendent.

DE PONTE MAJORI.

In nomine sanctę et individuę Trinitatis, Karolus, divina propiciante clementia, rex. Si justas fidelium peticiones benigne suscipimus et servorum Dei utilitatibus consulimus, regium procul dubio morem exequimur, ac profuturum nobis omnino confidimus. Quapropter omnium sanctę Dei ęcclesię nostrorum fidelium, presentium scilicet futurorumque, religiositas noverit, quoniam Anschericus [1], Parisiacę urbis presul venerabilis, innotuit serenitati nostrę, qualiter avus noster dignę memorię rex Karolus [2], pontem jamdicte urbis cum areis et molendinis ęcclesię Sanctę Marię, necnon et episcopis ejusdem loci, pro animę suę remedio per preceptum propria manu corroboratum condonaverit [3] perpetualiter possidendum. Unde etiam humiliter peciit, ut prefatum pontem cum areis et molendinis, fratribus ibidem Deo militantibus, pro nostrę remedium [4] animę, necnon et ipsius presulis, per nostrę auctoritatis preceptum dignaremur concedere jugiter habendum, eorumque stipendiis ac necessitatibus sine intermissione deserviat, sine alicujus venturi episcopi, comitis quoque aut vicecomitis, aut alterius respectu personę vel contradictione. Nos vero prefati presulis justam et salubrem cognoscentes fore petitionem, concedimus memoratis fratribus, per hoc nostrę auctoritatis preceptum, supradictum pontem cum areis et molendinis, precipientes regiaque auctoritate interdicentes, ut nullus episcopus, comes, aut vicecomes, aut aliquis ejusdem loci ministerialis, prefatis fratribus ex sepedicto ponte, areis vero aut molendinis, aliquam presumat facere inquietudinem; set quod benigne concedimus jugiter habeant, quiete teneant, ac perpetualiter possideant, et quicquid exinde facere voluerint, secundum canonicam auctoritatem, liberam ac firmissimam in omnibus habeant potestatem, pro nostra dumtaxat salute, conjugis quoque ac prolis, ac tocius regni statu, Dei misericordiam assidue exorantes. Et ut hec [5] nostrę auctoritatis concessio firma jugiter et stabilis permaneat, manu propria subterfirmavimus, et anuli nostri sigillari jussimus impressione.

[Signum (*monogramme*) Karoli gloriosissimi regis.

---

[1] *Var.* "Askerikus" (B).
[2] Voir ci-dessus le diplôme de Charles le Chauve du 14 juillet 861 (n° 45).
[3] *Var.* "condonavit." (C.)
[4] *Var.* "remedio." (B. C.)
[5] Le mot "hec" manque dans A et C.

Ernustus notarius ad vicem Anscherici episcopi subnotavit] [1]. Datum xvi kalendas octobris, indictione xii, anno xvii regnante Karolo rege gloriosissimo, redintegrante xii. Vale feliciter [2].

    A. Copie du xii° siècle, aux Arch. nat. LL.177 (*Livre noir de Notre-Dame*), p. 87.
    B. Copie du xiii° siècle, aux Arch. nat. LL.175 (*Grand Pastoral de Notre-Dame*), p. 579.
    C. Copie du xiii°.siècle, aux Arch. nat. LL.176 (*Petit Pastoral de Notre-Dame*), p. 47.

59

911, 17 juin. — CHANCY.

Confirmation par Charles le Simple de l'immunité accordée par Charlemagne
au cloître de Notre-Dame.

EX CLAUSTRO [ET EJUS LIBERTATE AC DE DOMIBUS CLAUSTRI] [3].

In nomine sancte et individue Trinitatis, Karolus, divina propitiante clementia, rex. Si precibus sacerdotum, quando pro suis, vel ecclesiarum sibi commissarum, necessitatibus aliquid nobis intimare voluerint, aurem libenter accommodamus, eorumque justas petitiones ad optatum effectum perducimus, non solum regiam consuetudinem in hoc exercemus, sed eosdem sacerdotes ad Domini misericordiam pro nobis exorandam promptiores atque devotiores facimus. Igitur omnium sanctae Dei ecclesiae fidelium nostrorumque, tam presentium quam et futurorum, noverit industria, quoniam, adiens serenitatis nostrae presentiam, dilectus noster ac venerabilis Theodulfus, Parisiacensis ecclesiae Sanctae Mariae perpetuae virginis episcopus [4], humiliter deprecatus est, quatinus fratribus ejusdem ecclesiae, inibi Domino famulantibus, ex claustro eorum hoc nostrae auctoritatis preceptum fieri juberemus, ita ut illud sine ullius episcopi aut cujuslibet persone inquietudine, sicuti à priscis temporibus ad cohabitandum eis, pro observando libentius suae religionis proposito, concessum est, perpetim simul possidere valerent, atque cohabitationes domorum suarum inibi constructas, immo etiam in posterum construendas, absque alicujus calumnia jugiter quiete obtinere possent; insuper et cuicumque consodalium suorum, aut pro suae necessitatis negotio, aut justae utilitatis arbitrio, singillatim easdem concedere aut vendere vellent, liberalissimam id agendi potestatem haberent. Cujus namque congruam ac necessariam considerantes petitionem, nec non et proavi nostri Karoli imperatoris, cujus aedicto optimatum imperii sui consilio exiit, ut universa canonicorum claustra absque census exactione absoluta

---

  (1) Les mots «Signum Karoli.....subnotavit» manquent dans B.
  (2) Les mots «Vale feliciter» manquent dans B.

  (3) Les mots entre [ ] ont été ajoutés au xiii° siècle.
  (4) C'est la plus ancienne mention que l'on ait de l'évêque Théodulfe.

permanerent[1], et inclitae prolis ipsius avi nostri, scilicet Karoli regis[2], id precepto roboratum est, insuper et quicquid idem canonici infra claustra edificarent, licentiam haberent inde faciendi quod voluerint, vestigia imitantes; placuit serenitati nostrae ejusdem episcopi Theodulfi adquiescere postulacionibus, et munificentiae nostrae precepto concedimus eisdem fratribus Sanctae Mariae, ut predictum claustrum illorum, tam ipsi quam successores eorum, Domino servientium, ab hodierna die et deinceps, absque alicujus senioris vel ullius hominis inpulsione, simul cum domibus suis, infra et extra existentibus, indesinenter libere ac quiete possideant, et quicquid ex his videlicet domibus, ut dictum est, agere voluerint, Christo propitio, in omnibus habeant potestatem faciendi; pro nostra tantummodo salute conjugisque nostrae Friderunae, ac prolis, totius quoque regni statu Domini clementiam propensius obsecrantes. Ut autem hujus auctoritatis praeceptum per futura tempora inviolabilem obtineat firmitatis vigorem, manu propria subter firmavimus et anuli nostri impressione insigniri jussimus.

Signum Karoli (*monogramme*) regis gloriosissimi.

Hugo, regiae dignitatis notarius, ad vicem Hervei archiepiscopi, recognovit et subscripsit.

✠ Datum xv kl. julii, indictione xiii, anno incarnationis Dominice[3] dccccxi, anno xviii regnante domino rege Karolo, redintegrante xiii. Actum villa Camgiaco, in Dei nomine feliciter. Amen. Amen. *Amen*[4].

    A. Original scellé, aux Arch. nat. K. 16, n° 7.
    B. Copie du xii° siècle, aux Arch. nat. LL. 177 (*Livre noir de Notre-Dame*), p. 34.
    C. Copie du xiii° siècle, aux Arch. nat. LL. 175 (*Grand Pastoral de Notre-Dame*), p. 572.
    D. Copie du xiii° siècle, aux Arch. nat. LL. 176 (*Petit Pastoral de Notre-Dame*), p. 43.
    E. Vidimus du 16 janvier 1309, aux Arch. nat. LL. 451, n° 99.
    F. Confirmation par Philippe le Bel, en février 1310, aux Arch. nat. K. 16, n° 7ᵇ.
    G. Copie du xiv° siècle de cette confirmation, aux Arch. nat. JJ. 45, n° 4.

[1] Nous possédons le diplôme d'immunité accordé par Charlemagne à Notre-Dame, auquel ce passage paraît faire allusion, mais il n'est pas authentique. (Voir ci-dessus, n° 27.)

[2] Cf. le diplôme de Charles le Chauve confirmant le partage de biens fait par l'évêque Inchad. (Voir ci-dessus, n° 40.)

[3] Ce diplôme est la plus ancienne pièce de notre recueil qui soit datée de l'an de l'Incarnation. Cette façon de dater est tout à fait anormale dans les actes des rois carlovingiens. Sur 91 diplômes de Charles le Simple, publiés dans le *Recueil des Historiens de la France* (t. IX, p. 468-560), on n'en trouve que trois, outre celui-ci, qui soient datés de l'Incarnation. Or tous les trois ont été pris par les Bénédictins dans les œuvres de Lemire et prêtent, par d'autres détails, à de graves objections. On serait donc en droit de suspecter l'authenticité du diplôme que nous donnons ici, si, par son écriture et la parfaite conservation de son sceau, il ne semblait offrir tous les caractères d'un acte original.

[4] Ce dernier mot en caractères tironiens.

60

914, 25 février [1]. — Paris.

Concession d'un moulin, par Abbon et les religieux de Saint-Germain-des-Prés, à Idilbert, à sa femme Vuinelinde et à leurs enfants.

In nomine regis aeterni. Ego Abbo, hxenodochii custos monasterii sancti Germani, Parisiorum patroni, omnibus nostris successoribus intimari volumus nos, cum generali fratrum assensu, concessisse [arcam] m[olen]dini [perti]nentem ad obedientiam hospitalitatis, respicientem [in penu]ltimo loco litus prati [ejusdem sancti] confessoris [2], quibusdam personis, Idilberto, cum uxore Vuinelindi et infantibus [eorum], sub censu [tr]ium nummorum per singulos menses, quibus in eodem loco potuerunt molere. Quod censum si reddere neglexerint aut tardaverint, lege emendent. Et ut hę litterę firmę et stabiles permaneant omni tempore, manibus propriis subterfirmavimus generaliter.

Actum Parisii, v kalendas martii, anno regni Karoli xx°ii°.

Abbate Rotberto.

Abbo [presbiter] subscripsit. Remigius decanus subscripsit. Gozbertus thesaurarius subscripsit. Vualdo sacerdos subscripsit. Dagobertus sacerdos subscripsit. Arn[aldus] sacerdos subscripsit. Isaac subscripsit. Adalgisus sacerdos subscripsit. Geraldus sacerdos subscripsit. Letoldus sacerdos subscripsit. Sidrac sacerdos subscripsit. Evrardus subscripsit. Fredegarius subscripsit. Gotsoldus subscripsit. Rothardus subscripsit. Sigebertus subscripsit. Ricoldus subscripsit. Badilo subscripsit. Vulfardus subscripsit. Erkenraus subscripsit. Rainoardus subscripsit. Gualterius subscripsit. Randingus subscripsit. Adalulfus subscripsit. Milo subscripsit. Amalvinus subscripsit. Giroldus subscripsit. Ragenoldus subscripsit. Vualterius subscripsit. Nardoardus subscripsit. Airicus subscripsit. Teutbodus subscripsit.

Abbo sacerdos et cancellarius relegit et subscribsit.

Original, aux Arch. nat. L. 782, n° 1, jadis K. 16, n° 7².

---

[1] Cet acte est du 25 février 914 ou 919, suivant que l'on prend pour point de départ du règne de Charles le Simple son couronnement à Reims (28 janvier 893), ou la mort du roi Eudes (1ᵉʳ ou 3 janvier 898). De ces deux façons de compter, la première a dû être la plus employée sur les bords de la Seine.

[2] Il s'agit sans doute ici des prairies qui s'étendaient entre l'abbaye et la Seine, et auxquelles le monastère a dû son nom.

61

918, 9 octobre. — Saint-Denis.

Confirmation par Charles-le-Simple d'une restitution de quinze manses, faite par Théodulf, évêque de Paris, à l'église de Saint-Marcel [1].

In nomine sanctæ et individuæ Trinitatis. Carolus, divina propitiante clementia, rex Francorum. Si locis sanctorum aliquod subsidium ex nostra auctoritate conferimus, id procul dubio in futuro remunerari credimus. Idcirco omnium sancte Dei ecclesie fidelium, tam pręsentium [2] sive futurorum, nostrorumque industria noverit, quod quidam Parisiacensis sedis episcopus, nomine Ingelvinus, ex suo indominicatu fratribus sancti Marcelli quindecim mansos, ad mensam eorum fratrum circa ejusdem sancti monasterium [3] conjacentes, devote tribuit. Quo [4] defuncto, videlicet Ingelvino episcopo, Anschericus, successor suus, pro imminente Normannorum periculo et persecutione, quod suus antecessor jam dicto sancto loco dederat, abstraxit, et in beneficio suo fideli tradidit, quod usque in die [5] finis vitæ suæ ita permansit. Postea vero Teudulphus [6], eorum sede ordinatus, videns prædictorum fratrum inopiam, valde condoluit, et quod suus antecessor dederat et alius abstraxerat voluntarie reddidit, et de suo indominicatu [7] ad luminaria unum mansum, in villa Cella positum, præbuit. De qua causa adiens ad nostræ dignitatis serenitatem, humiliter expetiit, ut per nostræ auctoritatis præceptum hoc corroboraremus. Cujus benivoli antistitis preces suscipientes, jussimus jam suprafatis fratribus, in eodem cœnobio degentibus, ut ab hodierna die et deinceps suprascriptas res cum mancipiis utriusque sexus, terris cultis et incultis, vineis, pratis, pascuis, aquis [8] aquarumve decursibus, molendinis, exitibus et regressibus, et universis legitimis terminationibus, juste ac legaliter [9] ad se pertinentibus, habeant, teneant atque jure perpetuo, nullo unquam contradicente, possideant. Volumus etiam ut dies unctionis nostræ, hoc est in regem, qui est octavæ [10] sanctæ Agnetis

---

[1] L'original de cette pièce est depuis longtemps perdu. La copie qui nous en a conservé le texte, et que nous n'avons pas retrouvée, contient une interpolation singulière, qui consiste en l'introduction, entre la fin de l'acte et le monogramme du roi Charles, des signatures du roi Henri Ier, de l'évêque Imbert et des principaux officiers du chapitre de Saint-Marcel. Félibien suppose que cette addition aura été faite par le roi Henri sur l'original même, en guise de confirmation. Elle s'est ensuite glissée dans toutes les copies que l'on a faites de ce diplôme.

[2] *Var.* «omnium sancta ecclesia fidelium, tam presentium» (B). «Omnium sancte Dei ecclesie, tam presentium» (D).

[3] Voir, sur les expressions *fratres* et *monasterium*, les remarques de Jaillot, *Recherches critiques, etc., sur la ville de Paris*, t. IV, quartier de la place Maubert, p. 44, 45.

[4] *Var.* «quod defuncto» (B).

[5] *Var.* «quousque in diem» (D).

[6] *Var.* «Gendulphus» (D).

[7] *Var.* «indomnicato» (D).

[8] «Aquis» manque dans B.

[9] *Var.* «et legaliter» (D).

[10] *Var.* «que est octavis» (D).

virginis, cum memoria orationis celebretur, et post obitum nostrum ipsa dies transmutetur, et pro nostra conjuge, in die obitus sui, quæ est III idus februarii, a prædictis fratribus memoria sicuti nostra fiat. Et ut hæc nostra auctoritas firma et inviolabilis permaneat, manu nostra subterfirmavimus, et annuli nostri impressione [1] sigillari jussimus. Signum Henrici regis [2]. Signum Imberti [3] præsulis, cujus deprecatione hoc præceptum iterum corroboratur. Signum Lisierni decani. Signum Huberti decani. Signum Balduini [4]. Signum Odonis. Signum Hugonis Bardulfi. Signum Adam Pincernæ [5]. Signum Milonis. Signum Bernardi. Signum Walerni [6]. Signum Nevelonis [7]. Signum Willelmi. Signum Walteri.

Signum Karoli † regis gloriosissimi.

Goslinus notarius ad vicem Henrici [8] archiepiscopi summique cancellarii recognovit.

Datum VII idus octobris, indictione VI, anno XXVI regnante Carolo rege glorioso, redintegrante XXI, largiore vero hereditate indepta [9] VII.

Actum cœnobio Sancti Dionysii, ubi ipse proprio corpore quiescit, in Dei nomine feliciter.

    A. Original perdu.
    B. Copie interpolée du XIe siècle, dans les Archives de Saint-Marcel, aujourd'hui perdue, mais imprimée dans Félibien, *Hist. de Paris*, t. III, p. 12.
    C. Vidimus du 29 mai 1406, sous le sceau de la prévôté de Paris, aujourd'hui perdu.
    D. Copie du XVe siècle, à la Bibl. Sainte-Geneviève, ms. H^f 23, fol. 52 v°, d'après C.

62

925, 23 août. — PARIS.

Donation par Teudo, vicomte de Paris, au monastère de Saint-Maur-des-Fossés, d'un terrain situé dans Paris.

QUOMODO TEUDO, VICECOMES PARISIORUM, DEDIT CENOBIO FOSSATENSI ECCLESIOLAM SANCTI PETRI, QUE DICITUR AD BOVES.

In nomine Dei eterni. Annuente pietate Dei, Teudo, Parisiorum vicecomes, notum fieri volumus omnibus saucte Dei Ecclesie fidelibus quia quidem venerabilis abbas Adhelneus cenobii Sancti Petri Fossatensis, una cum quibusdam ejusdem cenobii monachis, accedens ad nos, humiliter deprecatus est quatinus quam-

---

[1] *Var.* « anuli impressione » (D).
[2] Dans la copie D on a corrigé « Henrici » en « Karoli ».
[3] *Var.* « Ymberti » (D).
[4] *Var.* « Baudoini » (D).
[5] *Var.* « Adam Piscerne » (D).
[6] *Var.* « Weleranni » (D).
[7] *Var.* « Nevelsonis » (D).
[8] *Var.* « Hervei » (D).
[9] *Var.* « incepta » (D).

dam aream terre ex nostro beneficio, consistentem infra urbem Parisiacam, cum quadam cellula in honore sancti Petri funditus destructa, ad refugium supradictorum monachorum omniumque suorum, jure censuali concedere dignaremur. Nos autem rationabilem ejusdem abbatis Adhelnei considerantes petitionem, pro amore Dei sanctique Petri, apostolorum principis, et peccaminum meorum absolutione, pari assensu domni ac prestantissimi marchionis Hugonis, senioris nostri, seu ejusdem civitatis episcopi Fulradi[1], predictam aream terre, habentem ex uno latere pedes LXIII, de alio pedes LX, tam prefato abbati quam successoribus ejus simulque monachis ejusdem loci, causa refugii, ut jam dictum est, perpetualiter, jure censuali concessimus, et litteras manusfirmitatis exinde fieri jussimus; quod ita et fecimus, eo videlicet ordine ut, omni tempore, idem abbas Adhelneus successoresque ejus, et monachi ejusdem cenobii Sancti Petri, predictam aream, cum omni securitate et absque alicujus persone impulsione, ad utilitatem sepedicti Sancti Petri servorumque ejus, teneant atque possideant, nullam etiam inquietudinem ab aliquo homine inibi pacientur, nec vigilias civitatis, nec receptionem hospitum faciant. Si quid autem ex possessionibus jamdicti monasterii inibi venundandum est, nullus judex neque vicarius nec ulla opposita persona ullam rem requirere audeat, sed, sicut mos est, monachorum vitam atque religionem in predicta area ducant, exerceant, pro nobis etiam Domino preces humillimas effundere studeant, omni autem anno in festivitate sancti Petri, que evenit III kalendas julii, solidos II, tam nobis quam successoribus nostris, persolvant; et si negligentes inde extiterint, canonice emendent et quod videntur nullatenus perdant. Imprecamur etiam coram Deo et sanctis ejus omnes successores nostros, ut sicut illorum facta firma et stabilia voluerint perdurare, ita hanc parvulam donationem nostram sinant permanere inviolabilem. Et ut hec nostre cessionis cartula firmum et stabilem deinceps obtineat vigorem, manibus domini ac senioris nostri Hugonis, ac prefati episcopi Fulradi, seu plurimorum bonorum hominum laïcorum, roborandam tradidimus.

Actum Parisius, sub die x kalendas septembris.

Signum Hugonis, comitis atque marchionis, seu abbatis. Signum Teudonis, vicecomitis, qui hanc cartulam fieri jussit atque firmavit. Signum Teubaldi, vicecomitis. Signum Girmundi, vicecomitis, et aliorum xx, anno III° regnante Rodulfo rege. Ercamfredus cancellarius scripsit.

    A. Copie du xv° siècle, aux Arch. nat. LL. 115 (Cartul. de Saint-Maur-des-Fossés), p. 136.
    B. Copie du xviii° siècle, aux Arch. nat. LL. 116 (Cartul. de Saint-Maur-des-Fossés), p. 143, d'après A.

---

[1] Ce diplôme est le premier qui mentionne l'évêque Fulrad.

63

936, 1ᵉʳ février. — LAON.

Confirmation par Louis d'Outre-mer de l'immunité accordée à l'église de Saint-Merry par ses prédécesseurs.

In nomine sanctæ et individuæ Trinitatis. Ludovicus Dei gratia rex. Quæcumque pro amore Dei et reverentia sanctorum ejus efficere bonæ devotionis studio contendimus, profutura nobis ad æternam beatitudinis gloriam facilius obtinendam, et ad præsentem vitam feliciter transigendam, omnino confidimus. Noverit igitur omnium sanctæ Dei ecclesiæ fidelium nostrorumque, tam præsentium quam futurorum, solertia, quia adeuntes præsentiam nostræ serenitatis illustres fideles nostri Hugo comes, necnon Galterius, Parisiorum episcopus, atque Teudo, vicecomes, humiliter petierunt, ut ecclesiæ Sancti Petri, in qua sanctus Medericus corpore quiescit, manufirmas quas fecerunt comes Adalardus et Abbo Vassus, unde et præcepta corroboraverunt Charlomannus et Odo, gloriosissimi reges, præcepto nostræ authoritatis renovaremus atque confirmaremus. Placuit itaque celsitudini nostræ eorum saluberrimis acquiescere postulationibus, ideo præceptum ex hoc nostræ altitudinis fieri, et Joanni, matrique suae Alderadae, filioque ejus nomine Gaulterio, dari jussimus, per quod precipimus atque jubemus, ut tam ipsae prenominatae personae etc., quam successores eorum prædicti, ecclesiae Sancti Petri et pretiosissimi confessoris Christi Mederici, abbatiolam[1] ubi adspiciunt in villa Linaias manselli xx, in Vivarias similiter manselli xx, in manso Villare III, in Ivriaco mansos, etc.

Hæc omnia in utilitatibus ecclesiae jam dictæ, in suorum usibus omni tempore possideant, absque ulla dominatione, neque theloneum, neque portaticum, neque piraticum, seu viaticum, nec etiam vultaticum exinde aliquid accipiat potestas judiciaria. Ut autem hoc præceptum nostræ authoritatis inviolabilem, in Dei nomine, obtineat perpetuitatis vigorem, manu propria subterfirmavimus atque annuli nostri impressione insigniri jussimus.

Signum Ludovici gloriosissimi regis. Geraldus cancellarius ad vicem Artoldi archiepiscopi recognovi. Actum Lugduni Clavati, calendis februarii, anno Dominice incarnationis DCCCCXXXVI, indictione V, anno vero primo Ludovico rege gloriosissimo.

Édit. : (a) Dubois, *Hist. eccles. Paris.*, t. Iᵉʳ, p. 544, ex veteri charta. — (b) *Gallia christ. vetus*, t. Iᵉʳ, p. 413, ex veteri charta. — (c) *Gallia christ. nova*, t. VII, instr. col. 18, d'après b. — (d) *Recueil des Hist. de la France*, t. IX, p. 586 d'après a.

---

[1] Félibien (*Hist. de Paris*, t. I., p. 117) a cru que ce mot s'appliquait à l'église de Saint-Merry de Paris, ce qui prouverait qu'un petit monastère y avait été établi au xᵉ siècle. Mais Jaillot (*Recherches critiques*, etc., t. II., quartier de Saint-Martin-des-Champs, p. 45) fait remarquer qu'il s'agit ici d'une petite abbaye établie à Linas et dépendant de Saint-Merry.

64

[Vers 980] [1].

Confirmation par les rois Lothaire et Louis de la fondation de l'abbaye de Saint-Magloire [2].

PRIMA CARTA DE FUNDACIONE ECCLESIE.

In nomine Domini Dei et Salvatoris nostri Jesu [3] Christi. Hlotharius et Hludovicus [4], divina ordinante providencia, reges augusti. Cum [5] peticionibus Hugonis, Franciæ ducis, racionabilibus et justis divini cultus amore favemus, superna nos gratia muniri non dubitantes. Proinde noverit omnium fidelium nostrorum, presencium scilicet et futurorum, sollercia, quia vir pretaxatus honorabilis nostram petiit clemenciam, preceptum firmitatis à nobis fieri ex rebus, quas idem pie monasterio Sanctorum Bartholomei apostoli et Maglorii, archipresulis Britannię urbis, scilicet Dolensis, contulit, quod fundavit [6] in urbe Parisiaca, ad sanctorum corpora, que ut peregrina [7] hospitabantur per aliorum rura. Est autem prius terra in qua ipsum situm est monasterium et dotum [8], quod datum est ipso die consecracionis ejusdem, videlicet redibitiones nostrarum prebendarum, quas libere tenemus, alodus quoque quem dedit ipso die translacionis sanctorum, ex potestate Miliduni cum omni integritate que ad ipsum pertinebat, et capella [9] inibi sita et consecrata in honore sanctę Dei genitricis Marię. Item alię res quę prius datę sunt; unde prior est capella in suburbio Parisiaco, haut procul à menibus, in honore Sancti Maglorii dicata, cum terra inibi adjacenti, in qua ipsorum sepultura est monachorum; clausus etiam vineę juxta Saucias situs, quem dedit bonæ memoriæ [10] Hugo [11], filius Rotberti [12] regis. Item pars terrę juxta Montem Martyrum, quam comes Fulcho [13] dedit; parvus et alodus, quem tribuit [14] Willelmus, juxta eundem situs suprascriptum montem; necnon et alodus in comitatu Meldico, qui dicitur Grandis campus; sed et ecclesię in Pinciacensi comitatu, prima in potes-

---

[1] Cette pièce date au plus tôt de 979, époque de l'association de Louis V au trône. Elle est antérieure à 986, année de la mort de Lothaire.

[2] Nous n'osons garantir la parfaite authenticité de cette pièce, car elle ne nous est connue que par la copie mutilée, et peut-être interpolée, qu'en ont recueillie les cartulaires. Il faut seulement remarquer qu'elle est très clairement mentionnée dans un passage d'une chronique rédigée du temps du roi Robert, et qui raconte la translation des reliques de saint Magloire. (Voir Dubois, *Hist. eccles. Paris.*, t. I, p. 548).

[3] *Var.* «Jhesu» (B).
[4] *Var.* «Lotarius et Ludovicus» (A).
[5] *Var.* «Dum» (B).
[6] *Var.* «quod et fundavit» (A).
[7] *Var.* «peregrini» (B).
[8] *Var.* «donum» dans les imprimés.
[9] *Var.* «est capella» (A).
[10] *Var.* «divę memorię» (A).
[11] Hugues le Grand, père d'Hugues Capet.
[12] *Var.* «Roberti» (A).
[13] *Var.* «Fulco» (B).
[14] *Var.* «quem dedit» (B).

tate Medriaca [1], [in honore] [2] sancti Dionysii dicata, cum capella in Marois sita, in sancti Martini honore fundata, alia in Vernolio ecclesia, [in honore] [3] sancti Stephani dedicata, et in eadem villa capella Sancti Hilarii [4] nominata, denique etiam capella in villa quę dicitur Sancti Leodegarii, in cujus etiam nomine [et honore] [5] benedicta constat; etiam mansa III, quę tenuit Riculfus in beneficio ex supradicta potestate Madreia; in episcopio Parisiaco et comitatu aecclesia sanctę Marię nomine sanctificata, et in eodem comitatu in potestate Ysiaca [6] vineę, unde exit census solidorum XI; in comitatu etiam Milidunensi, in potestate Saviniaca, mansum I. Hęc omnia supradicta, vel quę deinceps à catholicis viris eidem collata [7] fuerint aecclesię, ob amorem Dei et reverenciam ipsorum sanctorum, confirmamus auctoritate nostra, quatinus semper sub plenissima defensione et emunitatis tuicione corroborata permaneant : ita videlicet ut nullus abhinc ad causas exigendas, aut freda, vel tributa exigenda, aut mansiones, vel paratas faciendas, vel fidejussores tollendos, aut homines ejusdem ecclesię tam ingenuos quam servos, super terram ipsorum dominantes [8] injuste distringendos, nec ullas redibiciones aut illicitas occasiones requirendas, nostris et futuris temporibus, ingredi audeat, vel ea quę supra memorata sunt exigere presumat; sed liceat abbati suisque successoribus res predicti monasterii sub emunitatis nostre defensionem quieto ordine possidere, ad stipendia monachorum ibidem Deo famulantium perhennibus proficiat temporibus in augmentis. Volumus etiam ut noster ac vester, o dux carissime [9], omniumque episcoporum ac comitum in hoc concordet assensus, ut idem locus semper abbatem habeat ex propria congregatione, qui ipsam casam Dei et monachos ibidem [10] degentes cum normali honore custodiendo tractet. Simulque volumus ut nullus metropolitanus, aut aliquis subjectus, aetiamque pontifex Parisiacus, causa alicujus ordinacionis [11], illuc ingredi presumat, nisi vocatus venerit, aut ad sanctam missam cęlebrandam, aut ad ęcclesias consecrandas, aut ad benedictiones clericorum [12] faciendas, et quod debitum excusare non debet, qui vocatus fuerit; et quoniam peregrini atque alienigenę esse noscuntur, benigne, misericorditer ac pie a bonis et catholicis viris semper tractari ac contueri debeant [13], pro Christo, a quo et nos cuncti [14] peregrinamur in mundo. Decrevimus ętiam per nostri auctoritatem precepti, ut nemo super ipsos servos Dei potestatem exerceat, aut quempiam inter eos contra voluntatem

---

[1] *Var.* «Madrica» (A).
[2] Les mots «in honore» manquent dans A et B.
[3] Les mots «in honore» manquent dans A et B.
[4] *Var.* «Hylarii» (B).
[5] Les mots «et honore» manquent dans A et B.
[6] *Var.* «Isiaca» (A).
[7] *Var.* «conlata» (B).
[8] *Var.* «ipsorum commanentes» (A).
[9] *Var.* «karissime» (B).
[10] Le mot «ibidem» manque dans B.
[11] *Var.* «ordinationis» (A).
[12] *Var.* «clerichorum» (A).
[13] *Var.* «debent» (A).
[14] Le mot «cuncti» manque dans B.

ipsorum imponere temptet; sed in eorum semper disposicione, ordinacione et electione intus et foris omnia consistant, quatinus servos Dei, qui inibi Deo famulantur, pro nobis et conjuge, ac nostra prole[1], vel stabilitate totius regni a Deo nobis concessi, proque remedio animarum eorum qui pro amore Dei et sanctorum inibi sua tradidere donaria, eorum quoque qui futuris temporibus daturi sunt premia[2]. Et hanc auctoritatem, ut firmior in Dei nomine habeatur, a fidelibus sancte Dei ecclesie et nostris diligencius conservetur, manu propria subterfirmavimus, et anuli nostri impressione signari jussimus.

A. Copie incomplète du XIIe siècle, à la Bibl. nat., ms. lat. 13701, fol. 161 r°.
B. Copie du XIVe siècle, à la Bibl. nat., ms. lat. 5413 (Cartul. de Saint-Magloire), p. 1.

65
980, 30 décembre.

Confirmation par le pape Benoît VII des biens et privilèges de l'église de Paris[3].

PRECEPTUM DE REBUS EPISCOPI ET CANONICORUM A ROMANO PAPA LISIERNI EPISCOPI PRECATU CONFIRMATUM.

✠ Benedictus episcopus, servus servorum Dei, sanctæ Romanę sedis apostolicus, omnibus coepiscopis et omnibus principibus in parte Galliarum residentibus, perpetuam in Domino salutem. Convenit apostolico moderamine pia religione pollentibus benivola compassione succurrere, et poscentium animis alacri devotione impartiri assensum; siquidem etenim potissimum lucri premium apud conditorem omnium reponitur Deum, quando venerabilia loca oportune ordinata ad meliorem fuerint sine dubio statum perducta. Noscat igitur vestrę excellentię laudabilis mansuetudo, quod Elysiardus, Parisiacæ sedis episcopus, adiens limina beatorum apostolorum Petri et Pauli Rome instantia, ostendens regalia precepta, quæ pro remedio animarum suarum necnon et antecessorum nostrorum, privilegia ecclesiæ beatæ Dei genitricis et virginis Mariæ et sancti protomartyris Stephani prefati loci, firma conscriptione tradiderunt. Hac autem ratione commotus sup-

---

[1] *Var.* «ac nostra prole, seu pro duce ejusque conjuge, nec non et prole, vel» (B).

[2] Le reste manque dans A.

[3] Cette bulle ne paraît avoir été incriminée par aucun des auteurs qui l'ont publiée ou citée, mais cela tient à ce qu'on l'a toujours donnée jusqu'ici d'après les copies qui en ont été conservées dans les Cartulaires de Notre-Dame. Si on s'étoit reporté à l'original d'où ces copies dérivent et qui existe encore aux Archives nationales, sous la cote L. 220, on eût vu que ce prétendu original n'est qu'une copie d'une bulle quelconque du XIe siècle, à laquelle on a voulu donner un caractère d'authenticité en y ajoutant le *Benevalete* et la date qui manquaient, et en y suspendant un bout de ficelle qui simule grossièrement les attaches d'une bulle de plomb. On doit d'autant moins hésiter à rejeter cet acte, que sur l'exemplaire dont tous les autres dérivent, le nom même du pape est d'une main plus moderne que le reste de la pièce et qu'on aperçoit par-dessous les traces d'un autre nom qui a été gratté.

plici devotione deprecatus est nobis, quatinus apostolica auctoritate ei reconfirmaremus predictas conscriptiones et episcopatum prefatę sedis, cum omnibus pertinentiis vel adjacentiis suis, videlicet abbatiam Sancti Eligii, abbatiam Sancti Germani Rotundi[1], abbatiam Sancti Marcelli, abbatiam Sancti Chlodoaldi atque Sancti Martini, abbatiam Sancti Petri quę dicitur Respacis, abbatiam Sancti Saturnini de Cavrosa, abbatiam Sancti Petri quę dicitur Nigella, abbatiam Sancti Martini quę est in Campellis[2], abbatiam Sancti Petri quę dicitur Caziacus super Materna, cum omnibus adjacentiis earum, et quicquid tam in presens quam in futurum prefata ecclesia possidenda est; simili modo de stipendiis fratrum ipsius loci, scilicet Spedonam potestatem cum ecclesia, ac villulam nomine Macerias, cum omnibus inibi justæ legaliterque aspicientibus, quam idem prelibatus presul Elysiardus, amore Dei ductus, tam a suo quam a successorum suorum dominio auferens, in fratrum sanctę Marię prefate sedis delegavit usus; Undresiacum cum æcclesia et altare omnique integritate et suis adjacentiis; Aureliacum cum ęcclesia et altare suisque appenditiis; Civiliacum, Laiacum cum ęcclesia et altare omnibusque inibi adjacentibus; Castenedum cum ecclesia et altare suisque appenditiis; Baniolum cum ęcclesia et altare suisque adjacentiis; Sulciacum cum æcclesia et altare cum omnibus ad usus fratrum pertinentibus; Cristoilum cum æcclesia et altare, vel quicquid inibi ad predictorum pertinet stipendia; hæc enim septem altaria prefatę sedi attinentia memoratus presul, ex proprio dominio, sine sua suorumque successorum venditione, nullo contradicente, stipendiis perpetualiter ipsorum attribuit fratrum; Eleriacum, Steovillam, Rosetum, Cellas et Vernou, Machelum et Samesium, Mintriacum, Mauriacum, cum ęcclesiis et universis ad se pertinentibus; Viriacum, cum omnibus quę videntur ad predictorum usus fratrum aspicere, sed et medietatem nonę ac decimę, quę de rebus ipsius ęcclesiæ abstractę fuerant, ab his qui eis utuntur, accipi solent; Fontenetum cum ecclesia, Vilcenam cum omnibus inibi adjacentiis. Ob firmitatem tamen religionis, petiit suprataxatus Elysiardus episcopus ut et claustrum ipsius congregationis jure perpetuo confirmaremus, quo, absque ullius inquietudine, tam ipsius loci episcopi quam aliarum personarum securi viverent, et unusquisque canonicus suam propriam domum cum omni substantia dare vel vendere valeat cuicumque canonico voluerit ex ipsa congregatione, nullique alio, velud constitutum est a priscis temporibus. Nos vero, inspectis piissimorum auctorum et paternis preceptionibus, libuit nobis petitionibus ejusdem episcopi assensum prebere ut sub jure et patrocinio sanctæ

---

[1] Saint-Germain-l'Auxerrois était déjà désigné sous le nom de Saint-Germain-le-Rond au ıx° siècle. Abbon, dans son fameux poème sur le siège de 886, l'appelle à diverses reprises « Sanctus Germanus teres ». (Abbon, l. I, v. 177, et l. II, v. 35.)

[2] On peut voir sur ce passage les très justes observations de Jaillot (*Recherches critiques sur la ville de Paris*, t. II., quartier des Halles, p. 22, et quartier de Saint-Martin-des-Champs, p. 65 et 66).

romanę et apostolicæ matris æcclesiæ omnia firma atque inviolata jugiter maneant, precipientes apostolica auctoritate jamdictis canonicis, eligentes ex semetipsis per communem omnium assensum prepositos et decanos, qui et eorum prevideant villas, et debita stipendia eis administrant fideliter. Eo namque ordine precipimus ut nullus episcoporum per successiones subtrahere, minuare, aut ad usus suos retorquere, vel alicui in beneficium tribuere, neque ullum impedimentum ex predictis rebus fratrum inferre, sed nec servitia ex eadem terra exactare, neque ullas in aliqua re exactiones inde exigere presumant; si augere eis aliquid placuerit, licitum habeant; distrahendi autem vel minuendi ea quę pro Dei amore statuta sunt, nequaquam valeant. Statuimus namque sub divini judicii obtestatione et beatorum apostolorum Petri et Pauli, nostreque humilitatis jussione, ut nullus unquam ex imperatoribus, regibus, marchionibus, ducibus, comitibus, principibus, vel ex omni judicalia potestate accinctus, seu in quolibet ordine et ministerio constitutus, in supradictis episcopi vel canonicorum rebus, nec in ipsa insula ubi civitas Parisius videtur esse posita, et de regali via ex parte Sancti Germani Rotundi a Sancto Mederico usque ad locum qui vulgo vocatur Tudella, in ruga ejusdem Sancti Germani, nec in aliis minoribus viis quę tendunt ad eundem monasterium, aliquam judicandi potestatem inibi exerceat, nec aliquem censum, neque teloneum, neque ripaticum, neque rotaticum, neque portaticum, neque bannum, freda, nec ullas districtiones faciendas, nec ullas paratas requirendas, nec foraticum, nec pulveraticum, nec ullas leges faciendas, nec de liberis hominibus albanisque ac colonibus in supradicta terra commanentibus, aliquem censum, vel aliquas redibitiones accipere presumat, nec quamlibet malitiam, nec jacturæ molestiam, ibidem, sive pacis, sive belli tempore, inferre conetur, dum profecto amodo et usque in finem seculi, ut predictum est, firma stabilitate sub patrocinio et jurisdictione sanctæ Romanę matris ęcclesię permanendum cuncta decernimus. Si quis autem, quod non optamus, hæc quæ a nobis ad honorificentiam sanctæ Dei genetricis Mariæ et beati protomartiris Stephani, ceterorumque sanctorum qui ibi venerantur, pro ipsius stabilitate episcopatus statuta sunt, transgredi ausu nefario presumpserit, sciat se anathematis vinculo innodatum, et cum diabolo et omnibus impiis, eterni incendii atrocissimo suplicio deputatum. At vero qui pio intuitu custos et observator horum preceptorum extiterit, omnimodę benedictionis gratiam, omniumque peccatorum suorum absolutionem et indulgentiam, et cęlestis vitæ beatitudinem cum sanctis et electis a misericordissimo Domino Deo nostro consequi mereatur in secula sæculorum. Amen. Benevalete. Data III kalendas Januarias, per manum domini Stephani episcopi et bibliothecarii sancte Romane ecclesie.

A. Apocryphe du XIe siècle, avec traces de bulle, aux Arch. nat., L. 220.
B. Copie du XIIe siècle, aux Arch. nat., LL. 177 (*Livre noir* de Notre-Dame), p. 23.
C. Copie du XIIIe siècle, aux Arch. nat., LL. 175 (*Grand Pastoral* de Notre-Dame), p. 551.
D. Copie du XIIIe siècle, aux Arch. nat., LL. 176 (*Petit Pastoral* de Notre-Dame), p. 5.

66

Vers 982. — COMPIÈGNE.

Confirmation par les rois Lothaire et Louis de tous les biens et privilèges de l'église de Paris [1].

PRECEPTUM DE OMNIBUS POTESTATIBUS FRATRUM.

In nomine sanctę et individuae Trinitatis, Hlotharius genitor genitusque ejus Hlodovicus, utrique opitulante gratia Dei, Francorum reges. Si sacerdotum ac servorum Dei petitiones, quas pro utilitatibus et necessitatibus suis suorumque subjectorum nobis innotuerint, ad effectum perducimus, non solum regiam exercemus consuetudinem, verum etiam ad aeternae retributionis beatitudinem talia facta, auxiliante Domino, nobis profutura confidimus. Idcirco notum esse volumus omnibus sanctę Dei ecclesiae fidelibus, tam nostris presentibus quam scilicet et futuris, quia vir venerabilis Elysiardus, Parisiacensis ecclesiae episcopus, nostrae innotuit serenitati, suggerentibus itaque ac intervenientibus dilectis fidelibus nostris, videlicet dulcissima conjuge Emma, atque Hugone excellentissimo duce, egregiisque presulibus, Alberone Remensis, Gibuino Cabilonensis [2], quod pro Dei omnipotentis amore et futuro ejusdem congregationis cavendo periculo, ne aliqua successorum suorum aut secularium personarum neglegentia vel parcitate, ordo in ea sede commemorata futuris temporibus perturbaret canonicus, quandam potestatem, Spedonam nomine, cum ecclesia in honore sancti Beati dicata, ac villam vocabulo Macerias, cum terris cultis et incultis, vineis, silvis, molendinis, pratis, pascuis, piscariis, aquis aquarumve decursibus, et cum omnibus inibi juste legaliterque aspicientibus, quam idem prelibatus presul Elysiardus, amore Dei ductus, tam a suo quam a successorum suorum dominio auferens, in fratrum Sanctę Mariae praefatę sedis delegavit usus, per hoc regale praeceptum stabili jure eis concederemus. Preterea humiliter exorantes petierunt ut, pro divino intuitu et pro ipsius congregationis cavenda necessitate, avorum nostrorum precepta regum, ex stipendiis ipsorum fratrum, quae in membranulis vetustissimis continebantur inserta, in hujus corpore precepti breviter accumulata, regali auctoritate reconfirmaremus ad integrum. Ob firmitatem tamen religionis, petiit

---

[1] Quoique cette importante pièce soit bien connue, nous avons cru devoir l'insérer dans notre recueil parce qu'elle n'a jamais été publiée intégralement, et qu'elle nous fournit avec la bulle de Benoît VII, imprimée ci-dessus, la plus ancienne mention de l'évêque Elisiardus.

[2] Gibuinus n'était pas évêque de Chalon-sur-Saône, mais de Châlons-sur-Marne. Le prélat qui siégeait à cette époque à Chalon-sur-Saône se nommait Raoul (voir un acte de 986, cité dans la *Gallia christ. nova*, t. IV, col. 881, où tous les deux sont nommés simultanément). Il est étrange qu'une faute de ce genre se soit glissée dans un acte original.

memoratus Elysiardus episcopus ut et claustrum ipsius congregationis, sicut ab avo nostro rege Karolo, supplicante Teudulfo, ejusdem loci episcopo, confirmatum est, jure perpetuo ac stabili ordine corroboraremus, quo, absque ullius inquietudine, tam ipsius sedis episcopi quam aliarum personarum, securi viverent, et unusquisque canonicus suam propriam domum, cum omni substantia, dare vel vendere valeat cuicumque voluerit, tantum ex fratribus, velut constitutum est a priscis temporibus. Nos vero petitioni eorum, quia necessaria et rationabilis erat, assensum prebentes, velud postulaverint fieri adjudicavimus, quatinus nulla occasione, nec rei publicae servitio, quisquam ex successoribus seu secularibus personis impedimentum in futuro eis inferre potuisset, pro quo a via rectitudinis et observatione canonica eos oberrare necesse foret, sed de deputatis sibi rebus contempti, absque necessitate et inopia, canonicum ordinem tenere, et sine prevaricatione, quantum humana sinit fragilitas, observare quivissent, ex semetipsis semper per communem omnium assensum eligentes prepositum et decanum, qui et eorundem prevideant villas et debita stipendia fratribus fideliter administrant. Quapropter statuimus atque jubemus et nostra preceptione confirmamus eis villas, quas dudum per privilegia et per precepta regum habere noscuntur, ad eorum necessitates procurandas, et metu futurorum casuum propellendo : videlicet Ondresiacum, cum ecclesia et altare omnique integritate et suis adjacentiis; Aureliacum, cum ecclesia et altare suisque appenditiis; Civiliacum, cum aecclesia et altare et omnibus inibi adjacentibus; Laiacum, Castenedum, cum ecclesia et altare omnibusque adjacentibus; Baniolum, cum ecclesia et altare ceterisque appenditiis; Fulciacum, cum ecclesia et altare et res in Larziaco et in Lotveovilla, cum omnibus ad usus fratrum pertinentibus; Cristoilum, cum ecclesia et altare, vel quidquid inibi ad predictorum stipendia pertinet. Haec enim septem altaria Parisiacae sedi attinentia predictus presul Elysiardus, ex proprio dominio, sine sua suorumque successorum venditione, nullo contradicente, stipendiis perpetualiter attribuit ipsorum fratrum : Cleriacum videlicet, Steovillam, Rosetum, Cellas et Vernou, Machelum et Samesium, Mintriacum et Mauriacum, cum ecclesiis et universis ad se pertinentibus; Viriacum, cum omnibus que videntur ad praedictorum usus fratrum aspicere, sed et medietatem nonae ac decimae, que de rebus ipsius ecclesiae, quae abstracte fuerant, ab his qui eis utuntur, accipi solent. Hanc ergo praedictam potestatem, Spedonam, et has nominatas villas, cum omnibus appenditiis et reditibus suis, ut diximus, ad omnes ejusdem congregationis necessitates et sustentacula mortalis vitae ministranda, vel quod a longo tempore ibidem sunt aspicientia, vel ad praesens aspicere videntur, aut deinceps a Deo timentibus additum vel conlatum fuerit, regali auctori[ta]te et indulgentia, hoc praeceptum confirmationis nostre stabili jure eis concedimus ac confirmamus. Precipientes ut nullus episcoporum per successiones subtrahere, minuare, aut ad usus suos retorquere, vel alicui in beneficium tribuere, neque ullum impedimentum ex praedictis rebus eis inferre, sed nec servitia ex eisdem villis exactare, neque ullas in aliqua re exactiones [inde exigere] presumant; si augere eis aliquid [plac]uerit, licitum habeant; distrahendi autem vel minuendi ea quę pro Dei statuta sunt amore, nequaquam valeant. Eo namque ordine precipimus et corroboramus, pro salutis nostrę remuneratione, et pro sanctę Dei ecclesiae statu reique publicę gubernatione, velut ab antecessoribus nostris confirmatum est, ut nullus unquam ex judicaria potestate accinctus, vel quocumque modo nullisque ingeniis, in praedictis villis aliquam judicandi potestatem inibi exerceat, neque aliquem censum, neque teloneum, neque ripaticum, neque rotaticum, neque portaticum, neque bannum, nec freda, nec ullas districtiones faciendas, nec ullas paratas requirendas, nec foraticum, nec pulveraticum, nec ullas leges faciendas, nec de liberis hominibus albanisque ac colonibus, in supradicta terra commanentibus, aliquem censum vel aliquas redibitiones accipere presumat, seu quicquid fiscus noster inde exigere aut sperare presentaliter potuerit, requirere non presumat; et si forte calliditate judicis aut alicujus persone, ipsae emunitates alicubi inruptae fuerint, priscorum lege, id est solidis DC multetur. Petimus ergo successores nostros ut hanc nostram liberalissimam concessionem ita conservent sicut ea, quę ob amorem Dei aeternamque mercedem statuerint, a suis voluerint successoribus esse servanda. Et ut hec auctoritas quam, ob dilectionem Dei et animarum nostrarum remedium statuimus, firmiorem in Dei nomine obtineat vigorem et deinceps perpetualiter inconvulsa permaneat, manibus propriis eam subterfirmavimus.

Signum Hlotharii gloriosis(*monogramme*)simi regis filiique ejus (*monogramme*) Hludovici.

Ernulfus cancellarius, ad vicem Alberonis archiepiscopi, recognovit. Actum Conpendio palatio.

   A. Original, aux Arch. nat., K. 17, n° 5ᵃ (Musée, n° 83).
   B. Copie du xɪɪᵉ siècle, aux Arch. nat., K. 17, n° 5ᵇ.
   C. Copie du xɪɪᵉ siècle, aux Arch. nat., LL. 177 (*Livre noir* de Notre-Dame), p. 113.
   D. Copie du xɪɪɪᵉ siècle, aux Arch. nat., LL. 175 (*Grand Pastoral* de Notre-Dame), p. 577.
   E. Copie du xɪɪɪᵉ siècle, aux Arch. nat., LL. 176 (*Petit Pastoral* de Notre-Dame), p. 95.
   F. Vidimus de 1309, aux Arch. nat., K. 17, n° 5ᶜ.
   G. Vidimus de février 1310, aux Arch. nat., JJ. 45, n° 7.

67

Vers 987. — Paris.

Confirmation par Hugues Capet de tous les biens et privilèges des églises.

In Dei nomine, omnibus præsentibus et futuris, Hugo, Dei gratia, Francorum rex. Cum sit dignum Deo omnia bona referre, et quæ sunt Dei Deo dare, ut divina bonitas multiplicet semen regale nostrum in sui honorem et utilitatem gentium, omnes ecclesiarum libertates, dona et privilegia firmiter et devote confirmamus. Volumus autem ut charta gloriose memorie Caroli, Francorum regis, de possessionibus Diis gentium quondam dicatis [1] et divino cultui applicandis in omnibus observetur. Qui autem de his aliquid subtrahere voluerit, vel aliquo tempore chartam hanc regalis rescriptionis violare præsumat, sentiat in omnibus rebus suis detrimentum, et partem habeat cum Sathana, principe tenebrarum. Factum hoc ad aram Beatorum Apostolorum Parisius [2], sub sigillo nostro et infra scriptorum. S. Roberti filii nostri [3]. S. Roberti de Nogeria. S. Genselini [4] Silvanectensis buticularii. S. Maurini [5] camerarii. S. Genserici [6] referendarii.

Édit. : (*a*) Dubois, *Hist. eccles. Paris.*, t. I, p. 611. — (*b*) *Gall. Christ.*, t. VII, instr. col. 219. — (*c*) *Recueil des Hist. de la France*, t. X, p. 548, d'après *b*.

68

989, 20 juin. — PARIS.

Donation par Hugues Capet, à l'abbaye de Saint-Maur-des-Fossés, d'un «mansus indominicatus» sis au lieu de Maisons.

«Data mense XII kalendas Julias, indictione II, anno II regnante Hugone rege. Acta publice Parisica urbe [7], anno incarnati Verbi D CCCC LXXXXVIII [8]».

A. Original jadis scellé aux Arch. nat., K. 18, n° 1 (Musée, n° 84).
B. Copie du XIII° siècle, aux Arch. nat., LL. 112 (Cartul. de Saint-Maur-des-Fossés), fol. 13 v°.

Édit. : (*a*) Mabillon, *De re diplomatica*, p. 576, d'après A. — (*b*) Labbe, *Alliance chronol.*, t. II, p. 547, d'après A. — (*c*) Dubois, *Hist. eccles. Paris.*, t. I, p. 604, d'après B. — (*d*) *Gall. christ. nova*, t. VII, instr., col. 23. — (*e*) *Rec. des Hist. de la France*, t. X, p. 555, d'après *a* et *d*. — (*f*) Tardif, *Cart. des rois*, p. 149, d'après A. — (*g*) *Rec. de fac-similés à l'usage de l'École des Chartes*, n° 33, d'après A.

[1] *Var.* «datis» (*a*).

[2] Ce diplôme est le premier qui ait été souscrit à Paris par un roi de la dynastie capétienne. La mention de l'autel des Saints-Apôtres, dans lequel on veut voir l'église Sainte-Geneviève, serait fort intéressante. Malheureusement le diplôme est tout entier de la plus insigne fausseté, comme les souscriptions insolites qui le terminent suffisent à le prouver.

[3] Dans les diplômes postérieurs à 987, Robert prend le titre de *rex*, c'est pourquoi tous les auteurs rangent ce diplôme à l'an 987. (*Rec. des Hist. de la France*, t. X, p. 548).

[4] *Var.* «Gemelini» (*a*).

[5] «Maurini» manque dans *a*.

[6] *Var.* «Genselini» (*a*).

[7] Ce diplôme, le seul acte émané d'Hugues Capet qui nous soit parvenu en original, est le plus ancien diplôme royal de la dynastie capétienne daté de Paris. On en connaît bien un de l'an 987, également daté de Paris (n° 67); mais, comme nous l'avons dit ci-dessus (voir la note 2), il est d'une insigne fausseté.

[8] Ce millésime ne s'accorde pas avec l'indiction II, qui correspond à l'année 989, mais on reconnaît facilement sur l'original que la date de l'incarnation est une addition au texte primitif; aussi avons-nous cru devoir nous en rapporter de préférence, pour dater ce diplôme, à l'indiction qui concorde d'ailleurs avec l'an du règne.

69

992, 31 mars. — Paris.

Accensement par Renaud, évêque de Paris, au profit d'une femme nommée Ode,
d'une terre dépendant du domaine d'Andresy [1].

Actum Parisius, pridie kalendas Aprilis, anno v regnante Hugone serenissimo rege, episcopatus nostri primo. ✠ Ego Rainaldus, Parisiorum episcopus, subscripsi. Signum Hilarii decani. Signum Adelelmi cantoris. Signum Albrici archidiaconi, etc... Ego Heldaudus, cancellarius, me presente, fieri jussi.

A. Copie du XII° siècle, aux Arch. nat., LL. 177 (*Livre noir* de Notre-Dame), p. 139.
B. Copie du XIII° siècle, aux Arch. nat., LL. 176 (*Petit Pastoral* de Notre-Dame), p. 170.

Édit.: (a) Dubois, *Hist. eccles. Paris.*, t. I, p. 606. — (b) *Gall. Christ.*, t. VII, instr. col. 24. — (c) Guérard, *Cartul. de Notre-Dame*, t. I, p. 325, d'après B.

70

995, 25 mars. — Paris.

Donation à l'abbaye de Marmoutiers, par Renaud, évêque de Paris, d'une terre voisine
de l'église Sainte-Geneviève.

NOTICIA DOMNI RAINALDI PARISIACENSIS EPISCOPI DE GILLIACO [2].

In nomine sancte et individue Trinitatis. Rainoldus, non meis exigentibus meritis, sed gratia preveniente Redemptoris, Parisiacensis episcopus, notum fieri volo omnibus coepiscopis nostris, presbyteris, diaconibus, seu cunctis utriusque ordinis, clericorum scilicet ac monacorum, tam presentibus quam et futuris, per ventura tempora succedentibus, qualiter monachi Sancti Martini Majoris Monasterii nostram serenitatem adierunt, humiliter deprecantes ut, ob amore Dei omnipotentis et sancte Marie, ejus genitricis [3], simulque prenominati confessoris Martini, et ut memoria nostra ac successorum nostrorum in eo loco perpetualiter habeatur, quandam terram de altare Sancti Stephani Parisiacensis, haut longe ab urbe, juxta ecclesiam Sancte Genovefe, eis in perpetuum possidendam concederemus. Quod ita fecimus, Burchardo comite, cui pertinere videtur, assensum prebente, eo videlicet ordine ut unoquoque anno [4] missa Sancti Martini hibernali in census solidos v persolvant, et, si neglegentes extiterint, legaliter emendent,

---

[1] Cette charte permet de fixer d'une façon certaine le commencement de l'épiscopat de Renaud.

[2] Un scribe du XV° siècle a ajouté au dos de la copie A les mots : «Pertinet ad prioratum Sancte Marie de Campis juxta Parisius.»

[3] *Var.* «genetricis» (B).

[4] *Var.* «anno» manque dans B.

et absque ulla inquietudine alicujus episcopi seu alicui homini, ab hodierna die et deince[p]s, monachi Deo inibi famulantes prefatam terram et quicquid pertinere ad eam videtur secure teneant atque possideant. Consistit [autem][1] hec terra in pago Blesiacensi, in villa quę dicitur Gilliacus, quattuor partes[2], et in Maniaco una quarta, et in villa Levirs una. Actum Parisius, xviii kalendas aprilis, anno viii⁰ regnante Hugone serenissimo rege, episcopatus nostri iii⁰.

Et ut hec descriptio majorem per tempora obtineat vigorem, coram nostris fidelibus manu propria eam subterfirmavimus, manibusque nostrorum fidelium cunctorumque canonicorum corroborandam tradidimus. Si quis autem, quod futurum non credo, post mortem nostram, aut episcopus nostro loco succedens, seu aliqua persona, contra hoc scriptum surgens, infringere conaverit, sciat se ex auctoritate Patris et Filii[3] et Spiritus sancti, et sanctorum Patrum, necnon et ex ministerio nostro excommunicatum[4]. ☩ Rainoldus, Parisiorum episcopus. Signum Burchardi comitis. Hilarius[5] decanus. Elisiernus archidiaconus. Albericus archidiaconus. Warinus archidiaconus. Huncbaldus. Ansoldus. Ermarus. Ildoldus. Adelelmus. Ingelardus. Clarenbaldus. Hutdo. Erbertus. Hildodus cancellarius hoc scriptum, se presente, fieri jussit.

A. Copie du xi⁰ siècle, aux Arch. nat., K. 18, n° 1⁴ᵃ.
B. Copie du xi⁰ siècle, aux Arch. nat., K. 18, n° 1⁴ᵇ.

71

994 ou 995. — Paris [6].

Confirmation par les rois Hugues et Robert de l'acte de fondation du monastère de Bourgueil.

«Data est haec auctoritas Parisiaco palatio, regnantibus Hugone et Rotberto regibus anno viii.»

A. Cartulaire de Bourgueil, n° 31.

Edit. : (a) Labbe, *Alliance chronol.*, t. II, p. 148, d'après A. — (b) Besly, *Histoire des comtes de Poictou*, p. 277, d'après A. — (c) *Gallia christ. vet.*, t. IV, p. 203. — (d) Labbe, *Concil. coll. max.*, t. IX, col. 742. — (e) Hardouin, *Coll. max. Concil.*, t. VI, part. I, col. 729. — (f) *Rec. des Hist. de France*, t. X, p. 563, ex schedis D. de Gaignières.

[1] Ce mot manque dans A.
[2] *Var.* «quatuor quarte» (B).
[3] *Var.* «Fili» (B).
[4] Cette phrase se retrouve, mais plus complète, dans une charte du même évêque, appartenant à l'an 1005 environ. (Voir ci-après, p. 102.)
[5] *Var.* «Ilarius» (B).

[6] Nous enregistrons ce diplôme parce qu'il nous fournit la plus ancienne mention d'un palais des rois de la troisième race à Paris. Nous avons toutefois certains doutes sur l'authenticité de cette pièce. L'insertion de la date immédiatement après la suscription nous paraît à elle seule un motif de suspicion des mieux fondés.

72

Vers 997 ou 999 [1].

Confirmation par le roi Robert des biens et privilèges de l'église de Saint-Magloire.

Consistentis in unitate Deitatis summę et incomprehensibilis Trinitatis in nomine, Robertus, Francorum rex augustus, disponente prelibate divinitatis clementia, intervenientibus reginis Adelaide, venerabili sui genitrice, cum nobilissima uxore, Berta nomine, omnibus cujuslibet ordinis sub imperio nostro degentibus liquido pateat volumus. Obnoxii Deo sanctisque ejus, dum vivimus, movemur et sumus, expedit ita pro nostri nostrorumque erratus diluvione commoveri atque meritis sanctorum imprecari, eosque incessanter exorare, quatinus per ipsorum intercessionem valeamus pacifice vivere atque post metam hujusce labentis aevi Deum deorum in Sion sanctam contemplari; quapropter congrua via, quod nobis pro commissi talenti lucro adtitulatur, reputantes quod Domino fidelibusque ejus tribuitur, inviolabile atque intemeratum persistere; simul moti misericordia pauperum et efflagitatione supradictarum honorabilium reginarum, cum assensu primatum nostrorum, fecimus pręceptum firmitatis de rebus, quas pater noster beatę memorie Hugo rex, nosque pie contulimus monachis famulantibus Christo sanctissimoque Maglorio, in urbe Parisiaca quiescenti; ubi etiam fundavimus monasterium pretaxato precipuo confessori ceterisque sanctis inibi assignatis ob illorum corpora, quę ut peregrina hospitabantur per aliorum rura. Est autem prius terra in qua ipsum situm est monasterium, et predium quod dedimus ipso die translationis sanctorum, et dicitur Villaris, cum omni integritate que ad ipsum pertinet, et capella inibi consecrata in honore sanctę Dei genitricis Marie. Item alię res quę prius datę sunt, unde prior est ecclesiola in suburbio Parisiaco, haut procul a męnibus, in honore sancti Maglorii dicata, cum terra sibi adjacenti, in qua ipsorum sepultura est monachorum. Clausus etiam vineę juxta Saveias situs, quem dedit divę memorię Hugo avus noster, ęquivocique nostri Rotberti regis filius. Item pars terre juxta Montem Martyrum, quam comes Fulco dedit. Parvus et alodus quem tribuit Willelmus, juxta eundem situs suprascriptum montem. Necnon et alodus in comitatu Mellico, qui dicitur Grandis Campus, et predium quod dicitur Alodus in comitatu Parisiacensi, secus[2] Fontiniacum. Sed et ecclesie in Pinciacensi comitatu : prima in potestate Madriaca in honore

---

[1] On range habituellement cette pièce à l'an 999 environ. Mais elle peut être un peu antérieure, car dans l'énumération fort détaillée des biens de Saint-Magloire, que contient ce diplôme, il n'est pas fait mention des terres de Guipereux et de Méré, qui furent données à Saint-Magloire par un acte daté de 997 environ. (Voir le numéro 73.) Il est vrai que ce dernier est d'une authenticité contestable. En tout cas, cette confirmation est au plus tard de l'an 1000, puisqu'on y mentionne la reine Berthe, dont Robert se sépara à cette époque.

[2] Ici s'arrête ce qu'on possède de l'original.

sancti Dionysii dicata, cum capella in Maroilo sita, in sancti Martini honore fundata. Alia in Vernoilio ecclesia, sancto Stephano dedicata, et, in eadem villa, capella sancto Hilario consecrata. Denique et ecclesiola in villa, que dicitur Sancti Leodegarii, in cujus et nomine benedicta constat. Sunt etiam mansi III, quos tenuit Riculfus in beneficio ex supradicta potestate Madreia, in episcopio Parisiaco et comitatu. Ecclesia sanctę Marię nomini sanctificata et in eodem comitatu in potestate Isiaca, vinearum atque pratorum XVIIII arpenta. Etiam in Venua, V arpenta vineae. In potestate quoque Cataronis, mansus I arabilis terre cum vinearum fœcunditate. In prædicto etiam comitatu, in villa que dicitur Montium, mansus I arabilis terrę cum vinearum ubertate. In eodem quoque territorio, supra fluvium Vigenne, dimidium maisnilum, quod dicitur Murcinetus, cum pratorum copia. Et proximo quoque maisnilum alterum, quod dicitur Sienis Villare, cum capella inibi in honore sanctę Genovefe aedeficata. In Aurelianensi quoque comitatu, alodus qui dicitur Cillianicus, cum omnibus sibi adjacentibus. Molendinum quoque Parisius in fluvio Sequanę. Item in comitatu Aurelianensi, ecclesia in villa quę dicitur Gimminiacus. Hęc omnia supradicta, vel quę deinceps a catholicis viris eidem conlata fuerint ecclesię, ob amorem Dei et reverentiam ipsorum sanctorum, confirmamus auctoritate nostra, quatenus semper sub plenissima deffensione et emunitatis tuitione corroborata permaneant: ita videlicet ut nullus ab hinc ad causas exigendas, aut freda vel tributa exigenda, aut mansiones vel paratas faciendas, vel fidejussores tollendos, aut homines ejusdem ecclesiae tam ingenuos quam servos super terram ipsorum commanentes injuste distringendos, nec ullas redhibitiones aut illicitas occasiones requirendas, nostris et futuris temporibus ingredi audeat, vel ea quae supra memorata sunt exigere presumat. Sed liceat abbati suisque successoribus res predicti monasterii, sub emunitatis nostrę defensionem, quieto ordine possidere, ad stipendia monachorum ibidem Deo famulantium, perennibusque proficiat temporibus in augmentis. Volumus etiam ut omnium episcoporum ac comitum nostrorum in hoc concordet assensus, ut idem locus semper abbatem habeat ex propria congregatione, qui ipsam casam Dei et monachos ibidem degentes cum normali honore custodiendo tractet, simulque ut nullus metropolitanus, aut aliquis suus subjectus, etiamque pontifex Parisiacus, causa alicujus ordinationis illuc ingredi presumat, nisi vocatus venerit aut ad sanctam missam celebrandam, aut ad ecclesias consecrandas, aut ad benedictiones clericorum faciendas, et quod debitum excusare non debet, qui vocatus fuerit. Et quoniam peregrini atque alienigene esse noscuntur [1], benigne, misericorditer ac pie, almis et catholicis viris semper tractari ac contueri debeant pro Christo,

---

[1] Les moines qui desservaient l'église Saint-Magloire étaient venus de Bretagne vers l'an 965, pour mettre le corps de leur saint patron à l'abri des dangers que pouvait lui faire conrir la guerre existant alors entre Richard, duc de Normandie, et Thibaud, comte de Chartres. (Dubois, *Hist.*

a quo et nos cuncti peregrinamur in mundo. Decrevimus etiam per nostri auctoritatem præcepti ut nemo super ipsos servos Dei potestatem exerceat, aut quempiam inter eos contra voluntatem ipsorum imponere tentet. Sed in eorum semper dispositione, ordinatione et electione, intus et foris, omnia consistant, quatenus servos Dei qui inibi Deo famulantur, pro nobis et stabilitate totius regni a Deo nobis concessi, proque remedio animarum eorum qui pro amore Dei et sanctorum inibi sua tradidere donaria, eorum quoque qui futuris temporibus daturi sunt premia, liceat tute atque condigne Domino preces fundere. Et hanc auctoritatem, ut firmior in Dei nomine habeatur, fidelibus quoque sancte Dei Ecclesię et nostris diligentius conservetur, manu propria subterfirmavimus, et anuli nostri impressione signari jussimus (*monogramme*).

Rotgerius cancellarius scripsit.

A. Original[1], aux Arch. départementales d'Indre-et-Loire, H. 364.
B. Copie du xi° siècle, aux Arch. départementales d'Indre-et-Loire, H. 364.

Édit. : (*a*) Martène, *Thesaurus anecdot.*, t. 1, col. 107, d'après A. — (*b*) Mabillon, *Annal. Bened.*, t. IV, p. 122, d'après *a*. — (*c*) *Recueil des Hist. de la France*, t. X, p. 575, d'après *a*.

73

997 ou 998. — Paris [2].

Donation par le roi Robert, à l'église Saint-Barthélemy et Saint-Magloire de divers biens situés à Guipereux et à Méré.

CARTA QUOMODO REX ROBERTUS DEDIT ECCLESIE VILLAM DE VALLE PETROSO, CUM PERTINENCIIS ET CONSUETUDINIBUS, CUM PLURIBUS ALIIS REBUS.

✠ Ego in Dei nomine R[obertus], gratia Dei Francorum rex, notum volo esse omnibus sanctę Dei ęcclesię cultoribus, nostrisque fidelibus tam futuris quam et presentibus, quia memor divini judicii et animę meę precessorumque meorum

eccles. Paris., t. I, p. 546 et suiv. — Cf. Mabillon, *Annal. Bened.*, t. III, p. 655.)

[1] L'original de cette pièce a été employé vers 1830 avec une série d'autres documents du x° et du xi° siècle provenant de l'abbaye de Marmoutier, à recouvrir des registres de l'État civil. Découvert en 1880 par M. de Grandmaison, archiviste d'Indre-et-Loire, il a été réintégré dans le fonds de Marmoutier à Tours. Malheureusement il n'en reste que cinq fragments, dont un assez grand.

[2] Les Archives nationales possèdent une copie de cette pièce, portant des traces de sceau, et que l'on a, jusqu'à ces dernières années, considérée comme un original. On l'a classée dans le *Musée des archives* comme le plus ancien diplôme original du roi Robert que cet établissement possède. On aurait pu cependant remarquer que l'écriture dénoterait plutôt la fin du xi° siècle que la fin du x°. Mais il y a dans le contexte même de la pièce un détail beaucoup plus important et qui aurait dû éveiller l'attention des éditeurs. L'acte est daté de la 2° année du roi Robert, c'est-à-dire de l'an 997 ou 998; or Robert étant né, suivant l'opinion commune, en 970, comment donc admettre qu'il ait pu être qualifié d'*adolescentulus*, alors qu'il

salutis, per deprecationem gloriosę genitricis meę, Adelaidis regine, et per exortationem domni Hugonis, educatoris et consiliatoris nostri, ad exaltandam et corroborandam congregationem Sanctorum Bartholomei atque Maglorii, concedimus quandam villam, sitam in loco Petrosivadi, cum omnibus appendiciis et consuetudinibus, id est bannum et viariam et omnes terras ad Mairiacum pertinentes; super hęc etiam omnia, concedimus prenominatis sanctis decimas omnium stirpetum silvę, quę dicitur Evlinę, et decimationem pasnatici totius saltus Evlinę. Si quis autem successorum nostrorum, quod omnino non credimus esse futurum, contra hunc traditionis et donationis cyrografum venire aut infringere temptaverit, divinę maledictioni et perpetuę dampnationi subjaceat, et sit pars ejus in inferno interiori cum Dathan et Abiron, Symone atque Pilato, et Juda, Domini traditore, in perpetuum. Fiat, fiat. Actum Parisius, regnante Rotberto rege, adolescentulo, in anno II, cum gloriosa matre sua, Adelaide regina.

S. Rotberti regis. S. Adelaidis regine. S. Burchardi comitis. S. Hugonis comitis. S. Ansoldi. S. Hugonis Melletensis.

A. Apocryphe, aux Arch. nat., K.18, n° 2². (Musée, n° 85).
B. Copie du XII° siècle, à la Bibl. nat., ms. lat. 13071, fol 163 v°.
C. Copie du XIV° siècle, à la Bibl. nat., ms. lat. 5413 (Cartul. de Saint-Magloire), fol. 5 v°.
D. Copie du XVII° siècle, aux Arch. nat., LL. 170 (Cartul. de Saint-Magloire), fol. 2.

74

Vers 1005 [1].

Concession par Renaud, évêque de Paris, aux chanoines de Notre-Dame, de l'autel de Saint-Merry.

SANCTI MEDERICI PRECEPTUM.

Inter cœtera apostolorum predicamenta, quibus, auctore Deo, sancta mater Ecclesia inter fluctus hujus vitæ mortalis periculos atque naufragia, instar solis radiorum, perseverat prefulgida, vera karitas et fraterna conpassio, maxime per ecclesiasticum ordinem, ut vocę et operę prediccętur oportet. Unde et Apostolus.

---

devait être âgé de 27 ou 28 ans? M. Boutaric, qui a publié la pièce dans le *Musée des archives* (p. 58, n° 85), tourne la difficulté en rejetant l'opinion des Bénédictins, qui fixent la naissance de Robert à l'an 970. Mais si même on rejette cette date, il n'en est pas moins certain que Robert ne pouvait être appelé *adolescentulus* en 997 ou 998, puisqu'il était déjà marié depuis deux ou trois ans. Nous n'hésitons donc pas à partager l'opinion des auteurs du *Recueil des fac-similés à l'usage de l'École des chartes*, n° 35, qui ont déclaré cette pièce fausse, sans malheureusement faire connaître les motifs de leur opinion.

[1] Nous laissons à cette charte la date de 1005 environ, que lui ont donnée la plupart des auteurs qui l'ont publiée ou citée (Guérard, *Cart. de Notre-Dame*, t. I, p. 317); mais elle pourrait être un peu antérieure.

necessarios alimoniæ sumtus a fratribus suscipiens, istius conpassionis fonte animatus, aït : « Vos benefecistis communicantes necessitatibus meis », et in alio loco : « Si conpatimur, et conregnabimus », et iterum : « Alter alterius honera portate, et sic adimplebitis legem Christi. » His atque aliis sanctorum Patrum eruditionibus fretus, in nomine sanctæ et individuę Trinitatis, Rainoldus, non meis exigentibus meritis, sed gratia pręveniente Redemptoris, Parisiacensis episcopus, notum fieri volo omnibus coepiscopis nostris, presbiteris, diaconibus, seu cunctis utriusque ordinis, clericorum scilicet ac monachorum, tam presentibus quam et futuris, per ventura tempora subcedentibus, qualiter canonici Sanctæ Mariæ Parisiacæ sedis nostram serenitatem adierunt, humiliter deprecantes ut, ob amorem Dei omnipotentis et sanctæ Mariæ, ejus genetricis, atque sancti Petri apostoli et sancti Mederici confessoris, et ut memoria nostra ac successorum nostrorum in eorum loco perpetualiter habeatur, quoddam altare in honore sancti Petri et sancti Mederici dedicatum, in suburbio Parisius, eis in perpetuum possidendum concederemus; quod ita et fecimus, archidiacono nostro Elisiardo, ex cujus ministerio est, assensum prebente; eo videlicet ordine ut, quamdiu Herbertus, noster canonicus, advixerit, prefatum altare teneat; post discessum vero ejus, canonicis Sanctæ Mariæ perpetualiter concedo, absque alicujus contradictione, vel donacione seu vendictione; et ut nunquam amplius nobis, seu posterioribus nostris, aliquid debitum vel servicium persolvent, nisi tantum eulogias; sed absque ulla inquietudine alicujus episcopi seu archidiaconi, ab odierna die et deinceps supradicti canonici Sanctæ Mariæ prefatum altare cum ecclesia, et quicquid ad eum pertinere videtur, secure teneant atque possideant. Et ut hec descripcio majorem per tempora obtineat vigorem, coram nostris fidelibus et sancta sinodo, manu propria eam subterfirmavimus, manibusque archidiaconorum nostrorum ceterorumque clericorum corroborandam tradidimus[1]. Si quis autem, quod futurum non credo, post mortem nostram, aut episcopus nostro loco succedens, seu archidiaconus, vel aliqua persona, contra hoc scriptum surgens, infringere conaverit, sciat se, ex auctoritate Patris et Filii et Spiritus sancti et sanctorum Patrum, necnon et ex ministerio nostro, excommunicatum, sitque ei pars cum Dathan et Abiron in inferno exteriori, ibique claudatur picæo caverno, nisi resipuerit, et ad emendationem seu satisfactionem, ante altare Sanctæ Mariæ, cujus dominio traditum est, penitendo confugerit.

☧ Rainoldi, Parisiorum episcopi.

    A. Original, aux Arch. nat., K. 18, n° 8².
    B. Copie du xii° siècle, aux Arch. nat., LL.177 (*Livre noir* de Notre-Dame), p. 82.
    C. Copie du xiii° siècle, aux Arch. nat., LL.176 (*Petit Pastoral* de Notre-Dame), p. 159.

---

[1] La phrase qui suit se retrouve presque textuellement dans une autre charte du même évêque datée de 995. (Voir ci-dessus, n° 70.)

75

1006, 30 avril. — PARIS.

Confirmation par Renaud, évêque de Paris, de la donation d'une prébende dans l'église de Paris, faite par son prédécesseur, Énée, à l'abbaye de Saint-Maur-des-Fossés [1].

RAINOLDI EPISCOPI PRIVILEGIUM DE PREBENDA PARISIENSI ET PROCESSIONE QUADRAGESIMALI.

In nomine sanctę et individuę Trinitatis.

Noverint universi, tam presentes quam posteri, quod ego Rainaldus, Dei gratia Parisiorum episcopus, assensu omnium archidiaconorum ceterorumque clericorum nostrorum, prebendam quam Fossatensis ęcclesia integerrime ab antecessore nostro beatę memorię Aenea in sede nostri episcopatus, sibi dudum traditam [2], possidebat, Deo cooperante, prefatę monachis ęcclesiae annuerim, ita quidem ut quotienscunque praefatę abbas ęcclesię, qui nunc preest, Hildebertus, aut ejus successores, vicarium pro se in ęcclesia Beatę Marię serviturum posuerint, nullam a nobis alium eligendi licentiam requirant, sed potestatem habeant et licentiam dandi eam cui clericorum voluerint, assensu tamen sui capituli. Instituimus denique et prorsus jubemus ut idem clericus in Fossatensi eam capitulo requirat et de manu abbatis illam recipiat; ea autem suscepta, ab uno fratrum Fossatensium, cui ab abbate jussum fuerit, ad capitulum Beatae Marię die alia adducatur, atque decano tantum fratrumque communi conventui praesentetur, qui mox ab ipso decano introducatur et ab aliis, velut unus nostrum, in conventu devote suscipiatur. Susceptus autem, nil muneris nilque praemii in recompensatione tantę gratię ab eo exigatur, neque fratrum pastus qui communiter ab omnibus datur. Decernimus itaque ut clericus, de quo agimus, bis per annum ad Fossatense cęnobium veniat, ad festum scilicet apostolorum Petri et Pauli, III° kalendas julii, et ad transitum beati Mauri, XVIII° kalendas februarii. Qui, si dissimulata incommoditate aliqua, non venerit et tardus neglegensque, nisi abbatis licentia, remanserit, ab eo vel ab ejus monitus nuncio, ad Fossatensem accedat abbatiam et lege emendet hanc neglegentiam. Si autem, aliqua vi aut temeritate fisus, emendare noluerit, tunc abbas utatur illo judicio quo ego ipse uterer super Beatę Marię canonico, hoc si quidem agi diffinimus nostro consilio. Igitur, cum ab hac instabili luce isdem vicarius Fossatensium migraverit, fratres et canonici ęcclesię Beatę Marię sepulturę eum tradant, ita tamen si in nostro vitam habitu finierit.

---

[1] Cette pièce offre peu d'intérêt au point de vue purement parisien. Nous avons cru toutefois devoir la donner, parce qu'elle ne paraît pas avoir été jamais publiée d'après l'original, et que les listes de noms qui la terminent et qui nous font connaître la composition du clergé de Notre-Dame au commencement du XI° siècle sont encore inédites.

[2] Voir le texte de cette donation, sans doute restitué au XI° siècle, ci-dessus, n° 48.

Dignum est etenim ut, quorum consortium vivendo adipiscitur, eorum officio et moriendo terrę commendetur.

Processionem denique illam, quam annuatim jamdictus predecessor noster in quadragesima agi disposuit, iiii^ta scilicet feria post dominicam quę Christi praetitulatur Passioni, in monimentum illius processionis quam Christi dilecto confessori Mauro exhibuit, die qua primum receptus est a Fossatensibus, sicut in quodam suo invenimus scripto, et nos similiter nostris sequacibus indicimus ut, cujus semel in anno membra revisimus, ejus praecibus et meritis assidue muniamur. Quicunque ergo nostrorum ad eam venerint processionem, nullam ibi sumant refectionem, sed sol[a k]aritate quę multitudinem peccatorum [operit] illuc benigne abeant, atque, sibi alternatim benedictione benignius data, ad propria jejuni redeant.

Prefatę vero abbas ęcclesię suique fratres [in remune]ratione hujus doni nullum nobis [nec] nostris sequacibus reddant debi[tum], neque Parisiensi ęcclesię aliquod inde unquam faciant obsequium. Quod si aliquis, ab hac die usque ad ultimum hujus seculi diem, a Fossatensi ęcclesia vel ab ejus monachis quicquam ob hoc extorquere presumpserit, ęternę maledictioni et perpetuę dampnationi subiciatur, nisi resipuerit et ad emendationem venerit. Ut autem hoc donum firmum et inconcussum permaneat, scripto mandavimus scriptique kartam istam propria manu firmavimus, ac manibus canonicorum nostrorum firmandam tradidimus, et in signum firmitatis perpetuę nostro sigillo signari praecepimus.

☧ Signum Rainaldi episcopi. Signum Ylarii decani. Signum Adelelmi praecentoris. Signum Alberici archidiaconi. Signum Lisierni archidiaconi. Signum Warini archidiaconi. Signum Gisleberti sacerdotis. Signum Ernaldi sacerdotis. Signum Udonis sacerdotis. Signum Ermenrici sacerdotis. Signum Tetboldi sacerdotis. Signum Ingelardi sacerdotis. Signum Willelmi sacerdotis. Signum Gozberti levitę. Signum Gonhardi levitę. Signum Herberti levitę. Signum Petri levitę. Signum Odonis levitę. Signum Gausfridi levitę. Signum Goscelini levitę. Signum Warmundi levitę. Signum Burcardi subdiaconi. Signum Warini subdiaconi. Signum Durandi subdiaconi. Signum Bernardi subdiaconi. Signum Arraudi subdiaconi. Signum Lamberti accolite. Signum Ivonis accolite. Signum Fulconis accolite.

Actum publice Parisius, in capitulo Sanctę Marię, anno Incarnationis Dominicę [millesimo vi°], indictione iiii, epacta [xviii] concurrente i, regnante Rotberto rege anno xx, nostri vero episcopatus xvi, pridie kalendarum maiarum.

Anselmus cancellarius scripsit.

Si quis hoc scriptum violaverit, anathema sit. Amen.

<small>
A. Original, aux Arch. nat., K. 18, n° 2° (Musée, n° 89).
B. Copie du xiiie siècle, aux Arch. nat., LL. 112 (*Livre noir* de Saint-Maur-des-Fossés), f° 17.
C. Copie de l'an 1284, aux Arch. nat., LL. 114 (Cartul. de Saint-Maur-des-Fossés), f° 236.
D. Copie du xve siècle, aux Arch. nat., LL. 115 (Cartul. de Saint-Maur-des-Fossés), f° 78.
E. Copie du xvie siècle, aux Arch. nat., LL. 116 (Cartul. de Saint-Maur-des-Fossés), p. 91.
</small>

76

1006, 3 décembre. — ROME.

Confirmation par le pape Jean XVIII de l'abandon au chapitre de Paris, par l'évêque Renaud [1], de tous droits sur l'hôpital Saint-Christophe [2].

DE SANCTI CHRISTOFORI XENODOCHIA EXEMPLAR.

Johannes episcopus, servus servorum Dei.

✠ Clara illustrisque priorum et prescia futurorum vigilantia et prolixa antiquitatis diligentia providis prudentię oculis omni auctoritate dignissimum instituit ut quicquid, pro cujusque commoditatis oportunitate et altioris negotii ratione, novandum aut immutandum videretur esse, scriptis et annalibus sollicite adhibitoque ratum fieret stare. Quapropter ego Raginaldus, pace Superni, ferula pastoralitatis Parisiorum moderator, et dicentis illius non surdus auditor : « Quod possumus unusquisque viribus, in domo Dei laboremus »; tum vero caulis dominici ovilis non tam preesse quam prodesse sollicitus, premiis et spe retributionis ęternę inductus, notum esse volui omnibus catholicę fidei cultoribus, tam succedentibus scilicet quam et presentibus, primores canonicę religionis Parisiacę sedis tribunal numinis vel mansuetudinis convenisse nostri, non indigna pacto rogandi videlicet quatinus medietatem hospitalis Sancti Cristofori, pertinentem hactenus presulum ditioni, ad solvendam unitatis integritatem, illorum medietati adiceremus. Quibus assensum prebendo, benigne impendentes favorem, commodum fecimus eorum satisfieri votis; et concedendo eis, spectabilium presentia utriusque ordinis personarum et reipublice frequentia cętus, ob sempiternę remunerationis vicem, obtulimus predictam hospitalis medietatem, quam, vice beneficii, domnus Li-

---

[1] Jaillot (*Recherches sur Paris*, t. I, quartier de la Cité, p. 105) prétend que Renaud aurait fait cette donation au mois de décembre 1002, et qu'elle aurait été confirmée par le pape Jean XVIII, en 1007. Mais nous ne possédons pas d'acte de Renaud à la date indiquée et tout porte à croire que Jaillot a vu deux actes là où il n'y en a qu'un seul, c'est-à-dire celui que nous donnons ici.

[2] Nous ne croyons pas que cet acte ait jamais été suspecté, ce qui doit tenir à ce que tous les éditeurs l'ont donné d'après le *Petit pastoral*. Mais, s'ils avaient recherché le texte même dont s'est servi le copiste du *Petit pastoral*, la fausseté du document leur eût sauté aux yeux. Ce texte, en effet, n'est pas un original; c'est une copie du commencement du XIIe siècle, dans laquelle on remarque que la suscription du pape : « Johannes episcopus servus servorum Dei » a été ajoutée après coup. Le contexte même de l'acte aurait d'ailleurs dû suffire à mettre les éditeurs en garde. Les mots : « Quapropter ego Reginaldus » et la signature de Renaud à la fin de l'acte prouvent que, sous sa forme première, cette pièce n'était pas une bulle, mais une charte émanée de l'évêque de Paris; on a voulu en faire un acte pontifical en y ajoutant le nom du pape et en transformant la date. Malgré ces interpolations bien faites pour éveiller les soupçons, cette prétendue bulle a été admise par tous les critiques, et elle figure à son rang dans les *Regesta pontif. roman.* de Jaffé (2ᵉ édit. t. I, p. 502).

siernus archidiaconus ex nobis hactenus tenuisse videtur, ut habeant utrasque medietates ad omnem integritatem, nunc et deinceps, predicti canonici Sanctę Marię Parisiacensis ęcclesię, post excessum domni Lisierni archidiaconi, absque omni controversitate et inquietudine ac omni departicione, nec teneantur obnoxii de hac causa cuique successorum nostri, per ullius redibitionem officialitatis aut servitii. Hujus autem ut auctoramenti testificatio inconvulsa et indissolubili sublimitate et frequentia sanctę synodis roborari decrevimus, quod et, Deo annuente, peregimus, subsignando et imponendo primitus manus. Si quis vero callidus impositor et ęcclesiasticę auctoritatis vipereus anfractor adnullare vel testamentum conatus fuerit, ire et maledictioni sanctę et individuę Trinitatis subjaceat, et sulfureis vorticibus Cociti demersus, profundis inferorum tenebris perpetuo conquiniscat et contabescat, sitque illi pars cum Datan et Abyron, Symone mago, Juda traditore Domini atque Pylato, et cum omnibus qui dixerunt Domino Deo : « Recede a nobis, scientiam viarum tuarum nolumus. » Datum III nonas decembris, per manus Petri, abbatis et cancellarii sanctę Apostolicę sedis, anno III pontificatus domini Johannis octavi decimi et universalis papę in sacratissima sede beati Petri apostoli, indictione v[1].

✠ Rainaldi, Parisiorum episcopi.

A. Apocryphe du xii° siècle, aux Arch. nat., L. 218.
B. Copie du xii° siècle, aux Arch. nat., LL. 177 (*Livre noir* de Notre-Dame), p. 32.
C. Copies du xiii° siècle, aux Arch. nat., LL. 176 (*Petit Pastoral* de Notre-Dame), p. 15 et 142.

77

1007, 1er janvier. — Paris.

Renonciation par le roi Robert, en faveur de l'abbaye de Saint-Magloire,
à tous ses droits sur le village de Charonne.

In nomine sanctę et individue Trinitatis. Robertus, summi adquę aeterni regis auxiliante clementia Francorum rex. Quoniam omnipotens Deus sua gratuita benignitate nos super sedem populi sui sublimare dignatus est, ut ejus inmaculatae ęcclesiae, cujus ipse est sponsus et speciosus forma pre filiis hominum et altissimus omnium regum rex, arcem tuendo, regendo adquę custodiendo, proceres et capita simus idonea, oportet nos eidem inermi ac viribus deficienti, utpote quę gladio

---

[1] Le pape Jean XVIII fut consacré le 25 décembre 1003; cette pièce serait donc du 3 décembre 1006. L'indiction de cette année était IV et non pas V. Mais, s'il faut en croire Jaffé (*Regest. pontif. rom.*, 2° édit., t. I, p. 501 et suiv.), Jean XVIII, comme les autres papes de cette époque, faisait commencer l'indiction au 1er septembre; c'est donc bien l'indiction v qu'il faut ici.

caret ferri, fulget autem nimium prudentibus terribili mucrone verbi, jugiter in omnibus quibuslibet seriis pro posse subvenire, ejusque famulis muneribus ac beneficiis conciliari, ut, cum defecerimus, recipiant nos in aeterna tabernacula, necnon cum eis ipsorum mercedem recipiamus, qui vires eis prebuimus ne deficerent in famulatu Christi. Quocirca noscat omnis nostro dominio subditus, noscant et omnes nobis successuri quoniam, multam a Deo sperantes clementiam adipisci, futura malos prestolantia fugere supplicia, immo perpetua omnimodis optantes cum omnibus electis captare premia, quasdam nostrae proprietatis res, hactenus nostro victui famulatas, Deo et Sancto Maglorio concedimus, omnia scilicet quae usque nunc in villa quae nuncupatur Cadorona tenere visi sumus, pabula videlicet canum ac prepetum, atque ipsorum custodum commoditates, bannos, furta, familiam, et quicquid in nostra manu tenere videbamur. Omnes ergo qui in hac vita degunt, quique post hanc successuri sunt lucem, per illam quam expectamus vitam omnimodis convenimus et obtestamur ut ne quid eorum quae Deo et Sancto Maglorio concessimus auferre audeant, sed cum omni integritate et absque ulla perturbatione secure et quiete ipsa bona monachi illius loci teneant atque possideant. Si quis autem cupiditate permotus quicquam abstulerit, sit ab omnium christianorum longe remotus consortio atque perpetuo multatus incendio cum eis qui dixerunt: « Hereditate possideamus sanctuarium Dei ». Ut vero hujus testamenti litterę potiori vigeant auctoritate, eas propria manu roborantes sigilli nostri impressione sigillari jussimus. Actum Parisii palatio nostro, kalendis januarii, anno xx regni nostri [1], indictione v^{ta}.

A. Copie du xiie siècle, à la Bibl. nat., ms. lat. 13701 (anc. Harlay, n° 485), fol. 166.
B. Copie du xviie siècle, à la Bibl. nat., ms. lat. 17191, fol. 68, d'après A.

78

1008, 25 janvier. — Saint-Denis.

Confirmation par le roi Robert de l'immunité accordée par ses prédécesseurs à l'abbaye de Saint-Denis.

In nomine sanctae et individuae Trinitatis, Robertus, divina ordinante clementia rex Francorum semper augustus. Sicut omnium bonorum..... Huic etiam immunitati ipsos eosdemque terminos imponi censemus, qui in privilegio domni Dagoberti, serenissimi regis, quod de fugitivis ad idem coenobium idem gloriosus rex fecit, prescripti sunt, id est usque ad eum locum quo ad eandem aecclesiam tendentes, Tricenam pontem ingrediuntur, necnon etiam usque ad Montem Martyrum, ubi ipse precellentissimus Domini testis agonem suum feliciter explevit,

---

[1] Pour faire concorder l'indiction et l'an du règne, il faut admettre que les années du règne de Robert sont ici comptées de son association au trône, c'est-à-dire du 25 décembre 987.

similiterque usque ad viam publicam quę ad Luperam ducit [1]..... Ut vero ipsa sancta congregatio pro nobis, et filio nostro Hugone, et omni nostra progenie, et pro omni imperio nostro, Domini misericordiam et ipsorum sanctorum valeant attentius exorare, et hęc nostrę confirmationis constitutio pleniorem vigorem debeat habere, hanc auctoritatem nostram, juditio episcoporum qui interfuerunt, in Dei nomine, subtersignavimus et de sigillo nostro insigniri jussimus.

Lethericus, Senonum archiepiscopus, subscripsit. Hugo, archiepiscopus Turonorum, subscripsit. Fulbertus, Carnotensium episcopus, subscripsit.

Adalbero, Laudunensium episcopus, subscripsit. Fulco, Aurelianensium episcopus, subscripsit. Rogerius, Belvacensium episcopus, subscripsit. (*Monogramme*) [2].

Fulco, Suessionensium episcopus, subscripsit. Frotmundus, Trecassinorum episcopus, subscripsit. Fulco, Ambianensium episcopus, subscripsit.

Gislebertus, Meldensium episcopus, subscripsit. Wido, Catalaunensium episcopus, subscripsi. Robertus, Silvanectensium episcopus, subscripsi.

Balduinus, Taruanensium episcopus, subscripsi. Reginardus notarius, vice Abbonis episcopi et summi cancellarii, recognovit et subscripsit.

Data octavo kalendas februarii, indictione xi, anno primo regnante R[otberto] rege glorioso [3]. Actum monasterio Sancti Dyonisii, in Dei nomine feliciter. Amen.

A. Original scellé, aux Arch. nat., K. 18, n° 2.
B. Copie du xiii° siècle, aux Arch. nat., LL. 1157 (*Cartulaire blanc* de Saint-Denis), fol. 45 r°.

Édit. : (*a*) Duchesne, *Hist. généal. de la maison de Montmorency*, pr. p. 9, d'après B. — (*b*) Doublet, *Hist. de l'abbaye de Saint-Denys*, p. 822, d'après A. — (*c*) Félibien, *Hist. de l'abbaye de Saint-Denys*, pr. p. 82. — (*d*) *Recueil des Hist. de la France*, t. X, p. 592, d'après *b*. — (*e*) Tardif, *Cartons des Rois*, p. 156, d'après A.

---

[1] On peut comparer les limites indiquées dans ce passage avec celles que donnent : 1° une charte de l'évêque Landry, de l'an 652 (voir ci-dessus, n° 10); et 2° un diplôme de Dagobert de l'an 632 (Pardessus, *Diplomata*, t. II, p. 13), dont la fausseté est si généralement admise, que nous avons cru inutile de l'enregistrer.

[2] Les souscriptions sont disposées sur cinq colonnes, le monogramme royal est placé entre la seconde et la troisième.

[3] La date de ce diplôme soulève quelques difficultés. La plupart des éditeurs l'ont lue : « Indictione xi, anno 1° regnante Roberto rege glorioso. » Or la première année du roi Robert se termine au plus tard le 24 octobre 997, anniversaire de la mort de son père, le diplôme serait donc du 25 janvier 997. Mais l'an 997 correspond à l'indiction x et pour accorder l'indiction et l'an du règne, il faudrait supposer que la chancellerie du roi Robert comptait les indictions du 1er janvier 312. Labbe, qui a publié un fragment de ce diplôme dans son *Alliance chronologique*, t. II, p. 551, a préféré corriger l'an du règne, et a fixé cette pièce au 25 janvier 998. Mais cette date, pas plus que celle de 997, ne saurait concorder avec une partie des faits énoncés dans le texte de l'acte. Ainsi, on y mentionne Hugues, le fils aîné de Robert. Or, non seulement ce prince n'était pas encore né à cette date, mais sa mère, la reine Constance, n'avait pas encore épousé le roi Robert. D'autre part, les souscriptions inscrites au bas de l'acte ne peuvent s'accorder ni avec l'an du règne, ni avec l'indiction. Elles ne peuvent convenir qu'à une seule année, qui est 1008. En effet, on y trouve le nom de Fulbert, qui ne devint évêque de Chartres qu'en septembre 1007, et ceux de Gilbert, évêque de Meaux, qui mourut en février 1009, et de Guy, évêque de Châlons, mort en 1008 ou 1009 au plus tard. On remarquera de plus que toutes ces signatures, sans exception, se retrouvent absolument dans le même ordre au bas d'un diplôme accordé par Robert à l'abbaye de Saint-Denis, pendant le synode tenu à Chelles au mois de mai 1008. (Tardif, *Cartons des Rois*, n° 250, p. 158). Il est à coup sûr étonnant de

79

Vers 1010.

Confirmation par le roi Robert des privilèges et possessions des chanoines de Sainte-Geneviève.

In nomine sanctę et individuae Trinitatis. Rotbertus, gracia Dei Francorum rex serenissimus. Si precibus canonicorum, quando pro suis vel ecclesiarum sibi commissarum necessitatibus aliquid nos petere voluerint, aurem libenter accommodamus, eorumque justas petitiones ad optatum effectum perducimus, non solum regiam consuetudinem in hoc exercemus, sed eosdem canonicos ad Domini misericordiam pro nobis exorandam promptiores atque devotiores facimus. Igitur omnium sancte Dei Ecclesiae fidelium nostrorumque, tam presentium quam futurorum, noverit industria quoniam, adientes serenitatis nostrae pręsentiam, dilecti nostri ex monasterio Sanctorum apostolorum Petri et Pauli et Sanctę Genovefę virginis [1] canonici, humiliter deprecati sunt quatinus sibi, inibi Domino famulantibus, ex claustro et ex omnibus ad suas villas vel res pertinentibus, necnon de prębendis atque pręfecturis, hoc pręceptum nostrę auctoritatis fieri juberemus, ita ut omnia supradicta, sine cujuslibet personae inquietudine, jugiter quiete optineant; quod nos libenter annuimus et petitionibus eorum diligenter adquievimus. Volumus itaque ut omnium fidelium nostrorum in hoc concordet assensus, ut eundem locum clericalis ordo, sub cujus regimine a primordio fuerat traditus, obtineat per omne pręsentis vitae tempus, secundum regulam canonicalem, semperque decanum habeat ex propria congregatione, qui ipsam ecclesiam et famulos Christi ibidem degentes canonicali religione custodiat. Decrevimus etiam, per nostri auctoritatem pręcepti, ut nemo super ipsos canonicos injustam potestatem exerceat, aut quempiam eis temere, contra voluntatem ipsorum, eis imponere temptet; sed in eorum justa ordinatione et electione omnia ibidem pertinentia consistant, quatinus ipsi, qui inibi Domino famulantur, orantes pro nobis et stabilitate totius regni a Deo nobis commissi, proque remedio animarum eorum qui pro amore Christi et sanctorum illic sua tradidere donaria, eorum quoque qui futuris temporibus quippiam facul-

---

trouver deux actes écrits à quatre mois de distance (25 janvier-17 mai) et portant les souscriptions des treize mêmes personnes, alors surtout qu'il s'agit d'évêques que mille motifs devaient rappeler dans leurs diocèses. Enfin, la signature du chancelier et la date paraissent copiées littéralement sur un diplôme accordé par Robert Ier en 923, à la même abbaye. (*Rec. des Hist. de la Fr.*, t. IX, p. 559.) Ces considérations, auxquelles s'en pourraient joindre d'autres moins importantes, ne permettent guère d'admettre l'authenticité de l'acte, quoique nous en possédions un exemplaire scellé, que l'on a toujours considéré comme un original, et que ses caractères extrinsèques semblent, à première vue, mettre à l'abri du soupçon.

[1] Cette pièce est, avec le testament d'Ansegise, le plus ancien document qui donne le nom de Sainte-Geneviève à l'ancienne abbaye de Saint-Pierre et Saint-Paul. (Voy. Féret, *L'abbaye de Sainte-Geneviève*, t. I, p. 35.)

tatum suarum daturi sunt, sine aliqua injuria, ecclesiastica officia adimplere valeant. Et hanc auctoritatem, ut firmior, in Dei nomine, habeatur, a fidelibus quoque sanctae Dei Ecclesiae et nostris diligentius conservetur, manu propria subterfirmavimus et sigilli nostri impressione signari jussimus. (*Monogramme.*)

Rainoldi, Parisiorum episcopi, subscripsit.

Franco, cancellarius palatii, recognovi.

Ego Giradus, Dei gratia, Hostiensis episcopus, sanctę Romanę ecclesię legatus, legi et subscripsi.

Ego Rembaldus, apostolicę sedis legatus, manu mea subscripsi [1].

A. Original avec traces de sceau, aux Arch. nat., K.18, n° 9 (Musée, n° 91).
B. Copie du xiii° siècle, à la Bibl. Sainte-Geneviève, El. 25 (Cartul. de Sainte-Geneviève), p. 66.

80

1014, 11 novembre. — ORLÉANS.

Confirmation par le roi Robert d'une donation faite aux chanoines de Saint-Denis-de-la-Chartre, de sept manses et demie à Fourches, dans le Parisis.

FURCAS.

In nomine sanctę et individuę Trinitatis. Rotbertus, divina propitiante clementia rex. Si fidelium nostrorum justas benignę petitiones suscipimus easque ad pium effectum prosperando perducimus, hoc sine dubio agimus unde communis utilitas profectum suscipiat, regiaque celsitudo firma et stabilis atque gloriosa omnimodis ubique consistat. Cunctorum igitur sanctę Dei Ecclesię fidelium, tam presentium quam etiam futurorum, nostrorum quoque industria successorum noverit quoniam, adiens nostrę serenitatis genua, quidam nostrorum militum, nomine Ansoldus, et uxor sua Reitrudis, sumissa prece petiit quatinus Sancti Dionisii de Parisiaco Carcere [2] canonicis, inibi Deo famulantibus, assensu Rainoldi, Milidunensis pagi comitis et Parisiacae sedis episcopi, septem mansos et dimidium qui sunt in comitatu Parisiaco, in villa quę dicitur Furcas, sub auctoritate precepti perpetualiter concederemus. Placuit nostrę excellentię his annuere precibus, et, sicut ipse poposcit, de septem mansis et dimidio predictis Sancti Dionisii canonicis regale preceptum statuimus habendum. Ipsos autem vii mansos et dimidium, cum mancipiis et universis eorum appendiciis, per succedentia tempora, Domino adjuvante, sine aliqua diminutione vel abstractione, teneant ac absolute

[1] Ces deux dernières signatures ont été ajoutées postérieurement à la rédaction de l'acte, mais elles paraissent être d'une écriture contemporaine.

[2] Cet acte est le plus ancien qui mentionne l'église Saint-Denis-de-la-Chartre. (Voir Jaillot, *Recherches sur Paris*, t. I, quart. de la Cité, p. 70).

secure possideant, nemine inquietante. Si quis autem, quod minime venturum esse credimus, contra istius precepti auctoritatem presumptive temptaverit insurgere, ipse et petitio ejus adnullata coram regia majestate maneat, et, coactus judiciaria potestate, auri xx libras componat, et quod repetit nullo modo vindicari valeat, sed presens precepti auctoritas firma aeternaliter subsistat. Et ut hęc nostrę auctoritatis concessio firma et stabilis perpetualiter maneat, manu propria subterfirmavimus et sigilli nostri impressione insigniri delegavimus. (*Monogramme.*)

Franco, cancellarius palatii, subscripsit.

Actum palatio Aurelianis, iii idus novembris, anno viiii x (*sic*), regnante Rotberto gloriosisimo rege.

A. Original scellé, aux Arch. nat., K. 18, n° 8.

81

Vers 1014. — ORLÉANS.

Confirmation par le roi Robert de la donation du village de Limoges-en-Brie faite aux chanoines de Saint-Denis-de-la-Chartre (canonicis Sancti Dionysii de Parisiaco Carcere), par Ansoldus et sa femme Reitrudis, avec le consentement de Renaud, évêque de Paris [1].

A. Original avec traces de sceau, aux Arch. nat., K.18, n° 7.

Édit. : (*a*) Marrier, *Monast. regalis S. Martini de Campis hist.*, p. 313, d'après A. — (*b*) Félibien, *Hist. de Paris*, t. III, p. 58, d'après *a*. — (*c*) *Rec. des Hist. de la France*, t. X, p. 596, d'après *a*. — (*d*) Tardif, *Cartons des Rois*, p. 161, d'après A.

82

Vers 1020.

Lettre de Fulbert, évêque de Chartres, au roi Robert, au sujet de l'élection de Franco à l'évêché de Paris.

EPISTOLA FULBERTI, CARNOTENSIS EPISCOPI, DE FRANCONE EPISCOPO PARISIENSI.

Benignissimo domino suo regique R[otberto], F[ulbertus] humilis sacerdos, si qua potest, orationis suffragia.

Ex parte celsitudinis vestrę dictum est quod domnum Franconem Parisiacens ecclesię dare vultis episcopum, et ad hoc peragendum nostrę humilitatis habere

---

[1] Cette pièce n'est malheureusement pas datée, mais elle est forcément antérieure à l'an 1016, date de la mort de l'évêque Renaud. Elle doit donc être à peu près contemporaine de la précédente, et nous fournit ainsi une des plus anciennes mentions de l'église Saint-Denis-de-la-Chartre.

favorem. Nobis autem videtur quia, si episcopus⁽¹⁾ de quo agitur aptus⁽²⁾ est clericus, est obtime litteratus et ad sermonem faciendum agilis, in qua re omnes episcopos decet esse, non minus quam in operatione, potentes atque discretos, unde si hoc fieri posse canonice domni archiepiscopi Senonensis et coepiscorum nostrorum probavit sagacitas, nostrum ętiam, qui de hac discussione appellati non fuimus, habeatis⁽³⁾ assensum. In nullo⁽⁴⁾ enim quod bonum sit coram Deo vestrę voluntati nitimur contraire. Vigeat excellentia vestra⁽⁵⁾.

A. Copie du xi⁰ siècle, à la Bibl. nat., ms. lat. 14167 (ancien Harlay, n° 377), fol. 7 v°.
B. Copie du xii⁰ siècle, à la Bibl. nat., ms. lat. 2872, fol. 20 r°.

83

Vers 1020.

Lettre de Fulbert, évêque de Chartres, au sujet de l'abdication d'Azelin⁽⁶⁾, évêque de Paris, et de l'élection de Francon.

Venerabili fratri et coepiscopo F[ranconi]⁽⁷⁾, F[ulbertus] salutem.

Superfluum duxi longuam fabulam nostri senis transcribere et mittere tibi, cum totam rationem ejus, si qua est, ex mea brevi responsione facile percipere possis, quę fuit hujusmodi: [Venerabili]⁽⁸⁾ fratri in Domino et consacerdoti suo A. F[ulbertus]. Absit, frater, ut credatur verum esse quod scripsisti, meum archipraesulem et me tuam confessionem publicasse; non est ęnim verum, tuque, dum talia scribis, bene meritis de te ingratus es et⁽⁹⁾ injuste contumeliam facis. Si qua ęnim honesta tua novimus aut speravimus, fideliter ea publicavimus, ad testimonium tuę probitatis, contra illos maxime qui discessionem tuam ab episcopatu, avaritię, vel ignavię, vel turpitudini adscribere nitebantur. Si qua vero occulta, que penitenda forent, nostrę fidei credidisti, cautę cęlata sunt. At si talia confessus es, quę prius et postmodum ore vulgi ventilata sint, ea nos occultare nequimus. Comperi autem ex litteris tuis tibi molestum esse, quod te monasticę vitę diximus amatorem; quod, quia nocere non intelligo, molestum esse demiror.

⁽¹⁾ *Var.* «episcopatus» (B).
⁽²⁾ *Var.* «apertus» (A).
⁽³⁾ *Var.* «habetis» (B).
⁽⁴⁾ *Var.* «In se nullo» (A).
⁽⁵⁾ Les mots «Vigeat, etc.» manquent dans A.
⁽⁶⁾ Il est fâcheux que le nom de l'évêque dont il est ici question ne soit indiqué dans cette lettre que par une initiale, car une assez grande incertitude plane sur le véritable nom du prédécesseur de Francon. La *Gallia Christiana* l'appelle *Ascelinus*, ainsi que Dubois (*Hist. eccles. Paris.*, t. I, p. 633). Le nécrologe de l'église de Paris le nomme *Albertus*. Une ancienne épitaphe citée dans la *Gallia* (t. VII, col. 46), *Adalbertus*. Nous ne connaissons aucune charte qui permette d'élucider la question.
⁽⁷⁾ Francon, évêque de Paris.
⁽⁸⁾ «Venerabili» manque dans A.
⁽⁹⁾ *Var.* «esset» (A).

Amor namque religionis episcopali gradu quem repetis dignum te potius quam indignum efficeret, si nichil aliud impediret. Utrum autem sit, vel quid sit, quod impediat, sagacitatem tuam non arbitror ignorare, si quędam gravis causa quam dissimulas non obstaret. Ea est hujusmodi : Si de repetendo episcopio quęrimoniam incipere velis, non satis apparet cui eam jure intendere possis. Nullus enim te expulit, nullus cathedram tuam te renitente pervasit. Sed tu temet ultro causa egritudinis, ut aiebas, curam episcopalem simul et cathedram reliquisti, ut perhibent, et sive Franconem, tunc decanum Parisiacensis ecclesię, sive quemlibet alium subrogari tibi verbis et scriptis a rege petisti. Quod si ita est, et sic tibi consequenter substitutus est Franco, eligente clero, suffragante populo, dono regis, approbatione Romani pontificis, per manum metropolitani Senonensis, fulcitur utique substitutio et consecratio ejus, favore quoque et auctoritate beati Gregorii papę, qui scriptis suis, sicut nulli pontificum non petenti pro qualibet ęgritudine succedendum fore docuit, ita voluntarie renuntianti sedi sue successorem nullo modo denegavit. Si quid aliud est, quare te episcopatu carere oporteat, tute noveris. Sin autem, hoc tanti nobis esse videtur, ut te facere valeat recuperationis exortem. Quapropter desine curiosos instigatores audire, desine reges et presules inefficacis querimonię tediosis scriptitationibus fatigare, et ecclesię Parisiacensi te importune obtrudere velle, quę, ut fatetur, nec patronum te habuisse gavisa est, nec doluit amisisse. Quippe tum neque ex presentia tua doctrinę profectum, neque ex absentia senserit detrimentum. Vive memor nostri.

A. Copie du xie siècle, à la Bibl. nat., ms. lat. 14167 (ancien Harlay, n° 377), fol. 36 v°.

84

Vers 1026.

Lettre de Fulbert, évêque de Chartres, à Francon, évêque de Paris, au sujet de l'archidiacre Lisiard [1].

A. Copie du xie siècle, à la Bibl. nat., ms. lat. 14167 (ancien Harlay, n° 377), fol. 44 v°.

Édit. : (a) C. de Villiers, *D. Fulberti Carnot. opera* (1608), fol. 23, n° 11. — (b) *Magna biblioth. patrum* (Cologne, 1618), t. XI, p. 8, n° 11, d'après a. — (c) Duchesne, *Hist. Franc. script.*, t. IV, p. 174, n° 6. — (d) *Maxima biblioth. patrum* (Lyon, 1677), t. XVIII, p. 9, n° 11, d'après a et b. — (e) *Recueil des Hist. de la France*, t. X, p. 477, d'après A et c. — (f) Migne, *Patrol.*, t. CXLI, col. 246, n° 96, d'après c, d et e.

---

[1] On possède plusieurs autres lettres de Fulbert à l'évêque Francon. Elles offrent trop peu d'intérêt au point de vue parisien pour que nous ayons cru utile de les insérer dans notre recueil; on les trouvera dans : 1° C. de Villiers, *Fulberti opera* fol. 30 v°, n° 20; *Magna biblioth. patrum*, t. XI, p. 10, n° 20; *Maxima biblioth. patrum*, t. XVIII, p. 10, n° 20; *Rec. des Hist. de la France*, t. X,

85

Vers 1026.

Lettre de Leuthéric, archevêque de Sens, et de Fulbert, évêque de Chartres, invitant le clergé parisien à rompre avec l'archidiacre Lisiard.

A. Copie du xi° siècle, à la Bibl. nat., ms. lat. 14167 (anc. Harlay, n° 377), fol. 12 r°.
B. Copie du xii° siècle, à la Bibl. nat., ms. lat. 2872, fol. 5 r°.

Edit. : (*a*) C. de Villiers, *D. Fulberti Carnot. opera*, fol. 42, n° 34. — (*b*) *Magna bibl. patr.*, t. XI, p. 13, n° 84, d'après *a*. — (*c*)*Maxima bibl. patr.*, t. XVIII, p. 14, n° 34, d'après *a* et *b*. — (*d*) *Recueil des Hist. de la France*, t. X, p. 477, n° 71, d'après *a*. — (*e*) *Gallia Christ.*, t. VII, col. 193, d'après *a*. — (*f*) Migne, *Patrol.*, t. CXLI, col. 247, n° 97, d'après *c* et *d*.

86

1033. — Paris.

Confirmation par Henri I*er*, des donations faites à l'abbaye de Saint-Magloire par un nommé Aubry [1].

CARTA QUE LOQUITUR DE CONFIRMACIONE HENRICI REGIS DE MILLEPASSUS.

In nomine sancte et individue Trinitatis. Ego Henricus, gratia Dei Francorum rex. Si sanctorum locis et religiosorum virorum congregacionibus regali liber[ali]tate subvenimus et condescendimus, procul dubio ad eternam remuneracionem promerendam profuturum credimus. Noverit ergo posteritas omnium sancte matris Ecclesie fidelium et nostrorum quod quidam venerabilis abbas cenobii Sancti Maglorii intra urbem Parisiacensem siti, Raginaldus nomine, rogans et obnixe postulans nostre serenitatis adierit presenciam, quatinus predicto loco, quam (*sic*) pie memorie fundaverat et suis terris ditaverat Hugo, terras quasdam, nostre potestati jure forensi et publico mancipatas, concederemus, quas quidam vir religiosus, Albricus nomine, adquirendo olim excoluerat et predicto Sancti Maglorii loco devote suum laborem concesserat. Terminatur autem terra arabilis ex una parte Sequane fluvii, ex altera parte ex monte Glandiolo, quatuor arpenta

---

p. 475, n° 67; Migne, *Patrol.*, t. CXLI, col. 242, n° 86. — 2° C. de Villiers, fol. 50 v°, n° 42; *Magna bibl. patr.*, t. XI, p. 15, n° 42; Duchesne, *Hist. Franc. script.*, t. IV, p. 179, n° 19; *Maxima bibl. patr.*, t. XVIII, p. 16, n° 42; *Recueil des Hist. de la France*, t. X, p. 475, n° 66; Migne, *Patrol.*, t. CXLI, col. 243, n° 87. — 3° C. de Villiers, fol. 51, n° 43; *Magna bibl. patr.*, t. XI, p. 15, n° 43; Duchesne, *Hist. Franc. script.*, t. IV, p. 180, n° 20; *Max. bibl. patr.*, t. XVIII, p. 16, n°43; *Rec. des Hist. de la France*, t. X, p. 476, n° 68; Migne, *Patrol.*, t. CXLI, col. 243, n° 88. — 4° C. de Villiers, fol. 60 v°, n° 58; *Magna bibl. patr.*, t. XI, p. 17, n° 58; *Max. bibl. patr.*, t. XVIII, p. 18, n° 59; Dubois, *Hist. eccles. Paris.*, t. I, p. 635; *Rec. des Hist. de la France*, t. X, p. 480, n° 75; Migne, *Patrol.*, t. CXLI, col. 226, n° 49.

[1] On remarquera que tout le début de cette pièce offre l'analogie la plus frappante avec celui d'un autre diplôme accordé par le même roi, à la même abbaye, que nous donnons sous le numéro suivant. Nous ne croyons pas cependant que cela soit un motif suffisant pour rejeter l'une ou l'autre de ces pièces.

vinearum. Conjacent vero x arpenta vinearum ejusdem loci inter basilicam Sancte Genovefe et Sancti Stephani et Sancte Marie, cujus ecclesia sita est in campis. Et ne aliquis suorum succedencium heredum aliquam monachis ultra auderet inferre violencie injuriam, inde nostre auctoritatis preceptum fieri postulavit et postulando impetravit. Precipimus ergo et regali auctoritate ratum fieri jubemus ut, quicquid Albericus et uxor sua Mainburgis de nostris terris suo labore excoluerit, et predicto loco, pro remedio sue anime, concesserunt, monachi predicti loci sine inquietudine et perturbatione amodo possideant, ut quod avus noster incepit Hugo, per nos crescendi et subsistendi incrementum accipiat. Et ne hec convencio a nobis dubitaretur stabilita, sigilli nostri inpressione adsignari precepimus. Actum publice Parisius, anno incarnati Verbi millesimo tricesimo tercio et regni Henrici regis secundo.

A. Copie de 1331, à la Bibl. nat., ms. lat. 5413 (Cartul. de Saint-Magloire), p. 10.

87
Vers 1033 [1].

Confirmation par Henri I[er] des biens de l'abbaye de Saint-Magloire.

[CARTA QUOMODO REX HENRICUS DEDIT ECCLESIE DECIMAS DE BUXORIA, DE AQUILINA, ET CONFIRMAVIT OMNIA QUE REX ROBERTUS NOBIS CONCESSERAT, SCILICET VADUMPETROSUM ET CETERA, UT SUPERIUS EST SCRIPTUM] [2].

In nomine sancte et ind[ivid]uae Trinitatis. Ego Henricus, gratia Dei Francorum rex. Si sanctorum locis et religiosorum congregationibus virorum regali liberalitate subvenimus et condescendimus, procul dubio ad aeternam remunerationem promerendam profuturum credimus. Noverit ergo posteritas omnium sanctae matris Ecclesiae fidelium et nostrorum, quod quidam venerabilis abbas coenobii Sanctorum Bartholomei apostoli atque Maglorii archipresulis, juxta aulam nostri palatii siti, Raginaldus nomine, rogans et obnixe postulans nostrae serenitatis adierit presentiam, quatinus predicto loco, quem pię memoriae Hugo, avus noster, fundaverat et suis terris ditaverat, quandam ecclesiam illius villae, quę Buxoria vocatur, concederemus, liberam omni exactione et redibitione cujuslibet dignitatis personę, ea insuper conditione ut de omnibus terris Aequalinae, de quibus dono patris mei [3] habebant pasnatici decimas, similiter omnium stirpetum messium et frugum de novalibus habeant. Preterea huic scripto jussimus inculcari quan-

---

[1] Cette pièce est sans date. Bréquigny, dans la Table des diplômes, l'a classée à l'an 1033, ce qui nous parait justifié par la similitude des formules employées dans cette pièce et dans une autre de l'année 1033, que nous donnons sous le n° 86.

[2] Nous empruntons ce titre à C.

[3] Nous avons donné ci-dessus (n° 73) l'acte auquel il est ici fait allusion.

dam villam, quae Petrosum vadum vocatur, cum omnibus redibitionibus et exactionibus, terris cultis et incultis, quam pater meus predicto loco olim concesserat [1]. De cetero jussimus inserere ecclesiam illius villę, quam recentes incolae regis appellant Novale, cum decimis omnium rerum inibi crescentium et terris ad predictas ecclesias pertinentibus. Placuit etiam annotare ea quae quidam vicini eorum de nostro servili jure, videlicet Gerlindis et sibi succedentes coheredes, pro remedio animę suę contulerunt, nostro jussu favente, scilicet unum molendinum in villa, quae Aianivillare vocatur, situm, cum terra ad illud pertinente, et quasdam vineas in Meldunico vico sitas. Adjunximus etiam numerum molendinorum qui et sex, qui tam ab antecessoribus nostris quam a nobis vel a nostris concessi sunt: unum videlicet in suburbio Silnectensi (*sic*), duos in majori ponte Parisiorum urbis et unum in minori, unum in Malbraio, unum iterum molendinum et unum ascensorium piscium situm juxta ecclesiam Karentonę villae. Denique precipimus inserere gurgites piscales tres: primum ex his situm in confluentia Sequanę et Maternę; secundum, qui respicit terram ejusdem loci, quę miliario ab urbe distans vocatur Millepassus; tertium, qui sibi contiguę adjacet insulae. Postremo, secundum antecessorum nostrorum munificentiam et liberalitem (*sic*), quam erga predictum locum habuerunt, concedimus eis decimas omnium redibitionum ad nos pertinentium de marino portu Musterioli castri, excepta decima monetę, quę quondam concessa est Sanctę Abstrobertę, et decima, quę Sancto Salvio concessa est, cervisiae.

Haec omnia superius prenotando exarata nostri precepti auctoritate firmamus et sigilli nostri inpressione corroboramus, eo conventionis pacto ut, si quis temerarius contra hoc preceptum stare voluerit, vel aliquid horum violare presumpserit, aut c libras auri regibus successoribus nostris persolvat, aut de vita componat. (*Monogramme*).

Ego Balduinus cancellarius relegendo subscripsi [2].

 A. Original avec traces de sceau, aux Arch. nat., K. 19, n° 1³.
 B. Copie du xii° siècle, à la Bibl. nat., ms. lat. 13701 (anc. Harlay, n° 485), fol. 164 v'.
 C. Copie de 1331, à la Bibl. nat., ms. lat. 5413 (Cartul. de Saint-Magloire), p. 5.

88
1035. — Paris.

Charte par laquelle Henri Ier prend sous sa protection l'abbaye de Sainte-Geneviève.

« Venerabilis congregatio Beatorum apostolorum Petri et Pauli et Sanctę Genovefę virginis,

---

[1] Voir ci-dessus, n° 73.
[2] Une main du xiv° siècle a écrit en titre au dos de la pièce : « Carta que loquitur de Buxeria et molendinis in Majori ponte et minori et alibi, et plures alie res concesse a Henrrico rege. Est sine data, loquitur de Sancto Bartholomeo. »

ibidem quiescentis, quę olim a quodam antecessore nostro, Francorum rege Chlodoveo, ortatu et persuasione beati Remigii, Remorum archiepiscopi, est fundata.»

A. Original scellé, aux Arch. nat., K. 19, n° 1².
B. Copie du xiiiᵉ siècle, à la Bibl. Sainte-Geneviève, El. 25 (Cartul. de Sainte-Geneviève), p. 65.

Édit. : (a) Dubois, Hist. eccles. Paris., t. Iᵉʳ, p. 654. — (b) Gallia christ., t. VII, instr., col. 221. — (c) Recueil des Hist. de la France, t. XI, p. 571, d'après a. — (d) Tardif, Cartons des Rois, p. 166, d'après A.

89

1041, 10 mai. — Paris.

Confirmation par le roi Henri Iᵉʳ d'une donation faite à l'église Notre-Dame de Senlis, d'une chapelle située dans la villa nommée Ève.

«In nomine Domini. Henricus, Dei gratia Francorum rex. Notum fieri censuimus omnibus Christi fidelibus, quia cum in die Pentecostes, in ecclesia Sanctæ Dei genitricis Mariæ apud Parisios, missarum solemnia celebraremus, venerunt, etc... Actum feliciter in basilica Sanctæ Mariæ Parisiensis, anno incarnati Verbi mxli, regnique Henrici regis xi.»

Édit. : (a) Gallia christ., t. X, instr., col. 203.

90

1043, 20 mai. — Paris.

Jugement rendu par le roi Henri Iᵉʳ en faveur de l'abbaye de Saint-Maur-des-Fossés, contre un chevalier nommé Nivard.

«Actum Parisius civitate in aula regis, anno Incarnationis Dominicę millesimo xliii°, indictione xi°, sub die xiii calendas Junii, anno vero regni Heinrici regis gloriosi xii°.»

A. Original scellé, aux Arch. nat., K. 19, n° a⁵ (jadis L. 483, n° 6).
B. Copie du xiiiᵉ siècle, aux Arch. nat., LL. 112 (Livre noir de Saint-Maur-des-Fossés), fol. 151.

Édit. : (a) Dubois, Hist. eccles. Paris., t. I, p. 658, d'après A. — (b) Recueil des Hist. de la France, t. XI, p. 577, d'après a. — (c) Tardif, Cartons des Rois, p. 167, d'après A.

91

1045, octobre. — Paris.

Donation par l'évêque Imbert, à l'abbaye de Saint-Germain-des-Prés, de l'autel de Saint-Georges, dans la villa épiscopale de Villeneuve.

«Actum publice Parisius, coram sancta synodo [1], regnante Heinrico rege anno xv.

---

[1] L'autorité de ce synode ayant paru insuffisante à l'abbé de Saint-Germain-des-Prés, pour valider cette pièce, il en demanda la confirmation au roi Henri Iᵉʳ, qui la lui accorda par un acte de 1058, dont l'original nous a été conservé (Arch. nat., K. 19, n° 4). On y lit cette phrase curieuse:

« Signum Imberti presulis. Signum Lisierni, decani et archydiaconi. Signum Ulrici archydiaconi. Signum Alberti archydiaconi. Signum Willelmi presbiteri. Signum Landrici sacerdotis. Signum Huberti sacerdotis. Signum Gisliberti sacerdotis. Signum Rainaldi sacerdotis. Signum Ewrardi sacerdotis. Signum Alberti sacerdotis. Signum Landrici laevitę. Signum Mainardi lęvitę. Signum Rainaldi lęvitę. Signum Odonis lęvitę. Signum Huberti lęvitę. Signum Landonis lęvitę. Signum Adelelmi lęvitę. Signum Drogonis lęvitę. Signum Umberti lęvitę. Signum Gerardi lęvitę. Signum Goscelini lęvitę. Signum Waleranni comitis. Signum Ivonis comitis. Signum Willelmi comitis. Signum Rodulfi comitis. Signum Milonis militis. Signum Heinrici militis. Signum Burchardi militis. Signum Hugonis Rufi. Signum Beggonis militis. Signum Balduini militis. Signum Widonis militis. Signum Ursonis subdiaconi. Signum Geroldi subdiaconi. Signum Ivonis subdiaconi. Signum Warini subdiaconi. Signum Goscelini subdiaconi. Signum Ivonis subdiaconi. Signum Hugonis subdiaconi. Signum Petri subdiaconi. Signum Walterii subdiaconi. Signum Fulcoii subdiaconi. Signum Alberici subdiaconi. Signum Warini acoliti. Signum Drogonis acoliti. Signum Milonis acoliti. Signum Walterii acoliti. Signum Warini acoliti. Signum Vulgrini acoliti. Signum Manasse acoliti. Signum Milonis militis. Signum Ansoldi militis. Signum Warnerii militis. Signum Maingodi militis. Signum Warini clerici. Signum Heinrici fratris ejus. Signum Drogonis militis. Signum Rainardi militis. Signum Avesgaudi clerici. Signum Ade militis. Signum Johannis militis. Signum Hilduini militis. Signum Fulconis militis. Signum Sulpicii militis. Signum Haymonis militis. Signum alterius Haymonis militis.

« Hardradus subscripsit cancellarius, octobri mense. »

    A. Original, aux Arch. nat., K. 19, n° 2ᵉ (Musée, n° 99).
    B. Copie du xvıᵉ siècle, aux Arch. nat., LL. 1026 (Cartul. de Saint-Germain-des-Prés), fol. 148 v°.

Édit. : (a) Dubois, *Hist. eccles. Paris.*, t. I, p. 655, d'après B. — (b) Bouillard, *Hist. de l'abbaye de Saint-Germain-des-Prés*, pr., p. 27, d'après B.

92

Vers 1045 ⁽¹⁾.

Concession par le roi Henri Iᵉʳ, à l'église de Paris, du monastère de Saint-Germain-en-Laye, de divers biens situés dans le Pincerais et le Vexin, et de l'église Sainte-Marine, située à Paris, dans la Cité, « ecclesiam Sancte Marine in insula Parisii. »

    A. Original scellé, aux Arch. nat., K. 19, n° 8.
    B. Copie du xııᵉ siècle, aux Arch. nat., LL. 177 (*Livre noir* de Notre-Dame), p. 59.
    C. Copie du xıııᵉ siècle, aux Arch. nat., LL. 175 (*Grand Pastoral* de Notre-Dame), p. 588.
    D. Copie du xıııᵉ siècle, aux Arch. nat., LL. 176 (*Petit Pastoral* de Notre-Dame), p. 94.

Édit. : (a) Duchesne, *Histoire de la maison de Vergy*, pr., p. 69, d'après D. — (b) *Gall. christ.*, t. VII, instr. col. 31, d'après C. — (c) *Recueil des Hist. de la France*, t. XI, p. 567, d'après C. — (d) Guérard, *Cartul. de Notre-Dame*, t. Iᵉʳ, p. 273, d'après D. — (e) Tardif, *Cartons des Rois*, p. 173, d'après A.

« Nam licet ei[Adraldo] clericorum suorum et insuper synodali astipulatione quantum poterat corroboraverit, parva tamen sibi videbatur episcopalis et synodalis auctoritas, nisi nostra regali auctoritate et munificentia esset favendo subnixa, etc. »

⁽¹⁾ Cette pièce est sans date; elle a été classée à l'an 1032 dans la *Table des diplômes* de Bréquigny. Guérard la range à l'an 1045 environ; nous adoptons cette date, qui offre une moyenne entre 1031 et 1060, dates extrêmes entre lesquelles

93

Vers 1045

Confirmation par le roi Henri Ier d'une donation de trois arpents de vignes faite par une femme, nommée Reine, à l'église Saint-Magloire.

PRECEPTUM HEMRICI REGIS DE TERRA ET VINEIS QUIBUSDAM DATIS SANCTO MAGLORIO.

☧ In Christi nomine. Ego Hemricus, rex Francorum, notum volo fieri cunctis fidelibus, tam presentibus quam futuris, quia quędam matrona, nomine Regina, presentiam nostre serenitatis adiit, suppliciter postulans ut terram trium arpennorum vinearum cum censu et ceteris reditibus, quę de beneficio nostro ex rebus Sancti Victoris sua parentela a nostris precessoribus tenuerat, et ipsa a nobis tenebat, aecclesię Sancti Maglorii Parisiacensis, pro remedio animarum nostrarum et progenitorum nostrorum, donari concederem illudque donum mea auctoritate firmarem. Cujus petitioni benigniter annuens supradictae aecclesię illam terram cum vineis et censu et caeteris reditibus donari concessi, donique notitiam sigillo proprio subterfirmavi, ea ratione ut unaquaque septimana, sexta feria, pro nobis missa familiaris a monachis ipsius ęcclesię celebretur. Si quis vero, quod absit et minime posse fieri credo, contra hanc conscriptionem aliquid agere conaverit, auri libras xx coactus exolvat, et sua petitio nullum obtineat effectum. Sunt autem de illa terra arpenni II et dimidium in loco qui dicitur Aureus mons, in Aurelianensi territorio, dimidius vero arpennus in ipso territorio, in loco qui dicitur Moncellus.

Signum Hemrici regis.

Copie du xie siècle [1], aux Arch. nat., K. 19, n° 9² (Musée, n° 102).

---

cette pièce doit être classée. Nous rangeons à la suite diverses autres pièces, qui appartiennent au règne du roi Henri Ier, mais qu'aucun indice ne permet de rattacher de préférence au commencement ou à la fin de ce règne.

[1] Cette copie a été regardée jusqu'ici comme un original et classée comme telle au musée des Archives. L'auteur du catalogue imprimé de ce Musée a cependant fait remarquer qu'elle «ne paraît pas émanée de la Chancellerie royale». En effet on n'y trouve point de sceau, bien que le sceau soit annoncé dans le contexte. La souscription du roi, qui est seule, contrairement à l'usage, se présente sous une forme insolite, autour d'une croix qui tient ici lieu du monogramme habituel. Notons enfin la forme *Hemricus* donnée au nom du roi, et qui ne peut être qu'une mauvaise lecture de la forme *Heinricus* que l'on rencontre assez souvent. Ce sont là, on doit l'avouer, des arguments qui autorisent à mettre en doute l'authenticité de cette pièce. On serait tenté d'y ajouter cette mention d'une église Saint-Victor, qui paraît bien être, dans la pensée du rédacteur de l'acte, la fameuse abbaye fondée par Louis VII; mais il n'y a pas lieu d'insister sur ce détail, car les meilleurs auteurs admettent qu'une chapelle dédiée à saint Victor a dû exister avant la fondation de l'abbaye. (Voir Lebeuf, *Hist. du dioc. de Paris*, t. II, p. 540. — Jaillot, *Recherches critiques*, t. IV, quartier de la place Maubert, p. 162 à 165.)

94

Vers 1045 [1].

Donation par le roi Henri Ier à l'Église de Paris, des églises Saint-Étienne, Saint-Julien, Saint-Séverin et Saint-Bacchus.

PRECEPTUM DE SANCTO STEPHANO, JULIANO, BACHIO, SEVERINO.

In nomine sanctę et individuę Trinitatis. Ego Henricus, gratia Dei[2] Francorum rex. Cum in exhibitione temporalium rerum, quas humana religio divino cultui famulando locis sanctorum et congregationibus fidelium ex devotione animi largitur, tam presentis quam perpetuę vitę, ut jampridem multis expertum est indiciis, solatium adquiratur, saluberrimus valde, et omnibus imitabilis est fructus primitivę virtutis, scilicet per quam et mundi prosperatur transquillitas, et felici remuneratione ęterna succedit felicitas [3]. Noverit ergo [4] posteritas omnium [5] sanctę matris Ecclesię fidelium et nostrorum, quod quidam Imbertus, Parisiensis [6] ecclesię episcopus, nostrę serenitatis adierit praesentiam, rogans et obnixe postulans ut quasdam ęcclesias in suburbio Parisiacensi nostrę potestati et antecessorum [7] antiquitus mancipatas, Sancti Stephani [8] scilicet, Juliani martyris, Severini solitarii, necnon et Sancti Bacchii [9], quarum quędam olim abbatiarum nomine sublimatę, et ideo receptaculum et stationem congregationi canonicorum prebentes Sanctę Marię, sed propter regni perturbationem rebus concessis spoliatę, solitudini vacantes, parvum aut nullum antiquę possessioni retinuerant statum, predictę congregationi concederemus. Sed quia apud nos pro suis meritis predictus episcopus erat magnus, ejus voluntati nolentes aliquid derogare, concessimus petitioni predicta loca regali precepto et liberalitate, eo pacto et conditione ut quamdiu Giraldus clericus earum possessor vixerit, sine inquietudine per assensum canonicorum totius congregationis teneat, et post ejus excessum usibus canonicorum sine reclamatione mancipantur. Et ibi, pro remedio animę

---

[1] Cette charte est sans date, et les nombreux auteurs qui l'ont citée l'ont classée à des années fort diverses. Ainsi, Lacaille l'attribue à l'an 1031; Du Boulay (*Hist. univ. Paris.*, t. Ier, p. 402), à l'an 1032; Sarrasin, dans le *Répertoire des titres de Notre-Dame* (Arch. nat., LL. 180, fol. 18), à l'an 1038; l'abbé Lebeuf (*Hist. du dioc. de Paris*, t. Ier, p. 211), à l'an 1050.

[2] *Var.* «Dei gratia» (B).

[3] Tout le préambule manque dans C.

[4] «Ergo» manque dans C.

[5] *Var.* «omnium posteritas» (C).

[6] *Var.* «Parisiacensis» (B).

[7] *Var.* «antecessorum nostrorum» (B).

[8] Il s'agit ici, suivant Jaillot (*Rech. critiq.*, t. IV, Saint-Benoît, p. 59), Dubois (*Hist. eccles. Paris.*, t. Ier, p. 645) et la plupart des auteurs, de l'église Saint-Étienne-des-Grés.

[9] Cette église Saint-Bacchus est inconnue; aussi Dubois a-t-il émis l'opinion qu'il s'agissait de quelque autre église dont les copistes des Cartulaires de Notre-Dame auraient altéré le nom, de l'église Saint-Benoît, par exemple. (Dubois, *Hist. eccles. Paris.*, t. Ier, p. 645).

meę vel parentum meorum, canonici aggregentur⁽¹⁾, qui, pro statu et incolomitate ⁽²⁾ regni nostri exorantes, ad utrumque sufficiant, scilicet et ad stationem more solito reddendam ęcclesię, et ad serviendum canonice valeant communiter degere.

A. Copie du xii⁵ siècle, aux Arch. nat., LL. 177 (*Livre noir* de Notre-Dame), p. 56.
B. Copie du xiii⁵ siècle, aux Arch. nat., LL. 175 (*Grand Pastoral* de Notre-Dame), p. 596.
C. Copie du xiii⁵ siècle, aux Arch. nat., LL. 176 (*Petit Pastoral* de Notre-Dame), p. 93.

95

1058. — Paris.

Autorisation accordée par Henri I⁵ʳ aux serfs de l'abbaye de Saint-Germain-des-Prés, de porter témoignage en justice contre les hommes libres [3].

☧ In nomine Domini Dei summi. Ego Henricus, divina dignatione Francorum rex. Quoniam par conditio et eadem professio cultus indissimilis aequales facit homines, nec in mundi prima dispositione alter alteri preponitur, et non homo homini, sed animantibus et bestiis terre preesse precipitur, unde, et auctore Deo et primordio inspecto et natura considerata, nullus degener extat, attendentes etiam quod ad aecclesiam Dei tuendam, et malignorum nequitiam propulsandam, et jura conservanda, majorem inter homines locum tenemus et regis nomine censemur; perspicientes insuper quod hii qui sunt homines æcclesiarum de capite suo et monasteriorum, si in fide nobiscum participantur, non sunt ancille filii sed libere, qua libertate Christus nos liberavit, unde, et ipsius aecclesie et fidei intuitu, tenemur eis et honorem deferre et manum nostri levaminis in his, in quibus adgravantur, porrigere. Notum facimus cunctis, presentibus pariter et futuris, quod, ad petitionem venerabilis viri Huberti, abbatis monasterii Sancti Vincentii et Sancti presulis Germani, in suburbio Parisiacensi, inspecto privilegio Karoli magni ⁽⁴⁾, quod subjuncta continere videbatur, inspicientes quo modo prefatum monasterium ad nostrum spectat et pertinet imperium, homines jam dicte ęcclesię, auctoritate regia, in omnibus honestamus, quatinus in quibuslibet causis, placitis et querelis contra liberos, ut testes legitimi testimonium exaltati, amodo et in sempiternum proferant, nullumque dampnum paciantur aut repulsam, sed probationes

---

⁽¹⁾ *Var.* «adgregentur» (B).
⁽²⁾ *Var.* «incolumitate» (B et C).
⁽³⁾ Au dos de la pièce on lit cette cote tracée par une main du xii⁵ siècle : «Privilegium Heinrici regis de libertate hominum de capite terre Sancti

Germani quod non possunt reprobari in placito», et à la suite, d'une écriture du xvi⁵ siècle : «Datum anno Domini 1058».
⁽⁴⁾ Voir le texte de ce diplôme, ci-dessus, p. 29, n° 22.

eorum aut liberi suscipiant, aut contradicendo falsificent. Si quis autem huic nostre astipulationi occurendo obviare presumpserit, primo causam, de qua agit, imperpetuum amittat, deinde auri libras centum fisco nostro componat. Ut hoc autem scriptum nostre voluntatis et precepti habeat evidens inditium, manu propria firmavimus et sigilli nostri impressione et nominis nostri karactere firmare et signare precepimus. Attestantibus hiis, quorum subjuncta sunt nomina et signa.

Signum Imberti, Parisiensis episcopi. Signum Guidonis, Silvanectensis episcopi. Signum Radulfi comitis. Signum Rotroldi comitis. Signum Galeramni comitis. Signum Ingenulfi pincerne.

Balduinus cancellarius (*monogramme*) scripsit et subscripsit.

Actum Parisius, anno incarnati Verbi M° L^{mo} VIII^{vo}, regni vero Henrici gloriosissimi regis XX° VIII^{vo}.

<small>Original scellé, aux Arch. nat., K. 19, n° 5 (Musée, n° 100).</small>

96

1060. — Paris.

Fondation par Henri Ier du prieuré de Saint-Martin-des-Champs.

In nomine sancte et individuæ Trinitatis. Gloriose matris æcclesiæ filii noverint unde gaudeant et ubi plaudentes piæ devotionis favorem impendere satagant. Orthodoxis siquidem omnibus luce clarius liquet sanctam Ecclesiam catholicam, fide solidatam, utriusque Testamenti multimodis et probabilibus argumentis eterni regis esse sponsam. Unde legitur : « Erunt duo in carne una, summo scilicet mentis intuitu Christus et Ecclesia. » Et propheta psalmigraphus canens : « Tanquam sponsus Dominus procedens de thalamo suo », aperte ostendit quia Dominus sanctam aecclesiam, utpote sponsus sibi sotiavit in virginali thalamo. Sed et ipse Dominus hoc idem asseruit, cum de se ipso apostolis loqueretur : « Non possunt, inquiens, filii sponsi lugere quamdiu cum illis est sponsus. » Quod etiam Apostolus Ephesiis scribens : « Viri, diligite uxores vestras, sicut et Christus æcclesiam », manifestissime testatur. Quando vero tam evidenti authoritate[1] sancta Ecclesia comprobatur esse sponsa Christi, studeat necesse est qui tam pretioso sponso placere desiderat in cælis, ejus sponsa[2] pio obsequio venerari in terris. Igitur hec et hujusmodi ego Henricus, Dei gratia rex Francorum, sedula cogitatione recolens qualiter decorem domus Domini et locum habitationis ejus dilexi, omnibus, tam presentibus quam futuris,

---

<small>[1] *Var.* « auctoritate » (B). — [2] *Var.* « sponsam » (B).</small>

notum fieri volui. Porro, ante Parisiace urbis portam, in honore confessoris Christi Martini abbatia fuisse dignoscebatur [1], quam tyrannica rabie, quasi non fuerit, omnino deletam, ab integro ampliorem restitui, æcclesiamque, que diu sterilis amissa prole fleverat, querens reddere fecundam, cælesti sponso, religiosorum consilio virorum, canonicos regulari conversatione ibidem Deo famulantes attitulavi. Et ut sine solicitudine, magis divinis quam seculi curis vacantes, valeant [2] vivere, de facultatibus meis dotem faciens ecclesie, ob remedium patris mei matrisque meæ animarum, atque pro mei, necnon conjugis et prolis salute et pace, hæc illis largior possidenda perpetuo jure. Altare imprimis ejusdem basilice omni clarificatum libertate, et terras quas circa eandem ecclesiam prius habebam, et quas ibidem Ansoldus cum nepotibus suis, Milone scilicet et Warino, mihi dedit, concedente Hugone comite, propter prefati Milonis reconciliationem, qui tunc reus magni criminis erat adversum me; sed precibus Imberti presulis accepta terre cultura a predictis militibus, commissum illud, unde centum libras justo judicio exsolveret, dimisi; has ergo terras circa muros ecclesiæ sitas, eidem ecclesiæ concedo, ea videlicet libertate, ut nullus in eis aliquam redibitionem exigere presumat. Apud Parisius vero, molendinum unum. In villa que dicitur Albertivillare, terram quam ibi habebam. Noisiacum vero, super Maternam situm, cum omnibus redditibus et redibitionibus terræ, silvæ, vinearum atque pratorum. In territorio autem Meldensi, villam nomine Anetum [3], cum omnibus redditibus atque redibitionibus terre, silve, vinearum atque pratorum; de redditibus quidem pastionis, vierie, silve atque leigii, omnem decimam. Item in pago Parisiensi, Bungeias [4] cum omnibus redditibus et redibitionibus libere sibi adjacentibus. Sed et in pago Laudunensi, Disiaci, excepto altari, dimidium cum prefatis possessionibus habeant, teneant, regant atque possideant. Illud ergo pretermitti nullatenus volo quia prefatam ecclesiam ea firmitate munio, quatenus in perpetuum regio jure ab omnibus fore concedatur libera, tam videlicet intra ambitum munitionis ejus, quam extra in procinctu illius, in theloneis, in fredis, in justitiis, in omnibus quecumque jus nostri exigit fisci, nemo umquam illam inquietare audeat. Canonici etiam hanc potestatem habeant, ut abbate obeunte, assensu fratrum, boni testimonii virum, nemine perturbante, restituant. Verum etiam ut ea fixa firmamento teneantur stabili, hanc cartam [5] in qua me precipiente hec omnia scripta sunt, sigillo [6] meo subterfirmavi. Ego ipse rex Henricus, et regina pariter, et Philippus filius meus, cum fratribus suis, manu firmatam corroboravimus. Quam quidem Mainardus [7],

---

[1] *Var.* «dinoscebatur» (B).
[2] Ici s'arrête la copie A, le feuillet qui suivait ayant été arraché. Mais nous en connaissons le texte complet par l'édition qu'en a donnée Marrier, *Monast. S. Mart. de Campis hist.*, p. 4.
[3] *Var.* «Anethum» (B).
[4] *Var.* «Bugeyas» (B).
[5] *Var.* «kartam» (B).
[6] *Var.* «sygillo» (B).
[7] *Var.* «Maynardus» (B).

Senonum archiepiscopus, cum Ymberto [1], Parisiorum presule, aliique quam plurimi, tam pontifices quam laïci, principes confirmarunt et corroborarunt [2] omnibus supra memoratis faventes. Si quis autem posthac [3] privilegium hoc violare presumpserit, primum sacrilegii, sive tante auctoritatis negligentie reus, duro anathemate feriatur, deinde nefande presumptionis irritus, gravi census detrimento damnetur [4]. Anno regni supradicti regis xxvii. Actum anno ab Incarnatione Domini m° lx, indictione xv, Parisius publice [5].

Signum regis Henrici [6]. Signum Philippi regis. Signum Annæ reginæ. Signum archiepiscopi Mainardi Senonensis. Signum Gervasii [7], Remensis archiepiscopi. Signum Ymberti [8], episcopi Parisiensis. Signum Odolrici, archidiaconi Parisiensis. Signum Balduini cancellarii. Signum Wizelini [9] capellani. Signum Richardi capellani. Signum Radulphi comitis. Signum Thetbaldi de Montemorenci. Signum Rainaldi camerarii. Signum Albrici conestabularii. Signum Willelmi seniscalci. Signum Hugonis buticularii. Signum Roberti coci. Signum Radulphi Belvacensis. Signum Yvonis [10] subcamerarii. Signum Walteri, filii Berneri. Signum Amalrici Rufi. Signum Willelmi, fratris Baldrici. Signum Widonis, Ambianensis episcopi. Signum Walteri, Meldensis episcopi. Signum Elinandi [11], Laudunensis episcopi. Signum Frollandi, Silvanectensis episcopi. Signum Trecensis episcopi. Signum Roberti, filii comitis Balduini. Signum Widonis, Ponthivensis [12] comitis. Signum Baldrici. Signum Engenulfi. Signum Amalrici de Monteforti. Signum Stephani prepositi. Signum Framerici coci.

A. Copie du xi° siècle, au British museum, addit. mss. 11662, fol. 4 v°.
B. Copie du xiii° siècle, à la Bibl. nat., ms. lat. (nouv. acq.) 1359, fol. 1 v°.
C. Copie du xv° siècle, aux Arch. nat., L. 870².
D. Copie du xviii° siècle, aux Arch. nat., K. 188¹, n° 11, d'après A.

---

[1] *Var.* "Inberto" (B).

[2] *Var.* "principes corroboraverunt" (B).

[3] *Var.* "post hec" (B).

[4] *Var.* "dampnetur" (B).

[5] Les indications chronologiques de cette charte ne concordent pas. L'an 1060 répond à l'indiction xiii et à la 29° année du règne de Henri I°°. Mais les erreurs de ce genre sont trop nombreuses dans les diplômes de cette époque, pour que l'on doive s'en étonner. Jaillot (*Recherches critiques*, t. II, quart. Saint-Martin, p.67), s'est efforcé de prouver que l'acte original devait être daté de mlix indiction xii, ce qui correspondrait bien, d'après certains documents, à la 27° année d'Henri I°°. Quoi qu'il en soit, la mention parmi les signataires du jeune roi Philippe, prouve que cette fondation n'a pu être faite qu'entre le 23 mai 1059, date de son association au trône, et le mois d'août 1060, époque de la mort de Henri I°° son père.

[6] *Var.* "Henrichi" (B).

[7] *Var.* "Girvasii" (B).

[8] *Var.* "Inberti" (B).

[9] *Var.* "Voizelini" (A).

[10] *Var.* "Ivonis" (B).

[11] *Var.* "Elinardi" (B).

[12] *Var.* "Pontivensis" (B).

97

Vers 1060.

Abandon par un nommé Milon des droits qu'il prétendait avoir sur une terre donnée par Henri Ier à Saint-Martin-des-Champs[1].

Noverint audientes quoniam ego Milo terram, quam juxta Sancti Martini æcclesiam, Hainrico rege auferente mihi, calumniabar, modo eidem æcclesiæ concedo spontanea voluntate, in perpetuum habendam, acceptis tamen, cum fratrum orationibus, viginti ab abbate Ingelardo solidis nummorum. Hujus rei sunt testes: Rainaldus, Rotlannus, Gonherus, Rainardus, Lisiardus, Ewardus, Hugo, Johannes, Walcherus, Guntardus, Fulcherus, Landricus, Goisbertus, Hubertus.

A. Copie du xiie siècle, à la Bibl. nat., ms. lat. 10977 (*Liber Testamentorum* de Saint-Martin-des-Champs), fol. 3a r°.

98

1067, 29 mai. — PARIS.

Confirmation par Philippe Ier des possessions de l'église Saint-Martin-des-Champs.

In nomine sanctæ et individuę Trinitatis. Divinarum scripturarum auctoritate instruimur antiquorum patrum vestigia sequi et eorum, in quantum possumus, bona exenpla imitari. Unde Dominus per Hiremiam prophetam nos admonet dicens: « State in viis, et considerate de semitis antiquis, et videte quæ sit via bona, et anbulate in ea. » In via ergo bona antiquorum patrum ambulare precipimur, quia bona opera patrum nostrorum nobis facienda atque imitanda proponuntur, quatinus eorum consortes atque participes simus in cælis, quorum exenpla imitari laboramus in terris. Ego itaque Phylippus, Dei gratia Francorum rex, hac prophetica edoctus exhortatione, et precedentium patrum Francorum videlicet regum, et maxime dilectissimi patris mei Henrici exenplo provocatus, quorum devotissimum studium erga divinam religionem et ecclesiarum instructionem cognovi, notum fieri volo cunctis fidelibus sanctæ Dei Æcclesię curam gerentibus, tam presentibus quam futuris, quia ecclesiam Sancti Martini prope Parisius sitam, quæ vocatur de Campis, quam tyrannica rabie destructam et pene ad nichilum redactam pater meus supradictus renovare et reædificare studuerat [2], et multis benefitiis et

---

[1] Cet acte est sans date, mais il ne saurait être très postérieur à l'année 1060, puisqu'il ratifie un fait dont il est question dans l'acte de fondation de Saint-Martin-des-Champs, qui appartient à cette même année. (Voir notre numéro 96.)

[2] Voyez notre numéro 96.

donariis ditaverat atque ornaverat, et canonicos quam plures coenobialiter viventes ibidem aggregaverat, post mortem ipsius dedicari feci, et opus quod pater meus mortis surripiente articulo preventus conplere non potuit, ego pro ipso supplevi. Ad cujus dedicationem celebrandam multo convocato cunventu pontificum et procerum nostrorum nobilium, tam clericorum quam laïcorum, ego ipse presentiam meam obtuli, et ob amorem Dei et honorem pretiosissimi comfessoris beati Martini, cujus nomini adtitulata est, et requiem supradicti patris mei defuncti, omnia quæ ipse sibi donaverat concessi, plurima etiam quæ in nostra potestate erant adauxi : abbatiam videlicet Sancti Sinphoriani et Sancti Sansonis, que est Aurelianis intra muros civitatis sita, et medietatem fori quod statuimus in loco ipsius monasterii kalendis Novenbris, tam de toloneis quam de justiciis et fredis et omnibus redibitionibus, que in toto tenpore ipsius fori jus nostri exigit fisci. Haec omnia illi æcclesie in perpetuum habenda concessi, et hoc testamentum inde fieri precepi; et, ut aeternum firmamentum habeat, sigillo meo subterfirmavi et corroboravi, et omnibus episcopis qui affuerunt et principibus regni mei firmandum presentavi. Si quis vero, quod absit, et quod minus credimus, hoc regale et legale statutum aliqua temeritate calumpniare vel violare presumpserit, sciat se regiæ majestatis reum et anathematis gladio feriendum.

Actum Parisius publice, anno ab Incarnatione Domini M° LX° VII°, indictione V, anno regni Philipi regis VII, IIII kalendas Junii [1].

Signum regis Phylipi [2].

Hugo frater regis. Balduinus, comes Flandrie. Richerus, Senonensis archiepiscopus. Gaufridus, Parisiensis episcopus. Guido, Anbianensis episcopus. Gaulterus, Meldensis episcopus. Hugo, Trecensis episcopus. Rogerus, Cathalaunensis episcopus. Agolandus. Idem Ivo, Saxensis episcopus. Drogo, archidiachonus Parisiensis. Yvo, archidiachonus Parisiensis. Lando, precentor Parisiensis. Gaufridus, canonicus Sancte Marie. Olricus capellanus. Balduinus, canonicus Sancte Marie. Milo, decanus Sancti Dyonysii de Carcere. Aengelardus, abbas ipsius loci. Gislebertus prior. Drogo presbyter. Drogo gramaticus. Dainbertus diachonus. Hyldricus

---

[1] Dans la copie A, la date du jour a été intercalée après coup, à la suite du mot «feriendum», dans un blanc que le copiste avait laissé à la fin de la ligne. Elle manque dans B.

L'auteur du ms. de Londres (A) a intercalé ici entre la fin du diplôme et les souscriptions, douze vers ainsi conçus :

Tale per exemplum redit ad juga debita templum,
Quod velud emissum Martinus habebat omissum.
Ad jus jure redit, quicquid de jure recedit.
Si redit ad Dominum servus, non est peregrinum.
Pastor Dolensis est ecclesie Turonensis,
Sanson Dolensem, Martinus habet Turonensem
Ecclesiam, pacto non consimili neque facto.
Pastor Dolensis servit, recipit Turonensis,
Quamlibet in partem Martinus duxerit artem.
Ergo Dolensis est servus, herus Turonensis,
Hujus tam justæ dationis, tamque venustæ
Existunt isti testes in nomine Christi.

[2] Dans la copie B, on lit à la place de cette signature les mots : «Dedicata sub eodem tempore ipsa ecclesia a supradictis pene episcopis omnibus, IIII° kalendas. Junii.»

canonicus. Arnulfus Sancte Crucis Aurelianensis. Haymo, decanus Sancte Crucis Aurelianensis [1]. Sanzo, sacrista Aurelianensis. Rainaldus, Sancti Martini thesaurarius Turonensis. Balduinus comes junior. Hugo, comes Mellendis. Willelmus, comes Suessionensis. Rainaldus, comes Curbuliensis. Ursio, vicecomes Melidunensis. Guido de Monte Letheri. Simon de Monte Forti. Thetbaldus de Monmoriaco. Radulfus siniscalcus. Walerannus camerarius. Baldricus constabularius. Engenulfus buticularius. Adam pincerna. Guido marescalcus. Drogo pincerna. Engelrannus, pedagogus regis. Petrus cancellarius. Eustachius capellanus. Gaufridus subcapellanus. Amalricus de Castello Forti. Fredericus de Curbuilo. Stephanus, prepositus Parisiensis. Malbertus, prepositus Aurelianensis. Walterus, prepositus Pissiacensis. Willelmus de Gomethiaco. Hugo de Novo Castello. Mainerus [2] de Sparrone [3]. Herveus de Marleio. Warinus de Islo. Warnerus de Parisius. Frotmundus, frater ejus.

Giraldus, Hostiensis episcopus, subscripsit. Rainbaldus, apostolicæ sedis legatus, similiter.

A. Copie du xi⁰ siècle, au British Museum, addit. mss. 11662, fol. 6 r°.
B. Copie du xiii⁰ siècle, à la Bibl. nat , ms. lat. (nouv. acq.) 1359, fol. 4 r°.
C. Copie du xvii⁰ siècle, aux Arch. nat., LL. 1373, fol. 9.

99

1070, 5 mai.

Donation par le roi Philippe I⁰⁰, au monastère de Saint-Martin-des-Champs, d'un moulin sur le Grand-Pont.

PHILIPI REGIS DE MOLENDINO ET FURNO.

In nomine sanctę et individuę Trinitatis. Quoniam prevaricationis reatu primi parentis Adę [4] a sede beatitudinis ęternę in hujus periculosum vitę stadium corruimus, opere precium judicamus ut viam illuc revertendi, quę est karitas, quam Christo duce cognovimus, dum licet, arripere [5] festinemus, quatinus ad gloriam quietis ęternę quam amiseramus, cum fructu bonorum operum lęti redeamus, cujus beatitudinis via nobis in promptu aperitur, si pręceptum [6] dominicum cordis

---

[1] Les mots «Signum regis Philippi» sont intercalés ici dans B. Cela prouve que la copie B a été prise sur A. Car dans A, les noms sont disposés sur deux colonnes. Celui d'Haymo est le dernier mot de la première, et la signature du roi semble être en tête de la seconde. Mais en réalité, elle est en vedette, en tête des autres souscriptions.

[2] *Var.* «Alamerus» (B).

[3] Tout ce qui suit ce mot manque dans la copie B.

[4] «Ade» manque dans A et C.

[5] *Var.* «aperire» (B).

[6] Les mots «aperitur si preceptum» manquent dans A. C.

palato custoditur, de qua ipsa Dominus dicit[1] : «Date elemosinam, et omnia munda sunt vobis.» Quapropter ego Philippus, gratia Dei Francorum rex, notum fieri volo sanctę matris Ecclesię fidelibus, tam presentibus quam et futuris, quod frater Johannes, inclusus Sancti Martini, vir bonę memorię et de sustentatione pauperum sollicitus, mei presentiam obnixe deprecatus est ut pauperibus et peregrinantibus Sancti Martini segregatim ab aliis fratribus in ecclesia psallentibus elemosinam facerem, et in victum eorum ad hospitalem locum molendinum unum, qui in dominio meo erat in Magno ponte, donarem, et ne furnum, quem abbas Engelardus et ceteri fratres Sancti Martini admonitione ipsius inclusi instinctuque fraternę caritatis hospitali concesserunt, aliquis destruere presumat, vel in alios usus retorquere audeat, vel alterum preter eum in toto procinctu munitionis Sancti Martini construat. Quod si forte fieret, crescente habitantium multitudine, ad hospitale pertineret[2]. Preterea deprecatus est ut via quę est ante monasterium Sancti Martini, pro honore ejusdem ecclesię, publice teneatur, et illa alia, quę sub monasterio est, ad usum pauperum in agriculturam inmutetur. Quę via ab eo loco quo se dividit a via quę ducit ad Sanctum Martinum ab urbe Parisio venientes usque ad eum locum in quo convenientes se uniunt, extenditur. Cujus votis et benivolentię condescendens, pro salute mea et antecessorum meorum animarum remedio, molendinum pauperibus supradictis et hospitalitati eorum contuli, furnum illis solum esse, nec preter eum alterum construi, nisi supradicta ratione, concessi, via ne ulterius nisi ante monasterium Sancti Martini teneatur precepi. Et ut hoc inviolabile permaneat, signum caracteris mei impressi et sigillo meo corroboravi[3]. Signum Philippi regis. Signum Hugonis de Pusiaco. Signum Willelmi de Tornabu. Signum Otranni de Drocas. Signum Lisierni[4] Caboti. Signum Herii coci. Signum Radulfi de Stampis. Signum Arnulfi cubicularii. Signum Hergoti. Signum Willelmi de Monsteriolo. Signum Hugonis de Sordavalle. Signum Chadios. Signum Roberti de Castello. Signum Hulberti, archidiaconi Silvanectensis. Signum Eustachii, capellani regis. Signum Rollandi, de domo Sancti Martini. Signum Gisleberti. Hec carta firmata est in pago Silvanectensi, apud Oriacum, III nonas maii, anno ab Incarnatione Domini M° LXX°, epacta VI, indictione VIII, anno Philippi regis regni XI.

 A. Copie du XII° siècle, à la Bibl. nat., ms. lat. 10977 (*Liber Testamentorum*), fol. 47 r°.
 B. Copie du XII° siècle, à la Bibl. nat., ms. lat. 10977, fol. 75 r°.
 C. Copie du XIII° siècle, aux Arch. nat., LL. 1351, fol. 18 v°, d'après A.
 D. Copie du XVII° siècle, aux Arch. nat., LL. 1354, fol. 120 r°.

---

[1] *Var.* «Veritas dicit» (A). — «Veritas dicitur» (C).

[2] Voir sur ce passage les judicieuses observations de Jaillot, *Recherches sur la ville de Paris*, t. Ier, quartier Saint-Jacques-la-Boucherie, p. 8.

[3] Tout ce qui suit manque dans A et C.

[4] La copie A porte «Lisini», par suite de l'oubli du signe abréviatif de la syllabe *er*.

100
1072. — Paris.

Confirmation par le roi Philippe Ier de la donation faite par Simon de Montfort à l'abbaye de Saint-Magloire, des églises Saint-Pierre et Saint-Laurent de Montfort.

In nomine sancte et individue Trinitatis. Ego Philippus, gratia Dei Francorum rex. Omnibus, etc... Notum fieri volumus, quod quidam miles de castro qui Monsfortis vocatur, Symon nomine, nostram adierit presentiam, rogans..... ut suę devotioni assensum preberemus quatinus aecclesias Sanctorum Petri, apostolorum principis, atque Laurentii, archidiaconi et martiris, quae in eodem castro sitę habentur... sibi liceret dari, nostro nutu, aecclesię Sanctorum Bartholomei et Maglorii, nostro palatio adherenti. Cujus petitioni, etc...

Actum publicę Parisius, in aula regis, anno Dominicę Nativitatis M° LXX° II°, indictione X, regnique Philippi regis XIIII [1], etc....

A. Copie du XII° siècle, à la Bibl. nat., ms. lat. 13701, fol. 167 v°.
B. Copie de 1331, à la Bibl. nat., ms. lat. 5413 (Cartulaire de Saint-Magloire), p. 24.

Édit. : (a) *Gallia Christiana*, t. VII, instr., col. 37, d'après B.

101
1075. — Paris.

Concession par le roi Philippe Ier, à l'abbaye de Saint-Magloire, du droit de prendre deux charges d'âne dans le bois de Vincennes.

CARTA DE DUOBUS ONERIBUS ASININIS LIGNORUM ACCIPIENDIS IN NEMORE VICENARUM.

Christiane religionis cultoribus, tam futuris quam presentibus, ego Philippus, gratia Dei Francorum rex, notum facio quod, de silva que dicitur Viscena, due summe asinine omni tempore, singulis videlicet diebus, indeficienter, tam ex meo quam ex patris mei Henrici, dive ac felicis memorie regis, dono attribute sunt Sancti Bartholomei apostoli Sanctique Maglorii fratrum servicio, pro nostrarum animarum remedio. Sed ne forte quilibet inimicus, quod absit, sancte Dei Ecclesie huic nostre helemosinule, pro anima mea parentumque meorum, ut supradictum est, donate, audeat vel possit contra ire, kartulam istam de hac eadem re jussimus perscribere, nostrique sigilli inpressione fecimus sic corroborare et firmare, ut quicumque presumpserit destruere vel contradicere, regie majestatis reus, fisco nostro auri libras C festinet persolvere, et ejus calumpnia irrita et vana habeatur ab omni Christianitate.

Actum Parisius, in propatulo, anno ab Incarnatione Domini nostri Jhesu Christi M° LXX° V°, indictione XIII.

Hujus vero firmitatis nostre testes existunt [2].....

A. Copie de 1331, à la Bibl. nat., ms. lat. 5413 (Cartulaire de Saint-Magloire), fol. 10 v°.

---

[1] Var. «XIII» (B). — [2] Le reste manque.

102

1079. — Saint-Benoît-sur-Loire.

Donation à l'abbaye de Cluny, par le roi Philippe Ier, du monastère de Saint-Martin-des-Champs.

PRECEPTUM REGIS PHILIPPI DE ÆCCLESIA SANCTI MARTINI [1].

In nomine sanctæ et individuæ Trinitatis, Patris et Filii et Spiritus sancti. Noverint cuncti fideles sanctæ Dei Ecclesiæ, quod ego gracia Dei Francorum rex[2], Philippus nomine, dono et concedo Domino Deo et sanctis apostolis ejus Petro et Paulo ad locum Cluniacum, in manu donni Hugonis abbatis et omnium abbatum qui in eodem loco futuri sunt post eum in æternum, locum qui dicitur Sancti Martini ad Campos, quem pater meus Henricus fundavit, ut habeant et possideant in perpetuum cum omnibus appendiciis ad eumdem locum pertinentibus, id est, terris, vineis, sicut Engelardus abbas possedit in vita patris mei et in tempore meo, salva subjectione debita sanctæ matris ecclesiæ Parisiacensis. Facio autem hanc donationem pro remissione peccatorum meorum et genitoris genitricisque meæ et omnium regum Francorum antecessorum meorum, ut cum omni libertate et quiete, absque ulla calumpnia alicujus viventis personæ vel potestate, præfatus locus possideat, ut Deus omnipotens, intervenientibus beatis apostolis suis Petro et Paulo, regnum et vitam nostram cum pace et tranquillitate disponat in præsenti sæculo, et in futuro sæculo sempiterna gaudia concedat. Ut autem hæc donatio firma et stabilis atque inconvulsa permaneat, hoc præceptum manu propria firmo et corroboro, ac sigillo proprio sigillari præcipio, testibusque firmandum trado. Signum Philippi regis Francorum.

Si quis autem hoc donum vel præceptum calumpniare temptaverit, iram omnipotentis Dei et omnium sanctorum ejus incurrat, et insuper regia potestate constrictus, vendicare nequeat quod repetit, usquedum a calumpnia recedat. Signum Aganonis, Heduensis episcopi. Signum comitis Rainaldi de Nivernis.

Signum Roberti dapiferi [3]. Signum Rotberti de Alliaco. Signum Walterii de Clamiciaco. Signum Ebonis de Monte Celso. Hujus rei testes sunt et confirmatores canonici ipsius loci : Goisfredus prior, Eustachius, Gislebertus, Daimbertus, Walterii duo, Mainardus, Goisbertus, Malfredus, Bernardus, Hugo, Robertus, Arraldus. Ego Gislebertus, ad vicem Rogeri cancellarii, relegendo subscripsi. Actum publice apud Sanctum Benedictum de Floriaco, anno incarnati Verbi M LXXIX, anno regni nostri XIX.

A. Copie du XIIe siècle, à la Bibl. nat., ms. lat. 10977 (*Liber Testamentorum* de Saint-Martin), fol. 1.
B. Copie du XIIIe siècle, à la Bibl. nat., ms. lat. (nouv. acq.) 1359, fol. 5 v°.
C. Vidimus du 21 janvier 1256, aux Arch. nat., L. 250, n° 66.

---

[1] Le titre de cette pièce est ainsi conçu dans B : «Karta de fundatione ecclesie Sancti Martini.» — [2] *Var.* «rex Francorum» (B). — [3] Cette signature manque dans A et B.

103

Vers 1080 [1].

Notice spécifiant les devoirs du monastère de Saint-Martin-des-Champs envers l'Église de Paris.

Hęc sunt debita subjectionis quę debet ęcclesia Sancti Martini de Campis matri ęcclesię Beatę Marię Parisiensi. Sacerdos qui parrochię preerit curam animarum ab episcopo et archidiacono suscipiet, et quocienscumque diebus festis episcopus missam cantaverit, ipse duodecimus cardinalis ministerio assistet. Monachi vero Domino inibi servientes, si ordinari voluerint, ab eodem episcopo ordinabuntur. Quod, si aliquociens episcopus impeditus fuerit, et ipsi alias voluerint ordinari, pro ordinatione eorum, ad quem elegerint episcopi vel archidiaconi epistola dirigetur. Si mater ęcclesia cessaverit, cessabit et ipsa. In festivitate Sancti Martini, quę mense julio celebratur, ibunt canonici Beatę Marię ad Sanctum Martinum, missam cum monachis celebraturi; qui dextrum chorum tenentes, missam primi incipient et gradale decantabunt. Expleta missa, redibunt ad domos suas cum pace.

A. Copie du xiie siècle, aux Arch. nat., LL. 177 (*Livre noir* de Notre-Dame), p. 152.
B. Copie du xiiie siècle, aux Arch. nat., LL. 175 (*Grand Pastoral* de Notre-Dame), p. 660.

104

1083-1092.

Jugement de Geoffroi, évêque de Paris, confirmant à l'abbaye de Saint-Magloire la propriété d'un gourd voisin du lieu de Milpas [2].

Ego Goifridus, gratia Dei Parisiorum episcopus, et canonici Sancte Mariae

---

[1] Nous laissons à cette pièce la date qui lui a été donnée par Guérard, et qui se justifie par les motifs suivants : cet acte définit les devoirs des moines de Saint-Martin-des-Champs envers l'Église de Paris; il ne saurait donc être antérieur à l'établissement des moines dans le monastère de Saint-Martin, qui eut lieu en 1079. (Voir notre numéro 102.) D'autre part, en introduisant les moines de Cluny à Saint-Martin-des-Champs, en 1079, Philippe Ier avait réservé expressément les droits de l'évêque de Paris : «Salva subjectione debita sanctæ matris ecclesiæ Parisiacensis»; il était donc important de spécifier en quoi consistaient ses droits, et on dut le faire peu de temps après que l'ordre de Cluny eut pris possession du monastère de Saint-Martin-des-Champs. (Voir Guérard, *Cartul. de Notre-Dame*, t. II, p. 401, note.)

[2] Nous ignorons la position exacte du lieu nommé Milpas. L'église de Paris possédait au siècle dernier une ferme de ce nom qui se trouvait dans la partie du village actuel d'Ivry la plus rapprochée de la Seine, et, par conséquent, en dehors du Paris moderne. (Voir aux Arch. nat., le plan coté N. Seine, 3e cl. n° 56). Mais, d'autre part, un acte du milieu du xie siècle que nous avons donné plus haut (n° 86) dit que Milpas était situé à 1 mille de Paris; or la ferme en question et le village d'Ivry étaient à une distance plus grande, au moins du double, de l'ancienne enceinte de Paris.

Parisiensis aecclesiae, notum fieri volumus, tam presentibus quam et futuris, quod quidam miles noster, Girelmus nomine, quendam gurgitem, situm prope ripam territorii quod dicitur Mille Passus, injuste sui juris reclamabat, quem rex Hainricus Beato Maglorio regali jure dederat, precepto firmaverat, et sigillo suo signaverat. Cujus causa coram clericis multisque laicis contra monachos Beati Maglorii satis infirma visa est. Huc accedit ut communi assensu clericorum et laicorum nichil eum super hoc debere calumpniari judicatum est. Tandem itaque Girelmum calumpniasse penituit, et juditio clericorum et laicorum adquievit, et sic, coram multis adstantibus, ille, cum filiis suis, monachis Beati Maglorii gurgitem supradictum perpetuo jure tenendum dimisit.

S. Goifridi episcopi.	S. Haimonis abbatis.	S. Hugonis dapiferi.
S. Drogonis archidiaconi.	S. Benedicti prioris.	S. Goifridi, fratris ejus.
S. Joscelini archidiaconi.	S. Winebaldi.	S. Rotberti, filii dapiferi.
S. Ivonis archidiaconi.	S. Petri.	S. Alberti militis.
S. Johannis decani.	S. Rotberti.	S. Guerrici militis.
S. Waleranni precentoris.	S. Walterii.	S. Adelulfi cubicularii.
S. Haimonis succentoris.	S. Goifridi.	S. Girberti cubicularii.
S. Vulgrini cancellarii.	S. Vitalis.	S. Walderii militis.
S. Odonis.	S. Herberti.	S. Tescelini militis.
S. Rainaldi.	S. Hungerii.	S. Harduini.
S. Bernardi.	S. Helmoini.	S. Arnaldi.
S. Isenbardi.	S. Gisleberti.	S. Goifridi.
S. Teduini.	S. Warnerii, filii Guarnerii.	S. Tetbaldi.

A. Original, aux Arch. nat., K. 20, n° 6° (Musée, n° 114.)
B. Copie de 1331, à la Bibl. nat., ms. lat. 5413 (Cartulaire de Saint-Magloire), p. 23.

105

1084, 18 mars [1]. — MARMOUTIER.

Donation aux religieux de Marmoutier, par Payen et Gui, de l'église Notre-Dame-des-Champs.

DONUM PAGANI FILII GUIDONIS DE ÆCCLESIA SANCTÆ MARIÆ APUD PARISIUS ET SEPULTURA ALIARUM DUARUM ÆCCLESIARUM DE ISSIACO ET FONTANETO.

Noverint successores quod Paganus, filius Guidonis, donaverat Sancto Martino et monachis Majoris Monasterii unam aecclesiam de Sancta Maria apud Parisius, et cum eo Guido Lagobardus, cui eandem in vita sua concesserat. Anno ab In-

---

[1] Si l'on admet que l'année commençât dès cette époque à Pâques, cette pièce serait du 7 avril 1085. Mais comme il y a incertitude à cet égard, nous avons cru devoir lui laisser la date que lui ont attribuée les premiers éditeurs. (Tardif, *Cartons des Rois*, p. 188).

carnatione Domini millesimo octogesimo iiii^{to}, secunda feria quintę ebdomadæ quadragesime, venerunt ad Majus Monasterium ambo, Paganus videlicet et Guido, in capitulum monachorum, rogantes ut in benefactum et orationes eorum susciperentur; quod et impetraverunt. Deinde miserunt ambo donum de eadem æcclesia in manum domni abbatis Bernardi, et super altare portaverunt. Testes qui hoc viderunt et audierunt sunt hi : Hecelinus, Radulfus de Balleolo, Godefredus Normannus, Adelulfus Normannus. Videns igitur isdem Paganus Majus Monasterium et monachos Deo ibidem servientes, adamavit locum addiditque die postera venire in capitulum iterum, et donavit monachis unum servum, cum tota substantia sua, apud Parisius et sepulturam de duabus æcclesiis suis, id est de Issiaco et de Fontaneto. Hujus rei testes sunt : Guido Langobardus, Hubertus cellararius, Leaudus Godinus, Girardus de Loratorio, Gauscelmus piscator, Landricus cocus, Martinus de Boeria.

A. Original aux Arch. nat., K. 20, n° 6².

106

Vers 1085 [1].

Accord par lequel un nommé Payen donne aux moines de Marmoutier, résidant à Paris, trois arpens de vigne situés dans Paris, et divers autres biens, en échange d'une terre qui leur avait été donnée par son frère Geoffroi, et que revendiquait la femme dudit Geoffroi.

A. Original aux Arch. nat., K. 20, n° 6²³.

Édit. : (a) Tardif, Cartons des Rois, p. 194, n° 320, d'après A.

107

Vers 1086 [2].

Lettre de saint Anselme, au sujet d'un religieux de Saint-Pierre-sur-Dive, qui habitait à Saint-Magloire, sans permission de son abbé.

AD MONACHOS BECCENSES.

Frater Anselmus, abbas Becci, fratribus Beccensibus apud Confluentium commanentibus, salutem.

---

[1] Nous possédons un acte du 18 mars 1084, ou du 7 avril 1085, émané du même personnage (n° 105), ce qui nous permet de déterminer approximativement la date de celui-ci.

[2] Bréquigny classe cette lettre à l'an 1078 (Table des diplômes, t. II, p. 169). Mais elle ne peut être aussi ancienne, car le prieuré de Conflans-Sainte-Honorine ne fut fondé, au témoignage

Mittite nostras litteras Benedicto, monacho de Sancto Petro supra Divam, qui propter scholas moratur apud Parisium et conversatur in monasterio Sancti Maglorii. Mando enim illi et consulo ut ad monasterium suum redeat, a quo contra voluntatem abbatis sui abest. Promisit enim idem abbas ejus mihi, se illi misericordiam et mansuetudinem pro nostro amore, si redierit, exhibiturum. Quod si facere voluerit, omnino illum, sicut monachum de nostro monasterio, caritativa sollicitudine benigne juvate, quatenus aut equo usque ad nostrum monasterium, aut navi usque Fraisnosam venire possit. Quod domnus Rodulfus mandavit vobis de equo suo, et de monacho Sancti Germani facite : sed hoc a me mandatum esse dicere nolite, sed a domno Rodulfo. Valete, et scitote quia, miserante Deo, de egritudine quam nuper habui bene convalesco, et hoc amico nostro domno Ursioni notum facite. Epistolas vestras, quas domnus Mauritius nobis mittere debuit, adhuc expectamus. Iterum valete.

A. Copie du xiii° siècle, à la Bibl. nat., ms. lat. 14762 (ancien Saint-Victor, Ef. 20), fol. 78 r°.

Édit. : (a) Gerberon, *S. Anselmi opera* (epist. l. II, 14), p. 346, d'après A. — (b) Migne, *Patrologie*, t. CLVIII, col. 1163, d'après a.

108

1092. — Paris [1].

Confirmation par Philippe I*er*, dans un synode tenu à Paris, des privilèges du chapitre de Saint-Corneille de Compiègne.

In nomine sancte et individue Trinitatis, Philippus, Dei providentia Francorum rex piissimus. Quoniam divina etc..... Et ut ea firmius amodo predicta ecclesia possideat, presentem paginam sigillo regie majestatis insigniri, et in pervasores harum rerum quas enumeravimus excommunicationem fieri ab episcopis qui tunc Parisius congregati erant, precepimus, scilicet Manasedo, Remensi archiepiscopo, Richardo, Bituricensi archiepiscopo, Rogero, Catalaunensi episcopo, Elinando, Laudunensi episcopo, Ratbodo, Noviomensi episcopo, Widone, Belvacensi episcopo, item Widone, Ambianensi episcopo, Goifrido, Parisiensi episcopo, Waltero, Meldensi episcopo, Waltero, Tricassino episcopo, et Goifrido, Autissiodorensi episcopo. Si quis hanc nostram confirmationis paginam violare et sanctam Compendiensem ecclesiam super his omnibus inquietare presumpserit, iram summi Judicis incurrat, et coactus regi centum libras auri persolvat.

« Signum Philippi gloriosi Francorum regis.

---

de la petite chronique du Bec, qu'en 1081, et la colonie de religieux du Bec qui vint le peupler ne fut installée qu'en 1083. (Voir *Gall. Christ.*, t. XI, col. 225 et Migne, *Patrol.*, t. CLVIII, col. 1163.)

[1] Nous laissons à ce diplôme la date que lui ont donnée tous les éditeurs et qu'a admise Héfélé dans son *Histoire des conciles* (trad. Delarc), t. IX, p. 18. Mais plusieurs des évêques qui y sont mentionnés étaient morts bien avant 1092. Et il faut certainement reculer ce synode de Paris jusque vers 1075. (Voy. *Gall. Christ.*, t. IX, col. 71 et 875. — Cf. d'Achery, *Spicileg.*, édit. in-fol., t. I, p. 628, note.)

Ego Gaufridus archicancellarius relegi atque subscripsi. Actum Parisius, anno Dominice Incarnationis M° XCII°.

A. Copie du XIII° siècle, aux Arch. nat., LL. 1622 (*Cartulaire blanc* de Saint-Corneille de Compiègne), fol. 1.
B. Copie du XIII° siècle, à la Bibl. de Compiègne (fragment du *Cartulaire rouge* de Saint-Corneille).
C. Copie du XVII° siècle, à la Bibl. nat., ms. lat. 9171, d'après B.
D. Copie du XVII° siècle, aux Arch. nat., LL. 1623, n° 113.
E. Copie du XVII° siècle, à la Bibl. nat., ms. lat. 13891 (*Hist. de Compiègne* de dom Bertheau), fol. 36 v°.
F. Copie du XVII° siècle, à la Bibl. nat., ms. fr. 24066 (*Antiquités de Compiègne* de don Gilleson, t. IV, liv. 3, ch. 24).

Édit. : (*a*) Labbe, *Concilia*, t. X, col. 491. — (*b*) d'Achery, *Spicilegium* (éd. in-4°), t. II, p. 604; (éd. in-fol.), t. I, p. 627. — (*c*) Hardouin, *Concilia*, t. VI, part. II, col. 1703.

109

1093, 14 février. — PARIS.

Donation par Philippe Ier, à l'abbaye de Marmoutier, de la chapelle Saint-Magloire, située près du Palais.

In nomine, etc. [1]... Notum itaque [2] sit omnibus habere nos capellam dominicam, in honore beati Bartholomei apostoli et beati Maglorii confessoris constructam, sitam in Parisiorum civitate, juxta aulam regiam, que hactenus a propriis abbatibus non tam gubernata quam desolata videbatur, maxime tempore [3] Haimonis [4] abbatis, per cujus incuriam in tantum adnichilata erat primo monastici ordinis religione, dein vero [5] exteriorum depopulatione, ut pauci fratres qui adhuc ibi remanserant de rebus ecclesiæ, prout monachos decet, sustentari non valerent, et jam pene ad secularitatem redacti, unusquisque de proprio suo, prout poterat, cum magna necessitate et ordinis transgressione, sibi procurabat. De hac ergo desolatione cum supradicto abbate Haimone rationem ponentes, cum se excusare non posset et per negligentiam suam omnia hæc accidisse cognosceret [6] assensione ejusdem [7] et supplicatione fratrum loci ipsius habitatorum [8], admonitione quoque optimatum nostrorum et suggestione quorumdam religiosorum virorum, hoc consilium salubre reperimus ut ecclesiam ipsam in manus ordinate et monastice viventium, abbatis videlicet Bernardi et monachorum Sancti Martini [9] Majoris Monasterii, ad restaurandum traderemus. Quod et fecimus [10], ut cella sit dominica Beati Martini, et omnis ejus ordinatio in ejus arbitrio et prudentia pendeat abbatis

---

[1] Ces mots manquent dans *a*.
[2] Le mot «itaque» manque dans *a*.
[3] Le mot «tempore» manque dans *b*.
[4] *Var.* «Hamonis» (*b*).
[5] *Var.* «rerum» (*b*).
[6] *Var.* «Ergo» au lieu de la phrase «De hac... cognosceret» (*b*).

[7] *Var.* «ejusdem Hamonis» (*b*).
[8] Les mots «loci ipsius habitatorum» manquent dans *b*.
[9] Les mots «Sancti Martini» manquent dans *b*.
[10] *Var.* «fecimus pro redemptione animæ nostræ» (*b*) au lieu de la phrase «ut cella... monasterii» (*a*).

et monachorum Majoris Monasterii. Actum est hoc Parisius publice, in aula regia, cum subscriptis testibus, anno ab Incarnatione Domini MXCIII, indictione I, epacta XX, XVI kalendas Martii [1], regnante Philippo rege, anno ordinationis suæ XXXVI.

Signum [2] Ursionis, Silvanectensis episcopi. Signum Hugonis, fratris Philippi regis. Signum Widonis, dapiferi regis. Signum Adelelmi, constabularii regis. Signum Simonis de Nielfo. Signum Manassen, vicecomitis Meliduni. Signum Philippi regis..... (*Monogramme*). Hubertus cancellarius scripsit et subscripsit.

Édit.: (*a*) Mabillon, *Annal. bened.*, t. V, p. 310. — (*b*) Morice, *Mémoires pour servir de preuves à l'histoire de Bretagne*, t. I, col. 481, ex arch. Majoris Monasterii.

110

1093, Novembre. — PARIS.

Donation au prieuré de Saint-Martin-des-Champs, par Gausbert et Rohard, son frère, d'une terre sise à Pontiblon [3].

CARTA DE PONTE HEBALI.

Notum facimus cunctis fidelibus, posteris et presentibus, quod duo fratres Gausbertus et Rohardus dederunt æcclesiæ Sancti Martini de Campis totam terram, quam apud Pontem Hebali possidebant, liberam, nichil cuiquam preter æcclesiæ Sancti Martini reddentem. Hoc etiam publice factum est in æcclesia sepedicti sepeque dicendi Beati Martini, donumque a supradictis fratribus super sacrosanctum altare est positum, cunctis videntibus et audientibus qui adfuerunt; qui idcirco, ut testes existant, advocati sunt. Inter quos advocatus fuit Hildegerius de Greva, de cujus feodo terra erat, qui et hoc concessit, et manu propria donum firmavit. Hoc etiam concesserunt uxores eorum et filii, quarum uxorum sunt nomina Herenburgis et Gebelina; filiorum autem, Odo et Rainaldus. Concessit et hoc frater eorum, Aszo nomine, qui, quamvis non esset heres terræ illius, emptio enim fratrum supradictorum erat, tamen, ne contrarius esset æcclesiæ in aliquo, decem solidos accepit, et sic æcclesiæ Sancti Martini libere concessit. Notandum est etiam quod supradicti fratres, Gausbertus videlicet et Rohardus, pro dono supradictę terræ quinquaginta solidos habuerunt. Hujus rei testes sunt: supradictus Hildigerius, Odo de Balbiniaco, Maingodus, Warinus, frater majoris, Theudo, frater ejus, Joscelinus carpentarius, Bernardus de Aneto, Jonas, Ansoldus, Godefredus, Albericus. Notandum est etiam et huic cartule inserendum quod

[1] *Var.* «epacta XXVI, x kal. Martii» (*a*).
[2] Ni Mabillon, ni Morice n'ont donné textuellement toutes les souscriptions.
[3] Nous avons cru devoir insérer cette charte dans notre recueil parce qu'elle mentionne le porche de la sacristie de Saint-Martin-des-Champs. Nous la donnons *in extenso* parce qu'elle ne paraît pas avoir été publiée jusqu'ici.

Tebertus prepositus terram, de qua superius tractavimus, æcclesiæ Sancti Martini dedit; sed Walterius miles, qui post decessum ipsius uxorem ejus accepit, cui jure hereditario terra pertinebat, sub calumpnia aliquantulum contrarius extitit, qui, Deo annuente, cum eadem uxore, nomine Avelina, et ipse concessit. Interfuerunt autem huic concessioni homines isti : Aszo, frater ipsius Walterii, Morinus, Aszo panetarius, Fredericus et Bernardus de Sancto Dionisio, Walterius Rusellus. De nostris fuerunt hi : Walterius major, Rotgerius filius ejus, Warinus frater ejus, Helgotus, Herluinus filius ejus, Radulfus faber, Herbertus de Ponte Isare, Walterius, Ansoldus corvisiarius, Lanbertus hospitarius, Hubertus de Nongento, et alii multi.

Actum est Parisius, apud Sanctum Martinum, mense novenbri, in porticu sacristię, anno incarnati Verbi M XC III°, regnante Philippo rege.

A. Copie du XIII° siècle, à la Bibl. nat., ms. latin 10977 (*Liber Testamentorum* de Saint-Martin-des-Champs), fol. 8 r°.

111

Vers 1093.

Lettre de saint Anselme, archevêque de Cantorbéry, à Geoffroy, évêque de Paris, pour le dissuader d'empêcher Galeran, chantre de l'église de Paris, qui s'était retiré au monastère de Saint-Martin-des-Champs, d'embrasser la vie religieuse.

A. Copie du XIII° siècle, à la Bibl. nat., ms. lat. 14762 (anc. Saint-Victor, Ef. 20), fol. 113 r°.
B. Copie du XIII° siècle, à la Bibl. nat., ms. lat. 14762 (anc. Saint-Victor, Ef. 20), fol. 131 r°.
C. Copie du XIII° siècle, à la Bibl. nat., ms. lat. 14502 (anc. Saint-Victor, Bd. 18), fol. 175 v°.

Édit. : (*a*) Mabillon, *Annal. Bened.*, t. V, p. 308. — (*b*) Gerberon, *S. Anselmi opera* (epist. III, 12), p. 369, d'après A. B. C. — (*c*) Migne, *Patrol*, t. CLIX, col. 35, d'après *b*.

112

Vers 1093.

Lettre de saint Anselme à Galeran, chantre de l'église de Paris, l'engageant à persister dans son projet d'embrasser la vie religieuse.

A. Copie du XIII° siècle, à la Bibl. nat., ms. lat. 14762 (anc. Saint-Victor, Ef. 20), fol. 114 v°.
B. Copie du XIII° siècle, à la Bibl. nat., ms. lat. 14762 (anc. Saint-Victor, Ef. 20), fol. 132 r°.

Édit. : (*a*) Marrier, *Monast. reg. S. Martini de Campis hist.*, p. 488. — (*b*) Gerberon, *S. Anselmi opera* (epist. III, 13), p. 370, d'après A. et B. — (*c*) Migne, *Patrologie*, t. CLIX, col. 37, d'après *b*.

Cartul. — I.

113

1094. — PARIS.

Donation à l'abbaye de Marmoutier, par Geoffroi, évêque de Paris, des chapelles de Notre-Dame-des-Champs, de Saint-Julien de Versailles, etc.

AUCTORAMENTUM GAUSFREDI, EPISCOPI PARISIACENSIS, DE ALTARIBUS SANCTE MARIE DE CAMPIS, ET SANCTI JULIANI DE VERSALIIS, ET SANCTI GERMANI DE VILLA PIRORUM ET SANCTI DIONISII DE UNCINIS [1].

In nomine sanctę et individuę Trinitatis. Karitatem fraternitatis invicem diligentes, Deum, qui karitas est, in primis et precipue ex toto corde et anima diligamus, proximum vero nostrum per ipsum et cum ipso [et] in ipso nobis unum faciamus. Haec est illa karitas qua non solum amicus in Deo, sed etiam inimicus propter Deum, diligitur, haec est, inquam, quę pauperes ditat, langentes [2] sanat, in peccatis mortuos vivificat; huic itaque karitati, quę Deus est, humilitatem nostram placere speramus, si ejus opera faciamus, et sic indignum judicamus fratribus nostris petita negare et in dandis beneficiis manum benediccionis retrahere. Ego igitur Goiffridus, Dei gratia Parisiorum episcopus, et Joscelmus, archidiaconus, monachis apud Sanctum Martinum Majoris Monasterii Domino servientibus, quatuor altaria, et queque sunt ad ea pertinencia, perpetuo jure possidenda concedimus : unum quod est prope Parisium, in honore beatę Marię semper virginis, quę dicitur in Campis, dedicatum; aliud in villa quę dicitur Versialię, quod est in honore beati Juliani martiris constitutum; tercium apud Villam Pirorum, in honore beati Germani pontificis assignatum; quartum vero in vico qui dicitur Uncinas, in honore beati Dyonisiy [3] martiris consecratum. Sed ne res aecclesiastica penitus a nostra manu removeri videatur, synodos et circadas, et curam animarum cum debita subjeccione parroc[hian]is presbiteris a nobis concessam, et ecclesiarum reconciliaciones, immo debitę subjeccionis et justicię obedienciam in eis retinemus. Ut autem hoc firmum permaneat, cartulam istam propriis manibus firmavimus nostrisque archidiaconibus et canonicis firmandam tradidimus. † Signum Goiffridi, Parisiorum episcopi. Signum Fulconis decani. Signum Waleranni [4] cantoris. Signum Drogonis archidiaconi. Signum Joscelmi archidiaconi. Signum Rainaldi archidiaconi. Signum Walteri [5], Meldensis episcopi. Signum Walteri

---

[1] Au lieu de ce titre, la copie B porte le suivant : « Confirmatio venerabilis episcopi Parisiensis Goifredi de quatuor altaribus et de hiis que ad ea pertinent. »

[2] Var. « languentes » (B).
[3] Var. « Dionisii » (B).
[4] Var. « Gualeramni » (B).
[5] Var. « Gualterii » (B).

sacerdotis. Signum Rogeri [1] sacerdotis. Signum Rogeri levitę. Signum Haimonis levitę. Signum Harnulfi levitę. Signum Goiffridi subdiaconi. Signum Godefridi subdiaconi. Signum Ricardi subdiaconi. Signum Rainaldi pueri. Signum Walteri pueri. Signum Hugonis pueri. Actum publice Parisius, anno ab Incarnatione Domini millesimo LXXXX IIII[to] [2], regnante Philippo rege anno XXXVI, Goifrido vero, Parisiorum episcopo, XXXV.

Vulgrinus cancellarius scripsit.

A. Original en forme de chirographe, aux Arch. nat., K. 20, n° 6[11].
B. Copie contemporaine de l'original, aux Arch. nat., L. 920.

114

1095.

Lettre d'Yves de Chartres au pape Urbain II, lui annonçant l'élection de Guillaume de Chartres à l'évêché de Paris.

Domno et patri suo Urbano, summo pontifici, Ivo, [humilis] ecclesiæ Carnotensis minister, cum Petro pugnare et cum Paulo regnare.

Quoniam Romana ecclesia, post multa naufragia, sub vestro regimine ad portum pene pervenit, et Italiæ regnum jamdiu rebelle in conspectu vestro totum pene conticuit, ita ut novus rex ad voluntatem Dei et vestram in manus vestras se dederit, gaudeo in Domino, et gaudium meum nullis syllabarum metis explicare sufficio. Quotidianas etiam preces coram Deo pro vestra incolumitate et pace multiplico, ut sermo Dei per vos currat et de die in diem magis proficiat, et bona quæ per vos inchoavit, ad finem usque perducat. Notum autem facio sublimitati vestræ quod Guillelmum, bonæ spei fratrem, in Carnotensi ecclesia nutritum, Parisiensis ecclesia elegit in episcopum. Qui quidem sine consilio et assensu nostro nihil tale præsumere voluit. Misimus itaque cum eo quosdam de fratribus qui diligenter inquirerent, utrum in eum vota omnium concurrerent, utrum hæc electio, mediante pecunia, vel aliqua esset a rege extorta violentia. Quibus bene cuncta renuntiantibus, illi fratri dedimus consilium et assensum, ut illi electioni cederet, et divinæ ordinationi se non subduceret. Timebamus enim ne alius ex transverso intruderet, et ecclesiam simoniaca peste macularet. Addidimus quoque consilio ejus, quia aliquantulum infra annos legitimos nobis esse videbatur, ut promotiones ad gradus ecclesiasticos per congrua intervalla differet, et interim,

---

[1] *Var.* «Rotgerii» (B).
[2] La copie B porte la date de M LXXX IV au lieu de M LXXXX IV. Mais c'est évidemment une erreur de copiste, comme le prouve l'indication de l'année du règne, qui ne peut s'accorder qu'avec l'an 1094.

aut per se, aut per nuntios, ecclesiæ, pro his quæ ad integritatem ordinationis minus sunt, a paternitate vestra indulgentiam postularet. Quod scribo absens, si opportunitas se offerret, dicerem præsens, et pro ipsa ecclesia, et cum ipsa ecclesia a paternitate vestra magna animi fiducia postulo, ut nulli æmulo de ejus insimulatione aurem de cætero commodetis, et per præsentium latorem mihi et ipsi ecclesiæ litteris vestris, quo ordine et quo modo res incœpta ad exitum cum gratia vestra perduci possit, vos ipse disponatis. Conterat Dominus Satanam, oro, sub pedibus vestris.

Édit.[1] : (a) Juret, *Ivonis episc. Carnot. epistolæ* (1584, in-4°), fol. 30 v°. — (b) Juret, *Ivonis episc. Carnot. epist.* (1610, in-8°), p. 76. — (c) Duchesne, *Hist. Franc. script.*, t. IV, p. 221, d'après b. — (d) Fronteau, *D. Ivonis Carnot. opera* (1647, in-fol.), part. II, p. 19. — (e) *Rec. des hist. de la France*, t. XV, p. 84, d'après c. — (e) Migne, *Patrol.*, t. CLXII, col. 54, d'après d.

115

1096.

Lettre d'Yves de Chartres à Richer, archevêque de Sens, au sujet de l'élection de Guillaume de Chartres à l'évêché de Paris.

Richerio, Dei gratia Senonensium archiepiscopo, Ivo, humilis Carnotensium episcopus, salutem cum debita obedientia.

Parabam me, sicut mihi mandaverat vestra paternitas, ut venirem ad colloquium vestrum, etc... De cetero sciatis canonicos Parisienses, decanum videlicet, cantorem, Rainaldum archidiaconum, in præsentia nostra, secundum præceptum domni papæ, jurasse se, nullo terrore regis vel dictæ reginæ compulsos, domnum Gulielmum episcopum sibi elegisse, neque aliquid simoniacæ pravitatis in ejus electione intendisse. Unde mando vobis, ex parte domni papæ, ut si Parisiensis ecclesia eum sibi ordinari et consecrari postulaverit, ante festum sancti Remigii, secundum auctoritatem et consuetudinem ecclesiæ vestræ, ei manum imponatis et honore pallii, ad tempus vobis interdicto, in ejus ordinatione et consecratione, uti nullatenus formidetis. Sic enim domnus papa mihi concessit apud Montem Pessulanum [2], cum, ad petitionem regis, de ejusdem Guglielmi electione tractaretur, et post, multam ventilationem, ejusdem electionis discussio mihi a domno papa committeretur etc...

Édit. : (a) Juret, *Ivon. episc. Carnot. epist.* (1584, in-4°), fol. 107. — (b) Juret, *Yvon. episc. Carn. epist.* (1610, in-8°), p. 90. — (c) Duchesne, *Hist. Franc. script.*, t. IV, p. 221, d'après b. — (d) Fronteau, *D. Ivonis Carnot. op.*, part. II, p. 23. — (e) *Rec. des hist. de la France*, t. XV, p. 87, d'après c. — (f) Migne, *Patrol.*, t. CLXII, col. 61, d'après d.

[1] Les manuscrits des lettres d'Yves de Chartres sont beaucoup trop nombreux pour que nous puissions les indiquer ici, aussi nous bornerons-nous à citer les principales éditions des lettres que nous avons cru devoir reproduire, et à prévenir le lecteur que nous avons emprunté le texte de ces lettres à l'édition de Fronteau.

[2] Au commencement de juillet 1096.

116

1096. — Paris [1].

Donation de l'église de Montmartre au prieuré de Saint-Martin-des-Champs par Gautier Payen et sa femme Hodierne.

Vir quidam egregius et miles strenuus, Paganus appellatus, a baptismate Walterius, et uxor ejus a baptismate Hodierna comitissa nuncupata, imitari volentes precedentium patrum exempla, de possessionibus suis sanctæ Beati Martini de Campis æcclesiæ dederunt æcclesiam quę sita est in monte qui nuncupatur Mons Martirum, altare videlicet et capsum, sepulturam et tantum atrii ubi fierent officine fratrum, decime terciam partem, et terciam partem hospitum, terrȩque medietatem carrucę ad possidendum. Hoc vero publice factum est in supradicta Beati Martini de Campis basilica, et super sacrosanctum altare donum est positum a supradicto Pagano, et conjuge sua, videntibus cunctis qui aderant, quorum hæc sunt nomina: Petrus et Walo, milites ipsius Pagani; Rotbertus, filius Stephani; Heinricus, filius ejus; Walo, frater ejus; Ulricus falconarius; Walterius major; Warinus et Teudo, frater ejus; Helgotus et Herluinus filius ejus, Drogo nepos ejus, et Herleboldus, servi æcclesiæ; Albericus ortolanus; Teobaldus faber; Bernardus parmentarius; Arnulfus, major rei illius; Rotbertus, pater Johannis presbyteri, et Wiardus, filius ejus. Volens itaque omnipotens Deus, qui est omnium futurorum prescius, ut absque calumpnia sua quiete possideret æcclesia, eo disponente, ad supradictam æcclesiam Beati Martini quę dicitur de Campis, venit Burchardus de Montemaurinciaco, de cujus hoc donum, quod fecerat Paganus et uxor ejus, erat beneficio, quod et ipse Deo et senioribus monachis, scilicet Cluniacensibus, inibi Deo servientibus, libenter et libere concessit, et super sanctum altare ipsius Sancti Martini, quod est principale, coram cunctis qui aderant donum misit. Hujus rei testes sunt milites ejus, qui cum eo venerunt, quique hoc pactum libenter laudaverunt, quorum nomina hæc sunt: Hugo, filius Teoderici; Odo, filius Odonis; Hugo de Warenna; Richardus, filius Theoderici; Philippus de Tresluza; Wido de Aquaputa; Herbertus de Vilers. Nostrorum vero nomina hæc sunt: Wido comes; Hudo de Sancto Clodoaldo; Willelmus Marmerellus; Walterius major; Rogerus, filius ejus; Warinus et Teudo, fratres; Helgotus, et Drogo nepos ejus, Herleboldus, servi æcclesiæ; Walterius et Stephanus, custodes equorum; Rotgerius et Rotbertus sartores; Bernardus parmentarius; Bernardus hospitalis. Hoc autem factum est in Gallia regnante Philippo, Cluniacensis æcclesiæ Hugone

---

[1] M. Édouard de Barthélemy a publié ce même acte sous la date de 1116 (*Cartul. de Montmartre*, p. 57). Mais c'est par suite d'une erreur matérielle, qui lui a fait lire dans Félibien (*Hist. de Paris*, t. III, p. 60), à qui il empruntait ce texte, le chiffre MCXVI au lieu de MXCVI.

existente abbate, apud Campos sub eo Ursione priore, Willelmo episcopo urbis Parisiace, anno Dominice Incarnationis mxcvi°, indictione iv. Qui hæc supradictę æcclesiæ abstulerit, erit anathema.

A. Copie du xii° siècle, à la Bibl. nat., ms. lat. 10977 (*Liber Testamentorum* de Saint-Martin-des-Champs), fol. 9 v°.

117

Vers 1096 [1].

Accensement des oblations de l'église de Montmartre à un laïque nommé Bernard.

Notum esse volumus contemporaneis et posteris nostris, quoniam parva æclesia, quę in colle Montis Martirum est et a vulgo appellatur Sanctum Martirium, erat olim laicorum hominum, qui, pro absolutione peccatorum suorum et salute animarum suarum consequenda, eam dederunt Deo et Sancto Martino de Campis, et domno Ursoni priori et senioribus ejusdem loci. Domnus autem Urso, assensu seniorum et rogatu laicorum, concessit oblationem totam quę afferretur in eam Bernardo laico, in vita sua, ad censum x solidorum, quos persolvet ad festum sancti Johannis Baptistę, singulis annis, eo tenore ut, in die mortis ipsius Bernardi, prefata oblatio Sancto Martino remaneat, et quicquid facultatis eo die Bernardus habuerit Sancto Martino relinquat, pro anima sua; et dum vixerit, missam celebrari faciet in ipsa æcclesia bis vel ter in ebdomada.

A. Copie du xii° siècle, à la Bibl. nat., ms. lat. 10977 (*Liber Testamentorum*), fol. 15 r°.

118

1096, 14 juillet. — Nîmes [2].

Bulle du pape Urbain II, plaçant sous la protection du Saint-Siège le prieuré de Saint-Martin-des-Champs et tout ce qui lui appartient.

Urbanus episcopus, servus servorum Dei, venerabili fratri Hugoni, Cluniacensi

---

[1] Nous laissons à cette pièce la date que lui ont donnée les premiers éditeurs (Marrier, *Monast. reg. S. Mart. hist.*, p. 319, et *Gall. Christ.*, t. VII, instr., col. 40). En réalité, elle peut être postérieure de quelques années.

[2] Cette bulle est généralement rapportée à l'an 1097 (Bréquigny, *Table des Diplômes*, t. II, p. 298; *Bullar. ord. Cluniac.*, p. 29; Marrier, *Monast. reg. S. Martini de Campis hist.*, p. 148; Félibien, *Hist. de Paris*, t. III, p. 52; Migne, *Patrol.*, t. CLI, p. 470), quoique l'indiction iv et la ix° année du pontificat d'Urbain II ne puissent convenir qu'à l'an 1096. Or, cette seconde date seule est admissible, car Urbain II passa la plus grande partie du mois de juillet 1096 à Nîmes, tandis qu'en 1097 il resta tout l'été à Rome ou aux environs. (Jaffé, *Regesta pontificum roman.*, 2° édit., t. I, p. 689.)

abbati, salutem et apostolicam benedictionem. Pie voluntatis postulatio effectu debet prosequente compleri, quatinus et devotionis sinceritas laudabiliter enitescat et utilitas postulata viros indubitanter assumat. Tuę igitur voluntati et communis filii Ursionis prioris postulationibus annuentes, beati Martini monasterium, quod de Campis dicitur, in Parisiensi parrochia situm, presentis decreti auctoritate munimus, ut, quemadmodum Cluniacensis cenobii membra, semper sub apostolicę sedis tutela permaneat, et cuncta quę ad locum ipsum in presentiarum pertinere videntur: ecclesia videlicet de Agenvilla, de Novavilla, de Mareio, de Monte Martyrum, de Loveriis, de Castenio, de Nota Sancti Remigii, de Nota Sancti Martini, de Derenzegio, de Balbineio, de Caleio, de Confluentia, de Capeio, de Fontanis, de Flamma regia villa, de Valle villaris, de Montiaco, villa que dicitur Bunzeia, Nucenum magnum, Nucenum minus, Anetum, Majoriolas, Sancta Gemma, Rodani villa, Ursonis villa, Clamardum, Sorvillare, Pentinum, Cevrennum, Sanctus Hylarius, cum ecclesiis et pertinentiis eorum, ecclesia etiam de Cona, de Bonella, de Pringeio; quicquid preterea idem locus hodie juste possidet, vel collatione bone memorie Henrici, Francorum regis, qui ejusdem loci fundator extitit, vel filii ejus Phillippi, cujus donationis cella eadem ad vestrum cenobium noscitur pertinere; quicquid a quibuslibet fidelibus, de suo jure, eidem loco collatum est, vel in futurum conferri contigerit. Decernimus ergo ut nulli omnino hominum liceat idem cenobium temere perturbare, aut ejus possessiones auferre, vel ablatas retinere, minuere, vel temerariis vexationibus fatigare, sed omnia integra conserventur, eorum pro quorum sustentatione ac gubernatione concessa sunt, usibus omnimodis profutura. Si qua igitur in crastinum ęcclesiastica secularisve persona hujus decreti paginam sciens, contra eam temere venire temptaverit, secundo tertiove commonita, si non satisfactione congrua emendaverit, potestatis honorisque dignitate careat, reamque se divino judicio existere de perpetrata iniquitate cognoscat, et a sacratissimo corpore ac sanguine Dei et Domini redemptoris nostri Jhesu Christi aliena fiat, atque in extremo examine districte ultioni subjaceat. Cunctis autem eidem loco justa servantibus sit pax Domini nostri Jhesu Christi, quatinus et hic fructum bone actionis percipiant et apud districtum judicem premia ęternę pacis inveniant. Amen. [Amen. Amen. Datum Nemausi, per manum Joannis, sancte Romane ecclesie diaconi cardinalis, II idus Julii, indictione IV, Incarnationis Dominicæ anno M XC VII°, pontificatus autem domini Urbani secundi pape IX°] [1].

A. Copie du XII° siècle, à la Bibl. nat., ms. lat. 10977 (*Liber Testamentorum*), fol. 44bis r°.

---

[1] Les mots entre [ ] manquent dans la copie A. Nous n'avons pu retrouver la copie d'après laquelle ils ont été publiés par Marrier et les autres éditeurs.

119

1097. — PARIS [1].

Donation au chapitre de Notre-Dame, par Guillaume, évêque de Paris, de l'église Saint-Christophe en la Cité.

DE SANCTO CHRISTOFORO PRECEPTUM.

☧ In nomine sanctę et individuę Trinitatis. Divinarum scripturarum auctoritatibus informamur, frequentius autem Apostoli monitis, quasi quadam manu sollicitudinis, exhortamur ut, dum tempus habemus, bonum ad omnes, maxime autem ad domesticos fidei, operemur, et peccata nostra elemosinis redimentes, amicos et receptores nobis in ęterna tabernacula faciamus. Quisquis ergo in multis se meminit deliquisse, studeat necesse est illis prodesse, quorum precibus indistricto examine non est timendum in manu Dei viventis incidere. Talibus autem humilitas nostra placere non differat et necessaria petentibus habundans misericordia manu benedictionis non retrahat. Ego igitur Willelmus, Dei misericordia Parisiorum episcopus, ante mentis oculos diem illum reducens, et periculum animę meę, acusante conscientia, metuens, canonicis beatę Dei genitricis Marię quandam ęcclesiam, infra muros civitatis Parisii sitam, et in honore beati Christofori martiris Deo consecratam, precibus nostrorum amicorum, et assensu domni Vulgrini, ejusdem civitatis archidiaconi, liberam et quietam episcopali auctoritate concedimus, et quicquid juris in ea obtinuimus, perpetuo eis habendum donamus. Ut autem hoc donum firmum inconvulsumque permaneat, cartam istam fieri pręcepimus, manuque propria firmavimus, manibusque canonicorum nostrorum firmandam tradidimus. Actum Parisius, in capitulo Sanctę Marię, anno ab Incarnatione Domini MXCVII, regnante Philippo rege anno tricesimo octavo, Willelmo vero anno primo, indictiones V, concurrentes III, epactę IIII. Signum Willelmi episcopi. Signum Fulconis decani. Signum Gualeranni precentoris. Signum Vulgrini archidiaconi. Signum Stephani archidiaconi. Signum Rainaldi archidiaconi. Signum Rotberti sacerdotis. Signum Goderanni sacerdotis. Signum Rogeri sacerdotis. Signum Anscheri diaconi. Signum Pontii diaconi. Signum Haenrici diaconi. Signum Tedoini subdiaconi. Signum Nanteri subdiaconi. Signum Hugonis subdiaconi. Signum Lisiardi

---

[1] Il résulte des synchronismes contenus dans cette pièce qu'elle doit se placer entre le mois d'août et le mois de novembre 1097. Dubois, qui en a publié un fragment (*Hist. eccles. Paris.*, t. I, p. 560), d'après le *Grand Pastoral* de Notre-Dame l'a datée à tort de 1099. Mais il en a donné une seconde fois le texte sous la vraie date (*ibid.*, p. 727).

acoliti. Signum Petri acoliti. Signum Godefridi acoliti. Antelmus cancellarius scripsit.

 A. Original en forme de chirographe, avec traces de sceau, aux Arch. nat., K. 20, n° 6[17].
 B. Copie du xii° siècle, aux Arch. nat., LL. 177 (*Livre noir* de Notre-Dame), p. 62.
 C. Copie du xiii° siècle, aux Arch. nat., LL. 175 (*Grand Pastoral* de Notre-Dame), p. 826.
 D. Copie du xiii° siècle, aux Arch. nat., LL. 176 (*Petit Pastoral* de Notre-Dame), p. 144.

120

1097. — Paris [1].

Concession par Guillaume, évêque de Paris, aux chanoines de Saint-Germain-l'Auxerrois, d'une prébende dans l'église Notre-Dame, en échange de la terre d'Arnelle en Beauvaisis, par eux cédée à l'église Saint-Quentin de Beauvais [2].

Actum Parisiis, in capitulo Sanctæ Mariæ, anno ab Incarnatione Domini mxcvii, regnante Philippo rege xxxviii, Willelmo vero episcopo anno i, indictione v, concurrente iii, epacta iiii. Signum Willelmi episcopi. Signum Fulconis decani. Signum Gualerani præcentoris. Signum Vulgrini archidiaconi. Signum Stephani archidiaconi. Signum Reynaldi archidiaconi. Signum Roberti presbyteri. Signum Goderani sacerdotis. Signum Rogeri sacerdotis. Signum Anscerii diaconi. Signum Pontii diaconi. Signum Herrici diaconi. Signum Theodoini subdiaconi. Signum Nantonis subdiaconi. Signum Hugonis subdiaconi. Signum Liziardi acolythi. Signum Petri acolythi. Signum Godefridi acolythi [3]. Amelinus cancellarius scripsit. Signum Haimonis, decani Sancti Germani. Signum Danielis sacerdotis. Signum Johannis sacerdotis. Signum Vulgrini. Signum Anselmi. Signum Richardi. Signum Ursionis. Signum Gilonis. Signum Alberti. Signum Hutonis senescalci.

 Édit. : (*a*) *Gall. Christ. nova*, t. VII, col. 253, ex archivo S. Quintini.

121

1098. — Paris.

Donation par Guillaume, évêque de Paris, au prieuré de Saint-Martin-des-Champs, des autels de Montmartre, Pantin, etc.

GUILLELMUS EPISCOPUS PARISIENSIS DE ALTARIBUS.

In nomine Patris et Filii et Spiritus Sancti, amen. Sanctorum canonum auctori-

---

[1] Cette pièce doit se placer, comme la précédente, entre les mois d'août et de novembre 1097.

[2] Cet acte fut confirmé peu après par une bulle d'Urbain II, qu'il nous paraît superflu d'insérer ici. Elle a été publiée dans la *Gallia christ.*, t. X, instr., col. 249.

[3] Toutes ces signatures se retrouvent dans le même ordre à la fin de la pièce précédente et au bas de la suivante.

tate didicimus et priorum patrum institutionibus edocti sumus nos de possessionibus nostris impertiri debere cunctis Deo servientibus. Igitur aprobatę consuetudinis est in Ecclesia omnia cum fratribus semper habere communia. In hoc enim maxime caritas comprobatur, per quam Dei misericordia comparatur, si caritatis fructus Dei fidelibus fideliter exibeatur. Probatio enim dilectionis exibitio est operis, quod per ipsius veritatis testimonium satis evidenter sanctum nobis intimat Euvangelium. « Qui habet, inquit, mandata mea et servat ea, ipse est qui diligit me ». Ergo qui caritatem habet, operibus eam magnificare debet. Ego itaque Willelmus, Parisiensis episcopus, notum volo fieri, non minus futuris quam presentibus, quod monachi Sancti Martini Parisii de Campis nostram adierunt presentiam, cum quibusdam nostris familiaribus, qui, supplicando nobis, multiplicatis petierunt intercessionibus, quatinus, ad sustentacionem fratrum, altaria quę subscripta sunt, in diocesi nostra sita, monasterio Sancti Martini de Campis in perpetuum habenda concederemus, videlicet altare Montis Martirum, et altare villę quę dicitur Pentinum, altare etiam villę quam vocamus Derenciacum, et altare villę quę dicitur Castanetum, et duas partes altaris quę dicitur Luveris, duas partes etiam altaris villę quę dicitur Confluentium, altare quoque villę quę vocatur Clamart.

Quorum postulationem exaudiri debere decrevimus, tam pietatis affectu quam supradictis auctoritatibus. Adibito igitur assensu et consilio archidiaconorum nostrorum, videlicet Vulgrini, et Stephani, et Rainaldi, et cleri nostri tocius, supradicta altaria supradicto monasterio Sancti Martini de Campis omni tempore possidenda concessimus. Retinuimus tamen ęcclesię nostrę ipsorum altariorum debitam obedientiam, et sinodum, et circadam. Quod ne prolixitate temporis valeat aboleri, placuit nobis scripto memorię commendari. Signa nostra quoque subscripsimus, manibus nostris tangendo firmavimus, ne qua violentia corrumpi possit nostris successoribus. Signum Willelmi episcopi. Signum Fulconis decani. Signum Gualeranni precentoris. Signum Vulgrini archidiaconi. Signum Stephani archidiaconi. Signum Rainaldi archidiaconi. Signum Goderanni sacerdotis. Signum Rotberti sacerdotis. Signum Rogeri sacerdotis. Signum Anscheri levite. Signum Pontii levite. Signum Haenrici levite. Signum Hugonis subdiaconi. Signum Tedoini subdiaconi. Signum Adam subdiaconi. Signum Lisiardi acolite. Signum Godefridi acolite. Signum Petri acolite [1].

Actum Parisius, in capitulo Sanctę Marię, anno ab Incarnatione Domini M° XCVIII, regnante Philippo rege anno XXXVIII, Willelmo episcopo anno III, indictiones VI, epacte XV, concurrentes IIII. Ego Ricardus cancellarius scripsi. Isti sunt laici testes qui presentes fuere, quando ista carta firmata est, in capitulo Sanctę Marię : Hugo Bardolis, Radulfus sencalcus, Udo de Sancto Clodoaldo; Olricus falconaris, Willel-

---

[1] Cf. les souscriptions de nos pièces n°ˢ 119 et 120.

mus nepos Hugonis, Germundus, Ewardus, Ascelinus, Godefridus Doret, Guarinus Teon, Herleboldus.

A. Original en forme de chirographe, avec traces de sceau, aux Arch. nat., S. 1337, n° 49 (alias K. 20, n° 6¹⁸).
B. Copie du xII° siècle, à la Bibl. nat., ms. lat. 10977 (*Liber Testamentorum* de Saint-Martin-des-Champs), fol. 86 v°.
C. Copie du xv° siècle, aux Arch. nat., LL. 1352 (Cartul. de Saint-Martin-des-Champs), fol. 27 r°.
D. Copie du xvI° siècle, aux Arch. nat., LL. 1353 (Cartul. de Saint-Martin-des-Champs), fol. 37 r°.

122

1099, 31 mars. — Paris.

Échange de vignes entre le prieuré de Saint-Martin-des-Champs et Herluin, fils d'Alard [1].

Notum omnibus sanctę matris Ǣcclesiæ filiis, tam presentibus quam futuris, quatinus ego Ursio, Dei gratia monasterii Sancti Martini prior, et Walterius camerarius, consensu atque voluntate tocius congregationis ipsius monasterii, cum Herluino, filio Aalardi, quasdam vineas commutamus, quæ et nostræ utilitati et suæ hoc modo magis videntur convenire. Ipse enim Herluinus habens quinque quadrantes vineę apud torcular Drogonis, filii Aufredi, nostris vineis propiores et nobis utiliores, eos dat nobis, et loco illorum vII quadrantes nostros accipit a nobis, qui fuerunt Rainerii defuncti et Haaberti, qui sunt siti ad locum nomine Chandulsaccum; et eo tenore, pro commoditate utrorumque, hoc auctum est ut et nos et hic ibi Deo servientes supradictam vineam sine calumpnia aliqua habeamus perhenniter, et ipse Herluinus et sui posteri illam quę fuit nostra per successionis seriem inconvulse possideant.

Actum monasterio Sancti Martini, II kalendas aprilis, regnante Philippo piissimo rege Francorum, vivente Willelmo, Parisiacę sedis antistite, anno autem Incarnationis Dominicę M° LXXXX° VIII°, indictione vII°. Inde sunt testes ex parte [nostra], scilicet : Walterius major, Herleboldus atque Huardus Ruphus; ex parte vero Herluini : Rotgerus, Fulbertus, Frerricus, Bernerus, Gazo, Ambertus, Malgerus, Laurentius, Warinus, Toboldus, Osoldus, Adam, atque Constancius et Petrus sacerdos.

A. Copie du xII° siècle, à la Bibl. nat., ms. lat. 10977 (*Liber Testamentorum* de Saint-Martin-des-Champs), fol. 28 r°.

---

[1] Nous ne connaissons pas les immeubles mentionnés dans cet acte; aussi l'aurions nous laissé de côté, s'il n'avait une assez grande importance au point de vue chronologique. Il prouve en effet que le style de Pâques n'était pas encore d'un usage général dans le diocèse de Paris, pour le commencement de l'année. En effet, le chiffre de l'indiction ne peut convenir qu'à l'année 1099, or Pâques tombant cette année là le 10 avril, cette pièce qui est du 31 mars aurait porté le millésime de 1098 au lieu de 1099, si l'on avait commencé l'année à Pâques.

123

Fin du xie siècle.

Accord suivi d'échange entre un nommé Payen et les religieux de Notre-Dame-des-Champs, au sujet d'une donation faite à cette église par Geoffroy, frère dudit Payen.

NOTICIA DE FONTANETO.

Fratrum successorumque nostrorum prudentię notificare volumus quod homo quidam, nomine Gausfredus, ex clericali ordine ad secularem militiam contra jus et fas conversus, cum quadam die gravi infirmitate opprimeretur, se monachum fieri postulavit et monachis Majoris Monasterii, qui Parisius commorabantur, se et terram suam de Celsis, Pagano fratre suo annuente, attribuit. Sed mulier, quam sibi illicite adjunxerat, terram illam cepit calumniari, et, pro filio quem ex eo genuerat, terram ad se attinere dicebat. Venitur ad judicium. Illa vero sentiens se pregravari, sequi noluit judicium, sed injuste, sicut prius, cepit calumniari. Paganus siquidem, supradicti Gausfridi frater, hec audiens, dixit monachis ut cum ea aliquo modo pacem facerent, et ipse preberet eis, pro illa terra, competentem et sine ulla calumnia commutationem. Dederunt igitur monachi mulieri solidos c, et calumniam Pagano et monachis omnino dimisit. Paganus vero iii arpennos vinearum apud Parisius, et terram arabilem, quantum pertinet ad unam carrucam, in villa quę Fontena nuncupatur, et iii[or] arpennos pratorum monachis deliberavit. Hujus rei testes sunt hii qui cum monachis ad placitum ierant : Vulgrinus canonicus Sancte Marie, Walterus de Bannoilo, Ernoldus nepos ejus, Burdinus, Lisiernus, Radulfus de Bailloilo, Winerannus de Sancto Germano, Ingelbertus de Laiaco, Nanterius de Castaneto, Mainardus de Colongia, Ascho miles Pagani. Monachi : Rotbertus Parisii et Andreas Montisfortis, famulus eorum, Rotbertus Abelinus. Qui cum muliere venerant fuerunt hii : Theobaldus de Castelloforte et Walcherus frater ejus, Paganus de Villanova, Herluinus de Castaneto et Gislebertus, Hugo Piellus. Facta igitur hac concordia, cum monachi porrexerunt ad optinendam terram suam de Fontena, invenerunt obsessam a quibusdam militibus, bellum et discordiam cum Pagano habentibus. Auferebat enim Paganus cuidam militi, nomine Odoni, feodum suum, quem, patrio jure, ab ipso Pagano tenere debebat, et multoties ab eo et ab amicis ejus rogatus ut ei redderet, reddere nolebat. Unde ille et amici ejus, ira commoti, supradictam villam Fontenam concremaverunt et omnino destruxerunt. Diuque discordia hec inter eos perduravit; sed tamen, Deo annuente, mediantibus monachis Rotberto et Andrea, ad concordiam venerunt. Dederunt autem monachi pro concordia Pagano palifregum unum, quem valde cupiebat; et ipse dedit monachis duos arpennos terrę, ad hospitandos agricolas suos, juxta ecclesiam, et lucum ad omne opus monachorum, omnibus temporibus, et ad hospitandum agricolas solummodo. Hujus rei testes sunt hii qui ad concordiam venerant : Waszo de Torota, Symon de Arsecio, Odo Cailla, et Odo cujus erat concordia, Walcherus Warullus, Ernaldus Levrellus, Durandus de Malobuiso, Paganus filius Archenbaldi, Albertus de Paleso, Radulfus de Bailloilo, Tigerius de Fontaneto et Alelmus, Giroldus Ponherius, Willelmus famulus monachorum. In crastinum abierunt monachi in villam que Colonchia nominatur, ubi erat conjunx Pagani, et ibi, ea presente et annuente, iterum donavit Paganus monachis que supra diximus : terram arabilem ad carrucam unam, IIII arpennos pratorum, lucum et II arpennos terrę ad hospitandum agricolas, et ecclesiam, et omne quod ad eam pertinet, atrium et omnes decimas. Omnia hec libenti animo concessit monachis Beatrix, uxor Pagani, his audientibus : Pagano conjuge suo, Alberto de Paleso, Radulfo de Bailloilo, Symone de Castaneto, armigero Pagani, Giroldo Ponherio, Mainardo de Colonchia et Aszone, Nanterio de Castaneto, Willelmo monachorum famulo, Rogerio filio Orieldis de Medanta, et duabus mulieribus Hildeburga et Albereda [1].

A. Original, aux Arch. nat., K. 20, n° 6²³ (*alias*, L. 1504).

124

Fin du XI° siècle.

Accensement par Isembard, abbé de Saint-Germain-des-Prés, d'une terre située au delà du Grand-Pont, à Paris.

In Dei nomine. Ego Isembardus, abbas cenobii Sancti Vincentii Sanctique Germani, significo cunctis Christi fidelibus, tam presentibus quam futuris, quod cuidam militi, Floherio nomine, concessimus, in suburbio Parisii, videlicet ultra Magnum Pontem, de terra Sancti Germani pertinentem ad capitium, duas perticas et dimidiam in longitudine et tres perticas et dimidiam in latitudine, sub censu septem denariorum, in festo sancti Andreę annuatim persolvendo; superfluum vero terræ ultra predictas mensuras sibi concessimus quietum. Si autem census ultra octo dies predictæ festivitatis tardaverit, lege persolvat et minimę perdat. Hoc donum sibi sub cirographo ad faciendum quicquid voluerit, salvo tamen censu, manu nostra subterfirmavimus et, annuentibus fratribus nostris, eisdem firmandum tradidimus.

Actum monasterio Sancti Germani publice.

Signum domni Isembardi, abbatis. Signum Rainoldi. Signum Walterii. Signum

---

[1] Ces deux derniers noms, quoique de la même main, ont été écrits après coup.

Ademari. Signum Petri. Signum Rotberti. Signum Vitalis. Signum Gotberti. Signum Algerii. Signum Odonis. Signum Osberni. Signum Fulconis. Signum Waldrici. Signum Walcherii. Signum Andreę. Signum Walterii. Signum Joscelini. Signum Simonis. Signum Lisiardi. Signum Fromundi. Signum Gozlini. Signum Rorici. Signum Anselli. Signum Rotberti. Signum Fulconis.

Testes nostri de hac re : Winerannus, Giroldus matricularius, Giroldus Bornus, Gislebertus Normannus, Odo mariscalcus, Herricus. Testes sui : Stephanus cognatus ejus, Herluinus et Rotbertus nepotes ejus, Deusguart, Morardus de Mosteriolo. Gislemarus cancellarius scripsit.

A. Copie du XII° siècle, à la Bibl. nat., ms. lat. 10977 (*Liber Testamentorum* de Saint-Martin-des-Champs), fol. 31 v°.

125

Fin du XI° siècle.

Vente par un nommé Galeran au prieuré de Saint-Martin-des-Champs de deux arpents de terre situés près de ce monastère.

Tam presentibus quam futuris notum sit omnibus quod ego Walerannus Sancti Martini æcclesiæ duos aripennos terræ, quam juxta eamdem æcclesiam possidebam, trado atque in perpetuum, pro mei salute, necnon tamen pro xv solidorum precio, eidem habendam concedo æcclesiæ.

Sub qua firmitate hanc cartulam firmo, his testibus roboratam. Signum Waleranni. Signum Drogo. Signum Berneri. Signum Widonis. Signum Raherii. Signum Wimeri. Signum Rainardi.

A. Copie du XII° siècle, à la Bibl. nat., ms. lat. 10977 (*Liber Testamentorum* de Saint-Martin), fol. 35 v°.

126

Fin du XI° siècle.

Donation par Guerry, neveu d'Audigier de Grève, à l'église de Saint-Martin-des-Champs, de quatre arpents de vignes [1].

Notum sit omnibus Christi fidelibus quod Werricus, nepos Aldigerii de Greva, dedit æcclesiæ Sancti Martini de Campis quatuor arpennos vinearum, antequam diem clauderet extremum. Nam, cum jam infirmitate qua et mortuus est detine-

---

[1] Cette pièce et la suivante sont certainement des dernières années du XI° siècle, car on retrouve la plupart des personnages qui y sont mentionnés dans deux actes de 1093 et 1096, que nous avons donnés ci-dessus (voir nos n°° 110 et 116).

retur, venit ad æcclesiam Sancti Martini et donum posuit super principale altare manu propria, et dixit : «Sancto Martino has vineas do pro animę meę requię et antecessoribus meis.» Post hæc autem rediit ad domum suam, et, interpositis aliquot diebus, presentem finivit vitam. Hujus rei testes idonei sunt hi : Walterius major, et duo fratres ejus Theudo et Warinus, Herleboldus, Bernardus de Aneto, Junens[1], Lambertus ad Barbam, Fredericus de Sancto Marcello, Adalardus de Berzilz, Bernardus de Corona Dei.

A. Copie du xii° siècle, à la Bibl. nat., ms. lat. 10977 (*Liber Testamentorum* de Saint-Martin), fol. 16 r°.

127

Fin du xi° siècle.

Échange de vignes entre le prieuré de Saint-Martin-des-Champs et Garin des Champs.

Ut in pace consistant bona Æcclesiæ, notum facimus his qui agnoscunt se filios ejus esse, quod Warinus de Campis concessit æcclesiæ Sancti Martini de Campis vi arpennos vinearum, æidem æclesiæ propinquos, propter v arpennos jacentes apud Montem Magniacum, ab eadem æcclesia remotos, et propter xl solidos. Hoc concessit Odelina, uxor sua, cum Bartholomeo filio suo, dato sibi uno denario, et Aldegunda filia, cui pro emendis sotularibus sex denarii dati sunt, videntibus illis qui adfuerunt. Hujus rei testes sunt : Odo, Ivo cocus, Heinricus filius Fulcherii, Rodulfus, Walterius major, Warinus frater ejus, Hugo de Aneto, Poncius, Stephanus custos equorum, Odo de Prato Sancti Gervasii, Rotgerius filius Walterii, Adelelmus, Rainaldus de Majerol.[2], Martinus.

A. Copie du xii° siècle, à la Bibl. nat., ms. lat. 10977 (*Liber Testamentorum* de Saint-Martin), fol. 44 r°.

128

Vers 1100.

Lettre d'Yves, évêque de Chartres, à Foulques, doyen du chapitre de Paris, au sujet de deux sentences d'excommunication portées par lui et que l'Église de Paris n'avait pas observées.

Édit.[2] : (*a*) Juret, *Ivonis episc. Carnot. epist.* (1584), fol. 126 v°, n° 141. — (*b*) Juret, *Ivonis Carnot. episc. epist.* (1610), p. 211, n° 112. — (*c*) Fronteau, *D. Ivonis Carnot. episc. opera* (1657), 2° part., p. 52, n° 112. — (*d*) Dubois, *Hist. eccles. Paris.*, t. I, p. 730. — (*e*) *Gall. Christ.*, t. VII, instr., col. 41. — (*f*) Migne, *Patrol.*, t. CLXII, col. 130, n° 112, d'après *c*.

---

[1] Le vrai nom de ce témoin était Jonas (voy. ci-dessus, n° 110). — [2] Cf. la note de la page 140.

129

1101, 24 février[1]. — Paris.

Donation au chapitre de Notre-Dame par le roi Philippe Ier d'une serve nommée Hildegarde.

DE FILIA GUMBOLDI.

In nomine sanctę et individuę Trinitatis. Regalis celsitudinis amplitudinem decet multimodo beneficiorum fructu jugiter exuberare, et precipue pietatis et misericordię operibus, veluti quibusdam aromatum odoribus, indesinenter efflagrare. Unde ego Philippus, Dei gratia Francorum rex, presentibus et posteris volumus patefieri quod Fulco, Parisiensis aecclesiæ decanus, et precentor Walerannus, cum aliis optimatibus nostram adeuntes praesentiam, rogatu multo postulaverunt quatinus quamdam ancillam nostram, Gumboldi filiam, nomine Hidegardem, in ancillam Beate Mariæ misericorditer donaremus. Quorum obsecrationibus, suasu et consilio primatum palatii nostri, benigne tandem acquiescentes, filio nostro Ludovico favente, et donna B[ertrada] regina annuente, prefatam ancillam cum omni fructu qui ex ea erit, et cum omni substancia a patre sibi data, sine ulla successorum nostrorum refragacione, Beate Marię imperpetuum habendam concessimus, et omnem in eam dominandi potestatem a nobis et successoribus nostris removentes, canonicis ejusdem ecclesiæ transtulimus. Porro ut regię majestatis dispensatio rata, fixa et inconvulsa infinite permaneret, litteratorio memoriali precepimus aeternari, sigillo et caractere (*monogramme*) nostri nominis honestari, testibus corroborari, suique temporis nota assignari. Anno Incarnati Verbi MC, epacta XVIII, indictione et concurrentibus VII. Data Parisius, VI calendas martii, luna XXIIa, anno regni nostri XLIII.

---

[1] La date de cette pièce prête à diverses observations : l'original porte la date de 1100. Or le 24 février 1100 appartient à la 41e année du règne de Philippe Ier et non à la 43e. L'épacte de cette année est 7 et non 18; l'indiction est 8 et non 7; le concurrent est 6 (jusqu'au 25 février) et non 7. C'est-à-dire qu'aucune des indications chronologiques ne s'accorde avec la date de 1100.

Faut-il supposer que l'on a suivi ici le style de Pâques, et que la pièce appartient au 24 février 1101. Cela nous paraît plus probable, quoique cette date ne s'accorde pas non plus avec toutes les autres indications, car en 1101, le concurrent est 1 au lieu de 7; l'indiction 9 au lieu de 7; l'an du règne est tout au plus 42 au lieu de 43; mais en revanche, l'épacte s'accorde bien avec l'indication d'année, et le 24 février 1101 tombait bien, comme l'indique notre pièce, le 22e jour de la lune.

Ces discordances de dates pourraient s'expliquer par des erreurs de copie, si cette pièce nous avait été conservée seulement dans un cartulaire. Mais nous en possédons un exemplaire avec traces de sceau, qui a tous les caractères d'un original à l'abri de tout soupçon. Aussi pourrait-on être tenté de croire que la chancellerie du roi Philippe suivait un système chronologique différent du nôtre, si l'on ne trouvait d'autres diplômes (notre n° 119 par exemple), où tous les éléments chronologiques s'accordent à merveille avec notre façon de compter.

Signum Pagani dapiferi. Signum... buticularii. Signum... [1] camerarii. Signum Hanrici lo Herum [2].

Gislebertus cancellarius relegendo subscripsi ☧.

A. Original avec traces de sceau, aux Arch. nat., K. 20, n° 7.
B. Copie du XII° siècle, aux Arch. nat., LL. 177 (*Livre noir* de Notre-Dame), p. 205.
C. Copie du XIII° siècle, aux Arch. nat., LL. 176 (*Petit Pastoral* de Notre-Dame), p. 36.

130
1102 [3].

Donation par Avoie, abbesse de Saint-Éloi de Paris, à Renaud, abbé de Morigny, du lieu de Maisons.

HEC EST CONVENTIO FACTA INTER RAINALDUM, ABBATEM DE MAURIGNIACO, ET ADVISAM, ABBATISSAM SANCTI ELIGII.

In nomine sancte et individue Trinitatis, regnante Philippo Francorum rege et Ludovico filio ejus, jam militari juvene, facta est hec conventio inter Rainaldum abbatem et monachos Maurigniaci et inter abbatissam Hadvisam et sanctimoniales Sancti Eligii. Maurigniacenses siquidem monachi habebant in vadimonio, pro undecim libris denariorum, locum qui Mesons dicitur et terram ejusdem loci. Qui monachi rogaverunt prædictam abbatissam et sanctimoniales ut sibi supradictam terram concederent denominato annuo censu. Hoc idem petiverunt a Guillermo, tunc temporis episcopo, ad quem pertinebat ipsa Sancti Eligii abbatia. Assensit autem Guillermus episcopus petitioni monachorum, pactis sibi pro hac re solidis lx^{ta}. Assenserunt etiam abbatissa et sanctimoniales; et cum jam monachi, in capitulo Sancti Eligii, conventionem prædictam, præsente Guillermo episcopo, perfinire vellent, orta est occasio quedam qua conventionis effectus differretur. In qua dilatione contigit ut Guillermus episcopus Hierusalem proficisceretur. Quo Hierusalem profecto, monachi, volentes rem ceptam perducere ad effectum, venerunt iterum in capitulum Sancti Eligii. Ibi presentibus pluribus clericis et laicis, abbatissa, consensu ceterarum sanctimonialium, tradidit Rainaldo abbati et monachis Maurigniaci prædictam terram, quantum ad vadimonium per-

---

[1] Les noms du bouteiller et du chambrier sont restés en blanc.

[2] M. Luchaire a fait remarquer avec raison (*Histoire des institutions monarchiques de la France sous les quatre premiers Capétiens*, t. II, p. 303) que «lo Herum» est sans doute le mot «Loherain» mal orthographié et que ce personnage doit être le même que ce «Henricus Lotharingus» que l'on retrouve à la cour de Louis VI en 1112 (voir nos n°s 162 et 163) et en 1117 (voir notre n° 176).

[3] Cette charte est la seule qui fasse connaître une abbesse de l'obscur monastère de Saint-Éloi de Paris.

tinebat, censu viginti solidorum Parisiacorum denariorum denominato, in Nativitate beati Johannis Baptistæ quotannis reddendo. Quod si monachi censum statuto die non reddiderint et ultra hebdomadam reddere distulerint, pro forisfacto quinque solidos superapponent, et quot hebdomadas ultra præfinitum terminum reddere distulerint tot quinnos solidos superaddent. Huic rei adfuerunt et hanc rem confirmaverunt Stephanus archidiaconus, Fulco decanus, Rainaldus archidiaconus, in quorum manu Guillermus episcopus dimisit curam et providentiam episcopalium rerum. Nomina testium qui affuerunt scribere necessarium duximus : ex parte sanctimonialium, testes nominati sunt Stephanus archidiaconus, Fulco decanus, Herluinus pædagogus Ludovici regis filii, Galterius filius suæ matris, Hugo de Sancto Clodoveo[1], Ingenulphus pictor, Hugo præpositus Sancti Eligii. Ex parte monachorum, Rainaldus archidiaconus, Albertus et Fulbertus canonici, Mangoz de Meleduno, Hugo de Valenton, Hervæus camberlanus, Robertus filius Algrini, Fulbertus de Stampis, Bartholomæus de Monasteriolo, Robertus de Sancto Clodovæo, Guillermus de Bistigi[2], Brunest præpositus. Tempore quo hæc firmata sunt, in Hierusalem Guillermus Parisiorum episcopus, et episcopatus erat in manu Philippi regis, qui benigno animo hæc omnia concessit, et regali auctoritate firmavit, et chirographum hoc adhibito sigillo suo roboravit; eodem modo et eodem animo concessit hæc Ludovicus, filius ejus sapiens et strenuus. Actum publice in capitulo Sancti Eligii, anno Dominicæ Incarnationis M° C° II°, regni Philippi regis XLII°. Nomina sanctimonialium quæ capitulo adfuerunt et conventionem concesserunt : abbatissa Hadvisa, Senecheldis adhuc laica, Eremburgis, Hermensendis, Hildeardis, Richeldis, Joscelina Normanna, Adelais Stampensis, Avelina neptis decani, Joscelina, Emelina, Ingeneldis, Aya soror Bernardi figuli, Hodierna infans.

A. Copie du XVIII° siècle, à la Bibl. nat., ms. lat. 5439 (Cartulaire de Morigny), p. 217.

131

1103.

Lettre d'Yves, évêque de Chartres, aux archidiacres de Paris Vulgrin et Étienne, au sujet de l'élection du doyen Foulques à l'évêché de Paris.

Ivo, humilis ecclesiæ Carnotensis minister, dilectis sibi in Christo archidiaconibus Wulgrino et Stephano, decorem domus Dei diligere et que Jesu Christi sunt querere. Cum de electione episcopi apud vos ageretur, et a quibusdam vestrum domnus Fulco decanus vester eligeretur, habita est, ut audivimus, inter vos feda

---

[1] Lisez «de Sancto Clodoaldo». — [2] L'original devait porter «Bistizi» ou «Bistisi», forme ancienne de Béthizy.

contentio, quæ et multorum aures offenderet et de ecclesia vestra non bonum odorem longe lateque dispergeret. De obtenebrata itaque pacis vestræ serenitate, fraterna compassione doluimus, quia quæ gravamina de fraterno schismate ecclesiis evenire soleant, experimento didicimus. Petitioni vestræ tamen hoc respondemus, quia electioni domni Fulconis vel alterius assensum non dabimus, nisi quem aut cleri plebisque consensus elegerit, aut metropolitani judicium cum conniventia [1] suffraganeorum, habita legitima discussione, probaverit. Consulendo itaque monemus fraternitatem vestram ut nemo vestrum in tanto discrimine privata odia exerceat, nullus privatum honorem vel privatum commodum quærat, nullus fratrem suum publica infamia pulset, nisi judiciario ordine probare possit quod objecerit: ne, dum temere non probanda objicit, ipse talionem recipiat, et se et sua in periculum mittat. Miramur autem prudentiam vestram quare adversus regem, in præsentia regis, disposuistis causam istam examinare, ubi plus poterit voluntas regis quam justitia legis, ubi nec veritas poterit cum pace discuti vel inventa servari. Valete.

Édit.: (a) Juret, *Ivonis episc. Carnot. epist.* (1584), fol. 137 v°, n° 163. — (b) Juret, *Ivonis Carnot. episc. epist.* (1610), p. 242, n° 138. — (c) Duchesne, *Hist. Franc. script.*, t. IV, p. 232, n° 30, d'après b. — (d) Fronteau, *D. Ivonis Carnot. episc. opera* (1647), 2° part., p. 59, n° 138. — (e) Dubois, *Hist. eccles. Paris.*, t. I, p. 729. — (f) *Rec. des hist. de la France*, t. XV, p. 127, d'après c. — (g) Migne, *Patrol.*, t. CLXII, col. 146, n° 138, d'après d.

132
1103.

Lettre d'Yves, évêque de Chartres, à Daimbert, archevêque de Sens, sur l'appel formé par les Parisiens au sujet de l'élection du doyen Foulques à l'évêché de Paris. — «Appellatio quam...»

Édit.: (a) Juret, *Ivonis episc. Carnot. epist.* (1584), fol. 138 r°, n° 164. — (b) Juret, *Ivonis Carnot. episc. epist.* (1610), p. 243, n° 139. — (c) Duchesne, *Hist. Franc. script.*, t. IV, p. 232, n° 31, d'après b. — (d) Fronteau, *D. Ivonis Carnot. episc. opera* (1647), 2° part., p. 60, n° 139. — (e) Dubois, *Hist. eccles. Paris.*, t. I, p. 731. — (f) *Rec. des hist. de la France*, t. XV, p. 128, d'après c. — (g) Migne, *Patrol.*, t. CLXII, col. 147, n° 139, d'après d.

133
1103.

Lettre du pape Pascal II à Daimbert, archevêque de Sens, au sujet de l'élection du doyen Foulques [2] à l'évêché de Paris. — «Venit ad nos...»

Édit.: (a) D'Achery, *Spicilegium* (éd. in-4°), t. III, p. 126; (éd. in-fol.), t. III, p. 436. — (b) Dubois, *Hist. eccl. Paris.*, t. I, p. 731, d'après a. — (c) *Rec. des hist. de la France*, t. XV, p. 27. — (d) Mansi, *Concil.*, t. XX, p. 1013, d'après a. — (e) Migne, *Patrologie*, t. CLXIII, p. 158, d'après d.

[1] *Var.* «convenientia» (d).
[2] Plusieurs auteurs pensent qu'il s'agit plutôt dans cette lettre de Galon, le successeur de Foulques; aussi la classent-ils à l'an 1105 (voir Jaffé,

134

1103, 6 avril. — LATRAN.

Lettre du pape Pascal II au clergé de Paris, pour lui recommander l'évêque Foulques[1], récemment institué.

PRECEPTUM QUOD NULLUS CANONICUS ALICUI PERSONE HOMINIUM FACIAT.

Pascalis episcopus, servus servorum Dei, dilectis filiis Parisiensis ęcclesię clericis salutem et apostolicam benedictionem. Et nobis et vobis gaudendum est quia, post multa quę vestrę ęcclesię contigerunt adversa, Dei vos misericordia respexit. Personam siquidem idoneam et sacris canonibus congruentem ad vestrę ęcclesię gubernationem sua vobis benignitate concessit. Ipsum igitur ad vos redeuntem litterarum commendatione prosequimur, rogantes ut eum plena affectione diligatis, plena humilitate veneremini. Confidimus enim eum disciplinę ęcclesiasticę futurum esse custodem et salutis vestrę sollicitum provisorem. Huic sedulis officiis obedite, et gratiam vobis in eo conciliate cęlestem. Hunc ad recuperanda ęcclesię bona, quę predecessorum illius tempore, tam in personis quam in prediis, distracta dicuntur, communibus adjuvate presidiis. Ad quam causam, annuente Domino, strenue peragendam, nostrę auctoritatis ei vicem concessimus, quatinus si episcopi, aut quorum parrochiani bona ipsa diripiunt, aut quorum in parrochiis bona eadem habentur, aut nolunt aut desides sunt ęcclesię vestrę justiciam facere, ipse vel interdicendi vel excommunicandi eos, nisi satisfecerint, habeat facultatem. Illud sane, quod apud quosdam clericorum fieri audivimus, ut videlicet majores prebendarii a minoribus hominia suscipiant, et huic cohibendum precipimus, et litteris presentibus ne fiat ulterius interdicimus. In hujus-

---

Regesta pontif. rom., 2ᵉ édit., t. I, p. 720). Mais les termes dont le pape se sert nous semblent s'appliquer bien mieux à Foulques; aussi laisserons-nous cette pièce à ce dernier, suivant l'opinion de Dubois (*Hist. eccles. Paris.*, t. I, p. 731.)

[1] Les auteurs de la *Gallia christiana* (t. VII, col. 54) pensent que cette lettre s'applique à l'évêque Foulques, contrairement à l'opinion commune, qui l'applique à son successeur Galon. (Dubois, *Hist. eccles. Paris.*, t. I, p. 734; *Rec. des hist. de la France*, t. XV, p. 28; Guérard, *Cartulaire de Notre-Dame*, t. I, p. 224, etc.) L'argument sur lequel ils s'appuient est que le pape parle d'un évêque non encore consacré, et qu'il lui concède le droit d'excommunication, tout comme s'il était évêque «quatinus si episcopi». Or cela ne convient pas à Galon, qui était déjà évêque de Beauvais quand il fut nommé au siège de Paris. On peut encore trouver un autre argument non moins fort en faveur de la même opinion dans les mots «ad vos redeuntem». Foulques en effet, avant d'aller à Rome demander au pape la ratification de son élection, était doyen du chapitre de Paris. Ces mots s'expliquent donc d'eux-mêmes. On voit moins bien comment ils seraient applicables à Galon, qui était un ancien moine de Saint-Quentin de Beauvais avant de devenir évêque de cette ville, et qui n'avait eu jusque-là aucune relation particulière, que l'on sache, avec le chapitre de Paris. Si l'on admet l'attribution de cette pièce à l'évêque Foulques, on ne peut la classer à une année autre que 1103, puisque celui-ci mourut le 8 avril 1104.

modi siquidem conciliatione, et notatur ambitio, et gravius videtur ęcclesię scandalum generari. De cenobio Sancti Eligii quid agendum sit ejus provisioni commisimus; dicitur enim et loco importunissimo situm, et inhabitantium desidia tam infamie quam erumne[1] vehementer expositum[2]. Datum Laterani, VIII idus aprilis.

A. Copie du XII° siècle, aux Arch. nat., LL. 177 (*Livre noir* de Notre-Dame), p. 31.
B. Copie du XIII° siècle, aux Arch. nat., LL. 176 (*Petit Pastoral* de Notre-Dame), p. 14.

135
1103 ou 1104.

Lettre du chapitre de l'église de Paris au pape Pascal II, pour le remercier d'avoir nommé Foulques[3] évêque de Paris. — «Paternitati vestræ quantos...»

Édit. : (*a*) D'Achery, *Spicil.* (éd. in-4°), t. III, p. 128; (éd. in-fol.), t. III, p. 439, ex ms. S. Florentii Salmur. — (*b*) Dubois, *Hist. eccles. Paris.*, t. I, p. 734, d'après *a*. — (*c*) *Rec. des hist. de la France*, t. XV, p. 30, d'après *a*.

136
1104, 2 décembre. — PARIS.

Lettre de Lambert, évêque d'Arras, au pape Pascal II, touchant le synode de Paris.

Reverendissimo domino et patri patrum Paschali papæ, Lambertus, Dei miseratione Atrebatensis episcopus, debitam cum orationibus subjectionem.

Convenientes Parisiis ex vestra auctoritate archiepiscopi, dominus Daimbertus Senonensis, Rodulfus Turonensis; episcopi quoque, Ivo Carnotensis, Joannes Aurelianensis, Humbaldus Autissiodorensis, Gualo Parisiensis, Manasses Meldensis, Baldricus Noviomensis, Hubertus Silvanectensis, fecerunt recitare litteras, a vestra sede pro satisfactione et absolutione regis missas. Litteris itaque lectis et intellectis, miserunt ad regem Johannem Aurelianensem et Gualonem Parisiensem episcopos, sciscitantes si rex juxta tenorem litterarum vestrarum satisfaceret, et carnalis et illicitæ copulæ peccatum abjurare decrevisset. Quibus benigne respondens ait se Deo et sanctæ Romanæ ecclesiæ libenter velle satisfacere, et

---

[1] *Var.* «erumpne» (B).
[2] On trouvera ci-après (n° 143), à l'année 1107, un acte par lequel l'évêque Galon chercha à mettre fin aux désordres signalés ici par le pape.
[3] L'évêque Foulques n'est pas nommé dans cette lettre; aussi les précédents éditeurs de cette pièce ont-ils cru qu'elle s'appliquait à son successeur Galon. (Voir Dubois, *Hist. eccles. Paris.*, t. I, p. 734.) Mais on ne peut hésiter à l'attribuer à Foulques, si l'on admet, comme nous l'avons fait, que la lettre de Pascal II publiée ci-dessus (n° 134) se rapporte à lui. La fin de cette lettre du chapitre paraît être en effet une réponse directe au passage dans lequel Pascal appelle l'attention des chanoines parisiens sur les envahissements des seigneurs laïques.

apostolicæ sedis præcepto, archiepiscoporum quoque et episcoporum præsentium acquiescere consilio. Igitur in præsentia prædictorum episcoporum, necnon et abbatum Adam Parisiensis de titulo Sancti Dionysii, Rainaldi de titulo Sancti Germani Parisiensis, Olrici Parisiensis de titulo Sancti Maglorii, item Rainoldi Stampensis de titulo Sanctæ Trinitatis, archidiaconorum etiam quam plurimorum, et honorabilium clericorum et laicorum circumstantium, advenit rex satis devote multumque humiliter nudis pedibus, peccato renuntians et excommunicationem mendans, et sic ex vestra auctoritate absolutionem suscipere meruit. His ita gestis, tactis sacrosanctis evangeliis, abjuravit copulam et flagitium illicitæ conjunctionis in hæc verba : « Audias tu, Lamberte, episcope Atrebatensis, qui hic apostolica vice fungeris, audiant archiepiscopi et præsentes episcopi, quod ego Philippus, rex Francorum, peccatum et consuetudinem carnalis et illicitæ copulæ, quam hactenus cum Bertrada exercui, ulterius non exercebo; sed peccatum istud et flagitium penitus et sine omni retractatione abjuro. Cum eadem quoque femina mutuum colloquium et contubernium, nisi sub testimonio personarum minime suspectarum, non habebo. Hæc omnia, sicut litteræ papæ dicunt et vos intelligitis, sine omni malo ingenio observabo. Sic me Deus adjuvet et hæc sacrosancta Jesu Christi evangelia. » Similiter et Bertrada, cum excommunicationis vinculo solveretur, tactis sacrosanctis evangeliis, in persona sua hoc idem juravit sacrosanctum. Sancta Trinitas, Deus noster, sanctitatem vestram pro Ecclesia catholica laborantem et orantem diutius custodiat incolumem, et quia, cum sancta Romana ecclesia in judicio et justitia nobiscum stetistis, retribuatur vobis in resurrectione justorum.

Actum Parisius, anno Dei Christi MCIV, IV nonas decembris, anno pontificatus Paschalis papæ II quinto[1].

A. Copie dans un ms. de l'abbaye d'Igny.

Édit.: (a) Labbe, *Concil.*, t. X, col. 742, d'après A. — (b) Hardouin, *Concil.*, t. VI, 2ᵉ part., col. 1877. — (c) *Gallia christ. nova*, t. III, instr., col. 77, d'après A. — (d) Dubois, *Hist. eccles. Paris.*, t. I, p. 746. — (e) Migne, *Patrol.*, t. CLXIII, col. 454.

137

1104.

Lettre d'Yves, évêque de Chartres, à Daimbert, archevêque de Sens, pour l'engager à approuver l'élection de Galon à l'évêché de Paris.

Daimberto, Dei gratia Senonensi archiepiscopo, Ivo, humilis ecclesie Carnotensis minister, cum debita reverentia servitium. Notum facimus vestræ paternitati quod clerus et populus Parisiensis ecclesiæ voto et voce domnum Galonem

---

[1] Lisez « sexto ».

Belvacensi ecclesiæ consecratum in episcopum elegerunt, et ipsam electionem cum litterarum astipulatione, missis ex clero idoneis personis, prædicto episcopo præsentes [1], ut pastoralem prædictæ ecclesiæ curam susciperet, humiliter et devote petierunt. Sed, quia translationes episcoporum, necessitate urgente, metropolitani auctoritate et summi pontificis dispensatione fieri oportet, nos, quantum in nobis est, eidem electioni assensum præbentes, paternitati vestræ suggerimus quatenus eidem electioni astipulando, a domno papa postuletis ut prædictum episcopum per manum vestram transferri præcipiat, cum propriam sedem obtinere non valeat. Ita enim et vestrum ministerium honorificabitis [2], et ecclesiæ desolatæ solatium præbendo, eligentium et electi devotionem [3] vobis arctius astringetis. Et in hoc consilium vobis damus ne, si alio exitu res proveniat, ecclesiæ vestræ dignitas in aliquo minuatur, et mutua charitas non tam firmo vinculo colligetur. Valete.

Édit. : (a) Juret, Ivonis episc. Carnot. epist. (1584), fol. 142 r°, n° 171. — (b) Juret, Ivonis Carnot. episc. epist. (1610), p. 252, n° 146. — (c) Fronteau, D. Ivonis Carnot episc. opera (1647), 2ᵉ part., p. 62, n° 146. — (d) Louvet, Antiquités de Beauvaisis, t. II, p. 236. — (e) Du Boulay, Hist. univers. Paris., t. II, p. 15. — (f) Dubois, Hist. eccles. Paris., t. I, p. 733, d'après c. — (g) Rec. des hist. de la France, t. XV, p. 130, d'après c. — (h) Migne, Patrol., t. CLXII, col. 151, n° 146, d'après c.

138
1104.

Lettre d'Yves, évêque de Chartres, au pape Pascal II, au sujet de la translation de l'évêque de Beauvais, Galon, à l'évêché de Paris. — « Notum facimus paternitati vestre... »

Édit. : (a) Juret, Ivonis episc. Carnot. epist. (1584), fol. 141 r°, n° 169. — (b) Juret, Ivonis Carnot. episc. epist. (1610), p. 249, n° 144. — (c) Duchesne, Hist. Franc. script., t. IV, p. 233, n° 33, d'après b. — (d) Fronteau, D. Ivonis Carnot. episc. opera (1647), 2ᵉ part., p. 61, n° 144. — (e) Labbe, Concil., t. X, col. 741. — (f) Rec. des hist. de la France, t. XV, p. 129, d'après d. — (g) Migne, Patrol., t. CLXII, col. 150, n° 144, d'après d.

139
Vers 1105.

Défense faite par Philippe Iᵉʳ de bâtir des maisons autour du cloître de Notre-Dame.

DOMUS CIRCA CLAUSTRUM.

Philippus, Dei gratia Francorum rex, B. decano et toti conventui Parisiensis ecclesię salutem et gratiam nostram. Pervenit ad aures nostras querimonia vestra

---

[1] Lisez « præsentantes » (c). — [2] Var. « honorabitis » (c). — [3] Var. « dilectionem » (c).

de Durando et de filiis ejus, qui super claustrum vestrum domum quandam edificare volunt, quod ego nullatenus volo, immo prohibeo et defendo ne fiat. Prohibeo etiam atque defendo ne aliquis circa claustrum vestrum in aliqua parte aliquid faciat aliter quam in tempore patris mei sit factum, et insuper vobis precipio ut inde excommunicetis, ne ab histis vel ab aliis fiat.

A. Original avec traces de sceau pendant, aux Arch. nat., K 20, n° 8.
B. Copie du XII° siècle, aux Arch. nat., LL 177 (*Livre noir* de Notre-Dame), p. 61.
C. Copie du XIII° siècle, aux Arch. nat., LL 175 (*Grand Pastoral* de Notre-Dame), p. 585.
D. Copie du XIII° siècle, aux Arch. nat., LL 176 (*Petit Pastoral* de Notre-Dame), p. 103.

140

1107, 1er avril. — LATRAN [1].

Bulle du pape Pascal II confirmant, à la requête de l'abbé Renaud, tous les biens et privilèges de l'abbaye de Saint-Germain-des-Prés. — «Religiosis desideriis...»

A. Copie du XII° siècle, aux Arch. nat., LL 1204 (Cartul. ††† de Saint-Germain-des-Prés), fol. 2 v°.

Édit. : (a) Dubois, *Hist. eccles. Paris.*, t. II, p. 60. — (b) Bouillart, *Hist. de l'abbaye de Saint-Germain-des-Prés*, pr., p. 33, d'après B. — (c) Launoy, *Œuvres*, t. V, p. 204, d'après l'original. — (d) Migne, *Patrologie*, t. CLXIII, col. 207, d'après b.

141

1107, 30 avril. — SAINT-DENIS.

Confirmation par Pascal II des biens du prieuré de Saint-Martin-des-Champs. — «Religiosis desideriis...»

A. Copie du XIII° siècle, aux Arch. nat., LL 1351 (Cartul. A de Saint-Martin-des-Champs), fol. 1 v°.

Édit. : (a) Marrier, *S. Martini de Campis hist.*, p. 153. — (b) Migne, *Patrol.*, t. CLXIII, col. 209, d'après a.

142

1107, 13 mai. — MEAUX [2].

Confirmation par le pape Pascal II des biens et privilèges de l'abbaye de Sainte-Geneviève. «...Claustrum quoque in ea quam hactenus habuit libertate servetur.»

A. Copie du XIII° siècle, à la Bibl. Sainte-Geneviève, El. 25, fol. 1 r°.
B. Copie du XVII° siècle, à la Bibl. nat., coll. Baluze, ms. 55, fol. 158 r°.

[1] Le pape Pascal II ne pouvait être à Latran le 1er avril 1107, car il était à Tours le 24 mars et à Marmoutier le 2 avril. Aussi Bréquigny (*Table des diplômes*, t. II, p. 378) a-t-il classé cette pièce à l'an 1106. Jaffé (*Regesta*, 2° édit., p. 729) propose de lire Tours au lieu de Latran.

[2] Les auteurs de la *Gallia christiana* (t. VII, col. 706) et l'abbé Féret (*Histoire de l'abbaye de*

143

1107. — Paris.

Réformation du monastère de Saint-Éloi par Galon, évêque de Paris.

PRECEPTUM EPISCOPI DE ECCLESIA SANCTI ELIGII.

†. In nomine sancte et individue Trinitatis. Racio quidem et sanctarum scripturarum monet actoritas ut qui pastoraliter ecclesiis president vigilanti cura, pastorali sollicitudine subditorum vitam inquirant et inspiciant, ut in æcclesiis sibi cummissis, si inhonestas et incorrigibiles viderint personas, aut ad statum religionis studeant revocare, aut alias omnino personas commutare, ne male vivencium exemplo bene viventes corrumpantur, et pastores, si dissimulaverint aut tacuerint, ex cumsensu taciturnitatis imperpetuum cumdampnentur. Omnibus igitur notum fieri volumus monasterium Sancti Eligii Parisiensis ordini quidem monacharum antiquitus fuisse deputatum; sed tandem diabolico instinctu, fragilis ille sexus ad tantam turpitudinis prolapsus est miseriam, ut publice secularitati impudenter adherens, voto castitatis rupto, proposito religionis penitus abjecto, templum Dei speluncam fornicacionis effecerit, et vocem nostrę ammonicionis et correpcionis nullatenus audierit. Ego igitur Galo, Dei gratia Parisiorum episcopus, et Guillelmus archidiaconus tantum scandalum, tantam pestem minime ferentes, ex precepto quidem domni pape Paschalis [1], ex consilio regis nostri Philippi et filii sui Lugdovici, hortatu eciam canonicorum nostrorum, infames et incorrigibiles personas, pro turpitudine vitę, a predicto monasterio eliminavimus et omnino alienavimus, et alciori religionis ordine, cum Dei auxilio, sanctum locum decoravimus. Noverint igitur omnes, tam posteri quam presentes, quia monasterium Sancti Eligii, cum omnibus ad illud pertinentibus, ęcclesię Beati Petri Fossatensis, salvo quidem jure Parisiensis ęcclesię, perpetuo habendum concedimus; ita scilicet ut abbas Fossatensis predictum monasterium tanquam cellam suam possideat, et in monachos illic Deo militantes plenam ac perfectam abbatis potestatem exerceat. Institutum tamen est ut duodecim ad minus monachi, cum suo priore, ad serviendum Deo illic apponantur, qui, juxta regulam sancti Benedicti, ad ordinem tenendum sufficere videantur. Sciendum vero est quia illam eandem potestatem, quam predecessores nostri in monasterium Sancti Eligii et in abbatissam illius loci antiquitus habuerunt, nos in abbatem Fossatensem ex in-

---

Sainte-Geneviève, t. I, p. 267), datent à tort cette pièce de l'an 1108; car la 8ᵉ année du pape Pascal II, et l'indiction xv ne conviennent qu'à l'an 1107; d'ailleurs, au mois de mai 1108, Pascal II n'était plus en France (voir Jaffé, Regesta pontif. rom., 2ᵉ édit., p. 730, n° 6135, et p. 735. nᵒˢ 6196 et suiv.).

[1] Voir ci-dessus, la pièce n° 134.

Cartul. — I.

tegro habemus, et in perpetuum retinemus, quantum scilicet ad cenobium Sancti Eligii et ad res illius monasterii pertinere videtur. Sed, ut totius altercacionis molestia in posterum excludatur, quid potestatis episcopus, quid juris aut consuetudinis canonici Sancte Marie, tam in abbatissam quam in monasterium illud prius possederint et modo possideant, evidenter et aperte distinximus. Sciendum igitur est quia, quociens Parisiensis episcopus abbatissam ad justiciam vocavit, illa, procul dubio, omnem exsecutura justitiam ante episcopum se presentavit. Si autem vel servus, vel ancilla, vel hospes illius monasterii contra personam episcopi aut contra proprias res illius aliquid forifecisset, abbatissa, audito prius episcopi mandato, in presencia episcopi illos ad justitiam faciendam adduxisset, et post justiciam episcopi, abbatissa suos districtus accepisset, si voluisset. Quod si abbatissa servos vel ancillas illius monasterii libertate donare, aut terram alienare, aut manufirmam facere voluisset, nullam potestatem, nullam id faciendi licenciam habuisset absque assensu episcopi et absque carta sigillo ejus et cancellario firmata. Hanc ergo potestatem in abbatissam et in monasterium Sancti Eligii antecessores nostri habuisse dinoscuntur, et nos quoque in abbatem Fossatensis ęcclesię eandem potestatis dignitatem, ut superius determinatum est, obtinemus; nichil scilicet nostri juris relinquentes vel relaxantes, sed tantummodo abbaciam in cellam commutantes. Canonicis vero beate Marie predictum monasterium Sancti Eligii per singulos annos duos pastus, ex debita consuetudine, persolvit, unum scilicet in festivitate sancti Pauli, alterum in festivitate sancti Eligii; ita scilicet quod uterque pastus in refectorio canonicorum recipitur. Consuetudo eciam est ut cunventus prefati monasterii, una cum canonicis beate Marie, processiones faciant et in diebus Rogacionum, et in die Ascensionis, et in funeribus canonicorum. Alias eciam processiones aut pro aeris serenitate, aut pro aliqua tempestate sive necessitate, si canonici facere disposuerint, necesse est predictum cunventum canonicorum instituta sequi, eosque, si mandaverint, in his processionibus semper comitari. Illud eciam silencio preterire nolumus quia, quociens mater æcclesia a divino officio cessaverit, cenobium Sancti Eligii ex necessitate cessare et tacere oportebit. Sub hac igitur distinctione, potestatem, jura, cunsuetudines, tam episcopi quam canonicorum, breviter cumprehendimus, ut nulla de cetero controversia oriatur, et jus et cunsuetudo utriusque ecclesię presenti privilegio defendatur. Salvo igitur, ut dictum est, jure Parisiensis ecclesię, assensu quidem regis nostri Philippi et filii ejus Lugdovici, cummuni eciam canonicorum nostrorum cuncessu, ęcclesię beati Petri Fossatensis monasterium Sancti Eligii in cellam possidendum concedimus : ea videlicet racione, ut quociens Fossatensis abbas debitam professionem in Parisiensi ecclesia fecerit, ibidem, in presentia episcopi, profiteatur monasterium Sancti Eligii ex dono episcopi, ex beneficio Parisiensis ęcclesię, se habere et possidere. Volumus eciam illud determinare quia homines predicti monasterii in exercitum regis, incunsulto episcopo, nullatenus debent ire, sed abbas aut prior, ex consilio et mandato episcopi, illos debent monere et in exercitum mittere. Diffinitum est eciam quatinus, in festivitate sancti Eligii, canonici Sante Marie dextrum chorum, monachi vero sinistrum teneant; ita scilicet ut, cum canonico illo qui chorum tenuerit, aut prior aut cantor monachorum ad chorum tenendum recipiatur, et nulla alia persona ad id faciendum admittatur. Missam vero aut abbas aut prior cantabit; et si neuter interfuerit, aliquis ex clero nostro illam celebrabit. Sciendum vero est quia, illo die, predictus pastus redditur, scilicet ex sex porcis vivis et sane carnis, ex duobus modiis vini et dimidio ad mensuram nostri claustri, et ex tribus sextariis frumenti bene vanati. Pastus vero, qui redditur in festo sancti Pauli, de octo cunstat arietibus, et duobus modiis vini, et dimidio sextario, et ex duobus sextariis et dimidio frumenti bene vanati, et ex sex denariis et obolo. Ut autem hec concessio et instituciō incuncussa permaneat, presentem cartam fieri precepimus, et in signum perfecte firmitatis, sigillo nostro illam signavimus, et manibus canonicorum nostrorum firmandam tradidimus.

†. Signum Galonis episcopi. Signum Berneri decani. Signum Ade precentoris. Signum Guillelmi archidiaconi. Signum Stephani archidiaconi. Signum Rainaldi archidiaconi. Signum Rogeri presbiteri. Signum Landonis presbiteri. Signum Durandi presbiteri. Signum Anscheri levite. Signum Johannis levite. Signum Guineranni levite. Signum Tebaldi subdiachoni. Signum Guillelmi subdiachoni. Signum Fulberti subdiachoni. Actum publice, in capitulo Sancte Marie, anno Incarnationis Dominice M° CVII, indictione XV^{ma}, epacta XXV^{ta}, concurrente I, Philipo rege regnante anno quadragesimo VII, anno episcopatus Galonis III°. Girbertus cancellarius scripsit. Si quis hanc diffinicionem violare presumpserit, anathema sit.

A. Original scellé, en forme de chirographe, aux Arch. nat., K. 20, n° 9 (Musée, n° 121).
B. Copie du XII° siècle, aux Arch. nat., LL. 177 (*Livre noir* de Notre-Dame), p. 72.
C. Copie du XIII° siècle, aux Arch. nat., LL. 175 (*Grand Pastoral* de Notre-Dame), p. 607.
D. Copie du XIII° siècle, aux Arch. nat., LL. 176 (*Petit Pastoral* de Notre-Dame), p. 150.

144

1107, avant le 29 août. — Paris.

Confirmation par le roi Philippe Ier de la réforme du monastère de Saint-Éloi.

PRECEPTUM LUDOVICI ET PHILIPPI REGUM DE ECCLESIA SANCTI ELIGII.

In nomine sancte et individue Trinitatis. Philippus, Dei gratia Francorum rex. Notum fieri volumus universis sanctę Dei Aecclesię cultoribus, tam futuris quam et presentibus, quia, divina providente clementia et assensu domini pape Pascalis, monitione quoque et consilio canonicorum sanctae Parisiensis aecclesię, necnon et consensu nostro et Ludovici filii nostri, Galo, Parisiensis episcopus, ab aecclesia beati Eligii, membro videlicet episcopatus sui, propter intemperatam quam impudenter agebant fornicationem, moniales, quamvis canonice sepissime correptas, templum tamen Domini aperte pravo usu violantes, ac correptionem pastoris penitus negligentes, spe melius agendi a prefata domo dejecit. Acceptis itaque domini pape litteris, tunc temporis Parisius venientis, dataque licentia ordinem religionis inibi ponendi, nostra licentia et oratione cum filii nostri Ludovici obsecratione, beato Petro Fossatensi ejusdemque loci Teobaldo abbati prefatam aecclesiam beati Eligii in cellam XII monachorum cum priore suo perpetualiter possidendam concessit habendam, salvo quidem jure suę potestatis et aecclesię Parisiensis, quemadmodum et in ipsius carta determinatum est. Et ut hęc carta firma et inconvulsa permaneat, memoriale istud inde fieri et nostri nominis karaptere, et sigillo (*monogramme*) signari et corroborari precepimus. Astantibus de latio nostro, quorum nomina subtitulata sunt et signa.

Signum Hugonis de Creceio, tunc temporis dapiferi nostri.
Signum Wastionis de Pissiaco, tunc temporis constabularii nostri.
Signum Pagani Aurelianensis, tunc temporis buticularii nostri.
Signum Widonis, tunc temporis camerarii nostri.

Actum Parisius, in capitulo Sanctae Marię, anno ab Incarnatione Domini MCVII, anno vero regni nostri XLVII. Stephanus cancellarius relegendo subscripsit.

    A. Original avec traces de deux sceaux plaqués, aux Arch. nat., S. 1182, n° 2, (alias K. 20, n° 9²).
    B. Copie du XIII° siècle, aux Arch. nat., LL. 112 (*Livre noir* de Saint-Maur-des-Fossés), fol. 18.
    C. Copie du XIII° siècle, aux Arch. nat., LL. 114 (Cartul. de Saint-Maur-des-Fossés), fol. 236 v°.
    D. Vidimus du XIV° siècle, aux Arch. nat., S. 1182, n° 3.
    E. Copie de l'année 1779, aux Arch. nat., LL. 116 (Cartul. de Saint-Maur-des-Fossés), p. 65.

145

1107. — Paris.

Exemption de juridiction accordée aux serviteurs des chanoines de Sainte-Geneviève par Galon, évêque de Paris.

DE LIBERTATE FAMULORUM CANONICORUM SANCTE GENOVEFE PARISIENSIS
ET EORUM QUIETUDINE.

In nomine sancte et individue Trinitatis. Sanctorum patrum regulis informamur et exemplis quatinus pastorali sollicitudine ecclesiarum tranquillitati provideamus ut de antiquo earum statu aliquid non solum non imminuamus, verum etiam ex radice debite caritatis remedium conferamus illis necessarie libertatis. Noverint igitur universi tam presentes quam posteri quia ego Galo, Dei gratia Parisiorum episcopus, et Stephanus archidiaconus famulos canonicorum Sancte Genovefe Parisiensis, illos inquam famulos quos et quotquot unusquisque canonicus de suo victu pascens in sua domo vel familia habuerit, excepto femineo sexu, cujuscumque etatis, ita liberos et quietos esse concedimus ut neque nos neque successores nostri aliquam illis dominationis inferant molestiam, nullamque christianitatis in eis exerceant justiciam. Ad hec etiam, quicumque fuerit, canonicorum communis cellerarius sub hoc maneat privilegio libertatis, nequaquam responsurus justicie nostre pote[s]tatis. Sed, ne prefati famuli contra divine auctoritatis decretum videantur ascephali, curam animarum illorum decano et canonicis predicte ecclesie habendam concedimus ut in suis, ut dictum est, famulis ligandis atque solvendis vices nostras exerceant eisque solis super omnibus que commiserint respondeant. Ut autem hec libertas inconcussam per omne tempus obtineat firmitatem, presentem cartam manibus nostris et sigillo firmavimus manibusque concanonicorum nostrorum firmandam tradidimus.

Signum Galonis episcopi. Signum Berneri decani. Signum Ade precentoris. Signum Guillelmi archidiaconi. Signum Stephani archidiaconi. Signum Rainaldi archidiaconi. Signum Durandi presbyteri. Signum Alexandri presbyteri. Signum Landonis presbyteri. Signum Anscheri dyaconi. Signum Hilduini dyaconi. Signum Johannis dyaconi. Signum Theobaldi subdyaconi. Signum Gaufridi subdyaconi. Signum Fulberti subdyaconi. Signum pueri Yvonis. Signum Stephani pueri. Signum Hervei pueri.

Actum puplice Parisius, in capitulo beate Marie, anno Incarnationis Dominice M° C° VII°, indictione XV², epacta XXV, concurrente I, Philippo rege regnante anno quadragesimo septimo, anno episcopatus Galonis III°. Girbertus cancellarius subscripsit.

A. Copie du XIII° siècle, à la Bibl. de Sainte-Geneviève, El. 25 (Cartul. de Sainte-Geneviève), p. 97.

146

Vers 1108 [1].

Donation au prieuré de Saint-Martin-des-Champs, par Raoul le Délié, à l'occasion de l'enterrement de sa femme dans ce monastère.

Notum sit presentibus et futuris quod Radulfus Delicatus et uxor ejus Hazecha, concedentibus eorum filiis Radulfo et Amalrico, atque filiabus Agnete et Cometissa, pro salute animarum suarum, dederunt Deo et Sancto Martino de Campis altare de Merudio, et altare de Herigniaco, et omnia que habebant apud Tullum et apud Mistigerium, et donum harum rerum posuit Radulfus Delicatus super altare Sancti Martini, in presentia Ludovici designati regis Francie, et tocius conventus

[1] Entre 1098 ou 1099 et le 3 août 1108.

monachorum, eodem die quo uxor sua Hazecha honore debito sepulta est apud Sanctum Martinum, in auditorio ante crucifixum. Hujus doni testes extiterunt : Burchardus de Montemorentii, Wido Silvanectensis, Walerannus de Villaperor, Hudo de Sancto Clodoaldo, Petrus filius Hungerii, Nivardus et Seguinus de Peissiaco, Soltanus filius Warnerii de Parisio, Warnerius Calceus, Berneerius de Plagio, Fulco de Parcenc, Ansoldus corvesarius, Johannes Pauper, Radulfus filius Hugonis de Mezanto, Walterius filius Werrici. Hi omnes fuerunt testes ex parte Sancti Martini. Et ex parte Radulfi Delicati, hi fuerunt testes : Walterius Musavena, Rotbertus Longus, Ivo de Conflenz, Wido prepositus, Willelmus Migol, Wiardus de Puseolis, Willelmus de Hairovilla, Aimericus de Blere æcclesia, Hubertus de Cergio, Willelmus filius Willelmi, Bernerius clericus, Rotbertus Pes de alcha, Anseredus Pes de alcha, Girardus bolengarius, Rotgerius de Corbeia, Rainardus Bella caro, Teobaldus, Nicholaus filius Urselli.

<small>Copie du xiie siècle, à la Bibl. nat., ms. lat. 10977 (*Liber Testamentorum* de Saint-Martin-des-Champs), fol. 11 v°.</small>

147

1108. — Paris.

Legs au chapitre de Notre-Dame par l'archidiacre Étienne de Garlande d'une maison dans le cloître.

DE DOMO STEPHANI ARCHIDIACONI.

In nomine sanctę et individuę Trinitatis. Scire volumus omnes, tam futuros quam presentes, quod Stephanus archidiaconus domum suam, quam habet in claustro Sanctę Marię cum duabus tonnis et duobus scannis et duobus lectis, culcitram et capicerium habentibus quidem, nobis canonicis et confratribus suis post decessum suum, pro remedio animę sue, concessit habendam, ea videlicet conditione ut, si in vita sua aliquem canonicum vellet eligere, qui post mortem suam vel decessum suum domum illam possideret, ex beneficio electionis sue domum illam canonicus ille obtineret, et post obitum illius ad ęcclesiam penitus rediret. Constituit etiam predictus Stephanus quatinus per singulos annos, die scilicet sui anniversarii, statio de quatuor ferculis nobis redderetur, de qua statione tam canonici quam vicarii reficerentur. Diffinivit etiam se ostensurum et daturum nobis in vita sua vineas vel alia hujusmodi, unde statio vel refectio illa quotannis sufficienter posset [1] fieri. Quod si vel infirmitate detentus vel insperata morte occupatus, diffinitionis votum adimplere non posset, instituit et injunxit ut de suppellectili domus sue et variis utensilibus et aliis suis rebus, quod valeret

---

[1] *Var.* « possit » (B).

xv^cim marcas argenti acciperemus, unde predictam stationem per singulos annos plenarie faceremus.

Ego autem Bernerus, decanus Parisiensis ecclesię, et totus ecclesię conventus elemosinam et beneficium fratris benigno animo attendentes, ejus institutioni et voluntati assensum prebuimus, et quandam aliam domum quę stationem reddit, affinem scilicet et contiguam domui illius, necessariam et perutilem usibus ejus, illi habendam concessimus, ita scilicet ut utriusque domus possessor existat, et stationem sibi concesse domus per singulos annos reddat, et nulla ulterius persona duas domos ad duas stationes possideat.

Facta est autem hęc concessio et institutio in capitulo Sanctę Marię, anno ab Incarnatione Domini m° c° viii°, indictione i^a, epacta vi^a, concurrente iii°, regnante rege Lugdovico anno i°, anno [1] episcopatus Galonis iiii° [2]. Gerbertus cancellarius subscripsit [3].

A. Copie du xiie siècle, aux Arch. nat., LL. 177 (*Livre noir* de Notre-Dame), p. 168.
B. Copie du xiiie siècle, aux Arch. nat., LL. 176 (*Petit Pastoral* de Notre-Dame), p. 250.

148
1108. — Paris [4].

Donation au chapitre de Notre-Dame, par l'archidiacre Guillaume, de la part qu'il possédait dans l'église Saint-Gervais de Paris et dans celles de Gonesse et d'Herblay.

DE TRIBUS ALTARIBUS AD STATIONEM DATIS.

In nomine sanctę et individuę Trinitatis [5]. Ego Guilelmus, Dei gratia Parisiensis archidiaconus, notum facio tam posteris quam presentibus quia terciam partem altaris Sancti Gervasii Parisiensis, et terciam partem altaris Sancti Petri apud villam quę vocatur Gonessa, terciam quoque partem altaris Sancti Martini apud villam quę nuncupatur Erebletum, has, inquam, tres tercias partes jure archidiaconatus nostri possidebam, et in dominio meo tanquam proprias habebam. Consulens igitur et saluti animę meę [6] et utilitati ecclesię nostrę, illas tres tercias partes predictorum altarium canonicis Sanctę Marię, confratribus nostris, assensu

---

[1] «Anno» manque dans B.
[2] Les synchronismes contenus dans cette charte s'accordent tous bien, sauf en un point: la première année du règne de Louis VI ne commence qu'au 3 août 1108; or, la quatrième année du pontificat de Galon se termine antérieurement à cette date, si l'on doit admettre le témoignage rapporté par la *Gallia Christiana*, t. VII, col. 553 B. On remarquera toutefois que nos deux pièces n°˚ 148 et 149 présentent ces mêmes indications chronologiques. Or, elles sont toutes les trois d'une authenticité indiscutable. Il faut donc admettre que Galon n'est entré en paisible possession de son siège qu'à une date postérieure au commencement d'août 1104.
[3] Ces trois derniers mots manquent dans B.
[4] Voir pour la date de cette pièce notre note 2.
[5] L'invocation manque dans B.
[6] «Mee» manque dans A.

quidem domni Galonis episcopi, et voluntate et concessione tocius capituli, jure perpetuo habendas dereliqui, hoc modo scilicet ut quicumque domum illam, quam ex beneficio ecclesię possideo, post decessum meum habuerit, illas tres partes obtineat, et refectionem de quinque ferculis per singulos annos, die anniversarii nostri, canonicis inde faciat. Debet enim uno eodemque die et predicta refectio canonicis dari et anniversarius dies nostri obitus celebrari. Ut autem perpetuo stabilitatis privilegio donum istud firmetur, presenti scripto memorię illud commendavimus.

Signum Guilelmi archidiaconi. Signum Berneri decani. Signum Ade precentoris. Signum Stephani archidiaconi. Signum Rainaldi archidiaconi. Signum Durandi sacerdotis. Signum Herberti sacerdotis. Signum Symonis sacerdotis. Signum Anscheri diaconi. Signum Johannis diaconi. Signum Wineranni diaconi. Signum Fulberti subdiaconi. Signum Petri subdiaconi. Signum Guilelmi subdiaconi. † Signum Galonis episcopi [1].

Actum publice Parisius, in capitulo Sanctę Marię, anno ab Incarnatione Domini M°C°VIII°, inditione I^a, epacta VI^a, concurrente III°, rege Lugdovico regnante anno I°, anno episcopatus Galonis IIII° [2]. Girbertus cancellarius subscripsit [3].

A. Copie du XIIe siècle, aux Arch. nat., LL. 177 (*Livre noir* de Notre-Dame), p. 178 et 196.
B. Copie du XIIIe siècle, aux Arch. nat., LL. 176 (*Petit Pastoral* de Notre-Dame), p. 301.

149

1108. — Paris.

Confirmation par l'évêque Galon du droit qu'avait le chapitre de Saint-Germain-l'Auxerrois de nommer aux prébendes de Sainte-Opportune.

CARTA COLLATIONIS SANCTE OPORTUNE PREBENDARUM.

† In nomine sancte et individue Trinitatis.

Pastoralis providentie est summa sollicitudinis cura eclesiarum tranquillitati studere et veterum patrum instituta nulla occasionis violentia retractare. Cognovimus autem et veridica multorum relatione didicimus quia predecessor noster Hinbertus episcopus prebendas Sancte Oportune canonicis Sancti Germani concessit habendas, hoc modo scilicet ut quibus vellent personis, idoneis tamen, predictas prebendas donarent, et in dandis prebendis et in eligendis personis liberam et plenam haberent potestatem. Ego igitur Galo, Dei misericordia Parisiorum episcopus, antecessorem nostrum imitatus, benefitium et donum illius plena voluntate concessi et manum nostre confirmationis adhibui. Habet igitur prefata Sancti Germani eclesia plenam potestatem dandi predictas prebendas congruis quidem

[1] Les signatures manquent dans B. — [2] La date est abrégée dans B. — [3] Ces trois derniers mots manquent dans B.

personis, et canonice illas investiendi absque requisitione episcopi. Ut autem hec nostra confirmatio posterorum tradatur memorie presentem cartam hujus confirmationis testem fieri precepimus et sigillo nostro illam signavimus.

† Signum Galonis episcopi. Signum Berneri decani. Signum Ade precentoris. Signum Guillelmi archidiaconi. Signum Stephani archidiaconi. Signum Rainaldi archidiaconi. Signum Alexandri sacerdotis. Signum Landonis sacerdotis. Signum Simonis sacerdotis. Signum Anscheri diaconi. Signum Johannis diaconi. Signum Wineranni diaconi. Signum Roberti subdiaconi. Signum Guidonis subdiaconi. Signum Teoderici subdiaconi.

Actum publice Parisius, in capitulo Sancte Marie, anno ab Incarnatione Domini [1] M° C° VIII°, inditione XV^ma, epacta XVII^ma, concurrente III°, rege Lugdovico regnante anno I°, anno episcopatus Galonis IIII°. Girbertus cancellarius subscripsit.

A. Original avec traces de sceau, aux Arch. nat., K. 21, n° 1².
B. Copie du XIII° siècle, aux Arch. nat., LL. 489 (Cartul. de Saint-Germain-l'Auxerrois), fol. 29 r°.
C. Copie du XIV° siècle, aux Arch. nat., LL. 490, fol. 27 r°.
D. Vidimus de 1514, aux Arch. nat., L. 558, n° 1.

150

1108. — PARIS [1].

Autorisation accordée par Louis VI aux serfs de Notre-Dame de témoigner en justice et de figurer dans les combats judiciaires contre les hommes libres [3].

QUOD SERVI ECCLESIASTICI POSSINT TESTIFICARI ADVERSUS LIBEROS HOMINES.

Lugdovicus, Dei gracia Francorum rex, omnibus Christi fidelibus. Cum juxta sacratissimarum legum instituta, regia potestas, ex injuncto sibi officio, ecclesiarum defensioni et honori plurimum vaccare debeat, opere pretium est eos quibus tanta permissa est a Deo potestas, earum tranquillitati et paci attentiori sollicitudinis cura providere, et ad laudem Dei omnipotentis, per quem reges regnant, ecclesias et earum res quodam honoris privilegio decorare, ut in bonis actibus et regium morem exerceant et superne retributionis premium indubitanter recipiant. Noverint igitur omnes quia sancte Parisiensis ecclesie conventus, nostre sereni-

---

[1] Les synchronismes contenus dans cet acte prêtent à quelques observations. Outre celle que nous avons déjà faite (voir ci-dessus, note 2 de la page 167) au sujet de l'accord entre la première année du règne de Louis VI et la quatrième du pontificat de Galon, on doit remarquer que l'indiction de 1108 est 1 et non 15. Quant à l'épacte de l'an 1108, elle devrait être 6. Mais on sait qu'on faisait parfois commencer les épactes au 29 août, et si cette pièce est postérieure à cette date, elle pouvait être datée de l'épacte 17, qui est celle de 1109.

[2] Bréquigny cite sous la date de 1109 (Table des Diplômes, t. II, p. 403) un diplôme qui a été publié par Baluze (Miscell., t. II, p. 105), d'après le Cartul. archiep. Paris. avec la date «a° 1109, ind. 1, regni 1», et qui n'est qu'un double mal daté de celui-ci.

[3] Ce privilège fut confirmé par le pape Pascal II, en 1113. (Voir ci-après, notre n° 164.)

tatis presentiam adierit, conquerendo ostendens et ostendendo conquerens quatinus servi prefate ecclesie secularibus personis tanto contemptui habebantur, quod in forensibus et civilibus causis vel placitis adversus liberos homines in testimonium nullatenus recipiebantur, et ecclesiastica mancipia secularibus servis fere in nullo preferebantur; unde res ecclesiastica, ob tanti scilicet dedecoris opprobrium, non solummodo vilescebat, sed maximum diminutionis incommodum de die in diem incurrebat. Cognita vero ecclesię querela, motus tam ratione quam dilectione, necessarium duxi a Parisiensi ecclesia, nobis quidem inter alias familiarissima, tantum scandalum omnino removere, et regiam sedem regio beneficio sublimare. Ego Lugdovicus, Dei clementia Francorum rex, communi quidem episcoporum ac procerum nostrorum consilio et assensu, regie auctoritatis decreto instituo et decerno, ut servi sancte Parisiensis ecclesie, illi scilicet qui proprie ad canonicos pertinent, adversus omnes homines, tam liberos quam servos, in omnibus causis, placitis et negotiis, liberam et perfectam habeant testificandi et bellandi licentiam, et nemo unquam, servitutis occasionem eis opponens, in eorum testimonio ullam dare presumat calumpniam. Hac autem ratione licentiam testificandi ea que viderint et audierint eis concedimus, quod, si aliquis liber homo in eadem causa de falso testimonio illos contradicere et conprobare voluerit, aut suam comprobationem duello perficiat, aut, eorum sacramentum sine ulla alia contradictione recipiens, illorum testimonio adquiescat. Quod si aliquis temeraria presumptione illorum testimonium in aliquo refutaverit aut calumpniaverit, non solum regie auctoritatis et publice institucionis reus existat, sed querelam negotii sui vel placiti inrecuperabiliter amittat; ita scilicet ut presumptuosus calumpniator, de querela sua si querat ulterius, non audiatur, et si aliquid ab eo queratur ulterius, querelę reus et convictus omnino habeatur. Aliud etiam statuimus, ut predictus calumpniator, nisi de tanta calumpnie culpa Parisiensi ecclesie satisfecerit, excummunicationis mucrone feriatur et ad testimonium faciendum interea non admittatur. Ut autem hujus nostre institutionis edictum perpetue firmitatis privilegio muniatur, presentem cartam fieri precepimus, que nostre auctoritatis effectum posterorum memorie tradat, et totius retractationis occasionem in perpetuum excludat. Ad hec etiam, in testimonium veritatis, nomina episcoporum, comitum, ac procerum nostrorum, qui huic carte assensum prebuerunt, inscribi justum decrevimus, et ad extremum sigillo nostre imaginis ipsam cartam signavimus, et caractere nostri nominis corroboravimus, adstantibus de palatio nostro quorum nomina subtitulata sunt et signa.

☩. Signum Anselli de Garlanda, tunc temporis dapiferi nostri. Signum Hugonis cognomine Strabonis, tunc temporis constabularii nostri. Signum Guidonis, filii Guidonis de Turre, tunc temporis buticularii nostri. Signum Guidonis, camerarii nostri. ☩. Signum Galonis, Parisiensis episcopi. Signum Ivonis, Carnotensis episcopi. Signum Johannis, Aurelianensis episcopi. Signum Manasse, Meldensis episcopi. Signum Odonis, comitis de Corboilo. Signum Mathei, comitis de Bellomonte. Signum (*monogramme*) Lugdovici regis.

Actum publice Parisius, regis palatio, anno ab Incarnatione Domini mcviii°, inditione i", anno regni nostri 1°. Stephanus cancellarius relegendo subscripsit.

A. Original scellé, aux Arch. nat., K. 21, n° 1 (Musée, n° 123).
B. Copie du xii° siècle, aux Arch. nat., LL. 177 (*Livre noir* de Notre-Dame), p. 42.
C. Copie du xiii° siècle, aux Arch. nat., LL. 175 (*Grand Pastoral* de Notre-Dame), p. 595.
D. Copie du xiii° siècle, aux Arch. nat., LL. 176 (*Petit Pastoral* de Notre-Dame), p. 51.

151

Vers 1108.

Envoi au chapitre de Notre-Dame par Ansel, chantre de l'église du Saint-Sépulcre, d'une croix faite avec le bois de la vraie croix.

DE JHERUSALEM.

G[aloni], Dei gratia Parisiorum episcopo, et Stephano archidiacono, cujus laudis et potestatis magnitudo per multa terrarum loca et etiam apud nos celebris habetur, et B[ernero] decano, et R[ainaldo] archidiacono, et A[dam] precentori, omnique conventui Sanctę Marię Parisiensis, Ansellus gloriosissimi Sepulcri cantor et presbiter, licet indignus, subjectionem, reverenciam, amorem et sic in hoc seculo vivere ut per oraciones vestras in futuro vobiscum merear sine fine gaudere. Cum ab ecclesia vestra et a vobis in qua et cum quibus nutritus et eruditus fui, jam per xxiiii annos remotus sim corpore, tamen animo fervens in amore vestro et ecclesię vestrę vobiscum cohabito mente; namque cum his qui per singulos annos a vobis ad nos venerint, qui vos noverint et a vobis noti fuerint, semper fuit michi sermo, et est sedulę inquisitionis de statu ecclesię vestrę et de vobis, quid agatis et quomodo vos habeatis, de vobis precipue quos vidi et cognovi, et quamdiu vixero, licet absens, semper amabo; sepe quoque per somnia in solempnitatibus et processionibus necnon etiam ferialibus matutinis et officiis vestris videor interesse et vobiscum psallere. Hac ergo dilectione pro vobis sollicitus, dominum W[ibelinum] patriarcham et canonicos nostros rogavi ut oracionibus et beneficiis nostrę congregationis fratres et participes jungeremini, cui petitioni concedentes, itidem a vobis rogant et requirunt. Preterea de donis quę mihi dedit Deus ad honorem et gloriam et sublimationem ęcclesię vestrę et vestri vestręque civitatis donum maximum et incomparabile, videlicet crucem unam de ligno Sanctę Crucis, per Anselmum fidelem vestrum vobis devotus transmisi, a quo et litteras vestras nobis missas accepi. Sicut a Grecorum et Syrianorum scripturis didicimus, patibulum crucis Christi de iiii°ʳ lignis fuit: unum in quo Pilatus titulum scripsit, aliud in quo brachia ejus extenta et palmę affixę fuerunt, tercium in quo corpus ejus appensum est, quartum in quo crux affixa fuit; quod etiam aspersione sanguinis lateris et pedum intinctum et sanctificatum est; et crux ista quam vobis misi, de duobus est lignis, quia crux inserta est cruci, inserta est de eo in quo pependit, in qua inseritur de subpedaneo in qua crux affixa fuit, utrumque dignum, utrumque sanctum. Porro David, rex Georgianorum, qui cum suis predecessoribus Portas Caspias tenuit et custodivit, ubi sunt inclusi Gog et Magog, quod et filius ejus adhuc facit, cujus terra et regnum contra Medos et Persas est nobis quasi antemurale, hanc vero crucem quamdiu vixit in summa veneratione et dilectione habuit. Quo defuncto et filio in regno promoto, uxor ejus venerabilis plus sanctitate quam generis nobilitate, caput totondit habitumque religionis suscepit, et, assumpta cruce ista et multo auro, Jherusalem cum paucis, non reditura sed ut ibi in quieto silentio et oratione vitam finiret, advenit, et de auro quod attulerat congregationibus sanctę civitatis partes distribuit, pauperibusque et peregrinis elemosinas erogavit. Postea sub manu domni Gibellini patriarchę congregationem sanctimonialium Georgianarum, quę est in Jherusalem, intravit. Nec multo post rogatu sororum et patriarchę regimen congregationis suscepit. Denique distributis et erogatis et in necessitatibus commisse congregationis omnibus quę attulerat expensis, cum inedia regionem nostram oppressisset, ipsa cum subditis cępit egere. Cumque jam multa dono, multa mutuo recepisset, quod nullo modo pro necessitate sui corporis faceret, pro necessitatibus congregationis sibi commisse pio affectu facere compulsa est. Itaque istud lignum, nulli precio comparandum, hac ratione precio est comparatum. Ecce illud vobis misi, precor, habetote illud honorifice, sicut debetis. Verumtamen ut memoriale sit posteris et successoribus vestris unde et quomodo illud habuistis, scribite in libris vestris : « Ansellus clericus noster hanc crucem de ligno Sanctę Crucis ęcclesię nostrę et nobis de Jherusalem transmisit. » Postulo igitur a vobis ut me diligentem vos diligatis et post mortem meam in orationibus vestris mei memoriam habeatis, quid vero tanti thesauri latori contigerit, utrumve ad vos prospere pervenerit, per litteras vestras michi notum faciatis.

A. Original, aux Arch. nat., K. 21, n° 1° (anciennement L. 746, n° 1ª, Musée, n° 125).
B. Copie du XII° siècle, aux Arch. nat., LL. 177 (*Livre noir* de Notre-Dame), p. 132.
C. Copie du XIII° siècle, aux Arch. nat., LL. 175 (*Grand Pastoral* de Notre-Dame), p. 609.

152

Vers 1108.

Lettre d'Ansel, chantre de l'église du Saint-Sépulcre, confirmant l'envoi au chapitre de Notre-Dame d'un fragment de la vraie croix, et annonçant l'envoi d'une croix faite avec la pierre du Saint-Sépulcre.

Quesistis qua ratione, qua necessitate portio ista de dominica Cruce assumpta fuerit, ego quod inde ex litteris et relatione seniorum Surianorum audivi et didici vobis manifestabo. Legitur in evangelio multa quidem et alia signa fecisse Jhesum in conspectu discipulorum suorum, quę non sunt scripta in libro hoc, et vos multa legistis, sed non omnia. Multa enim habent Greci quę non habent Latini. Legistis tamen quod sancta Helena Crucem dominicam per medium secari fecit, et crucem Constantinopolim ad filium detulit, crucemque Jherosolimis reliquit; relictam Cosdroe, vastata Jherusalem, rapuit et in Persidem detulit; quam, interfecto Cosdroe, Eraclius Jherosolimam retulit et in Calvarię loco, ut a populo christiano veneraretur, reposuit; post mortem vero Eraclii, populus infidelium adeo christianos oppressit ut nomen Christi conarentur extinguere et memoriam Crucis et Sepulcri delere. Itaque congerie lignorum superposita, partem Sepulcri combusserunt et Crucem similiter comburere voluerunt, sed christiani eam absconderunt, quocirca multos ex eis occiderunt. Denique christiani, habito consilio, secatam in multas portiones diviserunt et per ecclesias fidelium distribuerunt, quatenus si una eis pars ad comburendum auferretur, tali modo aliæ partes reservarentur. Itaque in Constantinopolitana urbe preter imperatoris crucem, sunt inde III cruces, in Cypro due, in Crete una, in Antiochia III, in Edessa una, in Alexandria una, in Aschalone una, in Damascho una, in Jherusalem IIII; Suriani habent unam, Greci de Sancto Sabba unum, monachi de valle Josaphat unam; nos Latini ad Sanctum Sepulcrum habemus unam, quę habet palmum et dimidium longitudinis et pollicem unum latitudinis et grossitudinis in quadro; patriarcha quoque Georgianorum habet unam; rex etiam Georgianorum habuit unam, quam modo Deo gratias vos habetis. Nunc vero ad supplendum gaudium vestrum et ad gloriam et honorem ecclesię vestrę et regię dignitatis et civitatis vestrę et vestrum, donum maximum et thesaurum incomparabilem nec inferiorem priore, videlicet crucem unam de lapide dominici Sepulcri per Bernardum, Sancte Genovefe precentorem, testimonio vestro virum honestum, vobis devotus transmisi, quam obnixe imploro ut honorifice sicut dignum est habeatis. Postulo igitur a vobis ut post mortem meam in orationibus vestris mei memoriam habeatis. Quid vero tanti thesauri latori contingerit, utrum ad vos prospere pervenerit, per litteras michi vestras michi notum faciatis. Valete.

A. Original aux Arch. nat., K. 21, n° 1⁷ (anciennement L. 746, n° 1ᵇ. Musée n° 126).
B. Copie du XIIᵉ siècle, aux Arch. nat., LL. 177 (*Livre noir* de Notre-Dame), p. 156.
C. Copie du XIIIᵉ siècle, aux Arch. nat., LL. 175 (*Grand Pastoral* de Notre-Dame), p. 175.

153
Vers 1109.

Institution par Conon, évêque de Palestrina, d'une fête annuelle pour célébrer le jour où un fragment de la Sainte Croix fut apporté à Paris.

C., Dei gracia Prenestinus episcopus [1], apostolice sedis legatus, omnibus

---

[1] Conon, évêque de Palestrina de 1107 à 1122 environ.

Christi fidelibus salutem et benedictionem. Cognovimus quod de ligno Dominice Crucis, de ligno scilicet nostre redemptionis maxima pars, thesaurus scilicet imcomparabilis, ab Hierosolimis per auctenticas personas Parisius transmissa fuerit. Nos igitur, pro reverentia tantarum reliquiarum, statuimus quatinus ea die qua delate sunt, prima videlicet dominica augusti, celebre festum atque sollempne in honore ejusdem Crucis in Parisiensi civitate habeatur. Ad hanc vero sollempnitatem quicumque convenerint et veniam devote petierint, remissionem peccatorum suorum procul dubio se impetrasse letentur. Communicato enim fratrum consilio, quicquid de peccatis penitentium episcopus Parisiensis misericorditer relaxaverit, auctoritate sancte Romane ęcclesię et nostra relaxare instituimus. Valete.

A. Original, avec traces de sceau pendant, aux Arch. nat., K. 21 n° 1⁸ (anciennement L. 746, n° 1ʳ. Musée, n° 127.)

154

1109. — Paris.

Autorisation donnée par Louis VI aux serfs de l'abbaye de Sainte-Geneviève de Paris, d'être entendus comme témoins et d'être admis au combat judiciaire contre les hommes libres.

PRECEPTUM REGIS QUOD SERVI HUJUS ECCLESIE IN TESTIMONIO RECIPIANTUR.

In nomine sancte et individue Trinitatis. Quia preordinante Spiritu sancto per Esayam de Ecclesia dicitur quod «mamilla regum lactabitur et reges erunt nutricii ejus», regalis serenitatis pietatem decet, pro tranquillitate et pace Ecclesię, regni jura temperare, plebiscita relaxare et confracta solidare, ut Ecclesię filii a malignantium infestacione aliquatenus relevati, Dei servitio attentius vaccare habeant, et catholicum regem ad regni gubernationem orationum assiduitate propensius adjuvare valeant. Multum enim valet, ut habet Jacobi epistola, deprecatio justi assidua, orante nempe justo Moyse, Israhel superabat regem Amalech. Rex autem gladio accingitur, secundum apostolum Petrum, ad vindictam malefactorum, laudem vero bonorum, ut per collatam sibi divinitus potentiam omutescere faciat imprudentium hominum ignorantiam, constitutus in regno, juxta Jeremyam, ut evellat et destruat et diperdat et dissipet, et edificet et plantet. Hac igitur ratione, spe et devotione, ego, Dei gratia Francorum rex, Ludovicus, ecclesię principum apostolorum Petri et Pauli et Sanctę Genovefę, super servorum suorum contumeliosa et dampnosa in testimoniis abjectione adversus liberos supplicanti, lacrimanti et instanter rogitanti, tandem misericorditer asscultavimus pontificumque nostrorum consilio comitum quoque et procerum assensu, hac prerogativa nostre majestatis omnes indifferenter hujus prefate ecclesię servos benigniter honestavimus, quatinus in omnibus causis, placitis et querelis, contra universas ingenuę potestatis personas veritatis testimonium regali instituto a modo usque in sempiternum exaltati, ut testes legitimi, proferant et proferendo asserant, salvo et integro jure et timore cujus sunt ecclesię, ac deinceps dampnum vel repulsam se in hujusmodi negotiis protulisse nullatenus doleant vel erubescant. Horum itaque probationes aut liberi suscipiant, aut contradicendo falsificent. Regalis igitur decreti transgressor causam de qua agit imperpetuum amittat, excommunicationi subjaceat, et ejus calumpnia irrita fiat; interim etiam in testimonio non recipiatur, nec pacis osculo a fidelibus osculetur. Dignum est enim supra ceteros servos eos exaltare, qui ei serviunt, cui servire est regnare.

Ut autem hujus instituti traditio per succedentia tempora inconvulsum vigorem obtineat, litterarum memorię commendari, immo nostri nominis karactere et sigillo signari et corroborari precepimus. Presentibus de palatio nostro, quorum nomina subtitulata sunt et signa :

Signum Anselli de Warlanda, tunc temporis dapiferi nostri (*monogramme*). Signum Hugonis dicti Strabonis, constabularii nostri. Signum Widonis buticularii. Signum Widononis (*sic*), Waleranni filii, nostri camerarii [1].

Actum publice Parisius in palatio, anno Incarnationis Dominice м c^{mo} ıx^{mo}, unctionis nostrę ı°.

Stephanus cancellarius relegi et subscripsi.

A. Original scellé du sceau plaqué, aux Arch. nat., K. 21, n° 1°.
B. Copie du xııı° siècle, à la Bibl. Sainte-Geneviève, El. 25 (Cartul. de Sainte-Geneviève), p. 68.

155

1110, 10-16 janvier [2]. — Paris.

Échange entre le chapitre de Sainte-Geneviève et l'abbaye du Bec de terres sises à Vernon, pour des biens situés à Auteuil et à Paris.

[In nomine Patris et Filii et Spiritus Sancti. Amen] [3].

Agnoscant universi presentes et posteri quę et qualiter facta est commutatio inter canonicos Sanctorum apostolorum Petri et Pauli et Sanctę Genovefę precipuę

---

[1] L'original porte « camerii. »

[2] Cette pièce est probablement de janvier 1110 (n. st.), ce qui s'accorde bien avec la seconde année du règne de Louis VI (couronné le 3 août 1108) et avec la dixième année du règne d'Henri Ier d'Angleterre, qui monta sur le trône le 5 août 1100. Toutefois, elle pourrait être de 1109, car notre pièce n° 154 prouve que le style de Pâques ne régnait pas encore d'une manière générale. Il est vrai que dans cette hypothèse il faudrait supposer, ce qui est bien peu vraisemblable, que le scribe a compté comme une année entière la première année de chacun des deux rois, et qu'il a fait commencer au 1er janvier 1109 la deuxième année de l'un et la dixième de l'autre.

[3] Cette pièce est en forme de chirographe, et l'invocation qui servait de légende au chirographe est coupée en deux par le milieu des lettres.

virginis, atque inter monachos monasterii Sanctę Marię Becci. Stephanus igitur decanus et universus canonicorum conventus suprascriptę ecclesię, quicquid habebant et quicquid alii de illis tenebant seu in feudo seu alio aliquo modo apud Vernon castrum et apud villam Gamilliacum, vel etiam quicquid vi aut fraude fuit illis inde ablatum, monasterio Sanctę Marię Becci et monachis in eo Deo servientibus, concesserunt perpetuo jure possidendum. Similiter abbas Willelmus et universa congregatio Beccensis monasterii, quicquid habebant et quicquid alii de illis tenebant seu in feudo seu alio aliquo modo apud Altoilum villam et apud civitatem Parisium, in servis et ancillis, in censu, in vineis et terra arabili, cum justicia et cum omnibus consuetudinibus quas ibi habebant, vel etiam quicquid vi aut fraude fuit illis inde ablatum, ecclesię Sanctę Genovefę et canonicis in ea Deo servientibus concesserunt perpetuo jure possidendum.

Acta sunt hęc publice in capitulo Sanctę Genovefę, anno Incarnationis Dominice millesimo centesimo nono, IIII idus januarii, regnantibus atque hęc eadem confirmantibus Ludovico rege Francorum, anno regni sui secundo, et Heinrico rege Anglorum [1] et duce Normanorum anno regni sui decimo. Presentibus Stephano decano, Bernardo precentore, Gisleberto thesaurario, Claro sacerdote, Widone sacerdote, Landrico, Ursione, Roberto, diaconibus; Frederico, Alberto, Heinrico, subdiaconibus; Giroldo, Odone, Alberico, pueris, cum ceteris canonicis. De monachis: Bosone sacerdote, Balduino de Tornaco, Rodulfo cellarario, Ricardo subdiacono. Testes ex parte canonicorum : Heinricus major, Balduinus cellararius, cognomine Paganus, Landricus camerarius, Germanus censarius, Stephanus coquilla, Belotus filius Rainardi, Stephanus Bidun. Testes ex parte monachorum : Willelmus de Malavilla, Willelmus de Becco Ricardi, Heldegarius de Gornaco.

Postea vero, XVII kalendas februarii, suprascripti anni, retractata sunt hęc et confirmata in capitulo Sanctę Marię Becci, presentibus ejusdem cęnobii abbate Willelmo, Baldrico priore, Rogerio pręcentore, Sefredo thesaurario, Rodulfo camerario, cum cęteris monachis; et de canonicis : Claro sacerdote et Gisleberto thesaurario. Testes ex parte monachorum : Gausfridus sacerdos, Hugo sacerdos, Willelmus cubicularius, Robertus Marescalcus, Rogerius coccus, Odo coccus, Girulfus forestarius, Willelmus de Sancto Sidonio, Aitardus filius Roberti. Ex parte clericorum : Mainardus et Belotus.

<small>A. Original, avec traces de sceau pendant, aux Arch. nat., K. 21, n° 1¹⁰.
B. Copie du XIII° siècle, à la Bibl. de Sainte-Geneviève, El. 25 (Cartul. de Sainte-Geneviève), fol. 196.</small>

<small>[1] Nous possédons une confirmation de cet échange par le roi d'Angleterre Henri Ier. (Voir le Cartul. de Sainte-Geneviève, p. 76, à la Bibl. Sainte-Geneviève, El. 25.)</small>

155 BIS

1110, 4 février. — Paris.

Autorisation accordée par Louis VI aux serfs de Saint-Martin-des-Champs de témoigner en justice et de prendre part aux combats judiciaires contre les hommes libres.

LUDOVICI REGIS DE EXALTATIONE SERVORUM [1].

† In nomine Patris et Filii et Spiritus Sancti, amen. Quia, preordinante Spiritu Sancto, per Isaiam de Ecclesia dicitur quod «mamilla regum lactabitur et reges erunt nutricii ejus», regalis serenitatis pietatem decet, pro tranquillitate et pace Ecclesię, regni jura temperare, plebisscita relaxare et confracta solidare, ut Ecclesię filii, a malignantium infestatione aliquatenus relevati, Dei servitio attencius vacare habeant, et catholicum regem ad regni gubernationem orationum assiduitate propensius adjuvare valeant. Multum enim valet, ut habet Jacobi epistola, deprecatio justi assidua; orante nempe justo Moyse, Israhel superabat regem Amalec. Rex autem gladio accingitur, secundum apostolum Petrum, ad vindictam malefactorum, laudem vero bonorum, ut per collatam sibi divinitus potentiam obmutescere fatiat inprudentium hominum ignorantiam, constitutus in regno, juxta Geremiam, ut evællat et destruat, et disperdat, et dissipet, et edificet, et plantet. Hac igitur ratione, spe et devotione, ego, Dei gratia Francorum rex, Ludovicus, ęcclesię Sancti Martini quę dicitur de Campis, super servorum suorum contumeliosa et dampnosa in testimoniis abjectione adversus liberos supplicanti, lacrimanti et instanter rogitanti, tandem misericorditer ascultavimus, pontificum nostrorum consilio, comitum quoque et procerum assensu, hac prerogativa nostre majestatis omnes indifferenter hujus prefate ęcclesię servos benigniter honestavimus, quatenus in omnibus causis, placitis et querelis, contra universas ingenue potestatis personas veritatis testimonium, regali instituto a modo usque in sempiternum exaltati, ut testes legitimi, proferant et proferendo asserant, salvo et integro jure et timore cujus sunt ęcclesię, ac deinceps dampnum vel repulsam se in hujusmodi negotiis pertulisse nullatenus doleant vel erubescant. Horum itaque probationes aut liberi suscipiant, aut contradicendo falsificent. Regalis igitur decreti transgressor causam de qua agit in perpetuum amittat, excommunicationi subjaceat, et ejus calumnia irrita fiat; interim etiam in testimonium non recipiatur, nec pacis osculo a fidelibus osculetur. Dignum est enim supra ceteros servos exaltare qui ei serviunt cui servire est regnare [2].

---

[1] Ce titre a été ajouté au XIIIe siècle. — [2] On remarquera que ce diplôme est la reproduction presque textuelle de celui que nous avons donné sous le numéro 154.

Ut autem hujus instituti traditio per succedentia tempora inconvulsum vigorem optineat, litterarum memorię commendari, immo nostri nominis charactere et sigillo signari et corroborari precepimus.

Presentibus de palatio nostro quorum nomina subtitulata sunt et signa : Signum Anselli dapiferi. Signum Willelmi Guarlandensis. Signum Widonis de Turre. Signum Frogerii de Chatarauno. Signum Herluini, magistri regis. Signum Bartolomei de Fulcois. Signum Rainardi Rufi. Signum Bernardi, nepotis ejus. Signum Stephani cancellarii. Signum Erchenbaldi.

Actum Parisius, anno Incarnati Verbi M^{mo} C^{mo} X^{mo}, indictione III°, pridie nonas februarii, anno unctionis nostrę II°[1].

Stephanus cancellarius relegendo subscripsit (*monogramme*).

A. Original scellé aux Arch. nat., K. 21, n° 1[13].
B. Copie du XII° siècle, à la Bibl. nat., ms. lat. 10977 (*Liber Testamentorum* de Saint-Martin-des-Champs), fol. 76 r°.
C. Copie du XIII° siècle, aux Arch. nat., LL. 1351 (Cartul. A de Saint-Martin-des-Champs), fol. 19.

156

Vers 1110.

Confirmation par Louis VI du droit de voirie de l'évêque de Paris.

PRECEPTUM LUDOVICI REGIS DE VIATURA ET HOMINIBUS PARISIENSIS EPISCOPI [2].

In nomine sanctę et individuę Trinitatis [3]. Quoniam immensis adversitatum procellis, multimodis exactionum generibus, sancta Dei Ecclesia frequenter concutitur, nos quidem specialiter, quos Deus aliis voluit preesse et prodesse, ipsis nos periculis opponere debemus, ut quod aut negligentia omissum, aut inordinate presumptum fuerit, in meliorem statum, Deo juvante, reformantes, Ecclesiam Dei ex tantis curarum fluctibus ad tranquillitatis portum valeamus perducere, et servitio Dei, cui servire regnare est, liberam et quietam omnino efficere. Volumus itaque viaturam quandam a Parisiensibus episcopis antiquitus possessam, sed nostris temporibus a quibusdam temere usurpatam, presenti scripto determinare, et certis eam limitibus ac terminis distinguere, ut jus suum ex integro Parisiensis obtineat

---

[1] Louis le Gros ayant été sacré le 3 août 1108, à Orléans, cette pièce est du 4 février 1110, ce qui concorde bien avec l'indiction III. Elle prouve qu'en 1110 le style pascal n'était pas encore en usage à la chancellerie royale; c'est donc à tort que Tardif (*Cartons des rois*, p. 200) l'a datée de 1111.

[2] « Exemplar viarie episcopi juxta claustrum canonicorum » (B).

[3] L'auteur de la copie E a intercalé ici la formule : « Ego Ludovicus, Dei gratia Francorum rex », sans remarquer qu'elle se trouve plus loin à la suite de ce long préambule.

ęcclesia, ac de cetero totius altercationis sopiatur molestia. Terra igitur illa quę incipit a porta claustri beatę Marię, ab illa scilicet porta quę proxima est domibus Stephani archidiaconi, illa, inquam, terra, a sinistro existens latere, sicut publica distinguit via, usque ad domum Ansoldi, et ab illa domo lineatim usque ad caput ęcclesię Sancti Cristofori, et a capite illo usque ad muros veteris ęcclesię Sancti Stephani, tota, inquam, terra illa cum edificiis suis, quemadmodum a predicta circumcingitur et clauditur via, undique usque ad muros claustri beatę Marię, sub potestate Parisiensis episcopi, et in viatura tantummodo illius jure antiquitatis existit; ita scilicet quod, si aliquis in tota terra illa quicquam forisfecerit quod ad viaturam pertineat, remota omnino regis potestate, episcopo tantum, aut his qui per episcopum tenent, debet emendari. Ad removendum etiam totius ambiguitatis scrupulum, consuetudines viarum, quę in predicta terra continentur, distincte et aperte volumus explanare, ut, cognita veritate, quasi quodam rationis freno usurpantium violentia refrenetur. In omnibus ergo viis illis, quę sunt intra supradictam terram, si quis viaturam infregerit, nulli dubium est ad solum episcopum pertinere. Banleugam vero, tam in viis quam in predicta terra, si quis infregerit, quamvis tam ad regem quam ad episcopum forisfactura illa pertineat, tamen, si regi causam illam audire placuerit, et episcopo mandaverit, episcopus, audito regis mandato, placitum illud ante regem convocabit, ibique, rege presente, causa illa tractabitur; rege vero absente, coram episcopo diffinietur. Sciendum autem est quia spatium illud, quod est infra portas veteris ęcclesię, sicut totus interior murorum ambitus continet, sub jure est episcopi, quemadmodum nova ęcclesia, regis potestate omnino exclusa. Spatium vero illud quod est a capite fracti muri veteris ęcclesię usque ad Sequanam, transeundo scilicet ante curiam episcopi, hinc et inde, sub viatura est ejusdem episcopi. Banleuga vero, ad similitudinem supradictę terre, ante regem et episcopum tractari debet et emendari. Notandum quidem est quia spatium istud et predicta terra illam habent banleugę consuetudinem, quę est in burgo Sancti Germani, qui ad episcopum pertinet. Solebant preterea Parisienses episcopi, ex antiquo ęcclesiasticę consuetudinis usu, tam suos quam suarum ęcclesiarum servos vel ancillas, Sancti scilicet Germani Parisiensis, Sancti Eligii, Sancti Marcelli, Sancti Clodoaldi, Sancti Martini de Campellis, absque ullo regis assensu, absque ulla regis calumpnia, vinculis servitutis omnino absolvere, et privilegio libertatis eos honorare. Ego igitur Ludovicus, Dei gratia Francorum rex, ęcclesiarum consuetudines, quę pro legibus debent venerari, non solum non violare, sed ab aliorum violentia eas defendere dignum et necessarium estimans, supramemoratam illius terrę viaturam, quam et locorum spaciis et metarum terminis distinximus, servata quam diximus viarum vetusta consuetudine, servata etiam in omnibus episcoporum antiqua dignitate et potestate, Galoni, venerando Parisiorum episcopo, ejusque successoribus inrefragabiliter habendam et perpetuo possidendam concedo; ita scilicet ut prefatam viaturam cum predictis consuetudinibus tam ipse quam successores ipsius, absque ulla retractatione, sicut determinatum est, de cetero possideant, et servos Sancti Germani et ceterarum quas prelibavimus ecclesiarum, omnes, inquam, tam suos quam suarum ęcclesiarum servos vel ancillas manumittendi licentiam habeant, et in illa manumissione regis assensum nullatenus expectantes, plenam et perfectam potestatem exerceant. Illud etiam silentio preterire non volumus, quia servi supradictarum ecclesiarum, illi etiam servi qui sub proprietate et potestate Parisiensis sunt episcopi, in judicialibus causis, in forensibus placitis vel negotiis, contra liberos homines testificari minime permittebantur; unde res ęcclesiastica cum gravi incommodo, cum magno dedecore, a plurimis plurimum opprimebatur. Ad honorem igitur et utilitatem sanctę Parisiensis ęcclesię, habito episcoporum ac procerum nostrorum communi consilio, generali statuimus edicto, regia confirmavimus auctoritate, ut in omnibus causis, placitis et negotiis contra liberos homines predicti specialiter servi testificandi et bellandi habeant licentiam, nullusque occasione servitutis ęcclesiasticę, si alia non impedierit causa, testimonium illorum improbare aut calumpniari presumat. Bellandi quidem licentia hac ratione illis conceditur, quod, si aliquis liber homo eos de perjurio aut de falso testimonio appellare et comprobare voluerit, probationem illam aut duello perficiat, aut supra sanctas reliquias eorum juramentum recipiens, sine alia contradictione illorum testimonio plane adquiescat. Quicumque ergo temeraria presumptione secus egerit, eosque a testimoniis et bellis repudiaverit, non solum regię auctoritatis et publice institutionis reus existat, sed querelam negotii sui vel placiti inrecuperabiliter amittat, et, donec episcopo quem offendit et personę quam repudiavit juste et condigne satisfecerit, excommunicationis sententia feriatur, et ad testificandum interea non admittatur. Verumtamen, quia humanę fragilitatis est, quod ea etiam quę cotidie sub nostra peraguntur presentia subito a nostra elabuntur memoria, presentem cartam, consuetudines et jura Parisiensis episcopi liquido exponentem, fieri precepimus, ut auctoritate nostra resurgat antiquitas et libertas ęcclesiasticę possessionis, et, vivente scripto, pervigil memoria casum excludat repentinę oblivionis. Nomina vero episcoporum, comitum ac procerum nostrorum, qui huic institutioni assensum prebuerunt, huic cartę inseruimus, eamque sigillo nostrę majestatis corroboravimus. Adstantibus de palatio nostro quorum nomina subtitulata sunt et signa: ☩ Signum Anselli de Garlanda, tunc temporis dapiferi nostri. Signum Hugonis, cognomine Strabonis, constabularii nostri. Signum Gisleberti de Garlanda, buticularii nostri. Signum Guidonis camerarii nostri.

    A. Original scellé du sceau plaqué, aux Arch. nat., K. 21, n° 7ª.
    B. Copie contemporaine, aux Arch. nat., K. 21, n° 7ᵇ.
    C. Copie du xiiᵉ siècle, aux Arch. nat., LL. 177 (*Livre noir* de Notre-Dame), p. 45.
    D. Copie du xiiiᵉ siècle, aux Arch. nat., LL. 175 (*Grand Pastoral* de Notre-Dame), p. 589.
    E. Copie du xiiiᵉ siècle, aux Arch. nat., LL. 176 (*Petit Pastoral* de Notre-Dame), p. 63.

156 BIS

Vers 1110.

Fondation par Louis VI de la foire Saint-Lazare [1].

Édit. : (a) J. Bouflé, *Rech. hist. sur la maison de Saint-Lazare de Paris*, dans les *Mém. de la Soc. de l'hist. de Paris*, t. III, p. 166.

157

1111, avant le 12 mars. — PARIS.

Diplôme de Louis VI, dispensant les chanoines de Sainte-Geneviève de venir en la cour du roi pour répondre aux actions intentées contre eux.

DE CLERICIS SOLITIS IRE AD CURIAM REGIS.

✝ In nomine unius et individue Trinitatis. Catholici regis multimoda pietate orthodoxe religionis cultores canonici benigniter sunt consolandi et a seculari exactione penitus liberandi, quatinus ad orationum instantiam, pro pace et stabilitate imperii christiani, devoti reddantur et quieti. Unde ego, Dei gratia Francorum rex, Ludovicus, universis ecclesię filiis notificari volumus quia cujusdam antecessorię consuetudinis inquietudinem, ministris Dei canonicis valde onerosam, in tabernaculo Dei, super altare apostolorum P[etri] et P[auli] et Sanctę Genovefe virginis linquentes et deponentes, sacrificamus, quatinus Deum misericordem ipsosque Dei apostolos nostris excessibus propitios in tempore necessitatis habeamus. Erat igitur consuetudo, in tempore regum preterito, quod prelibate æcclesię canonici veniebant ad curiam regis de qualibet causa, accusatione et querela responsuri, judicio tamen ejusdem ecclesię decani et canonicorum solummodo judicandi. Hanc itaque consuetudinem sacris institutis contrariam, pro anima patris mei, pię memorię, Philippi, et rogatu cujusdam familiaris nostri, donni videlicet Stephani, ejusdem ęcclesię tunc decani, omnino imperpetuum dimisimus; et predictos canonicos, tam presentes quam futuros, hac precepti regii prerogativa honestamus, ut ab hodierno nullus, neque precentor, neque canonici, de qualibet culpa vel clamore accusati, de ecclesia vel eorum capitulo exeant, sed regi vel regio legato, in capitulo justa sacra instituta respondeant, et singuli accusati decanum et universos canonicos, secundum justas ecclesię traditiones, consiliarios habeant et judices; et in eorum judicio justa permittatur discretio. Solus vero decanus, de proprio commisso personaliter accusatus, juxta morem predecessorum, ad curiam regis presentetur; de communi vero negotio, sicut ceteri canonici,

---

[1] Cette charte n'appartient pas à l'an 1110; on la trouvera ci-après, n° 236, à la date de 1131.

audiatur in capitulo. Quod ne regium preceptum aliquo, quod absit, usupatore valeat infirmari, nostri nominis karactere et sigillo signari et corroborari precepimus, presentibus de palatio nostro; quorum nomina subtitulata sunt et signa.

Signum Anselli de Guarlanda, tunc temporis dapiferi nostri. Signum Hugonis, constabularii nostri. Signum Widonis, buticularii nostri. Signum Widonis, camerarii nostri (*monogramme*).

Actum publice Parisius, in palatio nostro, anno Incarnati Verbi M C XI, anno vero consecrationis nostrę III [1].

Stephanus cancellarius relegendo subscripsi.

Signum Denberti, Senonensis archiepiscopi. Signum Walonis, Parisiensis episcopi. Signum Johannis, Aurelianensis episcopi. Signum Ivonis, Carnotensis episcopi.

Firmatum Meleduni, sub anathemate predictorum episcoporum, III^{to} idus martii, in festo sancti Gregorii.

<small>A. Original, avec restes de sceau plaqué, aux Arch. nat., K. 21, n° 2bis (Musée, n° 129).</small>

158

1111, avant le 3 août. — PARIS.

Confirmation par le roi Louis VI des biens et privilèges de Saint-Martin-des-Champs.

In nomine sanctissime et individue Trinitatis. Ego Ludovicus, Dei gratia Francorum rex. Quia cuncta quę mundo fiunt, nisi cyrografi memoria recensentur, vel fere vel penitus humanę levitatis incuria ad nichilum deduci cognoscuntur, dignum ac valde necessarium ducimus ut universa memorię digna, et ea precipue que nobis ipsis catholicę thesaurizamus providentes, in posterum ne pœnitus oblivioni tradantur, vel alicujus usurpatoris invidia infirmari vel irrita fieri valeant, litterarum memorię commendemus.

Universis igitur sanctę Dei ęcclesię cultoribus, tam posteris quam et presentibus, notum fieri ac certum haberi volumus, quia ista quę subscripta sunt, quę predecessores nostri Francorum reges, de morte animę meditantes, Deo et beato Martino de Campis caritative tribuentes tradiderunt : ipsam videlicet inprimis beati Martini de Campis ęcclesiam, cum terris quę circa eandem ęcclesiam habentur, immo cum theloneis et fredis et justitiis earundem terrarum; preterea Parisius unum molendinum; terram Haubertivillaris; Noisiacum villam, cum omnibus redditibus terrę, tam silve quam vinearum et pratorum; Anetum

---

[1] La façon dont cette pièce est datée prouve que le style de Pâques n'était pas encore d'un usage général.

villam, cum omnibus redditibus terrę, tam in silvis quam in vineis et pratis; omnem decimam pastionis Leigii et Bierie; Bunzeias cum omnibus redditibus libere sibi adjacentibus; altare Hienville et Noveville; in territorio Laudunensi, Disiacum villam; que fratribus monachis inibi Deo militantibus donaverunt, ipsis viam universę carnis ingressis, perpetualiter possidenda concessimus et habenda; gordum etiam piscium apud Pissiacum in Sequana, quem dum adviverent non dederunt, nos in diademate regni viventes prefate ęcclesię beati Martini perpetuo possidendum donavimus. Preterea cuncta beneficia, cunctas videlicet terras cum cęteris possessionibus quas cęteri barones in [to]to regno nostro, tam clerici quam laici, prenominatę beati Martini ęcclesię in remedio animarum suarum donave[runt], more regio cum suprascriptis confirmantes, nostri nominis karactere et sigillo signari et corroborari precepimus, viventibus et in palatio nostro degentibus quorum nomina subtitulata sunt et signa : Signum Anselli, tunc temporis dapiferi nostri. Signum Hugonis, constabularii nostri. Signum Widonis, buticularii nostri. Signum Widonis, camerarii nostri.

Actum Parisius in palatio publice, anno (*monogramme*) Incarnati Verbi M C XI, anno vero consecrationis nostrę III°.

Stephanus cancellarius relegendo subscripsit.

A. Original scellé, aux Arch. nat., K. 21, n° 2³ (anciennement L. 1429, n° 7).
B. Copie du XII° siècle, à la Bibl. nat., ms. lat. 10977 (*Liber Testamentorum* de Saint-Martin), fol. 76 v°.
C. Copie du XIII° siècle, aux Arch. nat., LL. 1351 (Cartul. A de Saint-Martin-des-Champs), fol. 20.

159

1111, 31 décembre [1]. — ORLÉANS.

Exemption de tous droits accordée par Louis VI au four que Barthélemy de Fourqueux possédait à Paris.

† In nomine sancte et individuę Trinitatis, amen. Ego Ludovicus, Philippi regis filius, Dei gratia rex Francorum constitutus, notum fatio presentibus et futuris

---

[1] Cette pièce a été mal datée par plusieurs auteurs. Tardif (*Cartons des rois*, p. 203, n° 354), l'attribue à l'an 1112, erreur manifeste qui vient de ce qu'il n'a pas remarqué l'indication du quantième qui termine l'acte. D'autre part, Boutaric, en décrivant cette pièce dans le *Musée des Archives nationales* (p. 76, n° 118), a prétendu que la formule «Ludovicus, Philippi regis filius, Dei gratia rex Francorum constitutus», indiquait que le roi Philippe Ier était encore vivant, ce qui l'a naturellement conduit à compter ici les années du règne de Louis VI de son association au trône, et à classer ce diplôme à l'an 1103. Mais les Bénédictins (*Nouv. traité de diplom.*, t. V, p. 802) et M. de Wailly (*Éléments de paléogr.*, t. I, p. 334) ont signalé un diplôme de l'an 1113, publié par Doublet (*Histoire de l'abb. de Saint-Denys*, p. 846), où Louis VI prend la qualité de «Philippi regis filius». L'original en existe encore (Arch. nat., K. 21, n° 6). De plus, du vivant de son père, il prenait le titre de «rex designatus» et non de «rex constitutus». Enfin, et cette preuve est péremptoire, le chancelier

quod Bartolomeo de Fulcosio furnum, quem Parisius habebat, tanta libertate possidendum et habendum concedimus, ut predicti furni ab omni consuetudine, videlicet tallia, seu equitatione, seu hasbanno, seu exauctione nostri prepositi, liber et solutus permaneat, dum furnum tenuerit. Preterea sex talemerarios cum furnario, qui furnum frequentaverint, ibi panem suum ex consuetudine coquentes, ab omnibus prefatis consuetudinibus seu exactionibus liberos esse jubemus, ita tamen ut predicti talemerarii tales sint qui predictas consuetudines nobis nec debuissent nec solvissent. Prefatas, inquam, consuetudines concedimus Bartolomeo ejusque successoribus accipere a prefatis talemerariis, quod sicut nobis solvissent, ita eis persolvant. Volumus etiam ut talemerarii, si juxta furnum morari non possint, ubicumque sint Parisius, in prefata libertate permaneant. Ut autem firmum permaneat, sigilli nostri impressione confirmari precepimus.

Huic dono interfuerunt comes Radulfus, Stephanus cancellarius, Ansellus dapifer, Hugo de Ruanova, Herluinus.

Auctum Aurelianis, in palatio publice, prima dominica post Natale Domini, regnante Ludovico IIII^{to} anno.

Data per manum domni Stephani cancellarii.

A. Original, avec traces de sceau plaqué, aux Arch. nat., K. 21, n° 5^a (Musée, n° 118).

160

1112 [1]. — PARIS.

Jugement de Louis VI, attestant que Henri le Lorrain est de condition libre.

CARTA QUE LOQUITUR DE HENRICO LE LORRAIN, DE LIBERTATE IPSIUS.

In nomine sancte et individue Trinitatis, amen. Ego Ludovicus, Dei gratia Francorum rex, notum volo fieri omnibus, tam posteris quam presentibus, quorumdam invida relacione auribus nostre sublimitatis intimatum fuisse quendam, scilicet Henricum cognomine Lothoringum, servum nostrum debere esse et, matre quidem illius libera existente, ex paterna tantum origine servitutis maculam contraxisse. Sed, quia honor regis judicium diligit, querelam et causam istam in judicium posuimus et diem inde statuimus. Die igitur statuta, convenientibus in unum in palatio nostro amicis et fidelibus nostris, predictum Henricum monuimus ut, tanquam noster servus et ex nostro servo natus, sicut nobis dictum fuerat, servitutis obsequium nobis impenderet. Hanricus vero et se et patrem suum servum nostrum vel fuisse

---

Étienne et le sénéchal Ansel n'apparaissent dans les diplômes royaux que vers 1106 et 1108. Il faut donc, suivant l'usage, compter ici les années de Louis VI à partir du 3 août 1108, et donner à ce privilège la date de 1111.

[1] Avant le 3 août.

vel esse debere omnino negavit, et ab omni servitute judicio nostro se et eum defendere paratus fuit. Quoniam autem objecte servitutis aberat testis, accusator defecerat, communi consilio diffinitum est ut ipse Henricus sue libertatis jurator et comprobator existeret, et juramento suo nos super hoc certos et omnino quietos redderet. Quod et factum est. Juravit enim in presencia nostra se non solummodo, sed et patrem et avum suum liberos fuisse, et ex liberis hominibus natos esse, et in libertate quamdiu vixerunt permansisse. Facto autem juramento, ut Hanricus et filii vel filie illius nullam de cetero servitutis incurrerent calumpniam, presentem cartam, cartam quidem non de libertatis donacione sed de libertatis comprobacione, fieri precepimus et sigillo nostre majestatis illam signavimus, presentibus ex palacio nostro quorum nomina subtitulata sunt et signa (*monogramme*). Signum Anselli, tunc temporis dapiferi nostri. Signum Gisleberti buticularii. Signum Hugonis constabularii. Signum Guidonis camerarii.

Actum Parisius in palacio publice, anno Incarnati Verbi $M^o c^o xii^o$, anno vero consecracionis nostre iiii^o. Testimonium perhibent Willelmus de Garlanda, Frogerius Catalaunensis, Paganus de Turota, Petrus Orphanus, comes de Bellomonte Matheus, Burchardus de Monte Morenciaco, Herluinus magister, Nivardus de Pissiaco, Bernerius Sancte Marie Parisiensis decanus, Girbertus archidiaconus, Rainaudus archidiaconus, Thebaldus de Villariis, Durandus.

Stephanus cancellarius relegendo subscripsit.

A. Copie de 1331, à la Bibl. nat., ms. lat. 5413 (Cartulaire de Saint-Magloire), p. 21.

161

1112. — Paris.

Confirmation par Louis VI de toutes les possessions d'Henri le Lorrain à Paris et aux environs.

CARTA QUE LOQUITUR DE TERRA DE HAUBERVILLARI, DE POISSIACO,
DU BLANCMESNIL ET PLURIBUS ALIIS.

In nomine sancte et individue Trinitatis. Ego Ludovicus, Dei gratia Francorum rex. Quia cuncta que in mundo fiunt, nisi cyrographi memoria tenea[n]tur, vel fere vel penitus ad nichilum deduci humane levitatis incuria cognoscuntur, necessarium ducimus ut ea saltem que digna memoria agimus, ne penitus irrita fiant, litterarum memorie commendemus. Universis itaque sancte Dei Ecclesie cultoribus, tam posteris quam presentibus, notum fieri volumus ac certum haberi, quia quidam ex palacio nostro, Henricus videlicet Lotheringus, adiit presenciam nostram, obsecrans ut beneficiorum suorum possessiones, quas a patre nostro domno Philippo tenuerat, ipsi et omnibus heredibus ejus per successiones hereditario jure concederemus in perpetuum possidendas. Cujus peticioni benigne condescendentes, tam pro servicio nobis ab ipso fideliter impenso, quam pro supplicacione quorumdam meorum fidelium, quemadmodum a patre nostro tenuerat, ita sua universa quiete et pacifice a Gervasio, ipsius Henrici filio, recepto hominio, modis omnibus tenenda concessimus et habenda. Quod ne cujuslibet usurpatoris invidia irritum fieri vel infirmari valeret, que vel qualia essent, ex nomine titulari necessarium et utile judicavimus : terram videlicet de Haubervillari, terram de Trel, terram et hospitem de Pissiaco, butariam de Parisius, magisterium preconium vini, totam terram quam tenet apud Montesvillam, et apud Villamnovam, et apud Ablun, hospitem de Mesnil cum tota familia sua et cum omnibus suis, et servitutem eorumdem cum capiciis[1], et justicias, sicut rex Philippus, antequam Henrico dedisset, prius habuerat. Nostri quoque nominis karactere et sigillo signari et corroborari precepimus, presentibus ac testimonium veritatis perhibentibus quorum nomina subtitulata sunt et signa : Signum Anselli, tunc temporis dapiferi nostri. Signum Guidonis buticularii nostri. Signum Widonis camerarii nostri. Signum Hugonis constabularii nostri.

Actum Parisius in palacio publice, anno Incarnati Verbi M C XII, anno vero coronacionis nostre III°[2]. Stephanus cancellarius relegendo subscripsit. Testes Frogerus Catalaunensis, Herluinus magister regis, Hothmundus de Calvomonte, Fredericus filius Theobaldi, Garinus filius Lethardi, Bartholomeus camberlanus, Bartholomeus de Mosterulo, et alii cumplures quorum nomina hic non continentur.

A. Copie de 1331, à la Bibl. nat., ms. lat. 5413 (Cartul. de l'abbaye de Saint-Magloire), fol. 8.

162

1113, 24 janvier [3]. — BÉNÉVENT.

Confirmation par le pape Pascal II du privilège accordé par le roi Louis VI aux serfs de l'église de Paris [4] de pouvoir porter témoignage et combattre en justice contre les hommes libres. — « Sicut ex relatione... »

A. Original scellé, aux Arch. nat., L. 223, n° 2.
B. Copie du XII° siècle, aux Arch. nat., LL. 177 (*Livre Noir* de Notre-Dame), p. 29.
C. Copie du XIII° siècle, aux Arch. nat., LL. 175 (*Grand Pastoral* de Notre-Dame), p. 553.
D. Copie du XIII° siècle, aux Arch. nat., LL. 176 (*Petit Pastoral* de Notre-Dame), p. 13.

Édit.: (a) Labbe, *Concil.*, t. X, col. 680, d'après C. — (b) Labbe, *Alliance chron.*, t. II, p. 599. — (c) Baluze, *Miscell.*, t. II, p. 188, d'après B. — (d) Hardouin, *Concil.*, t. VI, part. II, col. 1819, d'après a. — (e) Mansi, *Concil.*, t. XX, p. 1036, d'après a. — (f) *Recueil des Hist. de la Fr.*, t. XV, p. 52, d'après a. — (g) Guérard, *Cartul. de Notre-Dame*, t. I, p. 223, d'après B. — (h) Migne, *Patrolog.*, t. CLXIII, col. 311, d'après e.

[1] Ou plutôt « capitagiis ».
[2] Il faudrait « anno IIII° ».
[3] Guérard a rangé cette pièce par erreur au 23 janvier 1114. Elle est ainsi datée : « VIII Kal. februarii, indictione VI°, Incarnationis Dominice anno M° C XIII, pontificatus autem domni Paschalis secundi pape anno XIIII° ». Or, l'indiction 6 et la 14° année du règne de Pascal II, concordent avec l'an 1113 et non avec 1114. D'ailleurs Pascal II passa le mois de janvier 1114 au palais de Latran, tandis qu'on sait par d'autres pièces qu'il passa le mois de janvier 1113 à Bénévent, d'où cette bulle est datée. (Voir Jaffé, *Regesta pont. rom.*, 2° édit., t. I, p. 748 et 751.)

[4] Ce diplôme de Louis VI est de l'an 1108; nous l'avons donné ci-dessus, p. 169.

163

1113. — Châlons.

Fondation de l'abbaye de Saint-Victor [1].

DE FUNDATIONE HUJUS ECCLESIE.

In nomine sanctę et individuę Trinitatis.

Quoniam Deo disponente, bona quę temporaliter agimus, et contra adversarium nostrum arma sunt inexpugnabilia, et ęternę hereditatis indubitanter nobis adquirunt premia, ratio consulit, necessitas exigit ut, dum tempus habemus, bonum [ad omnes], maxime autem [ad domestic]os fidei, operemur; ut pauperes spiritu nostrę largitatis munificencia n[ecess]itatis optineant remedium, et nostra fragilitas, eorum orationibus adjuta, in districto examine judicem sibi misericordem i[nve]niat a[c propiti]um, eleemosyna enim, [teste] scriptura, et oratio justi assidua [viti]orum incentiva extinguere, et Deum, cujus imaginem portamus, valet inoffensum reddere, in cujus manus durum et horrendum est inci[derę]. Illustris vero memorię antecessores nostri, quorum excellentia, quorum virtute, regnum Francorum usque in hodiernam diem floruit, ad laudem et gloriam Dei, cui servire regnare est, multas in regno nostro ęcclesias fundaverunt, et immensis eas donariis honorare decreverunt, [eleemosi]nis quidem peccata redimentes, et amicos in ęterna tabernacula facientes. Ego igitur Ludovicus, Dei gratia Francorum rex antecessorum nostrorum exemplis informatus, et, accusante conscientia, diem extremi examinis ante oculos reducens, ob remedium animę nostrę, pro salute etiam patris nostri Philippi regis et antecessorum nostrorum, in ęcclesia beati Victoris quę juxta Parisiorum civitatem sita est, consultu quidem archiepiscoporum, et episcoporum, et optimatum regni nostri, canonicos regulariter viventes ordinari volui, qui videlicet tam pro nobis quam pro salute regni nostri Dei misericordiam implorarent, et memoriam nostri et nostrorum antecessorum in suis orationibus haberent. Et ne cura temporalis necessitudinis fratrum spiritale propositum ad exteriorum sollicitudinem inclinaret, eandem prefatam ęcclesiam nostrę largitatis beneficio dotavi et ditavi. Convenientibus vero in unum Cathalauni archiepiscopis, episcopis, comitibus et cęteris nostri regni optimatibus, communi assensu diffinivimus, quatinus predicti canonici de grege suo vel de alia ęcclesia quem vellent sibi abbatem eligerent, ita tamen quod in illa abbatis electione nec regis assensum quererent, nec regis auctoritatem ullatenus expectarent, nulliusque alterius persone voluntatem vel laudem attenderent, sed quem Deus eis concederet, inconsulto, ut diximus, rege vel qualibet alia persona,

---

[1] Du Boulay (*Hist. univers. paris.*, t. II, p. 37) date à tort ce diplôme de l'an 1115, et Bréquigny l'a enregistré à cette date (*Table des Diplômes*, t. II, p. 419), en même temps qu'à celle de 1113, qui est la véritable.

canonice eligerent, et Parisiensi episcopo inrefragabiliter consecrandum offerrent. Promulgavimus etiam in eodem conventu villas, predia et cętera beneficia quę ad usum canonicorum prefatę contulimus ęcclesię, et hęc omnia perpetuo jure, perpetua libertate, eis habenda concessimus, nichil potestatis, nichil nostri juris reservantes nobis, sed omnia quę ad nos pertinere videbantur, eis omnino emancipantes, hęc scilicet : Puteolis villam, quę est in territorio Nantonensi, cum servis et ancillis, cum feodis militum, cum terris cultis et incultis, cum vineis et silvis, cum omnibus ad eam pertinentibus; mercatum etiam in eadem villa fieri per singulas ebdomadas regia potestate in perpetuum annuimus; aquam etiam quę proxima est eidem villę, quę scilicet aqua Essonia vocatur; omnia, inquam, ista quemadmodum possidebamus, eis perpetuo possidenda concessimus; Orgeniacum etiam, quod in territorio Milidunensi situm est, cum servis et ancillis, et cęteris omnibus quę ibidem possidebamus huic dono adjunximus; unum etiam ex molendinis nostris qui sunt apud Veteres Stampas, predictis canonicis perpetuo possidendum tradidimus; apud Corbellas etiam, juxta Castrum Nantonis, viginti arpennos pratorum; et viaturam de Bussiaco, quam a Tescelino Bunocensi comparavimus, et quicquid apud idem Bussiacum, quod juxta Liricantum situm est, habebamus; Buciacum insuper villam, quę in territorio Aurelianensi sita est, cum servis et ancillis, cum omnibus appendiciis suis ; hęc omnia, inquam, eisdem canonicis plena libertate perpetuo optinenda annuimus; apud Fontanetum etiam, in territorio Parisiensi, terram duobus carrucis sufficientem, et quinque hospites, et x^{cem} solidos census in eadem villa, partim a supradictis hospitibus, partim ab alia terra; et ibidem torcular unum et dimidium cum pressuris ad ca pertinentibus; et apud Musteriolum, quod est juxta idem Fontanetum, terram unius carrucę cum uno hospite, prefatę contulimus ęcclesię. Preterea sciendum est quod canonici Sancti Severini de Castro Nantonis, apud Uriacum villam, terram, servos et ancillas antiquitus possidebant, medietatem cujus possessionis predecessori nostro, regi videlicet Philippo, sano usi consilio, concessere, hac scilicet commutatione quod idem Philippus, noster predecessor, pro hac concessione eisdem canonicis Sancti Severini omnes consuetudines, quas apud Brolium, eorundem canonicorum villam juxta Puteolis sitam, juste vel injuste optinere videbatur, preter corvatas ter in anno, omnino remisit. Preter hęc, etiam apud predictum Uriacum, terram ad fiscum nostrum pertinentem possidebamus, quam scilicet terram cum medietate supradictę possessionis, cum predictis etiam corvatis, prefatę Sancti Victoris ęcclesię plena libertate in perpetuum habendam tradidimus. Notum etiam omnibus fieri volumus, quia ęcclesiam beatę Marię de Puteolis et altare de Amponivilla cum toto atrio, cum medietate magnę decimę, cum terra insuper nostri juris in eadem Amponivilla existente, panes etiam ad altare de Eskagosa pertinentes, omnia quidem sicut optinebamus, prememoratis canonicis regularibus ex integro possidenda concessimus. Ut autem prefata Sancti Victoris ęcclesia prescripta nostrę largitatis beneficia legitimo haberet dono, legitimo optineret ordine, ea quę regii juris, quę nostrę erant procul dubio potestatis, eidem ęcclesię inviolabiliter optinenda nostra manu tradidimus; ecclesias vero et quę juris ęcclesiastici sunt, in manu Dainberti, Senonensis archiepiscopi, reddidimus; ipse autem utilitati fratrum providens, pretaxatis regularibus eadem omnino concessit. Confirmatum est etiam, in supradicto episcoporum ac procerum nostrorum conventu, quod quicunque allodia sua quę sub nostra tutela sunt, vel quicquid quod ad fiscum vel feodum nostrum attinet, eisdem regularibus impartiri voluerit, diligenter annuimus et regia auctoritate confirmamus. Annuimus etiam quod, si aliquos ex servis vel ancillis suis prefati canonici manumittere voluerint, nostro super hoc assensu minime requisito, quos vel quot voluerint servos vel ancillas jugo servitutis absolvant, et perpetuę libertati tradant, remota scilicet omni calumpnia et sopita totius retractionis molestia. Illud insuper summopere determinavimus et determinando diffinivimus, quod omnia quę superior continet pagina, eo jure, ea libertate qua tenuimus, predicta Sancti Victoris ęcclesia in ęternum possideat, et hoc preceptum nostrum, quod nostri nominis caractere signavimus, in signum et argumentum perpetuę firmitatis optineat, in supradictis tamen omnibus, salva auctoritate, salvo jure, salva debita oboedientia Senonensis archiepiscopi et Parisiensis episcopi.

† Signum Dainberti, Senonensis archiepiscopi [1]. † Signum Rodulfi, Remorum archiepiscopi. † Signum Ludovici regis. † Signum Ivonis Carnotensis episcopi. † Signum Gualonis, Parisiensis episcopi. † Signum Lisiardi, episcopi Suessionensis. † Signum Manasse, Meldensis episcopi. † Signum Johannis, Aurelianensis episcopi. † Signum Godefridi, Ambianensis episcopi. † Signum Autisiodorensis episcopi Humbaudi. † Signum Huberti, Silvanectensis episcopi. † Signum Philippi, Trecensis episcopi.

Auctum Catalaunis in palatio publice, anno Incarnationis Dominicę M C XIII, anno vero regni nostri V.

Data per manum domni Stephani cancellarii. Signum Anselli, tunc temporis dapiferi nostri. Signum Hugonis constabularii. Signum Widonis camerarii. Signum Gisleberti buticularii.

    A. Original, avec sceau plaqué, aux Arch. nat., K. 21, n° 8ª. (Musée, n° 131).
    B. Copie du xii° siècle, avec traces de sceau pendant, aux Arch. nat., K. 21, n° 8ᵇ.
    C. Copie du xiii° siècle, aux Arch. nat., LL. 1450 (Cartul. de Saint-Victor), fol. 1.
    D. Copie du xv° siècle, à la Bibl. nat., ms. lat. 15058, fol. 189 v°.
    E. Copie du xvi° siècle, à la Bibl. nat., ms. lat. 14672, fol. 1.
    F. Copie du xvii° siècle, à la Bibl. nat., ms. lat. 14615, fol. 373.
    G. Copie du xvii° siècle, à la Bibl. nat., ms. lat. 14679, p. 12.
    H. Copie du xvii° siècle, à la Bibl. nat., ms. lat. 14686, fol. 1.

---

[1] Une partie de ces signatures sont autographes dans l'original (A).

164

1114, 1er décembre. — LATRAN.

Confirmation par le pape Pascal II de la fondation de l'abbaye de Saint-Victor, et de ses possessions et privilèges. — «Religiosis desideriis dignum...»

A. Original, avec traces de sceau, aux Arch. nat., L. 223, n° 8 (*alias* K. 19, n° 5).
B. Copie du xve siècle, à la Bibl. nat., ms. lat. 15058, fol. 190 v°.
C. Copie de 1544, aux Arch. nat., L. 223, n° 3², fol. 5 r°.
D. Copie du xvie siècle, à la Bibl. nat., ms. lat. 14672, fol. 4 r°.
E. Copie du xviie siècle, à la Bibl. nat., ms. lat. 14615, fol. 378 v°.
F. Copie du xviie siècle, à la Bibl. nat., ms. lat. 14679, p. 17.

Édit. : (*a*) Dubois, *Hist. eccles. paris.*, t. I, p. 797, d'après F. — (*b*) Martène, *Ampliss. collect.*, t. VI, p. 219. — (*c*) Migne, *Patrol.*, t. CLXIII, col. 359, d'après *b*.

165

1114, après le 3 août. — PARIS.

Exemption de corvée, de taille, de voirie et autres droits, accordée par Louis VI au prieuré de Saint-Éloi.

In nomine sancte et individue Trinitatis, amen.

Regie dignitati et honestati principaliter convenit, illa videlicet que pertinent ad cultum Dei, solius gratia caritatis tueri, immo honore condigno venerari, atque humilium preces suscipere, maxime autem domesticorum fidei. Ego igitur Ludovicus, Dei misericordia Francorum rex, haec et alia exempla sanę doctrinę diligenter attendens, manifesto presenti nationi et subcedentium posteritati, quoniam Tedbaudus, abbas de Fossatis, et cum illo Rainaudus, prior Sancti Eligii, assensu et voluntate Galonis, Parisiorum episcopi, serenitatis nostrę presentiam adiere, humiliter obsecrantes quatinus, pro reverentia Dei et pro requie animę meę, immo ob remedium animarum predecessorum nostrorum, munus tantę libertatis aecclesię beati Eligii, quę, inquam, sub memorato abbate consistit, concederemus, ut illi omnes cujuscumque officii essent, qui videlicet mansiones possiderent in terra ęcclesię, quę extra eorum muros esset, ante curiam nostram, ab angulo portę nostrę usque ad portam Sancti Eligii, in eadem libertate qua prius terra extiterat cum infra muros fuerat, et ipsi in perpetuum permanerent : ab omni videlicet viatura, banno, sanguine, corveia, prepositi exactione, furis captione, incendio, tallia, seu qualibet alia mala consuetudine, quieti penitus et soluti essent. Quorum peticioni benigne condescendentes facile adquievimus, ita dumtaxat quod de illis hospitibus inibi conversantibus teloneum esset monachorum, de forensibus autem cum illis mercatum facientibus, teloneum nostrum esset. Si vero de illis hospitibus inibi conversantibus aliquis officium tale teneret ad quod hasbanneum, seu alia consuetudo, ad nos ex jure officii pertineret, more solito persolveret, aut ab officio cessaret. Ut autem hoc firmum et inconvulsum permaneat, assertionis nostrę robore et sygilli nostri impressione affirmari precepimus (*monogramme*). Signum Anselli dapiferi. Signum Gisleberti buticularii. Signum Hugonis constabularii. Signum Widonis camerarii.

Actum publice Parisius anno Incarnati Verbi M C XIIII, anno quoque regni nostri VII.

Data per manum domni Stephani cancellarii.

A. Original, avec traces de sceau plaqué, aux Arch. nat., K. 21, n° 10².
B. Vidimus du XIV° siècle, aux Arch. nat., S. 1182, n°ˢ 11-12.

166

1114, après le 3 août. — Paris.

Affranchissement par le roi Louis VI d'une serve nommée Sanceline.

DE SANCELINA FILIA ASCONIS.

† In nomine sanctę et individuę Trinitatis, amen.

Quęcumque in mundo fiunt, quia temporalem finem habent, vento oblivionis facile delentur, nisi memorię litterarum infigantur. Quapropter ego Lugdovicus, Dei gracia Francorum rex, notum facio presentibus et futuris quoniam, ob remedium animę meę et pro requie animarum nostrorum predecessorum, quamdam ancillam nostram debite servitutis nobis obnoxiam, nomine Sancilinam, Aschonis scilicet filiam, pretaxate servitutis nexibus omnimode absolvimus, illam perpetue libertati dantes, ut, quasi orta ingenuis parentibus, amodo habeat potestatem et licentiam nubendi cui voluerit, etiam faciendi conjugium cum homine beatę Marię, nec propter hoc, ex nostra parte, recindatur illius libertas, sed penitus quieta et, ut dictum est, in ęternum permaneat. Quod ut firmum et inconvulsum permaneat, notatione litterarum et sigilli nostri impressione confirmari precepimus. Si quis vero deinceps hujus libertatis firmitati obviare temptaverit, quasi temerarius contemptor et reus nostrę majestatis habeatur, irrita tamen et vacua calumpnia ejus.

Actum publice Parisius, anno Incarnationis Dominicę M° C° XIIII°, anno quoque regni nostri septimo. † Signum Lugdovici regis. Signum Anselli dapiferi. Signum Hugonis constabularii. Signum Gisleberti buticularii. Signum Guidonis camerarii.

Presentes vero adfuerunt : Guilelmus de Garlanda, Gislebertus frater ejus, Nivardus de Pissiaco, Tebertus Gemardi filius, Bartolomeus camerarius.

Data per manum Stephani cancellarii.

    A. Original, avec sceau plaqué, aux Arch. nat., K. 21, n° 10¹.
    B. Copie du xii° siècle, aux Arch. nat., LL. 177 (*Livre Noir* de Notre-Dame), p. 209.
    C. Copie du xiii° siècle, aux Arch. nat., LL. 176 (*Petit Pastoral* de Notre-Dame), fol. 362.

167

1114.

« Lettres de Gualo, évesque de Paris, qui reconnoît que les chanoines de Saint-Marcel peuvent lever taille sur leurs hostes et subjects sans requérir ni attendre la permission de l'évesque de Paris, et de concéder à leurs hommes qu'ils puissent contracter mariage avec d'autres servantes, et qu'ils peuvent vendre, transporter et eschanger leurs vignes sans la permission dudit évesque. De l'an 1114. »

    Analyse[1] du xvii° siècle, aux Arch. nat., reg. LL. 65 (Invent. des titres de Saint-Marcel), fol. 1.

168

1115 [2]. — Paris.

Concession par Louis VI aux chanoines de Saint-Denis de la Châtre de ses droits sur le cloître de cette église.

In nomine sancte et individue Trinitatis. Ego Ludovicus, Dei gratia Francorum rex, notum facimus tam presentibus quam futuris quod claustrum ecclesie Sancti Dionysii de Carcere, muri veteris ambitu contentum, ab uno latere vie superiori que ducit ad majorem beate Marie ecclesiam conterminum, ab altero vero latere vie que ducit ad Sequanam contiguum, hanc libertatem et immunitatem habere volumus, ut nullus prepositus nec aliquis officialium nostrorum ab eis qui in ipso claustro manent seu mansuri sunt, aliquam consuetudinem exigere, vel ipsos in aliquo vexare presumat, nec, si in particulari forefacto extra claustrum iidem fuerint deprehensi, quidquid est juris in eo spatii quod inter dictum claustrum et Sequanam situm est, habebamus, canonicis ejusdem ecclesie concessimus. Quod ne cujusquam usurpatoris temeritate infirmari valeat, litterarum memorie commendari et nominis nostri caractere et sigillo signari et corroborari fecimus.

Actum Parisiis, anno Incarnati Verbi millesimo centesimo decimo quinto, et

---

    [1] Nous ne connaissons aucune copie manuscrite ou imprimée de cette pièce; aussi nous bornons-nous à reproduire le texte même de l'analyse contenue dans l'inventaire. — [2] Avant le 3 août.

regni nostri septimo, astantibus in palatio nostro quorum nomina subscripta fuerunt : Signum Anselmi dapiferi; Gilberti, fratris ipsius, buticularii; Hugonis constabularii; Guidonis camerarii [1].

Data per manum Stephani cancellarii.

A. Copie du xvii° siècle, aux Arch. nat., L. 911, n° 2.

169

[1115. — Paris.]

Notice par laquelle le doyen Bernier et le chapitre de Notre-Dame constatent la réparation faite par le roi Louis VI, le jour de son mariage, pour avoir fait démolir la maison d'un chanoine.

HOC SCRIPTUM EST DE RECTITUDINE QUAM FECIT DOMNUS LODOVICUS CANONICIS DE DOMO DOMNI DURANNI CANONICI QUE ERAT EXTRA CLAUSTRUM.

In nomine sancte et individue Trinitatis. Ego Bernerus, decanus Sancte Marię Parisiensis ęcclesię, totusque conventus canonicorum, scripto mandare decrevimus quod constitutum est et sancitum actoritatibus et privilegiis multorum orthodoxorum regum et apostolicorum, domus videlicet canonicorum nostrę ęcclesię, tam illas quę sunt extra claustrum quam eas que sunt in ipso claustro, solutas et quietas esse ab omni inquietudine judiciarię potestatis, nec aliquem eas inquietare posse, nisi contra decreta regum, qui eas, tam extra quam intra, liberrimas canonicis concessere, voluerit facere, et anathemati apostolicorum, qui privilegia confirmavere, voluerit subjacere. Domnus autem Ludovicus, regis Philippi filius, ut mos est principibus leviter irasci minoribus, nescimus qua ira accensus, quibus nequam hominibus eum instigantibus, cum nesciret domus canonicorum, quę sunt extra claustrum, solutas quietasque esse debere actoritatibus et privilegiis, ut pretaxatum est, precepit famulis quatinus domum quandam cujusdam canonici nostri Duranni, quę erat extra claustrum, precipitarent. Ipsi autem famuli, non audentes contraire jussis ipsius, particulam de domo precipitaverunt. Non longo autem tempore post, domnus Galo, noster episcopus, et quidam de canonicis nostris, adeuntes domnum Ludovicum, ei rationabiliter demonstraverunt omnes domus canonicorum nostrorum solutas quietasque esse debere, ubicumque fuerint. Ipse autem domnus Ludovicus hoc audiens et non bene egisse se recognoscens, die qua duxit uxorem suam, antequam benedicerentur, Denberto Senonensi archiepiscopo et conpluribus episcopis et clericis adstantibus et militibus,

---

[1] Le copiste a écrit «caudarii», faute de lecture évidente et facile à expliquer.

michi Bernero decano, pro omnibus aliis canonicis, pro forifacto quod de domo predicta inscienter jusserat, per denarium quem in manu sua tenebat, rectitudinem ante ipsum altare fecit, in evidentia episcoporum et clericorum et laicorum, promittens, quatinus sibi illud forifactum condonaretur, se non ultra tale quid jubendo velle presumere et privilegia suorum predecessorum regum et apostolicorum de domibus predictis confirmare et inviolabiliter conservare.

A. Original [1], aux Arch. nat., K. 21, n° 11.
B. Copie du xiii° siècle, aux Arch. nat., LL. 175 (*Grand Pastoral* de Notre-Dame), p. 645.

170

1115. — PARIS [2].

Abandon par Louis VI aux moines de Notre-Dame-des-Champs, d'une rente de six sous qu'ils lui devaient annuellement.

DE VI SOLIDIS CENSUALIBUS QUOS PERDONAVIT LUDOVICUS REX DOMUI NOSTRE DE CAMPIS.

In nomine sancte et individue Trinitatis.

In Christi nomine, ego Lucdovicus, Dei dispensante misericordia in regem Francorum sublimatus, notum fieri volo, tam presentibus quam futuris, quoniam presenciam nostram adiit donnus Willelmus de Warlanda, fidelis noster, rogans ac obnixe deprecans quatinus, pro animarum patris mei et matris mee predecessorumque nostrorum remedio, sex solidos quos nobis uno quoque anno in festo beati Remigii censualiter persolvebant monachi beate Marie in Canpis, eidem ecclesie in perpetuum cundonaremus. Cujus peticionem misericorditer amplexus, rememorans non solum quod teneo, quod possideo, verum etiam quod valeo, ex Dei solius misericordia habere, et quia ejus manus anplissima, ut idem in Evangelio testatur, centuplum retribuet, supradictum censum eidem eclesie dedi et cuncessi. Et ut hoc ratum et firmum permaneat in sempiternum, presentem cartam nostri actoritate sigilli signatam et corroboratam fieri disposui, que et hanc elemosinam nostram perfecte exponat et in munimentum stabilitatis perpetuo existat.

Erant tunc temporis in palacio nostro quorum nomina subtitulata sunt et signa. Signum Anselli dapiferi. Signum Hugonis cunstabularii. Signum Gisleberti buticularii. Signum Widonis camerarii. Testes adfuerunt : Burcardus, Frogerius, Nivardus.

[1] Ou plutôt copie contemporaine mais incomplète. — [2] Avant le 3 août 1115.

Actum Parisius, in palacio nostro puplice, anno Incarnati Verbi m° c° xv°, anno nostre cunsecracionis vii°, primo anno cunsecracionis Adelaidis regine (*monogramme*).

Data per manum Stephani cancellarii.

A. Original, avec traces de sceau plaqué, aux Arch. nat., K. 21, n° 10³.

171

Vers 1115 [1].

Inféodation par Thibaut, abbé de Saint-Martin-des-Champs, à Ansel, dit Payen, d'une terre sise à Sainte-Geneviève.

Notum sit omnibus futuris et presentibus quia domnus Teobaldus, prior Sancti Martini de Campis, consilio amicorum suorum et familiarium æcclesiæ Sancti Martini et quorumdam monachorum credens, dedit quandam terram in feodo Ansello, filio Heinrici Ruselli, cognomento Pagano, quam petebat, ea videlicet conventione ut eamdem terram predictus Ansellus, cognomento Paganus, in sua vita teneat, et pro ea predicto domno Teobaldo priori et senioribus Sancti Martini serviat, nec ullam potestatem dimittendi eam suis heredibus habeat; sed, cum evenerit ut moriatur, in dominium Sancti Martini supradicta terra revertatur; que terra apud Sanctam Genovefam consistere videtur. Hujus rei testes sunt: Burdinus de Bevra, et Willelmus de Maciaco, Willelmus Marmerellus et nepos ejus Arnulfus Malviellus, Bertrannus major, Godardus decanus, Godardus forestarius.

A. Copie du xii° siècle, à la Bibl. nat., ms. lat. 10977 (*Liber Testamentorum* de Saint-Martin), fol. 23 r°.

172

Vers 1115 [2].

Renonciation par Louis VI à tout droit sur un serf de Saint-Martin-des-Champs nommé Galon, qui avait épousé une serve du roi.

In nomine sanctę et individue Trinitatis, amen [3]. Ludovicus, Dei gratia Francorum rex, notum fieri volumus universis sanctę Dei Ecclesię cultoribus, tam futuris quam et presentibus, et maxime ministerialibus nostris, quod quendam

---

[1] Entre 1106 et 1117. — [2] Entre 1108 et 1117. — [3] L'invocation manque dans A.

de familia beati Martini, Walonem videlicet nomine, quem, quia uxorem ex familia nostra duxerat, filiam videlicet majoris de Savinniaco, dictante justitia calumpniabamur, petitione Tedbaldi[1], Sancti Martini tunc temporis prioris, et Rotberti[2] de Provinniaco ac ceterorum fratrum[3] ejusdem ęcclesię, in animę patris nostri remedio, cum uxore sua Sancto Martino liberum dedimus et ab omni jugo servitutis qua detentus fuerat liberum penitus et quietum. Et ut hęc libertas ex parte nostra firma et inconvulsa permaneat, memoriale presens inde fieri et nostri nominis karactere et sigillo signari et corroborari precepimus. Teste Ivone Carnotensi episcopo, Stephano Parisiensi archidiacono, Willelmo ipsius fratre, Herluino, Frogerio[4].

A. Copie du xiie siècle, à la Bibl. nat., ms. lat. 10977 (*Liber Testamentorum* de Saint-Martin), fol. 49 v°.
B. Copie du xiie siècle, *ibid.*, fol. 78 v°.

173

1116, 13 novembre. — AU TRANSTEVERE.

Bulle par laquelle le pape Pascal II prend l'abbaye de Saint-Magloire sous la protection du Saint-Siège.

Paschalis episcopus, servus servorum Dei, dilecto filio Gineboldo, abbati venerabilis monasterii beati Maglorii Parisiensis, ejusque successoribus regulariter substituendis, in perpetuum. Religiosis desideriis dignum est facile prebere consensum ut fidelis devocio celerem sorciatur effectum. Clarissimus siquidem Francorum rex Lodvicus, spetialis apostolicę sedis filius, fideli nos devotione pulsavit ut beati Maglorii monasterium, cui Deo auctore presides, juxta desiderium tuum, sub tutelam ejusdem apostolicę sedis exciperemus. Nos itaque vestris votis duce Domino annuen[tes], idem monasterium sanctae Romanę aecclesię gremio suscipimus confovendum. Per presentis igitur privilegii paginam, apostolica auctoritate statuimus ut quecumque predia, quascumque possessiones supradictum beati Maglorii monasterium, concessione pontificum, liberalitate principum, vel oblatione fidelium, vel aliis justis modis, in presenti x indictione, possidet, vel in futurum juste atque canonice poterit adipisci, firma vobis vestrisque successoribus et illibata permaneant. In quibus hęc propriis visa sunt nominibus exprimenda : in Parisiensi pago, aecclesia Sancti Dionisii et Sanctę Crucis de Breis; in Carnotensi, æcclesia Sancti Laurentii de Monteforti; in Abrincensi, aecclesia Sancti Cirici de Baiolo; in partibus minoris Brittannię, pago Lehonensi, aecclesia Sanctorum Petri et Pauli,

---

[1] *Var.* «Teobaldi» (A).
[2] *Var.* «Roberti» (B).
[3] Le mot «fratrum» manque dans A.
[4] Les noms des témoins manquent dans A.

que etiam Sancti Maglorii dicitur; item in Carnotensi pago, æcclesia Sancti Stephani de Vernoilo. Decernimus ergo ut nulli omnino hominum liceat idem monasterium temere perturbare, aut ejus possessiones auferre, vel ablatas retinere, minuere, vel temerariis vexationibus fatigare, sed omnia integra conserventur eorum pro quorum sustentatione et gubernatione concessa sunt, usibus omnimodis pro[fu]tura, salva Parisiensi episcopi canonica reverentia, cui tamen monasterium ipsum gravare aut insolitis exactionibus vexare non liceat. Si qua igitur æcclesiastica secularisve persona hanc nostrę constitutionis paginam sciens, contra eam temere venire temptaverit, secundo terciove commonita, si non satisfactione congrua emendaverit, potestatis honorisque sui dignitate careat, reamque se divino judicio existere de perpetrata iniquitate cognoscat, et a sacratissimo corpore ac sanguine Dei et Domini Redemptoris nostri Jhesu Christi aliena fiat, atque in extremo examine districte ultioni subjaceat. Cunctis autem eidem loco justa servantibus sit pax Domini nostri Jhesu Christi, quatinus et hic fructum bonę actionis percipiant et apud districtum judicem premia aeternę pacis inveniant. Amen, amen.

(*Rota*)[1] Ego Paschalis catholicae aecclesiae episcopus. Benevalete.

Datum apud Transtiberim, per manum Johannis sanctę Romanę ęcclesiae diaconi cardinalis ac bibliothecarii, idibus novembris, indictione x, Incarnationis Dominicę anno M C XVI, pontificatus autem domni Paschalis secundi papę anno XVIII°.

A. Copie du XII° s., à la Bibl. nat., ms. lat. 13701, fol. 170 r°.

174

1117. — Paris [2].

Échange de deux serfs entre le chapitre de Paris et l'abbaye de Saint-Germain-des-Prés.

BERNERII DECANI.

Ego Bernerus decanus, et sanctę Parisiensis ęcclesię conventus notum facimus, tam futuris quam presentibus, quod, capituli nostri communi assensu et consilio, Herbertum, Odonis filium, et Rainerium, Odonis cerarii filium, ęcclesię nostrę servos, monachis ęcclesię beati Germani de Prato, perpetuo jure possidendos, concedimus. Ipsi vero, recompensatione mutua, Galonem sutorem et Henardum Cosse, sue ęcclesię servos, integre ac libere in perpetuum possidendos, nobis

---

[1] Autour de la *rota* est inscrite la devise du pape : « Verbo Domini caeli firmati sunt. » — [2] Entre la fin de février et le 3 août 1117.

concesserunt, ita videlicet ut eorum nostri et nostri quoque eorum deinceps servi permaneant. Hoc autem ut firmum permaneat, cartam presentem fieri precepimus. Actum publice in capitulo beatę Marię, rege Ludovico ix anno, Girberto episcopo anno ii.

Signum Berneri decani. Signum Ade precentoris. Signum Stephani archidiaconi. Signum Henrici archidiaconi. Signum Rainaldi archidiaconi. Signum Durandi sacerdotis. Signum Herberti sacerdotis. Signum Theoderici levitę. Signum Johannis levitę. Signum Hugonis subdiaconi. Signum Alberti subdiaconi. Signum Willelmi pueri. Signum Petri pueri.

Testes Sancti Germani : Signum Rainaldi abbatis. Signum Lisiardi prioris. Signum Galdrici monachi. Signum Aimerici monachi. Signum Roberti monachi. Signum Galterii monachi. Signum Frogerii monachi. Signum Hugonis laici, Landrici laici, Herberti laici, Fromundi laici, Garini laici, Giroldi laici, Pagani laici, Hugonis laici, Giroldi laici. Theobaldus cancellarius scripsit.

A. Copie du xii⁶ siècle, aux Arch. nat., LL. 1024 (Cartul. ††† de Saint-Germain-des-Prés), fol. 70 r°.

175

1117, 25 mars-3 août. — Paris.

Diplôme de Louis VI réglant ce que l'abbaye de Saint-Magloire doit fournir pour la subsistance des desservants de la chapelle Saint-Georges, et confirmant des biens donnés à la même chapelle par Henri le Lorrain.

CARTA QUE LOQUITUR DE VICTU PRIORIS ET SOCII EJUS QUI DEGEBANT IN LOCO SANCTI GEORGII QUI NUNC EST ECCLESIA NOSTRA, ET DE CONFIRMATIONE CARTARUM ECCLESIE.

In nomine sancte et individue Trinitatis, amen. Ego Ludovicus, Dei gratia Francorum rex, omnibus sancte matris Ecclesie filiis, tam presentibus quam futuris, per hujus vite stadium perhenne consequi bravium. Justis illustrium virorum Deoque famulantium peticionibus necesse est quam maxime prebere consensum, quorum piis et assiduis precibus, divina propiciante clemencia, nos peccati pondere pressos relevari ac consolari confidimus. Noticie igitur tam posterorum quam presencium delegandum per litteras curavimus quoniam[1] bone memorie Guinebaldus, ecclesie beati Maglorii Parisiensis abbas, totusque fratrum suorum conventus nostram adiere presenciam, rogantes ac precibus tam fidelium quam amicorum suorum multiplicatis deprecantes quatinus apud capellam juxta Campellos sitam, in honore sanctorum Georgii martiris atque

---

[1] Le ms. porte «quam».

Maglorii Christi confessoris consecratam, duos sacerdotes monachos qui ibidem Domino die nocteque deservirent pari cum eis assensu deputaremus, et concorditer cum eis ex rebus matris ecclesie, sue videlicet abbacie, unde honeste et quiete vivere possent, provida consideracione decerneremus. Quorum piis desideriis ac justis peticionibus annuentes, communi assensu fratrum et tocius capituli, decrevimus ut duo prefati monachi, sacerdotes prefate capelle servientes, ad usum cotidianum tres panes et sex vini mensuras, aliorum mensuris fratrum equaliter comparatas, a matre ecclesia, sua videlicet abbatia, singulis diebus habeant. In diebus vero Domini Adventus et Quadragesime, jejunalibus tantum, et Quatuor temporum et vigiliarum diebus, duos panes et quatuor vini mensuras recipient. Piscium vero et omnium aliorum ciborum generalia, ac pitencias communes, et quelibet pulmentorum genera, legumen quoque et sagimen, et ligna ad coquinam capelle necessaria, et omnimodam vestituram, cum reliquis fratribus abbacie in sacerdotali ordine deservientibus equaliter participabunt. Sed omnes illi panes quos abbacia duobus monachis ad predictam capellam mittet, panibus fratrum in matre ecclesia deserviencium in qualitate et quantitate per omnia sint equales. Servientem etiam, qui monachis capelle serviet, abbatia subministrabit et de suo procurabit. Et ut hec institucio, tam a nostra excellencia assenciente quam a fratrum postulancium karitate racionabiliter disposita, gracior et magis ex affectuosa voluntate fieret, et ut in aliquo matrem ecclesiam non gravaret, Henricus Lothoringus, fidelis noster, predicte capelle reparator, et quibuscumque modis valet benignus auxiliator, ad capsam in qua corpus beati Maglorii requiescit superargentandam, que propter matris ecclesie necessitatem ex communi assensu fratrum fuit disparata et detecta, duodecim marchas argenti, et sancte matri ecclesie Sancti Maglorii, ad communem usum fratrum, unum torcular apud Karronam villam perpetualiter possidendum dedit, et quicquid habebat in vadimonio super duo thuribula argentea et calicem argenteum eidem abbacie condonavit. Idem etiam Henricus Lothoringus ad pretaxate capelle reparacionem unum arpennum vinee apud Karronam et duos arpennos terre apud Mille Passus in perpetuum contulit habendos. Quecumque autem huic capelle, in honore sanctorum Georgii videlicet atque Maglorii consecrate, hactenus data sunt ac deinceps data erunt, ipsa capella et monachi in eadem Domino servientes libere ac quiete in perpetuum possideant. Verum ut hec astipulacio rata et firma permaneat in sempiternum, presentem cartam nostri ac memorati abbatis impressione sigilli subterfirmare curavimus. Quod si quis hanc tam rationabilem et tam caritativam institucionem violare presumpserit, et predictis duobus monachis in aliquo contra hanc institucionem molestus extiterit, a venerabili Gerberto, Parisiorum episcopo, et a religiose vite Guinebaldo, ejusdem ecclesie Sancti Maglorii abbate, excommunicatus et dampnatus, honore et dignitate privatus, fidelium communione carebit, nisi satisfactione congrua penituerit, et quod contra predictam deliquit ecclesiam emendaverit. Dominus autem Gerbertus, reverendus Parisiensis episcopus, noster fidelissimus, nostro jussu ac deprecacione, huic astipulacioni in capitulo Sancti Maglorii interfuit et hanc excommunicacionem cum predicto abbate, communi assensu fratrum ejusdem loci, ibidem fecit.

Actum publice Parisius, in capitulo Sancti Maglorii, anno Domini $M^o C^o xvii^{mo}$, regni vero nostri nono, epacta $xx^{ma} vi^{ta}$, concurrentibus septem [1]. Astantibus in palacio nostro quorum nomina subtitulata sunt et signa.

Signum Anselli dapiferi. Signum Gisleberti buticularii. Signum Hugonis constabularii. Signum Guidonis camerarii. Data per manum Stephani cancellarii. Signa quoque tam beate Marie canonicorum quam hujus ecclesie fratrum subterscripsimus ut testimonio veritatis quod factum fuerat fulciretur. Signum Berneri decani. Signum Rainaldi archidiaconi. Signum Ade precentoris. Signum Guillermi canonici. Signum Petri subdiaconi. Signum Johannis subdiaconi. Signum Roberti pueri. Signum Nivardi pueri.

A. Copie de 1331, à la Bibl. nat., ms. lat. 5413 (Cartul. de Saint-Magloire), fol. 6 v°.

176

1117 [2]. — PARIS.

Donation par Louis VI à Saint-Martin-des-Champs d'un serf nommé Ansold.

LUDOVICI REGIS FRANCORUM DE DONO ANSOLDI.

In Christi nomine. Ego Ludovicus, Dei gratia rex Francorum, notum fieri volo tam futuris quam et instantibus quoniam nostram adiere presenciam donnus Matheus Sancti Martini prior totusque ejusdem ecclesie conventus, rogantes ac obnixe deprecantes quatenus, pro animarum patris mei et matris mee predecessorumque nostrorum remedio, quendam servum nostrum nomine Ansoldum ecclesie beati Martini donaremus. Quorum peticionem misericorditer amplexus, eum eidem ecclesie nihil prorsus in eo retinentes in perpetuum donavimus. Verum ut hoc ratum et firmum permaneat in senpiternum, presentem kartam nostri auctoritate sigilli firmatam et coroboratam fieri disposuimus, que et istud donum patenter exponat et in munimentum stabilitatis perpetuo existat.

Actum Parisius, anno Incarnati Verbi $M^o C^o xvii^o$, regni nostri viii^o, Adelaidis re-

[1] Le chiffre de l'épacte ne concorde pas avec les autres indications chronologiques. C'est celui de l'an 1118. Tout au plus conviendrait-il à une date postérieure au 29 août 1117, en admettant qu'on ait suivi le calcul égyptien. Mais la 9° année de Louis VI se terminant au 2 août 1117, cette hypothèse même ne ferait point disparaître tout désaccord.

[2] Avant le 3 août 1117.

gine III°. Astantibus in palacio nostro quorum nomina subtitulata sunt et signa: Signum Anselli dapiferi. Signum Gisleberti buticularii. Signum Hugonis constabularii. Signum Widonis camerarii.

(*Monogramme.*) Data per manum Stephani cancellarii.

A. Original, scellé du sceau plaqué, aux Arch. nat., K. 21, n° 11³.
B. Copie du XII° siècle, à la Bibl. nat., ms. lat. 10977 (*Liber Testamentorum* de Saint-Martin), fol. 77 v°.

177

Après 1117 [1].

Accord entre Saint-Martin-des-Champs et Manassès, petit-fils d'Ève, au sujet de deux pressoirs et de vignes que celle-ci avait donnés aux moines.

Presentibus et futuris notificamus quoniam Eva, pro salute animæ suæ, dedit monachis Sancti Martini de Campis, vivente domno Teobaldo priore, duo torcularia cum vinearum custodia et duos arpennos vinearum. Sed his omnibus intulit postea calumpniam Manasses, filius filię ipsius Evæ. Propterea monachi fecerunt cum eo concordiam, tribuentes ei L solidos, concessitque atque donavit supradicta omnia Sancto Martino. Adfuerunt testes: Anselmus dapifer et Willelmus frater ejus, Heinricus Lotharingus, Erluinus, Fredericus filius Tetbaldi, Drogo major.

A. Copie du XII° siècle, à la Bibl. nat., ms. lat. 10977 (*Liber Testamentorum* de Saint-Martin), fol. 36 v°.

178

Après 1117.

Confirmation par Manassès des donations faites au prieuré de Saint-Martin-des-Champs par Ève, sa grand'mère.

Sciant presentes et futuri quod Manasses concessit æcclesiæ Sancti Martini de Campis quicquid attava sua Eva predictæ æcclesiæ dederat. Audientibus his testibus: Fulcone decano, Hugone clerico, Waszone Baez, Olrico, Hugone Truione, Warino, Teudone fratre ejus, Godefrido Burdino, Gisleberto, Fulcone coco, Girberto, Herlebaudo, Bernardo, Rotgerio. De puerulis nostris, Herluindus, Aaluddus, Walterius fuerunt testes.

A. Copie du XII° siècle, à la Bibl. nat., ms. lat. 10977 (*Liber Testamentorum* de Saint-Martin), fol. 44 r°.

---

[1] Cette pièce et la suivante ne peuvent se dater exactement; mais elles sont postérieures à la mort du prieur Thibaud, qui eut lieu le 8 janvier, en 1114 au plus tôt ou 1117 au plus tard.

179

1118. — Paris [1].

Échange de deux serves entre le chapitre de Sainte-Geneviève et le chapitre de Notre-Dame.

DE COMMUTATIONE DUARUM ANCILLARUM.

Gratia retinendę in futurum memorię, presentium traditum est litterarum noticię quod ego Stephanus, Sanctę Genovefę decanus, et canonici, communi capituli nostri voluntate et consensu ęcclesię nostrę, ancillam quandam, Gibelinam nomine, filiam Burdini de Funtaneto, rege Ludovico assensum prebente [2], canonicis ęcclesię Beatę Marię perpetuo jure habendam annuimus. Ipsi vero recompensatione mutua aliam ęcclesię sue ancillam, filiam Ricardi de Balneolo, Goisbergam [3] nomine, integre ac libere imperpetuum ęcclesię nostrę possidendam concedunt, ita scilicet ut quę eorum nostra et quę nostra eorum ancilla deinceps permaneat. Actum publice in capitulo Sanctę Genovefę. Signum Stephani decani [4]. Signum Bernardi precentoris. Signum Gisleberti presbyteri. Signum Clari presbyteri. Signum Rainaldi presbyteri. Signum Frederici diaconi. Signum Hugonis diaconi. Signum Hanrici diaconi. Signum Alberti subdiaconi. Signum Giroldi subdiaconi. Signum Herici subdiaconi. Signum Haimerici pueri. Signum Bernardi pueri. Signum Guillelmi pueri. Regnante Ludovico, rege Francorum, anno x°, anno Incarnationis Dominicę m° c° x° viii°, epacta . . . [5].

Albertus cancellarius scripsit.

A. Copie du xii° siècle, aux Arch. nat., LL. 177 (*Livre noir de Notre-Dame*), p. 207.
B. Copie du xiii° siècle, aux Arch. nat., LL. 176 (*Petit Pastoral de Notre-Dame*), p. 362.

180

1118. — Paris.

Confirmation par Louis VI d'un échange de serves [1] entre les chanoines de Sainte-Geneviève et le chapitre de Notre-Dame.

MUTATIO DE FILIA BURDINI ET DE FILIA RICARDI.

† In nomine unius et individue Trinitatis. Est opere pretium tradere auribus

---

[1] Avant le 3 août 1118.
[2] Voyez notre n° 180.
[3] *Var.* «Joibergam» (B).

[4] Toutes les signatures ont été omises dans B.
[5] Le chiffre de l'épacte est resté en blanc.
[6] Voyez la pièce précédente.

fidelium quia ego Francorum rex Ludovicus mutuationem quam fecerunt Beate Genovefe decanus et canonici de quadam ancilla sua, sorore Landrici de Funtaneto, nomine Gibelina, pro ancilla Beate Marie, sorore Frederici, nomine Goiberga, fieri annuimus. Quod, ne posset denegari, sigillo nostre majestatis precepimus confirmari et procerum nostrorum nominibus et signis testificari. Actum publice Parisius in palatio nostro, anno regni nostri x. Signum Willelmi dapiferi. Signum Hugonis constabularii. Signum Gilleberti buticularii.

Ego Stephanus cancellarius subscripsi.

<small>A. Original, avec sceau plaqué, aux Arch. nat., K. 21, n° 13⁴ (Musée, n° 132).
B. Copie du XII° siècle, aux Arch. nat., LL. 177 (*Livre noir* de Notre-Dame), p. 207.
C. Copie du XIII° siècle, aux Arch. nat., LL. 176 (*Petit Pastoral* de Notre-Dame), p. 362.</small>

181

1118. — Paris.

<small>Autorisation donnée par Louis VI à Étienne, doyen de Sainte-Geneviève, et aux chanoines résidant dans cette abbaye, de faire tout ce qui leur semblera utile pour cette église, sans consulter les chanoines demeurant en dehors.

A. Original, avec traces de sceau plaqué, aux Arch. nat., K. 21, n° 13².
B. Copie du XIII° siècle, à la Bibl. Sainte-Geneviève, El. 25 (Cartul. de Sainte-Geneviève), p. 70.

Édit. : (*a*) Tardif, *Cartons des rois*, p. 211, n° 370, d'après A.</small>

182

1119, 1ᵉʳ avril. — Paris [1].

<small>Girbert, évêque de Paris, affranchit l'église Saint-Germain-l'Auxerrois d'une redevance annuelle de deux muids d'avoine et d'un cheval pour l'armée du roi.</small>

CARTA GILBERTI PARISIENSIS EPISCOPI DE QUITATIONE II MODIORUM AVENE ET UNIUS EQUI.

Quoniam juxta sanctarum scripturarum auctoritatem, pastoralis est officii non solum preesse sed prodesse, nostrę incombit sollicitudini, presentia si qua sint in ęcclesia Dei gravamina, falce caritatis amputare et futura virili custodia previdere et precavere. Noverint igitur omnes quoniam ammonitione et suggestione quorumdam nostrorum ab ęcclesia Sancti Germani, per singulos annos, duos avenę modios et equum unum in exercitu regis ex debita consuetudine requirere habebam, sed canonici illius loci, nostram adeuntes presentiam, consuetudinem illam

---

[1] Guérard (*Cartul. de Notre-Dame*, t. I, p. 328) a publié sous cette même date un autre acte que nous croyons un peu postérieur. On le trouvera ci-après à l'an 1123.

omnino negabant et nullum redditionis indicium se vidisse asserebant, illud quidem pretendentes et sepius inculcantes quod, si ab illa non consuetudinis sed novę exactionis requisitione vel redditione non desisterem, predictus locus usque ad ipsam parietum destructionem gravaretur, et a nobis in extremo examine procul dubio requireretur.

Ego vero Girbertus, Dei misericordia Parisiorum minister, communicato religiosorum consilio, tum quia consuetudinis testes deficiebant et nulla veritatis indicia apparebant, tum quia domum Dei novis exactionibus gravare non est ęcclesiam regere sed vastare, communi assensu capituli nostri, ut predicta Sancti Germani ęcclesia his gravaminibus et exactionibus, predicto equo videlicet et predicta annona, libera et imperpetuum quieta exsisteret annuimus, et presentem cartam hujus concessionis testem quasi ęternum memoriale fieri precepimus, signisque canonicorum nostrorum et sigilli nostri impressione corroboravimus.

Actum publice Parisius, in capitulo Beatę Marię. Signum Girberti episcopi. Signum Berneri decani. Signum Adę cantoris. Signum Stephani archidiaconi. Signum Henrici archidiaconi. Signum Rainaldi archidiaconi. Signum Durandi sacerdotis. Signum Landonis sacerdotis. Signum Theoderici sacerdotis. Signum Roberti diaconi. Signum Willelmi diaconi. Signum Tebaldi diaconi. Signum Hugonis subdiaconi. Signum Alberti subdiaconi. Signum Fulberti subdiaconi. Signum Petri pueri. Signum Anselli pueri. Signum Andreę pueri.

Anno Incarnationis Dominicę M° C° XVIIII°, indictio XII^a, epactę VII, concurrens II°, terminus paschalis IIII, kalendis aprilis, Ludovico rege anno XI°, Girberto episcopo anno III°.

Tebaldus cancellarius scripsit.

A. Original en forme de chirographe, avec traces de sceau pendant, aux Arch. nat., K. 21, n° 13e (Musée, n° 134).

B. Copie du XIIIe siècle, aux Arch. nat., LL. 489 (Cartul. de Saint-Germain-l'Auxerrois), fol. 11.

183

1119. — Paris[1].

Exemption de tout péage et de toute redevance accordée par le roi Louis VI aux gens employés au commerce par l'Église de Paris.

PRECEPTUM LUGDOVI[CI] REGIS UT NULLUS ACCIPIAT IN REGNO SUO AB EPISCOPO PARISIENSI ET A CANONICIS SANCTE MARIE PEDAGIUM NEQUE THELONEUM.

In nomine sanctæ et individuę Trinitatis. In Christi nomine, ego L[udovicus],

[1] Publiée par Teulet, sous la date erronée de 1118 (*Layettes du Trésor des chartes*, t. I, p. 40). Cet auteur se trompe en affirmant que cet acte n'a pas été donné par Guérard. Voir *Cart. de Notre-Dame*, t. I. p. 255.

Dei dispensante misericordia in regem Francorum sublimatus, omnibus episcopis, abbatibus, ducibus, comitibus, vicariis, centenariis, teloneariis, actionariis et universis res nostras procurantibus, presentibus scilicet et futuris, notum fieri volumus quia venerabilis Girbertus, Parisiorum episcopus, Bernerus decanus, Stephanus cancellarius noster atque ejusdem ęcclesię archidiaconus, totusque Parisiensis ęcclesię communis conventus, detulerunt nobis preceptum predecessoris nostri L[udovici], Karoli filii, in quo continebatur qualiter ipse et antecessores sui, reges videlicet Francorum, rectoribus ęcclesię sanctę Dei Genitricis et Sancti Stephani prothomartiris atque Sancti Germani confessoris, in quorum honore ipsa sedes Parisiaca dicata est, concessissent ut, quandocumque eis libuisset famulos vel missos suos in quamcumque partem negociandi gracia dirigere, cum carris videlicet et saumariis, sive de navigio vel quolibet negocio, licentiam pergendi ubicumque vellent, absque alicujus infestatione vel contrarietate, haberent. Pro firmitatis siquidem studio, nostram regiam majestatem deprecati sunt predictus G[irbertus] episcopus atque ejusdem ęcclesię canonici ut, pro mercedis nostrę emolumento, quoddam preceptum, quod plenarie ipsam L[udovici] predecessorumque nostrorum preceptionem in se contineret et confirmando renovaret, eis fieri preciperemus. Nos itaque, utile atque pernecessarium esse sentientes unicuique nostrum ex his quę in hoc mundo ad tempus sibi sunt a Deo collata, propter Omnipotentis honorificentiam, ęcclesias in beatę Dei Genitricis honore et memoria ceterorumque sanctorum late per orbem constructas muneribus locupletare, pre ceteris etiam omnibus dignius ipsam gloriosam Dei Genitricem quam optimis donis placare, et ipsius ęcclesiam, quę, post Deum cęli tenens apicem, ligandi atque solvendi plenam in Filio obtinet potestatem, divitiis honorifice ditare, justis ac rationabilibus eorum petitionibus adquievimus pro remedio animę nostrę; hoc amplificando superaddentes, ut quod eisdem episcopis ab ipso L[udovico] predecessoribusque nostris antiquitus collatum fuerat, canonicis ejusdem ęcclesię omnibus inibi Deo famulantibus et nos in perpetuum concederemus. Hoc igitur nostrę auctoritatis preceptum tam episcopis quam canonicis Parisiensis ęcclesię universis fieri disposuimus, per quod cunctis fidelibus, presentibus scilicet et futuris, nostra auctoritate regia precipimus ut, ubicumque famuli vel missi Parisiensis episcopi et ejusdem ęcclesię canonicorum infra ditionem imperii nostri negotiandi causa directi fuerint, nemo teloneum, neque quod vulgo dicitur ripaticum, nec rotaticum, aut portaticum, sive triaticum, aut cispiaticum, necnon et salutaticum, aut ullum censum, aut ullam redibitionem, sive aliquam consuetudinem ab ipsis exigere vel accipere presumat; sed liceat eis pacifice discurrere, et illud ad quod missi fuerint libere peragere, et ad quascumque civitates, vel portus aut loca accessus habuerint, nullam inquietudinem aut detentionem sive contrarietatem ab aliquo patiantur, sed ubicumque ab episcopo vel canonicis directi fuerint, securi et quieti cum omnibus quę secum detulerint, nostra auctoritate ire et redire valeant. Quod, ne valeat oblivione deleri, scripto commendavimus, et, ne possit a posteris infringi, sigilli nostri auctoritate et nominis nostri karactere firmari et corroborari disposuimus. Actum publice Parisius, anno Incarnati Verbi m° c° xviii°, regni nostri xi°, Adelaidis reginę v°. Astantibus in palatio nostro, quorum nomina subtitulata sunt et signa : Signum Guillelmi dapiferi. Signum Hugonis constabularii. Signum Gisleberti buticularii. Signum Guidonis camerarii. Datum per manum Stephani cancellarii. (*Monogramme.*)

    A. Original, scellé du sceau plaqué, aux Arch. nat., K. 21, n° 14.
    B. Copie du xii° siècle, aux Arch. nat., LL. 177 (*Livre noir* de Notre-Dame), p. 50.
    C. Copie du xiii° siècle, aux Arch. nat., LL. 175 (*Grand Pastoral* de Notre-Dame), p. 589.
    D. Copie du xiii° siècle, aux Arch. nat., LL. 176 (*Petit Pastoral* de Notre-Dame), p. 67.
    E. Copie abrégée du xiii° siècle, aux Arch. nat., J. 152, n° 1.
    F. Copie du xv° siècle, abrégée comme la précédente, aux Arch. nat., JJ°, fol. 81 v°.

184

1119, 27 novembre. — Saint-Denis.

Bulle du pape Calixte II, plaçant le monastère de Saint-Martin-des-Champs sous la protection du Saint-Siège et confirmant ses biens et privilèges.

Calixtus episcopus, servus servorum Dei, dilecto in Christo filio Matheo priori monasterii Sancti Martini quod de Campis dicitur, salutem et apostolicam benedictionem. Sicut injusta poscentibus nullus est tribuendus effectus, sic legitima desiderantium non est differenda petitio. Proinde nos, dilecte in Christo fili Mathę prior, tuis petitionibus annuentes, Beati Martini monasterium, cui, auctore Deo, ex venerabilis fratris nostri Pontii Cluniacensis abbatis institutione presides, presentis decreti auctoritate munimus, statuentes ut, quemadmodum cętera Cluniacensis cenobii menbra, semper sub apostolicę sedis tutela permaneat. Cuncta etiam quę in presenti xiii° indictione eidem loco pertinere videntur, quieta vobis semper et integra permanere sancimus. Videlicet in pago Parisiacensi, decimam ejusdem prefati monasterii Sancti Martini, et altare et decimam de Callevio; in suburbio Parisiacę urbis, ecclesiam Sancti Jacobi cum parochia; prope monasterium Sancti Martini, capellam Sancti Nicholai; infra urbem, in vico qui dicitur Judeorum, furnum quendam, et ad Magnum Pontem, duo molendina; ecclesiam Sancti Dionisii de Monte Martyrum, cum capella quę ad Sanctum Martyrium appellatur; Nusiellum villam cum ecclesia et atrio, et omnibus appendiciis suis; Rusiacum villam, quam dedit Anselmus dapifer; apud Taverniacum, et Turnum, et Moncellum, hospites, et vineas, et census, et silvam castanearum, ex dono Oddonis comitis de Corbolio, et aliam silvam de castaneis juxta eandem sitam; ecclesiam de Eriniaco; apud Pontisaram castrum, de dono regio, et Radulfi Delicati et Guarnerii Silvanectensis, hospites, censum et terras; apud vallem Joiaci, terram, censum et hospites, ex dono cujusdam monachi Berengarii, concedente Osmundo de Calvo Monte; et villam Castaneium cum æcclesia et decima; et terram de Puteolis; et altare de Fontaneto; altare, æcclesiam, atrium et decimam de Esquem; altare, atrium et decimam de Campiniaco; ęcclesiam de Doomunte, cum appendiciis suis; altare de Ermonovilla; æcclesiam de Duniaco, et molendina et cętera quę ibi sunt Sancti Martini; apud Pontem Ebali, curtem et terras; Cevrencum villam, cum appendiciis suis, et æcclesiam ejusdem villę, cum capella et decima de Livriaco; Bonzeias cum æcclesia et appendiciis suis; apud Nuseium Siccum, terram et censum; et apud Clicei, terram et censum; et Pantinum cum æcclesia et appendiciis suis; et Roveredum cum circumadjacentibus terris; apud Luvram in Parisiaco, æcclesiam cum atrio; apud Gornacum castrum, monasterium Sanctę Marię cum omnibus appendiciis suis; villam Nuseium cum omnibus appendiciis suis; Mairolas cum æcclesia et appendiciis suis; decimam de Attiliaco; villam Confluentiam cum æcclesia et appendiciis suis; apud Sanctum Marcellum, terram quam dedit Cleopas monachus; apud Victriacum villam, domum, torcular, vineas et censum; apud Villam Judeam, hospites, terram et censum, et molendinum de Arcoilo; apud Clamardum, æcclesiam, terram, vineas et censum; apud Sanctum Clodoaldum, terram quę Alnetus dicitur, cum appendiciis suis; in monte Savias et Monte Martyrum, torcularia et vineas; in Carnotensi pago, æcclesiam de Bonella cum atrio et hospitibus et omnibus appendiciis suis; Ursonis Villam cum æcclesia et appendiciis suis; Bolovillam cum appendiciis suis, et Escun, et Placemontem, et villam Gouiolum cum æcclesia et decima; apud Mundumvillam, hospites et terras; apud Capellam, hospites et terras; Rodenis Villam cum æcclesia et appendiciis suis; apud Carnotum, in burgo Sancti Caralni, hospites et censum; villam quę Tabulas dicitur, censum denariorum, et decimam de Berceriis; apud Crisperias, æcclesiam et decimam et hospites; villam Boult; Sanctum Hylarium, cum æcclesia et appendiciis suis; gordum de Pitiaco; apud Medendam, de transverso per aquam, de singulis navibus tres obolos, ex dono Gervasii dapiferi et concessione Philippi regis; apud Miliacum castrum et Contiacum, decimum diem in redditu pedagii, partem videlicet prefati Gervasii; in Aurelianensi pago, Hyemvillam cum æcclesia et tota parochia de Puteacio, et decimum mercatum cum omnibus appendiciis suis, et altare de Novavilla; in Senonensi pago, æcclesiam et atrium de Pringi, et Vovas; apud Conam, æcclesiam et atrium cum appendiciis suis; in Meldensi pago, Anetum villam, cum æcclesia et atrio et appendiciis suis; in Suessionensi pago, villam quę Sancta Gemma dicitur, cum æcclesia et appendiciis suis, et terram de Monte Aldonis; in Laudunensi pago, Disiacum villam, et alodium de Brianna cum appendiciis suis; in Noviomensi pago, æcclesiam de castro quod Capi dicitur, cum appendiciis suis; altare de Heldicurte et altare de Revelone; in Ambianensi pago, æcclesiam de Ligniaco cum appendiciis suis; apud Arenas castrum, æcclesiam Beatę Marię cum appendiciis suis; apud Ruam, Vertunum et Waben, redditus salis et aquarias piscium; in Taruanensi pago, altare de Fevrentiaco cum appendiciis suis; in Belvacensi pago apud Bellum Montem, æcclesiam Sancti Lenorii cum appendiciis suis, et decimam de Mediana Curte; apud Nusiacum, terram et censum; apud Meruacum villam, altare, atrium et decimam, cum appendiciis suis, et altare Sancti Audomari cum appendiciis suis; apud Belvacum, æcclesiam Sancti Pantaleonis; apud Montiacum Sanctę Oportunę, æcclesiam ejusdem sanctę cum appendiciis suis; in Silvanectensi pago, monasterium Sancti Nicholai de Aciaco, cum appendiciis suis; apud Sorvillare, æcclesiam, atrium, decimam et hospites. In Anglia, apud Lundoniam, terram censualem et hospites, ex dono Radulfi de Tuin et concessione Heinrici regis; apud castrum Barnastabale, æcclesiam cum appendiciis suis; et cętera quę predecessorum nostrorum sanctę memorię Urbani pape et Paschalis secundi privilegiis continentur. Quęcumque preterea a quibuslibet de suo jure eidem loco collata sunt vel in futurum conferre contigerit, firma semper et illibata permaneant, tam a te quam ab aliis qui per Cluniacenses abbates eidem loco prepositi fuerint, possidenda, regenda ac perpetuo disponenda. Decernimus ergo ut nulli omnino hominum liceat idem cenobium temere perturbare, aut ejus possessiones auferre, vel ablatas retinere, minuere vel temerariis vexationibus fatigare; sed omnia integra conserventur eorum, pro quorum sustentatione ac gubernatione concessa sunt, usibus omnimodis profutura. Si qua igitur in futurum æcclesiastica secularisve persona, hanc nostrę constitutionis paginam sciens, contra eam temere venire temptaverit, secundo tertiove commonita, si non satisfactione congrua emendaverit, potestatis honorisque sui dignitate careat, reamque se divino judicio existere de perpetrata iniquitate cognoscat, et a sacratissimo corpore ac sanguine Dei et Domini Redemptoris Jhesu Christi aliena fiat, atque in extremo examine districte ultioni subjaceat. Cunctis autem eidem loco justa servantibus sit pax Domini nostri Jhesu Christi, quatenus et hic fructum bonę actionis percipiant et apud districtum judicem premia æternę pacis inveniant. Amen.

(*Rota*)[1]. Ego Calixtus, catholicę ecclesię episcopus. Bene valete.

Datum apud Sanctum Dionisium, per manum Grisogoni, sanctę Romanę ecclesię diaconi cardinalis ac bibliothecarii, v kalendas decembris, indictione xiii°, Incarnationis Dominicę anno m° c° xviiii°, pontificatus autem domni Calixti secundi pape anno primo.

A. Original, aux Arch. nat., L. 224, n° 2.
B. Copie du xii° siècle, à la Bibl. nat., ms. lat. 10977 (*Liber Testamentorum* de Saint-Martin), fol. 73 r°.
C. Copie du xiii° siècle, aux Arch. nat., LL. 1351 (Cartul. A de Saint-Martin-des-Champs), fol. 2.

---

[1] Autour de la *rota* se lit la légende de Calixte II : «Firmamentum est Dominus (*sic*) timentibus.»

185

1120, avant le 18 avril [1]. — Paris.

Confirmation par Louis VI de l'immunité accordée par ses prédécesseurs au cloître Notre-Dame.

PRECEPTUM DE DOMO HUBERTI ET ALGRINI STAMPENSIS IN PARADYSO.

In Christi nomine, ego Lucdovicus, Dei miserante providentia, Francorum rex. Cum, juxta sacratissimarum legum instituta, regia potestas ex injuncto sibi officio ęcclesiarum utilitati et honori plurimum vacare debeat, opere precium est eos, quibus tanta permissa est a Deo potestas, earum tranquillitati et paci attentiori sollicitudinis cura providere et, ad laudem Dei omnipotentis per quem reges regnant, ęcclesias et earum res quodam honoris privilegio decorare, ut in bonis actibus et regium morem exerceant et supernę retributionis premium indubitanter adquirant. Noverint igitur omnes, tam presentes quam futuri, quoniam domnus Gerbertus, Parisiorum episcopus, domnusque Stephanus, cancellarius noster et Parisiensis ęcclesię archidiachonus, serenitatis nostrę presentiam adierunt, ac domni Karoli predecessoris nostri, gloriosi Francorum regis, de immunitate et confirmatione claustri Parisiensis ęcclesię preceptum celsitudini nostrę obtulerunt, humili petitione deprecantes quatenus et illud auctoritate regia confirmaremus, et, ad sanctę Dei Genitricis honorem et exaltationem, eidem claustro et ipsius libertati aliquid ex nostra parte superadderemus. Nos vero, humilem et congruam eorum petitionem indignum repellere judicantes, preceptum claustri et canonicorum libertatem a predecessoribus nostris et a predicto Karolo rege collatam et confirmatam in perpetuum confirmavimus; et, ut ex liberalitatis nostrę munificentia benignius ageremus, domos Huberti Silvanectensis et Algrini Stampensis, ejusdem ęcclesię canonicorum, quę antea de claustro non erant, ante portam ęcclesię, ad occidentalem videlicet plagam sitas, cum earum appendiciis et omnibus quę infra ipsarum muros usque ad fluvium Secanę continentur, claustro Beatę Marię et ipsius libertati superaddimus, et in claustrum perpetua stabilitate confirmamus, ita scilicet ut neque rex, neque episcopus, neque prorsus alia quelibet persona, in ipsis sive in earum appendiciis, exactiones vel consuetudines aliquas ulterius requirere vel accipere presumat, sed in eadem libertate et tuitione alterius claustri perpetuo et inviolabiliter persistant. Ut autem hoc nostre auctoritatis preceptum per futura

---

[1] Cette pièce est datée de l'an 1119 et de la 6ᵉ année d'Adélaïde; or, cette princesse ayant épousé Louis VI dans les premiers mois de 1115, la 6ᵉ année de son règne ne peut tomber qu'en 1120. Pour accorder cette date avec l'an 1119 de l'Incarnation, on doit donc supposer que ce diplôme est daté d'après le style de Pâques, et qu'il est antérieur au 18 avril 1120.

tempora inviolabilem obtineat firmitatis vigorem, sigilli nostri auctoritate et nominis nostri karactere firmari et coroborari disposuimus.

Actum Parisius, anno Incarnati Verbi M° c° xvIII°, regni nostri xII, Addelaidis reginę vI°, astantibus in palatio nostro quorum nomina subtitulata sunt et signa : Signum Willelmi dapiferi. Signum Hugonis constabularii. Signum Gisleberti buticularii Signum Guidonis camerarii. (*Monogramme.*)

Data per manum Stephani cancellarii.

<small>A. Original avec sceau plaqué, aux Arch. nat., K. 21, n° 15.
B. Copie du xII° siècle, aux Arch. nat., LL. 177 (*Livre noir* de Notre-Dame), p. 148.
C. Copie du xIII° siècle, aux Arch. nat., LL. 175 (*Grand Pastoral* de Notre-Dame), p. 585.
D. Copie du xIII° siècle, aux Arch. nat., LL. 176 (*Petit Pastoral* de Notre-Dame), p. 81.
E. Vidimus du 16 janvier 1309, aux Arch. nat., L. 451, n° 99.</small>

186
1120, avant le 18 avril [1]. — PARIS.

Abandon par Louis VI au chapitre de Notre-Dame de tous les droits auxquels il prétendait sur une famille de serfs.

In Christi nomine. Ego Ludovicus, Dei dispensante misericordia in regem Francorum sublimatus, notum fieri volo tam futuris quam et instantibus quoniam nostram adiere presentiam domnus Bernerus, Parisiensis decanus, totusque ejusdem ęcclesię communis conventus, rogantes ac obnixe deprecantes quatinus, ob remedium animę nostrę predecessorumque nostrorum, servitutis calumpniam injustam, quam Odoni, majori de Undresiaco, fratribus sororibusque suis, filiis etiam et filiabus imponebamus, ex toto dimitteremus. Quorum petitionem misericorditer amplexi, calumniam injuste impositam dimisimus, et tam ipsum quam fratres et sorores, filios et filias ipsius ab omni nostra servitute in perpetuum liberavimus, et ęcclesię Beatę Marię Parisiensis, si quid in eis juris nostri fuerat, jure perpetuo possidendum contulimus. Quod, ne valeat oblivione deleri, scripto commendavimus, et, ne possit a posteris infringi, sigilli nostri auctoritate et nominis nostri karactere presentem cartam subterfirmavimus.

Actum Parisius, anno Incarnati Verbi M° c° xvIII°, regni nostri xII°, Adelaidis reginę vI°, astantibus in palatio nostro quorum nomina subtitulata sunt et signa : Signum Guillelmi dapiferi. Signum Hugonis constabularii. Signum Gisleberti buticularii. Signum Guidonis camerarii.

Data per manum Stephani cancellarii. (*Monogramme.*)

<small>A. Copie du xIII° siècle, aux Arch. nat., LL. 177 (*Livre noir* de Notre-Dame), p. 203.</small>

---

[1] Même observation, quant à la date, que pour la pièce précédente.

187

1120, après le 3 août. — PARIS.

Cession par Louis VI au chapitre de Notre-Dame d'un serf nommé Ermond.

DE HERMUNDO.

In nomine sancte Trinitatis. Ego Ludovicus, Dei gratia Francorum rex, notum fieri volo cunctis fidelibus tam futuris quam et instantibus, quod calumpniam servitutis, quam Hermundo imponebamus, prorsus in perpetuum dimitimus, et Beatę Marię Parisiensis ęcclesię illum jure perpetuo in servum concedimus. Quod, ne valeat oblivione deleri, scripto conmendavimus, et, ne possit a posteris infirmari, sigilli nostri actoritate et nominis nostri karactere subterfirmavimus.

Actum Parisius publice, anno Incarnati Verbi M°C°XX, regni nostri XIII, Adelaydis autem regine VI, astantibus in palatio nostro quorum nomina subtitulata sunt et signa : Signum Stephani dapiferi. Signum Gisleberti buticularii. Signum Hugonis constabularii. Signum Widdonis chamerarii. (*Monogramme.*)

Data per manum Stephani cancellarii.

    A. Original, avec traces de sceau plaqué, aux Arch. nat., K. 21, n° 17.
    B. Copie du XII° siècle, aux Arch. nat., LL. 177 (*Livre noir* de Notre-Dame), p. 211.
    C. Copie du XIII° siècle, aux Arch. nat., LL. 176 (*Petit Pastoral* de Notre-Dame), p. 362.

188

Vers 1120 [1].

Don à l'abbaye de Notre-Dame de Longpont par Étienne de Vitry de la moitié de l'église Saint-Julien-le-Pauvre.

Stephanus, miles de Vitry, filius Rainaldi de Pleisseiz, rediens de Hierusalem, cum per mare navigaret, ibique eum tanta infirmitas invaderet ut nulla spes vitæ in eo remaneret, Dei nutu admonitus, dedit ecclesiæ Sanctæ Mariæ de Longo

---

[1] Cette charte et la suivante ne peuvent être datées avec précision. L'éditeur du *Cartulaire de Longpont* les a reculées jusque vers 1100, parce que les mots «rediens de Hierusalem» lui ont fait croire qu'Étienne de Vitry avait été à la première croisade. Mais il s'agit plus probablement d'un simple pèlerinage dont rien ne donne la date. En revanche, nous savons qu'Étienne de Vitry était contemporain de Guy, neveu de Henri, prieur de Longpont (*Cartulaire de Longpont*, n° 246); or ce prieur siégea jusqu'en 1125 au moins. De plus le moine Thierry mentionné ici se retrouve dans un acte de 1116 ou 1117 (*ibid.*, n° 84), où figure également Thomas de Châteaufort, dont le nom se lit au bas de la seconde de nos deux chartes, mais plutôt à la fin qu'au commencement de cette période. Ces deux documents appartiennent donc au premier quart du XII° siècle.

Ponte medietatem ecclesiæ Sancti Juliani martyris, quæ Parisius apud Parvum Pontem sita est. Hujus rei testis et legatus est Stephanus Adrachepel, qui tunc erat socius ejus. Dei autem misericordia maris atque infirmitatis tociusque itineris evadens pericula, donum istud, sicut supra diximus, se fecisse recognovit, atque etiam libenti animo iteravit, ponens illud in manu Teoderici monachi, qui ejus precepto illud ceteris fratribus apud Longum Pontem conversantibus detulit. Hujus rei sunt testes : Robertus famulus, atque Philippus de Baignos.

A. Copie du xiie siècle, à la Bibl. nat., ms. lat. 9968 (Cartulaire de Longpont), fol. 50 r°.

189

Vers 1120.

Don par Hugues de Monteler à l'abbaye de Notre-Dame de Longpont de l'église Saint-Julien-le-Pauvre.

Hugo de Munteler dedit Deo et Sanctæ Mariæ de Longo Ponte et monachis ejusdem ecclesiam quandam apud Parisius, quæ constructa est in honore sanctorum Juliani, martyris Brivatensis, atque Juliani confessoris, Cenomanensis episcopi, cum terra quam prefati monachi jam possidebant juxta eandem æcclesiam, retento sibi censu suo de ipsa terra quamdiu placuerit. Hoc donum concessit Helvisa uxor ejus, atque Petrus filius amborum, et simul cum predicto Hugone super altare sanctæ Mariæ posuerunt. Quod viderunt et audierunt hii testes : Robertus, cognomento Syrot; Guido, frater Thome de Castroforti; Gaufredus Malaterra; Landricus, frater Bertranni; Guillelmus, filius Fulconis de Paleseolo; Albricus de Paleseolo; Garnerius famulus; Oylardus, filius Harpini; Holdebertus, filius Georgii.

A. Copie du xiie siècle, à la Bibl. nat., ms. lat. 9968 (Cartulaire de Longpont), fol. 50 v°.

190

Vers 1120.

Contrat de métayage entre le chapitre de Notre-Dame et Jean Trian, pour l'exploitation des vignes du chapitre à Ivry.

DE VINEIS APUD IVRIACUM SITIS.

Ego Bernerus, Sanctę Marię Parisiensis ęcclesię decanus, communi favore et parili omnium canonicorum assensu, vineas nostras, quę apud Ibriacum site sunt, Johanni Trianno et heredibus ejus ad medietatem faciendas concessimus, quamdiu ipse vel ejus heredes quecumque in factura vinearum illarum necessaria fuerint bene operabuntur. Quoniam vero mentes hominum in pactis varias flexibilesque cognovimus, litterarum memorię commendari et cyrographi subscriptione, ne in posterum infringatur, annotari voluimus [1].

A. Copie du XIII° siècle, aux Arch. nat., LL. 177 (*Livre noir* de Notre-Dame), p. 222.
B. Copie du XIII° siècle, aux Arch. nat., LL. 176 (*Petit pastoral* de Notre-Dame), p. 258.

191

1121, avril. — TIRON.

Diplôme de Louis VI, réservant la connaissance des causes intéressant l'abbaye de Tiron [2] au Parlement de Paris : «Coram magnis præsidentialibus nostris Parisinis, vel alibi ubi nostra precellens et suprema regalis curia residebit, immediate et solummodo habeant et teneantur respondere».

A. Apocryphe aux Arch. d'Eure-et-Loir.

Édit. : (a) *Gallia christiana*, t. VIII, col. 320, d'après A. — (b) *Nouv. traité de diplom.*, t. III, p. 673, pl. lxviij, d'après A. — (c) Merlet, *Bibl. de l'École des chartes*, 3° série, t. V, p. 525.

192

1121, après le 3 août. — PARIS.

Abandon par Louis VI en faveur des marchands de Paris d'un droit de 60 sous par bateau de vin, qu'il percevait au temps des vendanges.

In nomine sancte Trinitatis. Ego Ludovicus, Dei gratia Francorum rex, notum fieri volo cunctis fidelibus, tam futuris quam instantibus, quia sexaginta solidos, quos tempore vindemiarum de unaquaque navi vino onerata Parisius capiebamus, mercatoribus ita imperpetuum dimittimus, condonamus, ut nunquam inde amplius nisi justam consuetudinem nostram accipiamus. Quod, ne valeat oblivione deleri, scripto commendavimus, et, ne possit a posteris infirmari, sigilli nostri auctoritate et nominis nostri karactere subterfirmavimus.

---

[1] *Var.* «subscriptione fecimus annotari» (B).

[2] Cette pièce a longtemps passé pour «un des plus authentiques et des plus précieux monuments du règne de Louis le Gros». Les Bénédictins, qui l'appréciaient ainsi, ajoutaient qu'ils ne connaissaient point de monument plus ancien où la dignité, la prééminence et la souveraineté du Parlement de Paris fussent plus disertement exprimées.

(*Nouv. traité de diplom.*, t. III, p. 672 et 673). Divers auteurs moins autorisés se sont servis de ce document pour éclaircir les origines du Parlement de Paris, jusqu'au jour où Beugnot en a signalé la fausseté d'une façon péremptoire (*Olim*, t. I, p. XXXIV). Cette démonstration a été complétée depuis par M. Merlet (*Bibliothèque de l'École des chartes*, 3° série, t. V, p. 524 et suiv.).

Actum Parisius publice, anno Incarnati Verbi millesimo centesimo vicesimo primo, regni nostri xiii°, Adelaydis regine vii, astantibus in palacio nostro, quorum nomina subtitulata sunt et signa : Signum Stephani dapiferi. Signum Gileberti buticularii. Signum Hugonis constabularii. Signum Guidonis chamerarii. Data per manum Stephani cancellarii.

A. Vidimus [1] de Louis X, daté de février 1316, aux Arch. nat.; K. 948, n° 25.

193

1122 [2]. — PARIS.

Diplôme de Louis VI en faveur de l'abbaye de Saint-Denis, portant, entre autres dispositions, défense de construire entre Saint-Denis et l'église Saint-Laurent, sans permission de l'abbaye.

In nomine Patris et Filii et Spiritus Sancti.

Regie dignitatis, etc..... Ego igitur Ludovicus, Dei gratia rex Francorum,... notum facio presentibus et posteris quoniam presentiam nostram adiit Suggerius, venerabilis pastor et abbas ecclesie beatissimorum martyrum Dyonisii, Rustici et Eleutherii, humiliter et devote implorans ut, pro remedio anime mee, conjugis et prolis, et salute predecessorum meorum, quasdam exactiones et consuetudines opprimentes, quas in burgo Beati Dyonisii antiquitus optinueram, a pretaxata villa et ejusdem pertinentiis penitus extirparem..... Preterea mansiones et hospitum inhabitationes, quas quorumdam ministerialium nostrorum suggestione et consultu a loco Indicti usque Parisius facere disposueramus, predicti abbatis precibus, imperpetuum fieri nostre majestatis auctoritate prohibuimus et prohibemus, quoniam exinde maximum detrimentum et molestiam gloriosorum martyrum ecclesie posteris temporibus accidere posse providimus. Interdicimus itaque regie majestatis auctoritate et prohibemus ne qua mansio vel inhabitatio a predicto burgo usque ad ecclesiam Sancti Laurencii, que sita est prope pontem Sancti Martini de Campis, et ex altera parte strate regie ab eadem villa Sancti Dyonisii usque ad alium pontem prope Parisium, juxta domum Leprosorum, versus etiam Sequanam ab eadem villa Sancti Dyonisii usque ad Montem Martyrum, a quoquam deinceps fiat, nisi ad jus predictorum martyrum pertineat, excepto Clipiaco, quod ex antiquo ad fiscum regium pertinere dinoscitur; ex altera etiam parte, ab eadem villa Sancti Dyonisii usque ad regiam stratam que ducit ad Luperam. Has et omnes alias, quas in eadem villa habebamus consuetudines, sicut beato Dyonisio in tempore antecessoris ejus, sic et in tempore hujus et confirmamus et reformamus... Actum Parisius publice, anno Incarnati Verbi M C XXII, regni nostri XIII, Adelaydis regine septimo...

A. Vidimus du xiii° siècle, aux Arch. nat., K. 22, n° 1.
B. Copie du xiii° siècle, aux Arch. nat., LL. 1157 (*Cartulaire blanc* de Saint-Denis), p. 48.
C. Copie du xiv° siècle, à la Bibl. nat., ms. lat. 5415 (Cartul. de Saint-Denis), p. 111.

Édit. : (a) Doublet, *Hist. de l'abb. de Saint-Denys*, p. 851. — (b) *Rec. des Ordonn.*, t. XI, p. 181, d'après a.

---

[1] C'est d'après ce vidimus que ce document a été publié par Félibien, *Hist. de Paris*, t. I, preuves de la *Dissert. prélim.*, p. 95. — [2] Du commencement de l'année.

194

1122. — Paris [1].

Confirmation par Girbert, évêque de Paris, d'une donation de moulins et de rente annuelle, faite par son prédécesseur Galon à l'abbaye de Saint-Victor.

GIRBERTI PARISIENSIS EPISCOPI DE MOLENDINIS.

In nomine sancte et individuę Trinitatis. Hortatur caritas, urget necessitas beneficia [2] ęcclesiis collata episcopali auctoritate confirmare, et, ne oblivionis minuantur incursu, stilo memorię commendare. Noverint igitur omnes, tam posteri quam presentes, quod antecessor noster bonę memorię, donnus scilicet Gualo, Parisiensis episcopus, medietatem molendinorum, sub domo episcopali in Sequana molentium, canonicis Sancti Victoris perpetuo habendam concesserit ac donaverit, et in hoc dono assensum regis et capituli Parisiensis ex integro habuerit. Addidit etiam huic dono viginti solidos Parisiensis monetę quos singulis annis predicti fratres reciperent de gordo episcopali, inter Magnum Pontem et Melbram collocato. Ego igitur Girbertus, Dei misericordia Parisiorum episcopus, motus tam ratione quam fratrum necessitate, donum predecessoris nostri, assensu regis et capituli, diligenter concedo, laudo et confirmo, ita scilicet quod in aqua Sequane a superiori videlicet capite insulę usque ad Parvum Pontem, que tota est de jure episcopali, si molendini unus aut plures construantur, aut quacumque occasione vel in quocumque loco mutentur, communi et consilio et sumptu tam episcopi quam predictorum fratrum fiat molendinorum constructio et reparatio, et communis et equalis habeatur totius emolumenti, tam multurę quam piscium quam ceterorum divisio; molendinarii etiam communiter et inponantur et fidelitatem faciant. Sciendum etiam est quod quidam hospes noster, Guillelmus nomine, possessionem suam, de qua reddebat episcopo vii denarios de censu, sibi autem superaccreverat iii[es] solidos uno obolo minus, predictis fratribus in elemosinam dedit. Nos vero donum illius auctoritate nostra confirmamus, ita scilicet ut episcopo vii denarios de censu, sicut ille reddiderat, reddant, et quod ille superaccreverat in sua proprietate retineant. Quicquid etiam de feodo episcopali ęcclesię Sancti Victoris collatum est, ratum esse volumus, et sub eadem firmitate constituimus, et presentem cartam tam ista quam alia continentem sigilli nostri impressione corroboramus. S. Girberti episcopi. S. Berneri decani. S. Adę precentoris. S. Stephani archidiaconi. S. Henrici archidiaconi. S. Teobaldi archidiaconi. S. Huberti. S. Landonis. S. Teoderici presbiterorum. S. Roberti subcentoris.

---

[1] Du commencement de l'année. — [2] L'original porte «beneficiis».

S. Daimberti. S. Guillelmi diaconorum. S. Hugonis. S. Drogonis subdiaconi S. Alberti subdiaconi. S. Fulberti subdiaconi. Actum publice Parisius in capitulo Beate Marię, anno Incarnationis Dominicę m° c° xx° ıı°, indictione prima [1], regnante rege Hludovico anno x° ıııı°, episcopatus Girberti anno vı°.

Teobaldus cancellarius sub[s]cripsit.

A. Original scellé aux Arch. nat., L. 892, n° 1.
B. Copie du xvıı° siècle, à la Bibl. nat., ms. lat. 14679, p. 36.

195

1122. — PARIS.

Confirmation par Girbert, évêque de Paris, de la fondation de l'église Saint-Denis de la Châtre.

Pastoralis providentię est pio affectu ac studiosa sollicitudine omnibus invigilare, maxime autem, juxta Apostolum, domesticos fidei beneficiis et munificentia ampliare, et ampliatos diligenti cura protegere, ac contra malignorum versutias premunire. Ego igitur Girbertus, Dei misericordia Parisiensis ęcclesię humilis episcopus, notificare curavi tam posteris quam presentibus quod quidam miles, Ansoldus nomine, et uxor ejus Retrudis, pro antecessorum suorum necnon et animarum suarum remedio, prout accepimus, ęcclesiam Beati Dyonisii de Carcere suis opibus fundaverunt, et clericos qui ibidem Deo militarent devote statuerunt, plurimisque beneficiis in sustentationem et in usum predictorum clericorum eandem ecclesiam liberaliter dotaverunt. Inter quę supradicta ac munificentię dona idem Ansoldus et uxor ejus Retrudis dederunt prefatę ęcclesię Beati Dyonisii de Carcere jure perpetuo ad possidendum de episcopali feodo unum videlicet arpennum terrę cum omnibus ejusdem arpenni consuetudinibus apud villam que dicitur Marescalceis, et totam decimam culturarum duarum villarum, quarum villarum altera Marescalceis, altera vocatur Noereiz, quicumque eas culturas excolat sive possideat. Et hoc totum predicta ęcclesia, prout accepimus, plurimis ac pene innumeris annis quiete ac justa tranquillitate usque hodie possedit et Deo opitulante possidet. Nos vero, a quibus caritatis flagrantia in alios debet redundare, et ad quos precipue pertinet tam in se bene agere quam aliorum benefacta et dicta sustentare et affirmare, assensu domni Henrici archidiaconi et totius capituli nostri, et precibus domni Roberti decani et canonicorum prefatę ęcclesię Sancti Dyonisii, totum quod de episcopali feodo predictus Ansoldus et uxor ejus Retrudis predictę ęcclesię contulerunt, et sicut ejusdem ęcclesię canonici, ut determinatum

[1] Lisez «indictione xv°».

est, quiete et tranquille possederunt, confirmamus et eidem ecclesię Sancti Dyonisii de Carcere perpetuo jure obtinendum et possidendum in gratia et caritate Dei concedimus. Et, ne hoc aliqua posterorum calumpnia possit infirmari, sigilli nostri impressione et canonicorum nostrorum signis decrevimus sic fulciri. Signum Girberti episcopi. S. Berneri decani. S. Adę precentoris. S. Stephani archidiaconi. S. Henrici archidiaconi. S. Teobaldi archidiaconi. S. Landonis sacerdotis. S. Teoderici sacerdotis. S. Philippi sacerdotis. S. Frederici diaconi. S. Guillelmi diaconi. S. Guineranni diaconi. S. Hugonis subdiaconi. S. Petri subdiaconi. S. Alberti subdiaconi. S. Anselli pueri. S. Andree pueri. S. Manasse pueri. Actum publice Parisius, in capitulo Sanctę Marię, anno Dominicę Incarnationis M°C°·XXII°, concurrentibus VI, epacta XI, indictione XV, episcopatus Girberti anno VI. Tetbaldus cancellarius subscripsit.

A. Original, avec traces de sceau, aux Arch. nat., L. 532, n° 2.

196

1123, 28 mars. — LATRAN.

Bulle du pape Calixte II, ordonnant au clergé parisien d'obéir à l'évêque Girbert et décidant que tout chanoine promu à l'épiscopat devra renoncer à son canonicat : «ut, si aliquis ęcclesię Parisiensis canonicus ad episcopatus fuerit honorem promotus, et alterius ecclesię gubernacula beneficiaque susceperit, illius, de qua assumptus est, ecclesię privetur canonica.»

A. Original aux Arch. nat., L. 224, n° 5.
B. Copie du XII° siècle, aux Arch. nat., LL. 177 (*Livre noir* de Notre-Dame), p. 156.
C. Copie du XIII° siècle, aux Arch. nat., LL. 177 (*Petit Pastoral* de Notre-Dame), p. 17.
D. Copie de 1330 aux Arch. nat., LL. 184 (*Petit cartulaire* de Notre-Dame), fol. 4 r°.

Édit. : (a) Baluze, *Miscellanæa*, t. III, p. 14. — (b) Labbe, *Concil.*, t. X, col. 848, d'après B. — (c) Hardouin, *Concil.*, t. VI, part. II, col. 1970, d'après B. — (d) *Theodori pœnitentiale*, t. II, p. 616, d'après A et B. — (e) Mansi, *Concilia*, t. XXI, p. 210, d'après B. — (f) *Recueil des hist. de la France*, t. XV, p. 248, d'après b. — (g) Migne, *Patrol.*, t. CLXIII, col. 1274, p. 210, d'après a.

197

1123, avant le 3 août. — PARIS.

Diplôme de Louis VI, concédant au chapitre de Notre-Dame une vigne, un pressoir et une maison situés à Ivry, qui avaient appartenu à l'évêque Girbert, ainsi que la chapelle de cet évêque et toutes les chapes et ornements sacerdotaux de l'église Notre-Dame.

A. Original, avec traces de sceau, aux Arch. nat., S. 422, n° 8.
B. Copie du XII° siècle, aux Arch. nat., LL. 177 (*Livre noir* de Notre-Dame), p. 171.
C. Copie du XIII° siècle, aux Arch. nat., LL. 175 (*Grand Pastoral* de Notre-Dame), p. 81.
D. Copie du XIII° siècle, aux Arch. nat., LL. 176 (*Petit Pastoral* de Notre-Dame), p. 84.

Édit. : (a) Guérard, *Cartulaire de Notre-Dame de Paris*, t. I, p. 266, d'après C.

198

1123, après le 3 août. — PARIS.

Diplôme de Louis VI, autorisant le chapitre de Notre-Dame à prélever annuellement une somme de dix livres sur les revenus de l'évêché pour subvenir à la couverture de la cathédrale.

PRECEPTUM COOPERTURĘ ĘCCLESIĘ BEATĘ MARIĘ

In nomine sanctę et individuę Trinitatis. Justitię et rationi congruere plane et evidenter agnoscitur, quod ea quę ęcclesiis Dei, caritatis gratia, conferuntur in earum necessitatibus, ut dignum est, expendantur, quia quasi crudele et inhonestum videtur quod ea, quę illis data sunt, in usibus ipsarum necessariis eisdem subthraantur; quod siquidem regum precipue et principum offitio incumbere deprehenditur, ut ęcclesię Dei ab ipsorum sollicitudine in hoc provideatur. Ego igitur Ludovicus, Dei gratia Francorum rex, hac ratione ammonitus, notum fieri volo cunctis fidelibus, tam futuris quam et instantibus, quod Bernerus, Beate Marię Parisiensis ęcclesię decanus, et capituli ejusdem ęcclesię conventus universus, dum in manu nostra Parisiensis episcopatus benefitia teneremus, a majestate nostra humiliter petierunt ut, super ęcclesiam sanctissime Dei Genitricis misericordia moti, de rebus episcopalibus aliquid eidem ęcclesię unde in perpetuum cooperiri posset, jure perpetuo et annis singulis habendum, donaremus. Nos autem, dignę et humili eorum petitioni condescendentes, regia actoritate nostra statuimus et precipimus ut, ad eamdem ecclesiam cooperiendam, x^{cem} libre de redditu altaris in octavis Edicti annuatim sumantur. Et, si ad hoc altaris redditus non sufficerit, ille x^{cem} nummorum libre de cereis, qui in Purificatione sanctę Marię a casatis redduntur, ad plenum suppleantur, et positę in custodia capicerii et unius ejusdem ęcclesię canonici, quem decanus et capituli conventus ad hoc elegerint, solummodo in essillis et clavis et tegulis penitus expendantur, et ubi et quomodo expense fuerint, decano et capitulo ab earum custodibus computabitur. Trabes autem et tigni, immo alia omnia ęcclesię necessaria, ab episcopo ęcclesię ministrentur.

Quod, ne valeat oblivione deleri, scripto commendavimus, et, ne possit a posteris infirmari, sigilli nostri actoritate et nominis nostri karactere subterfirmavimus.

Actum Parisius publice, anno Incarnati Verbi M°C°XX°III°, regni nostri X°VI°, astantibus in palatio nostro quorum nomina subtitulata sunt et signa : Signum Stephani dapiferi. Signum Gisleberti buticularii. Signum Hugonis constabularii. Signum Alberici chamerarii.

Data per manum Stephani cancella(*monogramme*)rii.

    A. Original, avec traces de sceau plaqué, aux Arch. nat., K. 22, n° 2.
    B. Copie du XIII° siècle, aux Arch. nat., LL. 177 (*Livre noir* de Notre-Dame), p. 173.
    C. Copie du XIII° siècle, aux Arch. nat., LL. 175 (*Grand Pastoral* de Notre-Dame), p. 588.
    D. Copie du XIII° siècle, aux Arch. nat., LL. 176 (*Petit Pastoral* de Notre-Dame), p. 85.

199

1123, après le 3 août. — PARIS.

Confirmation par Louis VI de l'inféodation d'une partie du tonlieu du pain de Paris, faite par Philippe Ier à Étienne le Maréchal.

PRIMA LITTERA TELONEI [1].

In nomine sancte et individue Trinitatis. Ego Ludovicus, Dei gratia Francorum rex, notum fieri volo cunctis fidelibus, tam futuris quam et instantibus, quod Stephanus Marescallus duas partes telonei panis Parisius, excepto illo solo quod Beatus Dionysius inde habet, et forachium ejusdem civitatis, a domno Philipo, patre nostro, in feodo habuit et possedit. Nos autem predictas illas duas partes et foragium predictum predicto Stephano, jure perpetuo, et in feodo et ut ligio homini nostro concedimus : medietatem siquidem illarum partium predictarum, quam idem Stephanus Petro, Letoidis filio, cum filia sua in maritagio donavit, nos eidem Petro in perpetuum concedimus, ita ut, sicuti Stephanus a patre nostro et a nobis tenuit et tenebat, ita Petrus medietatem illam a nobis in feodo et in ligietate hominii teneat et obtineat. Quod, ne valeat oblivione deleri, scripto conmendavimus, et, ne possit a posteris infirmari, sigilli nostri actoritate et nominis nostri karactere subterfirmavimus.

Actum Parisius publice, anno Incarnati Verbi M°C°XX°III°, regni nostri X°VI°, astantibus in palacio nostro quorum nomina subtitulata sunt et signa : Signum Stephani dapiferi. Signum Gisleberti buticularii. Signum Alberici camerarii. Signum Hugonis cunstabularii. (*Monogramme.*)

Data per manum Stephani cancellarii.

A. Original, avec traces de sceau plaqué, aux Arch. nat., K. 22, n° 3^a.
B. Vidimus de 1299, aux Arch. nat., K. 22, n° 3^b.

200

Vers 1123 [2].

Girbert, évêque de Paris, partage le canonicat de l'archidiacre Étienne [de Garlande] en deux prébendes et en affecte les revenus à deux nouveaux chanoines.

PRECEPTUM DE CAPELLA STEPHANI ARCHIDIACONI.

In nomine sanctę et individuę Trinitatis, Girbertus, Parisiorum episcopus,

---

[1] Titre du XIIIe siècle. — [2] Guérard (*Cartul. de Notre-Dame de Paris*, t. I, p. 328) a classé cette pièce aux environs de l'an 1119. Bréquigny (*Table des diplômes*, t. II, p. 519) la place vers 1123, ce

tam presentibus quam futuris. Scire volumus omnes, tam posteros quam presentes, quod Stephanus, archidiaconus noster, aures nostrę parvitatis sepe pulsaverit, rogando et supplicando quatinus prebendam suam duobus presbiteris habendam concederemus, et duos canonicos Beatę Marię inde faceremus. Proposuerat enim idem Stephanus quod, in ęcclesia quam domibus suis contiguam edificaverat, ministros sacerdotalis ordinis constitueret, qui tam pro remissione peccatorum suorum quam pro salute antecessorum suorum Deo ibi ministrarent, et memoriam fratrum sanctę matris ęcclesię debitis horis celebrarent. Fuit etiam in ejus voto et petitione quatinus in electione et in impositione presbiterorum ibi ministrantium et in investitura prędicte prębende capitulo Beatę Marię vices nostras ex integro concederemus, et episcopali auctoritate in perpetuum firmaremus, omnesque qui pro investitura illa pecuniam, pastum vel aliquid ullo tempore promitterent, darent vel acciperent, sub perpetuo anathemate poneremus. Voluit etiam ut nos de presbiteris illis hoc ordinaremus quatinus, et in claustro, et in capitulo, et in choro, et in altaris servicio, et in omnibus, sicut et cęteri canonici inrefragabiliter haberentur, pariterque et alternatim per singulas septimanas, tam in matre ęcclesia, sicut integri canonici, quam in predicta capella, Deo ministrarent. Nos igitur, justam et honestam in omnibus petitionem ejus considerantes, moti tam ratione quam ęcclesię utilitate, assensu totius capituli nostri, preces illius benigne suscepimus, et petitioni tam juste per omnia diligenter adquievimus, sub anathemate totum confirmando. Reliquit autem his duobus sacerdotibus duos clausos vinearum, unum ad radicem montis Beatę Genovefę, alterum vero apud Ivri; ita ut communiter eos excolerent et fructus eorum communiter colligerent[1]. [Domus autem prefati Stephani duobus presbiteris illis sic dividitur, ut ab aresta illius macerie que media est inter majorem domum et illam in qua cellarium continetur, recta linea ducatur murus usque ad illum murum qui curtim claudit et vie adjacet. Et qui majorem domum habebit, et turrim habebit; qui vero alteram domum habebit, habebit et viridarium. Constituit etiam predictus Stephanus quatinus duo prefati presbiteri per singulos annos, die scilicet sui anniversarii, stationem de quatuor ferculis redderent; de qua statione, tam canonici quam vicarii reficerentur.]

A. Copie du xiie siècle, aux Arch. nat., LL. 177 (*Livre noir* de Notre-Dame), p. 166.
B. Copie du xiiie siècle, aux Arch. nat., LL. 175 (*Grand Pastoral* de Notre-Dame), p. 667.
C. Copie du xiiie siècle, aux Arch. nat., LL. 176 (*Petit Pastoral* de Notre-Dame), p. 177.

---

qui nous paraît préférable, étant donnée la confirmation, malheureusement sans date, qui en fut faite par Étienne, successeur de l'évêque Girbert. (Voir le n° suivant.) — [1] Tout ce qui suit manque dans A et C.

201

Vers 1124.

Confirmation par Étienne, évêque de Paris,
du partage du canonicat de l'archidiacre Étienne [de Garlande] en deux prébendes.

In nomine sancte et individue Trinitatis.

Notum sit omnibus veritatis testibus, tam presentibus quam futuris, quia ego Stephanus, Dei gratia Parisiorum episcopus, motus precibus domni Stephani archidiaconi nostri, concessi et positione sigilli nostri sub anathemate confirmavi quod domnus Girbertus episcopus, antecessor noster, similiter concessit et confirmavit, de prebenda prefati Stephani quam duobus presbiteris reliquit, ut capellę Sancti Aniani, quę est domui suę contigua, tam pro remissione peccatorum suorum quam pro salute antecessorum suorum, Deo ibi ministrarent et memoriam fratrum sanctę matris ecclesię debitis horis celebrarent.

A. Original en forme de chirographe, avec traces de sceau, aux Arch. nat., L. 539, n° 1ᵃ.
B. Original (2ᵉ moitié du chirographe), avec traces de sceau, aux Arch. nat., L. 539, n° 1ᵇ.
C. Copie du xiiᵉ siècle, aux Arch. nat., LL. 177 (*Livre noir* de Notre-Dame), p. 185.
D. Copie du xiiiᵉ siècle, aux Arch. nat., LL. 175 (*Grand Pastoral* de Notre-Dame), p. 668.
E. Copie du xiiiᵉ siècle, aux Arch. nat., LL. 176 (*Petit Pastoral* de Notre-Dame), p. 184.

202

1124, avant le 3 août. — Paris.

Confirmation par Louis VI d'une coutume pour le mariage des serfs de Sainte-Geneviève
à Villeneuve et à Chaillot.

DE CONSUETUDINE BEFEHT INTER HOMINES REGIS ET NOSTROS.

† In nomine sancte et individue Trinitatis. Quia honor regis, juxta prophetiam, habet parare direcciones judicium et justiciam, ego, Dei gratia Francorum rex, Ludovicus, futuris et presentibus notum fieri volumus quod donnus Stephanus, Sanctę Genovefę decanus, et ejusdem ecclesię canonicorum conventus, nostram serenitatem humiliter deprecando, quandam consuetudinem inter nostros homines trium tantum villarum, scilicet Villę Novę, Moncii, Caloili et homines Sanctę Genovefę, olim habitam, quesierunt in futurum servari et eterna stabilitate inviolabiliter confirmari; et talis est consuetudo, *befeht* appellata vulgo, quod mulieres utriuslibet prefate villę nuptę viris mutuo datę remanent in maritorum hinc et hinc servitute, a natali ancillacione penitus destitutę, et non solum ipsę, sed etiam quotquot sunt utriusque sexus infantes pariturę; quam consuetudinem presentis cartę precepto concedendo firmavimus et firmando concessimus, et sigillo

nostrę imaginis et karactere (*monogramme*) nostri nominis corroboravimus, et procerum nostri palacii nominibus et signis confirmari precepimus.

Actum publice Parisius, anno Incarnati Verbi M° C° XX° IIII°, regni nostri X° VI°, astantibus in palacio nostro quorum nomina subtitulata sunt et signa : Signum Stephani dapiferi. Signum Gisleberti buticularii. Signum Hugonis constabularii. Signum Alberici camerarii.

Datum per manum Stephani cancellarii.

<small>A. Original, avec sceau plaqué, aux Arch. nat., K. 22, n° 3³.
B. Copie collationnée du XVIII° siècle, aux Arch. nat., K. 181, n° 6⁴.</small>

203

1124. — Paris [1].

Donation par Étienne, évêque de Paris, aux chanoines de Saint-Victor des anniversaires qui se célébraient dans l'église Saint-Jean.

DE SANCTO JOHANNE.

In nomine sancte et individue Trinitatis. Antiquorum patrum et sanctarum scripturarum docet auctoritas ut qui in specula pastores a Deo positi sumus, pastorali sollicitudine utilitati ecclesiarum provideamus atque utriusque vitę stipendia ovibus nobis commissis caritative ministrare studeamus. Et, quoniam divisiones, dispensationes atque rationabiles transmutationes ex antiquis sanctorum tradicionibus nobis commissę sunt, pro offitii nostri debito loco et tempore, dividere, dispensare atque, si opportuerit, transmutare, omnia tamen cum caritate facientes, convenienter debemus. Karitas etenim honeste excusat et operit multitudinem peccatorum, et qui manet in caritate, Deus manet in eo. In caritate igitur manere cupiens [2], ego Stephanus, Parisiensis episcopus, notum fieri volo tam futuris quam et instantibus quoniam, communi assensu ac petitione Berneri decani totiusque capituli Beatę Marię, anniversaria canonicorum, quę videlicet ęcclesia Sancti Johannis hucusque habuerat, ęcclesię Sancti Victoris et canonicis regularibus inibi Deo famulantibus, concedentibus ejusdem ęcclesię presbyteris, Guillelmo videlicet et Hugone, in perpetuum concessimus; et, in comutationem anniversariorum, ęcclesię Sancti Johannis prebendam unam donavimus et donando confirmavimus. Hoc autem sub silentio preterire nolumus, quod neque in visitationibus infirmorum, neque in sepeliendis canonicis, neque in processionibus, neque in quibuslibet servitiis, quę antiquitus facere consueverant vel nos vel

<small>[1] Entre la fin de janvier et le 3 août 1124. — [2] Tout ce qui précède manque dans B.</small>

canonici Beatę Marię, eos absolvimus vel relaxamus; imo in eodem servitio, in eodem debito et in eodem statu, in quo antea fuerant, solummodo anniversariis exclusis, eosdem relinquimus, nec eos Beatę Marię canonicos, sed Beati Johannis[1] esse volumus et confirmamus. Decano etiam et Beatę Marie capitulo liberam potestatem ponendi vel removendi ejusdem ęcclesię sacerdotes jure perpetuo concedimus, et ne quid in eorumdem substitutione detur vel accipiatur, sub anathemate prohibemus. Statuimus etiam ut unusquisque sacerdotum Sancti Johannis integram, sicut canonicus, septimanam faciat et integrum servitium persolvat. Verum, ut hoc ratum et firmum permaneat in sempiternum, presentem kartam nostri auctoritate sigilli firmari disposuimus et nominibus canonicorum nostrorum subterfirmavimus.

Actum publice Parisius, in capitulo Beatę Marię, anno Incarnati Verbi M° C° XX° IIII°, regnante Ludovico rege anno XVI°, Stephano episcopo anno I°.

† Signum Stephani episcopi. S. Berneri decani. S. Adę precentoris. S. Stephani archidiaconi. S. Teobaldi archidiaconi. S. Teobaldi archidiaconi. S. Landonis sacerdotis. S. Teoderici sacerdotis. S. Odonis sacerdotis. S. Demberti diaconi. S. Guillelmi diaconi. S. Ivonis diaconi. S. Henrici subdiaconi. S. Petri subdiaconi. S. Fulberti subdiaconi. Signum Manasses pueri. S. Urbani pueri. S. Tebaldi pueri[2].

Si quis autem contra hanc nostram dispositionem agere presumpserit, anathema sit. Datum per manum Algrini cancellarii.

A. Copie du XII° siècle, aux Arch. nat., LL. 177 (*Livre noir* de Notre-Dame), p. 194.
B. Copie du XIII° siècle, aux Arch. nat., LL. 176 (*Petit Pastoral* de Notre-Dame), p. 186.
C. Copie du XVII° siècle, aux Arch. nat., L. 408, n° 11, d'après B.

204

1124. — PARIS[3].

Charte d'Étienne, évêque de Paris, confirmant, d'accord avec le doyen du chapitre de Notre-Dame, la concession faite aux chanoines de Saint-Victor, des anniversaires qui se célébraient dans l'église Saint-Jean, et déterminant les circonstances dans lesquelles l'abbaye de Saint-Victor pourrait jouir des prébendes vacantes dans les chapitres de Notre-Dame, de Saint-Marcel, de Saint-Germain-l'Auxerrois, de Saint-Cloud, de Saint-Martin-de-Champeaux, etc. — «Divinarum auctoritate scripturarum...»

A. Original scellé des sceaux du chapitre et de l'évêque de Paris, aux Arch. nat., L. 888°, n° 1.
B. Copie du XVII° siècle, à la Bibl. nat., ms. lat. 14679, p. 42.
Édit.: (*a*) Dubois, *Hist. eccles. Paris.*, t. II, p. 23. — (*b*) *Petri Blesensis opera*, app., p. 793.

---

[1] *Var.* «Beatum Johannem» (B). — [2] Les signatures manquent dans C. — [3] Entre la fin de janvier et le 3 août 1124.

205

1124. — Paris [1].

Confirmation par Étienne, évêque de Paris, d'un accord conclu entre le prieur de Saint-Martin-des-Champs et Bouchard de Montmorency touchant les possessions du prieuré [2].

In nomine sancte et individuę Trinitatis. Plerumque contingere solet ut ea quę ecclesiis Dei a fidelibus dantur, aut vetustate temporum oblivioni tradantur, aut ab injustis calumpniatoribus auferantur, nisi cartulis vel ęreis seu petrinis tabulis ad memoriam futurorum inserta conscribantur. Quod malum vitare cupiens [3], ego Stephanus, Dei gratia [4] Parisiorum episcopus, noticię futurorum fidelium per hanc kartam commendo conventionem scilicet [5] factam inter domnum [6] Matheum, priorem Sancti Martini de Campis, et domnum Burchardum de Montemorentiaco, videlicet de possessionibus quondam [7] Sancto Martino datis, quę, diu multumque ventilata, tandem utrorumque communi consensu, hoc fine [8], me laudante et concedente, terminata est. Sciant igitur fideles Dei, presentes et futuri, quod domnus Burchardus de Montemorentiaco ea que de feodo suo Sancto Martino de Campis et monachis ibidem Deo servientibus ab hominibus suis primitus data fuerant, perpetuo habenda concessit, et de propria hereditate quedam alia eidem in elemosinam tradidit. Et, ut que dicimus enucleatius intelligantur, ipsa possessionum nomina hic subscribere dignum judicavimus : ęcclesiam Sanctę Oportune de Monciaco, cum decima et atrio, servis et ancillis et cum omnibus apenditiis suis; et omnem terram domni Cleophę de Sancto Marcello, omnemque [9] viariam de Thur [10] et de Mestigerio, et omnem consuetudinem; ęcclesiam etiam de Monte Martirum et tantum atrii ubi fierent officine fratrum, decimę terciam partem et terciam partem hospitum, terramque ad medietatem carrucę ad possidendum. Hec dedit Walterius [11], cognomento Paganus, et uxor ejus Hodierna, cognomento Comitissa; postea Adam Vinnezol [12] et conjunx ejus, tempore donni Theobaldi prioris [13], addiderunt tantum decimę ut Sanctus Martinus totius decimę medietatem habeat. Concessit etiam ęcclesiam de Dolmonte et omne donum quod

---

[1] Entre la fin de janvier et le 3 août 1124.
[2] Nous donnons cette pièce *in extenso*, parce qu'elle ne paraît pas avoir été publiée jusqu'ici en son entier.
[3] Tout le préambule manque dans B.
[4] *Var.* «Dei gratia» manque dans A.
[5] *Var.* «scilicet» manque dans (B).
[6] *Var.* «dominum» (B).
[7] *Var.* «condam» (B).
[8] *Var.* «hoc fine» manque dans B.
[9] *Var.* «quoque» (B).
[10] *Var.* «Zur» (B).
[11] *Var.* «Galterius» (B).
[12] *Var.* «de Vinezol» (B).
[13] *Var.* «tempore donni Theobaldi» manque dans A.

dederat Sancto Martino Radulfus Bellus et Lisvia conjunx ejus, tempore predicti prioris [1]; et medietatem decimę fabarum Sancti Briccii, quam dederat, tempore domni Mathei prioris. Concessit et altare de Ermonovilla; ęcclesiam quoque de Escuen et totam decimam. Dedit etiam domnus Burchardus Sancto Martino omnibus annis XL^{ta} solidos de transverso suo inter Sanctum Dionisium et Pontisaram, ad festivitatem sancti Martini, mense novembrio. Post obitum autem domnę Agnetis, matris suę, dedit Sancto Martino, pro anima ejus, XL^{ta} solidos de censu suo apud Sanctum [2] Dionisium, in burco Sancti Marcelli. Domnus vero Matheus concessit ipsi Burchardo Dugniacum, dans ei liberam potestatem faciendi inde quicquid vellet [3]. Tum vero idem Burchardus predictis XL^{ta} solidis XX^{ti} solidos superaddidit, concedens ut ęcclesia Sancti Martini de Campis singulis annis imperpetuum habeat LX^{ta} solidos de censu prefato quem habet in burco Sancti Marcelli, concedente uxore sua cum omnibus liberis [4] suis. Notum etiam fieri volo quod ego idem Stephanus, Dei gratia Parisiorum episcopus [5], eidem monasterio Sancti Martini de Campis concesserim ęcclesiam de Oreio, in cujus parrochia Monsgain [6] est, perpetuo [7] habendam cum altare [8] et omnibus que ad eam pertinent, salvo in omnibus jure Parisiensis episcopi, laudantibus et concedentibus hiis qui eam diu injuste tenuerant, Gisleberto de Monfermolio, cum uxore sua et liberis suis, matre etiam comitissę ejusdem Ermengardę, necnon et patre ejus Antelmo; audientibus his testibus, Burchardo, milite Antelmi, Aszone majore, Alberico de Monfermoilo, Drogone de Oseriis, Balduino de Villaflo, Drogone, Fulberto et Otranno, famulo Sancti Martini de Campis [9]. Preterea sciendum quod concessione antecessorum nostrorum et nostra, idem monasterium habet in capella Sancti Jacobi Parisiensis, cum presentatione presbyteri, medietatem bonorum omnium que pro presbiterio ejusdem ecclesie ad ipsum presbiterium vel ejus utilitatem aliquo modo perveniunt, scilicet in oblationibus, in baptisteriis, in confessionibus, in sepulturis, in legatis, et si qui sunt alii modi beneficii ad presbiterium pertinentis, in Purificatione sancte Marie et in festivitate sancti Jacobi omnes sunt monachorum [10]. Verum, ut hec omnia que supradicta sunt rata et firma in sempiternum perma-

---

[1] *Var.* «tempore donni Thebaldi prioris» (A).

[2] *Var.* «Sanctum» manque dans B.

[3] *Var.* «faciendi inde quicquid vellet dans ei liberam potestatem» (A).

[4] *Var.* «filiis» (B).

[5] *Var.* «Idem... episcopus» manque dans B.

[6] *Var.* «Monsgains» (B).

[7] *Var.* «imperpetuo» (B).

[8] *Var.* «altari» (B).

[9] *Var.* Tout ce passage depuis «salvo in omnibus...» est remplacé dans B par ces lignes : «rogatu et concessione eorum qui eam diu injuste tenuerant, Gisleberto scilicet de Monfermolio et uxore sua cum liberis suis, sub testimonio Burcardi militis, Anthemi de Groolio et Aszonis majoris, Alberici de Monfermolio, Drogonis de Oseriis, Balduini de Villaflois et Otranni famuli.»

[10] *Var.* Tout ce passage, depuis «Preterea sciendum...», manque dans A.

neant, presentem kartam nostri auctoritate sigilli firmatam [1] fieri disposuimus, signisque canonicorum nostrorum corroborari precepimus.

Actum Parisius publice, in capitulo Beatę Marię [2], anno Incarnati Verbi M° C° XX° IIII°, regnante Ludovico rege anno XVI°, Stephano [3] episcopo anno I.

Signum Stephani episcopi. S. Bernerii decani. S. Adę precentoris. S. Stephani archidiaconi. S. Theobaldi archidiaconi. S. Theobaldi archidiaconi. S. Landonis sacerdotis. S. Teoderici sacerdotis. S. Odonis sacerdotis. S. Ivonis diaconi. Signum Demberti diaconi. S. Guillelmi diaconi. S. Gosleni subdiaconi. S. Guillelmi subdiaconi. S. Petri subdiaconi. S. Manassę pueri. S. Urbani pueri. S. Teobaldi pueri. Si quis contra hanc nostram dispositionem agere presumpserit, anathema sit.

Data per manum Algrini cancellarii.

A. Copie du XII° siècle, à la Bibl. nat., ms. lat. 10977 (*Liber Testamentorum* de Saint-Martin-des-Champs), fol. 68 v°.
B. Copie du XIII° siècle, aux Arch. nat., LL. 1351 (Cartul. A de Saint-Martin-des-Champs), fol. 42 r°.

206

1124, après le 3 août. — PARIS.

Louis VI confirme la donation d'une rente de vin et de froment faite par son sénéchal, Guillaume de Garlande, aux lépreux de Paris.

DE DOMO GUILLELMI DE GARLANDA.

Ego Ludovicus, Dei gracia Francorum rex, notum fieri volo cunctis fidelibus, tam futuris quam et instantibus, quod Willelmus de Garllanda, dapifer noster, in clauso suo de Ponte Parvo, duos vini modios leprosis Parisiensibus ita in perpetuum donavit et concessit ut, in cujuscumque manum illud clausum venerit, predicti leprosi singulis annis duos de clauso illo vini modios, etiam si plus ibi non habeatur, in perpetuum habeant. In molendino preterea suo de Mebraio, quod in Secana habebat, idem Guillelmus unum frumenti modium singulis annis, in cujuscumque manum molendinum illud venerit, habendum predictis, pro remedio anime sue, leprosis imperpetuum donavit et concessit. Nos autem predicta illius dona et concessiones et volumus et approbamus et, quantum ad nostram pertinet majestatem, in perpetuum confirmamus. Quod, ne valeat oblivione deleri, scripto commendavimus et sigilli nostri auctoritate et nominis nostri karactere subter-

[1] «Firmatam» manque dans A. — [2] Les mots «publice in capitulo Beate Marie» manquent dans B. — [3] Tout ce qui suit manque dans B.

firmavimus. Actum Parisius publice, anno Incarnati Verbi m° c° xx° iiii°, regni nostri xvii°. Astantibus in palatio nostro quorum nomina subtitulata sunt et signa : Signum Stephani dapiferi. Signum Guillelmi buticularii. Signum Hugonis constabularii. Signum Alberici camerarii. Data per manum Stephani cancellarii.

Huic autem dono et concessioni Willelmi de Garlanda interfuerunt Mathias Turcus, et Radulfus de Matreio, et Rogerius frater ejus, et Grimoldus, et Guillelmus Niger, et Totum Tempus. Interfuerunt etiam Stephanus et Gislebertus fratres sui.

A. Copie du xiii° siècle, aux Arch. nat., MM. 210 (Cartulaire de Saint-Lazare), fol. 34 r°.

207

Vers 1124 [1].

Confirmation, par le doyen du chapitre de Notre-Dame, de la cession par le chanoine Fulbert à l'abbé de Marmoutier d'une vigne située sur le territoire de Notre-Dame-des-Champs.

CONSSENSUS CAPITULI SANCTE MARIE PARISIENSIS DE QUADAM COMMUTATIONE INTER IPSOS ET MONACOS MONASTERII DE CAMPIS PARISIUS.

B.[2] Parisiensis decanus, totusque ejusdem loci conventus, O.[1] Beati Martini de Majori Monasterio abbati, toti quoque conventui ejusdem loci salutem. Vobis quidem contemporaneis nostris necnon et omnibus successoribus vestris notum fieri volumus quoniam commutationem illam quam Fulbertus, canonicus noster, cum donno abbate Odone et quibusdam fratribus vestris fecit, volumus et laudamus, sigilli quoque nostri impressione firmamus, pro quinque videlicet solidis Blesensis monete, quos ecclesia vestra nostrę ecclesię singulis annis persolvebat, tres quartas vineę quę aput Parisium sunt, in territorio Beatę Marię de Campis, ab ecclesia nostra perpetuo optinendas pacifice accipimus, et pro tali conmutatione vos et ecclesiam vestram de quinque solidis illis ex hoc nunc et deinceps quietos fore concedimus. Volumus autem ut capituli vestri litteras extra sigillum vestrum dependentes et de conmutatione hac assensum vestrum commemorantes nobis mittatis. Valete.

A. Original, avec traces de sceau, aux Arch. nat., L. 920, n° 2.

[1] Cette pièce se place entre les années 1124 et 1137, dates extrêmes de l'administration d'Eudes, abbé de Marmoutier. Mais elle doit appartenir au commencement de cette période, car le nom du chanoine Fulbert, l'oncle d'Héloïse, n'apparaît plus dans les chartes de Notre-Dame après 1124.

[2] Bernerus.

[3] Odoni.

208

1125, 3 février. — LATRAN.

Confirmation par le pape Honorius II des possessions de l'abbaye de Saint-Victor.

PRIVILEGIUM HONORII PAPE DE DONIS EPISCOPORUM PARISIENSIUM GUALONIS ET GIRBERTI ET STEPHANI ET CANONICORUM BEATE MARIE.

Honorius episcopus, servus servorum Dei, dilectis in Christo filiis, Gilduino abbati et fratribus in ecclesia Sancti Victoris Parisiensis regularem vitam professis, tam presentibus quam futuris, in perpetuum. Ad hoc universalis Ecclesię cura nobis a provisore omnium bonorum Deo commissa est ut religiosas diligamus personas et bene placentem Deo religionem studeamus modis omnibus propagare. Nec enim Deo gratus aliquando famulatus impenditur, nisi, ex caritatis radice procedens, a puritate religionis fuerit conservatus. Oportet igitur omnes christianę fidei amatores religionem diligere et loca venerabilia cum ipsis personis divino servitio mancipatis attentius confovere. Quapropter vestris, in Domino karissimi filii, petitionibus assensum prebentes, vitę canonicę ordinem, quem, secundum beati Augustini regulam, in vestra ecclesia professi estis, auctoritate sedis apostolicę confirmamus, statuentes ut perpetuis ibi temporibus per Dei gratiam conservetur. Confirmamus etiam quicquid in presentiarum concessione, pontificum liberalitate, regis Francorum, karissimi videlicet filii nostri Ludovici, et canonicorum Beatę Marię, sive aliorum fidelium helemosinis, pro communis vitę sustentatione, possidetis legitime, id est, ex dono Gualonis et Girberti bonę memorię atque Stephani, Parisiensium episcoporum, consensu capituli et collaudatione canonicorum Parisiensis matricis ecclesię Sanctę Marię, necnon et assensu regis, medietatem molendinorum sub domo episcopali in Sequana molentium, ita scilicet quod in aqua Sequanę, a superiori videlicet capite Insulę usque ad Parvum Pontem, quę tota est de jure episcopali, si molendini unus aut plures construantur, aut quacumque occasione vel in quocumque loco mutentur, communi consilio et sumptu tam episcopi quam predictorum fratrum fiat molendinorum constructio et reparatio, et communis et equalis habeatur totius emolumenti tam moliturę quam piscium et ceterorum divisio; molendinarii etiam communiter imponantur et fidelitatem faciant; viginti solidos Parisiensis monetę, quos singulis annis recipitis de gordo episcopali, inter Magnum Pontem et Meibra collocato; tres solidos uno obolo minus de censu in domo Guillelmi, et quicquid de fundo episcopali ecclesię vestrę Sancti Victoris collatum est, quemadmodum in eorumdem episcoporum concessionibus continetur. Ex dono autem canonicorum prefatę matricis ecclesię Sanctę Marię Parisiensis, cum assensu episcopi, terram arabilem, quę uni carrucę sufficiat, aput Civiliacum villam, tam de territorio Civiliaci quam Orliaci, centum viginti arpennos terrę arabilis, ita videlicet ut per vos ipsos, aut per quoslibet alios, preter hospites canonicorum Civiliaci et Laiaci commanentes, predictam terram excolatis; decimam et campipartem ejusdem terrę in integrum possidendam; olchiam cum omnibus consuetudinibus suis et redditibus; ex dono preterea venerabilis fratris nostri Stephani, Parisiensis episcopi[1], cum consensu capituli et canonicorum et presbyterorum Sancti Johannis, redditus prebendarum canonicorum Beatę Marię in integrum, ita videlicet ut, si aliquis canonicus Beatę Marię, aut heremitarum, aut regularium canonicorum, aut monachorum, aut quorumlibet aliorum vitam eligens, prebendam reliquerit, vestra Beati Victoris ecclesia ejus prebendę per annum redditus possidebit. Quod si canonicus Beatę Marię prebendam suam in manu episcopi reddiderit et pro aliquo oraverit, et super hoc eum episcopus exaudierit, in prebenda sic reddita nichil habebitis. Quicquid vero in predictis prebendis habetis, id ipsum nichilominus in prebendis canonicorum Sancti Marcelli, Sancti Germani Autisiodorensis, Sancti Clodoaldi, necnon etiam Sancti Martini de Campellis integre habeatis. Porro nullum ex debito super hoc aut ecclesiis, aut defunctis, sive processionis, sive visitationis, sive sepeliendi preter anniversarium exsolvatis, sicut in prefati fratris nostri pagina continetur. Quęcumque preterea in futurum, largiente Deo, juste atque canonice poteritis adipisci, firma vobis vestrisque successoribus et illibata permaneant. Decernimus ergo ut nulli omnino hominum liceat supradictam ecclesiam vestram temere perturbare, aut ejus possessiones auferre, vel ablatas retinere, minuere vel temerariis vexationibus fatigare, sed omnia integra conserventur regularium fratrum et pauperum usibus profutura. Si qua igitur in futurum ecclesiastica secularisve persona hanc nostrę constitutionis paginam sciens contra eam temere venire temptaverit, secundo tertiove commonita, si non satisfactione congrua emendaverit, potestatis honorisque sui dignitate careat, reamque se divino judicio existere de perpetrata iniquitate cognoscat, et a sacratissimo corpore ac sanguine Dei et Domini Redemptoris nostri Jhesu Christi aliena fiat, atque in extremo examine districtę ultioni subjaceat. Cunctis autem eidem loco justa servantibus sit pax Domini nostri Jhesu Christi, quatenus et hic fructum bonę actionis percipiant, et apud districtum judicem premia ęternę pacis inveniant. Amen. Amen. Amen.

(*Rota*) [2] Ego Honorius catholicæ æcclesiæ æpiscopus. Benevalete.

Datum Laterani, per manum Aimerici, sanctę Romanę ecclesię diaconi cardinalis et cancellarii, III nonas februarii, indictione IIIª, Incarnationis Dominicę anno M° C° XXIIII°, pontificatus autem domni Honorii secundi pape anno primo.

A. Original scellé, aux Arch. nat., L. 225, n° 1.
B. Copie du XVIᵉ siècle, à la Bibl. nat., ms. lat. 14672, fol 6 r°.
C. Copie du XVIIᵉ siècle, à la Bibl. nat., ms. lat. 14679, p. 45.

---

[1] Cf. n° 204. — Ce passage est copié presque textuellement sur la charte de l'évêque Étienne. —
[2] Autour de la *rota*, la légende du pape : «Oculi Domini super justos.»

209

1126. — Paris [1].

Concession faite par Louis VI à l'église de Saint-Victor des annates de onze prébendes dans les églises de Château-Landon, Melun, Étampes, Dreux, Mantes, Poissy, Pontoise, Montlhéry, Corbeil et Paris.

«Dedimus eis [canonicis S. Victoris] etiam viam que nostra erat, et mutata est, juxta ecclesiam Beati Victoris sitam, inter Cardonetum et terram Antelmi.»

A. Original, avec sceau plaqué, aux Arch. nat., K. 22 n° 3 4°.
B. Copie authentique du xii° siècle, avec sceau pendant, aux Arch. nat., K. 22, n° 3⁴⁴.
C. Copie du xvii° siècle à la Bibl. nat., ms. lat. 14679, p. 50.

Édit. : (a) Tardif, Cartons des rois, p. 219, n° 395, d'après A.

210

Vers 1126, 12 mars. — Latran [2].

Confirmation par le pape Honorius II de la concession des annates de diverses prébendes faites à l'abbaye de Saint-Victor, par Henri, archevêque de Sens, Geoffroy, évêque de Chartres, et Étienne, évêque de Paris. — «Quotiens illud...»

A. Original scellé, aux Arch. nat., L. 225, n° 2.

Édit. : (a) Pflügk-Harttung, Acta pontif. roman. ined., t. I, p. 134, d'après A.

211

Vers 1126 [3].

Lettre d'Étienne, évêque de Paris à Henri, archevêque de Sens, pour protester contre la citation de Galon, maître de l'école épiscopale de Paris, devant le tribunal métropolitain. — «Significavit nobis...»

Édit. : (a) D'Achery, Spicilegium (éd. in-4°), t. III, p. 155; (éd. in-fol.), t. III, p. 489. — (b) Du Boulay, Hist. univers. Paris., t. II, p. 129, d'après a. — (c) Recueil des hist. de la Fr., t. XV, p. 329, d'après a.

---

[1] Cet acte est daté de la 19° année de Louis VI, et de l'an 1125, ce qui est inconciliable, car la 19° année de Louis VI ne commence qu'au 3 août 1126.

[2] Cette bulle, d'après l'itinéraire du pape Honorius II, dressé par Jaffé, doit se placer entre les années 1125 et 1129 (Regesta pont. rom., 2° éd., t. I, p. 835); mais il est probable qu'elle est de 1126 ou 1127, car elle doit être de peu postérieure au diplôme de Louis VI que nous donnons sous le numéro précédent.

[3] Nous laissons à cette pièce et à la suivante la date que leur a donnée Dom Brial dans le Recueil des historiens de la France. D'Achery, suivi en cela par Bréquigny (Table des diplômes, t. II, p. 605), les avait classées à l'an 1132.

212

Vers 1126 [1].

Lettre par laquelle Étienne, évêque de Paris, refuse de lever l'excommunication qu'il a prononcée contre Galon et promet de se rendre à Rome pour soumettre l'affaire au jugement du pape. — «Visis litteris vestris...»

Édit. : (a) D'Achery, *Spicilegium* (éd. in-4°), t. III, p. 157; (éd. in-fol.), t. III, p. 490. — (b) Du Boulay. *Hist. univers. Paris.*, t. II, p. 130, d'après a. — (c) *Recueil des hist. de la Fr.*, t. XV, p. 330, d'après a.

213

1126. — Paris [2].

Concession par Étienne, évêque de Paris, au roi Louis VI, d'une partie du fossé de Champeaux.

Édit. : (a) Galand, *Franc-alleu*, p. 27.

214

1127, après le 3 août. — Paris.

Confirmation par le roi Louis VI des privilèges du chapitre de Notre-Dame de Paris. — «Dilectio et reverentia...»

A. Original avec sceau plaqué, aux Arch. nat., K. 22, n° 5ᵃ (Musée, n° 141).
B. Vidimus du 16 janvier 1309, aux Arch. nat., K. 22, n° 5ᵇ.
C. Copie du xiiᵉ siècle, aux Arch. nat., LL. 177 (*Livre noir* de Notre-Dame), p. 188.
D. Copie du xiiiᵉ siècle, aux Arch. nat., LL. 175 (*Grand Pastoral* de Notre-Dame), p. 586.
E. Copie du xiiiᵉ siècle, aux Arch. nat., LL. 176 (*Petit Pastoral* de Notre-Dame), p. 86.

Édit. : (a) Duchesne, *Hist. généal. de la maison de Dreux*, pr., p. 221, d'après B. — (b) Dubois, *Hist. eccles. Paris.*, t. II, p. 25. — (c) *Rec. des hist. de la Fr.*, t. XV, p. 333, note, d'après b. — (d) Guérard, *Cartul. de Notre-Dame*, t. I, p. 267, d'après D. — (e) Tardif, *Cartons des rois*, p. 223, d'après A.

215

Vers 1127 [3].

Lettre du clergé parisien au pape Honorius, exposant les causes du différend survenu entre l'évêque Étienne et l'archidiacre Thibaud. — «Dominus Stephanus...»

Édit. (a) D'Achery, *Spicilegium* (édit. in-4°), t. III, p. 161; (éd. in-fol.), t. III, p. 492. — (b) Dubois, *Hist. eccl. Paris.*, t. II, p. 29, d'après a. — (c) *Recueil des hist. de la Fr.*, t. XV, p. 330, d'après a.

---

[1] Voir la note de la pièce 210.

[2] C'est par erreur que Galand a daté cette pièce de l'année 1126. Elle est de 1137, et on la trouvera ci-après à cette date. (Voir notre numéro 264.)

[3] Cette pièce doit être de peu antérieure à la suivante.

216

1127. — Rome.

Règlement, par les soins de Mathieu, évêque d'Albano, de Jean, cardinal du titre de Saint-Chysogone, et de Pierre, cardinal du titre de Saint-Calixte, des difficultés survenues entre l'évêque de Paris Étienne et son archidiacre Thibaud.

A. Copie du XIIIe siècle, à la Bibl. nat., ms. lat. 5526, fol. 19 v° (Cartul. de Notre-Dame).
B. Copie du XIVe siècle, aux Arch. nat., LL. 184 (*Petit cartulaire* de Notre-Dame), fol. 46 v°.
C. Copie du XIVe siècle, *ibid.*, fol. 47.

Édit. : (a) Dubois, *Hist. eccles.* Paris., t. II, p. 30, d'après A. — (b) *Rec. des hist. de la Fr.*, t. XV, p. 331, note, d'après A. — (c) Guérard, *Cartul. de Notre-Dame*, t. I, p. 28, d'après A, B, C.

217

1127.

Attestation par Geoffroy, évêque de Chartres, et Bouchard, évêque de Meaux, de l'accord établi entre l'évêque Étienne et l'archidiacre Thibaud par les soins de l'évêque d'Albano et des cardinaux Jean et Pierre.

A. Copie du XIIIe siècle, à la Bibl. nat., ms. lat., 5526, fol. 20 (Cartul. de Notre-Dame).
B. Copie du XIVe siècle, aux Arch. nat., LL. 184 (*Petit cartulaire* de Notre-Dame), fol. 46.

Édit. : (a) Dubois, *Hist. eccles.* Paris., t. II, p. 30, d'après A et B. — (b) *Rec. des hist. de la Fr.*, t. XV, p. 331, d'après a. — (b) Guérard, *Cartul. de Notre-Dame*, t. III, p. 282.

218

Vers 1127 [1].

Lettre d'Henri, archevêque de Sens, à Étienne, évêque de Paris, citant celui-ci à comparaître devant lui à Provins, pour s'expliquer sur son différend avec l'archidiacre Étienne de Garlande. — «Dilectioni vestrae...»

Édit. : (a) D'Achery, *Spicilegium* (éd. in-4°), t. III, p. 158; (éd. in-fol.), t. III, p. 490. — (b) Du Boulay, *Hist. univ. Paris.*, t. II, p. 131, d'après a. — (c) *Rec. des hist. de la Fr.*, t. XV, p. 332, d'après a.

219

Vers 1127.

Lettre par laquelle l'évêque Étienne refuse de se rendre à Provins pour répondre devant son métropolitain aux plaintes portées contre lui par l'archidiacre Étienne. — «Audito clamore...»

Édit. : (a) D'Achery, *Spicilegium* (éd. in-4°), t. III, p. 159; (éd. in-fol.), t. III, p. 489. — (b) Du Boulay, *Hist. univers. Paris.*, t. II, p. 131, d'après a. — (c) *Rec. des hist. de la Fr.*, t. XV, p. 332, d'après a.

---

[1] Bréquigny classe cette pièce et la suivante à l'année 1132. (*Table des diplômes*, t. II, p. 604.)

220

Vers 1127 [1].

Accord entre Étienne, évêque de Paris, et le chapitre de Notre-Dame, ménagé par Suger, abbé de Saint-Denis, Gilduin, abbé, et Thomas, prieur de Saint-Victor.

...De claustro vero canonicorum pro pace confirmanda et lite et inquietatione evitanda, placuit utrique parti in hac pacis compositione ad plenum diffiniri quod, in causa et controversia inter Parisiensem episcopum, illustre recordationis Girbertum, et Beatę Marie capitulum collata sententia judicii minus plene diffinivit. Discreta etenim providentia tam venerabilis Stephani, Parisiensis episcopi, quam conventus Parisiensis ecclesie, evitando molestiam et inquietationem claustro inferri, statuendo concessit, ut neque scolares extranei in domibus claustri ulterius hospitarentur, neque in illa parte claustri quę vulgo Tresantię nominantur, deinceps legerent neque scole haberentur; sed amore et gratia domni Stephani presulis, infra ambitum claustri, quidam locus adherens episcopali curie, per quam introitum et exitum scolares habebant, ex communi assensu episcopi et capituli electus et coopertus est, in quo scole ecclesie deinceps tenerentur et regerentur...

A. Copie du xiie siècle, aux Arch. nat., LL. 177 (*Livre noir* de Notre-Dame), p. 201.
B. Copie du xiiie siècle, aux Arch. nat., LL. 176 (*Petit Pastoral* de Notre-Dame), p. 194.

Édit: (*a*) Guérard, *Cartul. de Notre-Dame*, t. I, p. 338, d'après B.

221

1128, avant le 3 août. — Paris.

Partage de biens entre Obizon le médecin et Gente sa femme.

Notum sit omnibus hominibus, tam presentibus quam futuris, quod Genta, uxor Obizonis medici, post separationem eorum ante regem Francię et reginam et multos alios factam in domo Johannis de Barra, iterum reversa ad eundem Obizonem, reddidit et donavit per virgam, proprio jure, sine ulla conditione, eidem Obizoni et suis heredibus, aut cuicumque idem Obizo daret, vineam quę fuit Bartholomei de Musteriolo [2], et omnia quecumque eadem Genta habebat in vineis, in domibus, in vadimoniis, in carrucis, in animalibus et in omnibus aliis rebus, sine ulla exceptione. Item clamavit quietum proprio jure predicto Obizoni et suis heredibus, aut cuicumque idem daret, quicquid prefatus Obizo tunc habebat aut umquam habiturus erat. Postea vero predictus Obizo reddidit in dotem eidem

---

[1] Cette pièce doit être de la même époque à peu près que les précédentes, car il y est fait allusion aux démêlés d'Étienne et de ses archidiacres.

[2] Nous possédons un acte de 1136, par lequel le roi Louis VI abandonna ces vignes à Obizon, en en réservant l'usufruit à sa femme. (Arch. nat., K. 22, n° 9². — Cf. Tardif, *Cartons des rois*, p. 232, n° 428.)

Gentę omnes domos suas, quas Parisius habebat, quam dotem predicta Genta, pro vineis predictis, sibi proprio jure donaverat, in eadem domo Johannis de Barra.

Actum est autem hoc in ęcclesia Beatę Genovefę in Civitate, anno Incarnationis Domini nostri Jhesu Christi m° c° xx° viii°, regnante Lodovico rege Francię anno vicesimo, in presentia horum hominum quorum nomina subscripta sunt.

Teobaldus archidiaconus de Vilers interfuit. Gosfredus presbyter et Guarnerus, clerici ejus. Letbertus sacerdos et Ricardus sa[cerdos] de Sancto Christoforo. Guido sacerdos de Sancta Genovefa. Martinus sacerdos et Fulcho canonicus de Sancto D..., et Malgri[nus] clericus de Sancto Christoforo. De laicis autem : Frodmundus de Ruella, Frodmundus Canat, Euvrardus... utor, et Johannes Guastinellus filius ejus. Bernardus parmentarius et Odo sororius ejus. Albricus parmentarius. Fredericus p[arment]arius. Heldierus talamelarius. Johannes de Chelis. Oelardus miles. Haimericus Pontisare[nsis]. Herbe[rtus] de Rossiaco, Brittellus serviens Obizonis.

A. Original en forme de chirographe, aux Arch. nat., S. 2139, n° 30 (*nunc* K. 22, n° 54).
B. Copie du xvii° siècle, à la Bibliot. nat., ms. lat. 14679, p. 145.

222

1128, avant le 3 août. — Paris.

Concession par Louis VI de plusieurs privilèges au prieuré de Saint-Martin-des-Champs.

DE HOMINIBUS VEL HOSPITIBUS SANCTI MARTINI NON CAPIENDIS, NISI DEPREHENSI FUERINT IN PRESENTI FOREFACTO [1].

In nomine sancte et individue Trinitatis. Ego Ludovicus, Dei misericordia in regem Francorum sublimatus, notum fieri volo cunctis fidelibus, tam instantibus quam futuris [2], quod, pro peccatorum nostrorum remissione, Deo et ęcclesię Beati Martini de Campis, digna et humili petitione domni Odonis, honestissimi prioris ejusdem loci, et fratrum ibidem Deo servientium, in perpetuum concedimus quod nos vel heredes nostri numquam Beati Martini homines vel hospites capiemus, nisi in presenti forifacto fuerint deprehensi, et, si nos vel homines nostri querelam adversus eos aliquam habuerimus, in curiam Beati Martini ibimus et justiciam per manum prioris et monachorum inde suscipiemus. Concedimus etiam quod Beati Martini homines numquam in expeditionem vel equitatum ex consuetudine, nisi ex amore solummodo et prece et voluntate et licentia prioris, ibunt. Preterea quicquid de feodo nostro eis datum est vel in futurum poterunt,

---

[1] Ce titre manque dans A. — [2] *Var.* «tam futuris quam instantibus» (B).

largiente Domino, adhipisci [1], illis jure perpetuo concedimus et confirmamus. Quod, ne valeat oblivione deleri, scripto commendavimus, et, ne possit a posteris infirmari, sigilli nostri actoritate [2] et nominis nostri karactere subterfirmavimus. Actum Parisius publice, anno Incarnati Verbi M° C° XXVIII, regni nostri XX°. Astantibus [3] in palatio nostro quorum nomina subtitulata sunt et signa : Signum Ludovici buticularii. S. Hugonis constabularii. S. Alberici camerarii. Dapifero nullo. Cancellario nullo. Algrinus [4] notarius relegendo subscripsit.

A. Copie du XII° siècle à la Bib. nat., ms lat. 10977 (*Liber Testamentorum* de Saint-Martin) fol. 77 r°.
B. Copie du XIII° siècle, aux Arch. nat., LL. 1351 (Cartul. A. de Saint-Martin-des-Champs), fol. 21 v°.

223

1128.

Le doyen Bernier et le chapitre de Notre-Dame s'engagent par serment à poursuivre en justice quiconque oserait attaquer les personnes ou les propriétés du chapitre. — «Periculis instantibus...»

A. Copie du XII° siècle, aux Arch. nat., LL. 177 (*Livre noir* de Notre-Dame), p. 187.
B. Copie du XIII° siècle, aux Arch. nat., LL. 176 (*Petit Pastoral* de Notre-Dame), p. 3.

Édit : (*a*) Guérard, *Cartul. de Notre-Dame*, t. I, p. 218, d'après B.

224

1129, 2 mars. — LATRAN.

Lettre du pape Honorius II au chapitre de Paris, interdisant toute innovation dans les anciennes coutumes dudit chapitre. — «Cum consuetudinis ususque...»

Édit : (*a*) Dubois, *Hist. eccles. Paris.*, t. II, p. 27.

225

1129, avant le 3 août.

Concession par le roi Louis VI à l'abbaye de Saint-Magloire d'un droit de pêche dans la Seine.

CARTA DE PISCACIONE SEQUANE.

In nomine sancte et individue Trinitatis, ego Ludovicus, Dei gratia Francorum rex. Justis peticionibus bonorum virorum, locis divinis cultibus mancipatis famulantium, decet nos prebere consensum, quia tanto a Domino nostrum confidimus sublimius extolli principatum, quanto humilius atque clementius erga

---

[1] *Var.* «adipisci» (A). — [2] *Var.* «auctoritate» (A). — [3] *Var.* Tout ce qui suit manque dans B. — [4] *Var.* «Algri» (A).

moderamina egerimus ecclesiarum. Quapropter noverit posteritas omnium sancte matris Ecclesie fidelium et nostrorum, quod quidam Petrus, cenobii Sancti Maglorii abbas, nostre serenitatis adierit presentiam, rogans ac humiliter postulans quatinus piscationem Sequane, a superiori capite insule Sancte Marie usque ad Magnum Parisiorum Pontem, monachis Domino in predicto cenobio servientibus benigne cuncederemus. Cujus peticioni, cum voluntate Philippi filii nostri, ipso anno in regem coronati, assensum prebentes, predicti fluminis omnem piscationem, infra predictos terminos, cunctorumque in ea piscantium justiciam sic concedimus, ut, nisi permittentibus monachis, aliqua piscatoria arte, excepto gurgite episcopi, nullus ibidem audeat piscari. Et, ut hujus donationis astipulatio rata haberetur in futuro, eam proprii sigilli impressione insigniri precepimus et manibus obtimatum fidelium nostrorum corroborandam tradidimus.

S. Philippi filii nostri, ipso anno in regem coronati. S. Ludovici buticularii. S. Hugonis constabularii. S. Alberici camerarii. Dapifero nullo.

Data per manum (*monogramme*) Symonis cancellarii, anno Incarnati Verbi millesimo c° xx° viii°, regni vero nostri xx° i°.

A. Original, avec traces de sceau plaqué, aux Arch. nat., S. 1091, n° 26, (*nunc* K. 22, n° 5⁶).
B. Copie de 1331, à la Bibl. nat., ms. lat. 5413 (Cartulaire de Saint-Magloire), p. 12.
C. Copie du xvii° siècle, aux Arch. nat., LL. 173 (Cartulaire de Saint-Magloire), fol. 21.

226

1130, 3 novembre. — CLUNY.

Bulle d'Innocent II, confirmant les biens et privilèges de Saint-Germain-des-Prés. — "Quotiens illud..."

A. Original aux Arch. nat., L. 226, n° 1.
B. Copie du xii° siècle, aux Arch. nat., LL. 1024 (Cartul. ††† de Saint-Germain-des-Prés), fol. 3 r°.

Édit. : (*a*) Bouillart, *Hist. de Saint-Germain-des-Prés*, p. 36, d'après A. — (*b*) Migne, *Patrologie*, t. CLXXIX, col. 65, d'après *a*.

227

Vers 1130. — PARIS [1].

Donation par le chanoine Henri au chapitre de Notre-Dame de trois arpents de vignes. "Sunt autem arpenni illi, unus in latere Sancti Stephani, alius inter vineam regis et vineam Odonis, et alius ex alia parte vie juxta vineam domni Stephani archidiaconi."

A. Copie du xii° siècle, aux Arch. nat., LL. 177 (*Livre noir* de Notre-Dame), p. 217.

Édit. : (*a*) Guérard, *Cartul. de Notre-Dame*, t. III, p. 353.

---

[1] Nous laissons à cette pièce la date approximative que lui a donnée Guérard. Notons seulement qu'elle ne peut être postérieure à 1133, puisque parmi les témoins figure le prieur Thomas, assassiné le 20 août de cette année. (Voir ci-après, n° 244 et s.)

228

Vers 1130 [1].

Lettre de Geoffroy, évêque de Chartres, à Étienne, évêque de Paris,
lui offrant, au nom d'Étienne de Garlande, de soumettre le différend que ce dernier avait avec lui
au jugement de saint Bernard. — «De reformanda pace...»

Édit. : (*a*) D'Achery, *Spicilegium* (éd. in-4°), t. III, p. 160; (édit. in-fol.), t. III, p. 491. — (*b*) Mabillon, *S. Bernardi opera*, t. I, col. 377, epist. 427. — (*c*) Du Boulay, *Hist. univers. Paris.*, t. II, p. 132, d'après *a*. — (*d*) *Rec. des hist. de la Fr.*, t. XV, p. 334, d'après *a* et *b*. — (*e*) Migne, *Patrologie*, t. CLXXXII, col. 694, d'après *b*.

229

Vers 1130.

Lettre d'un anonyme [2] à Étienne, évêque de Paris, le mettant en garde
contre l'hostilité que le roi et la reine lui témoignent [3]. — «Quamvis paternitatis...»

Édit. : (*a*) D'Achery, *Spicilegium* (éd. in-4°), t. III, p. 162; (éd. in-fol.), t. III, p. 49. — (*b*) Dubois, *Hist. eccles. Paris.*, t. II, p. 25. — (*c*) Mabillon, *S. Bernardi opera*, t. I, col. xxi, d'après *a*. — (*d*) *Recueil des hist. de la France*, t. XV, p. 333, d'après *a*. — (*e*) Migne, *Patrologie*, t. CLXXXII, col. 159, note, d'après *c*.

230

Vers 1130.

Lettre d'un anonyme [4] à Étienne, évêque de Paris,
l'avertissant qu'il est menacé de mort. — «Quoniam sicut...»

Édit. : (*a*) D'Achery, *Spicilegium* (éd. in-4°), t. III, p. 162; (éd. in-fol.), t. III, p. 49. — (*b*) *Rec. des hist. de la France*, t. XV, p. 334, d'après *a*.

231

Vers 1130.

Lettre d'Étienne, abbé de Cîteaux, au roi Louis VI, pour protester contre les vexations
qu'il faisait subir à l'évêque de Paris. — «Rex celi...»

Édit. : (*a*) Mabillon, *S. Bernardi opera*, t. I, col. 53, epist. 45. — (*b*) Baronius, *Annales eccles.*, t. XII, p. 176. — (*c*) Manrique, *Annales Cisterc.*, t. I, p. 174. — (*d*) *Manière de tenir le chapitre de Cîteaux*, p. 170. — (*e*) Migne, *Patrologie*, t. CLXXXII, col. 149, epist. 45, d'après *a*.

---

[1] Migne classe cette lettre à l'an 1139 (*Patrol.*, t. CLXXXII, col. 694); mais elle appartient plutôt à 1128-1130, car elle doit être antérieure à la lettre que nous mentionnons sous le n° 229 et qui semble appartenir à l'an 1130 ou 1131.

[2] Dubois pense qu'elle doit être attribuée à Adam, préchantre de l'église de Paris (*Hist. eccles. Paris.*, t. II, p. 25).

[3] Voir pour l'histoire des démêlés entre Louis VI et l'évêque Étienne, auxquels cette pièce et nos n°* 230 à 234 ont rapport : Manrique, *Annal. Cisterc.*, t. I, p. 172 et s.; Dubois, *Hist. eccles. Paris.*, t. II, p. 25, etc. On place aussi ces événements vers 1132.

[4] Le même sans doute que l'auteur de la lettre précédente.

232

Vers 1130.

Lettre de Geoffroi, évêque de Chartres, au pape Honorius II au sujet des vexations que le roi faisait subir à l'évêque de Paris. — «Tristissime historie...»

Édit. : (*a*) Mabillon, *S. Bernardi opera*, t. I, col. 54, epist. 47. — (*b*) Baronius, *Annales eccles.*, t. XII, p. 176. — (*c*) Manrique, *Annales Cisterc.*, t. I, p. 175. — (*d*) *Rec. des hist. de la Fr.*, t. XV, p. 267, d'après *a*. — (*e*) Migne, *Patrologie*, t. CLXXXII, col. 153, epist. 47, d'après *a*.

233

Vers 1130.

Lettre du pape Innocent II, sommant Étienne, évêque de Paris, de lever l'interdit [1] sur les églises dépendant de l'abbaye de Sainte-Geneviève. — «Olim fraternitati...»

Édit. : (*a*) D'Achery, *Spicilegium* (éd. in-4°), t. III, p. 155; (éd. in-fol.), t. III, p. 489. — (*b*) Labbe, *Concil.*, t. X, col. 956, d'après *a*. — (*c*) Hardouin, *Concil.*, t. VI, part. II, col. 1263. — (*c*) Mansi, *Concil.*, t. XXI, p. 402. — (*d*) Du Boulay, *Hist. univers. Paris.*, t. II, p. 128, d'après *a*. — (*e*) *Rec. des hist. de la Fr.*, t. XV, p. 267, d'après *a* [2].

234

Vers 1130.

Lettre de Geoffroy, évêque de Chartres, à Étienne, évêque de Paris, lui indiquant à quelles conditions il pourrait faire la paix avec le roi [3] — «Litteras apud Bonam Vallem...»

Édit. : (*a* D'Achery, *Spicilegium* (éd. in-4°), t. III, p. 163; (éd. in-fol.), t. III, p. 492. — (*b*) *Rec. des hist. de la Fr.*, t. XV, p. 334, d'après *a*.

235

1131. — PARIS.

Confirmation par Louis VI de toutes les possessions de l'abbaye de Saint-Magloire.

In nomine sanctę et individue Trinitatis, Patris et Filii et Spiritus Sancti. Ego

---

[1] Cet interdit est probablement celui qui fut prononcé par l'évêque de Paris à l'occasion de ses démêlés avec Louis VI.

[2] Dom Brial croit devoir restituer cette pièce à Honorius II et la date de 1128 ou 1129. Cette hypothèse n'a pas été admise par Jaffé, qui laisse, avec raison, cette bulle à Innocent II (*Regesta pontif. rom.*, 2° éd., t. I, n° 8268).

[3] Geoffroy parle dans cette lettre d'un voyage qu'il venait de faire à Pontlevoy pour l'installation

Ludovicus, Dei gratia Francorum rex. Notum fieri volumus cunctis fidelibus quoniam Robertus, venerabilis abbas Sancti Maglorii Parisiensis, adiit presentiam nostrę regię serenitatis, rogans suppliciter et obnixe postulans quatinus, pro nostra et antecessorum nostrorum salute, pro regni nostri incolumitate et potissimum pro filii nostri donni Philippi regis noviter defuncti [1] ęterna requie, confirmaremus, nostrę regię auctoritatis assensu, omnia donaria et beneficia quę prefato monasterio felicis memorię avus noster donnus Henricus rex donaverat. Cujus petitio, quoniam rationabilis nobis visa est, et tam nobis quam nostris omnibus utilis et honesta, postulationi ejus pium benigne accommodavimus assensum, et omnia quę ei cui preest monasterio non solum prenominati avi nostri donni Henrici regis regali mag[na]nimitate facta, sed et quarumcunque fidelium personarum munificentia et liberalitate collata sunt donaria et beneficia, per litteras et sigillum nostrę regalis confirmavimus auctoritatis. Inter quę hec propriis nominibus specialiter visa sunt annotanda : concedimus itaque et confirmamus memorato Sancti Maglorii monasterio in primis totam decimam omnium reddituum in castro Monasterioli et in Portu Marino ad nos pertinentium, excepta decima monetę atque cervisię; deinde decimas et ecclesias de Exartis et de Buxeria, utrasque omnimodis liberas; villam quoque quę dicitur Gueperros, cum terris et decimis; sed et decimam totam pasnagii totius Aquilinę, cum decimis et factorum et faciendorum in ea exartorum seu crementorum. Sex insuper molendinos in hujus nostrę confirmationis pagina adjungimus : tres Parisius ad Grandem Pontem, et quartum ad Parvum Pontem situm, quintum ad Milbrai, et sextum in Silvanectensi suburbio constitutum; sed et septimum cum piscaria sua in villa Charentonę. Postremo tres piscarias, quę vulgariter appellantur gorz : primam in confluentia Sequane et Marnę sitam, secundam e regione loci illius qui noncupatur Milpas, tertiam que, contiguę sibi, cuidam adjacet insulę. Quibus omnibus adjungimus et molendinum cum vineis in Meldunico vico sitis, a Gerlende ejusque heredibus datis. Hec omnia, sicut superius sunt prenotando comprehensa, sepedicto Sancti Maglorii monasterio nostrę regię majestatis auctoritate confirmamus, nostri sigilli impressione communimus, nostri quoque nominis karactere corroboramus, decernentes ut servorum Dei monachorum juris propria perpetuo maneant et libera, eorumque tantummodo usibus pro quorum utilitatibus donata sunt proficiant. Contra quod pietatis nostre decretum si qua unquam cujuslibet dignitatis aut officii persona venire temptaverit, hocque scienter infringere, utpote regię majestatis rea, etiam de vita periclitari digna judicetur.

---

d'un abbé; les auteurs du *Recueil des historiens de la France* pensent qu'il s'agit de l'installation de l'abbé Fulbert, qui eut lieu vers 1130, d'après la *Gallia christiana*, t. VIII, col. 1382.

[1] D'après l'opinion commune, Philippe serait mort le 13 octobre 1131; cette pièce serait donc de la 24ᵉ année de Louis VI et non de la 23ᵉ, comme le porte la date.

Actum Parisius in palatio nostro, anno ab Incarnatione Domini m° c° xxx° 1°, regni autem nostri xx° iii°, indictione viiii.

Ego Hugo, abbas Sancti Germani Parisiensis, testimonium perhibeo quia ita in auttentico habetur sicut hic continetur [1].

 A. Copie du xii° siècle, avec traces de sceau pendant [2], aux Arch. nat., K. 22, n° 5⁸ (anc. M. 201).
 B. Copie du xviii° siècle, aux Arch. nat., LL. 172 (Cartulaire de Saint-Magloire), fol. 2 v°.

236

Vers 1131.

Fondation par Louis VI de la foire Saint-Lazare [3].

PRIVILEGIUM DONI REGIUM NUNDINARUM IN CRASTINO OMNIUM SANCTORUM.

Ego Ludovicus, Dei gratia Francorum rex. Notum fieri volumus, tam futuris quam et instantibus, quod nos fratribus Sancti Lazari Parisiensis feriam quandam [4] in crastino festivitatis Omnium Sanctorum, pro anima Philippi regis, filii nostri, et predecessorum nostrorum, singulis annis, juxta predicti sancti ecclesiam damus et concedimus. Et euntes, sive redeuntes ad feriam, in conductu nostro recipimus, ita videlicet quod nos in ea nobis nichil prorsus juris retineamus, neque ministeriale nostris aliquo modo aliquid in ea capiant, excepto [latrone] quem solummodo nobis retinemus, scilicet ut de eo justitiam fatiamus. In illa feria nullus erit ibi liber ab aliqua consuetudine, et nullus poterit in ea hereditare. Quod, ne valeat oblivione deleri, sigilli nostri auctoritate corroborari precepimus.

 A. Copie du xiii° siècle, aux Arch. nat., MM. 210 (Cartulaire de Saint-Lazare), fol. 58 v°.

---

[1] Phrase ajoutée au xiii° siècle.

[2] Peut-être le sceau de l'abbé Hugues appendu, au xiii° siècle, à cette copie pour l'authentiquer.

[3] La plupart des historiens admettent que Louis VI accorda en 1110 aux Lépreux de Paris une foire qui, du nom de leur maison, fut appelée la foire Saint-Lazare. Le titre original de cette fondation, si tant est qu'il ait jamais existé, est aujourd'hui perdu. M. Boullé a cru en trouver une copie, c'est la pièce même que nous donnons ici, et il l'a publiée sous la date de 1110 dans ses *Rech. hist. sur la maison de Saint-Lazare* (voir les *Mém. de la Soc. de l'hist. de Paris*, t. III, p. 166). Mais cette date est inadmissible. En effet, le fils de Louis VI, Philippe, qui est mentionné dans l'acte, n'est né que le 29 août 1116, et n'a été associé au trône que le 14 avril 1129. Il est mort le 13 octobre 1131. Cette pièce est donc postérieure à 1129, puisque Philippe y reçoit le titre de roi. Il est même très probable qu'elle a été faite peu de jours après sa mort, puisqu'il n'y est pas question du futur roi Louis VII, associé au trône dès le 25 octobre 1131, et qu'elle est faite pour le repos de l'âme de Philippe seulement. On remarquera les ressemblances extraordinaires, dans la forme comme dans le fond, que cette pièce présente avec un diplôme de 1137 également relatif à la foire Saint-Lazare, et que nous donnons sous le n° 267. Cela fournit un sérieux motif de suspicion à l'encontre du premier de ces deux actes.

[4] Le texte du cartulaire porte «quondam», qui est une faute évidente.

237

1132, 15 mars. — VALENCE.

Confirmation par le pape Innocent II des possessions et privilèges de l'abbaye de Saint-Victor.

NULLI LICET RECIPERE CANONICUM SANCTI VICTORIS PARISIENSIS SINE ASSENSU ECCLESIE.

Innocentius episcopus, servus servorum Dei, dilectis in Christo filiis Gilduino abbati et fratribus in ecclesia Sancti Victoris Parisiensis regularem vitam professis, tam presentibus quam futuris, in perpetuum. Officii nostri nos hortatur auctoritas pro ęcclesiarum statu satagere, et earum quieti et utilitati salubriter, auxiliante Domino, providere. Dignum namque et honestati conveniens esse cognoscitur ut qui ad ęcclesiarum regimen assumpti sumus, eas et a pravorum hominum nequitia tueamur, et beati Petri atque apostolicę sedis patrocinio muniamus. Proinde, karissimi in Domino filii, vestris postulationibus assensum prebentes, statuimus ut ordo canonicus quem in vestra ęcclesia, secundum beati Augustini regulam, professi estis, perpetuis ibi temporibus inviolabiliter, auxiliante Domino, conservetur. Quascumque etiam possessiones, quęcumque bona in presentiarum, concessione pontificum, liberalitate karissimi filii nostri Ludovici, Francorum regis, et canonicorum Beatę Marię, sive oblatione aliorum fidelium, pro communis vitę sustentatione legitime possidetis, vobis et per vos ęcclesię Sancti Victoris, in qua divino vacatis servitio, per hujus scripti paginam confirmamus. In quibus hęc propriis nominibus duximus annotanda : medietatem scilicet molendinorum sub domo episcopali in Sequana molentium, ex dono Gualonis et Girberti, bonę memorię, atque Stephani, Parisiensium episcoporum, consensu capituli et collaudatione canonicorum Parisiensium matricis ęcclesię Sancte Marię, necnon et assensu regis, vobis collatam; ita scilicet quod in aqua Sequanę, a superiori videlicet capite insulę usque ad Parvum Pontem, quę tota est de jure episcopali, si molendini unus aut plures construantur, aut quacumque occasione vel in quocumque loco mutentur, communi consilio et sumptu, tam episcopi quam predictorum fratrum, fiat molendinorum constructio et reparatio, et communis et equalis habeatur totius emolumenti, tam moliturę quam piscium et ceterorum, divisio; molendinarii etiam communiter imponantur et fidelitatem faciant; viginti solidos Parisiensis monetę, quos singulis annis recipitis de gordo episcopali inter Magnum Pontem et Meibra collocato; tres solidos, uno obolo minus de censu, in domo Guillelmi, et quicquid de fundo episcopali ęcclesię vestrę Sancti Victoris collatum est, quemadmodum in eorumdem episcoporum concessionibus continetur. Ex dono autem canonicorum prefatę matricis ęcclesię Sanctę Marię Parisiensis, cum assensu episcopi, terram arabilem, quę uni carrucę sufficiat, apud Civiliacum villam, tam de territorio Civiliaci quam Orliaci, centum viginti arpentinos terrę arabilis, ita videlicet ut, per vos ipsos aut per quoslibet alios, preter hospites canonicorum Civiliaci et Laiaci commanentes, predictam terram excolatis; decimam et partem campi ejusdem terrę in integrum possidendam; olchiam cum omnibus consuetudinibus et redditibus suis. Ex dono preterea venerabilis fratris nostri Stephani, Parisiensis episcopi, cum consensu capituli et canonicorum ac presbyterorum Sancti Johannis, redditus prebendarum canonicorum Sanctę Marie in integrum, ita videlicet ut, si aliquis canonicus Beatę Marię, aut heremitarum, aut regularium canonicorum, aut monachorum, aut quorumlibet aliorum vitam eligens, prebendam reliquerit, vestra Beati Victoris ecclesia ejus prebendę per annum redditus possidebit. Quod si canonicus Beatę Marię prebendam suam in manu episcopi reddiderit, et pro aliquo oraverit, et super hoc eum episcopus exaudierit, in prebenda sic reddita nichil habebitis. Quicquid vero in predictis prebendis habetis, id ipsum nichilominus in prebendis canonicorum Sancti Marcelli, Sancti Germani Autisiodorensis, Sancti Clodoaldi, nec non etiam Sancti Martini de Campellis, integre habeatis. Porro nullum ex debito super hoc, aut ecclesiis, aut defunctis, sive processionis, sive visitationis, sive sepeliæendi, preter anniversarium exsolvatis, sicut in prefati fratris nostri pagina continetur [1]. Quęcumque preterea in futurum, largiente Domino, juste atque canonice poteritis adipisci, firma vobis vestrisque successoribus et illibata permaneant. Prohibemus etiam ut nullus umquam canonicorum, post factam professionem, absque libera abbatis et fratrum licentia, ęcclesiam vestram relinquere et ad alium locum liceat pertransire; nec aliquis episcoporum, abbatum, priorum, vel aliqua persona eum retinere presumat, sed tanquam suę professionis prevaricator, ad locum proprium compellatur redire. Nulli ergo omnino hominum fas sit predictam ęcclesiam temere perturbare, aut ejus possessiones auferre, vel ablatas retinere, minuere, aut aliquibus vexationibus fatigare; sed omnia integra conserventur, regularium fratrum et pauperum usibus profutura. Si quis igitur huic nostrę constitutioni temerario ausu contraire temptaverit, secundo tercione commonitus, si non satisfactione congrua emendaverit, potestatis honorisque sui dignitate careat et a sacratissimo corpore ac sanguine Dei et Domini Redemptoris nostri Jhesu Christi alienus fiat, atque in extremo examine districtę ultioni subjaceat. Conservantes autem, intervenientibus beatorum apostolorum Petri et Pauli meritis, gratiam Domini nostri Jhesu Christi et ęternę vitę premia consequantur. Amen. Amen. Amen.

Rota[2] Ego Innocentius, catholicę ecclesię episcopus, subscripsi. Bene valete.

† Ego Lucas, presbyter cardinalis tituli Sanctorum Johannis et Pauli, subscripsi.

† Ego Romanus, diaconus cardinalis Sanctę Marię in Porticu, subscripsi.

---

[1] Tout ce qui précède est littéralement copié sur notre pièce n° 207. — [2] Autour de la *rota*, on lit la devise : «Adjuva nos, Deus, salutaris noster».

† Ego Gregorius, diaconus cardinalis Sanctorum Sergii et Bachi, subscripsi.
† Ego Otto, diaconus cardinalis Sancti Georgii, subscripsi.
† Ego Guido, diaconus cardinalis Sanctorum Cosme et Damiani, subscripsi.

Datum Valentię, per manum Aimerici, sanctę Romanę ecclesię diaconi cardinalis et cancellarii, xviii kalendas aprilis, indictione x^{ma}, Incarnationis Dominicę anno m° c° xxx° ii°, pontificatus domni Innocentii pape secundi anno iii°.

A. Original, avec traces de sceau, aux Arch. nat., L. 226, n° 6.
B. Copie du xvii° siècle, à la Bibl. nat., ms. lat. 14672, fol. 9.
C. Copie du xvii° siècle, à la Bibl. nat., ms. lat. 14679, p. 86.

238

1132.

Donation par le roi Louis VI au chapitre de l'église de Paris d'une terre et de vignes situées près de l'église Notre-Dame-des-Champs, en échange de la terre de «Unvillers», cédée par ledit chapitre à l'abbaye d'Hierre.

A. Copie du xviii° siècle, aux Arch. nat., K. 179, liasse I, n° 10.

239

1133. — Paris [1].

Concession par Étienne, évêque de Paris, au prieuré de Saint-Martin-des-Champs de l'église Saint-Denis-de-la-Châtre avec toutes ses possessions.

DE SANCTO DYONISIO DE CARCERE.

In nomine sancte et indivi[du]e Trinitatis, ego Stephanus, Dei gratia Parisiorum episcopus, licet indignus, non ignorans quid sollicitudinis, quid amoris, Christi et ecclesie filiis debeam, et cum multo timore perpendens quid oneris pro regendis fidelibus populis sustineam, quanto ad hec auxilio quantave pro distribuendis michi eorum oblationibus sollertia indigeam, faciendum pro necessitate cognovi, ad supportandam tante impositionis sarcinam, servorum Dei auxilia querere, eosque, ut nobiscum ob custodiam gregis Dei vigilent et orent, stipendiorum nostrorum participes efficere. Cum autem omnibus, si fieri posset, munificum et utilem episcopalis me dignitas esse deposcat, religiosis maxime viris munificentie et utilitatis mee liberalitatem aliquam impendere studui. Quapropter ecclesie Beati Martini de Campis et fratribus inibi Deo servientibus ecclesiam

---

[1] Entre la fin de janvier et le mois d'août 1133.

Sancti Dyonisii que dicitur de Carcere, quam diu manus laica injuste invaserat, que etiam tempore nostro ad manus regias redacta fuerat, ipsam in manibus nostris redditam, ex consensu, petitione et voluntate ipsius domini regis Ludovici, annuente Adelaide regina, filiis etiam ejus Ludovico rege et Henrico, ejusdem ecclesie abbate, concedentibus, salvo in omnibus jure Parisiensis ecclesie, imperpetuum donavimus, cum omnibus ad eandem ecclesiam pertinentibus, scilicet : molendino uno in Mibrai; furno etiam uno eodem (*sic*) ecclesie proximo; villa de Fontanis cum ecclesia, et decima, et nemore, et portu; villa etiam de Limogiis cum ecclesia et decima; villa de Furcis cum ecclesia et decima; terra et pratis in loco qui dicitur Roundel, cum prebenda etiam Beate Marie majoris et sedalis ecclesie, et cum universis ceteris appenditiis, eo dumtaxat modo quo prefate ecclesie clerici eatenus tenuerant. Nos autem, tranquillitati fratrum ibidem Deo famulantium providentes, ex consensu Bernerii decani et Ade precentoris tociusque capituli, solas processiones, excepta cruce et capellano et textu et aqua benedicta, eis condonavimus, ceteraque omnia ad jus Parisiensis ecclesie pertinentia nobis et ecclesie nostre retinuimus. Verum, ut hoc ratum et firmum permaneat in sempiternum, presentem cartam nostri auctoritate sigilli firmavimus, que donum nostrum diligenter exponat et munimentum stabilitatis perpetuo existat. Actum Parisius [in capitulo], anno Incarnationis Domini m° c° xxx° iii°, regnante Ludovico anno xxv°[1], [episcopatus autem nostri ix°. Signa quoque fratrum nostrorum subtitulari decrevimus, ut testimonio veritatis quod factum est corroboraretur. Signum Bernerii decani. S. Ade precentoris. S. Stephani archidiaconi. S. Theobaldi archidiaconi. Signum Theobaldi archidiaconi. S. Gisleberti sacerdotis. S. Theodorici sacerdotis. S. Willelmi diaconi. S. Yvonis diaconi. S. Guinneranni diaconi. S. Anselmi subdiaconi. S. Petri subdiaconi. S. Alberti subdiaconi. S. Henrici pueri. S. Manasses pueri. S. Henrici pueri.]

A. Original scellé, aujourd'hui perdu (publié par Marrier, *Reg. monast. S. Martini de Campis hist.*, p. 327).
B. Copie du xiii° siècle, aux Arch. nat., LL. 1351 (Cartul. A. de Saint-Martin-des-Champs), fol. 43 r°.
C. Copie du 31 janvier 1688, aux Arch. nat., L. 498, n° 119.

240

1133. — Paris.

Cession au roi Louis VI, par Thibaud, prieur de Saint-Martin-des-Champs, de l'église de Montmartre, en échange de l'église Saint-Denis-de-la-Châtre.

In Christi nomine. Ego Teobaldus, prior Beati Martini de Campis, totusque ecclesie conventus, notum fieri volumus tam presentibus quam futuris quatinus

---

[1] Tout ce qui est entre crochets manque dans B.

ecclesiam Montis Martyrum cum suis appendiciis Ludovico, Dei gratia Francorum regi, et Adelaidi, ejusdem gratia regine, et Ludovico eorum filio, jam in regem sublimato anno III, ad hoc scilicet donavimus et concessimus, ut eam sanctimonialibus ibidem Deo famulantibus donarent et perpetuo concederent. Donamus etiam eis ad hoc idem capellam de Sancto Martyrio, et culturam Morelli, et domum Guerrici cambiatoris, sicuti eam habebamus et tenebamus. Rex autem Ludovicus ecclesie Beati Martini de Campis et nobis ecclesiam Beati Dionysii donavit et habendam perpetuo concessit. Quod, ut ratum et firmum permaneat in sempiternum, scripto commendavimus, et, ne possit a posteris infirmari, sigilli nostri auctoritate subterfirmavimus. Actum publice in capitulo Beati Martini, anno Incarnati Verbi M° C° XXX° III°, regnante Ludovico anno XX° VII°[1]. Signum Teobaldi prioris. S. Odonis subprioris. S. Gislemeri tertii prioris monachi. S. Petri a secretis. S. Manasserii a secretis [2].

A. Copie du XIII° siècle, aux Arch. nat., L. 1030, n° 1 (Cartulaire de Montmartre), fol. 1 r°.
B. Copie du XV° siècle, aux Arch. nat., LL. 1605 (Cartulaire de Montmartre), fol. 26 r°.

241

1133, après le 22 août. — PARIS.

Confirmation par Pierre, abbé de Cluny, de l'échange, fait entre le roi et le prieur de Saint-Martin-des-Champs, de l'église de Montmartre contre celle de Saint-Denis-de-la-Châtre.

In nomine sancte et individue Trinitatis. Diligens precedencium patrum providentia et studiosa nichilominus sagacis providentie eorum sollercia, alumna pacis, amica concordie, presentium futurorumque consulens utilitati, hoc instituit, hoc previdit, hoc inspirante Deo decrevit ut, quotiens aliquid precipuum agitur, vel Deo servientibus memoria dignum confertur beneficium, litterarum testimonio et scriptorum privilegio roboretur, quo memorie tenacius commendetur. Cujus constitutionis doctrinam, divinitus editam, ego frater Petrus, abbas Cluniacensis, subsequens actionem illam salutiferam, inter piissimum regem Francorum Ludovicum et ejus uxorem Adaleidam reginam eorumque filios, ac priorem Sancti Martini de Campis, domnum Teobaldum, et conventum, solenniter peractam, de ecclesia videlicet Montis Martyrum et de ecclesia Sancti Dionisii de Carcere, approbo et concedo, utque nostris temporibus et futuris firmior habeatur, inviolabiliter teneatur, rata conservetur et indissolubilis, scripto presenti confirmo. Sunt autem hec que ego et conventus concessimus : Ecclesia videlicet libera, eo dumtaxat modo quo

[1] Il faudrait «anno XXVI», à moins de supposer que l'erreur porte sur l'an de l'Incarnation, ce qui placerait cette pièce entre le 3 août et le 25 octobre 1134, anniversaire du sacre de Louis le Jeune à Reims.

[2] Les souscriptions manquent dans B.

monachi nostri tenuerant, et decima ad eamdem ecclesiam pertinens, cum vineis et terra arabili, cum uno hospite apud Darenciacum, ceterisque appendiciis que ibidem Deo servientes possiderant. Addidimus preterea ecclesiam de Sancto Martirio cum vineis Aden, et Morelli culturam, culturam eciam quam domnus Matheus prior comparavit a Warnerio de Portu. Actum Parisius apud Sanctum Martinum de Campis, anno ab Incarnatione Domini M° C° XXX° III°, indictione XIV[a] [1], residente in apostolica sede papa Innocentio, Ludovico rege Francorum, et domni Petri Cluniacensis abbatis anno XII°.

A. Copie du XIII° siècle, aux Arch. nat., L. 1030, n° 1 (Cartul. de Montmartre), fol. 1 r°.
B. Copie du XV° siècle, aux Arch. nat., LL. 1605 (Cartul. de Montmartre), fol. 27 r°.

242

Vers 1133.

Lettre du pape Innocent II, invitant l'évêque Étienne et le chapitre de Notre-Dame à attribuer une prébende aux chanoines de Saint-Victor [2]. — «Non dubium...»

A. Copie du XVII° siècle, à la Bibl. nat., ms. lat. 14679 (*Hist. S. Victoris*), p. 90.
B. Copie du XVII° siècle, à la Bibl. nat., ms. lat. 14684, fol. 3 v°.

Édit. : (*a*) Dubois, *Hist. eccles. Paris.*, t. II, p. 28, d'après A. — (*b*) Bouquet, *Rec. des hist. de la France*, t. XV, p. 371, d'après *a*. — (*c*) Migne, *Patrol.*, t. CLXXIX, col. 620, d'après *b*.

243

Vers 1133.

Donation par l'évêque Étienne, à l'abbaye de Saint-Victor, de diverses prébendes dans les églises Saint-Marcel, Saint-Cloud, Saint-Germain-l'Auxerrois et Saint-Martin-de-Champeaux.

STEPHANI, PARISIENSIS EPISCOPI, DE DONO PREBENDARUM.

In nomine sancte et individue Trinitatis. Quoniam sub uno capite, Christo, unum corpus ecclesie uno spiritu vivificatur et regitur, hujus tante caritas unitatis et unitas caritatis expostulat ut, dilectionis et compassionis affectu, superiora membra inferioribus condescendant et infirmioribus fortiora subveniant. Parisiensis itaque mater ecclesia, que in corpore Christi superioris loci et principalis membri obtinet

---

[1] Lisez «duodecima».
[2] Jaffé (*Regesta pontif. rom.*, 2° édit., t. I, p. 907, n° 8296) place cette bulle entre 1138 et 1143, sans doute à cause de deux autres bulles pour le même objet, qui appartiennent effectivement à cette époque (voir nos n°ˢ 276 et 279). Mais on voit par son contexte qu'elle doit être antérieure à la pièce que nous donnons ci-après (n° 243) et qui serait, s'il faut s'en fier à d'anciens témoignages, de l'an 1133 (cf. la note 1 de la p. 247).

dignitatem, hujus tam care unitatis non immemor, Beati Victoris ecclesiam spiritalibus quidem bonis et religionis opulentia per Dei gratiam habundantem, sed tamen rebus exterioribus et temporalibus indigentem, oculo pietatis respexit et, sicut beneficia collata testantur, ejus inopiam de habundantie sue largitate supplevit. Ego itaque Stephanus, Dei misericordia Parisiorum episcopus, predecessorum meorum pie recordationis, domni scilicet Gualonis et domni Girberti, exemplis informatus et provocatus, qui scilicet suo tempore ecclesie Beati Victoris libenti animo beneficia contulerunt, volui et plurimun desideravi quatinus etiam ex dono nostro prefata Beati Victoris ecclesia aliquid beneficii obtineret, quod non solum nobis, verum etiam fratribus et filiis nostris, videlicet canonicis Parisiensis ecclesie, Dei misericordiam et gratiam impetraret. Noverint igitur universi quia in Parisiensi ecclesia, in qua, Deo auctore, licet indigni episcopi officium gerimus, prebendam unam, assensu Berneri decani atque Adam precentoris et totius capituli, ecclesie Beati Victoris imperpetuum habendam donavimus : in hoc dono nostro ejusdem Beati Victoris ecclesie non solum consulentes necessitati, sed etiam providentes dignitati, quatinus in prebenda ista et pauperes Christi inveniant sue necessitatis subsidium, et ipsa Beati Victoris ecclesia ab ecclesia Parisiensi, sicut filia a matre, obtineat canonice dignitatis privilegium. Adhuc etiam ad paupertatem predictorum regularium sustentandam, huic dono nostro aliarum prebendarum donum adjunximus, et in quibus ecclesiis ille prebende sunt inferius determinate signavimus. Donavimus siquidem predictis canonicis Beati Victoris in ecclesia Sancti Marcelli prebendam unam, assensu Gisleberti decani et totius capituli; in ecclesia Sancti Clodoaldi prebendam unam, assensu Hugonis decani et totius capituli; in ecclesia Sancti Germani Authisiodorensis prebendam unam, assensu Theobaldi decani et totius capituli; in ecclesia Sancti Martini de Campellis prebendam unam, assensu Nicholai prepositi et totius capituli. Nec illud latere volumus quia, ut predicti canonici Sancti Victoris divinis obsequiis liberius vacare possint, statuimus ut infra ambitum murorum suorum nulla penitus persona contra eos aut sua aliquam violentiam aut potestatem audeat exercere, et si, quod absit, aliqua infractura, sive de suis, sive de alienis, inibi facta fuerit, ad eos solummodo exsecutio justitie pertineat. Ut autem supradicta omnia in perpetuum firma et illibata permaneant, scripto commendavimus et sigilli nostri auctoritate firmavimus [1].

A. Original scellé, aux Arch. nat., L. 888b, n° 3.
B. Copie du xiii° siècle, aux Arch. nat, LL. 1450 (Cartul. de Saint-Victor), fol. 24 v°.
C. Copie du xvii° siècle, aux Arch. nat., L. 408, n° 1.
D. Copie du xvii° siècle, à la Bibl. nat., ms. lat. 14679, p. 95.

---

[1] On trouve sur l'original, à la suite du texte ci-dessus, cette note ajoutée au xvi° siècle : *Anno 1133, ex Chronico ms. S. Victoris.*

244

1133.

Sentence d'excommunication, lancée par l'évêque Étienne contre les meurtriers de Thomas, prieur de Saint-Victor. — « Ex auctoritate Dei... »

A. Copie du xvii° siècle, à la Bibl. nat., ms. lat. 14679, p. 67.

Édit. : (a) Duchesne, *Hist. Francor. script.*, t. IV, p. 746. — (b) Du Boulay, *Hist. univers. Paris.*, t. II, p. 122, d'après a. — (c) Gourreau de la Proustière, *Martyrium Thomæ, prioris S. Victoris*, p. 74. — (d) Labbe, *Concil.*, t. X, col. 974. — (e) Dubois, *Hist. eccles. Paris.*, t. II, p. 33. — (f) Hardouin, *Concil.*, t. VI, part. II, col. 1183. — (g) Martène, *Ampliss. collectio*, t. VI, col. 220. — (h) *Rec. des hist. de la France*, t. XV, p. 335, d'après a.

245

1133.

Lettre d'Étienne, évêque de Paris, à Geoffroy, évêque de Chartres, racontant le meurtre de Thomas, prieur de Saint-Victor[1]. — « Calamitatis novæ pondus... »

A. Copie du xvii° siècle, à la Bibl. nat., ms. lat. 14679, p. 68.

Édit. : (a) Manrique, *Annal. Cisterc.*, t. I, p. 210. — (b) Gourreau de la Proustière, *Martyrium Thomæ, prioris S. Victoris*, p. 77. — (c) Du Boulay, *Hist. univers. Par.*, t. II, p. 123 et 124. — (d) Labbe, *Concil.*, t. X, col. 975. — (e) Mabillon, *S. Bernardi op.*, t. I, col. LVIII. — (f) Dubois, *Hist. eccles. Paris.*, t. II, p. 33. — (g) Hardouin, *Concil.*, t. VI, part. II, col. 1184. — (h) *Rec. des hist. de la France*, t. XV, col. 335. — (i) Migne, *Patrologie*, t. CLXXXII, col. 315, note 428, d'après e.

246

1133.

Lettre d'Étienne, évêque de Paris, au pape Innocent II, au sujet du meurtre de Thomas, prieur de Saint-Victor. — « Vir religiosus... »

A. Copie du xiii° siècle, à la Bibl. nat., ms. lat. 3702, fol. 12 r°.
B. Copie du xvii° siècle, à la Bibl. nat., ms. lat. 14679, p. 76.

Édit. : (a) Du Boulay, *Hist. univers. Paris.*, t. II, p. 122. — (b) Mabillon, *S. Bernardi op.*, t. I, col. 159, epist. 159. — (c) Dubois, *Hist. eccles. Paris.*, t. II, p. 122. — (d) *Recueil des hist. de la France*, t. XV, p. 336. — (e) Migne, *Patrologie*, t. CLXXXII, col. 319, epist. 159, d'après b.

---

[1] Cette lettre et les suivantes ont été rapportées par les uns à l'an 1135, par les autres à 1130. Nous avons cru préférable de suivre Mabillon, qui les attribue à l'an 1133 (*S. Bernardi op.*, t. I, col. LX), en s'appuyant sur le nécrologe de Saint-Victor, qui fixe au 20 août la mort du prieur de Saint-Victor, et sur une lettre de saint Bernard, qui nous apprend que le crime fut commis un dimanche. Or le 20 août 1133 tombait effectivement un dimanche.

247

1133.

Lettre de saint Bernard au pape Innocent II, au sujet du meurtre de Thomas,
prieur de Saint-Victor. — « Fera pessima... »

A. Copie du xviᵉ siècle, à la Bibl. nat., ms. lat. 15058, fol. 164 v°.
B. Copie du xviiᵉ siècle, à la Bibl. nat., ms. lat. 14679, p. 74.

Édit. : (*a*) Du Boulay, *Hist. univers.* Paris., t. II, p. 123. — (*b*) Mabillon, *S. Bernardi opera*, t. I, col. 158, epist. 158. — (*c*) Dubois, *Hist. eccles.* Paris., t. II, p. 35. — (*d*) Mabillon, *Annal. Bened.*, t. VI, p. 227. — (*e*) Migne, *Patrologie*, t. CLXXXII, col. 315, epist. 158, d'après *b*.

248

1133.

Lettre de Pierre, abbé de Cluny, au pape Innocent II, au sujet de l'assassinat de Thomas,
prieur de Saint-Victor. — « Execrabile facinus... »

A. Copie du xviiᵉ siècle, à la Bibl. nat., ms. lat. 14679, p. 78.

Édit. : (*a*) *Petri Cluniac. abbat. epist.*, l. I, n° 17. — (*b*) Marrier, *Bibliotheca Cluniac.*, col. 637. — (*c*) Dubois, *Hist. eccles.* Paris., t. II, d'après *a*.

249

1133.

Lettres d'Hugues, évêque de Grenoble, aux évêques réunis en synode à Jouarre, au sujet du meurtre
de Thomas, prieur de Saint-Victor. — « Quod homines sumus... »

A. Copie du xviiᵉ siècle, à la Bibl. nat., ms. lat. 14679, p. 71.

Édit. : (*a*) Picard, *S. Bernardi opera*, in not. ad epist. 158. — (*b*) Manrique, *Annal. Cisterc.*, t. I, p. 212, d'après *a*. — (*c*) Gourreau, *Martyrium Thomæ, prioris S. Victoris*, p. 83. — (*d*) Du Boulay, *Hist. univ. Paris.*, t. II, p. 125. — (*e*) Labbe, *Concil.*, t. X, col. 975. — (*f*) Mabillon, *S. Bernardi opera*, t. I, col. LIX. — (*g*) Hardouin, *Concil.*, t. VI, part. II, col. 1186. — (*h*) Martène, *Thes. anecdot.*, t. I, col. 381, ex ms. Elnonensi. — (*i*) *Rec. des hist. de la Fr.*, t. XV, p. 337.

250

1133.

Lettre du pape Innocent II aux évêques réunis au synode de Jouarre, portant confirmation de l'interdit
prononcé par eux à l'occasion du meurtre de Thomas, prieur de Saint-Victor. — « Graviora delicta... »

A. Copie du xviiᵉ siècle, à la Bibl. nat., ms. lat. 14679, p. 72.

Édit. : (*a*) Du Boulay, *Hist. univ. Par.*, t. II, p. 126. — (*b*) Labbe, *Concil.*, t. X, col. 977. — (*c*) Mabillon, *S. Bernardi opera*, t. I, col. LIX. — (*d*) *Rec. des hist. de la Fr.*, t. XV, p. 382, d'après *a*.

251

1133, 16 novembre. — Pise[1].

Lettre du pape Innocent II aux archevêques de Reims et de Sens et à leurs suffragants, les blâmant de n'avoir pas plus tôt excommunié les meurtriers de Thomas, prieur de Saint-Victor. — «Horrenda cedes...»

Édit. : (*a*) D'Achery, *Spicileg.* (éd. in-4°), t. V, p. 567; (éd. in-fol.), t. III, p. 493. — (*b*) Du Boulay, *Hist. univers. Par.*, t. II, p. 126, d'après *a*. — (*c*) *Rec. des hist. de la France*, t. XV, p. 381, d'après *a*. — (*d*) Migne, *Patrologie*, t. CLXXIX, p. 191.

252

1133-1140. — Paris [2].

Vente par Gilduin, abbé de Saint-Victor, à Albert d'Étampes, chanoine de Notre-Dame, de vignes situées à Savies.

SANCTI VICTORIS DE VINEIS APUD SAVIAS.

Ego Gilduinus, Dei gratia abbas ęcclesię Sancti Victoris, notum fieri volo quod Herluinus nepos meus, quando, seculum deserens, societatem nostram ad Deum conversus intravit, vineas quasdam, quas in colle Saviarum sitas habebat, ęcclesię nostrę donavit. Has itaque vineas ego Gilduinus et cęteri fratres nostri Alberto Stanpensi, canonico Beate Marię, pro xx^{ti} libris Parisiensis monete communi assensu vendidimus, ipsumque Albertum in capitulo nostro de ei[s]dem vineis ac conditione reinvestiv[i]mus quod, si in posterum calumpnia aliqua forte emergeret, ęcclesia nostra vineas illas eidem Alberto, prout justitia exigeret, garandiret. Hanc autem nostram vendicionem, ad majorem confirmationem et ad posterorum recordationem, litteris annotare curavimus, ipsasque litteras sigilli nostri auctoritate firmavimus. † Signum Gilduini abbatis. Signum Odonis prioris. Signum Garneri subprioris. Signum magistri Hugonis. Signum Adelardi camerarii. Signum Rotberti. Signum Reineri, Ricardi, Gauteri, diaconorum. Signum Adam, Fulconis, Alveredi, subdiaconorum. Hec sunt nomina clericorum qui huic investiture presentes affuerunt : Galterus, Herluinus, Goslenus, canonici; Garnerus, Ansellus, Anscherus, vicarii.

A. Original, avec traces de sceau, aux Arch. nat., L. 907, n° 32 (anc. L. 1477).

---

[1] Jaffé (*Regesta pontif. rom.*, 2° édit., p. 861, n° 7636) fait remarquer que cette pièce est datée du xvi des calendes de décembre, et non du 21 décembre, comme l'ont admis la plupart des éditeurs.

[2] Ce document est postérieur à 1133, époque où le prieur Eudes succéda au prieur Thibaud. Il est antérieur à 1140, date de la mort du fameux Hugues de Saint-Victor, que nous croyons devoir reconnaître ici sous le nom de «magister Hugo». Enfin «Albertus Stampensis» est sans doute le même qui figure en 1127 dans un acte du Cartulaire de Notre-Dame (Guérard, t. I, p. 28).

253

1134, 3 août-25 octobre. — Paris.

Cession du prieuré de Saint-Éloi à l'abbaye de Saint-Maur-des-Fossés par Étienne, évêque de Paris.

DE MONACHIS SANCTI ELIGII PARISIENSIS ET DE HIIS QUE DEBENT CAPITULO PARISIENSI.

Exempla patrum nos admonent et racio nobis consulit ordinem et munditiam domus Domini sic amare ut ea quę sanctorum auctoritatibus non concordant rigore judiciali studeamus corrigere, et ea quę justicia et honestas commendant paterno affectu preoptemus in suo statu et ordine conservare, ut et male viventes ab enormitatibus suis judicii timore reprimamus, et bene et honeste viventes ad meliorem vitę viam paterno amore accendamus, et saluti nostrę et suę ita providemus. Ego igitur Stephanus, Dei gratia Parisiensis episcopus, notum fieri volo cunctis fidelibus, tam posteris quam presentibus, monasterium Sancti Eligii Parisiensis ordini sanctimonialium fuisse antiquitus deputatum; verum pro nimia illius sexus fragilitate, qui, voto castitatis rupto et proposito religionis abjecto, ad intolerandam turpitudinis prolapsus erat miseriam, ita ut templum Dei effecisset fornicationis speluncam, venerabilis et bonę memorię predecessor noster Galo, Parisiensis episcopus, tantam pestem non ferens, infames et incorrigibiles personas, pro turpitudine vitę, a predicto eliminavit et prorsus alienavit monasterio. Volens etiam sanctum locum altiori religionis ordine decorare, predictum Sancti Eligii monasterium cum omnibus ad illud pertinentibus, ęcclesię Beati Petri Fossatensis jure perpetuo habendum, minus tamen canonice quam deceret, donavit et concessit. Quod siquidem donum, quia inordinate nec ita ut oporteret secundum Deum actum est, abbas ęcclesię Fossatensis, Teobaldus, vir quidem discretus et honestus, suę et subditorum famę consulens et saluti, predictum Beati Eligii monasterium nobis in manu nostra reddidit et dimisit, et se et monacos Fossatenses predictum monasterium nec secundum Deum adeptos esse nec bene possedisse cognovit. Cum vero idem monasterium in manu nostra diu tenuissemus, tandem misericordia, quę omnino humilitatis amica est, oculis nostris se offerens, visa est nobis exigere ut quod predictus abbas nobis dimiserat, timore Dei et humilitate compulsus, ęcclesię Fossatensi misericorditer donaremus. Dignum enim non erat ut ex hoc, quod gratia humilitatis fecisse videbatur, aliquod ei dampnum aut incommodum sequeretur, immo quod amor humilitatis videbatur, ut ita dicamus, abstulisse, misericordia, quia illius amica est, debebat restituere. Amore itaque misericordię inclinati, et peticione domni papę Innocentii, et prece domni Ludovici, illustris et gloriosi Francorum regis, inflexi, et religiosorum virorum consilio inducti, assensu etiam Berneri decani et capituli nostri, predictum Sancti Eligii monasterium cum omnibus ad illud pertinentibus, Ascelino abbati et ęcclesię Beati Petri Fossatensis perpetuo habendum, salvo quidem in omnibus jure nostro et successorum nostrorum, et salvis in omnibus et per omnia consuetudinibus ęcclesię Parisiensis, donamus et concedimus, ita scilicet ut abbas Fossatensis prescriptum monasterium tanquam cellam suam possideat, et in monacos ibi Deo militantes plenam et perfectam abbatis potestatem exerceat, dum ipse et successores sui abbates et monachi Fossatenses in nostra et successorum nostrorum episcoporum Parisiensium subjectione permanserint, et Parisiensi ęcclesię et nobis jus, et honorem nostrum, et consuetudines nostras in omnibus conservaverint et reddiderint. Institutum tamen est ut xii^{cim} ad minus monachi, cum suo priore, ad serviendum Deo illic apponantur, qui juxta regulam sancti Benedicti ad ordinem tenendum sufficere videantur. Sciendum vero est quia illam eandem potestatem quam predecessores nostri in monasterium Sancti Eligii et in abbatissam, quę ibi antiquitus fuerat, habuerunt, nos in abbatem Fossatensem ex integro habemus et in perpetuum retinemus, quantum scilicet ad cenobium Sancti Eligii et ad res illius monasterii pertinere videtur. Sed, ut totius altercationis molestia in posterum excludatur, quid potestatis episcopus, quid juris aut consuetudinis canonici Sanctę Marie, tam in abbatissam quam in monasterium illud prius possederint et modo possideant, evidenter et aperte distinximus. Sciendum igitur est quia, quotiens Parisiensis episcopus abbatissam ad justiciam vocavit, illa procul dubio omnem exsecutura justiciam, ante episcopum se presentavit. Si autem servus, vel ancilla, vel hospes illius monasterii contra personam episcopi aut contra proprias res illius aliquid forifecisset, abbatissa, audito prius episcopi mandato, illos in presentiam episcopi ad justiciam faciendam adduxisset, et post justiciam episcopi, abbatissa suos districtus accepisset, si voluisset. Quod si abbatissa servos vel ancillas monasterii libertate donare, aut terram alienare, aut manufirmam facere voluisset, nullam potestatem, nullam id faciendi licentiam habuisset, absque assensu episcopi et absque carta, sigillo ejus et cancellarii firmata. Hanc ergo potestatem in abbatissam et in monasterium Sancti Eligii predecessores nostri habuisse noscuntur, et nos quoque in abbatem Fossatensem eandem nobis retinemus potestatem, nichil nostri juris relinquentes vel relaxantes. Canonicis vero Beatę Marię predictum monasterium singulis annis duos pastus ex debito persolvit, unum in festivitate sancti Pauli, alterum in festo sancti Eligii, ita quod uterque pastus in refectorio canonicorum recipitur. Consuetudo etiam est ut prefati cenobii conventus una cum canonicis Beatę Marię processiones faciant in diebus Rogationum, et in die Ascensionis, et in funeribus canonicorum. Alias etiam processiones, aut pro aeris serenitate, aut pro aliqua tempestate sive necessitate, si canonici facere disposuerint, necesse est predictum conventum canonicorum instituta sequi, eosque, si mandaverint, in his processionibus comitari. Preterea, quotiens mater ęcclesia a divino officio cessaverit, cenobium Sancti Eligii ex necessitate cessabit. Sub hac igitur distinctione cenobium

Sancti Eligii ęcclesię Fossatensi in cellam possidendum concedimus, eo scilicet tenore ut, quotiens Fossatensis abbas debitam professionem in Parisiensi ęcclesia fecerit, presente episcopo, fateatur cenobium Sancti Eligii ex dono episcopi et beneficio Parisiensis ęcclesię se habere. Volumus etiam determinare quia homines predicti cenobii in exercitum regis, inconsulto episcopo, non debent ire; sed abbas aut prior, ex precepto episcopi, illos debent in exercitum mittere. Diffinitum est etiam ut in festo sancti Eligii canonici Sanctę Marię dextrum chorum, monachi sinistrum teneant, ita ut cum canonico qui chorum tenuerit aut prior aut cantor monachorum chorum teneat, nec alia persona ad illud admittatur. Missam vero aut abbas aut prior cantabit; quod si uterque aberit, aliquis ex clero nostro illam celebrabit. Sciendum vero est quia die illo predictus pastus redditur ex vi porcis vivis et sanę carnis, ex duobus modiis vini et dimidio, ad mensuram nostri claustri, et ex tribus sextariis frumenti bene vanati. Pastus vero qui redditur in festo sancti Pauli de octo constat arietibus et duobus modiis vini et dimidio sextario, et ex duobus sextariis et dimidio frumenti bene vanati, et ex vi nummis et obolo. Ut autem hoc ratum et inconcussum permaneat, presentem cartam fieri precepimus et sigillo nostro signavimus, et manibus canonicorum nostrorum firmandam tradidimus. † Signum Stephani episcopi. S. Berneri decani. S. Ade precentoris. S. Stephani archidiaconi. S. Teobaldi archidiaconi. S. Gilleberti presbyteri. S. Teoderici presbyteri. S. Fulconis presbyteri. S. Ivonis diaconi. S. Guidonis diaconi. S. Gualterii diaconi. S. Petri subdiaconi. S. Anselmi subdiaconi. S. Andreę subdiaconi. S. Manasse pueri. S. Osmundi pueri. S. Henrici pueri.

Actum publice in capitulo Sanctę Marię, anno Incarnati Verbi m° c° xxx° iiii°, regnante Ludovico rege anno xx° vii°, Ludovico juniore in regem sublimato anno iii°, anno episcopatus Stephani xi°. Data per manum Algrini cancellarii.

A. Copie du xii° siècle, aux Arch. nat., LL. 177 (*Livre noir* de Notre-Dame), p. 239.

254

1134, 3 août-25 octobre. — Paris.

Privilège accordé par Louis VI aux bourgeois de Paris de faire saisir les biens de leurs débiteurs.

In nomine sancte et individue Trinitatis, amen. Ego Ludovicus, Dei gratia Francorum rex. Notum fieri volumus tam [futuris] quam presentibus quod burgensibus nostris Parisiensibus universis precipimus et concedimus, si debitores sui quibus sua crediderint debita sua, quę si negata fuerint legitime probari poterint, terminis sibi a burgensibus datis, non solverint, burgenses de rebus debitorum aut hominum suorum qui de justicia nostra sint, ubicumque et quocumque modo poterunt, tantum capiant unde pecuniam sibi debitam integre et plenarie habeant, et inde sibi invicem adjutores existant. Et, si aliquando de rebus quorumlibet ceperint et illi se aliquid eis debere non cognoverint, si legitime inde convinci a burgensibus non poterint, burgenses nullum erga nos forisfactum incurrent, sed expensam et dampnum que illi propter hoc facient et habebunt, illis cum lege qua vivunt reddent et emendabunt. Volumus etiam et precipimus ut prepositus noster Parisius et omnes famuli nostri Parisienses, futuri et presentes, ad hoc sint in perpetuum burgensium adjutores.

Quod, ne valeat oblivione deleri, scripto commendari precipimus, et, ne possit a posteris infirmari, sigilli nostri actoritate et nominis nostri karactere subterfirmavimus. Actum Parisius publice, anno Incarnati Verbi $M^o C^o XXX^o IIII^o$, regni XXVII, annuente Ludovico filio nostro in regem sublimato anno III°. Astantibus in palatio nostro quorum nomina subtitulata sunt et signa : Signum Radulfi dapiferi, Viromandorum comitis. S. Hugonis constabularii. S. Hugonis chamerarii.

Datum per manum (*monogramme*) Stephani cancellarii.

    A. Original, avec traces de sceau pendant, aux Arch. nat., K. 948, n° 1.
    B. Vidimus de février 1316, aux Arch. nat., K. 948 n° 1 *bis*.
    C. Vidimus de 1345 du Vidimus de 1316, aux Arch. nat., K. 950, n° 1.
    D. Copie du Vidimus de 1345, aux Arch. nat., JJ. 75, n° 477.
    E. Vidimus de 1438, aux Arch. nat., K. 950, n° 29.

255

1134, 3 août-25 octobre. — Paris.

Confirmation par Louis VI des biens de l'abbaye de Montmartre.

In nomine sancte et individue Trinitatis, amen. Ego Ludovicus, Dei misericordia in regem Francorum sublimatus. Notum fieri volumus cunctis fidelibus, tam futuris quam presentibus, quod, pro remedio anime nostre et predecessorum nostrorum, et prece et consilio karissime uxoris nostre Adelaidis regine, ecclesiam et abbatiam in monte qui Mons Martirum appellatur, actore Deo, construximus. Cui videlicet ecclesie et sanctimonialibus ibidem Domino famulantibus hec que subscripta sunt, imperpetuum habenda et possidenda, de rebus et possessionibus nostris, annuente Ludovico filio nostro jam in regem sublimato, donamus et concedimus : villam ante Sanctum Clodoaudum sitam, que vocatur Mansionillum, cum omnibus appendiciis suis, vineis, et pratis, et nemore, ad suos et hominum suorum usus; molendinum apud Clipiacum, cum conclusione aque et molitura tocius ville; in civitate Parisius, furnum quem ibi proprium habebamus cum omnibus consuetudinibus; in silva quoque nostra que Vulcenia vocatur, cotidie veiculam unam mortuorum lignorum eis concessimus; domum preterea Guerrici, et stationes, et fenestras ibi constructas, et ejusdem terre vicariam predictis sanctimonialibus, liberam prorsus ab omni consuetudine et quietam, perpetuo habenda[m] dedimus. Omnibus siquidem innotescere volumus quod Guillelmo Silvanectensi, cujus erat illius terre vicaria, pro eadem vicaria statum inter veteres status carnificum, et fenestras duas, ex alia parte vie Parisius, in commutationem donavimus. Eisdem insuper sanctimonialibus dedimus hospites in foro nostro Parisius, prorsus liberos ab omni exactione et quietos; et terram quam emi a Teoberto filio Gemardi, que vocatur Puncta, liberam et quietam; et piscaturam quam Parisius in Secana habebamus; et terram in insula de Bercilliis ab omni consuetudine liberam; apud Chelam, arpentos pratorum decem; in pago Silvanectensi, apud Braium, domum unam et vineas quas ibi habebamus, et terram uni carruce sufficientem, ab omni exactione et consuetudine liberam, ita quod de carruca illa aut de aliis, si plures, Deo dante, carruscas ibi habuerint, nullam campipartem, nullam consuetudinem umquam tribuant. Dedimus etiam illis in pago Stampensi villam que Tolfolium dicitur, cum omnibus appendiciis; in pago Milledunensi, nemus, et navem per Secanam ad ligna adducenda, ab omni exactione et consuetudine prorsus liberam et quietam, hospitem quoque unum ab omni exactione, equitatu et tallia liberum, ut annonam earum a Mileduno usque Parisius per Secanam adducat, eo scilicet pacto ut, si eis bene non servierit, mortuusve fuerit, alius ad hoc opus idoneus eis restituatur; in pago Gastinensi, mansionillos tres cum terra et molendino et ceteris omnibus eorum appendiciis, quicquid etiam adipisci de feodo nostro poterunt, imperpetuum concedimus; et Stampis, furnum unum quem ibi proprium habebamus, cum omnibus consuetudinibus; apud Pratellum Holdeum, villam quam ibi edificavimus, prorsus liberam cum omnibus appendiciis. Sub silencio autem preterire non volumus quod pro domo Guerrici, quam monachi Beati Martini de Campis in manu sua habebant, et pro ecclesia Montis Martirum quam ibi possidebant, nos eisdem monachis ecclesiam Beati Dyonisii de Carcere, quam in manu nostra propriam habebamus, cum omnibus appendiciis in commutationem donavimus. Quod, ne valeat oblivione deleri, scripto commendavimus, et, ne possit a posteris infirmari, sigilli nostri actoritate et nominis nostri karactere [1] subterfirmavimus. Actum Parisius in palacio nostro publice, anno Incarnati Verbi m° c° xxx° iiii°, regni nostri xx° vii°, concedente Ludovico filio nostro, jam in regem sublimato anno iii°, astantibus in palacio nostro quorum nomina subtitulata sunt et signa : Signum Radulfi, Viromandorum comitis et dapiferi nostri. Signum Guillelmi buticularii. S. Hugonis constabularii. S. Hugonis chamerarii.

Data per manum Stephani (*monogramme*) cancellarii.

A. Copie du xiii° siècle, aux Arch. nat., L. 1030, n° 2¹.
B. Vidimus de 1270 aux Arch. nat., S. 163, n° 5.
C. Vidimus de 1294, aux Arch. nat., L. 1030, n° 2².
D. Copie du xiii° siècle, aux Arch. nat., L. 1031, n° 1 (Cartulaire de Montmartre), fol. 1 v°.
E. Copies du xv° siècle, aux Arch. nat., LL. 1605 (Cartulaire de Montmartre), fol. 24 et 25.

---

[1] Le texte porte «karitate».

256

1134, après le 3 août.

Confirmation par Louis VI du don de trois prébendes fait par l'évêque de Paris à l'abbaye de Saint-Victor.

    A. Original, avec sceau pendant, aux Arch. nat., K. 22, n° 8.
    B. Copie collationnée du xviii° siècle, aux Arch. nat., K. 181, n° 4°.

Édit : (*a*) Tardif, *Cartons des rois*, p. 229, n° 412, d'après A.

257

1134, après le 3 août. — Paris.

Cession faite par Louis VI au chapitre de Notre-Dame de Paris des terres d'Étienne de Garlande, moyennant dix-huit deniers de cens.

PRIVILEGIUM TERRE STEPHANI GARLANDENSIS [1].

In nomine Domini [2], ego Ludovicus, Dei gratia Francorum rex. Notum fieri volumus tam futuris quam et instantibus quod terram Stephani Garlandensis [3], in qua vineę ejus habebantur, quando eas extirpari fecimus, cum vicaria et omni justicia et omnibus consuetudinibus ejusdem terrę ad nos pertinentibus, exceptis decem et octo denariis de censu, Beatę Marię et duobus canonicis in domo predicti Stephani constitutis ita perpetuo jure habendam concedimus, quod in ea nichil omnino nobis aut heredibus nostris, excepto predicto censu, retinemus. Quod, ne valeat oblivione deleri, scripto commendari precipimus, et, ne possit a posteris infirmari, sigilli nostri auctoritate et nominis nostri caractere subterfirmavimus. Actum Parisius publice, anno Incarnati Verbi m° c° xxx° iiii°, regni vero nostri xx° vii°. Astantibus in palatio nostro quorum nomina subtitulata sunt et signa : Signum Radulphi, Viromandorum comitis. Signum Guillelmi buticularii. Signum Hugonis constabularii. Signum Hugonis camerarii (*monogramme*).

Data per manum Stephani cancellarii.

    A. Copie du xii° siècle, aux Arch. nat., LL. 177 (*Livre noir* de Notre-Dame), p. 206.
    B. Copie du xiii° siècle, aux Arch. nat., LL. 177 (*Livre noir* de Notre-Dame), p. 306.
    C. Copie du xiii° siècle, aux Arch. nat., LL. 175 (*Grand Pastoral* de Notre-Dame), p. 583.
    D. Copie du xvii° siècle, aux Arch. nat., LL. 176 (*Petit Pastoral* de Notre-Dame), p. 87.

---

[1] *Var.* "De terra Johannis Garlendensis" (B).
[2] L'invocation manque dans A.
[3] Cette terre se trouvait aux environs de la place Maubert, là ou plus tard fut ouverte la rue Galande. (Voir Jaillot, *Recherches critiques*, t. IV, quart. Saint-Benoît, p. 65 et 66.)

258

1135, 20 juillet. — Pise.

Confirmation par le pape Innocent II des biens et privilèges de Saint-Martin-des-Champs [1].

Innocencius, episcopus, servus servorum Dei, dilecto in Christo filio Teobaldo, priori monasterii Sancti Martini de Campis, ejusque successoribus regulariter substituendis in perpetuum. Quotiens illud a nobis petitur quod rationi et honestati convenire cognoscitur, animo nos decet libenti concedere, et petencium desideriis congruum impertiri suffragium. Eapropter, dilecte in Domino fili, Teobaude prior, tuis peticionibus annuentes, Beati Martini monasterium, cui, auctore Deo, ex venerabilis fratris nostri Petri abbatis Cluniacensis institucione presides, presentis decreti auctoritate munimus, statuentes ut, quemadmodum cetera Cluniacensis cenobii membra, semper sub apostolice sedis tutela permaneat, cuncta eciam que in presenti xiiiª indictione eidem loco pertinere quieta vobis semper et integra permanere sanctimus, videlicet : in pago Parisiensi, decimam ejusdem prefati monasterii Sancti Martini, et altare et decimam de Callevio; in suburbio Parisiensi urbis, ecclesiam Sancti Jacobi cum parochia; prope monasterium Sancti Martini, capellam Sancti Nicholai; infra urbem, in vico qui dicitur Judeorum, furnum quendam ; et subtus Magnum Pontem, duo molendina; et superius, tercium ; in Milbrai, quartum ;..... in monte Savias et Monte Martyrum, torcularia et vineas ;..... in Parisiensi civitate, ecclesiam que dicitur Sancti Dyonisii de Carcere, cum omnibus que clerici ante possederant.....

Data Pisis, per manum Aimerici, sancte Romane ecclesie diaconi cardinalis et cancellarii, xiii kalendas augusti, indictione xiiiª, Incarnationis Dominice anno mº cº xxxº viº [2], pontificatus vero domni Innocentii pape II anno viº.

A. Original, avec traces de sceau, aux Arch. nat., L. 226, nº 11.
B. Copie du xiiiᵉ siècle, aux Arch. nat., LL. 1351 (Cartul. A de Saint-Martin-des-Champs), fol. 5 vº.
C. Copie du xvᵉ siècle, aux Arch. nat., LL. 1352 (Cartul. B de Saint-Martin-des-Champs), fol. 4 vº.
D. Copie du xviᵉ siècle, aux Arch. nat., LL. 1353 (Cartul. C de Saint-Martin-des-Champs), fol. 5 rº.
E. Copie du xviiᵉ siècle, aux Arch. nat., LL. 1354 (Cartul. D de Saint-Martin-des-Champs), fol. 36 rº.

Édit. : (a) Marrier, Monast. reg. S. Martini de Campis hist., p. 169 (extrait).

259

1135, 3 août-24 octobre. — Paris.

Échange de serfs entre l'abbaye de Sainte-Geneviève et le chapitre de Notre-Dame.

COMMUTATIO MILESENDIS PRO ANSELLO.

Ecclesiastice caritatis sollicitudini et providentie incumbit ut nulla ecclesia

---

[1] Innocent II confirma une seconde fois et dans les mêmes termes les biens et privilèges de Saint-Martin-des-Champs, le 23 mars 1143. (Voir ci-après notre nº 298.)

[2] L'indiction xiii et la 6ᵉ année du pontificat d'Innocent II concordent avec l'année 1135, mais l'an de l'Incarnation est ici calculé d'après le style pisan.

alterius ecclesie possessionem inordinate occupare presumat, sed eam, ex consensu eorum ad quos pertinere cognoscitur, canonice et juste recipiat. Si quando autem inter ęcclesias possessionum commutationem fieri necessitas aut benivolentia caritatis exposcit, commutandorum ęqualitas sic in utramque partem perpendatur, ut in vinculo pacis unitas fraterna ex integro conservetur. Eapropter, ego Stephanus, ęcclesię apostolorum Petri et Pauli et Beatę Genovefę Dei gratia decanus, et totus ejusdem loci fratrum conventus, Milesendim, Bernardi filiam, ęcclesię nostrę ancillam, cum omnibus filiis et filiabus suis, ęcclesię Beatę Marię Parisiensis, jure servitutis in perpetuum possidendos, hoc modo mancipavimus, quod quendam ejusdem Parisiensis ęcclesię servum, Ansellum nomine, ex utriusque capituli assensu, recompensatione mutua, jure perpetuę servitutis similiter habendum recepimus. Hanc vero ordinationem nostram, ne succedentium calumpnia infringeret aut memoriam deleret antiquitas, commendavimus scripto, fratrum nostrorum nomina subscribentes ad testimonium, et sigilli nostri impressione ad firmamentum signantes.

Signum Stephani decani. S. Bertini sacerdotis. S. Bartholomei sacerdotis. S. Helinandi sacerdotis. S. Frederici diachoni. S. Symonis diachoni. S. Gaucheri diachoni. S. Gaufridi subdiachoni. S. Giroldi subdiachoni. S. Herici subdiachoni. S. Henrici pueri. S. Johannis pueri. S. Petri pueri. Actum publice Parisius, in capitulo Beate Genovefe, anno Incarnationis Dominice M° C° XXX° V°, Ludovico regnante anno XX° VIII°, et filio ejus Ludovico in regem sublimato anno III°.

Albericus cancellarius scripsit.

A. Original, avec traces de sceau, aux Arch. nat., L. 879, n° 5.
B. Copie du XII° siècle, aux Arch. nat., LL. 177 (*Livre noir* de Notre-Dame), p. 204.
C. Copie du XIII° siècle, aux Arch. nat., LL. 176 (*Petit Pastoral* de Notre-Dame), p. 361.

260

1136, 20 février. — PISE.

Bulle d'Innocent II, confirmant les possessions et privilèges de l'abbaye de Saint-Maur-des-Fossés.

Innocentius episcopus, servus servorum Dei, dilecto filio Ascelino, abbati monasterii Sancti Petri Fossatensis quod in Parisiensi pago situm est, ejusque successoribus regulariter substituendis in perpetuum. Quoties illud a nobis..... Beati Petri monasterium, cui Deo auctore preesse dignosceris, apostolice Sedis privilegio communimus, statuentes ut quascumque possessiones seu bona..... possidetis..... firma vobis in perpetuum et illibata permaneant; in quibus hec propriis nominibus duximus exprimenda:..... prioratum Sancti Eligii, infra civitatem Parisiensem situm, et ecclesias ad ipsum pertinentes, videlicet ecclesiam Sancti Martialis, ecclesiam Sancti Petri de Arsionibus, ecclesiam Sancte Crucis, ecclesiam Sancti Petri de Bobus, infra muros ejusdem civitatis sitas; ecclesiam Sancti Boniti ultra Magnum Pontem; ecclesiam Sancti Pauli extra civitatem; cum terris et rebus ad eam pertinentibus..... Datum Pisis, per manum Aimerici, sancte Romane ecclesie diaconi cardinalis et cancellarii, x° calendas martii, indictione xii,[1], Incarnationis Dominice mcxxxvi, pontificatus domni Innocentii pape II anno vi.

   A. Copie du xiii° siècle, aux Arch. nat., LL. 112 (*Livre noir de Saint-Maur-des-Fossés*), fol. 1 v°.
   B. Copie collationnée du xv° siècle, aux Arch. nat., S. 1164, n° 1.

Édit. : (*a*) Dubreuil, *Supplem. Antiq. urbis Paris.*, p. 170. — (*b*) Dubois, *Hist. eccles. Paris.*, t. II, p. 62. — (*c*) Félibien, *Hist. de Paris*, t. III, p. 22, d'après *a*. — (*d*) *Gallia christiana*, t. VII, instr., col. 56, d'après *c*. — (*e*) Migne, *Patrol.*, t. CLXXIX, col. 266, d'après *d*.

261

1136, 28 mai. — Pise.

Confirmation par le pape Innocent II des biens et privilèges de l'abbaye de Saint-Victor.
— «Pie postulatio voluntatis...»

   A. Original, avec traces de sceau, aux Arch. nat., L. 226, n° 13ª.
   B. Copie du xvi° siècle, à la Bibl. nat., ms. lat. 14672, fol. 20 r°.
   C. Copie du xvii° siècle, à la Bibl. nat., ms. lat. 14679, p. 154.

262

1136, 28 mai. — Pise.

Confirmation par le pape Innocent II de toutes les possessions de l'abbaye de Saint-Victor[2].
— «Cum pie desiderium...»

   A. Original, avec traces de sceau, aux Arch. nat., L. 226, n° 13ᵇ.
   B. Copie du xvi° siècle, à la Bibl. nat., ms. lat. 14672, fol. 15 r°.
   C. Copie du xvii° siècle, à la Bibl. nat., ms. lat. 14679, p. 147.

263

1136, 1ᵉʳ octobre[3]. — Pise[4].

Confirmation par le pape Innocent II des privilèges de l'abbaye de Montmartre.
— «Pie postulatio voluntatis...»

   A. Original, avec traces de sceau, aux Arch. nat., L. 226, n° 14.
   B. Copie du xv° siècle, aux Arch. nat., LL. 1605 (*Cartulaire de Montmartre*), fol. 5 r°.
   C. Copie de l'an 1507, aux Arch. nat., L. 226, n° 15.

Édit. : (*a*) Pflugk-Harttung, *Acta pontif. roman. ined.*, t. I, p. 151, d'après A. — (*b*) Éd. de Barthélemy, *Rec. des chartes de l'abbaye de Montmartre*, p. 67, d'après C.

---

[1] Lisez «indictione xiv».

[2] La première de ces deux bulles parle surtout des prébendes accordées à Saint-Victor dans les chapitres de diverses églises; la seconde énumère avec détail tous les biens de l'abbaye.

[3] Cette bulle est datée, conformément au style pisan, de l'an 1137. Mais elle est de 1136, comme le prouvent les autres indications de date ou de lieu contenues dans l'acte. (Voir Jaffé, *Regesta*, 2ᵉ édition, n° 7790.)

[4] Le dernier éditeur de cette pièce a lu pour la date de lieu *Parisiis*, ce qui pourrait fournir un argument contre l'authenticité du document, car Innocent II n'est point venu à Paris en 1136. Mais

264

1137, janvier - 11 avril. — Paris.

Acte de partage du fossé de Champeaux entre le roi Louis VI et l'évêque de Paris, Étienne.

CONVENTIO INTER REGEM ET EPISCOPUM DE FOSSATO CAMPELLI.

† In nomine sanctę Trinitatis, ego Lucdovicus, Dei gratia Francorum rex. Notum fieri volumus cunctis fidelibus, tam futuris quam instantibus, quod, in loco qui in suburbio Parisiensi Campellus appellatur, ejusdem loci fossatum ad Beatę Parisiensis Marię ęcclesiam et ad Parisiensem pertinet episcopatum. Fidelis vero noster Stephanus, venerabilis Parisiorum episcopus, totius capituli Beatę Marię communi consilio et assensu, hoc tenore et hac pactione sibi nos associavit, et participes et consortes predicti fossati nos ita fecit, ut de censu illius terrę, de talliis, de forisfactis, de venditionibus, [de] emptionibus, de questibus, insuper de omnibus illius terrę redditibus, quocunque modo, sive juste sive injuste, habitis et habendis, terciam partem predictus Stephanus et omnes ejus in episcopatum successores in perpetuum quiete et libere possiderent; nos vero et heredes nostri de omnibus predictis redditibus supranominati fossati duas reliquas partes in perpetuum haberemus; nichil autem omnino vel nos vel ministeriales nostri de illa terra caperemus, de quo vel episcopus vel ministeriales sui terciam partem non haberent. Preterea constituimus ut prepositus noster de illa terra episcopo Parisiensi, quicunque esset, fidelitatem faceret; similiter prepositus episcopi de illa terra nobis vel heredi nostro, quicunque esset, fidelitatem faceret; et neque prepositus noster sine preposito episcopi, neque prepositus episcopi sine nostro preposito, in illa terra aliquid ageret. Quod, ne valeat oblivione deleri, scripto commendavimus, et, ne a posteris possit infirmari, sigilli nostri auctoritate et nominis nostri karactere subterfirmavimus.

Actum publice Parisius, annuente filio nostro Lucdovico, jam in regem sublimato, anno Incarnati Verbi M° C° XXX^{mo} VI°, regni nostri vicesimo nono, regni Lucdovici filii nostri anno quarto [1], astantibus in curia nostra quorum nomina subtitulata sunt et signa : Signum Radulfi, Viromandorum comitis et dapiferi nostri. S. Willelmi buticularii. S. Hugonis constabularii. S. Hugonis camerarii (*monogramme*).

Data per manum Stephani cancellarii.

A. Original, avec traces de sceau pendant, aux Arch. nat., K. 22, n° 9.
B. Copie du XII° siècle, aux Arch. nat., LL. 177 (*Livre noir* de Notre-Dame), p. 212.
C. Copie du XIII° siècle, aux Arch. nat., LL. 175 (*Grand Pastoral* de Notre-Dame), p. 594.
D. Copie du XIII° siècle, aux Arch. nat., LL. 176 (*Petit Pastoral* de Notre-Dame), p. 88.
E. Copie du XVII° siècle, aux Arch. nat., LL. 184 (*Petit Cartulaire* de Notre-Dame), fol. 22 v°.

l'original, comme ses diverses copies, porte *Pisis*, et l'on peut voir dans les *Regesta* de Jaffé qu'Innocent II passa effectivement à Pise toute l'année 1136.

[1] Le règne de Louis VII est ici calculé de janvier 1134. (Voir Luchaire, *Études sur les actes de Louis VII*, p. 29 et 30, note 1.)

265

1137, 1ᵉʳ août-24 octobre. — PARIS.

Confirmation par Louis VII des biens de l'abbaye de Saint-Victor.

In nomine sancte et individue Trinitatis. Justum et rationabile..... Proinde ego Ludovicus, Dei gratia rex Francorum et dux Aquitanorum, notum fieri volo..... quod bone et illustris memorie, Dei gratia rex Francorum, praedecessor et pater meus Ludovicus, ob anime sue et antecessorum remedium, Beati Victoris Parisiensis ecclesiam, religionis ordine insignitam, a fundamentis extruxit, et, sicut in privilegio ejus auctoritate firmato continetur, regiis muneribus dotavit et ditavit. Nos itaque, ejusdem patris nostri exemplo provocati et precibus exorati, praefatam Beati Victoris ecclesiam speciali amore fovendam ac tuendam suscipimus..... Actum publice Parisius, in palatio nostro, anno Incarnationis Verbi MCXXXVII, anno vero regni nostri sexto.....

    A. Original mentionné en 1855 dans la *Bibl. de l'École des chartes*, 4ᵉ série, t. II, p. 406, n° 13.
    B. Vidimus de 1373, aux Arch. nat., L. 888ᴬ, n° 4.
    C. Vidimus de 1380, aux Arch. nat., L. 888ᴬ, n° 5.
    D. Copie du xviiᵉ siècle, à la Bibl. nat., coll. Baluze, vol. LI, fol. 104 r°.
    E. Copie du xviiᵉ siècle, à la Bibl. nat., ms. lat. 14679, p. 164.
    F. Copie du xviiiᵉ siècle, aux Arch. nat., K. 181, n° 7⁵.
    G. Copie du xviiiᵉ siècle, aux Arch. nat., K. 23, n° 1.

Édit. : (a) *Gallia christ.*, t. VII, col. 658, fragm. d'après A. — (b) Luchaire, *Études sur les actes de Louis VII*, p. 349, d'après F.

266

1137, 1ᵉʳ août-24 octobre [1]. — PARIS.

Confirmation par Louis VII des donations faites par son père à l'abbaye de Montmartre.

In nomine sancte [et] individue Trinitatis, amen. Ego Ludovicus, Dei misericordia in regem Francorum et ducem Aquitanorum sublimatus, notum fieri volumus futuris et presentibus quod hec que sequntur a domno patre nostro gloriosissimo Ludovico ecclesie Montis Martyrum misericorditer collata et concessa, nos, pro remedio anime ipsius et antecessorum nostrorum, eidem ecclesie in perpetuum tenenda et possidenda concedimus et confirmamus : villam ante Sanctum Clodoaldum sitam, que vocatur Mansionillum, cum omnibus appendiciis suis, vineis, et pratis, et nemore, ad suos et hominum suorum usus; molendinum apud Clipiacum, cum conclusione aque et molitura totius ville; in civitate Parisius, furnum quem ibi proprium [2] habebamus, cum omnibus consuetudinibus; in silva quoque nostra que Vulcenia vocatur, cotidie vehiculatam unam mortuorum lignorum eis conces-

---

[1] M. Luchaire a classé cette pièce entre novembre 1137 et le 2 avril 1138 (*Études sur les actes de Louis VII*, p. 99, n° 6), mais son calcul repose sur une erreur matérielle : il s'en est rapporté à M. de Barthélemy (*Recueil des chartes de l'abbaye de Montmartre*, p. 73), qui a lu «anno regni iiiᵒ» au lieu de «anno vIᵒ».

[2] *Var.* «proprium» manque dans A.

simus; domum preterea Guerrici, et stationes, et fenestras ibi constructas, et ejusdem terre vicariam predictis sanctimonialibus, liberam prorsus ab omni consuetudine et quietam perpetuo habendam, dedimus. Omnibus siquidem inuotescere volumus quod Guillelmo Silvanectensi, cujus erat terre vicaria, statum unum inter veteres status carnificum, et fenestras duas ex alia parte vie Parisius, in commutationem donavimus. Eisdem insuper sanctimonialibus dedimus hospites III [1] in foro nostro Parisius, prorsus liberos ab omni exactione et quietos; et terram quam emi[mus] a Teoberto, filio Gemardi, que vocatur Puncta, liberam et quietam; et piscaturam quam Parisius in Secana habebamus; et terram in insula de Bercilliis, ab omni consuetudine liberam; apud Chelam, arpenta pratorum x; in pago Silvanectensi, apud Bravium [2], domum unam, et vineas quas ibi habebamus, et terram uni carruce sufficientem, ab omni exactione et consuetudine liberam, ita quod de carruca illa aut de aliis, si plures, Deo donante, carrucas ibi habuerint, nullam campipartem, nullam consuetudinem unquam tribuant. Dedimus etiam illis, in pago Stampensi, villam que Tolfollium [3] dicitur, cum omnibus appendiciis; in pago Miledunensi, nemus et navem ad ligna per Secanam adducenda, ab omni exactione et consuetudine prorsus liberam et quietam; hospitem quoque unum ab omni exactione, equitatu et tallia liberum, ut annonam earum a Mileduno usque Parisius per Secanam adducat, eo scilicet pacto ut, si eis bene non servierit mortuusve fuerit, alius ad hoc opus idoneus eis restituatur; in pago Gastinensi, mansionillos III cum terra et molendino, et ceteris omnibus eorum appendiciis. Quicquid etiam adipisci de feodo nostro poterunt libere imperpetuum concedimus; et Stampis, furnum unum quem ibi proprium habebamus, cum omnibus consuetudinibus; apud Pratellum Holdeum, villam quam ibi edificavimus, prorsus liberam cum omnibus appenditiis. Sub silentio autem preterire non volumus quod pro domo Guerrici, quam monachi Beati Martini de Campis in manu sua habebant, et pro ecclesia Montis Martyrum quam ipsi possidebant, nos eisdem monachis ecclesiam Beati Dyonisii de Carcere, quam in manu nostra propriam habebamus, cum omnibus ejus appenditiis, donavimus. Quod, ne valeat oblivione deleri, scripto commendavimus, et, ne possit a posteris infirmari, sigilli nostri auctoritate et nominis nostri karactere subterfirmavimus.

Actum Parisius, in palatio nostro publice, anno Incarnati Verbi m° c° xxx° vii°, regni nostri anno vi° [4].

<small>
A. Copie du xiii° siècle, aux Arch. nat, L. 1030, n° 1 (Cartulaire de Montmartre), fol. 2 v°.
B. Vidimus de mai 1294, sous le sceau de la Prévôté de Paris, aux Arch. nat., L. 1030, n° 2¹.
C. Copie du xvii° siècle, aux Arch. nat., L. 1030, n° 1³, fol. 5 v°, d'après A.
</small>

---

[1] Ce chiffre a été gratté dans A.
[2] *Var.* «Braium» (B).
[3] *Var.* «Toffolium» (B).
[4] Au lieu de cette date, l'auteur de la copie B a transcrit par erreur celle de la confirmation de Louis VI (voir ci-dessus notre n° 255), dont il exécutait en même temps une copie que nous possédons encore (Arch. nat., L. 1030, n° 2³).

267

1137, 1ᵉʳ août-janvier 1138. — Paris.

Exemption de tous droits accordée par Louis VII à une femme nommée Gente, pour une maison et un four qu'elle avait fait construire à Champeaux.

HEC CARTA EST DOMNE GENTE [DE FURNO DE CAMPELLIS] [1].

In nomine sancte Trinitatis, amen. Ego Lucdovicus, Dei gratia rex Francorum et dux Aquitanorum. Notum fieri volumus cun[c]tis fidelibus, tam futuris quam instantibus, quod, consilio et prece dominę et matris nostrę Adelaydis reginę et plurimorum hominum et fidelium nostrorum, domum quamdam et furnum in eadem domo, quos Adelendis, quę Genta cognominatur, Parisius in foro novo, in loco videlicet qui in suburbio Parisiensi Campellus appellatur, de suo proprio edificavit et construxit, cum hospitibus in eadem domo manentibus, nos eidem Gentę perpetuo ita concedimus, quod quilibet famuli aut ministeriales nostri ibi nullatenus manum mittant, sed et domus et furnus liberi omnino ab omni consuetudine et exactione, cum hospitibus ibi manentibus, perpetuo existant, neque ullo modo aliquis, excepta predicta Genta, ibi aliquid exigat, aut potestatem aliquam ibi exerceat, et eidem Gentę et successoribus suis quicquid voluerint inde facere libere liceat. Precipimus etiam ut idem furnus ita in predicto foro et loco solus et unicus perpetuo habeatur, quod nunquam a nobis neque ab alio aliquo furnus ibi alius ullatenus construatur. Quod, ut perpetue stabilitatis optineat munimentum, presenti scripto memorie commendari et sigilli nostri auctoritate et nominis nostri karactere corroborari precepimus.

Actum Parisius, in palatio nostro, anno Incarnati Verbi M° C° XXX° VII°, regni nostri IIII⁰, astantibus in palatio nostro quorum nomina subtitulata sunt et signa : Signum Radulphi, Viromandorum comitis et dapiferi nostri. Signum Willelmi buticularii. Signum Hugonis constabularii. Signum Hugonis chamerarii. Data per manum Algrini (*monogramme*) cancellarii.

A. Original scellé, aux Arch. nat., K. 23, n° 2 (Musée, n° 147).
B. Copie du xiii° siècle, aux Arch. nat., LL. 1351 (Cartul. A de Saint-Martin-des-Champs), fol. 22 v°.
C. Vidimus de 1395, aux Arch. nat., L. 870, n° 8.
D. Copie du xvi° siècle, aux Arch. nat., S. 1392, n° 7.

---

[1] Les mots entre crochets ont été ajoutés au xiii° siècle.

268

1137, 1er août-2 avril 1138.

Acte de Louis VII relatif à l'hôtel de la Rapée aux Halles [1].

A. Citation du XVIIIe siècle, à la Bibl. nat., ms. fr. 8054, fol. 116, d'après le *Livre blanc du Châtelet*, fol. 151 bis, reproduite par Luchaire, *Études sur les actes de Louis VII*, p. 101, n° 10.

269

1137, 1er août-2 avril 1138. — FONTAINEBLEAU.

Fondation par Louis VII d'une foire qui se tiendra à Saint-Lazare le lendemain de la Toussaint et les huit jours suivants [2].

DE FERIA.

In nomine sancte et individue Trinitatis, amen. Ego Ludovicus, Dei gratia Francorum rex et dux Aquitanorum. Notum fieri volumus tam futuris quam instantibus quod nos fratribus Sancti Lazari Parisius feriam quandam in crastino festivitatis Omnium Sanctorum, pro anima Ludovici patris nostri et Philippi fratris nostri et omnium predecessorum nostrorum et nostra, singulis annis juxta predicti sancti ecclesiam damus et concedimus, volumus etiam ut per octo dies continuatim duret. Euntes vero sive redeuntes ad feriam in conductu nostro recipimus, ita videlicet quod nos in ea nobis nichil prorsus retinemus, neque ministeriales nostri aliquo modo aliquid in ea capiant, excepto latrone, quem solummodo nobis retinemus ad hoc scilicet ut de eo justitiam fatiamus. Precipimus siquidem famulis et servientibus et burgensibus nostris quod, si quandoque a ministerialibus Sancti Lazari submoniti fuerint ad observationem predicte ferie, eos in necessitatibus suis fideliter juvent, eo tamen, sicut supradictum est, tenore, ut ministeriales nostri, ubicumque sint vel in quacumque villa maneant, de venientibus sive redeuntibus ad feriam et a feria nichil prorsus nobis vel sibi retineant. Quod, ne valeat oblivione deleri, et, ne possit a posteris infringi, sigilli nostri auctoritate corroborari precipimus. Actum apud Fontem Blahaut, anno ab Incarnatione Domini M° C° XXX° VII°, regni nostri 1°.

A. Copie du XIIIe siècle, aux Arch. nat., MM. 210 (Cartulaire de Saint-Lazare), fol. 6 r°.
B. Copie du XIIIe siècle, aux Arch. nat., *ibid.*, fol. 10 r°.

---

[1] Cette pièce, dont M. Luchaire n'a pu retrouver aucune copie, n'est autre chose que le diplôme relatif au four de Champeaux, que nous donnons sous le n° 267. Pour en être convaincu, il suffit de se reporter au titre que Marrier a donné à cette pièce en l'imprimant dans son *Hist. reg. monast. S. Martini de Campis*, p. 31. Ce titre est ainsi conçu : «Carta Ludovici VII regis pro domo et furno, in foro olitorio Parisiensi quod gallice dicimus *le fief de la Rapée au marché aux poirées, ou marché Champeaux.*»

[2] Nous avons déjà signalé les ressemblances que cet acte présente avec un diplôme de Louis VI. (Voir ci-dessus, n° 236. — Cf. aussi le n° 461.)

270

1137, 1ᵉʳ août-9 juin 1147 [1].

Donation aux Templiers de Paris, par une femme nommée Gente, d'un moulin sous le Grand Pont.

HEC EST CARTA DOMINE GENTA DE MOLENDINO MAGNI PONTIS.

In nomine sanctę ac individuę Trinitatis. Sequimur morem antiquum, et, secundum statuta priorum, que stabili volumus memoria retineri perhenni litterarum testimonio communimus. Notum itaque facio ego, nomine Genta, fidelibus universis, et presentibus pariter et futuris, quod, pro remedio animę meę predecessorumque meorum, et pro anima nobilissimi Francorum regis venerandęque memorię Ludovici, qui me benignitate regia enutrivit, molendinum quendam Parisius sub Magno Ponte, quem ab Archerio, filio Savarici, comparaveram, militibus Templi Ierosolimitani, ipso Archerio et uxore sua (*nom laissé en blanc*) concedentibus, in manu Ebrardi de Barris, post decessum meum, liberum prorsus ab omni calumpnia, perpetuo jure donavi. Verum autem, ut, me etiam adhuc vivente, collati beneficii nonnulla cognimenta perciperent, singulis annis, quamdiu molendinum illum ipsa tenuero, modium unum frumenti predictis me fratribus reddituram institui, quatenus et in presenti pars, et post decessum meum totum, vel etiam ante, si mihi forsan ita quandoque placuerit, in eorum jura concedat [2]. Quod, ut ratum in posterum inconcussumque permaneat, testium qui affuerunt subscripta feci enumeratione firmari. Affuerunt igitur testes : gloriosissimus rex Francorum et dux Aquitanorum Ludovicus, et mater ipsius Adelaydis regina, et post hos Guilelmus buticularius, Terricus Galeranni, Aubertus de Avo, Auguinus. Ubi vero prefati Archerii conjunx donum istud concessit, testes interfuerunt : Terricus Galeranni, Gislebertus Engania, Fredericus de Dompnione, et servientes ipsius Terrici, Hilduinus et Hugo.

A. Original scellé du sceau royal, sans contresceau, aux Arch. nat., S. 5077, n° 2 (*nunc* K, 23ᵉ, n° 15⁴).

271

1138, janvier-2 avril. — PARIS.

Confirmation par le roi Louis VII des donations faites par ses prédécesseurs au prieuré de Saint-Martin-des-Champs.

In nomine sancte et individue Trinitatis, amen. Quia, preordinante Spiritu sancto... Hac

---

[1] Cette pièce, une des plus anciennes qui intéressent la maison du Temple à Paris, est postérieure à la mort de Louis VI et antérieure au 9 juin 1147, date du départ de Louis VII pour la croisade, car on y mentionne le bouteiller Guillaume, qui accompagna le roi en Terre-Sainte, et qui fut remplacé au retour par Guy de Senlis.

[2] Il faudrait «concedatur».

igitur ratione, spe et devotione, ego Dei gratia Ludovicus rex Francorum et dux Aquitanorum, dignum duxi ut ista que subscripta sunt, que predecessores nostri Francorum reges, de morte anime meditantes, Deo et Beato Martino de Campis caritative tribuentes tradiderunt, more regio, nostri nominis caractere et sigilli corroboratione confirmaremus : ipsam videlicet in primis Beati Martini de Campis ecclesiam, cum terris que circa eamdem ecclesiam habentur, immo cum theloneis, et fredis, et justiciis earumdem terrarum. Preterea Parisius, ad Magnum Pontem, molendinum unum, de elemosina patris mei pie recordationis Ludovici regis; alterum vero ad eundem pontem, de elemosina Odonis filii Stephani; alterum etiam supra predictum pontem, de elemosina Guerrici de Porta; iterum alium in Mibrai, de elemosina Roberti Pisel.....
Exaltationem quoque servorum Beati Martini, quos omnes pater meus rex Ludovicus, humili pontificum suorum rogatu, comitumque et procerum suorum assensu, prerogativa regie majestatis indifferenter honestavit, quatinus, in omnibus causis, placitis et querelis, contra universas ingenue potestatis personas, veritatis testimonium, regali instituto usque in sempiternum exaltati, ut testes legitimi proferant et proferendo asserant, salvo et integro jure et timore cujus sunt ecclesie, ac deinceps dampnum vel repulsam se in hujusmodi negotiis perferre nullatenus doleant vel erubescant, et eorum probationes liberi aut suscipiant aut contradicendo falsificent; dignum est enim supra ceteros servos exaltare, qui ei serviunt cui servire est regnare. Ecclesiam quoque Sancti Dyonisii de Carcere, que tempore patris mei ad manus regias redacta fuerat, quam ipse, ex consensu, peticione et voluntate domne Adelaidis regine matris mee, me etiam jam in regem sublimato assentiente, et domno Henrico fratre meo, ejusdem ecclesie abbate, in posterum jure perpetuo possidendam concessit, cum omnibus ad eamdem ecclesiam pertinentibus, scilicet molendino uno Mibrai, furno etiam uno eidem ecclesie proximo..... Insuper quinque solidos quos ego debeo de censu predicte ecclesie Sancti Dyonisii, de terra que est in Campeaus, in qua pater meus stabilivit novum forum, ubi habent locum venditores mercium et pars cambiatorum, quos denarios ego precipio ab eisdem mercium venditoribus singulis annis prefate ecclesie de meis redditibus reddi..... Donationem etiam quam fecit pater meus pie memorie rex Ludovicus monachis Sancti Martini de Campis, temporibus et humili prece domni Odonis, ejusdem loci prioris, scilicet quod nos vel heredes nostri numquam Beati Martini homines vel hospites capiemus, nisi in presenti forefacto fuerint deprehensi, et, si nos vel homines nostri querelam adversus eos aliquam habuerimus, in curiam Beati Martini ibimus et justiciam per manum prioris et monachorum inde suscipiemus. Concedimus etiam quod Beati Martini homines numquam in expeditionem vel equitatum ex consuetudine, nisi ex amore solummodo, et prece, et voluntate et licentia prioris, ibunt, exceptis hominibus de Pontisara quorum ista retinuit pater meus, sicut superius scriptum est. Preterea quicquid de feodo nostro predictis monachis Sancti Martini datum est, vel in futurum poterunt largiente Domino adipisci, illis jure perpetuo confirmando concedimus. Quod, ne valeat oblivione deleri, scripto commendavimus, et, ne possit a posteris infirmari, sigilli nostri auctoritate et nominis nostri caractere subterfirmavimus. Actum Parisius, anno Incarnati Verbi m° c° xxx° vii°, regni nostri v°.

    A. Original perdu.
    B. Copie du xiii° siècle, aux Arch. nat., LL. 1351 (Cartul. A de Saint-Martin-des-Champs), fol. 23 v°.
    C. Vidimus de 1270, aux Arch. nat., L. 870, n° 7.
    D. Copie du xv° siècle, aux Arch. nat., LL. 1352 (Cartul. B de Saint-Martin), fol. 23 v°.
    E. Copie du xvi° siècle, aux Arch. nat., LL. 1353 (Cartul. C de Saint-Martin), fol. 22 v°, d'après B.
    F. Copie du xvii° siècle, aux Arch. nat., LL. 1354 (Cartul. D de Saint-Martin), fol. 87 v°.
    G. Copie du xvii° siècle aux Arch. nat., LL. 1399 (Cartul. de Saint-Denis-de-la-Châtre), p. 16.

Édit. : (a) Marrier, *Monast. S. Martini de Campis hist.*, p. 26, d'après A. — (b) *Martiniana*, fol. 19 v°. — (c) *Gallia christ.*, t. VII, instr., col. 59. — (d) Félibien, *Hist. de Paris*, t. III, p. 53, d'après a.

272

1138, 26 mars. — Latran [1].

Confirmation par le pape Innocent II des biens et privilèges de l'église de Paris et de l'accord conclu entre le roi Louis VII et l'évêque Étienne, au sujet du lieu de Champeaux [2]. — «Quanto nobilis...»

A. Original, avec traces de sceau, aux Arch. nat., L. 226, n° 15 bis.
B. Copie du xiii° siècle, à la Bibl. nat., ms. lat. 5526 (Cartul. de l'évêque de Paris), fol. 13 r°.
C. Copie du xviii° siècle, aux Arch. nat., LL. 185 (Cartul. de l'évêque de Paris), p. 33, d'après B.

Édit. : (a) Dubois, Hist. eccles. Paris., t. II, p. 38. — (b) Gallia christ., t. VII, instr., col. 57, d'après B. — (c) Guérard, Cartul. de Notre-Dame, t. I, p. 23, d'après B. — (d) Mém. hist. et crit. sur la topogr. de Paris, (Paris, 1771), p. 149, d'après A. — (e) Migne, Patrol., t. CLXXX, col. 352, d'après b.

273

Vers 1138, 26 mars. — Latran [3].

Confirmation par Innocent II de la donation faite à l'abbaye de Saint-Victor d'une prébende à Saint-Marcel et d'une autre à Sainte-Geneviève. — «Que piis religiosis...»

A. Original scellé, aux Arch. nat., L. 226, n° 7.
B. Copie du xvi° siècle, à la Bibl. nat., ms. lat. 14672, fol. 12 r°.
C. Copie du xvii° siècle, à la Bibl. nat., ms. lat. 14679, p. 213.

Édit. : (a) Pflugk-Harttung, Acta pontif. rom. ined., t. I, p. 153, d'après A.

274

1138, 3 avril-31 juillet [4]. — Paris.

Confirmation par Louis VII des biens que l'abbaye de Saint-Victor avait reçus du roi Louis VI et d'Étienne, évêque de Paris.

CONCESSIO REGIS LUDOVICI JUNIORIS DE PREBENDIS.

In nomine sancte et individue Trinitatis. Adhuc nobis regię celsitudinis dignitatem providentia divina concessit ut pro ęcclesiarum statu satagere et earum quieti et utilitati, auxiliante Domino, studeamus salubriter providere. Proinde ego

---

[1] La plupart des auteurs datent à tort cette bulle de 1137, car, le 26 mars 1137, le pape était à Viterbe. (Voir Jaffé, Regesta pontif. rom., 2° éd., t. I, p. 875 et 879.)

[2] Voir le texte de cet accord ci-dessus, p. 260, n° 264.

[3] Cette bulle ne peut être antérieure à l'an 1138, car Innocent II ne séjourna au palais de Latran, pendant le mois de mars, que de 1138 à 1143 (voir les Regesta de Jaffé). Elle n'est probablement pas postérieure à 1138, car on remarquera que cette donation de prébendes fut confirmée en cette même année 1138 par le roi Louis VII. (Voir notre n° 274.)

[4] Cet acte est antérieur au 31 juillet 1138, puisqu'il est encore signé du connétable Hugues de Chaumont, qui fut remplacé avant cette date par Mathieu de Montmorency, comme le prouve notre pièce n° 276. (Cf. Luchaire, Études sur les actes de Louis VII, p. 105, n° 19.)

Ludovicus, Dei gratia rex Francorum et dux Aquitanorum, notum fieri volo quia illustris memorię pater meus, Ludovicus, Dei gratia rex Francorum, Beati Victoris Parisiensis aecclesiam speciali semper devocione dilexit, eidemque ęcclesię, prout magnificentia regia dignum erat, beneficentia plurima contulit. Sciant igitur universi quia nos etiam prefatam Beati Victoris ęcclesiam speciali amore diligimus, et non solum ea quę ex dono patris mei et nostro eadem ęcclesia possidet, libere et quiete eidem possidere concedimus, verum eciam omnia, quę a venerabili Stephano, Parisiensi episcopo, predicte Beati Victoris ęcclesiae collata sunt, ejus beneficiis libentissime annuentes, auctoritate regia in perpetuum confirmamus. In quibus hęc propriis nominibus annotanda subjunximus : primo omnium, in ecclesia Sanctę Marię Parisiensis, prebendam unam, quam idem pontifex, assensu Berneri decani et tocius capituli, ęcclesię Beati Victoris ibidem in perpetuum habere concessit; similiter, in aecclesia Sancti Marcelli, prebendam unam, assensu Gisleberti decani et tocius capituli; in aecclesia Sancti Germani Authisiodorensis, prebendam unam, assensu Teobaudi decani et tocius capituli; in ecclesia Sancti Martini de Campellis, prebendam unam, assensu Nicholai prepositi et tocius capituli. Iste omnes prebende ex dono sunt prefati Parisiensis episcopi. Hoc etiam notum fieri volumus quod domnus Stephanus, decanus Sanctę Genovefę de Monte, et canonici ejusdem loci omnes, communi assensu, prebendam unam in sua Beatę Genovefę aecclesia aecclesię Beati Victoris libere possidendam dono perpetuo concesserunt, quod nos similiter animo libenti concedimus et regia auctoritate ratum esse decernimus. Quod, ne valeat oblivione deleri, scripto comendavimus, et, ne possit a posteris infirmari, sigilli nostri auctoritate et nominis nostri caractere subterfirmavimus. Actum Parisius publice, in palatio nostro, anno Incarnati Verbi m° c° xxx° viii°, regni nostri vii°; astantibus in palatio nostro quorum nomina subtitulata sunt et signa : Dapifero nullo. Signum Hugonis constabularii (*monogramme*). S. Guillelmi buticularii. S. Mathei camerarii.

Data per manum Algrini cancellarii.

<small>A. Original scellé aux Arch. nat., K. 23, n° 3 (Musée, n° 149).
B. Copie du xvii° siècle, à la Bibl. nat., ms. lat. 14679, p. 172.
C. Copie collationnée du xviii° siècle, aux Arch. nat., K. 181, n° 13¹.</small>

275

<small>1138, 3 avril-31 juillet. — Paris.

Remise faite par Louis VII d'un cens qui lui était dû pour une terre appartenant à l'église Saint-Benoît.</small>

In nomine sancte et individue Trinitatis, amen. Ego Ludovicus, Dei gratia rex

Francorum et dux Aquitanorum, notum fieri [1] volumus universis, tam futuris quam presentibus, quod nos, pro remedio anime nostre et antecessorum nostrorum, elemosine Beati Benedicti, que sita est in suburbio Parisiensi, juxta locum qui dicitur Terme, obolum unum quod de censu annuatim ab eadem elemosina habebamus, de terra scilicet Simonis Ternelli [2], prorsus dimisimus et in perpetuum condonavimus, ut predicta elemosina terram illam ab omni exactione liberam et quietam perpetuo possideat. Quod, ne valeat oblivione deleri, scripto commendavimus, et, ne possit a posteris infirmari, sigilli nostri auctoritate et nominis nostri karactere subterfirmavimus.

Actum Parisius publice, anno Incarnacionis Dominice millesimo centesimo tricesimo octavo, regni nostri primo; astantibus in palacio nostro quorum nomina subtitulata sunt et signa : Dapifero nullo. Signum Guillermi buticularii. [Signum] Hugonis constabularii. [Signum] Mathie camerarii.

    A. Copie du xiii° siècle, aux Arch. nat., LL. 1544, fol. 12 v°.
    B. Copie conservée jadis aux Mathurins et publiée par Choppin, *Monasticon*, liv. II, tit. 2, art. 15.

276

1138, 3 avril-31 juillet. — Paris.

Amortissement par Louis VII d'une terre donnée aux moines de Tiron par Ancelin de Groslay [3].

L., Dei gratia rex Francorum et dux Aquitanorum, omnibus fidelibus sancte Ecclesie notum facimus quod terram quam Ancelinus de Grooleto monachis Tyronensibus dedit, que de feodo nostro erat, nos eisdem monachis liberam ab omni consuetudine jure perpetuo obtinendam concedimus, ita quod nichil nobis aut successoribus nostris in ea retinemus.

Actum publice Parisius, anno Incarnati Verbi m° c° xxx viii°, regni nostri 1°; astantibus in palacio nostro quorum nomina subtitulata sunt et signa : Signum Guillelmi buticularii. Signum Mathie constabularii. Signum Mathie chamerarii, Dapifero nullo. Data per manum Algrini cancellarii.

    A. Copie du xii° siècle, aux Arch. d'Eure-et-Loir (Cartul. de Tiron), fol. 61 v°.
    B. Copie du xiii° siècle, d'après un vidimus de 1231, aux Arch. nat., LL. 175 (*Grand Pastoral* de Notre-Dame), p. 576.
    C. Vidimus de 1347, sous le sceau de la Prévôté de Paris, aux Arch. nat., S. 1516 B, n° 15.

---

[1] *Var.* «haberi» (B).
[2] *Var.* «Ternelle» (B). — «Cervelli» (A). — Cf. nos n°ˢ 320 et 321.

[3] Suivant une notice écrite au xvii° siècle au dos de cette charte, la terre dont il s'agit était située à Paris, rue Coupeau.

277

1138-1140, 2 juin. — LATRAN.

Confirmation par le pape Innocent II des donations faites à l'abbaye de Saint-Victor par le médecin Obizon [1].

CONFIRMATIO INNOCENTII PAPAE DE DONIS OBIZONIS MEDICI.

Innocentius episcopus, servus servorum Dei, dilectis filiis Gelduino abbati et fratribus ecclesię Sancti [2] Victoris Parisiensis, salutem [et apostolicam benedictionem]. Ea quę piis locis devotionis intuitu conferuntur, ut perpet[uo] futuris temporibus [incon]vulsa permaneant, auctoritate apostolica convenit roborari. Eapropter, dilecti in Domino filii, vestris rationabilibus postulationibus gratum prebentes assensum, ea quę magister O[biz]o beatę memorię, pro remedio animę sue, ecclesię vestrę testamento reliquit, videlicet domum unam juxta Sanctum Cristoforum, cum plateis eidem domui contiguis, et unum clausum vinearum apud Musteriolum, vobis vestrisque successoribus in perpetuum presenti scripto firmamus, statuentes ut nulli omnino hominum liceat eandem donationem infringere vel mutare, aut super his aliquam vobis molestiam irrogare. Si quis autem hoc ausu temerario attemptare presumpserit, indignationem Dei omnipotentis et beatorum Petri et Pauli apostolorum ejus incurrat.

† Ego Innocentius, catholicę ecclesię episcopus, subscripsi.

† Ego Albericus, Hostiensis episcopus, subscripsi.

† Ego Gregorius, diaconus cardinalis Sanctorum Sergii et Bachi, subscripsi.

† Ego Gerardus, presbyter cardinalis tituli Sanctę Crucis in Ierusalem, subscripsi.

† Ego Lucas, presbyter cardinalis tituli Sanctorum Johannis et Pauli, subscripsi.

† Ego Martinus, presbyter cardinalis tituli Sancti Stefani in Celio Monte, subscripsi.

† Ego Guido, diaconus cardinalis Sanctorum Cosme et Damiani, subscripsi.

Datum Laterani, IIII nonas junii.

A. Original, aux Arch. nat., L. 226, n° 9.
B. Copie du xvie siècle, à la Bibl. nat., ms lat. 14672, fol. 24 r°.
C. Copie du xviie siècle, à la Bibl. nat., ms. lat. 14679, p. 217.

---

[1] La propriété de ces biens fut contestée quelques années après par des chanoines de Notre-Dame, mais un acte du doyen Barthélemy en confirma la possession à l'abbaye de Saint-Victor. (Voir notre n° 291.)

[2] L'original porte «Sanctę».

278

Vers 1138-1142 [1].

Révocation par Étienne, évêque de Paris, de l'une des clauses de la donation, par lui faite à Saint-Victor, des annates ou vacances des prébendes de Notre-Dame, de Saint-Marcel, de Saint-Germain-l'Auxerrois, de Saint-Cloud et de Saint-Martin de Champeaux. — «Ea que a nobis aguntur...»

A. Original scellé, aux Arch. nat., L. 888ᴮ, n° 2.

279

1138-1142, 17 avril. — LATRAN.

Confirmation par le pape Innocent II du droit d'annates accordé à l'abbaye de Saint-Victor, par l'évêque Étienne, sur les prébendes du chapitre de Notre-Dame.— «Quę a fratribus nostris...»

A. Original, avec traces de sceau, aux Arch. nat., L. 226, n° 8.
B. Copie du xvıᵉ siècle, à la Bibl. nat., ms. lat. 14672, fol. 23 v°.
C. Copie du xvıIᵉ siècle, à la Bibl. nat., ms. lat. 14679, p. 215.

Édit. : (a) Pflugk-Harttung, Acta pontif. rom. ined., t. I, p. 168, n° 190, d'après A.

280

1139, 1ᵉʳ août - 6 avril 1140. — PARIS.

Confirmation par Louis VII d'un accord conclu entre son père et l'abbaye de Saint-Magloire pour le partage des enfants nés d'un serf de l'abbaye et d'une serve du roi.

CARTA DE QUODAM HOMINE DE CHARRONA, SERVO NOSTRO, QUI DUXIT UXOREM EX REGALI FAMILIA PROCREATAM [2].

In nomine Dei summi. Ego Ludovicus, Dei gratia rex Francorum et dux Aquitanorum. Noticię fidelium commendare dignum videtur quandam conventionem inter piissimum genitorem nostrum Ludovicum, regem Francorum, et venerabilem Guinebaldum, Sancti Maglorii abbatem, dudum habitam, hanc quoque in tercio anno nostre sublimationis reverendissimo ejusdem monasterii patri Roberto a nobis concessam, et ipsius concessionis pactionem subscriptam, sigilli etiam nostri impressione signatam atque corroboratam. Tempore siquidem supradicti Guinebaldi abbatis, homo quidam ex familia Sancti Maglorii, de villa Karrone, Guoinus nomine, duxit uxorem nomine Sehes, ex regali familia procreatam; quę res cum

---

[1] La date de cette pièce doit être à peu près la même que celle de la bulle d'Innocent II que nous donnons sous le numéro suivant; elle ne saurait, en tout cas, être postérieure à 1142, époque de la mort de l'évêque Étienne.

[2] Titre ajouté au xıIIᵉ siècle.

abbati ac monachis vehementer displiceret, eo quod sui juris homo alterius familie sibi conjugem delegasset, et ob hoc plurimum calumpniaretur quod debito sibi procreationis fructu ęcclesia privaretur, ventilata hac calumpnia ad aures piissimi genitoris nostri pervenit, qui, nolens ecclesiam fructu familię suę ex toto destitui, sancire studuit ut amborum conjugum propagatio ex equo partiretur, et altera regię amplitudini, altera pars Sancto Maglorio remaneret in perpetuum possidenda. Ea ergo quę gloriosus genitor noster, sapienti usus consilio, pridem concesserat, nos quoque ob utilitatem ęcclesię benigne concedimus. Quod, ut perpetuę stabilitatis optineat munimentum, sigilli nostri actoritate et nominis nostri karactere subterfirmavimus. Actum publice Parisius, in palatio nostro, anno Incarnati Verbi m° c° xxx° viii°, regni vero nostri iii°; astantibus in palatio nostro quorum nomina subtitulata sunt et signa : Signum Radulfi, Viromanduorum comitis et dapiferi nostri. Signum Willelmi, buticularii nostri. Signum Mathie constabularii. Signum Mathię chamerarii (*monogramme*). Data per manum Algrini cancellarii.

A. Original, avec traces de sceau, aux Arch. nat., S. 1155, n° 13, *nunc* K. 23, n° 4² (Musée, n° 151).
B. Copie de 1331, à la Bibl. nat., ms. lat. 5413 (Cartulaire de Saint-Magloire), fol. 12 v°.

281

1140, 7 avril-novembre. — Paris.

Confirmation par Louis VII du don, fait par Barthélemy de Fourqueux aux moines de Notre-Dame-des-Champs, d'un four situé rue des Juifs [1].

Ludovicus, Dei gratia Francorum rex [2] et dux Aquitaniæ. Notum facimus tam futuris quam presentibus quod, ad preces Bartholomei de Fulcosio [3], qui patri nostro satis fidelis extiterat, monachis Beatæ Mariæ de Campis concessimus ut furnum illum, quem de dono illius habent, in vico Judæorum, in eadem possideant libertate qua pater noster prædicto Bartholomeo concesserat, ut scilicet furni prædicti sex talemerarii [4] et furnarius ab equitatione, et tallia, et asbano, et exactione nostri præpositi, et omnimoda alia consuetudine liberi maneant et immunes. Actum Parisiis publice, anno Incarnati [5] Verbi mcxl, regni nostri v [6],

[1] Il a été question de ce four ci-dessus, dans un acte de 1111. (Voir notre n° 159.)

[2] *Var.* Les mots « Dei gr. Fr. rex » sont remplacés par « domini regis filius » dans *b*.

[3] *Var.* « Fulcosis » (*a*). — « Fulgosio » (*b*).

[4] *Var.* « sex telemenari » (*b*). — « sentarii » (*a*). — Nous renvoyons pour justifier notre lecture au texte de la donation originale, ci-dessus, n° 159.

[5] *Var.* « Incarnationis » (*b*).

[6] *Var.* « viii » (*b*). — Si l'on adoptait cette variante, comme nous serions tenté de le faire, il faudrait placer ce diplôme entre le 1ᵉʳ janvier et le 29 mars 1141, date d'autant plus vraisemblable que la façon de compter les années de Louis VII que supposerait « regni nostri v » soulève de graves objections. (Voir Luchaire, *Études sur les actes de Louis VII*, p. 12.)

adstantibus, etc. [Signum] Radulphi, Viromanduorum comitis, dapiferi. Signum Wilelmi buticularii. Signum Mathei camerarii. Signum Mathei constabularii. Data per manum Cadurci [1] cancellarii.

A. Copie dans un Cartulaire de Notre-Dame-des-Champs, aujourd'hui perdu.

Édit. : (a) Sauval, *Antiquités de Paris*, pr., t. III, p. 7, d'après A. — (b) Laurière, *Glossaire du droit français*, t. I, p. 162, d'après A.

282

1140, 7 avril-29 mars 1141. — Paris.

Fondation par Geoffroi, chanoine de Sainte-Geneviève, d'une chapellenie à l'autel de Notre-Dame dans la crypte de l'église Sainte-Geneviève.

DE ELEMOSINA DE CRIPTA.

Noverint tam futuri quam presentes quod Gaufridus, ecclesie Apostolorum et Beate Genovefe canonicus, sacerdotem ad assidue serviendum choro et altari in eadem ecclesia, sicut et tres ejusdem ecclesie capellani, Sancti Johannis scilicet et Sancti Medardi et Beate Genovefe, servire debent, pro redemptione anime sue et benefactorum suorum elegerit, et eidem sacerdoti domum ad inhabitandum, et ad cetera vite neccessaria tres arpennos vinearum et modium annone, dimidium frumenti et ordei dimidium, assignaverit, ita videlicet ut idem sacerdos, in altari Beate Marie quod est in cripta, secundum consuetudinem parrochiarum missas celebret, et preter hec, singulis sabbatis, de beata Virgine missam sollempnem. Predictus vero Gaufridus potestatem eligendi sacerdotem sibi, quoad vixerit, et duobus canonicis succedentibus post ipsum retinuit, ita ut primi secundis, et secundi terciis, et deinceps per ordinem, sine capitulo, hujus electionis committant providentiam. Quod si sacerdos circa vineas excolendas negligens exstiterit, vel in servicio ecclesie minus assiduus, si canonici quibus hec cura incumbet, eum non correxerint, ad capitulum correctio spectabit. Ne quis autem, spiritu malivolentie aut cupiditatis symoniace ductus, vel pecunia precorruptus, institutum hoc aut rescindere attemptet aut aliquatenus infirmare, ego Stephanus, ejusdem ecclesie decanus, et canonici, concordi assensu, eidem sacerdoti censum domus et vinearum que in terra nostra sunt imperpetuum perdonantes, institutionem hanc et concessionem nostram sigilli nostri impressione et sub anathemate et reatu corporis et sanguinis Domini ratam haberi decrevimus, et in capitulo nostro assensu communi excomunicationis sententiam promulgavimus.

Ego Aubericus cancellarius subscripsi, anno Incarnationis Domini M° C° XL°.

Signum Stephani decani. Signum Stephani precentoris. Signum Petri canonici

---

[1] *Var.* «Vadurci» (a).

episcopi Sil[van]ectensis. Signum Gaufridi sacerdotis. Signum Bartholomei sacerdotis. Signum Elinandi sacerdotis. Signum Frederici diaconi. Signum Henrici diaconi. Signum Gaucheri diaconi. Signum magistri Radulphi diaconi. Signum Hugonis de Pis [1], diaconi. Signum Gaufridi de Spar [2], subdiaconi. Signum Herici subdiaconi. Signum Guillelmi de Sar [3], subdiaconi. Signum Hugonis de Sar, subdiaconi. Signum Gisleberti subdiaconi. Signum Henrici subdiaconi. Signum Petri subdiaconi. Signum Roberti prepositi, subdiaconi. Signum Gilduini canonici, pueri. Signum Gilduini, filii Ascon [4], canonici.

<small>A. Copie du xiiie siècle, à la Bibl. Sainte-Geneviève, El. 25 (Cartul. de Sainte-Geneviève), fol. 165 r°.</small>

283

<small>1140, 1er août–29 mars 1141. — Paris.</small>

<small>Concession par Louis VII à l'abbaye de Chaalis d'une rente de 40 sous sur le Marché Neuf de Paris.</small>

In nomine Domini. Ego Ludovicus, Dei gratia rex Francorum et dux Aquitanorum. Notum fieri volumus universis, tam futuris quam presentibus, quod nos, pro Dei amore et remedio anime nostre et antecessorum nostrorum, ecclesie Karoliloci et religiosis ibi Deo servientibus et servituris donavimus et perpetuo concessimus, in foro novo Parisius, quadraginta solidos de censu, singulis annis, in Nativitate sancti Johannis Baptiste. Hoc autem idem donum statuerat et donaverat eis pater noster piissimus Ludovicus. Illos vero quadraginta solidos de censu dabunt ipsi monachi perpetuo, singulis annis, Guillermo de Melloto et heredibus suis, pro commutatione terre de Auriaco. Quod, ut perpetue stabilitatis obtineat munimentum, scripto commendavimus, et nominis nostri karactere subterfirmavimus.

Actum publice Parisius, anno Incarnati Verbi M° C° XL°, regni nostri IIII°; astantibus in palatio nostro quorum nomina subtitulata sunt et signa : Signum Radulphi, Viromanduorum comitis, dapiferi nostri. Signum Guillelmi buticularii. Signum Mathei camerarii. Signum Mathei constabularii.

Data per manum Cadurci cancellarii.

<small>A. Copie dans un cartulaire de l'abbaye de Chaalis aujourd'hui perdu [5].
B. Copie du xviiie siècle, à la Bibl. nat., coll. Moreau, t. LVIII, fol. 190, d'après A.</small>

<small>[1] Peut-être «Pisis». Ce nom propre et plusieurs des suivants ont été défigurés par le copiste, qui semble avoir omis les abréviations qui devaient les compléter dans l'original.
[2] Peut-être «Sparnone» ou «Sparniaco».
[3] Peut-être «Sarum» ou «Sarisberia».
[4] Sans doute «Asconis».
[5] Le cartulaire de Chaalis, conservé à la Bibliothèque nationale (ms. lat., 11003), ne contient qu'une brève analyse de ce diplôme (fol. 382 r°).</small>

284

1141, janvier-29 mars. — Paris.

Confirmation par Louis VII des possessions du monastère de Saint-Éloi. — «Regum honor est...»

A. Original, avec traces de sceau, aux Arch. nat., S. 1182, n° 13, *nunc* K. 23, n° 6ᴬ.
B. Copie du xıı° siècle, aux Arch. nat., J. 198¹, n° 1.
C. Vidimus de 1263, aux Arch. nat., K. 23, n° 6ᴮ.
D. Vidimus de 1388, aux Arch. nat., S. 1182, n° 9.
E. Copie de 1540, aux Arch. nat., S. 1182, n° 14.

Édit. : (*a*) Teulet, *Layettes du Trésor des chartes*, t. I, p. 51, d'après B. — (*b*) Tardif, *Cartons des rois*, p. 244, d'après A.

285

1141, 30 mars-18 avril 1142. — Meulan.

Donation par Galeran, comte de Meulan, au chapitre de Saint-Nicaise de Meulan, des églises Saint-Gervais et Saint-Jean-en-Grève de Paris.

Sepe contingere solet ut bene gesta parentum perturbet successio filiorum, dum de rebus ecclesie Dei collatis minus sufficiens adhibetur testium cautela vel non superest carta. Hoc attendens, ego Galerannus, comes Mellenti, videre et relegere volui cartas et munitiones quas habebant monachi apud Mellentum, in ecclesia Beati Nigasii martiris divinis excubiis insistentes, super beneficiis eidem monasterio, tam per me quam per patrem meum vel per alios antecessores meos, diversis temporibus, ad honorem Dei collatas..... Concedo nichilominus ego Galerannus, comes Mellenti, et sigilli mei munitione confirmo Deo et ecclesie Beati Nigasii martiris ecclesiam Sancti Nicholai, in novo castro, extra insulam Mellenti constitutam, sicut ex dono patris mei prius acceperat, in perpetuum possidendam; similiter et ecclesiam Sancti Gervasii et Sancti Johannis, que sunt Parisius in vico qui dicitur Greva..... Acta sunt hec apud Mellentum, in capitulo Beati Nigasii, anno ab Incarnatione Domini millesimo centesimo quadragesimo primo, presente et hec omnia confirmante Galeranno, comite Mellenti; Ludovico glorioso Francorum rege Francis et Aquitanis celebriter imperante, presentibus et testificantibus Philippo Lincoliensis ecclesie venerabili decano, Matheo de Montemorenceio, Roberto de Novo Burgo, Hugone de Gisorcio et Theobaldo fratre ejus, Roberto de Forvilla, Baldrico de Bosco, Gaufrido Bertrant, Nicholao de Londa, Rodulfo de Monte Aureo, Garnerio preposito Mellenti.

A. Copie de 1745 d'un vidimus donné en 1297 par le prévôt de Meulan, aux Arch. nat., K. 191, n° 1ᵃ.

Édit. : (*a*) Malingre, *Antiquités de Paris*, p. 575. — (*b*) A. de la Roque, *Hist. de la maison d'Harcourt*, t. IV, p. 1345, d'après *a*. — (*c*) Mabillon, *Annal. Bened.*, t. IV, p. 3.

286

1141, 1ᵉʳ août-18 avril 1142. — Paris.

Donation à Saint-Lazare par Gautier Pinçon d'une fenêtre de changeur sur le Grand Pont, de quatre étaux pour la vente du pain, etc.

DE DONO GALTERII PINÇUN.

In nomine sancte et individue Trinitatis, amen. Ego Ludovicus, Dei gracia

Francorum rex et dux Aquitanorum. Notum fieri volumus tam futuris quam presentibus quod Galterius, qui cognomento Pinçun appellatur, ecclesie Beati Lazari in suburbio Parisiace urbis fundate, pro salute nostra necnon et pro redemptione animarum sue videlicet atque conjugis ipsius, insuper et pro animabus antecessorum nostrorum atque suorum, munifica satis benefitia, in perpetuum retinenda, de possessionum suarum largitur abundantia, ea scilicet que in presenti cartula subnotantur : fenestram unam ad opus nummulariorum super Pontem Magnum constitutam, cum omnibus eidem fenestre pertinentibus; ad portam vero stationes IIII^{or}, ad panis venditionem, quas stalla vulgari vocabulo appellant; terram insuper quam emit ab Ancherio; vadimonium quoque domni Hugonis cognomento Pueri, III^{or} videlicet libras; apud villam que Monasteriolum appellatur, vinee septem quarteria; ibidem etiam in clauso suo, per singulos annos, tres vini quadrigatas; in eadem iterum villa, census v solidos. Sed et hoc omnibus innotescere dignum duximus, quod predicte ecclesie sancta congregatio, inibi Dei mancipata servitio, pro tanto ei beneficio in presentia nostra in eorum capitulo concessit quatinus, in capella juxta supradictam ecclesiam ab ipso fundata, pro salute et redemptione omnium pro quibus ipse eis tantum, ut duximus, benefitium impertitur, per singulos dies, ab uno sacerdotum totum ex integro, secundum consuetudinem ecclesie, divinum offitium in perpetuum celebretur, noctibus assiduis lampade ibidem accensa. Quod, ut ratum habeatur in posterum, scripto commendari et sigilli nostri auctoritate muniri atque nominis nostri karactere corroborari precipimus. Actum Parisius, anno Incarnati Verbi M° C° XL° I°, regni vero nostri V°; astantibus in palacio nostro quorum nomina subtitulata sunt et signa : Signum R[adulphi], Viromandorum comitis, dapiferi nostri. S. Wuillelmi buticularii. S. Mathei camerarii. S. Mathei constabularii.

Data per manum Cadurci cancellarii.

A. Copie du XIIIe siècle, aux Arch. nat., MM. 210 (Cartulaire de Saint-Lazare), fol. 7 v°.

287

1141, 1er août-18 avril 1142. — PARIS.

Louis VII fait remise à Dultien, médecin, du tiers d'un cens qu'il lui devait pour sa maison du Grand Pont.

LUDOVICI, REGIS FRANCIE, DE DULTIANO MEDICO.

In nomine sancte et individue Trinitatis. Ego Ludovicus, Dei gratia rex Francorum et dux Aquitanorum. Notum fieri volumus tam futuris quam presentibus quod Dultiano medico, de sexaginta solidis quos nobis annuatim censualiter debebat pro domo sua quam Parisius supra Magnum Pontem habebat, pro servicio quod nobis fecerat, vinginti solidos condonavimus, ita videlicet ut de domo illa ipse et heredes ejus quadraginta solidos nobis et successoribus nostris, singulis annis, persolvant in perpetuum. Quod, ut perpetue stabilitatis obtineat munimentum, scripto commendari et sigilli nostri auctoritate muniri, atque nominis nostri karactere corroborari precepimus. Actum publice Parisius, anno Incarnati Verbi M° C° XL° I°, regni vero nostri V°; astantibus in palatio nostro quorum nomina subtitulata sunt et signa : Signum Radulphi, Viromandorum comitis, dapiferi nostri. S. Guilelmi buticularii. S. Mathei constabularii. S. Mathei camerarii. Data per manum Cadur(*monogramme*)ci cancellarii.

A. Original, avec restes de sceau, aux Arch. nat., S. 5077, n° 3, *nunc* K. 23, n° 6°.

288

1141, 1ᵉʳ août-18 avril 1142. — FONTAINEBLEAU.

Diplôme par lequel Louis VII décide que le change se tiendra toujours sur le Grand Pont, et fixe à 20 sous la redevance annuelle que les changeurs devront payer pour ouvrir boutique en cet endroit [1].

Notum facimus tam futuris quam instantibus quatinus cambitum nostrum Parisius super Magnum Pontem in perpetuum manere statuimus. Statuimus etiam quod nulli liceat Parisius cambire nisi in fenestris illis quæ sunt super pontem; quarum singulæ nobis, per singulos annos, viginti persolvunt solidos. Quod si aliquis super prædictum pontem novam fenestram, nostro assensu præmisso, facere et ibi cambire voluerit, de fenestra illa, singulis annis, viginti solidos habebimus, sicut et de aliis fenestris habemus.

Édit.: (a) Dubreul, *Le Théâtre des antiq. de Paris*, p. 236.

289

1141, 1ᵉʳ août-18 avril 1142. — CHÂTEAU-LANDON.

Vente par Louis VII aux bourgeois de la Grève et du Monceau-Saint-Gervais d'une place appelée la Grève, pour le prix de soixante-dix livres.

In nomine sancte et individue Trinitatis. Ego Ludovicus, Dei gratia rex Francorum et dux Aquitanorum. Notum facimus universis, presentibus pariter atque futuris, quod burgensibus nostris de Grevia et de Montcello planitiem illam prope Secanam, que Grevia dicitur, ubi vetus forum extitit, totam ab omni edificio vacuam, nullisque occupacionibus impeditam vel impedimentis occupatam, sic in

---

[1] Nous ne connaissons aucune copie complète de cette pièce; nous ne pouvons que reproduire l'extrait qu'en a donné Dubreul, sous la date de 1141 et de la 5ᵉ année de Louis le Jeune.

perpetuum manere concessimus. Pro quo nos nostrique curiales a predictis burgensibus LXX libras habuimus. Hujus concessionis memoriam, ne temporum antiquitas valeat obfuscare, scripto commendari, et sigilli nostri impressione muniri, nostrique nominis subter inscripto karactere corroborari precepimus. Actum publice apud Castrum Landonis, anno Incarnati Verbi M° C° XLI°, regni vero nostri quinto; astantibus in palatio nostro quorum nomina subtitulata sunt et signa : Signum Radulphi, Viromandorum comitis, dapiferi nostri. Signum Guillelmi buticularii. Signum Mathei camerarii. Signum Mathei constabularii.

Data per manum Cadurci cancellarii.

    A. Original [1] publié dans l'*Histoire de Paris* de Félibien, t. I (*Dissertation* de Le Roy), p. xcv.
    B. Copie du xiv° siècle, aux Arch. nat., Y. 2 (*Livre rouge vieil* du Châtelet), fol. 104 v°.
    C. Vidimus de 1459, aux Arch. nat., K. 950, n° 38.

290

Vers 1142 [2].

Confirmation par Étienne, évêque de Paris, de diverses donations faites à l'abbaye de Saint-Victor.

CARTA STEPHANI, PARISIENSIS EPISCOPI, DE ECCLESIIS QUAS NOBIS DEDIT ET DE DONO HUNGERI, FILII GIRELMI.

In nomine sanctę et individuę Trinitatis, Patris, et Filii et Spiritus sancti, amen. Gloria episcopi est pauperum operibus providere et eorum necessitatibus, quantum necessitas poscit et possibilitas suppetit, ministrare. Noverint igitur universi, et presentes et posteri, quia ego Stephanus, Dei gratia Parisiorum episcopus, quasdam parrochiales ęcclesias, in nostra diocesi sitas, ęcclesię Beati Victoris, ad sustentationem pauperum Christi qui Deo inibi serviunt, in perpetuum habere concessi, et ubi et quę sint illę ęcclesię nominatim assignare curavi. Illud quoque scire necesse est quod predictas ęcclesias quędam personę, quas inferius annotabimus, tenuerunt, et easdem ęcclesias et quicquid in eis habebant ęcclesię Beati Victoris, nostro assensu, libentissime concesserunt. Quidam itaque clericus de Corboilo, nomine Balduinus, in ęcclesia Beati Victoris factus regularis

---

[1] Nous n'avons pu retrouver cet original. Le Roy, l'auteur de la *Dissertation sur l'origine de l'Hôtel de ville*, l'avait vu en 1725 dans les Archives de la Ville, armoire A, layette I, liasse 4. Il paraît qu'il a passé en vente en 1867 (*Bibl. de l'École des chartes*, t. XXVIII, 1867, p. 199, n° 466.)

— Cf. Luchaire, *Études sur les actes de Louis VII*, p. 127, n° 87.)

[2] Cette date nous paraît justifiée par la mention simultanée, dans ce diplôme, de l'évêque Étienne, mort vers la fin de 1142, et du doyen Barthélemy, qui succéda vers la même époque à Bernier.

canonicus, ęcclesiam de villa quę Cons appellatur, et sextam partem magnę decimę, et sextam minutę, et terram ad eandem ęcclesiam pertinentem, quę omnia sicut clericus possidebat, canonicis Sancti Victoris, nostro et domni Bartholomei archidiaconi assensu, in perpetuum habere concessit; statuimus etiam ut de presbiteratu ejusdem ęcclesię predicti canonici ad sustentationem suam per singulos annos LX^{ta} solidos habeant; ęcclesiam de Vilers et terciam partem magnę decimę tam vini quam annonę, et redecimationem totius magnę decimę, et redecimationem minutę; necnon ęcclesiam Sancti Briccii cum tota sua minuta decima, et unum modium frumenti, assensu Radulfi Belli, qui predictas ęcclesias et predictas decimas sicut laicus tenuerat, assensu etiam filii sui Mathei, ęcclesię Beati Victoris, annuente domno Stephano archidiacono, in perpetuum habere concedimus. Statuimus etiam ut de presbiteratu Sancti Briccii, canonici Sancti Victoris ad sustentationem suam per singulos annos LX^{ta} solidos habeant. Æcclesiam de villa quę dicitur Vallis Gaudii, et totam decimam magnam tam vini quam annonę, et totam minutam ad eandem ęcclesiam pertinentem, assensu Pagani de Praeriis, qui in ęcclesia Beati Victoris ad Dei servitium ad succurrendum se reddidit, qui scilicet predictam ęcclesiam et ejus decimam sicut laicus tenuerat, assensu etiam uxoris suę et filiorum suorum, Adam scilicet et Theobaudi et Petri, ęcclesię Beati Victoris, annuente domno Stephano archidiacono, in perpetuum habere concedimus. Idem etiam Paganus partem cujusdam decimę quam in villa quę dicitur Laci prope Lusarchias habebat, predictę ęcclesię, nostro et filiorum suorum assensu, in elemosinam dedit. Illud etiam noverint universi quod Hungerus, filius Girelmi, viginti et octo solidos et quinque denarios census, qui ad nostrum feodum pertinebat, ęcclesie Beati Victoris nostro assensu in helemosinam dedit; qui census ita distinguitur : in principio Cardoneti, de quibusdam vineis quę sunt juxta portum [1] Sanctę Genovefę, tres solidi; in eodem Cardoneto, de quibusdam vineis quę sunt prope murum canonicorum, viginti solidi et septem denarii; apud Sanctum Marcellum, septem solidi et sex denarii; Parisius, in vico qui vocatur Chevruchun, de quibusdam hospitibus, sex solidi et quatuor denarii. Ut autem manifestum sit quam rationabiliter elemosinam illam Hungerus fecerit, notum fieri volumus quod predictus census ad quendam feodum pertinebat quem Petrus de Manlia de nostra manu primo loco tenebat, de eodem Petro tenebat Goslenus nepos ejus, de Gosleno tenebat Hungerus. Die itaque quadam predictus Petrus cum nepote suo Gosleno in presentia nostra affuit et predictum censum, assensu nepotis sui Gosleni, in manu nostra coram multis testibus reddidit, quatinus idem census nequaquam de feodo ultra existeret, sed potius eundem

---

[1] Ce "portus" était sans doute établi sur la Bièvre, dont un bras passait entre le clos du Chardonnet et les domaines de l'abbaye de Sainte-Geneviève.

censum ecclesia Beati Victoris ex dono Hungeri et nostro libere in perpetuum possideret.

Hec sunt nomina clericorum et laicorum qui ad testimonium presentes affuerunt : Bartholomeus, Sancte Marie decanus; Albertus precentor; Bernardus archidiaconus; Henricus, frater regis; magister Gauterus, sacerdos; Herluinus canonicus; Fulbertus canonicus; Herbertus canonicus; Fulcherus, Sancti Germani decanus; Paganus de Sancto Ionio; Petrus Bestisi; Clodoaudus, episcopi famulus; Willelmus matricularius; Gaufridus Aquilanus.

Nec illud latere volumus quod predictus Hungerus sex arpennos terre quos de nobis tenebat, sitos juxta Sanctum Germanum Authisiodorensem, ecclesie Beati Victoris nostro assensu in elemosinam dedit; Symon quoque de Ver terciam partem decime vini quam apud Vicum Novum habebat, nostro et matris sue assensu, ecclesie Beati Victoris in helemosinam in perpetuum habere concessit.

Ut autem supradicta omnia in posterum firma et illibata permaneant, scripto commendavimus et sigilli nostri auctoritate firmavimus.

Datum per manum Algrini cancellarii.

A. Original, avec traces de sceau, aux Arch. nat., L. 888², n° 4.
B. Copie du xvii° siècle, à la Bibl. nat., ms. lat. 14679, p. 205.

291

Vers 1142 [1].

Confirmation par le doyen du chapitre de Notre-Dame de la donation, faite par le médecin Obizon à l'abbaye de Saint-Victor, de terrains situés près de l'église Saint-Christophe.

CONCESSIO CAPITULI PARISIENSIS DE PLATEIS OBIZONIS MEDICI.

In nomine sancte et individue Trinitatis. Ego Bartholomeus, Dei gratia ecclesie Beate Marie Parisiensis decanus, et ceteri canonici nostri notum fieri volumus quod Obizo medicus, cuncanonicus noster, infirmitate correptus, ad ecclesiam Beati Victoris deportari se fecit, ibique se ad Dei servicium reddens, inter alia bona que eidem ecclesie fecit, etiam quasdam plateas, quas Parisius prope ecclesiam Sancti Christofori sitas habebat, in elemosinam dedit. Visum est autem quibusdam canonicorum nostrorum quod elemosina domni Obizonis nequaquam rationabilis erat, pro eo quod plateas easdem ecclesie nostre prius donaverat. Alii autem canonicorum, prioribus consentientes, sed tamen aliquid plus addentes, hoc asserebant quod plateas illas totum capitulum nostrum domno Bernero decano

---

[1] Cette date résulte de la mention simultanée de l'évêque Étienne et du doyen Barthélemy.

communi assensu concesserat, et ille, die quadam cum graviter infirmaretur et eum canonici visitarent, easdem domno Obizoni ad faciendum quicquid vellet reddiderat. Propter hujusmodi calumpniam nostram domnus Gildivinus, abbas Sancti Victoris, die quadam in capitulo nostro veniens, presente episcopo nostro, domno scilicet Stephano, humiliter nos rogavit quatinus predictam calumpniam dimitteremus et elemosinam quam ęcclesię Beati Victoris domnus Obizo fecerat concederemus. Nos autem, attendentes quia ęcclesię Beati Victoris, etiam de proprio nostro, multa bona contulimus, peticionibus predicti abbatis, interveniente episcopo, assensum prebuimus, et communi assensu concessimus quatinus elemosina quam domnus Obizo fecerat permaneret, et predictas plateas ęcclesia Beati Victoris, sopita omni calumpnia et tocius reclamationis seu etiam retractationis molestia, libere imperpetuum possideret. Quod, ne valeat oblivione deleri, scripto commendavimus et sigilli nostri auctoritate firmavimus. Nomina canonicorum : Bartholomeus decanus; Albertus precentor; Bernardus archidiaconus; Henricus, frater regis; Gilebertus, decanus Sancti Marcelli, sacerdos; magister Walterus, sacerdos; Germundus sacerdos; Willelmus succentor, diaconus; Herlewinus diaconus; Wido diaconus; magister Albertus subdiaconus; Herveius subdiaconus; Andreas subdiaconus. Data per manum Algrini cancellarii.

A. Original scellé, aux Arch. nat., L. 892, n° 3.
B. Copie du xvii° siècle, à la Bibl. nat., ms. lat. 14679, p. 199.

292

Vers 1142 [1].

Galeran, comte de Meulan, donne à l'abbaye de Saint-Victor une rente annuelle de quarante sous sur un cens qu'il prélevait au Monceau-Saint-Gervais.

DE DONO COMITIS DE MELLENT.

In nomine sancte et individue Trinitatis. Noverint omnes tam posteri quam presentes quod ego Walerannus, Dei gratia comes Mellenti, pro remedio anime mee et pro animabus patris et matris mee et antecessorum meorum, quandam elemosinam feci et ecclesie Beati Victoris Parisiensis, de censu quem in Monscello Sancti Gervasii Parisius habeo, quadraginta solidos per singulos annos, in festivitate sancti Remigii, in perpetuum dedi. Huic autem dono Hugo, frater meus, interfuit et concessit. Et ne hoc donum possit in posterum oblivione

---

[1] Cette donation ne peut être postérieure à 1142, puisqu'elle fut confirmée par l'évêque Étienne, qui mourut vers cette même époque. (Voir ci-après notre n° 293.)

deleri, scripto commendatum et sigilli nostri est impressione firmatum. Hec sunt nomina eorum qui huic dono presentes fuerunt : Baldricus de Nemore, Guillelmus buticularius, Henricus de Ferrariis, Hugo de Ferrariis, Gualerannus de Mellento, Galterus de Bello Campo, Robertus buticularius; Theobaldus, filius Stephani mariscalcii; Guillelmus, filius Frogerii, qui tunc temporis quando donum hoc feci meus prefectus fuit; Tebertus, filius Gemardi; Drogo de Ripa et Renuardus frater ejus; Balduinus Flandrensis.

A. Original scellé, aux Arch. nat., L. 892, n° 19.
B. Copie du xiii° siècle, aux Arch. nat., LL. 1450 (Cartulaire de Saint-Victor), fol. 56 v°.
C. Copie du xvii° siècle, à la Bibl. nat., ms. lat. 14679, p. 179.

293

Vers 1142.

Confirmation par Étienne, évêque de Paris, de divers dons faits à l'abbaye de Saint-Victor.

CONCESSIO STEPHANI, PARISIENSIS EPISCOPI,
DE DONO COMITIS MELLENTI ET DE PASCUIS GENTILIACI AB HUGONE FILIO GARNERI CONCESSIS,
[ET DE DONO] BALDUINI APUD VILLAM QUE CONS DICITUR.

Ratio consulit, necessitas cogit beneficia aecclesiis collata episcopali auctoritate firmare, et, ne oblivionis minuantur incursu, stilo memorię commendare. Ego igitur Stephanus, Deo ordinante Parisiensis episcopus, notum fieri volo quod Gualerannus, comes Mellenti, Parisius, in Moncello Sancti Gervasii, terram, censum et hospites habet, que omnia de nostro feodo tenet. Hic itaque pro remedio animę suę quandam elemosinam fecit, et partem predicti census, XL scilicet solidos per singulos annos, in festivitate sancti Remigii, aecclesie Beati Victoris nostro assensu in perpetuum dedit. Hugo etiam, filius Garneri, et uxor ejus, Havis, predicte Sancti Victoris aecclesię hoc in perpetuum concesserunt ut oves ejusdem aecclesię in pascuis Gentiliaci, quę ad nostrum feodum pertinent, libere pascerent, ita quod predictę ęcclesię canonici pro pastu earumdem ovium nullum pretium, nullam consuetudinem darent. Hoc autem et nostro assensu et in presentia nostra factum est. Filii etiam predicti Hugonis assensum dederunt, Anselmus scilicet et Fredericus, et nepos illius, nomine Sultenus, et Guilelmus de Corneliaco, gener illius. Nec illud latere volumus quod clericus quidam de Corboilo, nomine Balduinus, in aecclesia Beati Victoris factus regularis canonicus, aecclesiam de villa quę Cons appellatur, et terram et decimam ad presbiteratum ejusdem ęcclesię pertinentem, sextam quoque partem magne decimę, et sextam minutę, quę omnia, sicut clericus possidebat, canonicis Sancti Victoris, nostro assensu, in perpetuum habere concessit. Statuimus etiam ut de presbiteratu ejusdem ęcclesię predicti canonici ad sustentationem suam per singulos annos sexaginta solidos habeant. Idem quoque Balduinus, in alia villa quę dicitur Vicus Novus, sextam partem magne decimę, quę sua erat, predictis canonicis dedit. Hoc eciam noverint universi quod Matheus, miles de Mugnellis, in aecclesia Beati Victoris ad succurrendum habitum religionis assumens, predictę villę quę dicitur Vicus Novus medietatem, tam in terra quam in hospitibus, servis eciam et ancillis, ad eandem medietatem pertinentibus, sepedicte Sancti Victoris aecclesię in perpetuum dedit, et etiam medietatem aecclesie ejusdem villę, et sextam partem magne decimę, et medietatem minutę, quę omnia sicut laicus possidebat, nostro assensu et dono, eidem Sancti Victoris aecclesię dereliquit. Hugo eciam, filius Girelmi, terram arabilem super ripam Secanę, in Aquegaudio sitam, et, apud Balneolum, octo solidos census et III obolos aecclesię Beati Victoris nostro assensu donavit. Similiter Hungerus, frater ejusdem Hugonis, assensu nostro, dedit eidem aecclesię totum censum quem in Gardoneto habebat, scilicet XIIII^{cim} solidos et VII^{tem} denarios. Dedit etiam III solidos et II denarios census de terra quę sita est apud Sanctum Germanum Authisiodorensem, et IIII^{or} solidos census de duobus molendinis qui sunt apud Melbra, et VI solidos et IIII^{or} denarios de hospitibus de Chevruchun. His omnibus supradictis, quia ad nos pertinebant et de nostro feodo erant, libenter assensum prebuimus, et, ut in posterum firma et illibata permaneant, scripto commendavimus et sigilli nostri auc[toritate firmavi]mus.

A. Original scellé, aux Arch. nat., K. 23, n° 6ta.
B. Copie du XIIIe siècle, aux Arch. nat., LL. 1450 (Cartulaire de Saint-Victor), fol. 56 v°.
C. Copie du XVIIe siècle, à la Bibl. nat., ms. lat. 14679, p. 200.

294

Milieu du XIIe siècle.

Galeran, comte de Meulan, mande à ses prévôts de Paris
de payer chaque année aux chanoines de Saint-Victor une rente de 40 sous [1].

COMITIS MELLENTI DE XL SOLIDIS.

Gualerannus, comes Mellenti, omnibus prepositis suis Parisiensibus salutem. Precipio vobis quod per singulos annos bene et plenarie reddatis ęcclesię Sancti Victoris XL solidos, quos de censu meo quem Parisius habeo eidem ęcclesię et canonicis ibidem Deo servientibus in elemosinam dedi, et carta mea sigillo meo signata in perpetuum confirmavi; et eadem die reddatis qua census meos recipietis. Et prohibeo, super amorem meum et super forefacturam peccunię vestrę,

---

[1] Cette pièce et la suivante doivent être à peu près contemporaines de notre n° 292.

ne ultra predictam diem detineatis. Testes : Robertus de Novaburgo, et Willelmus de Pino, et Robertus de Furno, et Rogero capellano.

A. Original scellé, aux Arch. nat., L. 892, n° 20 (jadis L. 1478).
B. Copie [1] du xii° siècle, aux Arch. nat., K. 23, n° 15²⁰ (jadis L. 1478).

295

Milieu du xii° siècle.

Galeran, comte de Meulan, fait remise aux frères de Saint-Lazare d'un cens qu'ils lui devaient.

G[ualerannus], comes Mellenti, omnibus amicis et hominibus et ministris suis salutem. Sciatis me dedisse et in perpetuam elemosinam concessisse fratribus infirmis Parisius de Sancto Lazaro ii solidos et v denarios et obolum de censibus eorum quos mihi per annum reddebant. Volo igitur et precipio ut habeant et teneant illud ita bene et ita in pace et ita honorifice, cum omnibus consuetudinibus ad illud pertinentibus, sicut tenebam, quando erat in meo dominio. Testibus Roberto de Novo Burgo et Radulfo de Monteauro, et Rogero et Balduino capellanis.

A. Copie du xiii° siècle, aux Arch. nat., MM. 210 (Cartulaire de Saint-Lazare), fol. 32 v°.

296

Milieu du xii° siècle.

Ordre donné par Galeran, comte de Meulan, à ses prévôts et officiers de Paris, de délivrer chaque année treize deniers de rente à l'église Sainte-Geneviève, sur ses revenus de Paris. — «Sciatis me dedisse...»

A. Copie du xiii° siècle, à la Bibl. Sainte-Geneviève, El. 25 (Cartulaire de Sainte-Geneviève), p. 78.

297

Vers 1142 [2].

Confirmation par le légat du pape Albéric, évêque d'Ostie, des décisions prises par les évêques Girbert et Étienne au sujet du testament d'Étienne, archidiacre de Paris.

In nomine sanctę et individuę Trinitatis. Albericus, Dei gratia Ostiensis episcopus, sancte Sedis apostolicę legatus, tam presentibus quam futuris. Sicut ea que nulla ratione vel auctoritate nituntur infirmare debemus, sic ea quę tam

---

[1] Cette copie a été publiée dans les *Cartons des rois*, n° 514, comme étant l'original. Ce n'est, en réalité, qu'une mauvaise expédition du xii° siècle où l'on relève des omissions importantes.

[2] Albéric occupa le siège d'Ostie de 1138 à 1147; cet acte ne peut donc appartenir qu'à la fin du pontificat de l'évêque Étienne († 1142), ou à une époque assez voisine de sa mort.

auctoritate quam fidelium devotione corroborari desiderant plena auctoritate confirmamus. Dominus siquidem Stephanus, Parisiensis archidiaconus, divino spiritu afflatus, pro sua suorumque salute et peccatorum redemptione, pro terrenis celestia, pro perituris eterna commutare disposuit; et quia nichil magis observari convenit quam supremas et liberas decedentium voluntates, et maxime in ultimis dispositionibus in quibus heredem faciunt ęcclesiam, quicquid super hoc a venerabilibus fratribus nostris Girberto et Stephano, Parisiorum episcopis, et capitulo, [sicut] ex litterarum suarum tenore perpenditur, constitutum est, ab omnibus deinceps Parisiensis ęcclesię episcopis volumus et precipimus cum omni integritate in posterum observari, et nulla temeritate violari. Si qua igitur persona, secularis sive ęcclesiastica, tam religiosi testamenti dispositionem violare temptaverit, et Sedis apostolicę et officii nostri confirmationem scienter contempserit, et beneficia predictis personis religiose collata, sive in vineis, sive in domibus, sive in virgultis, sive in aliis rebus imminuere, auferre vel retinere presumpserit, beati Petri apostolorum principis auctoritate, cui a Domino ligandi solvendique potestas collata est, anathematis eum vinculo innodamus, donec resipiscat et cum debita satisfactione ablata in integrum restituat; cunctis autem predicta servantibus sit pax Domini nostri Jhesu Christi, ut pax Dei, quę exuperat omnem sensum, custodiat corda et intelligentias eorum.

A. Original, avec traces de sceau, aux Arch. nat., L. 512, n° 1.
B. Copie du xiii° siècle, aux Arch. nat., LL. 175 (*Grand Pastoral* de Notre-Dame), p. 568.

298

1143, 23 mars. — LATRAN.

Confirmation par Innocent II des possessions de Saint-Martin-des-Champs [1].
— « Quotiens illud a nobis petitur... »

A. Original, avec traces de sceau, aux Arch. nat., L. 226, n° 17.
B. Copie du xiii° siècle, aux Arch. nat., LL. 1351 (Cartul. A de Saint-Martin-des-Champs), fol. 3 v°.
C. Copie du xv° siècle, aux Arch. nat., LL. 1352 (Cartul. B de Saint-Martin-des-Champs), fol. 3 r°.
D. Copie notariée de l'an 1550, aux Arch. nat., LL. 226, n° 18.
E. Copie du xvi° siècle, aux Arch. nat., LL. 1353 (Cartul. C de Saint-Martin-des-Champs), fol. 3 v°.
F. Copie du xvii° siècle, aux Arch. nat., LL. 1354 (Cartul. D de Saint-Martin-des-Champs), fol. 38 v°.

Édit. : (*a*) Marrier, *Mon. S. Mart. de Campis hist.*, p. 170.

---

[1] Cette bulle est conçue dans les mêmes termes que la confirmation du 20 juillet 1135, accordée par le même pape à ladite abbaye (voir ci-dessus, n° 258). Elle peut aider à fixer le commencement de l'épiscopat de l'évêque de Paris, Thibaud. Il était en effet prieur de Saint-Martin-des-Champs quand il fut élu évêque. Or cette bulle prouve qu'il n'avait pas encore quitté son prieuré à la fin de mars 1143. Nous n'avons du reste trouvé aucune mention de son épiscopat avant la fin de 1143

299

1143.

Lettre de saint Bernard à Étienne, évêque de Palestrina[1], relative aux souffrances de l'Église, et notamment de l'église de Paris. — «Denique sedet in tristitia ecclesia Parisiensis, proprio destituta pastore, et nemo est qui de substituendo alio mutire audeat.»

Édit.: (a) Mabillon, *S. Bernardi opera*, t. I, col. 208, epist. 224. — (b) Migne, *Patrologie*, t. CLXXXII, col. 391, d'après a.

300

1143, 1ᵉʳ août - 25 mars 1144. — PARIS.

Donation par Louis VII, aux religieuses d'Yerres, de la dîme du pain qui se consommait à la cour, quand elle séjournait à Paris. — «Quoniam Deo disponente...»

A. Copie du XIIIᵉ siècle, aux Arch. nat., LL. 1599 (Cartulaire d'Yerres), fol. 1 r°.
B. Vidimus de 1564, publié dans le *Rec. des ordonn.*, t. XVI, p. 208.
C. Copie collationnée du XVIIIᵉ siècle, aux Arch. nat., K. 179, n° 4.

Édit.: (a) Dubreul, *Théâtre des antiq. de Paris*, p. 1203. — (b) Mabillon, *Annal. Bened.*, t. VI, p. 368, d'après A. — (c) D'Achery, *Spicileg.* (éd. in-4°), t. X, p. 647; (éd. in-fol.), t. III, p. 497. — (d) *Gallia christ.*, t. VII, instr., col. 62. — (e) *Recueil des ordonn.*, t. XVI, p. 208, d'après B.

301

1143, 1ᵉʳ août - 25 mars 1144. — PARIS.

Confirmation par Louis VII des privilèges et possessions de l'abbaye de Saint-Denis.

In nomine... Regie dignitatis... Ego igitur Ludovicus, Dei gratia rex Francorum et dux Aquitanorum,... concedimus et confirmamus,... defuncto abbate ecclesię, nullam de omnibus quecumque habuit, mobilibus sive immobilibus, fieri repeticionem, mansionum vel inhabitationum, si non sint ejusdem ecclesię, omnimodam remotionem, a predicto burgo usque ad ecclesiam Sancti Laurentii, que sita est prope pontem Sancti Martini de Campis; et ex altera parte strate regie, ab eadem villa Sancti Dyonisii usque ad alium pontem prope Parisius, juxta domum Leprosorum; versus etiam Secanam, ab eadem villa Sancti Dyonisii usque ad Montem Martyrum, excepto Clipiaco; ex altera etiam parte, ab eadem villa Sancti Dyonisii usque ad regiam stratam que ducit ad Luperam... Actum Parisius, anno Incarnati Verbi M° C° XL° III°, regni vero nostri VII°, etc....

A. Original scellé, aux Arch. nat., K. 23, n° 8.
B. Copie du XIIIᵉ siècle, à la Bibl. Vaticane, ms. Ottobon. 2796 (*Registre A. de Philippe Auguste*), fol. 82 v°.
C. Copie du XIIIᵉ siècle, aux Arch. nat., LL. 1156 (Cartulaire de Saint-Denis), fol. 64 v°.
D. Copie du XIVᵉ siècle, aux Arch. nat., JJ. 26, fol. 145 v°.

Édit.: (a) Doublet, *Hist. de l'abb. de Saint-Denys*, p. 866, d'après A. — (b) Félibien, *Hist. de l'abb. de Saint-Denys*, pr., p. cv, d'après A. — (c) Tardif, *Cartons des rois*, p. 254, n° 466, d'après A. — (d) L. Delisle, *Le premier registre de Philippe Auguste*, fol. 82 v°, d'après B.

---

[1] Étienne occupa le siège de Palestrina de 1140 à 1144 (voir les *Regesta* de Jaffé); cette lettre se rapporte donc aux difficultés qui précédèrent l'accession de Thibaud à l'évêché de Paris.

302

1143, 1er août–25 mars 1144. — Paris.

Renonciation par Louis VII au droit, que s'étaient arrogé ses prédécesseurs,
de s'approprier les meubles trouvés dans les maisons des évêques de Paris, au moment de leur décès.

DE SUPELLECTILIBUS LIGNEIS ET FERREIS PERTINENTIBUS AD SUCCEDENTEM EPISCOPUM.

In nomine sanctę et individuę Trinitatis, amen. Ludovicus, Dei gratia rex Francorum et dux Aquitanorum. Scimus quia ex auctoritate Veteris Testamenti, etiam nostris temporibus, ex ecclesiastica institutione soli reges et sacerdotes sacri crismatis unctione consecrantur. Decet autem ut qui, soli pre ceteris omnibus sacrosancta crismatis linitione consociati, ad regendum Dei populum preficiuntur, sibi ipsis et subditis suis tam temporalia quam spiritualia subministrando provideant, et providendo invicem subministrent. Notum ergo facimus quia nos, quibus ex antiquo predecessorum nostrorum tenore, quasi jure fisci, omnia quę, mortuo Parisiensi episcopo, in domibus ejus inveniebantur, absportare licebat, volentes ecclesię Dei et episcopis Dei servitio mancipatis debitam reverentiam exibere, et eos donis majoribus ampliare, [et][1] inhonestas consuetudines reformare, moti precibus et supplicatione karissimi nostri Teobaldi, Parisiensis episcopi, viri religiosi, quicquid suppellectilis de materia lignea vel ferrea deinceps inventum fuerit in domibus episcoporum Parisiensium post mortem ipsorum, in quibuscumque locis et villis domus ille sitę sint, intactum et integrum succedentibus episcopis in perpetuum possidendum libere et quiete manumittimus et confirmamus, assensu et consilio domnę Alienordis reginę, collateralis nostrę. Omnia autem quę manumisimus, sub custodia capituli Beatę Marię ad usum episcopi substituendi conservabuntur. Hoc siquidem donum super altare Beatę Marię pro delictis nostris et patris nostri supplices offerentes, ne aliquis succedentium regum, quod absit, infringat, sigilli et karacteris nostri auctoritatem opponimus, et quod publice ac celebriter actum est in ecclesia Parisiensi et in ipsis domibus episcopalibus, litteris annotari et excommunicationis sententiam ab ipso episcopo et universis ejusdem ecclesię sacerdotibus jussu nostro promulgatam, ne quis videlicet contra regiam majestatem et christianos Domini sacerdotes presumere audeat, subscribi precepimus.

Actum publice Parisius, anno ab Incarnatione Domini M° C° quadragesimo III°, regni vero nostri VII°; astantibus in palatio nostro quorum nomina subtitulata sunt et signa : Signum Rodulfi, Viromandorum comitis, dapiferi nostri. S. Mathei con-

---

[1] «Et» manque dans l'original.

stabularii. S. Mathei camerarii. S. Guillermi buticularii. Data per manum (*monogramme*) Cadurci cancellarii.

    A. Original, avec traces de sceau, aux Arch. nat., K. 23, n° 7* (Musée, n° 153).
    B. Copie du xii° siècle, aux Arch. nat., K. 23, n° 7ᵇ.
    C. Copie du xii° siècle, aux Arch. nat., LL. 177 (*Livre noir* de Notre-Dame), p. 244.
    D. Copie du xiii° siècle, aux Arch. nat., LL. 175 (*Grand Pastoral* de Notre-Dame), p. 596.
    E. Copie du xiii° siècle, aux Arch. nat., LL. 176 (*Petit Pastoral* de Notre-Dame), p. 89.

303

1143, 1ᵉʳ août–25 mars 1144. — Paris.

Donation par Louis VII, aux Templiers de Paris, d'une rente annuelle de 27 livres.

In nomine sanctę ac individuę Trinitatis. Ludovicus ego, Dei gratia rex Francorum et dux Aquitanorum. Omnino regalis munificentię dignum fore cognoscimus et frequentibus ęlemosinis relligiosorum sustinere conventus, et in aucmentationem ęcclesiarum benigna semper intentione persistere. Proinde presentibus simul ac posteris notum in perpetuum ratumque fore statuimus Templi nos militibus Ierosolimitani, quos soli Deo vere novit universitas militare, in mensis nummulariorum Parisius, libras viginti septemque, quotannis in Nativitate beati Johannis Baptistę reddendas, perhenni largitione tribuisse. Quod, ut perpetuę stabilitatis obtineat munimenta, scripto commendari, sigilli nostri auctoritate muniri, nostrique nominis subterinscripto karactere corroborari precepimus. Actum publice Parisius, anno ab Incarnatione Domini м°c°xl°iii°, regni vero nostri vii°; astantibus in palatio nostro quorum nomina subtitulata sunt et signa : Signum Radulphi, Viromandorum comitis, dapiferi nostri. Signum Mathei camerarii. Signum Mathei constabularii. Signum Guillelmi buticularii.

Data per manum Cadurci (*monogramme*) cancellarii.

    A. Original scellé, aux Arch. nat., J. 422, n° 2.

304

1143, 1ᵉʳ août–25 mars 1144. — Paris.

Exemption de taille accordée par Louis VII à deux bourgeois de Paris, qu'il consacre au service des frères de Saint-Lazare.

DE CARNIFICE.

In nomine sancte ac individue Trinitatis, amen. Ego Ludovicus, Dei gratia rex[1]

---

[1] Suppléez «Francorum».

et dux Aquitanorum. Notum facimus universis, et instantibus pariter et futuris, quod fratribus de Sancto Lazaro, qui prope Parisiensium civitatem, in predicti sub honore sancti dedicata ecclesia, salutem animarum continuis student orationibus sub corporis infirmitate promereri, duos in urbe predicta burgenses, Reinardum scilicet carnificem et Stephanum pelfarium, dedimus, ita siquidem liberos ut ab omni tallia, ab omni consuetudine et exactione penitus emancipati, illorum servitio solum et potestati subdantur. Post quorum utique decessum, ne quo in tempore benefitii nostri comoditate privarentur, providentia nostra et subsequatium post nos nostrorum, alios duos loco ipsorum pari libertate, ad predictorum obsequia fratrum, perhenni sanctiimus in posterum successione substitui. Quod, ut perpetue stabilitatis obtineat munimenta, scripto comendari, sigilli nostri auctoritate muniri, nostrique nominis subtus inscripto karactere corroborari precipimus. Actum publice Parisius, anno ab Incarnatione Domini M° C° XL° III°, regni nostri VII°; astantibus in palatio nostro quorum nomina subtitulata sunt et signa : Signum Radulfi, Viromandorum comitis, dapiferi nostri. S. Mathei constabularii. S. Mathei camerarii. S. Guillelmi buticularii. Data per manum Cadurci cancellarii.

A. Copie du XIII° siècle, aux Arch. nat., MM, 210 (Cartulaire de Saint-Lazare). fol. 4 v°.

305

1144, 9 janvier. — LATRAN.

Bulle de Célestin II, en faveur des Templiers, promettant des indulgences à ceux qui subviendront aux besoins de l'ordre [1]. — «Milites Templi Ierosolimitani...»

A. Original scellé, aux Arch. nat., L. 227ᴬ, n° 1.

306

1144, 8 février. — LATRAN.

Confirmation par Célestin II, à la requête de l'abbé Gilduin, des possessions de l'abbaye de Saint-Victor. — «Que a fratribus nostris...»

A. Original, avec traces de sceau, aux Arch. nat., L. 227ᴬ, n° 2.
B. Copie du XVI° siècle, à la Bibl. nat., ms. lat. 14672, fol. 25 r°.
C. Copie du XVII° siècle, à la Bibl. nat., ms. lat. 14679, p. 280.

---

[1] Il existe aux Archives nationales (L. 228, n° 2 *bis*) une bulle d'Eugène III, conçue exactement dans les mêmes termes et qui est datée du palais de Latran, le 23 avril [1150].

307

1144, 3 février. — LATRAN.

Confirmation par Célestin II, à la requête de l'abbé Gilduin, de toutes les prébendes appartenant à l'abbaye de Saint-Victor dans diverses églises. — «Quotiens illud a nobis...»

A. Original, avec traces de sceau, aux Arch. nat., L. 227ᴬ, n° 3.
B. Copie du xvɪᵉ siècle, à la Bibl. nat., ms. lat. 14672, fol. 27 r°.
C. Copie du xvɪɪᵉ siècle, à la Bibl. nat., ms. lat. 14679, p. 275.

308

1144, 28 mars. — LATRAN.

Confirmation par Lucius II, à la requête de l'abbé Hugues, des privilèges et possessions de l'abbaye de Saint-Germain-des-Prés. — «Religiosis desideriis dignum...»

A. Original, avec traces de sceau, aux Arch. nat., L. 227ᴮ, n° 1.
B. Copie du xɪɪᵉ siècle, aux Arch. nat., LL. 1024 (Cart. ††† de Saint-Germain-des-Prés), fol. 4 v°.

309

1144, 13 avril. — LATRAN.

Confirmation par Lucius II de la fondation, des privilèges et des possessions de l'abbaye de Montmartre. — «Pie postulatio voluntatis...»

A. Copie collationnée du 24 septembre 1507, aux Arch. nat., L. 226, n° 15.
B. Copie du xvɪᵉ siècle, aux Arch. nat., LL. 1605 (Cartulaire de l'abbaye de Montmartre), fol. 30 r°.

310

1144, 24 mai. — LATRAN.

Bulle de Lucius II au sujet de la prébende accordée aux chanoines de Saint-Victor par l'abbaye de Sainte-Geneviève. — «Ecclesia Beati Victoris...» [1]

A. Original, avec traces de sceau, aux Arch. nat., L. 888ᵇ, n° 5.

---

[1] Toutes les bulles que nous citons ici paraissent inédites. Mais elles offrent assez peu d'intérêt pour qu'il suffise de les mentionner.

311

1144, 1ᵉʳ août-8 avril 1145. — Paris.

Confirmation par Louis VII d'une transaction conclue entre la maison de Saint-Lazare et Jean de Clamart, touchant les possessions de celle-ci à Fontenay.

DE FONTENETO.

Ludovicus, Dei gratia rex Francorum et dux Aquitanorum. Noverint universi, presentes pariter et futuri, quoniam Henricus de Fonteneto, anxietate lepre percussus, quicquid apud villam que Fontanetum nuncupatur possidebat et seipsum fratribus in domo Beati Lazari Parisius degentibus contulit, jureque perpetuo possidendum concessit. Verum propinquus ipsius, Johannes de Clamart, res predicti Henrici ad hereditatem suam postmodum pertinere contendens, donum Henrici calumpniare et res predictorum fratrum presumpsit pro eo violentius infestare. Tandem autem, certo indicto juditio, preter equitatem juris agere convictus in publico, precio a fratribus sibi dato, et honestorum virorum precibus exoratus, assentiente siquidem uxore sua Ansuilde et filiis suis Garino, Odone, et filia Raenburge, in presentia Parisiensis archidiaconi Bernardi et aliorum multorum, quorum nomina pagina sequens expediet, quicquid Henricus presignatis fratribus dederat, omni in posterum questione sopita, quiete semper habendum obtinendumque dimisit. Utque patenti sanctione firmatum, nihil occulte forsitan occasionis haberet, assensu prefate conjugis et filiorum, in eorum presentia quorum subscripta quoque sunt signa inferius, per oblationem virge quam manu gestabat, supra sacrum altare Beati Lazari, de predicto dono domum et fratres solempniter investivit. Quod, ut perpetue stabilitatis obtineat munimenta, utrorumque peticionibus, scripto commendari, sigilli nostri impressione signari, nostrique nominis subter inscripto karactere corroborari precepimus. Actum publice Parisius, anno ab Incarnatione Domini M° C° XL° IIII°, regni vero nostri VIII°; astantibus in palatio nostro quorum nomina subtitulata sunt et signa : Signum Radulfi, Viromandorum comitis, dapiferi nostri. S. Mathei camerarii. S. Mathei constabularii. S. Guillelmi buticularii. Testes autem hii sunt qui facte concordie inter ecclesiam Beati Lazari et Johannem de Clamart interfuerunt : Robertus, panetarius regis; Stephanus Erradicans Palum; Hugo de Mollenco; Henricus Flandrensis et Guillelmus filius ejus; Gauterius Incisor et Fulco filius ejus. De investitione vero que per virgam super altare facta est, testes fuerunt hii : Guarnerius cordubanarius et frater ipsius Arduinus; Remo[n]dus Enducas; Remo[n]dus de Monte Morencini; Radulphus Pauper. Data per manum Cadurci cancellarii.

A. Copie du XIIIᵉ siècle, aux Arch. nat., MM. 210 (Cartulaire de Saint-Lazare), fol. 14 r°.

312

1144 [1].

Sentence de Hugues, évêque d'Auxerre, et de Bernard, abbé de Clairvaux, fixant le droit à payer à l'abbaye de Saint-Victor par le prieuré de Saint-Martin-des-Champs, en échange d'une prébende accordée à ce prieuré dans l'église Notre-Dame.

DE RECOMPENSATIONE ANNUALIS PREBENDE ECCLESIE SANCTE MARIE, DATE MONASTERIO SANCTI MARTINI DE CAMPIS.

Ego Hugo, Dei gratia Autisiodorensis episcopus. Ego Bernardus, Clarevallensis abbas. Notum fieri volumus tam posteris quam presentibus quod domnus Theobaldus, Dei gratia Parisiensis episcopus, in ecclesia Beatę Marię, assensu capituli, prebendam unam monachis Sancti Martini imperpetum dedit. Ecclesia vero Sancti Victoris, quę in prefata Beatę Marię ęcclesia annualia prebendarum habet, hujus ipsius prebende quę monachis data fuit, annuale suum ex integro habuit. Sed, quia de eadem prebenda quę monachis imperpetuum data erat jam de cętero ecclesia Sancti Victoris annuale habitura non erat, ne in hoc dono ęcclesia Sancti Victoris lederetur, si unius prebende annuali beneficio imperpetuum privaretur, quia id ex precepto predicti Theobaldi episcopi, assensu utriusque capituli, videlicet Sancti Martini et Sancti Victoris, consilio nostro et considerationi nostre impositum est, decrevimus et statuimus ut monachi Sancti Martini, pro recompensatione annualis supradicte prebende sibi date, per singulos annos ecclesie Sancti Victoris, in festo sancti Pasche, decem solidos et persolvant et mittant. Quod, ne valeat oblivione deleri, scripto commendavimus, et, ne possit aposteris infirmari, sigillorum nostrorum inpressione firmavimus.

A. Original, scellé des sceaux de l'évêque Hugues et de saint Bernard, aux Arch. nat., L. 888ᴬ, n° 7.
B. Copie du xvıᵉ siècle, à la Bibl. nat., ms. lat. 14679, p. 298.

313

1144.

Thibaud, évêque de Paris, donne aux religieux de Saint-Martin une prébende à Notre-Dame de Paris, à condition qu'ils payeront une redevance annuelle de dix sous à l'abbaye de Saint-Victor.

TEOBALDI, EPISCOPI PARISIENSIS, [DE] DECEM SOLIDIS IN RECOMPENSATIONE DATIS CANONICIS SANCTI VICTORIS A MONACHIS SANCTI MARTINI, PRO ANNUALI PREBENDE SANCTE MARIE PARISIENSIS.

Theobaldus, Dei gratia Parisiensis ęcclesię episcopus. Omnibus Christi fide-

---

[1] La date de cette pièce et de la suivante se déduit avec certitude de celle de notre n° 314. Toutes trois sont en effet relatives à la même affaire et appartiennent probablement au même jour.

libus, tam posteris quam presentibus, in perpetuum notum fieri volumus quod prebendam unam in ęcclesia Beatę Marię Parisiensis, assensu capituli, monachis Sancti Martini de Campis imperpetuum habendam concessimus. Ecclesia vero Sancti Victoris, quę in prefata Beatę Marię ęcclesia annualia prebendarum habet, hujus ipsius prebende, quam monachis dedimus, annuale suum ex integro habuit. Sed quia de eadem prebenda, quę ęcclesię Sancti Martini imperpetuum data erat, jam de cętero ęcclesia Sancti Victoris annuale habitura non erat, ne in hoc dono ęcclesia Sancti Victoris lederetur, si unius prebende annuali beneficio imperpetuum privaretur, consilio et consideratione domni Hugonis, Autisiodorensis episcopi, et domni Bernardi, Clarevallensis abbatis, et nostra, communi assensu statuerunt monachi Sancti Martini ut, pro recompensatione annualis supradicte prebende sibi date, per singulos annos in festo sancti Pasche, ęcclesię Beati Victoris decem solidos et persolvant et mittant. Quod, ne valeat oblivione deleri, scripto commendavimus, et, ne possit a posteris infirmari, sigilli nostri impressione firmavimus. Hęc sunt nomina clericorum qui interfuerunt : Magister Robertus Pullanus; Ivo, Parisiensis archidiaconus; magister Gauterus, canonicus; Guido de Cala; Germundus canonicus.

A. Original scellé, aux Arch. nat., L. 888ᴬ, n° 6.

314

1144, 20 septembre. — Paris.

Concession à l'abbaye de Saint-Victor, par Eudes, prieur de Saint-Martin-des-Champs, d'une rente annuelle de dix sous, en échange du droit d'annate que cette abbaye avait sur une prébende de Notre-Dame, donnée au prieuré de Saint-Martin par Thibaud, évêque de Paris.

Ego frater Odo, Dei gratia prior Sancti Martini de Campis, et totus noster conventus. Notum fieri volumus tam posteris quam presentibus quod dominus Theobaldus, per Dei gratiam de nostro monasterio assumptus et Parisiensis ęcclesię episcopus factus, prebendam unam in eadem Beatę Marię ęcclesia, assensu capituli, nobis in perpetuum dedit. Ecclesia vero[1]... Signum Odonis prioris. Signum Thome abbatis. Signum Petri subprioris. Signum Simonis de Marnoa. Signum Simonis de Angiviler. Hęc sunt nomina clericorum qui interfuerunt : magister Robertus Pullanus; Ivo, Parisiensis archidiaconus; magister Gauterus, canonicus; Guido de Cala, canonicus; Germundus, canonicus. Actum publice in capitulo Sancti Martini, vigilia sancti Mathei apostoli, anno Incarnati Verbi millesimo centesimo quadragesimo quarto.

A. Original scellé, aux Arch. nat., L. 892, n° 21.

---

[1] Le reste reproduit textuellement la pièce précédente.

315

1144, 3 décembre. — LATRAN.

Confirmation par le pape Lucius II de la sentence arbitrale rendue par Hugues, évêque d'Auxerre, et Bernard, abbé de Clairvaux [1], fixant le droit annuel dû par les moines de Saint-Martin-des-Champs aux religieux de Saint-Victor sur une prébende de Notre-Dame. — «Que a fratribus nostris...»

    A. Original scellé, aux Arch. nat., L. 227b, n° 6.
    B. Copie du xvie siècle, à la Bibl. nat., ms. lat. 14679, p. 302.

316

1144, 5 décembre. — LATRAN.

Confirmation par le pape Lucius II des biens et privilèges de l'église Notre-Dame de Paris [2] et spécialement de l'abandon, fait par le roi Louis VII [3], du droit qu'avaient les rois de France de s'approprier le mobilier des évêques de Paris, quand ceux-ci venaient à mourir. — «Quanto nobilis et...»

    A. Copie du xiiie siècle, à la Bibl. nat., ms. lat. 5526 (Cartulaire de l'évêque), fol. 10 r°.
    B. Copie du xiiie siècle, aux Arch. nat., LL. 175 (*Grand Pastoral* de Notre-Dame), fol. 199 v°.
    C. Copie du xviie siècle, aux Arch. nat., LL. 185 (Cartulaire de l'évêque), p. 36, d'après A.

Édit. : (*a*) Guérard, *Cartul. de Notre-Dame*, t. I, p. 25, d'après A. — (*b*) Migne, *Patrologie*, t. CLXXIX, col. 915, d'après *a*.

317

1144, 5 décembre. — LATRAN.

Confirmation par le pape Lucius II des possessions de Saint-Martin-des-Champs. — «Ad hoc nobis ecclesie catholice cura...»

    A. Original, avec traces de sceau, aux Arch. nat., L. 227b, n° 5.
    B. Copie du xiiie siècle, aux Arch. nat., LL. 1351 (Cartul. A de Saint-Martin-des-Champs), fol. 7 r°.
    C. Copie du xve siècle, aux Arch. nat., LL. 1352 (Cartul. B de Saint-Martin-des-Champs), fol. 6 r°.
    D. Copie du xvie siècle, aux Arch. nat., LL. 1353 (Cartul. C de Saint-Martin-des-Champs), fol. 6 v°.
    E. Copie du xviie siècle, aux Arch. nat., LL. 1354 (Cartul. D de Saint-Martin-des-Champs), fol. 34 r°.

Édit. : (*a*) Marrier, *Monast. reg. S. Martini de Campis hist.*, p. 176, d'après A. — (*b*) Migne, *Patrologie*, t. CLXXIX, col. 918, d'après *a*.

---

[1] Voir notre n° 312.
[2] Cette bulle reproduit à peu près textuellement une partie d'une bulle d'Innocent II, du 26 mars 1138, que nous avons citée ci-dessus (voir notre n° 272).
[3] Voir cet acte de Louis VII, sous notre n° 302.

318

1144.

Exemption de toutes coutumes accordée par Louis VII aux habitants des trois chambres de Saint-Denis-de-la-Châtre [1].

A. Citation du xviii° siècle à la Bibl. nat., ms. fr. 8054.

319

1145, 15 avril-30 mars 1146. — Paris.

Règlement, par le doyen Barthélemy et le chapitre de Paris, des revenus et des fonctions du vicaire chargé de desservir une prébende possédée à Notre-Dame par l'abbaye de Saint-Victor.

Ego Bartholomeus, Dei gratia Parisiensis ęcclesię, Beatę scilicet Marię, vocatus decanus, et ceteri ejusdem ęcclesię canonici notum fieri volumus tam posteris quam presentibus quod canonici Sancti Victoris in nostra Beate Marię seniori ęcclesia, ex dono pie recordationis domni Stephani, Parisiensis episcopi, et nostro, prebendam unam habent, et vicarium unum sacerdotem pro eadem prebenda ad servitium ęcclesię assidue deputatum. Et, quia justum est ut qui ęcclesię serviunt de ecclesia vivant, in primis, communi tocius capituli nostri consilio statutum fuit ut predictus vicarius pro servitio, quod faciebat, de reditibus prebendę xv solidos et stationes et antiphonas et vinum libertatum haberet, et ita aliquanto tempore factum est. Postea, quia labor servitii cotidiani gravis erat, et portio prebende quę in usus et sustentationem vicarii deputata erat modica videbatur, atque ideo vicarius servitium sibi injunctum negligentius et segnius exequebatur, idcirco [2] predictos Beati Victoris canonicos rogavimus quatinus ad predictum vicarii statutum aliquid adderent, ut vicarius laborem injuncti servitii et robustius sustineret et alacrius ageret. Canonici vero, peticioni nostrę facile adquiescentes, consilio et laude domini nostri Theobaldi episcopi, ad supradicti vicarii statutum hoc quod petivimus addiderunt, ut scilicet vicarius, qui prius xv solidos habebat, xx solidos haberet. Concesserunt etiam ei panem et vinum Quadragesime, ita scilicet ut infra ebdomadam singulis diebus panem solummodo unum et in dominica duos habeat, similiter infra ebdomadam singulis diebus habeat dimidium sextarium vini, et in

---

[1] Cette pièce ne nous est connue que par une citation du ms. fr. 8054, de la Bibl. nat., prise sur deux registres du Châtelet qui paraissent perdus (*Recueil des orfèvres*, fol. 464, et *Petit livre blanc*, fol. 136); aussi nous bornons-nous à reproduire l'analyse qu'en a faite M. Luchaire dans ses *Études sur les actes de Louis VII*, p. 145, n° 144.

[2] Il y a «iccirco» dans l'original.

dominica sextarium unum, vel etiam si infra predictam mensuram, propter vini penuriam, mensura minor a capitulo fuerit ordinata; et non solum in Quadragesima hoc habebit, sed etiam a dominica que est ante caput jejunii usque ad vigiliam Pentecostes, si tantum distributio panis et vini durare potuerit. Si autem distributio illa panis et vini ultra predictum terminum duraverit, vel etiam infra terminum duplicata vel aliquo modo aucta fuerit, quicquid supra id quod prius determinatum est additum fuerit, totum canonicorum erit. Adjunctum est etiam quod, quando processio ad Indictum vel ad Fossatensem ecclesiam vadit, si tunc caritas xii denariorum vel etiam infra facta fuerit, habebit eam vicarius, si autem caritas illa plus quam xii denariorum fuerit, quicquid ultra xii denarios est, habebunt canonici; nullam omnino aliam caritatem, nisi illam que determinata est, habebit vicarius. Sciendum vero est quod ecclesia Beati Victoris, que in nostra ecclesia prebendam habet, nullum omnino aliud servitium in ecclesia eadem nostra per se facere debet, nisi hoc tantum quod, in septimana Sancti Victoris, missam majorem cantat canonicus, missam vero matutinalem et totum ex integro aliud servitium vicarius facere habet, ita ut etiam in quibusdam solemnibus festis, quando episcopus missam celebrat et xii cardinales assistunt, idem vicarius pro ecclesia Beati Victoris ministerium cardinalis presbyteri debeat exhibere. Quod si predictus vicarius in reddendo debito servitio negligens fuerit et per negligentiam suam aliquod scandalum aut servitii defectus contigerit, ad capitulum nostrum spectabit correctio, ita quod ecclesie Beati Victoris nichil omnino poterit imputari. Hanc autem redituum assignationem, que vicario Sancti Victoris, pro prebenda cui deservit, nostro et canonicorum communi consilio constituta est, ita imperpetuum ratam haberi decernimus, ut eam nullatenus nostris successoribus ad gravamen canonicorum Sancti Victoris liceat immutare. Quod, ne valeat oblivione deleri, scripto commendavimus, et, ne possit a posteris infirmari, sigilli nostri impressione et nominum nostrorum subscriptione firmavimus. Signum Bartholomei decani. S. Alberti precentoris. S. Stephani archidiaconi. S. Bernardi archidiaconi. S. Gauteri presbyteri. S. Odonis presbyteri. S. Clementis presbyteri. S. magistri Symonis diaconi. S. Helluini diaconi. S. Goslini[1] diaconi. S. Henrici, fratris regis, subdiaconi. S. Hervei subdiaconi. S. Durandi subdiaconi. S. Philippi pueri, fratris regis. S. Petri pueri. S. Hirduini pueri. Actum publice Parisius, in capitulo Beate Marie, anno Incarnationis millesimo centesimo quadragesimo quinto.

A. Original scellé, en forme de chirographe, aux Arch. nat., L. 888², n° 6.
B. Copie du xiii° siècle, à la Bibl. nat., ms. lat. 15057, fol. 9 v°.
C. Copie collationnée du 25 janvier 1636, aux Arch. nat., L. 527, n° 28.
D. Copie du xvii° siècle, à la Bibl. nat., ms. lat. 14679, p. 308.

---

[1] L'original porte «Gollini».

320

Vers 1145.

Concession à l'abbaye de Saint-Germain-des-Prés par Eudes, prieur de Saint-Martin-des-Champs[1], d'un cens de cinq deniers, en échange d'un autre cens que cette abbaye possédait sur un terrain employé à la construction de l'église Saint-Jacques.

Notum sit omnibus fidelibus, tam presentibus quam futuris, quod Symon Ternellus dedit quamdam terram ecclesie Sancti Jacobi, que est de jure Beati Martini de Campis, ad construendam unam partem capitis ipsius ecclesie. Set, quoniam predicta terra singulis annis reddebat monasterio Beati Germani de Pratis v denarios de censu, ego Odo, Beati Martini Dei gratia prior, nolens aliquam controversiam esse inter nostram et Beati Germani ecclesiam, assensu fratrum nostrorum constitui ut ecclesia Sancti Germani v denarios illos Parisius accipiat de domo quadam que fuit Lamberti Bufetani[2], et modo est nostra, que antea IIII tantum denarios Sancto Germano debebat, set amodo et deinceps VIII reddat. Hec autem concessio ut firmius roboraretur, cartam fieri jussimus, manibusque nostris firmavimus, fratribusque firmandam tradidimus.

A. Original en forme de chirographe, avec traces de sceau, aux Arch. nat., L. 782, n° 2.
B. Copie du XII° siècle, aux Arch. nat., LL. 1024 (Cartul. ††† de Saint-Germain-des-Prés), fol. 70 v°.
C. Copie du XIII° siècle, aux Arch. nat., LL. 1025 (Cartul. de Saint-Germain-des-Prés), fol. 35 r°.
D. Copie du XIV° siècle, aux Arch. nat., LL. 1026 (Cartul. de Saint-Germain-des-Prés), fol. 34 v°.
E. Copie du XIV° siècle, aux Arch. nat., LL. 1029 (Cartul. de Saint-Germain-des-Prés), fol. 29 r°.

321

Vers 1145.

Donation aux Templiers, par le doyen Barthélemy et le chapitre de Notre-Dame de Paris, de soixante sous à prendre sur le Change.

In nomine sancte et individue Trinitatis, amen. Quoniam salus animarum orationibus, elemosinis, ceteris et beneficiis feliciter comperiatur, ad hec tota animi aviditate intendere universi debent christiani. Notum itaque fieri volumus tam futuris quam presentibus quia ego Bartholomeus, decanus Parisiensis, et totus Beate Marie conventus illos LX^{ta} solidos, quos de dono et elemosina regis in Cambitorio habebamus, sacrosancto Salvatoris nostri Templo et reverendis militibus Templi ejusdem habendos in perpetuum concessimus et dedimus. Hoc etiam

---

[1] Deux prieurs du nom de Eudes ont gouverné le monastère de Saint-Martin pendant la première moitié du XII° siècle. L'un en 1127-1128, l'autre de 1143 à 1150 environ. Mais il s'agit ici du second, puisqu'on nomme dans l'acte Simon Ternel, que nous retrouvons dans une charte de 1138 (Voir notre n° 275. — Cf. notre n° 321).

[2] Il faut sans doute «Bufetarii».

donum gloriosus rex Francorum Ludovicus approbavit et commendabili auctoritate sua confirmavit, presente sanctę religionis patrono et patre, videlicet Clarevallensi abbate, et domino Andrea de Baldimento, et compluribus pię recordationis viris. Ut autem hujus doni tenor apud posteros nostros inmutabilis persistat, hanc cartam nostri sigillo capituli munivimus, et subscriptis testium nominibus corroboravimus. Signum Bartholomei decani. S. Alberti precentoris. S. Stephani archidiaconi. S. Bernardi archidiaconi. S. Ivonis archidiaconi. S. Germundi presbiteri. S. Galteri presbiteri. S. Odonis presbiteri. S. Petri diaconi. S. Goisleni diaconi. S. Herluini diaconi. S. Anselli subdiaconi. S. Andrę subdiaconi. S. Urbani subdiaconi. S. Philippi pueri. S. Petri pueri. S. Stephani pueri. Ex parte domini regis testes fuerunt : Guillelmus buticularius[1], Symon Ternelli, Gillebertus Sagitta, quos rex in capitulum nostrum ad nos misit, ut ejus concessionem et approbationem prefati doni testificarentur.

A. Original scellé, aux Arch. nat., K. 23^B, n° 15^8.

322

1146, 8 janvier. — LATRAN.

Bulle d'Eugène III portant confirmation de tous les biens et privilèges
de l'abbaye de Saint-Germain-des-Prés[2]. — "Quotiens illud a nobis petitur..."

A. Original aux Arch. nat., L. 228, n° 1.
B. Copie du XII° siècle, aux Arch. nat., LL. 1024 (Cartul. ††† de Saint-Germain-des-Prés), fol. 6 r°.
C. Copie de 1521, aux Arch. nat., L. 753, n° 6.

323

1146, après le 31 mars. — PARIS.

Règlement, par le doyen Barthélemy et le chapitre de Paris,
des revenus et des fonctions du vicaire chargé de desservir une prébende possédée à Notre-Dame
par le prieuré de Saint-Martin-des-Champs[3].

A. Copie du XIII° siècle, aux Arch. nat., LL. 175 (Grand Pastoral de Notre-Dame), p. 641.
B. Vidimus de 1296, jadis conservé dans les Archives de Saint-Martin-des-Champs.
C. Copie du XVI° siècle, aux Arch. nat., LL. 1353 (Cartul. de Saint-Martin-des-Champs), fol. 177 r°.

Édit.: (a) Marrier, Monast. reg. S. Martini de Campis hist., p. 426, d'après B. — (b) Duchesne, Hist. généal. de la maison de Montmorency, p. 55.

---

[1] La mention du bouteiller Guillaume prouve que cet acte est antérieur à 1147. (Cf. Luchaire, Études sur les actes de Louis VII, p. 48.)

[2] Cette pièce est datée: "Datum Laterani, per manum Roberti, sanctę Romanę ecclesię presbyteri cardinalis et cancellarii, VI idus januarii, indictione VIII, Incarnationis Dominicę anno M C XLV, pontificatus vero domni Eugenii III papę anno primo."

[3] Cet acte est conçu exactement dans les mêmes termes que le règlement donné par le doyen Barthélemy, en 1145, pour le vicaire de l'abbaye de Saint-Victor (voir ci-dessus, n° 319).

324

1146, 31 mars - 19 avril 1147. — Paris.

Donation aux Templiers de Paris, par Simon, évêque de Noyon, de l'église de Tracy-le-Val[1].

« Actum Parisius in Templo, presente magistro et conventu militum, anno ab Incarnatione Domini M° C° XL° VI. »

A. Original, avec traces de sceau, aux Arch. nat., S. 5223, n° 44.

325

1146, 31 mars - 19 avril 1147. — Paris.

Confirmation par le chapitre de Notre-Dame des dons faits à l'abbaye de Saint-Victor par les évêques et le chapitre de Paris.

BARTHOLOMEI DECANI ET TOTIUS CAPITULI PARISIENSIS, DE DONO GALONIS EPISCOPI, DE DONO CAPITULI, DE DONO DOMNI STEPHANI PARISIENSIS EPISCOPI.

In nomine Patris et Filii et Spiritus sancti, amen. Ego Bartholomeus, Dei gratia ecclesię Beatę Marię Parisiensis decanus, et totus ejusdem loci conventus, notum fieri volumus, tam posteris quam presentibus, quod ecclesia nostra Beati Victoris ecclesiam, canonicorum regulari ordine insignitam, speciali amore dilexit et dilectionem suam, ut res ipsa probat, effectu operis comprobavit. Siquidem prefata Beati Victoris ecclesia multa, tam ex dono episcoporum quam canonicorum, possidet beneficia. Nos igitur, predecessorum nostrorum beneficiis assensum prebentes, et non solum illorum dona, sed etiam nostra, firma imperpetuum esse volentes, ob recordationem beneficiorum nostrorum, presentes litteras precepimus fieri, atque in eis ipsa beneficia ex maxima parte proprię signanterque describi. Hęc autem sunt beneficia : ex dono domni Gualonis episcopi, medietas molendinorum sub domo episcopali, ita scilicet quod in aqua Secanę, a superiori capite insulę usque ad Parvum Pontem, quę tota est de jure episcopali, si molendini unus aut plures construantur, aut quacumque occasione vel in quocumque loco mutentur, communi et consilio et sumptu tam episcopi quam canonicorum Beati Victoris, fiat molendinorum constructio et reparatio, et communis et equalis habeatur totius emolumenti, tam multure, quam piscium, quam ceterorum, divisio; molendinarii etiam communiter imponantur et fidelitatem faciant. Addidit etiam predictus episcopus huic dono xx solidos Parisiensis monete, quos singulis annis predicti fratres

---

[1] Nous avons donné précédemment plusieurs pièces qui prouvent la présence des Templiers à Paris; celle-ci est la première qui mentionne d'une façon formelle leur maison.

reciperent de gordo episcopali, inter Magnum Pontem et Melbrai collocato. Ex dono capituli nostri, apud Civilliacum, tam de territorio Civilliaci quam Orliaci, terra uni carruce sufficiens, cum decima et campiparte ejusdem terrę; olchia quoque una cum omnibus consuetudinibus et redditibus suis. Ex dono pie memorię domni Stephani episcopi et nostro, in hac nostra Beatę Marię ęcclesia prebenda una; in ęcclesia Sancti Marcelli, prebenda una; in ęcclesia Sancti Germani Autisiodorensis, prebenda una; in ęcclesia Sancti Clodoaldi, prebenda una; in ęcclesia Sancti Martini de Campellis, prebenda una : ita scilicet quod canonici Sancti Victoris in singulis supradictis ęcclesiis ad servicium earundem ęcclesiarum singulos vicarios ponant. Item, ex dono predicti episcopi, annualia canonicorum omnium predictarum ęcclesiarum, ita scilicet ut quocumque modo quilibet canonicus earundem ęcclesiarum prebendam suam relinquat, vel quocumque modo prebenda de una persona in aliam transeat, ęcclesia Beati Victoris ejusdem prebendę redditus per annum ex integro habeat, et nullum super hoc ex debito, aut ęcclesię, aut defuncto, preter anniversarium, exolvat obsequium. Idem quoque episcopus quasdam parrochiales ęcclesias, quas quędam personę etiam laicę prius tenebant, earundem personarum non solum assensu, sed etiam rogatu, prefatę Beati Victoris contulit ęcclesię : rogatu Radulfi Belli, ęcclesiam de Vilers et terciam partem magne decime, tam vini quam annone, et redecimationem magnę et minutę decimę; ęcclesiam Sancti Britii cum tota sua minuta decima, et de presbiteratu ejusdem ęcclesię, per singulos annos, LX solidos. Item, rogatu Pagani de Praeriis, ęcclesiam de Valle Gaudii et totam magnam decimam, tam vini quam annone, et totam minutam ad eandem ęcclesiam pertinentem. Rogatu etiam predicti Pagani, partem etiam cujusdam decimę prope Lusarchias, in villa quę dicitur Laci, quam predictus Paganus tenebat. Item, rogatu Balduini clerici de Corboilo, qui in ęcclesia Beati Victoris canonicus extitit, ęcclesiam de villa quę Cons appellatur, et terram et decimam ad presbiteratum ejusdem ęcclesię pertinentem; sextam quoque partem magnę decimę et sextam minute. Statuit etiam idem episcopus ut de presbiteratu ejusdem ęcclesię canonici Sancti Victoris, per singulos annos, LX solidos habeant. Item, rogatu Mathei militis de Mugnellis et Pagani, filii Sulionis, avi ejus, quorum alter, id est Matheus, in prefata ęcclesia ad succurrendum se reddidit, alter vero, id est Paganus, sub habitu canonici aliquantulum vixit, ęcclesiam de Vico Novo et totam decimam quam in tota parrochia ejusdem ęcclesię habebant; sextam quoque partem magnę decimę ejusdem loci, ex dono predicti Balduini de Corboilo. Item, ex dono predicti episcopi, ęcclesia de Athiis et tota decima quam Albertus de Ver in tota parrochia predicte ęcclesię habebat. Sunt alia quędam ad feodum episcopalem pertinentia, a quibusdam prefatę Beati Victoris ęcclesię data et a predicto episcopo concessa : siquidem Hugo, filius Girelmi, terram arabilem super ripam Secanę, et apud Balneolum, VIII solidos et III obolos census prefatę ęcclesię dedit. Similiter Ungerus, frater ejusdem Hugonis, totum censum quem in Cardineto, et apud Sanctum

Marcellum, et Parisius, in vico qui vocatur Chevruchun, et apud Vitriachum habebat. Item dominus Matheus de Monte Morentiacho c solidos per singulos annos, de censu quem habet apud Sanctum Dionisium, in terra quę dicitur Sanctus Marcellus. Item dominus Gualerannus, comes Mellenti, XL solidos de censu quem habet Parisius in Moncello Sancti Gervasii[1]. His et aliis beneficiis ęcclesię Beati Victoris ab ęcclesia nostra collatis, sicut supradictum est, assensum prebemus, et, ne possit oblivione deleri, presentem cartam, precepto nostro conscriptam, sigilli nostri impressione et nominum nostrorum subscriptione firmamus. Signum Bartholomei decani. Signum Alberti precentoris. Signum Stephani archidiaconi. Signum Bernardi archidiaconi. Signum Ivonis archidiaconi. De presbiteris : Signum Roberti succentoris. Signum Gualteri. Signum Clementis. Signum Odonis. De diaconibus : Signum Herluini. Signum Gosleni. Signum Petri. Signum Herberti. De subdiaconibus : Signum Symonis. Signum Hervei. Signum Herberti. Signum Urbani. De pueris : Signum Philippi, fratris regis. Signum Stephani. Signum Herluini. Signum Thome. Actum publice Parisius, in capitulo Beatę Marię, anno Incarnati Verbi millesimo centesimo XL° VI°.

Data per manum Algrini cancellarii.

A. Original scellé, aux Arch. nat., L. 892, n° 2, *aliàs* K. 23, n° 13⁴.
B. Copie du XIII° siècle, à la Bibl. nat., ms. lat. 15057, fol. 2 v°.
C. Copie du XIII° siècle, aux Arch. nat., LL. 1450 (Cartulaire de Saint-Victor), fol. 23 v°.
D. Copie du XVII° siècle, à la Bibl. nat., ms. lat. 14679, p. 318.

326

1146, 31 mars-19 avril 1147.

Confirmation par Thibaud, évêque de Paris, des donations faites par ses prédécesseurs à l'abbaye de Saint-Victor.

Teobaldus, Dei gratia Parisiensis episcopus, omnibus Christi fidelibus, tam posteris quam presentibus in perpetuum. Notum fieri volumus quod Parisiensis ecclesia, cui Deo auctore presidemus, Beati Victoris ecclesiam, canonicorum regulari ordine insignitam, speciali amore dilexit, et dilectionem suam, ut res ipsa probat, effectu operis comprobavit. Siquidem, etc... Hec sunt beneficia : ex dono domni Galonis episcopi medietas molendinorum sub domo episcopali, ita scilicet quod in aqua Sequanę a superiori capite insulę usque ad Parvum Pontem, quę tota est de jure episcopali, si molendini unus aut plures construantur, aut quacumque occasione, vel in quocumque loco mutentur, communi et consilio et sumptu tam episcopi quam canonicorum

---

[1] Nous avons donné sous nos n°˙ 194, 204, 243, 273, 290, 292, les principaux actes visés dans cette confirmation.

Beati Victoris fiat molendinorum constructio et reparatio, etc... His et aliis beneficiis ecclesię Beati Victoris ab ecclesia Parisiensi, cui Deo auctore presidemus, collatis, sicut supradictum est, assensum prebemus, et, ne possit oblivione deleri, presentem cartam precepto nostro conscriptam sigilli nostri impressione firmamus.

Data per manum Algrini cancellarii[1].

A. Original, avec traces de sceau, aux Arch. nat., L. 892, n° 12.
B. Copie du xiii° siècle, aux Arch. nat., LL. 1450 (Cartulaire de Saint-Victor), fol. 22 v°.
C. Copie du xvii° siècle, à la Bibl. nat., ms. lat. 14679, p. 315.

327

1146, 31 mars - 19 avril 1147. — PARIS.

Autorisation donnée par le chapitre de Paris, à Richard de Saint-Marcel, d'entrer à Saint-Victor.

Ego Bartholomeus, Dei gratia senioris ecclesie Beate Marie Parisiensis decanus, et totus ejusdem loci conventus. Notum fieri volumus tam posteris quam presentibus quod Richardo de Sancto Marcello, nepoti Gironi, qui de nostra familia erat, licentiam dedimus ut, secundum desiderium et petitionem ipsius, relicto seculo, ecclesie Beati Victoris se ipsum redderet, ibique Deo serviret. Quandam etiam vineam que vocatur vinea de Viel, in qua sunt duo arpenni, que predicti Richardi erat, et ideo ad nostrum conquisitum pertinebat, canonicis Sancti Victoris communi assensu in perpetuum habere concessimus. Quod, ne valeat oblivione deleri, scripto commendavimus, et, ne possit a posteris infirmari, sigilli nostri impressione et nominum nostrorum subscriptione firmavimus. Signum Bartholomei decani. Signum Alberti precentoris. Signum Stephani archidiaconi. Signum Bernardi archidiaconi. Signum Ivonis archidiaconi. Signum Germundi subcentoris. Signum Gaulteri presbiteri. Signum Odonis presbiteri. Signum Clementis presbiteri. Signum magistri Symonis dyaconi. Signum Herluini dyaconi. Signum magistri Hugonis de Campoflorido, dyaconi. Signum Hervei subdyaconi. Signum Balduini subdiaconi. Signum Gaufridi subdiaconi.

Actum publice Parisius, in capitulo Beate Marie, anno Incarnati Verbi millesimo c° quadragesimo sexto.

A. Copie du xvii° siècle, à la Bibl. nat., ms. lat. 14679, p. 322.

---

[1] Cette pièce n'est pas datée, mais elle est évidemment de la même date que la précédente, sur laquelle elle est copiée littéralement, comme les courts extraits que nous en donnons suffisent à le montrer. Elle diffère seulement de l'autre par la suscription et par la suppression de la date et de toutes les souscriptions autres que celles du chancelier Algrin.

328

1146, après le 31 mars.

Bail à cens d'une maison appartenant à l'abbaye de Montmartre.

Ego C.[1], Dei gratia Sancti Dionisii Montis Martyrum dicta abbatissa, notum fieri volo instantibus atque futuris quod Robertus sacerdos de Ulmis, pro remedio anime sue antecessorumque suorum, domum quandam sancto Dyonisio nobisque dedit, eo videlicet pacto, ut qui predictam domum teneret in die anniversarii ejus, scilicet xii kalendas decembris, x solidos nobis persolveret. Anno vero quo rex L[udovicus] signum sancte Crucis accepit[2], predicta domus pre nimia egestate absque habitatore remansit, quam, assensu totius capituli precibusque etiam honestorum virorum Parisiace civitatis, cuidam matrone Adelaidis nomine, ipsius Roberti cognate, pro v solidis concessi, ea ratione ut hunc censum ipsa vel heredes ejus post mortem ipsius quoque anno persolvant; si vero hic census, sicut dictum est, non reddetur, domus cum omni subpellectili in manu ecclesie libere et absque omni calumnia reverteretur. Hujus rei testes sunt: ex parte nostra, Durandus et Silvester, sacerdotes; Bernardus scriptor, Henerius, Bartholomeus, Robertus carpentarius, famuli.

A. Original en forme de chirographe, aux Arch. nat., L. 1030, liasse 3, n° 3.

329

1146, 1ᵉʳ août-19 avril 1147. — Paris.

Don par Louis VII aux Lépreux de Paris d'une rente de viande et de vin.

DE FRECENGIIS.

Ludovicus, Dei gratia rex Francorum et dux Aquitanorum. Retributionis eterne beatam spem expectamus, quando necessitatibus indigentium regalis munificentie munere subvenimus. Hujus rei gratia, Leprosis Parisiensibus, ex intuitu calamitatis humane, donamus atque concedimus ut de nostro, singulis annis, decem frecengias habeant, et vini nostri modios quinque : ea videlicet in futurum perenni successione, quod magister carnificum Parisiensium frecengias illis annuatim persolvet, quarum precium erit singularum trium solidorum; vinum autem

---

[1] Christina.
[2] Louis VII prit la croix le 31 mars 1146, mais ne partit qu'au mois de juin de l'année suivante. Il s'agit sans doute ici de la prise de croix, ce qui place notre charte dans le courant de l'année 1146 ou moins probablement de 1147.

in torcularibus nostris de Musterolio annuatim accipient. Et, ut hoc nostri beneficii donum ratum deinceps in perpetuum habeant et inviolatum, scripto commendari, sigilli nostri auctoritate muniri, nostrique nominis subterinscripto karactere corroborari precepimus.

Actum Parisius, anno ab Incarnatione Domini M° C° XL° VI°, regni vero nostri anno X°, quo signum sancte Crucis accepimus[1]; astantibus in palatio nostro quorum nomina subtitulata sunt et signa : Signum Radulfi, Viromandorum comitis, dapiferi nostri. Signum Guillelmi buticularii. Signum Mathei camerarii. Signum Mathei constabularii.

Data per manum (*monogramme*) Cadurci cancellarii.

A. Original, avec traces de sceau, aux Arch. nat., K. 23, n° 13¹.
B. Copie du XIII° siècle, aux Arch. nat., MM. 210 (Cartulaire de Saint-Lazare), fol. 11 r°.

330

Vers 1146 [2].

Confirmation par Louis VII du bail du moulin de Mibray fait par le chapitre de Notre-Dame.

DE MOLENDINO DE MIBRAI. PACTIO INTER CAPITULUM ET FREDERICUM PARISIENSEM.

In nomine sancte et individue Trinitatis. Ego Ludovicus, Dei gratia rex Francorum et dux Aquitanorum. Notum fieri volumus, tam futuris quam presentibus, quod Fredericus, filius Hugonis filii Garnerii, canonicos Beate Marie Parisiensis ecclesie adiit, et molendinum eorum quod apud Mebrai situm est per manum nostram eo tenore ab eis suscepit, ut singulis annis III°⁵ modios frumenti, ad minam regis, censualiter ipsis persolveret, medietatem in Natali Domini, et medietatem in festo Ascensionis; eo pacto videlicet ut, si molendinum illud vel redditus ejus in aliquo deficeret, de proprio molendino ipsius Frederici, quod prope molendinum canonicorum situm est, eis restitueret. Et, quia molendinum Frederici de feodo meo erat, me ipsum obsidem dedit canonicis quod pactionem hujusmodi tam ipse quam heres suus persolveret canonicis in perpetuum.

A. Original, avec traces de sceau, aux Arch. nat., S. 47, n° (1 *nunc* K. 23, n° 13 *bis*).
B. Copie du XII° siècle, aux Arch. nat., LL. 177 (*Livre noir* de Notre-Dame), p. 249.
C. Copie du XIII° siècle, aux Arch. nat., LL. 175 (*Grand Pastoral* de Notre-Dame), p. 592.
D. Copie du XIII° siècle, aux Arch. nat., LL. 176 (*Petit Pastoral* de Notre-Dame), p. 90.

---

[1] Voir la note 2 de la page précédente.

[2] Nous laissons à cette pièce la date approximative que Guérard lui a donnée (*Cartul. de Notre-Dame*, t. III, p. 474) et qui s'accorde à peu près avec celle que lui assigne la table chronologique des *Pastoraux* (Arch. nat., LL. 180); mais en réalité on n'a pour dater cette pièce que le titre de *dux Aquitanorum*, que Louis VII porta jusqu'en 1154.

331

1147, 20 avril-4 juin [1]. — Paris.

Renonciation par le roi Louis VII aux droits que ses prédécesseurs avaient coutume de prélever sur les possessions de l'évêché de Paris à la mort de chaque évêque.

PRIVILEGIUM LUDOVICI SUPER TALLIA A DOMINO REGE FACIENDA, VACANTE SEDE, QUE TALLIA NON DEBET EXCEDERE LX LIBRAS.

In nomine sancte et individuę Trinitatis. Ludovicus, Dei gratia rex Francorum et dux Aquitanorum, omnibus in perpetuum. Dignum prorsus esse decernimus ut, quoniam ex omnipotentis Dei misericordia sceptrum regni suscepimus, operum testimonio studeamus ostendere quam prompta voluntate ęcclesiarum regni nostri libertatem velimus adaugere. Inter quas Parisiensem ęcclesiam tanto propensius nos honorare debere recolimus, quanto eam ex longo temporum usu coronę regni familiarius adjunctam esse perpendimus. Quo nimirum intuitu, dilectissimi nostri Teobaudi, venerabilis Parisiorum episcopi, justis postulationibus debita benignitate gratum impertientes assensum, exactionem et tallam, quam post obitum predecessoris sui Stephani, pię recordationis episcopi, in terris ejusdem episcopatus, nos fecisse meminimus, sibi et successoribus suis episcopis in perpetuum condonamus, et, ne in posterum, vel per nos vel per aliquem successorum nostrorum, aliquatenus requiratur, per presentis preceptum paginę regia prorsus auctoritate concedimus et confirmamus, sub ea tamen exceptione, ut, quando episcopium in manus regias devenerit, consuetudinarios redditus et tallam, statuto tempore episcopo debitam, ministeriales nostri et successorum nostrorum ex regio mandato possint accipere, ac sine contradictione ęcclesię Parisiensis habere. Ac, ne etiam tallę illius summa, ad gravamen ęcclesię, supra modum ullis occasionibus augeatur, certa sub assignatione statuimus, ac modis omnibus inhibemus ne numerum sexaginta librarum excedat. Quod, ut ita perpetuę stabilitatis optineat munimentum et in posterum quam presentibus tam futuris perenniter innotescat, scripto commendari, ac sigilli nostri auctoritate muniri, nostrique nominis subterinscripto karactere corroborari precepimus. Hujus autem nostrę condonationis testes affuerunt, venerabiles viri, Goslenus, Suessionensis episcopus; Sugerius, abbas Beati Dionisii; Hugo de Crethiaco; Bartholomeus, Laudunensis thesaurarius; Philippus puer, frater noster; Ev[r]ardus de Bretolio; Terricus Gualerannus.

Actum publice Parisius, anno ab Incarnatione Domini M° C° XL° VII°, regni vero

---

[1] Entre le 20 avril et le 4 juin au plus tard, car ce diplôme fut confirmé par une bulle d'Eugène III, datée du 5 juin 1147 (voir le n° 338).

nostri xi°, astantibus in palatio nostro quorum nomina subtitulata sunt et signa : Signum Radulfi, Viromandorum comitis, dapiferi nostri. Signum Guillelmi buticularii. Signum Mathei camerarii. Signum Mathei constabularii.

Data per manum Ca(*monogramme*)durci cancellarii.

 A. Original, avec traces de sceau, aux Arch. nat., K. 23, n° 14 (Musée, n° 156).
 B. Copie du xiii° siècle, aux Arch. nat., LL. 175 (*Grand Pastoral* de Notre-Dame), p. 587.

332

1147, 20 avril 8-juin [1]. — Saint-Denis.

Donation par Louis VII aux Lépreux de Paris d'une rente de dix muids de vin, sur son cellier de Paris.

DE DUOBUS MODIIS FRUMENTI APUD GONESSAM.

Ludovicus, Dei gratia rex Francorum et dux Aquitanorum, omnibus in perpetuum. Humane conditionis infirmitas nos hortatur, in quanto in afflictione carnis pauperum leprosorum manifestiora nostre fragilitatis argumenta videmus, tanto magnificentius pietatis intuitu manum regie largitionis eis aperiamus. Notum itaque facimus universis, et presentibus pariter et futuris, quod Leprosis Parisiensibus x modios vini, in cellario nostro Parisius, tempore vindemiarum, et modios duos frumenti, in grangia nostra apud Gonessam, singulis annis reddendos, perpetuo dono concedimus et per presentis auctoritatem pagine perenni munimine confirmamus. Statuimus autem atque precipimus ut quicunque fuerit custos grangie nostre de Gonessa, quicumque cellarii nostri Parisiensis, libere deinceps ac sine omni contradictione, hanc helemosinam nostram, ad mensuram Parisiensem, prefatis Leprosis annuatim, sicut stabilivimus, reddant. Quod, ut ita ratum permaneat et inconcussum, scripto conmendari ac sigilli nostri auctoritate muniri nostrique nominis subterinscripto karactere corroborari precepimus. Actum apud Beatum Dionisium, anno ab Incarnatione Domini m° c° xl° vii°, regni vero nostri xi°, astantibus in palatio nostro quorum nomina subtitulata sunt et signa : Signum Radulphi, Viromandorum comitis, dapiferi nostri. Signum Guillelmi buticularii. Signum Mathei camerarii. Signum Mathei constabularii. Data per manum Cadurci cancellarii.

 A. Copie du xiii° siècle, aux Arch. nat., MM. 210 (Cartulaire de Saint-Lazare), fol. 9 r°.
 B. Copie collationnée du xviii° siècle, aux Arch. nat., K. 181, n° 1⁵.

---

[1] Le 8 juin 1147 est la date du départ de Louis VII pour la croisade.

333

1147, après le 20 avril.

Lettre de Geoffroy de Clairvaux à Albinus, évêque d'Albano, contenant le récit de la condamnation de Gilbert de la Porrée, au concile tenu à Paris le jour de Pâques (20 avril) 1147.

Édit.: (*a*) Mabillon, *S. Bernardi opera*, t. II, col. 1319. — (*b*) Hardouin, *Concilia*, t. VI, 2ᵉ part., col. 1311. — (*c*) Mansi, *Concilia*, t. XXI, col. 728, d'après *b*. — (*d*) Migne, *Patrologie*, t. CLXXXV, col. 587, d'après *a*.

334

1147, 28 avril. — Paris.

Donation aux Templiers par Bernard de Bailleul[1].

In nomine sancte et individue Trinitatis. Omnibus dominis et amicis suis et sancte Dei ecclesie filiis, Bernardus de Ballolio salutem in Domino. Volo notum fieri omnibus, tam futuris quam presentibus, quod, pro dilectione Dei et salute anime mee antecessorumque meorum, fratribus militibus de Templo Salomonis xv libratas terre mee, quam in Anglia possideo, perpetuo in elemosinam libere et absque ulla consuetudine dedi et concessi, Wedela nominatim, que est membrum de Hichen, arva aspera et plana cum nemore, fluvios. Quod si predicta terra sufficienter xv libras non valuerit, juxta consuetudinem temporis regis Henrici, de mea proximiore illi predicte numerum xv librarum complebo, filio meo Ingelranno concedente et assentiente. Hoc donum in capitolio, quod in octavis Pasche Parisius fuit, feci, domino apostolico Eugenio presente, et ipso rege Francie, et archiepiscopo Senonensi, et Burdegalensi, et Rothomagensi, et Turonensi[2], et fratribus militibus Templi alba clamide indutis cᵐ xxxᵃ, et presentibus Evrardo de Bretoil, Theodorico Waleranno, et Baldwino Calderun, testibus. Preter istos, testes sunt Wido, comes Pontivi, et Johannes, frater ejus, Geroldus[3] de Scalunmaisnil, Andreas de Mamnot miles[4], Hugo de Arenis, Robertus de Hannercurt, et Wilelmus d'Arecurt.

A. Copie du xvᵉ siècle, au British Museum, ms. Cotton. Nero E. vi (*Reg. Hosp. S. Joh. Jerusalem*), fol. 118 rᵒ.

Édit.: (*a*) Dugdale, *Monasticon anglicanum*, t. VI, part. II, p. 819, d'après A.

---

[1] Cette pièce mentionne le premier chapitre général du Temple tenu à Paris.

[2] Ces noms ont été complètement défigurés par le copiste du manuscrit A. Nous les rétablissons par conjecture; Dugdale les a lus ainsi: «archiepiscopo Senver, et Bardell, et Rothomagum, et Drascunnie.»

[3] Le manuscrit porte «Gerolaus».

[4] Le manuscrit porte, et Dugdale a lu «uzleu», mot inintelligible, qui paraît être une faute grossière pour «miles».

335

1147, 2 mai. — PARIS.

Confirmation par le pape Eugène III des biens et privilèges de l'abbaye de Saint-Victor. — «Desiderium quod ad religionis...»

A. Original, avec traces de sceau, aux Arch. nat., L. 228, n° 4.
B. Copie du XIII° siècle, à la Bibl. nat., ms. lat. 15057, fol. 6 r°.
C. Vidimus de 1336, aux Arch. nat., L. 228, n° 4².
D. Copie du XVI° siècle, à la Bibl. nat., ms. lat. 14672, fol. 30 r°.
E. Copie du XVII° siècle, à la Bibl. nat., ms. lat. 14679, p. 335.

336

1147, 30 mai. — PARIS.

Confirmation par le pape Eugène III des possessions et privilèges de Saint-Lazare. — «Sacrę scripturę testimonio...»

A. Original, avec traces de sceau, aux Arch. nat., L. 228, n° 5.
B. Copie du XIII° siècle, aux Arch. nat., MM. 210 (Cartulaire de Saint-Lazare), fol. 50 v°.

Édit. : (a) Boullé, Mém. de la Soc. de l'hist. de Paris, t. III, p. 168, d'après A.

337

1147, 3 juin [1]. — PARIS.

Confirmation, accordée par le pape Eugène III au prieur Eudes, des biens et privilèges de Saint-Martin-des-Champs. — «Religiosis desideriis dignum...»

A. Original, avec traces de sceau, aux Arch. nat., L. 228, n° 7¹.
B. Copie du XIII° siècle, aux Arch. nat., LL. 1351 (Cartul. A de Saint-Martin-des-Champs), fol. 8 r°.
C. Copie du XV° siècle, aux Arch. nat., LL. 1352 (Cartul. B de Saint-Martin-des-Champs), fol. 7 r°.
D. Copie du XVI° siècle, aux Arch. nat., LL. 1353 (Cartul. C de Saint-Martin), fol. 7 v°, d'après B.
E. Copie du XVII° siècle, aux Arch. nat., LL. 1354 (Cartul. D de Saint-Martin-des-Champs), fol. 7 v°.
F. Copie de 1550, aux Arch. nat., LL. 228, n° 7².

Édit. : (a) Marrier, Monast. S. Martini de Campis hist., p. 179. — (b) Bibliotheca Cluniac., p. 603. — (c) Migne, Patrol., t. CLXXX, col. 1239, d'après a. — (d) Idem, ibid., col. 1250, d'après b.

---

[1] Cette bulle est datée : «VI nonas junii, indictione x, Incarnationis Dominicę anno M° C° XL° VII°», tandis qu'en juin les nones n'ont que quatre jours. Il est à remarquer que la même particularité se rencontre dans une autre bulle postérieure d'un jour à celle-ci et qui est datée «V nonas junii». (Voir l'original de cette dernière aux Arch. nat., L. 228, n° 26.)

338

1147, 5 juin. — Paris.

Confirmation, accordée à l'évêque Thibaud par le pape Eugène III, des biens et privilèges de l'église de Paris. — «Quanto nobilis et gloriosa...»

A. Original, avec traces de sceau, aux Arch. nat., L. 228, n° 12.
B. Copie du xiii° siècle, à la Bibl. nat., ms. lat. 5526 (Cartulaire de l'évêque de Paris), fol. 10 v°.
C. Copie du xiv° siècle, aux Arch. nat., LL. 184 (Petit cartulaire de Notre-Dame), fol. 3.
D. Copie du xviii° siècle, aux Arch. nat., LL. 185 (Cartulaire de l'évêque), p. 39, d'après B.

Édit.: (a) Guérard, Cartul. de Notre-Dame, t. I, p. 25, d'après A et B. — (b) Migne, Patrologie, t. CLXXX, col. 1234, d'après a.

339

1147, 5 juin. — Paris.

Confirmation par le pape Eugène III de l'accord établi entre l'évêque Étienne et l'archidiacre Thibaud, pour déterminer les droits des archidiacres de Paris. — «Officii nostri...»

A. Copie du xiii° siècle, à la Bibl. nat., ms. lat. 5526 (Cartulaire de l'évêque), fol. 13 v°.
B. Copie du xiv° siècle, aux Arch. nat., LL. 183 (Grand Cartulaire de Notre-Dame), fol. 196.
C. Copie du xviii° siècle, aux Arch. nat., LL. 185 (Cartulaire de l'évêque), p. 48, d'après B.

Édit.: (a) Petit, Theodori pœnitent., t. II, p. 716. — (b) Migne, Patrologie, t. CLXXX, col. 1554, d'après a.

340

1147, 7 juin. — Paris.

Confirmation, accordée par le pape Eugène III à l'abbesse Chrétienne, des biens et privilèges de l'abbaye de Montmartre. — «Religiosis desideriis dignum est...»

A. Copie du xv° siècle, aux Arch. nat., LL. 1605 (Cartulaire de l'abbaye de Montmartre), fol. 1 r°.

Édit.: (a) Félibien, Hist. de la ville de Paris, t. III, pr., p. 62. — (b) Migne, Patrol., t. CLXXX, col. 1236, d'après a. — (c) Éd. de Barthélemy, Rec. des chartes de l'abb. de Montmartre, p. 79, d'après a.

341

1147, 13 juin. — Meaux.

Indulgences accordées par le pape Eugène III, en commémoration de la consécration de l'église abbatiale de Montmartre.

Eugenius episcopus, servus servorum Dei, universis Dei fidelibus, salutem et apostolicam benedictionem. Officii nostri nos hortatur authoritas venerabilia loca cum ipsis personis divino famulatui mancipatis diligere et fovere, et eorum opportunitatibus paterna sollicitudine providere. Inde est quod nos sanctimonialium de Monte Martyrum necessitatem attendentes, juxta petitionem earum, anno ab Incarnatione Domini M°C°XL°VII°, kalendis junii, locum ipsum per presentiam nostram adivimus, ibique Spiritus sancti gratia invocata, majus altare in honorem beatorum martyrum, videlicet Dionysii, Rustici et Eleutherii, auctore Domino consecravimus. Illis autem qui tunc locum ipsum devotionis et pietatis intuitu visitaverunt, vel de cetero in anniversaria die ipsius consecrationis visitaverint, et de facultatibus sibi a Deo prestitis eisdem sanctimonialibus suas eleemosinas largiti fuerint, DCC dies injuncte pœnitentiæ, confisi de beatorum apostolorum Petri et Pauli meritis, indulgemus, et eandem indulgentiam scripti nostri pagina confirmamus. Datum Meldis, idibus junii.

Édit. : (a) Mabillon, *Annal. ordin. S. Bened.*, t. VI, p. 701. — (b) Félibien, *Hist. de la ville de Paris*, t. III, p. 63, d'après l'original. — (c) *Rec. des hist. de la France*, t. XV, p. 444, d'après a et b. — (d) Migne, *Patrol.*, t. CLXXX, col. 1242, d'après a. — (e) Éd. de Barthélemy, *Recueil des chartes de l'abb. de Montmartre*, p. 78, d'après b.

342

1147 [1].

Lettre de Suger, abbé de Saint-Denis, au pape Eugène III, lui signalant la façon dont a été élu le doyen du chapitre de Paris, Clément, et les démêlés qui se sont élevés entre ce doyen et le chantre de Notre-Dame. — « Nobilem Beatæ Mariæ Parisiensis ecclesiam... »

A. Copie du XVIe siècle, à la Bibl. nat., ms. lat. 5951, fol. 39 r°.

Édit. : (a) Duchesne, *Hist. Franc. script.*, t. IV, p. 513, d'après A. — (b) Du Boulay, *Hist. univers. Paris*, t. II, p. 248. — (c) *Rec. des hist. de la France*, t. XV, p. 448, d'après b. — (d) Migne, *Patrol.*, t. CLXXXVI, col. 1380, d'après a. — (e) Lecoy de la Marche, *Œuvres complètes de Suger*, p. 241, d'après a.

343

1148, 11 avril - 2 avril 1149.

Donation par Simon de Poissy, à l'église Saint-Denis-du-Pas, d'une somme de trente livres pour l'entretien d'un chapelain [2].

Edit. : (a) Dubois, *Hist. eccles. Paris.*, t. II, p. 114.

---

[1] La date approximative de cette pièce ressort d'une lettre que le pape Eugène III écrivit à Suger le 6 octobre 1147 et dans laquelle on lit ces mots : « Quod autem pro Parisiensi ecclesia te sollicitum esse perpendimus, gratum habemus, etc. », qui paraissent être une réponse à la lettre que nous enregistrons ici. (Voir cette lettre d'Eugène III, dans Duchesne, *Hist. Franc. script.*, t. IV, p. 495. — *Rec. des hist. de la France*, t. XV, p. 447. — Migne, *Patrologie*, t. CLXXX, col. 1283.)

[2] Cette pièce, que Dubois et Bréquigny (*Table des diplômes*, t. III, p. 149) ont classée à 1148 d'après une copie incomplète, est de 1178; on en trouvera ci-après le texte complet.

344

1148, 29 avril. — LANGRES.

Lettre du pape Eugène III chargeant Suger, abbé de Saint-Denis,
de réformer l'abbaye de Sainte-Geneviève.

Eugenius episcopus, servus servorum Dei, dilecto filio suo Sugerio, abbati Sancti Dionysii, salutem et apostolicam benedictionem. Officii nostri nos hortatur auctoritas ad religionem statuendam diligenter intendere, stabilitatem vero exacta diligentia conservare. Inde est, sicut tua novit dilectio, quod cum carissimo filio nostro Ludovico, illustri Francorum rege, contulimus ut in ecclesia Sancte Genovefe religiosos fratres ad Dei servitium poneremus. Quod, brevitate temporis prohibente, secundum ipsius et nostrum propositum nequivimus effectui mancipare. Verum, quia vices regias in Galliarum partibus dinosceris exercere, et quia de tua plurimum discretione confidimus, per presentia tibi scripta mandamus quatinus priorem Abbatisville in abbatem liberum et absolutum ibi statuere, et octo fratres ecclesie Sancti Martini de Campis ejus societati studeas deputare, ut, exemplo bone conversationis eorum, qui minus honeste sapiunt ad divinum officium provocentur. Nos vero priori Sancti Martini de Campis per apostolica scripta mandavimus quatinus predictum numerum fratrum, cum tibi placuerit, exhibeat et concedat. Sustentationi quorum beneficium decanatus et prebendas venerabilis fratris nostri Silvanectensis episcopi, Gregorii diaconi cardinalis, et Autissiodorensis thesaurarii, filiorum nostrorum, auctoritate apostolica deputamus. Ad ipsorum quoque usum omnia beneficia decedentium canonicorum assignari volumus et jubemus. Datum Lingonis, III calendas maii.

A. Copie du xvi° siècle, à la Bibl. nat., ms. lat. 5951, fol. 18 r°.
B. Copie du xvii° siècle, à la Bibl. nat., ms. lat. 14679, p. 355.

345

1148, 29 avril. — LANGRES.

Lettre du pape Eugène III ordonnant aux chanoines de Sainte-Geneviève de recevoir avec déférence les moines de Saint-Martin-des-Champs, qu'il envoie pour les réformer. — «Quisquis catholicæ...»

A. Copie du xvi° siècle, à la Bibl. nat., ms. lat. 5951, fol. 19 r°.

Édit. : (a) Duchesne, *Hist. Franc. script.*, t. IV, p. 501, d'après A. — (b) Du Boulay, *Hist. univers. Paris.*, t. II, p. 228. — (c) Labbe, *Concil.*, t. X, col. 1058. — (d) Dubois, *Hist. eccles. Paris.*, t. II, p. 94, d'après a. — Hardouin, *Concil.*, t. VI, 2° part., col. 1252, d'après a. — (f) Mansi, *Concil.*, t. XXI, p. 637, d'après e. — (g) *Rec. des hist. de la France*, t. XV, p. 450, d'après a. — (h) Migne, *Patrol.*, t. CLXXX, col. 1347, d'après f.

346

1148.

Lettre de saint Bernard félicitant Suger, abbé de Saint-Denis, d'avoir entrepris la réforme de l'abbaye de Sainte-Geneviève. — «Benedictus Deus...»

A. Copie du xvi° siècle, à la Bibl. nat., ms. lat. 5951, fol. 30 v°.

Édit. : (a) Duchesne, *Hist. Franc. script.*, t. IV, p. 508, d'après A. — (b) Mabillon, *S. Bernardi opera*, t. I, col. 332, epist. 369. — (c) *Rec. des hist. de la France*, t. XV, p. 611, d'après a. — (d) Migne, *Patrol.*, t. CLXXXII, col. 574, d'après b. — (e) Migne, *Patrol.*, t. CLXXXVI, col. 1372, d'après b.

347

1148, 16 juin. — Verceil.

Lettre d'Eugène III à Suger, abbé de Saint-Denis, lui ordonnant de recourir à des chanoines réguliers, à la place des moines, pour la réforme de l'abbaye de Sainte-Geneviève. — «Cum dominus ac...»

A. Copie du xvi° siècle, à la Bibl. nat., ms. lat. 5951, fol. 20 r°.

Édit. : (a) Duchesne, *Hist. Franc. script.*, t. IV, p. 502, d'après A. — (b) Labbe, *Concil.*, t. X, col. 1058. — (c) Du Boulay, *Hist. univers. Paris.*, t. II, p. 229. — (d) Dubois, *Hist. eccles. Paris.*, t. II, p. 95, d'après a. — (e) Hardouin, *Concil.*, t. VI, 2° part., col. 1253, d'après a. — (f) *Gall. christ.*, t. VII, col. 710. — (g) Mansi, *Concil.*, t. XXI, col. 638, d'après e — (h) *Rec. des hist. de la France*, t. XV, p. 451. — (i) Migne, *Patrol.*, t. CLXXX, col. 1354, d'après g.

348

1148, après le 24 août.

Lettre de Suger rendant compte au pape de la réforme de l'abbaye de Sainte-Geneviève.

Karissimo domino et patri universali, Dei gratia summo pontifici, Eugenio, Sugerius, Beati Dionysii humilis minister, devotas in Christo orationes, obedientiæ et servitii plenitudinem.

Susceptis apostolicæ præceptionis venerandis apicibus, de monasticæ religionis positione in ecclesia Beatæ Genovefæ Parisiensis, tantum tamque Deo placitum negocium tanquam coelitus nobis commissum gratantissime amplectentes, eo quod super hoc ipso præsentialiter sanctæ paternitatis vestræ celsitudo, cum non nisi imperare oporteret, parvitatem nostram prius rogaverit, totis animi viribus effectui mancipare elaboravimus. Quamvis enim occasione querulorum canonicorum ad vos proficiscentium, eo quod curia Romana consuevit aliquando, quod turpe non est, cum re mutare consilium, discrete distulissemus; nulla tamen contradicentium, nobilium aut innobilium, clericorum seu laicorum, oppositione tepescere, aut in aliquo super hoc ipso remissius habere decreveramus. Cum subito proxima die, feria tertia[1] aut quarta, qua designatum abbatem et monachos in ecclesia eadem ponere proposueramus, ecce præfati canonici, videlicet cantor et alii, a facie vestra redeuntes, mutatam pro bono pacis sententiam in canonicorum regularium positione nobis reddiderunt. Nos autem, æque devote ac gratanter secundam ac si primam recipientes sententiam, assumptis nobiscum venerabilibus et sapientibus viris, videlicet abbate Sancti Germani[2], Sancti Petri Fossatensis[3], Sancti Maglorii[4], Sancti Petri de Ferrariis[5] et aliis de melioribus personis assistentium vicinorum, ad eundem Sanctæ Genovefæ locum acceleravimus, et in capitulo eorum, quid super hoc extremo, quid super primo capitulo, secundum tenorem litterarum quas nobis detulerunt, prosequi vellent consulte convenimus. Qui, ut erant diversi, diversa sentientes, cum aut utram aut neutram concorditer prosequi nollent sententiam, multa et morosa reprehensione, quod etiam postulata, quod etiam misericorditer concessa refutarent, insistebamus, donec qui sanioris erant consilii et filii lucis canonicos regulares se suscepturos pacifice promiserunt. Nos autem super hoc ipso exhilarati, quoniam quidam de melioribus abbatem sibi constitui et canonicos de Sancto Victore postulabant, communicato cum assistentibus consilio, tum quia nullam penes nos religiosiorem in suo statu novimus ecclesiam, tum quia propinquitate loci ad omnem eorum sive interiorem sive exteriorem commodior existit necessitatem, ad eos divertimus, virumque venerabilem abbatem Sancti Victoris[6] operibus pietatis approbatum, modo seorsum, modo in conventu suo, ut his opem ferret, et adjutor Divinitatis evelleret et destrueret, ædificaret et plantaret, in nomine Domini suppliciter efflagitabamus. Qui, ut emeritus pater et ejusdem loci providus procurator, cum hoc ipsum instanter recusaret, ut priorem[7] suum, virum venerabilem et religiosum, abbatem fieri postulare nos comperit, obortis lacrymis cum fletu et angustia cordis, senium defectumque suum opponens, ejusdemque prioris consilium et auxilium si eo careret deplorans, fere per totam diem recusando, et quod nunquam fieret detestando, usque ad proximam nonam detinuit. Tandem vero victus precibus multorum, immo auctoritate vestra, qua eum importune opportune adjurabamus, tam misericordia quam pietate pro alieno commodo suum sustinens incommodum, eumdem venerabilem priorem cum duodecim fratribus, viris religiosis et honestis, nobis contradidit, quos in festo sancti Bartholomei[8] ad eamdem ecclesiam solemniter cum clero et populo civitatis induximus, et venerabili Meldensi episcopo M.[9], quem nobiscum his agendis susceperamus, eadem die coram altari ejusdem Sanctæ Genovefæ, abba-

---

[1] Le ms. reproduit par Duchesne et par tous les éditeurs porte «fere tertia», qui n'a pas de sens.
[2] *Suppl.* «Hugone».
[3] *Suppl.* «Ascelino».
[4] *Suppl.* «Balderico».
[5] *Suppl.* «Johanne».
[6] *Suppl.* «Gilduinum».
[7] *Suppl.* «Odonem».
[8] Le 24 août.
[9] *Suppl.* «Manasse».

tem benedici solemniter, opitulante sanctitate vestra, fecimus. Finita vero ejusdem officii missa, claustrum, capitulum et refectorium eis deliberavimus, dieque sequente regalium[1], ex parte domini regis cujus vices agimus, potestatem contulimus, fidelitatem virorum ad eos pertinentium et juramenta securitatum eis fieri fecimus. Eapropter, pater sanctissime, actionem nobis commissi negotii celsitudini vestræ summatim significare dignum duximus, ut et vobis quod præcepistis factum esse placeat, et quam prompta sit parvitas nostra ad obedientiæ vestræ expletionem innotescat. De cetero, sancti apostolatus vestri genibus provoluti spiritu, obnixe subnixe supplicamus, opus hoc, opus manuum vestrarum, manutenere et protegere, gladium sancti Petri contra omnem æmulorum importunitatem cominus evaginare, appellationum quoque molestias, quibus quietem eorum jugiter indiscrete perturbarent, misericorditer si placet prohibere, eandem ecclesiam Deo innovatam, tamquam novam plantam, donec perfecte radicata fuerit, crebra propagatione extendere. Quibus omnibus maximum poterit præstare suffragium, si quemadmodum incœptum est, in eadem ecclesia plenitudinem officii, secundum observationem ordinis sui, usque ad unum iota et unum apicem conservari feceritis, ne dissonantia officii, legendi et cantandi diversitas in scandalum regularium et irregularium emergat, ne ostiorum apertio hac occasione nocte et die fratres conturbet, ne per eosdem æmulos aliqua infamia in eos subrepat : ut quiete ibidem omnipotenti Deo, ad laudem et honorem sancti apostolatus vestri et personæ vestræ sempiternam remunerationem, dignum Deo famulatum exhibere valeant. Quid namque de paternitate vestra sperarem? Ego ipse peccator ex hoc vestro opere aliquid misericordiæ Dei me lucraturum confido. Est et aliud quod paternitati vestræ volumus capitulum innotescere, ut, sicut primum mandastis, salvis eorum tantum præbendis, præpositurae et terrarum custodia canonicis regularibus remaneant; quoniam, si exterioribus remanserint, omnia dilapidabunt et sibi subripient, et ad defectum victualium, ut vel sic ordo periclitetur, forsitan crudeliter elaborabunt. Aliud quoque est quo, in hoc principio laboris sui, filii vestri potissimum indigent : quendam Rodulphum, æmulantem et derogantem eorum religioni, mucrone beati Petri, ut convertatur, feriendo compescatis, et, ne impunitate ejus aliorum emergat contumacia, ejus stultitiam reprimatis. Conterat Dominus omnipotens omnem hostem sub pedibus vestris. Nos autem, servitio vestro paratos, et ecclesiam nostram, sed et charissimum filium vestrum Ludovicum, regem Francorum, in opere Dei tam laboriose negotiantem, sanctis orationibus vestris commendamus, rogantes ut, si quid certum de eo audistis, nobis insinuetis. Valeat in æternum sanctitas vestra, amantissime pater et domine.

A. Copie du xvie siècle, à la Bibl. nat., ms. lat. 5951, fol. 24 v°.
B. Copie du xviie siècle, à la Bibl. nat., ms. lat. 14679, p. 359.

---

[1] Le ms. A porte «regalia», que Duchesne (*Hist. Franc. script.*, t. IV, p. 505) a corrigé en «regalium».

349

Vers 1148.

Lettre d'Eugène III à Suger, abbé de Saint-Denis, lui ordonnant de faire remettre entre les mains du nouvel abbé de Sainte-Geneviève le trésor que détenaient les chanoines qui ne s'étaient pas soumis à la réforme de cette abbaye. — «Quoniam ad religiosorum spectat...»

    A. Copie du xvie siècle, à la Bibl. nat., ms. lat. 5951, fol. 30 ro.
    B. Copie du xviie siècle, à la Bibl. nat., ms. lat. 14679, p. 363.

Édit. : (a) Duchesne, *Hist. Franc. script.*, t. IV, p. 508 d'après A. — (b) Dubois, *Hist. eccles. Paris.*, t. I, p. 98, d'après a. — (c) Labbe, *Concil.*, t. X, col. 1061. — (d) Hardouin, *Concil.*, t. VI, 2e part., col. 1255, d'après a. — (e) Mansi, *Concil.*, t. XXI, col. 640, d'après d. — (f) *Rec. des hist. de la France*, t. XV, p. 452, d'après a. — (g) Migne, *Patrol.*, t. CLXXX, col. 1368, d'après e.

350

Vers 1148.

Lettre de Suger faisant savoir au pape Eugène III que les chanoines de Sainte-Geneviève ont refusé de lui livrer les reliques et les objets du trésor qu'il était chargé de leur réclamer.

Karissimo domino et patri, Dei gratia universali et summo pontifici, Eugenio, Sugerius, Beati Dionysii abbas, obedientiæ et servitii plenitudinem.

Laudem Domini loquitur os meum, quod tanta tanti patris et universalis domini celsitudo, pro executione debitæ obedientiæ apud Sanctam Genovefam, parvitati nostræ, quæ pene nulla est, grates reddere non dedignatur. Profecto inter alia hoc potissimum exstat quod ad [1] omnem indifferenter obedientiæ plenitudinem animamur, quod ad [2] omnium mandatorum vestrorum executionem pro toto posse tam pie quam audacter accingimur. Sane, quod præ omnibus [3] est, Sanctæ Genovefæ negotium, opus divinum, opus sanctum, opus quod operatus Deus per vos in diebus nostris, miserrimi illi sæculares, non tam canonici quam Sanctæ Genovefæ persecutores, apud nos impedire non valentes, catervatim Romam properantes festinant, si forte quacunque occasione, quocunque pietatis honesto aut inhonesto modo, Petri constantiam movere, curiam Romanam petitionibus flectere, familiares et, per familiares, alios decipere, pro vita, pro moribus, pro re familiari qualicunque ne mutetur, toto nisu animi et corporis innitentes. Verum, quia causa Ecclesiæ causa Dei est, Petro et Petri vicario per Petrum commissa, confidimus in Domino Jesu, quia ipse qui cœpit perficiet, nec poterunt viri offensores Dei et sui proditores adversus religionem in curia capitali religionis prævalere. Qui quam indiscrete et irreverenter contra præceptum vestrum se habuerint, vestræ pater-

---

[1] Les imprimés donnent tous «quo ad». — [2] Même observation qu'à la ligne précédente. — [3] Les imprimés donnent «præ manibus», qui n'a pas de sens.

nitati significare dignum duximus. Thesauros quos nobis præcepistis assignare abbati et canonicis regularibus, audiente archiepiscopo Remensi [1], et episcopo Suessionensi [2], et aliis quamplurimis religiosis personis, ex parte vestra, ostendentes litteras præceptionis vestræ, exegimus. Qui, iniquitate involuti, nequitia excæcati, nec thesauros furtim sublatos, videlicet quatuordecim marcas auri, ut aiunt, de feretro sanctæ Genovefæ, nec reliquias ejusdem, videlicet casulam sancti Petri, pro quo eos regia potestate, nisi eis pro reverentia vestræ celsitudinis parceremus, tanquam fures aut raptores tenuissemus, nullo modo reddere voluerunt. His igitur et hujusmodi injuriis Deo et sanctis ejus et apostolicæ reverentiæ derogantes, pro contemptu, pro inobedientia, pro sacrilegio, in ultionem ecclesiasticam decidentes, quem meruerunt ex rigore justitiæ recipere talionem, eos in proximo sentire suppliciter efflagitamus. Illuc enim superbiendo ascenderunt, unde eos justo judicio prosternere et servos Dei in pace conservare facillime potestis. Sæpius enim multa convicia, minas terribiles eis intulerant; garciones suos eandem Sanctæ Genovefæ ecclesiam noctu intrare, et ostia eorum frangi fecerant; contra canonicos matutinas incipientes conclamare, ne alter alterum audiret, impulerant, donec nos super his injuriis ab eisdem canonicis regularibus vocati illuc acceleravimus, oculorum excæcationem et membrorum detruncationem helluonibus hujusmodi, si quid simile deinceps committerent, terribiliter promisimus; servientes de nocte, si qui interciperentur, crebro transmisimus; et sic per Dei gratiam zelo obedientiæ et regiæ majestatis terrore, eos in pace tanquam Dei excelsi servos libentissime confovemus, et in hoc solo Dei ac sanctæ religionis amore, quandiu vobis placuerit, constanter perseverabimus. Verum tantum bonum, quo lætatur Ecclesia Dei, quo prædicabitur sancti apostolatus vestri usque in finem sæculi famosa beatitudo, taliter pacifice et quiete terminari poterit, si iis religiosis chorum, capitulum, claustrum et refectorium, ad conservationem sanctæ religionis, juxta ordinem Sancti Victoris, illis exclusis, deliberari feceritis. De redditibus etiam exterioribus et terrarum custodia cavendum erit, ne in manibus eorum, quia eam omnino religiosorum odio destruerent, dimittatis. Constat enim quod irregulares regularibus nunquam nisi in manu forti consentient, neque pro extorta peccatorum voluptate, nisi misericordia Dei effecerit, eis vera pace jungentur [3].

 A. Copie du xvie siècle, à la Bibl. nat., ms. lat. 5951, fol. 31 r°.
 B. Copie du xviie siècle, à la Bibl. nat., ms. lat. 14684, fol. 23 r°.
 C. Copie du xviie siècle, à la Bibl. nat., ms. lat. 14679, p. 366.

---

[1] *Suppl.* "Sansone".
[2] *Suppl.* "Gosleno".
[3] Étienne de Tournay, qui fut abbé de Sainte-Geneviève une trentaine d'années plus tard, fait allusion aux événements auxquels se rapportent nos pièces n°s 344-350 dans un curieux sermon que nous a signalé M. Hauréau, et qui se trouve à la Bibl. nat. dans les mss. lat. 14935, fol. 39; 3733, fol. 68; et 16463, fol. 122. (Voir du Boulay, *Hist. Univers. Paris.*, t. II, p. 245.)

351

Entre 1148 et 1153 [1].

Confirmation par Thibaud, évêque de Paris, des possessions du prieuré de Saint-Martin-des-Champs. — "Religiose viventibus..."

A. Copie du xiii° siècle, aux Arch. nat., LL. 1351 (Cartulaire de Saint-Martin-des-Champs), fol. 46 r°.

Édit. : (a) Marrier, Monast. S. Mart. de Campis hist., p. 186.

352

Entre 1148 et 1154 [2].

Accord entre les abbés de Sainte-Geneviève et de Saint-Victor, touchant la prise d'eau de la Bièvre.

Odo, sancte virginis Genovefe servus, cum fratribus suis, omnibus fidelibus tam posteris quam presentibus, in perpetuum. Urgemur debito caritatis ea que nostra sunt non solum non querere, sed etiam aliorum utilitatibus ac necessitatibus providere. Proinde venerabilis patris nostri G[ilduini], Dei gratia abbatis Sancti Victoris, et filiorum ipsius, fratrum nostrorum, precibus annuentes, communi assensu eis concessimus ut totam aquam Beveris, de sub molendino nostro acceptam, per terram ecclesie nostre ad porprisium ecclesie sue et inde, pro voluntate eorum, usque in Sequanam versus Parisius ducerent, et de eadem aqua, infra ambitum murorum suorum et extra, quicquid eis esset utile ac necessarium facerent, excepto quod molendinum eis extra muros facere non licebit, nec ad suum molendinum aliquos recipere molentes. Hoc tamen firmiter determinatum est illud eorum opus, qualecumque fuerit, sic debere fieri ut molendinus noster, qui superius situs est, in nullo impediatur. Propterea, ne forte inter duas sorores ecclesias aliqua in posterum super hoc oriatur contentio vel etiam contentionis occasio, consilio et inspectione artificis, communi assensu utriusque partis, ad molendinum nostrum juxta aqueductum, meta quedam, que vulgo patella vocatur, posita est; quam scilicet

---

[1] Cette pièce n'est datée que par le nom de Simon, qui fut prieur de Saint-Martin-des-Champs de 1148 à 1153.

[2] Cette pièce et les deux suivantes sont postérieures à 1148, date de l'installation d'Eudes, ancien prieur de Saint-Victor, à la tête de l'abbaye de Sainte-Geneviève, et antérieures à 1154, époque où Louis VII perdit par son divorce le titre de "dux Aquitanorum" qu'il porte encore dans la troisième de ces pièces. Bonamy, dans son Mémoire sur le cours de la rivière de Bièvre (Hist. de l'Acad. des inscript., t. XIV, p. 267), les classe à 1150 environ. (Voir aussi Féret, L'abbaye de Sainte-Geneviève, t. I, p. 213.)

metam aqua, nulla operis eorum elevatione vel ipsius aque retentione, transire debebit; quin potius, si aqueductus eorum aliqua forte negligentia minus cavatus fuerit vel curatus, semper habebunt pre oculis ad quam formam aqueductum illum debeant reparare. Illud quoque determinatum est quod, si aliquando stagnum et molendinos nostros ad stagnum transferre voluerimus, libere et absque contradictione id facere poterimus, salvo tamen aqueductu eorum, ita ut aqua eis consessa in nullo a cursu suo impediatur, vel in damnum eorum alio. detorqueatur. Pro tota autem terra aqueductus ecclesia Sancti Victoris singulis annis in festo sancte Genovefe duos solidos census nobis dabit. Quod, ne ullo transitu temporum seu personarum deleatur, aut modo aliquo infringatur, scripti presentis pagine commendavimus, atque sub cyrographi partitione hinc inde habendum duximus, signantes partes firmantesque sigillis utriusque ecclesie, subscriptis etiam nominibus personarum capituli alterutri parti.

Signum Nanteri prioris. S. Egberti subprioris. S. Osberti sacerdotis. S. Ernisii sacerdotis. S. Petri diaconi. S. Anselli diaconi. S. Goberti subdiaconi. S. Archeri subdiaconi.

A. Original eu forme de chirographe, avec les attaches de deux sceaux, aux Arch. nat., S. 1538, n° 1.
B. Vidimus de juin 1202, aux Arch. nat., L. 892, n° 24.
C. Copie du xiii° siècle, à la Bibl. Sainte-Geneviève, El. 25 (Cartulaire de Sainte-Geneviève), p. 166.
D. Copie du xiv° siècle, aux Arch. nat., LL. 1450 (Cartulaire de Saint-Victor), fol. 19 r°.
E. Copie du xvii° siècle, à la Bibl. nat., ms. lat. 14679, p. 406.

353

Entre 1148 et 1154.

Bernard, abbé de Clairvaux, atteste qu'Eudes, abbé de Sainte-Geneviève, a concédé aux religieux de Saint-Victor une prise d'eau dans la Bièvre.

Ego Bernardus, Clarevallensis vocatus abbas, omnibus Dei fidelibus, tam posteris quam presentibus, notum fieri volo me quadam vice, cum Parisius venissem, rogasse domnum Odonem, abbatem Sancte Genovefe, ejusque fratres in communi capitulo ut, fraterne dilectionis intuitu, Geldevino abbati fratribusque ecclesie Beati Victoris concederent aquam Beverim, de sub molendino quod Cupels appellatur acceptam, usque ad suam ecclesiam deducere, et inde versus Parisius in Sequanam, dato idoneo precio hominibus pro terris Sancte Genovefe per quas aquam ducerent, et ut prefate ecclesie Beati Victoris liceret in eadem aqua infra muros suos molendinum facere ad suos usus, et quicquid utilitatis in aqueductu illo, infra eosdem muros et extra, propriis expensis extruere valeret. Que omnia Odo abbas, communi fratrum suorum assensu, nostro interventu, benigne concessit, ita tamen ut molendinum Sancte Genovefe, quod superius nominavimus, nulla operis Sancti Victoris machinatione aut aquę elevatione impediatur. Quę concessio ut ęcclesię Beati Victoris rata firmaque in perpetuum perseveret, scripto eam commendavimus et sigilli nostri impressione testificandam duximus. Placuit etiam eorum nomina subjungere qui precibus nostris tunc interfuere : domnus Godefridus, Langonensis episcopus; domnus Johannes, Sancti Maclovii episcopus; magister Bernardus, Parisiensis archidiaconus; monachi quoque nostri, Gerardus et Gaufridus.

A. Original, avec traces de sceau, aux Arch. nat., K. 23ᵃ, n° 30³ (Musée n° 158).
B. Copie du xiv° siècle, aux Arch. nat., LL. 1450 (Cartulaire de Saint-Victor), fol. 18 v°.

354

Entre 1148 et 1154.

Accord conclu entre l'abbaye de Saint-Victor et l'abbaye de Sainte-Geneviève, touchant le cours de la Bièvre.

DE CONCORDIA FRATRUM SANCTI VICTORIS ET SANCTE GENOVEFE AQUEDUCTUS BEVERII.

Ego[1], Dei gratia dictus abbas Karoliloci, et ego Stephanus, Sanctę Marię de Valle dictus abbas[2], notum fieri volumus cunctis Dei fidelibus, tam posteris quam presentibus, controversiam inter ęcclesias Beate Genovefe et Sancti Victoris extitisse de positione mensurę que vulgo patella vocatur, in aqua Beveri, quam ęcclesia Beatę Genovefę ęcclesie Sancti Victoris ad suos usus ducendam concesserat. Quam controversiam, illustrissimi regis Francorum L. et ducis Aquitanorum annitente ac de ęcclesiarum pace satagente studio, nostrę inspectionis examinatione nostroque judicio terminandam, utraque, communi fratrum suorum assensu, acquievit ęcclesia. Mandato igitur prefati regis ad mensurandam aquam convenimus, artifices de fratribus nostris conversis peritos et probatos atque alios de seculo nobiscum adducentes, quorum freti peritia et attestante scientia, patellam legitimam ac justam posuimus, quam prius alii artifices, viri, ut probatum est, valde periti, atque ab eodem rege fidei sacramento astricti, fideliter posuerant. Ad cujus mensure summum aqua perveniente, molendinum Sanctę Genovefę, superius situm, nostro ac communi horum omnium artificum judicio, in nullo impeditum erit. Insuper et portas in veteri aquę transitu fieri statuimus, ęque altitudinis positę mensurę[3], quas, cum aqua mensuram transcenderit, portas quoque libere superlabi possit. Et hoc modo aqueductus Sancti Victoris de aqua non plus habebit quam ei justa

---

[1] Suppl. «Amalricus».
[2] La Gallia christiana (t. VII, col. 876) prétend qu'Étienne n'est devenu abbé du Val que vers 1157. Mais cette affirmation est hypothétique, et la pièce que nous donnons ici prouve que cet abbé siégeait déjà en 1154, puisque dans cette pièce Louis VII est encore qualifié duc d'Aquitaine.
[3] Corr. «posita mensura».

mensura dederit. Quod si opus fuerit et aqua sub molendino Sancte Genovefe nimium increverit, porte levari debent ut aqua per veterem transitum sufficienter relaxari possit. Que, ut inter prefatas ecclesias in perpetuum legitime rata habeantur et fraterna caritate pacifice conserventur, presenti scripto declaravimus et sigillorum nostrorum suspensione irrefragabile equitatis testimonium terminando roboravimus.

A. Original, scellé des sceaux des abbés de Chaalis et du Val, aux Arch. nat., L. 892, n° 4.
B. Copie du xiv° siècle aux Arch. nat., LL. 1450 (Cartulaire de Saint-Victor), fol. 19 v°.

355

1149, novembre - 15 avril 1150 [1]. — PARIS.

Confirmation par le roi Louis VII de la réforme de l'abbaye de Sainte-Geneviève.

LUDOVICUS REX. DE INSTITUTIONE REGIS.

In nomine sancte et individue Trinitatis. Ludovicus, Dei gratia rex Francorum et dux Aquitanorum, omnibus in perpetuum. Summa et principalis est gloria regum, ad honorem corone regalis accedens, de profectu et honestate ecclesiarum attente considerare, atque earum statum in emendationem religionis et ordinis pietatis studio promovere; nichil enim eque magnificum, nichil tam gloriosum in operibus regie potestatis apparet, quam quod Ecclesia Dei in meliorem statum semper exsurgat, et sacrosancte religionis honore gloriosius convalescat. Tali nimirum consideratione, super ecclesia Beate Genovefe de Monte, que in manu secularium canonicorum citra profectum religionis declinabat in inperfectum, eo attentius estimavimus providendum, quo specialius eam cognoscimus ex ipsa sui fundatione ad dignitatem corone nostre pertinere. Qua in re, consideratis diversorum locorum ordinibus, venerabilis ordo canonicorum ecclesie Beati Victoris, que in conspectu hominum in estimationem magne religionis excrevit, gratior nobis atque idoneus magis occurrit. Complacuit itaque nobis, tum propter vicinitatem loci, tum propter habitus similitudinem, in prefatam ecclesiam Beate Genovefe de ecclesia Beati Victoris canonice religionis institutionem transferre, atque in ea, quasi ex novo, sacrosancti ordinis fundamenta locare. Quia ergo, auxiliante Domino, secundum desiderium nostrum, prefata ecclesia Beate Genovefe in eminentioris ordinis gradum ascendit, constituto ibi videlicet in abbatem venerabili viro Odone, nos de tanto religionis profectu gaudentes, eandem ecclesiam in hoc statu

---

[1] Cette pièce se termine par la formule «cancellario nullo»; or, d'après M. Luchaire (*Études sur les actes de Louis VII*, p. 55), la vacance de la chancellerie avait cessé avant le 15 avril 1150.

canonicalis ordinis regulariter permanendam sanccimus, et, per presentis auctoritatem precepti, perpetuæ stabilitatis munimento corroboramus; statuimus etiam et confirmamus ut et antiquę libertatis inmunitatem eadem ęcclesia nichilominus universaliter habeat et optineat, et in proprię potestatis soliditate, sicut antiquitus, libera prorsus et quieta persistat. Possessiones quoque et bona quęcumque ad eam, vel ex antiqua vel ex recenti aqquisitione, quocumque modo, quacumque lege videntur rationabiliter pertinere, in perpetuum ei concedimus et confirmamus. Hujus igitur nostrę constitutionis et confirmationis stabilimentum, ut inconcussum deinceps perpetuo maneat et illibatum, memoriali scripto comendari, atque auctoritatis nostrę sigillo signari, nostrique nominis subternotato karactere corroborari precepimus. Actum puplice Parisius, anno ab Incarnatione Domini M° C° XL° VIII°, regni vero nostri XIII°; astantibus in palatio nostro quorum nomina subtitulata sunt et signa : S. Radulfi, Viromandorum comitis, dapiferi nostri. S. Guidonis buticularii. S. Mathei camerarii. S. Mathei constabularii.

Data cancel(*monogramme*)lario nullo.

A. Original, avec traces de sceau, aux Arch. nat., K. 23ᵃ, n° 15¹¹.
B. Copie du xvıᵉ siècle, aux Arch. nat., L. 879, n° 1.

356

1150 ou 1153, 8 janvier. — Latran [1].

Bulle du pape Eugène III réglant les droits relatifs de l'évêque et de l'abbaye de Sainte-Geneviève sur l'église Saint-Jean. — «Ne oblivionis obscuritas...»

A. Original aux Arch. nat., L. 228, n° 13.
B. Copie du xıııᵉ siècle, à la Bibl. nat., ms. lat. 5526, fol. 20 v°.

Édit. : (*a*) Sauval, *Antiquités de Paris*, t. III, p. 49. — (*b*) Guérard, *Cartul. de Notre-Dame*, t. I, p. 30, d'après A. — (*c*) Migne, *Patrol.*, t. CLXXX, col. 1565, d'après *b*.

357

1150, 28 avril. — Rome.

Lettre du pape Eugène III à Suger, abbé de Saint-Denis, lui ordonnant de faire rentrer à Sainte-Geneviève les pièces du trésor qui avaient été mises en gage. — «Prudentiam tuam latere...»

A. Copie du xvıᵉ siècle, à la Bibl. nat., ms. lat. 5951, fol. 76 v°.

Édit. : (*a*) Duchesne, *Hist. Franc. script.*, t. IV, p. 537, d'après A. — (*b*) Labbe, *Concil.*, t. X, col. 1067. — (*c*) Hardouin, *Concil.*, t. VI, 2ᵉ part., col. 1061, d'après *a*. — (*d*) Mansi, *Concil.*, t. XXI, p. 646, d'après *c*. — (*e*) *Rec. des hist. de la France*, t. XV, p. 457, d'après *a*. — (*f*) Migne, *Patrol.*, t. CLXXX, col. 1415, d'après *d*.

---

[1] En parcourant l'itinéraire d'Eugène III dressé par Jaffé, on voit que cette bulle ne peut appartenir qu'aux années 1146, 1150 ou 1153. Mais il est peu probable qu'elle soit de 1146, car elle règle un

358

1150, 17 décembre. — FERENTINO.

Confirmation par le pape Eugène III des privilèges de l'abbaye de Sainte-Geneviève.
— «Dominus sapientia...»

A. Copie du xiii° siècle, à la Bibl. Sainte-Geneviève, El. 25 (Cartulaire de Sainte-Geneviève), fol. 1 r°.
B. Copie du xvii° siècle, à la Bibl. nat., coll. Baluze, t. LV, fol. 158 v°.

359

1150 — PARIS.

Décision de l'évêque Thibaud attribuant la chèvecerie de Sainte-Opportune
aux chanoines de cette église.

Teobaldus, Dei gracia Parisiensis episcopus, dilectis filiis canonicis Sancte Oportune in perpetuum. Ad officium spectat episcopale unicuique ecclesię conservare jus proprium, et, de negociis que in presentia eorum canonice diffinita sunt, perpetue paci et quieti ecclesiarum providere. Idcirco nos, ex auctoritate nostri officii, accepta querela inter canonicos Sancti Germani et Sancte Oportune de capiceria Sancte Oportunę, diem utrique parti certum prefiximus, in qua, convocatis fratribus, et assistente frequentia plurimorum sapientum, inter partes in presentia nostra causa est proposita, et cum omni diligentia per aliquantum temporis est justicia partium investigata. Nos vero, auditis allegationibus hinc et inde, et jure utriusque partis cognito, consilium habuimus, et bonum visum est, in conspectu nostro et fratrum assistentium, absque vexatione judicii, causam ipsam per concordiam terminare. Forma itaque pacis hujusmodi fuit : capiceriam canonicis Sancte Oportune liberam et absolutam perpetuo a subjectione Sancti Germani reddidimus, quia, cum nullo evidenti titulo juris inniterentur cannonici Sancti Germani, jus longę retentionis et possessionis Sancte Oportune canonici proponebant, et vivis testibus se approbaturos asserebant, si non intercessisset verbum pacis. Eos itaque propria manu investivimus de prefata capiceria in conspectu fratrum nostrorum, ut, exclusa omni querela Sancti Germani, in ditione et potestate eorum de cetero firma permaneat, in quo tam decanus quam omnes canonici Sancti Germani, capiceriam juris canonicorum Sancte Oportune recognoscentes, prebuerunt assensum, nichil calumpnię et controversie vel juris sibi in ea de cetero reservantes, quod et propriis manibus subnotarunt. Ut autem hec diffi-

---

différend qui fut terminé en présence du pape «qualiter controversia in nostra fuerit presentia terminata», c'est-à-dire sans doute lors du voyage qu'il fit à Paris en 1147.

nitionis nostrę sententia et in presentiarum et apud posteros firma et stabilis perseveret, inscripti nostri auctoritate eam concludere, et sigilli nostri testimonio confirmare precepimus. Et, quoniam nullus erit finis litium si a concordia facile discedatur, quicumque hujus institutionis temerator extiterit, tanquam convulsor pacis et amator discordię ab ęcclesiarum liminibus arceatur, et, nisi resipuerit, horribili anathemate percellatur. Actum publice Parisius, in curia nostra, in conspectu ęcclesię, anno Dominicę Incarnationis M°C°L°, indictione XIII^a, anno vero pontificatus nostri VII°, mense III°.

Ego Guido, decanus Sancti Germani subscripsi. Signum Hernaudi sacerdotis. S. Garini sacerdotis. S. Algrini diaconi. S. magistri Durandi diaconi. S. Gaufridi subdiaconi. S. Asthonis sacerdotis. S. Rainaldi subdiaconi. S. Giraudi subdiaconi. S. Stephani subdiaconi. S. Stephani pueri. S. Teobaldi pueri. Hi sunt testes: Guermundus sacerdos, Parisiensis archidiaconus; magister Hugo de Campo Florido, diaconus, Parisiensis canonicus; magister Petrus subdiaconus, Parisiensis canonicus; Radulfus diaconus, Parisiensis canonicus; Hosmundus subdiaconus, Parisiensis canonicus; Johannes subdiaconus, Parisiensis canonicus; Centius, Romanę ecclesie subdiaconus; Milo, ejusdem ęcclesię subdiaconus; Girelmus sacerdos; Guido sacerdos; Lambertus sacerdos; Rainaldus sacerdos; Fulcoicus sacerdos; Johannes sacerdos; magister Remigius diaconus; Balduinus diaconus; Johannes Grossinus diaconus; Durandus subdiaconus, canonicus de Campellis; Hugo acolitus.

Data per manum Algrini cancellarii.

A. Original, avec traces de sceau, aux Arch. nat., K. 23², n° 15¹³.
B. Copie du XIIIe siècle, aux Arch. nat., LL. 93 (Cartulaire de Sainte-Opportune), fol. 32 r°.

360
1150. — PARIS.

Thibaud, évêque de Paris, investit le chapitre de Saint-Marcel des biens laissés par Guy le Chanoine, et en réserve l'usufruit à Pierre, fils de celui-ci, sa vie durant.

Teobaldus, Dei gratia Parisiensis episcopus, dilectis filiis Neveloni decano et toti capitulo Sancti Marcelli in perpetuum. Que auctoritate pontificali legitime diffinita sunt nec oblivione deleri decet nec perturbari malitia. Eapropter que in presentia nostra facta sunt super querela, que inter canonicos Sancti Marcelli [et] Petrum, filium Guidonis Canonici, versabatur de possessione ejusdem defuncti, scripto volumus propalare. Petrus, filius Guidonis, omnia de quibus erat querela reddidit in manus nostras, videlicet tres domos, quas pater suus tenuerat, unam que fuit Gilduini, abbatis Sancti Victoris, alteram que fuit Rainerii presbyteri, tertiam que fuit Anscherii clerici, et tres arpennos terre ad viam de Pegio, et vineam de Tronnel, et viridarium desuper Beveram; et nos ecclesiam Sancti

Marcelli de his omnibus investivimus, per manum Nevelonis decani, predicto Petro presente et concedente. Postea vero, rogatu nostro, idem decanus ex parte ecclesie investivit predictum Petrum de usufructu omnium predictorum, ad vitam suam, per quinque solidos ad stationem. Post decessum vero Petri, tres arpennos terre et vineam de Tronnel ad panem et vinum Quadragesime ascripta esse, tres vero domus et viridarium desuper Beveram ad II stationes dari per singulos annos, omnibus notum esse volumus. Et ut hoc apud posteros ratum et inconvulsum permaneat, presentis scripti pagina annotari et sigilli nostri auctoritate confirmari precepimus. Si quis vero hujus nostre institutionis tam salutare decretum aliqua machinatione violare tentaverit, usque tertio commonitus, si non emendaverit, anathemate subjacebit. Observantibus hec pax et gratia.

Actum publice Parisius, in palatio nostro, anno ab Incarnatione Verbi M° C° et quinquagesimo, episcopatus vero nostri octavo.

A. Copie du XVII° siècle, aux Arch. nat., S. 1931, n° 2.

361

1150.

Accord ménagé par Thibaud, évêque de Paris, entre les chanoines de Saint-Marcel et Pierre, fils de Guy le Chanoine, touchant la possession de certaines terres et maisons.

Notum sit omnibus, presentibus et futuris, quod quedam controversia inter canonicos Sancti Marcelli et Petrum, filium Guidonis Canonici, in presentia nostri agitata fuit super quibusdam domibus, quarum una fuit Gilduini, abbatis Sancti Victoris, altera Rainerii, alia Anscherii, et super vinea truncata, nec non et III arpennis terre, et quodam viridario sito supra Bevire. Partis autem utriusque assensu in concordiam concurrente, in hunc tenorem compositio facta est. Predictus Petrus omnia hec supramemorata unde querela fuit in manus nostras reddidit, quibus etiam decanum Sancti Marcelli, vice ecclesie, investivimus, ea conditione ut idem Petrus illa in vita sua cum integritate possideat ita quiete quemadmodum pater suus possederat, et pro his omnibus stacionem V solidorum predictis canonicis singulis annis persolvat, post obitum vero ipsius eadem supradicta ad jus ecclesie Sancti Marcelli absque diminutione aliqua revertentur. Super his autem investivit eum Nevelo decanus. Quod, ut ratum et inconvulsum permaneat, sigilli nostri impressione et testium subnotatione roboravimus. Hec nomina testium: Clemens decanus, magister Bernardus, Guermundus archidiaconus, Hervheus de Rupe Forti, Herbertus de Orli, Garnerus. Et hanc compositionem ego Theobaldus, Parisiensis episcopus, feci, anno episcopatus nostri VIII.

A. Original, avec traces de sceau, aux Arch. nat., L. 920, n° 5.

362

1150. — PARIS.

Thibaud, évêque de Paris, prend sous sa protection les biens du prieuré de Longpont, et entre autres : «ecclesiam Sancti Juliani Parisius, juxta Parvum Pontem sitam, cum atrio.»

A. Copie du xii° siècle, à la Bibl. nat., ms. lat. 9968 (Cartulaire de Notre-Dame de Longpont), fol 2 r°.

Édit. : (a) *Le Cartulaire du prieuré de Notre-Dame de Longpont au diocèse de Paris*, p. 62, d'après A.

363

Second quart du xii° siècle.

Lettre de saint Bernard à Gilduin, abbé de Saint-Victor, pour lui recommander Pierre Lombard, venu à Paris pour ses études. — «Necesse habemus multa requirere...»

Édit. : (a) Mabillon, *S. Bernardi op.*, t. I, col. 362, n° 410. — (b) Migne, *Patrol.*, t. CLXXXII, col. 618, d'après a.

364

Vers 1150 [1].

Charte d'affranchissement accordée par le chapitre de Saint-Germain-l'Auxerrois à une serve nommée Geneviève, dans le but de lui permettre d'épouser un serf de Notre-Dame.

A Copie du xii° siècle, aux Arch. nat., LL. 177 (*Livre noir* de Notre-Dame), p. 247.
B. Copie du xiii° siècle, aux Arch. nat., LL. 175 (*Grand Pastoral* de Notre-Dame), p. 210.

Édit. : (a) Guérard, *Cartul. de Notre-Dame*, t. II, p. 177, d'après B.

365

Vers 1150 [2].

Baudouin, abbé de Saint-Magloire, donne à cens, à Thibaud de Brie, un arpent de vigne à Charonne.

Ego Balduinus, abbas Sancti Maglorii, assensu totius capituli nostri, donavi

---

[1] Nous laissons à cette pièce la date approximative que lui a donnée Guérard. Mais on peut seulement dire qu'elle est du second quart du xii° siècle.

[2] L'abbé Baudouin siégeait déjà en 1147; la première mention de son successeur est de 1152 (*Gallia christ.*, t. VII, col. 312).

Teboldo de Bria unum arpennum vinee apud Carronam, in loco qui vocatur Montibovis, tali pactione ut reddat nobis per singulos annos tantum census quantum reddit pro aliis arpennis quos idem tenet de nobis. Hujus donationis teste est totum capitulum nostrum; et laici, Garinus Postel, frater ejusdem Teboldi; Galterius Popins, major Carrone. Frater Hudri, Radulfus de Mellento, Bernerius de Gravia, Garnerius camerarius, Renoudus Berchers, sunt similiter testes hujus rei. Et insuper Tiachre monacus est testis hujus rei.

A. Copie du XIII° siècle, aux Arch. nat., MM. 210 (Cartulaire de Saint-Lazare), fol. 33 v°.

366

Vers 1150[1].

Abandon par Thomas, fils d'Oger, à l'église de Saint-Victor, de tous ses droits sur une place et une maison sises à Paris, qui avaient appartenu à son père.

Ego Bernardus, Dei gratia Parisiensis ecclesie archidiaconus, notum fieri volo tam posteris quam presentibus ecclesiam Beati Victoris dedisse quatuor libras Parisiensium Thome, filio Ogeri, pro platea et domo que patris sui fuerat, quam Tebertus ex eis habuerat et ecclesie in elemosinam donaverat; et ipse in presentia nostra et prioris Beate Marie de Campis jus omne abdicavit atque ecclesie Beati Victoris domum quiete in perpetuum possidendam concessit, et insuper fide firmavit. Dedit etiam plegias quod, si aliquis jus aliquid in domo clamaverit et fratres prefate ecclesie inquietaverit, antequam placitum ineant aut in placito sedeant, de plegiis decem libras accipient. Fuit autem plega pro centum solidis magister Gauterus, canonicus Parisiensis; frater ejus Herveius pro XL; Stephanus nepos ejus, canonicus Sancti Mederici, pro XL; Girbertus, filius Teberti, pro XX. Hujus rei testes fuerunt clerici et laici : Symon de Sancto Dionisio, Ansellus et Herveius, canonici Beate Marie; Rericus, canonicus Meldensis; Durannus sacerdos; laici : Matheus et Stephanus, filii Teberti; Paganus, major de Monte; Odo de Sancto Marcello et Gauterus filius ejus. Quod, ne valeat in posterum oblivione deleri, scripto commendavimus et sigilli nostri impressione testificandum duximus.

A. Original scellé[2], aux Arch. nat., L. 892, n° 18.

---

[1] Cette pièce ne peut être datée qu'approximativement. L'archidiacre Bernard, dont elle émane, apparaît vers 1142 (voir ci-dessus nos n°ˢ 290 et 291). Il était encore en fonctions en 1154 (voir notre n° 384) et n'y était plus en 1156 (n° 394).

[2] On lit au revers de la pièce, de part et d'autre de l'attache du sceau : «Sigillum Bernardi archidiaconi Parisiensis pro plateis Thome filii Ogeri.»

367

Vers 1150 [1].

Règlement par Garnier, abbé de Marmoutier,
des revenus qui devront être affectés à l'office de la sacristie de Notre-Dame-des-Champs.

DE SACRISTERIA.

Fugax et labilis hominum memoria, nichil patitur stabile, nichil ratum, nisi literarum apicibus fuerit adnotatum. Ideo ego frater Garnerius, Majoris Monasterii abbas, ea que secuntur et que ad sacristariam ecclesie Sancte Marie de Campis pertinent, ubi accipiantur, et in quibus et quomodo expendantur, precepi presenti cartule conmendari, eamque sigilli capituli nostri impressione firmari, ne ab aliquo deinceps abbate vel priore liceat violari, vel immutari, sive aliter ordinari. Vinee de Tolmantel, unum terceolum vinee justa Tolmantel, unum arpennum vinee in Magno Dolore, dimidium arpennum ad Ivriacum, et alium dimidium in duobus frustris similiter ad Ivriacum, dimidium arpennum de Odone Semelpin, dimidium arpennum et unum quarteriolum de Trelsa, et unum arpennum terre et una domus de Alexandro, molendinum de Becherel, unum modium vini justa Becherel; sexaginta solidos ad ligna, quindecim ad Ivriacum, reliquum apud Sanctum Framboudum, et quod superfuerit ultra sexaginta solidos, ad sacristariam remanebit; domus Hadvise et domus Widonis, ad pellicias monachorum; domus de Judaismo et domus que est justa domum Letiche, ad porcos. Actum est hoc Parisius, audientibus et videntibus sociis itineris nostri, Bermundo priore, Johanne preposito, Raimundo bajulo, Helia sacrista, Widone Turonensi, Wilelmo notario, Giliberto tunc temporis ejusdem ecclesie priore, Herberto, Allexandro, Rainerio, Bertolomeo, Aschone, Ivone.

A. Original, en forme de chirographe, avec traces de sceau, aux Arch. nat., L. 920, n° 6.

368

Vers 1150 [2].

Confirmation par Thibaud, évêque de Paris, de la vente d'un four et de ses dépendances
faite à Évrard le Convers par Gérôme, curé des Saints-Innocents.

Noverint omnes tam presentes quam posteri quod ecclesia Sancti Innocentii de

---

[1] Plus exactement, de 1137 à 1155, dates extrêmes de l'abbatiat de Garnier.

[2] Cette charte est postérieure à 1148, date de l'élection du doyen Clément. Les noms des témoins permettent de l'attribuer à l'an 1150 environ.

Campellis quendam furnum et quedam appendicia, juxta domum Evrardi Conversi, habebat. Presbiter vero prefate ecclesie, Geraumus nomine, videns illa omnia que ibidem ecclesia prefata possidebat, parvam et fere nullam utilitatem sue ecclesie conferre, duxit utile illa vendere, et de precio inde suscepto aliquid emere quod illi ecclesie in posterum foret utile. Tali igitur nacta occasione, Evrardum prefatum, quem illis omnibus sciebat esse proximum, convenit, et ut illa omnia emeret persuasit. Predictus vero Evrardus, sciens tale mercimonium sibi fore necessarium, secum agere cepit, et, consilio inito, se illa emere spopondit. Veruntamen, ne super hoc gravamen incurreret, ut id securius agere posset, nostram presentiam adiit, et illud nobis intimavit. Nos itaque, utilitati illius ecclesie providentes, et illi quoque homini tamquam propinquo rei consulentes, id fieri concessimus et approbando confirmavimus, domino Guermundo archidiacono concedente et canonicis Sancte Opportune concedentibus, meque etiam super hoc quam sepe postulantibus ut id fieri concederemus. Prefatus itaque Evrardus, nostra concessione, ut prediximus, et permissione, nec non et predictorum, furnum predictum cum suis appendiciis pro XL libris emit; illud autem precium Girelmus presbiter, assensu et consilio nostro et predictorum, in quadam decima quam in vadium accepit posuit. Verum hoc, ne ab aliquo successorum nostrorum possit permutari, karta presente et nominis nostri auctoritate, et sigilli nostri inpressione muniri fecimus. Signum Teobaldi, Parisiensis episcopi. S. Guermundi archidiaconi. S. Guarini, presbyteri et Sancte Opportune canonici. S. Azonis presbyteri et Leonii subdiaconi, ejusdem ecclesie canonicorum. Hujus quoque rei testes sunt : Clemens, Parisiensis ecclesie decanus; Ansellus, Tiberti filius; Stephanus, frater Ade camerarii; et Galterus de Pontisara, et magister Galterus, et Guido de Chela, ecclesie Sancte Marie Parisiensis canonici; Bartholomeus archipresbyter; Teoldus, presbyter Sancti Jacobi; Galterus, presbyter Sancti Leufredi; Fulcoius, presbyter Sancti Germani; Remigius, decanus Sancti Germani; Matheus presbyter; Remigius, presbyter Sancti Landerici; Hugo presbyter; Durandus, presbyter Sancti Severini; Johannes, presbyter Sancti Petri Boum; Robertus, presbyter Sancti Johannis; Gaufridus presbyter, frater Erardi capellani; Fulco, presbyter de Carcere; Teoldus, filius Johannis Gastinel. Laici : Frogerius, filius Tiberti; Girbertus, frater ejus; Matheus, frater ejus; Willelmus de Gornaio; Balduinus prepositus; Stephanus Bucel; Himbertus, filius Alsendis; Heinricus cambiator; Hugo, filius Chierein; Odo Balbus; Girelmus cambiator; Raimoldus [1] de Moriana; Raginaldus de Sancto Christoforo; Odo pelliparius; Bernardus Apostolicus; Urricus Trussevache; Haimericus, frater ejus; Galterus, gener Ebrardi; Ebrardus Trochardus et frater ejus; Heinricus Aurelianensis; Stephanus, filiaster Odoni Balbi; Stephanus de

---

[1] Le même personnage est nommé dans d'autres pièces «Ramoldus», «Reimoldus» et «Raimundus».

Porta; Fulco Picot; Odo Escharaz; Willelmus de Sancto Martino; Ancherus de Claustro; Ivo Rotundellus; Aubertus Strabo; Evruinus carnifex; Odo carnifex; Drogo carnifex; Johannes Popin; Amalfredus pistor; Guido de Sancto Jacobo; Burdinus de Castelfort; Hildericus, filius Vitalis; Hildericus miles; Ferricus de Vitriaco; Rohardus magister; Hugo Sailenbien; Garnerius, filius Leigardis; Rotrocus de Calceia, Disderius Cochuns, Anselmus cambiator; Harcherus, filius Thiacri; Popinus pelliparius; Tiardus mercerius; Rainoldus de Satelia; Guermundus Panis Muscidus; Robertus Brunellus.

A. Original, avec traces de sceau, aux Arch. nat., L. 656, n° 2.

369

Vers 1150.

Confirmation par Thibaud, évêque de Paris, d'une donation de revenus en faveur des frères de Saint-Lazare.

DE PITANTIA MENSIS.

Ego Theobaldus, Dei gratia Parisiorum episcopus, tam presentibus quam futuris notum fieri volo quod Petronilla, Sancti Lazari reclusa, ex propria adquisitione, domum juxta portam illo in loco sitam [1] edificavit, de cujus reditibus fenestram nummulariam supra Magnum Pontem comparavit. Ex istius fenestre et domus predicte reditibus statuit predicta Petronilla fratribus predicte ecclesie pitantiam in kalendis cujusque mensis accipiendam, scilicet duos unicuique denarios. Statuit etiam et ceram et oleum et incensum in ministerio Sancti Lazari expendendum, que cotidianis usibus ecclesie istius sufficerent et perhenniter permanerent. Horum itaque redituum, si quid fuerit residuum, illud decrevit dispensandum et predictorum fratrum consilio et suo maxime arbitrio. Hoc pietatis statutum, hoc misericordie donum, et nostro et religiosorum consilio deliberatum, presentibus litteris mandavimus et nostre auctoritatis sigillo confirmavimus, ne oblivione possit deleri, ne valeat aliquatenus infirmari. Decrevimus etiam ut predicta ecclesia digna retributione predicte Petronille, dum supererit, suppeditet necessaria ne vel ipsa vel ejus ministra aliqua paupertatis gravetur molestia.

A. Copie du XIII° siècle, aux Arch. nat., MM. 210 (Cartulaire de Saint-Lazare), fol. 30 r°.

[1] C'est-à-dire sans doute la porte de l'enclos de Saint-Lazare.

370

Milieu du xii° siècle [1].

Acensement par Gilduin, abbé de Saint-Victor, à Garnier, neveu d'Herluin, d'une maison et d'un verger situés à Saint-Martin-des-Champs [2], et précédemment donnés à l'abbaye par ledit Herluin.

LITTERE GILDOUINI ABBATIS DE CENSU ET TERRA APUD SANCTUM MARTINUM DE CAMPIS.

In nomine sancte et individue Trinitatis. Ego Gilduinus, dictus abbas cenobii Sancti Victoris, notum fieri volo quod nepos meus Herluinus, in domo nostra ad religionem conversus, domum unam ab omni consuetudine liberam, quam apud Sanctum Martinum de Canpis habebat, ecclesie nostre donavit. Nos autem predictam domum, cum olchia que ei adjacet, Guarnero nepoti Herluini et heredibus ejus pro vii solidis, per singulos annos in octabis Innocentum solvendis, in perpetuum habere concessimus. Ipse vero Guarnerus et ejus heredes cuicunque voluerint domum illam dare et vendere poterunt, ita tamen quod quicunque ille fuerit, nos illum de domo illa revestiemus, et revestimentum et, si vendita fuerit, vendiciones habebimus; et, si in domo illa vel in ejus olchia forisfactum aliquod factum fuerit, nostrum erit. Quicunque autem domum illam de manu nostra susceperit et possederit, per singulos annos, ut supradictum est, ecclesie nostre vii solidos dabit. Preterea eidem Guarnero iiii^{or} arpennos vinearum et unum quadrantem, pro iiii^{or} modiis vini per singulos annos, concessimus, ita scilicet quod idem Guarnerus vineas illas solummodo heredibus suis qui de legitima uxore extiterint, relinquere poterit, nec unquam Guarnero vel ejus heredibus ulli alteri vendere vel dare licebit. Quicunque autem, sive Guarnerus, sive heres ejus, vineas illas possederit, per singulos annos censum vinearum nobis dabit, et nos, qui domini vinearum sumus, Sancto Marcello, in cujus terra vinee sunt, censum dabimus. Nec illud latere volumus quod possessor vinearum vindemiam illarum singulis annis ad nostrum torcular adducet. Hoc etiam determinatum est quod, si supradicta domus aut negligencia aut vetustate aut aliquo casu deciderit, et possessor vinearum ipsas vineas minus coluerit, et plus quam justum est deteriorari permiserit, nos quidem possessorem domus vel vinearum primum conveniemus, et de reparacione vel domus vel vinearum monebimus, et, si emendare post admonicionem nostram noluerit, nos sive domum sive vineas, id scilicet quod neglectum

---

[1] Les noms de l'abbé Gilduin, mort en 1155, du sous-prieur Garnier, qui entra en fonctions vers 1140 (*Hist. litt.*, t. XIII, p. 409), de l'archidiacre Bernard, qui apparaît vers 1145 dans le *Cartulaire de Notre-Dame*, et du prieur Eudes, devenu abbé de Sainte-Geneviève en 1148, prouvent que la pièce est du milieu du xii° siècle, ou plus exactement de 1145 à 1148.

[2] Une interpolation de la copie B nous apprend que cette maison était située rue Transnonain.

fuerit, sicut nostrum accipiemus. Et, ne hujus convencionis paccionem aliqua deleret oblivio, scripto eam sub cyrographo commendari, et astancium nomina ad testimonium fecimus adnotari, et sigilli nostri inpressione firmari. Signum Gilduini abbatis. Signum Odonis prioris. Signum Guarneri subprioris. Signum Adam precentoris. Signum Roberti sacerdotis. Signum Nanteri sacerdotis. Signum Herrici sacerdotis. Signum Stephani sacerdotis. Signum Hernisii diachoni. Signum Johannis diachoni. Signum Petri diachoni. Signum Roberti subdiachoni. Signum Oelardi subdiachoni. Signum Herrici subdiachoni. Signum Guimeri camerarii. Signum Adhelulphi vestiarii. Hec sunt nomina clericorum : Bernardus archidiaconus, Tescelinus de Sancto Marcello, Alexander, Guillelmus presbyter, Oldricus diaconus, Humbaldus diaconus, Radulfus. Hec sunt nomina laicorum : Drogo et Gunterus, frater ejus, de Vitriaco; Herruardus de Vitriaco, major Sancti Marcelli; Paganus major; Herluinus serviens; Giroldus et Nanterus filius ejus; Odo de Subturre; Odo, filius Errenburgis; Acelinus tinctor; Algrinus carpentarius.

A. Original en forme de chirographe, avec traces de sceau, aux Arch. nat., L. 892, n° 5.
B. Copie du xvii° siècle, à la Bibl. nat., ms. lat. 14679, p. 191.

371

1151, 8 avril - 29 mars 1152. — Paris.

Confirmation par Louis VII de la vente d'une terre sise à Saint-Laurent, faite par Étienne de Meung à la maison de Saint-Lazare.

DE STEPHANO DE MEGDONO.

Regie convenit benignitati res pauperibus Christi, et precipue illis qui propriis viribus se ipsos tutari vel sibi subvenire nequeunt, zelo karitatis collatas, sive emptione, sive alio modo juste acquisitas, contra omnium infestantium violentiam protegere et contra fluxum quanticumque temporis firmiter communire. Sciant igitur universi, tam presentes quam futuri, quod Stephanus de Megdono domui Sancti Lazari Parisiensis vendidit quicquid habebat apud Sanctum Laurentium in terra et in censu, ipsamque justitiam, et nichil omnino retinuit, concedentibus uxore ipsius Lucha, et fratribus ejusdem Stephani omnibus. Huic etiam vendicioni assensum suum dedit Fredericus Parisiensis, miles noster, de cujus feodo constat res vendita, et in presentia nostra Fredericus ipse et Gervasius de Turota ostagios et garentores hujus contractus se futuros esse pronuntiaverunt. Nos demum ad quem principaliter spectat totius negotii summa, nostrum dedimus assensum atque laudavimus. Quod, ut ratum sit in posterum et insuperabiliter firmum, scripto commendari et auctoritate sigilli nostri precipimus confirmari, adjecto caractere nostri nominis. Actum publice Parisius, anno ab Incarnatione Domini

M° C° LI°; astantibus in palatio nostro quorum subnotata sunt nomina et signa: Signum Radulfi, dapiferi nostri. S. Guidonis buticularii. S. Mathie constabularii. S. Mathie camerarii. Data per manum Hugonis cancellarii.

A. Copie du XIII° siècle, aux Arch. nat., MM. 210 (Cartulaire de Saint-Lazare), fol. 2 r°.
B. Copie du XVI° siècle, aux Arch. nat., S. 220, n° 4.

372

1151-1152, 10 juillet. — Paris [1].

Accord entre les églises de Saint-Marcel et de Notre-Dame-des-Champs touchant la possession de trois maisons, une vigne, un jardin et trois arpents de terre.

DE PARISIUS.

Controversia orta est inter G., priorem Sancte Marie in Campis, et canonicos Sancti Marcelli, de tribus domibus et uno arpenno vinee et tribus arpennis terre et uno orto, que omnia idem prior a Petro, Guidonis filio, dicebat sibi esse concessa, sed a canonicis jamdictis violenter ablata [2]. Super hoc autem talis concordia, in presentia domni Johannis Paparonis, Sancti Laurentii in Damaso presbyteri cardinalis, facta est, quod canonici Sancti Marcelli domos et arpennum vinee tenerent, ecclesia vero Sancte Marie IIIes arpennos terre et ortum usque ad fossatum haberet, ita tamen quod infra spatium trium annorum eosdem arpennos et ortum alicui persone pertinenti ad ecclesiam Sancti Marcelli, prout melius poterit, vendat.

Facta est autem hec concordia Parisius, in presentia domni episcopi ejusdem civitatis, et decani, et archidiaconi, VI idus julii.

A. Original, avec traces de sceau, aux Arch. nat., L. 920, n° 3.

373

1152, 21 février. — Segni.

Confirmation par Eugène III des biens et privilèges du prieuré de Notre-Dame de Longpont, dans l'énumération desquels on trouve «...capellam Sancti Juliani, Parisius juxta Parvum Pontem sitam, cum sepultura...»

«Quociens illud a nobis petitur quod religioni, etc...»

A. Copie du XII° siècle, à la Bibl. nat., ms. lat. 9968 (Cartulaire de Notre-Dame de Longpont), fol. 1.
Édit.: (a) Le Cartulaire du prieuré de Notre-Dame de Longpont au diocèse de Paris, p. 59, d'après A.

---

[1] Cette pièce fut faite en présence de Jean Paparon, qui figure dans les bulles d'Eugène III, comme cardinal-prêtre du titre de Saint-Laurent in Damaso, du 30 mars 1151 au 16 juin 1153. (Voir Jaffé, Regesta pont. rom., 2° éd., t. II, p. 20).
[2] Voir ci-dessus notre numéro 360.

374

1152, 30 mars - 16 avril 1153.

Donation aux Templiers par Mathieu, comte de Beaumont, d'une maison et d'un four situés à Paris.

MATHEI, COMITIS BELLIMONTIS, DE FURNO PARISIUS.

In nomine sancte et individue Trinitatis. Notum sit omnibus Dei fidelibus et insuper sancte matris Ecclesie prelatis, tam presentibus quam futuris, quod Matheus, comes Bellimontis, dedit Deo et fratribus Templi Salomonis, pro redemptione anime sue et patris sui, et matris sue, et antecessorum suorum, furnum quem ante portam Parisius habebat, et omnia ad furnum pertinentia, in perpetuum libere et quiete possidendum; et preter hoc XLI solidos, denario minus, quos in terra de Ruilli censuales habebat; et insuper XVII sextarios avene et unam minam, et gallinas, que sibi per singulos annos ex eadem terra reddebantur. Dedit quoque domum Frogerii Asinarii, ante Barras sitam, et omnem prefate domus justiciam que sua libera erat, et portum eidem domui adjacentem. Ut hoc autem firmum et inviolabile in perpetuum maneret, huic donacioni testes affuerunt, clerici : Hubertus dechanus; Reinaldus, precentor Compendii; et Nicholaus, comitis notarius; milites : Petrus de Runcheroles; Willelmus de Mennilio; Petrus de Borrengo; famuli : Petrus, major Gambliaci; Odo de Guviz; et de fratribus Templi : frater G. de Drusencurt; frater Walerannus. Auctum itaque hoc Incarnati Verbi M° C° L° II° anno, annuente rege L[udovico], de cujus feudo erant, annuente quoque Matildi comitissa, uxore Mathei comitis, cum liberis suis.

A. Original scellé, aux Arch. nat., S. 5086, n° 1, *nunc* K. 23^B, n° 16².

375

1152, 14 octobre - 18 avril 1153. — Paris [1].

Partage de quatre serves entre le roi Louis VII et l'abbaye de Saint-Magloire.

CARTA DE QUATUOR FEMINIS DE CHARRONA SERVIS.

In nomine sancte et individue Trinitatis, amen. Ludovicus, Dei gratia rex

---

[1] Cette pièce et la suivante sont probablement postérieures au 14 octobre 1152, puisqu'elles ne mentionnent pas, parmi les grands officiers de la couronne, le sénéchal Raoul de Vermandois, qui paraît être mort à cette date. (Voir Luchaire, *Études sur les actes de Louis VII*, p. 46 et 189.)

Francorum et dux Aquitanorum... (1). Contingere solet multociens quod inter eos nascitur altercatio quibus eadem communis est possessio, et precipue pauperes Christi, mundum egressos et contemplative vite fructibus intentos, sine alterius participio decet habere suas possessiones, ne forte quibuscumque occasionibus perturbati, serenitatem mentis et quietem spiritus amittere compellantur. Notum sit igitur omnibus, tam futuris quam presentibus, quod III^{or} feminas, Goini et Schesle filias, communes habebamus cum ecclesia Sancti Maglorii; ejusdem ecclesie abbas Petrus nostram adivit presenciam, rogans ut partirentur ille femine. Quod nos quidem pro amore Dei et prece abbatis et pace monachorum concessimus, et negocium hoc fidelibus nostris Hugoni cancellario et Theoderico Galeranno mandavimus. Qui ante presenciam suam evocantes prepositos Parisienses, Renoldum et Bauduinum, et ministros nostros de Mosteriolo, Richardum Oelinum et Gondrannum, negocium perfecerunt. Abbas etenim predictus et prepositus ecclesie, Teacrius, partiti sunt feminas, et ministri nostri de Mosterolio, data optione, elegerunt et acceperunt duas, Christianam scilicet et Andream, et alie due, Gellendis et Anthesa, remanserunt monachis, maritate hominibus ecclesie, Landrico videlicet et Armando. Illas igitur ecclesie Sancti Maglorii cum earum semine in perpetuum habendas, sine omni exactione et reclamacione, regia benignitate concessimus. Quod, ut in posterum ratum sit et immobile, pagine commendari et sigillo nostro muniri precepimus, subscripto nostri karactere nominis. Actum publice Parisius, anno Dominice Incarnationis M° C° LII°, regni nostri XVI°; astantibus in palacio nostro quorum subtitulata sunt nomina et signa : Signum Guidonis buticularii. Signum Mathie constabularii. Signum Mathie camerarii. Data per manum Hugonis (*monogramme*) cancellarii.

A. Copie de 1331, à la Bibl. nat., ms. lat. 5413 (Cartulaire de Saint-Magloire), p. 22.

376

1152, 14 octobre-18 avril 1153 (2). — PARIS.

Vente par Gervais de Torote à la maison de Saint-Lazare d'un cens de trente sous
à Saint-Laurent.

DE COMUNI CENSU APUT SANCTUM LAURENTIUM.

In nomine sancte et individue Trinitatis, amen. Ego Ludovicus, Dei gratia rex Francorum et dux Aquitanorum, in perpetuum. Sicut ecclesiarum et pauperum Christi protectio ad nostram spectat sublimitatem, ita etiam ipsorum emptiones

---

(1) Blanc au manuscrit. Suppléez les mots «omnibus in perpetuum». — (2) Voir la note de la page 333.

et quecunque augmenta decet nos diligere et manutenere, pro amore illius excellentis Domini qui nobis regni contulit dominium. Notum sit itaque universis, et presentibus et futuris, quod Gervasius de Turota domui Sancti Lazari Parisiensis et miseris ibidem manentibus vendidit xxx solidos, quos habebat in communali censu apud Sanctum Laurentium, juxta Parisius, et inde habuit libras xl.ᵃ et unam; uxor ejusdem, Comitissa, concessit venditionem habuitque xx^{ti} solidos; similiter et filii, Paganus et Gervasius, factum patris concesserunt, et dati sunt eis iiii^{or} solidi. In presentia nostra factus est iste contractus; et regia benignitate negocium, prout transactum est, omnino concessimus. Quod, ut ratum sit in posterum et manifeste cognitum, memorię litterarum commendari et sigillo nostro muniri precępimus, nostri nominis subterscripto karactere.

Actum publice Parisius, anno Dominicę Incarnationis m° c° lii°, regni vero nostri xvi°; astantibus in palatio nostro quorum subjecta sunt nomina et signa : Signum Guidonis buticularii. S. Mathię constabularii. S. Mathię camerarii.

Data per manum Hugonis (*monogramme*) cancellarii.

A. Original, avec traces de sceau, aux Arch. nat., K. 23, n° 16.
B. Copie du xiii° siècle, aux Arch. nat., MM. 210 (Cartulaire de Saint-Lazare), fol. 8 v°.

377

Vers 1152 [1].

Thibaud, évêque de Paris, garantit aux Lépreux de Saint-Lazare
la vente de trente sous de cens à Saint-Laurent, que leur a faite Gervais de Torote.

DE CENSU DE GERVASIO DE TUROTA APUD SANCTUM LAURENTIUM.

Ego Teobaldus, Dei gratia Parisiensis episcopus, notum facio tam presentibus quam futuris quod Gervasius de Torota xxx^{ta} solidos census, assignatos in communi censu Sancti Laurencii, Leprosis Sancti Lazari Parisiensis vendidit pro xl libris et tribus, assensu conjugis suę et filiorum suorum, Pagani atque Gervasii, et, ne super hoc in posterum domus Sancti Lazari vexationem aliquam vel dispendium sustineat [2], pepigit se garanciam jure laturum; reddidit etiam censum illum in manus nostras. Et nos super hoc investivimus priorem domus Sancti Lazari, et garanciam in manum suscepimus, eo tenore ut, si forte lis et calumnia super hoc emergeret et ipse Gervasius vel filii sui non garantirent, feodum quod tenet ex nobis saiseremus, donec eundem censum adquietarent. Ut autem etiam omnis precidatur calumpnia, scripti presentis annotatione et sigilli

---

[1] Voir pour la justification de cette date la pièce précédente. — [2] L'original porte «sustineant».

nostri impressione, adhibitis etiam testibus, hoc ipsum roboravimus. Hii sunt testes : magister Bernardus precentor, Bartholomeus de Sancto Leodegario, Petrus le Viatres, Bucardus Flammen, Gauterus li Pohers, Constancius de Sancto Laurencio, Drogo li Bochers.

A. Original, avec traces de sceau, aux Arch. nat., M. 30, n° 2.
B. Copie du xiii° siècle, aux Arch. nat., MM. 210 (Cartulaire de Saint-Lazare), fol. 23 r°.

378

1153, 19 avril-3 avril 1154. — Paris.

Autorisation donnée par Thibaud, évêque de Paris, aux chanoines de Sainte-Opportune, de mettre en culture les marais qu'ils possédaient au nord de Paris [1].

TEOBALDUS, EPISCOPUS PARISIENSIS, SUPER CONFIRMACIONE MARISCORUM.

In nomine sanctę et individue Trinitatis, amen. Ego Teobaudus, Parisiensis Dei gratia episcopus, canonicis Sanctę Oportunę in perpetuum. Quoniam litterarum inscriptiones memoriam custodiunt hominumque muniunt institutiones, iccirco ego Teobaudus, Dei gratia Parisiensis episcopus, per presentes litteras memorare et communire illud decrevi quod, ad honorem et proventum ęcclesię Sanctę Oportunę et totius urbis Parisiensis commoditatem, consilio regis Ludovici et nostro et aliorum virorum prudentium, diebus nostris factum est. Ab antiquis siquidem temporibus ęcclesia Sanctę Oportunę in jure suo habebat totum marisium qui a septentrione Parisius circuit, in quo tantum communia habebantur pascua. Consideraverunt autem prudentes viri quod marisius ille usum utiliorem et magis necessarium toti civitati et ęcclesię Sancte Oportunę, quę erat pauperrima, conferre posset, si ad excolendum daretur. Canonici itaque illius ęcclesię, consilio regis Ludovici et nostro, medietatem marisii, ut in longitudinem protenditur, ad excolendum dederunt, ita ut de uno quoque arpenno xii^{cim} denarii predictę ęcclesię annis singulis, in festo sancti Remigii, censuales reddantur, et totus census totius marisii, et decimę, et vicaria in jure ipsius ęcclesię in integrum permaneant. Quod si aliquid grave exinde emerserit, quod canonicorum consilio diffiniri non possit, salvo in integrum jure ęcclesię Beatę Oportunę, ad episcopum referatur. Provisum est etiam ut de censu illo, qui de marisio acciperetur, prebendarum beneficium cresceret, ita quidem quod canonici qui tunc presentes erant, preter annonam prebendę suę, in vita sua sex libras singulis annis recipiant, connumerata tamen nummorum summa quam de prebenda sua accipere soliti erant. Postea

---

[1] Voir au sujet de ces marais nos n°ˢ 538 à 541, 548, 577 et 579.

vero duo vel etiam plures, secundum quod census ille habundabit, canonici in ecclesia predicta assignentur, qui sex libras in beneficio prebendę habeant et omnem assiduitatem servitii cum aliis faciant. Ut autem hujus nostrę institutionis decretum nulla possit oblivione deleri, vel alicujus malicia immutari, litterarum nostrarum testimonio et sigilli nostri auctoritate firmari precepimus. Actum publice Parisius, in sede nostra, anno Dominicę Incarnationis M° C° L° III°, anno vero pontificatus nostri undecimo.

    A. Original scellé, aux Arch. nat., K. 23*, n° 20².
    B. Copie du xiv° siècle, aux Arch. nat., LL. 93, fol. 32 v°.

379

1153, 1ᵉʳ août-3 avril 1154. — Paris.

Cession par Louis VII, au chapitre de Notre-Dame, d'une serve nommée Ledvise, fille de Hubert Sallembien, et d'Adélaïde, qui avait épousé un serf du chapitre nommé Renaud, fils de Robert Lecomte.

    A. Original, avec traces de sceau, aux Arch. nat., K. 23*, n° 19.
    B. Copie du xii° siècle, aux Arch. nat., LL. 177 (*Livre noir* de Notre-Dame), p. 252.

    Édit : (*a*) Guérard, *Cartulaire de Notre-Dame*, t. III, p. 357, d'après B. — (*b*) Tardif, *Cartons des rois*, p. 275, n° 524, d'après A.

380

1153, 1ᵉʳ août-3 avril 1154. — Paris.

Concession par Louis VII, à l'abbaye de Montmartre, d'une rente de trente sous sur le tonlieu de la boucherie de Paris.

In nomine sancte et individue Trinitatis, amen. Ego Ludovicus, Dei gratia rex Francorum et dux Aquitanorum. Notum sit omnibus, tam futuris quam presentibus, quod pater meus, bone memorie rex Ludovicus, et regina mater mea Adelaudis magnifice fundaverunt ecclesiam monialium de Monte Martyrum, quam, pro honore Dei et religiosa conversatione sororum ibidem honeste viventium, et pro reverentia fundatorum, caram habere et in nullo diminutam esse volumus. In civitate Parisiensi, ad portam Magni Pontis et nusquam alibi solebant esse carnifices et vendere suas carnes, ubi predicte moniales domum quandam habebant propriam, que fuerat Guerrici cambitoris, eis annuatim valens triginta libras, aliquando etiam supra, aliquando infra; sed nos, regia providentia communi commodo totius ville dantes operam, plures esse solito carnifices et in pluribus locis carnes posse vendi constituimus, et prefatam domum Guerrici, et alterius domus, quam moniales habebant in vico Parvi Pontis intra insulam, quandam partem, ad ampliandam viam, in manu nostra accepimus, assensu Ade abbatisse tociusque capituli, et ipsi ecclesie triginta libras in perpetuum habendas assignavimus in theloneo carnificum, sive unus sive plures habeant theloneum; persolventur autem in quatuor terminis, ad Natale Domini, ad Pascha, ad festum sancti Johannis et ad festum sancti Dyonisii, et in singulis terminis septem libre et decem solidi.....

Actum Parisius, anno Dominice Incarnationis M° C° L° III°, regni nostri X° septimo, etc.

    A. Copie du XIII° siècle, aux Arch. nat., L. 1030 (Cartulaire de l'abbaye de Montmartre), fol. 4 r°.
    B. Copie du XV° siècle, aux Arch. nat., LL. 1605 (Cartulaire de l'abbaye de Montmartre), fol. 4 r°.
    C. Copie collationnée du XVII° siècle, aux Arch. nat., S. 4448, n° 9.

Édit. : (a) É. de Barthélemy, *Recueil des chartes de l'abbaye de Montmartre*, p. 85, d'après A.

381

1154, 1er janvier. — LATRAN.

Confirmation par le pape Anastase IV de plusieurs droits de l'abbaye de Saint-Victor et en particulier de la concession de l'eau de la Bièvre qu'elle avait obtenue des chanoines de Sainte-Geneviève[1]. — « Apostolice sedis auctoritas... »

    A. Original, avec traces de sceau, aux Arch. nat., L. 229, n° 6.
    B. Copie du XVI° siècle, à la Bibl. nat., ms. lat. 14672, fol. 33 r°.
    C. Copie du XVII° siècle, à la Bibl. nat., ms. lat. 14679, p. 429.

382

1154, 3 janvier. — LATRAN.

Confirmation par le pape Anastase IV de divers biens appartenant à l'abbaye de Saint-Victor, notamment de trois prébendes qu'elle possédait à Saint-Marcel, à Sainte-Geneviève et à Saint-Pierre de Montlhéry. — « Que pia devotione et intuitu rationabili... »

    A. Original, avec traces de sceau, aux Arch. nat., L. 229, n° 7.
    B. Copie du XVI° siècle, à la Bibl. nat., ms. lat. 14672, fol. 34 v°.
    C. Copie du XVII° siècle, à la Bibl. nat., ms. lat. 14679, p. 432.

383

1154, 31 janvier. — LATRAN.

Confirmation par le pape Anastase IV des privilèges de l'abbaye de Saint-Germain-des-Prés. — « Effectum justa postulantibus... »

    A. Original, avec traces de sceau, aux Arch. nat., L. 229, n° 8.
    B. Copie du XII° siècle, aux Arch. nat., LL. 1024 (Cartul. ††† de Saint-Germain-des-Prés), fol. 7 r°.

Édit. : (a) Bouillart, *Hist. de l'abbaye de Saint-Germain-des-Prés*, pr., p. XXXVIII, d'après A. — (b) Migne, *Patrologie*, t. CLXXXVIII, col. 1030, d'après a.

---

[1] Voir ci-dessus notre n° 352.

384

1154, 4 avril-26 mars 1155. — Paris.

Concession par Adèle, abbesse de Montmartre, aux marchands de poisson de Paris, d'un emplacement près du château du roi[1], moyennant un cens annuel de soixante sous.

In nomine sancte et individue Trinitatis, amen. A[dela], Dei gratia Montis Martirum abbatissa, totusque ejusdem loci conventus, tam futuris quam presentibus. Noveritis quod nos quandam plateam, Parisius, super stratam juxta castellum regis habemus, quam nos ejusdem civitatis piscium venditoribus, ad vendendum suos pisces, sub censu singulis annis LX^a solidorum in perpetuum concedimus, sub tali scilicet tenore quod sex illorum, Albertus, Hungerus, Martinus, Gaubertus, Ernodus, Vitalis, sive eorum heredes, nobis et pro se et pro aliis de predicto censu respondeant, et per IIII^{or} terminos, in terminis videlicet carnificum, sex predicti nobis xv solidos persolvant, et sic nobis, ut jam dictum est, LX^a solidos singulis annis compleant. Si vero in predictis terminis censum ad plenum non reddiderint, unus pro omnibus et una satisfactione et quod vulgo una lege dicitur emendans, censum ex integro nobis restituet, et quod in emendatione et census restitutione ab eo expensum fuerit, ab eo qui commisit, totum ei exigere licebit. Addimus etiam quod in tota terra nostra que ibi est, sine licentia eorum vendere pisces nulli licebit. Concedimus etiam quod, si aliqua querela inter eos, de his que ad terram nostram pertinent, emerserit, per se poterunt pacificare. Si vero per se pacificari nequiverint, nos de his et de omnibus que ad nos pertinent, justiciam nobis reservamus. Est etiam constitutum quod, si unus vel duo vel plures eorum defuerit, residui predictam summam denariorum in prefixis terminis ex integro persolverent. Si vero aliquis eorum ita defecerit quod nequiverit vel noluerit conventionem istam tenere, seu defuerit qui hereditario jure ei habeat succedere, piscatorum erit communiter alium substituere, qui locum deficientis obtineat et censum in parte sua nobis persolvat. Addimus etiam quod, si aliquis eorum in predicta platea aliquid edificii vel emendationis fecerit, alii, salvis venditionibus et ceteris reddilibus nostris, vendere poterit. Quod, ut ratum in posterum maneat, nos sub cyrographo sigilli nostri caractere firmari decrevimus. Actum publice in capitulo nostro, anno ab Incarnatione Verbi M° C° L° IIII°; astantibus quorum nomina subsignata sunt : Signum Adile abbatisse. Signum Rigsendis priorisse. Signum Ameline cantricis. Signum Mabilie. Signum Odeline. Signum Raineri capellani. Signum David conversi. Signum Sigeri servientis. Signum Bernardi archidiaconi, cujus consilio hoc factum est. Signum Scrispani

---

[1] Il s'agit sans doute ici du grand Châtelet et de la poissonnerie qui donna son nom à la rue Pierre-au-Poisson. (Voir Jaillot, *Recherches*, t. I, quartier Saint-Jacques-la-Boucherie, p. 67.)

decani. Signum Durandi, presbiteri Sancti Severini. Signum Henrici, presbiteri de Ruel. Signum Scrispini, presbiteri de Moldon. Signum Heri piscatoris. Signum Berneri piscatoris. Signum Ernoldi piscatoris. Signum Durandi de Ruel. Signum Rainaldi, majoris de Ruel.

A. Original en forme de chirographe, aux Arch. nat., S. 4448, n° 37, *nunc* K. 23*, n° 23³ (Musée n° 161).
B. Copie du xv° siècle, aux Arch. nat., LL. 1605 (Cartulaire de l'abbaye de Montmartre), fol. 16 r°.

385

1154, 1ᵉʳ août - 24 novembre [1]. — PARIS.

Louis VII donne son assentiment à la mise en culture de la moitié des marais situés au nord de Paris, et appartenant aux chanoines de Sainte-Opportune.

PRIVILEGIUM LUDOVICI REGIS.

In nomine sancte et individue Trinitatis. Ego Ludovicus, Dei gratia Francorum rex et dux Aquitanorum. Regni sedes principalis, civitas Parisiensis, et antecessoribus nostris Francorum regibus semper grata, quanto nobis est acceptior, tanto amplius sollicitudinem regiam ea que ad honorem et suffragia civium pertinent decet providere. Secus eamdem civitatem aquosa quedam terra est, quam mariscos vocant, in usum communis pascue constituta et Sanctę Oportunę propria. Notum sit igitur omnibus, tam natis quam nascituris, quod nostro et venerandi Parisiensis episcopi Teobaudi nostrorumque fidelium consilio, canonici Sanctę Oportune, propter ecclesię paupertatem et communem multorum utilitatem, mariscorum medietatem culturę et curticulis faciendis dederunt, habituri censum in festo sancti Remigii, de singulis videlicet agripennis denarios XII^{cim}, ex nostro assensu, decimis terre illius et viaria retentis et consignatis in jure ejusdem ecclesię. Si tamen exinde aliquod grave natum fuerit, quod nequeant finire canonici et majori egeat consilio, salvo jure ecclesie, res illa perferetur ad episcopum. Ex hoc itaque redditu, censu scilicet, viaria et decimis, constitutum est ampliari prebendas, ut, canonicis qui tunc erant in vita sua habentibus seorsum annonam totam, prebende singule de cetero valeant in nummis VI libras. Quod si redditus habundaverit, de residuo canonici duo sive plures in servitio ecclesie assidui instaurentur, qui in beneficio prebendarum similiter accipiant sex libras. Quod, ut ratum sit in posterum et omnino inconcussum, conscribi et nostri sigilli auctoritate communiri, nostri quoque nominis karactere roborari precepimus.

Actum publice Parisius, anno ab Incarnatione Domini $M° C° LIIII°$, regni vero

[1] Cette pièce est antérieure au 24 novembre 1154, car, à cette date, Louis VII avait abandonné le titre de *dux Aquitanorum*, qu'il porte encore ici. (Voir Luchaire, *Études sur les actes de Louis VII*, p. 10.)

nostri x° vm°; astantibus in palatio nostro quorum subtitulata sunt nomina et signa : Signum Guidonis buticularii. Signum Mathei camerarii. Signum Mathei constabularii.

Data per manum Hugo(*monogramme*)nis cancellarii.

A. Original, avec traces de sceau, aux Arch. nat., K. 23², n° 23.
B. Copie du xiv° siècle, aux Arch. nat., LL. 93, fol. 33 v°.
C. Copie imprimée sur parchemin, et collationnée le 13 septembre 1627, aux Arch. nat., S. 1962, n° 1, L. 566, n° 1, et L. 693, n° 3 (triple exemplaire).

386
1154, 1ᵉʳ août-26 mars 1155. — PARIS.
Fondation par Louis VII, dans son palais, à Paris, d'un oratoire dédié à la Vierge.

ANTIQUA CARTA SUPER LIBERACIONE.

In nomine sancte et individue Trinitatis, amen. Ego Ludovicus, Dei gratia Francorum rex. Sciant universi presentes et futuri quod in honore beate Marie matris Domini, Parisius, in domo nostra, oratorium quoddam construximus, in cujus dedicatione, pro victualibus sacerdotis in capella eadem servientis, dotem assignavimus et annualem redditum : apud Gonessam, duos modios frumenti in festivitate sancti Remigii, sex modios vini de haubanno, et trigincta solidos Parisiensium de censu apud Bainels, ad luminare et servicium capelle. Preterea, quociens et quamdiu rex sive regina, sive etiam proles regia, in palatio fuerint Parisius, capellanus qui in capella Beate Marie servierit mi°ʳ panes et dimidium vini sextarium et tesam candele et duos denarios cotidie habebit pro quoquina. Omnes vero oblationes ejusdem capelle habebit capellanus; sed, cum missam audierimus ibidem, capellani qui curiam secuntur, medietatem oblationum habebunt, et, si regina affuerit, suus capellanus terciam partem offerende habebit. Et, cum regina sine nobis missam audierit, capellanus suus unam habebit medietatem de offerenda, et alteram qui assiduus est in capella. Quod, ut ratum sit et indubitabile, sigillo nostro muniri et nominis nostri karactere insigniri precepimus.

Actum publice Parisius, anno Dominice Incarnationis m° c° liiii; astantibus in palatio nostro quorum subtitulata sunt nomina et signa : Signum Teobaldi, Blesensis comitis, dapiferi nostri. Signum Guidonis buticularii. Signum Mathei camerarii. Signum Mathei constabularii.

Data per manum (*monogramme*) Hugonis cancellarii.

A. Original scellé, aux Arch. nat., K. 23, n° 22.
B. Copie collationnée du xvii° siècle, aux Arch. nat., S. 973, n° 51.
C. Copie du xvii° siècle, aux Arch. nat., LL. 623 (Cartulaire de la Sainte-Chapelle), fol. 45.

387

1154 [1], 16 décembre. — ROME.

Confirmation par le pape Adrien IV des droits de l'évêque de Paris
sur les églises appartenant à l'abbaye de Sainte-Geneviève. — «Quod ecclesias Beate Genovefe...»

A. Original, avec traces de sceau, aux Arch. nat., L. 229, n° 1 bis.
B. Copie du XIII° siècle, à la Bibl. nat., ms. lat. 5526 (Cartulaire de l'évêque), fol. 16 v°.
C. Copie du XIV° siècle, aux Arch. nat., LL. 183 (Grand Cartulaire de Notre-Dame), fol. 169 r°.
D. Copie du XVIII° siècle, aux Arch. nat., LL. 185, p. 61, d'après A.

Édit.: (a) Sauval, *Antiquités de Paris*, t. III, p. 49, d'après A. — (b) Baluze, *Miscellanea*, t. III, p. 72. — (c) Mansi, *Concil.*, t. XXI, p. 829, d'après b. — (d) Guérard, *Cartul. de Notre-Dame de Paris*, t. I, p. 30, d'après A et B.

388

Vers 1154.

Notice d'un duel judiciaire ordonné par le roi Louis VII pour terminer un différend survenu
entre l'abbaye de Saint-Germain-des-Prés et Étienne de Massy [2].

DE CAPTIONE HOMINIS NOSTRI DE ANTOGNIACO.

In Christi nomine. Ego Gaufridus, Dei gratia abbas Sancti Germani Parisiensis, et ejus monasterii conventus. Notum esse volumus universitati presentium pariter et futurorum quod Stephanus de Machiaco cepit quemdam hominem nostrum, Ingelramnum de Antogniaco, quoniam ipse juxta publicam stratam fossetum quoddam faciebat, ubi idem Stephanus et Eustachius de Bivera, consanguineus ejus, mediam partem vicarie se habere clamabant. Nos autem hanc injuriam, super injusta captione hominis nostri nobis illatam, domino regi ostendimus. Ipse vero, per submonitionem in curiam regiam veniens, omnes terras, preter arpennos extra villam Antogniaci et extra villas ad eam pertinentes, de vicaria quam clamabat esse asserebat, et ideo predictum hominem nostrum, absque suo assensu secus viam fodientem, ceperat. Dicebat insuper quod pater suus et ipse, post patrem, vadia belli, si quandoque in villa Antogniaci evenissent, ad voluntatem suam ex consuetudine apud Machiacum et apud Colliacum duxerant. Ad quod probandum duos homines exibuit. Porro nos, hec omnia pro ecclesia nostra negantes, per Landricum de Antogniaco, unum de probatoribus suis, secundum Lambertum de Machiaco, in approbatione facienda quam promiserat mendosum esse monstra-

---

[1] Jaffé (*Regesta pontificum roman.*, 2° édit., p. 103) classe cette bulle à 1154. On ne trouve, en effet, qu'en décembre de cette année des actes de ce pape datés de Rome.

[2] Nous laissons à ce document la date que lui a donnée dom Bouillart son premier éditeur (*Hist. de Saint-Germain-des-Prés*, pr., p. XXXIX). Mais il pourrait être aussi de 1153 ou de la fin de 1152.

vimus. Igitur pluribus intercurrentibus intervallis, ad diem a domino [1] statutum, venit idem Stephanus cum suo pugili in curiam domini regis Parisius, ubi fratres nostri Rainardus et Philippus, a nobis destinati loco nostri, sicut ad duellum bene muniti adfuerunt. Proinde pertractata causa in presentia Parisiensium prepositorum, Guillelmi de Gornaio, Rainoldi de Bellomonte, Balduini Flandrensis, locum domini regis tenentium, cum non posset inter nos et predictum Stephanum pax firmari, adductus est in medio uterque pugil et ad conflictationem statutus : cumque ambo diu multumque conflictassent et sese invicem gravissime afflixissent, tandem, Deo auxiliante, pugil noster, adversarium suum viriliter et audacter invadens, oculum ei eripuit, et tanto conamine eum gravavit quod, illo profitente se victum esse, victoria sibi cessit. Preterea eadem die, supradictus Stephanus adduxerat duos homines in medium, per quorum testimonium probare volebat quia ipse vel servientes sui, sine assensu nostro et officialium nostrorum, debebant de jure metretas de villa Pyrodio ad rectum parare. Ingelbertus autem de Antogniaco, uni illorum hominum, Odoni nuncupato, contradicens, testimonium ipsius super hoc falsum esse se probaturum publice asseruit, et, sic vadiis belli inter eos commissis, ad duellum faciendum eadem dies prefixa fuit. Cumque victoriam primo pugili nostro, sicut predictum est, cessisset, prefati fratres nostri Rainardus et Philippus alium nostrum pugilem, scilicet Ingelbertum, cum obsidibus bonis in medium adducentes, obtulerunt judicibus eum ad probandum quod promiserat. At sepedictus Stephanus presens cum ibidem non fuit, nec pugilem suum, sicut mos est, cum obsidibus pretaxatis judicibus exhibuit, unde iidem judices fratribus nostris Rainardo et Philippo, cum pugilibus et obsidibus nostris, dederunt licentiam recedendi a curia. Et, cum ipsi judices a curia exeuntes irent ad propria, prenominato Stephano obviarunt, quem, per defectum utriusque duelli, captum cum suis pugilibus et obsidibus in castello posuerunt.

A. Copie du xiv° siècle, aux Arch. nat., LL. 1026 (Cartulaire de Saint-Germain-des-Prés), fol. 108 r°.

389
Vers 1154-1157.

Charte de Barthélemy, prieur de Saint-Martin-des-Champs,
réglant les conditions d'un emprunt fait par un moine nommé Eudes pour la réparation de sa maison.

CARTA SANCTI MARTINI DE DO[M]NO ODONE CLERICO.

Ego Bartholomeus, prior Sancti Martini, notum facio tam presentibus quam futuris quod Odo clericus, qui se nobis reddidit et sua post obitum suum, mu-

---

[1] Suppléez le mot «rege».

tuavit a quadam femina, nomine Liois, LX solidos ad meliorandam domum que super aquam sita est. Unde eciam eidem femine concessit, assensu nostro, dimidiam partem predicte domus ad manendum vel concedendum, et mansionem in camera juxta posita in vita sua, ita quod nec domum nec cameram invadiare vel alienare poterit; domus vero nostra LX solidos predicte femine post mortem Odonis, si non fuerint ab ipso redditi, solvet. Quod, ut ratum sit, sigilli nostri impressione et testium subscriptione firmavimus.

A. Copie du XIIIe siècle, aux Arch. nat., LL. 1351 (Cartulaire A de Saint-Martin-des-Champs), fol. 88 r°.
B. Copie du XVIe siècle, aux Arch. nat., LL. 1353 (Cartulaire C de Saint-Martin-des-Champs), fol. 104 r°.

390

1155, 9 février-26 mars [1]. — PARIS.

Confirmation par Louis VII du don de Barbery, fait à l'abbaye de Montmartre par la reine Adélaïde, sa mère.

In nomine sancte et individue Trinitatis, amen. Ego Ludovicus, Dei gratia Francorum rex. Amor Dei et votorum obligacio nos aliquando compulit ad sanctum Jacobum apostolum et patronum nostrum peregrinari. Sed, dum essemus in itinere, bone memorie Adelaydis [2], regina Francie et mater nostra, in sancta confessione migravit a seculo apud Montem Martirum, in collegio [3] sanctarum feminarum, quam sane abatiam [4] ipsa fundaverat, et specialiter diligens, dum adhuc vivebat, villam quandam de dote sua, Barbariacum scilicet, eidem loco donavit in elemosinam. Quod donum ut concederemus, per nostros et suos familiares nostre mandavit serenitati atque rogavit. Cujus precem exaudire et voluntatem facere convenientissimum nobis erat. Sciant igitur universi presentes et futuri quod, completa peregrinacione nostra, sepulturam regine matris nostre voluimus videre, et congregacionem dominarum Montis Martirum visitantes, in earum capitulo, multis presentibus, Barbariacum villam, stangnum, cum justicia et districtis et cum omnibus pertinenciis, quicquid scilicet ibidem habebamus, pro genitoris nostri regis Ludovici, et jamdicte regine matris nostre, et fratris nostri regis Philippi [5] animabus, atque nostra, in perpetuum ecclesie donavimus, et regine donum concessimus, et omnino ratum habuimus. Ut hoc autem in posterum cognitum sit et inconcussum, et ut omnis deinceps amoveatur calumpnia, sigilli nostri auctoritate presentem paginam muniri et nominis nostri karactere

---

[1] Le préambule de cette charte rappelle un voyage que Louis VII fit en Espagne à la fin de l'année 1154; or, comme il était encore dans le Midi le 9 février 1155 et que cette charte est datée de Paris, il faut que l'an de l'Incarnation y soit calculé d'après le style de Pâques, et qu'elle ait été donnée entre le 9 février et le jour de Pâques 1155. (Luchaire, *Études sur les actes de Louis VII*, p. 27.)

[2] *Var.* «Adelaudis» (A).
[3] *Var.* «colegio» (A).
[4] *Var.* «abaciam» (A).
[5] Philippe, fils aîné de Louis VI, associé au trône en 1129, mort avant son père, en 1131.

consignari precepimus. Actum publice Parisius, anno ab Incarnatione Domini millesimo c°L°IIII°; astantibus in palacio nostro quorum subtitulata sunt nomina et signa : Signum comitis Theobaudi, dapiferi nostri. Signum Guidonis buticularii. Signum Mathei camerarii. Signum Mathei constabularii.

Data per manum Hugonis cancellarii [1].

A. Vidimus de la prévôté de Paris, du 21 janvier 1497, aux Arch. nat., L. 1030, n° 1⁵.
B. Copie du xvi° siècle, aux Arch. nat., LL. 1605, fol. 35 v° et 32 r°.

391

1155, 27 mars-14 avril 1156. — Paris.

Confirmation par Louis VII de la redevance due par les bouchers de Paris à l'abbaye de Montmartre.

CONFIRMATIO DE TRIGINTA LIBRIS IN CARNIFICERIA CAPIENDIS IIII^{or} TERMINIS.

In nomine sancte et individue Trinitatis, amen. Ego Ludovicus, Dei gratia Francorum rex. Ex regie [2] administrationis providencia debemus protectionem ecclesiis regni et omnibus servis Dei, multoque amplius officiosi esse volumus circa tutelam sacrarum virginum, que ex voto et professione Dei servitio obligate sunt et minus habent virium ad defensionem rerum suarum. Hac racione, multum intendentes et solliciti circa monasterium de Monte Martyrum, quod de nostris et antecessorum nostrorum elemosinis fundatum esse dinoscitur, notum facimus universis, presentibus pariter et futuris, quoniam, quando reddidimus carnificibus Parisiensibus ministerium suum et confirmavimus, conventio fuit quod, pro domo Guerrici cambitoris que est ad portam civitatis, ubi et venduntur carnes, monialibus de Monte Martyrum triginta libras Parisiensium annuatim ad quatuor terminos, Natale scilicet, Pascha, festum sancti Johannis, festum sancti Dyonisii, equaliter partitis porcionibus per septem libras et dimidiam persolvant. Juxta eandem domum est platea quedam, quam Harcherus cambitor eidem ecclesie donavit in elemosinam, et nos, ex regia benivolentia, sororibus sepedictis triginta libras et plateam, ad eam libertatem in qua Archerus et antecessores sui eam habuerunt, confirmavimus. Quod, ut ratum sit in posterum, sigillo nostro muniri et nominis nostri karactere precipimus consignari. Actum publice Parisius, anno Dominice Incarnationis M° C° L° V°; astantibus in palacio nostro quorum subtitulata sunt nomina et signa. Signum comitis Teobaudi, dapiferi nostri. S. Guidonis buticularii. S. Mathei camerarii. S. Mathei constabularii. Data per manum Hugonis cancellarii [3].

A. Copie du xiii° siècle, aux Arch. nat., L. 1030 (Cartulaire de Montmartre), fol. 4 v°.
B. Copie du xv° siècle, aux Arch. nat., LL. 1605 (Cartulaire de Montmartre), fol. 18 r°.
C. Copie du xvi° siècle, aux Arch. nat. (ibid.), fol. 39 r°.

---

[1] Les noms des témoins manquent dans A. — [2] Var. «rege» (A). — [3] Var. «cancelarii» (A).

392

Vers 1155 [1].

Décision du chapitre de Paris touchant la confiscation des biens des meurtriers dans son ressort.

DE CONSTITUCIONE CONTRA EOS QUI HOMINEM OCCIDUNT IN TERRA BEATE MARIE.

Pro continuis molestiarum sollicitudinibus evitandis, pro gravissimis et intolerabilibus injuriis, pro frequentibus homicidiis que in terra Beate Marie contingebant, ex quorum impunitate scelestorum ac nefariorum manus ad consimilia et graviora scelera provocabantur, ego Clemens, Parisiensis decanus, et universi Parisiensis ecclesie canonici, concorditer decrevimus, et cum juramento sancire dignum duximus quod, quicumque aliquem hominem justiciam non denegantem in terra nostra occiderit, vel servum, vel hospitem nostrum ubicumque, bonis omnibus que in terra nostra tunc possidebit privetur, donec judicio ecclesie nostre satisfecerit. Si autem interfector servus vel hospes ecclesie nostre fuerit, bona similiter universa que in terra nostra habebit, vel que rationabili modo ei proventura erunt, irrecuperabiliter amittat, nisi de innocentia sua confidens, probare [2] potuerit, aut quod non occiderit, aut quod in defensionem proprii corporis eum occiderit; interim autem universa ejus possessio in proprietatem capituli redigatur. Hoc idem de illis statuimus, qui corporalem presentiam ad illud homicidium perpetrandum adhibuerint. Illud etiam juramento nostro addidimus quod, si quis canonicorum, vel absens vel in canonicum promovendus, per litteras aut per nuntium a decano commonitus, hujus forme juramentum facere noluerit, infra septimum diem commonitionis, ei neque in choro neque in capitulo, donec fecerit, communicabimus.

A. Copie du XIIe siècle, aux Arch. nat., LL. 177 (*Livre noir* de Notre-Dame), p. 310.
B. Copie du XIIIe siècle, aux Arch. nat., LL. 176 (*Petit Pastoral* de Notre-Dame), p. 4.

393

1156, 15 avril – 30 mars 1157. — Paris.

Confirmation par Louis VII de la donation, faite à la maison de Saint-Lazare par deux femmes atteintes de la lèpre, de leurs personnes et de leurs biens.

DE DUABUS SORORIBUS DE MOSTERIOLO.

In nomine sancte et individue Trinitatis, amen. Ego Ludovicus, Dei gracia

---

[1] Nous laissons à cette pièce la date approximative que lui a donnée Guérard (*Cartul. de Notre-Dame*, t. I, p. 216). Mais on doit remarquer qu'on n'y relève aucune autre indication chronologique que le nom du doyen Clément, qui siégea de 1148 à 1165 environ.

[2] La copie A portait : « frigide aque judicio probare », mais ces mots ont été exponctués après coup.

Francorum rex. Que pauperibus Christi conferuntur in elemosinam, nostram regiam serenitatem decet et concedere et memorie comendare, ne de justis possessionibus pauperum cujuslibet impietas aliquid valeat abrogare. Sciant itaque universi, et presentes et futuri, quod due sorores de Mosteriolo, Ermengardis et Frocia, asperse lepra, ad domum Sancti Lazari Parisiensis, ubi misellus fuerat earumdem frater, Henricus nomine, venerunt, et se et quod habebant donaverunt ecclesie, videlicet xv solidos et dimidium in censu terrarum et vinearum. Et, quòniam in feodo nostro constabat census ille, super hoc fratres nos adierunt et, pro amore omnipotentis Dei, de censu jam dicto factam elemosinam nos ecclesie Sancti Lazari et domui miserorum, salva justitia et viatura nostra, in perpetuum concessimus. Quod, ut ratum sit in posterum et omnino permaneat inconvulsum, nostri sigilli auctoritate muniri et nominis nostri karactere consignari precipimus. Actum Parisius, anno ab Incarnatione Domini m° c° lvi°; astantibus in palatio nostro quorum nomina subscripta sunt et signa : Signum comitis Theobaudi, dapiferi nostri. Signum Guidonis buticularii. Signum Mathei camerarii. Signum Mathei constabularii.

Data per manum Hugonis cancellarii.

A. Copie du xiii° siècle, aux Arch. nat., MM. 210 (Cartulaire de Saint-Lazare), fol. 5 r°.

394

1156, 15 avril-30 mars 1157. — Paris.

Confirmation par le chapitre de Paris du don d'une terre fait par les chanoines de Saint-Merry à l'abbaye de Saint-Magloire.

Ego Clemens, Parisiensis decanus, totusque ejusdem ecclesie conventus. Notum fieri volumus tam futuris quam presentibus convencionem quandam que per manum et assensum nostrum facta est. Canonici siquidem Sancti Mederici terram quandam hospitatam juxta officinas Beati Maglorii, que tres solidos et quatuor denarios census eis reddebat, dederunt domno Petro abbati et ecclesie Sancti Maglorii, cum omnibus consuetudinibus suis, id est censum, parrochiam, justiciam, vendiciones, investituras, vel quicquid in ea ecclesia Sancti Mederici hactenus visa est tenere, pro parte cujusdam terre que est ad capucium ecclesie Sanctorum Innocentum, que etiam quinque solidos census reddebat. Quam terram Petrus abbas, assensu capituli sui, sic concessit habendam, ut omnes ex ea redhibiciones, consuetudines, viaturam, et que ad eam pertinent, habeant et quiete possideant. Concessit etiam censum cujusdam domus que fuit Warenioth, que decem denarios reddit. Et, ne in futuro ab aliquo commutatio possit infringi vel deleri, memorie litterarum tradere curavimus, et impressione sigilli Beate Marie muniri precepimus, et testibus infrascriptis ad corroborandum tradidimus. Signum Clementis decani. S. Alberti precentoris. S. Welmundi[1] archidiaconi. S. Petri archidiaconi. S. Ivonis[2] archidiaconi. S. Roberti sacerdotis. S. Walterii sacerdotis. S. Odonis sacerdotis. S. Durandi diaconi. S. Herluini diaconi. S. Herberti diaconi. S. Osmundi subdiaconi. S. Theobaldi subdiaconi. S. Balduini subdiaconi. S. Girardi pueri. S. Bartholomei pueri. S. Bosonis[3] pueri. Actum publice in capitulo Beate Marie, anno Incarnati Verbi M° C° L° VI°. Data per manum Algrini cancellarii.

A. Copie de 1331, à la Bibl. nat., ms. lat. 5413 (Cartulaire de Saint-Magloire), fol. 37.
B. Copie du xvi° siècle, aux Arch. nat., S. 1160, n° 11.
C. Copie du xvii° siècle, aux Arch. nat., LL. 173 (Cartulaire de Saint-Magloire), p. 74.

395

1150-1158, 1ᵉʳ novembre. — LATRAN.

Lettre du pape Adrien IV invitant l'évêque Thibaud à réserver à Hugues, chancelier de France, le premier office qui serait vacant dans l'église de Paris. — «Quoniam de devotione...»

Édit. : (a) Duchesne, *Hist. Franc. script.*, t. IV, p. 586. — (b) Labbe, *Concilia*, t. X, col. 1154, d'après a. — (c) Hardouin, *Concil.*, t. VI, part. II, col. 1343, d'après a. — (d) Mansi, *Concil.*, t. XXI, col. 805, d'après c. — (e) *Rec. des hist. de la France*, t. XV, p. 675, d'après a. — (f) Migne, *Patrol.*, t. CLXXXVIII, col. 1536, d'après d.

396

1156-1158, 23 décembre. — LATRAN.

Permission accordée par le pape Adrien IV aux chanoines de Saint-Victor de recevoir dans leur monastère et d'y retenir tous clercs ou laïques libres. — «Implenda sunt semper postulantium desideria...»

A. Original scellé, aux Arch. nat., L. 229, n° 3.

397

1157-1158.

Vente par Guillaume[4], prieur de Saint-Martin-des-Champs, à un prêtre nommé Gautier, de la maison de Garnier de Saint-Marcel.

DE DOMO GUARNERII [DE SANCTO] MARCELLO.

Noverint presentes et posteri domnum Willelmum, priorem Sancti Martini de

---

[1] *Var.* «Wuilmundi» (B).
[2] *Var.* «Yvonis» (B).
[3] *Var.* «Hosonis» (A).

[4] Il y eut deux prieurs du nom de Guillaume à Saint-Martin-des-Champs, l'un vers 1157-1158 (*Gallia christ.*, t. VII, col. 524), l'autre au début

Campis, assensu totius capituli, vendidisse Galterio presbytero, filio Mascelini de Monfort, domum Garnerii de Sancto Marcello, cum arpenno adjacenti et orto, ad censum septem solidorum singulis annis, in octavis sancti Dionisii, ea conditione quod predictam domum vendere, vel pro libito suo cui voluerit dare possit. Quamdiu autem ipse Galterius supradictam domum habebit, si aliquid in ea vel ejus ambitu de suis propriis rebus vendiderit, nec ipse nec emptor aliquam vendendi vel emendi dabunt monachis consuetudinem; nullus autem post eum domum possidens ab hac reddenda consuetudine inmunis erit. Nam viariam cum omni alia justicia in eadem domo et ejus ambitu, tam predicti Galterii tempore quam aliorum, monachi sibi retinuerunt. Ipsi vero monachi per omnia eidem Galterio de ipsa domo cum appenditiis suis omnem garandiam portabunt. Hujus rei testes sunt, ex parte monachorum : Symon supprior, Johannes tercius in ordine et alii.

<small>A. Copie du xiiie siècle, aux Arch. nat., LL. 1351 (Cartul. A de Saint-Martin-des-Champs), fol. 91 r°.
B. Copie du xvie siècle, aux Arch. nat., LL. 1353 (Cartul. C de Saint-Martin), fol. 109 r°, d'après A.</small>

398
1157-1158, 18 janvier. — LATRAN [1].

Défense faite par le pape Adrien IV de bâtir aucune église ou chapelle sur le territoire de Saint-Marcel, sans le consentement du chapitre de cette église et de l'évêque de Paris.

Adrianus episcopus, servus servorum Dei, dilectis filiis Neveloni decano et universo capitulo ecclesię Sancti Marcelli, quę juxta Parisius sita est, salutem et apostolicam benedictionem. Justis petentium desideriis facilem nos convenit impartiri consensum, et vota que a rationis tramite non discordant effectu sunt prosequente complenda. Eapropter dilecti filii nostri Thomę, concanonici vestri, precibus inclinati, petitionibus vestris nostrum impartimur assensum, et quod in alio privilegio a sede apostolica quondam vobis indulto deesse videtur presenti paginę duximus adjungendum, statuentes ut infra parrochias vestras ecclesiam vel quodlibet oratorium, absque vestro et dyocesani episcopi assensu, nullus edificare presumat. Quod, si factum fuerit, auctoritate apostolica irritum habeatur. Nulli ergo omnino hominum liceat hanc paginam nostrę institutionis infringere, vel ei aliquatenus contraire. Si quis autem hoc attemptare presumpserit, indignationem omnipotentis Dei et beatorum Petri et Pauli apostolorum ejus incurrat. Datum Laterani, xv kalendas februarii.

<small>A. Original, avec traces de sceau, aux Arch. nat., L. 229, n° 17.</small>

<small>du xiiie siècle. Le nom du sous-prieur Simon, qui figure ici parmi les témoins, prouve que c'est du premier que cette pièce émane.

[1] Cette bulle est certainement antérieure à la confirmation du 26 juin 1158, que nous donnons sous le numéro 405.</small>

399

1157-1159, 18 février. — LATRAN.

Mandement du pape Adrien IV à l'abbaye de Sainte-Geneviève de payer aux chanoines de Saint-Victor les revenus de la prébende qu'ils possédaient à Sainte-Geneviève. — «Ex injuncto nobis...»

 A. Original scellé, aux Arch. nat., L. 229, n° 16.
 B. Copie du xvi° siècle, à la Bibl. nat., ms. lat. 14672, fol. 36 v°.
 C. Copie du xvii° siècle, à la Bibl. nat., ms. lat. 14679, p. 469.

400

1157, 31 mars-19 avril 1158. — PARIS.

Renonciation par le roi Louis VII au droit de gîte sur les terres de l'église Notre-Dame. — «... Nos ergo ecclesiam Parisiensem, in cujus claustro, quasi quodam maternali gremio, incipientis vite et puericie nostre exegimus tempora, antecessoribus nostris cariorem et inter regni ecclesias eminentem considerantes...»

 A. Original en forme de chirographe, aux Arch. nat., K. 24, n° 1 bis.
 B. Copie du xii° siècle, aux Arch. nat., LL. 177 (Livre noir de Notre-Dame), p. 256.
 C. Copie du xiii° siècle, aux Arch. nat., LL. 175 (Grand Pastoral de Notre-Dame), p. 575.
 D. Copie du xiii° siècle, aux Arch. nat., LL. 176 (Petit Pastoral de Notre-Dame), p. 91.
 E. Copie du xiii° siècle, aux Arch. nat., J. 152, n° 1.
 F. Copie incomplète du xv° siècle, aux Arch. nat., JJ^E. (anc. JJ^A.) fol. 83 v°.

Édit.: (a) Du Boulay, Hist. univers. Paris, t. II, p. 276, fragm. — (b) Hemeræus, De Academia Paris., p. 24, fragm. — (c) Félibien, Hist. de Paris, t. V, p. 596, fragm. — (d) Gallia christ., t. VII, instr., col. 66, d'après D. — (e) Guérard, Cartul. de Notre-Dame, t. I, p. 270, d'après D. — (f) Tardif, Cartons des rois, p. 287, n° 552, d'après A.

401

1157, 31 mars-19 avril 1158. — PARIS.

Donation par Louis VII à l'Hôtel-Dieu d'une censive située près de la porte Baudoyer,
à charge d'une redevance annuelle de trois deniers, payable au roi.

DE CENSU ET DOMINIO DE PORTA BAUDERII DATIS A REGE LUDOVICO.

In nomine sancte et individue Trinitatis, amen. Ludovicus, Dei gratia Francorum rex. Quod regia sancire decrevit auctoritas, nullius debet infringi temeritatis arrogantia. Sciant omnes qui viderint presentes litteras, nos in puram et perpetuam elemosinam concessisse et contulisse pauperibus Domus Dei Parisiensis tres solidos et octo denarios de censu, Parisius, apud portam Bauderiam sitos; et non tantum censum, sed fundum et omne dominium et quicquid juris et potestatis in censiva illa habebamus, dicte Domus Dei pauperibus dedimus, nichil nobis aut successoribus nostris retinentes in censiva illa, exceptis tribus denariis qui nobis et successoribus nostris annuatim reddentur pro garandia; quod nos deinceps ratum permanere volentes, sigilli nostri munimine et nominis nostri karactere subter annotato fecimus confirmari. Actum Parisius, anno Verbi Incarnati M° C° L° VII°; astantibus in palatio nostro quorum apposita sunt nomina et signa : Signum comitis Theobaldi, dapiferi. S. Guidonis buticularii. S. Mathei camerarii. S. Radulphi constabularii. Data per manum (*monogramme*) Hugonis cancellarii.

A. Original, avec traces de sceau, aux Arch. de l'Assist. publ., layette 65, liasse 392.
B. Vidimus de 1261, aux Arch. de l'Assist. publ., layette 65, liasse 392.
C. Copie du XIII° siècle, aux Arch. de l'Assist. publ., A 1803 (Cart. G de l'Hôtel-Dieu), fol. 1 r°.
D. Vidimus de 1381, aux Arch. de l'Assist. publ., layette 65, liasse 392.

402

1157-1159, 11 mai. — LATRAN.

Lettre du pape Adrien IV invitant le chapitre de Notre-Dame à réserver à Hugues, chancelier de France, la première prévôté qui sera vacante dans l'église de Paris, ainsi qu'une maison dans le cloître[1]. — «Ecclesiasticas personas...»

Édit. : (*a*) Duchesne, *Hist. Franc. script.*, t. IV, p. 592. — (*b*) Du Boulay, *Hist. univ. Paris.*, t. II, p. 270. — (*c*) Labbe, *Concilia*, t. X, col. 1661, d'après *a*. — (*d*) Hardouin, *Concil.*, t. VI, part. II, col. 1351, d'après *a*. — (*e*) *Rec. des hist. de la France*, t. XV, p. 680, d'après *a*. — (*f*) Mansi, *Concil.*, t. XXI, col. 812, d'après *d*. — (*g*) Migne, *Patrologie*, t. CLXXXVIII, col. 1606, d'après *g*.

403

Vers 1157-1159 [2].

Legs par Heudiard, sœur converse, de tous ses biens au prieuré de Saint-Martin-des-Champs.

CARTA THEOBALDI EPISCOPI DE TESTAMENTO HULDEARDIS CONVERSE.

Ego Theobaldus, Dei gratia Parisiorum episcopus, notum facio omnibus, tam presentibus quam futuris, quod quedam conversa Sancti Martini de Campis, Heldeardis nomine, testamentum suum fecit ecclesie ejusdem Beati Martini, omnes

---

[1] Cf. ci-dessus, n° 395, une lettre analogue du pape Adrien IV à l'évêque de Paris en faveur du même personnage.

[2] Cette pièce est antérieure à 1159, époque de l'avènement de Pierre Lombard, successeur de l'évêque Thibaud. Elle est sans doute au plus tôt de 1157, date des premiers actes connus où soit mentionné le prieur Guillaume. Elle est en tout cas postérieure à 1154, date de la dernière pièce où figure le prieur Barthélemy, prédécesseur de Guillaume. (Voir Marrier, *Hist. mon. S. Martini de Campis*, p. 190 et 299.)

videlicet domos suas cum pertinentiis et appendiciis; item unum chocettum in Sequana et alterum Sancto Dyonisio de Carcere; item, apud Monasteriolum, decem et octo oves quas habet Guimerius de Fonteneto; item omne mobile suum et omnia debita sua, ubicumque sint. Quod tempore domni Guillermi prioris ejusdem factum est, qui et ipse prior eidem converse [1], dum viveret, victualia dari concessit. Quod, ut inconcussum et incunvulsum perseveret, munimine nostri sigilli et sigilli Sancti Martini confirmavimus.

A. Copie du xiiie siècle, aux Arch. nat., LL. 1351 (Cartul. A de Saint-Martin-des-Champs), fol. 45 v°.
B. Copie du xvie siècle, aux Arch. nat., LL. 1353 (Cartul. C de Saint-Martin), fol. 46 v°, d'après A.

404

1158, 20 avril – 11 avril 1159. — Paris.

Concession par Louis VII à l'abbaye de Montmartre d'une charretée de bois mort à prendre chaque jour dans le bois de Vincennes.

In nomine sancte et individue Trinitatis, amen. Ego Ludovicus, Dei gracia Francorum rex. Notum facimus omnibus, futuris sicut et presentibus, quia domui Montis Martyrum et sororibus ibi Deo famulantibus in Vicenna mortuum nemus ad usum domus, unam quadrigatam ad duos equos cotidie, concessimus, extra fossata Bonorum Hominum de Grandimonte, et servientes nostros inhibemus ne ministris monialium noceant injuste, neque disturbent. Quod, ut ratum sit in posterum, sigillo nostro muniri fecimus, ascripto [2] nominis nostri karactere.

Actum Parisius, anno Dominice Incarnationis millesimo centesimo L° VIII°.

A. Copie du xiiie siècle, aux Arch. nat., L. 1030 (Cartulaire de l'abbaye de Montmartre), fol. 18 r°.

405

1158, 26 juin. — Sutri.

Confirmation par le pape Adrien IV des privilèges et possessions du chapitre de Saint-Marcel.

Adrianus episcopus, servus servorum Dei, dilectis filiis Niveloni, decano ecclesię Sancti Marcelli Parisiensis, ejusque fratribus tam presentibus quam futuris canonice substituendis, in perpetuum. Effectum justa postulantibus indulgere et vigor equitatis et ordo exigit rationis, presertim quando petentium voluntatem et pietas adjuvat et veritas non relinquit. Quorcica dilecti filii nostri Thomę, concanonici

---

[1] Le manuscrit A porte «converset». — [2] Le manuscrit A porte «ascripta».

vestri, precibus inclinati, vestris justis postulationibus clementer annuimus, et prefatam ecclesiam, in qua divino mancipati estis obsequio, sub beati Petri et nostra protectione suscipimus, et presentis scripti privilegio communimus : statuentes ut quascumque possessiones, quecumque bona, tam in vineis quam terris cultis vel incultis, pascuis, pratis et aquis, eadem ecclesia inpresentiarum juste et canonice possidet, aut in futurum concessione pontificum, largitione regum vel principum, oblatione fidelium, seu aliis justis modis, Deo propitio, poterit adipisci, firma vobis vestrisque successoribus et illibata permaneant. In quibus hec propriis duximus exprimenda vocabulis : Burgum videlicet, in quo ipsa ecclesia sita est, cum omnibus appenditiis suis; curiam de Cansilo cum pertinentiis suis; et villam Calonei cum pertinentiis suis; quicquid habetis in villa de Miseri; quicquid habetis in territorio de Vitheolo; et quicquid habetis in territorio de Villa Judea; terram quam habetis in territorio de Bertoldi Curte; terram quam habetis in territorio de Castreio; et terram quam habetis in territorio de Chezy; ecclesiam Sancti Petri de Ivri cum cimiterio; ecclesiam Sanctorum Gervasii et Protasii de Vitri, cum cimiterio et decimis ad ipsam pertinentibus; ecclesiam de Piroi, cum cimiterio et decimis ad ipsam pertinentibus, et capellam de Santrio; ecclesiam de Asneriis, cum cimiterio et decimis ad ipsam pertinentibus; et ecclesiam de Charentum, cum cimiterio et decimis suis atque terris, quas ibidem habetis. Statuimus insuper ut, secundum antiquam et rationabilem ecclesię vestrę consuetudinem, libere vobis liceat decanum eligere, qui assidue debeat ecclesię deservire. Clerici quoque ipsius ecclesię, qui ad ordines fuerint promovendi, per decanum ejusdem ecclesię, episcopo presententur. Preterea omnes illas libertates et priscas atque rationabiles consuetudines quas infra ambitum claustri vestri, aut in burgo in quo ipsa ecclesia sita est, seu in villis et possessionibus vestris, vel in capellis ipsius burgi, videlicet Sancti Martini et Sancti Ypoliti, et in capella Sancti Ylarii de Monte, hactenus canonice habuistis, vobis auctoritate apostolica confirmamus. Nulli etiam liceat in parrochiis prefatę ecclesię, nisi cum vestro et episcopi vestri assensu, ecclesiam edificare, neque alicui licitum sit servos ejusdem ecclesię ab utilitate et servitio vestro vobis invitis subtrahere vel auferre. In parrochialibus vero ecclesiis quas tenetis, liceat vobis libere secundum antiquam institutionem ecclesię vestrę, sicut hactenus fecistis, sacerdotes eligere et episcopo presentare, quibus, si idonei inventi fuerint, episcopus curam animarum committat; et vobis quidem de temporalibus, episcopo vero de spiritualibus, idem sacerdotes debeant respondere. Decernimus ergo ut nulli omnino hominum liceat prefatam ecclesiam temere perturbare, aut ejus possessiones auferre, vel ablatas retinere, minuere, seu quibuslibet vexationibus fatigare, sed omnia integra conserventur eorum pro quorum gubernatione ac sustentatione concessa sunt, usibus omnimodis profutura, salva sedis apostolicę auctoritate et Parisiensis episcopi canonica justicia. Si qua igitur in futurum ecclesiastica secularisve persona hanc nostrę constitutionis paginam sciens contra eam temere venire temptaverit, secundo tertiove commonita, nisi presumptionem suam congrua satisfactione correxerit, potestatis honorisque sui dignitate careat, reamque se divino juditio existere de perpetrata iniquitate cognoscat, et a sacratissimo corpore ac sanguine Dei et Domini Redemptoris nostri Jhesu Christi aliena fiat, atque in extremo examine districtę ultioni subjaceat; cunctis autem eidem loco sua jura servantibus sit pax Domini nostri Jhesu Christi, quatinus et hic fructum bonę actionis percipiant, et apud districtum judicem premia eternę pacis inveniant. Amen. Amen. Amen.

(*Rota*)[1]. Ego Adrianus, catholicę ecclesię episcopus, subscripsi. Benevalete.

PREMIÈRE COLONNE.

† Ego Hubaldus, presbiter cardinalis tituli Sancte Praxedis, subscripsi.

† Ego Hubaldus, presbiter cardinalis tituli Sancte Crucis in Iherusalem, subscripsi.

† Ego Bernardus, presbiter cardinalis tituli Sancti Clementis, subscripsi.

† Ego Octavianus, presbiter cardinalis tituli Sancte Cecilie, subscripsi.

† Ego Gerardus, presbiter cardinalis tituli Sancti Stephani in Celio Monte, subscripsi.

† Ego Ildebrandus, presbiter cardinalis basilicę XII Apostolorum, subscripsi.

† Ego Guido, presbiter cardinalis tituli Calixti, subscripsi.

† Ego Johannes, presbiter cardinalis tituli Sanctę Anastasię, subscripsi.

† Ego Albertus, presbiter cardinalis tituli Sancti Laurentii in Lucina, subscripsi.

† Ego Guilielmus, presbiter cardinalis tituli Sancti Petri ad Vincula, subscripsi.

DEUXIÈME COLONNE.

† Ego Oddo, diaconus cardinalis Sancti Georgii ad Velum Aureum, subscripsi.

† Ego Boso, diaconus cardinalis Sanctorum Cosme et Damiani, subscripsi.

† Ego Cinthyus, diaconus cardinalis Sancti Adriani, subscripsi.

† Ego Petrus, diaconus cardinalis Sancti Eustathii juxta Templum Agrippę, subscripsi.

† Ego Raimundus, diaconus cardinalis Sancte Marie in Via Lata, subscripsi.

Datum Sutrii, per manum Rolandi, sanctę Romanę ecclesie presbiteri cardinalis et cancellarii, VI kalendas julii, indictione VI, Incarnationis Domini anno M° C° LVIII°, pontificatus vero domni Adriani IIII[ti] papę anno IIII[to].

    A. Original, avec traces de sceau, aux Arch. nat., L. 229, n° 14².
    B. Copie collationnée de 1652, aux Arch. nat., L. 229, n° 14⁴, d'après A.
    C. Copie collationnée de 1660, aux Arch. nat., L. 229, n° 14⁵, d'après A.

---

[1] Dans le cercle de la *rota*, la devise d'Adrien IV : «Oculi mei semper ad Dominum.»

406

1159, 4 mars. — LATRAN.

Confirmation des biens et privilèges de l'abbaye de Saint-Magloire accordée à l'abbé Pierre par le pape Adrien IV. — «Religiosam vitam eligentibus...»

A. Copie du xiii siècle, aux Arch. nat., LL. 168 (Cartul. de Saint-Magloire), fol. 69 r°.
B. Copie de 1331, à la Bibl. nat., ms. lat. 5413 (Cartul. de Saint-Magloire), p. 26.
C. Copie du 9 juin 1528, aux Arch. nat., S. 1147, n° 3.
D. Copie du xviii siècle, aux Arch. nat., LL. 172 (Cartul. de Saint-Magloire), p. 423, d'après B.

Édit.: (a) *Gallia christ.*, t. VII, instr., col. 67. — (b) Migne, *Patrologie*, t. CLXXXVIII, col. 1621, d'après a.

407

1159, 7 mars. — LATRAN.

Confirmation accordée à l'abbé Thibaud par le pape Adrien IV des biens et privilèges de l'abbaye de Saint-Germain-des-Prés, et particulièrement du droit de nomination aux cures. — «Effectum justa postulantibus...»

A. Original, avec traces de sceau, aux Arch. nat., L. 229, n° 15.
B. Copie du xii siècle, aux Arch. nat., LL. 1024 (Cartul. ††† de Saint-Germain-des-Prés), fol. 8 v°.

408

1159, 12 mai. — LATRAN.

Confirmation par le pape Adrien IV des biens du chapitre de Sainte-Opportune. — «Pie postulatio voluntatis...»

...Ecclesiam Sanctorum Innocentum et aquosam terram quam mariscos vocant, juxta civitatem Parisius consistentem, quam bone memorie Teobaldus, quondam Parisiensis episcopus, et karissimus filius noster Lodovicus, illustris rex Francorum, vobis et ecclesie vestre confirmasse, ac suis scriptis roborasse noscuntur, capiceriam quoque ipsius ecclesie, sicut idem episcopus vobis eam racionabiliter adjudicavit, auctoritate apostolica confirmamus...

A. Original, à la Bibl. nat., ms. lat. 8992, n° 1.
B. Vidimus de 1315, aux Arch. nat., L. 693, n° 1.
C. Copie du xiv siècle, aux Arch. nat., LL. 93, fol. 31 v°.
D. Copie du 29 juillet 1454, aux Arch. nat., L. 966, n° 2.

Édit.: (a) Félibien, *Hist. de Paris*, t. III, p. 33. — (b) Migne, *Patrologie*, t. CLXXXVIII, col. 1630, d'après a.

409

1159, décembre-26 mars 1160. — Paris [1].

Confirmation par le roi Louis VII des biens et privilèges de l'abbaye de Saint-Magloire.

In nomine Domini Dei et Salvatoris nostri Jesu Christi. Ego Ludovicus, Dei gratia Francorum rex, ecclesię Sancti Maglorii in perpetuum. Cum bonorum virorum justis peticionibus condescendimus, superna nos gratia muniri non dubitamus. Proinde noverit omnium fidelium presentium scilicet et futurorum sollertia quod quidam abbas ecclesię Sancti Maglorii, Petrus nomine, nostram adiit presentiam, rogans et obnixe postulans preceptum firmitatis fieri, tam de rebus que pie ab antecessoribus nostris regibus, Hugone videlicet ejusdem monasterii fundatore et edificatore et aliis, erant concesse, quam de his quę a nobis videbantur esse collate. Cujus peticioni assensum prebentes, volumus et regia auctoritate firmando precipimus ut ea que olim eidem cenobio, et que a nobis, vel ętiam futuris temporibus, ob amorem Dei et sanctorum inibi quiescentium, videlicet predia, possessiones, beneficia, libera sint et quieta ab omni exactione, redibitione, consuetudine et relevatione monete quę tercio anno a nobis exigitur. Et, quia omnes ejusdem ecclesię possessiones, prolixitatem vitantes, enumerare nolumus, quasdam tamen in hoc scripto annotari precepimus. Est enim prior ecclesia Sanctorum Bartholomei atque Maglorii ante nostrum palacium sita, antiquitus regum capella, cum hospitibus et terra ex omni parte sibi adjacente; locus etiam ille ubi sita est abbacia, cum omni terra ex utraque parte sibi adjacente, cum ea terra que dicitur Sancti Mederici fuisse; aqua Secane sicut fluit a capite insule Sancte Marie usque ad Magnum Pontem, ita libera ut nullus inibi sine gratia et nutu ecclesię et abbatis Beati Maglorii piscari sive aliquid construere possit; in pago Parisiensi, in villa quę dicitur Monz, terra et hospites et vinum; et villa quę dicitur Carrona, quam dedit Robertus rex, cum vineis et terris et torcularibus, servis et ancillis, liberis ejusdem villę hospitibus a theloneo de rebus quas pro usu suo vendiderint vel emerint, et quod in procinctu ejusdem ville nullus alius torcular possit construere vel habere... In potestate Issiaci, vinee et hospites... Et, quia abbas Sancti Maglorii antiquitus capellanus regum constitutus est, et ob hoc quatuor prebende ei sunt atribute, volumus ut in horreo et cellario Beate Marie Parisiensis, ubi una illi est designata, similiter in horreo et cellario Sancti Germani, ubi alia constituta est, frumentum et vinum pro redditu illarum habeat et sine molestia recipiat. Ubicumque autem extra Parisium fuerimus, si illic abbas advenerit, de nostro, ut mos est, plenam procurationem habebit. Hec autem omnia que predicta sunt, vel que brevitatis causa non sunt denominata, vel quę deinceps a bonis viris eidem ecclesie fuerint collata, confirmamus auctoritate nostra, quatinus semper sub plenissima defensione et emunitatis tuicione corroborata permaneant, ita ut ab hinc nullus in his viariam, sanguinem, furtum, bannum, justiciam, aliquam consuetudinem et redibitionem habeat vel exquirat...

Actum publice Parisius, anno ab Incarnatione Domini m° c° l° ix°; astantibus in palatio nostro

---

[1] Cette pièce est signée du sénéchal Thibaud V, comte de Blois; or on sait qu'il avait quitté le roi Louis VII pendant le cours de l'année 1159, pour faire hommage au roi d'Angleterre, et qu'il rentra plus tard en grâce. M. Luchaire, à qui nous empruntons cette observation, pense qu'il reprit ses fonctions auprès du roi de France en décembre 1159, lorsque fut signée entre les deux rois la trêve qui devait durer jusqu'au 22 mai 1160. (*Études sur les actes de Louis VII*, p. 235.)

quorum subtitulata sunt nomina et signa : Signum comitis Theobaldi, dapiferi. S. Guidonis buticularii. S. Mathei camerarii. S. Mathei constabularii.

Data per manum Hugonis (*monogramme*) cancellarii.

    A. Original scellé [1], aux Arch. nat., K. 24, n° 3¹.
    B. Copie du xiii° siècle, aux Arch. nat., LL. 168 (Cartulaire de Saint-Magloire), fol. 67.
    C. Vidimus du 3 décembre 1440, aux Arch. nat., L. 451, n° 2.
    D. Copie de la fin du xv° siècle, aux Arch. nat., L. 602, n° 1.
    E. Vidimus du 20 septembre 1535, aux Arch. nat., K. 24, n° 3³.
    FG. Deux copies du xvi° siècle, aux Arch. nat., S. 1140, n°ˢ 11 et 13.
    H. Copie du 7 mai 1644, aux Arch. nat., K. 24, n° 3⁴, d'après *a*.
    J. Copie du xvii° siècle, aux Arch. nat., LL. 170 (Cartulaire de Saint-Magloire), fol. 3 r°.
    K. Copie du xvii° siècle, aux Arch. nat., S. 1140, n° 12.
    L. Copie du xviii° siècle, aux Arch. nat., LL. 172 (Cartulaire de Saint-Magloire), p. 420.

Édit. : (*a*) Dubreul, *Antiquités de Paris*, t. I, p. 1246 (extrait). — (*b*) *Gallia christ.*, t. VII, col. 69.

410

1159-1160 [2].

Pierre Lombard, évêque de Paris, reconnaît que l'office de chèvecier de Saint-Germain l'Auxerrois appartient au doyen de cette église.

LITTERA QUOD CAPICERIA ECCLESIE SANCTI GERMANI AUTISSIODORENSIS PARISIENSIS
PERTINET AD COLLATIONEM DECANI.

In nomine sancte et individue Trinitatis. Sciant presentes et posteri quod ego Petrus, Dei gratia Parisiensis episcopus, movi querelam adversus Remigium, decanum ecclesie [Sancti] Germani Autissiodorensis, pro capiceria ejusdem ecclesie. Dubitavi enim, quorumdam suggestione, utrum dictam capiceriam donatione predecessoris nostri, Theobaldi, optineret. Demum vero diligenter inquisita rei veritate et audita et cognita, scilicet quod predictus R[emigius] ipsam capiceriam cum decania, donatione et traditione predecessoris nostri Th[eobaldi], et juste et canonice possidebat, et quod etiam jamdicte ecclesie decani ipsam capiceriam cum decania optinuerant; interventu quoque et consilio Sansonis, Remensis archiepiscopi, Henrici, Belvacensis episcopi, et Roberti, Carnotensis episcopi, Petri

---

[1] Cette pièce est scellée du sceau de Charles VII en cire verte, attaché à des lacs de soie verte et rouge. Cette particularité est expliquée dans la note suivante écrite sur le repli du parchemin : «Presens carta, ex ordinacione domini cancellarii prehabita collacione quorumdam consiliariorum regis et aliorum proborum virorum, super nuper facta fractione sigilli regii quo fuerat antiquitus sigillata, fuit resigillata sigillo magno domini nostri regis Karoli vii^{mi} nunc regnantis, die tertia mensis decembris, anno Domini m° cccc^{mo} quadragesimo et regni dicti domini nostri regis decimo nono.»

[2] Les divers noms de prélats mentionnés dans cet acte prouvent suffisamment qu'il émane de Pierre Lombard, qui siégea de 1159 au 22 juillet 1160. (Cf. ci-après, p. 362, note 1.)

quoque, Trecensis abbatis, et Willermi, prioris Sancti Martini de Campis, et maxime pro recognitione veritatis, querelam inceptam ex toto et imperpetuum dimisi. Et, ne mota querela aliquod periculum rei traheret in posterum, dictum R[emigium] de ipsa capiceria simul cum decania investivi, approbans et affirmans ut ipse omnibus diebus vite sue dictam capiceriam et omnia ad ipsam pertinentia cum ipsa decania et omnibus pertinentibus ad ipsam integre, libere, quiete possideat et habeat. Et, ut ratum et inconcussum permaneat, litterarum presencium et sigilli presentis auctoritate corroboravimus, ita quod, si quis hoc violaverit, auctoritate Dei anathema sit.

A. Copie du xiii° siècle, aux Arch. nat., LL. 489 (Cartul. de Saint-Germain-l'Auxerrois), fol. 22 v°.

411

1159-1180 [1].

Confirmation par le pape Alexandre III de tous les biens et privilèges de Saint-Lazare [2].

Alexander episcopus, servus servorum Dei, dilectis filiis pauperibus Christi Leprosis, in suburbano Parisius in unum habitantibus, in perpetuum. Sacre scripture testimonio didicimus quoniam quem diligit Dominus corripit, flagellat autem omnem filium quem recepit. Et, quoniam taliter flagellatis regnum celorum est paratum, ratio et humane conditionis humilitas persuadet ut leprosis a castris siquidem separatis, qui, tolerantie virtute muniti, parentum et amicorum suorum domestica et dulci cohabitatione privati, corporales angustias et obprobria secularia sub spe eterni premii temporaliter sustinent, solatia ministremus. Ea propter, dilecti in Domino filii, quieti et utilitati vestre paterna sollicitudine providentes, vestris justis postulationibus clementer annuimus et predecessorum nostrorum beate recordationis Innocentii et Eugenii, Romanorum pontificum, vestigiis inherentes, locum vestrum cum omnibus ad ipsum pertinentibus sub beati Petri et nostra protectione suscipimus, et presentis scripti privilegio communimus, statuentes ut quascumque possessiones, quecumque bona inpresentiarum juste et legitime possidetis, aut in futurum concessione pontificum, largitione regum, liberalitate principum, oblatione fidelium, seu aliis justis modis, procurante Domino, poteritis adipisci, firma vobis et illibata permaneant. In quibus hec [3] propriis

---

[1] La date manque. En tête de la pièce se trouve écrite en marge la date de 1159, mais elle est d'une main moderne et n'est là sans doute que pour rappeler qu'Alexandre III fut élu pape le 7 septembre 1159.

[2] Le texte de cette bulle est copié presque littéralement sur la confirmation accordée à Saint-Lazare par le pape Eugène III, le 30 mai 1147, et que nous avons citée sous le n° 336.

[3] Le manuscrit porte «hoc».

duximus exprimenda vocabulis : Forum silicet annuale, in festo Omnium Sanctorum, quod constat ad caput ecclesie vestre situm, vobis a venerabili rege Francorum bone memorie Ludovico, pro anima venerabilis regis Philippi, filii sui, sua quoque et parentum suorum attributum, et a benignissimo rege filio ejus Ludovico litteris et signis suis corroboratum, quod nulli inde transferre liceat, vel ad illud venientes vel inde recedentes ausu temerario perturbare. Duos burgenses offitia infirmorum exercentes, ab omni consuetudine et exactione liberos et quietos, vobis ab ipso prefato rege concessos, quibus defunctis ut alii duo semper substituantur, vobis ab ipso donatum est. Decem porcos solidorum xxx a magistro carnificum per singulos annos recipiendos. Quinque modios vini habendos in pressoribus ipsius regis apud Musteriolum; et arpennos terre et pratorum sexies xx apud Cevreut, et totam ejusdem terre justitiam; et usum nemoris ad supplenda triticee domus negotia, vobis ab Arroldo, milite et leproso vestro, datos assensu Willelmi de Cornillun et uxoris sue et suorum liberorum, de quorum hoc erat feudo. Modium frumenti unum in decima Beeoli, quem dedit vobis Hugo de Oonz pro filio suo leproso, annuentibus filiis suis et episcopo. Modium unum annone in decima Columbarum, vobis ab uxore Pagani de Toroth datum, annuentibus filiis suis et episcopo et illis de quorum est feudo. Unum modium frumenti vobis ab Hugone, Guarnerii filio, et uxore ejus et filiis eorum concessum, in molendino Gentilli, in Adventu Domini recipiendum. Unum modium frumenti quem dedit vobis Johannes de Barris, habendum quotannis in molendino quod est contiguum [1] domui sue, et quicquid terre, pratorum, census et hospitum Henricus et uxor ejus leprosi habebant apud Fonteniacum. Unam fenestram cambitoris, quam dedit vobis Gauterius Pinzun, cum stallis quatuor ad portam ad vendendum panem, cum tribus etiam quadrigatis vini in suo clauso ad Musteriolum habendis singulis annis, non sine arpenno ejusdem clausi uno de meliori. Quinque modios vini ad Marli, ad mensuram ejusdem loci habendos, de censu vinearum cum pressoragio earum, quos dedit vobis Odo miles et leprosus, assensu fratrum suorum. Unum modium frumenti quem habetis a capitulo Beate Marie Parisiensis, in Quadragesima. Unum modium frumenti in molendino Willelmi de Garlanda, de Muibrai, habendum quotannis in Quadragesima. Sane novalium vestrorum queque propriis sumptibus colitis, sive de nutrimentis vestrorum animalium, nullus omnino a vobis decimas exigat. Decernimus ergo ut nulli omnino hominum liceat locum vestrum vel res ad ipsum pertinentes temere perturbare, auferre, minuere, vel aliquibus infestacionibus perturbare, sed omnia integra conserventur vestris usibus omnimodis profutura, salva sedis apostolice auctoritate. Si qua igitur in futurum ecclesiastica secularisve persona hanc nostre constitutionis paginam sciens contra eam temere

---

[1] Le manuscrit porte «continuum».

venire temptaverit, secundo terciove commonita, nisi reatum suum congrua satisfactione correx[er]it, potestatis honorisque sui careat dignitate, reumque se divino juditio existere de perpetrata iniquitate cognoscat, et a sacratissimo corpore et sanguine Dei ac Domini Redemptoris nostri Jhesu Christi aliena fiat, atque in extremo examine districte subjaceat ulcioni. Cunctis autem eidem loco sua jura servantibus sit pax domini nostri Jhesu Christi, quatinus et hic fructum bone actionis percipiant et apud districtum judicem premia eterne pacis inveniant. Amen.

A. Copie du xiii° siècle, aux Arch. nat., MM. 210 (Cartulaire de Saint-Lazare), fol. 53 r°.

412

1160, 1ᵉʳ février. — NAPLES.

Confirmation par le pape Alexandre III du dédoublement des prébendes de l'église Sainte-Opportune, pour accroître le nombre des chanoines.

LITTERA ALEXANDRI PAPE SUPER DIVISIONE PREBENDARUM ECCLESIE SANCTE OPORTUNE.

Alexander episcopus, servus servorum Dei, venerabili fratri episcopo Parisiensi, salutem et apostolicam benedictionem. Desiderantes plurimum ut divinus cultus in ecclesiis assidue augeatur, hiis que ad ipsius cultus augmentum provide statuuntur, libenter robur adicimus firmitatis. Cum itaque, sicut accepimus, tu provide pensans quod ecclesie Sancte Oportune Parisiensis adeo excreverant facultates, quod proventus cujuslibet prebende ipsius ecclesie duobus canonicis possent sufficere competenter, quodque dicta ecclesia, propter ministrancium paucitatem, defectum non modicum in divinis obsequiis pateretur, et, ut eadem eo magis ad divini cultus augmentum proficeret quo in ipsa ministrorum numerus augeretur, de communi assensu canonicorum ejusdem ecclesie ac decani et capituli Sancti Germani Parisiensis, ad quos collatio prebendarum dicte ecclesie, de antiqua et approbata ac hactenus observata consuetudine, pertinet, duxeris statuendum ut de cedentibus vel decedentibus ecclesie prefate canonicis qui nunc sunt, quelibet prebenda ipsius ecclesie dividatur in duas, et duobus canonicis assignetur, nos, tuis supplicationibus inclinati, quod super hoc a te provide factum est, gratum habentes et ratum, illud auctoritate apostolica confirmamus et presentis scripti patrocinio communimus. Nulli ergo omnino hominum liceat hanc paginam nostre confirmationis infringere, vel ei ausu temerario contraire. Si quis autem hoc attemptare presumpserit, indignationem omnipotentis Dei et beatorum apostolorum Petri et Pauli, apostolorum ejus, se noverit incursurum. Datum Neapoli, kalendis februarii, pontificatus nostri anno primo.

A. Copie du xiii° siècle, aux Arch. nat., LL. 489 (Cartulaire de Saint-Germain-l'Auxerrois), fol. 30 v°.

413

1160, 27 mars-15 avril 1161. — Paris.

Confirmation par le chapitre de Notre-Dame du don, jadis fait à la maison de Saint-Lazare, d'une rente d'un muid de froment.

DE ANNONA CAPITULI SANCTE MARIE.

Ego Clemens, Parisiensis ecclesie decanus, totumque ejusdem ecclesie capitulum, notum fieri volumus tam futuris quam presentibus quia antecessores nostri domui Leprosorum que est sita extra civitatem Parisius, pro amore Dei et pro remedio animarum suarum, unum modium frumenti in granario nostro, ad minam granarii nostri, concesserunt et usque ad tempus nostrum persolverunt. Nos etiam, bonis operibus minime invidentes, illud idem concedendo persolvimus, et persolvemus singulis annis usque ad Ascensionem Domini, nisi infra persolverimus. Ne autem nubilo oblivionis concessio talis aboleatur, sigilli nostri auctoritate confirmavimus, nomina quoque quorumdam nostrorum subscripsimus. Signum Clementis decani. S. Alberti precentoris. S. Guermundi archidiaconi. S. Philippi archidiaconi. S. Giraudi archidiaconi. S. Roberti, succentoris et sacerdotis. S. Galteri, capellani atque sacerdotis. S. magistri Galteri, sacerdotis. S. Herluini diaconi. S. Osmundi diaconi. S. Symonis diaconi. S. Hervei subdiaconi. S. Roberti subdiaconi. S. Stephani subdiaconi. S. Philippi pueri. S. Bosonis pueri. Actum publice Parisius, in capitulo, anno ab Incarnatione Domini M° C° LX°. Data per manum magistri Odonis cancellarii.

A. Copie du xiii° siècle, aux Arch. nat., MM. 210 (Cartulaire de Saint-Lazare), fol. 21 v°.

414

1160-1176, 4 juin. — Anagni [1].

Confirmation par le pape Alexandre III des biens que les Hospitaliers possédaient à Paris.

Alexander episcopus, servus servorum Dei, dilectis filiis magistro et fratribus Hospitalis Ierosolimitani, salutem et apostolicam benedictionem. Fervor religionis vestre et caritatis beneficia, que indigentibus jugiter exhibetis, ad admittendas justas petitiones vestras nos sollicitant propensius et inducunt, ut hospitalitatis proposito tanto ferventius insistatis quanto celerius in vestris a nobis fueritis petitionibus exauditi. Eapropter, dilecti in Domino filii, vestris justis postulationibus

[1] Cette bulle peut appartenir aux années 1160, 1173, 1174 ou 1176.

gratum impertientes assensum, et paci vestre volentes in posterum providere, universas possessiones et redditus, quos Parisius legitime comparastis, vobis et domui vestre auctoritate apostolica confirmamus et presentis scripti patrocinio communimus, statuentes ut nulli omnino hominum liceat hanc paginam nostre confirmationis infringere, vel ei aliquatenus contraire. Si quis autem hoc attemptare presumpserit, indignationem omnipotentis Dei et beatorum Petri et Pauli, apostolorum ejus, se noverit incursurum. Datum Anagnie, II nonas junii.

A. Original scellé, aux Arch. nat., L. 230, n° 6.

415

1160, avant le 22 juillet [1]. — PARIS.

Notification par Pierre Lombard, évêque de Paris, d'un don fait à la maison de Saint-Lazare par Robert, fils de Mathieu de Saint-Merry.

DE CENSU SALINATORUM.

Ego Petrus, Dei gratia Parisiensis episcopus. Notum facimus universis, tam presentibus quam futuris, quod Robertus, filius Mathei de Sancto Mederico, nobis presentibus et audientibus, domui Sancti Lazari Parisiensis, in quam uxorem ejus recipiebant, Avelinam nomine, de maritagio dicte domine [2] quendam censum de regratariis qui sal vendunt Parisius, et tres solidos census, et tres sextarios avene, atque decimam de sex arpennis terre, quam tenent fratres Templi de maritagio Aveline, cognovit se in elemosinam donasse; et, si de hoc dono surgeret aliquando calumpnia quia de feodo est, donec donum istud garantasset et ratum fecisset, in contraplegium dedit alium quendam censum suum, quem in Poteria habet de Sancta Genofeva. Actum publice Parisius, in domo nostra, anno ab Incarnatione Domini millesimo centesimo sexagesimo; astantibus illis quorum nomina subtitulata sunt: Guermundo archidiacono, Girardo archidiacono, magistro Manerio, Hugone de Sarcleio, Theobaudo de Senlid; Vitali, decano Mosiaci; Crispino, decano Antoniaci; Roberto, decano Donni Medardi; Roberto de Baaloi; magistro Anselmo.

A. Original scellé, aux Arch. nat., M. 30, n° 3.
B. Copie du XIII° siècle, aux Arch. nat., MM. 210 (Cartulaire de Saint-Lazare), fol. 31 v°.

---

[1] Pierre Lombard serait mort le 3 mai 1160, d'après l'Obituaire de Notre-Dame (Guérard, Cartul. de Notre-Dame, t. IV, p. 60), mais son épitaphe dans l'église Saint-Marcel (Gallia christ., t. VII, col. 69) fixait sa mort au 21 juillet, et l'Obituaire de Saint-Victor, de même que les Annales manuscrites de ce monastère, par Jean de Toulouze, la placent au 22 juillet. C'est cette dernière date qu'admet M. Victor Mortet dans son étude sur l'élection de Maurice de Sully (Annales de la Faculté de Bordeaux, 1885, n° 1).

[2] Le manuscrit B porte par erreur «nomine».

416

1160, après le 1ᵉʳ août. — Paris.

Confirmation par Louis VII d'un don fait à la maison de Saint-Lazare
par Robert, fils de Mathieu de Saint-Merry [1].

In nomine sancte et individue Trinitatis, amen. Ego Lucdovicus, Dei gratia Francorum rex, notum facimus universis, tam presentibus quam futuris, quod Rotbertus, filius Mathei de Sancto Mederico, in presentiam nostram veniens, domui et fratribus Sancti Lazari Parisiensis, in qua uxorem ejus recipiebant, Avelinam nomine, etc. Rem ita recitatam et auditam conscribi et ad perpetuam firmitatem sigillo nostro muniri precepimus, subterscripto karactere nostri nominis.

Actum Parisius, anno ab Incarnatione Domini Mº Cº LXº, regni nostri XXIIIº; astantibus, etc.

A. Original, avec restes de sceau, aux Arch. nat., K. 24, n° 4.
B. Copie du XIIIᵉ siècle, aux Arch. nat., MM. 210 (Cartulaire de Saint-Lazare), fol. 15 r°.

Édit.: Tardif, *Cartons des rois*, p. 291, d'après A.

417

1160, 1ᵉʳ août-15 avril 1161. — Paris.

Concession par Louis VII à Thèce, femme d'Ives Lacohe, de la propriété des cinq métiers
de tanneurs, baudroyeurs, sueurs, mégissiers et boursiers de Paris [2].

Ego Ludovicus, Dei gratia Francorum rex, universis presentes literas inspecturis salutem. Noveritis quod nos dedimus et concessimus ex nunc in posterum Thecie, uxori Yvoni Lacohe, et ejus heredibus magisterium tanatorum, baudreorum, sutorum, mesgeicorum et bursiorum, in villa nostra Parisiensi, cum toto jure ipsius magisterii quod habebamus et habere poteramus, et precipue dominium excubiarum dicte ville, cum omnibus pertinentibus ad easdem, et aliorum ad dictum magisterium pertinencium, habendum et possidendum in posterum ab ipsa et ab ejus heredibus. Et insuper quittavimus dictam Theciam et ejus heredes ab omni consuetudine et tolta et talia; neque pro preposito sive viario,

---

[1] Ce diplôme est copié littéralement sur la charte de Pierre Lombard que nous avons donnée sous le n° précédent; il est donc probable qu'il est de peu postérieur.

[2] Jusqu'à ces derniers temps l'authenticité de ce diplôme n'avait soulevé aucune objection, quoique de nombreux auteurs aient eu occasion de le publier ou de le citer. Nous croyons toutefois que c'est une pièce fausse, fabriquée vers la fin du règne de saint Louis, car, ainsi que M. Luchaire l'a fait observer avec raison, les formules «Universis presentes literas inspecturis salutem», «Noveritis quod», «Quod ut ratum sit... tradi fecimus» n'étaient point en usage à la chancellerie de Louis VII. Ajoutons que l'expression «villa Parisiensis» pour désigner la ville de Paris n'était guère de style au XIIᵉ siècle. — Cf. Luchaire, *Études sur les actes de Louis VII*, p. 89.

neque pro alio se justiciabunt, nisi pro corpore regis. Quod, ut ratum sit et in pace habeant, litteras et sigilum nostrum super hoc dono dicte Thecie et ejus heredibus tradi fecimus.

Actum Parisius, anno Domini M° C° LX°, regni nostri XXIIII°; astantibus in palacio nostro quorum apposita sunt nomina et signa : Signum comitis Theobaldi, dapiferi. S. Mathei camerarii. S. Mathei constabularii.

Data per manum Hugonis cancellarii.

A. Copie du XIV° siècle d'un vidimus de mars 1277 (n. s.), à la Bibl. nat., ms. fr. 24069 (*Livre des métiers*), fol. XII^{xx}x r°.

418

1160, 1er août–15 avril 1161. — PARIS.

Assignation par Louis VII de divers revenus au chapelain de la chapelle de Saint-Nicolas-du-Palais [1].

In nomine sancte et individue Trinitatis, amen. Ego Ludovicus, Dei gratia Francorum rex, notum facimus universis presentibus et futuris quod pater meus, bone memorie rex Ludovicus, anime sue consulens, in honore beati confessoris Nicholai, Parisius, in palatio, capellam constituit et de sacerdotis ibidem servituri sustentatione magnifice providit. Nos etiam, obtentu [2] remissionis peccatorum nostrorum, ipsum benificium capellano Sancti Nicholai attributum conscribi feceramus; sed, eandem negligentia corruptam renovantes cartulam, constituimus capellano duos modios frumenti apud Villam Novam annuatim habendos, in festo sancti Remigii; Parisius, in trelia nostra retro palatium, VI modios vini, ubi, si vinum defuerit, de haubannio nostro precipimus reddi; de redditu corvesariorum, in Natali x solidos, in Pascha x, ad Pentecosten similiter x. Quamdiu autem morabimur Parisius, sive nos, sive regina, sive mater nostra, sive proles regia, cottidie de domo nostra IIII^{or} panes et vini dimidium sextarium, pro coquina duos denarios, et pro luminari unam tesam candele ei perpetuo statuimus. Oblationes vero omnes, sicut justum est, capellani erunt; sed, cum erimus presentes cum capellanis qui nobiscum equitant, ex equo dividet, et similiter cum capellano regine; et, cum regina nobiscum affuerit, capellanus Sancti Nicholai offerende terciam partem habebit. Quod, ut perpetue stabilitatis obtineat munimentum, scripto commendavimus et sigilli nostri auctoritate et nominis nostri caractere subter firmavimus. Auctum publice Parisius, anno Incarnationis Dominice M° C° LX°, regni nostri XX° IIII; astantibus in palatio nostro quorum nomina subtitulata sunt et signa :

[1] Titre ajouté au XIV° siècle : «Carta vetheris capelle inferioris.» — [2] Suppléez «pro».

Signum Teobaldi, Blesensis comitis, dapiferi nostri. S. Guidonis buticularii. S. Mathei camerarii. S. Mathei constabularii.

Data per manum (*monogramme*) Hugonis cancellarii.

A. Original, avec traces de sceau, aux Arch. nat., K. 25, n° 1.
B. Copie collat. du xvii° siècle, aux Arch. nat., S. 978, n° 52.
C. Copie du xvii° siècle, aux Arch. nat., LL. 623 (Cartul. de la Sainte-Chapelle), fol. 44 *bis*.

419

Vers 1160.

Sentence de Maurice de Sully, évêque de Paris, attribuant au prieuré de Notre-Dame-des-Champs la moitié d'un four situé rue des Juifs, dont Robert, fils de Mathieu de Saint-Merry, contestait la propriété audit prieuré [1].

DE PARISIUS.

In nomine sancte et individue Trinitatis, amen. Ego Mauricius, Dei gratia Parisiensis ecclesie humilis minister, notum fieri volumus tam presentibus quam futuris quod, veniens ante presentiam nostram, Balduinus, prior Sancte Marie de Campis, adversus Robertum, filium Mathei de Sancto Mederico, querelam deposuit pro eo quod dicebat medietatem cujusdam furni residentis in vico Judeorum, cujus altera pars penes priorem erat, ipsum violenter et injuste tenere. Quo ad judicium nostrum sepius evocato, tandem ipsam controversiam ex mandato domini pape et sine remedio appellationis audiendam et fine debito terminandam suscepimus. Controversia autem talis erat : dicebat siquidem prior totum predictum furnum ad jus Beate Marie pertinere, ea scilicet ratione quod ei datus fuerat a quadam muliere, nomine Teelina, et a filio ejus Henrico, cujus maritus, nomine Bartholomeus, eidem ecclesie se dederat, in elemosinam, id est in donationem inter vivos, licet contemplatione mortis et possessionem totius furni habuerat et quiete possederat; quod evidentissime, tam super possessione quam super donatione, multorum testium copia comprobavit. Qui quidem testes asserebant supradictum furnum prefato B[artholomeo] et uxori ejus nullatenus de hereditate obvenisse, sed de adquisitione ipsorum esse. Predictus vero R[obertus], uxore sua presente, cujus nomine experiebatur, et ratum habente quod per eum fiebat,

---

[1] Cette charte est sans date, et la chronologie des prieurs de Notre-Dame-des-Champs est trop incertaine pour que l'on puisse dire à quelle époque siégeait le prieur Baudouin; nous pensons toutefois que c'était au commencement de l'épiscopat de Maurice de Sully, car on sait par deux actes que nous avons donnés ci-dessus (n°° 415 et 416) que Robert, fils de Mathieu de Saint-Merry, vivait en 1160.

hec omnia penitus abnegabat. Auditis igitur rationibus hinc inde, et attestationibus receptis, omnibusque diligenter inspectis, communicato cum sapientibus viris consilio, servato ordine juris, in negotio procedentes secundum cause merita, partem furni de qua erat contentio, auctoritate apostolica et nostra, ecclesie Beate Marie adjudicavimus. Quod quidem scribi fecimus et sigilli nostri munimine roborari.

A. Original, avec traces de sceau, aux Arch. nat., L. 920, n° 15

420

Vers 1160 [1].

Abandon par les fils de Jean des Barres de tous les droits qu'ils pouvaient avoir sur une maison et des vignes situées à Belleville, qu'un chevalier nommé Burdin avait données à Saint-Victor.

DE VINEIS BURDINI MILITIS.

Ego Everardus, minister humilis milicie Templi, notum fieri volo tam posteris quam presentibus quod filii Johannis de Barris fratris mei, Willelmus et Baldevinus, consilio et precibus patris sui, pro remedio animarum suarum et anticessorum suorum, ex toto remiserunt ecclesie Beati Victoris quicquid juris habebant seu clamare poterant, tam in domo quam in vineis et omnibus que Burdini militis fuerunt, et que Burdinus eidem ecclesie, post obitum suum et uxoris sue, concessit atque imperpetuum donavit. Burdinus enim, antequam donum ecclesie Beati Victoris fecisset, domum suam et vineas apud Savias in feodum Johannis de Barris posuerat, et de eo tenebat, et illi servicium debebat. Que omnia, videlicet feodum et servicium et omne jus suum in omnibus que ex dono illius Burdini predicte ecclesie evenerunt, prefati filii Johannis, in presentia nostra et sub testimonio nostro, imperpetuum remiserunt et libere ac quiete possidere concesserunt, ut nichil deinceps ex his vel ipsi vel successores eorum exigere aut reclamare possint. Quod, ut in posterum ratum firmumque permaneat, scripto commendari ac sigilli nostri testimonio signari censuimus. Nomina testium qui affuerunt hec sunt : Rericus, canonicus de Meldis; Girbertus et Henricus, Landricus panetarius et filius ejus Everardus. Per crucem revestierunt Nanterum, priorem de Sancto Victore, Willelmus et Balduinus, filii Johannis de Barris.

A. Original scellé, aux Arch. nat., S. 2154, n° 18.

---

[1] Cette pièce est sans date, mais elle peut être attribuée aux environs de l'an 1160, car le prieur de Saint-Victor, Nanterus, qui y est nommé, mourut le 12 juin 1162. (*Gallia christ.*, t. VII, col. 666.)

421

1161, après le 27 mars [1].

Louis VII signifie au prieur de Saint-Victor que l'abbé Achard, ayant été promu évêque d'Avranches, devra désormais s'abstenir de tout acte d'administration dans l'abbaye.

Ludovicus, Dei gratia Francorum rex, priori et universis fratribus Sancti Victoris salutem et dilectionem. Ecclesia ista ex beneficio prædecessorum nostrorum et ecclesiæ Parisiensis fundata est, unde et specialius eam diligimus. Vocatus est abbas vester ad aliam ecclesiam. Non volumus quod res ecclesiæ, cujus cura ad nos principaliter spectat, in aliquo minorentur, sed crescant. Unde et regia auctoritate vobis præcipimus ut abbas A[chardus] de cetero nullam alienandi vel accipiendi res ecclesiæ istius habeat facultatem, neque eo præsente verbum aliquod de electione incipiatis. Valete.

A. Copie dans un manuscrit de Saint-Victor.

Édit. : (a) Duchesne, *Hist. Franc. script.*, t. IV, p. 763, d'après A. — (b) Du Boulay, *Hist. Univers. Paris.*, t. II, p. 300. — (c) Martène, *Amplissima collectio*, t. VI, p. 232, d'après A. — (d) *Gallia christ.*, t. VII, col. 666, d'après a. — (e) *Rec. des hist. de la France*, t. XVI, p. 27, d'après a.

422

1161, 16 avril - 7 avril 1162. — ORLÉANS.

Donation par Louis VII à la léproserie de la Saussaye, près Villejuif, de la dîme du vin amené au cellier royal à Paris pour le service du roi ou celui de la reine.

Citée par : (a) Dubreul, *Antiquités de Paris*, p. 1214. — (b) *Gallia christ.*, t. VII, col. 635. — (c) Luchaire, *Études sur les actes de Louis VII*, p. 224, d'après a et b.

423

1161, 16 avril - 7 avril 1162. — PARIS.

Don par Louis VII aux religieuses d'Yerres des revenus de la chèvecerie de l'église de Paris, pendant la vacance du siège épiscopal.

HEC EST QUARTULA ECLESIE BEATE MARIE PARISIENSIS DE SEDE VACANTE.

Ego Ludovicus, Dei gratia Francorum rex. Post obitum Parisiensis episcopi bone memorie Theobaldi, episcopatus et regale in nostram manum venit, et similiter capicerie redditus. Sed, cum oblationes et redditum altaris nollemus assumere in usus regios, monasterium virginale de Edera conspeximus multis

---

[1] Bréquigny (*Table des dipl.*, t. III, p. 322) et la *Gallia christiana* (*loco cit.*) placent cette lettre en 1162, mais elle est plutôt de l'année précédente, car l'élection d'Achard au siège d'Avranches eut lieu le 27 mars 1161. (*Gallia christ.*, t. XI, col. 481. Cf. Luchaire, *Études sur les actes de Louis VII*, p. 243.)

indigere, et sacrarum virginum indigentie succurrere dignum duximus. Notum itaque fecimus universis, presentibus et futuris, quod, pro nostra et antecessorum nostrorum regum Francie animabus, quicquid capiebamus in capiceria eclesie Parisiensis, vacante sede et episcopatu existente in manu regia, conventui sororum de Edera, quociens vacaverit episcopatus, donavimus, habendum usque ad ipsam diem qua facta fuerit electio. Et interim, dum tenuerint moniales capiceriam, ipsius capicerie et altaris, tam de luminaribus quam de aliis necessariis, sicut est consuetudo eclesie, expensas facient. Quod, ut ratum sit et penitus inconvulsum, per scripturam presentem et regii sigilli impressionem confirmari precipimus, subscripto nominis nostri karactere. Actum publice Parisius, anno ab Incarnatione Domini M° C° LXI°; astantibus in palatio nostro quorum subtitulata sunt nomina et signa : Signum comitis Theobaldi, dapiferi nostri. Signum Guidonis buticularii. Signum Mathei camerarii. Constabulario nullo.

Data per manum Hugonis, cancellarii et episcopi Suessionensis [1].

A. Copie du XIII° siècle, aux Arch. nat., LL. 1599 (Cartulaire de l'abbaye d'Yerres), p. 2.
B. Copie du XVII° siècle, à la Bibl. nat., ms. lat. 11899, fol. 155 r°, d'après A.
C. Copie du XVIII° siècle, aux Arch. nat., K. 181, n° 21.

424

1161, 29 mai. — ANAGNI.

Lettre par laquelle le pape Alexandre III demande au chapitre de Paris de donner l'hospitalité dans le cloître de Notre-Dame à trois de ses neveux, venus à Paris pour étudier.

Alexander episcopus, servus servorum Dei, dilectis filiis decano et capitulo Parisiensi, salutem et apostolicam benedictionem. Cum dilectos filios Joannem, Rogerium et Blasium, nepotes et capellanos nostros, Parisius duxerimus destinandos, disciplinis scholasticis ibidem vacaturos, attendentes quod ex conversatione bonorum morum formatur honestas, et propter hoc eorum profectibus expedire quod iidem in loco morentur congruo et cum personis commorentur honestis, universitatem vestram duximus attente rogandam, per apostolica vobis scripta mandantes quatenus ipsos cum eorum familia in domibus claustri ecclesiæ vestræ morari, pro reverentia nostra, benignius permittatis, statuto contrario, quod habere dicimini juramento firmatum, ne quis nisi canonicus, vel in expensis canonici, in domibus ipsis manere valeat, non obstante; preces nostras taliter impleturi, quod vestra exinde posset devotio merito commendari. Datum Anagniæ, III calendas julii, pontificatus nostri anno secundo.

Édit. : (a) Hemeræus, *De Academia Paris.*, p. 17. — (b) Dubois, *Hist. eccles. Paris.*, t. II, p. 220.

---

[1] La copie A porte «Suessenonensis».

425

1161, 27 juin. — PALESTRINA.

Lettre adressée par le pape Alexandre III au chapitre de Saint-Victor, pour lui recommander un diacre de l'église romaine, nommé Alexis, pourvu d'un canonicat dans cette abbaye. — «Cum universos Christi...»

A. Copie du xviie siècle, à la Bibl. nat., ms. lat. 14679, p. 689.

Édit. : (a) Martène, *Ampliss. collec.*, t. VI, col. 241. — (b) Migne, *Patrol.*, t. CC, col. 121, d'après a.

426

Entre 1161 et 1168 [1].

Charte de Thibaud III, prieur de Saint-Martin-des-Champs, rappelant les donations faites par Aubert, chantre de l'église de Paris, au prieuré de Saint-Martin.

CARTA ALBERTI CANTORIS PARISIENSIS.

Notum sit omnibus quod venerabilis amicus noster domnus Albertus, canonicus et cantor Parisiensis, dedit nobis pro remedio anime sue prebendam suam de Stampis in ecclesia Beate Marie, totam, integram, absque ulla retentione, et jam habemus eam. Dedit etiam nobis vineas suas de Saviis, quas emit a Sancto Victore; et domum suam de Termis, cum vinea que ad eam pertinet; domum eciam suam de Victriaco, cum vineis quas de Sancto Martino tenet, et cum omnibus que ibi adquisivit vel adquisierit. Insuper dimisit nobis omnia mobilia que inventa fuerint ad mortem ejus, que sub legittimis testibus alibi non dederit; et tres tonnas novas; corporis etiam proprii sepulturam, nisi eam alibi diviserit. Ego quoque frater Theobaldus, prior Sancti Martini de Campis, et omnes seniores nostri concedimus ei ut singulis annis, in festivitate sancti Remigii, de nostro proprio donentur ei novem libre Parisiensium denariorum, quamdiu id ei placuerit accipere, et in festivitate hyberna sancti Martini, agnina pelicia, et nocturnales qui vulgo bote dicuntur. Ipse quoque cantor constituit nobis et promittit quod singulis annis, in crastinum dominice ante Cineres que Quinquagesima vocatur, dabit viginti solidos ad refectionem fratrum. Nos etiam constituimus ei ut post mortem, anniversarium [2] ejus faciendum, tribuantur xx solidi, ad refectionem fratrum, de redditibus ejus quos ecclesia habuerit, nullique priori, nulli camerario, nullique persone liceat

---

[1] Ce sont les dates extrêmes que l'on donne habituellement au prieurat de Thibaud III à Saint-Martin-des-Champs. — [2] *Suppl.* le mot : «ad».

ejus anniversarium hac benedictione defraudare. Quod si placuerit ei has novem libras in vita sua nobis dimittere, ut jam deinceps nichil inde accipiat, vult tamen idem cantor et nos concedimus ut, de redditibus quos tunc habebimus, nos nichilominus xx solidos demus ad refectionem in die qua prediximus faciendam, et post mortem ad anniversarium ejus, absque diminutione vel in vita vel in morte. Signum magistri Mauricii episcopi. S. Willelmi de [Pevers. S. Roberti de Sancto Joanne. S. Aimonis. S. magistri Federici de Corbolio. S. Costabuli. De monachis : S. Theobaldi prioris. S. Symonis subprioris. S. Theobaldi infirmarii. S. Laurentii, prioris de Carcere][1].

A. Copie du xiii° siècle, aux Arch. nat., LL. 1351 (Cartulaire A de Saint-Martin-des-Champs), fol. 99 v°.
B. Copie du xvi° siècle, aux Arch. nat., LL. 1353 (Cartul. C de Saint-Martin), fol. 122 v°, d'après A.

427

1162, 7 juillet. — MONTPELLIER.

Confirmation, accordée à l'abbé Thibaud par le pape Alexandre III, des privilèges et possessions de l'abbaye de Saint-Germain-des-Prés, et spécialement du droit de patronage sur les cures[2]. — « Effectum justa postulantibus... »

A. Original, avec traces de sceau, aux Arch. nat., L. 230, n° 15.
B. Copie du xvii° siècle, aux Arch. nat., L. 230, n° 15².
C. Copie collationnée du 10 mars 1664, aux Arch. nat., L. 230, n° 15³.

428

1162, 1ᵉʳ août-23 mars 1163. — PARIS.

Rétablissement par Louis VII des anciens privilèges de la corporation des bouchers de Paris.

In nomine sancte et individue Trinitatis, amen. Ego Ludovicus, Dei gratia Francorum rex... Quoniam, secundum Apostolum, qui preest in sollicitudine debet curare ut omnia sue subjecta potestati recto et honesto procedant ordine, nos emulati sumus exemplum sanctitatis circa Parisiensis civitatis ordinacionem, in qua longo tempore carnifices quasdam antiquas habuerunt[3] consuetudines, patris mei regis Ludovici tempore, et diebus[4] antecessorum nostrorum superiorum regum, et sub nobis per aliquod tempus. Ostensum est autem nobis interesse

---

[1] Les noms entre crochets avaient été omis par le premier rédacteur du cartulaire; ils ont été ajoutés en marge au xvii° siècle, d'après l'original scellé, alors conservé dans les archives du prieuré.

[2] Cf. ci-dessus (n° 407) une bulle analogue du pape Adrien IV, datée du 7 mars 1159.
[3] Var. « habuerant » (A).
[4] Var. « in diebus » (A).

civitatis ut commutarentur antique consuetudines carnificium, et mutatus est ordo qui fuerat antiquitus, et diu permansit res secundum legem nostre commutacionis. Porro naturales carnifices nos adierunt[1] et sue miserie pondus exposuerunt nobis, quod videlicet semet ipsos, neque uxores suas, neque familias suas gubernare poterant, et sua' lacrimabili deploracione nos ad pietatem commoverunt. Itaque aperientes eis viscera pietatis, per consilium eorum qui nobis adsistebant, revocavimus in civitatem nostram Parisiensem antiquas consuetudines carnificum et eis eas omnino et integraliter reddidimus. Notumque facimus universis, presentibus pariter et futuris, nos reddidisse carnificibus civitatis Parisiensis omnes antiquas consuetudines suas, quas habuerunt tempore superiorum regum, et in diebus patris nostri, bone memorie regis Ludovici, et[2] nostro etiam tempore; ad horam et sub tanta asseveracione eis illas consuetudines assignavimus ut[3] nulli postmodum liceat potestati antiqum inmutare ordinem et antiquas movere consuetudines carnificum Parisiensium de omnibus ministeriis suis. Quod, ut cognitum sit et ratum omnino imposterum, carta regia et sigillo nostre auctoritatis communiri precepimus, subter inscripto karactere nostri nominis.

Actum publice Parisius, anno Incarnati Verbi M° C° LXII°, regni nostri XXVI°; astantibus in palacio nostro quorum apposita sunt nomina et signa : Signum comitis Theobaldi, dapiferi nostri. Signum Guidonis butticularii. Signum Mathei camerarii. Constabulario nullo. Data per manum (*monogramme*) Hugonis cancellarii.

A. Vidimus de Charles le Bel, de mars 1325 (n. s.), aux Arch. nat., JJ. 62, fol. 176 r°.
B. Vidimus de Charles, régent de France, de septembre 1358, aux Arch. nat., JJ. 86, fol. 131 r°.

429

Vers 1162 ou 1163 [4].

Lettre adressée au roi Louis VII par Guy, fils de Mainfroy, et Mainfroy, fils de Pizo, pour lui recommander un de leurs parents : «nepotem nostrum nomine Al., clericum litteratum et omni honestate conspicuum, Parisius, quasi ad catholicæ fidei arcem, festinantem, vestræ serenitati committimus...»

A. Copie dans un ms. de Pétau.
B. Copie dans un ms. de l'abbaye de Saint-Victor, coté II, 22.

Édit. : (a) Duchesne, *Hist. Franc. script.*, t. IV, p. 708, d'après A et B. — (b) Du Boulay, *Hist. Univ. Paris.*, t. II, p. 301, d'après a. — (c) *Rec. des hist. de la France*, t. XVI, p. 78, d'après a.

---

[1] *Var.* «non audierunt» (A).
[2] Le mot «et» manque dans A.
[3] *Var.* «et» au lieu de «ut» dans B.

[4] Cette lettre fait allusion aux difficultés qui obligèrent le pape Alexandre III à quitter l'Italie au commencement de son pontificat.

430

Vers 1162 ou 1163 [1].

Lettre adressée à Louis VII par un landgrave,
pour lui recommander ses deux fils qu'il envoyait étudier à Paris. — «Quod hactenus nullam...»

A. Copie dans un ms. de Pétau.
B. Copie dans un ms. de l'abbaye de Saint-Victor, coté II, 22.

Édit.: (a) Duchesne, *Hist. Franc. script.*, t. IV, p. 704, d'après A et B. — (b) Du Boulay, *Hist. Univ. Paris.*, t. II, p. 302, d'après a.

431

1162-1172.

Lettre d'Eudes, cardinal légat [2], à Ernis, abbé de Saint-Victor,
au sujet d'une chapelle d'orfèvrerie qu'il avait chargé un de ses serviteurs de lui acheter à Paris.

Odo, Dei gratia sanctæ Romanæ ecclesiæ dyaconus cardinalis et apostolicæ sedis legatus, dilecto fratri Ernisio, abbati Sancti Victoris, salutem. Latorem præsentium — frater fuit Fredonis, clerici nostri, qui cum iret ad dominum papam Pisis obiit — famulum nostrum, quem pro quibusdam negotiis nostris ad vos transmisimus, dilectioni vestræ commendamus, rogantes ut, in his quærendis quæ sibi injunximus, diligentiam adhibeatis. Volumus enim ut duo bacilia, calicem, thuribulum et reliqua ad capellam, si optima invenerit, acquirat et cambium faciat; et rogamus ut eum adjuvetis.

A. Copie dans un ms. de Saint-Victor, publiée par Martène, *Ampliss. collect.*, t. VI, col. 245.
B. Copie du xvii° siècle, à la Bibl. nat., ms. lat. 14679, p. 592.

432

1162-1172.

Lettre d'Eudes, cardinal légat, à Ernis,
abbé de Saint-Victor, touchant divers objets d'orfèvrerie qu'il avait fait acheter à Paris.

Odo, Dei gratia sanctæ Romanæ ecclesiæ dyaconus cardinalis et apostolicæ sedis legatus, dilecto fratri et amico charissimo Ernisio, abbati Sancti Victoris,

---

[1] Cette date peut être induite d'une phrase où l'auteur de la lettre parle d'une rupture entre Louis VII et Frédéric II, ce qui semble se rapporter au temps où l'empereur chassait d'Italie le pape Alexandre III, que le roi de France recevait dans ses États.

[2] Jaffé signale sous le pontificat d'Alexandre III deux cardinaux diacres du nom d'Eudes: l'un du 15 octobre 1159 au 1er décembre 1161, l'autre du 15 octobre 1159 au 1er mars 1174. C'est du second que cette lettre et la suivante émanent. Il était cardinal du titre de Saint-Nicolas «in Carcere Tulliano».

salutem. Mandamus vobis ut missale nostrum mittatis nobis per istum præsentium latorem, et, si contracambium feceritis de argento in aurum, tenete apud vos. Si calicem, thuribulum seu ampullas acquisieritis, mittite ad nos per tales qui secure deducant. Bacilia si conquisieritis, tenete apud vos; grisios qui sunt apud vos mittite nobis, et litteras istas apud vos retinete, ut sciatis quæ transmiseritis ad nos. Historiam etiam nostram [1] mittite nobis.

A. Copie du xvii° siècle, à la Bibl. nat., ms. lat. 14679, p. 592.

433

1163, 24 mars - 31 juillet.

Donation par Louis VII à la léproserie de la Saussaye, près Villejuif, d'une rente annuelle de trois livres dix-huit sous, à prendre sur le péage du Petit Pont, moitié à la Mi-carême et moitié à la Toussaint [2].

Citée par : (a) Dubreul, *Théâtre des antiquités de Paris*, p. 1214. — (b) *Gallia christ.*, t. VII, col. 635, d'après a. — (c) Luchaire, *Études sur les actes de Louis VII*, p. 251, n° 472, d'après a et b.

434

1163, 24 mars-novembre [3]. — PARIS.

Don par Grimaud et sa femme, à la maison de Saint-Lazare, d'une boutique de change sur le Grand Pont, que Pétronille, leur sœur, recluse de ladite maison, leur avait achetée.

DE FENESTRA SUPER MAGNUM PONTEM.

Ego Mauritius, Dei gratia Parisiensis episcopus. Universis, tam futuris quam presentibus, notum fieri volo quod Petronilla, Sancti Lazari reclusa, consilio et ammonitione fratrum ejusdem loci, emit fenestram nummulariam supra Magnum Pontem a Grimodo fratre suo. Hanc venditionem tenendam et in perpetuum habendam concesserunt in elemosinam domui Sancti Lazari, in ipso capitulo, Grimodus et uxor sua, et filius suus Johannes; et de ipsa cum libro super altare Sancti Lazari donum fecerunt. Hujus rei testes sunt : Reimoldus de Moriana [4], Gueneis, Guillelmus Alutarius, Anquetinus, coquus prioris, Richardus Normannus.

---

[1] Ou peut-être « vestram ».

[2] Nous ne connaissons aucune copie de cette pièce.

[3] Maurice de Sully fut élu évêque de Paris le 12 octobre 1160, mais il ne fut consacré que quelques semaines plus tard, et c'est du jour de sa consécration seulement qu'il comptait les années de son pontificat. (Voir à ce sujet un article que M. Victor Mortet doit publier dans le *Bull. de la Soc. de l'hist. de Paris* de 1887 et qu'il a eu l'obligeance de nous communiquer en manuscrit.

[4] Cf. p. 328, note 1.

Et, ne in posterum aliqua posset suboriri calumpnia, que predictam perturbaret venditionis concessionem atque donum, ipsam postmodum ad nos relatam et presenti pagina conmendatam, rogatu ipsius P[etronille] recluse, auctoritate nostri sigilli fecimus roborari. Anno Incarnati Verbi M° C° LX° III°, episcopatus nostri tercio.

A. Copie du xiii° siècle, aux Arch. nat., MM. 210 (Cartulaire de Saint-Lazare), fol. 24 r°.

435

1163, 24 mars - 11 avril 1164. — PARIS.

Don par le chapitre de Paris, à Henri Lionel et à sa femme, de deux maisons en échange de celle qu'ils lui avaient cédée pour l'ouverture d'une rue en face du parvis Notre-Dame.

PRO DOMO PHISICORUM IN PARVISO.

In nomine sancte et individue Trinitatis, amen. Gratia propagande in posteros memorie, presentium traditum est litterarum notitię ut sciant tam presentes quam posteri quod ego Clemens, Parisiensis ecclesię decanus, totumque capitulum duas domos quę ad nostram spectabant adquisitionem et erant contigue, quarum altera fuerat Leicentie, altera Hermandi, Loonello et Petronille uxori ejus, jure hereditario possidendas, precibus et voluntate domni episcopi Mauricii, concessimus, et quicquid juris in eis habebamus dedimus in recompensationem domus sue proprie, quam ipsi tradiderunt episcopo et nobis delendam, ad perficiendam viam quę fiebat ante ecclesię nostre paravisum. Pacti etiam fuimus quod domos illas supradictas Loonello et uxori ejus Petronille, et eorum heredibus, et quibuscumque eas darent, vel venderent, vel quocumque modo eas alienarent, justa garanticione protegeremus et quiete eas possidere faceremus. Ut autem hec nostra concessio inviolabilem optineat firmitatem, sigilli nostri auctoritate et presentis carte testimonio corroborari volumus.

Actum publice Parisius, in capitulo beate Marie, anno Incarnati Verbi M° C° LXIII°. Signum Clementis decani. Signum Alberti precentoris. Signum Guermundi archidiaconi. Signum Symonis archidiaconi. Signum Girardi archidiaconi. Signum Roberti succentoris et presbyteri. Signum Gualteri presbyteri. Signum Odonis presbyteri. Signum Osmundi diaconi. Signum Anselli diaconi. Signum Symonis diaconi. Signum Hervei subdiaconi. Signum Herberti subdiaconi. Signum Balduini subdiaconi. Signum Philippi, nepoti regis, pueri. Signum Hugonis pueri. Signum Helluini pueri.

Data per manum Odonis cancellarii.

A. Original scellé, aux Arch. nat., L. 892, n° 6.
B. Copie du xvii° siècle, à la Bibl. nat., ms. lat. 14679, p. 533.
C. Copie du xvii° siècle, à la Bibl. nat., ms. lat. 14368, p. 904.

436

1163, 21 avril. — Paris.

Notification par Hugues, abbé de Saint-Germain-des-Prés [1], de la consécration de son église par le pape Alexandre III.

CARTA DEDICATIONIS ECCLESIE TEMPORIBUS ALEXANDRI PAPE.

Anno ab Incarnatione Domini M° C° LX° III°, Alexander papa tercius Parisiensem civitatem ingressus, per aliquot tempus ibidem moras fecit. Dumque in eadem urbe moraretur, ego Hugo tercius [2], Dei gratia abbas Sancti Germani Parisiensis, accedens ad ejus presentiam, exoravi eum quatinus ęcclesiam Beati Germani, novo scemate reparatam, quia necdum consecrata erat, dignitate consecrationis insignire dignaretur; ac idem reverentissimus papa Alexander, precibus nostris gratanter annuens, xi° kalendas maii, predictam ęcclesiam advenit, magna pontificum et cardinalium frequentia comitatus, quorum unus fuit Mauricius, Parisiensis episcopus. Quem monachi ejusdem ęcclesię videntes, et ob ejus presentiam nimium perturbati, dixerunt se nullatenus passuros quod consecratio ęcclesię fieret dum

---

[1] En marge d'un ancien exemplaire du martyrologe d'Usuard, conservé jadis dans la bibliothèque de Saint-Germain-des-Prés, et aujourd'hui à la Bibliothèque nationale (ms. lat. 13882), un scribe du XII° siècle a écrit ces mots en regard du XI des calendes de mai :

«Parisius. Dedicatio ecclesię in honore sancte Crucis et sanctorum martirum Stephani et Vincentii atque sancti Germani, confessoris Christi atque pontificis, celebrata ab Alexandro summo pontifice Romano» (fol. 18 v°).

La veille avait eu lieu la consécration de plusieurs autels secondaires, comme l'indiquent les notes suivantes, inscrites par le même scribe en marge du folio 18 r° :

«XII kalendas mai. Dedicatio altaris in honore sancte Dei genitricis et perpetue virginis Marie, et sancti Micahelis archangeli omniumque celestium virtutum, et sanctorum apostolorum Petri et Pauli omniumque [sanctorum].

«Item aliud altare in honore sanctorum martirum Laurentii, Syxti et sociorum ejus, Ypoliti sociorumque ejus, Tiburcii, et sanctorum confessorum Martialis, Medardi, Venantii, Clodoaldi, et sanctarum virginum Agathe, Agnetis, et omnium sanctorum.

«Item aliud altare in honore sanctorum martirum Clementis, Crysanti, Johannis et Pauli, et sanctorum confessorum Gregorii, Anbrosii, Augustini, Ieronimi, et sanctarum virginum Darie, Eugenie, et Baltildis, et omnium sanctorum.»

Le même manuscrit mentionne encore d'autres consécrations d'autels au VII des calendes de mars (fol. 12 r°), au III des ides de mai (fol. 22 v°), aux calendes de juin (fol. 25 v°), au III des ides de juin (fol. 27 r°), aux nones d'août (fol. 35 r°), au VII des ides d'octobre (fol. 45 r°). Mais, rien n'indiquant l'époque de ces consécrations ni l'emplacement des autels en question, nous avons cru inutile de donner ici le texte de toutes ces mentions.

[2] Cet abbé est nommé Hugues V par les historiens modernes (Dom Bouillart, p. 91), ou même Hugues VI (*Gallia christ.*, t. VII, col. 442), parce qu'on range au nombre des abbés de Saint-Germain-des-Prés Hugues le Grand et Hugues Capet. Mais les anciennes listes d'abbés dressées dans l'abbaye, tout en mentionnant Hugues le Grand et son fils, les mettaient hors rang, et nommaient, comme ici, Hugues III l'abbé Hugues de Monceaux. (Voir deux listes du XII° siècle dans le ms. lat. 13882 de la Bibl. nat., fol. 55 v° et 100 v°.)

predictus Mauricius episcopus presens adesset. Unde dominus papa, audita et cognita monachorum perturbatione, convocavit ad se dominum Iacinctum, diaconum cardinalem Sanctę Marię in Cosmidin, et dominum Ottonem, diaconum cardinalem Sancti Nicholai de Carcere Tulliano, dominum quoque Willelmum, presbiterum cardinalem Sancti Petri ad Vincula. Quibus accersitis, precepit ut, supradictum Mauricium episcopum convenientes, monachorum commotionem diligenter notificarent, et ex ipsius mandato eidem preciperent quod ab ęcclesia discederet, alioquin monachi consecrationem fieri omnimodis refutarent. Ac ille, audito domini papę mandato, cum omni ornatu et vestimentis que secum detulerat, ab ęcclesia recessit. Post cujus abscessum, domini Hubaudus Hostiensis, Bernardus Portuensis, Galtherius Albanensis, Johannes Signinensis, Geraudus Caturcensis, Almalricus Silvanectensis, episcopi; et de Hispania : Johannes, Toletanus archiepiscopus et Hispaniarum primatus, Fellandus Asturicensis, Johannes Legionensis, Stephanus Zamorensis, Johannes Luccensis, Assuerus Cauriensis, Petrus Migdoniensis, episcopi, precipiente domino papa, ęcclesiam deforis in circuitu ter et deintus similiter circumlustrantes et aqua benedicta, sicut mos est, aspergentes, eam honorificentissimę prout decebat dedicaverunt. Deinde dominus papa Alexander majus altare in honore sanctę Crucis et sanctorum martirum Stephani atque Vincentii sollempniter consecravit, et in medio crucem de oleo sancto inposuit, circumstantibus ad iiii^{or} cornua ejusdem altaris iiii^{or} de supradictis pontificibus, quorum unusquisque crucem de oleo sancto in loco suo similiter imposuerunt. Dominus autem papa reliquias intra altare posuit, et accepto instrumento quod vulgo vocatur truella, easdem cemento intro sigillavit. Quo peracto, dominus Hubaudus, Hostiensis episcopus, et tres episcopi pariter altare matutinale in honore sanctissimi confessoris Germani consecraverunt. Interim dominus papa Alexander ad pratum quod est juxta monasterii muros cum sollempni processione procedens, ad populum sermonem fecit, et coram omnibus astantibus publice protestatus est quod ęcclesia Sancti Germani de Pratis, de proprio jure beati Petri existens, nulli archiepiscopo vel episcopo, nisi summo pontifici sanctę Romanę ęcclesię, subjacet.

His interfuerunt cardinales quorum subscripta sunt nomina :

PREMIÈRE COLONNE.

Hubaudus, presbiter cardinalis tituli Sanctę Crucis in Iherusalem;
Henricus, presbiter cardinalis tituli Sanctorum Nerei et Achillei;
Johannes, presbiter cardinalis tituli Sanctę Anastasię;
Albertus, presbiter cardinalis tituli Sancti Laurentii in Lucina;
Guillelmus, presbiter cardinalis tituli Sancti Petri ad Vincula.

DEUXIÈME COLONNE.

Iacinctus, diaconus cardinalis Sanctę Marię in Cosmidin;

Oddo, diaconus cardinalis Sancti Nicholai in Carcere Tulliano;
Ardicio, diaconus cardinalis Sancti Theodori;
Boso, diaconus cardinalis Sanctorum Cosmę et Damiani;
Cinthius, diaconus cardinalis Sancti Adriani;
Petrus, diaconus cardinalis Sancti Eusthachii juxta templum Agrippę;
Manfredus, diaconus cardinalis Sancti Georgii ad Velum Aureum.

Ego Hugo, abbas Sancti Germani de Pratis tercius, testificor hanc consecrationem meo instinctu sic peractam fuisse, et ideo ad certitudinem presentium et futurorum, eandem scripto commendavi et sigillo meo corroboravi.

> A. Original, avec traces de sceau, aux Arch. nat., L. 753, n° 7.
> B. Copie du xiii° siècle, aux Arch. nat., LL. 1025 (Cartulaire de Saint-Germain-des-Prés), fol. 45 r°.
> C. Copie du xiii° siècle, aux Arch. nat., LL. 1029, fol. 39 r°.
> D. Copie du xiv° siècle, aux Arch. nat., LL. 1026, fol. 53 r°.

437

1163, 22 avril. — PARIS.

Bulle par laquelle le pape Alexandre III, à l'occasion de la dédicace de l'église Saint-Germain-des-Prés, accorde un an d'indulgences à ceux qui visiteront cette église depuis le jour de la dédicace jusqu'à l'octave de la Pentecôte, et vingt jours d'indulgences à ceux qui la visiteront à l'avenir le jour anniversaire de la dédicace ou pendant les trois jours suivants. — «Certum est et multarum scripturarum testimonio...»

> A. Original, avec traces de sceau, aux Arch. nat., L. 230, n° 18.

Édit. : (a) Lœwenfeld, *Epist. roman. pontif.*, p. 133, d'après A.

438

1163, 24 avril. — PARIS.

Confirmation par le pape Alexandre III de tous les biens de l'abbaye de Sainte-Geneviève.

«Dominus sapientia fundavit..... Preterea quascumque possessiones, quecumque bona eadem ecclesia inpresentiarum juste et canonice possidet,..... firma tibi tuisque successoribus in perpetuum et illibata permaneant, in quibus hec propriis duximus exprimenda vocabulis : burgum Sancte Genovefe, a domo Bartholomei usque ad pontem Sancti Medardi et usque ad stratam regiam, juxta ecclesiam Sancti Stephani, cum omnibus justitiis et libertatibus ; villam Sancti Medardi et ecclesiam cum omnibus justitiis ejusdem ville ;..... prebendam unam in ecclesia Beate Marie Parisiensis ; Parisius, intra civitatem et extra, domos, census et capitalia multorum.....»

> A. Copie du xiii° siècle, à la Bibl. Sainte-Geneviève, El. 25 (Cartulaire de Sainte-Geneviève), p. 13.

Édit. : (a) *Gallia christ.*, t. VII, instr., col. 241. — (b) Migne, *Patrologie*, t. CC, col. 211, d'après a.

439

1163, 1ᵉʳ juin. — Tours.

Confirmation par le pape Alexandre III du privilège en vertu duquel l'abbaye de Saint-Germain-des-Prés était exemptée de la juridiction de l'évêque de Paris et ne relevait que du Saint-Siège. — «Dum venerabilis frater noster Mauricius...»

A. Original, avec traces de sceau, aux Arch. nat., L. 230, n° 21.

Édit. : (a) Dubreul, *Antiquitez de Paris*, fol. 47 v°, d'après A. — (b) Malingre, *Antiquités de Paris*, liv. II, p. 194, d'après a. — (c) Du Boulay, *Hist. Univ. Paris.*, t. II, p. 312. — (d) Launoy, *Opera*, t. III, 1ʳᵉ part., p. 120, d'après a. — (e) *Recueil des hist. de la France*, t. XV, p. 796, d'après c. — (f) Migne, *Patrologie*, t. CC, col. 228, d'après e.

440

1163, 20 septembre-19 septembre 1164.

Concession par le pape Alexandre III à l'abbé de Saint-Germain-des-Prés du droit de porter la dalmatique et de conférer les ordres mineurs aux moines de l'abbaye.

Alexander episcopus, servus servorum Dei, dilecto filio abbati monasterii Sancti Germani de Pratis Parisiensis, ad Romanam ecclesiam nullo medio pertinentis, ordinis sancti Benedicti, salutem et apostolicam benedictionem. Ut, ex sinceræ devotionis affectu quem ad nos et Romanam ecclesiam habere dinosceris, favorem tibi apostolicum sentias accrevisse, utendi dalmatica et tunica in missarum solempniis, et dandi benedictionem sollempnem super populum more pontificum, et conferendi minores ordines monachis et clericis tuis, in monasterio tuo et ecclesiis eidem monasterio pleno jure subjectis dumtaxat, tibi et successoribus tuis auctoritate præsentium concedimus facultatem, dummodo tibi et eisdem successoribus secundum morem præficiendorum abbatum manus impositio facta noscatur, et te ac eosdem successores constet existere sacerdotes. Nulli ergo, etc. Pontificatus nostri anno quarto.

Édit.: (a) Bouillart, *Histoire de l'abbaye de Saint-Germain-des-Prés*, pr., p. XLI, d'après un cartulaire [1].

441

1163, 29 novembre-18 août 1164.

Lettre adressée par Louis VII aux religieux de Sainte-Geneviève pour leur recommander d'éviter tout désordre pendant la vacance du siège abbatial [2]. — «Ecclesia vestra, quæ ab antiquis...»

A. Copie dans un ms. de Pétau.
B. Copie dans un ms. de Saint-Victor, coté II, 22.

Édit. : (a) Duchesne, *Hist. Franc. script.*, t. IV, p. 730, d'après A et B. — (b) Martène, *Amplissima collectio*, t. VI, col. 239. — (c) *Gall. christ.*, t. VII, col. 717, d'après b. — (d) *Rec. des hist. de la Fr.*, t. XVI, p. 102, d'après a.

---

[1] Nous avons vainement cherché le texte de cette pièce dans les divers cartulaires de Saint-Germain-des-Prés conservés aux Archives nationales.

[2] Il s'agit sans doute de la vacance qui suivit la mort de l'abbé Aubert (29 novembre 1163) et précéda l'avènement de l'abbé Guérin. Or ce der-

442

1163 ou 1164, 19 décembre. — Sens.

Lettre du pape Alexandre III au roi Louis VII, le priant d'empêcher le bouteiller Guy de percevoir sur l'abbaye de Sainte-Geneviève des redevances auxquelles elle n'était point tenue. — «Dilectus filius noster...»

 A. Copie dans un ms. de Pétau.
 B. Copie dans un ms. de Saint-Victor, coté II, 22.

Édit. : (*a*) Duchesne, *Hist. Franc. script.*, t. IV, p. 625, d'après A et B. — (*b*) Labbe, *Concil.*, t. X, col. 1351. — (*c*) Hardouin, *Concil.*, t. VI, 2ᵉ part., col. 1486, d'après *a*. — (*d*) Mansi, *Concil.*, t. XXI, col. 1023, d'après *c*. — (*e*) *Ibid.*, col. 1026. — (*f*) *Recueil des hist. de la France*, t. XV, p. 811, d'après *a*. — (*g*) Migne, *Patrologie*, t. CC, col. 276, d'après *e*. — (*h*) *Ibid.*, col. 281, d'après *d*.

443

Vers 1163 ou 1164.

Lettre de Louis VII à Maurice de Sully, évêque de Paris, l'invitant à pourvoir d'un bénéfice le clerc Barbedor[1]. — «Usus frequentior habet...»

 A. Copie dans un ms. de Pétau.
 B. Copie dans un ms. de Saint-Victor, coté II, 22.

Édit.: (*a*) Duchesne, *Hist. Franc. script.*, t. IV, p. 734 d'après A et B. — (*b*) *Recueil des hist. de la France*, t. XVI, p. 76, d'après *a*.

444

1164, 4 janvier.

Lettre adressée au roi Louis VII par le sénat de Rome
pour lui recommander un clerc venu à Paris pour ses études.

Senatores Urbis urbium illustri et prudenti viro Ludovico, Francorum regi, amico eorum carissimo, salutem et dilectionem.

Super benignitate vestræ regiæ majestatis ac liberalitatis nos nostrique cives valde confidentes, nobiles cives nostros clericos causa liberalium studiorum in terram vestræ ditioni subditam summa spe dirigimus. Inter quos quemdam generosum civem nostrum, Johannem Felicis, apud Parisium literali studio commorantem, quem honestum sanctæ Romanæ ecclesiæ clericum scimus, vestræ regiæ benignitati valde commendamus, precantes nimium vestram liberalitatem ut ei,

---

nier entra en fonctions avant le 18 août 1164, date d'une lettre d'Alexandre III (voir notre n° 454) relative à ses démêlés avec Guillaume de Danemark. Cf., pour ces dates, la *Gallia christ.*, t. VII, col. 716-717, et Luchaire, *Études sur les actes de Louis VII*, p. 256.

[1] Bréquigny a classé cette pièce à l'an 1176 (*Table des dipl.*, t. III, p. 520); mais, Barbedor étant devenu doyen de l'église de Paris vers 1164, nous pensons avec Dom Brial qu'elle doit être antérieure de peu à son accession au décanat (*Recueil des hist. de la France*, t. XVI, p. 76, note 6).

pro nostro et Urbis amore, in his quæ eum oportet honorem et auxilium conferatis; quoniam a nobis suisque optimis consanguineis, quibus in Urbe plurimum pollet, vestri fideles in Romana patria dignam vicem et congrua, si oportuerit, recipient præmia, vobisque laudes et grates magnas referemus. Missa IV die januarii, indictione XII [1].

A. Copie dans un manuscrit de Saint-Victor, coté II, 22, et dans un ms. de Pétau, publiée par Duchesne *Hist. Franc. script.*, t. IV, p. 714.

445

Vers 1164.

Lettre adressée à Louis VII par Jourdain Pierleone, consul de Rome, pour lui recommander Jean Felici, clerc romain, venu à Paris pour étudier. — «Quia plurimum de vestra...»

A. Copie dans un ms. de Pétau.
B. Copie dans un ms. de Saint-Victor, coté II, 22.

Édit : (a) Duchesne, *Hist. Franc. script.*, t. IV, p. 716, d'après A et B. — (b) Du Boulay, *Hist. Univers. Paris.*, t. II, p. 302, d'après a. — (c) *Rec. des hist. de la France*, t. XVI, p. 77, d'après a.

446

Vers 1164.

Autre lettre des consuls de Rome au roi Louis VII pour recommander à sa bienveillance un clerc italien venu à Paris pour étudier. — «Amorem quem vestra...»

A. Copie dans un ms. de Pétau.
B. Copie dans un ms. de Saint-Victor, coté II, 22.

Édit : (a) Duchesne, *Hist. Franc. script.*, t. IV, p. 717, d'après A et B. — (b) Du Boulay, *Hist. Univers. Paris.*, t. II, p. 302, d'après a. — (c) *Rec. des hist. de la France*, t. XVI, p. 78, d'après a.

447

1164, 9 janvier. — Sens.

Confirmation, accordée à l'abbé Hugues par le pape Alexandre III, des privilèges et possessions de l'abbaye de Saint-Germain-des-Prés. — «In eminenti beati Petri cathedra...»

A. Original, avec traces de sceau, aux Arch. nat., L. 230, n° 27.
B. Copie du XII° siècle, aux Arch. nat., LL. 1024 (Cartulaire ††† de Saint-Germain-des-Prés), fol. 9 v°.

---

[1] L'indiction XII est revenue trois fois pendant le règne de Louis VII, en 1149, en 1164 et en 1179. Mais, en rapprochant cette lettre d'une autre adressée par les consuls de Rome à Louis VII et publiée par Duchesne (*ibid.*, p. 715), on voit que toutes deux doivent appartenir à l'époque où Alexandre III, chassé de ses États, avait trouvé un refuge en France.

448

1164, 9 janvier. — Sens.

Confirmation par le pape Alexandre III des possessions de l'abbaye de Saint-Maur-des-Fossés et du prieuré de Saint-Éloi de Paris.

«Quotiens a nobis petitur... Prioratum Sancti Eligii infra civitatem Parisiensem situm, et ecclesias ad ipsum pertinentes, videlicet ecclesiam Sancti Martialis, ecclesiam Sancti Petri de Arsionibus, ecclesiam Sancte Crucis, ecclesiam Sancti Petri de Bobus infra muros ejusdem civitatis sitas; ecclesiam Sancti Boniti ultra Magnum Pontem, ecclesiam Sancti Pauli extra civitatem, cum terris et rebus ad eam pertinentibus... In ecclesia Parisiensi prebendam unam ad monasterium vestrum spectantem, in eadem ecclesia aliam prebendam ad prioratum Sancti Eligii spectantem...»

A. Original, avec traces de sceau, aux Arch. nat., L. 230, n° 26.
B. Copie collationnée du 6 février 1486, aux Arch. nat., S. 1164, n° 1.

449

1164, 27 janvier. — Sens.

Confirmation par le pape Alexandre III des privilèges et des possessions de l'abbaye de Montmartre. — «Desiderium quod ad religionis propositum...»

A. Copie collationnée du 15 octobre 1586, aux Arch. nat., L. 1030, n° 1⁵.
B. Copie du 18 mars 1646, aux Arch. nat., L. 1030, n° 1⁵, d'après A.

Édit.: (a) É. de Barthélemy, *Recueil des chartes de l'abbaye royale de Montmartre*, p. 98, d'après A.

450

1164, 12 avril - 1ᵉʳ août. — Paris.

Notice des privilèges accordés par le chapitre de Notre-Dame aux deux chapelains établis par Simon et Osmond de Poissy, en l'église Saint-Denis-du-Pas.

† In nomine sancte et individue Trinitatis, amen. Notum sit omnibus, tam futuris quam presentibus, quod Osmundus de Pissiaco, fratris sui magistri Symonis pia emulatione insequens vestigia, sicut ipse provida caritatis vigilantia unum constituerat sacerdotem in oratorium Sancti Dyonisii de Passu, Deo inibi perpetuo serviturum, ita et ipse, tam honesto et familiari permotus exemplo, Christo hereditatis sue facto herede, ad usum alterius sacerdotis qui in prefato oratorio Deo deserviret assiduus, dedit LXᵗᵃ solidos in villa que dicitur Nemus Roberti, que sita est in territorio Villeperose, tam in censu quam in aliis redditibus. Ad hujus autem beneficii incrementum, capituli nostri caritas munifica, prefati Osmundi commendans et provehens devotionis inceptum, concessit ut quicumque predictum haberet beneficium, de pane et vino quadragesimali, quoquo modo, quocumque tempore, quacumque mensura distribueretur, etsi per totum annum duraret,

quantum uni ex canonicis mansionariis tantum eidem sacerdoti donaretur, exceptis illis vii^{tem} modiis ecclesiarum, de quibus nulli nisi canonico licet habere; pro quorum tamen recompensatione, ii sextarios frumenti, regia mina mensuratos, in festo sancti Remigii sine contradictione haberet. Sub hoc autem tenore hoc factum est, ut Osmundus, quamdiu vixerit [1], utrumque sacerdotem in predicto oratorio serviturum libere imponat; post mortem vero ejus et eorum quos imposuerit, communis ordinatio capituli dictos imponet sacerdotes. Firmatum est autem a capitulo ut nemo predicto beneficio investiatur, nisi prius ordine sacerdocii fungatur. Preterea sacerdotibus in sepedicta capella constitutis plenam in matrici ecclesia administrationem divini officii, et inibi fungi vice integra canonici, capitulum concessit, necnon etiam misse celebrationem in majori altari. Sacerdotes vero qui ad altare Beati Dyonisii vocati fuerint, collato ipsis determinato beneficio, singulis diebus horarum canonicarum laudes Deo inibi persolvent; singulis missis quibus licuerit, propriam orationem pro anima magistri Symonis et Osmundi fratrumque suorum dicent; ter in ebdogmada pro fidelibus celebrabunt, nisi festum habens octabas, vel alia valde competens excusatio intercesserit; assiduitatem in matrici ecclesia exhibebunt. Verum, ut hoc ratum et firmum permaneat in sempiternum, presentem cartam fieri disposuimus et, ne possit a posteris infringi, sigilli nostri auctoritate firmavimus. Data publice Parisius, in capitulo Beate Marie, anno Incarnati Verbi m° c° lx° iiii°, regnante Ludovico rege anno xxvii°, Mauricio episcopante anno iiii°. Signum Clementis decani, S. Alberti precentoris. S. Guermundi archidiaconi. S. Symonis archidiaconi. S. Girardi archidiaconi. S. Roberti suscentoris. S. Gauteri capellani. S. Gauteri sacerdotis. S. Anselli diaconi. S. Symonis diaconi. S. Radulfi diaconi. S. Balduini subdiaconi. S. Gaufridi subdiaconi. S. Theobaldi subdiaconi. S. Philippi pueri. S. Hugonis pueri. S. Herluini pueri. Data per manum Odonis cancellarii.

A. Original, avec traces de sceau, aux Arch. nat., S. 842², n° 1.
B. Copie du xiii° siècle, aux Arch. nat., LL. 175 (*Grand Pastoral* de Notre-Dame), p. 755.

451

1164, 12 avril–3 avril 1165. — Paris.

Donation par l'évêque Maurice de Sully à Henri Lionel, d'un emplacement près l'église Saint-Christophe, en échange de deux maisons sur le parvis Notre-Dame, par lui cédées pour l'ouverture d'une rue.

DE DOMIBUS HENRICI LOENELLI.

Ego Mauritius, Dei gratia Parisiensis ecclesie humilis minister. Notum fieri volumus universis, tam presentibus quam futuris, nos pro facienda via ante ecclesiam

---

[1] L'original porte « viserit ».

Beate Marie, ab Henrico Leonello et uxore sua domos quas tenebant ante paravisum pretio quadraginta librarum conparasse. Insuper pro predictis domibus habendis, donavimus eis plateam quamdam, sitam prope Sanctum Christoforum, quam emimus a Renaudo, filio Malgrini, pretio viginti librarum, in qua prefatus Henricus construxit sibi domum, predicto Renaudo et uxore sua cum filiis et filiabus suis per manum nostram concedentibus eidem Henrico et uxori sue et successoribus eorum eamdem plateam in perpetuum possidendam, assensu tocius capituli pariter prosequente, a quo prenominatus Renaudus supradictam plateam emerat, que eidem capitulo de conquisitione [1] obvenerat, quod etiam capitulum litteras garantie ei dederat. Et, ut prenominatus Henricus, tam ipse quam uxor sua, et omnes quibuscumque vel vendere vel donare voluerint supradictam terram et id quod supra edificatum est, libere et quiete possideant in perpetuum, sigilli nostri auctoritate eisdem confirmamus, pro qua, si quis in posterum temerario ausu adversus eos insurgere vel jus suum presumpserit infringere, nos et successores nostri, quantum justicia dictaret, defensionem et auctoritatem ipsis prebebimus. Huic rei testes interfuerunt quamplures : abbas Sancti Maglorii; Clemens, Parisiensis decanus; Guermundus archidiaconus; Albertus precentor; Symon archidiaconus; Gerardus archidiaconus; magister Galterus; Ascelinus canonicus; Symon de Sancto Dyonisio; Petrus de Villa Nova; Bartolomeus, sacerdos Sancte Genovefe; Petrus Angelerius; Aimericus Bituricensis; et laici quamplures : Odo Libaut, Odo de Sancto Christoforo, Renodus Apostolicus, Frogerius frater ejusdem, Odo Corveiser, Ramundus Corveiser, Richardus Corveiser, Bartholomeus Aurelianensis, Bernerius Aurum Verberans, Marquerius.

Actum publice Parisius, in presentia nostra, anno Incarnationis Dominice millesimo centesimo LX° IIII°.

A. Original scellé, aux Arch. nat., L. 892, n° 7.
B. Copie du xvii° siècle, à la Bibl. nat., ms. lat. 14368, p. 920.
C. Copie du xvii° siècle, à la Bibl. nat., ms. lat. 14679, p. 542.

452

1164, 3 juillet. — Sens.

Confirmation par le pape Alexandre III du don d'une maison [2]
située près de l'église Saint-Jacques-la-Boucherie,
fait par Thioul, archiprêtre de l'église de Paris, à un clerc nommé Nicolas.

Alexander episcopus, servus servorum Dei, dilecto filio Nicolao, clerico, salu-

---

[1] L'original porte « conquisione ».
[2] Cette maison paraît être devenue plus tard la propriété de Saint-Martin-des-Champs, si l'on s'en rapporte à la cote suivante écrite au xvii° siècle, au dos de la pièce : « Confirmation du pape Alexandre III de la donation faicte à Saint-Martin d'une maison joignant l'église Saint-Jacques-la-Boucherie. »

tem et apostolicam benedictionem. Justis petentium desideriis dignum est nos facilem prebere consensum, et vota que a rationis tramite non discordant effectu sunt prosequente complenda. Eapropter, dilecte in Domino fili, tuis justis postulationibus grato concurrentes assensu, domum juxta ecclesiam Beati Jacobi sitam, cum doliis que in ea erant, et tria arpenta vinearum que sunt prope Mustarolium juxta lo Fossi, que Telfus, Parisiensis ecclesie archipresbyter, in elemosinam tibi concessit, devotioni tue auctoritate apostolica confirmamus, et presentis scripti patrocinio communimus, statuentes ut nulli omnino hominum liceat hanc paginam nostre confirmationis infringere, vel ei aliquatenus contraire. Si quis autem hoc attemptare presumpserit, indignationem omnipotentis Dei et beatorum Petri et Pauli, apostolorum ejus, se noverit incursurum. Datum Senonis, v nonas julii.

 A. Original scellé, aux Arch. nat., L. 230, n° 25°.

453
1164, 26 juillet. — SENS.

Le pape Alexandre III recommande à Hugues, évêque de Soissons, Renaud, archidiacre de Salisbury, qui voulait aller étudier à Paris. — «Dilectus filius noster...»

 A. Copie dans un ms. de Pétau.
 B. Copie dans un ms. de Saint-Victor, coté II, 22.

 Édit : (*a*) Duchesne, *Hist. Franc. script.*, t. IV, p. 594, d'après A et B. — (*b*) Labbe, *Concil.*, t. X, col. 1308.
 — (*c*) Hardouin, *Concil.*, t. VI, 2° part., col. 1488, d'après *a*. — (*d*) Mansi, *Concil.*, t. XXI, col. 981, d'après *c*.
 — (*e*) *Rec. des hist. de la France*, t. XV, p. 819, d'après *a*. — (*f*) Migne, *Patrologie*, t. CC, col. 299, d'après *d*.

454
1164, 18 août. — SENS.

Mandement du pape Alexandre III, ordonnant aux abbés de Saint-Victor et de Saint-Germain-des-Prés de faire une enquête sur les mauvais traitements infligés au chanoine Guillaume par l'abbé de Sainte-Geneviève [1].

Alexander episcopus, servus servorum Dei, dilectis filiis Sancti Victoris et Sancti Germani abbatibus, priori quoque ac suppriori ecclesiæ Sancti Victoris, et Odoni, quondam Sanctæ Genovefæ abbati, salutem et apostolicam benedictionem. Significatum nobis est quod, cum Guillelmus, Sanctæ Genovefæ canonicus, ad presentiam nostram, absque abbatis et capituli sui licentia, accessisset, eumdem ad predictum abbatem, ut in capitulo de hujusmodi transgressione satisfaceret, a nobis transmissum, ita vehementer et inhoneste tractavit quod, ipsum universis vestibus

---

[1] Voir sur cette affaire Féret, *L'abbaye de Sainte-Geneviève*, t. I, p. 119 et 120.

exuens et acriter verberans, septem diebus in terra cum canibus cibum sumere fecit. Quoniam vero de viro tam honesto ac religioso aliquid sinistrum non debemus facile credere, nos de vestra honestate plenius confidentes, hoc discretioni vestræ committimus exequendum, mandantes ut rem ipsam diligentissime inquiratis et hujus rei veritatem vestris litteris nobis fideliter inthimetis.

Datum Senonis, xv kalendas septembris.

 A. Copie dans un ms. de Pétau.
 B. Copie dans un ms. de Saint-Victor, coté II, 22.

Édit : (*a*) Duchesne, *Hist. Franc. script.*, t. IV, p. 752, d'après A et B. — (*b*) Labbe, *Concil.*, t. X, col. 1339. — (*c*) Hardouin, *Concil.*, t. VI, 2ᵉ part., col. 1536, d'après *a*. — (*d*) Launoy, *Opera*, t. II, 2ᵉ part., p. 670, d'après *a*. — (*e*) Martène, *Ampliss. collect.*, t. VI, col. 233, d'après B. — (*f*) *Rec. des hist. de la France*, t. XV, p. 823, d'après *a*. — (*g*) Mansi, *Concil.*, t. XXI, col. 1030, d'après *c*. — (*h*) Migne, *Patrologie*, t. CC, col. 307, d'après *g*.

455

1165, 1ᵉʳ mars. — Sens [1].

Confirmation par le pape Alexandre III de l'accord établi jadis entre Étienne, évêque de Paris, et l'archidiacre Thibaud, par les soins de Mathieu, évêque d'Albano, de Jean, cardinal du titre de Saint-Chrysogone, et de Pierre, cardinal du titre de Saint-Calixte [2]. — «Officii nostri debitum...»

 A. Copie du xiiiᵉ siècle, à la Bibl. nat., ms. lat. 5526 (Cartulaire de l'évêque), fol. 14 v°.
 B. Copie du xivᵉ siècle, aux Arch. nat., LL. 183 (Grand Cartulaire de Notre-Dame), fol. 195.
 C. Copie du xviiiᵉ siècle, aux Arch. nat., LL. 185, p. 52, d'après A.

Édit : (*a*) Petit, *Theodori Pœnitentiale*, t. II, p. 718, fragm. d'après A ou B. — (*b*) Guérard, *Cartul. de Notre-Dame*, t. I, p. 27, fragm. d'après A et B.

456

1165, 4 avril-23 avril 1166. — Paris.

Abolition par Louis VII de la coutume en vertu de laquelle les officiers royaux enlevaient, lorsque le roi venait à Paris, les matelas, coussins et oreillers des maisons où il avait droit de gîte [3].

In nomine sancte et individue Trinitatis, amen. Ego Ludovicus, Dei gratia Francorum rex. Opus bonum et regia magnificentia dignum facimus, quotiens

---

[1] Guérard (*Cartul. de Notre-Dame*, t. I, p. 27) a reporté à tort cette bulle au 1ᵉʳ mars 1164. Elle est datée : «Kalendis martii, indictione xiii, Incarnationis Dominice anno mclxiv, pontificatus vero domini Alexandri pape III anno sexto.» Or la 6ᵉ année d'Alexandre III ne commence qu'au 20 septembre 1164. Il est donc évident que la pièce est du 1ᵉʳ mars 1165. On sait d'ailleurs par d'autres documents que la chancellerie d'Alexandre III comptait les années de l'Incarnation du 25 mars.

[2] Cette pièce est la reproduction d'une bulle d'Eugène III que nous avons citée sous le n° 339.

[3] Une erreur de copie a fait dater ce diplôme de l'an 1265, dans le tome II des *Ordonn. des rois de France*, p. 434. Mais cette erreur a été corrigée dans le tome IV, p. 268, du même ouvrage.

illicitas exactiones extinguimus et pravas consuetudines abolemus. Notum itaque facimus universis, tam presentibus quam futuris, quod, quando veniebamus Parisius, in domibus quibusdam capiebant ad opus nostrum servientes nostri culcitras et pulvinaria. Considerantes tandem rem istam pauperibus hominibus nostris dampnosam nec nobis multum utilem, [pro] amore Dei et pro antecessorum nostrorum animabus et nostra, consuetudinem ex toto condonavimus, statuentes imperpetuum ne quis servientum nostrorum, sive alius homo, ad opus nostrum Parisius culcitras aut pulvinaria deposcat, nostris aut successorum nostrorum temporibus, sed homines nostri Parisienses ab hac consuetudine, in quantum ad nos pertinet, penitus liberi sint et im[munes]. Quod, ut ratum sit et inconvulsum, scribi et sigilli nostri auctoritate communiri [precip]imus, addi[to karactere nostri] nominis. Actum publice Parisius, anno Verbi Incarnati M° C° LX° V°; astantibus in pala[tio nostro quorum subscripta] sunt nomina et signa. Signum comitis Teobaldi, dapiferi nostri. S. Radulfi [constabularii. S. Guidonis buticula]rii. S. Mathei camerarii.

[Data per manum] (*monogramme*) Hugonis cancellarii.

A. Original mutilé, aux Arch. nat., K. 948, n° 2.
B. Vidimus de juin 1331, aux Arch. nat., JJ. 80, n° 666.
C. Vidimus du 20 avril 1438, aux Arch. nat., K. 950, n° 30.
D. Copie du xve siècle, à la Bibl. nat., ms. lat. 9162 (Cartul. de l'Hôtel de Ville), fol. 11 r°.

457

1165, 20 avril. — Paris.

Confirmation par le pape Alexandre III des biens et privilèges du chapitre de l'église de Paris.

ALEXANDRI PAPE III.

Alexander episcopus, servus servorum Dei, dilectis filiis Clementi decano et universo capitulo Parisiensis ecclesie eorumque fratribus canonice ordinis, in perpetuum. Effectum justa postulantibus indulgere et vigor equitatis et ordo exigit rationis, presertim quando petentium voluntatem et pietas adjuvat, et veritas non relinquit. Eapropter, dilecti in Domino filii, vestris justis postulationibus clementer annuimus, et prefatam Parisiensem ecclesiam, in qua divino mancipati estis obsequio, ad exemplar predecessoris nostri sancte recordationis Benedicti pape [1], sub beati Petri et nostra protectione suscipimus et presentis scripti privilegio communimus, statuentes ut quascumque possessiones, quecumque bona, eadem ecclesia inpresentiarum juste et canonice possidet, aut in futurum concessione pontificum, largitione regum vel principum, oblatione fidelium, seu aliis justis modis

---

[1] Allusion à la bulle de Benoît VII que nous avons donnée ci-dessus, n° 65.

prestante Domino poterit adipisci, firma vobis vestrisque successoribus et illibata permaneant; in quibus hec propriis duximus exprimenda vocabulis : abbatiam Sancti Eligii; abbatiam Sancti Germani Rotundi; abbatiam Sancti Marcelli; abbatiam Sancti Chlodoaldi et Sancti Martini; abbatiam Sancti Petri que dicitur Res Pacis; abbatiam Sancti Saturnini de Cavrora[1]; abbatiam Sancti Petri que dicitur Nigella; abbatiam Sancti Martini que est in Campellis; abbatiam Sancti Petri que dicitur Caziacus super Materna, cum omnibus earum pertinentiis; Spedonam cum potestate et omnibus suis pertinentiis; villulam, Macerias nomine, cum suis pertinentiis; Undresiacum, cum ecclesia, altari et suis pertinentiis; Aurelicum[2], cum ecclesia, altari et suis appenditiis; Civiliacum; Laiacum, cum ecclesia, altari et suis pertinentiis; Castenedum, cum ecclesia, altari et suis pertinentiis; Baniolum cum ecclesia, altari et suis appenditiis; Sulciacum, cum ecclesia, altari et omnibus ad vos pertinentibus; Cristoilum, cum ecclesia, altari et omnibus ad vos pertinentibus; Eleriacum, Steovillam, Rosetum, Cellas et Vernoi; Michelum, Mintriacum, Muriacum[3], cum ecclesiis et suis pertinentiis; Viriacum cum suis pertinentiis. Preterea, ad conservandam vobis quietem religionis, claustrum prefate ecclesie, ad exemplar memorati predecessoris nostri, vobis perpetuo confirmamus, ut absque inquietudine ibi secure vivere valeatis. Antiquas etiam et rationabiles consuetudines, libertates ac dignitates, a regibus, archiepiscopis, episcopis, principibus, baronibus et aliis Dei fidelibus ecclesie vestre concessas, sicut in autenticis scriptis eorumdem regum, episcoporum et aliorum Dei fidelium continetur, vobis et per vos ecclesie vestre auctoritate apostolica confirmamus. Ad exemplar etiam prefati predecessoris nostri, apostolica auctoritate statuimus ut de communi assensu liceat vobis prepositos et decanos eligere, qui villis vestris prevideant et debita vobis stipendia fideliter amministrent. Adicimus quoque ut nulli episcoporum liceat de prefatis rebus vobis subtrahere, minuere, aut ad usus proprios retorquere, vel alicui in beneficium tribuere, neque ullum inpedimentum ex eisdem rebus vobis inferre, sed nec servitia in eisdem villis exigere, vel aliquas exactiones facere. Ad hec constituimus ut nullus unquam imperator, rex, marchio, dux, comes, princeps, vel aliquis judiciali potestate accinctus, seu in quolibet ordine vel ministerio constitutus, in supradictis rebus vestris, vel in ipsa insula ubi civitas Parisius posita est, a regali via ex parte monasterii Sancti Germani Rotundi, a Sancto Mederico usque ad locum qui vulgo vocatur Tudella, in ruga ejusdem Sancti Germani, aut in aliis minoribus viis que tendunt ad prefatum monasterium, aliquam judicandi potestatem exerceat, nec aliquem censum, neque teloneum, neque ripaticum, neque rotaticum, neque portaticum, neque bannum, freda, nec ullas districtiones exerceat, nec ullas paratas requirat, nec

---

[1] Lisez «Cavrosa». — [2] Lisez «Aureliacum». — [3] Lisez «Machelum... Mauriacum».

foraticum, nec pulveraticum, nec ullas leges faciat, nec a liberis hominibus, albanis ac colonis, in predicta terra commanentibus, aliquem censum vel aliquas redibitiones presumat accipere, nec quamlibet malitiam, nec jacture molestiam, sive pacis sive belli tempore, ibidem inferre. Hec autem omnia ita vobis duximus confirmanda, sicut ea quiete ac pacifice noscimini possedisse. Decernimus ergo ut nulli omnino hominum liceat prefatam ecclesiam temere perturbare, aut ejus possessiones auferre, vel ablatas retinere, minuere, seu quibuslibet vexationibus fatigare; sed omnia integra conserventur eorum, pro quorum gubernatione et sustentatione concessa sunt, usibus omnimodis profutura, salva sedis apostolice auctoritate et Parisiensis episcopi canonica justitia in prefatis ecclesiis et parrochianis earum. Si qua igitur in futurum ecclesiastica secularisve persona, hanc nostre constitutionis paginam sciens, contra eam temere venire temptaverit, secundo terciove commonita, nisi reatum suum congrua satisfactione correxerit, potestatis honorisque sui dignitate careat reamque se divino judicio exsistere de perpetrata iniquitate cognoscat, et a sacratissimo corpore ac sanguine Dei et Domini Redemptoris nostri Jesu Christi aliena fiat, atque in extremo examine districte ultioni subjaceat. Cunctis autem eidem loco sua jura servantibus sit pax Domini nostri Jesu Christi, quatenus et hic fructum bone actionis percipiant et apud districtum judicem premia eterne pacis inveniant. Amen. Amen. Amen.

(*Rota*) [1]. † Ego Alexander, catholice ecclesie episcopus, subscripsi. Benevalete.

COLONNE DU MILIEU.

† Ego Hubaldus, Hostiensis episcopus, subscripsi.
† Ego Bernardus, Portuensis et Sancte Rufine episcopus, subscripsi.
† Ego Gualterius, Albanensis episcopus, subscripsi.

COLONNE DE GAUCHE.

† Ego Henricus, presbyter cardinalis tituli Sanctorum Nerei et Achillei, subscripsi.
† Ego Johannes, presbyter cardinalis tituli Sancte Anastasie, subscripsi.
† Ego Guillelmus, tituli Sancti Petri ad Vincula presbyter cardinalis, subscripsi.

COLONNE DE DROITE.

† Ego Iacintus, diaconus cardinalis Sancte Marie in Cosmydyn, subscripsi.
† Ego Oddo, diaconus cardinalis Sancti Nicholai in Carcere Tulliano, subscripsi.
† Ego Boso, diaconus cardinalis Sanctorum Cosme et Damiani, subscripsi.
† Ego Cinthyus, diaconus cardinalis Sancti Adriani, subscripsi.

---

[1] Dans le cercle de la *rota* se lit la devise d'Alexandre III : « Vias tuas, Domine, demonstra michi. »

† Ego Petrus, diaconus cardinalis Sancti Eustathii juxta Templum Agrippe, subscripsi.

† Ego Manfredus, diaconus cardinalis Sancti Georgii ad Velum Aureum, subscripsi.

Datum Parisius, per manum Hermanni, sancte Romane ecclesie subdiaconi et notarii, XII kalendas maii, indictione XIII, Incarnationis Dominice anno M C LX V, pontificatus vero domni Alexandri pape III anno VI.

> A. Original, avec traces de sceaux, aux Arch. nat., L. 230, n° 28[b].
> B. Copie du XII[e] siècle, aux Arch. nat., LL. 177 (*Livre noir* de Notre-Dame), p. 260.
> C. Copie du XIII[e] siècle, aux Archives nat., LL. 175 (*Grand Pastoral* de Notre-Dame), p. 558.
> D. Copie du XIII[e] siècle, aux Arch. nat., LL. 176 (*Petit Pastoral* de Notre-Dame), p. 20.
> E. Vidimus du 16 janvier 1309 (n. s.), aux Arch. nat., L. 230, n° 28[c].
> F. Copie collat. du 8 février 1576, aux Arch. nat., L. 230, n° 28[e].
> G. Copie collat. du 1er septembre 1586, aux Arch. nat., L. 230, n° 28[f].
> H. Copie collat. du 11 septembre 1683, aux Arch. nat., L. 230, n° 28[d].

458

1165, 21 avril. — ÉTAMPES.

Lettre du pape Alexandre III à l'évêque Maurice de Sully, pour le prier d'engager le chapitre de Saint-Marcel à se mettre d'accord pour l'élection d'un doyen. — «Ex relatione tua...»

> A. Original scellé, aux Arch. nat., L. 230, n° 28[a].

Édit : (*a*), Lœwenfeld, *Epist. roman. pontif.*, p. 137, d'après A.

459

1166-1179, 10 avril. — LATRAN [1].

Exemption de dîme accordée par le pape Alexandre III à l'abbaye Saint-Germain-des-Prés pour les novales qu'elle fait cultiver et pour le pâturage de ses troupeaux. — «Justis postulationibus religiosorum...»

> A. Original, avec traces de sceau, aux Arch. nat., L. 230, n° 29[b].

460

1166, 24 avril-31 juillet. — PARIS.

Fondation par Louis VII d'une foire qui se tiendra à Saint-Lazare pendant quinze jours, à dater du lendemain de la Saint-Martin [2].

DE FERIA.

Ego Ludovicus, Dei gratia Francorum rex. Notum fieri volumus tam futuris quam

---

[1] Cette bulle peut être de 1166, 1167, 1178 ou 1179.

[2] On remarquera que cette pièce est la reproduction textuelle du diplôme par lequel Louis VII fonda en 1137 une foire qui devait se tenir à Saint-Lazare, pendant l'octave de la Toussaint (voir notre

instantibus quod nos fratribus Sancti Lazari Parisiensis feriam quandam in crastino festivitatis sancti Martini, pro anima regis Ludovici patris nostri et fratris nostri Philippi, et omnium predecessorum nostrorum et nostra, singulis annis, juxta predicti Sancti Lazari ecclesiam damus et concedimus. Volumus etiam ut per quindecim dies continuatim duret; de primis octo diebus conductum neque aliquid aliud habebimus, et de reliquis octo diebus conductum nostrum accipiemus. Euntes vero sive redeuntes ad feriam in conductu nostro recipimus, ita videlicet quod nos in ea nobis nichil prorsus retinemus, neque ministeriales nostri aliquo modo aliquid in ea capiant, excepto latrone quem solummodo nobis retinemus, ad hoc scilicet ut de eo justitiam faciamus. Precipimus siquidem famulis et servientibus et burgensibus nostris quod, si quandoque a ministerialibus Sancti Lazari submoniti fuerint ad observationem predicte ferie, eos in necessitatibus suis fideliter juvent, eo tamen tenore ut ministeriales nostri ubicumque sint, vel in quacumque villa maneant, de venientibus et redeuntibus ad feriam et a feria, nichil prorsus nobis vel sibi retineant. Quod, ne valeat oblivione deleri et ne possit a posteris infringi, sigilli nostri auctoritate corroborari precipimus. Actum publice Parisius, anno Incarnati Verbi M° C° LX VI°, regni nostri XXIX°, Philippi filii nostri II°; astantibus in palatio nostro quorum apposita sunt nomina et signa: Signum comitis Theobaldi, dapiferi nostri. S. Guidonis buticularii. S. Mathei camerarii. S. Radulfi constabularii. Data per manum Hugonis cancellarii et episcopi Suessionum.

A. Copie du XIII° siècle, aux Arch. nat., MM. 210 (Cartulaire de Saint-Lazare), fol. 12 v°.

461

1166, 24 avril-8 avril 1167. — PARIS.

Sentence rendue par l'évêque Maurice de Sully sur un différend existant entre le chanoine Hugues de Novare, et Aleaume et son fils Pierre, au sujet d'une maison.

DE CONTROVERSIA INTER MAGISTRUM HUGONEM DE NOVARIA ET ALERMUM ET FILIUM EJUS SUPER QUADAM DOMO.

Ego Mauricius, Dei gratia Parisiensis episcopus. Notum fieri volumus tam pre-

n° 269). Il est étonnant que le premier de ces diplômes ne soit pas mentionné dans le plus récent. On remarquera encore que les indications chronologiques qui terminent ce dernier sont inconciliables. En effet, la 29° année de Louis VII se termine au 31 juillet 1166, tandis que la seconde année de Philippe Auguste ne commence que le 22 août 1166. Qu'on ne dise pas que, Philippe Auguste étant né en 1165, on pouvait faire partir sa deuxième année du commencement de l'année 1166; car nous possédons un diplôme de Louis VII appartenant à la période comprise entre le 24 avril et le 31 juillet 1166, et qui est daté de la 29° année de Louis VII et de la 1re année de Philippe Auguste (Arch. nat., K. 24, n° 11. — Cf. Luchaire, *Études sur les actes de Louis VII*, p. 266, n° 525). Il y a donc dans la pièce que nous donnons ici une erreur manifeste.

sentibus quam futuris quod causa extitit inter magistrum Hugonem Novariensem, canonicum nostrum, et Alelmum et filium ejus, super quadam domo quam predictus Hugo ab[1] Alelmo XLII libris emerat, de quibus decem libre persolvende supererant. Que siquidem causa, cum diu fuisset agitata, tandem predictus Alelmus et Petrus ejus filius, de quo susceptis juramentis constabat quod ad annos discrectionis pervenisset et adulte etatis esset, jus predicti Hugonis et venditionem domus legitime factam fuisse coram nobis et Hugone, abbate Sancti Germani de Pratis, ad cujus juriditionem eadem domus spectat, recognoscentes, vendicionem illam ratam habere et ab omni calumpnia garantire, fide a nobis recepta, firmaverunt, et quod nullam de cetero super domo illa questionem moverent concesserunt. Hoc idem Gilla, predicti Alelmi filia, et Petrus Lumbardus, ejus maritus, firmiter tenere concesserunt. Quod, ut inconcussum teneretur imposterum, sigilli nostri auctoritate roborari postulaverunt. Actum Parisius, anno ab Incarnatione Domini M° C° LXVI°.

A. Copie du XIII° siècle, aux Arch. nat., LL. 1351 (Cartulaire A de Saint-Martin-des-Champs), fol. 52 v°.
B. Copie du XVI° siècle, aux Arch. nat., LL. 1353 (Cartulaire C de Saint-Martin), fol. 54 v°, d'après A.

462
1166, 24 avril-8 avril 1167. — Paris.

Confirmation par Hugues, abbé de Saint-Germain-des-Prés, en faveur de Hugues de Novare, de la propriété d'une maison, sise dans la juridiction de Saint-Germain-des-Prés, qu'il avait achetée d'Aleaume et que lui contestait le fils de ce dernier [2].

CARTA DE DOMO MAGISTRI HUGONIS DE NOVARIA [3].

In Christi nomine. Ego Hugo, Dei gratia abbas Sancti Germani de Pratis, notifico presentibus et futuris quod Petrus, Alelmi filius, proclamavit nobis super magistro Hugone Novariensi pro quadam domo quam in nostra juriditione tenebat, et predictus Petrus eam sui juris esse dicebat. Re vera, magister Hugo domum illam ab Alelmo, patre Petri, emerat. Utraque igitur parte ante nos constituta, cum causa diu esset agittata, tandem predictus Alelmus et Petrus ejus filius, de quo susceptis juramentis constabat quod ad annos discretionis pervenisset, et adulte etatis esset, jus predicti Hugonis et venditionem domus legitime factam fuisse recognoscentes, venditionem illam ratam habere et ab omni calumpnia garantire, fide data firmaverunt, et quod nullam de cetero super domo illa questionem moverent concesserunt. Hoc idem Gila, predicti Alelmi filia, et Petrus Lumbardus ejus maritus firmiter tenere concesserunt. Quod, ut inviolabiliter observetur, sigillo nostro roborari postulaverunt. Actum Parisius, in domo episco-

[1] *Var.* «Et» au lieu de «ab» dans A. — [2] Cf. la pièce précédente. — [3] *Var.* «Navaria» (A).

pali, presente venerabile pontifice Mauricio, assistentibus etiam quampluribus tam clericis quam laicis, quorum subtitulata sunt nomina : Clemens, Parisiensis decanus; Albertus precentor; Symon archidiaconus; Odo cancellarius; Symon de Sancto Dyonisio et alii. Anno ab Incarnatione Domini millesimo centesimo LX° VI°.

A. Copie du XIII° siècle, aux Arch. nat., LL. 1351 (Cartulaire A de Saint-Martin-des-Champs), fol. 93 r°.
B. Copie du XV° siècle, aux Arch. nat., LL. 1352 (Cartulaire B de Saint-Martin-des-Champs), fol. 92 r°.
C. Copie du XVI° siècle, aux Arch. nat., LL. 1353 (Cartulaire C de Saint-Martin), fol. 112 r°, d'après A.

463
1166-1187 [1].

Guy III de Senlis, bouteiller de France, confirme la donation d'un étal à la Boucherie de Paris, faite par son frère Hugues le Loup à l'abbaye de Montmartre.

Ego Guido, regis Francorum buticularius, notum facio omnibus, tam presentibus quam futuris, quod Hugo Lupus, frater meus, in ultima infirmitate sua, dum pressus gravi morbo reliquit seculum et ad religionem transiit, stallum in Macello Parisiensi domui Sancti Dyonisii de Monte Martirum reliquit, me assenciente et confirmante, de cujus feodo predictum stallum erat, tali videlicet condicione quod Tencia, filia predicti Hugonis, neptis scilicet [2] mea, omnes redditus qui de eodem stallo debentur in vita sua integre habebit, et, post decessum predicte Tencie, prefata ecclesia de Monte Martirum libere et quiete imperpetuum possidebit. Quod, ut ratum et inconvulsum permaneat, sigilli mei auctoritate confirmavi. Testes hujus rei sunt : Petrus, Suessionensis archidiaconus, frater meus; Stephanus, Silvanectensis decanus, frater meus; Matheus Panis, Stephanus de Govix.

A. Copie du XIII° siècle, aux Arch. nat., L. 1030 (Cartulaire de l'abbaye de Montmartre), fol. 5 v°.
B. Copie du XV° siècle, aux Arch. nat., LL. 1605 (Cartulaire de l'abbaye de Montmartre), fol. 17 r°.
C. Copie du XVI° siècle, ibid., fol. 64 r°.

464
1167, 9 avril-novembre. — Paris.

Confirmation par Maurice de Sully, évêque de Paris, du don de vingt sous de rente sur un four situé rue des Juifs, fait par Guillaume de Garlande à la maison de Saint-Lazare.

DE XX SOLIDIS DE FURNO WILLELMI DE GARLANDA.

Caritatis opera precipue digna sunt scripto commendari, ut sic et injurie repel-

---

[1] Voici les éléments qui peuvent servir à dater cette pièce : 1° Parmi les témoins figure Étienne II, doyen de Senlis de 1166 à 1188 au plus tard (Gallia christ., t. X, col. 1456); 2° Guy II de Senlis fut bouteiller de France de 1149 à 1187 (Delisle, Cartulaire des actes de Philippe Auguste, p. LXXXII; — Père Anselme, Hist. des grands officiers, t. VI, p. 232, et t. VIII, p. 516; — Luchaire, Études sur les actes de Louis VII, p. 48).

[2] Var. «secularis» (B).

lantur malignantium et salutare omnibus proponatur exemplum. Hujus ergo rationis intuitu, ego Mauritius, Dei gratia Parisiensium episcopus, notum fieri volumus universis, tam presentibus quam futuris, quod dominus Willelmus de Garlenda xx^{ti} solidos ecclesie Beati Lazari et fratribus inibi Deo servientibus in perpetuam elemosinam dedit, et eos in reddilibus furni quem habet Parisius in vico Judeorum, ad Nativitatem Domini prenominate ecclesie annuatim persolvendos, assignavit. Quod domina Idonea, uxor predicti Guillelmi, eorumque omnes filii laudantes concesserunt. Et, ne hoc pie factum a domino Guillelmo alicujus malignitate infirmari aut retractari valeat in posterum, presens scriptum sigilli nostri auctoritate dignum duximus roborari. Huic rei testes interfuerunt quamplures: Clemens, Parisiensis decanus; Albertus cantor; Guermundus archidiaconus; Simon archidiaconus; Galterus capellanus; Petrus heremita; Guido, buticularius regis; Odo Balbus; Johannes Ulier; Odo matricularius; Floaldus Brachium Ferri; Guillelmus Incisor. Actum publice Parisius, in presentia nostra, anno Incarnati Verbi m° c° lxvii°, episcopatus vero nostri vii°.

A. Copie du xiii° siècle, aux Arch. nat., MM. 210 (Cartulaire de Saint-Lazare), fol. 26 r°.

465

1167, 9 avril-30 mars 1168. — Poissy.

Confirmation par Louis VII de la vente, par Baudoin de Courcelles, à Barbedor, clerc du roi, de diverses maisons sises à Paris devant la porte du cloître Notre-Dame.

DE VENDITIONE QUARUMDAM DOMORUM SITARUM ANTE PORTAM CLAUSTRI IN TERRA SANCTI ELIGII, QUE FUERUNT BARBEDOR.

In nomine sancte et individue Trinitatis, amen. Ego Ludovicus, Dei gratia Francorum rex. Quoniam plurimi inflammati malitia ingenium suum convertunt ut sevire possint et aliena rapere quocumque modo, censetur etiam sapiens qui in malis cautior est; talium maliciam et iniquam calumpniam omnibus est consilium previnire. Qua consideracione, notum facimus universis presentibus et futuris quod apud portum Pensiaci, ante nos multis presentibus, Balduinus de Curcellis cognovit quoniam quasdam domos Parisius, ante portam claustri, que fuerunt Aelulphi militis, in terra Sancti Eligii, clerico nostro Barbedor vendiderat ipse et uxor ejus Odelina, cum de hereditate domine essent domus. Porro de ipsa venditione fidutiaverat Balduinus et uxor ejus garentisiam, et in nostra presentia de eadem garentisia Balduinus super terram suam dominum suum Buchardum de Montemaurenciaco dedit ostagium, et nos, prece et rogatu Buchardi, in manu accepimus. Ut autem in postmodum rescindatur omnis calumpnia, et legitime facta constet emptio, scripture mandari et sigillo nostro consignari precepimus, subterinscripto nominis nostri karactere. Actum publice Pensiaci, anno Incarnati Verbi M° C° LX VII°; astantibus in palacio nostro quorum apposita sunt nomina et signa: Signum comitis Theobaldi, dapiferi. Signum Guidonis buticularii. Signum Mathei camerarii. Signum Radulfi constabularii.

Data per manum (*monogramme*) Hugonis cancellarii.

A. Original scellé, aux Arch. nat., K. 24ᴮ, n° 15.
B. Copie du xiii° siècle, aux Arch. nat., LL. 175 (*Grand Pastoral* de Notre-Dame), p. 594.
C. Copie du xiii° siècle, aux Arch. de l'Assist. publ., Cartulaire C de l'Hôtel-Dieu, fol. 2 r°.
D. Copie du xviii° siècle, aux Arch. nat., K. 181, n° 22.

466

1167-1169, 9 novembre. — Bénévent.

Confirmation par le pape Alexandre III des possessions de l'abbaye de Sainte-Geneviève [1]. — «Cum ex injuncta nobis...»

A. Copie du xiii° siècle, à la Bibl. Sainte-Geneviève, El. 25 (Cartulaire de Sainte-Geneviève), p. 22.

Édit.: (*a*) *Gallia christ.*, t. VII, col. 717, fragm.

467

1168, 31 mars-19 avril 1169. — Paris.

Engagement pris par le doyen et les chanoines de l'église de Paris de laisser leur lit à l'Hôtel-Dieu, à leur mort ou lorsqu'ils renonceraient à leur prébende.

DE CANONICIS BEATE MARIE PARISIENSIS QUI MORIUNTUR ET QUI RECIPIUNT MAJORIAS, DE QUIBUS DEBEMUS HABERE LECTUM.

Beatus qui intelligit super egenum et pauperem, quia in die adversitatis potenter a Domino liberabitur. In Christi igitur nomine, tam futuris quam presentibus innotescat quod ego Barba Aurea, Dei gratia Parisiensis ecclesie decanus, et universum ejusdem ecclesie capitulum, consilio venerabilis episcopi nostri Mauricii, in capitulo nostro communi omnium assensu, ad remissionem omnium peccatorum nostrorum, constituimus quod quicumque canonicus ecclesie nostre decesserit, vel prebende sue quocumque modo abrenunciaverit, post ejusdem [decessum] vel abrenunciacionem, hospitale Beate Marie, quod est ante portam ecclesie, ejus culcitram cum pulvinari et linteaminibus, omni occasione et contradictione

---

[1] On y énumère entre autres: «Capellam de Monte, capellam Sancte Genovefe de Civitate, ecclesiam Sancti Medardi, etc.»

remota, ad opus pauperum habeat; si vero mansionarius in civitate non fuerit, vel ibi lectum non habuerit valens xx solidos, de suo accipiatur, donec predicta integre eidem hospitali restituantur. Item, si quis majoriam ad ecclesiam pertinentem susceperit, similiter culcitram cum pulvinari et linteaminibus eidem hospitali nostra institucione incontinenti donare cogatur. Quod, ne possit a posteris infirmari, sigilli nostri impressione et omnium nostrorum subscripcione firmavimus. Signum Barbe Auree decani. S. Alberti precentoris. S. Gozmundi archidiaconi. S. Symonis archidiaconi. S. Girardi archidiaconi. S. Roberti succentoris, sacerdotis. S. Jocelini sacerdotis. S. Gauteri sacerdotis. S. Anselli dyaconi. S. Hilduini diaconi. S. Petri dyaconi. S. Baldoini subdiaconi. S. Willelmi subdiaconi. S. Philippi subdyaconi. S. Philippi pueri. S. Johannis pueri. S. Hugonis pueri. Actum autem publice Parisius in capitulo, anno ab Incarnacione m° c° lx° viii°, Lodovico rege regnante, Mauricio episcopo existente. Data per manum Petri cancellarii.

A. Original[1], publié par Lemaire, *Paris ancien et nouveau*, t. III, p. 135.
B. Copie du xiii° siècle, aux Arch. de l'Assist. publ., Cartul. C. de l'Hôtel-Dieu, fol. 24 v°.
C. Copie du xv° siècle, aux Arch. nat., LL. 178 (*Livre des serments* de Notre-Dame), fol. 87 v°.

468

1168-1169, 20 juillet. — Bénévent.

Lettre d'Alexandre III enjoignant au chapitre de Paris d'admettre Philippe, neveu de l'évêque de Meaux. — «Quantum venerabili...»

A. Copie dans un ms. de Pétau.
B. Copie dans un ms. de Saint-Victor, coté II, 22.

Édit.: (*a*) Duchesne, *Hist. Franc. script.*, t. IV, p. 758, d'après A et B. — (*b*) Labbe, *Concil.*, t. X, col. 1359. — (*c*) Hardouin, *Concil.*, t. VI, 1re part., col. 1537, d'après *a*. — (*d*) Mansi, *Concil.*, t. XXI, col. 1031, d'après *c*. — (*e*) *Rec. des hist. de la France*, t. XV, p. 878, d'après *a*. — (*f*) Migne, *Patrol.*, t. CC, col. 553, d'après *d*.

469

1168-1176.

Confirmation par Guillaume, archevêque de Sens, au chapitre de Saint-Nicaise de Meulan, de son droit de présentation aux bénéfices des églises de Saint-Gervais-en-Grève, de Saint-Pierre des Mureaux, et de Saint-Martin de Fresnes. — «Cum ecclesiam vestram...»

Édit.: (*a*) Félibien, *Hist. de Paris*, t. III, p. 94.

---

[1] L'original, jadis conservé aux Archives de l'Assistance publique, a été brûlé pendant la Commune.

470

1168-1177 [1].

Abandon par Gautier, prieur de Saint-Martin-des-Champs, de tous ses droits sur une maison voisine des Thermes, que le chantre Aubert avait donnée à l'église Notre-Dame.

DE PRIORE SANCTI MARTINI DE CAMPIS PARISIUS.

Ego Galterius, prior Sancti Martini de Campis, et conventus ipsius loci, notum facimus tam presentibus quam futuris quod precentor ecclesie Parisiensis, Albertus, domum quamdam, apud Termas sitam, et dimidium arpennum vinee, ipsi domui adherentem, nobis aliquando dederat. Nunc autem quicquid juris habuimus hactenus in eadem domo et dimidio arpenno vinee omnino dimittimus et quietum clamamus, ac donacionem quam idem precentor super ipsa domo et dimidio arpenno vinee fecit ecclesie Beate Marie ratam habemus. Hoc eciam scripto presenti et sigilli nostri impressione cum testium subnotacione firmavimus. Hii sunt testes : Symon suppior, Gauterius de Britoilo, Joszo sacrista, Robertus armarius, Petrus de Greceio, Andreas hospitarius, Rumoldus, Petrus de Braia, Angerius, Raynaldus.

A. Copie du xiii° siècle, aux Arch. nat., LL. 175 (*Grand Pastoral* de Notre-Dame), p. 703.

471

1168-1180.

Échange de terres entre Gautier, prieur de Saint-Martin-des-Champs, et Dreux le boucher [2].

DE TERRA QUAM CONCESSIMUS DROGONI CARNIFICI.

Notum sit presentibus et futuris quod nos Galterius, prior Sancti Martini de Campis, et totus ejusdem loci conventus, in communi capitulo nostro, concessimus Drogoni carnifici et heredibus ejus in perpetuum possidendam terram quam dedit nobis Aalit, uxor Harcherii coci, in elemosinam, ad censum viginti et octo denariorum, in festo sancti Remigii annuatim solvendorum. Pro qua nobis, annuente uxore sua Hersent, concessit terram quam habebat in cultura nostra, que muro domus nostre contigua est, perpetuo possidendam. Quod, ut ratum sit et inconvul-

---

[1] Le prieur Gautier de Châlons siégeait déjà en 1168. La première mention connue de son successeur Robert est de 1180. Quant au chantre de Notre-Dame, Aubert, il fut remplacé avant 1177 par un chanoine nommé Gautier. (Arch. nation., LL. 180, fol. 52 v°.)

[2] Nous avons déjà rencontré Dreux le boucher vers 1150-1152. (Voir nos n°ˢ 368 et 377.)

sum permaneat, sigilli nostri karactere et testium subnotacione corroboravimus. Testes ex parte nostra : Galterius qui fuit abbas, Berengerius camerarius, Joszo sacrista, Petrus prepositus, Galterius subcamerarius; ex parte Drogonis : Matheus, filius Teberti, Ingrannus Burdo, Ramoldus de Moriana, Fromundus Essart, Matheus Bellus Nepos, Ewrardus, filius Grimoldi, Robertus noster major.

A. Original, avec traces de sceau, aux Arch. nat., S. 1400, n° 28 (*alias* K. 7, n° 22).
B. Copie du XIII° siècle, aux Arch. nat., LL. 1351 (Cartul. A de Saint-Martin-des-Champs), fol. 90 r°.
C. Copie du XVI° siècle, aux Arch. nat., LL. 1353 (Cartul. C de Saint-Martin), fol. 107 r°, d'après B.

472
1168-1180.

Acensement d'une maison fait à Gérard le maçon par Gautier, prieur de Saint-Martin-des-Champs.

QUARTA CUJUSDAM DOMUS PRO DUOBUS SOLIDIS CENSUS.

Ego Gauterius, prior Sancti Martini de Campis, et conventus, notum facimus tam presentibus quam futuris quod Gerardus cementarius emit a nobis domum quandam in terra nostra, pro qua debebantur III^{or} denarii census singulis annis. Ipse vero xx denarios ad censum addidit. Itaque domum ipsam ei jure hereditario possidendam, ad censum duorum solidorum, concessimus in hunc modum, ut tam ipse quam heredes ipsius nunquam pro domo ipsa cogi possint ad solvendam talliam vel exactionem aliquam, salva justicia terre nostre. Census autem predictus in festo sancti Remigii solvetur. Si qua super eadem domo calumpnia orta fuerit, prefato Girardo garanthiam per rectum ferre tenemur. Quod, ut in posterum ratum et inconcussum permaneat, scripto presenti et sigilli nostri impressione, cum assensu capituli et testium subnotatione, firmavimus. Hii sunt testes : Joscelinus supprior, Ansculfus, Petrus camerarius, Willelmus armarius, monachi; Bertramnus cementarius, Hugo miles, Rainoldus de Sancto Marcello, Malgerius, Rogerius de Sancto Benedicto, laici.

A. Original, avec traces de sceau, aux Arch. nat., S. 1369, n° 32.

473
1169, 20 avril-4 avril 1170.

Cession, par l'abbaye de Saint-Maur-des-Fossés à l'abbaye de Saint-Victor, de six arpents de vignes situés à Belleville et à Neuilly-sur-Marne.

DE VINEIS FOSSATENSIBUS.

Quociens aliquid observandum statuitur vel alicui habendum conceditur, ne id oblivio deleat, necesse est ad posterorum memoriam ut aliquo certo veritatis signaculo signetur pariter et firmetur. Proinde ego Teobaldus, Dei gratia ecclesie Sancti Petri Fossatensis abbas vocatus, et totus monachorum nostrorum conventus, notum fieri volumus tam posteris quam presentibus quod sex arpennos vinearum apud Savias et tres apud Nulliacum, in nostro censu sitos et ecclesie Sancti Victoris in elemosinam datos, eidem ecclesie in perpetuum habendos, salvo nostro censu et decima consueta, communi assensu concessimus. Easdem vero vineas predicta Sancti Victoris ecclesia ita libere tenebit, quod nisi de nostro censu forifecerit, de nulla querela in curia nostra respondebit. Poterit eciam jamdicta ecclesia prefatas vineas, in eadem libertate quam ei concessimus, cuilibet faciendas ad tempus committere et concedere. Si vero eas vendiderit et a se omnino alienaverit, totum jus nostrum et justicia ad nos revertetur. Hoc totum mediante domino Mauricio Parisiensi episcopo et in presentia ejus factum est et concessum, anno Incarnati Verbi M° C° LX° IX°, et scripto commendatum ac sigilli ecclesie nostre impressione firmatum, subscriptis in testimonium nominibus et signis quorumdam fratrum monachorum nostrorum. Signum Hisenbardi prioris nostri. Signum Hugonis supprioris. Signum Haimonis, prioris Sancti Eligii. Signum Girardi cantoris. Signum Heroaldi sacriste. Signum Gaufridi Piper diaconi. Signum Ansoldi diaconi. Signum Teobaldi pueri. Signum Reinaldi pueri.

A. Original scellé, aux Arch. nat., S. 2155 *b*, n° 6.
B. Copie du XIII° siècle, aux Arch. nat., LL. 1450 (Cartulaire de Saint-Victor), fol. 42 v°.

474

1169, 20 avril – 4 avril 1170. — Paris.

Concession par Louis VII à Henri, fils de Prielle, du poids du roi à Paris.

In nomine sancte et individue Trinitatis, amen. Ego Ludovicus, Dei gratia Francorum rex. A regie majestatis equitate exigitur ut ea que ante ipsam vel ipsius auctoritate stabilita sunt, nullius antiquitate temporis seu aliquorum malignantium incursu debilitari valeant vel cassari. Inde est quod notum fieri volumus universis, tam presentibus quam futuris, quod, ad petitionem eorum qui tunc nobis assistebant, concessimus Henrico, filio Prielle, totum pondus Parisius, excepto pondere cere, hereditario jure possidendum, salvo jure alterius. Quod, ut ratum in posterum habeatur, sigilli nostri impressione et nominis nostri karactere muniri et confirmari precepimus. Actum publice Parisius, anno ab Incarnatione Domini millesimo centesimo sexagesimo nono; astantibus in palatio nostro quorum nomina et signa subscripta sunt : Signum comitis Theobaldi, dapiferi nostri.

Signum Guidonis buticularii. Signum Mathei camerarii. Signum Radulphi constabularii.

Data per manum (*monogramme*) Hugonis cancellarii.

<small>A. Copie collationnée du xviiie siècle, aux Arch. nat., K. 179, n° 20.</small>

475

1169, 20 avril-4 avril 1170. — Paris.

Renonciation par Raoul, comte de Clermont, aux droits qu'il prétendait avoir sur la prébende que possédait Pierre de Moucy dans l'église Notre-Dame.

... Concessioni autem, super altare Beate Marie facte, interfuerunt quamplures, scilicet dominus Mauricius, Parisiensis episcopus; Albertus, cantor Parisiensis; Petrus, archidiaconus Suessionensis; Ascelinus sacerdos; Guido de Yssiaco, qui tunc missam celebrabat; magister Odo diaconus, Galterus subdiaconus, magister Hilduinus diaconus; laici: Henricus Leonellus, Guibertus et Hugo servientes episcopi. Recordationi vero et recognitioni, coram domino rege facte, interfuerunt plures alii: Comes Theobaldus, Fredericus Parisiensis, Bucardus Veautrus; et de canonicis Parisiensibus: Barbedaurus decanus, Albertus cantor, Ansellus Tiberti, Symon de Sancto Dyonisio, Petrus de Campellis, Robertus de Pisa. Actum Parisius, anno ab Incarnacione Domini m° c° lxix.

<small>A. Copie du xiiie siècle, à la Bibl. nat., ms. lat. 5526 (Cartulaire de l'évêque), fol. 22 v°.
B. Copie du xive siècle, aux Arch. nat., LL. 183 (Grand Cartulaire de Notre-Dame), fol. 304 r°.
C. Copie du xviiie siècle, aux Arch. nat., LL. 185 (Cartulaire de l'évêque), p. 84, d'après A.</small>

<small>Édit. (a) Guérard., *Cartul. de Notre-Dame*, t. I, p. 39, d'après A et B.</small>

476

1169, 30 septembre [1]. — Bénévent.

Mandement du pape Alexandre III chargeant Guillaume, archevêque de Sens, et Eudes, abbé d'Ourscamp, de réformer l'abbaye de Saint-Victor [2]. — «Cum adhuc olim Senonis essemus...»

<small>A. Copie du xviie siècle, à la Bibl. nat., ms. lat. 14679, p. 611.</small>

---

[1] Le pape Alexandre III s'est trouvé, à la fin de septembre, à Bénévent en 1167, 1168 et 1169 (Jaffé, *Regesta pont. rom.*, 2e éd., t. II, p. 206, 211, 225); mais, l'archevêque de Sens, Guillaume, n'ayant été sacré que le 22 décembre 1168 (*Gall. christ.*, t. XII, col. 50), cette bulle ne peut appartenir qu'à l'année 1169.

[2] Cf. d'autres lettres du même pape pour le même objet à la date du 1er février 1171 ou 1172 (ci-après, n°s 491 à 493).

477

1170, 5 avril-novembre.

Vente de diverses terres faite à l'abbaye de Saint-Victor, en présence de l'évêque Maurice de Sully, par Guy d'Aubervilliers, Guillaume Maussion, son frère Thomas et sa mère Hersent.

DE VENDITIONE NEMORIS QUOD GUIDO DE HAUBERVILERS ET WILLELMUS MALUSCIONUS ET THOMAS FRATER EJUS VENDIDERUNT.

In nomine sancte et individue Trinitatis, amen. Ego Mauricius, Dei gratia Parisiensis episcopus. Notum fieri volumus posteris et presentibus quod Guido de Haubervilers, et Guillermus Maluscionus, et Thomas frater ejus, et Hersendis mater eorum, domno Hugoni, venerabili episcopo Suessionensi, et ecclesie Sancti Victoris vendiderunt sepcies viginti arpennos, partim nemoris, partim terre arabilis. Singulos videlicet arpennos nemoris triginta, et singulos terre arabilis xx^{ti} solidos vendiderunt. Duos insuper arpennos terre plane predicte ecclesie in elemosinam concesserunt, et nemus, ad granchiam ibidem faciendam, domno episcopo superaddiderunt. Factum est autem hujusmodi conditione quod domnus episcopus nemus et terram, quamdiu sibi placuerit, in manu sua tenere poterit, sed post decessum suum, vel ante si voluerit, ob perhempnem sui in oratione memoriam, ecclesie Sancti Victoris usu perpetuo possidenda derelinquet. Sciendum etiam quod predicti venditores emptionem istam domno episcopo et ecclesie juste guarentire, fide sua interposita, in aula domini regis Parisius promiserunt. Laudavit hoc ibidem et assensum prebuit Milo de Atiliaco, de cujus feodo nemus et terra tenebatur, justamque guarantiam fide data portaturum se spopondit. Testes qui in aula regis affuerunt : dominus Ferricus de Parisius, Hugo de Castro Forti, Ansellus de Bronniaco, Hugo Bibens, Milo de Lorsemz, Symon filius Roberti de Braeia, Robertus Crassus de Turnem, Johannes de Bercilz, Philippus de Athiis, Petrus de Monterello, Teobaldus Bodet, Johannes de Mathiaco, Richardus Noel.

Rursus alia vice, Parisius, in claustro Beate Marie, in domo Philippi, nepotis domini episcopi Meldensis, in presentia nostra et domni Suessionensis et predicti Meldensis episcopi, emptionem istam denuo declaratam et recognitam concesserunt Hersendis mater vendentium, Doia uxor Guidonis, et duo filii eorum Henricus et Radulfus, Guido quoque filius Hersendis. Testes qui affuerunt : Johannes de Corboilo; Ferricus et Odo, filii Josberti Briardi; Galdricus de Saviniaco; Ferricus de Grinniaco; Robertus Polinus et Fredericus frater ejusdem.

Preterea apud Sanctum Victorem, in lobio aule episcopalis, in presentia nostra et domni Suessionensis, sepefatam emptionem denuo declaratam et recognitam Guido et Thomas concesserunt, et fide sua interposita juste guarentire condixerunt. Super hoc etiam Radulfus de Combellis et Gaucherus, frater ejus, erga domnum episcopum, et erga ecclesiam Sancti Victoris, et erga Guidonem de Garlanda, fide interposita se fidejussores constituerunt, et in retroplegio totum feodum quem ab eo tenent posuerunt, tali tenore quod, si predictam promissionem non observarent, ipse sine submonitione et fide non mentita feodum saisiret. Laudavit hoc ibidem et assensum prebuit domnus Guido de Garlanda, de quo Milo de Atiliaco tenebat, et de omnibus filiis suis hoc factum non inquietaturis in manu cepit. Quod si predicti venditores et Milo de Atiliaco a premissa conventione resilirent, aut promissam garantiam non portarent, domnus Guido feodum illum, et quicquid aliud ab eo tenent, sibi saisiret, et exinde xx^{ti} libras domno episcopo, quamdiu in manu sua tenebit, et post ipsum ecclesie, annuatim persolveret, donec plenam garentiam tres prenominati episcopo vel ecclesie reformarent. Testes clerici qui affuerunt : Ernisius[1] abbas, Richardus prior, Hugo de Sercella, Theobaldus de Taverni, Daniel Brito, canonici ejusdem loci; Galterus, capellanus noster; Michael, decanus Meldensis; Gaufridus canonicus, Marcellus canonicus, Parisienses; laici vero : Ferricus de Parisius, Henricus, Jordanus, Theobaldus Magnus, Hermanus Teutonicus, Richardus, Robertus Hasardus, famuli episcopi Suessionensis; Garinus carpentarius, Gervasius, Hilduinus, Stephanus Villanus, famuli Sancti Victoris.

Quarta vice, itidem in presentia nostra, in nova domo nostra Parisius, ante hostium nove capelle, iterum et iterum replicatam venditionem ipsi venditores, Guido videlicet et Willelmus Maluscionus et Thomas, concesserunt, eorumque assensu et coniventia, domnus Ansellus de Garlanda laudator extitit, et per omnia secundum pactiones patris sui garandire promisit. Testes qui affuerunt : Ferricus de Parisius, Burcardus Veltro, Hugo de Castroforti, Hugo Bibens, Johannes de Mathiaco.

Tandem vero, apud Sanctum Victorem, in camera juxta ductum aque, ad plenam consummationem, in presentia nostra et domni Suessionensis, tres predicti venditores convenerunt, et tociens examinatam emptionem, secundum premissas conventiones fidei et stabilitatis, concesserunt.

Laudavit hoc ibidem, ipsorum voluntate et coniventia vendentium, domnus Ansellus de Garlanda, eo tenore quod, si venditores et Milo de Atiliaco a prescripta venditione resilirent, aut justam garandiam non portarent, ipse, sine submonitione facta et fide sua non mentita, patre sibi cedente vel decedente, feodum illum et quicquid aliud de se tenebunt, sibi saisiet, et exinde xx^{ti} libras episcopo vel ecclesie annuatim persolvet, donec ipsis plena garandia reformetur. Huic ultime consummationi ante nos assensum prebuerunt : Radulfus de Combels et Gaucherus frater ejus, qui fide data se fidejussores constituerunt. Testes laici :

---

[1] Beaucoup d'auteurs ont appelé cet abbé «Ervisius». Mais c'est à tort : son vrai nom était «Ernisius», comme le prouve cette charte, où il est écrit très lisiblement.

Robertus Crassus, Robertus de Atiliaco, Garinus carpentarius, Ruallo Brito, Radulfus de Sartrino, famuli Sancti Victoris; Hugo de Clara, Henricus, Theobaldus Magnus, Robertus Hasardus, Richardus cocus, Richardus Magnus, famuli cancellarii. Quod, ne subrepens oblivio deleat aut emergens calumpnia contradicat, ipsorum vendentium postulatione, litteris mandatum posterorum noticie transmisimus et sigilli nostri auctoritate signatum confirmare curavimus.

Actum anno Dominice Incarnationis M° C° LXX°, episcopatus autem nostri X°.

A. Original scellé, aux Arch. nat., S. 2142, n° 14.
B. Copie du XIII° siècle, aux Arch. nat., S. 2142, n° 4, fol. 1 r°.
C. Copie du XIII° siècle, aux Arch. nat., LL. 1450 (Cartulaire de Saint-Victor), fol. 71 r°.

478

1170, 5 avril-novembre [1].

Confirmation par Guy de Garlande et Anseau, son fils, d'une vente de bois et du don de deux arpents de terre, faits à l'abbaye de Saint-Victor par Guillaume Maussion, Thomas son frère, et Guy d'Aubervilliers.

DE BELLO ROBORE.

Ego Guido de Guarlanda notum facio posteris et presentibus quod Guilelmus Maluscionus, et Thomas frater ejus, et Guido de Haubervilers, venerabili Hugoni, Suessionensi episcopo et domini regis Francorum cancellario, septies xx^{ti} arpennos nemoris et terrę arabilis ad opus ęcclesię Sancti Victoris in perpetuum possidendos vendiderunt. Duos insuper arpennos terrę planę predictę ęcclesię in elemosinam concesserunt, et nemus ad granchiam ibidem faciendam domno episcopo superaddiderunt. Hanc autem venditionem ego Guido et Ansellus, filius meus, libere et sine omni calumpnia et contradictione, sicut in magna carta domni Mauricii, episcopi Parisiensis [2], declaratum est, concessimus, eo videlicet tenore quod prefata ęcclesia vel aliquis alius, sine nostro assensu vel heredum nostrorum post nos, ac sine communi capituli Beati Victoris assensu, vendere vel invadiare vel aliquo modo in aliam personam fundum terrę transferre non poterit. Quod, ut ratum atque firmissimum habeatur, ego Guido presens scriptum sigilli mei impressione corroborari feci. Dominus autem episcopus, quamdiu voluerit, in manu sua tenebit, et, quando placuerit, jamdictę ęcclesię relinquet. Ego autem Guido de omnibus filiis meis hoc factum non inquietaturis in manu cepi. Quod si predicti venditores et Milo de Atiliaco, qui de meo feodo tenebat, a premissa

---

[1] Cette charte est antérieure à la fin de l'année 1170, car elle est mentionnée dans une charte de Maurice de Sully, relative à la même affaire et datée de l'an 1170 et de la dixième année de l'épiscopat de Maurice. (Voir aux Arch. nat., S. 2142, n° 15, original scellé; et une copie du XIII° siècle, ibid., S. 2142, n° 4, fol. 3.)

[2] Voir cette charte sous notre n° 477.

conventione resilirent aut promissam guarantiam non portarent, ego feodum illum et quicquid aliud de me tenent, sicut continetur in prefata carta, mihi saisirem, et exinde xx^{ti} libras domno episcopo, quamdiu in manu sua tenebit, et post ipsum ecclesię, annuatim persolverem, donec plenam guarantiam tres prenominati episcopo vel ecclesię reformarent. Totum hoc Ansellus filius meus, me sibi cedente vel decedente, sicut continet sepedicta carta episcopi Parisiensis, facturum se spopondit. Actum anno Dominicę Incarnationis m° c° lxx°.

A. Original scellé, aux Arch. nat., S. 2142, n° 16, *alias* K. 25 n° 37 (Musée, n° 173).
B. Copie du xiii° siècle, aux Arch. nat., S. 2142, n° 4, fol. 3 v°.

479
1170, 5 avril – 27 mars 1171. — Paris.

Donation par Mathieu, fils de Thibert, à l'église de Notre-Dame-des-Champs, d'une terre sise entre la chapelle Sainte-Geneviève et Saint-Denis-de-la-Châtre.

DE PARISIUS.

In nomine sancte et individue Trinitatis, amen. Ego Mauricius, Dei gratia Parisiensis ecclesie episcopus, notum facio presentibus pariter ac futuris quod Matheus, filius Thetberti, pro anima Gile uxoris sue parentumque suorum, contulit in elemosinam ecclesie Sancte Marie de Campis, que sita est in suburbio Parisiensi, terram et totum censum quem ipse habebat inter capellam Sancte Genovefe et Sanctum Dionisium. Porro eadem ecclesia, propter collatum beneficium, dedit ei de caritate quadraginta libras. Huic autem collationi assensum prebuerunt duo filii prefati Mathei, Thetbertus scilicet ac Philippus, et filia ejusdem Ascelina; Petrus etiam de Parvo Ponte, de cujus feodo idem census esse dinoscitur, nichilominus hoc concessit; preterea Stephanus, nepos sepedicti Mathei, et Drogo, consanguineus suus, hujus rei fidejussores monachis supranominate ecclesie adhibiti fuerunt. Insuper supradictus Petrus fidejussor et testis fuit cum infrascriptis testibus aliis, quorum apposita sunt nomina : Raimundus de Moriana; Ivo, filius Roberti Brunelli; Albericus, filius Rainaudi; Gigaudus de Cella; Ingelbertus, Anscherius, Garinus, Lambertus, servientes sepedicte ecclesie; Galterius et Herluinus, frater ejus; Hergotus et Bernardus, nepos ejus; Johannes et Ascelinus; Vitalis piscator; Johannes et tres filii ejus, Hugo scilicet et Herbertus ac Fulco; Richardus, filius Hemmelini; et plures alii. Ut autem hec donatio alicujus falsitatis figme[n]to nullatenus in posterum possit violari, presentem paginam inde scribi precepimus. Actum est hoc Parisius, anno ab Incarnatione Domini m° c° lxx°.

A. Original, avec traces de sceau, aux Arch. nat., L. 920, n° 7.

480

1170, 5 avril-27 mars 1171. — PARIS.

Confirmation par Louis VII des coutumes de la marchandise de l'eau de Paris.

CARTA MERCATORUM AQUE PARISIENSIUM.

In nomine sancte et individue Trinitatis, amen. Ego Ludovicus, Dei gratia Francorum rex, omnibus imperpetuum [1]. Notum facimus tam presentibus quam futuris quod cives nostri Parisienses qui mercatores sunt per aquam, nos adierunt, rogantes ut consuetudines suas, quas tempore patris nostri Ludovici regis habuerant, eis concederemus et confirmaremus; quorum petitionem benigno favore amplectentes, precibus eorum benignum prebuimus assensum. Consuetudines eorum tales sunt ab antiquo : Nemini licet aliquam mercatoriam Parisius per aquam adducere vel reducere, a ponte Madunte usque ad pontes Parisienses, nisi ille sit Parisiensis aque mercator, vel nisi aliquem Parisiensem aque mercatorem socium in ipsa mercatoria habuerit. Si quis vero aliter facere presumpserit, totum amittet, et totius medietatem rex habebit pro forifacto [2], et reliquam medietatem nostri Parisienses aque mercatores. Rothomagensibus autem aque mercatoribus licebit vacuas naves adducere usque ad rivulum Alpeci et non ultra, et ibi honerare, et honustas reducere sine societate mercatorum aque Parisiensium. Si quis vero sine socio Parisiensi ultra processerit, totum similiter [3] amittet et, sicut predictum est, regi et mercatoribus distribuetur. Preterea, si aliquis famulus predictorum aque mercatorum aliquid forifecerit [4], pro nullo, nisi pro domino suo in cujus servicio erit, justiciam exequetur, nisi in ipso forifacto fuerit deprehensus. Quod, ut ratum sit imperpetuum, scripto commendari et sigilli nostri auctoritate communiri precepimus, addito karactere nominis nostri. Actum Parisius, anno Verbi Incarnati [5] M° C° LXX°; astantibus in palacio nostro quorum subscripta sunt nomina et signa : Signum comitis Theobaldi, dapiferi nostri. S. Mathei camerarii. S. Guidonis buticularii. S. Radulphi constabularii. Data per manum Hugonis cancel(*monogramme*)larii et episcopi Suessionensis.

A. Copie du XIII° siècle, aux Arch. nat., JJ. 26 (Cartulaire de Philippe Auguste), fol. 87 v°, n° 31.
B. Vidimus de mars 1270 (n. s.), aux Arch. nat., K. 950, n° 28ª.
C. Copie d'un vidimus de février 1316 (n. s.), aux Arch. nat., JJ. 75, fol. 289 v°, d'après B.
D. Copie d'un vidimus de mars 1346 (n. s.), aux Arch. nat., JJ. 75, fol. 289 v°, d'après D.
E. Vidimus de juin 1351, aux Arch. nat., K. 950, n° 28ᵇ, d'après D.

---

[1] La copie B est la seule qui ait reproduit *in extenso* les formules initiales et finales.
[2] *Var.* «forisfacto» (A).
[3] *Var.* «funditus amitet» (A).
[4] *Var.* «forisfecerit» (A).
[5] *Var.* «anno Domini» (A).

481

1170, 5 avril-27 mars 1171. — Paris.

Notification par Guillaume, archevêque de Sens, de l'accord conclu entre Maurice de Sully et le chapitre de Notre-Dame, au sujet des revenus du décanat, pendant la vacance de cet office. — "Decanus, cantor et quamplures canonici, Parisius, coram nobis, in domo nova ejusdem episcopi, convenerunt et se cause illi penitus renunciasse et in discretione et voluntate episcopi se posuisse confessi sunt..."

A. Original, aux Arch. nat., L. 421, n° 1.
B. Copie du xiii° siècle, à la Bibl. nat., ms. lat. 5526 (Cartulaire de l'évêque), fol. 18 v°.
C. Copie du xiv° siècle, aux Arch. nat., LL. 183 (Grand cartulaire de Notre-Dame), fol. 321 v°.
D. Copie du xvi° siècle, aux Arch. nat., L. 450, n° 1.
E. Copie du xviii° siècle, aux Arch. nat., LL. 185 (Cartulaire de l'évêque), p. 69, d'après B.

Édit. : (*a*) Dubois, *Hist. eccles. Paris.*, t. II, p. 139, d'après C. — (*b*) Guérard, *Cartul. de Notre-Dame*, t. I, p. 34, d'après B.

482

1170, 5 avril-27 mars 1171.

Donation par Agnès, comtesse de Meulan, à l'église Sainte-Geneviève, d'un serf et de sa femme, en exécution d'un vœu fait par Galeran, comte de Meulan.

DE ELEMOSINA NOBIS FACTA DE GARNERO DE MAGNIACO ET EJUS UXORE.

Ego Agnes, comitissa Mellentis, notum esse volo tam futuris quam presentibus quod Gar[ne]rium de Maigniaco et uxorem ejus, qui mei servi de matrimonio meo erant, et fructum quem habebant et quem habituri erant, ecclesie sanctorum apostolorum Petri et Pauli sancteque virginis Genovefe in elemosina delegavi, tum pro salute anime mee, tum in cujusdam voti quod vir meus Galerannus, comes Mellentis, sancto Cerauno, qui in eadem ecclesia jacet, fecerat nec bene solverat, recompensationem. Huic elemosine Radulphus filius meus interfuit, et approbavit. Ne vero hec elemosina posset in posterum infirmari, litteras sigilli mei impressione roboratas abbati et ecclesie tradidi. Actum Incarnati Verbi anno M°C°LXX°. Testes hujus rei sunt qui interfuerunt: Hugo abbas, et prior Sancti Vincentii Silvanectensis. Ex parte domni Mauricii, episcopi Parisiensis: Ascelinus, decanus Sancti Marcelli, et Hugo de Sarcleio. Ex parte nostra: Radulfus de Combels; Garrinus de Villa Flix. Evrardus de Nuilli, Huduinus de Villaflix. Ex parte autem ecclesie: Henricus viator et Hermerus, serviens ejusdem ecclesie; Lambertus de Lisiaco et Garrinus, filius ejus; Ferricus et Hugo, filii Widonis de Ulmis; Henricus Testuz et Lamdricus, frater ipsius.

A. Copie du xiii° siècle, à la Bibl. Sainte-Geneviève, El. 25, p. 181.

483

1170, 13 mai. — VEROLI [1].

Lettre d'Alexandre III recommandant au prieur Richard et au chapitre de Saint-Victor d'assister l'abbé Ernis. — «Sæpius dilectum filium...»

Édit. : (a) Du Boulay, *Hist. univers. Paris.*, t. II, p. 381. — (b) Martène, *Ampliss. collec.*, t. VI, col. 264. — (c) *Recueil des hist. de la France*, t. XV, p. 886, d'après b. — (d) Migne, *Patrol.*, t. CC, col. 675, d'après b.

484

1170, 28 mai. — VEROLI.

Lettre du pape Alexandre III à Guillaume, archevêque de Sens, lui ordonnant de convoquer tous ses suffragants à Paris [2], pour condamner une erreur théologique de l'évêque Pierre Lombard.

Alexander episcopus, servus servorum Dei, venerabili fratri Willelmo Senonensi archiepiscopo, apostolice sedis legato, salutem et apostolicam benedictionem. Cum in nostra esses olim presentia constitutus, tibi viva voce injunximus ut, suffraganeis tuis Parisius tibi ascitis, ad abrogationem prave doctrine Petri quondam Parisiensis episcopi, qua dicitur quod Christus, secundum quod est homo, non est aliquid, omnino intenderes, et efficacem operam adhiberes. Inde siquidem est quod fraternitati tue per apostolica scripta mandamus quatinus, quod tibi cum coram nobis presens esses precepimus, suffraganeos tuos Parisius convoces, et una cum illis et aliis religiosis et prudentibus viris, prescriptam doctrinam studeas penitus abrogare, et a magistris [et] scolaribus ibidem in theologia studentibus, Christum, sicut perfectum Deum, sic et perfectum hominem, ac verum hominem ex anima et corpore secundum quod homo consistentem, precipias edoceri, universis firmiter et districte injungens, quod doctrinam illam de cetero tenere seu docere nequaquam presumant, sed ipsam penitus detestentur. Datum Verulis, v kalendas junii.

A. Copie du XIIIe siècle, à la Bibl. nat., ms. lat. 16992, fol. 138 r°.

---

[1] Le texte publié par Martène est ainsi daté : «Datum Venetiis III idus maii», ce qui correspondrait au 13 mai 1177 et obligerait d'admettre que l'abbé Ernis avait conservé, après la nomination de son successeur Guérin, une certaine part dans l'administration de l'abbaye. Mais cela est bien improbable. Aussi adopterons-nous, avec Dom Brial et Jaffé, la leçon de du Boulay, qui a lu : «Verulis» au lieu de «Venetiis», ce qui reporte la pièce au 13 mai 1170, c'est-à-dire à une époque antérieure à l'abdication d'Ernis. (Cf. *Rec. des hist. de la France*, t. XV, p. 886, et *Regesta pont. rom.*, 2e éd., n° 11792.)

[2] Ce concile n'est pas mentionné par les divers auteurs qui se sont occupés de l'histoire des conciles, et il n'est même pas cité dans le chapitre consacré par Mgr Héfélé aux synodes occidentaux tenus de 1169 à 1176 (*Hist. des conciles*, t. VII, p. 474 de la trad. Delarc). Cependant il a dû se réunir, car on possède une lettre de Geoffroy de Sainte-Barbe à Jean, abbé de Beaugerais (voir notre n° 485), qui paraît s'y rapporter.

485

Vers 1170.

Lettre de Geoffroy de Sainte-Barbe à Jean, abbé de Beaugerais, mentionnant un concile tenu à Paris. — «Doleo et valde dolui quod in Normannia non fui, cum in Normanniam venisti... Traxit me interim ad concilium quod Parisius celebrabatur cujusdam abbatis necessarii mei dura necessitas...»

A. Copie dans un ms. de l'abbaye de Lyre.

Édit. : (a) Martène, *Thesaurus anecdot.*, t. I, col. 517, d'après A.

486

1170-1172, 12 décembre. — FRASCATI.

Confirmation par le pape Alexandre III du règlement du chapitre de Paris relatif à la résidence des chanoines. — «Ea que ad incrementum ecclesiarum...»

A. Copie du XIIe siècle, aux Arch. nat., LL. 177 (*Livre noir* de Notre-Dame), p. 263.
B. Copie du XIIIe siècle, aux Arch. nat., LL. 176 (*Petit Pastoral* de Notre-Dame), p. 23.

Édit. : (a) Baluze, *Miscell.*, t. II, p. 233 (éd. Mansi, t. III, p. 21). — (b) Mansi, *Concil.*, t. XXI, col. 1067, d'après a. — (c) Guérard, *Cartul. de Notre-Dame*, t. I, p. 227, d'après A. — (d) Migne, *Patrol.*, t. CC, col. 760, d'après b.

487

Vers 1170 [1].

Don d'une maison fait par Anseau, chanoine de Paris, à ses deux neveux Foulques et Hugues.

DE DOMO AD PORTAM CLAUSTRI PROPE INSULAM, QUAM ANSELLUS PARISIENSIS CANONICUS DEDIT DUOBUS NEPOTIBUS [2].

In nomine sancte et individue Trinitatis, amen.

Sciant presentes et futuri quoniam ego Ansellus, Parisiensis ecclesię canonicus, duobus nepotibus meis clericis, Fulconi scilicet, magistro scolarum Aurelianensis ecclesię, et Hugoni, filio Girberti, domum meam que est extra claustrum juxta insulam dimisi, ita quod illis duobus insimul, si utrique placuerit, et, si unus noluerit, alteri tamen sine altero, absque ulla contradictione liceat in illa domo

---

[1] Cette pièce n'est pas datée, mais le chanoine Anseau est sans doute le même que nous trouvons dans divers actes de Notre-Dame, en qualité d'acolyte entre 1123 et 1127, de sous-diacre entre 1134 et 1153, de diacre de 1164 à 1172. (Voir aux Arch. nat., LL. 180, fol. 30 v° à 50 v°.) Il est évident que cette donation est de la fin de sa vie.

[2] Titre ajouté au XIIIe siècle.

manere. Quod si ambo predictam domum alii locare voluerint, pretio locationis equaliter participent, et neuter illorum vendere vel inpignerare possit; sed, si unus istorum alteri super hoc satisfaciat, alter solus quiete domum possidere valeat. Item, post decessum unius, alter totam domum obtineat; post obitum autem utriusque, predicti scilicet Fulconis et Hugonis, clericus qui proximior erit in eadem cognatione predictam domum possideat; et, si duo in eodem gradu cognationis cumvenerint, major natu sine alicujus contradictione eamdem domum habeat, et ita per successionem clericorum ejusdem cognationis possideatur domus, tali etiam pacto quod quicumque post predictos, Fulconem scilicet et Hugonem, predictam domum possederit, sexaginta solidos capitulo Beatę Marię et quadraginta hospitali ejusdem ecclesię dare teneatur. Sed, si nullus clericus in predicta cognatione inveniatur, in proprios usus predicti hospitalis Beatę Marię redigatur, ita quod numquam vendatur. Hi sunt testes : Droco presbyter, Adan presbyter, Hubodus, Adan de Hospitali, Gauterus, magister Georgius, Ansellus. Hi sunt clerici : Ivonus, Eustachius de Bevra, Theoinus de Vitri, Gauterus de Ruella, Henricus Bonnellus, Burchardus de Balneolo, Millo de Vitri, Landricus de Vitri, Guillermus Anglicus, Robertus de Belvaco, Fubertus carpentarius.

A. Original, avec traces de sceau, aux Arch. nat., L. 532, n° 1.

488

Vers 1170 [1]. — Paris.

Amortissement, par le chapitre de Paris, d'un moulin sous le Grand Pont donné aux Templiers par une femme nommée Gente.

DE MOLENDINO ET DOMIBUS DOMINE GENTA QUE SUNT SUPER MAGNUM PONTEM PARISIUS, JUXTA MOLENDINUM SANCTI MARTINI DE CAMPIS.

Notum sit omnibus, tam futuris quam presentibus, dominam Gentam, ob sue anime quietem, Templi fratribus molendinum quod sub Magno Ponte habebat et domos desuper dedisse et quiete dimisisse. Molendinum autem multo ante obitum suum eis prebuerat, et quia supradictorum census ad canonicos Beate Marie pertinebat, decanus et canonici fratres Templi ut venderentur vehementer artabant, ideo maxime quoniam eclesia alterius eclesie censuale ultra annum et diem unum minime tenere debet; set, quoniam canonici domini et amici domus Templi in omnibus approbantur, apud decanum et canonicos precibus et amore obtinuerunt

---

[1] On peut conjecturer d'après les noms des personnes mentionnées dans cet acte qu'il est de 1170 environ. Car Barbedor ne devint doyen qu'en 1168, tandis que le chantre Aubert et l'archidiacre Simon disparaissent des documents vers l'an 1173.

quod ipsi supradictum molendinum et domos fratribus Templi in perpetuum concesserunt, tali tamen interposita pactione quod fratres Templi censum quem domina Genta donabat annuatim canonicis reddent, et salvo eclesie jure. Insuper fratres Templi de helemosinis domus xxx^ta libras eis dederunt. Hoc autem in capitulo Beate Marie publice actum est, coram domino Mauricio, Parisiensi episcopo, et coram decano Barba d'Or, et domino Auberto precentore, et domino Simone archidiacono, et domino Simone Sancti Dionisii, et domino Acelino sacerdote, et domino Audoino Sancti Dionisii, et Adam de Mostarul, et omnibus canonicis idem concedentibus. Hoc vero fratris Gaufridi Fulcherii factum est consilio, qui cis mare Templi magister erat, et consilio fratris E.[1] Canis, qui sub fratre Gaufrido preceptor erat Gallie, et fratris Bernardi Canbitoris, et fratris Johannis, preceptoris Parisius.

A. Original, avec traces de sceau, aux Arch. nat., S. 5077, n° 1, (*nunc* K. 23, n° 15⁴).

489

Vers 1170.

Charte d'affranchissement octroyée par Hugues, abbé de Saint-Germain-des-Prés, aux habitants du bourg Saint-Germain[2].

In nomine sanctę et individuę Trinitatis, amen. Sapientium consilio hoc in consuetudinem venisse dinoscitur ut in omnibus diffinitionibus ydonea[3] adhibeantur testimonia, et unaqueque juste ac rationabiliter diffinita ratio ita cujuspiam scripti roboretur testimonio, ne deinceps adnullari vel calumpniari possit ullius falsitatis figmento. Quamplures enim contentiones excitarentur, nisi scripturarum testimonio et sigillorum auctoritatibus sopirentur. Eapropter ego Hugo, Dei gracia abbas Sancti Germani Parisiensis, et communis ac voluntarius capituli nostri assensus libertatem burgo Beati Germani et in eo degentibus, a nobis concessam et confirmatam, presentium et futurorum noticię presenti scripto decrevimus significare. Siquidem unanimi deliberatione statuimus et perpetua remissione indul-

---

[1] «Eustachii». (Cf. n° 507.)

[2] Cet acte est de Hugues de Monceaux (1162-1181), comme le prouvent les noms des témoins. Ajoutons qu'il est plutôt du commencement ou du milieu de son abbatiat, car en 1178 au plus tard le sous-prieur Robert avait un successeur nommé Alexandre. (Bouillart, *Hist. de Saint-Germain-des-Prés*, pr., p. xlvj.) — On possède une seconde charte d'affranchissement délivrée par un abbé de Saint-Germain-des-Prés aux habitants du bourg Saint-Germain. Malheureusement elle ne nous est connue que par des cartulaires (Arch. nat. LL. 1025, fol. 39 r°; LL. 1026, fol. 51 r°; LL. 1029, fol. 37 v°) qui l'ont tronquée de telle sorte que nous n'avons même pas le nom de l'abbé de qui elle émane. Toutefois les formules initiales de cette pièce autorisent à l'attribuer au xiii° siècle.

[3] *Var.* «idonea».

simus ut tallia, et corvadę, et placita generalia, et culcitrarum atque capitalium pannorumque usus, et sepulturę merces, et panis qui in crastino die Dominicę Nativitatis nobis et presbitero hujus villę de consuetudine reddebatur, nec a nobis nec a successoribus nostris in perpetuum ab aliquo hominum in predicto burgo manentium exigantur. Porro tam nobis quam successoribus nostris singuli burgenses ejusdem loci tres solidos censuales annuatim, pro singulis ignibus, ad festum sancti Remigii solvent, nisi forte aliquis domus suę quamlibet cameram sive cameras alicui locaverit, a quo igne et a quo conductore, quia propriam habitationem non habuerit, supradictus census non exigetur. Ut autem contra hanc nostre cessionis emunitatem nulla in posterum possit[1] oriri questio, presentis scripti eam confirmari decrevimus patrocinio, quod, testium annotatione et sigilli Beati Germani et nostri impressione confirmantes, nominis nostri karactere signavimus fratribusque nostris signandum prebuimus. Signum domni Hugonis abbatis. S. Willelmi prioris. S. Roberti supprioris. S. Garini tercii prioris. S. Ansoldi. S. Radulfi[2] cantoris. S. Roberti cellerarii. S. Gaufredi. S. Johannis. S. Rorici. S. Hugonis. S. Martini. S. Symonis. S. Odonis. S. Johannis pueri. Testes : Odo de Crispeio, Gauterius carpentarius[3], Petrus de Noviomo, Rainaldus de Hospicio, Boso, Adam, Guinerannus Carduus, Guillelmus matricularius, Johannes sartor, Gaufredus sartor, Guillelmus pistor, Alennus et Germundus frater ejus, Alelmus, Johannes hospitalarius, Gerbertus portarius. Hugo notarius scripsit et subscripsit.

A. Copie du xiie siècle, aux Arch. nat., LL. 1024 (Cartul. †††de Saint-Germain-des-Prés), fol. 83 r°.
B. Copie du xiiie siècle, aux Arch. nat., LL. 1026 (Cartul. de Saint-Germain-des-Prés), fol. 55 v°.
C. Copie du xiiie siècle, aux Arch. nat., LL. 1029 (Cartul. de Saint-Germain-des-Prés), fol. 41 r°.

490

Vers 1170-1180 [4].

Don par Thibaud, abbé de Saint-Maur-des-Fossés, au prieuré de Saint-Éloi
de tout ce que l'abbaye de Saint-Maur possédait à Paris dans la juridiction de Saint-Martin-des-Champs, etc.

Noverint presentes et futuri quod domnus Teobaudus, abbas Fossatensis, assensu capituli sui, tradidit per manum et amorem Haimonis, prioris ecclesie Beati Eligii, et concessit in perpetuum possidenda omnia que habebat ecclesia

---

[1] Var. «imposterum poterit» (B, C).
[2] Var. «Raudulfi» (C).
[3] Ces signatures encadrent un monogramme où on lit le mot HVGO; c'est le monogramme de l'abbé de qui émane l'acte.

[4] Cette pièce ne peut être datée que par les noms de l'abbé Thibaud et du prieur Haimon. Les plus anciens documents où nous les avons trouvés tous deux mentionnés sont de 1171. (Gallia christ., t. VII, col. 294.)

Fossatensis Parisius, in majoria Sancti Martini, cum torculari et decima sua que est juxta Pontem Petrinum, illud quoque quod apud Vitriacum in parva decima ecclesie Sancti Germani tenebat; quibus nichilominus rebus concessis, addidit etiam medietatem piscosi gurgitis qui fixus est sub portu Caneveriarum; que prior predictus et ecclesia Sancti Eligii semper tenebit ad censum XII nummorum. Pro quibus omnibus perpetuo possidendis, prior et ecclesia Sancti Eligii reddent annis singulis cenobio Fossatensi VII^{tem} libras his terminis : in crastinum octabarum sancti Dyonisii, LXX solidos; in festo beati Mauri, alios LXX solvent. Porro de his omnibus concessis, abbas et Fossatensis conventus ecclesie Sancti Eligii et priori illius semper et in omnibus locis plenam et justam tuitionem vel garandiam portabit.

A. Original, avec traces de sceau, aux Arch. nat., S. 1185, n° 1.

491

1171-1172, 1er février. — FRASCATI.

Mandement du pape Alexandre III ordonnant à l'archevêque de Sens, à l'évêque de Meaux et à l'abbé de Val-Secret de réformer l'abbaye de Saint-Victor [1]. — «Crebra jamdudum...»

A. Copie dans un ms. de Pétau.
B. Copie dans un ms. de Saint-Victor, coté II, 22.

Édit. : (a) Duchesne, *Hist. Franc. script.*, t. IV, p. 602, d'après A et B.—(b) Du Boulay, *Hist. Univ. Paris.*, t. II, p. 382.—(c) Labbe, *Concil.*, t. X, col. 1320.—(d) Hardouin, *Concil.*, t. VI, 1re part., col. 1500, d'après a. — (e) Martène, *Ampliss. coll.*, t. VI, col. 250, d'après B. — (f) Mansi, *Concil.*, t. XXI, p. 993, d'après d. — (g) *Rec. des hist. de la France*, t. XV, p. 898, d'après a. — (h) Migne, *Patrol.*, t. CC, col. 771, d'après f.

492

1171-1172, 1er février. — FRASCATI.

Lettre d'Alexandre III notifiant aux chanoines de Saint-Victor le mandat par lui donné à l'archevêque de Sens pour la réforme de leur monastère. — «Jamdudum ad nos...»

A. Copie dans un ms. de Pétau.
B. Copie dans un ms. de Saint-Victor, coté II, 22.

Édit. : (a) Duchesne, *Hist. Franc. script.*, t. IV, p. 603, d'après A et B.—(b) Du Boulay, *Hist. Univ. Paris.*, t. II, p. 382. — (c) Labbe, *Concil.*, t. X, col. 1321. — (d) Hardouin, *Concil.*, t. VI, 2e part., col. 1501, d'après a. — (e) Martène, *Ampliss. coll.*, t. VI, col. 251, d'après B. — (f) Mansi, *Concil.*, t. XXI, p. 994, d'après d. — (g) *Rec. des hist. de la France*, t. XV, p. 899, d'après a. — (h) Migne, *Patrologie*, t. CC, col. 772, d'après f.

---

[1] On a vu ci-dessus (n° 476) une autre bulle délivrée par le même pape pour le même objet.

493

1171-1172, 1ᵉʳ février. — FRASCATI.

Lettre du pape Alexandre III au roi Louis VII au sujet du relâchement de la discipline monastique dans l'abbaye de Saint-Victor. — «Considerantibus nobis...»

A. Copie dans un ms. de Pétau.
B. Copie dans un ms. de Saint-Victor, coté II, 22.

Édit. : (*a*) Duchesne, *Hist. Franc. script.*, t. IV, p. 602, d'après A et B. — (*b*) Du Boulay, *Hist. Univ. Paris.*, t. II, p. 381. — (*c*) Labbe, *Concil.*, t. X, col. 1319. — (*d*) Hardouin, *Concil.*, t. VI, 2ᵉ part., col. 1499, d'après *a*. — (*e*) Martène, *Ampliss. coll.*, t. VI, col. 249, d'après B. — (*f*) *Rec. des hist. de la France*, t. XV, p. 897, d'après *a*. — (*g*) Migne, *Patrologie*, t. CC, col. 773, d'après *e*.

494

Vers 1171 ou 1172.

Lettre de Guillaume, archevêque de Sens, annonçant aux chanoines de Saint-Victor qu'il viendra prochainement visiter leur monastère. — «Tetigit me aliquantulum...»

A. Copie dans un ms. de Pétau.
B. Copie dans un ms. de Saint-Victor, coté II, 22.

Édit. : (*a*) Duchesne, *Hist. Franc. script.*, t. IV, p. 749, d'après A.

495

1171, 28 mars-novembre. — PARIS.

Acte de partage passé par-devant l'évêque Maurice de Sully par Gautier, maréchal de Saint-Denis, et son frère Pierre, curé de Saint-Denis-du-Pas.

Ego Mauricius, Dei gratia Parisiensis episcopus. Notum fieri volumus universis quod Galterus, marescallus Beati Dionisii, in presentia nostra constitutus, donavit fratri suo Petro, sacerdoti Sancti Dionisii de Passu, in partem hereditatis sue, prata que sita sunt sub villa Sancti Leodegarii, et domum que fuerat Ogeri coqui, et medietatem quarti molendini in Mibraio siti. Petrus autem sacerdos hec predicta pignore obligata redemit : prata c solidis, domum l solidis, medietatem molendini xiii^{cim} libris. Huic donationi a Galtero Petro facte interfuerunt testes Albertus precentor, Robertus succentor, Galterus capellanus noster, frater Daniel, Ascelinus decanus, Marcellus nepos ejus, Symon de Sancto Dionisio, magister Hilduinus, Gaufridus de Guiri, Hosmundus de Pinsiaco, Theobaldus de Viri; laici : Guibertus, Thomas marescallus, Richardus camerarius, Gervasius, Martinus furnarius, Symon carpentarius. Hec autem supradicta, Petro fratri suo donata et ab ipso Petro sicut diximus redempta, Galterus, fidei sue interpositione, garantire spopondit. Hoc autem factum est in curia nostra Parisius, anno Incarnationis Dominice m° c° lxx° 1°, episcopatus vero nostri xi°. Quod, ut ratum et inconcussum permaneat, presenti pagine commendari et sigilli nostri munimine dignum duximus confirmari.

A. Original scellé, aux Arch. nat., L. 532, n° 3.

496

1171, 28 mars-novembre. — PARIS.

Sentence rendue par Maurice de Sully, évêque de Paris, sur un différend existant entre l'abbaye de Saint-Victor et Ferry de Gentilly, au sujet d'un cens à Saint-Marcel et à Ivry.

DE CENSU QUEM HABEMUS APUD SANCTUM MARCELLUM ET IVRIACUM DE FERRIACO.

Quoniam plerique perversi animi ad decipiendum maxime intendunt, nostri officii est res in presentia nostra bene gestas pro bono pacis ad noticiam posterorum memorie tradere et scripto confirmare. Ego igitur Mauricius, Dei gracia Parisiensis episcopus, notum facimus universis, presentibus pariter et futuris, quod Ferricus de Gentiliaco quendam censum, quem apud Sanctum Marcellum et apud Ivriacum ecclesia Beati Victoris Parisiensis, de dono fratris Ferrici, ejus ecclesie canonici, diu in pace tenuerat, de feodo suo et antecessorum suorum eundem censum esse dicens, saisivit. Ecclesia vero Beati Victoris erga predictum Ferricum super hoc querimoniam movit, et coram justicia nostra placitavit. Tandem, consilio prudentum virorum habito, jamdicta ecclesia ad confirmacionem pacis supranominato Ferrico iiii°r libras denariorum donavit, et ipse prescriptum censum sepe memorate ecclesie quietum clamavit, et quicquid proprii juris in eodem censu se habere dicebat eidem ecclesie, in presencia nostra, in pace perhenniter possidendum concessit, et justam inde se garantiam laturum promisit. Quod etiam concessit et laudavit Ansellus de Bruneio, sepedicti Ferrici frater, videntibus et audientibus qui nobiscum aderant, quorum supposita sunt nomina et signa. Signum domni Ascelini, decani Sancti Marcelli. S. Simonis de Sancto Dionisio. S. Gauterii, capellani nostri. S. magistri Mainerii. S. Marcelli, clerici nostri. S. Teoberti de Monte Leterici. S. Petri de Monterello. S. Philippi de Athiis. S. Hugonis mercatoris. S. Drogonis carnificis. Quod, ne subrepens obblivio deleat aut emergens calumpnia contradicat, scripto mandari precepimus et presentem paginam sigilli nostri auctoritate roboravimus. Actum publice Parisius, anno Incarnati Verbi m° c° lxx° 1°, episcopatus vero nostri anno xi°.

A. Original scellé, aux Arch. nat., S. 2158, n° 8.
B. Copie du xiii° siècle, aux Arch. nat., LL. 1450 (Cartulaire de Saint-Victor), fol. 57 r°.

497

1171, 28 mars-novembre.

Notice dressée par Maurice de Sully, évêque de Paris, des donations faites à l'infirmerie de l'abbaye de Montmartre par l'abbesse Ada et par Constance, comtesse de Toulouse, sœur du roi.

Ego Mauricius, Dei gratia Parisiensis episcopus. Notum fieri volumus universis, tam presentibus quam futuris, quod, cum sorores ecclesie Montis Martyrum antiquitus egrotari solerent et cum comuni victu refectori ad convalescendum non possent refici, domina Ada, ejusdem ecclesie abbatissa, et domina Constancia, soror regis Francie, comitissa Tolose, ex sola caritatis dilectione promote, unde aliquando fragilitati humane egritudinis succurrerent, devote institerunt in hac institutione que vocatur infirmaria. Domina Ada, predicta abbatissa, assensu totius capituli, de premio domus Parvi Pontis viginti solidos censuales singulis annis assignavit; domina vero Constancia, soror regis Francie, quoniam viderat plerasque sanctimonialium sororum in infirmitate suorum corporum laborare et innumerabiles penurias tolerare, sperans et exspectans in futura vita participare mercedem beneficiorum que fiunt in predicta ecclesia, vigiliis, jejuniis, orationibus et elemosinis, sive quibuscumque modis fiant, decem solidos et VIIII denarios censuales quos habebat ad Aubertum Vilare, quos emerat de domino suo a domino Hugone Magno de Calliaco, cum justitia terre illius pro qua census iste redditur, ad confortandum sorores institute infirmarie concedendo et laudando donavit; sed, si alibi decem solidos predicte infirmarie assignaret, ipsa domina Constantia illos predictos decem solidos ad usus suos vellet retinere [1]. Eodem tempore, dominus Remodus, precentor Conpendii, et fratres [et] sorores ipsius, pro anima patris sui, qui tunc temporis nuperrime obierat, et pro animabus omnium antecessorum suorum et omnium fidelium defunctorum, unam fenestram qua panis venditur, que est ad Portam Parisius predicte infirmarie donaverunt et concesserunt et laudaverunt, et per Thomam Divitem, qui tunc Parisius prepositus erat, dominam Adam, predicte ecclesie abbatissam, de fenestra illa investiri fecerunt. Item predicta Constantia, soror regis Francie, dat ecclesie Sancti Dyonisii de Monte Martyrum molendinum quoddam et piscaturam ejusdem molendini, quod videlicet molendinum a sanctimonialibus Ederensis abbatie sibi emerat, situm apud Clichiacum; hec itaque tali pacto dat quod decem et octo sextarios annone, qualem molendinum predictum lucratum fuerit, reddantur inde Helisabeth nepti sue per singulos annos, quamdiu ipsa vixerit. Medietatem tamen predicte pisca-

---

[1] Il semble que cette phrase devait être ainsi construite dans l'original : «Sed, si ipsa domina... vellet retinere, alibi decem solidos.. assignaret.»

ture reddi disponit simul eidem Helysabeth, aliam medietatem ecclesie habendam. Si autem ipsa Helysabeth ante eam decesserit, prefata annona et medietas piscature ipsi Constantie, dum vixerit, remanebunt. Postquam vero utraque discesserit, supradictum molendinum cum annona et piscatura domui infirmarum supranominate ecclesie remaneat in posterum, tali videlicet conditione quod singulis annis custos domus infirmarum duodecim solidos, in die anniversarii ipsius Constantie, ad quandam pitantiam refectorio faciendam, reddat. Hec autem omnia facta sunt assensu domine Ade, ejusdem ecclesie abbatisse, et totius conventus. Et ut hec rata et inconculsa teneantur in perpetuum, domina Ada abbatissa et domina Constantia, soror regis Francie, que tunc temporis in Monte Martyrum morabatur, sigilli nostri auctoritate et testimonio sigillorum suorum presens scriptum sub anathemate muniri rogaverunt. Actum anno Incarnati Verbi M° C° LXX° I°, episcopatus vero nostri anno XI°.

A. Copie du XIII° siècle, aux Arch. nat., L. 1030 (Cartulaire de Montmartre), fol. 16 r°.
B. Copie du XVIII° siècle, aux Arch. nat., L. 1030, n° 1³, fol. 43 r°, d'après A.

498

1171, 28 mars-15 avril 1172. — Sens.

Accord établi par Guillaume, archevêque de Sens, entre les Hospitaliers de Jérusalem et les chapitres de Notre-Dame et de Saint-Benoît, au sujet d'un oratoire que les Hospitaliers possédaient dans la censive de Saint-Benoît.

CONVENTIO INTER CAPITULUM ET HOSPITALARIOS SUPER ORATORIO IN PARROCHIA SANCTI BENEDICTI.

Willelmus, Dei gratia Senonensis archiepiscopus et apostolice sedis legatus, omnibus sancte matris Ecclesie filiis, tam futuris quam presentibus, ad quos littere presentes pervenerint, in Domino salutem. Universitati vestre notum fieri volumus quod, orta controversia inter canonicos Beate Marie et Beati Benedicti Parisiensis, et ejusdem ecclesie sacerdotem et capiscerium, et Iherosolimitanos Hospitalarios, super oratorio ab eisdem Hospitalariis in censiva Beati Benedicti fundato, ex delegatione domini pape causam illam per compositionem aut per diffinitivam sententiam suscepimus terminandam. Quia vero persone tam religiose lites execrari et declinare potius quam exequi debent, de partium consensu, per manum nostram compositio hec inter eos facta est. Possidebant Hospitalarii in censiva Beati Benedicti, que ecclesia est menbrum Beate Marie Parisiensis, domos, et in eadem oratorium construxerant, pro quibus singulis annis undecim solidos et duos vini modios capiscerio Beati Benedicti persolvebant. Ab hac deinceps census solutione et omni alia consuetudine sive jure et dominio canonici utriusque ecclesie, una cum capiscerio et capellano Sancti Benedicti, quantum in predicta censiva continebatur, absolverunt, et Hospitalariis quietum deinceps et liberum concesserunt. Licebit Hospitalariis oratorium inibi et cimiterium habere, ita quod in oratorio campanam absque licentia capituli Beate Marie non habeant, neque parrochianos Sancti Benedicti vel aliarum ecclesiarum Parisiensium ad divina officia vel oblationes recipiant. In cimiterio autem fratres tantum suos et fratrum familiam sepelient. Itaque sanos habitum eorum suscipientes, vel infirmos ad eos pedibus aut equitando, ita quod per se ascendere et descendere et equitare valeant, venientes, libere suscipiant et eis sepulturam exhibeant. Quod si aliquis de civitate Parisiensi aut ejus suburbiis habitum eorum suscipiens, tanta egritudine laboraverit quod non nisi aminiculo alterius ad eos venire non possit, et ea ibi egritudine decesserit, capellanus ipsius jura parrochialia in mortuo, acsi in propria domo obisset, habebit. Sciendum etiam quod, si ecclesia Beate Marie per interdicti sententiam a divinis cessaverit, Hospitalarii in predicto oratorio, aliis exclusis, suis tantum et familie sue divina clausis celebrabunt januis. Propter hanc autem compositionem firmius observandam, Hospitalarii vineam de Camelo, Symoni tunc temporis capellano et capiscerio, et ejus successoribus, ab omni censu et consuetudine liberam, et domum duos solidos censuales annuatim reddentem dederunt, ita quod in predicta vinea et domo redditus quadraginta duorum solidorum ad arbitrium capellani assignabunt. Si etiam predictam summam annua pensio excesserit, capiscerii et capellani erit. Quod si aliqua super vinea et domo predicta controversia aut calumpnia orta fuerit, Hospitalarii in quantum ratio exegerit per jus garantizabunt. Propter hanc etiam compositionem corroborandam, predicti Hospitalarii capitulo Beate Marie ad redditus emendos centum libras dederunt. Hec autem omnia facta sunt per manum nostram publice, Senonis, in presencia suffraganeorum nostrorum, quorum nomina subscripta sunt : Mauricius, episcopus Parisiensis; Manasses, Aurelianensis; Stephanus, Meldensis; Willelmus, Autissiodorensis; Bernardus, Nivernensis. Fuerunt etiam et alii plures testes et religiosi viri : Stephanus, abbas Sancti Evurcii; Hilduinus, thesaurarius Senonensis; magister Stephanus, ejusdem ecclesie canonicus; magister Petrus, archidiaconus Carnotensis; Roricus, archidiaconus Meldensis. Hoc autem totum gestum est in tempore procuratoris et commendatoris Hospitalis, Gaufridi scilicet Britonis, Jocelmi Bloaudi, Ferrici de Peviers; Barbedauro quoque tunc existente decano ecclesie Parisiensis. Quod, ut robur perpetue in posterum obtineat firmitatis, presentis scripti attestatione et sigilli nostri auctoritate, postulatione utriusque partis, corroborari et communiri fecimus. Actum Senonis, in palatio pontificali, anno Dominice Incarnationis millesimo centesimo septuagesimo primo.

A. Original en forme de chirographe, avec traces de sceau, aux Arch. nat., K. 25, n° 4⁴.
B. Copie du xiii° siècle, aux Arch. nat., LL. 175 (*Grand Pastoral* de Notre-Dame), p. 820.
C. Copie collationnée du 31 décembre 1690, aux Arch. nat., L. 451, n° 3, d'après A.

499

1171, 28 mars-15 avril 1172.

Abandon, par Ferry de Paris, chevalier, en faveur de l'abbaye de Saint-Victor,
d'un cens de six deniers qu'il avait sur une maison appartenant à cette abbaye [1].

**DE DOMO GAUFRIDI QUE EST IN CHEVRECHUN ET DE CENSU QUOD DEDIT NOBIS
IN EADEM DOMO FREDERICUS DE PALESEL.**

In nomine sancte et individue Trinitatis. Ego Fredericus miles Parisiensis notum fieri volo tam posteris quam presentibus quod Gaufridus sacerdos de Edera, jam in extremis positus, quandam domum, cujus pars in censivo meo existit, ecclesię Beati Victoris in elemosinam dedit. Hujus partis censum quem ibi habebam, vi videlicet denarios, precibus domini Hugonis, venerabilis episcopi Suessionensis, et domini Ernisii, abbatis Sancti Victoris, et Odonis, Beatę Genovefe quondam abbatis, prefate ecclesię Sancti Victoris, pro remedio anime mee, quiete in perpetuum possidendos reliqui et concessi, ita quidem quod nullus heredum meorum aliquid ibi in posterum reclamare poterit. Hujus rei testes sunt: dominus episcopus Suessionensis, abbas Sancti Victoris, abbas Sancte Genovefe de Monte, abbas Odo; Petrus, Henricus, Fredericus, Petrus, canonici Sancti Victoris; laici: Johannes de Mathiaco, Fredericus de Gentilli, Petrus de Monterello. Hoc etiam omnibus pateat quod fratres predicti monasterii singulis annis anniversarium meum facient. Quod, ut ratum et inconcussum maneat in posterum, presens scriptum sigilli mei auctoritate corroborari feci. Actum anno Verbi Incarnati M° C° LXXI°.

A. Original scellé, aux Arch. nat., K. 25, n° 4⁸ (Musée, n° 174).
B. Copie du xvii° siècle, à la Bibl. nat., ms. lat. 14679, p. 649.

500

1171, 28 mars-15 avril 1172. — CHAILLY.

Affranchissement de cens octroyé par Robert, comte de Dreux, frère de Louis VII,
à l'hôpital Saint-Gervais de Paris [2].

In nomine sancte et individue Trinitatis, amen. Ego Robertus comes, Ludovici

---

[1] Une note du rédacteur des *Annales* de Saint-Victor fait connaître l'emplacement de la maison en question : «Iste census situs est in loco qui vulgo dicitur Campus Rosæus circa ecclesiam Sancti Petri ad Boves in civitate et circa Sanctum Christophorum.»

[2] Sauval (*Antiq. de Paris*, t. I, p. 559) place sous le règne de Louis VI la fondation de cette maison de refuge, qui subsista jusqu'au xviii° siècle sous le nom d'*Hôpital des Filles Saint-Gervais*. Mais c'est une pure hypothèse, car on ne connaît pas de pièce antérieure à celle que nous donnons ici, où cet hôpital soit mentionné. (Cf. Jaillot, *Rech. sur Paris*, t. III, quart. Saint-Antoine, p. 128.)

regis Francorum frater, et uxor mea Agnes comitissa, et filius noster Robertus, notum facimus universis, presentibus et futuris, quoniam domum Garini cementarii, sitam in atrio Sanctorum Gervasii et Protasii, que nobis quatuor denarios de censu annuatim persolvebat, quam idem Garinus et filius ejus Harcherus sacerdos ad hospitandos pauperes Christi donaverunt, interventu domini regis et venerabilis Stephani, Bituricensis archiepiscopi, et fratris Bernardi de Vicena, pro animabus nostris et predecessorum nostrorum, ab omni jure nostro et consuetudinibus immunem et quietam in perpetuum fore concedimus. Quod, ut ratum et inconcussum permaneat, sigillorum nostrorum auctoritate confirmamus. Actum publice, anno Incarnati Verbi M° C° LXX° I°, in villa que dicitur Chaillis; astantibus in curia nostra: Galtero, capellano nostro de Chailli; magistro Rainaldo, capicerio Drocarum; de militibus: Bartholomeo Piloso, Germundo de Drocis, Symone de Sancto Ferreolo, serviente nostro, Drogone de Pontisara.

Data per manum Willelmi notarii nostri, Remensis canonici.

A. Original scellé de deux sceaux, aux Arch. nat., K. 25, n° 4².

501

1171-1172, 26 juillet. — FRASCATI.

Lettre du pape Alexandre III à Henri, archevêque de Reims, lui donnant mandat de terminer le différend existant entre Eudes de Saint-Denis et Payen l'Anglois au sujet de la possession d'une fenêtre sur le Grand Pont.

Alexander episcopus, servus servorum Dei, venerabili fratri Henrico, Remensi archiepiscopo, salutem et apostolicam benedictionem. Causam quæ inter Odonem de Sancto Dionysio et Paganum Anglicum et uxorem ejus, quondam filiam Genovefæ de Sancto Germano, super quadam fenestra quæ est super Pontem Magnum, primum in præsentia venerabilis fratris nostri M[auricii], Parisiensis episcopi, postmodum vero coram venerabili W[illelmo], Senonensi archiepiscopo, apostolicæ sedis legato, diutius est agitata, et ad nos per appellationem delata, experientiæ tuæ, de qua plene confidimus, committimus audiendam et fine debito terminandam. Ideoque fraternitati tuæ per apostolica scripta præcipiendo mandamus quatenus, cum exinde requisitus fueris, utramque partem ante tuam præsentiam convoces et, rationibus hinc inde diligenter auditis et cognitis, eamdem causam, si tibi constiterit eam per appellationem ad nos delatam fuisse, sublato appellationis remedio, concordia vel justitia mediante, decidas. Datum Tusculani, VII kalendas augusti.

A. Copie du XII° siècle dans un ms. de Saint-Waast d'Arras.

Édit : (a) Martène, *Ampliss. coll.*, t. II, col. 948, d'après A. — (b) Migne, *Patrol.*, t. CC, col. 842, d'après a.

502

1171-1180, 3 août. — FRASCATI.

Permission, accordée par le pape Alexandre III à l'abbé de Saint-Germain-des-Prés,
de faire usage de la mitre et de l'anneau [1].

Alexander episcopus, servus servorum Dei, dilecto filio H[ugoni], abbati Sancti Germani de Pratis, salutem et apostolicam benedictionem. Eos speciali prerogativa diligimus et largitione nostri muneris merito decoramus, quos novimus beato Petro et nobis devotos, et circa Ecclesiam constantie virtute fervere videmus. Attendentes itaque devotionis et fidei puritatem quam circa beatum Petrum et circa nos ipsos exhibere dinosceris, volentes quoque te et monasterium tuum honoris et gratie privilegio decorare, usum mitre atque anuli, tam tibi quam successoribus tuis, de consueta sedis apostolice benignitate duximus indulgendum. Datum Tusculani, III nonas augusti.

A. Original, avec traces de sceau, aux Arch. nat., L. 231, n° 41.

503

1171, novembre-15 avril 1172. — PARIS.

Vente, par le curé et les paroissiens de Saint-Landry, d'une vigne
appartenant au presbytère de ladite église.

DE VENDITIONE VINEE QUE FUIT PRESBITERI SANCTI LANDERICI.

Ego Mauricius, Dei gratia Parisiensis episcopus. Notum fieri volumus universis, tam presentibus quam futuris, quod Johannes sacerdos et parrochiani Sancti Landerici vineam quamdam in Aarso sitam, que ad presbiterium ecclesie sue spectabat, consilio et assensu nostro, Ebrardo xx^{ti} librarum precio vendiderunt, quas siquidem xx^{ti} libras et eo amplius ad emendationem cujusdam domus juxta prefatam ecclesiam site, que ad presbiterium pertinet, deputaverunt, ita quod redditus ex domo illa provenientes ad usus presbiterii Sancti Landerici perpetuo

---

[1] On voit, par les *Regesta* de Jaffé, que cette bulle ne peut appartenir qu'aux années 1171, 1172 ou 1180; on peut faire valoir, en faveur de la date de 1180, que le pape avait accordé un peu auparavant, le 30 mars 1178 ou 1179, un privilège du même genre à l'abbaye de Saint-Denis (Migne, *Patrologie*, t. CC, col. 1200. — Félibien, *Hist. de l'égl. de Saint-Denis*, pr., p. CXI. — Cf. Jaffé, *Regesta*, n° 13256). Mais, d'autre part, cette bulle ne fait que compléter le privilège, accordé dès 1163 à l'abbé de Saint-Germain-des-Prés, de porter la dalmatique, comme les évêques, et de conférer les ordres mineurs aux moines de son abbaye. (Voir notre n° 440.)

remanebunt. Quod, ut futuris temporibus jure inviolabili teneatur, presentis attestatione scripture et sigilli nostri auctoritate communivimus. Actum Parisius, anno Incarnationis Dominice m° c° lxx° 1° [1], [episcopatus autem nostri] anno duodecimo.

    A. Copie du xiii° siècle, aux Arch. nat., LL. 1025 (Cartulaire de Saint-Germain-des-Prés), fol. 44 r°.
    B. Copie du xiii° siècle, aux Arch. nat., LL. 1026 (Cartulaire de Saint-Germain-des-Prés), fol. 36 r°.
    C. Copie du xiii° siècle, aux Arch. nat., LL. 1029 (Cartulaire de Saint-Germain-des-Prés), fol. 30 v°.

504

1172, 11 avril. — Frascati.

Lettre du pape Alexandre III aux chanoines de Saint-Victor
pour leur recommander la soumission à leur nouvel abbé, Guérin, successeur d'Ernis.

Alexander episcopus, servus servorum Dei, dilectis filiis canonicis ecclesiæ Sancti Victoris Parisiensis, salutem et apostolicam benedictionem. Quanto ecclesia vestra majori hactenus religione floruit et ampliori refulsit gloria meritorum, tanto audita reformatione ipsius lætati sumus amplius[2] et gavisi, et de ipsius commodo et profectu exhilarati. Audivimus sane quod, venerabilibus fratribus nostris Bituricensi et Senonensi archiepiscopis cooperantibus et ad hoc, juxta mandati nostri tenorem, toto studio laborantibus, ecclesia vestra in statum et gradum sit pristinum reformata; et Ernisio[3] quondam abbate spontanee in præsentia dilectorum filiorum nostrorum A[lberti] tituli Sancti Laurentii in Lucina et T[heodini] tituli Sancti Vitalis presbyterorum cardinalium, apostolicæ sedis legatorum, administrationi cedente, cujus culpa status ejus fuerat in parte non modica deformatus, personam idoneam, honestam et litteratam in abbatem vestrum communiter elegistis, et providere vobis curastis unanimiter in pastorem. Nos vero quibus convenit rationabilibus votis ac statutis gratuitum præstare favorem, et incrementa desiderare virtutum[4], recentem[5] electionem vestram et abrenunciationem illius, de communi fratrum nostrorum[6] consilio, ratam et firmam habemus et confirmamus, universitatem vestram monentes atque mandantes quatenus abbati vestro quem elegistis debitam reverentiam et obedientiam impendatis, et ita vos sibi devotos et humiles exhibere curetis, quod per

---

[1] Le texte dont les copistes des cartulaires se sont servis portait m° cc° lxxi, erreur manifeste qui a passé dans chacune des copies. Toutes ont omis de même les mots «episcopatus autem nostri» que contenait à coup sûr l'original.

[2] Var. «amplius» manque dans e.
[3] Var. «Ervisio» (e).
[4] Var. «virtutum» manque dans e.
[5] Var. «recentem» manque dans a.
[6] Var. «nostrorum fratrum» (e).

obedientiam vestram et providentiam illius ordo religionis et honestatis in ecclesia vestra refloreat et plenius valeat, auxiliante Domino, conservari.

Datum Tusculani, tertio idus aprilis.

A. Copie dans un ms. de Pétau.
B. Copie dans un ms. de Saint-Victor, coté II, 22.
C. Copie du xvii° siècle, à la Bibl. nat., ms. lat. 14679, p. 673.

Édit : (*a*) Duchesne, *Hist. Franc. script.*, t. IV, p. 605, d'après A et B. — (*b*) Du Boulay, *Hist. Univ. Paris.*, t. II, p. 383. — (*c*) Labbe, *Concil.*, t. X, col. 1323. — (*d*) Hardouin, *Concil.*, t. VI, 2° part., col. 1502, d'après *a*. — (*e*) Martène, *Ampliss. coll.*, t. VI, col. 254. — (*f*) Mansi, *Concil.*, t. XXI, col. 995, d'après *d*. — (*g*) *Rec. des hist. de la France*, t. XV, p. 913, d'après *a*. — (*h*) Migne, *Patrol.*, t. CC, col. 876, d'après *e*.

505

1172, 11 avril. — FRASCATI.

Lettre du pape Alexandre III à Guérin, abbé de Saint-Victor, pour le féliciter de son élection.
— «Intellecto et cognito...»

A. Copie dans un ms. de Pétau.
B. Copie dans un ms. de Saint-Victor, coté II, 22.
C. Copie du xvii° siècle, à la Bibl. nat., ms. lat. 14679, p. 672-673.

Édit. : (*a*) Duchesne, *Hist. Franc. script.*, t. IV, p. 606, d'après A et B. — (*b*) Du Boulay, *Hist. Univ. Paris.*, t. II, p. 383. — (*c*) Labbe, *Concil.*, t. X, col. 1323. — (*d*) Hardouin, *Concil.*, t. IV, 2° part., col. 1502, d'après *a*. — (*e*) Martène, *Ampliss. coll.*, t. VI, col. 255. — (*f*) Mansi, *Concil.*, t. XXI, col. 995, d'après *d*. — (*g*) *Rec. des hist. de la France*, t. XV, p. 913, d'après *a*. — (*h*) Migne, *Patrol.*, t. CC, col. 877, d'après *e*.

506

1172, 16 avril-7 avril 1173.

Accord conclu devant Gautier, prieur de Saint-Martin-des-Champs, entre Adam de Brie et son fils Thibaud, au sujet de diverses propriétés situées à Paris.

DE COMMUNITIONE FACTA INTER ADAM BRIAR ET THEOBALDUM FILIUM EJUS.

In nomine sancte et individue Trinitatis, amen. Ego frater Galterus, prior Sancti Martini de Campis, et totus conventus ecclesie scripti hujus adnotationem memorie commendamus presentium, et ad noticiam transmitto futurorum conventionem quamdam que sub presentia nostra facta est inter Adam de Braia et Theobaldum filium ejus. Hec autem sic se habet : Adam, multis adstantibus, manifeste cognovit quod tam ipse quam uxor sua Emelina, mater scilicet ipsius Theobaldi, dederunt eidem Theobaldo jure hereditario possidenda ea que subjecta sunt : duas domos ante curiam regis sitas, que sunt de censu Sancti Maglorii; et totum censum suum quem habebant in loco qui Campellus appellatur; et domum quam habebant in Figularia [1], scilicet cum toto ambitu eidem domui adjacenti; et

---

[1] Autrement dit la rue de la Poterie. (Voir Jaillot, *Recherches sur Paris*, t. III, quart. de la Grève, p. 47.)

vineas quas habebant apud Mustoriolum; et grangiam de Berciix, cum universis terris et pratis ad eandem pertinentibus. Sciendum autem quod omnia alia predicta, excepta hac grangia de Berciix et suis pertinentiis, dedit predictus Theobaldus uxori sue Petronille in dotem. Verumptamen, quoniam[1] prefatus Adam hec omnia, quoad viveret, in manu sua tenere volebat, timens ne filio suo, sepenominato Theobaldo, aliquod detrimentum vel calumpnia possit orriri, devestivit se de omnibus his predictis in manus dominorum de quibus tenebat, et filium suum Theobaldum investiri fecit. Theobaldus vero, nichilominus patris sui utilitatibus providens, assensu uxoris sue Petronille, hec omnia patri suo recipere commendavit, ea videlicet conditione quod ipse Theobaldus totum censum de omnibus supradictis dominis, de quibus movet, persolvet. Adam autem pater ejus totum fructum qui de omnibus his provenire poterit, quoadusque in seculari habitu vixerit, habebit. Hec autem inter patrem et filium concorditer composita, ne aliqua malitia turbari possent, predictus Theobaldus et uxor sua Petronilla, fide interposita et juramento subsequente, firmaverunt hanc pactionem inviolabiliter se observaturos; dederunt etiam fidejussores[2] de his inmutabiliter observandis fide interposita firmaverunt. Nomina fidejussorum hec sunt : Gilbertus, frater Petronille; Robertus, et Adam, et Henricus, filii Balduini; Ferricus, frater Philippi; Galterus, filius Philippi; Rogerus Arpinus, Guimondus. Ex alia parte : Adam, pater ipsius Theobaldi, et Maria uxor sua, fide similiter interposita, pepigerunt Theobaldo et uxori sue Petronille se ista bona fide custodituros, videlicet quod nullo ingenio vel arte quererent vel consentirent quomodo predicte possessiones eisdem vel heredibus eorum auferri, vel minui, vel in statum deteriorem converti possint. Isti sunt testes hujus rei : Galterus prior, Joscelinus subprior et alii. Anno[3] ab Incarnatione Domini m° c° lxx° ii°.

A. Copie du xiii° siècle, aux Arch. nat., LL. 1351 (Cartulaire A de Saint-Martin-des-Champs), fol. 89 r°.
B. Copie du xv° siècle, aux Arch. nat., LL. 1352 (Cartulaire B de Saint-Martin-des-Champs), fol. 87 v°.
C. Copie du xvi° siècle, aux Arch. nat., LL. 1353 (Cartulaire C de Saint-Martin), fol. 105 v°, d'après A.

507

1172, 16 avril-7 avril 1173.

Donation aux Templiers par Constance, sœur du roi Louis VII, d'une maison située aux Champeaux.

COSTANTIE SORORIS REGIS FRANCIE DE QUADAM DOMO DE CAMPELLIS.

Notum sit omnibus, presentibus et futuris, quod ego Constantia, soror regis Frantie L[udovici], Deo domuique Templi domum quamdam in Campellis sitam,

---

[1] Le ms. A porte «quod». — [2] Suppléez «qui». — [3] Le ms. A porte «annus».

pro redemptione anime mee patrisque meeque matris, et maxime fratris mei L[u-dovici], regis Frantie, post obitum meum, imperpetuum dedi. Domum vero illam diu tenuit de Durando de Clichiaco, quasi vicaria in dotario, Biatrix uxor Hermanni; et, quoniam domus ista predicta in manus meas excidere deberet, paupertatis illius mulieris ego compassa, pro vicario suo dedi ei vi libras et dimidiam. His ita gestis, propinquioribus parentibus predicti Durandi[1] de Clichi hanc domum obtuli, et primum fratri suo Henrico Morello et III^{or} filiis suis, scilicet Clarembaldo, Johanni, Ysembardo et Buchardo, et filiabus suis, Marie et Wiburgi, ceterisque parentibus Durandi, Clarembaldo, majori de Clichi, et filiis suis Sugerio et Johanni. Domum quoque istam nullus istorum recipere voluit, et, ut ipsi domum illam mihi libentius quitam concederent, vineas meas que vocantur Chantaloe, eis pro minori precio dimisi. Cum autem domus ista in manus meas venisset, illam destructam inveni; primum ad reedificationem illius domus VIII libras posui et, alia vice, XIII libras et VI solidos. Et, ut hoc ratum et inconcussum permaneat perpetue, impressione sigilli mei confirmari decrevi. Huic dono affuerunt testes : dominus Bernerius, decanus de Mustreolo, et Evrardus, Johannes de Corcellis, Ulricus de Mustreolo, Andreas Ternel, Clarembaldus, major de Clichi, Suggerius filius ejus, Guerricus de Clichi, Ansoldus de Clichi, Hermannus de Clichi, Girardus Ruffus, Henricus Morel et filii ejus, qui hujus rei testes sunt et fidejussores; frater Gillebertus, capellanus Templi, frater Eustachius Canis, frater Bernardus Cambitor, frater Johannes de Sancto Martino, frater Joszo, frater Willelmus Tranchevache, frater Pontius, frater Fubertus. Donum istud factum in manu fratris Eustachii Canis, eodem tempore preceptoris domus Templi Parisius, anno Incarnationis Domini M° C° LXXII°, regnante rege Francorum Ludovico.

A. Original scellé, aux Arch. nat., S. 5077, n° 87, *nunc* K. 25, n° 5³.

508

1172, 16 avril–7 avril 1173. — Paris.

Échange de serves entre le roi Louis VII et l'abbaye de Sainte-Geneviève.

DE MANUMISSIONE GAMELINE FILIE CLAREMBALDI, MAJORIS DE CLIGIACO.

In nomine sancte et individue Trinitatis, amen. Ego Ludovicus, Dei gratia Francorum rex, omnibus imperpetuum, amen. Ea que nos ipsi fecimus et que a fidelibus nostris per voluntatem et per manum nostram facta sunt, ne in posterum aliquo casu labefactari aut aliquibus occasionibus permutari valeant, diligenter attendere et caute precavere regie sublimitatis debet discretio. Notum itaque faci-

---

[1] L'original porte «Dorandi»

mus universis, presentibus pariter et futuris, quod Gamelinam, filiam Clarembaldi majoris de Cligiago, concessimus fore uxorem Galteri majoris de Vanvis, et tam ipsam quam prolem que de ea exierit donavimus quitam et absolutam ecclesie Sancte Genovefe de Monte; et ecclesia de Monte et ejus abbas Albertus in concambium nobis donaverunt similiter absolute Freesemdim, cognomine Villanam, ejusdem Galteri sororem. Hanc rem, tempore abbatis Alberti factam, rursus recordati sumus tempore abbatis Hugonis. Et, ne Galterus aut heredes sui super hoc deinceps vexari aut in calumpniam aliquibus temporibus trahi valeant, rem, sicut eam fecimus, scripto commendari et sigilli nostri auctoritate confirmari precepimus. Anno Verbi Incarnati M° C° LXXII°; astantibus in palatio nostro quorum subscripta sunt nomina et signa : Signum comitis Theobaldi, dapiferi nostri. Signum camerarii Mathei. Signum Guidonis buticularii. Signum Radulphi constabularii. Vacante cancellaria (*monogramme*), Petrus notarius subscripsit.

A. Copie du XIII° siècle, à la Bibl. Sainte-Geneviève, El. 25 (Cartulaire de Sainte-Geneviève), p. 73.
B. Copie du XVII° siècle, à la Bibl. nat., Baluze, t. LV, fol. 166 v°.

509

1172-1180, 7 octobre. — FRASCATI [1].

Bulle d'Alexandre III autorisant, à la requête de l'abbé Guérin, l'abbaye de Saint-Victor à racheter les dîmes qui lui étaient dues par des laïques, et confirmant ses autres privilèges. — « Ad universalis ecclesie regimen... »

A. Original scellé, aux Arch. nat., L. 230, n° 8^A.
B. Copie du XIII° siècle, aux Arch. nat., LL. 1450 (Cartulaire de Saint-Victor), fol. 25 v°.
C. Copie du XVI° siècle, à la Bibl. nat., ms. lat. 14672, fol. 38 r°.
D. Copie collationnée du 5 avril 1710, aux Arch. nat., L. 230, n° 8^B.

510

Vers 1172 [2].

Défense faite par le pape Alexandre III à Simon, archidiacre de Paris, de rien exiger pour l'intronisation de l'abbé de Saint-Victor. — « Cum sis vir litteratus et discretus... »

A. Copie dans un ms. de Pétau.
B. Copie dans un ms. de Saint-Victor, coté II, 22.
C. Copie du XVII° siècle, à la Bibl. nat., ms. lat. 14679, p. 672.

Édit. : (*a*) Duchesne, *Hist. Franc. script.*, t. IV, p. 569, d'après A et B. — (*b*) Labbe, *Concil.*, t. X, col. 1300. — (*c*) Hardouin, *Concil.*, t. VI, 2° part., col. 1480, d'après *a*. — (*d*) Martène, *Amplissima collectio*, t. VI, col. 248. — (*e*) Mansi, *Concil.*, t. XXI, p. 973, d'après *c*. — (*f*) *Rec. des hist. de la France*, t. XV, p. 913, d'après *a*.

---

[1] Cette bulle peut appartenir aux années 1172, 1178 ou 1180, pendant lesquelles le pape passa le mois d'octobre à Frascati; elle n'est pas antérieure, car l'abbé Guérin fut élu vers Pâques 1172.

[2] Cette pièce n'a pas de date, mais l'auteur des *Annales de Saint-Victor* la rapporte à l'intronisation de l'abbé Guérin, dont l'élection eut lieu en 1172. Cette attribution nous paraît très plausible.

511
Vers 1172.

Lettre de félicitations adressée par les cardinaux légats Albert[1] et Théodin à Guérin, abbé de Saint-Victor, à propos de son élection. Ils l'engagent à élever moins de constructions que son prédécesseur et à s'occuper davantage de l'état moral des religieux. — «Scribimus fratribus nostris...»

    A. Copie dans un ms. de Pétau.
    B. Copie dans un ms. de Saint-Victor, coté II, 22.
    C. Copie du xviie siècle, à la Bibl. nat., ms. lat. 14679, p. 675.

Édit. : (a) Duchesne, *Hist. Franc. script.*, t. IV, p. 604, d'après A et B. — (b) Martène, *Ampliss. coll.*, t. VI, col. 253. — (c) *Rec. des hist. de la France*, t. XV, p. 914, d'après a et b.

512
Vers 1172.

Lettre des cardinaux légats Albert et Théodin à Guillaume, archevêque de Sens, pour l'inviter à contraindre l'ancien abbé de Saint-Victor, Ernis, à abandonner une propriété de l'abbaye, qu'il détenait, et à faire pénitence. — «Inveteratis in via seculi...»

    A. Copie dans un ms. de Pétau.
    B. Copie dans un ms. de Saint-Victor, coté II, 22.
    C. Copie du xviie siècle, à la Bibl. nat., ms. lat. 14679, p. 670.

Édit. : (a) Duchesne, *Hist. Franc. script.*, t. IV, p. 603, d'après A et B. — (b) Du Boulay, *Hist. Univ. Paris.*, t. II, p. 384, d'après a. — (c) Martène, *Ampliss. coll.*, t. VI, col. 252. — (d) *Rec. des hist. de la France*, t. XV, p. 314, d'après a et b.

513
Vers 1172.

Lettre de Guillaume, archevêque de Sens, à Maurice, évêque de Paris, l'invitant à faire rechercher et à rendre aux chanoines de Saint-Victor le trésor de cette abbaye, que l'ancien abbé, Ernis, cherchait à cacher.

Willelmus, Dei gratia Senonensis archiepiscopus, M[auricio], Parisiensi episcopo, salutem. In quantam et quam perniciosam frater E[rnisius], quondam abbas Sancti Victoris, ex inordinatis actibus suis ecclesiam et fratres universos, qui tam religione quam litteratura præ ceteris præeminere dinoscuntur, adduxerit confusionem, vestra novit plenius circumspectio. Qui, cum sanctos qui secum erant pro viribus impugnaverit, et sanctitatem persecutus fuerit, ea per Dei gratiam sibi amputata nocendi facultate, nondum, ut accepimus, quærit nomen

---

[1] Ce légat était cardinal du titre de Saint-Laurent *in Lucina*. Duchesne a publié plusieurs lettres de lui où il est nommé *Alexius*. Mais c'est une mauvaise lecture, car on peut voir par les *Regesta* de Jaffé (2e éd., p. 145) que de 1159 à 1178 le titre de Saint-Laurent *in Lucina* appartint à un cardinal nommé *Albertus*, et qu'il n'y avait point d'*Alexius* parmi les cardinaux d'Alexandre III.

Domini; sed adhuc manus ejus extenta est, et, cum internam et æternam non possit subvertere disciplinam, variis et innumeris exteriorum tentationum generibus eorum nititur perturbare quietem. Proinde, cum thesaurum ecclesiæ adhuc occultare contendat, fraternitati vestræ præsentium auctoritate iterato mandamus quatinus, ad ecclesiam omni mora semota accedentes, sub testimonio dilecti filii nostri G[arini] abbatis et fratrum memoratæ ecclesiæ, enthecas et repositoriola prætaxati Er[nisii] scrutari curetis, et calicem aureum, et alia quæ ad jus ecclesiæ Beati Victoris spectantia ibidem inveneritis, abbati et fratribus assignetis. Depositum vero archiepiscopi Daciæ in loco reponatis in ecclesia majori. Si vero memoratus Er[nisius] prædicta exhibere detrectaverit, nihilominus vase iniquitatis et mammonæ confracto, quæ prædiximus executioni mandetis.

 A. Copie dans un ms. de Pétau.
 B. Copie dans un ms. de Saint-Victor, coté II, 22.
 C. Copie du xviie siècle, à la Bibl. nat., ms. lat. 14679, p. 678-679.

Édit. : (*a*) Duchesne, *Hist. Franc. script.*, t. IV, p. 604, d'après A et B. — (*b*) Du Boulay, *Hist. Univ. Paris.*, t. II, p. 383. — (*c*) Martène, *Ampliss. coll.*, t. VI, col. 253. — (*d*) *Rec. des hist. de la France*, t. XV, p. 915, d'après *a*.

514

Vers 1172.

Lettre de Maurice de Sully, évêque de Paris, à Guillaume, archevêque de Sens, le priant de venir en personne à Saint-Victor, pour faire restituer à l'abbé Guérin le trésor que cherchait à cacher l'ancien abbé Ernis. — « In quantum et quam perniciosam [1]... »

 A. Copie du xviie siècle, à la Bibl. nat., ms. lat. 14679, p. 678.

Édit. : (*a*) Martène, *Ampliss. collect.*, t. VI, col. 253.

515

1173, 8 avril-novembre. — Paris.

Ratification par Maurice, évêque de Paris, de la donation de trois maisons faite à l'église Saint-Victor par Henri Lionel et Pétronille, sa femme.

DE DOMIBUS HENRICI LOENELLI ET PETRONILLE UXORIS SUE.

Ego Mauricius, Dei gratia Parisiensis episcopus. Notum fieri volumus tam pos-

---

[1] Cette lettre est la même que la précédente. Elle n'en diffère que par l'adresse, qui est ainsi conçue dans la copie dont s'est servi Martène : « Willelmo, Dei gratia Senonensi archiepiscopo, Mauritius, Parisiensis episcopus, salutem. » Il est évident que cette copie a été faite sur un ms. où cette adresse était écrite en abrégé comme ceci : « W. Dei gra. Sen. archiep. M. Par. ep. sal. », ce qui permet, suivant la façon dont on remplit les abréviations, de faire de ce document une lettre de Maurice de Sully, ou de l'archevêque de Sens. Mais une lecture attentive du texte suffit à prouver que cette lettre émane bien de ce dernier, et qu'elle doit être rayée des œuvres de Maurice de Sully.

teris quam presentibus quod Henricus Loonellus et uxor ejus Petronilla dederunt
in elemosinam ecclesię Sancti Victoris tres domos, duas prope Termas sitas, terciam juxta paravisum ante vicum novum constructam, in platea quam a Rainaldo,
filio Malgrini, emimus et eidem Henrico ac Petronille, uxori ejus, concessimus in
recompensationem domus sue, quam ipsi nobis destruendam tradiderunt ad perficiendam viam que ante ęcclesię Beatę Marię paravisum fiebat. Et, quia Rainaldus,
filius Malgrini, jamdictam plateam a capitulo Beatę Marię emerat, que eidem capitulo de conquisitione obvenerat, peciit et impetravit prenominatus Henricus,
tam a nobis quam a capitulo, litteras garantię per quas ipse et uxor ejus, et successores ipsorum, eandem plateam et quicquid in ea superedificaretur libere in perpetuum possiderent, et quibuscunque vellent vendere, vel donare, vel quocunque modo alienare possent. Predictę autem elemosinę donum ecclesie Sancti
Victoris hac condictione est factum quod Garnerus sacerdos, filius predictę
Petronillę, tres prenominatas domos et quicquid ex earum locatione provenerit,
quamdiu voluerit, libere possidebit; ecclesia vero Sancti Victoris xx^{ti} libras capitulo Parisiensi ad stationem faciendam persolvet, cum tres illę domus ad eam deve-
nerint. Et, quia idem Garnerus Ierosolimam ire volebat, ne per absentiam ejus
ecclesia Sancti Victoris detrimentum sustineret, investita est de tribus domibus in
presentia nostra per servientes dominorum de quorum censu erant, salva tamen
investitura quam Garnerus tota vita sua habere debet. Determinatum eciam est
in presentia nostra quod idem Garnerus, vel ille in cujus manu tres illas domos
dimittet, si quid in eis reparandum fuerit, de suo faciet, et, si aliqua super hoc
querimonia mota fuerit, nostro consilio corrigetur. Quod, ne oblivione deleatur,
scripto mandari et sigillo nostro signari fecimus. Testes qui interfuerunt : Galterus
capellanus, Symon de Sancto Dyonisio, Marcellus et Osmundus, canonici Sanctę
Marię; Guibertus, Ricardus, Thomas, servientes nostri. Actum publice Parisius in
domo nostra, anno Incarnati Verbi m° c° lxxiii°, episcopatus autem nostri xiii°.

A. Original scellé, aux Arch. nat., L. 892, n° 22.

516

1173, 8 avril-23 mars 1174. — Paris.

Sentence arbitrale de Guillaume, archevêque de Sens, et de Maurice, évêque de Paris, délégués par le
pape pour régler le différend existant entre l'Hôtel-Dieu et les officiers du roi, au sujet de la censive
de la porte Baudoyer.

DE CONFIRMATIONE PORTE BAUDERI.

Willelmus, Dei gratia Senonensis archiepiscopus, et Mauritius, eadem gratia
Parisiensis episcopus, omnibus ad quos presentes littere pervenerint, in Domino
salutem. Notum fieri volumus causam fratrum Domus Dei Parisiensis adversus
prepositos Parisienses et domini regis ballivos in Parisiaca urbe, super quibus-

dam redditibus et consuetudinibus census quem dicti fratres Parisius apud portam Bauderiam habebant ex dono regis, nobis a summo pontifice fuisse commissam et prout ordo rationis exigeret, appellatione remota, terminandam. Nos autem, summi pontificis auctoritate freti, convocatis illis qui ex parte domini regis et ex parte dicte Domus Dei super hoc erant evocandi, rationibus hinc et inde propositis et auditis, cognito per juramentum hominum antiquorum et boni testimonii quod rex in puram et perpetuam elemosinam pauperibus sepedicte Domus Dei dederat quicquid dominii et potestatis in terra illius census habebat, nichil sibi aut successoribus suis retinendo, exceptis tribus denariis pro garandia, ad consilium virorum prudentum et juris peritorum, per sentencie prolationem omne dominium terre illius census, cum omnibus consuetudinibus vendentium et ementium in illa, adjudicavimus elemosinarie Domui Dei libere et quiete in perpetuum remanere, datis domino regi tribus denariis annuatim. Ut hoc igitur ratum et inconcussum in posterum permaneat, presentis pagine attestacione et sigillorum nostrorum appositione sentenciam a nobis prolatam communimus. Actum Parisius, in aula regis, anno ab Incarnatione Domini m° c° septuagesimo tertio.

    A. Original, avec traces de sceau, aux Arch. de l'Assist. publ., layette 65, liasse 392.
    B. Copie du xIII° siècle, aux Arch. de l'Assist. publ., Cartul. A de l'Hôtel-Dieu, fol. 77 r°, n° 71.
    C. Copie du xv° siècle, aux Arch. de l'Assist. publ., layette 65, liasse 392.

517

1173, 6 mai. — ANAGNI [1].

Bulle d'Alexandre III réglementant l'intronisation de l'abbé de Saint-Victor.
— «Paci et quieti religiosorum virorum...»

    A. Original scellé, aux Arch. nat., L. 230, n° 5.
    B. Copie du xIII° siècle, aux Arch. nat., LL. 1450 (Cartulaire de Saint-Victor), fol. 26 r°.
    C. Copie du xvI° siècle, à la Bibl. nat., ms. lat. 14672, fol. 39 v°.
    D. Copie du xvII° siècle, à la Bibl. nat., ms. lat. 14679, p. 775.

518

1173-1176, 10 août. — ANAGNI [2].

Bulle du pape Alexandre III portant, entre autres choses, renouvellement de la permission accordée aux chanoines de Saint-Victor d'inhumer dans leur église les personnes qui l'auraient demandé par testament. — «Justis petentium desideriis...»

    A. Original, avec traces de sceau, aux Arch. nat., L. 230, n° 1.
    B. Copie du xvI° siècle, à la Bibl. nat., ms. lat. 14672, fol. 40 v°.

---

[1] Alexandre III a passé le commencement de mai à Anagni en 1160, 1173, 1174 et 1176. Mais il est probable que cette bulle date de 1173 plutôt que des autres années, car elle paraît compléter la réforme opérée à Saint-Victor en 1172.

[2] Cette pièce mentionne Guillaume, archevêque

519

1173-1179. — Paris [1].

Sentence rendue par le légat du pape, Pierre, cardinal du titre de Saint-Chrysogone, et réglant la condition de Thibaud et Odon, hommes de Sainte-Geneviève [2].

DE SENTENTIA LATA CONTRA STATUM THEOBALDI ET ODONIS, HOMINUM SANCTE GENOVEFE.

P[etrus], Dei gratia tituli Sancti Grisogoni presbyter cardinalis, apostolice sedis legatus, omnibus ad quos presentes littere pervenerint, salutem in Domino. Ea que ordine judiciario fiunt tanto majorem firmitatis auctoritatem desiderant quanto sollempniori tractatu et profundiori consilio statuuntur. Inde est quod ad communem noticiam omnium volumus pervenire quod, cum ex mandato domini pape cognosceremus de causa status, que vertebatur inter ecclesiam Sancte Genovefe et quosdam homines de Vamvis, scilicet Theobaldum et Odonem, filios Rainerii de Valle, allegationibus et attestationibus utriusque partis diligenter auditis et cognitis, consilio habito cum multis religiosis et sapientibus viris Parisius apud Sanctum Martinum de Campis, pronunciavimus predictos Theobaldum et Odonem, pro censu capitis, ecclesie Sancte Genovefe quatuor denarios non debere, eosdem autem esse homines predicte ecclesie cum hiis consuetudinibus : non possunt filios suos clericos facere nisi ex concessione ecclesie; filios suos aut filias suas non possunt matrimonio conjungere cum hominibus alterius baillive vel dominatus; caducum id est manum mortuam debent; in necessitatibus ecclesie dabunt conveniens auxilium de suo, juxta consuetudinem regni. Huic sententie proferende assessores nobis fuerunt et consilium dederunt : Henricus, Silvanectensis episcopus; Willelmus, abbas Sancti Dyonisii; Hugo, abbas Sancti Germani de Pratis; Ansoldus, abbas Compendiensis; Barbadaurus, decanus Sancte Marie Parisiensis; Girardus, archidiaconus Parisiensis; Michael, decanus Meldensis; magister Girardus Puella; magister Bernardus Pisanus; magister Gaido, thesaurarius Novariensis; magister Symon de Tornaco; magister Herbertus de Boseham. Quod ne possit oblivione deleri aut malignantium fraude perverti, predictam diffinitivam sententiam conscribi et sigillo nostro fecimus communiri.

A. Copie du xiii° siècle, d'après un vidimus de Jean, abbé de Saint-Victor (xiii° s.), à la Bibl. Sainte-Geneviève, El. 25 (Cartul. de Sainte-Geneviève), p. 109.

---

de Sens, qui occupa ce siège à partir du 22 décembre 1168. Or depuis cette époque Alexandre III n'a passé le mois d'août à Anagni qu'en 1173, 1174 et 1176.

[1] D'après Jaffé (*Regesta pontif. roman.*, 2° éd., p. 145), le légat Pierre fut cardinal du titre de Saint-Chrysogone du 26 octobre 1173 au 1ᵉʳ mai 1179.

[2] Il existe sur cette affaire une charte du doyen Barbedor, conçue dans les mêmes termes que celle-ci. (Voir le Cartul. de Sainte-Geneviève, à la Bibl. Sainte-Geneviève, El. 25, p. 221.)

520

1174-1178, 12 janvier. — ANAGNI.

Le pape Alexandre III accorde à l'abbaye de Saint-Germain-des-Prés, à la requête de l'abbé Hugues, le privilège de ne pouvoir être frappée d'excommunication ou d'interdit que par le souverain pontife lui-même ou par ses légats. — «Quanto monasterium...»

A. Original, avec traces de sceau, aux Arch. nat., L. 231, n° 63.

521

1174, 21 mars. — PARIS [1].

Affranchissement accordé par le chapitre de Paris à la fille de Raoul Bourdon, marguillier de Notre-Dame.

In nomine sancte et individue Trinitatis. Ego Barbedaurus, Dei gratia Parisiensis ecclesie decanus, totumque ejusdem ecclesie capitulum, universis notum fieri volumus, tam futuris quam presentibus, quoniam, cum feria quinta ante diem Pasce ad representationem Cene Domini in capitulo convenissemus, Constantia, que fuerat uxor Radulfi Bordon, servi nostri et ecclesie nostre matricularii, ut unam de filiabus suis manumitteremus supliciter a nobis postulavit. Nos itaque precibus ipsius et amicorum suorum moti, pietatis tamtum gracia et pro tam celebris diei reverentia, et maxime intuitu domini Philippi, filii domini Ludovici regis, quem ipsa nutrierat, filiam ejus majorem natu, Gilam nomine, ab omni jugo et debito servitutis absolvimus, ea conditione ut de cetero nulla de filiabus suis ad munus libertatis accedere possit. Quod, ut robur perpetue in posterum obtineat firmitatis, presentis scripti attestatione et sigilli nostri auctoritate corroborari decrevimus. Signum Barbedauri decani. Signum Alberti cantoris. Signum Guermondi archidiaconi. Signum Simonis archidiaconi. Signum Girardi archidiaconi. Signum magistri Galteri presbiteri. Signum Joscelini presbiteri. Signum Odonis presbiteri. Signum Simonis de Sancto Dionisio diaconi. Signum magistri Hilduini diaconi. Signum Petri de Campellis diaconi. Signum Balduini subdiaconi. Signum Hervei subdiaconi. Signum Philippi subdiaconi. Signum Johannis pueri. Signum Gullermi pueri. Signum Galteri pueri. Actum publice Parisius, in capitulo, anno Verbi Incarnati M° C° LXX° III°.

Data per manum magistri Petri cancellarii.

A. Original, avec traces de sceau, aux Arch. nat., L. 411, n° 1.

---

[1] Les précédents éditeurs ont lu pour la date «anno M° C° LXIIII°». L'original étant très effacé en cet endroit, on pourrait hésiter entre notre lecture et celle de nos devanciers, s'il n'était question, dans l'acte, de Philippe Auguste, né seulement au mois d'août 1165.

522

1174, 24 mars-12 avril 1175 [1].

Donation à l'abbaye de Montmartre par Mathilde, châtelaine de Douai,
de sept arpents et demi de vignes situés à Belleville.

Notum sit omnibus, presentibus et futuris, quod Maltildis, castellana de Doai, filia Balduini de Salli, post excessum ejus, dimisit Rissendi priorisse et Beatrici sorori ejus VII arpennos et dimidium vinearum, que sunt site in loco qui vocatur Savie, ad faciendas pro ejus anima elemosinas, quamdiu vixerint; et, qualibet defuncta, illa que supervixerit similiter possidebit ipsas vineas omnibus diebus vite sue. Postquam vero hee due sorores defuncte fuerint, supradicte vinee in perpetuum remanebunt omni conventui sanctimonialium de Monte Martyrum ad cenas earum pro anima supradicte Maltildis, tali dispositione ut, in die obitus ejusdem Maltildis, illa que procurationem predictarum vinearum habebit unoquoque anno dabit conventui unam pitantiam xx solidorum. Et sciendum est quod nulla abatissa mittat manum in redditibus vinearum istarum, nisi illa sola cui conventus hoc opus injunxerit. Hoc autem totum laudavit omnis congregatio et impressione sigilli confirmavit. Hujus rei testes fuerunt: Gauterus, regis Francorum camerarius, et Gaufridus, prepositus de Monteleheri, et Petrus marescallus, et Balduinus de Platea.

A. Original scellé, aux Arch. nat., L. 1030, liasse 3, n° 6.

523

1174, 24 mars-12 avril 1175. — PARIS.

Confirmation par Louis VII du don de sept arpents et demi de vignes situés à Belleville,
fait par Mathilde, châtelaine de Douai, à l'abbaye de Montmartre.

DE VINEIS DE SAVIES.

In nomine sancte et individue Trinitatis. Ludovicus, Dei gratia rex Francorum. Quoniam ea que scripto commendantur nulla potest abolere vetustas, iccirco notum fieri volumus omnibus, tam presentibus quam futuris, quod Matildis, castellanna de Doai, filia Balduini de Salli, post excessum ejus, dimisit Rissendi priorisse et Beatrici, sorori ejus, VII arpennos et dimidium vinearum que sunt site in loco qui

---

[1] On pourrait être tenté de donner une date plus ancienne à cette pièce, car la prieure Rissende était en fonctions dès 1154 (Barthélemy, *Rec. des chartes de l'abb. de Montmartre*, p. 88). Mais, si l'on se reporte aux dernières lignes de notre pièce suivante, on ne peut guère douter que cette donation ne soit de même date que la confirmation qu'en fit Louis VII, c'est-à-dire de 1174.

vocatur Savie, ad faciendas pro ejus anima elemosinas, sicut ipsamet suo ore disposuit, quamdiu vixerint; et, utralibet defuncta, illa que supervixerit similiter possidebit ipsas vineas quamdiu vixerit. His duabus sororibus defunctis, supradicte vinee in perpetuum remanebunt conventui sanctimonialium de Monte Martyrum, ad cenas earum pro anima supradicte Matildis, tali dispositione ut, in die obitus ejusdem Matildis, illa que predictas vineas tenebit, uno quoque anno dabit conventui unam pitantiam xx solidorum. Et sciendum est quod nulla abbatissa mittet manum in redditibus vinearum istarum, nisi illa sola cui conventus hoc opus injunxerit. Hoc autem totum factum fuit in presentia nostra, et nos, ad preces abbatisse et sanctimonialium, sigilli nostri impressione confirmavimus. Actum Parisius, anno ab Incarnatione Domini M° C° LXX quarto; astantibus in palatio nostro quorum nomina supposita sunt et signa : Signum comitis Theobaldi, dapiferi nostri. S. Mathei camerarii. S. Guidonis buticularii. S. Radulfi constabularii.

Vacante (*monogramme*) cancellaria.

A. Original scellé, aux Arch. nat., K. 25, n° 6².
B. Copie du xiii° siècle, aux Arch. nat., L. 1030 (Cartulaire de Montmartre), fol. 17 r°.

524

1174, 28 octobre. — FERENTINO.

Le pape Alexandre III confirme les libertés «libertates, et antiquas et rationabiles consuetudines» de l'église de Paris, et décide que le chapitre ne pourra être contraint d'admettre au titre de chanoine «canonicare» les personnes pourvues des prébendes dont jouissent certains monastères dans l'église de Paris. — «Quanto fervorem devocionis...»

A. Original scellé, aux Arch. nat., L. 230, n° 11.
B. Copie du xiii° siècle, aux Arch. nat., LL. 175 (*Grand Pastoral* de Notre-Dame), p. 553.

Édit. : (*a*) Hardouin, *Concil.*, t. VI, 2° part., col. 1564. — (*b*) Mansi, *Concil.*, t. XXI, col. 1058, d'après *a*. — (*c*) Guérard, *Cartul. de Notre-Dame*, t. II, p. 388, d'après B. — (*d*) Migne, *Patrologie*, t. CC, col. 998, d'après *b*.

525

1174, 28 octobre [1]. — FERENTINO.

Lettre du pape Alexandre III au chapitre de Paris, décidant que les allocations supplémentaires accordées

[1] Cette pièce a été publiée sous la date erronée du 9 novembre «v idus novembris» par Mansi et par Migne. Elle est datée «v kalendas novembris», comme on peut le voir et sur l'original et sur la copie contenue dans le *Grand Pastoral* que Guérard a publiée.

à Robert de Belley, vicaire de Saint-Maur-des-Fossés, et à maître Mainier, pourvu de la prébende appartenant à l'abbaye de Sainte-Geneviève, devront disparaître à la mort de ces deux clercs. — «Justitia postulat...»

A. Original scellé, aux Arch. nat., L. 280, n° 10.
B. Copie du xiii° siècle, aux Arch. nat., LL. 175 (*Grand Pastoral* de Notre-Dame), p. 564.

Édit.: (*a*) Hardouin, *Concil.*, t. VI, 2° part., col. 1564. — (*b*) Mansi, *Concil.*, t. XXI, col. 1059, d'après *a*. — (*c*) Guérard, *Cartul. de Notre-Dame*, t. II, p. 392, d'après B. — (*d*) Migne, *Patrologie*, t. CC, col. 999, d'après *b*.

526

1174, 29 octobre. — FERENTINO.

Lettre du pape Alexandre III à Pierre, légat du Saint-Siège, cardinal du titre de Saint-Chrysogone, au sujet de l'Université de Paris.

Alexander episcopus, servus servorum Dei, dilecto filio Petro, tituli Sancti Chrysogoni presbytero cardinali, apostolicæ sedis legato, salutem et apostolicam benedictionem. Licet mandaverimus ut hi qui volunt docere nihil pro scholis regendis ab aliquo exigant, juxta illud : «Veni et audi»; volentes tamen honestati et literaturæ magistri Petri, cancellarii Parisiensis, quantum salva honestate possumus, prompta benignitate deferre, quem speciali prærogativa diligimus et volumus honorare, discretioni tuæ mandamus quatinus, habito consilio cum venerabilibus fratribus nostris Willelmo, Senonensi archiepiscopo, et aliis dignis et honestis personis, super regimine scholarum Parisiensium, quod tibi visum fuerit, ita quod personam jamdicti Petri non excedat quod exinde feceris, circumspecta diligentia provideas atque disponas, eam cautelam et maturitatem adhibiturus, quod non videaris modum excedere, et illi qui scholas rexerint non debeant immoderate gravari. Datum Ferentini, iv kalendas novembris.

A. Copie dans un ms. de Pétau.
B. Copie dans un ms. de Saint-Victor, coté II, 22.

Édit.: (*a*) Hemeræus, *De Academia Paris.*, p. 66. — (*b*) Duchesne, *Hist. Franc. script.*, t. IV, p. 566, d'après A et B. — (*c*) Labbe, *Concil.*, t. X, col. 1298. — (*d*) Mansi, *Concil.*, t. XXI, col. 971, d'après *b*, et col. 1058. — (*e*) *Rec. des hist. de la France*, t. XV, p. 951 d'après *b*. — (*f*) Migne, *Patrologie*, t. CC, p. 998, d'après *d*.

527

1175, 13 avril-novembre. — PARIS.

Confirmation par Maurice de Sully, évêque de Paris, des possessions et privilèges du prieuré de Saint-Martin-des-Champs. — «Pastoralem condecet sollicitudinem...»

A. Copie du xiii° siècle, aux Arch. nat., LL. 1351 (Cartul. A de Saint-Martin-des-Champs), fol. 51 r°.
B. Copie du xv° siècle, aux Arch. nat., LL. 1352 (Cartul. B de Saint-Martin-des-Champs), fol. 49 v°.
C. Copie du xvi° siècle, aux Arch. nat., LL. 1353 (Cartul. C de Saint-Martin), fol. 52 v°, d'après A.
D. Copie du xvii° siècle, aux Arch. nat., LL. 1354 (Cartul. D de Saint-Martin-des-Champs), fol. 21 r°.
E. Copie collationnée du 10 mai 1449, aux Arch. nat., S. 1337, n° 11.

528

1175, 13 avril - 3 avril 1176.

Déclaration d'Isembard, prieur de Saint-Éloi,
au sujet des biens que possédaient les Templiers dans la censive de Saint-Éloi.

Antiquorum industria, memoriam hominum nimium esse labilem intelligens, scripto commendare curavit quicquid sequaces suos ignorare nolebat. Quia ergo in antiquis sapientia repperitur, nos moderni eorum exempla imitari debemus. Ego itaque Isenbardus, prior ecclesie Beati Eligii Parisiensis, notum fieri volo tam presentibus quam futuris, anno Incarnati Verbi m° c° lxx° v°, me concessisse, assensu et consilio domni Teobaldi, abbatis nostri[1], et monachorum mecum habitantium, domui Templi Parisiensis et fratribus ibidem manentibus quicquid sub nostro censu et de nobis modo videntur tenere, in perpetuum sine aliqua contradictione vel calumpniatione tenere et quiete possidere, salvis tamen nostris redditibus et terre consuetudinibus. Et, ut hec licentia et permissio rata et stabilis semper permaneret, in capitulo nostro eis concessimus et per factum inde cirographum confirmavimus, cujus partem eis tradidimus et partem nobis reservavimus, et auctoritate sigilli abbatis nostri corroboravimus. Inde testes ex utraque parte subscripti, de monachis : Lanbertus subprior, Hunoldus cantor, Fulbertus, Odo, Reinaldus Restaut, Radulfus Juvenis; de fratribus Templi : Eustachius, Johannes.

A. Original en forme de chirographe, avec traces de sceau, aux Arch. nat., S. 5080, n° 26.

529

1175, 13 avril-3 avril 1176. — Paris.

Diplôme de Louis VII fixant à soixante le nombre des religieuses de l'abbaye de Montmartre.

In nomine sancte et individue Trinitatis, amen. Ludovicus, Dei gratia Francorum rex. Regiam decet providentiam tam ecclesiarum quam monasteriorum expensas adeo salubriter moderari et in posterum eis delibera[tas] prospicere, ne sumptuum immoderato gravamine ad extremam inanitionem atque inopiam deponantur. Timemus enim ne forte, quod absit, ex dissimulatione culpabili per negligentiam offendamus Deum qui nos regnare feliciter permittit, nisi subjectorum et presertim religiosorum commodis intenti debita sollicitudine vigilemus. Qua consideratione, notum facimus universis presentibus et futuris quod super monasterio beate et gloriose Virginis Marie, juxta Parisius in Monte Martirum constituto,

---

[1] Thibaud IV, abbé de Saint-Maur-des-Fossés, dont dépendait le prieuré de Saint-Éloi.

cui substantiam, pro nimia multitudine monialium ibi receptarum, periclitari et in dies singulos attenuari videbamus, ad petitionem et consilia sapientum constituimus ut ad sexagenarium numerum ibidem sanctimonialium reduceretur multitudo que nimis excreverat, et a festo beati Andree nulla omnino sanctimonialis in predicto deinceps recipiatur monasterio, nisi urgente mortis articulo, donec ad pretaxatum numerum redigantur, et postea in locum decedentium alie subrogari poterunt atque subst[itui, ita] tamen quod numerum sexagenarium nullatenus devote ibidem Deo sanctimoniales [1] [transcendant. Quod si pre]sumptione vel temeritate aliqua prescriptus numerus exce[datur, sciant tam abbatissa quam conven]tus quod, pro nostri transgressione mandati; regiam [indignationem et offensam incurrent, et quod enor]miter gestum fuerit regie districtionis [censura noverint puniendum. Quod, ut incommutabile et] ratum perpetuo perman[eat, sigilli nostri authoritate ac regii nominis subterinscripto] karactere fecimus [communiri. Factum [2] Parisius, anno Verbi Incarnati millesimo centesimo septuagesimo quinto; astantibus] in pal[atio nostro quorum supposita sunt nomina et signa : Signum comitis Theobaldi, dapiferi nostri. Signum Guidonis buticularii. Signum Reginaldi camerarii. Signum Radulphi constabularii (*monogramme*). Data vacante cancellaria.]

A. Original mutilé, aux Arch. nat., L. 1030, n° 5¹.
B. Copie collat. du 3 février 1645, aux Arch. nat., L. 1030, n° 5², d'après A.

530

1175, 13 avril-3 avril 1176. — Paris.

Don par le roi Louis VII à l'abbaye de Clairvaux de trente livres de rente à prendre sur le Change installé à Paris sur le Grand Pont.

Ludovicus, Dei gratia Francorum rex. Notum fieri volumus tam futuris quam presentibus quod monasterio Beate Marie Clarevallis et toti conventui, pro salute anime nostre et predecessorum nostrorum et Philippi, karissimi filii nostri, concessimus triginta libras Parisiensis monete, Parisius super Magnum Pontem, de redditu nostro in cambio, ad emendas sex pitancias fratribus ibidem Deo servientibus, annuatim recipiendas, unam medietatem in Pasca et alteram in Nativitate [3] Domini. Quod, ut firmum et stabile maneat in perpetuum, sigilli nostri auctoritate ac regio nostro caractere presentem paginam jussimus communiri. Actum publice Parisius, anno Incarnati Verbi millesimo centesimo septuagesimo quinto; astantibus in palatio nostro quorum nomina supposita sunt et signa : Signum comitis

[1] L'original est mutilé, et des quatre dernières lignes on ne peut lire que les premiers mots. Nous le complétons à l'aide de la copie B. — [2] L'original devait porter «Actum». — [3] *Var.* «Natali» (A).

Theobaldi, dapiferi nostri. Signum Guidonis buticularii. Signum Rainaldi camerarii. Signum Radulfi constabularii. Vacante (*monogramme*) cancellaria.

A. Copie du xiiie siècle, à la Bibl. de Troyes, Cartul. de Clairvaux, p. 72.
B. Copie collationnée à l'original, le 2 septembre 1744, aux Arch. nat., K. 187, n° 3[4].
C. Copie du xixe siècle, à la Bibl. nat., ms. lat. nouv. acq. 1208, fol. 82, d'après A.

531

1175, 28 juillet. — Ferentino [(1)].

Confirmation par le pape Alexandre III de la donation, faite par Guérin le maçon aux frères de l'aumônerie Saint-Gervais, d'une maison située sur le parvis de Saint-Gervais.

Alexander episcopus, servus servorum Dei, dilectis filiis procuratori et fratribus elemosinarie domus Sancti Gervasii Parisiensis, salutem et apostolicam benedictionem. Justis petentium desideriis dignum est nos facilem prebere consensum, et vota que a rationis tramite non discordant effectu sunt prosequente complenda. Eapropter, dilecti in Domino filii, vestris justis postulationibus grato concurrentes assensu, domum juxta atrium Sancti Gervasii sitam, a Garino cementario eidem elemosinarie domui pia largitione concessam et annuum censum quattuor denariorum, qui annuatim solvebatur nobili viro Roberto, comiti Brenensi, ab eodem comite in perpetuam elemosinam eidem domui vestre collatum, sicut ea rationabiliter possidetis, vobis et domui vestre auctoritate apostolica confirmamus et presentis scripti patrocinio communimus, statuentes ut nulli omnino hominum liceat hanc paginam nostre confirmationis infringere, vel ei aliquatenus contraire. Si quis autem hoc attemptare presumpserit, indignationem omnipotentis Dei et beatorum Petri et Pauli, apostolorum ejus, se noverit incursurum. Datum Ferentini, v kalendas augusti.

A. Original scellé, aux Arch. nat., S. 4931, n° 3.

532

1175-1176, 6 novembre. — Anagni.

Lettre du pape Alexandre III à Pierre, cardinal du titre de Saint-Chrysogone, légat du Saint-Siège, au

---

[(1)] Tous les éditeurs de cette bulle l'ont datée de Florence; mais Jaffé a fait remarquer avec raison qu'Alexandre III ne pouvait être à Florence à cette date (*Regesta pont. rom.*, 1re éd., n° 8368). Enfin, tout récemment, M. Lœwenfeld, en se reportant à l'original, a pu constater, comme nous l'avons fait nous-même, qu'il faut lire «Ferentini» et non «Florentiæ». (*Regesta*, 2e édit., n° 12509.)

sujet de la nomination d'un archidiacre de Paris, faite par l'évêque Maurice de Sully contrairement aux instructions du pape et malgré l'appel en cour de Rome interjeté par le légat. — «Si innotescerit... Datum Anagniæ, viii idus novembris.»

A. Copie dans un manuscrit de Pétau.
B. Copie dans un manuscrit de Saint-Victor, coté II, 22.

Édit. : (a) Duchesne, *Hist. Franc. script.*, t. IV, p. 562, d'après A et B. — (b) Labbe, *Concil.*, t. X, col. 1290. — (c) Hardouin, *Concil.*, t. VI, 2ᵉ part., col. 1470, d'après a. — (d) Mansi, *Concil.*, t. XXI, col. 964, d'après c. — (e) *Recueil des hist. de la France*, t. XV, p. 952, d'après a. — (f) Migne, *Patrologie*, t. CC, col. 1061, d'après d.

533
Vers 1175.

Donation à Robert Amicle par Gautier de Barut, maître du Temple en France, et Eustache, commandeur du Temple à Paris [1], de la moitié d'une maison qui leur était commune avec l'Hôtel-Dieu.

Ego Walterius de Barut, qui eo tempore magister fui in Francia, et frater Eustachius, qui tunc commendator erat domus que est Parisius, nos, inquam, cum fratribus nostris, notum facimus presentibus et futuris quod magistro Roberto Amicle et ejus heredibus donavimus et in perpetuum concessimus medietatem et intus et extra quam habuimus in domo que erat communis inter nos et hospitale Sancte Marie, ut, sicut libere et quiete possedimus, ita et ipse et ejus heres possideat; dabitque magister et ejus heredes omni anno censualiter v solidos in festo sancti Remigii. Nos vero hanc donationem sigilli nostri appositione confirmamus. Testibus fratre Godefrido Revel, fratre Godefrido de Joi, fratre Rogerio de Chaaluns, Rogerio de Atrebato, Johanne camptore, Imberto, Johanne dispensatore.

A. Original, avec traces de sceau, aux Arch. nat., L. 888ᴮ, n° 17.

534
Vers 1175.

Confirmation par Bouchard de Montmorency du don fait par Mathieu, son père, à la maison de Saint-Lazare, d'un jardin sis à Saint-Laurent.

DE CURTILLO NOSTRO [PROPE SANCTUM LAURENTIUM] [2].

Pietatis instintu providentes, posteris quod fecimus scripto commendari volui-

---

[1] Le commandeur du Temple ici nommé paraît être le même qu'Eustache Le Chien, qui figure vers 1175 dans une pièce de Saint-Éloi (*Arch. nat.*, S. 5080) et en 1172 dans un acte de Constance, sœur de Louis VII. (Voir ci-dessus notre n° 507.) C'est le même sans doute qui est cité comme témoin dans une pièce de 1170-1173 environ que nous avons donnée ci-dessus.

[2] Les mots entre crochets ont été ajoutés au xiiiᵉ siècle.

mus. Notum sit itaque omnibus presentibus et futuris quod pater meus, Maheus de Montmorenci, hortum quemdam infirmis Sancti Lazari Parisiensis, qui erat ibi prope ad Sanctum Laurentium, in elemosinam dedit sub censu duorum solidorum, sibi solvendo singulis annis, quem et sic domus illa lunguo tempore possedit; quod tamen procedente tempore Erveius clericus, frater meus, cum ad annos venisset discretionis, quasi calumpniari voluit, eo quod in partem terre dicebat cedere quam pater meus reliquerat ei. Tandem vero, ne videretur derogare elemosine patris, hanc cum domo compositionem fecit, quod videlicet donum ratum habuit, et eos in pace tenere concessit. Insuper et aliam terram ibidem prope, que de parte sua erat, dono adjecit, eo scilicet pacto quod terram illam prefata domus suo dominio, sine omni censu et consuetudine, perpetuo possideret; de horto vero ipsi Erveio, quamdiu viveret, censum xx solidorum deinceps daret; post obitum vero Ervei, vel prius forte, si ad religionem se conferret aut ad majorem gradum conscenderet, census ad dominum de Montmorenci rediret; et tamen deinceps non nisi duos solidos, sicut a principio tenuerat, domus prefata pro horto daret, alteram terram habens suo dominio, sicut predictum est. Quod donum patris et fratris ego Buchardus ratum habens, quia ad me reditura esset utraque terra post mortem clerici Ervei, pro anima patris mei et mea, similiter concessi in helemosinam predicte domui. Et, ut senper inviolabile esset, sigilli mei auctoritate firmavi, terram tenens, uxorem autem aut heredem nundum habens. Huic porro facto adfuerunt testes multi de nostris.

A. Original scellé, aux Arch. nat., M. 30, n° 5.
B. Copie du xiii° siècle, aux Arch. nat., MM. 210, fol. 45 v°.

535

Vers 1175.

Lettre de Gui de Bazoches à un de ses amis, contenant l'éloge de la ville de Paris [1].

Nobili adolescenti et in tantum suo quod alteri sibi, G[uido] de Basochis, nobilitati generis respondere moribus generosis. Preoptatis visitando me scriptis, non solum absentem, verum longuo remotum terrarum spatio, quantum, etsi disjunctus corpore, sis mihi conjunctus animo declarasti. Quapropter de statu meo situque civitatis que me florenti studii remoratur amore, rescribere tibi libens incipio, ut te quasi duabus ad me manibus traham, et retraham ab amplexu negocii vel ocii secularis, ejus appetitu diu nimiumque languentem, causa videlicet me conso-

---

[1] Cette lettre a été publiée par M. Élie Berger dans le *Bull. de la Soc. de l'hist. de Paris*, 1877, p. 38. Nous reproduisons le texte qu'il a donné, en y introduisant quelques corrections.

landi dolentem propter absentiam tuam, et desiderio videndi celeberrimam civitatem.

Status itaque meus hic est : sum quidem Parisius, tam mentis quam corporis sanitate jocundus, si frueris eadem jocundior, jocundissimus si te non deesse [1] contigisset. Sum quidem Parisius, in urbe regali, que non solum dulciflua naturalium dotum retinet oblectatione presentes, sed etiam remotos allicit,[2] invitat absentes. Sicut enim luna splendidioris speculi majestate sidereum sepelit jubar, non aliter urbs prefata super ceteras urbes diademate regie dignitatis imperiosum caput attollit. Sedet in gremio vallis deliciose, quam montium coronat ambitus, quos Ceres et Bacchus studiis ortantibus ornant. Secana inter agmina fluviorum non humilis, superbus alveo, decurrens ab Oriente, caput, cor, medullam totius urbis duobus circumplectens brachiis, insulam facit. Suburbia duo dextra levaque porriguntur, quorum minus precellens invidiosis urbibus invidiam parit. Ab utroque suburbio duo lapidei pontes in insulam protenduntur; quorum uterque [3] nomen a sua sortitus est quantitate : Magnum enim eum cujus facies ad Aquilonem et mare spectat ad Anglicum; oppositum autem illi, qui patet ad Ligerim, Parvum Pontem appellaverunt. Pons ille qui Magnus dicitur, densus, dives, emax, fervet, suspirat, abundat navigiis, opibus, mercibus innumeris, navigiis fervet, opibus suspirat, abundat mercibus. Ecce parem non habet iste locus. Pons autem Parvus aut pretereuntibus, aut spatiantibus, aut disputantibus logicis didicatus est. In ejus insule sinu precelsa palatii regalis altitudo consurgit, que totius urbis capitibus humero minatur audaci. Eam non tantum mirabilis operum structura, quantum nobilis illius regni reverenda commendat auctoritas :

> Hec est illa domus, Francorum gloria, quorum
> Perpetua laudes secula laude canent.
> Hec est illa domus cujus ditione tenetur
> Gallia Marte potens, Flandria dives opum.
> Hec est illa domus cujus Burgundia sceptrum,
> Normanni imperium, Britones arma timent.

In hac insula regale sibi solium ab antiquo filosofia collocavit, que sola solo comite contenta [4] studio, perhemnem lucis et immortalitatis possidens arcem, victorioso pede calcat mundi jampridem senescentis aridum florem. In hac insula perpetuam sibi mansionem septem pepigere sorores, artes videlicet liberales, et, intonante nobilioris eloquentie thuba, decreta leguntur et leges. Hic fons doctrine salutaris exuberat, et, quasi tres rivos ex se limpidissimos ad prata mentium irriganda producens, dividit tripliciter intellectum sacre pagine spiritalem in hystoricum, allegoricum et moralem.

---

[1] «deesset» (Berger). — [2] «allicie invitat» (Berger). — [3] «uter qui» (Berger). — [4] «contempta» (Berger).

Propterea, dilectissime, precor, et precordialiter brachiis sincere dilectionis tuum illud amantissimum mihi pectus amplector, ut abjectis oblectationum secularium et te retinentis ocii blandimentis, impedientem te, si difficilis est ad solvendum, potius et ocius rumpe funiculum, venire festinans ad me, tam propter amorem meum, quam propter celebrem locum, in quo possis adipisci rerum divinarum humanarumque scientiam, notitiam nobilium, probabilium gratiam, amicitiam plurimorum. Ut autem noveris quam necessarium sit hoc in tempore desideratum presentie tue solatium, magnis me tristitie nebulis involutum pro mihi carissimo, viro clarissimo, rebus humanis nuper exempto, significo tibi cum lacrimis et carmine lamentationis :

> Quicquid in hoc mundo pretiosius esse probatur,
>   Improba vile facit mors miserumque probat.
> Nam quod in hoc mundo sit precellens homo, verum est,
>   Et nichil hoc vero verius esse potest.
> Sed quod mortis [1] onus non sustineatur ab ullo,
>   Non genus aut species, non habet ullus honor,
> Non facit hoc sensus, nequeunt artes neque vires,
>   Muneris hujus opem non operantur opes,
> Deque magis caro major jactura carere,
>   Et gravior casus quo gradus altior est.
> En flos militie Guido jacet, inclitus armis,
>   Magnus honore, decens corpore, clarus avis.
> Fama minor factis, quamvis [2] celeberrima, cujus
>   Eternum meruit laudis habere decus.
> Quis dolor! et quantus, modicus modo quod fit, acervus
>   Magnifici cordis nobilis illa domus!
> O plangenda nimis, quamvis laudanda, rebelles
>   Nescio fundere plus an dare docta manus!
> O quasi stella micans Castellio nomen in armis!
>   O timor hostilis! O socialis honor!
> Sublato Guidone, lates, quo bellica signa
>   Majus et insigne nil [3] habuere magis.
> Terra, quid occulis hec oculorum sidera, flavum
>   Crinem, cui soliti cedere crisoliti [5]?
> Heus! Ubi libera frons? Ubi nunc flos ille genarum,
>   Os roseum, carnis lilia, dentis ebur,
> Gloria tanta viri tanti, quo vivere vivo
>   Elegit probitas, vel moriente mori?
> Sicut in humanis nichil est immobile rebus,
>   Nil valet in summo culmine stare diu;

---

[1] «Mortus onus» (Berger). — [2] «quatinus» (Berger), ce qui ne convient ni au sens ni à la quantité. — [3] «non» (Berger). — [4] «oculis» (Berger). — [5] «crisoliti cedere» (Berger), ce qui fait un vers faux.

Cum jam non posset plus crescere, ne quid haberet
Descendendo minus, tota repente ruit.
Francia, plange virum, vires tibi cujus ademptas
Tam doluisse parum est quam meminisse dolor.
Qui, cum te canerent veterem renovasse fideles,
Deponens hominem, sit tibi, Christe, novus.

A. Copie du XIII° siècle, à la Bibl. de la ville de Luxembourg, ms. lat. 28, fol. 11 r°.

536
1175-1192 [1].

Échange de cens entre les abbayes de Saint-Victor et de Saint-Germain-des-Prés.

DE PERMUTATIONE CUJUSDAM CENSUS CUM FRATRIBUS DE SANCTO VICTORE.

Ego Guarinus, ecclesie Sancti Victoris Parisiensis abbas, et ejusdem loci conventus, notum facimus omnibus ad quos littere iste pervenerint, quod de controversia que erat inter nos et ecclesiam Sancti Germani de Pratis, pro censu duodecim denariorum, quem eadem ecclesia Sancti Germani dicebat se habere in domibus Renaudi, filii Mauguini, ante Sanctum Christoforum sitis, solventibus nobis annuatim censum LX^a solidorum, que, assensu ecclesie nostre, constructe erant in plateis quas habebamus ex dono Obizonis medici, quas etiam Embertus, filius predicti Renaudi, nobis pro centum et quinquaginta libris vendidit, facta est compositio in hunc modum. Pro [2] supradicto censu XII^{cim} denariorum, quem prefata ecclesia Sancti Germani nobis imperpetuum remisit, nichil juris in pretaxatis domibus sibi retinens [3], concessimus ei in recompensationem alios XII denarios de censu, octo scilicet in domo majori Renaudi Philippi [4], in capite Sancti Christofori, ita tamen quod camera adherens prefate domui, que sex denarios reddit censuales, remanebit ecclesie nostre; et IIII^{or} denarios de domo Hildealdis, uxoris defuncti Godefridi, in festo sancti Andree persolvendos, libere et quiete imperpetuum possidendos penitus, nil juris nobis in eadem possessione retinentes. Preterea pro censu XVIII denariorum, quem habebat sepedicta ecclesia Sancti Germani in domibus magistri Hugonis [5], quondam episcopi Suessionensis et regis cancellarii [6], quas domos abbas Sancti Germani et conventus nobis libere et quiete imperpetuum possidendas benigne concesserunt, nichil juris sibi in eisdem retinentes, dedit Tiboldus Dives in recompensationem ecclesie Sancti Germani XX^{ti} denarios de censu

---

[1] Cet acte est postérieur à la mort de Hugues de Champfleury, évêque de Soissons, «Hugonis quondam episcopi,» mort en 1175. Il est antérieur à 1192, époque où le prieur Robert succéda à Guérin comme abbé de Saint-Victor.

[2] Les six mots suivants ont été sautés dans C.
[3] *Var.* «retinens sibi» (A).
[4] *Var.* «Philipi» (A).
[5] *Var.* «Hugoni» (A, B).
[6] Les trois copies A, B, C portent «cancellis».

libere et quiete imperpetuum possidendos, nichil juris in eisdem sibi retinens, xiiii^{cim} scilicet in domo Aalulfi cambitoris, et sex denarios in domo Petri Fabri, lombardi [1]. Quia vero idem Tiboldus, a quo prenominati episcopi domos habuimus, sigillum [2], ad petitionem domni abbatis et conventus Sancti Germani de Pratis, predictam reconpensationem litteris nostris interseruimus, similiter et condonationem dimidii modii avene factam imperpetuum ecclesie Sancti Germani, precibus ejusdem Tiboldi, a fratribus Vicenie, quem annuatim habere debebant in granchia Villenove de elemosina Petri de Monterello supradictum dimidium avene modium. Que condonatio facta est in reconpensationem cujusdam feodi, quem tenebat idem Tibouldus ab abbate Sancti Germani apud Laorcinas, et eum vendidit fratribus de Hospitali. Quod, ne valeat oblivione deleri, scripto commendavimus, et sigilli capituli nostri impressione confirmavimus. Signum Roberti prioris. Signum Petri prebendarii. Signum Henrici hospitalarii. Signum Stephani sacerdotis. Signum Anselini sacerdotis. Signum Richardi dyaconi. Signum Philippi [3] subdyaconi. Signum Alelmi subdyaconi. S. Odonis subdyaconi.

A. Copie du xiii° siècle, aux Arch. nat., LL. 1025 (Cartulaire de Saint-Germain-des-Prés), fol. 44 r°.
B. Copie du xiii° siècle, aux Arch. nat., LL. 1026 (Cartulaire de Saint-Germain-des-Prés), fol. 36 r°.
C. Copie du xiii° siècle, aux Arch. nat., LL. 1029 (Cartulaire de Saint-Germain-des-Prés), fol. 30 v°.

537

1176, 4 avril-novembre. — Paris.

Donation par Étienne de Meudon, aux Hospitaliers de Jérusalem, de cinquante sous de rente sur une maison près du Petit Pont et de plusieurs pièces de vignes.

DE QUINQUAGINTA SOLIDIS PRO DOMO QUAM TENET GILIBERTUS GROSSUS PROPE PARVUM PONTEM.

Ego Mauritius, Dei gratia Parisiensis episcopus. Notum fieri volumus omnibus hominibus quod Stephanus de Moldon et ejus uxor, nomine Luca, proficiscentes ad loca que unigenitus Dei filius corporali presentia sue majestatis illustravit, causa visitandi sepulcrum in quo steterunt pedes ejus, et intentione suscipiendi habitum religionis Hospitalis Iherosolimitani, dederunt Deo et ejusdem Hospitalis fratribus, per manum nostram, in perpetuam elemosinam, quinquaginta solidos annuatim recipiendos super quandam domum, Parisius prope Parvum Pontem sitam, quam tenet Gislabertus Grossus, pro supradictis quinquaginta solidis annuatim Hospitalaribus persolvendis. Hujus autem doni elemosina facta est de voluntate et de beneplacito Johannis Girboldi, clerici et nepotis ipsius Stephani, in cujus Johannis fundo supranominata domus fundata erat. Super hujus autem elemosine

[1] *Var.* «lonbardi» (A). — [2] Cette phrase est évidemment tronquée. — [3] *Var.* «Philipi» (A).

benefitio idem Johannes garantiam se juste laturum fidei sue jurejurando fratribus Hospitalis promisit in manu nostra. Preterea idem Stephanus et ejus uxor supradicta dederunt eidem Hospitali, per manum nostram, in perpetuam elemosinam tres vineę arpennos apud Eissi, constitutos de suo pheudo, et apud Montem Cevri iterum dederunt eidem Hospitali alios tres vinee arpennos, pro quibus sunt annuatim duo solidi et duo nummi ecclesie Beate Marie Parisiensi de censu persolvendi. Et insuper ibidem concesserunt idem Stephanus et ejus prefata uxor in elemosinam tres quartas unius arpenni de suo pheudo. Super harum autem predictarum possessionum elemosina Hamalricus et Matheus, filii ipsius Stephani, quorum consilio et assensu totum hoc factum fuit, garantiam se juste laturos fratribus Hospitalis fidei sue interpositione promiserunt in manu nostra, et nos, eorundem assensu et consilio, fratrem Gauterium, magistrum domus Hospitalis Parisiensis, investivimus. Preterea notandum quod prenominatus Johannes Girboldus condonavit in perpetuum decem nummos, quos habebat super predictam domum censuales, eidem Stephano. Hujus rei totius testes sunt : Symon de Sancto Dyonisio, et Marcellus Parisiensis canonicus, et Daniel noster capellanus, et Stacius de Bevra, et Matheus, frater Simonis de Sancto Dyonisio, et Richardus, noster camerarius. Actum Parisius, anno Incarnati Verbi M° C° LXXVI°, episcopatus nostri anno XVI°.

A. Original, avec traces de sceau, aux Arch. nat., S. 5115², n° 44.

538

1176, 4 avril-novembre. — PARIS.

Confirmation par Maurice, évêque de Paris, de la mise en culture, par les chanoines de Sainte-Opportune, d'un marais situé entre Paris et Montmartre.

LITTERA EPISCOPI MAURICII SUPER CONFIRMATIONE MARISCORUM ET PREBENDARUM.

In nomine sancte et individue Trinitatis, amen. Quicquid pro jure ecclesiarum tuendo juste et rationabiliter statutum est, ita sancciri oportet ne quis controversie scrupulus exinde possit in posterum suboriri. Hujus ergo rationis intuitu, ego Mauricius, Dei gratia Parisiensis episcopus, notum fieri volumus universis, tam presentibus quam futuris, quod canonici Sancte Oportune, de voluntate domini pape Alexandri, et assensu domini regis Ludovici et domini Willelmi, tunc Senonensis archiepiscopi et apostolice sedis legati, et nostro aliorumque prudentum virorum consilio, propter ecclesię sue paupertatem et conmunem tocius civitatis utilitatem, marisium qui jacet inter Parisius et Montem Martirum, et protenditur a Ponte Petrino usque subtus villam quę appellatur Chailloel, qui proprius ecclesie Sancte Oportune esse dinoscitur, ad excolendum dederunt, in festo beate Oportune de singulis arpennis duodecim denarios recepturi, decimis marisii illius et viaria retentis et consignatis in jure ejusdem ecclesie. Preterea statutum est ut, de censu pretaxato crescat beneficium prebendarum, ita quidem quod canonici qui nunc sunt preter annonam et vineas prebendarum suarum sex libras singulis annis recipiant, connumerata tamen nummorum summa quam ab antiquo de prebendis suis recipere consueverunt. Statutum est etiam ut unus vel duo vel plures, secundum quod census habundabit, in ecclesia predicta canonici assignentur, qui sex libras tantum in beneficio prebende de novo censu marisii recipiant, et assiduitatem servitii cum aliis faciant. Verum, ne antiqui canonici aliquam pro institutione ista possint incurrere jacturam, statutum est ut quicumque de novo fiet canonicus, in capiceria et oblationibus ipsius ecclesie et aliis rebus antiquarum prebendarum nullum jus possit exigere. Ne igitur quod a nobis factum est aliqua malignancium fraude possit infringi vel perturbari, predictum negocium presentis pagine attestatione et sigilli nostri auctoritate coroboramus et confirmamus, statuentes et sub anathemate inhibentes ne quis huic nostre confirmationis pagine aliquo temerario ausu obviare presumat, salva tamen in omnibus sedis apostolice auctoritate et Parisiensis episcopi jure et dignitate. Actum publice Parisius, anno ab Incarnatione Domini millesimo centesimo septuagesimo sexto, episcopatus vero nostri anno sexto decimo.

A. Original, avec traces de sceau, aux Arch. nat., L. 565, n° 3.
B. Copie du xiv° siècle, aux Arch. nat., LL. 93, fol. 3o r°.

539

1176, 4 avril-23 avril 1177. — PARIS.

Lettres de Guillaume, archevêque de Sens, approuvant la mise en culture des marais de Sainte-Opportune et déterminant l'emploi qui devra être fait des revenus qui en proviendront.

SUPER CONFIRMATIONE MARISCORUM ET FONDATIONE NOVE PREBENDE.

Willelmus, Dei gratia Senonensis archiepiscopus, apostolice sedis legatus, omnibus tam futuris quam presentibus, in perpetuum. Dignum duximus scripture memorie commendare que nolumus oblivione deperire. Noscat ergo universitas vestra quod canonici Sancte Oportune, de voluntate domini pape et assensu domini regis Ludovici et nostro, et Mauricii, episcopi Parisiensis, aliorumque prudentum consilio, propter ecclesie sue paupertatem et communem totius civitatis utilitatem, marisium qui jacet inter Parisius et Montem Martyrum, et protenditur a Ponte Petrino usque subtus villam que appellatur Chailloel, qui proprius ecclesie Sancte Oportune esse dinoscitur, ad excolendum dederunt, in festo beate Oportune de singulis arpennis duodecim denarios recepturi, decimis marisii illius et viaria retentis et consignatis in jure ejusdem ecclesie. Preterea statutum est ut de censu pretaxat crescat beneficium prebendarum, ita quidem quod canonici qui nunc sunt, preter annonam et vineas prebendarum suarum, sex libras singulis annis recipiant, connumerata tamen nummorum summa quam ab antiquo de prebendis suis recipere consueverunt. Statuimus etiam ut unus vel duo vel plures, secundum quod census habundabit, in ecclesia predicta canonici assignentur, qui sex libras tantum in beneficio prebende de novo censu marisii recipiant, et assiduitatem servicii cum aliis faciant. Verum, ne antiqui canonici aliquam pro nostra institucione possint incurrere jacturam vel dispendium, statuimus ut quicumque de novo fiet canonicus, in capiceria et oblationibus ipsius ecclesie et aliis rebus antiquarum prebendarum nullum jus possit exigere. Ne ergo quod a nobis pie et laudabiliter factum est aliqua malignantium fraude possit infringi vel perturbari, predictum negocium presentis pagine attestacione et sigilli nostri auctoritate corroboramus et confirmamus, statuentes et sub anathemate inhibentes ne quis huic nostre confirmationis pagine aliquo temerario ausu obviare presumat, salva tamen in omnibus sedis apostolice auctoritate.

Actum Parisius, anno ab Incarnatione Domini millesimo centesimo septuagesimo sexto. Data per manum Alexandri, cancellarii nostri.

A. Original, avec traces de sceau, aux Arch. nat., L. 565, n° 1.
B. Copie du xiv° siècle, aux Arch. nat., LL. 93, fol. 32 r°.

540

1176, 4 avril - 23 avril 1177. — Paris.

Approbation par Guillaume, archevêque de Sens, de la mise en culture, par les chanoines de Sainte-Opportune, d'un marais situé entre Paris et Montmartre[1].
— «Dignum duximus litterarum memorie...»

A. Original, avec traces de sceau, aux Arch. nat., L. 565, n° 2.

541

1176, 4 avril-23 avril 1177. — Paris.

Ratification par Louis VII de la mise en culture, par les chanoines de Sainte-Opportune, d'un marais situé entre Montmartre et Paris.

In nomine sancte et individue Trinitatis, amen. Ludovicus, Dei gratia Francorum rex. Notum facimus universis, presentibus pariter ac futuris, quod canonici Sancte Oportune, propter ecclesie sue paupertatem et communem tocius civitatis

---

[1] Cette pièce est un abrégé de la précédente conçu à peu près dans les mêmes termes.

utilitatem, marisium qui jacet inter Parisius et Montem Martirum, et protenditur a Ponte Petrino usque subtus villam quę appellatur Challoel, qui proprius ęcclesię Sancte Oportune esse dinoscitur, ad excolendum dederunt, in festo beate Oportune de singulis arpennis xii^{cim} denarios annuatim recepturi, decimis marisii illius et viaria retentis et asignatis in jure ejusdem ecclesię. Nos autem predicte institutioni, mandato domni pape et tam Senonensis archiepiscopi, Willelmi, quam Parisiensis episcopi, Mauricii, aliorumque prudentum consilio inducti, benignum prebuimus assensum, et, ne argumentosa malignantium calliditate deinceps valeat aliquatenus immutari, eam sigilli nostri auctoritate, nominis nostri karactere subter annotato, fecimus communiri. Actum Parisius, anno Incarnati Verbi M° C° LXX° VI°; astantibus in palatio nostro quorum nomina supposita sunt et signa: Signum comitis Theobaldi, dapiferi nostri. Signum Guidonis buticularii. Signum Rainaldi camerarii. Signum Radulfi constabularii.

Vacante (*monogramme*) cancellaria.

A. Original scellé, aux Arch. nat., K. 25, n° 8³.
B. Copie du xiv° siècle, aux Arch. nat., LL. 93 (Cartulaire de Sainte-Opportune), fol. 30 r°.
C. Copie impr. sur parchemin, et collat. le 13 septembre 1627, aux Arch. nat., S. 1962, n° 2.
D. Double de C, aux Arch. nat., L. 566, n° 3.
E. Copie collat. du 5 juin 1752, aux Arch. nat., S. 1958, n° 1.

542

1176, 4 avril-23 avril 1177.

Confirmation par Guillaume, archevêque de Sens,
des possessions et privilèges de Saint-Martin-des-Champs. — «Ex commisso nobis officio...»

A. Original scellé, aux Arch. nat., L. 870, n° 62.
B. Copie du xiii° siècle, aux Arch. nat, LL. 1351 (Cartul. A de Saint-Martin-des-Champs), fol. 32 r°.
C. Copie du xiv° siècle, aux Arch. nat., LL. 1352 (Cartul. B de Saint-Martin-des-Champs), fol. 32 v°.
D. Copie collationnée du 10 mai 1449, aux Arch. nat., S. 1337, n° 12.
E. Vidimus de 1490, aux Arch. nat., L. 870, n° 22.
F. Copie du xvi° siècle, aux Arch. nat., LL. 1353 (Cartul. C de Saint-Martin), fol. 31 v°, d'après B.

543

1176, 4 avril-23 avril 1177. — Paris.

Acceptation par Louis VII de la donation, qui lui avait été faite par les religieux de Saint-Germain-des-Prés, de la moitié du revenu de leur foire.

CARTA DE NUNDINIS SANCTI GERMANI.

In nomine sancte et individue Trinitatis, amen. Ludovicus, Dei gratia Francorum rex. Regie sollicitudinis interest ut ea in quorum proventus ex ęquo percipiendos ęcclesie sive monasteria nos collegerint, nostre protectionis intuitu, carte nostre memoria sic in posterorum notitiam decurrant, quod nostro munimine incrementum valeant adipisci, statumque sortiantur inmutabilem. Noverint igitur universi, presentes pariter et futuri, Hugonem dilectum nostrum, venerabilem Sancti Germani de Pratis abbatem, de assensu totius capituli sui, in medietatem omnium illorum quę de redditibus nundinarum suarum, incipientium quinto decimo die post Pascha, provenerint, nos collegisse, eo tenore quod a manu nostra vel heredum nostrorum portio nostra nequaquam poterit alienari. Quam si dimittere forte voluerimus, ad predictum monasterium libere et sine contradictione redibit. Ne vero super predictis valeat in posterum dubitari, presentis scripti patrocinio et regii nominis karactere subter annotato eadem fecimus conmuniri. Actum Parisius, anno Incarnationis Dominice m° c° lxx° vi°; astantibus in palatio nostro quorum nomina supposita sunt et signa: Signum comitis Teobaldi, dapiferi [1] nostri. Signum Guidonis buticularii. Signum Rainaldi camerarii. Signum Radulfi constabularii.

Vaccante (*monogramme*) cancellaria.

A. Original scellé, aux Arch. nat., K. 25, n° 8².
B. Copie du xiii° siècle, aux Arch. nat., LL. 1025 (Cartulaire de Saint-Germain-des-Prés), fol. 24 r°.
C. Copie du xiii° siècle, aux Arch. nat., LL. 1026 (Cartulaire de Saint-Germain-des-Prés), fol. 45 r°.
D. Copie du xiv° siècle, aux Arch. nat., LL. 1029 (Cartulaire de Saint-Germain-des-Prés), fol. 34 r°.

544

1176, 4 avril-23 avril 1177. — Paris.

Diplôme de Louis VII fixant à vingt livres la somme à percevoir par les officiers royaux sur la foire Saint-Lazare [2].

DE FERIA.

Ludovicus, Dei gratia Francorum rex. Noverint universi presentes et futuri quod leprosi domus Parisiensis feriam quamdam, pro anima patris nostri Ludovici et Philippi fratris nostri et nostra ipsis concessam, de assensu nostro, eo die quo voluerint inchoabunt, et per quindecim dies durabit. Quandocumque tamen sederit vel sedere inchoaverit, viginti libras de redditu ferie, annuatim preposito Parisiensi reddendas, nobis et heredibus nostris retinuimus, neque nos neque aliquis heredum vel ministerialium nostrorum aliquid ulterius inde habebunt vel requirent. Omnes autem ad feriam venientes et pro feria nominatim immunes erunt a consuetudine conductus. Omnes etiam, tam euntes quam redeuntes, ab ipso die quo feria inchoaverit, in octo dies primos similiter immunes erunt. Elapsis vero primis octo

---

[1] L'original porte «dapifari». — [2] Cf. ci-dessus notre n° 460.

diebus, nullus conductum solvet nisi qui in reditu Secanam vel Maternam transierint. Quod, ne temporum viciscitudine tradi valeat oblivioni, memorie litterarum conmendari et sigilli nostri impressione, et nominis nostri karactere subter annotato precepimus communiri. Actum Parisius, anno Incarnati Verbi M° C° LXX° VI°; astantibus in palatio nostro quorum supposita sunt nomina et signa : Signum comitis Theobaldi, dapiferi nostri. S. Guidonis buticularii. S. Reginaldi camerarii. S. Radulfi constabularii. Data vacante cancellaria.

A. Copie du XIII° siècle, aux Arch. nat., MM. 210 (Cartulaire de Saint-Lazare), fol. 11 v°.

545

1176, 20 juillet. — ANAGNI.

Confirmation des privilèges de l'abbaye de Saint-Germain-des-Prés accordée à l'abbé Hugues par le pape Alexandre III. — «In eminenti beati Petri cathedra... Datum Anagnie, per manum magistri Gerardi, sancte Romane ecclesie subdiaconi et notarii, XIII kalendas augusti, indictione VIII, Incarnationis Dominice anno M° C° LXX° VI°, pontificatus vero domni Alexandri pape III anno XVII.»

A. Original, aux Arch. nat., L. 231, n° 47.
B. Copie du XII° siècle, aux Arch. nat., LL 1024 (Cartulaire ††† de Saint-Germain-des-Prés), fol. 13 v°.
C. Copie collat. du 10 mars 1664, aux Arch. nat., L. 231, n° 54 bis.

546

1176, 15 novembre. — ANAGNI.

Confirmation de toutes les possessions de l'abbaye de Saint-Germain-des-Prés accordée à l'abbé Hugues par le pape Alexandre III. — «Monet nos apostolice sedis... Datum Anagnie, per manum Gratiani, sancte Romane ecclesie subdiaconi et notarii, XVII kalendas decembris, indictione X, Incarnationis Dominice M° C° LXX° VII°, pontificatus vero domni Alexandri pape III anno XVIII [1].»

A. Original, avec traces de sceau, aux Arch. nat., L. 231, n° 54.
B. Copie du XII° siècle, aux Arch. nat., LL. 1024 (Cartulaire ††† de Saint-Germain-des-Prés), fol. 15.

Édit. : (a) Bouillart, Hist. de Saint-Germain-des-Prés, pr., p. XLIV, d'après A. — (b) Migne, Patrologie, t. CC, col. 1083, d'après a.

---

[1] Les dates de cette pièce ne concordent pas. Le chiffre de l'an du pontificat prouve que cette bulle est de l'an 1176 et non de 1177, ce que confirme l'itinéraire d'Alexandre III dressé par Jaffé (Regesta, 2° édit., n° 12741). On pourrait être tenté de voir ici un exemple de l'emploi du style pisan pour le calcul des années de l'Incarnation. Mais ce serait tout à fait anormal, car dans ses bulles Alexandre III suit habituellement le style florentin et commence l'année au 25 mars. Il vaut donc mieux admettre une simple erreur du notaire qui a écrit l'acte.

CARTULAIRE GÉNÉRAL DE PARIS.

547

1176, 30 décembre. — BÉNÉVENT.

Lettre d'Alexandre III à Pierre, cardinal du titre de Saint-Chrysogone, légat du Saint-Siège, lui enjoignant de prendre sous sa protection l'abbaye de Saint-Magloire. — «Ita sollicite nos...»

A. Copie dans un ms. de Pétau.
B. Copie dans un ms. de Saint-Victor, coté II, 22.

Édit.: (*a*) Duchesne, *Hist. Franc. script.*, t. IV, p. 565, d'après A et B. — (*b*) Labbe, *Concil.*, t. X, col. 1295. — (*c*) Hardouin, *Concil.*, t. VI, 2ᵉ part., col. 1475, d'après *a*. — (*d*) Mansi, *Concil.*, t. XXI, col. 968, d'après *c*. — (*e*) *Rec. des hist. de la France*, t. XV, p. 955, d'après *a*. — (*f*) Migne, *Patrologie*, t. CC, col. 1087, d'après *d*.

548

1177, 4 janvier. — BÉNÉVENT [1].

Bulle du pape Alexandre III confiant au doyen de l'église de Paris et à l'abbé de Saint-Germain-des-Prés le soin d'examiner un différend survenu entre le chapitre de Sainte-Opportune et celui de Saint-Germain-l'Auxerrois.

LITTERA ALEXANDRI PAPE SUPER USUS PASCUORUM ADJACENCIUM CIVITATI PARISIENSI, QUOS CANONICI SANCTE OPORTUNE SUIS ANTIQUIS PREBENDIS VOLEBANT APPLICARE.

Alexander episcopus, servus servorum Dei, dilectis filiis, decano Parisiensis ecclesie et abbati Sancti Germani de Pratis salutem et apostolicam benedictionem. Pervenit ad nos quod, cum usus pascuorum civitati Parisiensi adjacentium, que ad ecclesiam Sancte Oportune spectare noscuntur, hactenus publicus fuerit, nunc eis ad speciale commodum ejusdem ecclesie reductis, pensiones eorum canonici predicte ecclesie antiquis prebendis suis applicare contendunt, nec permittunt dilectum filium nostrum, magistrum P[etrum], decanum et capitulum Sancti Germani Autissiodorensis, ad quorum ordinationem predicta ecclesia pertinet, de novis pensionibus in eadem ecclesia prebendas alias instituere; inde est quod discretioni vestre per apostolica scripta mandamus atque precipimus quatinus, advocatis vobis predicto decano et clericis ejusdem ecclesie, de quantitate prebendarum ipsius ecclesie una cum eodem decano studiosius inquiratis, et privilegia, si que habent

---

[1] M. Lœwenfeld, dans la 2ᵉ édition des *Regesta* de Jaffé, n° 12763, classe cette bulle entre les années 1168 et 1177; mais nous pensons que c'est plutôt à cette dernière année qu'elle appartient, car l'église Sainte-Opportune fut autorisée en 1176 à mettre en culture les marais qu'elle possédait (voir nos n°ˢ 538 à 541) à la condition que le supplément de revenus qui en proviendrait servirait à la fondation de plusieurs prébendes nouvelles. Or le différend avec le chapitre de Saint-Germain l'Auxerrois auquel le pape a voulu mettre fin par la bulle que nous donnons ici semble être né précisément de la clause relative aux nouvelles prébendes, contenue dans les actes de 1176 que nous venons de rappeler. Cette date s'accorde bien avec le séjour d'Alexandre III à Bénévent.

ipsi clerici ad causam ipsam necessaria, vobis faciatis quam cicius exhiberi. Et, si vobis constiterit prebendas ipsas secundum statum et qualitatem ecclesie sibi sufficientes existere, de novis illis pensionibus in ipsa ecclesia prebendas alias, contradictione et appellatione cessante, auctoritate nostra instituere minime differatis. Si vero predicte prebende secundum statum ejusdem ecclesie sibi sufficientes non sunt, de illis novis pensionibus eas in eo quod minus est suppleatis, et de reliquo, si quod supererit, ad quantitatem prebendarum illarum, sublato appellationis remedio, prebendas, auctoritate apostolica freti, quantocius instituatis. Porro, si uterque vestrum hiis exequendis interesse non poterit, alter, ascitis sibi viris prudentibus et discretis, ea nichilominus exequatur. Datum Beneventi, II nonas januarii.

A. Copie du XIII° siècle, aux Arch. nat., LL. 489 (Cartulaire de Saint-Germain-l'Auxerrois), fol. 31 r°.

549

1177, 24 avril - 8 avril 1178. — Paris.

Échange entre les Hospitaliers de Jérusalem et Hameline, fille d'Yves le Prêtre, d'une maison sise à Paris et d'une vigne située près de Montreuil.

DE ESCANBITIONE FACTA NOBIS AB AMELINA SUPER QUADAM PARTE VINEE QUAM HABEBAT JUXTA MOSTERIOLUM, PRO QUADAM MEDIETATE CUJUSDAM DOMUS QUAM HABEBAMUS ULTRA MAGNUM PONTEM.

Ego Mauritius, Dei gratia Parisiensis episcopus. Notum fieri volumus omnibus hominibus quod Hamelina, filia Yvonis Sacerdotis, consilio amicorum suorum, scilicet Rogerii archipresbyteri, et Garnerii, et Bertrandi sarcinatoris vestimentorum, dedit fratribus Hospitalis integre et absque omni diminutione totam suam partem vinee, quam habebat ex testamento patris sui, in territorio juxta Mosteriolum, pro medietate cujusdam domus quam fratres Hospitalis habebant ex parte Huberti, fratris ipsius Hameline, religioni Hospitalis mancipati, ultra Magnum Pontem constitute. Hanc autem domus comutacionem pro vinea factam, fidei sue juramento in manu nostra dato, promisit supradicta Hamelina ratam ac firmam in perpetuum habere, nec contra eam aliquando venire. Hujus rei testes sunt: frater Eustachius, Parisius magister domus Templi, et Marcellus, canonicus Parisiensis, et Richardus, noster camerarius, et Bos, noster janitor, et Petrus provintialis. Actum Parisius, in presentia nostra, anno ab Incarnatione Domini M° C° LXX° VII°.

A. Original scellé, aux Arch. nat., M. 10, n° 44.

550

1177, 24 avril-8 avril 1178. — Montmorency.

Vente par Yves de Conflans, à Simon de Saint-Denis, de domaines à Auteuil et à Belleville.

DE AUTOLIO.

In nomine sancte et individue Trinitatis. Ego Buchardus de Monte Mauriciaco notum facio cunctis, tam futuris quam presentibus, quod Ivo de Conflanz vendidit Symoni de Sancto Dyonisio censum et hospites, et quicquid apud Auteolum habebat, et duos solidos et II denarios quos aput Saveias habebat, cum decima et viatura et omni dominio quod ad terram pertinet, consensu Radulphi, fratris sui, a quo utrumque habebat, et assensu nostro de cujus feodo hec erant, ita quod predictus Simon ista omnia de cetero vendendi, donandi et suscessoribus suis dimittendi, vel ecclesie alicui donandi, absque requisitione nostra, plenariam habeat potestatem. Quod, ut perpetue stabilitatis obtineat firmamentum, scripto commendari et sigilli nostri auctoritate roborari precepimus. Actum publice aput Montemmauriciacum, anno Incarnati Verbi millesimo centesimo LXXVII. His testibus : Matheus, frater Bucardi, Renaudus de Pomponne, Guido de Grooloe, Theobaudus de Corvesnere, Renaudus Musavene, Henricus de Menil, Adam de Vilers, Guillelmus de Nuratorre, Philipus de Groole, Henricus de Faiel, Robertus frater ejus, et plures alii. Fidejussores sunt : Radulfus de Coflenz et ego Bucardus.

A. Original, avec traces de sceau, aux Arch. nat., S. 844, liasse 48, n° 1.

551

1177, novembre-8 avril 1178. — Paris.

Donation par Pierre de Villeneuve, chanoine de Sainte-Geneviève, à l'église Saint-Victor, d'une maison sise rue Chevruchon, à condition que ladite église payera quinze livres à chacun des deux neveux du donateur.

DE XV LIBRIS QUAS REDDIDIMUS PRO DOMO PETRI DE VILLANOVA [1].

Ego Mauricius, Dei gratia Parisiensis episcopus. Notum facimus tam futuris quam presentibus quod Petrus de Villanova, canonicus Sancte Genovefe, in presentia nostra dedit ecclesie Beati Victoris in perpetuum in elemosinam domum suam quam possidebat, non de sua hereditate sed per emptionem, in censu ejus-

---

[1] Au XV° siècle on a rayé les mots «Petri de Villanova» et écrit au-dessus «Chevreceon».

dem ecclesię Sancti Victoris, in vico qui vocatur Chevreceon. Verum, quoniam idem Petrus domum eandem prius duobus suis nepotibus promiserat, scilicet Gisleberto, canonico Sancti Benedicti, et Petro Cheremaaille, dederunt abbas et fratres Sancti Victoris, voluntate Petri de Villanova, predicto Gisleberto xv libras, et Emeline, uxori Petri Chieremaaillę, qui jam obierat, et filiis ejus xv libras. Et ipsi, tam Gislebertus quam Emmelina, uxor Petri jam defuncti, cum Galtero, majori filio suo, prenominatam elemosinam ecclesie Sancti Victoris in presentia nostra concesserunt, et fide interposita justam garantiam de sua concessione se portaturos promiserunt. Clerici testes qui interfuerunt : Joscelinus, noster capellanus, Symon de Sancto Dyonisio, Guillermus de Sancto Dyonisio, Herluinus et Suggerius, canonici Beatę Marię Parisiensis, Rogerus archipresbyter. Laici qui interfuerunt : Bernerius, prepositus Parisiensis, Galterus Popin, Galterus Philippi, Robertus Bauduini, Theobaldus Bodez, Rogerus Harpin, Radulfus Vigorosus, Garinus carpentarius, Guillelmus Normannus, Guillelmus Tholosa. Quod, ne valeat oblivione deleri, scripto mandari et sygilli nostri impressione fecimus corroborari. Actum publice Parisius, in domo nostra nova, anno ab Incarnatione Domini M° C° LXX° VII°, episcopatus autem nostri X° VIII°.

A. Original, avec traces de sceau, aux Arch. nat., L. 892 n° 23.

552

1177-1191.

Lettre d'Étienne de Tournay [1], abbé de Sainte-Geneviève, au roi de Hongrie, touchant un jeune Hongrois mort à Paris [2].

Nobilissimo B. [3] Hungarie regi [4], Stephanus, Sancte Genovefe Parisiensis abbas [5], totusque ejusdem [6] ecclesie humilis conventus salutem [7] et gloriam sempiternam. Manifestis ad nos venientium indiciis experti sumus quia justitiam diligitis et colitis veritatem. Hec est sublimitas regni vestri [8], hec vestri gloria principatus. Inde est quod excellentiam vestram scire volumus quia bone memorie adolescens Bethlehem, qui apud nos in Domino requiescit, in sancta confessione et fide catho-

---

[1] Étienne de Tournay fut abbé de Sainte-Geneviève de 1177 à 1191.

[2] L'obit de ce jeune Hongrois, mort à Paris et enterré à Sainte-Geneviève, est inscrit aux calendes de décembre dans le nécrologe de l'abbaye : « Obiit Bethlehem clericus quidam de Hungaria, pro quo pater ejus et mater dederunt ecclesie nostre pretiosa ornamenta. »

[3] Béla III, roi de Hongrie de 1174 à 1196, qui avait épousé Marguerite, fille de Louis VII.

[4] Var. « Illustri R. Hungarie regi » (C).

[5] Var. « de Sancta Genovefa dictus abbas » (D).

[6] Var. « ipsius » (A).

[7] Var. « Salutem, etc... » manque dans B, C, D.

[8] Var. « veri » (B).

lica, coram omnibus, absque contradictione seu querela creditorum aut fidejussorum, in ecclesia nostra sepultus est. Sed, cum nuper ob eamdem [1] causam nuntii parentum ipsius ad nos venissent, diligenter inquiri fecimus, an aliquo debito, sive apud christianum sive apud judeum obligatus Parisius teneretur. Facta circiter decem diebus hac inquisitione, non est inventus qui, vel principaliter vel secundario, predictum adolescentem sibi diceret obligatum. Parati erant predicti nuntii solvere, si quis sibi pro eo fateretur deberi [2]. Verumtamen, sicut non [3] comparuit creditor, sic et defuit fidejussor [4]. His interfuerunt clerici de regno vestro Job [5], Michael et Adrianus. Valeat sanctitas vestra, et regnum vestrum coram Domino roboretur.

A. Copie du XIII° siècle, à la Bibl. nat., ms. lat. 14168, fol 79 v°.
B. Copie du XIII° siècle, à la Bibl. nat., ms. lat. 8566ᴬ, fol. 89 v°.
C. Copie du XIV° siècle, à la Bibl. nat., ms. lat. 2923, fol. 105 r°.
D. Quatre mss. provenant de Tournay, Sainte-Geneviève, Saint-Victor et du collège de Navarre et ayant servi à l'édition de du Molinet, *Mag. Stephani abb. S. Genovef. Paris. epist.*, p. 44.

553

1178-1179, 4 avril. — LATRAN [6].

Réduction par le pape Alexandre III des religieuses de l'abbaye de Montmartre au nombre de soixante. — «Vigili cura nos convenit exequi...»

A. Original, avec traces de sceau, aux Arch. nat., L. 230, n° 4.

Édit. : (*a*) Lœwenfeld, *Epist. pontif. roman.*, p. 171, d'après A.

554

1178, 9 avril-31 mars 1179. — PARIS.

Vente à la maison de Saint-Lazare, par Ogier, cuisinier de Saint-Martin-des-Champs, et Soline, veuve de Gilbert Herbod, du droit d'établir un aqueduc à travers leurs vignes.

DE FONTE NOSTRO REPARANDO [ET DUCTU AQUE] [7].

Ego Philippus, Parisiensis archidiaconus. Notum esse volumus presentibus et futuris quod Imbertus, prior Sancti Lazari Parisiensis, et ejusdem domus fratres

---

[1] *Var.* «hanc eamdem» (D).
[2] *Var.* «aliquid fateretur debiti» (A).
[3] *Var.* «nec» au lieu de «non» (A).
[4] Ici s'arrête la copie B.
[5] *Var.* «Jacobus» (D).
[6] Jaffé (*Regesta*, 2° éd., n° 13202) date cette bulle de 1166-1179; mais en la rapprochant d'un diplôme de Louis VII pour le même objet (voir n° 529), on peut admettre avec vraisemblance qu'elle n'est pas antérieure à 1175. Or, depuis cette époque, Alexandre III n'a passé le mois d'avril au palais de Latran qu'en 1178 et en 1179.
[7] Les mots entre crochets sont une addition du XIII° siècle.

ad faciendum aqueductum per vineam Ogeri, coqui Beati Martini de Campis, et per vineam Soline, uxoris defuncti Gisleberti Herbodi, Ogerio predicto dederunt x solidos et Soline iiii^{or} solidos, ea tamen condicione quod, si memoratus aqueductus in locis predictis aliquid vicii contraxerit, operarii predicte domus Beati Lazari per prefatas vineas liberum ingressum et regressum ad ipsum aqueductum reparandum habebunt. Cujus pactionis tenor ut inviolabilem et inconcussam firmitatem obtineat, presentem cartam sigilli nostri caractere et testium subscriptione fecimus corroborari. Hujus rei testes sunt ex parte Ogerii : Galterius ad Petram, de Sancto Martino ; Theobaldus Tortus, serviens Beati Lazari ; Robertus, magister aqueductus ; Herveius, frater ejus. Ex parte vero Soline : Guiardus Herbodus, filius Soline, cui pro consensu dati sunt a prefato priore duo solidi. Actum Parisius, anno Dominice Incarnationis M° C° LXX° VIII°.

> A. Copie du XIIIe siècle, aux Arch. nat., MM. 210 (Cartulaire de Saint-Lazare), fol. 38 r°.
> B. Copie moderne, aux Arch. nat., S. 6639, n° 1, d'après A.

555

1178, 9 avril-31 mars 1179. — Paris.

Don par le chapitre de Sainte-Opportune à la maison de Saint-Lazare de cinq arpents de pré moins un quartier.

DE PRATIS SANCTE OPPORTUNE.

Ego Philippus, Parisiensis archidiaconus. Notum esse volumus presentibus et futuris quod canonici ecclesie Sancte Oportune Parisiensis, intuitu pietatis et precum nostrarum interventione, quinque arpennos pratorum uno quarterio minus, adjacentium calceate qua itur ad Sanctum Lazarum[1], sub annuo censu xii denariorum de quolibet arpenno domui Sancti Lazari Parisiensis in perpetuum possidendos cesserunt. Quod ne aliqua possit oblivione deleri, presentem cartam sigilli nostri caractere et testium subscriptione fecimus roborari. Hujus rei testes sunt : Rogerius archipresbiter, Herveius, Renardus de Nuisi, Willelmus de Bonzies, presbiteri. Actum Parisius publice, in curia nostra, anno Dominice Incarnationis M° C° LXX° VIII°.

> A. Original, avec traces de sceau, aux Arch. nat., S. 6633, n° 1.
> B. Copie du XIIIe siècle, aux Arch. nat., MM. 210 (Cartulaire de Saint-Lazare), fol. 38 v° et 102 v°.

---

[1] Cette chaussée était le grand chemin de Saint-Denis.

556

1178, 9 avril-31 mars 1179.

Charte de Philippe, archidiacre de Paris, réglant un différend entre le prieur de Saint-Lazare de Paris, et Lisiard et Élisabeth, sa femme.

DE LISIARDO.

Ego Philippus, Parisiensis archidiaconus. Notum esse volumus presentibus et futuris quod, cum Lisiardus faber et uxor ejus Elisabeth adversus Ymbertum, priorem Sancti Lazari Parisiensis, et universos ejusdem domus fratres querimoniam intenderent ut vel decem et novem libras obtinerent, quas ab eodem Lisiardo, cum olim se domui ipsorum preter assensum uxoris sue addixisset, acceperant, vel tam ipse quam uxor ejus in fraternitate eorum admitterentur, et ipsi e contra domum et omnes agros et vineas Lisiardi et uxoris ejus, quas jamdictus Lisiardus eis legaverat post obitum utriusque, habere contenderent, mediantibus bonis viris, in presentia nostra hoc modo transegerunt : quod sepedictus Lisiardus et uxor ejus querele, quam vel pro memoratis decem et novem libris vel pro fraternitate ipsorum habenda intendebant, renuntiaverunt, et predictus prior et jamdicte domus Sancti Lazari fratres memoratum Lisiardum et uxorem ejus a fraternitate sua cui se addixerant absolventes, domum et omnes agros et vineas suas jure hereditario in perpetuum possidendas utrique remiserunt. Quod ut inviolabilem et inconcussam firmitatem obtineat, presentem cartam sigilli nostri caractere et testium subscriptione fecimus muniri. Hujus rei testes sunt : Adam canonicus, Drogo carnifex, Marsilius seutor, Stephanus cordarius, Willelmus frater ejus, Renerus timpanarius, Boninus faber, Johannes cambitor, Herbertus Tisons, Benedictus, campanarum fusor, Johannes marescallus, Willelmus timpanarius. Actum anno ab Incarnatione Domini millesimo centesimo LXX° VIII°.

A. Copie du XIII° siècle, aux Arch. nat., MM. 210 (Cartulaire de Saint-Lazare), fol. 39 r°.

557

1178, 10 juillet. — LATRAN.

Bulle du pape Alexandre III confirmant les privilèges accordés par ses prédécesseurs à l'abbaye de Sainte-Geneviève : «Licet ex suscepte... Capelle vestre, videlicet capella de Monte, Sancti Medardi, Sancte Genovefe de Civitate, earumque capellani in eadem libertate permaneant quam tempore clericorum habuerunt et nunc habere noscuntur... »

A. Copie du XIII° siècle, à la Bibl. Sainte-Geneviève, El. 25 (Cartulaire de Sainte-Geneviève), p. 17.

558

1178, 23 juillet-31 mars 1179.

Permission accordée par Hugues, abbé de Saint-Germain-des-Prés, à Adam, fils de Durand le charpentier, de Montreuil, serf de l'abbaye, de se marier avec Gille, fille d'Hervé, serve de Notre-Dame de Paris, à condition que les enfants à naître appartiendront par moitié à l'abbaye de Saint-Germain-des-Prés et au chapitre. — «Noverint presentes pariter et futuri quod inter Adam... Actum anno Incarnati Verbi M° C° LXX° VIII°, promotionis nostre septimo decimo [1]...»

A. Original en forme de chirographe, avec traces de deux sceaux, aux Arch. nat., L. 753, n° 9.

559

1178, avant le 1ᵉʳ août [2].

Notice des donations faites par Simon de Poissy et Simon de Saint-Denis, pour l'entretien des chapelains de l'église Saint-Denis-du-Pas [3].

LITTERE FUNDACIONIS PREBENDARUM SANCTI DYONISII DE PASSU.

In nomine sancte et individue Trinitatis, amen. Notum sit omnibus, tam futuris quam presentibus, quia magister Symon de Pissiaco oratorium Beati Dyonisii de Passu caritatis vigilantia restituere disponens, xxx^{ta} libras ad redditum emendum in usum sacerdotis, ibi pro anima sua et parentum suorum perpetuo servituri, per manum Hosmundi fratris sui habendas legavit. Hosmundus vero illas ad emendam Gilleberti vicecomitis Corboilensis decimam de Bonoilo tali conditione tradidit, ut sacerdos ille singulis annis duos modios purioris frumenti, quod in communi granario esset, excepto illo quod de redditibus vocatur, ad minam regis

---

[1] Nous ignorons de quel jour l'abbé Hugues faisait partir les années de son abbatiat. Mais son prédécesseur, l'abbé Thibaud, était mort le 23 juillet 1162.

[2] Les données chronologiques contenues dans cette pièce sont difficiles à concilier. La 41ᵉ année de Louis VII va du 1ᵉʳ août 1177 au 1ᵉʳ août 1178; la 19ᵉ année de Maurice de Sully, de novembre 1178 à novembre 1179. Pour faire accorder ces dates, il faudrait admettre ou bien qu'on a compté ici les années de Maurice de la mort de son prédécesseur, ce qui placerait cette charte entre le 22 juillet et le 1ᵉʳ août 1178; ou encore qu'on a pris comme point de départ de sa 19ᵉ année le commencement de l'année 1178, en ce cas cette charte se placerait entre le 9 avril et le 1ᵉʳ août 1178. Mais peut-on supposer que, dans un acte rédigé devant le chapitre de Paris, on ait adopté une façon de compter les années de Maurice dont on ne trouve aucun exemple dans tous les actes émanés de ce prélat qui nous restent?

[3] Dubois a publié cette charte, mais en la coupant de façon à en faire deux pièces distinctes. Il en a donné la première moitié, jusqu'aux mots «eadem mina reciperet», sous la date de 1148 (*Hist. eccles. Paris.*, t. II, p. 114), et la seconde moitié, à partir des mots «Horum promotus exemplo...», sous la date de 1178 (*ibid.*, p. 115).

communem mensuratos; oleique sextarium, ad ejusdem oratorii luminare, in festo sancti Remigii, sine ulla dilatione vel contradictione, haberet. De pane vero et vino Quadragesime, quoquo modo, quocumque tempore distribueretur, etsi per totum annum duraret, quantum unus ex mansionariis canonicis haberet, exceptis septem modiis ecclesiarum de quibus habere nulli non canonico licet, pro quorum tamen reconpensatione a capitulo statutum est ut duos frumenti sextarios cum duobus predictis modiis annuatim in eodem festo, eadem mina, reciperet. Postmodum Hosmundus, frater predicti Symonis, ejus pia secutus vestigia, XL libras ad emendum redditum, alteri sacerdoti qui Deo in eodem oratorio deserviret assiduus, donavit. Ad hujus autem incrementum beneficii, munifica nostri capituli caritas quantum concesserat priori sacerdoti tantumdem concessit alteri. Firmatum est autem a capitulo ut nulli predictis beneficiis investiantur, nisi prius ordine sacerdotii fungantur; preterea sacerdotibus in sepedicta capella constitutis plenam in matrici ecclesia divini officii administrationem et inibi vice integra canonici fungi, scilicet et misse celebrationem in majori altari capitulum concessit. Horum pio permotus exemplo, Symon de Sancto Dyonisio duos alios sacerdotes ibidem assensu tocius capituli constituit, ad quorum usum tres partes molendini de Genesteio cum quinque arpennis vinearum et terra arabili, eidem molendino adjacentibus donavit. Nostrum autem capitulum quartam partem que sua erat illis adjecit et illos duos in ea plenitudine beneficii, dignitatis et officii in qua priores susceperat, suscepit. Illi vero III^{or} sacerdotes, omnibus missis quibus licuerit pro animabus predictorum oracionem propriam dicere ter in ebdomada pro fidelibus defunctis, nisi festum habens octabas vel alia competens excusatio intercesserit, celebrare et assiduitatem matrici ecclesie exibere tenentur. Verum, ut hoc ratum et firmum permaneret, presentem cartam fieri voluimus, et, ne posset a posteris infringi, sigilli nostri auctoritate firmavimus. Data publice Parisius, in capitulo Beate Marie, anno Incarnati Verbi M° C° LXXVIII°, Ludovici regis XLI°, Mauricii episcopi XVIII°. Signum Barbedauri decani. Signum Galteri precentoris. Signum Philippi archidiaconi. Signum Graciani archidiaconi. Signum Girardi archidiaconi. Signum Galonis succentoris, presbiteri. Signum Jocelini capellani. Signum Galteri presbiteri. Signum Symonis diaconi. Signum Hilduini diaconi. Signum Odoni diaconi. Signum Balduini subdiaconi. Signum Willelmi subdiaconi. Signum Hervei subdiaconi. Signum Stephani pueri. Signum Mauricii pueri. Data per manum Petri cancellarii.

A. Original, avec traces de sceau, aux Arch. nat., S. 842, n° 2.
B. Copie du XIV° siècle, aux Arch. nat., LL. 175 (*Grand Pastoral* de Notre-Dame), p. 754.

560

1178, 1ᵉʳ octobre. — FRASCATI.

Confirmation par le pape Alexandre III de toutes les possessions du chapitre de Sainte-Opportune de Paris. — «Pie postulacio voluntatis...»

A. Copie du xiiiᵉ siècle, aux Arch. nat., LL. 93 (Cartulaire de Sainte-Opportune), fol. 30 v°.
B. Copie collat. du 29 juillet 1454, aux Arch. nat., L. 566, n° 4.
C. Copie du xviiiᵉ siècle, aux Arch. nat., L. 566, n° 4 bis.

Édit. : (a) Félibien, *Hist. de la ville de Paris*, t. III, p. 84. — (b) Migne, *Patrologie*, t. CC, col. 1185, d'après a.

561

1178 ou 1180. — PARIS.

Acensement d'une maison située devant Saint-Pierre-aux-Bœufs, fait par Isembard, prieur de Saint-Éloi, au profit de l'Hôtel-Dieu.

DE DOMO DEFUNCTI SONTANNI IN VICO SANCTI PETRI AD BOVES ANTE ECCLESIAM TRADITA MAGISTRO JOHANNI DE BRISIACO PRO XV LIBRIS [1].

Ego Isambardus, prior Sancti Eligii, et totus ejusdem ecclesie conventus, notum facimus futuris et presentibus quod domum quandam ad nostrum censuale pertinentem, que fuit Sustani [2] filii Garneri, ante Sanctum Petrum de Bobus sitam, hospitali Beate Marie pro xvi denariis censualibus, Dei intuitu et tam domini B[arbedauri], Parisiensis decani, quam magistri Hilduini interventu, in perpetuum tenendam concessimus; eo quidem tenore quod, si nos per donacionem vel emptionem [3], vel aliquo alio modo, aliquid acquirere [4] contigerit quod ad eorum censuale pertineat, nobis condigna vice in tanto debeant respondere. Quod ut ratum et inconcussum permaneat, presentem cartam sub cyrographo scriptam sigilli nostri caractere fecimus roborari. Hujus rei sunt testes, monachi : Lambertus subprior, Reginaldus [5] de Gueserrai, Hunoldus, Hubaldus, Johannes, presbiteri; Radulphus, Gaufridus, Adam, dyaconi; Herveus subdyaconus; Johannes, Garinus, pueri; Andreas, Thomas, servientes. De Domo Dei : Adam, Robertus, presbiteri; Balduinus de Sancto Christophoro, magister Girardus de Sancto Dyonisio, Gobertus scriptor, Theobaldus Dives, Aalardus, Ivo panetarius, Albertus filius ejus, et Matheus aurifaber, Guido serviens Theobaldi Divitis [6], Balduinus sutor de Parvo

---

[1] *Var.* «De domo Sustani filii Garneri» (A).
[2] L'original devait porter «Sultani», et la forme «Sontanni», que nous lisons dans le titre de la copie A, doit être corrigée en «Soutanni».
[3] *Var.* «vel emptionem» manque dans B.
[4] *Var.* «adquirere» (B).
[5] *Var.* «Renaldus» (B).
[6] *Var.* «serviens, Theobaldus Dives» (B).

Ponte, Nicholaus preco, Durandus [1] preco, Gaufridus actionarius, Robertus sutor. Actum publice Parisius, in capitulo nostro, anno ab Incarnatione Domini [2] M° C° LXX° VIII° [3].

    A. Copie du xiii° siècle, aux Arch. de l'Assist. publ., Cartul. A de l'Hôtel-Dieu, fol. 105 v°, n° 102.
    B. Copie du xiii° siècle, aux Arch. de l'Assist. publ., Cartul. C de l'Hôtel-Dieu, fol. 13 r°, n° 43.

562

1179, 1ᵉʳ avril-19 avril 1180. — NEMOURS [4].

Affranchissement de cens octroyé par Gautier, chambrier du roi Louis VII, à l'hôpital Saint-Gervais de Paris.

In nomine sancte et individue Trinitatis, amen. Ego Galterus, regis Francorum camerarius, notum esse volumus presentibus et futuris quod nos emunitatem et quietationem super quadam domo Garini cementarii, in atrio Sanctorum Gervasii et Prothasii sita, quam idem Garinus et filius ejus, Harcherus sacerdos, ad hospitandos pauperes Christi donaverunt, a predecessoribus nostris factam, ratam habemus, et eandem domum, tam a quatuor denariis quos jamdictis predecessoribus nostris annuatim de censu persolvebat quam ab omni alio jure et consuetudine, intuitu Dei et animarum nostrarum remedio, liberam et quietam in perpetuum clamamus. Quod, ut ratum et inconcussum permaneat, presentem cartam sigilli nostri auctoritate et testium subscriptione fecimus roborari. Testes sunt: Philippus archidiaconus, Adam Harenc, Petrus marescalcus, Philippus et Ursio, filii nostri. Actum publice Nemosii, anno Verbi Incarnati M° C° LXXIX°.

    A. Original, avec traces de sceau, aux Arch. nat., S. 4931, n° 2 (*nunc* K. 25, n° 5⁴.)
    B. Vidimus du 5 février 1281 (n. s.), donné par l'official de Paris, aux Arch. nat., S. 4931, n° 8.

563

1179, 1ᵉʳ avril-19 avril 1180. — PARIS.

Don par Gautier, chambrier du roi Louis VII, aux ermites du bois de Vincennes, d'un moulin sis à Paris près du Grand Pont.

DE MOLENDINO DOMNI GALTERI.

In nomine sancte et individue Trinitatis, amen. Ludovicus, Dei gratia Fran-

---

[1] *Var.* «Lovellus» (B).
[2] *Var.* «Domini» manque dans A.
[3] *Var.* «millesimo centesimo octogesimo» (A).
[4] Par suite d'une mauvaise lecture de la date, Tardif a classé cette pièce à 1172 (*Cart. des rois*, n° 641). La même erreur a été commise par Luchaire, *Hist. des institut. monarch. sous les premiers Capétiens*, t. II, p. 299.

corum rex. Noverint universi, presentes pariter ac futuri, quod Galterus, camerarius noster, pro remedio anime sue et amicorum suorum, molendinum quem habebat Parisius ad Magnum Pontem, fratribus Vicene, in presentia nostra, assensu Aveline uxoris sue et filiorum suorum, in elemosinam dedit et perpetuo possidendum concessit. Et, ut hoc donum perpetuam obtineat firmitatem, presentem cartam, salvo omnium jure, sigilli nostri auctoritate ac regii nominis caractere subter annotato fecimus confirmari. Actum Parisius, anno ab Incarnatione Domini M° C° LXX° IX°; astantibus in palatio nostro, quorum nomina supposita sunt et signa. Signum comitis Teobaudi, dapiferi nostri. Signum Guidonis buticularii. Signum Reginaudi camerarii. Signum Radulphi constabularii.

Data per manum regiam, vacante (*monogramme*) cancellaria.

A. Original, aux Arch. nat., S. 4317, n° 9 (Musée, n° 183).

564

1179, 1ᵉʳ avril - 19 avril 1180. — Paris.

Accord entre la maison de Saint-Lazare et le prieuré de Saint-Éloi au sujet d'une censive.

DE CENSU SANCTI ELIGII.

Sciant presentes ac posteri quod de censiva quam infirmi Sancti Lazari Parisiensis tenent a Sancto Elegio, cum a priore Sancti Elegii infirmi submoverentur et cogerentur ad vendendum censivam, facta est inter eos compositio talis atque concordia super hac censiva, quod domus Sancti Lazari de illa reddit annuatim censum a priori consuetudine dupplicatum. Et hoc pacto Hisembardus, prior Sancti Elegii, ex assensu sui capituli, concessit domui Sancti Lazari predictam censivam liberam et quietam, et quod ad vendendum illam infirmi ulterius non possent cogi. Verumtamen, si aliqua necessitate infirmi istam censivam aut aliquid de illa vendere velint, hoc sibi licet, sed quod venditum fuerit ad priorem census consuetudinem redibit, et prior Sancti Elegii suas venditiones inde habebit. Loca autem hujus censive, de quibus domus Sancti Lazari censum Sancto Elegio reddit, sunt hec : De terra de Chaumunt, XVI denarios; de clauso Harluini, XV denarios; de domo Sancti Mederici, II denarios et obolum; de chameris Gloriose, IIII°ʳ denarios; de domo Bertrandi tallandarii, IIII°ʳ denarios; de duabus domibus que sunt ad Machacram mediam, XII denarios; de illis que habent ad Sanctum Paulum, XII denarios. Summa prioris census: V solidos et V denarios et obolum. Summa dupplicati : X solidos et XI denarios. Ut autem hoc ratum ac stabile permaneret, presentis pagine memorie commendatum est, que per cyrographum dividitur, et auctoritate sigilli prioris Sancti Elegii et testimoniis virorum confirmatur quorum subscripta sunt nomina. Ex parte monachorum : Lambertus subprior, Johannes cantor, Guarinus Rufus, Radulfus diaconus et Adam diaconus, Herveus subdiaconus, Andreas cocus, Thomas, famulus prioris. Ex parte vero infirmorum : Aimarus sacerdos, et Radulfus clericus, et frater Richerius, et frater Guido, et Theobaudus Dives, et Guarinus comes. Actum publice in claustro Sancti Elegii, anno Incarnati Verbi M°C°LXX°IX°.

A. Original en forme de chirographe, avec traces de sceau, aux Arch. nat., M. 30, n° 4.
B. Vidimus de 1273, aux Arch. nat., M. 30, n° 4 *bis*.
C. Copie du xiii° siècle, aux Arch. nat., MM. 210, fol. 42 r°

565

1179, 1ᵉʳ avril - 19 avril 1180. — PARIS.

Accord entre l'Hôtel-Dieu et les religieux de Sainte-Geneviève, au sujet d'une place située devant la chapelle Sainte-Geneviève, d'une ruelle contiguë à cette place et de deux maisons.

DE PLATEA QUE EST ANTE CAPELLAM SANCTE GENOVEFE [1].

Ea que perhennem sui memoriam desiderant, ne forte oblivionis deleantur invidia, solent litteris annotari. Inde est quod ego Stephanus, Beate virginis Genovefe dictus abbas, totusque ipsius ecclesie humilis conventus, notum fieri volumus tam futuris quam presentibus quoniam erat inter nos et hospitalem domum Beate Marie Parisiensis contentio super quadam platea, que est in censiva nostra ante capellam Beate Genovefe et debet nobis vi denarios census; nobis asserentibus eandem plateam nostram propriam esse, ministris autem predicti xenodochii dicentibus predictam plateam jure proprietatis ad eandem domum venerabilem pertinere; item, cum in eadem censiva nostra prefato xenodochio duas domos Hugo de Castello Forti in elemosinam dedisset, pro quibus ix denarii census singulis annis nobis solvebantur, nos ad venditionem illarum domorum, secundum consuetudinem ecclesiarum Parisiensium post annum et diem ex quo eas possidere ceperant, premissi venerabilis loci pauperes monebamus; rursus, quoniam duos denarios census in contigua supradicte platee ruella habemus et ita in summam xvii denariorum prenominatus census consurgit. Pro his omnibus, ut inter nos et hospitalem domum pax et concordia fieret, et nulla deinceps contentio oriretur, statutum est inter nos et ipsos ut deinceps domus hospitalis Beate Marie predictam plateam ad edificandum, vel quicquid voluerint faciendum, cum ipsa ruella et

---

[1] On lit au dos de cette pièce les mentions suivantes, qu'il nous a paru intéressant de recueillir : «Litera de domo magna ante ecclesiam Sancte Genovefe Parve, quam tenet Nycholaus Lombardus, et de domo relicte Martini Alescurel, in censiva et dominio Sancte Genovefe de Monte» (xiii° s.). — «De la maison Jehan Pelletier, relieux de livrez» (xiv° s.). — «Maison de l'escu de France» (xviii° s.).

duabus domibus quas eis Hugo de Castello Forti dederat, in perpetuum quiete possideant, nec unquam de cetero a nobis vel successoribus nostris eas inviti distrahere compellantur. Echonomi autem vel ministri ejusdem xenodochii antiquum censum nostrum ix et vii denariorum et insuper x solidorum Parisiensium, singulis annis ecclesie Beate Genovefe, in festo sancti Remigii, persolvent, et sic erunt xi solidi et v denarii. Quod si negligentes in solutione fuerint, secundum consuetudinem aliorum censualium nostrorum emendabunt, salvo insuper omni jure nostro quod in aliis ejusdem censive censualibus nostris habemus. Si vero forte aliquando contigerit prenominatum venerabile xenodochium predictam censivam istam vel distrahere, vel aliquo alienationis tytulo in alium transferre, quicumque possessor ejus fuerit singulis annis tenebitur xi solidos et v denarios ecclesie Beate Genovefe in festo sancti Remigii solvere, salvo insuper omni jure nostro quod in aliis ejusdem censive censualibus nostris habemus, tam in venditis quam in ceteris rebus. Actum publice Parisius, in capitulo nostro, anno ab Incarnatione Domini m° c° lxx° viiii°.

A. Original, avec traces de sceau, aux Arch. de l'Assist. publ., layette 18, liasse 140.
B. Copie du xiii° siècle, aux Arch. de l'Assist. publ., Cartul. A de l'Hôtel-Dieu, n° 86.

566

1179, 1er avril-19 avril 1180. — Montmartre.

Concession faite par Élisabeth, abbesse de Montmartre, à Nicolas de Neuilly, d'un terrain voisin de la Porte de Paris.

Quoniam mater littis oblivio etiam serio acta nonnumquam ad irritum redigit, ego Helisabeth, Dei gratia Montis Martirum abbatissa, presentium futurorumque noticie tradimus quod ex communi conventus nostri consilio et assensu, plateam quandam, quam apud Portam Parisiensem ecclesia nostra steriliter ac inutiliter diu possederat, Nicholao de Nulliaco edificio vestiendam jureque hereditario possidendam dedimus. Eumdem preterea Nicholaum omnium nostrorum participem fecimus stipitum, qui stalla nostra ab ejus domo contigua dirimunt; insuper concedentes ut domus ejusdem solivas desuper extendat, tantumque super stalla nostra spacii in perpetuum possideat, quantum presens edificium testatur. Porro exinde super eandem possessionem census xlv solidorum nobis assignatus est, quem annuatim sepe dictus N[icholaus] ejusque successores ecclesie nostre persolvent. Si vero stipites predicti defecerint, si tegule supra spatium, ut dictum est, Nicholao heredibusque suis concessum putruerint, si guttaria nobis et illi communis innovanda fuerit, de nostro nichil impendemus, sed ipse N[icholaus] suusque successor singula novabit de proprio. Verum ne proterve aliquis aliquo reclamet in tempore, sigilli nostri auctoritatem objecimus, subscripta sunt etiam testium legittimorum nomina. Ex parte nostra: S. Henrici presbiteri. S. Salomonis et Mauricii, capellanorum nostrorum. S. Willelmi et Pagani, fratrum nostrorum. Ex parte Nicholai : S. Renoldi de Paci. S. Auberti Guimeri. S. Radulfi de Charz. S. Berneri. S. Galteri Salhenbien. S. Auberti Rufi. S. Willelmi de Nulliaco. Actum in capitulo nostro, anno ab Incarnatione Domini m° c° lxx° viiii°.

A. Original en forme de chirographe, aux Arch. nat., S. 4448, n° 39 (*nunc* K. 25, n° 13⁴).

567

Vers 1179.

Charte de Hugues, abbé de Saint-Germain-des-Prés, instituant un charpentier de l'abbaye et réglant ses gages [1].

Hugo, Dei gratia Sancti Germani Parisiensis humilis abbas, omnibus ad quos presentis scripti pagina devenerit salutem. Noverit universitas vestra quod nos, de assensu et voluntate tocius conventus nostri, concessimus Gilleberto carpentario ministerium paternum et officium ex integro, videlicet ut domos nostras cum necesse fuerit cooperiat[2], obsequium cellerarii[3] in doliis et vasis ligandis et faciendis, et in aliis omnibus in quibus necessarium erit, artificium suum exequatur. In recompensatione vero laboris sui et opere, volumus ut quoad vixerit habeat cotidie iiii panes, ii videlicet albos et ii duos bisos, dimidium sextarium vini, generale con fabis, et in festis carnem, quando alii servientes habebunt, et pro messe annuatim dimidium modium frumenti ad majorem minam, et tunicam unam precii v solidorum. Tempore autem vindemiarum, quamdiu dolia religabit, habebit cotidie unum denarium et veteres circulos, et dolaturas lignorum que in opere mitti non possunt. Concessimus etiam ei terram de Vaus. Hec autem omnia ipsi in vita sua contulimus ita ut, si forisfecerit et emendare voluerit, teneat, sin autem perdat. Que omnia ut rata maneant, nec a posteris infirmari possint, presens scriptum cum cirographo fieri et sigilli Beati Germani et nostri inpressione muniri mandavimus, adjunctis quorumdam fratrum et officialium nostrorum nominibus et signis [4].

A. Copie du xii° siècle, à la Bibl. nat., ms. lat. 12194, fol. 3 v°.

---

[1] Cet acte est de l'abbé Hugues de Monceaux et de 1179 au plus tard, car le charpentier Gilbert figure comme témoin dans une charte de cet abbé datée de 1179. (Voir notre n° 568.)

[2] Le ms. porte : «con necesse fuerit quo operiat.»

[3] Le ms. porte «cellarii».

[4] Le reste manque.

568

1179, 1ᵉʳ avril-19 avril 1180. — Paris.

Bail à cens de la vigne de Laas fait par Hugues, abbé de Saint-Germain-des-Prés.

CARTULA DE VINEA DE LAAS.

Hugo, Dei gratia Beati Germani Parisiensis humilis abbas, omnibus tam futuris quam presentibus in perpetuum. Noverit universitas vestra quod nos, de communi totius conventus nostri assensu, quamdam vineam de Laas, quam spontanea voluntate eidem conventui nostro, ad anniversarii nostri diem celebrandum libere concesseramus, eamdem quibusdam hominibus ad habitandum et domos in ea edificandum, utilitatem ipsius capituli in hoc considerantes, assignavimus, eo siquidem tenore quod omnes hospites qui in terra ejusdem vineę domos habuerint, singuli pro unaquaque domo iiiᶜˢ solidos censuales tantummodo jamdicto capitulo nostro quotannis, ad festum sancti Remigii, reddent; memoratis fratribus nostris, ad quos suprascripta vinea proprie pertinet, omnem justiciam, venditas etiam et roathium ceterasque consuetudines universas sibi retinentibus, extincta tallia, et omni exactione, et consuetudine quadam candele, quam homines hujus ville bis in anno parrochiis suis dare consueverunt. Quod, ut ratum permaneat nec ab aliquibus possit infirmari, presens cyrographum inde fieri et sigilli beati et nostri impressione muniri precepimus, adjunctis quorumdam fratrum et officialium nostrorum nominibus et signis. Signum Alexandri subprioris. Signum Johannis, tercii prioris. Signum Garini coquinarii. Signum Saymeri cellararii. Signum Martini panetarii. Signum Roberti, Teobaudi, Landrici, Guidonis, sociorum domni abbatis. Signum Bertranni, Stephani, Anselli, Petri, Radulfi, puerorum; ex laicis : Radulfus coqus, Raynaudus de Issiaco, Robertus de Moreto, Raynaudus de Hospitio, Gislebertus carpentarius et alii plures. Actum anno Incarnati Verbi Mº cº LXXº nono.

A. Original en forme de chirographe, avec traces de deux sceaux, aux Arch. nat., S. 2975, nº 3 (*nunc* L. 779, nº 1).

569

1179, 25 avril. — Latran.

Confirmation par le pape Alexandre III de la donation faite à Saint-Denis-du-Pas par Simon de Saint-Denis, chanoine de Paris, pour y entretenir deux prêtres [1]. — «Cum dilectus filius noster, Symon de Sancto Dionisio, canonicus Parisiensis ecclesie... Datum Laterani, vii kalendas madii.»

A. Original avec traces de sceau, aux Arch. nat., S. 842ᴮ, nº 3.

---

[1] Cette fondation est de 1178 (voir ci-dessus, nº 559); mais le 25 août 1178 le pape était au Vatican (Jaffé, *Regesta*, 2ᵉ éd., t. II, p. 324), tandis qu'il était au palais de Latran le 25 avril 1179 (*ibid.*, p. 345).

570

1179, novembre-19 avril 1180. — Paris.

Vente par Asseline, abbesse de Chelles, au chapitre de Saint-Benoît,
de trois quartiers de vigne sis au mont Saint-Hilaire.

In nomine sancte et individue Trinitatis amen. Ego M[auricius], Dei gratia Parisiensis episcopus. Notum fieri volumus universis, tam presentibus quam futuris, quod Ascelina, abbatissa Kalensis monasterii, et totus ejusdem loci conventus, debitorum honere graviter oppresse, tres quartarios vinee quos habebant apud Sanctum Hylarium Parisius, quorum usus propter remotionem minus utilis videbatur, venditioni exposuerunt. Postea vero, oblato et accepto duodecim librarum precio per manum magistri Leonii, Sancti Benedicti Parisiensis canonici, eandem possessionem a censu et omni pensionis honere liberam, ecclesie Sancti Benedicti et canonicis ibidem commorantibus perpetuo possidendam concesserunt. Superaddiderunt etiam quod, si quis umquam predictam ecclesiam pro eadem vinea in aliquo vexare presumpserit, omnem garentiam de pacto ferre tenebuntur. Nos vero, ad petitionem predictorum canonicorum, hanc venditionem sicut in autentico scripto predictarum abbatisse et sororum, quod vidimus, tetigimus et inspeximus, continetur, scribi fecimus et sigillo nostro firmavimus. Actum apud Sanctum Victorem, anno Incarnati Verbi M° C° LXX° IX°, episcopatus vero nostri anno XX°.

A. Original, avec traces de sceau, aux Arch. nat., S. 889*, n° 14.

571

1179, novembre-19 avril 1180. — Paris.

Transaction conclue entre Alard, prieur de Notre-Dame-des-Champs, et Thibaud le fournier,
au sujet du four qui avait appartenu à Barthélemy de Fourqueux[1].

DE PARISIUS.

In nomine sancte et individue Trinitatis, amen. Ego Mauricius, Dei gratia Parisiensis episcopus. Notum fieri volumus universis, tam presentibus quam futuris, quod controversia extitit inter Theobaldum furnerium et Alardum, priorem Beate Marie de Campis super quodam furno quem pater ejusdem Theobaldi et ipse tam longo tempore tenuerant quam[2] etiam ipse Theobaldus jure hereditario se contin-

---

[1] On trouve aux Arch. nat. sous la cote L. 920, n° 16, une ratification par Hervé, abbé de Marmoutier, d'un accord conclu au sujet du four de la rue des Juifs entre le prieur de Notre-Dame-des-Champs et Hugues, petits-fils de Barthélemy de Fourqueux. Mais cette pièce ne peut être antérieure à 1185, car on y nomme parmi les témoins l'archidiacre Osmond, qui porte ce titre de 1184 à 1194. (Arch. nat., LL. 180, fol. 54 v° à 60 v°.)

[2] L'original porte «quem».

gere asserebat. Prior ex adverso proponebat ecclesiam Beate Marie de Campis, ex dono Bartholomei de Fulcose, in elemosinam eundem furnum recepisse, et longum tenuisse. Post multas vero alterquationes, in hunc modum inter eos de pace convenit. Theobaldus enim jus ecclesie recognovit et juri hereditario renuntiavit, ita quod furnum ipsum in vita sua pacifice tenebit, ad censum xxx^{ta} solidorum, ecclesie Beate Marie annuatim solvendum. Post mortem vero ipsius Theobaldi, furnus ille in jus et proprietatem predicte ecclesie libere revertetur. Hoc firmavit idem Theobaldus, in manu nostra fide interposita, et Albericus frater ejus. Nec pretermittimus quod idem Theobaldus nec uxorem nec liberos habebat, quando predicta compositio facta fuit; quam si postea duxit, nolumus in dampnum ecclesie redundare. Hujus compositionis testes fuerunt: Barbedaurus, decanus Parisiensis; Gaufridus de Giri, canonicus Beate Marie; Rogerus archipresbiter; Almalricus, clericus episcopi, et alii plures. Ne igitur quod per manum nostram sub testimonio bonorum virorum legittime factum est, noxia temporum volubilitate depereat vel immutetur, scripto commendavimus et sigilli nostri munimine firmavimus. Actum Parisius, in veteri aula, anno Incarnati Verbi m° c° lxx° ix°, episcopatus vero nostri anno xx°, iii° anno ordinationis Hervei[1], Majoris Monasterii abbatis, qui predictam compositionem concessit et jam dicto Theobaldo sigillo suo confirmavit.

A. Original, avec traces de sceau, aux Arch. nat., L. 920, n° 8.

572

1180, 28 mars. — Velletri.

Confirmation par Alexandre III des privilèges de Saint-Germain-des-Prés. — «In eminenti beati Petri cathedra...»

A. Original, avec traces de sceau, aux Arch. nat., L. 231, n° 64.

573

1180, 20 avril-5 avril 1181.

Amortissement par Maurice, évêque de Paris, de quelques parcelles de propriété situées près de Saint-Germain-l'Auxerrois et d'une maison près de Saint-Landry donnée à l'Hôtel-Dieu par une femme nommée Lucienne.

DE QUADAM DOMO SITA ANTE DOMUM CURATI SANCTI LANDERICI ET XVII SOLIDIS ANNUI CENSUS IN DAVERON ULTRA MAGNUM PONTEM[2].

Mauricius, Dei gratia Parisiensis episcopus, omnibus ad quos presens scriptum

---

[1] Hervé devint abbé de Marmoutier en mai 1177. — [2] *Var.* «De censiva de Fossatis» (B).

pervenerit, salutem in Domino. Notum facimus quod, assensu et consilio⁽¹⁾ canonicorum Sancti Germani Autisiodorensis, concessimus fratribus Domus Dei Parisiensis quasdam domunculas apud Sanctum Germanum sitas, in censiva ejusdem sancti, et domum quam dedit eis Luciana apud Sanctum Landericum, in censiva similiter canonicorum Sancti Germani, sine coactione vendendi eas, in perpetuum pacifice tenendas, salvo censu qui pro eis debetur, ita tamen quod, si forte contingeret ecclesie Beati Germani donari domum vel aliud quod ad jus Domus Dei pertineret, consuetudinario jure excepto, ecclesia Beati Germani similiter libere et quiete, salvo censu, possideret. Ut igitur hec concessio stabilis perseveret, presentem paginam fecimus sigilli nostri impressione roborari. Actum anno ab Incarnatione Domini m° c° octogesimo.

A. Vidimus de juin 1872, aux Arch. nat., S. 73, n° 20.
B. Copie du xiiiᵉ siècle, aux Arch. de l'Assist. publ., Cartul. B de l'Hôtel-Dieu, fol. 17 r°, n° 7.
C. Copie du xiiiᵉ siècle, aux Arch. de l'Assist. publ., Cartul. C de l'Hôtel-Dieu, fol. 17 r°, n° 56.

574

1180, 20 avril-4 avril 1181. — Paris.

Acte de fondation du collège des Dix-Huit.

Ego Barbedaurus, Parisiensis ecclesie decanus, et universum ejusdem ecclesie capitulum. Notum fieri volumus omnibus, tam presentibus quam futuris, quod, cum dominus Jocius de Londoniis reversus fuisset Iherosolimis, inspecto summo devotionis affectu beneficio quod in hospicio Beate Marie Parisiensis pauperibus et egris administratur, ibidem cameram quandam, in qua pauperes clerici ex antiqua consuetudine hospitabantur, inspexit, et illam a procuratoribus ejusdem domus ad usum predictorum clericorum, precio quinquaginta duarum librarum, de consilio nostro et magistri Hilduini, Parisiensis cancellarii, ejusdem loci tunc procuratoris, in perpetuum adquisivit, tali facta conditione quod ejusdem domus procuratores decem et octo scolaribus clericis lectos sufficientes, et singulis mensibus duodecim nummos de confraria que colligitur in archa, perpetuo administrabunt. Predictos vero clericos ante corpora in eadem domo defuncta crucem et aquam benedictam, secundum vices suas, deferre, et singulis noctibus septem psalmos penitentiales et orationes debitas et ex antiquo institutas celebrare oportebit. Ut autem hoc firmum ac stabile maneret, prefatus Jocius hanc cartam nostre constitutionis prefatis clericis fieri impetravit et sigilli nostri caractere subternotato corroborari postulavit. Actum publice Parisius, in capitulo nostro, anno

⁽¹⁾ *Var.* «voluntate» (A).

ab Incarnatione Domini m° c° octogesimo. Signum Barbedauri decani. Signum Galteri precentoris. Signum Philippi archidiaconi. Signum Gratiani archidiaconi. [Signum Girardi archidiaconi. Signum][1] Galteri presbyteri. Signum Jocelini presbyteri. Signum Galonis presbyteri. Signum Sy[monis] diaconi. Signum Petri diaconi. Signum Odonis diaconi. Signum Bauduini subdiaconi. Signum Ade subdiaconi. Signum Hugonis subdiaconi. Signum Stephani pueri. Signum Mauricii pueri. Signum Gaufridi pueri. Data per manum Hilduini cancellarii.

  A. Original, avec traces de sceau, aux Arch. nat., M. 121, n° 3¹.
  B. Vidimus de l'official de Paris, du 14 novembre 1271, aux Arch. nat., M. 121, n° 5.
  C. Vidimus du chapitre de Paris, du 22 septembre 1323, aux Arch. nat., M. 121, n° 6.
  D. Copie collat. du 23 septembre 1617, aux Arch. nat., M. 121, n° 3ᴮ.

575

1180, 20 avril-4 avril 1181.

Accord conclu entre l'abbaye de Sainte-Geneviève et les frères de Saint-Lazare, pour exempter de cens les biens de Saint-Lazare situés sur le territoire de Sainte-Geneviève, et faire recevoir à Saint-Lazare les lépreux de Sainte-Geneviève.

DE SANCTA GENOVEFA PRO EIS QUE POSSESSIMUS AB EA [2].

Conventiones bona fide habite, et maxime que inter personas religionem professas firmantur, tanto fidelius observari debent, quanto majorem favoris reverentiam ecclesie simul et ecclesiastice persone sibi ab omnibus promerentur impendi. Eapropter ego Stephanus, Beate Genovefe virginis dictus abbas, totusque ipsius ecclesie humilis conventus, notum fieri volumus tam futuris quam presentibus quoniam inter nos et infirmos fratres Sancti Lazari Parisiensis hec religiosa et de mutua [3] caritate procedens conventio habita est, perpetuis temporibus a nobis invicem et ipsis inviolabiliter observanda. Concessimus eis ut ea que in terra Beate Genovefe, die hujus conventionis habite, sive in vineis sive in domibus possident, non cogantur a nobis vel successoribus nostris inviti vendere, vel alio modo alienare, salvo tamen jure nostro, tam in censu quam in aliis que dominis censualibus solvi solent. Hec autem sunt que sub hac conventione possidebunt : una domus in Sabulo, altera in rua que dicitur Mazacra mediana [4], quatuor arpenni vinearum apud Rodoniacum, tres in territorio Montis [5] quos ex nostra concessione ad majorem censum dederant, unus in Cardineto. Si vero deinceps aliquam possessionem

---

[1] Le parchemin est rongé en cet endroit dans A.
[2] Une main du xiv° siècle a ajouté ces mots au titre primitif : «et in terra sua non teneamur ponere extra manum nostram.»
[3] Le cartulaire porte «de mutata.»

[4] Jaillot (Recherches sur Paris, t. I, quartier de la cité, p. 155) mentionne cette rue sous le nom de «Macra mediana» et l'identifie avec la rue de la Vieille-Pelleterie.
[5] La Montagne Sainte-Geneviève.

in terra nostra aliquo modo acquisierunt, sub hac conventionis lege non deveniet, sed eam secundum consuetudinem ecclesiarum Parisiensium, si nobis placuerit, alienare cogentur. Quod si forte aliquam de prenominatis possessionibus vendiderint et aliam ejusdem estimationis acquisierint, noviter acquisitam [1] loco vendite sub prima conventione poterunt detinere. Ipsi autem, fraterna nobis et alterna caritate occurrentes, fratrem Bartholomeum, canonicum nostrum, divino juditio elefantia tactum, rogatu nostro, in collegium suum receperunt, sufficienter ei, tamquam uni de fratribus suis, in victu de cetero provisuri. Nos vero vestes ei convenientes ministrabimus, et pro victu singulis annis dimidium modium frumenti et IIII^{or} modios vini, et xx^{ti} solidos dabimus pro coquina. Sciendum autem quia, si de cetero aliquos de fratribus nostris simili flagello lepre tangi contigerit, fratres Sancti Lazari eos perpetuis amodo temporibus in societatem et domum sicut fratres recipient, et eis sufficienter in victu providebunt, sub annua pensione prenominata, dimidii scilicet modii frumenti et IIII^{or} modiorum vini et xx^{ti} solidorum, et nos eis providebimus in vestitu. Ut autem hec nostra conventio rata permaneat, litteras sigillo capituli nostri roboratas eis tradidimus, fratrum nostrorum signa et nomina subterannotantes. Signum Raimundi prioris. Signum Stephani supprioris. Signum Gerri camerarii et Guidonis, presbiterorum. Signum Willelmi et Roberti, diaconorum. Signum Johannis et Humfredi, subdiaconorum. Actum anno Incarnati Verbi M° C° octogesimo.

A. Copie du xiii° siècle, aux Arch. nat., MM. 210 (Cartulaire de Saint-Lazare), fol. 36 v°.

576

1180, 12 juillet. — FRASCATI [2].

Mandement du pape Alexandre III à Étienne, abbé de Sainte-Geneviève, et à Philippe, archidiacre de Paris, pour contraindre les chanoines de Sainte-Opportune à appliquer aux besoins de leur église les revenus provenant des marais qu'ils ont donnés à cultiver [3].

Alexander episcopus, servus servorum Dei, dilectis filiis S[tephano], abbati Sancte Genovefe, et Ph[ilippo], archidiacono Parisiensi, salutem et apostolicam benedictionem. Ex transmissa insinuatione dilecti filii nostri P[etri], decani Sancti Germani Autissiodorensis, accepimus quod, cum canonici ecclesie Sancte Opor-

[1] Le copiste du cartulaire a écrit par erreur «noverit acquisitam».

[2] Cette pièce et la suivante doivent appartenir toutes deux à l'année 1180. En effet l'archidiacre de Paris, Philippe, qui est nommé dans ces deux pièces, n'est entré en fonctions que vers 1177. (Voir Guérard, Cartul. de Notre-Dame, t. II, p. 293 et 303. — Cf., aux Arch. nat., LL. 180, fol. 52 v°.) Or l'année 1180 est la seule depuis cette époque où nous puissions constater la présence du pape Alexandre III à Frascati pendant le mois de juillet. (Cf. Jaffé, Regesta pontif. rom., 2° éd., t. II, p. 364.)

[3] Cf. notre n° 378.

tune, cujus ordinatio ad ipsum P[etrum] et capitulum Sancti Germani pertinet, pascua mariscorum colenda locarent, convenit ut coloni, preter annuam pensionem, in ipso conductionis ingressu, pro singulis arpennis decem [1] nomine servicii sive precii erogarent; canonici vero, cum peccuniam ex hac causa multam acceperint, eam non in ecclesie usus sed in utilitatem propriam converterunt. Quia igitur que de bonis ecclesie alicujus proveniunt in ejus debent utilitatem converti, discretioni vestre per apostolica scripta mandamus quatinus, si verum est quod asseritur, prefatos canonicos ut prescriptam peccuniam restituant in usus ecclesie expendendam, dilatione et appellatione remota, cogatis. Datum Tusculani, III idus julii.

A. Copie du XIII° siècle, aux Arch. nat., LL. 489 (Cartulaire de Saint-Germain-l'Auxerrois), fol. 31 r°.

577

1180, 13 juillet. — FRASCATI.

Mandement du pape Alexandre III à Étienne, abbé de Sainte-Geneviève, et à Philippe, archidiacre de Paris, pour juger un différend entre les chanoines de Sainte-Opportune et ceux de Saint-Germain-l'Auxerrois, touchant les dîmes de leurs marais.

Alexander episcopus, servus servorum Dei, dilectis filiis abbati Sancte Genovefe et Philippo, Parisiensi archidiacono, salutem et apostolicam benedictionem. Querela dilecti filii P[etri], decani Sancti Germani Autissiodorensis, ad nos transmissa pervenit quod canonici Sancte Oportune ecclesiam Sancti Germani Autissiodorensis super decimationibus de marisco, que ad ipsam parrochiali jure pertinent, vexare presumunt. Inde est quod discretioni vestre per apostolica scripta mandamus quatinus prefatos canonicos moneatis et auctoritate nostra districtius compellatis ut invasa sine difficultate restituant et in pace dimittant, vel sub examine vestro, contradictione et appellatione remota, quod justicia dictaverit exequantur. Datum Tusculani, III idus julii.

A. Copie du XIII° siècle, aux Arch. nat., LL. 489 (Cartul. de Saint-Germain-l'Auxerrois), fol. 31 r°.

578

1180, 18 septembre-4 avril 1181 [2].

Donation par Constance, comtesse de Saint-Gilles, aux Hospitaliers de Jérusalem, d'une maison située à Paris, sur le Grand Pont.

Notum sit omnibus hominibus, tam futuris quam presentibus, quod dominus

---

[1] Suppléez «solidos». — [2] Cette pièce est postérieure à la mort de Louis VII (18 septembre 1180) et antérieure au 5 avril 1181.

Evroinus et uxor ejus, Angnes, et frater ejus, Johannes de Gorneio, vendiderunt domine Constancie, Dei gracia Sancti Egidii comitisse, quamdam domum quam habebant Parisius, super Magnum Pontem sitam, precio centum quadraginta librarum et c solidorum Parisiensis monete. Hanc autem domum prenominata comitissa, pro animabus patris et matris sue et pro anima fratris sui Lodovici, bone memorie Francorum regis, et eciam pro redempcione anime sue, in elemosinam contulit Sancto Ospitali Ierusalem, sub hac videlicet condicione quod procurator domus Ospitalis Parisiensis, quicquid de predicta domo evenerit, centum solidos capellano quem domina comitissa ecclesie Sancti Martirii, qui dicitur Mons Martirum ibi constituet, qui prescriptis animabus et pro benefactoribus suis super altare sacrificium Domino obtulerit, in Natale Domini xxv solidos, in Pasca Domini xxv solidos, in festo beati Johannis Baptiste xxv solidos, in festo sancti Remigii xxv solidos annuatim persolvet. Post obitum domine comitisse, capellano, quem in predicto loco domina abbatissa Montis Martirum, assensu tocius capituli sui, posuerit, predicti nummi dabuntur. Ut autem hec in memoriam et testimonium habeantur, et ne malignorum hominum dolosa machinacione possit obnubilari, ego Rogerus de Molendinis, Dei gratia Hospitalis Ierosolimitani magister, de conssensu fratrum nostrorum, presentem paginam annotari fecimus et sigilli nostri testimonio roborari precepimus. Actum fuit hoc coram domino Mauricio, Parisiensi episcopo, anno Incarnati Verbi m° c° lxxx°; videntibus et testantibus fratribus nostris, in Gallia priore, fratre Anselmo, et fratre Petro, Parisiensi capellano, et fratre Girardo, Parisiensi conmandatore, et fratre Petro, nostro capellano, et pluribus aliis quorum nomina subticemus.

A. Vidimus du 13 août 1288, aux Arch. nat., MM. 876 (*Recueil paléographique*, t. II), n° 64.

579

1180, 25 novembre. — Frascati.

Bulle d'Alexandre III annulant la confirmation par lui accordée au chapitre de Sainte-Opportune[1], antérieurement au règlement du différend qui existait entre cette église et celle de Saint-Germain-l'Auxerrois.

Alexander, episcopus servus servorum Dei, dilectis filiis et fratribus Sancti

---

[1] M. Lœwenfeld, dans la 2° édition des *Regesta* de Jaffé (n° 13531), a classé cette bulle de 1170 à 1180. Effectivement la présence d'Alexandre III à Frascati, le 25 novembre, est constatée en 1170, 1171, 1172 et 1180. Mais on peut, croyons-nous, s'arrêter avec toute vraisemblance à la dernière de ces dates. Car le texte de cette bulle prouve : 1° que l'église Sainte-Opportune avait alors un différend au sujet de ses marais avec le chapitre de Saint-Germain-l'Auxerrois ; 2° qu'elle avait reçu assez peu de temps auparavant une confirmation pontificale. Or ces deux faits s'accordent à merveille avec

Germani Autissiodorensis, salutem et apostolicam benedictionem. Sicut meminisse videmur, inter vos et canonicos Sancte Oportune causa super pluribus questionibus diu tractata est, sed idem canonici ante decisionem cause super re litigiosa dicuntur confirmationis litteras impetrasse. Quoniam igitur pastorali nobis est sollicitudine providendum ne vobis ipsa confirmatio in vestro jure afferat detrimentum, discretioni vestre presentibus litteris indulgemus ut littere confirmationis, si quas a nobis vel ab aliis prefati canonici ante decisionem cause predicte, vobis ignorantibus vel reclamantibus, impetrarunt, in nullo juri vestro prejudicent, sicut prejudicare non debent. Nulli ergo omnino hominum liceat hanc paginam nostre constitutionis infringere, vel ei ausu temerario contraire. Si quis autem hoc attentare presumpserit, indignationem omnipotentis Dei et beatorum Petri et Pauli apostolorum ejus se noverit incursurum. Datum Tusculani, vii kalendas decembris.

A. Copie du xiii° siècle, aux Arch. nat., LL. 489 (Cartulaire de Saint-Germain-l'Auxerrois), fol. 81 r°.

580

Vers 1180 [1].

Bail à cens par Imbert, prieur de Saint-Lazare, d'un terrain sis à Saint-Martin-des-Champs.

CARTA SANCTI LAZARI.

Ego Hymbertus, Dei gratia ecclesie Sancti Lazari Parisiensis prior, totumque ejusdem ecclesie capitulum notum fieri volumus tam futuris quam presentibus quod Antiquinus accepit a nobis tres quarterios terre apud Sanctum Martinum de Campis pro vi solidis census ad octabas sancti Dyonisii persolvendis singulis annis, tali siquidem conditione implicita quod predictus Antiquinus vel heredes ejus poterunt predictam terram dare, vendere, vel invadiare, et quicquid voluerint de ea facere, salvo censu Sancti Lazari, ut determinatum est. Nos autem capitalem censum illius et corveas dabimus, et rectam garantiam de terra illa Anquintino portabimus. Actum publice in capitulo Sancti Lazari, istis astantibus et

la date de 1180, car nous avons publié ci-dessus (n°⁸ 576 et 577) deux bulles de cette même année qui nous montrent les deux chapitres en lutte au sujet des marais de Sainte-Opportune et nous avons, à la date du 1ᵉʳ octobre 1178, une confirmation des biens de Sainte-Opportune qui est probablement celle que le pape révoque ici (voir notre n° 560).

[1] La chronologie des prieurs de Saint-Lazare est encore trop mal établie pour qu'on puisse dater cette pièce avec certitude. Nous la classons vers 1180, parce qu'un acte daté de 1178, que nous a conservé le Cartulaire de Saint-Lazare (Arch. nat., MM. 210, fol. 89 r°), nous prouve que le prieur Imbert était en fonctions vers cette époque.

assensum prebentibus, Alberto, et Renaldo, et Emardo, et Willelmo, sacerdotibus; Guidone, et Richerio, et Durando, fratribus sanis; Willelmo cellerario, et Philippo, et Petro, et Johanne, et Ermenoldo, ceterisque fratribus; Maria priorissa, et Ermenes, et Ermengardi, et Magareta, ceterisque sororibus.

A. Original scellé, jadis conservé dans les Archives de Saint-Martin-des-Champs.
B. Copie du XIII° siècle, aux Arch. nat., LL. 1351 (Cartulaire A de Saint-Martin-des-Champs), fol. 100 v° [1].
C. Copie du XVI° siècle, aux Arch. nat., LL. 1353 (Cartulaire C de Saint-Martin), fol. 124 v°, d'après A.

581

Vers 1180.

Confirmation par Maurice, évêque de Paris, des biens donnés par ses prédécesseurs et divers particuliers à l'abbaye de Saint-Victor [2].

CONFIRMATIO MAURICII EPISCOPI DE DONIS PREDECESSORUM SUORUM EPISCOPORUM.

Mauricius, Dei gratia Parisiensis episcopus, omnibus Christi fidelibus, tam posteris quam presentibus, in perpetuum. Notum fieri volumus quod Parisiensis ecclesia, cui Deo auctore presidemus, Beati Victoris ecclesiam regulari canonicorum ordine insignitam speciali amore dilexit et dilectionem suam, ut res ipsa probat, effectu operis comprobavit, siquidem prefata Beati Victoris ecclesia multa, tam ex dono Parisiensium episcoporum quam canonicorum, possidet beneficia. Nos igitur, predecessorum nostrorum vestigiis inherentes, ipsorum beneficiis assensum prebemus, et dona ab eisdem servis Dei collata firma in perpetuum esse volentes, ob recordationem beneficiorum illorum, presentes litteras precepimus fieri, atque in eis ipsa beneficia ex maxima parte proprie signanterque describi. Hec sunt beneficia : Ex dono domni Galonis episcopi, medietas molendinorum sub domo episcopali, ita scilicet quod in aqua Sequane, a superiori capite insule usque

---

[1] La copie B a été collationnée au XVII° siècle sur l'original, comme l'indique la note suivante écrite en marge du Cartulaire, et qui nous fait en même temps connaître un sceau de la maison de Saint-Lazare dont la riche collection des Archives ne contient pas d'exemplaire : « Visa et collata fuit presens carta ad suum autographum, cui sub duplici cauda coriacea adpendet sigillum, in quo figura Lazari a sepulchro emergentis, cujus circumscriptio hæc est : SIGILLVM SANCTI LAZARI PARISIVS. »

[2] L'auteur des Annales de Saint-Victor (ms. lat. 14679, p. 507) a classé cet acte à l'an 1160, sans doute parce qu'il émane de Maurice de Sully, dont l'épiscopat commence en cette année; mais il n'est pas si ancien, car le chancelier Hilduin, qui l'a signé, n'est entré en fonctions que bien plus tard. Hemeræus, il est vrai, dans la liste qu'il a donnée des chanceliers de l'église de Paris (De Acad. Par., p. 110), suppose l'existence d'un premier Hilduin en 1160, et d'un second en 1189 (ibid., p. 114). Mais il n'apporte d'autre preuve à l'appui de son hypothèse que l'acte même que nous imprimons ici, et que, trompé par les Annales de Saint-Victor, il date arbitrairement de 1160. En réalité, il n'y a eu qu'un seul Hilduin, qui entra en fonctions en 1179 au plus tôt. (Voir aux Arch. nat., LL. 180, fol. 53 v°.)

ad Parvum Pontem, que tota est de jure episcopali, si molendini unus aut plures construantur aut quacumque occasione vel in quocumque loco mutentur, communi et consilio et sumptu, tam episcopi quam canonicorum Beati Victoris, fiat molendinorum constructio et reparatio, et communis et equalis habeatur totius emolumenti, tam multurę quam piscium, quam ceterorum, divisio; molendinarii etiam communiter imponantur et fidelitatem faciant. Addidit etiam predictus episcopus huic dono xx solidos Parisiensis monetę, quos singulis annis predicti fratres reciperent de gordo episcopali, inter Magnum Pontem et Melbrai collocato. Ex dono capituli, apud Civiliacum, tam de territorio Civiliaci quam Orliaci, terra uni carrucę sufficiens cum decima et campiparte ejusdem terrę; olchia quoque una cum omnibus consuetudinibus et reditibus suis. Ex dono predecessoris nostri pię memorię domni Stephani episcopi, in hac nostra Beatę Marię ecclesia, prebenda una; in ecclesia Sancti Marcelli, prebenda una; in ecclesia Sancti Germani Autisiodorensis, prebenda una; in ecclesia Sancti Clodoaldi, prebenda una; in ecclesia Sancti Martini de Campellis, prebenda una; ita scilicet quod canonici Sancti Victoris in singulis supradictis ecclesiis, ad servicium earumdem ecclesiarum, singulos vicarios ponant. Item, ex dono predicti episcopi, annualia canonicorum omnium predictarum ecclesiarum, ita scilicet ut quocunque modo quilibet canonicus earumdem ecclesiarum prebendam relinquat, vel quocumque modo prebenda de una persona in aliam transeat, ecclesia Beati Victoris ejusdem prebendę redditus per annum ex integro habeat, et nullum super hoc aut ecclesię aut defuncto ex debito preter anniversarium exolvat obsequium. Idem quoque episcopus quasdam parrochiales ecclesias, quas quedam personę etiam laicę prius tenebant, earumdem personarum non solum assensu sed etiam rogatu, prefatę Beati Victoris contulit ecclesię : rogatu Radulfi Belli, ecclesiam de Vilers, et terciam partem magnę decimę tam vini quam annonę, et redecimationem magnę et minutę decimę; ecclesiam Sancti Bricii cum tota sua minuta decima, et de presbiteratu ejusdem ecclesię per singulos annos LX solidos; item, rogatu Pagani de Praeriis, ecclesiam de Vallegaudii et totam magnam decimam, tam vini quam annonę, et totam minutam ad eandem ecclesiam pertinentem; rogatu etiam predicti Pagani, partem cujusdam decimę prope Lusarchias, in villa quę dicitur Laci, quam predictus Paganus tenebat; item, rogatu Balduini clerici, de Corboilo, qui in ecclesia Beati Victoris canonicus exstitit, ecclesiam de villa quę Cons appellatur, et terram et decimam ad presbiteratum ejusdem ecclesię pertinentem, sextam quoque partem magnę decimę et sextam minimę; statuit etiam idem episcopus ut de presbiteratu ejusdem ecclesię canonici Sancti Victoris per singulos annos LX solidos habeant; item, rogatu Mathei de Mugnellis et Pagani filii Sulionis, avi ejus, quorum alter, id est Matheus, in prefata ecclesia ad succurrendum se reddidit, alter vero, id est Paganus, sub habitu canonici aliquantisper vixit, ecclesiam de Viconovo et totam decimam quam in tota parrochia ejusdem ecclesię habebant, sextam quoque partem magnę decimę ejusdem loci, ex dono predicti Balduini de Corboilo; item, ex dono predicti episcopi, ecclesia de Athiis, et tota decima quam Albertus de Ver in tota parrochia predictę ecclesię habebat. Sunt alia quedam ad feodum episcopalem pertinentia, a quibusdam prefatę Beati Victoris ecclesię data et a predicto episcopo concessa : siquidem Hugo, filius Girelmi, terram arabilem super ripam Sequanę, et apud Balneolum octo solidos et tres obolos census prefatę ecclesię dedit; similiter Hungerus, frater ejusdem Hugonis, totum censum quem in Cardoneto, et apud Sanctum Marcellum, et Parisius, in vico qui vocatur Chevruchun, et apud Vitriacum habebat; item domnus Matheus de Montemorenciaco c solidos per singulos annos de censu quem habet apud Sanctum Dyonisium, in terra quę dicitur Sanctus Marcellus. Item domnus Galerannus, comes Mellenti, xl solidos de censu quem habet Parisius, in moncello Sancti Gervasii. His et aliis beneficiis ecclesię Beati Victoris ab ecclesia Parisiensi, cui Deo auctore presidemus, collatis, sicut supradictum est, assensum prebemus, et ne possit oblivione deleri, presentem cartam, precepto nostro conscriptam, sigilli nostri impressione firmamus.

Data per manum magistri Hilduini cancellarii.

A. Original scellé, aux Arch. nat., L. 888ᵉ, n° 8.
B. Copie du xvııᵉ siècle, à la Bibl. nat., ms. lat. 14679, p. 507.

582

Vers 1180 [1].

Accord entre le prieuré de Saint-Éloi et l'abbaye de Saint-Victor au sujet d'un arpent et demi de vigne situé à Savies, qui avait été donné à l'abbaye de Saint-Victor par Gautier Popin, et sur lequel le prieuré de Saint-Éloi avait un droit de cens.

DE VINEA SAVIARUM.

Ego Isenbardus, monasterii Sancti Eligii Parisiensis prior, et ejusdem loci conventus, notum facimus omnibus ad quos littere iste pervenerint, quod de arpenno et dimidio vinearum apud Savias, solventium nobis xıı denarios de censu, quas Galterus Popinus in ultimo testamento ecclesie Sancti Victoris in elemosinam dederat, inter nos et eandem ecclesiam facta est compositio in hunc modum. Pro predicto arpenno et dimidio vinearum solvet ecclesia Sancti Victoris nobis in per-

---

[1] Cette charte ne peut être datée qu'approximativement. Le prieur Isembard, dont elle émane, fut d'abord prieur de Saint-Maur-des-Fossés jusque vers 1173; il gouverna le prieuré de Saint-Éloi depuis 1175 environ (voir notre n° 528) jusque vers 1190, époque où il devint abbé de Saint-Maur (*Gallia christ.*, t. VII, col. 294). Plusieurs des témoins de cette pièce se retrouvent dans un acte de 1178 ou 1180 que nous avons donné ci-dessus (n° 561).

petuum duos solidos de censu, et nos eis communi assensu concessimus ut easdem vineas in perpetuum libere et quiete possideant. Signum Isenbardi prioris. Signum Lamberti supprioris. Signum Nicholai cellerarii. Signum Gathonis sacerdotis. Signum Hunoldi sacerdotis. Signum Huberti diaconi. Signum Reinaldi diaconi. Signum Hervei subdiaconi. Signum Martini prepositi. Signum Philippi servientis. Quod, ne valeat oblivione deleri, scripto commendavimus et sigilli nostri inpressione firmavimus.

A. Original scellé aux Arch. nat., S. 2155, n° 10.

583
Vers 1180 [1].

Charte de Hugues de Monceaux, abbé de Saint-Germain-des-Prés, énumérant les fondations par lui faites pour la célébration de son anniversaire.

Quia viam universę carnis ingredi necessario tenemur universi, unde est quod nullus umquam hominum manentem habuit in hoc mundo civitatem, iccirco ad futuram promerendam totis nos viribus oportet anhelare. Verum, quoniam corporis quod corrumpitur sarcina pregravati, multisque prepediti negociis secularibus, ad dignos penitencię fructus faciendos, vel ad supernorum obtinendam civium societatem, propriis non sufficimus meritis, dum tempus habemus, agendum nobis est quod saluti nostrarum post mortem corporis proficiat animarum. Proinde ego Hugo, Dei gracia Sancti Germani Parisiensis humilis abbas, presenti scripto tam futuris quam presentibus notificare decrevi quosdam de redditibus, quos tempore nostro propriis sumptibus adquisivimus et industria, ad anniversarium nostrum singulis sollempniter annis faciendum, assensu et voluntate totius ęcclesię nostrę conventus, nos instituisse. Noverint igitur universi quod nos ab Evrardo de Greva quamdam emimus vineam juxta Parisius, sitam in loco qui vocatur li Aas, quam quibusdam ascensivimus hominibus ad hospitandum et domos edificandas. Ipsi vero de domibus suis reddunt nobis quotannis xl iiii^{or} solidos census. Emimus etiam apud Antoniacum a Guillelmo de Orceio viii solidos et iii obolos census.

---

[1] Il serait difficile de déterminer auquel des trois abbés du nom de Hugues qui gouvernèrent l'abbaye de Saint-Germain, au xii° siècle, cette charte appartient, si l'on ne trouvait dans le Nécrologe de Saint-Germain-des-Prés, au vii des calendes d'avril, deux lignes fort mutilées par le ciseau du relieur qui font allusion à cette fondation. Elles rappelaient l'obligation inscrite à la fin de cette charte d'en donner lecture la veille de l'anniversaire du fondateur : «... Pro anima domni Hugonis abbatis : de domibus que sunt li Aas.» Or Hugues de Monceaux (1162-1183) mourut le vi des calendes d'avril 1183, c'est-à-dire le lendemain du jour où cette mention est inscrite dans le Nécrologe de Saint-Germain-des-Prés. (Bibl. nat., ms. latin 13882, fol. 73 v°.)

Illos itaque xl iiii^{or} solidos de domibus quę sunt en l'Aas, et viii solidos et iii obolos de Antoniaco, qui simul sunt l ii° solidi et iii oboli, cum omnibus aliis consuetudinibus et redditibus qui de utraque censiva, sive in foragio, sive rotatico, seu aliis quibuscumque modis provenient, statuimus ad primam nostri anniversarii diem, ad hoc videlicet ut in ipsa die procuretur exinde in refectorio toto conventui plæna refectio de piscibus scilicet obtimis et de gastellis et de bono clarato. Emimus quoque terram quamdam a Matheo Bufe, inter Sanctum Marcellum et Vitriacum sitam, que quotannis valet nobis circa xxx^{ta} solidos redditus. Constituimus autem ut in ipsius anniversarii nostri octava die de his xxx^{ta} solidis, et de omnibus aliis consuetudinibus que de terra illa quoquomodo provenient, procuretur conventus quatinus et in ipsa die plenam de nobis et devotam faciant fratres nostri memoriam, nobisque cum missa plenum exhibeant officium defunctorum in conventu. Preter hec etiam, ut, per illos sex dies qui sunt inter primum anniversarii diem et octavum, cotidiana de nobis fiat in capitulo memoria, et ibi nos conventus sicut in prima die et octava specialiter et nominatim absolvat, de censu xv^{cim} solidorum Provinensium quos apud Emantum emimus a Pagano de Warennis, statuimus quatinus per eosdem sex dies cotidie conventus duos solidos et dimidium habeat ad cenam emendam. Emimus preterea in villa ista terram quamdam de Guillelmo de Rupe, in qua plures posuimus hospites, quorum unus, Rogerius scilicet petrarius, de domo sua reddit v^{que} solidos census. Hos itaque decrevimus elemosinario hujus ecclesie annuatim reddi, quatinus eos ipse in prima anniversarii nostri die pro animę nostrę remedio sexaginta pauperibus eroget, ita quod eorum unusquisque unum habeat denarium. Emimus denique apud Theodasium a Frederico milite ii^{os} solidos census quos reddit Gerelmus, filius Garini. Cum itaque cętera que de censiva ista provenient domno remaneant abbati, nos istos ii^{os} solidos disposuimus et dedimus quatuor matriculariis ęcclesię istius qui pro nobis in anniversario nostro et in die octava signa pulsabunt; habebitque quisque eorum ipsa die et octava panem unum integrum cum vino quod habere solent, et de illis duobus solidis quisque vi denarios prima die, eo videlicet tenore quod nullus eorum partem suam quam habet in his denariis ullatenus poterit alii dare aut vendere seu pignori obligare. Non enim in eorum erit potestate istos duos solidos aliqua unquam ratione a proprietate matricularię alienare. Ut autem presens scriptum et hec nostra de nostro anniversario dispositio firmum et inviolabile robur perpetualiter obtineat, auctoritate Dei omnipotentis et Beatę Marię sanctique Vincencii et beati Germani omniumque sanctorum et nostra penitus prohibemus ne quisquam umquam hominum hanc nostram institutionem anniversarii nostri sive reddituum quos ipsi deputavimus, post decessum nostrum, immutare seu minuere presumat. Eos vero qui hoc attemptare presumpserint, toto in communi capitulo assistente conventu, excommunicavimus, quatenus reos se divino judicio existere de perpetrata iniquitate cognoscant, et a sacratissimo corpore Dei et domini nostri Jhesu Christi alieni fiant, atque in extremo examine districtę subjaceant ultioni. Porro, ut hec omnia successorum nostrorum memorię facilius semper occurrant et fidelius imprimantur, precipiendo sub prescripta statuimus conditione quatinus hujus nostre institutionis pagina, singulis annis in vigilia anniversarii nostri, post lectionem capituli coram omnibus in conventu legatur.

A. Copie du xiie siècle, à la Bibl. nat., ms. lat. 13882, fol. 94 r°.

584

xiie siècle [1].

Concession à Guinerand par Hugues, abbé de Saint-Germain-des-Prés, de la moitié du four banal du bourg Saint-Germain, à charge par le concessionnaire de servir une pitance aux religieux le jour anniversaire de la mort de l'abbé Hugues.

In Dei nomine. Ego Hugo, abbas cenobii Sancti Vincentii Sanctique Germani Parisiensis, notifico Christi fidelibus, presentibus scilicet ac futuris, cum communi assensu fratrum nostrorum, quod medietatem furni hujus ville, quam precio comparavi de uxore Odonis Agasonis et de filio ejus Hugone, concedimus cuidam nostro servienti nomine Guinerando, qui cognominatur Stultus, habendum tam ipsi quam suis heredibus. Alteram vero partem ipse habebat dono et consensu predecessoris mei Rainaldi abbatis, quam et sibi concedimus. Ita ergo concedimus sibi et suis heredibus furnum hujus [ville] [2] habendum sub censu xii denariorum solvendum [3] in festivitate Sancti Remigii, ea scilicet conditione ut in singulis annis, in die anniversaria obitus patris mei, quamdiu vixero faciat in refectorio fratribus communiter pitanciam unam bonam et congruam de piscibus, de luciis scilicet et perticis, vel de piscibus frixis in adipe, et unicuique fratri dabit guastellum unum et unam mensuram de clarato. Cum autem obitus mei tempus advenerit,

---

[1] Malgré la mention de l'abbé Renaud, on pourrait se demander si cet acte doit être attribué à Hugues III (1116-1145), à Hugues IV (1146-1152) ou à Hugues V (1162-1183). Il a été transcrit dans la seconde moitié du xiie siècle sur un feuillet blanc d'un nécrologe de l'abbaye, à côté d'une petite bulle d'Alexandre III et d'une série d'actes d'association de prières émanés des abbés Hugues V, Foulques, Robert et Jean. Aussi avions-nous d'abord pensé qu'il pouvait être de Hugues V et l'avions-nous classé à l'année 1180 environ. Mais un passage du Nécrologe de Saint-Germain, que nous avons remarqué trop tard pour remettre cet acte à sa vraie place, permet d'affirmer qu'il est de Hugues III. En effet, au ix des calendes d'avril, anniversaire de la mort de l'abbé Hugues III (ms. lat. 13882, fol. 73 r°), cette donation est rappelée en ces termes en marge du Nécrologe : «Hic fit anniversarius domni Hugonis abbatis de redditu furni istius ville.» Cet acte est donc antérieur à l'an 1145, date de la mort de Hugues III.

[2] Mot omis par le copiste.

[3] L'original devait porter «solvendo» ou «solvendorum».

eandem quam pro patre meo fratribus refectionem faciebat, annis singulis, in die anniversaria obitus mei faciet. Statuimus autem et firmamus ut nullus presumat furnum construere in hac villa super istum predictum furnum, et ut nemo hospitum hujus ville presumat coquere ad alium furnum, nisi ad istum. Quod si quis presumpserit, abbati loci hujus lege emendet, et, ne ab aliquo successorum nostrorum calumpnia oriatur, constitucionem communi fratrum consilio roboratam ne aliquis convellere audeat sub anathemate interdiximus, indeque hoc cyrographum fieri decrevimus, quod manu nostra subterfirmavimus, fratribusque nostris firmandum tradidimus. Actum monasterio Sancti Germani publice. Signum domni Hugonis abbatis. S. Galdrici. S. Aymerici. S. Rotberti. S. Vulgrini. S. Galterii. S. Ernaudi. S. Gilonis[1]. S. Galonis. S. Rorici. S. Landrici. S. Sansonis. S. Symonis. S. Andree. S. Arnulfi. S. Odonis. S. Symonis. S. Aymerici. S. Josberti. S. Rainaldi pueri. Testes nostri : Giroldus, Petrus filius ejus, Rotbertus, Theodericus, Leobinus, Drogo. Testes illorum : Stephanus, Galterius, Aalardus, Aboinus, Landricus, Thebaudus frater ejus. Odo cancellarius scripsit et subscripsit.

A. Copie du xii° siècle, à la Bibl. nat., ms. lat. 13882, fol. 91 r°.

585
Vers 1180.

État des cens possédés dans le bourg Saint-Germain par l'abbaye de Saint-Germain-des-Prés.

CENSUS DOMORUM VILLE SANCTI GERMANI.

Rainaldus de Hospicio, unam. Radulfus presbyter, unam. Odo Rufus, unam. Rogerius parmentarius, unam. Hermengardis, unam. Havidis la Garlande, unam. Richardus Gode, unam. Teboudus de Versaleis, unam. Terricus quadrigarius, unam. Teob[al]dus, unam. Odo Gastinellus, unam. Gaufredus Anglicus, unam. Rogerius de Capite Ville, unam. Stephanus Coillefort, unam. Gislebertus bubulcus, unam. Giroudus li Borrers, unam. Willelmus Beloz, unam. Petrus asinarius, unam. Willelmus Pevrels, unam. Bernerius, unam. Robertus furnerius, unam. Fromundus, unam. Hisembardus clausarius, unam. Alelmus, unam. Galterius Normannus, unam. Maria la Desvée, unam. Radulfus de Emanto, duas. Gislebertus decanus, unam. Hodierna decana, unam. Willelmus Dodins, unam. Guinandus, unam. Guido Galichers, unam. Hugo Mazue, unam. Radulfus de Sancto Sulpicio, unam. Robertus Parvus, unam. Hilduinus clausarius, unam. Hersendis, uxor Ogeri, unam. Ramulfus, unam. Cuchewi, unam. Petrus de

---

[1] Ou peut-être «Galonis».

Barra, unam. Germundus filius Belini, unam. Johannes de Nighon, unam. Richardus Trabo, unam. Ravis, duas. Lejardis, uxor Gauterii carpentarii, unam. Landricus Rufus, unam. Odo Parvus, unam. Hugo, filius Antes, unam. Helvidis, uxor Antes, unam. Guinerannus sutor, unam. Stephanus verrarius, unam. Livoinus, unam. Hodierna decana, unam. Marescalcus, unam. Aalenz, filia Johannis verrarii, unam. Willelmus pistor, unam. Stephanus clausarius, unam. Menoudus li Aboberre, unam. Engelbertus marescalcus, unam. Johannes nepos abbatis, unam. Robertus de Moreto, unam. Teobaldus Saillenbein, unam. Guido, filius Evrardi Pinel, unam. Stephanus Ghions, unam. Gauterius quadrigator, unam. Johannes parmentarius, unam. Robertus Caro Asini, unam. Germundus, filius Gauterii carpentarii, unam. Gaufridus Rufus, unam. Johannes Parvus, unam. Gibere, unam. Gislebertus carpentarius, unam. Richardus Surdus, unam. Radulfus, clausarius, unam. Robertus ad Vaccas, unam. Stephanus pistor, unam. Robertus li Gohuns, unam. Stephanus de Calliaco, unam. Teobaldus de Pistrino, unam. Herbertus Brochez, duas. Rogerius coquus, unam. Radulfus presbyter, unam. Juliana, unam. Renardus, unam. Tomas, duas (pro v solidis)[1]. Robertus Surdus, unam. Stephanus cementarius, unam. Gauterius, unam. Petrus de Crispeio, unam et dimidiam. Johannes Pes Anseris, unam (pro III solidis). Seguinus, unam (pro III solidis). Adam petrarius, unam (pro III solidis). Petrus quadrigator, unam. Gislebertus major, unam. Bartholomeus de Noviomo, unam. Willelmus matricularius, unam. Girardus justisiator, unam. Terricus Apostolicus, unam. Gislebertus Blundels, unam. Gislebertus coquus, unam. Johannes hospitalarius, unam. Petrus castellanus, unam. Joscelinus Hoperon, unam. Odo sartor, unam. Guinerannus Pijons, unam. Stephanus Fillons, unam. Emelina, filia Guinerani pistoris, unam. Willelmus Pictavensis, unam. Rogerus Teste, unam. Gaufredus sartor, unam. Willelmus portarius, unam. Susanna, uxor Roberti Legris, unam. Herbertus Curtus, unam. Richardus li Teisserranz, unam. Girbertus portarius, unam. Hilduinus major, unam. Hugo Rufus, unam. Guinerannus Carduus, unam. Engerboudus, unam. Gislebertus, filius Noel, unam. Isabels, unam. Teboudus, unam.

<small>Copie du xiie siècle, aux Arch. nat., LL. 1024 (Cartulaire ††† de Saint-Germain-des-Prés), fol. 101 r°.</small>

---

[1] Les mots que nous mettons entre parenthèses, ici et plus loin, ont été ajoutés en interligne.

TABLE ALPHABÉTIQUE DES MATIÈRES.

A

AALARDUS, 458.
—— pater Herluini, 147.
—— testis, 479.
AALENZ, filia Johannis verrarii, 480.
AALIT, uxor Harcherii coqui, 396.
AALUDUS, puer, 201.
AALULFUS, cambitor, 442.
AARSUM, 419. — Vide LAAS.
AAS (li), 476, 477. — Vide LAAS.
ABACIACUM (*Avezé, Sarthe, c^{on} de la Ferté-Bernard*), 19.
ABBATIS VILLE prior, 311.
ABBO, cancellarius S. Germani, 82.
—— custos monasterii S. Germani de Pratis, molendinum concedit Idilberto et Winelindi, 82.
—— episcopus et cancellarius, 108.
—— vassus, 86.
ABELINUS (Rotbertus), famulus, 148.
ABLUN (*Ablon, Seine-et-Oise, c^{on} de Longjumeau*), 186.
ABOBERRE (Menoudus li), 480.
ABOINUS, testis, 479.
ACBOLDUS, testis, 40.
ACELERIUS, testis, 20.
ACELINUS, 331, 409. — Vide ASCELINUS.
ACHARDUS, abbas S. Victoris, 367.
ACIACUM (*Acy-en-Multien, Oise, c^{on} de Betz*). — Monasterium S. Nicholai, 208.
ACTULIUS [referendarius], 24.
ADA seu ADILA, abbatissa Montis Martyrum, 337, 339, 414, 415. — Charta ejus pro piscium venditoribus, 339.
ADALARDUS, comes, 86.
—— monachus Sancti Germani de Pratis, 53.
—— DE BERZILZ, 151.

ADALARIUS, monachus S. Germani de Pratis, 53.
ADALBERO, archiepiscopus Remensis, 92, 94.
—— episcopus Laudunensis, 108.
ADALBERTUS, episcopus Parisiensis, 112.
—— monachus S. Germani de Pratis, 53.
ADALBOLDUS, monachus S. Germani de Pratis, 53.
ADALELMUS, episcopus Catalaunensis, 36, 50, 51. — Cf. ADELELMUS.
ADALFREDUS, 72.
ADALGARIUS, monachus S. Germani de Pratis, 53.
—— notarius, 62, 68.
ADALGISUS, monachus S. Germani de Pratis, 53.
—— sacerdos, 82.
ADALGUDIS, uxor Gammonis, 20, 21, 22.
ADALHARIUS, monachus S. Germani de Pratis, 53.
ADALONGUS, monachus S. Germani de Pratis, 53.
ADALRADUS, monachus S. Germani de Pratis, 53.
ADALRICUS, testis, 40, n.
ADALULFUS, testis, 82.
ADAM, 54.
—— abbas S. Dionysii, 158.
—— camerarius, 328.
—— canonicus Parisiensis, 455. — Vide ADAM subdiaconus.
—— diaconus, 458, 461.
—— filius Balduini, 422.
—— filius Durandi carpentarii, 456.
—— filius Pagani de Praeriis, 279.
—— miles, 118.

ADAM, monachus Sancti Germani de Pratis, 53.
—— petrarius, 480.
—— pincerna, 84.
—— pincerna, 127.
—— præcentor Parisiensis, 163, 165, 168, 169, 171, 198, 200, 204, 205, 215, 217, 223, 226, 244, 247, 253.
—— præcentor S. Victoris, 331.
—— presbyter, 408.
—— presbyter, 458.
—— subdiaconus, 146.
—— subdiaconus, canonicus Parisiensis, 455, 468.
—— subdiaconus, canonicus S. Victoris, 250.
—— testis, 147.
—— testis, 410.
—— DE BRAIA, 421, 422.
—— HARENC, 459.
—— DE HOSPITALI, 408.
—— DE MOSTARUL, 409.
—— DE VILERS, 451.
—— VINNEZOL, 224.
ADAN, 408. — Vide ADAM.
ADDELAIDIS, 210. — Vide ADELAIDIS.
ADELAIDIS, ADDELAIDIS, ADELAIS, ADELAUDIS, ADELDIS vel ADELENDIS.
—— cognata Roberti sacerdotis de Ulmis, 303.
—— regina, uxor Hugonis regis, 98, 101.
—— regina, uxor Ludovici Balbi, 69.
—— regina, uxor Ludovici VI, 195, 200, 206, 210, 214, 244, 245, 254, 263, 265, 266, 337. — Apud Montem Martyrum defuncta et sepulta, 344.

Cartul. — I.

ADELAIDIS, uxor Huberti Salientis in Bouom, 337.
ADELAIS STAMPENSIS, sanctimonialis S. Eligii, 154.
ADELARDUS, camerarius Sancti Victoris, 250.
ADELAUDIS, regina, 337, 344. — Vide ADELAIDIS.
ADELAUS, 54.
ADELAYDIS, regina, 214, 263, 265, 344. — Vide ADELAIDIS.
ADELELMUS, constabularius, 136.
—— episcopus Cataleunensis, 36, 51. — Cf. ADALELMUS.
—— levita, 118.
—— præcentor Parisiensis, 104; vel cantor, 96.
—— testis, 97.
—— testis, 151.
ADELENDIS, cognominata Genta, 263.
ADELSTAMNUS, rex Anglorum, 53.
ADELULFUS, cubicularius, 132.
—— NORMANNUS, 133.
ADEMARUS, testis, 150.
ADEN vineæ, 246.
ADERULFUS, missus S. Dionysii, 28, 29.
ADHELNEUS, abbas Fossatensis, 84, 85.
ADHELULPHUS, vestiarius, 331.
ADILA, abbatissa Montis Martyrum. — Vide ADA.
ADO, testis, 40, n.
ADOARDUS, monachus S. Germani de Pratis, 53.
ADOLFREDUS, 72. — Lege ADALFREDUS.
ADRACHEPEL (Stephanus), 212.
ADREMARUS, monachus S. Germani de Pratis, 53.
ADREVOLDUS, monachus S. Germani de Pratis, 53.
ADRIANUS, clericus, 453.
ADRIANUS IV, pontifex maximus, 342, 348, 349, 350, 351, 352, 354, 355. — Epistolæ pro Hugone cancellario, 348, 351. — Privilegia pro ecclesia S. Genovefæ, 342; S. Germani de Pratis, 355; S. Maglorii, 355; S. Marcelli, 349, 352; S. Opportunæ, 355; S. Victoris, 348, 350.
ADROALDUS, abbas S. Desiderii, 19.
ADRULFUS, missus Sancti Dionysii, 28, 29.
—— monachus Sancti Germani de Pratis, 53.
AEGTHERIUS, episcopus Ebredunensis, 16. — Cf. AETHERIUS.
AEGYNARUS, testis, 16.
AELULPHUS, miles, 393.
AENEAS, 66, 103. — Vide ENEAS.
AENGELARDUS, 126. — Cf. INGELARDUS.

AETHERIUS, episcopus Ebredunensis, 14, 16.
AGANO, episcopus Eduensis, 130.
—— monachus Sancti Germani de Pratis, 53.
AGASONIS (Odo), 478.
AGENVILLA, 143. — Vide HIENVILLA.
AGETARDUS, testis, 39.
AGIUS, episcopus Aurelianensis, 60.
AGMANTUM (*Esmans, Seine-et-Marne, c^{on} de Montereau*), 48; EMANTUM, 477.
AGNES, comitissa Drocarum, 418.
—— comitissa Mellenti, servum dat ecclesiæ S. Genovefæ, 405.
—— filia Radulfi Delicati, 165.
—— mater Burchardi de Montemorenciaco, 225.
—— uxor Evroini, 471.
AGOLANDUS, testis, 126.
AGUSTUS, monachus S. Germani de Pratis, 53.
AIA, 72.
AIANIVILLARE, 116.
AIGULFUS, comes palatii, 16.
AIMARUS, sacerdos, 461.
AIMERICUS, cardinalis, ecclesiæ Romanæ cancellarius, 229, 243, 257.
—— frater Urrici Trussevache, 328.
—— monachus Sancti Germani de Pratis, 53.
—— monachus Sancti Germani de Pratis, 198.
—— puer, canonicus Sanctæ Genovefæ, 202.
—— testis, 479.
—— BITURICENSIS, 383.
—— DE BLERE ÆCCLESIA, 166.
—— PONTISARENSIS, 234.
AIMO, 370. — Vide HAIMO.
AIRICUS, testis, 82.
AISTULFUS, 74.
AITARDUS, filius Roberti, 176.
AIULFUS, 54.
ALAMERUS DE SPARRONE, 127. — Vide MAINERUS.
ALARDUS, prior Beatæ Mariæ de Campis, 465.
ALBANENSES episcopi, vide ALBINUS, GALTERIUS, MATHEUS.
ALBEREDA, testis, 149.
ALBERICUS, ALBRICUS vel AUBRICUS. —— 114, 115.
—— archidiaconus, 96, 97, 104.
—— camerarius, 218, 219, 222, 227, 235, 236.
—— cancellarius Sanctæ Genovefæ, 258, 273.
—— constabularius, 124.
—— episcopus Ostiensis, 270. ——

Ejus charta de testamento Stephani archidiaconi, 284-285.
—— filius Rainaudi, 403.
—— hortulanus, 141.
—— monachus Sancti Germani de Pratis, 53.
—— parmentarius, 234.
—— puer, canonicus Sanctæ Genovefæ, 176.
—— subdiaconus, 118.
—— testis, 71.
—— testis, 136.
—— DE MONFERMOILO, 225.
—— DE PALESEOLO, 212.
ALBERO [seu ADALBERO], archiepiscopus Remensis, 92, 94.
ALBERTIVILLARE, 123; AUBERTUM VILLARE, 414; HAUBERTIVILLARE, 182; HAUBERVILLARE (*Aubervilliers, Seine, c^{on} de Saint-Denis*), 186. — Cf. HAUBERVILERS.
ALBERTUS vel AUBERTUS.
—— 54.
—— abbas S. Genovefæ, 378, 424.
—— archidiaconus Parisiensis, 118.
—— cancellarius S. Genovefæ, 202.
—— canonicus Parisiensis, 154.
—— cardinalis tituli S. Laurentii in Lucina, 354, 376, 420. — Epistola ejus ad Guarinum abbatem S. Victoris, 425; ad Guillelmum archiepiscopum Senonensem, 425.
—— clericus Romanus, 371.
—— episcopus Parisiensis, 112.
—— filius Ivonis panetarii, 458.
—— (Magister), subdiaconus, 281.
—— miles, 132.
—— piscium venditor, 339.
—— præcentor Parisiensis, vide ALBERTUS STAMPENSIS.
—— sacerdos, 118.
—— sacerdos, 478.
—— subdiaconus, canonicus S. Genovefæ, 176, 202.
—— testis, 145.
—— DE AVO, 265.
—— GUIMERUS, 463.
—— DE PALESO, 149.
—— RUFUS, 463.
—— STAMPENSIS, canonicus Parisiensis, 250; subdiaconus, 198, 204, 215, 216, 244; præcentor, 280, 281, 296, 298, 301, 302, 348, 361, 369, 374, 382, 383, 392, 393, 395, 396, 399, 409, 412, 430.
—— STRABO, 329.
—— DE VER, 300, 475.
ALBINUS, episcopus Albanensis, 307.
ALBOSTUS, testis, 71.
ALBRICUS, 53, 54, 96, 114, 124, 212, 234. — Vide ALBERICUS.

TABLE ALPHABÉTIQUE DES MATIÈRES. 483

ALDEGUNDA, filia Warini de Campis, 151.
ALDERADA, mater Johannis, 86.
ALDERICUS, 11.
ALDIGERIUS DE GREVA, 150. — Cf. HILDEGARIUS.
ALDRICUS, archiepiscopus Senonensis, 36, 50, 51.
ALECARIUS, monachus S. Germani de Pratis, 53.
ALELMUS, canonicus S. Victoris, subdiaconus, 442.
—— habitator villæ Sancti Germani, 479.
—— pater Petri, 391.
—— testis, 149.
—— testis, 410.
ALENDIS, 54.
ALENNUS, frater Germundi, 410.
ALESCUREL (Martinus), 461.
ALEXANDER, cancellarius ecclesiæ Senonensis, 445.
—— clericus, 331.
—— clericus Beatæ Mariæ de Campis, 327.
ALEXANDER III, pontifex maximus, 358, 360, 361, 368-370, 375-381, 383-386, 388, 389, 394, 395, 399, 406, 407, 411, 412, 418-421, 424, 428, 430, 432, 433, 436, 443, 448, 449, 453, 455, 458, 464, 466, 469-471. — Consecrat S. Germani de Pratis ecclesiam, 375, 376. — Epistolæ ejus ad capitulum Parisiense, 368, 395; ad capitulum S. Victoris, 369, 406, 411, 420, 421; ad Henricum, archiepiscopum Remensem, 418; ad Hugonem, episcopum Suessionensem, 384; ad Petrum cardinalem, 433, 436, 449; ad Willelmum, archiepiscopum Senonensem, 406. — Privilegia ejus pro ecclesiis vel cœnobiis Montis Martyrum, 381, 453; S. Dionysii de Passu, 464; S. Eligii, 381; S. Genovefæ, 377, 379, 384, 394, 455; S. Germani Autissiodorensis, 449; S. Germani de Pratis, 370, 377, 378, 380, 389, 419, 430, 448, 466; S. Lazari, 358; S. Magloriï, 449; S. Marcelli, 389; S. Mariæ, 385, 386, 407, 432; S. Opportunæ, 360, 449, 458, 469, 470, 471; S. Petri Fossatensis, 381; S. Victoris, 399, 411, 412, 424, 428; pro Hospitali Hierosolymitano, 361; pro hospitali S. Gervasii, 436; pro Nicolao clerico, 383.
—— presbyter, canonicus Parisiensis, 165, 169.

ALEXANDER, subprior Sancti Germani de Pratis, 464.
—— testis, 327.
ALEXANDRIA (Alexandrie d'Égypte), 173.
ALEXIUS, diaconus ecclesiæ Romanæ, 369.
ALEYDIS, 54.
ALGERICUS, testis, 150.
ALGRINUS, cancellarius ecclesiæ Parisiensis, 223, 226, 253, 280, 281, 301, 302, 323, 348; idem, ut putant, qui cancellarius regis Ludovici VII, 263, 268, 269, 272.
—— carpentarius, 331.
—— diaconus, canonicus S. Germani Autissiodorensis, 323.
—— notarius Ludovici VI, 235.
—— pater Roberti, 154.
—— STAMPENSIS, canonicus Parisiensis, 209.
ALIEDIS, comitissa, 54.
ALIENOR, regina, uxor Ludovici VII, 287.
ALITGARIUS, episcopus Cameracensis, 36, 50, 51.
ALLEXANDER, 327. — Vide ALEXANDER.
ALLIACO (Robertus de), 130.
ALMALRICUS, 376, 466. — Vide AMALRICUS.
ALNETUS, 207.
ALODUS, in comitatu Parisiacensi, 98.
ALPICI rivulus (Ruisseau du Pecq, Seine-et-Oise, c^on de Saint-Germain-en-Laye), 404.
ALSENDIS, 328.
ALTBERTUS, monachus S. Germani de Pratis, 53.
ALTERUS, testis, 71.
ALTICIUM (Saint-Pierre-d'Autils, Eure, c^on de Vernon), 18.
ALTMARUS, comes, 71.
ALTOUARDUS, monachus S. Germani de Pratis, 53.
ALTOILUM villa (Auteuil, auj. dans Paris), 176; AUTEOLUM, 451.
ALUTARIUS (Guillelmus), 373.
ALVEREDUS, subdiaconus Sancti Victoris, 250.
AMALBERCTUCS, episcopus [forte Santonensis], 17.
AMALGARIUS, monachus S. Germani de Pratis, 53.
AMALFREDUS, pistor, 329.
AMALHARIUS, abbas Portmauri, 18.
AMALRICUS, clericus episcopi Parisiensis, 466.
—— episcopus Silvanectensis, 376.
—— filius Radulfi Delicati, 165.
—— filius Stephani de Moldon, 443.
—— DE CASTELLO FORTI, 127.
—— DE MONTE FORTI, 124.

AMALRICUS RUFUS, 124.
AMALTRUDIS, uxor Stephani comitis, 35, 38, 39, 50.
AMALVINUS, testis, 82.
AMANUENSIS, notarius, 7.
AMATHEUS, episcopus, 36, 50, 51.
AMBERTUS, testis, 147.
AMBIANI (Amiens, Somme), 33. — Episcopi Ambianenses, vide BERTEFREDUS, FULCO, GODEFRIDUS, GUIDO, JESSE.
AMELINA, cantrix monasterii Montis Martyrum, 339.
AMELINUS, cancellarius, 145. — Lege et vide ANTELMUS.
AMELO, testis, 71.
AMICLE (Robertus), 437.
AMPONIVILLA (Amponville, c^on de la Chapelle-la-Reine, Seine-et-Marne), 188.
ANAGNIA (Anagni, Italie), 362, 428, 430, 436, 448.
ANASTASIUS IV, pontifex maximus, privilegia confirmat Sancti Germani de Pratis, 338; Sancti Victoris, 338.
ANCELINUS, 269. — Vide ANSELINUS.
ANCHERIUS, 276. — Vide ANSCHERIUS.
ANCHURUS, 329. — Vide ANSCHERIUS.
ANDEBOLDUS abbas, 21.
ANDEGAVINUS pagus (l'Anjou), 16.
ANDOBERTUS, episcopus, 14.
ANDREAS, 54.
ANDREA, filia Goini, 334.
ANDREAS, canonicus Parisiensis; puer, 204, 217; subdiaconus, 253, 281, 298.
—— coquus S. Eligii, 461.
—— hospitarius, 396.
—— puer, vide ANDREAS, canonicus.
—— serviens, 458.
—— subdiaconus, vide ANDREAS, canonicus.
—— testis, 150.
—— testis, 479.
—— DE BALDIMENTO, 298.
—— DE MAMNOT, 307.
—— Montis Fortis, monachus, 148.
—— TERNEL, 423.
ANDRESIACUM, ONDRESIACUM, UNDRESIACUM (Andresy, Seine-et-Oise, c^on de Poissy), 35, 50, 90, 93, 387.
ANETHUM, 123. — Vide ANETUM.
ANETO (Bernardus de), 136, 151.
ANETO (Hugo de), 151.
ANETUM (Annet, Seine-et-Marne, c^on de Claye), 143, 182, 207; ANETHUM, 123.
ANGELERIUS (Petrus), 383.
ANGELWINUS, 67. — Vide INGELVINUS.
ANGERIUS, testis, 396.

61.

ANCIVILER (Simon de), 293.
ANGLICUS (Gaufredus), 479.
—— (Paganus), 418.
AGNES, 471. — Vide AGNES.
ANNA, uxor Henrici regis, 124.
ANNUALIA præbendarum in diversis ecclesiis data S. Victoris monasterio, 230, 271, 292, 293.
ANQUETINUS, coquus, 373.
ANQUINTINUS vel ANTIQUINUS, 472.
ANSCERIUS, 145. — Vide ANSCHERIUS.
ANSCHERICUS vel ASKERICUS, episcopus Parisiensis, 76, 78, 79, 80, 83.
ANSCHERIUS, ANCHERIUS, ANCHERUS, ANSCERIUS vel ANSCHERUS.
—— clericus, 323, 324.
—— diaconus, canonicus Beatæ Mariæ, 144, 145, 146, 163, 165, 168, 169.
—— serviens Beatæ Mariæ de Campis, 403.
—— vicarius, 250.
—— DE CLAUSTRO, 329.
ANSCULFUS, testis, 397.
ANSELINUS, sacerdos, canonicus Sancti Victoris, 442.
—— DE GROOLETO, 269.
ANSELLUS, canonicus Parisiensis, 407; puer, 204, 217; subdiaconus, 298, 326; diaconus, 374, 382, 395.
—— Charta ejus de domo sua, 407.
—— Cf. ANSELLUS TIBERTI et ANSELMUS subdiaconus.
—— cantor S. Sepulcri, ad capitulum Parisiense reliquias mittit, 171, 172.
—— dapifer, vide ANSELLUS DE GARLANDA.
—— diaconus, 374, 382. — Vide ANSELLUS, canonicus.
—— diaconus, canonicus Sancti Victoris, 318.
—— filius Tiberti, 328. — Vide ANSELLUS TIBERTI.
—— puer, 464.
—— servus B. Mariæ, 258.
—— subdiaconus, vide ANSELLUS, canonicus.
—— testis, 150.
—— testis, 408.
—— vicarius, 250.
—— DE BRONNIACO, 400; vel DE BRUNEIO, 413.
—— DE GARLANDA, dapifer Ludovici VI, 170, 175, 178, 180, 182, 183, 184, 185, 186, 189, 191, 193, 194, 200, 201, 206.
—— DE GARLANDA, filius Guidonis, 401, 402, 403.
—— PAGANUS dictus, filius Heinrici Ruselli, 195.
—— TIBERTI, canonicus Parisiensis, 328, 399. — Cf. ANSELLUS, canonicus Parisiensis.
ANSELMUS, abbas Becci et archiepiscopus Cantuariensis, 133, 137.
—— cambitor, 329.
—— cancellarius Parisiensis, 104.
—— dapifer, 193, 201, 206. — Vide ANSELLUS DE GARLANDA.
—— filius Hugonis, 282.
—— (Magister), 362.
—— prior Hospitalis Hierosolymitani in Gallia, 471.
—— subdiaconus, canonicus Parisiensis, 244, 253. — Cf. ANSELLUS, canonicus Parisiensis.
—— testis, 145.
ANSEREDUS PES DE ALCHA, 166.
ANSOLDUS, 123, 179.
—— abbas Compendiensis, 429.
—— corvisiarius, 137, 166.
—— miles, 110, 111, 216.
—— miles, 118.
—— monachus Sancti Germani de Pratis, 410.
—— servus regis, 200.
—— testis, 97.
—— testis, 101.
—— testis, 136.
—— DE CLICHI, 423.
ANSUILDIS, uxor Henrici de Fonteneto, 291.
ANTELMI terra, 230.
ANTELMUS, cancellarius ecclesiæ Parisiensis, 145. — Cf. AMELINUS.
—— pater Comitissæ, 225.
ANTES, pater Hugonis, 480.
ANTHESA, filia Goini, 334.
ANTIOCHIA (Antioche), 173.
ANTIQUINUS, 472. — Cf. ANQUETINUS et ANQUINTINUS.
ANTOGNIACUM, 342. — Vide ANTONIACUM.
ANTONIACO (Ingelramnus de), 342.
—— (Landricus de), 342.
ANTONIACUM (Antony, Seine, c^{on} de Sceaux), 48, 362, 476, 477; ANTOGNIANGUM, 342. — Decanus Antoniaci, vide CRISPINUS.
AOLINOVILLA, monasterium, 18. — Abbas, vide PIOUS.
APOSTOLICUS (Bernardus), 328.
—— (Terricus), 480.
AQUAPUTA (Wido de), 141.
AQUEGAUDIUM, super ripam Sequanæ, 283.
AQUILINA (la forêt d'Yveline), 239.
AQUISGRANUM (Aix-la-Chapelle), 41, 43, 45, 49, 57.
ARIANTUM, in pago Oxmensi, 18.
ARCHENBALDUS, pater Pagani, 149.
ARCHERIUS, ARCHERUS, HARCHERIUS vel HARCHERUS.

ARCHERIUS, cambitor, 345.
—— coquus, 396.
—— filius Garini cementarii, 418, 459.
—— filius Savarici, 265.
—— filius Thiacri, 329.
—— subdiaconus, canonicus S. Victoris, 318.
ARCHERUS, 318, 345. — Vide ARCHERIUS.
ARCOILUM (Arcueil, Seine, c^{on} de Villejuif), 207.
ARDICIO, cardinalis S. Theodori, 377.
ARDUINUS, frater Guarne ii, 291.
ARECURT (Willelmus d'), 307.
ARELATENSIS episcopus, vide JOHANNES.
ARENÆ castrum (Airaines, Somme, c^{on} de Molliens-Vidame). Ecclesia B. Mariæ, 207.
ARENIS (Hugo de), 307.
ARIBOLDUS, 36. — Vide HARIBOLDUS.
ARMANDUS, servus S. Maglorii, 334.
ARMENTARIUS, episcopus Senonensis, 14.
ARNALDUS, sacerdos, 82.
—— testis, 132.
ARNEBERCTHUS, testis, 17.
ARNOLDUS, monachus S. Germani de Pratis, 53.
ARNULFUS, 54.
—— canonicus (?) S. Crucis Aurelianensis, 127.
—— cubicularius, 128.
—— levita, canonicus Parisiensis, 139.
—— major, 141.
—— testis, 479.
—— MALVIELLUS, 195.
ARPINUS (Rogerus), vide ROGERUS.
ARRALDUS, canonicus S. Martini de Campis, 130.
ARRAUDUS, subdiaconus, canonicus Parisiensis, 104.
ARROLDUS, miles, 359.
ARSECIO (Simon de), 149.
ARSENCTAS, episcopus, 17.
ARTOLDUS, archiepiscopus Remensis, 86.
ARULFUS, monachus S. Germani de Pratis, 53.
ASCELINA, abbatissa Kalensis, 465.
—— filia Mathei, 403.
ASCELINUS, abbas Fossatensis, 251, 258.
—— canonicus Parisiensis, 383; sacerdos, 399, 409.
—— decanus Sancti Marcelli, 405, 412, 413.
—— episcopus Parisiensis, 112.
—— sacerdos, vide ASCELINUS, canonicus.

TABLE ALPHABÉTIQUE DES MATIÈRES. 485

Ascelinus, testis, 147.
—— testis, 403.
—— tinctor, 331.
Aschalon, 173.
Ascho, clericus Beatæ Mariæ de Campis, 327.
—— miles Pagani, 148.
—— pater Sancilinæ, 191.
Askericus, episcopus Parisiensis, 76, 78, 79.
Askerikus, 79. — Vide Askericus.
Asnerie (*Asnières, Seine, c^{on} de Courbevoie*), 353.
Assuerus, episcopus Cauriensis, 376.
Astho, sacerdos, 323. — Cf. Aszo.
Asturicensis episcopus, vide Fellandus.
Aszo, frater Gausberti, 136.
—— frater Walterii militis, 137.
—— major, 225.
—— panetarius, 137.
—— presbyter, canonicus S. Opportunæ, 328. — Cf. Astho.
—— testis, 149.
Athus (Ecclesia de) (*Athis, Seine-et-Oise, c^{on} de Longjumeau*), 300, 475.
—— (Philippus de), 400, 413.
Athildus, testis, 17.
Atiliacum, 400, 401, 402. — Vide Attiliacum.
Atrebatensis episcopus, vide Lambertus.
Atrebato (Rogerus de), 437.
Attiliaco (Milo de), 400, 401.
—— (Robertus de), 402.
Attiliacum (*Attilly, c^{ne} de Ferrolles*,

c^{on} *de Brie-Comte-Robert, Seine-et-Marne*), 207, 400, 401, 402.
Atto, monachus Sancti Germani de Pratis, 53.
Aubericus, 273. — Vide Albericus.
Aubertum Villare, 414. — Vide Alberti Villare.
Aubertus, 265, 329, 409, 463.
Audacaus, monachus S. Germani de Pratis, 53.
Audcharius, abbas S. Germani de Pratis, 18.
Audebertus, episcopus Cameracensis, 14.
—— episcopus Silvanectensis, 14.
Auderdus, patricius, 17.
Audoenus, archiepiscopus Rotomagensis, 14.
Audoinus Sancti Dionisii, 409.
Aufredus, pater Drogonis, 147.
Augginus, 265.
Aunemundus, archiepiscopus Lugdunensis, 14, 17.
Aureliacum vel Obliacum (*Orly, Seine, c^{on} de Villejuif*), 35, 50, 90, 93, 228, 241, 300, 387, 474.
Aurelianensis (Paganus), buticularius, 164.
Aureliani (*Orléans, Loiret*), 64, 111, 126, 184. — Comitatus Aurelianensis, 99. — Episcopi Aurelianenses, vide Agius, Felix, Fulco, Johannes, Jonas, Masasses. — Pagus Aurelianensis, 18. — Præpositus Aurelianensis, vide Malbertus.
—— S. Crucis Aurelianensis decanus, vide Haymo; sacrista, vide Sanzo. — S. Evurcii abbas, vide

Stephanus. — S. Symphoriani et S. Samsonis abbatia, 126.
Aureliacum, 387. — Lege et vide Aureliacum.
Aureus Mons, in territorio Aurelianensi, 119.
Auriacum, 274. — Vide Oriacum.
Ausonius, scriba, 20.
Austria (*l'Austrasie*), 33.
Austrobertus, testis, 17.
Austrolenus, lector, 15.
Auteolum, 451. — Vide Altoilum.
Authadus, 74, 75.
Autharius, abbas S. Germani de Pratis, 20, 25.
Autissiodorum (*Auxerre, Yonne*), 60. Episcopi Autissiodorenses, vide Gaufridus, Guillelmus, Heribaldus, Hugo, Humbaldus, Palladius.
—— Thesaurarius, 311.
Autramnus seu Autrannus, testis, 40.
Autulfus, 74.
Avelina, sanctimonialis, 154.
—— uxor Galterii camerarii, 460.
—— uxor Roberti, 362, 363.
—— uxor Walterii militis, 137.
Avesgaudus, clericus, 118.
Avid, testis, 40.
Avitus, monachus S. Germani de Pratis, 53.
—— testis, 39.
Avo (Aubertus de), 265.
Aya, soror Bernardi figuli, 154.
Aymericus, 479. — Vide Aimericus.
Ayrardus, monachus S. Germani de Pratis, 53.
Azo, 328. — Vide Aszo.

B

Baaloi (Robertus de), 362, 433.
Baddo, pater Dodonis abbatis, 9.
Badenao villa, 18.
Badilo, testis, 82.
Bado, testis, 39.
Baez (Waszo), 201.
Baignos (Philippus de), 212.
Bailloilo, vide Balleolo (R. de).
Bainels, vide Balneolum.
Baiolo (Ecclesia S. Cirici de) (*Saint-Cyr-de-Bailleul, Manche, c^{on} de Barenton*), 196.
Balbineium (*Bobigny, Seine, c^{on} de Pantin*), 143.
Balbiniaco (Odo de), 136.
Balbus (Odo), 393.
Baldevinus, 366. — Vide Balduinus.
Baldimento (Andreas de), 298.
Baldinus, comes, 39.
Baldoinus, 395. — Vide Balduinus.

Baldomerus, episcopus Tarantasiensis, 14.
Baldricus, constabularius, 127.
—— episcopus Noviomensis, 157.
—— frater Willelmi, 124.
—— prior Beccensis, 176.
—— testis, 124.
—— de Bosco, alias de Nemore, 275, 282.
Balduinus, Baldevinus, Baldoinus, Baudoinus vel Bauduinus.
—— abbas S. Maglorii, 325; ejus charta de vinea apud Carronam, 325-326.
—— cancellarius regis Henrici, 116, 122, 124.
—— canonicus Parisiensis, 126.
—— capellanus comitis Mellenti, 284.
—— clericus de Corboilo, canonicus

S. Victoris, 278, 282, 283, 300, 474, 475.
—— [V], comes Flandriæ, 124, 126.
—— [VI], comes Flandriæ, junior, 127.
—— diaconus, 323.
—— episcopus Tarvanensium, 108.
—— filius Johannis de Barris, 366.
—— frater Roberti, 422.
—— miles, 118.
—— præpositus, 328, 334. — Vide Balduinus Flandrensis.
—— prior Sancti Martini de Campis, 365.
—— subdiaconus, canonicus Parisiensis, 302, 348, 374, 382, 395, 430, 457, 468.
—— sutor de Parvo Ponte, 458.
—— testis, 84.

BALDUINUS CALDERUN, 307.
— DE CURCELLIS, 393.
— FLANDRENSIS, præpositus Parisiensis, 282, 328, 334, 343.
— PAGANUS, cellerarius, 176.
— DE PLATEA, 431.
— DE SALLI, 431.
— DE SANCTO CHRISTOPHORO, 458.
— DE TORNACO, 176.
— DE VILLAFLO, 225.
BALLEOLO vel BAILLOILO (Radulfus de), 133, 148, 149.
BALLIVI REGIS in urbe Parisiaca, 427.
BALLOLIO (Bernardus de), 307.
BALNEOLO (Burchardus de), 408.
— (Ricardus de), 202.
BALNEOLUM vel BANIOLUM (*Bagneux, Seine, c^on de Sceaux*), 35, 50, 90, 93, 283, 300, 387, 475; BAINELS, 341.
BANIOLUM, 85, 50, 90, 93, 387. — Vide BALNEOLUM.
BANNOILO (Walterus de), 148.
BARBA AUREA, 394, 395. — Vide BARBEDAURUS.
BARBADAURUS, 429. — Vide BARBEDAURUS.
BARBA D'OR, 409. — Vide BARBEDAURUS.
BARBAM (Lambertus ad), 151.
BARBARIACUM (*Barbery, Oise, c^on de Senlis*), 344.
BARBEDAURUS, BARBA AUREA, BARBADAURUS, BARBA D'OR vel BARBEDOR, decanus Parisiensis, 379, 393, 394, 395, 399, 409, 416, 429, 430, 449, 457, 458, 466, 467, 468. — Chartæ ejus de fundatione collegii Beatæ Mariæ, 467; pro hospitali Beatæ Mariæ, 394; de manumissione Gilæ ancillæ, 430.
BARBEDOR, clericus, 393. — Vide BARBEDAURUS.
BARDOLIS (Hugo), 146.
BARNASTABALE, castrum in Anglia (*Barnstaple, en Devonshire*), 208.
BARRA (Petrus de), 479, 480.
BARRÆ (*lieu-dit, à Paris, derrière Saint-Gervais*), 333.
BARRIS (Ebrardus de), 265.
— (Johannes de), 253, 234, 359, 366.
BARTHOLOMEI domus, in burgo S. Genovefæ, 377.
BARTHOLOMEUS, BARTOLOMEUS vel BERTOLOMEUS.
— archidiaconus Parisiensis, 279.
— archipresbyter B. Mariæ, 328.
— cambellanus, 186; vel camerarius, 192.
— canonicus S. Genovefæ elephantia tactus, 469.

BARTHOLOMEUS, decanus Parisiensis, 280, 281, 295, 296, 297, 298, 299, 301, 302. — Chartæ pro Richardo de S. Marcello, 302; pro S. Victoris monasterio, 280, 295, 299; pro Templi militibus, 297.
— famulus, 303.
— filius Warini de Campis, 151.
— maritus Teelinæ, 365.
— prior S. Martini de Campis, 343; ejus charta de mutuo Odonis clerici, 343, 344.
— puer, canonicus Parisiensis, 348.
— sacerdos, canonicus S. Genovefæ, 258, 274.
— sacerdos S. Genovefæ, 383.
— thesaurarius Lauduncnsis, 305.
— AURELIANENSIS, 383.
— DE FULCOSIO, 184, 272; DE FULCOIS, 178; DE FULCOSE, 466.
— DE MONASTERIOLO, 154; MOSTERULO, 186; vel MUSTERIOLO, 233.
— DE NOVIOMO, 480.
— PILOSUS, 418.
— DE SANCTO LEODEGARIO, 336.
BARTOLOMEUS, 54, 184, 192, 283. — Vide BARTHOLOMEUS.
BASOCHIIS (Guido de), 438.
BAUDACHARIUS, defensor, 21.
BAUDOINUS, 84. — Vide BALDUINUS.
BAUDREORES Parisienses, 363.
BAUDUINI (Robertus), 452.
BAUDUINUS, 334, 468. — Vide BALDUINUS.
BAUGESIUM (*Beaugerais, Indre-et-Loire, c^ne de Loché, c^on de Montrésor*), 40.
BAUGULFUS, fidelis Pippini regis, 27.
BEATRIX, soror Rissendis, priorissæ Montis Martyrum, 431.
— uxor Hermanni, 423.
— uxor Pagani, 149.
BECCI monasterium (*le Bec-Hellouin, Eure, c^on de Brionne*), 123, 176.
— Abbas. Vide ANSELMUS, GILLELMUS. — Prior. Vide BALDRICUS.
BECCO-RICARDI (Willelmus de), 176.
BECHEBEL (Molendinum de), 327.
BEEOLI decima, 359. — Lege BEELOI (probablement *Belloy, Seine-et-Oise, c^on de Luzarches*).
BEFEUT, consuetudo in terra S. Genovefæ, 221.
BEGGO, miles, 118.
BELA, rex Hungariæ, 452.
BELINUS, pater Germundi, 480.
BELLA CARO (Rainardus), 166.
BELLO CAMPO (Galterus de), 282.
BELLOMONTE (Rainaldus de), 343.
BELLUS (Radulfus), 225, 300, 474.

BELLUS MONS (*Beaumont-sur-Oise, Seine-et-Oise, c^on de l'Isle-Adam*).
— Comes Belli Montis, vide MATHEUS. — Ecclesia S. Lenorii, 208.
BELLUS NEPOS (Matheus), 397.
BELOACINSIS pagus, vide BELVACUM.
BELOTUS, filius Rainardi, 176.
— testis, 176.
BELOZ (Willelmus), 479.
BELVACO (Robertus de), 408.
BELVACUM (*Beauvais, Oise*). Ecclesia S. Pantaleonis, 208. — Episcopi, vide GALO, GUIDO, HENRICUS, HILDEMANNUS, ROGERIUS. — Pagus Beloacinsis, 18.
BENEDICTUS, 54.
— campanarum fusor, 455.
— monachus Sancti Petri super Divam, 134.
— prior S. Maglorii, 132.
BENEDICTUS VII, pontifex maximus, 89, 386. — Ejus præceptum de rebus ecclesiæ Parisiensis, 89-91.
BENINUS, testis, 40, n.
BENNO, testis, 39.
BERARDUS, testis, 40.
BERARIUS, testis, 40, n.
BERCERIÆ (*Berchères, Eure-et-Loir*), 207.
BERCHEUS (Renoudus), 326.
BERCHIX (Grangia de), 422.
BERCILIIS (Insula de), 255, 262.
BERCILZ (Johannes de), 400.
BERDANDUS, miles, 21.
BEREFRIDUS, 54.
BERENGARIUS, monachus, 207.
BERENGERIUS, camerarius S. Martini de Campis, 396.
BERNAIDIS, 54.
BERMUNDUS, prior Majoris Monasterii, 327.
BERNARDUS, abbas Clarævallensis, 237, 249, 286, 292-294, 297, 312, 318, 363. — Charta ejus de aqua Beveræ ab abbate S. Genovefæ ecclesiæ S. Victoris concessa, 318. — Epistolæ ejus ad Gilduinum abbatem de Petro Lumbardo, 325; ad Innocentem II de nece Thomæ prioris, 249; ad Stephanum Prænestinum episcopum de statu ecclesiæ, 286; ad Sugerium abbatem de reformatione S. Genovefæ, 312. — Sententia ejus de præbenda S. Martini de Campis in ecclesia Parisiensi, 292.
— abbas Majoris Monasterii, 133, 135.
— archidiaconus Parisiensis, 280, 281, 291, 296, 298, 301, 302, 319, 326, 331, 339. — Charta pro ecclesia S. Victoris, 326.

TABLE ALPHABÉTIQUE DES MATIÈRES. 487

BERNARDUS, canonicus Sancti Martini de Campis, 130.
— canonicus Parisiensis, 132.
— cardinalis tituli Sancti Clementis, 354.
— episcopus Nivernensis, 416.
— episcopus Portuensis, 376, 388.
— figulus, 154.
— hospitalis, 141.
— laicus, 142.
— (Magister), canonicus forte S. Marcelli, 324.
— (Magister), præcentor, 336.
— nepos Hergoti, 403.
— nepos Rainardi Rufi, 178.
— parmentarius, 141.
— parmentarius, 234.
— pater Milesendis, 258.
— præcentor Sanctæ Genovefæ, 173, 176, 202.
— puer, canonicus Sanctæ Genovefæ, 202.
— scriptor, 303.
— subdiaconus, canonicus Parisiensis, 104.
— testis, 39.
— testis, 84.
— testis, 201.
— DE ANETO, 136, 151.
— APOSTOLICUS, 328.
— DE BALLOLIO, 307.
— CAMBITOR, miles Templi, 409, 423.
— DE CORONA DEI, 151.
— PISANUS (Magister), 429.
— DE SANCTO DIONYSIO, 137.
— DE VICENA, 418.
BERNERIUS, 166. — Vide BERNERIUS.
BERNERIUS, BERNERICUS vel BERNERUS.
— clericus, 166.
— decanus de Mustreolo, 423.
— decanus Parisiensis, 163, 165, 167, 168, 169, 171, 185, 193, 194, 197, 198, 200, 204, 205, 210, 212, 215, 217, 218, 222, 223, 226, 227, 235, 244, 247, 251, 253, 268, 280. — Chartæ ejus donatione a Stephano archidiacono capitulo Parisiensi facta, 166; de privilegiis capituli, 235; de privilegiis claustri a Ludovico VI violatis, 193; de servorum cum ecclesia S. Germani commutatione, 197; de vineis apud Ivriacum, 212; de vinea in territorio B. Mariæ de Campis, 227.
— habitator burgi Sancti Germani, 479.
— monachus Sancti Germani de Pratis, 53.
— pater Walteri, 124.
— piscator, 340.

BERNERIUS, præpositus Parisiensis, 452.
— testis, 40, n.
— testis, 147, 150.
— testis, 463.
— AURUM VERBEBANS, 383.
— DE GRAVIA, 326.
— DE PLAGIO, 166.
BERNO, monachus Sancti Germani de Pratis, 53.
BERNOINUS, episcopus Carnotensis, 36, 50, 51.
— monachus Sancti Germani de Pratis, 53.
BERNOYNUS, 36. — Vide BERNOINUS.
BEROALDUS, referendarius, 16.
BEROLDUS, testis, 71.
BERTA, 53.
— uxor Rotberti regis, 98.
BERTARIUS, 73.
BERTEGARIUS, vir iluster, 16.
BERTEFREDUS, episcopus Ambianensis, 14.
BERVINUS, miles, 21.
— monachus Sancti Germani de Pratis, 53.
— sacerdos, canonicus Sanctæ Genovefæ, 258.
BERTISMUS, 75.
BERTMERUS, monachus S. Germani de Pratis, 53.
BERTO, monachus Sancti Germani de Pratis, 53.
BERTOLDI CURTIS, 353.
BERTOLDUS, monachus S. Germani de Pratis, 53.
BERTOLOMEUS, clericus Beatæ Mariæ de Campis, 327.
BERTRADA, regina Francorum, 152, 158.
— monachus Sancti Germani de Pratis, 53.
BERTRANDUS, sarcinator, 450.
— tallandarius, 460.
BERTRANNUS, episcopus Cenomanensis, ecclesiis Parisiensibus plura bona testamento tribuit, 8.
— frater Landrici, 212.
— major, 195.
— puer, 464.
BERTRANT (Gaufridus), 275.
BERZILZ (Adalardus de), 151.
BESTIST (Petrus), 280.
BETHLEHEM, puer apud Sanctam Genovefam defunctus, 452, 453.
BEVERA, alias BEVERIS, BEVIRE, BEVRA, BIVERA (la Bièvre, rivière), 183, 317, 318, 319, 323, 324, 338.
— Cursus ejus a Victorinis mutatur, 317; aquarum partitio inter monasteria S. Genovefæ et S. Victoris, 317-320.

BEVERIS, 317, 318, 319. — Vide BEVERA.
BEVIRE, 324. — Vide BEVERA.
BEVRA (Burdinus de), 195.
— (Eustachius de), 408. — Vide EUSTACHIUS DE BEVERA.
BIATRIX, 423. — Vide BEATRIX.
BIDENS (Hugo), 400, 401.
BIDUN (Stephanus), 176.
BIERIA (La forêt de Bière ou de Fontainebleau), 183.
BILFREDUS, testis, 40.
BISTIGI (Bernardus de), 154.
BITURICÆ (Bourges, Cher), 20. — Archiepiscopi Bituricenses, vide RICHARDUS, STEPHANUS, VULFOLENUS.
— Monasterium S. Sulpicii, 58.
BIVERA (Eustachius de), 342.
— (Stephanus de), 342.
BLADINUS, testis, 40, n.
BLASIUS, nepos Alexandri papæ III, 368.
BLERE ÆCCLESIA (Aimericus de), 166.
BLESENSIS comes, vide THEOBALDUS.
BLESIACENSIS pagus (le Blaisois), 97.
BLOAUDUS (Jocelmus), 416.
BLUNDELS (Gislebertus), 480.
BODANE VILLA (Boinville, Seine-et-Oise, c^{ne} de Châlo-Saint-Mard, c^{on} d'Étampes), 8.
BODO, testis, 17.
BODET (Theobaldus), 400, 452.
BODOLEVOS, testis, 17.
BOERIA (Martinus de), 133.
BOLOVILLA (Bouville, Seine-et-Oise, c^{on} d'Étampes), 207.
BONEFACIUS, episcopus Carthaginiensis, 13.
BONELLA (Bonnelles, Seine-et-Oise, c^{on} de Dourdan), 143, 207.
BONI HOMINES de Grandi Monte (Bons-Hommes de Vincennes), 352. — Cf. VICENNÆ fratres.
BONINUS, faber, 455.
BONNELLUS (Henricus), 408.
BONOILO (Decima de), 456.
BONOILUM, villa, 39. — (Bonneuil-sur-Marne, Seine, c^{on} de Charenton).
BONZELE, 207. — Vide BUNZELE.
BONZIES (Willelmus de), 454.
BORDON (Radulfus), 430.
BORNUS (Giroldus), 150.
BORRENGO (Petrus de), 333.
BORRENS (Girodus li), 479.
Bos, janitor, 450.
Bosco (Baldricus de). — Vide BALDRICUS DE BOSCO.
BOSEHAM (Magister Herbertus de), 429.
BOSITTO, testis, 20.
Boso, cardinalis S. Adriani, 377.
— cardinalis SS. Cosme et Damiani, 354, 388.

Boso, monachus S. Germani de Pratis, 53.
—— puer, canonicus Parisiensis, 348, 361.
—— sacerdos, 176.
—— testis, 20.
—— testis, 410.
Boult villa (*Behoust, Seine-et-Oise, c^{on} de Montfort-l'Amaury*), 207.
Brachium Ferri (Floaldus), 393.
Braeia (Robertus de), 400.
Braia (Adam de), 421, 422.
—— (Petrus de), 396.
Braium, 255. — Vide Bravium.
Bravium in pago Silvanectensi (*Bray, Oise, c^{ne} de Rully, c^{on} de Pont-Sainte-Maxence*), 255, 262.
Breis in pago Parisiensi, (*Brüis-sous-Forges, Seine-et-Oise, c^{on} de Limours*); ecclesia S. Dionysii et S. Crucis, 196.
Brennacum in pago Ebroicensi (*Bernay, Eure*), 18.
Bretoil, vide Bretolio (Evrardus de).
Bretolio (Evrardus de), 305, 307.
Bria (Teboldus de), 326.
Brianna (*Brienne, Ardennes, c^{on} d'Asfeld*), 207.
Briardus (Josbertus), 400.
Brigeium (*la Brie*), 12.
Britannia minor (*la Bretagne*), 196.
Britellus, serviens Obizonis, 234.
Brito (Daniel). — Vide Daniel Brito.
—— (Gaufridus), 416.
—— (Ruallo), 402.

Britoilo (Ganterius de), 396.
Brochez (Herbertus), 480.
Brolium, juxta Puteolis, 188.
Broniolacinsis terminus (*pays de Brignoles, Var*), 2.
Bronniaco (Ansellus de), 400.
Brunarius, monachus S. Germani de Pratis, 53.
Bruneio (Ansellus de), 413.
Brunellus (Robertus), 329, 403.
Brunest, præpositus, 154.
Bucardus, 336, 399, 401, 451. — Vide Burchardus.
Bucel (Stephanus), 328.
Bucharfus, 393, 438, 451. — Vide Burchardus.
Buciacum, 19.
—— (*Bucy-le-Roi, Loiret, c^{on} d'Artenay*), 188.
Bufe (Matheus), 476.
Bufetanus (Lambertus), 297.
Bungele, 123. — Vide Bunzele.
Bunocensis (Tescelinus), 188.
Bunzele vel Bungele (*Bondy, Seine, c^{on} de Pantin*), 123, 143, 183, 207.
Burcardus, 104, 194. — Vide Burchardus.
Burchardus, Bucardus, Bochardus vel Bercardus.
—— comes, 96, 97, 101.
—— episcopus Meldensis, 232.
—— filius Henrici Morelli, 423.
—— miles, 118.
—— miles Antelmi, 225.
—— subdiaconus, 104.
—— testis, 194.

Burchardus de Balneolo 408.
—— Flammen, 336.
—— de Montemorenciaco [IV], 141, 166, 185, 224, 225.
—— de Montemorenciaco [V], 393, 438, 451. — Charta ejus de quodam censu ab Ivone de Conflanz Simoni de S. Dionysio vendito, 451. — Donum confirmat a patre suo Matheo Leprosis Parisiensibus facto, 437-438.
—— Veautrus, 399, 401.
—— Veltro, 401. — Cf. Burchardus Veautrus.
Burdigalensis archiepiscopus, 307.
Burdinus (Godefridus), 201.
—— miles, 366.
—— testis, 148.
—— de Beyra, 195.
—— de Castelfort, 329.
—— de Funtaneto, 202.
Burdo (Ingrannus), 397.
Burgenses Parisienses a rege Ludovico VI privilegium obtinent contra debitores suos, 253, 254.
Burgundofar, episcopus Meldensis, 14.
Bursiones Parisienses, 363.
Bussiacum, juxta Liricantum (*Boissy-aux-Cailles, Seine-et-Marne, c^{on} de la Chapelle-la-Reine*), 188.
Buxeria (Ecclesia de), 239; Buxoria, 115 (*la Boissière, Seine-et-Oise, c^{on} de Rambouillet*).
Buxidus (*Boissy-Saint-Léger, Seine-et-Oise, ch.-l. de c^{on}*), 38.
Buxoria, 115. — Vide Buxeria.

C

Cabillonum (*Chalon-sur-Saône*), 64.
—— Cabillonensis episcopus, 92. — Vide Graton, Prætextatus.
Cadalo, monachus S. Germani de Pratis, 53.
Cadorona, 107. — Vide Carrona.
Cadnocinus pagus, 19.
Cadurcus, cancellarius, 273, 274, 276, 277, 278, 288, 289, 291, 304, 306.
Cædricum, in pago Cenomanico, 19.
Cailla (Odo), 149.
Cala (Guido de), canonicus, 293.
Calceia (Rotrocus de), 329.
Calceus (Warnerius), 166.
Calderun (Baldwinus), 307.
Caleium, 143. — Vide Callevium.
Caletricus, episcopus Carnotensis, 7.
Calixtus II, pontifex maximus, 206, 208, 217. — Confirmatio bonorum monasterii S. Martini de

Campis, 206-208. — Epistola ad clerum Parisiensem, 217.
Calla fluvius (*la Chalouette*), 8.
Callevium vel Caleium, 143, 206, 257. — Cf. Caloilum.
Calliaco (Hugo Magnus de), 414.
—— (Stephanus de), 480.
Caloilum (*Chaillot*), 221; Caleium, 143; Callevium, 206, 257; Chailloel; 443, 444; Challoel, 446.
Caloneum, 353.
Calvo Monte (Hothmundus vel Osmundus de), 186, 207.
Camberlanus (Herveus), 154.
Cambiton (Bernardus), 409, 423.
Cambium in Magno Ponte, 275, 277, 288, 297, 435.
Camcliacum (*Chambly, Oise, c^{on} de Neuilly-en Thelle*), 333; Camiliacum, 19. — Major Cambliaci, vide

Petrus. — Pagus Camliacinsis, 18; Camiliacinsis, 19.
Cambrimarum (*Cambremer, Calvados, ch.-l. de c^{on}*), 19.
Camelo (Vinea de), 416.
Cameracum (*Cambrai, Nord*). — Episcopi Cameracenses, vide Alitgarius, Audebertus.
Cameiacum (*Changy, Saône-et-Loire, c^{on} de Charolles*), 81.
Camiliacum, 19. — Vide Cambliacum.
Campeaus, 266. — Vide Campelli.
Campelli (*Champeaux, lieu-dit à Paris, sur l'emplacement des Halles*), 198, 266, 328, 421, 422; — fossatum, 231, 260, 263, 266, 267.
—— (*Champeaux, Seine-et-Marne, c^{on} de Mormant*), 90, 179, 323, 387; — præbendæ ecclesiæ S. Martini, 223, 229, 242, 247, 268,

TABLE ALPHABÉTIQUE DES MATIÈRES.

271, 300, 474; — canonicus, vide Durandus.
Campellis (Petrus de). — Vide Petrus de Campellis.
Campina fons (*Camps, Var, c^{on} de Brignoles*), 2.
Campiniacum (*Champigny-sur-Marne, Seine, c^{on} de Charenton*), 207.
Campis (Warinus de), 151.
Campo Florido (Hugo de), 302.
Canat (Frodmundus), 234.
Caneverle (*Chennevières-sur-Marne, Seine-et-Marne, c^{on} de Boissy-Saint-Léger*), 411.
Canis (Eustachius), commendator Templi Parisius, 409, 423, 437.
Cansilum, 353.
Capeium (*Cappy, Somme, c^{on} de Bray-sur-Somme*), 143, 207.
Capella (*la Chapelle d'Aunainville, Eure-et-Loir, c^{on} d'Auneau*), 207.
Capi, villa in pago Noviomensi, 207. Vide Capeium.
Capite Ville (Rogerius de), 479.
Capitulum Parisiense, vide Parisius.
Caramius fluvius, (*la Calamie*), 2.
Carcere (Presbyter de), 328. — Vide Parisius.
Cardinetum, vide Cardonetum.
Cardonetum (*Clos du Chardonnet, à Paris*), 230, 279, 283, 475; Cardinetum, 300, 468.
Carducs (Guineramnus), 410, 480.
Caribertus, rex Francorum, 7.
Caridandus, episcopus, 14.
Carisiacum, 46. — Vide Carraciacum.
Carlus, 27. — Vide Karolus Martellus.
Carnifices Parisienses, 303, 337, 345, 359, 370, 371. — Eorum privilegia a Ludovico VII restituta, 370.
Carnotum (*Chartres, Eure-et-Loir*), 207. — Episcopi Carnotenses, vide Bernoinus, Galetricus, Domicianus, Frotbaldus, Fulbertus, Gaufridus, Ivo, Malgardus, Robertus.
Caro, abbas, 19.
Caro Asini (Robertus), 480.
Carolus. 29, 31, 32, 33, 34, 40, 64, 83, 84, 95. — Vide Karolus.
—— Junior, 77. — Vide Karolus Calvus.
Carraciacum (*Quiersy, Aisne, c^{on} de Coucy-le-Château*), 22.
Carrona (*Charonne*), 326, 356; — Cadorona, 107; Cataro, 99; — Karrona, 199, 271. — Major Carronæ, vide Galterius Popins.
Castadius, episcopus, 14, 16.

Castanedum (*Châtenay, Seine, c^{on} de Sceaux*), 35, 50; Castenedum, 90, 93, 387.
Castaneium, 207. — Vide Castaneum.
Castaneto (Herluinus de), 148.
—— (Symon de), armiger, 149.
Castaneum (*Châtenay, Seine-et-Oise, c^{on} d'Écouen*), 146; Castaneium, 207; Castenium, 143.
Castelanus, 73.
Castelfort (Burdinus de), 329.
Castellione (Guido de), 440.
Castello (Robertus de), 128.
Castello Forti (Amalricus de), 127.
—— (Hugo de), 461, 462. — Cf. Castroforti (Hugo de).
—— (Theobaldus de), 148.
Castenedum, 90, 93, 387. — Vide Castanedum.
Castenium, 143. — Vide Castaneium.
Castreium, 353.
Castroforti (Hugo de), 400, 401. — Cf. Castelloforti (Hugo de).
—— (Thomas de), 212.
Castrum Landonis vel Nantonis (*Château-Landon, Seine-et-Marne, ch.-l. de c^{on}*), 188, 278. — Canonici S. Severini, 188; præbendæ, 230.
Catalaunensis (Frogerius), 185, 186.
Catalauni (*Châlons-sur-Marne*), 187, 189. — Episcopi Catalaunenses, vide Adelelmus, Gibuinus, Guido, Rogerius.
Cataronis potestas, 99. — Vide Carrona.
Cathalaunum, 187. — Vide Catalauni.
Caticantus (*Cachan, Seine, c^{ne} d'Arcueil, c^{on} de Villejuif*), p. 48.
Caturcensis episcopus, 376. — Vide Gerardus.
Cauriensis episcopus, 376. — Vide Assuerus.
Cavillonum, 64. — Vide Cabillonum.
Cavrosa (*Chevreuse, Seine-et-Oise, ch.-l. de c^{on}*), 90. — Ecclesia S. Saturnini, 90, 387.
Caziacus super Maternam (*Chézy-l'Abbaye, Aisne, c^{on} de Charly*), 90. — Abbatia S. Petri, 90, 387. — Terra S. Marcelli, 353.
Celestinus II, pontifex maximus, 289, 290. — Ejus privilegia pro S. Victoris ecclesia, 289, 290; pro Templi militibus, 289.
Cella (*la Celle, Var, c^{on} de Brignoles*), 2; — basilica S. Romani, 2.
—— (Gigaudus de), 403.
Cellas, villa (*la Celle, Seine-et-Marne, c^{on} de Moret*), 1, 2, 90, 93, 387.

Celsis (Terra de), 148.
Cenomani (*Le Mans, Sarthe*), 8. — Episcopi Cenomanenses, vide Bertrannus, Donnolus, Franco. — Pagus Cenomanicus, 19.
Centius, subdiaconus ecclesiæ Romanæ, 323.
Ceraunius, venditor, 4.
Cergio (Hubertus de), 166.
Cevrencum, vide Cevrennum.
Cevrennum (*Sevran, Seine-et-Oise, c^{on} de Gonesse*), 143; Cevrencum, 207; Cevrent, 359.
Cevrent, vide Cevrennum.
Chaalons (Rogerus de), 437.
Chaddedo, testis, 17.
Chadios, testis, 128.
Chæno, abbas S. Dionysii, 18.
Chaillis, 418. — (Capellanus de), vide Galterius.
Chailloel, vide Caloilum.
Chaldo, testis, 17.
Challoel, vide Caloilum.
Chandulsaccum, 147.
Chantaloe (Vineæ de), 423.
Chaoaldus, archiepiscopus Viennensis, 17.
Charento (*Charenton, Seine, ch.-l. de c^{on}*), 239; Charentum, 353; Karenton, 71; Karentona villa, 116.
Charentum, vide Charento.
Charlomannus, rex Francorum, 86.
Charz (Radulfus de), 463.
Chatarauno (Frogerius de), 178.
Chaumont (Terra de), 460.
Chedelmarus, abbas S. Germani de Pratis, 22.
Chela (*Chelles, Seine-et-Marne, c^{on} de Lagny*), 255, 262; Kala, 36. — Abbatissa Kalensis, vide Ascelina.
—— (Guido de), vide Guido de Chela.
Chelis (Johannes de), 234.
Cheremaaille (Petrus), 452.
Chevreceon (Vicus), 452. — Vide Chevruchun.
Chevruchun (Vicus), 279, 283, 301, 417, 452, 475; — ubi situs, 417, n.
Chezy, 353. — Vide Caziacus.
Chierein, pater Hugonis, 248.
Chieremaaille (Petrus), 452.
Childebertus, 22. — Vide Childebertus III.
Childebertus I, rex Francorum, 1, 2, 3, 4, 5, 78. — Privilegia ejus pro ecclesia Parisiensi, 1; pro monasterio S. Germani de Pratis, 3.
Childebertus III, rex Francorum, 20, 22, 26, 28. — Placita ejus de Lemauso monasterio, 22; de teloneo

Cartul. — I.

a Grimoaldo comite mercato Sancti Dionysii imposito, 22-24.

CHILDERICUS II, rex Francorum, 23, 26.

CHILPERICHUS II, rex Francorum, 24, 25. — Privilegia ejus pro Fossatensi monasterio, 25; pro Sancti Dionysii ecclesia, 24.

CHILPRICUS, 25. — Vide CHILPERICHUS II.

CHLODOALDUS, testis, 20.

CHLODOCHARIUS, rex, 23. — Lege CHLODOVIUS III.

CHLODOVIUS II, rex Francorum, 13, 16, 23, 26. — Immunitatem monasterii Sancti Dionysii confirmat, 15-17.

CHLODOVIUS III, perperam vocatus Chlodocharius, 23; vel Chlotharius, 26.

CHLOTARIUS II, rex Francorum, 8, 9, 10. — Confirmat donationem S. Dionysii basilicæ factam, 9. — Confirmat testamentum Johannis negociatoris, 9.

CHLOTHACHARIUS, 9, 10. — Vide CHLOTARIUS.

CHLOTHARIUS, 26. — Lege CHLODOVIUS III.

CHLUDOVICUS, 13. — Vide CHLODOVIUS.

CHRADOBERCTUS, testis, 16.

CHRISTINA, abbatissa Montis Martyrum, 303. — Chartæ ejus de domo Roberti sacerdotis, 303.

—— filia Goini, 334.

CHRISTOILUM (*Créteil, Seine, c^on de Charenton*), 76; CRISTOILUM, 90, 93, 387.

CHRODEBERGA, 7.

CHRODEGARIUS, vir inluster, 9.

CHRODESINTA, 7.

CHROTHARDUS, 27. — Vide ROTHARDUS.

CILIMANICUS pagus, 19. — Vide CENOMANI.

CILLIANICUS, alodus in comitatu Aurelianensi, 99.

CINTHIUS, cardinalis S. Adriani, 354, 377, 388.

CIVILIACUM (*Chevilly, Seine, c^on de Villejuif*), 35, 50, 90, 93, 228, 241, 242, 300, 387, 474.

CIVILLIACUM, 300. — Vide CIVILIACUM.

CLAMARDUM (*Clamart, Seine, c^on de Sceaux*), 143, 146, 207.

CLAMART, 146. — Vide CLAMARDUM.

—— (Johannes de), 291.

CLAMIGIACO (Walterius de), 130.

CLARA (Hugo de), 402.

CLARAVALLIS (*Clairvaux, Aube, c^on de Ville-sous-la-Ferté*). Abbatia B. Mariæ, 435; abbas, vide BERNARDUS.

CLAREMBALDUS, filius Henrici Morelli, 423.

—— major de Clichiaco, 423, 424.

CLARENBALDUS, testis, 97.

CLARUS, episcopus Gratianopolitanus, 14, 17.

—— sacerdos, canonicus S. Genovefæ, 176, 202.

CLAUSTRO (Ancherus de), 329.

CLEMENS, decanus Parisiensis, 310, 324, 328, 346, 347, 348, 361, 374, 382, 383, 386, 392, 393.

—— Chartæ ejus de domibus Leonello concessis, 374; de dono modii unius frumenti Leprosorum domui facto, 361; de donatione a S. Mederici canonicis ecclesiæ S. Maglorii facta, 347; de homicidiis, 346. — Cf. CLEMENS, presbyter.

—— presbyter, canonicus Parisiensis, 296, 301, 302; postea decanus. — Vide CLEMENS, decanus.

CLEOPA, monachus, 207. — Vide CLEOPHAS DE SANCTO MARCELLO.

CLEOPHAS DE SANCTO MARCELLO, monachus, 207, 224.

CLERIACUM, 93. — Lege et vide ELERIACUM.

CLICEI, 207. — Vide CLIPIACUM.

CLICHI, 423. — Vide CLIPIACUM.

CLICHIACO (Ansoldus de), 423.

—— (Durandus de), 423.

—— (Guerricus de), 423.

—— (Hermannus de), 423.

CLICHIACUM, 414. — Vide CLIPIACUM.

CLIGIACUM, 424. — Vide CLIPIACUM.

CLIPIACUM (*Clichy-la-Garenne, Seine, c^on de Neuilly*), 17, 24, 214, 286; CLICHI, 423; CLICHIACUM, 414; CLIGIACUM, 424; CLIPPIACUM VETUS, 24. — (Major de), 423. Vide CLARENBALDUS. — Molendinum, 254, 261.

CLODOALDUS, famulus episcopi Parisiensis, 280.

CLOTARIUS, 8. — Vide CHLOTARIUS II.

CLUNIACUM (*Cluny, Saône-et-Loire, ch.-l. de c^on*), 130, 141, 143. — Abbates Cluniacenses, vide HUGO, PETRUS, PONTIUS.

COCHUNS (Desiderius), 329.

COFLENZ, 451. — Vide CONFLENZ.

COILLEFORT (Stephanus), 479.

COLA, in pago Lexuino, 19.

COLLIACUM (*Couilly, Seine-et-Marne, c^on de Crécy*), 342.

COLONCHIA, villa, 149.

—— (Mainardus de), 149. — Vide COLONGIA.

COLONGIA (Mainardus de), 148, 149.

COLONGUS, testis, 40.

COLUMBE, 359.

COMBELLIS (Radulfus de), 400, 401, 405.

COMBELS, 401, 405. — Vide COMBELLIS.

COMETISSA, filia Radulfi Delicati, 165.

COMITISSA, alias Hodierna, uxor Pagani, 141, 224.

—— uxor Gervasii de Turota, 335.

COMPENDIUM (*Compiègne, Oise*), 25, 28, 63, 65, 78, 94, 134. — Abbas Compendiensis, vide ANSOLDUS. — Præcentores Compendienses, vide RAINALDUS, REMODUS.

CONA (*Cannes, Seine-et-Marne, c^on de Montereau*), 143, 207.

CONCILIA Parisiensia : Concilium anni DCXXXI, 11; — DCCCXXIX, 49-50; — MXLV, 117; — MXCII, 134; — MCIV, 157; — MCXLVII, 307; — MCLXX, 406-407.

CONFIRMATIONES BONORUM ecclesiæ Montis Martyrum, 254, 259, 261, 290, 309, 381; — Parisiensis, 34, 43, 45, 58, 69, 89, 92, 103, 178, 209, 231, 267, 294, 309, 386, 432; — S. Dionysii, 15, 107, 286; — S. Dionysii de Carcere, 216; — S. Eligii, 275; — S. Genovefæ, 109, 160, 822, 377, 394, 455; — S. Germani de Pratis, 41, 47, 54, 68, 77, 160, 236, 290, 298, 338, 355, 370, 378, 380, 448, 466; — S. Lazari, 308, 358; — S. Maglorii, 98, 115, 196, 238, 355, 356; — S. Marcelli, 352; — S. Martini de Campis, 125, 141, 160, 182, 206, 224, 257, 265, 285, 308, 317, 433, 446; — S. Opportunæ, 355, 360, 458; — S. Petri Fossatensis, 25, 258, 380; — S. Victoris, 190, 222, 241, 259, 261, 267, 278, 282, 289, 290, 299, 301, 308, 338, 473.

CONFLANZ (Ivo de), 166.

—— (Ivo de), 451.

—— (Radulfus de), 451.

CONFLUENTIA, vide CONFLUENTIUM.

CONFLUENTIUM (*Conflans, Seine, c^ne de Charenton*), 143, 146, 207.

—— (*Conflans-Ste-Honorine, Seine-et-Oise, c^on de Poissy*), 133.

CONON, episcopus Prenestinus, 173.

COMPENDIUM, 25, 94. — Vide COMPENDIUM.

CONS (*Combs-la-Ville, Seine-et-Marne, c^on de Brie-Comte-Robert*), 279, 282, 300, 474; CUMBIS VILLA, 11.

CONSTANCIA comitissa, soror regis Ludovici VII, 414, 415, 422, 471.

—— Domum concedit militibus Hospitalis Hierosolymitani, 470; item militibus Templi, 422 423.

TABLE ALPHABÉTIQUE DES MATIÈRES. 491

Constancius, 54.
—— testis, 147.
—— de Sancto Laurencio, 336.
Constantia, uxor Radulfi Bordon, et nutrix Philippi Augusti regis, 430.
Constantinopolis (*Constantinople*). — Hic detulit S. Helena crucem e cruce Domini factam, 173.
Constantius, 54.
Contiacum (*Conti, Somme, ch.-l. de c^{on}*), 207.
Coquilla (Stephanus), 176.
Corbeia (Rotgerius de), 166.
Corbelle (*Corbeilles-du-Gâtinais, c^{on} de Ferrières, Loiret*), 188.
Corboilo (Johannes de), 400.
Corboilum (*Corbeil, Seine-et-Oise*), 171, 230, 278, 300; Corbolium, 206; Curbuilum, 127. — Comes Corboilensis, vide Odo, Rainaldus.
—— Præbendæ, 230. — Vicecomes Corboilensis, vide Gislebertus.

Corbolio (Fredericus de), 370. — Vide Fredericus de Corboilo.
Corbolium, 206. — Vide Corboilum.
Corcellis (Johannes de), 423.
Cormiliacus, 18.
Corneliaco (Guillelmo de), 282.
Cornillun (Guillelmus de), 359.
Corona Dei (Bernardus de), 151.
Corveiser, vide Odo, Ramundus, Richardus.
Corvesarii Parisienses, 364.
Corvesnere (Theobaudus de), 451.
Cosdroe, rex Persarum, 173.
Cosse (Henardus), 197.
Costabulus, testis, 370.
Creceio (Hugo de), dapifer, 164.
Crethiaco (Hugo de), 305.
Cretis insula crucem e ligno crucis Domini factam possidet, 173.
Crispeio (Odo de), 410.
—— (Petrus de), 480.

Crisperle (*Crépières, Seine-et-Oise, c^{on} de Poissy*), 207.
Crispinus, decanus Antoniaci, 362.
Cristoilum, vide Christoilum.
Crux e ligno crucis Domini facta, ecclesiæ Parisiensi mittitur ab Ansello, S. Sepulcri cantore, 171-174.
Cucbewi, habitator burgi Sancti Germani, 479.
Cumbis villa, 11. — Vide Cons.
Cundevoldus, 73. — Lege Gundevoldus.
Cupels, molendinum in Bevera, 318.
Curbuilo (Fredericus de), 127. — Vide Fredericus de Corboilo.
Curbuliensis comes, 127. — Vide Corboilum.
Curcellis (Balduinus de), 393.
Curtus (Herbertus), 480.
Cyprus insula duas e cruce Domini factas cruces possidet, 173.

D

Dado, testis, 39.
Dadowinus, monachus S. Germani de Pratis, 53.
Dagobercthus, 15. — Vide Dagobertus I.
Dagobertus I, rex Francorum, 10, 11, 13, 15, 26, 28, 61, 107. — Privilegia tribuit Sancti Dionysii cœnobio, 10, 11. — Ejus testamentum, 11.
—— sacerdos, 82.
Daimbertus, Dainbertus, Dembertus, vel Denbertus.
—— archiepiscopus Senonensis, 155, 157, 158, 182, 189, 193.
—— diaconus, canonicus Parisiensis, 216, 223, 226.
—— diaconus, canonicus S. Martini de Campis, 126, 130.
Dainbertus, 126, 189. — Vide Daimbertus.
Dalfinus, abbas S. Dionysii, 23.
Damascus (*Damas, Syrie*), 173.
Daniel, capellanus Mauricii episcopi, 443.
—— (Frater), 412.
—— sacerdos, 145.
—— Brito, canonicus Sancti Victoris, 401.
Daobercthus, vir inluster, 9.
Darenciacum (*Drancy, Seine, c^{on} de Pantin*), 246; Derenciacum, 143, 146; Derenzegium, 143.
David, conversus monasterii Montis Martyrum, 339.
David, rex Georgianorum, 172.

Delicatus (Radulfus), 165, 166, 206.
Dembertus, 223, 226. — Vide Daimbertus.
Denbertus, 182, 193. — Vide Daimbertus.
Deodatus, 74.
Deorovaldus, filius Erminethrudis, 21.
Derenciacum, vide Darenciacum.
Derenzegium, vide Darenciacum.
Derperius, monachus S. Germani de Pratis, 53.
Dertrudis, 74.
Desiderandus, abbas, 21.
Desideratus, testis, 17.
Desfée (Maria la), 479.
Deusguart, testis, 150.
Disderius Cochuns, 329.
Disiacum (*Dixy-le-Gros, Aisne, c^{on} de Rozoi-sur-Serre*), 123, 183, 207.
Dives (Theobaldus vel Tiboldus), 441, 442, 458, 461.
—— (Thomas), præpositus Parisiensis, 414.
—— (Tiboldus), 441, 442. — Vide Dives (Theobaldus).
Doai (Castellana de), vide Matildis.
Dodins (Willelmus), 479.
Dodo, abbas Sancti Dionysii in Francia, 9, 10.
Doia, uxor Guidonis de Haubervilers, 400.
Dolensis archipresbyter, 87.
Dolmons, vide Doomons.

Domicianus, episcopus Carnotensis, 7.
Dominicus, 73.
Domnus Medardus (*Dammart, Seine-et-Marne, c^{on} de Lagny*). — Decanus Domni Medardi, vide Robertus.
Dompnoxa (Fredericus de), 265.
Domus Dei, vide Hospitalis Beatæ Mariæ.
Donnolus, episcopus Cenomanensis, 7.
Doomons (*Domont, Seine-et-Oise, c^{on} d'Écouen*), 207; Dolmons, 224.
Dorcassinus pagus (*le Drugesin*), 18.
Doret (Godefridus), 147.
Donstade, 33.
Dravernum (*Draveil, Seine-et-Oise, c^{on} de Boissy-Saint-Léger*), 12.
Droca (*Dreux, Eure-et-Loir*). Annualia præbendæ in ecclesia Drocensi, S. Victoris canonicis concessa, 230. — Comes Drocarum, vide Robertus. — Comitissa, vide Agnes.
Drocas (Otrannus de), 128.
Drocis (Germundus de), 418.
Droco, presbyter, 408.
Droco, archidiaconus Parisiensis, 126, 132, 138. — Cf. Drogo, levita.
—— carnifex, 329, 336, 396, 397, 413, 455. — Cf. Drogo li Bochers.
—— consanguineus Mathei, 403.
—— famulus Sancti Martini de Campis, 225.
—— fidelis Pippini regis, 27.
—— filius Aufredi, 147.
—— grammaticus, 126.

62.

Drogo, levita, canonicus Parisiensis, 118. — Cf. Drogo, archidiaconus.
—— major, 201.
—— miles, 118.
—— nepos Helgoti, 141.
—— pincerna, 127.
—— presbyter, 126.
—— subdiaconus, canonicus Parisiensis, 216.
—— testis, 150.
—— testis, 479.
—— li Bochers, 336. — Cf. Drogo, carnifex.
—— de Oseriis, 225.
—— de Pontisara, 418.
—— de Ripa, 282.
—— de Vitriaco, frater Gunteri, 331.

Drusencurt (G. de), frater Templi, 333.
Dugniacum, vide Duniacum.
Dultianus, medicus, 276.
Duniacum (*Dugny, Seine, c^{on} de Saint-Denis*), 207; Dugniacum, 225.
Durandomarus, abbas, 21.
Durandus, canonicus Parisiensis, subdiaconus, 296; — postea diaconus, 348.
—— carpentarius, 456.
—— diaconus, notarius Ludovici Pii, 45, 46.
—— frater S. Lazari, 473.
—— (Magister), diaconus, canonicus S. Germani Autissiodorensis, 323.

Durandus, præco, 459.
—— presbyter Sancti Severini, 328, 340.
—— sacerdos, 303.
—— sacerdos, 326.
—— sacerdos, canonicus Parisiensis, 163, 165, 168, 193, 198, 204.
—— subdiaconus, 104.
—— subdiaconus, canonicus Campellensis, 323.
—— testis, 185.
—— de Clichiaco, 423.
—— de Malobuiso, 149.
—— de Ruel, 340.
Durannus, 193, 326. — Vide Durandus.

E

Ebbo, vel Ebo, archiepiscopus Remensis, 36, 50, 51.
—— de Monte Celso, 130.
Ebo, 50. — Vide Ebbo.
Ebrardus, 265, 328, 419. — Vide Evrardus.
Ebregnus pagus (*pays d'Évreux*), 18; Ebricinus, 19.
Ebrohardus, notarius, 57.
Ebroinus, abbas S. Germani de Pratis et episcopus Pictaviensis, 53, 55.
—— testis, 17.
Edrulfus, testis, 17.
Eburnus, 72.
Edera (*Yerres, Seine-et-Oise, c^{on} de Boissy-Saint-Léger*). — Abbatia Ederensis, 243, 286, 367, 368, 414. — Sacerdos de Edera, vide Gaufridus.
Edessa (*Édesse, Asie Mineure*), 113.
Edictum (*le Lendit*), 218.
Edoniacum, 19.
Eduensis episcopus, 130. — Vide Agano.
Edward, 53.
Egbertus, subprior S. Victoris, 318.
Eissi, 443. — Vide Issiacum.
Eius, referendarius, 28, 29.
Elarius, venditor, 4.
Electardus, monachus S. Germani de Pratis, 53.
Eleoius, monachus S. Germani de Pratis, 53.
Eleniacum, vide Hilbriacum.
Elfec, 53.
Elias, vide Helias.
Eligius, episcopus Noviomensis, 14, 16.
Elinandus vel Elinardus, episcopus Laudunensis, 124, 134.

Elinandus vel Helinandus, sacerdos, canonicus S. Genovefæ, 258, 274.
Elinardus, 124. — Vide Elinandus.
Elisabeth vel Helisabeth.
—— abbatissa Montis Martyrum, 414, 415, 462. — Plateam concedit Nicholao de Nulliaco, 462-463.
—— neptis Adæ, abbatissæ Montis Martyrum, 414, 415.
—— uxor Lisiardi, 455.
Elisachar, cancellarius, 37, 40.
Elisiardus, archidiaconus, 102. — Vide Lisiernus.
Elisiernus, archidiaconus, 97. — Vide Lisiernus.
Elysiardus vel Lisiernus, episcopus Parisiensis, 89, 90, 92, 93.
Emanto (Rodulfus de), 479.
Emantum, 477. — Vide Agmantum.
Emardus, sacerdos, 473.
Embertus, filius Renaudi, 441.
Emelina, Emmelina vel Hamelina.
—— filia Guineranni, 480.
—— filia Yvonis Sacerdotis, 450.
—— sanctimonialis, 154.
—— uxor Adami de Braia, 421.
—— uxor Petri Cheremaaille, 452.
Emma, uxor Chlotharii regis, 92.
Emmelina, 452. — Vide Emelina.
Enducas (Raimondus), 291.
Eneas vel Aeneas, episcopus Parisiensis, 59, 63-66, 103. — Electio ejus, 59, 60. — Privilegium pro abbatia Fossatensi, 65.
—— notarius, 340.
Engania (Gislebertus), 265.
Engelardus, 128, 130. — Vide Ingelardus.
Engelbertus, 480. — Vide Ingelbertus.

Engenulfus, 124, 127. — Vide Ingenulfus.
Engerannus, pædagogus regis, 127.
Engerboudus, habitator burgi S. Germani, 480.
Eraclius, imperator, 173.
Erardus, capellanus, 328.
Erbertus, testis, 97. — Vide Herbertus.
Ercamberta, conjux Vuandemiri, 19, 20.
Ercamboldus, testis, 39.
Ercampredus, cancellarius, 85.
Ercanradus, 59, 60. — Vide Erchenradus.
Erchenbaldus, testis, 178.
Erchenradus, episcopus Parisiensis, 35, 46, 59, 60; Ercanradus, 59, 60; Erkenradus, 35; Herchenradus, 31.
Ereblerum (*Herblay, Seine-et-Oise, c^{on} d'Argenteuil*); ecclesia S. Martini, 167.
Eremburgis, Herenburgis vel Herenburgis.
—— 54.
—— sanctimonialis, 154.
—— uxor Gausberti, 136.
Erigarius, testis, 39.
Eriniacum vel Herigniacum (*Éragny-sur-Oise, Seine-et-Oise, c^{on} de Pontoise*), 165, 206.
Erkenradus, 35. — Vide Erchenradus.
Erkenradus, testis, 82.
Erleboldus, monachus S. Germani de Pratis, 53.
Erleenus, testis, 71.
Erluinus, monachus S. Germani de Pratis, 53.
Erluinus, 201. — Vide Herluinus.
Ermarus, testis, 97.

ERMENARIUS, monachus S. Germani de Pratis, 53.
ERMENBERTUS, episcopus, 36. — Cf. HERBERTUS.
ERMENES, sanctimonialis Sancti Lazari, 473.
ERMENGARDA, mater Comitissæ, 225.
ERMENGARDIS, 54.
—— habitatrix burgi Sancti Germani, 479.
—— leprosa, 347.
—— sanctimonialis S. Lazari, 473.
ERMENGARIUS, monachus S. Germani de Pratis, 53.
ERMENOLDUS, frater S. Lazari, 473.
—— monachus Sancti Germani de Pratis, 53.
ERMENRICUS, domesticus, 16.
—— sacerdos, 104.
ERMINETHRUDIS, 21; — ejus testamentum, *ibid.*
ERMONOVILLA (*Ermenonville, Oise, c^{on} de Nanteuil-le-Haudouin*), 207, 225.
ERNALDUS, ERNAUDUS vel HERNAUDUS.
—— sacerdos, 104.
—— sacerdos, canonicus S. Germani Autissiodorensis, 323.
—— testis, 479.
—— LEVRELLUS, 149.
ERNISIUS, abbas Sancti Victoris, 372, 373, 401, 406, 417, 420, 425, 426.
—— diaconus, canonicus Sancti Victoris, 331.
—— sacerdos, canonicus Sancti Victoris, 318.
ERNODUS, piscium venditor, 339. — Cf. ERNOLDUS.

ERNOLDUS, nepos Walterii de Bannoilo, 148.
—— piscator, 340. — Cf. ERNODUS.
ERNULFUS, cancellarius, 94.
ERNUSTUS, notarius, 78, 80.
ERREXBURGIS, mater Odonis, 331.
ERVEIUS, 438. — Vide HERVEUS.
ERVISIUS, abbas S. Victoris. — Lege et vide ERNISIUS.
ESCOEN (*Écouen, Seine-et-Oise, ch.-l. de c^{on}*), 225; ESQUEM, 207.
ESCUN, 207.
ESKAGOSA (*Eschilleuse, Loiret, c^{on} de Puiseaux*), 188.
ESQUEM, 207. — Vide ESCUEN.
ESSART (Fromundus), 397.
ESSONIA (*l'Essonne, riv.*), 188.
EUFRONIUS, episcopus Nivernensis, 7.
EUGENIUS III, pontifex maximus, 298, 307, 308, 309, 310, 311, 312, 315, 321, 322, 332, 358. — Privilegia ejus pro ecclesiis Longipontis, 332; Montis Martyrum, 309; Parisiensi, 309; S. Genovefæ, 311, 312, 315, 321, 322; S. Germani de Pratis 298; S. Lazari, 308; S. Martini de Campis, 308; S. Victoris, 308.
EUSEBIUS, 8.
—— scriba, 21.
EUSTACHIUS, canonicus S. Martini de Campis, 130.
—— capellanus regis, 127-128.
—— DE BEVRA vel BIVERA, 342, 408, 443.
—— CANIS, præceptor Templi, 409, 423, 434, 437, 450.
EUSTOGIUS, episcopus, 14.

EUTO, monachus Sancti Germani de Pratis, 53.
EUVRARDUS, 234. — Vide EVRARDUS.
EVA, donatrix, 201.
—— villa (*Ève, Oise, c^{on} de Nanteuil-le-Haudouin*), 117.
EVERARDUS, 366. — Vide EVRARDUS.
EVLINA sylva (*Forêt d'Yveline*), 101.
EVRARDUS, EBRARDUS, EUVRARDUS, EVERARDUS vel EWRARDUS.
—— filius Grimoldi, 397.
—— filius Landrici, 366.
—— minister Templi, 366. — Charta ejus pro filiis Johannis de Barris, *ibid.*
—— monachus Sancti Germani de Pratis, 53.
—— sacerdos, 118.
—— testis, 82.
—— testis, 234.
—— testis, 423.
—— DE BARRIS, 265.
—— DE BRETOLIO, 305, 307.
—— CONVERSUS, 328.
—— DE GREVA, 476.
—— DE NUILLI, 405.
—— PINEL, 480.
—— TROCHARDUS, 328.
EVROICUS, 471.
EVROICIUS, carnifex, 329.
EWARDUS, testis, 125.
—— testis, 147.
EWRARDUS, 118, 397. — Vide EVRARDUS.
EXARTIS (Ecclesia de), (*les Essarts-le-Roi, Seine-et-Oise, c^{on} de Rambouillet*), 239.

F

FAIEL (Henricus de), 451.
FARULFUS, abbas S. Martini Prisciacensis, 19.
FEDERICUS, 370. — Vide FREDERICUS.
FELICIS (Johannes), 379.
FELIX, episcopus Aurelianensis, 7.
FELLANDUS, episcopus Asturicensis, 376.
FERENTINUM (*Ferentino, Italie centrale*), 432, 433, 436.
FERIA S. Dionysii, 10, 22, 26, 32.
—— S. Germani, 446.
—— S. Lazari, 181, 240, 264, 389, 447.
FERRARIÆ (*Ferrières-en-Gâtinais, Loiret, ch.-l. de c^{on}*). — Abbas S. Petri de Ferrariis, 313.
FERRARIIS (Henricus de), 282.
—— (Hugo de), 282.

FERRICUS, 329, 400, 401, 405, 413, 416, 422. — Vide FREDERICUS.
FEVRENTIACUM (*Frévent, Pas-de-Calais, c^{on} d'Auxy-le-Château*), 208.
FIGULARIA (*rue de la Poterie*), 421.
FILLONS (Stephanus), 480.
FIRMATUS, 53.
FLAGO, testis, 71.
FLAMMA REGIA, villa, 143.
FLAMMEN (Bucardus), 336.
FLAVARDUS, monachus S. Germani de Pratis, 53.
FLOALDUS BRACHIUM FERRI, 393.
FLOHERIUS, miles, 149.
FOLLERADUS, 28, 32. — Vide FULRADUS.
FOLRADUS, 26, 27, 32. — Vide FULRADUS.
FONS BLAHAUT (*Fontainebleau, Seine-et-Marne*), 264.

FONS SANCTI REMIGII, 13.
FONTANÆ (*Fontaine-le-Port, Seine-et-Marne, c^{on} du Châtelet*), 143, 244.
FONTANETO (Burdinus de), 202.
—— (Guimerius de), 352.
—— (Henricus de), 291.
—— (Landricus de), 203.
—— (Tigerins de), 149.
FONTANETUM (*Fontenay-aux-Roses, Seine, c^{on} de Sceaux*), 133; FONTENETUM, 291; FONTENIACUM, 359; FONTINIACUM, 98.
—— (*Fontenay-lès-Louvres, Seine-et-Oise, c^{on} d'Écouen*), 207.
—— (*Fontenay-sous-Bois, Seine, c^{on} de Vincennes*), 71, 188; FONTENETUM, 90, 98, 352.
FONTENA, villa, 148.
FONTENETUM, 90, 98, 291, 352. — Vide FONTANETUM.

FONTENIACUM, 359. — Vide FONTANE-
TUM.
FONTINIACUM, 98. — Vide FONTANETUM.
FORMOSUM PRATUM, 13.
FONVILLA (Robertus de), 275.
FOSSATENSIS abbatia (*Saint-Maur-
les-Fossés, Seine, c^{on} de Charenton*),
25, 39, 54, 59, 65, 72-74, 84,
85, 95, 103, 104, 117, 161, 162,
164, 251, 252, 253, 258, 296,
313, 381, 398, 410, 411. —
Abbates, vide ADHELNEUS, ASCELINUS,
HILDEBERTUS, ODO, THEOBALDUS. —
Bona ejus confirmantur, 25, 258,
381. — Bona ei tribuuntur ab Hu-
gone rege, 95; a Teudone vice-
comite, 84. — Bona quæ Parisius
IXe sæculo possidebat, 72-75. —
Præbenda ei tribuitur in ecclesia
Parisiensi, 65, 103. — Prioratum
S. Eligii reformandum accipit, 251-
253.
FOSSI (Lo), juxta Mustarolium, 384.
FRAMENGARIUS, monachus S. Germani
de Pratis, 53.
FRAMERICUS, coquus, 124.
FRANCO, 54.
—— cancellarius, 110, 111.
—— decanus, postea episcopus Parisiensis, 111, 112, 113.
—— episcopus Cenomanensis, 36,
50, 51.
—— episcopus Parisiensis, vide
FRANCO decanus.
—— monachus Sancti Germani de
Pratis, 53.
FRAXINETUM, villa, 18.
FRECULFUS, episcopus Lexoviensis,
36, 50, 51.
FREDEBOLT, 53.
FREDEGARIUS, testis, 82.
FREDERICUS vel FERRICUS.
—— canonicus S. Victoris, 417.
—— diaconus, 202, 258, 274.
—— diaconus, canonicus Beatæ Mariæ, 217.
—— filius Gosberti Briardi, 400.
—— filius Guidonis de Ulmis, 405.
—— filius Hugonis, 282, 304.
—— filius Theobaldi, 186, 201.
—— frater Philippi, 422.
—— frater Roberti Polini, 400.
—— miles, 477.
—— monachus Sancti Germani de
Pratis, 54.
—— parmentarius, 234.
—— subdiaconus, canonicus Sanctæ
Genovefæ, 176.
—— [de Balneolo], servus, 203.
—— DE CORBOLIO, 127.
—— DE CORBOLIO, 370.
—— DE DOMPNIONE, 265.

FREDERICUS DE GENTILIACO, 413, 417.
—— DE GRINNIACO, 400.
—— PARISIENSIS vel DE PARISIUS,
miles Ludovici VII, 331, 399,
400, 401, 417. — Censum con-
cedit ecclesiæ S. Victoris, 417.
—— DE PEVIERS, 416.
—— DE SANCTO DIONISIO, 137.
—— DE SANCTO MARCELLO, 151.
—— DE VITRIACO, 329.
FREDO, clericus, 372.
FREESEMDIS, cognomine Villana, 424.
FRENES (*Fresnes, Oise, c^{on} de Chau-
mont*), ecclesia B. Martini, 395.
FRERRICUS, testis, 147.
FRIDERUNA, uxor Karoli Simplicis, 81.
FRIDUGISUS, cancellarius Ludovici Pii,
45, 46.
FRISIONES negociatores, 26.
FROCIA, leprosa, 347.
FRODMUADUS, 234. — Vide FRO-
MUNDUS.
FROGERIUS vel FROGERUS.
—— filius Tiberti, 328.
—— frater Renodi Apostolici, 383.
—— monachus Sancti Germani de
Pratis, 198.
—— pater Guillelmi, 282.
—— testis, 194, 196. — Vide FRO-
GERIUS CATALAUNENSIS.
—— ASINARIUS, 333.
—— CATALAUNENSIS, 185, 186, 194,
196; DE CHATARAUNO, 178.
—— DE CHATARAUNO, 178. — Vide
FROGERIUS CATALAUNENSIS.
FROGERUS, 186. — Vide FROGERIUS.
FROLLANDUS, episcopus Silvanectensis,
124.
FROMUNDUS, FRODMUNDUS vel FROT-
MUNDUS.
—— episcopus Tricassinorum, 108.
—— frater Werneri de Parisius,
127.
—— habitator burgi Sancti Ger-
mani, 479.
—— laicus, 198.
—— testis, 150.
—— CANAT, 234.
—— ESSANT, 397.
—— DE RUELLA, 234.
FROTBALDUS, episcopus Carnotensis,
60.
—— monachus Sancti Germani de
Pratis, 53.
FROTHARDUS, 73.
FROTMUNDUS, 108, 127. — Vide FRO-
MUNDUS.
FUBERTUS, carpentarius, 408.
—— frater Templi, 423.
FULBERTUS, 54.
—— canonicus Beatæ Mariæ, 280.
—— episcopus Carnotensis, 108. —

Epistolæ ejus ad clerum Parisiensem, 114; ad Franconem episcopum, 112, 113; ad Robertum re-
gem, 111.
FULBERTUS, famulus Sancti Martini de
Campis, 225.
—— monachus S. Eligii, 434.
—— subdiaconus, canonicus Parisiensis, 154, 163, 165, 168, 204,
215, 223, 227.
—— testis, 40.
—— testis, 147.
—— DE STAMPIS, 154.
FULCARIUS, episcopus, 36. — Vide
FULCHARIUS.
FULCHARIUS, episcopus, 36, 50, 51.
FULCHERII (Gaufridus), 409.
FULCHERIUS, pater Heinrici, 151.
FULCHERUS, decanus S. Germani Autissiodorensis, 280.
—— testis, 125.
FULCHO, 87, 234. — Vide FULCO.
FULCIACUM, 93. — Lege SULCIACUM.
FULCO, abbas Sancti Remigii Remensis, 52.
—— acolythus, 104.
—— canonicus de Sancto D...,
234.
—— coquus, 201.
—— comes, 87, 98.
—— decanus Parisiensis, 138, 144,
145, 146; postea episcopus Parisiensis, 151, 152, 154, 155, 156,
157.
—— decanus (forte S. Martini de
Campis), 201.
—— episcopus Ambianensis, 108.
—— episcopus Aurelianensis, 108.
—— episcopus Parisiensis, vide
FULCO, decanus.
—— episcopus Suessionensis, 108.
—— filius Gauterii Incisoris, 291.
—— filius Johannis, 403.
—— magister scholarum ecclesiæ Aurelianensis, 407, 408.
—— miles, 118.
—— presbyter S. Dionysii de Carcere, 328.
—— sacerdos, canonicus Parisiensis,
253.
—— subdiaconus, canonicus S. Victoris, 250.
—— testis, 150.
—— DE PALESEOLO, 212.
—— DE PARCENG, 166.
—— PICOT, 329.
FULCOICUS, sacerdos, 323. — Vide
FULCOIUS presbyter.
FULCOIS (Bartholomeus de), 178. —
Vide BARTHOLOMEUS DE FULCOSIO.
FULCOIUS, presbyter Sancti Germani,
323, 328.

TABLE ALPHABÉTIQUE DES MATIÈRES. 495

Fulcoius, subdiaconus, 118.
Fulcose vel Fulcosio (Bartholomeus de). — Vide Bartholomeus de Fulcosio.
Fulradus, Folradus vel Folleradus.

Fulradus, abbas Sancti Dionysii, 26, 27, 28, 32.
—— episcopus Parisiensis, 85.
Funtanella (Fontenelle ou Saint-Wandrille, Seine-Inférieure, c^{on} de Caudebec), 18.

Funtanetium, 202, 203. — Vide Fontanetum.
Furcæ (Fourches, Seine-et-Marne, c^{on} de Brie-Comte-Robert), 110, 244.
Furjuliensis pagus (Fréjus, Var), 2.
Furno (Robertus de), 284.

G

G., prior Beatæ Mariæ de Campis, 332. — Vide Gislebertus.
—— de Drusencurt, frater Templi, 333.
Gaerechramnus, diaconus, 17.
Gaerhardus, comes, 34. — Vide Gerardus.
Gaerinus, jussus testis, 17.
Gaido, thesaurarius Novariensis, 429.
Gailenus, testis, 40, n.
Gairefredus, comes Parisiensis, 27.
Gairehardus, comes Parisiensis, 27. — Vide Gerardus.
Gairinus, comes Parisiensis, 23.
Galdricus, monachus Sancti Germani de Pratis, 198.
—— testis, 479.
—— de Saviniaco, 400.
Galeramnus, 122. — Vide Galerannus.
Galerannus, Galeramnus, Gualerannus vel Walerannus.
—— camerarius, 127.
—— comes, 118, 122.
—— comes Mellenti, 275, 281-284, 301, 405, 475. — Ecclesiæ S. Genovefæ xiii denarios redditus concedit, 284; — ecclesias S. Gervasii et S. Johannis capitulo S. Nicholai Mellenti concedit, 275; — ecclesiæ S. Lazari censum tribuit, 284; — ecclesiæ S. Victoris xl solidos redditus concedit, 281, 283.
—— comes forte Mellenti, 150.
—— frater Templi, 333.
—— pater Widonis camerarii, 175.
—— præcentor Parisiensis, 132, 137, 138, 144, 145, 146, 152.
—— testis, 84.
—— (Theodoricus seu Terricus), 265, 305, 307, 334.
—— de Mellento, 282. — Vide Galerannus, comes Mellenti.
—— de Villaperor, 166.
Galicherus (Guido), 479.
Galo, Gualo vel Walo.
—— episcopus Parisiensis, 155, 156, 157, 159, 161, 163, 164, 165, 167, 168, 169, 170, 171, 179, 182, 189, 190, 192, 193, 228, 241, 247, 251, 299, 301, 473. — Privilegia ejus de S. Eli-

gii reformatione, 161; de præbendis S. Opportunæ, 168; pro S. Genovefæ famulis, 164; pro S. Marcelli canonicis, 192.
Galo, filius Roberti, 141.
—— magister scholarum Parisiensium, 230, 231.
—— miles Pagani, 141.
—— servus Sancti Martini de Campis, 196.
—— succentor Parisiensis, presbyter, 457, 468.
—— sutor, 197.
—— testis, 479.
Galterius Galterus, Galtherius, Gaulterics, Gaulterus, Gauterius, Gauterus, Gualterius, Gualterus, Walterius, Walterus vel Waltharius.
—— camerarius regis Francorum, 431, 459, 460. — Ejus privilegium pro hospitali S. Gervasii, 459.
—— camerarius Sancti Martini de Campis, 147.
—— canonicus Sancti Martini de Campis, 130.
—— capellanus de Chailli, 418.
—— capellanus et sacerdos, 361, 382, 393, 401, 412, 427.
—— carpentarius, 410, 480.
—— conjux Gode, 25.
—— custos equorum S. Martini de Campis, 141.
—— diaconus, canonicus Parisiensis, 253.
—— diaconus, canonicus Sancti Victoris, 250.
—— dictus Paganus, 141, 224.
—— episcopus Albanensis, 376, 388.
—— episcopus Meldensis, 124, 126, 134, 138.
—— episcopus Parisiensis, 86.
—— episcopus Tricassinus, 134.
—— filius Berneri, 124.
—— filius Emmelinæ, 452.
—— filius Johannis, 86.
—— filius Odonis de Sancto Marcello, 326.
—— filius Philippi, 422.
—— filius suæ matris, 154.

Galterius, filius Werrici, 166.
—— frater Herluini, 403.
—— gener Ebrardi, 328.
—— habitator burgi Sancti Germani, 480.
—— magister domus Hospitalis Parisiensis, 443.
—— (Magister), sacerdos, canonicus Parisiensis, 250, 280, 281, 293, 296, 298, 301, 302, 326, 328, 348, 361, 374, 382, 383, 395, 430, 457, 468.
—— major, 137, 141, 147, 151.
—— major de Vanvis, 424.
—— marescallus B. Dionysii, 412.
—— miles, 137.
—— monachus Sancti Germani de Pratis, 198.
—— præcentor Parisiensis, 457, 468.
—— præpositus Pissiacensis, 127.
—— presbyter, 349.
—— presbyter S. Leufredi, 328.
—— prior S. Martini de Campis, 396, 397, 421, 422. — Chartæ de censu solvendo a Gerardo cementario, 397; de commutatione bonorum cum Drogone carnifice, 396; de concordia inter Adam de Braia et Theobaldum, 421; de domo Alberti præcentoris, 396.
—— puer, canonicus Parisiensis, 139.
—— puer, canonicus Parisiensis, 430.
—— puerulus Sancti Martini de Campis, 201.
—— quadrigator, 480.
—— qui fuit abbas, 397.
—— sacerdos, canonicus Parisiensis, 138.
—— subcamerarius S. Martini de Campis, 397.
—— subdiaconus, 118.
—— subdiaconus, 399.
—— testis, 82.
—— testis, 84.
—— testis, 132.
—— testis, 137.
—— testis, 149.
—— testis, 150.
—— testis, 408.

GALTERIUS, testis, 479.
— DE BANNOILO, 148.
— DE BARUT, magister Templi in Francia, 437. — Cujusdam domus medietatem concedit Roberto Amiclo, 437.
— DE BELLO CAMPO, 282.
— DE BRITOILO, 396.
— DE CLAMICIACO, 130.
— INCISOR, 291.
— MUSAVENA, 166.
— NORMANNUS, 479.
— AD PETRAM, de Sancto Martino, 454.
— PHILIPPI, 452.
— PINÇUX, 276, 359.
— LI POHERS, 336.
— DE PONTISARA, 328.
— POPINS vel POPINUS, major Carronæ, 326, 452, 475.
— DE RUELLA, 408.
— RUSELLUS, 137.
— SALHENDIEN, 463.
GALVERUS, 250, 282, 328, 412, 418, 421, 422, 424, 430, 452, 457, 459, 460, 463, 468, 475. — Vide GALTERIUS.
GALTHERIUS, 376. — Vide GALTERIUS.
GAMALDUS, episcopus forte Tricastinensis, 14.
GAMARDUS, testis, 20.
GAMELINA, filia Clarembaldi, majoris de Clichiaco, 424.
GAMILLIACUM (Gamilly, Eure, c^{ne} de Vernon), 176.
GAMMO, 20, 21, 22. — Lemausi monasteriolum concedit cœnobio S. Germani de Pratis, 20. — Hujus doni confirmatio, 22.
— monachus Sancti Germani de Pratis, 53.
— notarius, 69.
GANCTULFUS, testis, 17.
GARINUS, GARRINUS, GUARINUS vel WARINUS.
— abbas S. Genovefæ, 378.
— abbas S. Victoris, 420, 421, 424, 425, 426, 441. — Compositionem facit cum abbatia S. Germani de Pratis de quodam censu, 441-442.
— acolythus, 118.
— archidiaconus Parisiensis, 97, 104.
— canonicus S. Opportunæ, 328.
— carpentarius, 401, 402, 452.
— cementarius, 418, 436, 459.
— clericus, 118.
— comes, 461.
— coquinarius, 464.
— filius Henrici de Fonteneto, 291.

GARINUS, filius Lamberti de Lisiaco, 405.
— filius Lethardi, 186.
— frater Teudonis, testis, 201.
— frater Walterii majoris, 136, 137, 141, 151.
— laicus, 198.
— monachus Sancti Germani de Pratis, 53.
— nepos Ansoldi, 123.
— pater Girelmi, 477.
— puer, 458.
— sacerdos, canonicus S. Germani Autissiodorensis, 323.
— serviens Beatæ Mariæ de Campis, 403.
— subdiaconus, canonicus Parisiensis, 104.
— tertius prior S. Germani de Pratis, 410.
— testis, 147.
— DE CAMPIS, 151.
— DE ISLO, 127.
— [vel GARNERUS] DE MAGNIACO, 405.
— POSTEL, 326.
— RUFUS, 460, 461.
— TEON, 147.
— DE VILLAFLIX, 405.
GARLANDA, GUARLANDA, WARLANDA. — Vide ANSELLUS DE G., GISLEBERTUS DE G., GUIDO DE G., GUILLELMUS DE G.
GARLANDE (Havidis la), 479.
GUARLANDA, 178, 182. — Vide GARLANDA.
GARSERIUS, GARNERUS, GUARNERIUS, GUARNERUS, WARNARIUS, WARNERIUS. 450.
— abbas Majoris Monasterii, redditus ordinat sacristariæ B. Mariæ de Campis, 327.
— camerarius, 326.
— clericus, 234.
— condubanarius, 291.
— famulus, 212.
— filius Garnerii, 132.
— filius Leigardis, 329.
— miles, 118.
— nepos Herluini, 330.
— pater Hugonis, 282, 304, 359.
— pater Sultani, 458.
— pater Warnerii, 132.
— præpositus Mellenti, 275.
— sacerdos, filius Petronillæ, 427.
— subprior S. Victoris, 250, 331.
— testis, 324.
— vicarius, 250.
— CALCEUS, 166.
— DE PARISIUS, 127, 166.
— DE PORTU, 246.
— DE SANCTO MARCELLO, 349.

GARNERIUS SILVANECTENSIS, 206.
GARNERUS, 250, 282, 324, 427. — Vide GARNERIUS.
GARRINUS, 405. — Vide GARINUS.
GASTINELLUS vel GUASTINELLUS. — Vide ODO GASTINELLUS, JOHANNES GASTINELLUS.
GASTINENSIS pagus, 255, 262.
GATDO, 53.
GATHO, sacerdos, 476.
GAUBERTUS, 339. — Vide GAUSBERTUS.
GAUCHERUS, diaconus, canonicus S. Genovefæ, 258, 274.
— frater Radulfi de Combellis, 400, 401.
GAUCIOBERTUS, diaconus, 17.
GAUFREDUS, 212, 410, 479, 480.
— Vide GAUFRIDUS.
GAUFRIDUS, GAUFREDUS, GAUSFREDUS, GAUSFRIDUS, GOIFFRIDUS, GOIFRIDUS, GOISFREDUS, GOSFREDUS.
— abbas Sancti Germani de Pratis, 342.
— actionarius, 459.
— archicancellarius, 135. — Cf. GAUFRIDUS, episcopus Parisiensis.
— diaconus, 458.
— episcopus Autissiodorensis, 134.
— episcopus Carnotensis, 230, 232, 237, 238, 248. — Charta ejus de concordia inter Stephanum episcopum et Theobaldum archidiaconum, 232. — Epistola ad Honorium papam, 238; — ad Stephanum episcopum, 237.
— episcopus Parisiensis, 126, 131, 132, 134, 137, 138, 139; archicancellarius, 135. — Monachis Majoris Monasterii dat ecclesiam B. Mariæ de Campis, 138; — monachis S. Maglorii confirmat possessionem gurgitis in Sequana, 137.
— frater Hugonis dapiferi, 132.
— frater Pagani, 133, 148.
— levita, canonicus Parisiensis, 104; idem, ut videtur, qui presbyter, 126.
— monachus Clarævallensis, 307, 319. — Ad Albinum, episcopum Albanensem, scribit de concilio Parisiensi, 307.
— monachus Sancti Germani de Pratis, 410.
— præpositus de Monteleheri, 431.
— presbyter, 328.
— presbyter, clericus Theobaldi archidiaconi, 234.
— prior Sancti Martini de Campis, 130.
— puer, canonicus Parisiensis, 468.
— sacerdos, 176.

TABLE ALPHABÉTIQUE DES MATIÈRES. 497

Gaufridus, sacerdos, canonicus S. Genovefæ, 273, 274.
—— sacerdos de Edera, 417.
—— sartor, 410, 480.
—— subcapellanus, 127.
—— subdiaconus, canonicus Parisiensis, idem sane qui vocatur Goiffridus, 139, et Gaufridus, 165.
—— subdiaconus, canonicus Parisiensis, 302, 382, 401.
—— subdiaconus, canonicus S. Germani Autissiodorensis, 323.
—— testis, 132.
—— Anglicus, 479.
—— Aquilanus, 280.
—— Bertrant, 275.
—— Brito, commendator Hospitalis Hierosolymitani, 416.
—— Fulcherii, magister Templi cis mare, 409.
—— de Gini seu Goiri, canonicus Parisiensis, 412, 466.
—— Malaterra, 212.
—— Piper, diaconus, 398.
—— Rufus, 480.
—— de Sancta Barbara, 407.
—— de Spar..., subdiaconus, 258.
Gaulterius, 86. — Vide Galterius.
Gaulterus, 126, 302. — Vide Galterius.
Gausbertus, Gaubertus, Gauzbertus, Gobertus, Goisbertus, Gozbertus vel Josbertus.
—— 54.
—— canonicus S. Martini de Campis, 130.
—— frater Rohardi, 136.
—— levita, 104.
—— monachus Sancti Germani de Pratis, 53.
—— piscium venditor, 339.
—— scriptor, 458.
—— subdiaconus, canonicus S. Victoris, 318.
—— testis, 125.
—— testis, 479.
—— thesaurarius S. Germani de Pratis, 82.
Gausbertus Briardus, 400.
Gauscelmus, piscator, 133.
Gausfredus, 133, 138, 148. — Vide Gaufridus.
Gausfridus, 104, 148, 176. — Vide Gaufridus.
Gauterius, 291, 359, 396, 397, 410, 413, 443, 480. — Vide Galterius.
Gauterus, 250, 280, 293, 296, 326, 336, 382, 395, 408, 431. — Vide Galterius.
Gauzbertus, 53. — Vide Gausbertus.
Gauzlenus, 62. — Vide Goslenus.

Cartul. — I.

Gaczlinus, 69. — Vide Goslenus.
Gazo, testis, 147.
Gebelina, uxor Rohardi, 136.
Gedeon, monachus S. Germani de Pratis, 53.
Geldevinus, 318. — Vide Gilduinus.
Gelduinus, 270. — Vide Gilduinus.
Gellendis, filia Goini, 334.
Gevardus, pater Teberti, 192, 255, 262, 282.
Gemelinus, testis, 95.
Genesteio (Molendinum de), 457.
Geno, testis, 348, n. — Cf. Benno.
Genovefa, ancilla S. Germani Autissiodorensis, 325.
—— de Sancto Germano, 418.
Genselinus, Silvanectensis buticularius, 95.
Gessericus, referendarius, 95.
Genta, alias Adelendis, 263, 265, 408, 409.
—— uxor Obizonis, 233, 234.
Gentiliacus (Gentilly, Seine, c^{on} de Villejuif), 69, 70, 282, 359; — molendinum de Gentilli, 359.
Gentilli, 359. — Vide Gentiliacus.
—— (Fredericus de), 417.
Georgianorum rex, vide David.
Georgius (Magister), 408.
—— pater Holdeberti, 212.
Geraldus, 82, 86. — Vide Gerardus.
Geraldus, Geraldus, Geraudus, Giraldus, Girardus vel Giraudus.
—— archidiaconus Parisiensis, 361, 362, 374, 382, 383, 395, 429, 430, 457, 468.
—— bolengarius, 166.
—— cancellarius, 86.
—— cantor, 398.
—— cardinalis tituli S. Crucis in Hierusalem, 270.
—— cardinalis tituli S. Stephani in Cœlio Monte, 354.
—— cementarius, 397.
—— clericus, 120.
—— comes Parisiensis, 27, 28, 29; Gaerhardus, 34; Gairehardus, 27.
—— commendator Parisiensis Hospitalis Hierosolymitani, 471.
—— episcopus Cadurcensis, 376.
—— episcopus Ostiensis, 127.
—— justiciator, 480.
—— levita, 118.
—— monachus Clarævallensis, 319.
—— monachus Sancti Germani de Pratis, 53.
—— notarius Romanæ ecclesiæ, 448.
—— puer, canonicus Parisiensis, 348.
—— sacerdos, 82.

Gerardus, subdiaconus, canonicus S. Germani Autissiodorensis, 323.
—— de Loratorio, 133.
—— Puella (Magister), 429.
—— Rufus, 423.
—— de S. Dionysio, 458.
Geraudus, 376. — Vide Gerardus.
Geraumus, presbyter S. Innocentii, 328. — Cf. Girelmus.
Gerbertus, 54, 167, 199, 200, 209, 410. — Vide Girbertus.
Gerburgis, 54.
Gerelmus, 477. — Vide Girelmus.
Gerharius, testis, 40, n.
Gerlindis, 239.
—— servus, 116.
Gerlo, 53.
Germanus, censarius, 176.
—— episcopus Parisiensis, 1, 2, 3, 5, 7, 8. — Privilegium ejus pro S. Crucis et S. Vincentii monasterio, 5, 7.
Germundus, Girmundus, Guermundus, Warmundus, Welmundus vel Wuilmundus.
—— canonicus Parisiensis, sacerdos, 281, 293, 298; — succentor, 302; — archidiaconus, 323, 324, 328, 348, 361, 362, 374, 382, 383, 393, 430.
—— filius Belini, 480.
—— filius Gauterii carpentarii, 480.
—— frater Alenni, 410.
—— levita, canonicus Parisiensis, 104.
—— testis, 147.
—— vicecomes, 85.
—— de Drocis, 418.
—— Panis Muscidus, 329.
Geroardus, 74.
Geroldus, 118, 307. — Vide Giroldus.
Gerri, camerarius S. Genovefæ, 469.
Gervasius, archiepiscopus Remensis, 124.
—— dapifer, 307.
—— famulus S. Victoris, 401.
—— filius Gervasii de Turota, 335.
—— filius Henrici Lotharingi, 186.
—— testis, 412.
—— de Turota, 331, 335.
Ghions (Stephanus), 480.
Guhanno, testis, 20.
Gibelina, ancilla Sanctæ Genovefæ, 202, 203.
Gibellinus vel Wibellinus, patriarcha Hierosolymitanus, 171, 172.
Giberne, habitator burgi Sancti Germani, 480.
Gibuinus, episcopus Catalaunensis, 92.
Gigaudus de Cella, 403.

GILA, filia Alelmi, 391.
— filia Constantiæ, nutricis regis Philippi Augusti, 430.
— filia Hervei, 456.
— uxor Matthei, 403.
GILBERTUS, 193, 422. — Vide GISLEBERTUS.
— episcopus Parisiensis, 203. — Vide GIRBERTUS.
— PORRETANUS, 307.
GILDIVINUS, 281. — Vide GILDUINUS.
GILDOUINUS, 330. — Vide GILDUINUS.
GILDUINUS, GILDEVINUS, GELDUINUS, GILDIVINUS vel GILDOUINUS.
— abbas S. Victoris, 228, 242, 250, 270, 281, 289, 317, 318, 323-325, 330, 331. — Donum Garnerio sub censu concedit, 330; — vineas apud Savias vendit Alberto Stampensi, 250.
— filius Asconis, canonicus, ut videtur, Sanctæ Genovefæ, 274.
— puer, canonicus, ut videtur, Sanctæ Genovefæ, 274.
GILLEBERTUS, 214, 281. — Vide GISLEBERTUS.
GILLIBERTUS, 327. — Vide GISLEBERTUS.
GILLA, filia Alelmi, 391.
GILLEBERTUS, 203, 253, 298, 423, 456, 463. — Vide GISLEBERTUS.
GILLIACUS, in pago Blesiacensi, 97.
GILO, testis, 145.
— testis, 479.
GIMMINIACUS, villa in comitatu Aurelianensi (*Gémigny, Loiret, c^{on} de Patay*), 99.
GINEBOLDUS, 196. — Vide GUINEBALDUS.
GIRADUS, 54.
— episcopus Ostiensis, 110.
GIRALDUS, 120, 127, 177. — Vide GERARDUS.
GIRARDUS, 53, 133, 166, 348, 362, 374, 382, 395, 398, 423, 429, 430, 457, 458, 468, 471, 480. — Vide GERARDUS.
GIRAUDUS, 323, 361. — Vide GERARDUS.
GIRBERTUS vel GERBERTUS.
— 54.
— archidiaconus Parisiensis, 185; cf. episcopus Parisiensis.
— cancellarius ecclesiæ Parisiensis, 163, 165, 167, 168, 169.
— cubicularius, 132.
— episcopus Parisiensis, 198, 199, 200, 203, 204, 205, 209, 215, 216, 217, 219, 221, 228, 233, 241, 247, 285. — Confirmat donationem a Galone episcopo S. Victoris ecclesiæ factam, 215; — confirmat fundationem S. Dionysii de Carcere, 216. — Præbendam dividit Stephani archidiaconi, 219. — S. Germani Autissiodorensis ecclesiam a quadam consuetudine liberat, 203.
GIRBERTUS, filius Teberti, 326.
— frater Frogerii, 328.
— pater Hugonis, 407.
— portarius, 410, 480.
— testis, 201
— testis, 366.
GIRBOLDUS, 73.
— monachus Sancti Germani de Pratis, 53.
— (Johannes), vide JOHANNES GIRBOLDUS.
GIRELMUS vel GERELMUS.
— cambitor, 328.
— filius Garini, 477.
— miles, 132.
— pater Hungeri et Hugonis, 279, 283, 300, 475.
— presbyter Sanctorum Innocentium, 328. — Cf. GERAUMUS.
— sacerdos, 323.
GIRI (Gaufridus de), vide GAUFRIDUS DE GIRI.
GIRMUNDUS, vide GERMUNDUS.
GIRO, avus Richardi de Sancto Marcello, 302.
GIROLDUS, GEROLDUS vel GIROUDUS.
— canonicus S. Genovefæ, puer, 176; subdiaconus, 202, 258.
— laicus, 198.
— matricularius, 150.
— monachus Sancti Germani de Pratis, 53.
— pater Petri, 479.
— subdiaconus, 118.
— testis, 82.
— testis, 331.
— BORNUS, 150.
— LI BORRERS, 479.
— PONDERIUS, 149.
— DE SCALUNMAISNIL, 307.
GIROLFUS, forestarius, 176.
GIROTIA, 53.
GISLA, 53.
GISLABERTUS, 442. — Vide GISLEBERTUS.
GISLARIUS, monachus S. Germani de Pratis, 53.
GISLEBERTUS, GILBERTUS, GILEBERTUS, GILIBERTUS, GILLEBERTUS, GISLABERTUS vel GISLIBERTUS.
— bubulcus, 479.
— buticularius, vide GISLEBERTUS DE GARLANDA.
— cancellarius regius, 153.
— canonicus S. Benedicti, 452.
— canonicus Sancti Martini de Campis, 130.
GISLEBERTUS, capellanus Templi, 423.
— carpentarius, 463, 464, 480.
— coquus, 480.
— decanus, 479.
— decanus Sancti Marcelli, 247, 268, 281.
— episcopus Meldensis, 108.
— filius Noel, 480.
— frater Anselmi de Garlanda, 193. — Vide GISLEBERTUS DE GARLANDA.
— frater Petronillæ, 422.
— major, 480.
— notarius Caroli Calvi, 63.
— notarius Philippi regis, 130.
— presbyter, canonicus S. Genovefæ, 202; idem forte qui thesaurarius, 176.
— prior Beatæ Mariæ de Compis, 327, 332.
— prior Sancti Martini de Campis, 126.
— sacerdos, canonicus Parisiensis, 104, 118.
— sacerdos, canonicus Parisiensis, 244, 253.
— subdiaconus, canonicus S. Genovefæ, 274.
— testis, 128.
— testis, 132.
— testis, 148.
— testis, 201.
— thesaurarius Sanctæ Genovefæ, 176.
— vicecomes Corboilensis, 456.
— BLUNDELS, 480.
— ENGANIA, 265.
— DE GARLANDA, buticularius, 180, 185, 189, 191, 192, 193, 194, 200, 201, 203, 206, 210, 211, 214, 218, 219, 222.
— GROSSUS, 442.
— HERDODUS, 454.
— DE MONPERMOLIO, 225.
— NORMANNUS, 150.
— SAGITTA, 298.
GISLEBRANDUS, monachus S. Germani de Pratis, 53.
GISLEHARIUS, fidelis Pippini regis, 27, 29.
GISLEMARUS, cancellarius, 150.
— monachus S. Germani de Pratis, 53.
GISLEMERUS, prior S. Martini de Campis, 245.
GISLIBERTUS, 118. — Vide GISLEBERTUS.
Gisorcio (Hugo de), 275.
GLANDIOLUS MONS, 114.
GLARUS, episcopus Gratianopolitanus, 14. — Vide CLARUS.
GLORIOSÆ CHAMERÆ, 460.

TABLE ALPHABÉTIQUE DES MATIÈRES. 499

GODBERTUS, 318, 458. — Vide GAUSBERTUS.
GODA, femina, 25.
GODALMUNDUS, monachus S. Germani de Pratis, 53.
GODARDUS, decanus, 195.
—— forestarius, 195.
GODE (Richardus), 479.
GODEFREDUS, 36, 133, 136. — Vide GODEFRIDUS.
GODEFRIDUS, GODEFREDUS vel GODOFREDUS.
—— 54.
—— acolythus, canonicus Parisiensis, 145, 146.
—— episcopus Ambianensis, 189.
—— episcopus Lingonensis, 319.
—— episcopus Silvanectensis, 36, 50, 51.
—— maritus Hildealdis, 441.
—— subdiaconus, canonicus Parisiensis, 139.
—— testis, 136.
—— BURDINUS, 201.
—— DONET, 147.
—— DE JOI, frater Templi, 437.
—— NORMANNUS, 133.
—— REVEL, frater Templi, 437.
GODEBANNUS, sacerdos, 144, 145, 146.
GODINUS (Leaudus), 133.
GODOFREDUS, 50. — Vide GODEFRIDUS.
GOG et MAGOG, inclusi in Portis Caspiis, 172.
GOHUNS (Robertus li), 480.
GOIBERGA, 203. — Vide GOISBERGA.
GOIFFRIDUS, 138, 139. — Vide GAUFRIDUS.
GOIFRIDUS, 131, 132, 134, 139. — Vide GAUFRIDUS.
GOINES, servus, 334.
GOISBERGA, ancilla, filia Ricardi de Balneolo, 202, 203.
GOISBERTUS, 54, 125, 130. — Vide GAUSBERTUS.
GOISFREDUS, 130. — Vide GAUFRIDUS.
GOISLENUS, 298. — Vide GOSLENUS.
GOLLINUS, 296. — Lege GOSLENUS.
GOMARIOVILLA (*Gommerville, Eure-et-Loir, c^{on} de Janville*), 18.
GOMETHIACO (Willelmus de), 127.
GONESSA (*Gonesse, Seine-et-Oise, ch.-l. de c^{on}*), 167, 306, 341. — Ecclesia S. Petri, 167.
GONHARDUS, levita, 104.
GONHERIUS, 54.
GONHERUS, testis, 125.
GORNACO (Heldegarius de), 176.
GORNACUM castrum (*Gournay-sur-Marne, Seine-et-Oise, c^{on} de Gonesse*), 207. — Monasterium S. Mariæ, 207.
GORNAIO (Guillelmus de). — Vide GUILLELMUS DE GORNAIO.
—— (Johannes de), 471.
GOSCELINUS, 104, 118. — Vide GOSLENUS.
GOSFREDUS, 234. — Vide GAUFRIDUS.
GOSLENUS, GAUZLENUS, GAUZLINUS, GOISLENUS, GOSCELINUS, GOSLINUS, GOZLENUS vel GOZLINUS.
—— abbas S. Germani de Pratis et cancellarius, 56, 57, 62, 64, 68, 69, 70.
—— archicapellanus, 57. — Vide GOSLINUS, abbas.
—— cancellarius, 62. — Vide GOSLINUS abbas.
—— canonicus Parisiensis, subdiaconus, 226, 250; — postea diaconus, 296, 298, 301.
—— episcopus Suessionensis, 305.
—— levita, canonicus Parisiensis, 104, 118.
—— nepos Petri de Manlia, 279.
—— notarius, 84.
—— subdiaconus, vide GOSLINUS, canonicus Parisiensis.
—— testis, 40.
—— testis, 150.
GOSLINUS, 84. — Vide GOSLENUS.
GOTBERTUS, 54.
—— testis, 150.
GOTSOLDUS, testis, 82.
GOUIOLUM, villa (*Gouillons, Eure-et-Loir, c^{on} de Janville*), 207.
GOVIX (Stephanus de), 392. — Vide GUVIZ.
GOZBERTUS, 82, 104. — Vide GAUSBERTUS.
GOZLENUS, 40, 68, 69. — Vide GOSLENUS.
GOZLINUS, 56, 57, 68, 70, 150. — Vide GOSLENUS.
GOZMUNDUS, archidiaconus Parisiensis, 395.
GRACIANUS, archidiaconus Parisiensis, 457, 468.
GRANDI MONTE (Boni homines de), 352. — Cf. VICENNÆ fratres.
GRANDIS CAMPUS, alodus in comitatu Meldico (*Grandchamp, c^{ne} de Jaignes, c^{on} de Lizy-sur-Ourcq, Seine-et-Marne*), 87, 98.
GRATIANUS, ecclesiæ Romanæ notarius, 448.
GRATON, episcopus Cabilonensis, 14, 17.
GRAVIA, vide GREVIA.
GRECEIO (Petrus de), 396.
GREGORIUS, cardinalis tituli SS. Sergii et Bacchi, 243, 270, 311.
GREVA seu GREVIA (*la Grève, à Paris*), 275, 277.
—— (Bernerius de), 326.
—— (Evrardus de), 476.
—— (Hildegerius de), 136, 150.
GREVIA, 277. — Vide GREVA.
GRIMOALDUS, major domus, 22, 23, 24, 26, 27, 28, 32.
GRIMODUS, frater Petronillæ reclusæ, 373.
GRIMOHARDUS, vicecomes Parisiensis, 76.
GRIMOLDUS, 54.
—— majordomus, 32. — Vide GRIMOALDUS.
—— pater Ewrardi, 397.
—— testis, 227.
GRINNIACO (Ferricus de), 400.
GRISOGONUS, cardinalis et bibliothecarius ecclesiæ Romanæ, 208.
GROOLE (Philippus de), 451.
GROOLETO (Ancelinus de), 269.
GROOLOE (Guido de), 451.
GROSSINUS (Johannes), diaconus, 323.
GROSSUS (Gislabertus), 442.
GUALDERADUS, testis, 17.
GUALO, episcopus Parisiensis, 157, 189, 192, 228, 241, 247, 299. — Cf. GALO.
GUALTERIUS, 82, 253, 388. — Vide GALTERIUS.
GUARINUS, 147, 328, 378, 441, 460, 461. — Vide GARINUS.
GUARNERIUS, 132, 206, 291, 359. Vide GARNERIUS.
GUARNERUS, 234, 330, 331. — Vide GARNERIUS.
GUASTIKELLUS, vide GASTIKELLUS.
GUENES, 373.
GUENILO, archiepiscopus Senonensis, 58, 59.
GUEPERROS (*Guipereux, c^{ne} d'Hermeray, c^{on} de Rambouillet, Seine-et-Oise*), 239.
GUERMUNDUS, 323, 324, 328, 329, 361, 362, 374, 382, 383, 393, 430. — Vide GERMUNDUS.
GUERRICUS vel WERRICUS.
—— cambitor, 245, 254, 255, 262, 337, 345.
—— miles, 132.
—— nepos Aldigerii de Greve, 150.
—— pater Walterii, 166.
—— DE CLICHI, 423.
—— DE PORTA, 266.
GUESERRAI (Reginaldus de), 458.
GUGLIELMUS, 140. — Vide GUILLELMUS.
GUIARDUS vel WIARDUS.
—— filius Rotberti, p. 141.
—— HERBODUS, 454.
—— DE PUTEOLIS, 166.

63.

GUIBERTUS, serviens episcopi Parisiensis, 399, 427.
— testis, 412.
GUIDO, VUIDO, WIDDO vel WIDO.
— buticularius, vide GUIDO SILVANECTENSIS.
— buticularius, filius Guidonis de Turre, 170, 175, 182, 186.
— camerarius, filius Waleranni, 164, 170, 175, 180-183, 185, 186, 189, 191, 193, 194, 200, 201, 206, 210, 211, 214.
— cardinalis S. Calixti, 354.
— cardinalis SS. Cosmæ et Damiani, 243, 270.
— comes, 141.
— comes Pontivensis, 124.
— comes Pontivi, 307.
— dapifer, 136. — Vide GUIDO DE MONTE LETHERI.
— decanus S. Germani Autissiodorensis, p. 323.
— diaconus, canonicus Parisiensis, 253, 281. — Cf. GUIDO DE CHELA.
— episcopus Ambianensis, 124, 126, 134.
— episcopus Belvacensis, 134.
— episcopus Catalaunensis, 108.
— episcopus Silvanectensis, 122.
— filius Evrardi Pinel, 480.
— filius Manfredi, 371.
— frater S. Lazari, 461, 473.
— frater Thomæ de Castroforti, 212.
— judex, 29.
— marescalcus, 127.
— miles, p. 118.
— monachus Sancti Germani de Pratis, 53.
— pater Pagani, 132, 133.
— præpositus, 166.
— presbyter, canonicus Sanctæ Genovefæ, 469.
— sacerdos, 323.
— sacerdos, canonicus Sanctæ Genovefæ, 176.
— sacerdos Sanctæ Genovefæ in Civitate, 234.
— serviens Theobaldi Divitis, 458.
— socius Hugonis abbatis Sancti Germani, 464.
— subdiaconus, canonicus Parisiensis, 169; idem forte qui dicitur diaconus, 253, 281; et vocatur Guido de Chela, 293, 328.
— testis, 150.
— DE AQUAPUTA, p. 141.
— DE BASOCHIS, 438.
— DE CALA, p. 293. — Vide GUIDO DE CHELA.
— CANONICUS, 323 324.

GUIDO DE CASTELLIONE, 440.
— DE CHELA, canonicus Parisiensis, 293, 328; idem forte qui dicitur diaconus, 253, 281.
— GALICHERS, 479.
— DE GARLANDA, 401, 402. — Charta de venditione quadam a Guillelmo Malusciono ecclesiæ S. Victoris facta, 402-403.
— DE GROOLOE, 451.
— DE HAUBERVILERS, 400, 401.
— LANGOBARDUS, 132, 133.
— DE MONTE LETHERI, 127; dapifer Philippi regis, 136.
— DE SANCTO JACOBO, 329.
— SILVANECTENSIS, 166; buticularius, 182, 183.
— SILVANECTENSIS, (II nomine), buticularius, 321, 332, 334, 335, 340, 341, 345, 351, 357, 365, 368, 371, 379, 386, 390, 392, 393, 394, 399, 404, 424, 432, 435, 436, 446, 447, 448, 460.
— Abbatiæ Montis Martyrum confirmat donationem stalli in Macello Parisiensi, 392.
— TURONENSIS, 327.
— DE TURRE, 170, 178.
— DE ULMIS, 405.
— DE YSSIACO, presbyter, 399.
GUILELMUS, 167, 168, 192, 194, 277, 282, 402. — Vide GUILLELMUS.
GUILELMUS, GUGLIELMUS, GUILELMUS, GUILLERMUS, GULIELMUS, WILELMUS, WILLELMUS, WILLERMUS vel WUILLELMUS.
— abbas Becci, 176.
— abbas S. Dionysii, 429.
— archidiaconus Parisiensis, 163, 165, 167, 168, 169.
— archiepiscopus Senonensis, 395, 399, 405, 406, 411, 412, 415, 418, 420, 425, 426, 427, 433, 443-446. — Charta ejus de marcsiis S. Opportunæ, 444, 445. — Confirmat bona S. Martini de Campis, 446; S. Nicasii de Mellento, 395. — Epistolam scribit ad Mauricium episcopum de Ernisio abbate, 425; ad S. Victoris canonicos, 412. — Sententia ejus inter capitulum Parisiense et Hospitale Hierosolymitanum, 415; inter Mauricium episcopum et capitulum Parisiense, 405; inter Mauricium episcopum et Domum Dei, 427.
— armarius Sancti Martini de Campis, 397.
— buticularius, vide GUILLELMUS SILVANECTENSIS.
— canonicus Remensis, 418.

GUILLELMUS, canonicus Sanctæ Genovefæ, 384. — Cf. GUILLELMUS DE DANIA.
— cardinalis tituli S. Petri ad Vincula, 354, 376, 388.
— cellerarius S. Lazari, 473.
— comes Suessionensis, 118, 127.
— cubicularius, 176.
— dapifer, vide GUILLELMUS DE GARLANDA.
— diaconus, canonicus S. Genovefæ, 449.
— episcopus Autissiodorensis, 416.
— episcopus Parisiensis, 139, 140, 142, 144, 145, 146, 147, 153, 154. — Capitulo Parisiensi concedit ecclesiam S. Christophori, 144. — Capitulo S. Germani Autissiodorensis præbendam concedit in ecclesia Parisiensi, 145.
— famulus, 149.
— filius Frogerii, 282.
— filius Fulconis de Palescolo, 212.
— filius Henrici Flandrensis, 291.
— filius Johannis de Barris, 366.
— filius Willelmi, 166.
— frater Anselmi de Garlanda, 201. — Vide GUILLELMUS DE GARLANDA.
— frater Baldrici, 124.
— frater Elisabeth, abbatissæ Montis Martyrum, 463.
— frater Stephani archidiaconi, 196.
— frater Stephani cordarii, 455.
— hospes Girberti episcopi, 215.
— matricularius, 280.
— matricularius, 410, 480.
— nepos Hugonis, 147.
— notarius, 327.
— pistor, 410, 480.
— portarius, 480.
— presbyter, 331.
— presbyter, 473.
— presbyter, canonicus Parisiensis, 104, 118.
— presbyter ecclesiæ S. Johannis, 222.
— prior S. Germani de Pratis, 410.
— prior S. Martini de Campis, 348, 352, 358; — domum vendit Galterio presbytero, 348.
— puer, canonicus Parisiensis, 430.
— puer, canonicus Parisiensis, 198; — subdiaconus, 226.
— puer, canonicus Sanctæ Genovefæ, 202.
— senescalcus Philippi regis, 124.
— subdiaconus, canonicus Parisiensis, 163, 168, 200, postea

diaconus, 204, 216, 217, 223, 226, 244; idem, ut videtur, qui dicitur succentor, 281.
GUILLELMUS, subdiaconus, canonicus Parisiensis, 395, 457; idem sane qui vocatur G. de S. Dionysio, 452.
—— succentor Parisiensis et diaconus, 281. — Cf. GUILLELMUS, subdiaconus.
—— testis, 84.
—— tympanarius, 455.
—— ALUTARIUS, 373.
—— ANGLICUS, 408.
—— D'ARECURT, 307.
—— DE BECCO RICARDI, 176.
—— BELOZ, 479.
—— DE BISTIGI, 154.
—— DE BONZIES, presbyter, 454.
—— DE CORNELIACO, 282.
—— DE CORNILLUN, 359.
—— [DE DANIA], canonicus S. Genovefæ, 384.
—— DODINS, 479.
—— DE GARLANDA, 178, 185, 194; frater Anselli de Garlanda, 201, et Gisleberti, 192; dapifer Ludovici VI regis, 203, 206, 210, 226, 227.
—— DE GARLANDA, 359; — domui S. Lazari dat xx solidos census, 392, 393.
—— DE GOMETHIACO, 127.
—— DE GORNAIO, præpositus Parisiensis, 328, 348.
—— DE HAIROVILLA, 166.
—— INCISOR, 393.
—— DE MACIACO, 195.
—— DE MALAVILLA, 176.
—— MALUSCIONUS, 400, 401, 402.
—— MARMERELLUS, 141, 195.

GUILLELMUS DE MELLOTO, 274.
—— DE MENNILIO, 333.
—— MIGOL, 166.
—— DE MONSTEROLIO, 128.
—— NIGER, 227.
—— NORMANNUS, 452.
—— DE NULLIACO, 463.
—— DE NURATORRE, 451.
—— DE ORCEIO, 476.
—— DE PEVERS, 370.
—— PEVRELS, 479.
—— PICTAVIENSIS, 480.
—— DE PINO, 284.
—— DE RUPE, 477.
—— DE S. DIONYSIO, canonicus Parisiensis, 452; idem, ut videtur, qui dicitur subdiaconus, 395, 457.
—— DE S. MARTINO, 329.
—— DE SANCTO SIDONIO, 176.
—— DE SAR..., subdiaconus, 274.
—— SILVANECTENSIS, buticularius, 254, 255, 256, 260, 262, 263, 265, 268, 269, 272, 273, 274, 276, 277, 278, 282, 288, 289, 291, 298, 304, 306.
—— THOLOSA, 452.
—— DE TORNABU, 128.
—— TRANCHEVACHE, frater Templi, 423.
GUILLERMUS, 153, 154, 200, 269, 274, 288, 352, 400, 408, 430, 452. — Vide GUILLELMUS.
GUIMERUS, GUIMERIUS vel WIMERUS.
—— (Aubertus), 463.
—— camerarius, 331.
—— testis, 150.
—— DE FONTENETO, 352.
GUIMONDUS, testis, 422.
GUINANDUS, 479.

GUINEBALDUS, GINEBOLDUS, WINELBADUS vel WINEBOLDUS.
—— 72.
—— abbas S. Maglorii, 196, 198, 199, 271.
—— testis, 132.
GUINERANDUS, 478. — Vide GUINERANNUS.
GUINERANNUS, GUINERANDUS vel WINERANNUS.
—— levita, canonicus Parisiensis, 163, 168, 169, 217, 244.
—— pater Emelinæ, 480.
—— serviens abbatis Sancti Germani, 478.
—— sutor, 480.
—— testis, 150.
—— CARDUUS, 410, 480.
—— PIJONS, 480.
—— DE SANCTO GERMANO, 148.
GUIRI (Gaufridus de), 412. — Vide GAUFRIDUS DE GIRI.
GULIELMUS, 140. — Vide GUILLELMUS.
GUMBOLDUS, servus, 152.
GUNDEVOLDUS, 73.
GUNDOBERTUS, testis, 17.
GUNDULFOCURTIS (Gandicourt, Oise, c^{ne} de Belle-Église, c^{on} de Neuilly-en-Thelle), 18.
GUNTARDUS, monachus S. Germani de Pratis, 53.
—— testis, 125.
GUSTERUS DE VITRIACO, 331.
GUNTHARDUS, monachus S. Germani de Pratis, 53.
—— diaconus, 20.
GUOIUS, servus S. Maglorii, 271.
GUVIZ (Odo de), 333.
GYRVARA, 53.

H

HAABERTUS, 147.
HADOERUS, testis, 71.
HADVIDIS, 54.
HADVISA, abbatissa Sancti Eligii, 153, 154.
HADVISÆ domus, 327.
HAENRICUS, 144, 146. — Vide HENRICUS.
HAIMERICUS, 53, 202, 234, 328. — Vide AIMERICUS.
HAIMO, AIMO, HAYMO vel HEYMO.
—— abbas S. Maglorii, 132, 135.
—— decanus S. Crucis Aurelianensis, 127.
—— decanus S. Germani Autissiodorensis, 145.
—— levita, 139.
—— miles, 118.

HAIMO, monachus S. Germani de Pratis, 53.
—— prior S. Eligii, 398, 410.
—— succentor Parisiensis, 132.
—— testis, 370.
HAIMOINUS, monachus S. Germani de Pratis, 53.
HAINRICUS, 125, 132. — Vide HENRICUS.
HAIRICUS, monachus S. Germani de Pratis, 53.
HAIRINGUS, monachus S. Germani de Pratis, 53.
HAIROVILLA (Willelmus de), 166.
HAMALRICUS, 443. — Vide AMALRICUS.
HAMELINA, 450. — Vide EMELINA.
HANNECOURT (Robertus de), 307.

HANRICUS, 153, 184, 185, 202. — Vide HENRICUS.
HARCHERIUS, 396. — Vide ARCHERIUS.
HARCHERUS, 329, 345, 418, 459. — Vide ARCHERIUS.
HARDRADUS, cancellarius, 118.
—— testis, 71.
HARDUINUS, testis, 132.
HARENG (Adam), 459.
HARIBOLDUS, episcopus Autissiodorensis, 36, 50; HEIRBOLDUS, 51; HERIBODUS, 59.
HARISTALLIUM (Héristal, Belgique), 31.
HARLUINI clausum, 460.
HARNULFUS, levita, 139.
HARPIN (Rogerus), 452. — Cf. ARPINUS.
HARPINUS, pater Oylardi, 212.

HASARDUS, vide ROBERTUS HASARDUS.
HAUBERTIVILLARE, 182. — Vide ALBER-
TIVILLARE.
HAUBERVILERS (Guido de), 400, 401,
402.
HAUBERVILLARE, 186. — Vide ALBER-
TIVILLARE.
HAVIDIS LA GARLANDE, 479.
HAVIS, uxor Hugonis filii Garnerii,
282.
HAYMO, 118, 127. — Vide HAIMO.
HAZECHA, uxor Radulfi Delicati, 165,
166.
HECELINUS, testis, 133.
HEDUENSIS, 130. — Vide EDUENSIS.
HEIMO, 53. — Vide HAIMO.
HEINRICUS, 116, 118, 141, 151,
176, 195, 201, 208, 328. —
Vide HENRICUS.
HEIRBOLDUS, episcopus Autissiodo-
rensis, 51. — Cf. HARIBOLDUS.
HELDAUDUS, cancellarius, 96, 97. —
Cf. HILDODUS et ILDOLDUS.
HELDEARDIS, conversa S. Martini de
Campis, 351.
HELDEGARIUS, 176. — Vide HILDE-
GARIUS.
HELDICURTIS (*Heudicourt, Somme, c*^{on}
de Roisel), 207
HELDIERUS, talamelarius, 232.
HELGOTUS, servus S. Martini de Cam-
pis, 137, 141.
HELIAS vel ELIAS, episcopus Tricas-
sinus, 36, 50, 51.
—— sacrista Majoris Monasterii vel
B. Mariæ de Campis, 327.
HELINANDUS, 258. — Vide ELINANDUS.
HELISABETH, 414, 415. — Vide ELI-
SABETH.
HELISEUS, monachus S. Germani de
Pratis, 53.
HELLINUS, 54.
HELLUINUS, 296, 374. — Vide HER-
LUINUS.
HELMEGAUDUS vel HELMGAUDUS, fidelis
Pippini regis, 27.
HELMOINUS, testis, 132.
HELVIDIS, uxor Antes, 480.
HELVISA, uxor Hugonis de Monteler,
212.
HELWIDIS, 54.
HELYSENDIS, 54.
HEMBERTUS, episcopus, 50. — Cf. EM-
MEMBERTUS et HERBERTUS.
HEMMELINUS, pater Richardi, 403.
HEMRICUS, 119. — Vide HENRICUS.
HENARDUS COSSE, servus, 197.
HENERICUS, famulus, 303.
HENRICUS, HAENRICUS, HAINRICUS, HAN-
RICUS, HEINRICUS vel HEMRICUS.
—— archidiaconus Parisiensis, 198,
204, 215, 216, 217.

HENRICUS, archiepiscopus, 84. — Lege
HERVEUS.
—— archiepiscopus Remensis, 418.
—— archiepiscopus Senonensis, 230,
232; — ejus epistola ad Stephanum, Parisiensem episcopum,
232.
—— cambitor, 328.
—— canonicus Parisiensis, vide HEN-
RICUS, frater regis.
—— canonicus S. Victoris, 417.
—— cardinalis tituli Sanctorum Nerei et Achillei, 376, 388.
—— diaconus, canonicus Parisiensis, 144, 146; vocatur HERRICUS,
145.
—— episcopus Belvacensis, 357.
—— episcopus Silvanectensis, 429.
—— famulus episcopi Suessionensis,
401, 402.
—— filius Balduini, 422.
—— filius Fulcherii, 151.
—— filius Guidonis de Haubervilers, 400.
—— filius Prielle, 398.
—— filius Rotberti, 141.
—— filius Teelinæ, 365.
—— frater regis Ludovici VII, abbas
Sancti Dionysii de Carcere, 244,
266; — canonicus Parisiensis et
subdiaconus, 280, 281, 296.
—— frater Warini clerici, 118.
—— hospitalarius, 442.
—— leprosus, 347, 359.
—— major, 176.
—— miles, 118.
—— presbyter, 463.
—— presbyter de Ruel, 340.
—— puer, canonicus Parisiensis,
244, 253.
—— puer, canonicus Sanctæ Genovefæ, 258.
—— subdiaconus, 274.
—— subdiaconus, canonicus Parisiensis, 223, 286.
—— subdiaconus, canonicus S. Genovefæ, 176; postea diaconus, 202,
274.
—— testis, 366.
—— testis, 401.
—— viator, 405.
HENRICUS I, rex Anglorum, 176,
208.
HENRICUS I, rex Francorum, 84, 114,
115, 116, 117, 118, 119, 120,
121, 122, 124, 125, 129, 130,
132, 143, 239. — Privilegia ejus
pro ecclesia Fossatensi, 117; Parisiensi, 118, 120; S. Genovefæ,
116; S. Maglorii, 114, 115, 119;
B. Mariæ Silvanectensis, 117; — pro
fundatione cœnobii S. Martini de

Campis, 122; — pro servis S. Ger-
mani de Pratis, 121.
HENRICUS AURELIANENSIS, 328.
—— BONNELLUS, 408.
—— DE FAIEL, 451.
—— DE FERRARIIS, 282.
—— FLANDRENSIS, 291.
—— DE FONTENETO, 291.
—— LEONELLUS, 383, 399, 427.
—— LO HERUM, 153. — Cf. HEN-
RICUS LOTHARINGUS.
—— LOTHARINGUS, 184, 185, 186,
199, 201.
—— DE MENIL, 451.
—— MORELLUS, 423.
—— RUSELLUS, 195.
—— TESTUZ, 405.
HERBERTUS, canonicus B. Mariæ de
Campis, 327.
—— diaconus, canonicus Parisien-
sis, 301, 348; idem forte, 280.
—— episcopus, 50, 51. — Cf. EM-
MEMBERTUS.
—— filius Johannis, 403.
—— filius Odonis, 197.
—— laicus, 198.
—— levita, canonicus Parisiensis,
97, 102, 104.
—— sacerdos, canonicus Parisiensis,
168, 198.
—— subdiaconus, canonicus Parisien-
sis, 301, 374; idem forte, 280.
—— testis, 132.
—— DE BOSEHAM (Magister), 429.
—— BROCHEZ, 480.
—— CURTUS, 480.
—— DE ORLI, 324.
—— *DE PONTE ISARE, 137.
—— DE ROSSIACO, 234.
—— TISONIS, 455.
—— DE VILERS, 141.
HERBODUS (Gislebertus), 454.
—— (Guiardus), 454.
HERCUENRADUS, 31. — Vide ERCHEN-
RADUS.
HERENBURGIS, 54; HERENBURGIS, 136.
— Vide ERENBURGIS.
HERGOTUS, testis, 128.
—— testis, 403.
HERIBODUS, 59. — Vide HARIBOLDUS.
HERICUS, 202, 258, 274. — Vide
HENRICUS.
HERIGNIACUM, 165. — Vide ERI-
NIACUM.
HERIMANNUS, 60. — Vide HERMAN-
NUS.
HERIMARIUS, 54.
HERIUS, coquus, 128.
HERIVEUS, 76, 81. — Vide HERVEUS.
HERLEBAUDUS, testis, 201.
HERLEBOLDUS, servus S. Martini de
Campis, 141, 151.

HERLEBOLDUS, testis, 147.
HERLEWINUS, 281. — Vide HERLUINUS.
HERLUINDUS, 201. — Vide HERLUINUS.
HERLUINUS, ERLUINUS, HELLUINUS, HER-
LEWINUS vel HERLUINDUS.
—— diaconus, canonicus Parisiensis, 250, 280, 281, 296, 298,
301, 302, 348, 361.
—— filius Aalardi, 147.
—— filius Helgoti, 137, 141.
—— frater Galterii, 403.
—— nepos Floherii militis, 150.
—— nepos Gilduini abbatis, 250,
330.
—— pædagogus Ludovici VII, 154,
178, 184, 185, 186, 196.
—— puer, canonicus Parisiensis,
301, 374, 382, 452.
—— puerulus Sancti Martini de
Campis, 201.
—— serviens, 331.
—— DE CASTANETO, 148.
HERMANDI domus, 374.
HERMANNUS, HERIMANNUS vel HERMANUS.
—— episcopus Nivernensis, 60.
—— maritus Beatricis, 423.
—— S. Romanæ ecclesiæ subdiaconus et notarius, 389.
—— DE CLICHIACO, 423.
—— TEUTONICUS, 401.
HERMENGARDIS, 479. — Vide ERMEN-
GARDIS.
HERMENSENDIS, sanctimonialis, 154.
HERMERUS, serviens Sanctæ Genovefæ,
405.
HERMUNDUS, servus, 211.
HERNAUDUS, 323. — Vide ERNALDUS.
HERNISIUS, 331. — Vide ERNISIUS.
HEROALDUS, sacrista, 398.
HENRICUS, diaconus canonicus Pari-
siensis, 145. — Vide HENRICUS.
—— sacerdos, canonicus S. Victoris,
331.
—— subdiaconus, canonicus S. Ge-
novefæ, 202, 258, 274.
—— subdiaconus, canonicus S. Vic-
toris, 331.
—— testis, 150.
HERRUARDUS DE VITRIACO, 331.
HERSENDIS, mater Guillelmi Malus-
cioni, 400.
—— uxor Ogeri, 479.
HERSENT, uxor Drogonis, 396.
HERUS, piscator, 340.
HERVEIUS, 281, 326, 438, 454.
— Vide HERVEUS.
HERVEUS, HERIVEUS, HERVEIUS vel HER-
VHEUS.
—— abbas Majoris Monasterii, 466.
—— archiepiscopus Remensis et Caroli Simplicis cancellarius, 81, 84.
—— cambellanus, 154.

HERVEUS, clericus, frater Burchardi de
Montemorenciaco, 438.
—— frater Galterii canonici, 326.
—— frater Roberti, 454.
—— notarius, 76.
—— presbyter, 454.
—— puer, canonicus Parisiensis,
165.
—— subdiaconus, canonicus Parisiensis, 281, 296, 301, 302, 326,
361, 430, 457.
—— subdiaconus, S. Eligii monachus, 458, 461, 476.
—— DE MARLEIO, 127.
—— DE RUPEFORTI, 324.
HERVHEUS, 324. — Vide HERVEUS.
HETENUS, monachus S. Germani de
Pratis, 53.
HEYRICUS, testis, 71.
HICNEN, 307.
HIENVILLA (Janville, Eure-et-Loir,
ch.-l. de c^{on}), 183; HYENVILLA,
207; AGENVILLA, 143.
HIEROSOLIMÆ, 174. — Vide HIERU-
SALEM.
HIERUSALEM, HIEROSOLIMÆ, IEROSO-
LIMA, IHEROSOLIMÆ, IHERUSALEM
(Jérusalem en Palestine), 153, 154,
172, 173, 174, 427, 467. —
Peregrinationes ad Hierusalem,
153, 154, 427, 467. — S. Se-
pulchri cantor, vide ANSELLUS.
HILARIUS, decanus Parisiensis, 96,
97, 104.
HILDEALDIS, uxor Godefridi, 441.
HILDEARDIS, sanctimonialis Sancti Eli-
gii, 154.
HILDEBERTUS, abbas Fossatensis, 103.
—— rex, 28. — Vide CHILDEBER-
TUS III.
HILDEBODUS, notarius, 64.
HILDEBRANDUS, cardinalis basilicæ XII
Apostolorum, 354.
HILDEBURGA, testis, 149.
HILDEFREDUS, testis, 40, n.
HILDEGARDIS, filia Gumboldi, 152.
HILDEGARIUS, HELDEGARIUS, HILDEGE-
RIUS vel HILDIGERIUS.
—— episcopus Meldensis, 60.
—— fidelis Pippini regis, 27.
—— testis, 71.
—— DE GORNACO, 176.
—— DE GREVA, 136. — Cf. ALDI-
GERIUS.
HILDEGERIUS, 136. — Vide HILDEGA-
RIUS.
HILDEMANNUS, 72.
—— episcopus Belvacensis, 36, 50,
51.
HILDERICUS, filius Vitalis, 329.
—— miles, 329.
—— rex, 26. — Cf. CHILDERICUS.

HILDIGERIUS, 136. — Vide HILDEGA-
RIUS.
HILDODUS, cancellarius Parisiensis,
97. — Cf. HELDAUDUS.
HILDOINUS, 52. — Vide HILDUINUS.
HILDRAMNUS, 74.
HILDRICUS vel HYLDRICUS, 53, 126.
HILDUINUS HILDOINUS vel HIRDUINUS.
—— abbas S. Dionysii, 52.
—— abbas S. Germani de Pratis,
42, 47, 48.
—— cancellarius ecclesiæ Parisiensis, 467, 468, 473, 475.
—— clausarius, 479.
—— diaconus, canonicus Parisiensis, 165.
—— famulus S. Victoris, 401.
—— (Magister), canonicus Parisiensis, diaconus, 395, 399, 412, 430,
457, 458; idem forte qui postea
cancellarius.
—— major, 480.
—— miles, 118.
—— puer, canonicus Parisiensis,
296.
—— serviens Terrici Gualeranni,
265.
—— thesaurarius Senonensis, 416.
HILERIACUM, 35, 50; ELERIACUM, 90,
93, 387.
HILMERICUS, monachus S. Germani de
Pratis, 53.
HILTBERTUS, monachus S. Germani de
Pratis, 53.
—— rex, 26. — Cf. CHILDEBER-
TUS III.
HILTGARIUS, monachus S. Germani de
Pratis, 53.
HIMBERTUS, 328. — Vide IMBERTUS.
HINBERTUS, 168. — Vide IMBERTUS.
HIRDUINUS, 296. — Vide HILDUINUS.
HIREMIAS, propheta, 125.
HIRMINTRUDIS, uxor Caroli Calvi, 61.
HISEMBARDUS, 460, 479. — Vide
ISEMBARDUS.
HISENBARDUS, 398. — Vide ISEM-
BARDUS.
HITERIUS vel HITHERIUS, cancellarius
Caroli Magni, 31, 32.
HLODOVICUS, 92. — Vide LUDOVICUS.
HLOTHARIUS, imperator, 47, 69. — Pri-
vilegium concedit ecclesiæ S. Ger-
mani de Pratis, 47.
—— rex Francorum, 87, 92, 94.
—— Bona confirmat ecclesiæ Pari-
siensis, 92. — Fundationem con-
firmat ecclesiæ S. Maglorii, 87.
HLUDOVICUS, 43, 45, 46, 47, 49,
52, 55, 61, 69, 70, 87, 94,
216. — Vide LUDOVICUS.
HLUDOWICUS, 40-41, 43, 45, 67, 68.
— Vide LUDOVICUS.

HODIERNA, cognomento Comitissa, uxor Pagani, 141, 224.
—— decana, 479.
—— decana, 480.
—— infans, 154.
HOLDEBERTUS, filius Georgii, 212.
HOMICIDIA, quo modo puniantur in terra B. Mariæ, 346.
HONORIUS II, pontifex maximus, 228, 229, 230, 231, 235, 238. — Epistola ad capitulum Parisiense, 235. — Privilegia concedit ecclesiæ S. Victoris, 228, 230.
HOPERON (Joscelinus), 480.
HOSMUNDUS, 323, 412, 456, 457. — Vide OSMUNDUS.
HOSPICIO (Rainaldus de), vide Hospitio (Rainaldus de).
HOSPITALE BEATÆ MARIÆ, 394, 408, 437, 458, 461, 467. — Domus Dei, 350, 351, 427, 428, 467. — Canonici Parisienses promittunt se lectum post mortem suam relicturos fratribus Domus Dei, 394. — Controversia cum bailliuis regis de Porta Bauderii, 427. — Isembardus, prior S. Eligii, domus cujusdam censum fratribus Domus Dei tribuit, 458. — Ludovicus VII eis dat censivam juxta Portam Bauderii, 350. — Mauricii episcopi charta de domo juxta Landricum, 466. — Stephani abbatis charta de quadam platea, 461.
—— S. CHRISTOPHORI, 51, 105. Rainaldus episcopus sua in hospitale S. Christophori jura capitulo Parisiensi dimittit, 105.
—— S. GERVASII, 418, 436, 439.
HOSPITALIS HIEROSOLYMITANI domus Parisiensis, 361, 415, 416, 442, 443, 450, 471. — Alexander papa III ejus bona confirmat, 361. — Bona diversa ei conceduntur 442, 470. — Concordia cum capitulis B. Mariæ et S. Benedicti, de oratorio in censiva S. Benedicti ædificato, 415. — Domum pro vinea commutat cum Hamelina, 450. — Magister Hospitalis, vide GALTERIUS, ROGERIUS DE MOLENDINIS. — Prior in Gallia, vide ANSELMUS.
HOSPITIO (Rainaldus de), 410, 464, 479.
HOSTIENSIS, vide OSTIENSIS.
HOTMUNDUS DE CALVOMONTE, 186. — Vide OSMUNDUS.
HROTBERTUS, 33, 53. — Vide ROBERTUS.
HUARDUS RUFUS, testis, 147.
HUBALDUS, cardinalis tituli S. Crucis in Iherusalem, 354.

HUBALDUS, cardinalis tituli S. Praxedis, 354.
—— episcopus Ostiensis, 376, 388.
—— presbyter, 458.
HUBALDUS, 376. — Vide HUBALDUS.
HUBERTUS, abbas Sancti Germani de Pratis, 121.
—— cancellarius regis, 136.
—— cellerarius, 133.
—— decanus, 84.
—— decanus, 333.
—— diaconus, 476.
—— episcopus Silvanectensis, 157, 189.
—— frater Hamelinæ, 450.
—— levita, canonicus Parisiensis, 118.
—— monachus Sancti Germani de Pratis, 53.
—— presbyter, 215. — Cf. HUBERTUS SILVANECTENSIS.
—— presbyter, canonicus Parisiensis, 118.
—— testis, 125.
—— DE CERCIO, 166.
—— DE NONGENTO, 137.
—— SALIENS IN BONUM, 337.
—— SILVANECTENSIS, presbyter, canonicus Parisiensis, 209, 215.
HUBODUS, presbyter, 408.
HUCBERTUS, 53.
HUDO DE SANCTO CLODOALDO, 114, 166.
HUDRI (Frater), 326.
HUDUINUS DE VILLAPLIX, 405.
HUGBERTUS, episcopus Meldensis, 36, 50, 51.
HUGO, 54.
—— abbas Cluniacensis, 130, 141, 142.
—— abbas S. Genovefæ, 424.
—— abbas S. Germani de Pratis, I nomine, 85, 86.
—— abbas S. Germani de Pratis, III [Gallia christ., IV] nomine, furnum villæ S. Germani Guinerando concedit, 478.
—— abbas Sancti Germani de Pratis, V [Gallia christ., VI] nomine, 375, 377, 380, 391, 409, 410, 419, 429, 430, 447, 448, 449, 456, 463, 464, 476. — Charta ejus de anniversario suo, 476; — de carpentarii officio Gilleberto concesso, 463; — de consecratione ecclesiæ S. Germani, 375; — de domo Hugonis Novariensis, 391; — de libertate concessa hominibus villæ S. Germani, 409; — de matrimonio cujusdam servi, 456; — de vinea de Laas, 464.
—— abbas S. Germani de Pratis,

VI [Gallia christ., VII] nomine, 240.
HUGO, abbas S. Vincentii Silvanectensis, 405.
—— acolythus, 323.
—— archiepiscopus Turonensis, 108.
—— buticularius, 124.
—— camerarius, 254, 255, 256, 260, 263.
—— cancellarius, 332, 334, 335, 341, 345, 347, 348, 351, 364, 365, 368, 371, 386, 390, 394, 399; — episcopus Suessionensis, 384, 390, 400, 402, 404, 417, 441.
—— canonicus S. Martini de Campis, 130.
—— canonicus S. Victoris, 250.
—— clericus, 201.
—— cognominatus Puer, 276.
—— comes, 101.
—— comes, 123 (comes forte Mellenti).
—— comes Mellenti, 127; — idem forte, 123.
—— comes Parisiensis et abbas S. Germani de Pratis, 85, 86, 87, 98.
—— constabularius, vide HUGO STRABO.
—— dapifer, 132.
—— decanus S. Clodoaldi, 247.
—— diaconus, canonicus S. Genovefæ, 202.
—— dux Franciæ, 87, 92. — Vide HUGO, rex.
—— episcopus Autissiodorensis, 292, 293, 294. — Charta ejus de præbenda monasterio S. Martini de Campis in ecclesia Parisiensi concessa, 292.
—— episcopus Gratianopolitanus, 249.
—— episcopus Suessionensis, vide HUGO, cancellarius.
—— episcopus Trecensis, 126.
—— filius Antes, 480.
—— filius Chiercin, 328.
—— filius Garnerii, 282, 304, 359.
—— filius Girberti, 407, 408.
—— filius Girelmi, 283, 300, 475.
—— filius Johannis, 403.
—— filius Odonis Agasonis, 478.
—— filius Rotberti Francorum regis, 87, 98. — Vide HUGO, comes Parisiensis.
—— filius Teoderici, 141.
—— filius Widonis de Ulmis, 405.
—— frater Galeranni, comitis de Mellento, 281.
—— frater Hungeri, 300.

TABLE ALPHABÉTIQUE DES MATIÈRES.

Hugo, frater regis Philippi I, 126, 136.
— laicus, 198.
— mercator, 413.
— miles, 397.
— monachus S. Germani de Pratis, 410.
— notarius, 81.
— notarius, 410.
— præpositus S. Eligii, 154.
— presbyter, 328.
— presbyter ecclesiæ Sancti Johannis, 222.
— puer, canonicus Parisiensis, 139; — idem forte qui postea subdiaconus, 144 et s.
— puer, canonicus Parisiensis, 374, 382, 395; — idem forte qui subdiaconus, 468.
— rex Francorum, 94, 95, 96, 97, 98, 114, 115, 356; antea dux Franciæ, 87, 92. — Ecclesiarum bona confirmat, 94. — Privilegium tribuit ecclesiæ Burguliensi, 97; ecclesiæ Fossatensi, 95.
— sacerdos, 176.
— serviens episcopi Parisiensis, 399.
— serviens Terrici Gualeranni, 265.
— subdiaconus, 118.
— subdiaconus, canonicus Parisiensis, 144, 145, 146, 198, 204, 216, 217; — idem forte qui antea puer, 139.
— subdiaconus, canonicus Parisiensis, 468; — idem forte qui puer, 374 et s.
— supprior Sancti Petri Fossatensis, 398.

Hugo, testis, 125.
— de Aneto, 151.
— de Arexis, 307.
— Bardolis vel Bardulfus, 84, 146; — idem forte, 147.
— Bibens, 400, 401.
— de Campo Florido, diaconus, canonicus Parisiensis, 302, 323.
— de Castro Forti, 400, 401; vel Castello Forti, 461, 462.
— de Claro, 402.
— de Creceio, dapifer Philippi regis, 164.
— de Cretbiaco, 305.
— de Ferrariis, 282.
— de Gisorcio, 275.
— Lupus, frater Guidonis buticularii, 392.
— Magnus, de Galliaco, 414.
— Mazue, 479.
— Melletensis, 101.
— de Mezanto, 166.
— de Mollenco, 291.
— de Monteler, 212.
— Novariensis, canonicus Parisiensis, 391.
— de Novo Castello, 127.
— de Oonz, 359.
— Piellus, 148.
— de Pis..., diaconus, 274.
— de Pusiaco, 128.
— de Rua Nova, 184.
— Rufus, 118.
— Rufus, 480.
— Sailenbien, 329.
— de S. Clodoveo, 154.
— de Sar..., subdiaconus, 274.
— de Sarcleio, 362, 405.
— de Sercella, canonicus Sancti Victoris, 401.

Hugo de Sordavalle, 128.
— Straro, constabularius, 170, 175, 180, 182, 183, 185, 186, 189, 191, 193, 194, 200, 201, 203, 206, 210, 211, 214, 218, 219, 222, 227, 235, 236, 254, 255, 256, 260, 263, 268, 269.
— Truio, 201.
— de Valenton, 154.
— de Warenna, 141.
Hulbertus, archidiaconus Silvanectensis, 128.
Humbaldus, Humbaudus vel Huncbaldus.
— diaconus, p. 331.
— episcopus Autissiodorensis, 157, 189.
— testis, 97.
Humbaudus, 189. — Vide Humbaldus.
Humfredus, subdiaconus, canonicus S. Genovefæ, 469.
Huncbaldus, 97. — Vide Humbaldus.
Huncbertus, 73.
Hungerius, 132, 166. — Vide Hungerus.
Hungerus, Hungerius vel Ungerus.
— filius Girelmi et frater Hugonis, 279, 280, 283, 300, 475.
— pater Petri, 166.
— piscium venditor, 339.
— testis, 132.
Hunoldus, cantor S. Eligii, 434.
— sacerdos, 458, 476.
Hurdo, testis, 97. — Cf. Ubo, sacerdos.
Huto, senescalcus, 145.
Hyenvilla, 207. — Vide Hienvilla.
Hyldricus, canonicus, 126.
Hymbertus, 472. — Vide Imbertus.

I

Iacintus, cardinalis S. Mariæ in Cosmedin, 376, 388.
Ibriacum, 212. — Vide Ivriacum.
Idilbertus, 82.
Idonea, uxor Guillelmi de Garlanda, 393.
Ierosolima, 427. — Vide Hierusalem.
Iherosolime, 173, 467. — Vide Hierusalem.
Iherusalem, 172, 173, 174. — Vide Hierusalem.
Ilarius, 97. — Vide Hilarius.
Ildebrandus, 354. — Vide Hildebrandus.
Ildoldus, testis, 97. — Vide Heldaudus.
Imbertus, Himbertus, Hinbertus, Hymbertus.
— episcopus Parisiensis, 84, 117, Cartul. — I.

118, 120, 122, 123, 124, 168.
— S. Georgii altare in Villa Nova concedit monasterio S. Germani de Pratis, 117.
Imbertus, filius Alsendis, 328.
— prior S. Lazori, 453, 455, 472. — Charta de terra Antiquino concessa, 472.
— testis, 437.
Immunitates concessæ ecclesiæ Parisiensi, 34, 80, 204, 209; — S. Dionysii, 11, 12, 15, 60, 107; — S. Eligii, 190; — S. Germani de Pratis, 5, 29, 378; — S. Maglorii, 88; — S. Mederici, 86.
Inchadus, episcopus Parisiensis, 38, 40, 41, 43, 44, 45, 46, 49, 51, 58. — Ecclesiæ Parisiensis bona

capitulum inter et episcopum dividit, 49-51.
Incison (Guillelmus), 393.
Incrinus, testis, 17.
Indictum (le Lendit), 214, 296.
Ingalarius, monachus S. Germani de Pratis, 53.
Ingelardus, Ængelardus vel Engelardus.
— abbas S. Martini de Campis, 125, 126, 128, 130.
— sacerdos, 97, 104.
Ingelbertus, 72.
— marescalcus, 480.
— serviens Beatæ Mariæ de Campis, 403.
— de Antogniaco, 343.
— de Laiaco, 148.

64

INGELRAMNUS DE ANTOGNIACO, 342.
INGELVINUS, episcopus Parisiensis, 69, 70, 83.
INGENELDIS, sanctimonialis, 154.
INGENULFUS, ENGENULFUS, INGENULPHUS.
—— pictor, 154.
—— pincerna, 122; buticularius, 127.
—— testis, 124.
INGENULPHUS, 154. — Vide INGENULFUS.
INGILDUS, episcopus Valentinus, 14.
INGILVISUS, 69, 70. — Vide INGELVINUS.
INGOBERTUS, monachus S. Germani de Pratis, 53.
—— testis, 20.
INGOBODUS, monachus S. Germani de Pratis, 53.
INGOLINOCURTIS, villa, 18.
INGRANNUS BURDO, 397.
INNOCENS II, pontifex maximus, 236, 238, 241, 242, 243, 246, 248, 249, 250, 257, 258, 259, 267, 270, 271, 285, 358. — Bona confirmat ecclesiæ Fossatensis, 258; ecclesiæ Montis Martyrum, 259; ecclesiæ Parisiensis, 267; ecclesiæ S. Germani de Pratis, 236; ecclesiæ S. Martini de Campis, 257, 285; ecclesiæ S. Victoris, 241, 259. — Dona ab Obizone medico ecclesiæ S. Victoris facta confirmat, 270. — Epistolæ ejus de nece Thomæ prioris, 249, 250; de interdicto in terris S. Genovefæ, 238; de præbendis S. Victoris, 246, 267.
INSULA (*l'île de la Cité*), 45, 116, 215, 337, 387.
—— B. MARIÆ (*l'île Notre-Dame*), 64, 236, 239, 241, 356. — A Carolo Calvo restituitur ecclesiæ Parisiensi, 64.
IONA fluvius, (*l'Yonne*), 2.

ISAAC, testis, 82.
ISABELS, 480.
ISAMBARDUS, 458. — Vide ISEMBARDUS.
ISCIACUS, 3, 4. — Vide ISSIACUS.
ISEMBARDUS, HISEMBARDUS, ISAMBARDUS, vel ISENBARDUS.
—— abbas S. Germani de Pratis, Floherio militi terram concedit ad censum, 149.
—— canonicus Parisiensis, 132.
—— clausarius, 479.
—— prior S. Petri Fossatensis, 398; deinde prior S. Eligii, 434, 458, 460, 475. — Chartæ ejus de bonis Templi in censiva S. Eligii, 434; de compositione cum domo S. Lazari facta de quadam censiva, 460; de compositione cum S. Victoris ecclesia de vineis apud Savias, 475; de domo ante S. Petri de Bobus ecclesiam sita, 458.
ISENBARDUS, 132, 434, 475. — Vide ISEMBARDUS.
ISIACA potestas, 88, 99. — Vide ISSIACUS.
ISLO (Warinus de), 127.
ISPALDIS villa, 18.
ISSIACO (Raynaudus de), 464.
ISSIACUS (*Issy, Seine, c^{on} de Sceaux*), 133; EISSI, 443; ISCIACUS, 3, 4; ISIACA potestas, 88, 99; YSIACA potestas, 88.
ISTANPENSIS pagus, 18. — Cf. STAMPENSIS.
Ivo vel YVO.
—— acolythus, canonicus Parisiensis, 104.
—— archidiaconus Parisiensis [I], 128, 132; idem forte qui subdiaconus, 118.
—— archidiaconus Parisiensis [II], 293, 298, 301, 302, 348; idem, ut videtur, qui dicitur diaconus, 226, 244, 253.

Ivo, canonicus Parisiensis, 244; diaconus, 223, 226, 253. — Cf. Ivo, archidiaconus [II].
—— clericus, 408.
—— clericus Beatæ Mariæ de Campis, 327.
—— comes, 118.
—— coquus, 151.
—— episcopus Carnotensis, 139, 140, 151, 154, 155, 157, 158, 159, 170, 182, 189, 196. — Epistolæ ejus ad Daimbertum archiepiscopum de electione Fulconis episcopi, 155; — de electione Galterii episcopi, 158; — ad Fulconem, decanum Parisiensem, de quadam interdicti sententia, 151; — ad Paschalem papam II, de Galone episcopo; — ad Richerium, archiepiscopum Senonensem, de electione Guillelmi episcopi, 140; — ad Urbanum papam II, de eodem, 139; — ad Vulgrinum et Stephanum archidiaconos, de electione Fulconis episcopi, 154.
—— episcopus Sagiensis, 126.
—— filius Roberti Brunelli, 403.
—— panetarius, 458.
—— puer, canonicus Parisiensis, 165.
—— subcamerarius, 124.
—— subdiaconus, canonicus Parisiensis, 118. — Cf. Ivo, archidiaconus [I].
—— DE CONFLANZ, 451.
—— DE CONFLENZ, 166.
—— LACOHE, 363.
—— ROTUNDELLUS, 329.
—— SACERDOS, pater Hamelinæ, 450.
IVRI, vide IVRIACUM.
IVRIACUM (*Ivry, Seine, c^{on} de Villejuif*), 86, 217, 327; 413; IBRIACUM, 212; IVRI, 220, 253. — Ecclesia S. Petri, 353.

J

JESSE, episcopus Ambianensis, 36, 50, 51.
JOANNES, 86, 143, 157, 323, 368. — Vide JOHANNES.
JOB, clericus, 453.
JOCELMUS BLOAUDUS, 416.
JOCIUS DE LONDONIIS, 467.
JOHANNES, 54.
—— abbas Baugesii, 407.
—— archiepiscopus Toletanus, 376.
—— cambitor, 437, 455.
—— cantor S. Eligii, 460.

JOHANNES, cardinalis et bibliothecarius ecclesiæ Romanæ, 197.
—— cardinalis tituli S. Anastasiæ, 354, 376, 388.
—— cardinalis Sancti Chrysogoni, 232, 385.
—— diaconus, canonicus Sancti Victoris, 331.
—— diaconus cardinalis, 143.
—— decanus Parisiensis, 132.
—— dispensator, 437.
—— episcopus Arelatensis, 14.

JOHANNES, episcopus Aurelianensis, 157, 170, 182, 189.
—— episcopus Legionensis, 376.
—— episcopus Luccensis, 376.
—— episcopus S. Maclovii, 319.
—— episcopus Signinensis, 376.
—— filius Alderadæ, 86.
—— filius Clarembaldi, 423.
—— filius Grimodi, 373.
—— filius Henrici Morelli, 423.
—— frater S. Lazari, 473.
—— frater Widonis comitis, 307.

TABLE ALPHABÉTIQUE DES MATIÈRES. 507

Johannes, hospitalarius, 410, 580.
—— inclusus Sancti Martini de Campis, 128.
—— levita, canonicus Parisiensis, 163, 165, 168, 169, 198.
—— marescallus, 455.
—— miles, 118. —
—— miles Templi, 434.
—— monachus Sancti Germani de Pratis, 410.
—— monachus Sancti Martini de Campis, 349.
—— negociator, 10.
—— nepos abbatis, 480.
—— nepos Alexandri papæ III, 368.
—— papa XVIII, 105, 106. — Privilegium ejus de Hospitali S. Christophori, 105.
—— parmentarius, 480.
—— pater Hugonis, 403.
—— præceptor Templi Parisius, 409.
—— præpositus Majoris Monasterii, 327.
—— presbyter, 141.
—— presbyter, 145.
—— presbyter, 323.
—— presbyter, 458.
—— presbyter S. Landerici, 419.
—— presbyter S. Petri ad Boves, 328.
—— puer, canonicus Parisiensis, 395, 430.
—— puer, canonicus Sanctæ Genovefæ, 258.
—— puer Sancti Eligii, 458.
—— puer Sancti Germani de Pratis, 410.
—— sartor, 410.

Johannes, subdiaconus, canonicus Parisiensis, 200; idem forte, 323.
—— subdiaconus, canonicus Parisiensis, 323; idem forte, 200.
—— subdiaconus, canonicus S. Genovefæ, 469.
—— tertius prior S. Germani de Pratis, 464.
—— testis, 39.
—— testis, 125.
—— testis, 403.
—— verrarius, 480.
—— de Barra, 233, 234; de Barris, 359. — Cf. Johannes de Barra.
—— de Berguz, 400.
—— de Chelis, 234.
—— de Clamart, 291.
—— de Corboilo, 400.
—— de Corcellis, 423.
—— Felicis, 379, 380.
—— Gastinel, 328. — Vide Johannes Guastinellus.
—— Girboldi, nepos Stephani de Moldon, 442, 443.
—— de Gorneio, 471.
—— Grossinus, 323.
—— Guastinellus, 234, 328.
—— de Mathiaco, 400, 401, 417.
—— de Nighon, 480.
—— Paparo, cardinalis tituli S. Laurentii in Damaso, 332.
—— Parvus, 480.
—— Pauper, 166.
—— Pes Anseris, 480.
—— Popin, 329.
—— de Sancto Martino, frater Templi, 423.
—— Trianno, 212.

Johannes Ulier, 393.
Joi (Godefridus de), 437.
Joiaci vallis (*la vallée de Jouy-en-Josas, Seine-et-Oise*), 206.
Jonas, episcopus Aurelianensis, 36, 50, 51.
—— episcopus Nivernensis, 36, 50, 51.
—— testis, 136, 151.
Jordanus, testis, 401.
—— Petrileonis, consul Romanus, 380.
Josbertus, 400, 479. — Vide Gausbertus.
Joscelina, sanctimonialis, 154.
—— Normanna, sanctimonialis, 154.
Joscelinus, archidiaconus Parisiensis, 132, 138.
—— capellanus Mauricii episcopi, 452, 457.
—— carpentarius, 136.
—— sacerdos, canonicus Parisiensis, 395, 430, 468.
—— supprior S. Martini de Campis, 397, 422.
—— testis, 150.
—— Hoperon, 480.
Joscelmus, archidiaconus Parisiensis, 138. — Cf. Joscelinus.
Joszo, frater Templi, 423.
—— sacrista S. Martini de Campis, 396, 397.
Judæorum vicus (*rue des Juifs*), 206, 257, 272, 365, 393.
Judaismo (Domus de), 327.
Judith, uxor Hludovici Pii imperatoris, 61, 67.
Juliana, 480.
Junens, testis, 151. — Cf. Jonas.

K

Kala, vide Chela.
Karenton, vide Charento.
Karentona villa, vide Charento.
Karolilocus (*Chaalis, Oise, c^{ne} de Fontaine, c^{on} de Nanteuil-le-Haudouin*), 274, 319 — Karoliloci abbatiæ conceditur census in foro novo Parisiensi, 274.
Karolus, Carlus vel Carolus.
—— Augustus, 36. — Vide Karolus Magnus.
—— [Calvus], rex Francorum, 54, 56, 57, 58, 59, 60, 62, 63, 64, 65, 66, 68, 69, 77, 78, 79 81.

—— Ecclesiæ Parisiensi dat ecclesiam Sancti Eligii, 66; et insulam B. Mariæ, 64. — Magnum Pontem concedit Æneæ episcopo, 62. — Edictum ejus de moneta Parisiensi, 62; Privilegia ejus pro ecclesia Parisiensi, 58, 62, 64, 66; pro monasterio S. Germani de Pratis, 54, 57, 68; pro monasterio S. Sulpicii Bituricensis, 58; pro servis S. Germani de Pratis, 56.
Karolus [Magnus], imperator, 29, 31, 32, 33, 34, 36, 38, 39, 40, 44, 46, 55, 77, 80, 95, 121, 209.

—— Privilegia ejus pro ecclesia Parisiensi, 34; S. Dionysii, 31, 32; S. Germani de Pratis, 29, 33; pro Universitate Parisiensi, 34.
Karolus Martellus, 27.
—— [Simplex], rex Francorum, 75, 76, 77, 78, 79, 80, 81, 82, 84, 93. — Privilegia ejus pro ecclesia Parisiensi, 78, 79, 80; pro ecclesia S. Christophori, 75; pro ecclesia S. Germani de Pratis, 77; pro ecclesia S. Marcelli, 83.
Karrona, villa, 199, 271. — Vide Carrona.

L

Laas (*Laas, lieu-dit dans Paris*), 419, 464, 476, 477.
Laci (*Lassy, Seine-et-Oise, c^{on} de Luzarches*), 279, 300, 474.
Lacore (Yvo), 363.
Laciacum, 50. — Vide Laiacum.

64.

LAGOBARDUS, 133. — Vide GUIDO LAN-
GOBARDUS.
LAIACO (Ingelbertus de), 148.
LAIACUM (*Lay, Seine, c^{on} de Villejuif*),
35, 90, 93, 228, 242, 387;
LAGIACUM, 50.
LAMBERTUS, acolythus, 104.
—— episcopus Atrebatensis, 157,
158.
—— hospitarius, 137.
—— sacerdos, 323.
—— serviens Beatæ Mariæ de Cam-
pis, 403.
—— subprior S. Eligii, 434, 458,
460, 476.
—— AD BARBAM, 151.
—— BUFETANUS, 297.
—— DE LISIACO, 405.
—— DE MACHIACO, 342.
LAMDRAMNUS, 50. — Vide LANTDRAMNUS.
LAMDRICUS, 405. — Vide LANDRICUS.
LAMBERTUS, 187. — Vide LAMBERTUS.
LANCHERIUS, 54.
LANDEBERTUS, abbas, 18.
LANDERICUS, episcopus Parisiensis, 12,
14, 15, 16. — Immunitatem confert
ecclesiæ S. Dionysii, 12.
LANDETRUDIS, abbatissa monasterii S.
Cristivili, 18.
LANDO, levita, canonicus Parisiensis,
118. — Cf. LANDO, præcentor.
—— præcentor Parisiensis, 126. —
Cf. LANDO, canonicus.
—— presbyter, canonicus Parisiensis,
163, 165, 169, 204, 215, 217,
223, 226.
LANDRAMNUS, 51. — Vide LANTDRAMNUS.
LANDRICUS, camerarius, 176.
—— coquus, 133.
—— diaconus, canonicus S. Genovefæ, 176.
—— frater Bertranni, 212.
—— frater Henrici Testuz, 405.
—— frater Theobaldi, 479.
—— laicus, 198.
—— levita, canonicus Parisiensis,
118.
—— monachus Sancti Germani de
Pratis, 53.
—— panetarius, 360.
—— sacerdos, canonicus Parisiensis,
118.
—— servus S. Maglorii, 334.
—— socius Hugonis abbatis S. Germani, 464.
—— testis, 125.
—— testis, 479.
—— DE ANTOGNIACO, 342.
—— DE FUNTANETO, 203.
—— RUFUS, 480.
—— DE VITRI, 408.
LANGAUDUS, 72.

LANGOBARDUS (Guido), 132, 133.
LANGONENSIS, 819. — Vide LINGONI.
LANTBERTUS, monachus S. Germani de
Pratis, 53.
LANTDRAMNUS, archiepiscopus Turo-
nensis, 36, 50, 51.
LANTFREDUS, abbas S. Germani de
Pratis, 30.
LAORCINÆ (*Lourcine, dans Paris*),
442.
LARZIACUM (*Lardy, Seine-et-Oise, c^{on}
de la Ferté-Aleps*), 93.
LATERANUM (*le Latran à Rome*), 157,
229, 270, 349, 453, 464.
LAUDUNUM (*Laon, Aisne*), Lugdunum
clavatum vocatur, 86. — Episcopi
Laudunenses, vide ADALBERO, ELI-
NANDUS. — Pagus Laudunensis,
123. — Thesaurarius Laudunensis,
vide BARTHOLOMEUS.
LAURENTIUS, testis, 147.
LEAUDUS GODINUS, 133.
LEDVISA, ancilla, 337.
LEGIONENSIS episcopus. — Vide JOHAN-
NES.
LEGNIS (Robertus), 480.
LEHONENSIS pagus (*pays de Léon, en
Bretagne*), 196.
LEICENTILE domus, Parisius, 374.
LEIGARDIS, mater Garnerii, 329.
LEIGIUM (*forêt de Loges ou d'Orléans*),
183.
LEJARDIS, uxor Gauterii carpentarii,
480.
LEMAUSUS (*Limours, Seine-et-Oise, ch.-l.
de c^{on}*); monasterium S. Johannis
et S. Crucis, 20, 22.
LEOBINUS, testis, 479.
LEODDIUS, testis, 40, n.
LEODEBALDUS, episcopus, 7.
LEODOINUS, testis, 40, n.
LEONELLUS vel LOONELLUS (Henricus),
374, 388, 427.
LEONIUS, canonicus S. Benedicti, 465.
—— subdiaconus, canonicus S. Opportunæ, 328.
LEPROSORUM vel S. LAZARI domus,
181, 214, 226, 240, 264, 276,
284, 286, 288, 289, 291, 303,
306, 308, 329, 331, 334, 335,
346, 347, 358, 359, 361, 362,
363, 373, 389, 390, 392, 393,
438, 447, 453, 454, 455, 460,
468, 469, 472. — Ecclesia S. Lazari, 276, 390, 393, 472. — Privilegia a Burchardo de Montemorenciaco concessa, 437; a Clemente,
diacono Parisiensi, 361; a Ludo-

vico VII, 226, 288-289, 303,
331, 346, 363; a Galeranno de
Mellento, 284; a Mauricio episcopo, 373, 392; a Petro episcopo,
362; a Philippo archidiacono, 453,
454, 455; a Theobaldo episcopo,
329, 335. — Privilegia et bona
confirmantur, 308, 358. — Privi-
legia de feria, 181, 240, 264,
359, 389, 390, 447. — Sancti
Lazari fratres terram quamdam ad
censum Anquitino concedunt, 472;
S. Genovefæ canonicum lepra tac-
tum in domo sua recipiunt, 469.
—— Prior S. LAZARI, vide IMBERTUS.
—— Priorissa, vide MARIA. — Re-
clusa, 329.
LETBERTUS, sacerdos, 234.
LETHARDUS, filius Garini, 186.
LETHERICUS, 108. — Vide LEUTHE-
RICUS.
LETICHA, 327.
LETOIDIS, 219.
LETOLDUS, sacerdos, 82.
LEUTARDUS, germanus Stephani comi-
tis, 39.
—— monachus Sancti Germani de
Pratis, 53.
LEUTCARIUS, monachus S. Germani de
Pratis, 53.
LEUTHARDUS, monachus S. Germani
de Pratis, 53.
LEUTHERICUS, archiepiscopus Seno-
nensis, 108, 114.
LEUTHFREDUS, fidelis Pippini regis, 27.
LEVINS, villa, 97.
LEVRELLUS (Arnaldus), 149.
LEXOINUS vel LEXUINUS pagus (*pays de
Lisieux*), 19. — Episcopus Lexo-
viensis, vide FREGULFUS.
LIDAUT (Odo), 383.
LIGER (*la Loire, fleuve*), 30; LIGERA,
35; LIGERE, 33.
LIGNIACUM (*Ligny-sur-Canche, Pas-de-
Calais, c^{on} d'Auxy-le-Château*),
207.
LIMOGILE (*Limoges-en-Brie, Seine-et-
Marne, c^{on} de Brie-Comte-Robert*),
244.
LINAIAS villa (*Linas, Seine-et-Oise, c^{on}
d'Arpajon*), 86.
LINCOLIENSIS ecclesia (*Lincoln, Angle-
terre*). — Decanus, vide PHILIPPUS.
LINGONI (*Langres, Haute-Marne*), 311.
Episcopus Lingonensis, vide GODE-
FRIDUS.
LIOIS, femina, 344.
LIRICANTUS (*Larchant, Seine-et-Marne,
c^{on} de la Chapelle-la-Reine*), 188.
LISIACO (Lambertus de), 405.
LISIARDUS, acolythus, canonicus Pari-
siensis, 144, 145, 146.

TABLE ALPHABÉTIQUE DES MATIÈRES. 509

LISIARDUS, episcopus Suessionensis, 189.
—— faber, 455.
—— prior Sancti Germani de Pratis, 198.
—— testis, 125.
—— testis, 150.
LISIERNUS, archidiaconus Parisiensis, 97, 102, 104, 106, 113, 114; — decanus Parisiensis, 84; — decanus et archidiaconus, 118; — vocatur Elisiardus, 102; Elisiernus, 97.
—— episcopus, 89. — Vide ELYSIARDUS.
—— testis, 148.
—— CABOTUS, 128.
LISVIA, conjux Radulfi Belli, 225.
LITTERICUS, episcopus Carpentoractensis, 14.
LIVOINUS, habitator burgi Sancti Germani, 480.
LIVRIACUM (*Livry, Seine-et-Oise, c^{on} de Gonesse*), 207.
LIZIARDUS, 145. — Vide LISIARDUS.
LOBICINUS, forestarius, 24.
LOCOTITIA, locus prope muros civitatis Parisiensis, 3.
LODOVICUS, 234, 355, 471. — Vide LUDOVICUS.
LODVICUS, 196. — Vide LUDOVICUS.
LO HERUM (Henricus), 153. — Vide HENRICUS LOTHARINGUS.
LONDA (Nicholaus de), 275.
LONDONIIS (Jocius de), 467.
LONGI PONTIS cœnobium (*Longpont, Seine-et-Oise, c^{on} de Longjumeau*), 211, 212, 325, 332. — Huic cœnobio tribuitur ecclesia S. Juliani prope Parvum Pontem, 211; sua bona confirmantur, 325, 332.
LONGNO (Rotbertus), 166.
LOONELLUS, 374, 427. — Vide LEONELLUS.
LORATORIO (Girardus de), 133.
LORSENZ (Milo de), 400.
LOTHARINGUS (Henricus), vide HENRICUS LOTHARINGUS.
LOTHARIUS, vide HLOTHARIUS.
LOTHERINGUS, 185. — Vide HENRICUS LOTHARINGUS.
LOTHORINGUS, 184. — Vide HENRICUS LOTHARINGUS.
LOTEVEOVILLA (*Leudeville, Seine-et-Oise, c^{on} d'Arpajon?*), 93.
LOVERIIS (Ecclesia de), 143. — Vide LUPERA.
LUBARIA villa, 19.
LUCA, uxor Stephani de Moldon, 442.
LUCARIAS, 27.
LUCAS, presbyter cardinalis tituli SS. Johannis et Pauli, 242, 270.

LUCCENSIS episcopus, vide JOHANNES.
LUCDOVICUS, 194, 209, 260, 263, 363. — Vide LUDOVICUS.
LUCIA, uxor Stephani de Megduno, 331.
LUCIANA, donatrix, 467.
LUCIUS II, pontifex maximus, 290, 294. — Privilegia ejus pro ecclesia Montis Martyrum, 290; pro ecclesia Parisiensi, 290, 294; pro ecclesia S. Martini de Campis, 294; pro ecclesia S. Victoris, 290, 294.
LUDOVICUS, HLODOVICUS, HLUDOVICUS, HLUDOWICUS, LODOVICUS, LODVICUS, LUCDOVICUS, LUDUVICUS, LUGDOVICUS.
—— abbas S. Dionysii, 61.
—— buticularius, 235, 236.
—— cancellarius Ludovici I imperatoris, 43.
LUDOVICUS I PIUS, imperator, 40, 41, 43, 45, 46, 47, 49, 50, 52, 55, 61, 67, 68, 205. — Privilegia ejus pro ecclesia Parisiensi, 40, 43, 45; pro ecclesia S. Germani de Pratis, 41, 47.
LUDOVICUS II, rex Francorum, ecclesiæ Parisiensis jura in abbatia S. Eligii confirmat, 69, 70.
LUDOVICUS IV Ultramarinus, rex Francorum, immunitatem confirmat ecclesiæ S. Mederici, 86.
LUDOVICUS V, rex Francorum, 87, 92, 94. — Privilegia ejus pro ecclesia Parisiensi, 92-94; pro ecclesia S. Maglorii, 87-89.
LUDOVICUS VI, rex Francorum, 152, 153, 154, 161, 162, 163, 164, 165, 167, 168, 169, 170, 171, 174, 176, 177, 179, 181, 182, 183, 184, 185, 186, 187, 189, 190, 191, 192, 193, 194, 195, 196, 198, 200, 202, 203, 204, 209, 210, 211, 213, 214, 216, 217, 218, 219, 221, 223, 226, 228, 230, 231, 234, 335, 237, 239, 240, 241, 243, 244, 245, 246, 251, 253, 254, 256, 260, 261, 264, 265, 266, 268, 271, 274, 344, 359, 364, 371, 390, 404, 447.
Diplomata ejus: pro burgensibus Parisiensibus, 253; pro capella S. Georgii, 198; — pro ecclesia Montis Martyrum, 254; pro ecclesia Parisiensi, 178, 202, 204, 209, 210, 211, 217, 218, 243, 256; pro ecclesia S. Dionysii, 214; pro ecclesia S. Dionysii de Carcere, 192, 243; pro ecclesia S. Eligii, 190; pro ecclesia S. Genovefæ, 181, 202, 203; pro ecclesia S. Maglorii, 198, 235, 238; pro ecclesia S. Ma-

riæ de Campis, 194, 195, 234; pro ecclesia S. Martini de Campis, 182, 200, 243; pro ecclesia S. Victoris, 187, 256; pro ecclesia Tyronensi, 213; — pro Henrico Lotharingo, 184, 185; — pro Leprosis Parisiensibus, 226; — pro servis B. Mariæ, 169; pro servis S. Genovefæ, 174, 221; pro servis S. Martini de Campis, 177.
Feriam instituit S. Lazari, 181, 240. — Fossatum Campelli dividit cum episcopo Parisiensi, 260. — Fundatio ecclesiæ S. Victoris, 187. — Furnum B. de Fulcosio ab omni consuetudine liberat, 183. — Libertatem Sancelinæ tribuit, 191. — Naves vino oneratas a consuetudine quadam eximit, 213. — Satisfacit capitulo Parisiensi pro violatis claustri privilegiis, 193. — Telonei panis duas partes Stephano marescallo confirmat, 219. — Viariam confirmat episcopi Parisiensis, 178.
LUDOVICUS VII, 244, 245, 254, 255, 260, 261, 263, 264, 265, 266, 267, 268, 269, 271, 274, 275, 276, 277, 286, 287, 288, 291, 294, 298, 303, 304, 305, 306, 311, 314, 319, 333, 334, 336, 337, 340, 341, 344, 345, 346, 350, 352, 355, 356, 359, 363, 364, 367, 370, 371, 372, 373, 378, 379, 380, 382, 383, 385, 389, 393, 398, 404, 412, 417, 422, 423, 431, 434, 435, 443, 444, 445, 446, 447, 457, 459, 471.
Diplomata ejus : pro capella S. Nicholai in Palatio, 364; pro Domo Dei Parisiensi, 350; — pro ecclesia Caroliloci, 274; Claravallensi, 435; Ederensi, 286; Montis Martyrum, 261, 337, 344, 345, 352, 431, 434; Parisiensi, 287, 304, 305, 337, 350; S. Benedicti, 268; S. Dionysii, 286; S. Dionysii de Carcere, 295; S. Eligii, 275; S. Genovefæ, 320, 423; S. Lazari, 264, 288, 291, 331, 334, 346; S. Maglorii, 333, 356; S. Mariæ de Campis, 272; S. Martini de Campis, 265; S. Opportunæ, 340, 445; S. Victoris, 261, 267, 270; Tyronensi, 269; — pro fratribus Vicenæ, 459; — pro Leprosis Parisiensibus, 303, 306; pro Leprosis de Saussoya, 367, 373; — pro militibus Templi, 288. — Epistolæ ejus ad canonicos S. Genovefæ,

378; ad priorem S. Victoris, 367; ad Mauricium episcopum pro Barbedauro clerico, 379.
Ancillas commutat cum ecclesia S. Genovefæ, 423. — Cambium in Magno Ponte in perpetuum mansurum statuit, 277. — Carnificum Parisiensium privilegia restituit, 370. — Domum Dulciani medici a censu pro parte liberat, 276; domum Gentæ liberat ab omni censu, 263. — In feria S. Germani reddituum medietas ei conceditur, 446; ferian instituit S. Lazari, 264, 389, 447. — Greviam burgensibus vendit, 277.

— Mercatorum aquæ privilegia confirmat, 404. — Oratorium in palatio construit in honore B. Mariæ Virginis, 341. — Pondus regis Henrico, filio Prielle, concedit, 398. — Reformat malas consuetudines, 287, 385. — Theciæ, uxori Yvonis Lacohe, concedit magisteria tanatorum, sutorum, etc., 363. — Venditionem confirmat a Balduino de Curcellis factam Barbedauro, 393.

Luduvicus, 77. — Vide Ludovicus.
Lugdovicus, 161, 162, 167, 168, 169, 170, 171, 191. — Vide Ludovicus VII.

Lugdunum (*Lyon, Rhône*). — Archiepiscopi Lugdunenses, vide Aunemundus, Nicetius.
Lugdunum Clavatum, 86. — Vide Laudunum.
Lundonia (*Londres, Angleterre*), 208.
Lupera (*Louvres, Seine-et-Oise, c^{on} de Luzarches*), 61, 108, 214, 286; Loverle, 143; Luveris, 146; Luvra, 207.
Lupus, monachus S. Germani de Pratis, 8.
Lusarchæ (*Luzarches, Seine-et-Oise, ch.-l. de c^{on}*), 279, 300, 474.
Luveris, 146. — Vide Lupera.
Luvra, 207. — Vide Lupera.

M

Mabilia, sanctimonialis Montis Martyrum, 339.
Macerle (*Mézières, Seine-et-Oise, c^{on} de Mantes*), 90, 92, 387.
Machacra Media, 460. — Cf. Mazacra.
Machelum (*Machault, Seine-et-Marne, c^{on} du Châtelet*), 90, 93; — Michelum, 387.
Machiaco (Lambertus de), 342.
—— (Stephanus de), 342, 343.
Machiacum (*Massy, Seine-et-Oise, c^{on} de Longjumeau*), 342.
Maciaco (Willelmus de), 195.
Madalfridus, vir inluster, 17.
Madolandus, abbas, 21.
Madreia potestas, vide Madriaca.
Madriaca potestas (*Mérey, Eure, c^{on} de Pacy-sur-Eure*), 98; Madreia, 88, 99; Madrica, 88, 98. — Ecclesia S. Dionysii, 88, 99. — Materacinsis pagus, 18.
Madrica potestas, vide Madriaca.
Madunta, 404. — Vide Medunta.
Maganarius, fidelis Pippini regis, 27.
Magareta, 473. — Vide Margareta.
Magniaco (Garnerius de), 405.
Magnus Dolor, 327.
Maheus, 438. — Vide Matheus.
Mainardus, archiepiscopus Senonensis, 124.
—— canonicus Sancti Martini de Campis, 130.
—— levita, 118.
—— testis, 176.
—— de Colongia, 148, 149.
Mainburgis, uxor Alberici, 115.
Mainerius (Magister), in ecclesia Parisiensi beneficiatus, 362, 413, 483.
Mainerus de Spabrone, 127.
Maingodus, miles, 118.
—— testis, 136.

Mairiacum (*Méré, Seine-et-Oise, c^{on} de Montfort-l'Amaury*), 101.
Mairole (*Marolles-en-Brie, Seine-et-Oise, c^{on} de Boissy-Saint-Léger*), 207; Majoriole, 143.
Majoriole, 143. — Vide Mairole.
Majus Monasterium (*Marmoutier, près de Tours*), 96, 132, 133, 135, 136, 138, 148, 227, 327. — Huic cœnobio concedantur ecclesiæ SS. Bartholomei et Maglorii, 135; B. Mariæ de Campis, 132, 138; varia bona, 96, 227. — Abbates, vide Bernardus, Garnerius, Herveus, Odo.
Malaterra (Gaufredus), 212.
Malavilla (Willelmus de), 176.
Malbertus, præpositus Aurelianensis, 127.
Malbraicum, 116. — Vide Mibrai.
Malfredus, canonicus S. Martini de Campis, 130.
Malgardus, episcopus Carnotensis, 14.
Malgerius, testis, 397.
Malgenus, testis, 147.
Malgerinus, clericus de Sancto Christophoro, 208.
—— vel Mauguinus, pater Rainaldi, 383, 427.
Malobciso (Durandus de), 149.
Maltildis, 431. — Vide Matildis.
Maluscignus (Guillelmus), 400, 401, 402.
Malvielles (Arnulfus), 195.
Mamacas (*Montmacq, Oise, c^{on} de Ribécourt*), 22, 24.
Mamnot (Andreas de), 307.
Manasse, acolythus, 118.
Manasses, archiepiscopus Remensis, 134.
—— a secretis Sancti Martini de Campis, 245.

Manasses, episcopus Aurelianensis, 416.
—— episcopus Meldensis, 157, 170, 189.
—— episcopus Meldensis, 313.
—— filius filiæ Evæ, 201.
—— puer, canonicus Parisiensis, 217, 223, 226, 244, 253.
—— vicecomes Meleduni, 136.
Manerius (Magister), 362. — Vide Mainerius.
Manfredus, cardinalis S. Georgii ad Velum Aureum, 377, 389.
—— filius Pizzi, 370, 371.
—— pater Guidonis, 371.
Mangoz de Meleduno, 154.
Maniacum, 97.
Manlia (Petrus de), 279.
Mansionillum, villa ante S. Clodoaldum, 254, 261.
Marcellus, canonicus Parisiensis, 401, 427, 443, 450.
—— clericus Mauricii episcopi, 413.
—— nepos Ascelini decani, 412.
Mareio (Ecclesia de), 143.
Marescalceis, villa, 216.
Marescalcus, 480.
Margareta, sanctimonialis Sancti Lazari, 473.
Maria, filia Henrici Morelli, 423.
—— priorissa S. Lazari, 473.
—— uxor Adami de Braia, 422.
—— la Desvée, 479.
Marleio (Herveus de), 127.
Marli (*Marly-le-Roi, Seine-et-Oise, ch.-l. de c^{on}*), 359.
Marmerellus (Willelmus), 141, 195.
Marna, 239. — Vide Materna.
Marnoa (Simon de), 293.
Maroilum, in comitatu Pinciacensi (*Mareil-sur-Mauldre, Seine-et-Oise, c^{on} de Meulan*), 99; Marois,

TABLE ALPHABÉTIQUE DES MATIÈRES.

88; capella S. Martini, 88, 99.
MAROIS, 88. — Vide MAROILUM.
MARQUERIUS, testis, 383.
MARSILIUS, sutor, 455.
MARTINIUS, monachus S. Germani de Pratis, 53.
MARTINUS, cardinalis tituli S. Stephani in Cœlio Monte, 270.
—— furnarius, 412.
—— monachus S. Germani de Pratis, 410.
—— panetarius, 464.
—— piscium venditor, 339.
—— præpositus, 476.
—— sacerdos de Sancto D..., 234.
—— testis, 151.
—— ALESCUREL, 461.
—— DE BOERIA, 133.
MASCELINUS DE MONFORT, 349.
MASILIA (*Marseille, Bouches-du-Rhône*), 2.
MATERACENSIS pagus, 18. — Vide MADRIACA.
MATERNA (*la Marne, rivière*), 90, 116, 123, 387, 448; MARNA, 239.
MATHEUS, MAHEUS, MATHIAS.
—— aurifaber, 458.
—— [I] comes de Bello Monte, 171, 185; — camerarius, 268, 269, 272, 273, 274, 276, 277, 278, 288, 289, 291, 304, 306, 321.
—— [II] comes de Bellomonte, camerarius, 332, 334, 335, 341, 345, 347, 351, 357, 364, 365, 368, 371, 386, 390, 394, 399, 404, 424, 432. — Furnum dat et domum militibus Templi, 333.
—— constabularius, vide MATHEUS DE MONTEMORENCIACO.
—— episcopus Albanensis, 232, 385.
—— filius Radulfi Belli, 279.
—— filius Stephani de Moldon, 443.
—— filius Teberti, 326, 397, 403.
—— frater Burcardi de Montemorenciaco, 451.
—— frater Frogerii, 328.
—— frater Symonis de Sancto Dionysio, 443.
—— presbyter, 328.
—— prior S. Martini de Campis, 200, 206, 224, 225, 246.
—— BELLUS NEPOS, 397.
—— BLYE, 476.
—— DE MONTEMORENCIACO, constabularius, 269, 272, 273, 274, 275, 276, 277, 278, 287, 288, 289, 291, 304, 306, 321, 332, 334, 335, 341, 345, 347, 357, 364, 365. — Censum dat ecclesiæ S. Victoris, 301, 475; — hortum dat fratribus Sancti Lazari, 438.

MATHEUS, DE MUCNELLIS 283, 300, 474.
—— PANIS, 392.
—— DE SANCTO MEDERICO, 362, 363, 365.
—— TURCUS, 227.
MATHIACO (Johannes de), 400, 401, 417.
MATHIAS, 269, 272, 334, 335. — Vide MATHEUS.
MATILDIS, castellana de Doai, septem arpennos vinearum dat ecclesiæ Montis Martyrum, 431, 432.
—— uxor Mathei, comitis Belli Montis, 333.
MATREIO (Radulfus de), 227.
MATRIOLE (*Marolles-sur-Seine, Seine-et-Marne, c^on de Montereau*), 48.
MAUGUINUS, 441. — Vide MALGRINUS, pater Rainaldi.
MAURIACUM (*Mory, Seine-et-Marne, c^on de Claye*), 90, 93; MURIACUM, 387.
MAURICIUS, capellanus Montis Martyrum, 463.
—— episcopus Parisiensis, 365, 370, 373, 374, 375, 376, 378, 379, 382, 389, 390, 392, 393, 394, 398, 399, 400, 402, 403, 405, 409, 412, 413, 414, 416, 418, 419, 425, 426, 427, 433, 437, 442, 443, 444, 446, 450, 451, 452, 457, 465, 466, 471, 473. — Bona confirmat S. Martini de Campis, 443; et S. Victoris, 473. — Chartæ ejus de conventione inita Hospitalarios inter et Hamelinam, 450; — de domo fratribus Domus Dei a Luciana data, 466; de domo H. Leonelli, 382; — de dono a Grimodo fratribus S. Lazari facto, 373; de donis tributis ecclesiæ Montis Martyrum a Constantia comitissa, 414; ecclesiæ B. Mariæ de Campis a Matheo Thetberti, 403; ecclesiæ S. Victoris ab Henrico Leonello, 426, et a Petro de Villanova, 451; militibus Templi, a Stephano de Moldon, 442; — de furno B. de Fulcosio, 465; de furno W. de Garlanda, 392; — de maresiis S. Opportunæ, 443; — de partitione bonorum inter Galterum marescallum et Petrum sacerdotem, 412; — de venditione a Guidone de Haubervillers abbatiæ S. Victoris facta, 400; — de vinea ab abbatissa Kalensi capitulo S. Benedicti concesso, 465; de vinea a parrochianis S. Landerici vendita, 419. — Epistola ei perperam attributa, 426. — Sententia

ejus de controversia inter Domum Dei et regis præpositos, 427; inter ecclesiam S. Victoris et Ferricum Parisiensem, 413; inter Hugonem de Novaria et Alelmum, 390; — de furno vici Judæorum, 365.
MAURICIUS puer, canonicus Parisiensis, 457, 468.
MAURIGNIACUM (*Morigny, Seine-et-Oise, c^on d'Étampes*). — Abbatia Maurigniacensis, 153; abbas, vide RAINALDUS.
MAURINUS, camerarius, 95.
—— episcopus Nannetensis, 14.
MAURITIUS, vide MAURICIUS.
MAYNARDUS, 124. — Vide MAINARDUS.
MAZACRA MEDIANA (vicus), 468. — Cf. MACHACRA.
MAZUE (Hugo), 479.
MEBRAIO, 226. — Vide MIBRAI.
MEDANTA, 149. — Vide MEDUNTA.
MEDENDA, 207. — Vide MEDUNTA.
MEDIANA CURTIS (*Mainecourt, lieu détruit, Oise, c^ne de Persan ou de Chambly*), 208.
MEDRIACA potestas, 88. — Vide MADRIACA.
MEDUNTA (*Mantes, Seine-et-Oise*); MEDANTA, 149; MEDENDA, 207, 230. — Pons, 404. — Præbendæ, 149.
MEDUNTA (Orieldis de), 149.
MEGDOXO (Stephanus de), 331.
MEIBRA, 228, 241. — Vide MIBRAI.
MELBRA, 215, 283. — Vide MIBRAI.
MELBRAI, 300, 474. — Vide MIBRAI.
MELDI (*Meaux, Seine-et-Marne*), 310.
—— Canonicus Meldensis, 326.
—— Comitatus Meldensis, 87. — Decanus Meldensis, vide MICHAEL. — Episcopi Meldenses, vide BURCHARDUS, BURGUNDOFAR, GALTERIUS, GISLEBERTUS, HILDEGARIUS, HUGOBERTUS, MANASSES, STEPHANUS. — Territorium Meldense, 123.
MELDUNICUS vicus, 116, 239. — Vide MOLDON.
MELEDUNO (Mangoz de), 154.
MELEDUNUM (*Melun, Seine-et-Marne*), 127, 136, 182, 188, 230, 255, 262. — Comitatus Meledunensis, 88. — Ecclesia Sanctæ Mariæ, 87. — Pagus Meledunensis, 1, 2, 110, 255, 262. — Vicecomites Meledunenses, vide MANASSES, URSIO.
MELIDUNUM, 127, 136. — Vide MELEDUNUM.
MELLENDIS comes, 127. — Vide MELLENTUM.
MELLENTIS comitissa, 405. — Vide MELLENTUM.
MELLENTO (Radulfus de), 326.
MELLENTUM (*Meulan, Seine-et-Oise,*

ch.-l. de c^{on}), 98, 127, 275, 281, 282, 283, 284, 301, 405. — Comes Mellenti, vide GALERANNUS, HUGO. — Comitissa, vide AGNES. — Ecclesia S. Nicasii, 275, 395. — Præpositus Mellenti, vide GARNERIUS.
MELLETENSIS (Hugo), 101.
MELLICUS comitatus, 98.
MELLOTO (Guillelmus de), 274.
MENIL (Henricus de), 451.
MENNILIO (Willelmus de), 333.
MENOCDUS LI ABOBERRE, 480.
MERCATORES AQUÆ Parisienses, 404; — Rotomagenses, 404.
MERUACUM (*Méru, Oise, ch.-l. de c^{on}*), 208; MERUDIUM, 165. — Ecclesia S. Audomari, 208.
MERUDIUM, 165. — Vide MERUACUM.
MEROLFUS, vir inluster, 16.
MESNIL (*probablement Blancmesnil, Seine-et-Oise, c^{on} de Gonesse*), 186. — Cf. BLANCMESNIL, 185.
MESONS (*probablement Maisons-Alfort, Seine, c^{on} de Charenton*), 153.
MESTIGERIUM, vide MISTIGERIUM.
METELLUM (*Melle, Deux-Sèvres*), 64.
MEZANTO (Hugo de), 166.
MIBRAI, 116, 215, 226, 228, 239, 241, 244, 257, 266, 283, 300, 359, 412, 474; MALBRAIUM, 116; MEIBRA, 228, 241; MELBRA, 215, 283; MELBRAI, 300, 474; MIBRAIUM, 412; MILBRAI, 239, 257; MUIBRAI, 359. — Molendina de Mibrai, 226, 239, 266, 304, 359, 412.
MIBRAIUM, 412. — Vide MIBRAI.
MICHAEL, clericus, 453.
— decanus Meldensis, 401, 429.
MICHELUM, 387. — Vide MACHELUM.
MIGDONIENSIS episcopus. — Vide PETRUS.
MIGOL (Willelmus), 166.
MILBRAI, 239, 257. — Vide MIBRAI.
MILEDUNUM, 255, 262. — Vide MELEDUNUM.
MILESINDIS, filia Bernardi, 258.
MILIACUM castrum (*Milly, Seine-et-Oise, ch.-l. de c^{on}*), 207.
MILIDUNUM, 1, 2, 87, 88, 110, 188. — Vide MELEDUNUM.
MILLEDUNENSIS pagus, 255. — Vide MELEDUNUM.
MILLEPASSUS, 115, 116, 132, 199; MILPAS, 239.
MILLO DE VITRI, 408.
MILO, decanus S. Dionysii de Carcere, 126.
— fidelis Pippini regis, 27, 29.
— miles, 118.
— nepos Ansoldi, 123, 125.
— subdiaconus ecclesiæ Romanæ, 323.

MILO, testis, 82.
— testis, 84.
— DE ATILIACO, 400, 401, 402.
— DE LORSEMZ, 400.
MILPAS, 239. — Vide MILLEPASSUS.
MINTRIACUM (*Mitry, Seine-et-Marne, c^{on} de Claye*), 90, 93, 387.
MISCELLUM, villa in pago Cadrocino, 19.
MISERI, 353.
MISTIGERIUM vel MESTIGERIUM, 165, 224.
MOLDON (*Meudon, Seine-et-Oise, c^{on} de Sèvres*), 340; — (presbyter de). Vide SCRISPINUS. — Vicus Meldunicus, 116, 239.
— (Stephanus de), 442, 443.
MOLENDINIS (Rogerus de). — Vide ROGERUS DE MOLENDINIS.
MOLINIS, 38.
MOLLENCO (Hugo de), 291.
MONASTERIOLO (Bartholomeus de), vide BARTHOLOMEUS DE MONASTERIOLO.
MONASTERIOLUM, 276, 352. — Vide MUSTERIOLUM.
MONASTERIOLUM castrum (*Montreuil-sur-Mer, Pas-de-Calais*), 239; MUSTERIOLUM, 116. — Abbatia S. Salvii, 116.
MONCELLUM, 206.
MONCELLUS, in territorio Aurelianensi, 119.
— S. Gervasii, 277, 281, 282, 301, 475.
MONCIACO (Petrus de), 399.
MONCIACUM, 224. — Vide MONTIACUM.
MONCIUM, 221. — Vide MONTES.
MONFERMOILO, 225. — Vide MONFERMOLIO.
MONFERMOLIO (Albericus de), 225.
— (Gislebertus de), 225.
MONFORT (Mascelinus de), 349.
MONS ALDONIS (*Monthodon, Aisne, c^{ne} de la Chapelle-Monthodon, c^{on} de Condé-en-Brie*), 207.
MONS CEVRI, 443.
MONSFORTIS (*Montfort-l'Amaury, Seine-et-Oise, ch.-l. de c^{on}*), 129, 196; ecclesia S. Laurentii, 129, 196; ecclesia S. Petri, 129.
MONSOAIN, in parochia de Oreio, 225.
MONSLEHERI, 431. — Vide MONS LETHERICI.
MONS LETHERICI, 230, 338; MONS LEHERI, 431. — Præbendæ ecclesiæ S. Petri, 230, 338. — Præpositus, vide GAUFRIDUS.
MONS MAGNIACUS (*Montmagny, Seine-et-Oise, c^{on} de Montmorency*), 151.
MONS MARTYRUM (*Montmartre, auj. dans Paris*), 61, 87, 98, 107, 141, 142, 207, 214, 257, 286, 443, 444, 445, 446. — Abbatia

Montis Martyrum, 254, 259, 261, 290, 303, 309, 310, 337, 339, 344, 345, 352, 381, 392, 414, 431, 432, 434, 462. — Abbatiæ bona et privilegia confirmantur, 254, 259, 261, 290, 309, 345, 381. — Consecratio ecclesiæ, 309. — Donationes variæ, 344, 414, 431. — Fundatio abbatiæ, 254. — Infirmariæ redditus varii tribuuntur, 414. — Piscium venditoribus platea ab Adela abbatissa conceditur, 339. — Quadrigata ligni abbatiæ datur in Vicennæ sylva, 352. — Redditus in theloneo carnificum assignatus, 337, 345. — Stallum in Macello Parisiensi, 392. — Sanctimonialium numerus ad LX reducitur, 434, 453. — Sepultura Adelaidis reginæ, 344. — Abbatissæ, vide ADA vel ADELA, CHRISTINA, ELISABETH. — Priorissa, vide RISSENDIS.
— Capella S. Martyrii, 142, 206, 245, 246, 471.
— Ecclesia S. Dionysii, 141, 143, 146, 206, 224, 245, 255, 262.
— S. Martini de Campis conceditur, 141, 145. — A Sancti Martini monachis regi Ludovico conceditur, 245, 255.
MONS MORENCIACUS (*Montmorency, Seine-et-Oise, ch.-l. de c^{on}*); MONS MAURENCIACUS, 393; MONS MAURICIACUS, 451; MONS MAURINCIACUS, 141; MONS MORICUS, 127; MONS MORENCEUS, 275; MONS MORENCINI, 291; MONS MORENTIACHUS, 301; MONS MORENTII, 166; MONTMORENCI, 124, 438. — Cf. MONTEMORENCIACO.
MONS PESSULANUS (*Montpellier, Hérault*), 140.
MONS S. GENOVEFÆ (*la montagne Sainte-Geneviève, à Paris*), 326, 468. — Major Montis, vide PAGANUS. — Vineæ, 468.
MONSTEROLIO (Willelmus de), 128.
MONTCELLUS (*le Monceau-Saint-Gervais, à Paris*), 277.
MONTE AUREO (Radulfus de), 275.
MONTE CELSO (Ebbo de), 180.
MONTE FORTI (Amalricus de), 124.
— (Simon de), 127, 129.
MONTE LETHERICI (Guido de), 127.
— (Teobertus de), 413.
MONTELEN (Hugo de), 212.
MONTEMORENCIACO (Burchardus IV de), 141, 166, 185, 224.
— (Burchardus V de), 393, 451.
— (Matheus de), vide MATHEUS DE MONTEMORENCIACO.

TABLE ALPHABÉTIQUE DES MATIÈRES.

Montemorenciaco (Raimundus de), 291.
—— (Theobaldus de), vide Theobaldus de Montemorenciaco.
Monterello (Petrus de), 400, 413, 417, 442.
Montes, in pago Parisiensi, (*Mons, c^ne d'Athis, c^on de Longjumeau, Seine-et-Oise*), 99, 186, 356; Moncium, 221; Montium, 99; Monz, 356.
Montiacum (*Moussy-le-Neuf, Seine-et-Marne, c^on de Dammartin*), 143, 208, 224. — Ecclesia S. Opportunæ, 208, 224.
Montibovis locus apud Carronam, 326.
Montium villa, 99. — Vide Montes.
Monz, 356. — Vide Montes.
Morardus de Mosteriolo, 150.
Morelli cultura, 245, 246.
Morellus (Henricus), 423.
Moreto (Robertus de), 464, 480.
Moriana (Raimundus de) vide Raimundus.
Morinus, testis, 137.

Mosiacum (*Moissy, Seine-et-Marne, c^on de Brie-Comte-Robert*). — Decanus, Mosiaci, vide Vitalis.
Mostarul (Adam de), 409.
Mosteriolo (Morardus de), 150.
Mosteriolum, 450. — Vide Musteriolum.
Mosterolium, 334. — Vide Musteriolum.
Mosterulo (Bartholomeus de), 186. — Vide Barth. de Monasteriolo.
Mugnellis (Matheus de), 283, 300, 474.
Muirrai, 359. — Vide Mibrai.
Mummolus, comes, 21.
Mundumvilla (*Mondonville, Eure-et-Loir, c^on d'Auneau*), 207.
Munegisellus, testis, 21.
Murcinctus (*Morsang-sur-Orge, c^on de Longjumeau*), 99.
Mureaux (Les) (*Les Mureaux, Seine-et-Oise, c^on de Meulan*). — Ecclesia S. Petri, 395.
Muriacum, 387. — Vide Mauriacum.

Musavena (Renaudus), 451.
Musavena (Walterius), 166.
Mustarolium, 384. — Vide Musteriolum.
Musteriolo (Bartholomeus de), 233. — Vide Barth. de Monasteriolo.
Musteriolum castrum, 116. — Vide Monasteriolum.
—— juxta Fontanetum (*Montreuil-sous-Bois, Seine, c^on de Vincennes*), 188, 270, 359; Monasteriolum, 276, 352; Mosteriolum, 450; Mosterolium, 334; Mustarolium, 384; Musteriolum, 304; Mustoriolum, 422. — Cf. Mustreolum.
Musterolium, 304. — Vide Musteriolum.
Mustoriolum, 422. — Vide Mustoriolum.
Mustreolo (Ulricus de), 423.
Mustreolum (*Montreuil-sous-Bois ou Montreuil-le-Grand, Seine-et-Oise, c^ne de Versailles*). — Decanus Mustreoli, vide Bernerius.

N

Nanterius de Castaneto, 148, 149.
Nanterus diaconus, canonicus S. Victoris, 331; idem forte qui prior fuit S. Victoris, 318, 366.
—— filius Giroldi, 331.
—— prior S. Victoris, 318, 366.
—— vel Nasto, subdiaconus, canonicus Parisiensis, 144, 145.
Nanthechildis, 15. — Cf. Nanthildis.
Nanthildis, uxor Dagoberti regis, 13, 15.
Nanto, 145. — Vide Nanterus.
Nantonense territorium, 188. — Vide Castrum Nantonis.
Narbona (*Narbonne, Aude*), 64.
Nardoardus, testis, 82.
Natrannus, testis, 71.
Neapolis (*Naples, Italie*), 360.
Nemausum (*Nîmes, Gard*), 143.
Nemone (Baldricus de), vide Baldricus de Bosco.
Nemosium (*Nemours, Seine-et-Marne, ch.-l. de c^on*), 459.
Nemus Roberti, villa, 381.
Nevelo, decanus S. Marcelli, 323, 324, 349, 352.
—— testis, 84.
Nicetius, archiepiscopus Lugdunensis, 7.
Nicholaus, cellerarius S. Eligii, 476.
—— filius Urselli, 166.
—— notarius comitis Bellimontis, 333.
—— præco, 459.
Cartul. — I.

Nicholaus, præpositus S. Martini de Campellis, 247, 268.
—— Lombardus, 461.
—— de Londa, 275.
—— de Nulliaco, 462, 463.
Nicolaus, clericus, 383.
Nidebicus, 54.
Nielfo (Simon de), 136.
Nigella (*Nesle-la-Reposte, Marne, c^on d'Esternay*). — Abbatia S. Petri, 90, 387.
Niger (Guillelmus), 227.
Nighon (Johannes de), 480.
Nimio, villa (*Chaillot, auj. dans Paris*), 8.
Nithadus, fidelis Pippini regis, 27.
Nivardus, miles, 117.
—— puer, 200.
—— de Pissiaco, 166, 185, 192, 194.
Niverni (*Nevers, Nièvre*). — Comes Nivernensis, vide Rainaldus. — Episcopus Nivernensis, vide Bernardus, Eufronius, Hermannus, Jonas, Rauricus, Runicus.
Noceius (*Noiseau, Seine-et-Oise, c^on de Boissy-Saint-Léger*), 38.
Noel, pater Gisleberti, 480.
—— (Richardus), 400.
Noereiz, (*Nozay, c^on de Palaiseau, Seine-et-Oise?*), 216.
Nogeria (Robertus de), 95.
Noisiacum, super Maternam, (*Noisy-le-Grand, Seine-et-Oise, c^on de Gonesse*), 123, 182.
Nongento (Hubertus de), 137.
Normanna (Joscelina), sanctimonialis, 154.
Normannorum dux. — Vide Heinricus.
—— infestatio, 63, 77, 78, 83.
Normannus (Galterius), 479.
—— (Gislebertus), 150.
—— (Guillelmus), 452.
—— (Richardus), 373.
Nota Sancti Martini (*Noël-Saint-Martin, Oise, c^ne de Villeneuve-sur-Verberie*), 143.
Nota Sancti Remigii (*Noël-Saint-Rémy, Oise, c^ne de Roberval, c^on de Pont-Sainte-Maxence*), 143.
Novale, villa, 116.
Novariensis thesaurarius, 429. — Vide Gaido.
Novavilla (*Neuville-aux-Bois, Loiret, ch.-l. de c^on*), 143, 183, 207.
Novigentus (*Nogent-l'Artaud, Aisne, c^on de Charly*), 48.
Noviliacus, (*Neuilly-en-Thelle, Oise, ch.-l. de c^on*), 18.
Noviolium (*Nueil, Maine-et-Loire, c^on de Vihiers*), 18.
Noviomensis episcopus, vide Baldricus, Rantgarius, Ratbodus, Symon.
Noviomo (Batrholomeus de), 480.
—— (Petrus de), 410.
Novo Burgo (Robertus de), 275, 284.

65

Novo Castello (Hugo de), 127.
Nucenum Magnum (Noisy-le-Grand, Seine-et-Oise, c^on de Gonesse), 143; Nuseium, 207.
Nucenum Minus, 143. — Vide Nuseium siccum.
Nuilli (Evrardus de), 405.
Nulliaco (Nicholaus de), 462, 463.

Nulliaco (Willelmus de), 463.
Nulliacum (Neuilly-sur-Marne, Seine-et-Oise, c^on de Gonesse), 398.
Nuratorre (Guillelmus de), 451.
Nuisi (Renardus de), 454.
Nuseium, villa, 207. — Vide Nucenum Magnum.
Nuseium Siccum (Noisy-le-Sec, Seine,

c^en de Pantin), 207; Nucenum Minus, 143.
Nusiacum (Noisy-sur-Oise, Seine-et-Oise, c^on de Luzarches), 208.
Nusiellum (Noisiel, Seine-et-Marne, c^en de Lagny), 206.
Nutrix Philippi Augusti, 430.
Nycholaus Lombardus, 461, n.

O

Obizo, medicus, 233, 270, 280, 281, 441.
Ochelpingus, testis, 17.
Octavianus, cardinalis tituli S. Ceciliæ, 354.
Oda, femina, 96.
Odaloisus, monachus S. Germani de Pratis, 53.
Odalricus, monachus S. Germani de Pratis, 53.
Oddo, 354, 377, 388. — Vide Odo.
Odelina, sanctimonialis Montis Martyrum, 339.
—— uxor Balduini de Curcellis, 393.
—— uxor Warini de Campis, 151.
Odilardus, monachus S. Germani de Pratis, 53.
Odo vel Oddo.
—— abbas Fossatensis, 66.
—— abbas Majoris Monasterii, 227.
—— abbas S. Genovefæ, vide Odo, prior S. Victoris.
—— abbas Ursicampi, 399.
—— cancellarius ecclesiæ Parisiensis, 361, 374, 382, 392.
—— cancellarius Sancti Germani de Pratis, 479.
—— canonicus Parisiensis, 132.
—— cardinalis S. Georgii ad Velum Aureum, 354.
—— cardinalis Sancti Nicolai in Carcere Tulliano, 372, 376, 377, 388. — Epistolæ ejus ad Ernisium abbatem, 372.
—— carnifex, 329.
—— cerarius, 197.
—— clericus, monachus S. Martini de Campis, 343, 344.
—— comes de Corboilo, 171, 206.
—— comes Parisiensis, 70, 71; postea rex Francorum, 86. — Ecclesiæ Parisiensi Charenton villam concedit, 70. — Ecclesiæ S. Dionysii duas areas infra Parisius tribuit, 71.
—— coquus, 176.
—— diaconus, canonicus Parisiensis, 457, 468; idem forte, 399.

Odo, filius Errenburgis, 331.
—— filius Gausberti, 136.
—— filius Henrici de Fonteneto, 291.
—— filius Josberti Briardi, 400.
—— filius Odonis, 141.
—— filius Rainerii de Valle, 429.
—— filius Stephani, 266.
—— homo Stephani de Machiaco, 343.
—— levita, canonicus Parisiensis, 104, 118.
—— (Magister), diaconus, 399; idem forte, 457, 468.
—— major de Undresiaco, 210.
—— mariscalcus, 150.
—— matricularius, 393.
—— miles, 148, 149.
—— miles et leprosus, 359.
—— monachus S. Eligii, 434.
—— monachus S. Germani de Pratis, 410.
—— pelliparius, 328.
—— presbyter, canonicus Parisiensis, 296, 298, 301, 302, 348, 374, 430.
—— presbyter, canonicus Parisiensis, 223, 226.
—— prior S. Martini de Campis, 234, 266, 293, 297, 309. — Pactionem facit cum ecclesia S. Germani de Pratis de quodam censu, 297; — cum ecclesia S. Victoris de præbenda in ecclesia Parisiensi, 293.
—— prior Sancti Victoris, 250, 331; postea abbas Sanctæ Genovefæ, 317, 318, 320, 417. — Pactionem facit cum abbate Sancti Victoris de cursu Beveræ, 317, 318.
—— puer, canonicus S. Genovefæ, 176.
—— rex Francorum, 86. — Vide Odo, comes Parisiensis.
—— sartor, 480.
—— servus, 197.
—— sororius Bernardi parmentarii, 234.
—— subdiaconus, canonicus S. Victoris, 442.

Odo, subprior S. Martini de Campis, 245.
—— testis, 39.
—— testis, 84.
—— testis, 150.
—— testis, 151.
—— testis, 479.
—— Agasonis, 478.
—— de Balbiniaco, 136.
—— Balbus, 328, 393.
—— Cailla, 149.
—— Conveiser, 383.
—— de Crispeio, 410.
—— Gastinellus, 479.
—— de Guviz, 333.
—— Libaut, 383.
—— Parvus, 480.
—— de Prato S. Gervasii, 151.
—— Rufus, 479.
—— de S. Christoforo, 383.
—— de S. Dionysio, 418.
—— de S. Marcello, 326.
—— Semelpin, 327.
—— de Subturre, 331.
Odoinus, 73.
Odolricus, archidiaconus Parisiensis, 124.
—— testis, 40.
Odonis vinea, 236.
Oelardus, miles, 234.
—— subdiaconus, 331.
Ogerius, coquus B. Martini de Campis, 454.
Ogerus, coquus, 412.
—— maritus Hersendis, 479.
—— pater Thomæ, 326.
Olbertus, 54.
Oldricus, diaconus, 331.
Ologrus, 54.
Olricus, abbas S. Maglorii, 158.
—— capellanus, 126.
—— falconarius, 146.
—— testis, 201.
Ondresiacum, 35, 50, 93. — Vide Andresiacum.
Oonz (Hugo de), 359.
Optatus, notarius Karoli Magni, 84.
Orceio (Guillelmus de), 478.
Oreium, 225.

TABLE ALPHABÉTIQUE DES MATIÈRES.

Orgeniacum (*Orgenois, Seine-et-Marne*, c^{ne} *de Boissise-le-Roi*, c^{on} *de Melun*), 188.
Oriacum, in pago Silvanectensi (*Orry-la-Ville, Oise*, c^{on} *de Senlis*), 128; Auriacum, 274.
Orieldis de Medunta, 149.
Orli (Herbertus de), 324.
Orliacum, 228, 241, 300, 474. — Vide Aureliacum.
Orphanus (Petrus), 185.
Osanna, 53.
Osbernus, testis, 150.
Osbertus, sacerdos, canonicus S. Victoris, 318.
Oseris (Drogo de), 225.

Osmundus vel Hosmundus.
—— canonicus Parisiensis, subdiaconus, 323, 348; — postea diaconus, 361, 374; — idem forte, 427.
—— puer, 253.
—— de Calvo Monte, 186, 207.
—— de Pissiaco, 381, 382, 412, 456, 457.
Osoldus, testis, 147.
Ostiensis episcopus. — Vide Albericus, Gerardus, Giradus, Hubaldus.
Otelbertus, 73.
Oterbedus, monachus S. Germani de Pratis, 53.

Othadus, monachus S. Germani de Pratis, 53.
Othelmus, 75.
Otherus, 54.
Otrannus, famulus Sancti Martini de Campis, 225.
—— testis, 40.
—— de Drocas, 128.
Otto, 376. — Vide Odo.
—— cardinalis tituli S. Georgii, 243.
Oxellum, 19.
Oxma, villa in pago Dorcassino, 18.
Oxminsis pagus (*l'Hiémois ou pays d'Exmes, Orne*), 18, 19.
Oylardus, filius Harpini, 212.

P

Paci (Renoldus de), 463.
Paganus, alias Ansellus, 195.
—— alias Walterids, 141, 224.
—— (Balduinus), cellerarius, 176.
—— dapifer, 153.
—— filius Archenbaldi, 149.
—— filius Gervasii de Turota, 335.
—— filius Guidonis, 132, 133; — Monachis Majoris Monasterii concedit ecclesiam B. Mariæ de Campis, 132; et tres arpennos vinearum, 133.
—— filius Sulionis, 300, 474.
—— frater Elisabeth, abbatissæ Montis Martyrum, 463.
—— frater Gausfridi, 148, 149.
—— laicus, 198.
—— major de Monte, 326, 331.
—— Anglicus, 418.
—— Aurelianensis, buticularius, 164.
—— de Praeriis, 279, 300, 474.
—— de Sancto Ionio, 280.
—— de Turota, 185, 359.
—— de Villanova, 148.
—— de Warennis, 477.
Paleseolo (Albricus de), 212.
—— (Fulco de), 212.
Paleso (Albertus de), 149.
Palladius, episcopus Autissiodorensis, 14, 17.
Panis (Matheus), 392.
Pantinum (*Pantin, Seine, ch.-l. de c^{on}*), 207.
Paparo (Johannes), vide Johannes Paparo.
Parcenc (Fulco de), 166.
Parisiensis (Fredericus seu Ferricus), 399, 400.
Parisio (Warnerius de), 166.
Parisius, 4, 23, 25, 32, 35, 38, 64, 69, 70, 71, 72, 77, 82, 85,

Parisius. (*Seq.*)
95, 96, 97, 99, 101, 104, 107, 115, etc.
—— Abbatiæ Parisienses, vide Mons Martyrum, S. Genovefa, S. Germanus de Pratis, S. Maglorius, S. Victor.
—— Atrium S. Gervasii et Protasii, 418, 436, 459.
—— Burgenses Parisienses privilegia obtinent a Ludovico VI, 213, 253; Greviam a Ludovico VII acquirunt, 277.
—— Butaria Parisiensis, 186.
—— Capella regia, 341.
—— Capellæ, vide infra *Ecclesiæ Parisienses*.
—— Capiceria Parisiensis, 368.
—— Capitulum Parisiense, vide infra *Ecclesia Parisiensis*.
—— Carnifices Parisienses, 370, 371.
—— Castellum regis (*le Châtelet*), 339.
—— Cellarium regium, 306, 367.
—— Collegii B. Mariæ fundatio, 467.
—— Comitatus Parisiacus, 99.
—— Comites Parisienses, vide Gairefredus, Gairinus, Gerardus, Grimoaldus, Hugo, Odo, Stephanus.
—— Decani Parisienses, vide Barbedaurus, Bartholomeus, Bernerius, Clemens, Franco, Fulco, Johannes, Lisiernus.
—— Domus Dei, vide Hospitale B. Mariæ.
—— Ecclesia Parisiensis, 1, 8, 21, 34, 35, 37, 38, 40, 41, 43, 44, 45, 46, 49, 58, 63-66, 69, 70, 71, 72, 74, 78-81, 88, 89, 90, 92, 93, 101-106, 113, 117, 120, 130, 131, 132, 144, 145, 146, 152, 157, 160, 162-169,

Parisius. (*Seq.*)
171, 172, 173, 179, 186, 191-192, 193, 197, 202-205, 209, 212, 216-221, 223, 228-231, 233, 235, 236, 241-244, 246, 247, 250, 252, 253, 256, 257, 258, 260, 267, 268, 271, 287, 292-302, 304, 305, 309, 310, 325, 328, 337, 346, 347, 348, 350, 351, 356, 359, 361, 367, 368, 369, 381, 382, 386, 394, 395, 396, 399, 400, 405, 407, 408, 409, 415, 416, 427, 430, 432, 443, 456, 457, 474.
—— Canonici Parisienses, 118, 132, 144, 145, 146, 165, 168, 169, 198, 215, 217, 218, 220, 222, 223, 228, 229, 231, 233, 235, 244, 246, 250, 252, 253, 296, 298, 299, 301, 302, 304, 328, 346, 347, 348, 394, 395, 405, 407, 415, 432.
—— Capitulum B. Mariæ, 58, 157, 231, 235, 297, 298, 299, 302, 346, 347, 359, 361, 368, 374, 381, 382, 386, 394, 405, 407, 408, 409, 416, 427, 432, 437. Bonorum divisio episcopum inter et capitulum, 49, 58, 405. — Concordia inter Stephanum episcopum et capitulum, 233.
—— Claustrum B. Mariæ, 80, 93, 160, 166, 179, 193, 209, 221, 233, 368, 400, 407. — Claustri libertas, 80, 93, 160, 193.
—— Privilegia ecclesiæ Parisiensi concessa : ab Alexandro papa III, 385, 386, 407, 432; a Benedicto papa VII, 89-91; a Karolo Calvo, 58, 62-63, 64, 66-68; a Karolo Magno, 34; a Karolo Simplici, 78, 79, 80; a Childeberto,

PARISIUS. (Seq.)
rege, 1; ab Eugenio papa III, 309; a Galterio, priore S. Martini de Campis, 396; a Guillelmo, archidiacono, 167; a Guillelmo, episcopo, 144; ab Henrico, canonico, 236; ab Henrico rege, 120; ab Honorio papa II, 235; ab Innocente papa II, 267; a Johanne papa XVIII, 105; a Lothario et Ludovico regibus, 92-94; a Lucio papa II, 294; a Ludovico Balbo, 69; a Ludovico Pio, 40, 43-45, 45-46; a Ludovico VI, 169, 178-180, 202-203, 204-206, 209, 210, 211, 217, 218, 231, 243, 256; a Ludovico VII, 287, 304, 305, 337, 350; ab Odone, comite, 70; a Paschali papa II, 186; a Philippo rege, 152, 160; a Rainaldo, comite Clarimontis, 399; a Rainaldo, episcopo, 101-102; a Stephano, comite, 37-39; a Stephano de Garlanda, 166, 219. — Privilegia de præbendis ecclesiæ B. Mariæ, 65, 103-104, 145, 217, 219, 220, 221, 223, 229, 230, 242, 244, 246, 247, 268, 271, 292, 293, 294, 295, 298, 300, 356, 369, 377, 381, 399, 432, 474. — Privilegia de servis B. Mariæ, 152, 169, 186, 191, 197, 202, 203, 210, 211, 257, 258, 302, 325, 337, 430, 456. — Privilegiorum et bonorum confirmationes, 34, 43, 45, 58, 69, 89, 92, 103, 178, 209, 231, 267, 294, 309, 386, 432. Campelli fossatus inter ecclesiam Parisiensem et regem dividitur, 260. — Capiceria ecclesiæ Parisiensis, vacante sede, conceditur abbatiæ Ederensi, 367. — Coopertura ecclesiæ, 218. — Conceduntur ecclesiæ Parisiensi: abbatia Res Pacis vocata, 78; ecclesia S. Christophori, 144; S. Eligii, 66-68; S. Marinæ, 118; S. Mederici, 101; S. Severini, 120; insula B. Mariæ, 64; Pons Magnus, 62-63, 79. — Debita S. Martini de Campis erga ecclesiam Parisiensem, 131. — De homicidiis in terra B. Mariæ, 346. — Immunitates ecclesiæ Parisiensi concessæ, 34, 40, 80, 204, 206, 209. — Reliquiæ ab Hierusalem missæ, 171-173. — Reparatio a Ludovico VI ecclesiæ Parisiensi facta, 193-194. — Viaria episcopi, 178-180.

—— *Ecclesiæ Parisienses :*
S. Andeoli oratorium, 4.

PARISIUS. (Seq.)
S. Aniani capella, 221.
S. Apostolorum ara, 95. — Vide S. GENOVEFA.
S. Bacchi ecclesia, 120.
S. Bartholomei et S. Maglorii capella a Philippo rege monachis Majoris Monasterii conceditur, 135-136.
S. Bartholomei et S. Maglorii ecclesia, vide S. MAGLORII abbatia.
S. Benedicti ecclesia, 415, 416, 452, 465. — Capitulum S. Benedicti vineas emit apud S. Hilarium, 465. — Oratorium in censiva S. Benedicti a fratribus Hospitalis construitur, 415.
S. Boniti ecclesia juxta Magnum Pontem, 258, 381.
S. Christophori, Christofori, Cristivili, vel Cristofori ecclesia (*Saint-Christophe-en-la-Cité*), 18, 51, 74, 75, 76, 144, 179, 234, 270, 280, 383, 441. — Accipit a Carolo Simplici xv mansos apud Cristoilum, 75-76. — Ecclesiæ Parisiensi datur a Guillelmo episcopo, 144. — Abbatissa S. Christophori, vide LANDETRUDIS; — clericus, vide MALGRINUS; — sacerdos, vide RICARDUS. — Domus juxta S. Christophorum, 270, 441; plateæ, 280, 383.
S. Cristivili ecclesia, 18. — Vide supra S. Christophori ecclesia.
S. Crucis ecclesia (*Sainte-Croix-en-la-Cité*), 258, 381.
S. Crucis et S. Vincentii ecclesia, vide S. GERMANI DE PRATIS abbatia.
S. Dionysii de Carcere ecclesia, 110, 192, 216, 217, 244, 245, 255, 257, 262, 266, 295, 328, 344, 352, 403. — Ejus bona a Giberto episcopo confirmantur, 216. — Privilegia varia ei conceduntur, 110, 111, 192, 295. — S. Martini de Campis cœnobio tribuitur, 243-245. — Decani, vide MILO, ROBERTUS. — Immunitas claustri, 192. — Presbyter, vide FULCO.
S. Dionysii de Monte Martyrum ecclesia, vide MONS MARTYRUM.
S. Dionysii de Passu ecclesia, 310, 412, 464; oratorium, 381, 456. — Capellani duo in ea instituuntur, 381. — Præbendæ a Symone de Pissiaco et Osmundo fratre suo fundatæ, 457; confirmantur ab Alexandro III, 464. — Sacerdos, vide PETRUS.

PARISIUS. (Seq.)
S. Eligii ecclesia vel cœnobium, 66, 67, 69, 72-74, 153, 154, 157, 161, 162, 163, 164, 179, 190, 251, 252, 253, 258, 275, 381, 387, 393, 410, 411, 434, 458, 460, 461, 475. — Bona varia huic monasterio tribuuntur, 153, 392, 410. — Conceditur Parisiensi ecclesiæ, 66, 69; et postea Fossatensi, 251. — Immunitate fruitur, 190. — Pactionem facit cum S. Lazari fratribus, 460; cum S. Victoris capitulo, 475; cum Templi militibus, 434. — Prior, vide RAINALDUS. — Privilegia confirmantur, 275 381. — Reformatur, 161, 163. — Abbatissa, vide HADVISA. — Priores, vide HAIMO, ISEMBARDUS, RAINALDUS. — Subprior, vide LAMBERTUS.
S. Genovefæ capella in Civitate (*Sainte-Geneviève-la-Petite*), 234, 403, 455, 461. — Sacerdotes, vide BARTHOLOMEUS, GUIDO.
S. Genovefæ de Monte ecclesia, vide S. GENOVEFÆ abbatia.
S. Georgii ecclesia, 72, 73, 75.
S. Georgii et S. Maglorii capella, juxta Campellos (*plus tard Saint-Magloire*), 198, 199.
S. Germani basilica (*Saint-Germain-en-la-Cité*), 8.
S. Germani Autissiodorensis ecclesia, 42, 43, 44, 45, 62, 63, 90, 91, 145, 168, 179, 180, 203, 204, 223, 229, 242, 246, 247, 268, 271, 280, 283, 300, 322, 325, 328, 356, 357, 360, 387, 467, 470, 472, 474. — Canonici cum S. Opportunæ canonicis litigant de capiceria S. Opportunæ, 322; de maresiis S. Opportunæ, 449, 469, 470. — Capitulum a consuetudine quadam liberatur, 203; nominationem habet in præbendis S. Opportunæ, 168. — Charta Petri episcopi de capiceria S. Germani, 357. — Chartæ de præbendis S. Germani, 145, 223, 229, 242, 246, 247, 268, 271, 300, 356, 474; de quadam ancilla, 325. — Decanus, vide FULCHERIUS, GUIDO, HAIMO, PETRUS, REMIGIUS, THEOBALDUS. — Presbyter, vide FULCOIUS.
S. Germani Novi ecclesia, 39. — Vide S. Germani Autissiodorensis ecclesia.
S. Germani de Pratis ecclesia, vide S. GERMANI DE PRATIS abbatia.
S. Germani Rotundi abbatia,

PARISIUS. (Seq.)
90, 91, 387. — Vide S. Germani Autissiodorensis ecclesia.

S. Gervasii basilica, 21, 72, 73, 167, 275, 395; — atrium, 418, 436, 459. — Capitulo Parisiensi pro parte datur, 167. — Ecclesiæ S. Nicasii de Meliento a Galeranno comite datur, 275, 395.

S. Innocentium ecclesia, 327, 347, 355. — Presbyter, vide GIRELMUS.

S. Jacobi ecclesia (*Saint-Jacques-la-Boucherie*), 206, 225, 257, 298, 328, 383, 384. — Hujus ecclesiæ constructio, 297. — Presbyter, vide TEOLDUS.

S. Johannis capella, 273, 321.

S. Johannis ecclesia (*Saint-Jean-en-la-Cité*), 222, 223, 229, 242. — Presbyter (forte S. Johannis in Grevia), vide ROBERTUS.

S. Johannis ecclesia (*Saint-Jean-en-Grève*), 275. — Presbyter (forte S. Johannis in Civitate), vide ROBERTUS.

S. Juliani ecclesia, prope Parvum Pontem (*Saint-Julien-le-Pauvre*), 72, 120, 212, 325, 332. — Conceditur cœnobio B. Mariæ de Longo Ponte, 211, 212.

S. Landerici ecclesia, 328, 419, 467. — Presbyteri S. Landerici, vide JOHANNES, REMIGIUS. — Vinea a parrochianis S. Landerici venditur, 419.

S. Laurentii ecclesia, 23, 24, 214, 286, 331, 335, 438. — Mercatum S. Dionysii apud S. Laurentium transfertur, 23, 24.

S. Lazari ecclesia, vide LEPROSORUM domus.

S. Leufredi ecclesia (*Saint-Leuffroy*), 328. — Presbyter, vide GALTERUS.

S. Marcelli ecclesia, vide S. MARCELLI BURGUS.

S. Mariæ capella, in domo regia, 341.

S. Mariæ ecclesia, vide supra *Ecclesia Parisiensis*.

S. Mariæ et S. Stephani ecclesia, 89. — Vide supra *Ecclesia Parisiensis*.

S. Mariæ, S. Stephani et S. Germani ecclesia, 41, 205, vide *Ecclesia Parisiensis*.

S. Mariæ de Campis ecclesia (*Notre-Dame-des-Champs*), 96, 115, 132, 138, 148, 194, 227, 243, 272, 327, 332, 365, 366, 403, 465. — Conceditur mo-

PARISIUS. (Seq.)
nachis Majoris Monasterii, 132. — Controversia de quodam furno, 365, 465, 466. — Priores, vide ALARDUS, BALDUINUS, GISLEBERTUS. — Privilegia concessa a Garnerio, abbate Majoris Monasterii, 327; a Ludovico VI, 194; a Ludovico VII, 272; a Mauricio episcopo, 365, 403.

S. Marinæ ecclesia, 118.

S. Martialis ecclesia, 258, 381.

S. Martini basilica (*plus tard Saint-Martin-des-Champs*), 23, 75.

S. Martini capella, in burgo S. Marcelli (*Saint-Martin, au bourg Saint-Marcel*), 353.

S. Martini de Campis ecclesia et cœnobium, 122, 123, 125, 126, 127, 128, 130, 131, 136, 137, 141, 142, 143, 145, 146, 147, 150, 151, 160, 165, 166, 177, 182, 183, 195, 196, 200, 201, 206, 224, 234, 243, 244, 245, 246, 255, 257, 262, 265, 266, 285, 292, 293, 294, 297, 298, 308, 311, 317, 330, 343, 348, 351, 352, 369, 396, 397, 411, 421, 429, 433, 446, 472. — Priores, vide BALDUINUS, BARTHOLOMEUS, GALTERUS, GAUFRIDUS, GISLEBERTUS, GISLEMERUS, GUILLELMUS, INGELARDUS, MATHEUS, ODO, THEOBALDUS, URSIO. — Privilegia S. Martini cœnobio concessa: ab Alberto, præcentore Parisiensi, 369; a Bartholomeo, decano Parisiensi, 298; a Calixto papa II, 206-208; ab Eugenio papa III, 308; a Gausberto et Rohardo, 136; a Guillelmo, archiepiscopo Senonensi, 446; a Guillelmo, episcopo Parisiensi, 145-147; ab Henrico rege, 122-124; ab Innocente papa II, 257, 285; a Lucio papa II, 294; a Ludovico VI rege, 177, 182, 195, 200, 234; a Ludovico VII rege, 265; a Manasse, 201; a Mauricio, episcopo, 433; a Milone, 125; a Pagono, 141; a Paschali papa II, 160; a Petro abbate Cluniacensi, 245; a Philippo I, 125, 127, 130; a Radulfo Delicato, 165-166; a Stephano episcopo, 224-226, 243; a Theobaldo episcopo, 292, 317, 351; ab Urbano papa II, 142-143; a Waleranno, 150; a Werrico, nepote Aldigerii de Greva, 150. — Privilegia de servis S. Martini, 177, 195, 196, 200, 266. — Privilegiorum et bonorum confirmationes,

PARISIUS. (Seq.)
125, 142, 160, 182, 206, 224, 257, 265, 285, 294, 308, 317, 433, 446. — Abbatiæ Cluniacensi conceditur cœnobium S. Martini, 130. — Censuum commutatio inter S. Martinum et abbatiam S. Germani de Pratis, 297. — Debita subjectionis S. Martini erga ecclesiam Parisiensem, 131. — Fundatio cœnobii S. Martini de Campis, 122-124. — Heldeardis conversa bona sua omnia S. Martino concedit, 351-352. — Molendinum sub Magno Ponte S. Martino conceditur, 127. — Montis Martyrum ecclesia S. Martino conceditur, 141, 145-147; et a S. Martino regi Ludovico retroceditur, 244-245. — S. Dionysii de Carcere ecclesia datur S. Martino, 243-244. — Præbenda in ecclesia Parisiensi, 292-294, 298; pactum de cadem cum ecclesia S. Victoris, 293; sententia Hugonis episcopi Autissiodorensis de eadem, 292, 294. — S. Genovefæ reformationi delegantur monachi S. Martini, 311. — Subpriores S. Martini, vide JOSCELINUS, ODO, SYMON. — Terrarum commutatio cum Drogone carnifice, 396. — Vinearum commutatio cum Herluino, 147; cum Warino de Campis, 151. — Venditio cujusdam domus Galterio, presbytero, 348-349.

S. Medardi capella, vide S. MEDARDI villa.

S. Mederici ecclesia (*Saint-Merry*), 44, 74, 75, 86, 101, 102, 326, 347, 356, 387, 460. — Ecclesiæ Parisiensi conceditur, 101. — Immunitate fruitur, 86. — Canonici S. Mederici censum dant capitulo S. Maglorii, 347. — Domus S. Mederici, 460. — Terra S. Mederici, 356.

S. Nicholai capella, in palatio regio, 364.

S. Nicholai capella, prope S. Martinum de Campis (*Saint-Nicolas-des-Champs*), 206, 257.

S. Opportunæ ecclesia, 168, 322, 328, 336, 340, 355, 360, 443, 444, 445, 446, 449, 450, 454, 458, 469, 470, 471, 472. — Chartæ de capiceria, 322, 355; de maresiis, 336, 340, 355, 443, 444, 445, 446, 449, 469, 470. — Controversia cum capitulo S. Germani Autissiodorensis de maresiis et præbendis, 449, 469-471.

PARISIUS. (Seq.)
— Præbendæ,168,336,340,360, 444, 449, 450, 470. — Privilegia concessa ab Adriano papa IV, 355; ab Alexandro papa III, 360, 458; a Guillelmo, archiepiscopo Senonensi, 444, 445; a Ludovico VII, 340, 445; a Mauricio, episcopo, 443; a Theobaldo, episcopo, 322, 336. — Privilegia et bona confirmantur, 355, 360, 458, 471.
S. Pauli ecclesia, extra muros Parisii (*aujourd'hui* Saint-Paul-Saint-Louis), 258, 381, 460.
S. Petri basilica, 12, 21. — Vide S. GENOVEFÆ abbatia.
S. Petri ecclesia, 86. — Vide supra S. Mederici ecclesia.
S. Petri de Arsionibus ecclesia (*Saint-Pierre-des-Arcis*), 258, 381.
S. Petri de Bobus vel ad Boves ecclesia (*Saint-Pierre-aux-Bœufs*), 84, 85, 258, 328, 381, 458.
S. Petri cellula Fossatensibus monachis datur, 85. — Presbyter S. Petri, vide JOHANNES.
S. Petri et S. Mederici altare, 102. — Vide S. Mederici ecclesia.
SS. Petri et Pauli basilica 8;
SS. Petri et Pauli et S. Genovefæ cœnobium, 109, 181, 273. — Vide S. GENOVEFÆ abbatia.
S. Severini ecclesia (*Saint-Séverin*), 120, 328. — Presbyter, vide DURANDUS.
S. Sinfuriani basilica (*Saint-Symphorien-en-la-Cité*), 21.
S. Stephani basilica (*Saint-Étienne, près Notre-Dame*), 2, 17, 21, 36, 41, 49, 50, 179. — Cf. *Ecclesia Parisiensis*.
S. Stephani ecclesia (*Saint-Étienne-des-Grès*), 96, 115, 120, 236, 377. — Strata regia juxta ecclesiam S. Stephani (*la rue Saint-Jacques*), 377.
S. Stephani et S. Vincentii ecclesia, 2. — Vide *Ecclesia Parisiensis*.
S. Victoris capella, 119.
S. Victoris ecclesia, vide S. VICTORIS abbatia.
S. Vincentii basilica, vide S. GERMANI DE PRATIS abbatia.
S. Vincentii et S. Crucis ecclesia, vide S. GERMANI DE PRATIS abbatia.
S. Ylarii capella, in Monte S. Genovefæ, 353.
S. Ypoliti capella, in burgo S. Marcelli, 353.

PARISIUS. (Seq.)
—— Eleemosyna S. Benedicti, 268.
—— *Episcopi Parisienses*. — Vide ADALBERTUS, ANSCHERICUS, ASCELINUS, ELISIARDUS, ENEAS, ENCHENRADUS, FRANCO, FULCO, FULRADUS, GALO, GALTERIUS, GAUFRIDUS, GERMANUS, GIRBERTUS, GOZLENUS, GUILLELMUS, IMBERTUS, INCHADUS, INGELVINUS, LANDERICUS, MAURICIUS, PETRUS, RAINALDUS, SICOFREDUS, STEPHANUS, THEOBALDUS, THEODULFUS, TURNOALDUS.
—— Episcopi aula vetus, 466; — domus nova, 401, 405, 452; — jura in ecclesia S. Johannis, 321; in ecclesiis S. Genovefæ, 342.
—— Forum Parisiense, 255, 262; forum novum, 263, 266, 274; forum vetus, 277.
—— Furnus Bartholomei de Fulcosio, 183-184, 272, 365, 465, 466. — Furnus Evrardi Conversi, 327-328. — Furnus Gentæ, 263. — Furnus G. de Garlanda, 393. — Furnus Mathei de Bellomonte, 333. — Furnus S. Germani de Pratis, 478. — Furnus B. Mariæ de Campis, 272, 365. — Furnus S. Martini de Campis, 128, 206.
—— Feria, vide FERIA S. GERMANI, S. LAZARI, etc.
—— Gordus episcopalis, 215, 228, 241, 300, 474.
—— Hospitale, vide HOSPITALE S. CHRISTOPHORI, S. GERVASII, B. MARIÆ.
—— Insula, vide INSULA.
—— Laudes Parisiorum scribit G. de Basochiis, 439.
—— Macellum Parisiense, 392.
—— Marcadum Parisiense, 73.
—— Molendina, 4, 63, 77, 79, 99, 116, 123, 128, 206, 215, 226, 228, 239, 241, 257, 265, 266, 299, 301, 304, 317, 359, 363, 408, 412, 459, 460, 474.
—— Moneta Parisiensis, 63, 215, 250, 326.
—— Muri civitatis, 3, 8, 9, 69, 87.
—— Pagus Parisiensis, 257, 258; Parisiacus, 11, 23, 24, 26, 32, 38; Parisiacensis, 76; Parisiagus, 27, 33; Parisiorum, 3, 70.
—— Palatium regis, 58, 97, 439; — capella in honore B. Mariæ Virginis, 341; — capella in honore S. Nicholai, 364.
—— Panis teloneum Stephano marescallo in feudum conceditur, 219.

PARISIUS. (Seq.)
—— Parliamentum Parisiense, 213.
—— Pasellus S. Martini, 10.
—— Pondus regis datum Henrico, filio Prielle, 398.
—— Pons Magnus, 4, 48, 62, 63, 79, 116, 128, 149, 206, 215, 228, 236, 239, 241, 257, 265, 266, 276, 277, 300, 329, 337, 356, 373, 381, 408, 418, 435, 439, 450, 460, 471, 474. — Pons civitatis, 4; Pons Grandis, 289; Pons major, 62, 79, 116. — Cambium hic perpetuo mansurum statuit rex Ludovicus VII, 277. — Conceditur a Carolo Calvo Æneæ episcopo, 62-63, 79. — Domus in Magno Ponte, 276, 471. — Fenestræ nummulariorum, 275, 276, 277, 329, 373, 418. — Molendina, 63, 79, 116, 128, 206, 239, 257, 265, 266, 408, 460. — Porta Magni Pontis, 337. — Pons Parvus, 116, 215, 226, 228, 239, 241, 299, 301, 325, 332, 337, 373, 414, 439, 442, 458, 474. — Domus in Parvo Ponte, 414, 442. — Molendina, 116, 289. — Pedagium Parvi Pontis, 373. — Vicus Parvi Pontis, 337.
—— Pons S. Martini de Campis, 214, 286.
—— Pons S. Medardi, 377.
—— Porta, 333, 414; Porta civitatis, 4, 71, 123, 276, 345; Porta Parisiensis, 462. — Porta Bauderia, 350, 428. — Porta Magni Pontis, 337.
—— Portus S. Genovefæ, 279.
—— Præpositi Parisienses, 254, 334, 427, 447. — Vide BALDUINUS FLANDRENSIS, BERNERIUS, GUILLELMUS DE GORNAIO, RAINALDUS DE BELLOMONTE, THEOBALDUS DIVES, THOMAS DIVES.
—— Regratarii Parisienses, 362.
—— Scholæ vel scholarii Parisienses, 134, 230, 368, 372, 379, 380, 406, 433, 467.
—— Stalla ad vendendum pisces, 339; stalla carnificum, 262.
—— Sutores Parisienses, 363.
—— Synodi Parisienses, vide CONCILIA.
—— Trelia regis retro palatium, 364.
—— Universitas Parisiensis, 34. — Cf. supra *Scholæ*.
—— Vicecomites Parisienses, vide GRIMOBARDUS, TEUDO.
—— Vici Parisienses : Calceata quæ itur ad S. Lazarum, 454. — Fi-

TABLE ALPHABÉTIQUE DES MATIÈRES. 519

PARISIUS. (Seq).
gularia, 421. — Machacra media, 460, 468. — Poteria, 362. — Ruga S. Germani, 44, 63, 91, 387. — Sabulum, 468. — Strata juxta Castellum regis, 339; strata regia juxta ecclesiam S. Stephani, 377. — Via regalis, 13, 44, 91, 286, 387. — Via ad Luperam, 61. — Via ad Montem Martyrum, 61. — Via ante ecclesiæ B. Mariæ paravisum, 382-383, 427. — Via ante S. Martinum de Campis, 128. — Via ducens ad B. Mariæ ecclesiam, 192. — Via juxta ecclesiam S. Victoris, 230. — Vicus Chevruchun, 279, 283, 301, 417, 452, 475. — Vicus Judæorum, 206, 257, 272, 365, 393. — Vicus Parvi Pontis, 337.

PARVO PONTE (Petrus de), 403.

PASCALIS, 156, 163. — Vide PASCHALIS.

PASCHALIS II, pontifex maximus, 155, 156, 157, 158, 159, 160, 161, 163, 186, 190, 196, 197, 208. — Confirmat Ludovici VI privilegium pro servis ecclesiæ Parisiensis, 186. — Privilegia et bona ecclesiæ S. Genovefæ, 160; S. Germani de Pratis, 160; S. Maglorii, 196; S. Martini de Campis, 160; S. Victoris, 190. — De electione Fulconis episcopi scribit Daimberto archiepiscopo, 155; capitulo Parisiensi, 156.

PASELLUS SANCTI MARTINI, 10.

PAUPER (Johannes), 166.

PEGIO (Via de), 323.

PEISSIACUM, 166. — Vide PISSIACUM.

PENSIACUM, 393, 394. — Vide PISSIACUM.

PENTINUM (Pantin, Seine, ch.-l. de c^{on}), 143, 146.

PES DE ALCHA (Anseredus), 166.
—— (Rotbertus de), 166.

PES ANSERIS (Johanues), 480.

PETRILEONIS (Jordanus), consul Romanus, 380.

PETRONILLA, Sancti Lazari reclusa, 329, 373, 374.
—— uxor Loonelli, 374, 427.
—— uxor Theobaldi, 422.

PETROSUS VADUS (Guipereux, Seine-et-Oise, c^{ne} d'Herineray, c^{on} de Rambouillet), 101, 115, 116.

PETRUS, 54.
—— 74.
—— abbas Cluniacensis, 245, 246, 249, 257. — Charta qua concedit ecclesiam Montis Martyrum regi Ludovico, 245. — Epistola ejus de morte Thomæ, prioris S. Victoris, 249.

PETRUS, abbas S. Maglorii, I nomine, 236.
—— abbas S. Maglorii, II nomine, 334, 347, 355, 356.

PETRUS, abbas Trecensis, 357, 358.
—— archidiaconus Carnotensis, 416.
—— archidiaconus Parisiensis, 348.
—— archidiaconus Sucssionensis, 392, 399.
—— a secretis S. Martini de Campis, 245.
—— asinarius, 479.
—— camerarius S. Martini de Campis, 397.
—— cancellarius, 127.
—— cancellarius Parisiensis, 395, 430, 433, 457.
—— canonicus S. Genovefæ, puer, 258; subdiaconus, 274.
—— canonicus S. Victoris, 417.
—— canonicus Silvanectensis, 273.
—— capellanus Hospitalis Hierosolymitani, 471.
—— capellanus Rogeri de Molendinis, 471.
—— cardinalis S. Calixti, 232, 385.
—— cardinalis S. Chrysogoni, 429, 433, 436, 449. — Sententia ejus de statu Theobaldi et Odonis, 429.
—— cardinalis S. Eustathii, 354, 377, 389.
—— castellanus, 480.
—— decanus S. Germani Autissiodorensis, 449, 469, 470.
—— diaconus, canonicus Parisiensis, 298, 301, 395, 468; — idem, ut videtur, qui vocatur Petrus de Campellis, 399, 430.
—— diaconus, canonicus S. Victoris, 318, 331.
—— episcopus Migdoniensis, 376.
—— episcopus Parisiensis, vide PETRUS LOMBARDUS.
—— filius Alelmi, 391.
—— filius Giroldi, 479.
—— filius Guidonis Canonici, 323, 324, 332.
—— filius Hungerii, 166.
—— filius Letoidis, 219.
—— filius Pagani de Praeriis, 279.
—— frater S. Lazari, 478.
—— heremita, 393.
—— levita, canonicus Parisiensis, 104.
—— major Cambliaci, 333.
—— marescallus, 431.
—— marescallus, 459.

PETRUS, miles Pagani, 141.
—— notarius, 424.
—— præbendarius, 442.

PETRUS, præpositus Sancti Martini de Campis, 397.
—— provincialis, 450.
—— puer, 464.
—— puer, canonicus Parisiensis, 145, 146, 198, 204.
—— puer, canonicus Parisiensis, 296, 298.
—— quadrigator, 480.
—— sacerdos, 147.
—— sacerdos Sancti Dionysii de Passu, 412.
—— subdiaconus, canonicus Parisiensis, 118.
—— subdiaconus, canonicus Parisiensis, 168, 200, 217, 223, 226, 244, 253.
—— subdiaconus, canonicus Parisiensis, 323.
—— subprior, 293.
—— testis, 132.
—— testis, 150.
—— ANGELERIUS, 383.
—— DE BARRA, 479, 480.
—— BESTISI, 280.
—— DE BORRENGO, 333.
—— DE BRAIA, 396.
—— DE CAMPELLIS, canonicus Parisiensis, diaconus, 399, 430.
—— CHEREMAILLE, 452.
—— DE CRISPEIO, 480.
—— FABRI, Lombardus, 442.
—— DE GRECEIO, 396.
—— LOMBARDUS, 325; episcopus Parisiensis, 357, 362, 406. — Doctrina ejus ab Alexandro papa condemnatur, 406. — Privilegia ejus de capiceria S. Germani Autissiodorensis, 357; pro domo S. Lazari, 362.
—— LUMBARDUS, maritus Gillæ, 391.
—— DE MANLIA, 279.
—— DE MONGIACO, 399.
—— DE MONTERELLO, 400, 413. 417, 442.
—— DE NOVIOMO, 410.
—— ORPHANUS, 185.
—— DE PARVO PONTE, 403.
—— DE RUSCHEROLLES, 333.
—— LE VIATRES, 336.
—— DE VILLANOVA, 383.
—— DE VILLANOVA, canonicus S. Genovefæ, 451-452; idem forte, 383.

PEVERS (Willelmus de), 370.

PEVIERS (Ferricus de), 416.

PEVRELS (Willelmus), 479.

PHILIPPI (Galterus), 479.
—— (Renaudus), 441.

PHILIPPUS, PHILIPUS, PHILLIPPUS vel PHYLIPPUS.
—— archidiaconus Parisiensis, fra-

ter Ludovici VII regis, 361, 453, 454, 455, 457, 459, 468, 469; antea puer in ecclesia Parisiensi, 296, 298, 301, 305. — Chartæ ejus pro S. Lazari fratribus, 453-455.

PHILIPPUS, decanus Lincolniensis, 275.

—— episcopus Trecensis, 189.

—— filius Mathei, 403.

—— frater Ferrici, 422.

—— monachus Sancti Germani de Pratis, 343.

—— filius Galterii camerarii, 459.

—— frater S. Lazari, 473.

—— nepos episcopi Meldensis, 395, 400; idem sane qui subdiaconus in ecclesia Parisiensi, 395, 430.

—— Ejus domus in claustro, 400.

—— puer, canonicus Parisiensis, 296, 298, 301, 305. — Vide PHILIPPUS, archidiaconus.

—— puer, canonicus Parisiensis, 361, 382, 395; idem forte qui dicitur nepos regis, 374.

—— rex [designatus], filius Ludovici VI, 236, 240, 264, 344, 359, 390, 447.

—— sacerdos, canonicus Parisiensis, 217.

—— serviens, 476.

—— subdiaconus, canonicus Parisiensis, 395, 430. — Cf. PHILIPPUS, nepos episcopi Meldensis.

—— subdiaconus, canonicus S. Victoris, 442.

PHILIPPUS I, rex Francorum, 123, 124, 125, 126, 128, 129, 130, 134, 136, 137, 139, 141, 143, 144, 145, 146, 152, 153, 154, 158, 160, 161, 162, 163, 165, 181, 183, 185, 187, 188, 193, 207, 219. — Privilegia ejus pro capitulo Compendiensi, 134; pro ecclesia Parisiensi, 152, 160; pro ecclesia S. Eligii, 163; S. Maglorii, 129; S. Martini de Campis, 127; pro Majori Monasterio, 135. — Cluniacensibus tribuit ecclesiam S. Martini de Campis, 130; Majori Monasterio concedit capellam S. Maglorii, 135; S. Eligii reformationem confirmat, 163.

—— 400, 413.

—— [AUGUSTUS], filius Ludovici VII regis, 390, 430, 435. — Ejus nutrix, 430.

—— DE BAIGNOS, 212.

—— DE GROOLE, 451.

—— DE TRESLUZA, 141.

PHILIPPUS, 126, 163. — Vide PHILIPPUS.

PHILIPPUS, 143. — Vide PHILIPPUS.

PHYLIPPUS, 125, 126. — Vide PHILIPPUS.

PICOT (Fulco), 329.

PICTAVIENSIS (Willelmus), 480.

PIELLUS (Hugo), 148.

PIGUS, abbas Aollinovillæ, 18.

PIJONS (Guinerannus), 480.

PINO (Willelmus de), 284.

PINSIACO (Osmundus de), 412. — Vide PISSIACO.

PINZON (Galterius), 276, 359.

PIPINUS, 44, 45. — Vide PIPPINUS.

PIPPINUS, rex Francorum, 26, 28, 29, 32, 44, 45. — Privilegia pro S. Dionysii cœnobio, 26, 28.

PIROI, 353. — Vide PYRODIUM.

PISA (Robertus de), canonicus Parisiensis, 399.

PISÆ (*Pise, Italie*), 257, 258, 372.

PISANUS (Magister Bernardus), 429.

PISEL (Robertus), 266.

PISSIACO (Nivardus de), 166, 185, 192.

—— (Osmundus de), 381, 412.

—— (Seguinus de), 166.

—— (Simon de), 310, 456.

—— (Wastio de), constabularius, 164.

PISSIACUM, PEISSIACUM, PENSIACUM, PINSIACUM, PITIACUM (*Poissy, Seine-et-Oise, ch.-l. de c^on*), 127, 183, 186, 207, 230, 393, 394. — Comitatus Pinciacensis, 87, 98, 110. — Gordum de Pissiaco, 207. — Præbendæ in ecclesia Pissiacensi, 230. — Præpositus Pissiacensis, vide GALTERIUS.

PISTRINO (Theobaldus de), 480.

PITIACUM, 207. — Vide PISSIACUM.

PIZO, pater Manfredi, 371.

PLACEMONS, 207.

PLAGICIUM monasterium (*Plaisir, Seine-et-Oise, c^on de Marly-le-Roi*), 31.

PLAGIO (Berneerius de), 166.

PLATEA (Balduinus de), 431.

PLESSEIZ (Rainaldus de), 211.

POHENS (Gauterus li), 336.

POLINUS (Robertus), 400.

POMPONNE (Renaudus de), 451.

PONCIUS, testis, 151.

PONHEBIUS (Giroldus), 149.

POS HEBILI vel EBILI (*Pontiblon, Seine-et-Oise, c^ne de Bonneuil, c^on de Gonesse*), 136, 207.

PONS PETRINUS, 411, 443, 446.

PONTE ISARE (Herbertus de), 137.

PONTISARA castrum (*Pontoise, Seine-et-Oise*), 206, 266. — Præbendæ, 230. — Transversum, 225.

—— (Drogo de), 418.

PONTISARA (Galterus de), 328.

PONTISARENSIS (Haimericus), 234.

PONTOIVENSIS comes, 124. — Vide PONTIVUM.

PONTIUS, abbas Cluniacensis, 206.

—— diaconus, 144, 145, 146.

—— frater Templi, 423.

PONTIVUM (*le Ponthieu*), comes Pontivi, 124, 307. — Vide WIDO.

POPIN (Galterus), 452. — Vide POPINUS.

—— (Johannes), 329.

POPINUS, pelliparius, 329.

—— (Galterus), 452, 475.

PORTA (Guerricus de), 266.

—— (Stephanus de), 328, 329.

PORTÆ CASPIÆ, 172.

PORTMAURUM monasterium, 18.

PONTO (Warnerius de), 246.

PORTUENSIS episcopus, vide BERNARDUS.

POSTEL (Garinus), 326.

POTERIA (*rue de la Poterie*), 362.

PRAERIIS (Paganus de), 300, 474.

PRATELLUM HORDEUM (*le Bourget, Seine, c^on de Pantin*), 255, 262.

PRATO S. GERVASII (Odo de), 151.

PREMIACUM, in pago Aurelianensi, 18.

PRENESTINUS episcopus, vide CONON, STEPHANUS.

PRESSORIUS, villa, 71.

PRETEXTATUS, episcopus Cabillonensis, 7.

PRIELLA (forte corrigendum PUELLA), 398.

PRINGIUM (*Pringy, Seine-et-Marne, c^on de Melun*), 143, 207.

PRINGI, 207. — Vide PRINGIUM.

PRISCIACUM (*Précy-sur-Oise, Oise, c^on de Creil*), 19. — Abbatia Martini, 19.

PROBATUS, vir inluster, 17.

PROTHASIUS, testis, 71.

PROVINNIACO (Robertus de), 196.

PRUDENTIUS, episcopus Tricassinorum, 60.

PUELLA (Magister Girardus), 429.

PULLANUS (Magister Robertus), 293.

PUNCTA, 255, 262.

PUSIACO (Hugo de), 128.

PUTEACIUM (*le Puiset, Eure-et-Loir, c^on de Janville*), 207.

PUTEOLI (*Puiseux-lès-Louvres, Seine-et-Oise, c^on d'Écouen*), 207.

PUTEOLIS (*Puiseaux, Loiret, ch.-l. de c^on*), villa in territorio Nantonensi, 188. — Ecclesia S. Mariæ, 188.

PUTEOLIS (Wiardus de), 166.

PYRODIUM vel PINOI (*Saint-Pierre-du-Perray, Seine-et-Oise, c^on de Corbeil*), 343, 353.

TABLE ALPHABÉTIQUE DES MATIÈRES. 521

Q

QUENTOVICUS (*Étaples, Pas-de-Calais, ch.-l. de c^on*), 63.

R

RADBERTUS, 54.
RADDO, 54.
RADO, cancellarius (vel notarius) Karoli Magni, 31, 32, 34.
—— testis, 17.
RADOBERTUS, major domus, 16.
RADULFUS, RADULPHUS, RODULFUS vel RODULPHUS.
—— 54.
—— 134.
—— archiepiscopus Remensis, 189.
—— archiepiscopus Turonensis, 157.
—— camerarius Becceusis, 176.
—— cantor Sancti Germani de Pratis, 410.
—— cellerarius, 176.
—— clausarius, 480.
—— clericus, 331.
—— clericus, 461.
—— comes, 118, 122, 124.
—— comes, 184.
—— comes Viromanduorum, dapifer, 254, 255, 256, 260, 263, 272, 273, 274, 276, 277, 278, 287, 288, 289, 291, 304, 306, 321, 332, 333, n.
—— constabularius, 351, 386, 390, 394, 399, 404, 424, 432, 435, 436, 446, 447, 448, 460; — comes Clarimontis, 399.
—— coquus, 464.
—— diaconus, 274.
—— diaconus, 458, 461.
—— diaconus, canonicus Parisiensis, 323, 382.
—— faber, 137.
—— filius Galeranni, comitis Mellenti, 405.
—— filius Guidonis de Haubervilers, 400.
—— filius Hugonis de Mezanto, 166.
—— filius Radulfi Delicati, 165.
—— frater Ivonis de Conflanz, 451.
—— presbyter, 479.
—— presbyter, 480.
—— puer, 464.
—— rex Francorum, 85.
—— senescallus, 127, 146.
—— testis, 151.
—— DE BALLOILO, 133, 148, 149.
RADULFUS BELLUS, 225, 279, 300, 474.

RADULFUS BELVACENSIS, 124.
—— BORDON, 430.
—— DE CHARZ, 463.
—— DE COFLENZ, 451.
—— DE COMBELLIS, 400, 401, 405.
—— DELICATUS, 165, 206.
—— DE EMANTO, 479.
—— JUVENIS, monachus Sancti Eligii, 434.
—— DE MATREIO, 227.
—— DE MELLENTO, 326.
—— DE MONTE AURO, 275, 284.
—— PAUPER, 291.
—— DE SANCTO SULPICIO, 479.
—— DE SARTRINO, 402.
—— DE STAMPIS, 128.
—— DE TUIN, 208.
—— VIGOROSUS, 452.
RADULPHUS, 274, 284, 288, 291, 306, 404, 405, 424, 435, 451, 458, 460. — Vide RADULFUS.
RAENBURGIS, filia Henrici de Fonteneto, 291.
RAGANFREDUS, major domus, 24.
RAGANFRIDUS, referendarius, 25.
RAGEMBOLDUS, 54.
—— monachus S. Germani de Pratis, 53.
RAGEMFREDUS, testis, 39.
RAGENARIUS, monachus S. Germani de Pratis, 53.
RAGENOBERTUS, testis, 17.
RAGENOLDUS, monachus S. Germani de Pratis, 53.
—— testis, 82.
RAGINALDUS, 105, 114, 115, 328. — Vide RAINALDUS.
RAGINAUDUS, 337. — Vide RAINALDUS.
RAGINO, monachus S. Germani de Pratis, 53.
RAGINOARDUS, archiepiscopus Rothomagensis, 36, 50, 51.
RAHERIUS, testis, 150.
RAIMUNDUS, RAMONDUS vel RAMUNDUS.
—— bajulus Majoris Monasterii, 327.
—— cardinalis S. Mariæ in Via Lata, 354.
—— prior S. Genovefæ, 469.
—— CORVEISER, 383.
—— ENDUGAS, 291.
—— DE MONTE MORENCIACO, 291.
—— DE MORIANA, 328, 373, 397,

403; RAIMOLDUS, 328; RAMOLDUS, 397; REIMOLDUS, 373.
RAINALDUS, RAGINALDUS, RAGINAUDUS, RAINARDUS, RAINAUDUS, RAINOLDUS, RAYNALDUS, RAYNAUDUS, RAYNOLDUS, REGINALDUS, REGINARDUS, REGINAUDUS, REINALDUS, REINARDUS, RENALDUS, RENARDUS, RENAUDUS, RENODUS, RENOLDUS, RENOUDUS vel REYNALDUS.
—— abbas Maurigniacensis, 153.
—— abbas S. Germani de Pratis, 158, 160, 198, 478.
—— abbas S. Maglorii, 114, 115.
—— abbas S. Trinitatis Stampensis, 158.
—— archidiaconus Parisiensis, 138, 140, 144, 145, 146, 154, 163, 165, 168, 169, 171, 185, 198, 200, 204.
—— archidiaconus Sarrisberiensis, 384.
—— camerarius, 124.
—— camerarius, 435, 436, 446, 447, 448, 460.
—— capicerius Drocarum, 418.
—— carnifex, 289.
—— comes Corboilensis, 127.
—— comes de Nivernis, 130.
—— diaconus, 476.
—— episcopus Parisiensis, 96, 97, 102, 103, 104, 105, 106, 110. — Capitulo Parisiensi concedit altare S. Mederici, 101. — Monachis Majoris Monasterii terram quamdam concedit, 96. — Præbendam ab Ænea episcopo Fossatensibus concessam confirmat, 103.
—— filius Malgrini, 383, 427, 441.
—— filius Roberti Comitis, 337.
—— filius Rohardi, 136.
—— habitator burgi Sancti Germani, 480.
—— levita, 118.
—— major de Ruel, 340.
—— miles, 118.
—— monachus Sancti Germani de Pratis, 53.
—— monachus Sancti Germani de Pratis, 149.
—— monachus Sancti Germani de Pratis, 343.
—— notarius, 108.
—— pater Alberici, 403.

Cartul. — I.

66

RAINALDUS, præcentor Compendiensis, 333.
—— presbyter, canonicus S. Genovefæ, 202.
—— prior S. Eligii, 190.
—— puer, 398.
—— puer, 479.
—— puer, canonicus Parisiensis, 132, 139.
—— sacerdos, 118.
—— sacerdos, 323.
—— sacerdos, 473.
—— subdiaconus, canonicus S. Germani Autissiodorensis, 323.
—— testis, 125.
—— testis, 150.
—— testis, 396.
—— thesaurarius S. Martini Turonensis, 127.
—— APOSTOLICUS, 383.
—— BELLA CARO, 166.
—— DE BELLOMONTE, præpositus Parisiensis, 334, 343.
—— BERCHERS, 326.
—— DE GUESERBAI, 458.
—— DE HOSPICIO, 410, 464, 479.
—— DE ISSIACO, 464.
—— DE MAJEROLIS, 151.
—— MUSAVENE, 451.
—— DE NUISI, presbyter, 454.
—— DE PACI, 463.
—— PHILIPPI, 441.
—— DE PLESSEIZ, 211.
—— DE POMPONNE, 451.
—— RESTAUT, monachus Sancti Eligii, 434.
—— RUFUS, 178.
—— DE SANCTO CHRISTOFORO, 328.
—— DE SANCTO MARCELLO, 397.
—— DE SATELIO, 329.
RAINARDUS, 118, 125, 150, 166, 178, 343. — Vide RAINALDUS.
RAINAUDUS, 185, 190, 408. — Vide RAINALDUS.
RAINBALDUS, legatus apostolicus, 127.
RAINERII domus, 147.
—— vinea, 324.
RAINERIUS, RAINERUS, REINERUS vel RENERUS.
—— capellanus Montis Martyrum, 339.
—— clericus Beatæ Mariæ de Campis, 327.
—— diaconus S. Victoris, 250.
—— filius Odonis cerarii, 197.
—— presbyter, 323.
—— tympanarius, 455.
—— DE VALLE, 429.
RAINERUS, 327, 339. — Vide RAINERIUS.
RAINOARDUS, archiepiscopus Rothomagensis, 36. — Cf. RACINOARDUS.

RAINOARDUS, testis, 82.
RAINOLDUS, 96, 97, 102, 110, 149, 158, 329, 343, 397. — Vide RAINALDUS.
RAMOLDUS DE MORIANA, 397. — Vide RAIMUNDUS.
RAMNULFUS, monachus S. Germani de Pratis, 53.
RAMULFUS, 479.
RAMUNDUS CORVEISER, 383.
RANDINGUS, testis, 82.
RANDULFUS, 54.
RANTGARIUS, episcopus Noviomensis, 36, 50, 51.
RATBODUS, episcopus Noviomensis, 134.
RAUBO, fidelis Pippini regis, 27, 29.
RAULGO, 29. — Vide RAUBO.
RAURACUS, episcopus Nivernensis, 17.
RAVIS, 480.
RAYNALDUS, 396. — Vide RAINALDUS.
RAYNAUDUS, 464. — Vide RAINALDUS.
RAYNOLDUS, 53. — Vide RAINALDUS.
RAZELINA, 54.
REGINA, matrona, 119.
REGINALDUS, 384, 435, 448, 458, 460. — Vide RAINALDUS.
REGINARDUS, 108. — Vide RAINALDUS.
REGINAUDUS, 460. — Vide RAINALDUS.
REIMOLDUS DE MORIANA, 373. — Vide RAIMUNDUS.
REINALDUS, 333, 398, 434, 476. — Vide RAINALDUS.
REINALDUS, 289. — Vide RAINALDUS.
REINERUS, 250. — Vide RAINERIUS.
REITRUDIS, uxor Ansoldi, 110, 111, 216.
REMBALDUS, legatus apostolicus, 110.
REMEGIUS, monachus S. Germani de Pratis, 53.
REMI (Reims, Marne), 64. — Archiepiscopi Remenses, vide ADALBERO, ARTOLDUS, EBBO, GERVASIUS, GIBUINUS, HENRICUS, HERVEUS, MANASSES, RADULFUS, S. REMIGIUS, SANSON. — Canonicus Remensis, vide GUILLELMUS. — S. Remigii abbas, vide FULCO.
REMIGIUS, decanus S. Germani Autissiodorensis, 328, 357, 358.
—— decanus Sancti Germani de Pratis, 82.
—— (Magister), diaconus, 323.
—— presbyter S. Landerici, 328.
REMODUS, præcentor Compendii, 414.
REMONDUS, 291. — Vide RAIMUNDUS.
RENALDUS, 473. — Vide RAINALDUS.
RENARDUS, 454, 480. — Vide RAINALDUS.
RENAUDUS, 383, 441, 451. — Vide RAINALDUS.
RENERUS, 455. — Vide RAINERIUS.
RENODUS APOSTOLICUS, 383.

RENOLDUS, 334, 463. — Vide RAINALDUS.
RENOUDUS BERCHERS, 326.
RENUARDUS, frater Drogonis de Ripa, 282.
RENICUS, canonicus Meldensis, 326, 366. — Cf. RORICUS.
RES PACIS (Robais, Seine-et-Marne, ch.-l. de c^{on}); abbatia S. Petri, 90, 387.
RETRUDIS 216. — Vide REITRUDIS.
REVEL (Godefridus), frater Templi, 437.
REVELONE (Altare de) (Revelon, Somme, c^{ne} d'Heudicourt, c^{on} de Roisel), 207.
REYNALDUS, 145. — Vide RAINALDUS.
RICARDUS vel RICHARDUS, archiepiscopus Bituricensis, 134.
—— camerarius, 412.
—— camerarius Mauricii episcopi, 443, 450.
—— cancellarius Parisiensis, 146.
—— capellanus, 124.
—— coquus, 402.
—— diaconus, 442.
—— diaconus S. Victoris, 250.
—— famulus episcopi Suessionensis, 401.
—— filius Hemmelini, 403.
—— filius Theoderici, 141.
—— prior S. Victoris, 401, 406.
—— sacerdos de Sancto Christophoro, 234.
—— serviens Mauricii episcopi, 427.
—— subdiaconus, canonicus Parisiensis, 139.
—— subdiaconus, canonicus S. Genovefæ, 176.
—— testis, 145.
—— DE BALNEOLO, 202.
—— CORVEISER, 383.
—— GODE, 479.
—— MAGNUS, famulus episcopi Suessionensis, 402.
—— NOEL, 400.
—— NORMANNUS, 373.
—— DE S. MARCELLO, 302.
—— SURDUS, 480.
—— LI TEISSERANZ, 480.
—— TRABO, 480.
RICHELDIS, 54.
—— regina, uxor Karoli Calvi, 67.
—— sanctimonialis, 154.
RICHERUS vel RICHERUS, 53.
—— archiepiscopus Senonensis, 126, 140.
—— frater S. Lazari, 461, 473.
RICOALDUS, episcopus Ausciensis, 14, 16.
RICOLDUS, testis, 82.
RICUINUS, 54.
RICULFUS, 88, 99.

RIGOBERCTHUS, archiepiscopus Turonensis, 16.
RIGSENDIS, 339. — Vide RISSENDIS.
RIPA (Drogo de), 282.
RIPHEUCS, testis, 71.
RISSENDIS vel RIGSENDIS, priorissa Montis Martyrum, 339, 431.
ROBERTUS, HROTBERTUS, RODBERTUS vel ROTBERTUS.
—— 54.
—— abbas Sancti Germani de Pratis, 33.
—— abbas Sancti Maglorii, 239.
—— armarius Sancti Martini de Campis, 396.
—— buticularius, 282.
—— canonicus Parisiensis, subdiaconus, 169; postea diaconus, 204, et succentor, 215.
—— canonicus S. Martini de Campis, 130.
—— carpentarius, 303.
—— cellerarius S. Germani de Pratis, 410.
—— comes Brenensis, 436.
—— comes Drocarum, hospitale S. Gervasii ab omni censu liberat, 417.
—— comes et abbas S. Germani de Pratis, 71, 77, 82. — Cf. ROBERTUS I, rex.
—— coquus, 124.
—— dapifer, 130.
—— decanus Domni Medardi, 362.
—— decanus Sancti Dionysii de Carcere, 216.
—— diaconus, canonicus S. Genovefæ, 176.
—— diaconus, canonicus S. Genovefæ, 469.
—— episcopus Carnotensis, 357.
—— episcopus Silvanectensis, 108.
—— famulus, 212.
—— filius Algrini, 154.
—— filius Balduini, 422.
—— filius Balduini comitis, 124.
—— filius comitis Drocarum, 418.
—— filius Hugonis dapiferi, 132.
—— filius Mathei de Sancto Medorico, 362, 363, 365.
—— filius Stephani, 141.
—— frater Henrici de Faiel, 451.
—— furnarius, 479.
—— magister aquæductus Sancti Lazari, 454.
—— major Sancti Martini de Campis, 397.
—— marescalcus, 176.
—— monachus Sancti Germani de Pratis, 53.
—— monachus Sancti Germani de Pratis, 198.

ROBERTUS, nepos Floberii militis, 150.
—— panetarius regis, 291.
—— pater Johannis presbyteri, 141.
—— præpositus Sanctæ Genovefæ et subdiaconus, 274.
—— presbyter, 458.
—— presbyter S. Johannis, 328.
—— prior S. Victoris, 442.
—— puer, canonicus Parisiensis, 200.
—— sacerdos, canonicus Parisiensis, 144, 145, 146.
—— sacerdos, canonicus S. Victoris, 250, 331.
—— sacerdos de Ulmis, 303.
—— sacerdos et succentor Parisiensis, 348, 361, 374, 382, 395, 412.
—— sartor, 141.
—— socius Hugonis, abbatis S. Germani, 464.
—— subdiaconus, canonicus Parisiensis, 361. — Cf. ROBERTUS DE PISA.
—— subdiaconus, canonicus S. Victoris, 331.
—— subprior S. Germani de Pratis, 410.
—— sutor, 459.
—— testis, 40.
—— testis, 71.
—— testis, 132.
—— testis, 150.
—— testis, 479.
ROBERTUS I, rex Francorum, 87, 98. — Cf. ROBERTUS, comes.
ROBERTUS II, rex Francorum, 95, 97, 98, 100, 101, 104, 106, 107, 108, 109, 110, 111, 356. — Privilegia ejus pro ecclesia Burguliensi, 97; S. Dionysii, 107; S. Dionysii de Carcere, 110, 111; S. Genovefæ, 109; S. Maglorii, 98, 100, 106.
—— ABELINUS, famulus, 148.
—— DE ALLIACO, 130.
—— AMICLE, 437.
—— DE ATILIACO, 402.
—— DE BAALOI, 362.
—— BAUDUINI, 452.
—— DE BEELET, vicarius Beati Petri Fossatensis, 433.
—— DE BELVACO, 408.
—— DE BRAELA, 400.
—— BRUNELLUS, 329.
—— CARO ASINI, 480.
—— DE CASTELLO, 128.
—— COMES, 337.
—— CRASSUS DE TURNEM, 400, 402.
—— DE FORVILLA, 275.
—— DE FURNO, 284.
—— LI GOHENS, 480.

ROBERTUS DE HANNECURT, 307.
—— HASABDUS, famulus episcopi Suessionensis, 401, 402.
—— LEGRIS, 480.
—— LONGUS, 166.
—— DE MORETO, 464, 480.
—— DE NOGERIA, 95.
—— DE NOVOBURGO, 275, 284.
—— PARISII, monachus, 148.
—— PARVUS, 479.
—— PES DE ALCHA, 166.
—— DE PISA, canonicus Parisiensis, 399.
—— PISEL, 266.
—— POLINUS, 400.
—— DE PROVINSIACO, 196.
—— PULLANUS, 293.
—— DE SANCTO CLODOVEO, 154.
—— DE SANCTO JOHANNE, 370.
—— SURDUS, 480.
—— SYROT, 212.
—— AD VACCAS, 480.
ROBODO, testis, 71.
RODANIVILLA (Roinville-sous-Auneau, Eure-et-Loir, c^{on} d'Auneau), 143; RODENISVILLA, 207.
RODBERTUS, 54. — Vide ROBERTUS.
RODEGARIUS, missus S. Dionysii, 28, 29.
RODENIS VILLA, vide RODANIVILLA.
RODOMUM (Rouen, Seine-Inférieure), 33.
RODONIACUM (Rosny-sous-Bois, c^{on} de Vincennes), 468.
RODULFUS, 54, 85, 118, 134, 151, 157, 176, 189, 275, 287, 314. — Vide RADULFUS.
RODULPHUS, 314. — Vide RADULFUS.
ROGERIUS, ROGERUS, ROTGERIUS vel ROTGERUS.
—— archipresbyter, 450, 452, 454, 466.
—— cancellarius, 130.
—— cancellarius Roberti regis, 100.
—— capellanus comitis Mellenti, 284.
—— coquus, 176.
—— coquus, 480.
—— episcopus Belvacensis, 108.
—— episcopus Catalaunensis, 126, 134.
—— filius Orieldis de Medunta, 149.
—— filius Walterii majoris, 137, 141, 151.
—— frater Radulfi de Matreio, 227.
—— levita, canonicus Parisiensis, 139.
—— monachus Sancti Germani de Pratis, 53.
—— monachus Sancti Germani de Pratis, 53.

Rogerius, nepos Alexandri papæ III, 368.
—— parmentarius, 479.
—— petrarius, 477.
—— præcentor Beccensis, 176.
—— sacerdos, 139.
—— sacerdos, canonicus Parisiensis, 139, 144, 145, 146, 163.
—— sartor, 141.
—— testis, 147.
—— testis, 201.
—— Arpinus vel Harpinus, 422, 452.
—— de Atrebato, 437.
—— de Capite Villæ, 479.
—— de Chaalons, frater Templi, 437.
—— de Corbeia, 166.
—— de Molendinis, magister Hospitalis Hierosolymitani, 471.
—— de Sancto Benedicto, 397.
—— Teste, 480.
Rogerus, 126, 130, 134, 139, 144, 145, 146, 163, 284, 422, 437, 452, 471, 480. — Vide Rogerius.
Rohardus, frater Gausberti, 136.
—— (Magister), 329.
Rolandus, cancellarius ecclesiæ Romanæ, 354.
Rollandus, monachus S. Martini de Campis, 128.
Romæ senatus et consules Ludovico VII scribunt, 379, 380.
Romanus, diaconus cardinalis Sanctæ Mariæ in Porticu, 242.

Roricus, archidiaconus Meldensis, 416. — Cf. Rericus.
—— monachus Sancti Germani de Pratis, 410.
—— testis, 150.
—— testis, 479.
Rosetum (*Rosoy-en-Brie, Seine-et-Marne, ch.-l. de c^on*), 90, 93, 387.
Rossiaco (Herbertus de), 234.
Rotbertus, 40, 53, 71, 77, 82, 87, 98, 130, 132, 141, 148, 150, 166, 250, 479.
Rotgangus, monachus S. Germani de Pratis, 53.
Rotgarius, missus Sancti Dionysii, 28, 29.
Rotgerius, 53, 100, 137, 139, 141, 151, 166, 201. — Vide Rogerius.
Rotgerus, 147. — Vide Rogerius.
Rothadus, episcopus Suessionensis, 36, 50, 51.
Rothardus vel Chrotardus, fidelis Pippini regis, 27, 29.
—— testis, 82.
Rotlannus, testis, 125.
Rotomagus (*Rouen, Seine-Inférieure*), 63. — Archiepiscopi Rotomagenses, vide Audoenus, Raginoardus.
Rotrocus de Calceia, 329.
Rotroldus, comes, 122.
Rotundellus (Ivo), 329.
Roundel, 244.
Rovenedum (*Rouvray, Seine, c^ne de Pantin*), 207.

Roverito (Foresta de) (*Bois de Boulogne*), 24.
Rua (*Rue, Somme, ch.-l. de c^on*), 208.
Rua Nova (Hugo de), 184.
Ruallo Brito, 402.
Ruel (*Rueil, Seine-et-Oise, c^on de Marly-le-Roi*), 340. — Major de Ruel, vide Rainaldus. — Presbyter de Ruel, vide Henricus.
—— (Durandus de), 340.
Ruella (Frodmundus de), 234.
—— (Gauterus de), 408.
Rufus (Aubertus), 463.
—— (Gaufridus), 480.
—— (Guarinus), 460, 461.
—— (Huardus), 147.
—— (Hugo), 118.
—— (Hugo), 480.
—— (Landricus), 480.
—— (Odo), 479.
—— (Rainardus), 178.
Ruilli (*Reuilly, auj. dans Paris*), 333.
Rumoldus, testis, 396.
Runcherolles (Petrus de), 333.
Runicus, episcopus Nivernensis (?), 14.
Rupe (Guillelmus de), 477.
Ruperforti (Herveus de), 324.
Ruphus, 147. — Vide Rufus.
Rusellus (Heinricus), 195.
Rusellus (Walterius), 137.
Rusiacum, villa (*Roissy-en-Brie, Seine-et-Marne, c^on de Tournan*), 206.

S

Sabulo (Domus in) (*rue des Sablons*), 468.
Sacerdos (Yvo), 450.
Sagitta (Gillebertus), 298.
Sailenbien (Hugo), 329.
Saillenbein (Theobaldus), 480.
Saluenbien (Galterus), 463.
Salli (Balduinus de), 431.
Salomon, capellanus Montis Martyrum, 463.
Samesium (*Samois, Seine-et-Marne, c^on de Fontainebleau*), 90, 93.
Sancilina, filia Aschonis, 191.
Sancta Abstroberta, 116.
Sancto Benedicto (Rogerius de), 397.
Sanctus Benedictus de Floriaco (*Saint-Benoît-sur-Loire, Loiret, c^on d'Ouzouer-sur-Loire*), 130.
Sanctus Briccius (*Saint-Brice, Seine-et-Oise, c^on d'Écouen*), 225. — Ecclesia, 279, 300, 474; — presbyteratus, 279.

Sancti Caralni burgus, apud Carnotum, (*Saint-Chéron, Eure-et-Loir, c^on de Châteauneuf-en-Thymerais*), 207.
Sanctus Celsus, 3.
Sanctus Ceraunus, 405.
Sanctus Chlodoaldus, 35, 39, 387. — Vide Sanctus Clodoaldus.
Sancti Christophori hospitale, vide Hospitale.
Sancto Christophoro (Balduinus de), 458.
—— (Odo de), 383.
—— (Raginaldus de), 328.
Sancto Clodoaldo (Hugo de), 154.
—— (Robertus de), 154.
—— (Udo de), 141, 146, 166.
Sanctus Clodoaldus, Chlodoaldus, Clodoauldus (*Saint-Cloud, Seine-et-Oise, c^on de Sèvres*), 207, 254, 261; — abbatia S. Clodoaldi, 387; — ecclesia S. Clodoaldi, 39, 179, 387; præbendæ hujus ecclesiæ,

223, 229, 242, 247, 271, 300, 474.
Sanctus Clodoaudus, 254. — Vide S. Clodoaldus.
Sancto Clodoveo (Hugo de), 154.
—— (Robertus de), 154.
Sanctæ Crucis et S. Vincentii basilica, 3, 6, 20, 21, 25. — Vide Sancti Germani de Pratis abbatia.
Sancti Desiderii abbatia, 19.
Sanctus Dionysius, 9. — Vide Sancti Dionysii abbatia.
Sanctus Dionisius, 10. — Vide Sancti Dionysii abbatia.
Sancti Dionysii abbatia (*Saint-Denis, Seine*), 9, 10, 12, 13, 15, 18, 23, 24, 25, 26, 28, 29, 31, 32, 39, 58, 61, 71, 73, 74, 84, 108, 158, 208, 214, 219, 286, 429. — Abbates, vide : Adam, Chaeno, Dalfinus, Dodo, Guillelmus, Hilduinus, Ludovicus,

TABLE ALPHABÉTIQUE DES MATIÈRES. 525

SUGERIUS. — Chartæ de immunitatibus a regibus concessis, 11, 15, 60; a Landrico episcopo, 12. — Chartæ de mercato, 10, 22, 26, 28, 32. — Privilegia a Karolo Magno concessa, 31, 32; a Ludovico VI, 214; a Ludovico VII, 286; a variis, 9, 71. — Societas cum S. Germani de Pratis monachis, 52.

SANCTI DIONYSII villa (*Saint-Denis, Seine*), 286, 301, 306. — Transversum, 225.

SANCTO DIONYSIO (Audoinus de), 409.
—— (Bernardus de), 137.
—— (Fredericus de), 137.
—— (Girardus de), 458.
—— (Guillelmus de), 452.
—— (Simon de), 326.

SANCTUS DIONYSIUS, patronus ecclesiæ Parisiensis, 35.

SANCTUS DYONISIUS, vide SANCTUS DIONYSIUS.

SANCTI EGIDII comitissa, vide CONSTANCIA.

SANCTO FERREOLO (Symon de), 418.

SANCTUS FRAMBOUDUS (*Saint-Framboury, Seine, c^ne d'Ivry, c^on de Villejuif*), 327.

SANCTA GEMMA (*Sainte-Gemme, Marne, c^on de Châtillon-sur-Marne*), 143, 207.

SANCTA GENOVEFA, Parisiis sepulta, 12.

SANCTÆ GENOVEFÆ abbatia, 8, 12, 21, 39, 59, 74, 96, 109, 115, 116, 160, 164, 173, 174, 175, 176, 181, 202, 203, 221, 238, 258, 267, 268, 273, 284, 311, 313, 315-322, 338, 342, 362, 377-379, 394, 405, 417, 424, 429, 455, 461, 462, 468. — S. Petri basilica, 12; S. Petri et S. Pauli basilica, 12; B. apostolorum Petri et Pauli et S. Genovefæ congregatio, 116, 174, 175. Abbates, vide ALBERTUS, GARINUS, HUGO, ODO, STEPHANUS. — Altare S. Mariæ in crypta, 273. — Bona a diversis tributa, 175, 284, 405. — Capellani, 273. — Decanus, vide STEPHANUS. Jura episcopi Parisiensis in ecclesiis S. Genovefæ subjectis, 342; — jura S. Genovefæ in ecclesia S. Johannis, 321. — A jurisdictione episcopali liberantur famuli S. Genovefæ, 164-165. Pactum cum Domo Dei de quadam platea, 461; cum S. Lazari fratribus, 468; cum S. Victoris capitulo de cursu Beveræ, 317-319, 338. — Prior, vide RAIMUNDUS.

Privilegia a Ludovico VI concessa, 181, 203. — Privilegia et bona confirmantur, 109, 116, 160, 332, 377, 394, 455. — Privilegia de præbendis, 267, 268, 290, 338, 350, 433. — Privilegia de servis, 174, 202, 221, 257, 405, 423, 429.
Reformatio abbatiæ, 311, 312-316, 320. — Sepulchrum S. Cerauni, 405. — Subprior, vide STEPHANUS.

SANCTÆ GENOVEFÆ burgus, (*le bourg Sainte-Geneviève, à Paris*), 195, 377.
—— mons, 220.

SANCTÆ GENOVEFÆ DE MONTE ecclesia, 268, 417, 424. — Vide SANCTÆ GENOVEFÆ abbatia.

SANCTI GERMANI burgus, 179, 409, 479. — Census domorum burgi S. Germani, 479-480. — Libertas habitatoribus burgi conceditur, 409.

SANCTI GERMANI DE PRATIS abbatia, 3, 5, 6, 8, 11, 18, 20, 21, 22, 25, 29, 30, 33, 39, 42, 47, 48, 53, 55, 56, 57, 58, 68, 77, 82, 117, 121, 149, 158, 160, 197, 198, 236, 290, 297, 298, 313, 338, 342, 355, 370, 378, 380, 389, 409, 419, 430, 441, 442, 447, 448, 463, 466, 476, 478-480. — S. Germani de Prato ecclesia, 197. — S. Vincentii basilica, 8, 11. — S. Vincentii et S. Crucis basilica, 3, 6, 20, 21, 25. — S. Vincentii et S. Germani cœnobium, 18, 22, 29, 30, 33, 42, 47, 68, 121, 149.
Abbates S. Germani, vide AUDCHARIUS, AUTHARIUS, CHEDELMARUS, EBROINUS, GAUFRIDUS, GOSLENUS, HILDUINUS, HUGO, HUMBERTUS, ISEMBARDUS, LANTFREDUS, RAINALDUS, ROBERTUS, THEOBALDUS. — Abbatibus conceditur jus utendi dalmatica, 378; jus utendi mitra et annulo, 419. — Anniversarium Hugonis abbatis, 476. — Bonorum divisio, 68. — Duellum cum Stephano de Machiaco, 342, 343. — Ecclesia consecratur ab Alexandro III, 375-377. — Excommunicari non potest cœnobium S. Germani nisi a summo pontifice, 430. — Feria S. Germani, 446, 447. — Fundatio monasterii, 3. — Immunitas cœnobio concessa, 5, 387. — Priores S. Germani, vide GUILLELMUS, LISIARDUS.
Privilegia concessa ab Adriano IV papa, 355; ab Alexandro III papa,

370, 378, 380, 389, 419, 430, 448, 466; a Bertramno episcopo Cenomanensi, 8; a Karolo Calvo, 54, 56, 57, 68; a Karolo Magno, 29, 34; a Karolo Simplici, 77; a Childeberto I, 3; a Childeberto III, 22; ab Eugenio papa III, 297; a Gammone, 20; ab Henrico rege, 121; ab Imberto episcopo, 117; ab Innocentio papa II, 236; a Lucio papa II, 290; a Ludovico Pio imperatore, 41, 47; a Paschali papa II, 160; a S. Germano, episcopo Parisiensi, 5; a Theodorico III rege, 25. — Privilegia et bona confirmantur, 41, 47, 54, 68, 77, 160, 236, 290, 298, 338, 355, 370, 378, 380, 448, 466. — Privilegia de servis, 121, 197, 456.
Societas cum abbatiis S. Remigii Remensis et S. Dionysii, 52. — Subpriores S. Germani, vide ALEXANDER, ROBERTUS. — Tertii priores, vide GARINUS, JOHANNES. — Thesaurarius, vide GAUSBERTUS.

SANCTO GERMANO (Genovefa de), 418.

SANCTUS GERMANUS, patronus ecclesiæ Parisiensis, 35, 38, 41.

SANCTI GERVASII hospitale, vide HOSPITALE.

SANCTA HELENA, 173.

SANCTUS HYLARIUS (*le Mont Saint-Hilaire*), 465.
—— (*Saint-Hilaire, Seine-et-Oise, c^on d'Étampes*), 143, 207.

SANCTO JACOBO (Guido de), 329.

SANCTO JOHANNE (Robertus de), 370.

SANCTO LAURENCIO (Constancius de), 336.

SANCTI LAZARI domus et ecclesia, vide LEPROSORUM DOMUS.

SANCTI LEODEGARII villa, 88, 99, 412. — Ecclesia S. Leodegarii, 88.

SANCTO LEODEGARIO (Bartholomeus de), 336.

SANCTI MACLOVII episcopus, vide JOHANNES.

SANCTI MAGLORII abbatia, 87, 98, 101, 107, 114, 115, 119, 129, 131, 132, 135, 158, 196, 198, 199, 200, 236, 238, 239, 271, 313, 325, 347, 355, 356, 383, 421, 449. — Abbates, vide BALDUINUS, GUINEBALDUS, OLDICUS, PETRUS, REGINALDUS, ROBERTUS. — Ab Hugone rege fundatur, 87. — Debita ejus erga capellanos S. Georgii, 198; erga ecclesiam Parisiensem, 131. — Privilegia ei tribuuntur ab Adriano papa IV, 355; ab Alexandro papa III, 449; a Clemente decano, 347; a Gaufrido episcopo, 131; ab Henrico rege, 114, 115, 119; a Lothario et Ludovico regibus, 87-89; a Ludovico VI rege, 235, 238, 271; a Paschali papa II, 196, 198; a Philippo I rege, 129, 135; a Roberto rege, 98, 101, 106. — Privilegia ejus confirmantur, 98, 115, 196, 238, 355, 356, 449. — Servi ejus, 271, 272, 334.

Sancti Maglorii ecclesia in pago Lehonensi, 196.

Sancti Marcelli burgus, (le bourg Saint-Marcel), 207, 279, 353, 413, 475, 477.

—— ecclesia, 39, 83, 90, 179, 192, 223, 229, 242, 247, 267, 268, 271, 300, 323, 324, 325, 331, 332, 338, 348, 349, 352, 366, 387, 389, 474. — De capellis ædificandis in territorio S. Marcelli, 349. — Decani, vide Ascelinus, Nevelo. — Electio decani, 389. — Luminare, 83. — Pactum cum ecclesia B. Mariæ de Campis, de quibusdam domibus, 332. — Præbendæ, 223, 229, 242, 247, 267, 268, 271, 300, 338, 366, 474. — Privilegia concessa ab Adriano papa IV, 352; a Galone episcopo, 192; a Karolo Simplici, 83; a Theobaldo episcopo, 323, 324. — Privilegiorum confirmatio, 352.

—— terra apud S. Dionysium, 295, 301, 475.

Sancto Marcello (Cleophas de), 224.
—— (Fredericus de), 151.
—— (Garnerius de), 349.
—— (Odo de), 326.
—— (Rainoldus de), 397.
—— (Richardus de), 302.
—— (Tescelinus de), 331.

Sanctus Marcellus, patronus ecclesiæ Parisiensis, 35.

Sanctæ Mariæ insula, 236. — Vide Insula.

Sancta Maria Becci, vide Becci monasterium.

—— de Gornaco, vide Gornacum.
—— de Longo Ponte, 211, 212.

Sanctæ Mariæ de Valle abbas, vide Stephanus.

Sancti Martini monachi, 135, 138. — Vide Majus Monasterium.

Sancti Martini de Campellis abbatia, vide Campelli.

Sancti Martini de Campis cœnobium, vide Parisius, S. Martini de Campis ecclesia.

Sancto Martino (Johannes de), frater Templi, 423.
—— (Willelmus de), 329.

Sancti Martyrii ecclesia, vide Mons Martyrum.

Sancta Mascentia (Pont-Sainte-Maxence, Oise, ch.-l. de c^{on}), 33.

Sancti Mauricii monasterium (Saint-Maurice en Valais), 16.

Sancti Mauri corpus ad Fossatensem ecclesiam defertur, 65, 66.

Sancti Medardi villa (Saint-Médard, auj. dans Paris), 377. — Capella, 455; — capellanus, 273.

Sancti Mederici abbatiola, apud Liniaias, 86.

Sancto Mederico (Matheus de), 362, 363, 365.

Sancti Nicholai de Aciaco monasterium, vide Aciacum.

Sanctus Petrus de Caziaco, vide Caziacus.

Sanctus Petrus de Ferrariis, vide Ferrariæ.

Sanctus Petrus Fossatensis, vide Fossatensis abbatia.

Sancti Petri et S. Pauli basilica, vide Sanctæ Genovefæ abbatia.

—— ecclesia in pago Lehonensi (Saint-Pol-de-Léon, Finistère, ch.-l. de c^{on}), 196.

Sancti Quintini ecclesia, 13.

Sancti Remigii fons, 13.

Sanctus Remigius, archiepiscopus Remensis, 117.

Sanctus Rusticus, 13, 15, 52.

Sanctus Sabbas, cœnobium, 173.

Sancto Sidoxio (Willelmus de), 176.

Sanctus Stephanus, patronus ecclesiæ Parisiensis, 35, 38.

Sancto Sulpicio (Radulfus de), 479.

Sancti Victoris abbatia, 187, 188, 189, 190, 215, 222, 223, 228, 229, 230, 241, 246, 247, 248, 249, 250, 256, 259, 261, 267, 268, 270, 271, 278, 279, 280, 281, 282, 283, 289, 290, 292, 293, 294, 295, 296, 299, 300, 301, 302, 308, 313, 317, 318, 319, 323, 325, 326, 330, 338, 348, 350, 366, 367, 369, 384, 397, 398, 399, 400, 401, 402, 411, 412, 413, 417, 420, 421, 424, 425, 426, 427, 428, 441, 451, 452, 465, 473, 474, 475. Abbates, vide Achardus, Ernisius, Garinus, Gilduinus, Thomas. — Abbatum introoisatio, 424, 428. — Aula episcopalis apud S. Victorem, 400. — Conventiones cum Ferrico Parisiensi, 413; cum ecclesia S. Eligii, 475; cum ecclesia S. Genovefæ de cursu Beveræ, 317, 319, 338. — Epistolæ Alexandri III papæ, 369, 411, 420; Guillelmi archiepiscopi Senonensis, 412; Ludovici VII, 367. — Fundatio abbatiæ S. Victoris, 187-189. Præbendæ, 223, 230, 246, 256, 259, 267, 271, 290, 292, 293, 294, 295, 300, 338, 350. Priores, vide Nanterus, Odo, Ricardus, Robertus, Thomas. Privilegio S. Victoris ecclesiæ concessa: ab Adriano papa IV, 348, 350; ab Anastasio papa IV, 338; ab Alexandro papa III, 424, 428; a Bartholomeo, decano Parisiensi, 280, 295, 299, 302; a Bernardo archidiacono, 326; a Celestino II papa, 289, 290; ab Eugenio III, 308; a Ferrico Parisiensi, 417; a Galeranno, comite Melienti, 281, 283; a Girberto episcopo, 215; a Guidone de Garlanda, 402; ab Honorio papa II, 230; ab Henrico Leonello, 426; ab Innocentio papa II, 241, 259, 267, 270, 271; ab Isembardo, priore S. Eligii, 475; a Ludovico VI, 187, 230, 256; a Ludovico VII, 261, 267; ab Odone, priore S. Martini de Campis, 293, deinde abbate S. Genovefæ, 317; a Paschali papa II, 190; a Mauricio episcopo, 400, 413, 451, 473; a Petro de Villanova, 251; a Stephano episcopo, 222, 223, 246, 271, 278, 282; a Theobaldo, abbate Fossatensi, 397-398; a Theobaldo episcopo, 301. Privilegia confirmantur, 190, 222, 241, 259, 261, 267, 278, 282, 289, 290, 299, 301, 308, 338, 473.

Reformatio S. Victoris, 399, 411, 412, 420. — Ad reformandam S. Genovefæ abbatiam delegantur Victoriani, 313. — Subpriores, vide Egbertus. — Thesaurus ab Ernisio abbate detinetur, 425, 426.

Sancti Vincentii basilica, S. Vincentii et S. Crucis basilica, S. Vincentii et S. Germani cœnobium. — Vide S. Germani de Pratis abbatia.

Sanctus Wando, 18.

Saxson, archiepiscopus Remensis, 357.
—— testis, 479.

Santriium (Saintry, Seine-et-Oise, c^{on} de Corbeil), 353.

Sanzo, sacrista Aurelianensis, 127.

Sarcleio (Hugo de), 362, 405.

Sargisus, monachus S. Germani de Pratis, 53.

SANTRINO (Radulfus de), 402.
SATELIA (Rainoldus de), 329.
SAUCIAS, lege SAVELAS.
SAUSSEYA (Leprosi de) (*la Saussaye, Seine*, c^{ne} *de Chevilly*, c^{on} *de Villejuif*), 367, 373.
SAVABA (*Sèvres, Seine, ch.-l. de* c^{on}), 4.
SAVARICUS, pater Archerii, 265.
SAVELE vel SAVLE (*Savies, lieu-dit à Belleville*), 87, 98, 207, 250, 257, 366, 369, 398, 431, 432, 451, 475.
SAVINIACA potestas in comitatu Miliduneusi, (*Savigny-le-Port, Seine-et-Marne*, c^{on} *de Melun*), 88.
SAVINIACO (Galdricus de), 400.
SAVINNIACUM (*Savigny-sur-Orge, Seine-et-Oise*, c^{on} *de Longjumeau*), 196.
SAXENSIS episcopus, vide Ivo.
SAXONES negociatores, 26.
SAYMERUS, cellerarius, 464.
SCALUNMAISNIL (Geroldus de), 307.
SCHESLA, ancilla, 334.
SCRISPIANUS, decanus, 339.
SCRISPINUS, presbyter de Moldon, 340.
SCUPILIO, spatarius, 21.
SECANA, vide SEQUANA.
SEFREDUS, thesaurarius Beccensis, 176.
SEGUINUS, habitator burgi Sancti Germani, 480.
—— DE PEISSIACO, 166.
SEHES, ancilla regis, 271.
SEMELPIN (Odo), 327.
SENECHELDIS, laica, 154.
SENLID (Theobaudus de), 362.
SENONI (*Sens, Yonne*), 64, 385, 416.
—— Archiepiscopi Senonenses, vide ALDRICUS, ARMENTARIUS, DAIMBERTUS, GUENILO, GUILLELMUS, HENRICUS, LEUTHERICUS, MAINARDUS, RICHERUS. —— Pagus Senonicus, 33.
—— Sedes Senonica, 58, 59.
SEPULCHRUM Domini, 171, 173.
SEQUANA vel SECANA (*la S.ine, fl.*), 2, 3, 4, 79, 99, 114, 116, 183, 192, 209, 214, 226, 228, 236, 239, 241, 255, 262, 277, 283, 286, 299, 300, 301, 317, 318, 352, 473, 475; SIGONA, 24.
SERCELLA (Hugo de), vide HUGO DE SERCELLA.
SERVI, dono dati variis ecclesiis, 152, 200, 210, 211, 405; —— manumissi, 191, 325, 430; —— matrimonio juncti, 56, 195, 221, 271, 325, 337, 456; —— permutationis nomine dati, 197, 202, 257, 271, 333, 334, 428; —— sæculum relinquentes, 302, 429. —— Servis diversarum ecclesiarum conceditur jus testificandi adversus liberos homines, 121, 169, 174, 177, 186.
SESBOLDUS, monachus S. Germani de Pratis, 53.
SIDAC, sacerdos, 82.
SIEMARUS, 72.
SIENIS VILLARE (*Sainte-Geneviève-des-Bois, Seine-et-Oise*, c^{on} *de Longjumeau*), 99; —— capella S. Genovefæ, 99.
SIGEBERTUS, testis, 82.
SIGEMUNDUS, monachus S. Germani de Pratis, 53.
SIGERUS, serviens monasterii Montis Martyrum, 339.
SIGNINENSIS episcopus, 376. —— Vide JOHANNES.
SIGOFREDUS, comes palatii, 23.
SIGOFRIDUS, episcopus Parisiensis, 17, 19.
SIGONA fluvius (*la Seine*), 24.
SILVAGIUM (*Serrais, Aisne*, c^{on} *de la Fère*), 68.
SILVANECTENSIS (Guarnerius), 206.
—— (Wido), 166.
SILVANECTUM (*Senlis, Oise*). —— Archidiaconus Silvanectensis, vide HULBERTUS. —— Episcopi Silvanectenses, vide AMALRICUS, AUDEBERTUS, FROLLANDUS, GODEFRIDUS, GUIDO, HENRICUS, HUBERTUS, ROBERTUS, URSIO. —— S. Vincentii Silvanectensis abbas et prior, 405.
SILVESTER, sacerdos, 303.
SIMON, vide SYMON.
SINDICO, monachus S. Germani de Pratis, 53.
SOANACHYLDIS, uxor Karoli Martelli, 27.
SOANECHYLDA, 27.
SOLISA, uxor Gisleberti Herbodi, 454.
SOLTANUS, filius Warnerii de Parisio, 166.
SORDAVALLE (Hugo de), 128.
SORVILLARE (*Survilliers, Seine-et-Oise*, c^{on} *de Luzarches*), 143, 208.
SPARRONE (Mainerus de), 127.
SPEDONA (*Épône, Seine-et-Oise*, c^{on} *de Mantes*), 90, 92, 93, 387; —— ecclesia S. Beati, 92.
SPINOGILUM (*Épinay-sur-Orge*, c^{on} *de Longjumeau*), 48.
STACIUS DE BEVRA, 443. —— Vide EUSTACHIUS DE BEVRA.
STAMPÆ (*Étampes, Seine-et-Oise*). —— Præbenda de Stampis in ecclesia Parisiensi, 369. —— Pagus Stampensis, 8, 22, 255, 262; Istampinsis, 18. —— Abbas S. Trinitatis Stampensis, vide RAINALDUS. —— Veteres Stampæ, 188.
STAMPENSIS (Albertus), vide ALBERTUS STAMPENSIS.

STAMPIS (Fulbertus de), 154.
—— (Radulfus de), 128.
STEFANUS, vide STEPHANUS.
STEOVILLA (*Itteville, Seine-et-Oise*, c^{on} *de la Ferté-Alep*s), 35, 50, 90, 93, 387.
STEPHANUS, abbas Cisterciensis, 237.
—— abbas S. Evurcii, 416.
—— abbas S. Genovefæ, 452, 461, 468, 469. —— Pactum facit cum Domo Dei, 461; cum S. Lazari fratribus, 468. —— Scribit Hungariæ regi de morte adolescentis cujusdam, 452.
—— abbas Sanctæ Mariæ de Valle, 319.
—— archidiaconus, vide STEPHANUS DE GARLANDA.
—— archiepiscopus Bituricensis, 418, 420.
—— cancellarius, vide STEPHANUS DE GARLANDA.
—— canonicus S. Mederici, 326.
—— canonicus Senonensis, 416.
—— cementarius, 480.
—— clausarius, 480.
—— cognatus Floherii militis, 150.
—— comes, 35, 36, 37, 38, 39, 50. —— Præceptum ejus pro ecclesia Parisiensi, 37, 39.
—— cordarius, 455.
—— custos equorum S. Martini de Campis, 141, 151.
—— dapifer, 214, 218, 219, 222, 227.
—— decanus S. Genovefæ, 176, 181, 202, 203, 221, 258, 268, 273.
—— decanus Silvanectensis, 392.
—— episcopus Meldensis, 411, 416.
—— episcopus Parisiensis, 221, 222, 223, 224, 225, 226, 228, 229, 230, 231, 232, 233, 237, 238, 241, 242, 243, 246, 247, 248, 251, 253, 260, 267, 268, 271, 278, 281, 282, 285, 295, 300, 305, 309, 385, 474. —— Chartæ ejus pro ecclesia Fossatensi, 251; pro ecclesia S. Martini de Campis, 224, 243; pro ecclesia S. Victoris, 222, 223, 246, 271, 278, 282. —— Controversia cum capitulo Parisiensi, 233; cum Galone, 230, 231; cum rege, 237, 238; cum Stephano de Garlanda, 237; cum Theobaldo archidiacono, 231, 232. —— Ecclesiam S. Dionysii de Carcere concedit monachis S. Martini de Campis, 243.
—— Ecclesiam S. Eligii tribuit monachis Fossatensibus, 251. —— Epistolæ ejus de nece Thomæ, prioris

S. Victoris, 248. — Præbendæ Stephani archidiaconi divisionem confirmat, 221.
STEPHANUS, episcopus Prenestinus, 286.
—— episcopus Zamorensis, 376.
—— filiaster Odonis Balbi, 328.
—— filius Teberti, 326.
—— frater Adæ camerarii, 328.
—— marescalcus, 282.
—— miles de Vitry, 211.
—— nepos Mathei, 403.
—— pater Odonis, 266.
—— pater Rotberti, 141.
—— pelfarius, 289.
—— pistor, 480.
—— præcentor S. Genovefæ, 273.
—— præpositus Parisiensis, 124, 127.
—— puer, 464.
—— puer, canonicus Parisiensis, 165.
—— puer, canonicus Parisiensis, 457, 468.
—— puer, canonicus Parisiensis, 298, 301; — subdiaconus, 361.
—— puer, canonicus S. Germani Autissiodorensis, 323.
—— sacerdos, 442.
—— sacerdos, canonicus S. Victoris, 331.
—— subdiaconus, canonicus S. Germani Autissiodorensis, 323.
—— subprior S. Genovefæ, 469.
—— testis, 479.
—— verrarius, 480.
—— ADRACHEPEL, 212.
—— BIDUN, 176.
—— DE BIVERA, 342.
—— BUCEL, 328.
—— DE CALLIACO, 480.
—— COILLEFORT, 479.
—— COQUILLA, 176.
—— ERRABICANS PALUM, 291.
—— FILLONS, 480.
—— DE GARLANDA, archidiaconus Parisiensis, 144, 145, 146, 154, 163, 164, 165, 166, 168, 169, 171, 179, 196, 198, 204, 205, 209, 215, 217, 220, 221, 223, 226, 232, 236, 237, 244, 253, 256, 279, 285, 296, 298, 301, 302; — cancellarius regis Ludovici VI, 164, 171, 175, 178,

182, 183, 184, 185, 186, 189, 191, 193, 195, 200, 201, 203, 206, 210, 211, 214, 218, 219, 222, 227, 254, 255, 256, 260;
—— archidiaconus et cancellarius, 205, 209. —— Controversia ejus cum Stephano episcopo, 232, 237.
—— Domum dat ecclesiæ Parisiensi, post mortem suam habendam, 166.
—— Præbenda ejus in duas partes dividitur, 219-220. —— Præceptum Alberici episcopi Ostiensis de ejus testamento, 284. —— Terra ejus a Ludovico VI ecclesiæ Parisiensi conceditur, 256.
STEPHANUS GARLANDENSIS, 256. —— Vide STEPHANUS DE GARLANDA.
—— GHIONS, 480.
—— DE GOVIX, 392.
—— DE MACHIACO, 342, 343.
—— MARESCALLUS, 219.
—— DE MEGDONO, 331.
—— DE MOLDON, 442, 443.
—— DE PORTO, 328, 329.
—— VILLANUS, famulus Sancti Victoris, 401.
STIRPINIACUM (*Étrépagny*, Eure, ch.-l. de c^{on}), 10.
STRABO (Aubertus), 329.
—— (Hugo), constabularius, 170, 175, 182. —— Vide HUGO.
STULTUS (Guinerandus), 478.
SUBTURRE (Odo de), 331.
SUESSIONENSIS comes, vide GUILLELMUS.
—— Episcopi Suessionenses, vide FULCO, GOSLENUS, HUGO, LISIERNUS, ROTHADUS.
SUGERIUS, filius Clarembaldi, 423.
SUGERIUS, abbas S. Dionysii, 214, 305, 310, 311, 312, 315, 321.
—— Epistolæ ejus ad Eugenium III, de electione decani Parisiensis, 310; de reformatione S. Genovefæ, 312, 315.
—— canonicus B. Mariæ Parisiensis, 452.
SULCIACUM (*Sucy-en-Brie*, *Seine-et-Oise*, c^{on} *de Boissy-Saint-Léger*), 35, 36, 38, 50, 90, 93, 387. —— Ecclesia S. Martini de Sulciaco, 38.
SULIO, pater Pagani, 300, 474.
SULPICIUS, miles, 118.
SULTANUS, filius Garnerii, 458.

SULTENUS, nepos Hugonis, 282.
SURDUS (Richardus), 480.
—— (Robertus), 480.
SUSTANUS, filius Garnerii, 458.
SUTRIUM (*Sutri, Italie*), 354.
SUZANNA, uxor Roberti Legris, 480.
SYGGOLENUS, referendarius, 9.
SYGHICHELMUS, testis, 17.
SYMON, archidiaconus Parisiensis, 374, 382, 383, 392, 393, 395, 409, 424, 430.
—— cancellarius regius, 236.
—— capicerius S. Benedicti, 416.
—— carpentarius, 412.
—— diaconus, 361, 374, 382, 457, 468. —— Vide SYMON DE S. DIONYSIO.
—— diaconus, canonicus S. Genovefæ, 258.
—— episcopus Noviomensis, 299.
—— filius Roberti de Broeia, 400.
—— (Magister), diaconus, 296, 302. —— Vide SYMON DE PISSIACO.
—— (Magister), frater Hugonis de Pissiaco, 381, 382. —— Vide SYMON DE PISSIACO.
—— monachus S. Germani de Pratis, 410.
—— sacerdos, canonicus Parisiensis, 168, 169.
—— subprior S. Martini de Campis, 349, 396.
—— testis, 150.
—— testis, 479.
—— DE ANGIVILER, 293.
—— DE ARSECIO, 149.
—— DE CASTANETO, 149.
—— DE MARNOA, 293.
—— DE MONTEFORTI, 127, 129.
—— DE NIELFO, 136.
—— DE PISSIACO (Magister), canonicus Parisiensis, diaconus, 296, 302, 310, 381, 382, 456, 457.
—— DE S. DIONYSIO, canonicus Parisiensis, diaconus, 326, 361, 374, 381, 382, 383, 392, 399, 409, 412, 413, 427, 430, 443, 451, 452, 457, 464, 468. —— Idem forte qui dicitur subdiaconus, 301.
—— DE S. FERREOLO, 418.
—— TERNELLUS, 269, 297, 298.
—— DE TORNACO (Magister), 429.
—— DE VER, 280.
SYROT (Robertus), 212.

T

TABULAS, villa (*Les Tables*, *Eure-et-Loir*, c^{ne} *de Saint-Lucien*, c^{on} *de Nogent-le-Roi*), 207.
TACIACUM, 18.
TANATORES Parisienses, 363.

TARUANENSIS episcopus, vide BALDUINUS. —— Taruanensis pagus, 208.
TAVERNI (Theobaldus de), vide THEOBALDUS DE TAVERNI.
TAVERNIACUM (*Taverny, Seine-et-Oise*,

canton *de Montmorency*), 206.
TEBALDUS, 163, 204, 223. —— Vide THEOBALDUS.
TEBERTUS, TEOBERTUS, THETBERTUS vel TIBERTUS.

TABLE ALPHABÉTIQUE DES MATIÈRES.

TEBERTUS, 326.
—— filius Gemardi, 192, 255, 262, 282.
—— pater Anselli, et Frogerii, et Girberti, et Mathei, 328, 397.
—— præpositus, 137.
—— DE MONTE LETERICI, 413.
TEBOLDUS, 326. — Vide THEOBALDUS.
TEBOUDUS, 479, 480. — Vide THEOBALDUS.
TEDBALDUS, 196. — Vide THEOBALDUS.
TEDBAUDUS, 190. — Vide THEOBALDUS.
TEDOINUS, 144, 146. — Vide THEODOINUS.
TEDUINUS, 132. — Vide THEODOINUS.
TEDULFUS, 73. — Vide THEODULFUS.
TEELINA, mulier, 365.
TELFUS, archipresbyter Parisiensis, 384.
TEMPLI milites, 265, 288, 289, 297, 299, 307, 333, 408, 409, 422, 434, 437. — Bartholomeus decanus et capitulum Parisiense eis tribuunt 60 sol. in Cambio, 297. — Bernardus de Balloilo terras eis concedit in Anglia, 307. — Celestini II privilegium, 289. — Constancia comitissa domum eis in Campellis concedit, 422. — Genta eis dat molendinum sub Magno Ponte, 265, 408. — Isembardi prioris charta de bonis Templi in censiva S. Eligii, 434. — Ludovicus VII 27 libras redditus eis assignat, 288. — Matheus, comes Belli Montis, domum eis concedit, 333. — Simon episcopus eis dat ecclesiam Traciaci, 299.
Capellanus Templi, vide GISLEBERTUS. — Conventus generalis, 307. — Magistri Templi, vide EUSTACHIUS CANIS, GALTERIUS DE BARUT, GAUFRIDUS FULCHERII.
TENCIA, filia Hugonis Lupi, 392.
TEOBALDUS, passim. — Vide THEOBALDUS.
TEOBAUDUS, 257, 268, 305, 336, 340, 345, 410, 460, 464. — Vide THEOBALDUS.
TEOBERTUS, 255, 262, 413. — Vide TEBERTUS.
TEODALDUS, testis, 40.
TEODERICUS, 54, 141, 169, 212, 217, 223, 226, 253. — Vide THEODERICUS.
TEODULFUS, 53. — Vide THEODULFUS.
TEOLDUS, filius Johannis Gastinel, 328.
—— presbyter S. Jacobi, 328.
TEON (Guarinus), 147.
TERME (Thermes de Julien, à Paris), 269, 369, 396.

Cartul. — I.

TERNEL (Andreas), 423.
TERNELLUS (Simon), 269, 297, 298.
TERRICUS, quadrigarius, 479.
—— APOSTOLICUS, 480.
—— GALERANNI vel GUALERANNUS, 265, 305. — Cf. THEODERICUS GALERANNUS.
TESCELINUS, miles, 132.
—— BUXOGENSIS, 188.
—— DE SANCTO MARCELLO, 331.
TESTE (Rogerius), 480.
TESTUZ (Henricus), 405.
TETALDUS, 74. — Cf. TETBALDUS.
TETBALDUS, 132, 201, 217. — Vide THEOBALDUS.
TETBOLDUS, sacerdos, 104.
TETHALDUS, 75. — Cf. TETALDUS.
TEUBALDUS, 85. — Vide THEOBALDUS.
TEUDERICUS, 54. — Vide THEODERICUS.
TEUDO, THEODO vel THEUDO.
—— 54.
—— frater Warini, 136, 141, 151, 201.
—— monachus Sancti Germani de Pratis, 53.
—— testis, 39.
—— vicecomes Parisiorum, 84, 85, 86; terram quamdam concedit monachis Fossatensibus, 84.
TEUDULFUS, 93. — Vide THEODULFUS.
TEUDILPHUS, 83. — Vide THEODULFUS.
TEUTBODUS, testis, 82.
THEBALDUS, 185. — Vide THEOBALDUS.
THEBAUDUS, 479. — Vide THEOBALDUS.
THECIA, uxor Ivonis Lacohe, 363, 364.
THEOBALDUS, TEBALDUS, TEBOLDUS, TEBOUDUS, TEDBALDUS, TEDBAUDUS, TEOBALDUS, TEOBAUDUS, TETBALDUS, TETBOLDUS, TEUBALDUS, TEUTBODUS, THEBALDUS, THEBAUDUS, THEOBAUDUS, THETBALDUS, TIBOLDUS vel TIBOULDUS.
—— abbas Fossatensis, 164, 190, 251.
—— abbas Fossatensis, 398, 410, 434. — S. Eligii cœnobio tribuit Fossatensium bona in majoria S. Martini de Campis, 410. — S. Victoris ecclesiæ vineas concedit, 397-398.
—— abbas S. Germani de Pratis, 355, 370.
—— archidiaconus Parisiensis, 215, 217, 223, 226, 244, 309, 385.
—— archidiaconus Parisiensis, 223, 226, 231, 232, 244, 253.
—— archidiaconus de Vilers, 234.
—— cancellarius ecclesiæ Parisiensis, 198, 204, 216, 217.
—— comes Blesensis, dapifer Ludovici VII, 341, 345, 347, 351, 357, 364, 365, 368, 371, 386, 390, 394, 398, 399, 404, 424, 432, 435, 436, 446, 447, 448, 460.
THEOBALDUS, decanus S. Germani Autissiodorensis, 247, 268.
—— diaconus, canonicus Parisiensis, 204; idem sane qui subdiaconus, 163, 165.
—— episcopus Parisiensis, 287, 292, 293, 295, 301, 305, 309, 317, 322, 323, 324, 325, 329, 335, 336, 340, 348, 351, 355, 357, 367; antea prior S. Martini de Campis, 244, 245, 257. — Privilegia ejus pro ecclesia Longipontis, 325; S. Lazari, 329, 335; S. Marcelli, 323, 324; S. Martini de Campis, 292, 293, 317, 351; S. Opportunæ, 322, 336; S. Victoris, 301. — Confirmat venditionem Evrardo factam a Girelmo, sacerdote SS. Innocentium, 327.
—— faber, 141.
—— filius Adæ de Braia, 421, 422.
—— filius Pagani de Praeriis, 279.
—— filius Rainerii de Valle, 429.
—— filius Stephani, 282.
—— frater Hugonis de Gisorcio, 275.
—— frater Landrici, 479.
—— furnerius, 465, 466.
—— habitator villæ Sancti Germani, 479.
—— habitator villæ Sancti Germani, 480.
—— pater Frederici, 186, 201.
—— prior S. Martini de Campis, I nomine, 195, 196, 201, 224. Terram in feodum concedit Ansello, dicto Pagano, 195.
—— prior S. Martini de Campis, II nomine, 244, 245, 257; postea episcopus Parisiensis, vide THEOBALDUS, episcopus.
—— prior S. Martini de Campis, III nomine, 369, 370. — Chartæ ejus de bonis quæ S. Martino dedit Albertus præcentor Parisiensis, ibid.
—— puer, 398.
—— puer, canonicus Parisiensis, 223, 226.
—— sacerdos, 104.
—— socius Hugonis, abbatis Sancti Germani, 464.
—— subdiaconus, canonicus Parisiensis, 163, 165; idem sane qui diaconus, 204.
—— subdiaconus, canonicus Parisiensis, 348, 382.
—— testis, 82.
—— testis, 132.

67

THEOBALDUS, testis, 166.
— vicecomes, 85.
— BODEE vel BODEZ, 400, 452.
— DE BRIA, 326.
— DE CASTELLOFORTE, 148.
— DE CORVESNERE, 451.
— DIVES, 441, 458, 461.
— MAGNUS, 401, 402.
— DE MONTEMORENCIACO, 124, 127.
— DE PISTRINO, 480.
— SAILLENBEIN, 480.
— DE SENLID, 362.
— DE TAVERNI, canonicus Sancti Victoris, 401.
— TORTUS, serviens S. Lazari, 454.
— DE VERSALEIS, 479.
— DE VILLARIIS, 185.
— DE VIRI, 412.
THEOBAUDUS, 279, 347, 362, 451, 461. — Vide THEOBALDUS.
THEODASIUM (*Thiais, Seine, c^{on} de Villejuif*), 477.
THEODERICUS, TEODERICUS, TEUDERICCS, THEODORICUS vel THEUDERICUS. — Cf. TERRICUS.
— 54.
— canonicus Parisiensis, subdiaconus, 169; diaconus, 198; postea sacerdos, 204, 215, 217, 223, 226, 244, 253.
— fidelis Pippini regis, 27.
— monachus Longi Pontis, 212.
— pater Hugonis, 141.
— pater Richardi militis, 141.
— testis, 479.
THEODERICUS III, rex Francorum, 19, 23, 26.
THEODERICUS IV, rex Francorum, 25.
THEODERICUS vel TERRICUS GALERANNUS, 265, 305, 307, 334.
THEODESCLUS, episcopus, 51. — Cf. THEODISCLUS.
THEODINUS, cardinalis S. Vitalis, 420, 425.
THEODISCLUS, episcopus, 36, 50, 51.
THEODO, 39. — Vide TEUDO.
THEODOINUS, TEDOINUS, TEDUINUS, subdiaconus, canonicus Parisiensis, 132, 144, 145, 146.
THEODOLDUS, testis, 40, n.
THEODULFUS, TEDULFUS, TEODULFUS, TEUDULFUS vel TEUDULPHUS.
— 73.

THEODULPHUS, episcopus Parisiensis, 80, 81, 83, 93.
— monachus S. Germani de Pratis, 53.
THEOINUS DE VITRI, 408.
THETBALDUS, 124, 127. — Vide THEOBALDUS.
THETBERTUS, filius Mathei, 403.
— pater Mathei, 403.
THEUDERICUS, 23, 26, 27. — Vide THEODERICUS.
THEUDO, 136, 151. — Vide TEUDO.
THIACRUS, pater Harcheri, 329.
THOLOSA (Guillelmus), 452.
THOMAS, abbas S. Victoris, 293.
— canonicus S. Marcelli, 349, 352.
— famulus prioris S. Eligii, 461.
— filius Ogeri, 326.
— frater Guillelmi Maluscioni, 400, 401, 402.
— habitator burgi S. Germani, 480.
— marescallus, 412.
— prior Sancti Victoris, 248, 249, 250.
— puer, canonicus Parisiensis, 301.
— serviens Mauricii episcopi, 427.
— serviens S. Eligii, 458.
— DIVES, præpositus Parisiensis, 414.
THUR (Viaria de), 224.
TIACHRE, monachus, 326.
TIARDUS, mercerius, 329.
TIBERTI (Ansellus), canonicus Parisiensis, 399.
TIBERTUS, 282, 328, 399. — Vide TEBERTUS.
TIBOLDUS, 441. — Vide THEOBALDUS.
TIBOULDUS, 442. — Vide THEOBALDUS.
TIGERIUS DE FONTANETO, 149.
TISONS (Herbertus), 455.
TOBOLDUS, testis, 147.
TOFFOLIUM, 262. — Vide TOLFOLIUM.
TOLETANUS archiepiscopus, 376. — Vide JOHANNES.
TOLFOLIUM (*Torfou, Seine-et-Oise, c^{ne} de la Ferté-Alais*), 255, 262.
TOLMANTEL (Vineæ de), 327.
TOMAS, 480. — Vide THOMAS.
TORNABU (Willemus de), 128.
TORNACO (Balduinus de), 176.

TORNACO (Magister Symon de), 429.
TOROTA (Waszo de), 149.
TOROTH (Paganus de), 359.
TOTUM TEMPUS, 227.
TRABO (Richardus), 480.
TRACY-LE-VAL, 299.
TRANCHEVACHE (Willelmus), frater Templi, 423.
TRECENSIS abbas, vide PETRUS. — Episcopi, vide FROMUNDUS, GALTERIUS, HELIAS, HUGO, PHILIPPUS, PRUDENTIUS.
TREJECTUS (*Utrecht*), 33.
TREL (*Triel, Seine-et-Oise, c^{on} de Poissy*), 186.
TRELSI, 327.
TRESANTIE, pars claustri Beatæ Mariæ, 233.
TRESLUZA (Philippus de), 141.
TRES MOLENDINOS, villa, 71.
TRIANNO (Johannes), 212.
TRICASSINUS pagus, 33. — Cf. TRECENSIS.
TRICENA pons, 13, 61, 107.
TRICINI pons, vide TRICENA pons.
TRIGASINUS pagus, 33. — Vide TRICASSINUS.
TROCHARDUS (Ebrardus), 328.
TRONNEL (Vinca de), 323, 324.
TRUIO (Hugo), 201.
TRUSSEVACHE (Urricus), 328.
TRUTBOLDUS, monachus S. Germani de Pratis, 53.
TUDELLA, 44, 387.
TUIN (Radulphus de), 208.
TULLUM, 165.
TURCUS (Mathias), 227.
TURNEM (*Tournan, Seine-et-Marne*), 400; TURNUM, 206.
TURNOALDUS, episcopus Parisiensis, 20, 24.
TURONENSES archiepiscopi, vide HUGO, LANTDRAMNUS, RADULFUS, RIGOBERCTHUS. — Thesaurarius S. Martini, vide RAINALDUS.
TUROTA, TOROTA vel TOROTH (Gervasius de), 331.
— (Paganus de), 185, 359.
— (Waszo de), 149.
TURRE (Guido de), 170, 178.
TUSCULANUM (*Frascati, Italie*), 418, 419, 421, 470, 472.
TYRONENSES monachi (*Thiron-Gardais, Eure-et-Loir, ch.-l. de c^{on}*), 269.

U

UDO, sacerdos, 104. — Cf. HUTDO.
— DE SANCTO CLODOALDO, 146.
ULIEN (Johannes), 393.
ULMIS (Guido de), 405.
— (Sacerdos de), 303.

ULRICUS, archidiaconus, 118.
ULRICUS, falconarius, 141.
— DE MUSTREOLO, 423.
ULTROGOTIS, regina, 7.
UMBERTUS, p. 118.

UNCINAS (Vicus qui dicitur) (*Ursines, lieu détruit, Seine-et-Oise, commune de Vélizy, canton de Versailles*), 138.
UNDRESIACO (Odo de), 210.

TABLE ALPHABÉTIQUE DES MATIERES. 531

Undresiacum, 90, 387. — Vide Andresiacum.
Ungerus, 300. — Vide Hungerius.
Universitas Parisiensis, 34. — Vide Parisius, scholæ.
Unvillers, 243.
Urbanus II, pontifex maximus, 139, 142, 143, 208. — S. Martini de Campis bona et privilegia confirmat, 142.
Urbanus, puer, 223, 226.
Urbanus, subdiaconus, canonicus Parisiensis, 298, 301.
Uriacum, villa (*Ury, Seine-et-Marne,* canton de la Chapelle-la-Reine), 188.
Urricus Trussevache, 328.
Ursa, filia Alderici, 11.
Ursellus, pater Nicholai, 166.
Ursicampus (*Ourscamps, Oise, c^{on} de Ribécourt*), 399. —Abbas, vide Odo.
Ursinus, referendarius, 10.
Ursio, diaconus, canonicus S. Genovefæ, 176.
—— episcopus Silvanectensis, 136.
—— filius Galterii camerarii, 459.
—— prior S. Martini de Campis, 142, 143, 147; idem forte, 134.
—— Charta ejus de vinearum commutatione cum Herluino, Alardi filio, 147.
Ursio, testis, 145.
—— vicecomes Meledunensis, 127.
Urso, 142. — Vide Ursio.
—— subdiaconus, 118.
Ursonis Villa (*Orsonville, Seine-et-Oise, c^{on} de Dourdan*), 143, 207.
Usta sylva (*forêt d'Otte*), 48.
Usuardus, monachus S. Germani de Pratis, 53.
—— testis, 71.

V

Vaccas (Robertus ad), 480.
Vadus Petrosus, 115. — Vide Petrosus Vadus.
Valedronis, 48.
Valentia (*Valence, Drôme*), 243.
Valentianus, notarius, 5.
Valenton (Hugo de), 154.
Valle Villaris (Ecclesia de), 143.
Vallis Gaudii, 279, 300, 474.
—— Petrosus, villa, 100. — Cf. Petrosus Vadus.
Vamvæ, 429. — Vide Vanvæ.
Vandamlarus, testis, 17.
Vandremirus bona nonnulla ecclesiis Parisiensibus confert, 17-19.
Vanvæ (*Vanves, Seine, c^{on} de Sceaux*), 424; Vamvæ, 429; Venva, 99. — Major, vide Galterus.
Varnacharius, testis, 17.
Vaus (Terra de), 463.
Veautrus (Bucardus), 399; Veltro, 401.
Veltro (Bucardus), 401; Veautrus, 399.
Venua, 99. — Lege Venva et vide Vanvæ.
Ver (Albertus de), 300, 475.
—— (Symon de), 280.
Verberia (*Verberie, Oise, c^{on} de Pont-Sainte-Maxence*), 24, 32, 76.
Vern, 39. — Vide Ver.
Vernoi, 387. — Vide Vernou.
Vernoilium, 99. — Vide Vernoilum.
Vernoilum in pago Carnotensi, (*Vernouillet, Seine-et-Oise, c^{on} de Poissy*), 88, 99, 107, 197. — Ecclesia S. Stephani, 88, 99, 197. — Capella S. Hilarii, 88, 99.
Vernolium, 88, 99. —Vide Vernoilum.
Vernon castrum (*Vernon, Eure, ch.-l. de c^{on}*), 176.
Vernou, 90, 93; Vernoi, 387; Vernum, 71 (*Vernon, Seine-et-Marne, c^{on} de Moret*).
Vernum, 71. — Vide Vernou.
Versaleis (Teboudus de), 479.
Versalle (*Versailles, Seine-et-Oise*), 138; — ecclesia S. Juliani, 138.
Vertunum (*Verton, Pas-de-Calais, c^{on} de Montreuil-sur-Mer*), 208.
Veruli (*Veroli, Italie*), 406.
Veteres Stampæ, 188.
Viatres (Petrus le), 336.
Vicena (Frater Bernardus de), 418.
Vicenna (*Vincennes, Seine, ch.-l. de c^{on}*), 90. — Fratres Vicennæ, 442, 460. — Boni homines de Grandimonte, 129, 352. — Nemus Vicennæ, 352; silva Vulcenia, 254, 261.
Victriacum, 207, 369. — Vide Vitriacum.
Victricius, episcopus, 7.
Vicus Novus (*Vigneux, Seine-et-Oise, c^{on} de Boissy-Saint-Léger*), 280, 283, 300, 474.
Viel (Vinea de), 302.
Vigenna fluvius (*l'Orge, riv.*), 99.
Vilcena, 90. — Vide Vicenna.
—— (Adam de), 451.
Vilcena (Archidiaconus de), 234. — Vide Theobaldus.
Vilers (*Villiers-le-Bel, Seine-et-Oise, c^{on} d'Écouen*), 279, 300, 474.
—— (Herbertus de), 141.
Villaflix (Garinus de), 405.
—— (Huduinus de), 405.
Villaflo (Balduinus de), 225.
Villa Judea (*Villejuif, Seine, ch.-l. de c^{on}*), 207, 353.
Villana, cognomen Freesemdis ancillæ, 424.
Villanova, 71.
—— 364.
Villanova (*Villeneuve-le-Roi, Seine-et-Oise, c^{on} de Longjumeau*), 186.
—— (*Villeneuve-St-Georges, Seine-et-Marne, c^{on} de Boissy-Saint-Léger*), 84, 117; —altare S. Georgii, 117; — granchia, 442.
Villanova (*Villeneuve-sous-Dammartin, Seine-et-Marne, c^{on} de Dammartin*), 221.
—— (Paganus de), 148.
—— (Petrus de), 383. — Cf. Petrus de Villanova.
Villaperor (Walerannus de), 166.
Villaperosa, 381. — Vide Villa Pirorum.
Villa Pirorum (*Villepreux, Seine-et-Oise*), 138; Villaperosa, 381. — Ecclesia S. Germani, 138.
Villars, in pago Oxminsi, 18.
—— mansus (*Villiers-sur-Orge, Seine-et-Oise, c^{on} de Longjumeau ?*), 86.
Villaris (Thebaldus de), 185.
Villaris cella (*la Celle-Saint-Cloud, Seine-et-Oise, c^{on} de Marly-le-Roi*), 48.
—— prædium, 98.
Villicasinus pagus (*le Vexin*), 18.
Vinnezol (Adam de), 224.
Viri (Theobaldus de), 412.
Viriacum (*Viry, Seine-et-Oise, c^{on} de Boissy-Saint-Léger*), 90, 93, 387.
Viscena sylva, 129. — Vide Vicenna.
Vitalis, decanus Mosiaci, 362.
—— pater Hilderici, 329.
—— piscator, 403.
—— piscium venditor, 339.
—— testis, 132.
—— testis, 150.
Vitreolum, 353.
Vitri, 353. — Vide Vitriacum.
—— (Landricus de), 408.
—— (Milo de), 408.
—— (Theoinus de), 408.
Vitriachum, 301. — Vide Vitriacum.
Vitriaco (Drogo de), 331.
—— (Ferricus de), 329.
—— (Gunterus de), 331.
—— (Herruardus de), major S. Marcelli, 331.

VITRIACUM (*Vitry, Seine, c^on de Ville-juif*), 207, 301, 353, 369, 411, 475, 477. — Ecclesia SS. Gervasii et Protasii, 353.
VITRY (Stephanus de), 211.
VIVARIAS, 86.
VOIZELINUS, capellanus, 124.
VOV.E (*Voves, Seine-et-Marne, c^n de Damnarie, c^on de Melun*), 207.
VULCENIA, vide VICENNA.
VULFARDUS, notarius, 70.
—— testis, 82.
VULFARIUS, fidelis Pippini regis, 27.
VULFOLENUS, episcopus Bituricensis, 14, 17.
VULGRINUS, acolythus, 118.
—— archidiaconus Parisiensis, 144, 145, 146, 154.
—— cancellarius ecclesiæ Parisiensis, 132, 139.
—— canonicus Parisiensis, 148.
—— testis, 145.
—— testis, 479.

W

WABEN (*Waben, Pas-de-Calais, c^on de Montreuil-sur-Mer*), 208.
WABUNIACAS, 18.
WADEMIRIS, testator, 20.
WADO, testis, 71.
WALBERTUS, testis, 39.
WALCHERIUS, frater Theobaldi de Castello Forti, 148.
—— testis, 125.
—— testis, 149.
—— testis, 150.
WALDERIUS, miles, 132.
—— testis, 40, n.
WALDO, sacerdos, 82.
—— testis, 40, n.
WALDRADA, 53.
WALDRICUS, monachus S. Germani de Pratis, 53.
—— testis, 150.
WALECARIUS, monachus S. Germani de Pratis, 53.
WALEFREDUS, monachus S. Germani de Pratis, 53.
WALERANNUS, 84, 118, 127, 132, 137, 138, 150, 152, 166, 175, 281, 307, 333. — Vide GUALERANNUS.
WALERNUS, testis, 84.
WALO, 141, 182, 196. — Vide GALO.
WALTERIUS, 82, 118, 130, 132, 137, 141, 147, 149, 150, 151, 166, 201, 224, 348. — Vide GALTERIUS.
WALTERUS, 84, 124, 127, 134, 138, 139, 148, 281, 437. — Vide GALTERIUS.
WALTHARIUS, fidelis Pippini regis, 27.
WANDBEARDUS, monachus S. Germani de Pratis, 53.
WANDREMARUS, abbas, 18.
WANINGUS, monachus S. Germani de Pratis, 53.
WARAGULFUS, monachus S. Germani de Pratis, 53.
WARENIOTH, 347.
WARENNA (Hugo de), 141.
WARENNIS (Paganus de), 477.
WARIMBERTUS, monachus S. Germani de Pratis, 53.
WARINUS, 53, 97, 104, 118, 123, 127, 136, 137, 141, 147, 151, 201. — Vide GARINUS.
WARLANDA, 175. — Vide GARLANDA.
WARMUNDUS, 104. — Vide GERMUNDUS.
WARNARIUS, monachus S. Germani de Pratis, 53.
WARNERIUS, 118, 127, 132, 166, 246. — Vide GARNERIUS.
WARNINGA, 72.
WARTLLUS, testis, 149.
WASIRINGUS, 71.
WASTIO DE PISSIACO, constabularius, 164.
WASZO BAEZ, 201.
—— DE TOROTA, 149.
WEDELA, 307.
WELMUNDUS, 348. — Vide GERMUNDUS.
WERRICUS, 150, 166. — Vide GUERRICUS.
WIARDUS, 141, 166. — Vide GUIARDUS.
WIDELINUS, 171. — Vide GISELLINUS.
WIBURGIS, filia Henrici Morelli, 423.
WICBERTUS, comes palatii, 27, 29.
WICHARDUS, monachus S. Germani de Pratis, 53.
WICPERTUS, monachus S. Germani de Pratis, 53.
WICUS, 33.
WIDERICUS, 54.
WIDDO, 211. — Vide GUIDO, camerarius.
WIDO, 29, 53, 108, 118, 124, 134, 136, 141, 150, 164, 166, 175, 176, 178, 182, 183, 186, 189, 191, 194, 201, 281, 307, 327, 405. — Vide GUIDO.
WILADUS, episcopus Constantiensis, 36, 50, 51.
WILELMUS, 273, 307. — Vide GUILLELMUS.
WILLEHADIS, 53.
WILLELMUS, *passim*. — Vide GUILLELMUS.
WILLERMUS, 358. — Vide GUILLELMUS.
WIMERUS, 150. — Vide GUIMERUS.
WINEBALDUS, 132. — Vide GUINEBALDUS.
WINEBOLDUS, 72. — Vide GUINEBALDUS.
WINELINDIS, uxor Idilberti, 82.
WINELO, 54.
WINERANNUS, 148, 150, 168, 169. — Vide GUINERANNUS.
WIZELINUS, 5.
—— capellanus, 124.
WULFARIUS, monachus S. Germani de Pratis, 53.
WULGRINUS, 154. — Vide VULGRINUS.
WUILLELMUS, 276. — Vide GUILLELMUS.
WULMUNDUS, 348. — Vide GERMUNDUS.

Y

YLARIUS, 104. — Vide HILARIUS.
YMBERTUS, 84, 124, 445. — Vide IMBERTUS.
YSEMBARDUS, filius Henrici Morelli, 423.
YSIACA potestas, vide ISSIACUS.
YSSIACO (Guido de), 399.
YVO, 124, 126, 165, 244, 363, 450. — Vide IVO.

Z

ZAMORENSIS episcopus, vide STEPHANUS.

TABLE CHRONOLOGIQUE [1].

Pages.

1. — 528, janvier. — Donation par Childebert Ier, à l'église de Paris, de divers domaines situés en Provence et dans le pays de Melun......................... 1

2. — 528, 6 décembre. — Fondation de l'abbaye de Saint-Vincent-et-Sainte-Croix par Childebert Ier... 3

3. — 566, 21 août. — Exemption de la juridiction épiscopale accordée par saint Germain, évêque de Paris, à l'abbaye de Saint-Vincent-et-Sainte-Croix............ 5

*4. — 615, 27 mars. — Extrait du testament de Bertran, évêque du Mans, contenant une donation en faveur de l'église Saint-Germain de Paris................. 8

5. — 625, juin ou juillet. — Confirmation par Clotaire II d'une donation, faite à l'abbaye de Saint-Denis, d'un terrain situé dans Paris....................... 9

6. — Vers 627. — Confirmation par Clotaire II d'un testament fait par un marchand nommé Jean en faveur de l'abbaye de Saint-Denis....................... 9

*7. — 629, 30 juillet. — Fondation par Dagobert Ier d'un marché sur le chemin de Saint-Denis à Paris... 10

*8. — 631-632, 29 juillet. — Immunité accordée par Dagobert Ier à l'abbaye de Saint-Denis dans un concile tenu à Paris...................................... 11

*9. — 635 environ. — Dagobert Ier fait donation, par testament, de plusieurs villas à diverses églises de Paris.. 11

10. — 652, 1er juillet. — Charte d'immunité accordée à l'abbaye de Saint-Denis par Landry, évêque de Paris.. 12

11. — 653, 22 juin. — Confirmation par Clovis II de la charte d'immunité accordée à l'abbaye de Saint-Denis par Landry, évêque de Paris...................... 15

12. — 690. — Donations faites par Vandemir et sa femme Ercamberte à diverses églises de Paris. 17

*13. — 697, 6 avril. — Fondation à Limours, par Gamon et Adalgude, d'un monastère de femmes soumis à l'abbaye de Saint-Germain-des-Prés....................... 20

*14. — 700 environ. — Legs faits à diverses églises de Paris par une dame nommée Ermenthrude. 21

*15. — 703, 25 février. — Jugement de Childebert III confirmant la donation, faite par Gamon et Adalgude, du monastère de Limours à l'abbaye de Saint-Germain-des-Prés. 22

16. — 710, 13 décembre. — Jugement rendu par Childebert III en faveur de l'abbaye de Saint-Denis contre Grimoald, comte de Paris, au sujet des droits à percevoir, à Paris et dans le Parisis, sur les marchands qui venaient à la foire de Saint-Denis.. 22

17. — 717, 28 février. — Donation par Chilpéric II, à l'abbaye de Saint-Denis, de la forêt de Rouvray et du domaine de Clichy, où habitait le garde de la forêt......... 24

*18. — 717, 24 avril. — Confirmation par Chilpéric II des privilèges de l'abbaye de Saint-Maur-des-Fossés.. 25

---

[1] L'astérisque indique les pièces que nous n'avons pas données *in extenso*.

*19. — 730 environ. — Confirmation par Thierry III d'une donation de divers biens faite par Gautier et sa femme Goda à l'abbaye de Saint-Germain-des-Prés.......... 25

20. — 753, 8 juillet. — Confirmation par Pépin le Bref de l'abandon fait à l'abbaye de Saint-Denis, par les rois ses prédécesseurs, des droits du fisc dans tout le Parisis sur les marchands qui venaient à la foire de Saint-Denis.................. 26

21. — 759, 28 octobre. — Jugement de Pépin le Bref maintenant les droits de l'abbaye de Saint-Denis sur le marché de Saint-Denis, contrairement aux prétentions de Gérard, comte de Paris... 28

22. — 772, 20 octobre. — Confirmation par Charlemagne de l'immunité accordée par ses prédécesseurs à l'abbaye de Saint-Germain-des-Prés..................... 29

*23. — 775, 28 juillet. — Jugement de Charlemagne adjugeant à l'abbaye de Saint-Denis le monastère de Plaisir en Pincerais, dont la propriété était contestée par Herchenrad, évêque de Paris.. 31

24. — Avant 775, novembre. — Confirmation, accordée par Charlemagne à l'abbaye de Saint-Denis, du droit de percevoir à Paris et dans l'Île-de-France tous les droits de péage sur les marchandises apportées à la foire de Saint-Denis........... 32

25. — 779, 27 mars. — Confirmation par Charlemagne de l'exemption de droits de péage accordée à l'abbaye de Saint-Germain-des-Prés par le roi Pépin............ 33

*26. — 790 environ. — Diplôme de Charlemagne établissant l'Université de Paris........ 34

27. — 795 environ. — Confirmation par Charlemagne des biens et privilèges de l'église de Paris.. 34

*28. — 803. — Capitulaire édité à Paris par Charlemagne et contenant des additions à la loi salique.. 36

29. — 811. — Donation faite par le comte Étienne et Amaltrude, sa femme, à Inchade, évêque de Paris, des biens qu'ils possédaient à Sucy, Noiseau, Boissy, etc........ 37

30. — 814, 9 septembre. — Confirmation par Louis le Pieux de l'exemption de droits de péage accordée par Charlemagne à l'église de Paris....................... 40

31. — 819, 26 février. — Confirmation par Louis le Pieux des privilèges de l'abbaye de Saint-Germain-des-Prés... 41

32. — 820, 19 octobre. — Diplôme par lequel Louis le Pieux confirme les biens et privilèges de l'église de Paris, et exempte de la juridiction royale certain territoire voisin de Saint-Germain-l'Auxerrois....................................... 43

33. — 820, 29 octobre. — Confirmation par Louis le Pieux de tous les biens et possessions de l'église de Paris... 45

34. — 829, 13 janvier. — Confirmation, par les empereurs Louis le Pieux et Lothaire, du partage des biens de l'abbaye de Saint-Germain-des-Prés fait par l'abbé Hilduin.. 47

35. — 829, juin. — Règlement fait par l'évêque Inchade pour le partage des biens de l'église de Paris entre l'évêque et le chapitre............................ 49

36. — 842 environ. — Association de prières entre les moines de Saint-Germain-des-Prés, de Saint-Denis et de Saint-Rémy de Reims............................. 52

37. — 842 environ. — Confirmation par Charles le Chauve des privilèges accordés par Charlemagne et Louis le Pieux à l'abbaye de Saint-Germain-des-Prés........... 54

38. — 845, 26 juin. — Diplôme par lequel Charles le Chauve défend d'exiger des présents des serves de l'abbaye de Saint-Germain-des-Prés, lorsqu'elles se marient...... 56

*39. — 846, 7 août. — Exemption, accordée par Charles le Chauve à l'abbaye de Saint-Germain-des-Prés, de tous les péages sur les denrées transportées pour cette abbaye sur la Seine, la Marne, l'Yonne, l'Oise et l'Aisne...................... 57

TABLE CHRONOLOGIQUE. 535

*40. — 850, 19 avril. — Confirmation par Charles le Chauve du partage de biens fait par l'évêque Inchade entre l'évêque de Paris et le chapitre de Notre-Dame............. 58

*41. — 855, 26 février. — Diplôme de Charles le Chauve en faveur de l'abbaye de Saint-Sulpice de Bourges... 58

42. — 856. — Lettre du clergé de Paris à Guenilon, archevêque de Sens, et à ses suffragants, leur annonçant l'élection de l'évêque Énée et leur demandant de confirmer cette élection... 58

43. — 856. — Réponse de Guenilon, archevêque de Sens, et de ses suffragants au clergé de Paris, approuvant l'élection de l'évêque Énée........................... 59

44. — 860, 25 avril. — Confirmation par Charles le Chauve de l'immunité accordée par Dagobert Ier à l'abbaye de Saint-Denis.................................... 60

45. — 861, 14 juillet. — Diplôme de Charles le Chauve concédant à Énée, évêque de Paris, le Grand Pont nouvellement bâti sur le territoire de Saint-Germain-l'Auxerrois. 62

*46. — 864, 25 juin. — Article de l'édit de Pistes maintenant un atelier monétaire à Paris..... 63

47. — 867, 22 avril. — Restitution par Charles le Chauve à Énée, évêque de Paris, d'une île située près de l'église de Notre-Dame, et dont jouissaient les comtes de Paris. 64

48. — 868. — Concession par Énée, évêque de Paris, à l'abbaye de Saint-Maur-des-Fossés, d'une prébende dans l'église de Paris.. 65

49. — 871, 12 mai. — Donation, faite par Charles le Chauve à l'église de Paris, de l'abbaye de Saint-Éloi... 66

*50. — 872, 20 avril. — Confirmation par Charles le Chauve du partage des biens de l'abbaye de Saint-Germain-des-Prés fait par l'abbé Gozlin.......................... 68

51. — 878, 2 avril. — Diplôme par lequel Louis le Bègue confirme les droits de l'église de Paris sur l'abbaye de Saint-Éloi, et attribue les revenus de la villa de Gentilly au luminaire de ladite église... 69

52. — Avant 888. — Donation par Eudes, comte de Paris, à l'église Notre-Dame, de divers biens et rentes à Fontenay, Charenton, etc... 70

*53. — 894, 2 mai. — Donation par le roi Eudes, à l'abbaye de Saint-Denis, d'un manse dépendant du domaine royal de Sarcelles, de deux moulins sur le Rhône et sur le Crould, et de deux terrains situés dans Paris.................................. 71

54. — Fin du IXe siècle. — Notice des terrains possédés par l'abbaye de Saint-Maur-des-Fossés dans la ville de Paris.. 72

55. — 900, 24 avril. — Confirmation par Charles le Simple d'une donation de quinze manses situés à Créteil, faite par Grimoald, vicomte de Paris, à l'église Saint-Christophe... 75

56. — 903, 25 avril. — Confirmation par Charles le Simple des privilèges de l'abbaye de Saint-Germain-des-Prés... 77

*57. — 907, 21 mai. — Donation, par Charles le Simple, à l'église de Paris, de l'abbaye de Saint-Pierre de Rebais, pour aider l'évêque Anschericus à réparer les ruines causées par les Normands.. 78

58. — 909, 16 septembre. — Confirmation par Charles le Simple de la donation, faite à l'église de Paris par Charles le Chauve, du Grand Pont et des places et moulins qui en dépendaient.. 79

59. — 911, 17 juin. — Confirmation par Charles le Simple de l'immunité accordée par Charlemagne au cloître de Notre-Dame.................................... 80

60. — 914, 25 février. — Concession d'un moulin, par Abbon et les religieux de Saint-Germain-des-Prés, à Idilbert, à sa femme Winelinde et à leurs enfants............ 82

61. — 918, 9 octobre. — Confirmation par Charles le Simple d'une restitution de quinze manses faite par Théodulf, évêque de Paris, à l'église Saint-Marcel 83

62. — 925, 23 août. — Donation par Teudo, vicomte de Paris, au monastère de Saint-Maur-des-Fossés, d'un terrain situé dans Paris............................... 84

63. — 936, 1ᵉʳ février. — Confirmation par Louis d'Outre-mer de l'immunité accordée à l'église Saint-Merry par ses prédécesseurs................................ 86

64. — 980 environ. — Confirmation par les rois Lothaire et Louis de la fondation de l'abbaye de Saint-Magloire..................................... 87

65. — 980, 30 décembre. — Confirmation par le pape Benoît VII des biens et privilèges de l'église de Paris..................................... 89

66. — 982 environ. — Confirmation par les rois Lothaire et Louis de tous les biens et privilèges de l'église de Paris..................................... 92

67. — 987 environ. — Confirmation par Hugues Capet de tous les biens et privilèges des églises.. 94

*68. — 989, 20 juin. — Donation par Hugues Capet, à l'abbaye de Saint-Maur-des-Fossés, d'un manse sis au lieu de Maisons................................. 95

*69. — 992, 31 mars. — Acensement par Renaud, évêque de Paris, au profit d'une femme nommée Ode, d'une terre dépendant du domaine d'Andresy.................. 96

70. — 995, 25 mars. — Donation à l'abbaye de Marmoutier, par Renaud, évêque de Paris, d'une terre voisine de l'église Sainte-Geneviève........................ 96

*71. — 994 ou 995. — Confirmation par les rois Hugues et Robert de l'acte de fondation du monastère de Bourgueil..................................... 97

72. — 997 ou 999 environ. — Confirmation par le roi Robert des biens et privilèges de l'abbaye de Saint-Magloire..................................... 98

73. — 997 ou 998. — Donation par le roi Robert, à l'abbaye de Saint-Magloire, de divers biens situés à Guipereux et à Méré................................. 100

74. — 1005 environ. — Concession par Renaud, évêque de Paris, aux chanoines de Notre-Dame, de l'autel de Saint-Merry..................................... 101

75. — 1006, 30 avril. — Confirmation par Renaud, évêque de Paris, de la donation d'une prébende dans l'église de Paris, faite par son prédécesseur, Énée, à l'abbaye de Saint-Maur-des-Fossés..................................... 103

76. — 1006, 3 décembre. — Confirmation par le pape Jean XVIII de l'abandon au chapitre de Paris, par l'évêque Renaud, de tous droits sur l'hôpital Saint-Christophe.... 105

77. — 1007, 1ᵉʳ janvier. — Renonciation par le roi Robert, en faveur de l'abbaye de Saint-Magloire, à tous ses droits sur le village de Charonne........................ 107

*78. — 1008, 25 janvier. — Confirmation par le roi Robert de l'immunité accordée par ses prédécesseurs à l'abbaye de Saint-Denis........................... 107

79. — 1010 environ. — Confirmation par le roi Robert des privilèges et possessions du chapitre de Sainte-Geneviève..................................... 109

80. — 1014, 11 novembre. — Confirmation par le roi Robert d'une donation, faite au chapitre de Saint-Denis-de-la-Châtre, de sept manses et demi à Fourches en Parisis..................................... 110

*81. — 1014 environ. — Confirmation par le roi Robert de la donation du village de Limoges-en-Brie, faite au chapitre de Saint-Denis-de-la-Châtre par Ansoldus et sa femme Retrudis..................................... 111

82. — 1020 environ. — Lettre de Fulbert, évêque de Chartres, au roi Robert, au sujet de l'élection de Franco à l'évêché de Paris............................. 111

83. — 1020 environ. — Lettre de Fulbert, évêque de Chartres, au sujet de l'abdication d'Azelin, évêque de Paris, et de l'élection de Franco..................... 112

TABLE CHRONOLOGIQUE.   537

*84. — 1026 environ. — Lettre de Fulbert, évêque de Chartres, à Franco, évêque de Paris, au sujet de l'archidiacre Lisiard.................................... 113

*85. — 1026 environ. — Lettre de Leuthéric, archevêque de Sens, et de Fulbert, évêque de Chartres, invitant le clergé parisien à rompre avec l'archidiacre Lisiard..... 114

86. — 1033. — Confirmation par Henri Ier des donations faites à l'abbaye de Saint-Magloire par un nommé Aubry... 114

87. — 1033 environ. — Confirmation par Henri Ier des biens de l'abbaye de Saint-Magloire... 115

*88. — 1035. — Charte par laquelle Henri Ier prend sous sa protection l'abbaye de Sainte-Geneviève.. 116

*89. — 1041, 10 mai. — Confirmation par le roi Henri Ier d'une donation, faite à l'église Notre-Dame de Senlis, d'une chapelle située dans la villa nommée Ève........... 117

*90. — 1043, 20 mai. — Jugement rendu par le roi Henri Ier en faveur de l'abbaye de Saint-Maur-des-Fossés contre un chevalier nommé Nivard................... 117

*91. — 1045, octobre. — Donation par l'évêque Imbert, à l'abbaye de Saint-Germain-des-Prés, de l'autel de Saint-Georges, dans la villa épiscopale de Villeneuve......... 117

*92. — 1045 environ. — Concession par le roi Henri Ier, à l'église de Paris, du monastère de Saint-Germain-en-Laye et de l'église Sainte-Marine en la Cité............. 118

93. — 1045 environ. — Confirmation par le roi Henri Ier d'une donation de trois arpents de vignes faite par une femme nommée Reine à l'église Saint-Magloire........ 119

94. — 1045 environ. — Donation par le roi Henri Ier, à l'église de Paris, des églises Saint-Étienne, Saint-Julien, Saint-Séverin et Saint-Bacchus..................... 120

95. — 1058. — Autorisation, accordée par Henri Ier aux serfs de l'abbaye de Saint-Germain-des-Prés, de porter témoignage en justice contre les hommes libres........... 121

96. — 1060. — Fondation, par Henri Ier, du prieuré de Saint-Martin-des-Champs.......... 122

97. — 1060 environ. — Abandon par un nommé Milon des droits qu'il prétendait avoir sur une terre donnée par Henri Ier à Saint-Martin-des-Champs................. 125

98. — 1067, 29 mai. — Confirmation par Philippe Ier des possessions de l'église Saint-Martin-des-Champs... 125

99. — 1070, 5 mai. — Donation par le roi Philippe Ier, au monastère de Saint-Martin-des-Champs, d'un moulin sur le Grand Pont........................... 127

*100. — 1072. — Confirmation par le roi Philippe Ier de la donation, faite par Simon de Montfort à l'abbaye de Saint-Magloire, des églises Saint-Pierre et Saint-Laurent de Montfort.. 129

101. — 1075. — Concession par le roi Philippe Ier, à l'abbaye de Saint-Magloire, du droit de prendre deux charges d'âne dans le bois de Vincennes................. 129

102. — 1079. — Donation à l'abbaye de Cluny, par le roi Philippe Ier, du monastère de Saint-Martin-des-Champs... 130

103. — 1080 environ. — Notice spécifiant les devoirs du monastère de Saint-Martin-des-Champs envers l'église de Paris....................................... 131

104. — 1083-1092. — Jugement de Geoffroi, évêque de Paris, confirmant à l'abbaye de Saint-Magloire la propriété d'un gourd voisin du lieu de Milpas.............. 131

105. — 1084, 18 mars. — Donation aux religieux de Marmoutier, par Payen et Gui, de l'église Notre-Dame-des-Champs....................................... 132

*106. — 1085 environ. — Accord par lequel un nommé Payen donne aux moines de Marmoutier, résidant à Paris, trois arpents de vignes situés dans Paris et divers autres biens, en échange d'une terre qui leur avait été donnée par son frère Geoffroi et que revendiquait la femme dudit Geoffroi........................... 133

Cartul. — I.   68

538   CARTULAIRE GÉNÉRAL DE PARIS.

107. — 1086 environ. — Lettre de saint Anselme au sujet d'un religieux de Saint-Pierre-sur-Dive qui habitait à Saint-Magloire sans permission de son abbé........... 133

*108. — 1092. — Confirmation par Philippe Ier, dans un synode tenu à Paris, des privilèges du chapitre de Saint-Corneille de Compiègne......................... 134

109. — 1093, 14 février. — Donation par Philippe Ier, à l'abbaye de Marmoutier, de la chapelle Saint-Magloire, située près du Palais............................. 135

110. — 1093, novembre. — Donation au prieuré de Saint-Martin-des-Champs, par Gausbert et Rohard, son frère, d'une terre sise à Pontiblon....................... 136

*111. — 1093 environ. — Lettre de saint Anselme, archevêque de Cantorbéry, à Geoffroi, évêque de Paris, pour le dissuader d'empêcher Galeran, chantre de l'église de Paris, qui s'était retiré au monastère de Saint-Martin-des-Champs, d'embrasser la vie religieuse 137

*112. — 1093 environ. — Lettre de saint Anselme à Galeran, chantre de l'église de Paris, l'engageant à persister dans son projet d'embrasser la vie religieuse............ 137

113. — 1094. — Donation à l'abbaye de Marmoutier, par Geoffroi, évêque de Paris, des chapelles de Notre-Dame-des-Champs, de Saint-Julien de Versailles, etc........... 138

114. — 1095. — Lettre d'Yves de Chartres au pape Urbain II, lui annonçant l'élection de Guillaume de Chartres à l'évêché de Paris............................... 139

*115. — 1096. — Lettre d'Yves de Chartres à Richer, archevêque de Sens, au sujet de l'élection de Guillaume de Chartres à l'évêché de Paris......................... 140

116. — 1096. — Donation de l'église de Montmartre au prieuré de Saint-Martin-des-Champs par Gautier Payen et sa femme Hodierne................................ 141

117. — 1096 environ. — Acensement des oblations de l'église de Montmartre à un laïque nommé Bernard.. 142

118. — 1096, 14 juillet. — Bulle du pape Urbain II plaçant sous la protection du Saint-Siège le prieuré de Saint-Martin-des-Champs.................................. 142

119. — 1097. — Donation au chapitre de Notre-Dame par Guillaume, évêque de Paris, de l'église Saint-Christophe en la Cité................................... 144

*120. — 1097. — Concession par Guillaume, évêque de Paris, aux chanoines de Saint-Germain-l'Auxerrois, d'une prébende dans l'église Notre-Dame.................. 145

121. — 1098. — Donation par Guillaume, évêque de Paris, au prieuré de Saint-Martin-des-Champs, des autels de Montmartre, Pantin, etc.......................... 145

122. — 1099, 31 mars. — Échange de vignes entre le prieuré de Saint-Martin-des-Champs et Horluin, fils d'Alard.. 147

123. — Fin du XIe siècle. — Accord suivi d'échange entre un nommé Payen et les religieux de Notre-Dame-des-Champs, au sujet d'une donation faite à cette église par Geoffroi, frère dudit Payen..................................... 148

124. — Fin du XIe siècle. — Acensement par Isambard, abbé de Saint-Germain-des-Prés, d'une terre située au delà du Grand Pont, à Paris.................... 149

125. — Fin du XIe siècle. — Vente par un nommé Galeran, au prieuré de Saint-Martin-des-Champs, de deux arpents de terre situés près de ce monastère........... 150

126. — Fin du XIe siècle. — Donation par Guerry, neveu d'Audigier de Grève, au prieuré de Saint-Martin-des-Champs, de quatre arpents de vignes..................... 150

127. — Fin du XIe siècle. — Échange de vignes entre le prieuré de Saint-Martin-des-Champs et Guérin des Champs.. 151

*128. — 1100 environ. — Lettre d'Yves, évêque de Chartres, à Foulques, doyen du chapitre de Paris, au sujet de deux sentences d'excommunication prononcées par lui et que l'église de Paris n'avait pas observées............................ 151

TABLE CHRONOLOGIQUE. 539

129. — 1101, 24 février. — Donation au chapitre de Notre-Dame, par le roi Philippe Ier, d'une serve nommée Hildegarde.. 152

130. — 1102. — Donation par Avoie, abbesse de Saint-Éloi, à Renaud, abbé de Morigny, du lieu de Maisons.. 153

131. — 1103. — Lettre d'Yves, évêque de Chartres, aux archidiacres de Paris Vulgrin et Étienne, au sujet de l'élection du doyen Foulques à l'évêché de Paris............. 154

*132. — 1103. — Lettre d'Yves, évêque de Chartres, à Daimbert, archevêque de Sens, sur l'appel formé par les Parisiens au sujet de l'élection du doyen Foulques à l'évêché de Paris.. 155

*133. — 1103. — Lettre du pape Pascal II à Daimbert, archevêque de Sens, au sujet de l'élection du doyen Foulques à l'évêché de Paris.. 155

134. — 1103, 6 avril. — Lettre du pape Pascal II au clergé de Paris, pour lui recommander l'évêque Foulques.. 156

*135. — 1103 ou 1104. — Lettre du chapitre de l'église de Paris au pape Pascal II, pour le remercier d'avoir nommé Foulques évêque de Paris................................ 157

136. — 1104, 2 décembre. — Lettre de Lambert, évêque d'Arras, au pape Pascal II, touchant un synode tenu à Paris... 157

137. — 1104. — Lettre d'Yves, évêque de Chartres, à Daimbert, archevêque de Sens, pour l'engager à approuver l'élection de Galon à l'évêché de Paris................... 158

*138. — 1104. — Lettre d'Yves, évêque de Chartres, au pape Pascal II, au sujet de la translation de l'évêque de Beauvais, Galon, à l'évêché de Paris............................ 159

*139. — 1105 environ. — Défense faite par Philippe Ier de bâtir des maisons autour du cloître de Notre-Dame... 160

*140. — 1107, 1er avril. — Bulle du pape Pascal II confirmant, à la requête de l'abbé Renaud, tous les biens et privilèges de l'abbaye de Saint-Germain-des-Prés......... 160

*141. — 1107, 30 avril. — Confirmation par le pape Pascal II des biens du monastère de Saint-Martin-des-Champs... 160

*142. — 1107, 13 mai. — Confirmation par le pape Pascal II des biens et privilèges de l'abbaye de Sainte-Geneviève... 160

143. — 1107. — Réformation du monastère de Saint-Éloi par Galon, évêque de Paris........ 161

144. — 1107, avant le 29 août. — Confirmation par le roi Philippe Ier de la réforme du monastère de Saint-Éloi... 163

145. — 1107. — Exemption de juridiction accordée aux serviteurs des chanoines de Sainte-Geneviève par Galon, évêque de Paris.. 164

146. — 1108 environ. — Donation au prieuré de Saint-Martin-des-Champs, par Raoul le Délié, à l'occasion de l'enterrement de sa femme dans ce monastère................ 165

147. — 1108. — Legs au chapitre de Notre-Dame, par l'archidiacre Étienne de Garlande, d'une maison dans le cloître.. 166

148. — 1108. — Donation au chapitre de Notre-Dame, par l'archidiacre Guillaume, de la part qu'il possédait dans l'église Saint-Gervais de Paris et dans celles de Gonesse et d'Herblay... 167

149. — 1108. — Confirmation par l'évêque Galon du droit qu'avait le chapitre de Saint-Germain-l'Auxerrois de nommer aux prébendes de Sainte-Opportune.............. 168

150. — 1108. — Autorisation, accordée par Louis VI aux serfs de Notre-Dame, de témoigner en justice et de figurer dans les combats judiciaires contre les hommes libres.. 169

151. — 1108 environ. — Envoi au chapitre de Notre-Dame par Ansel, chantre de l'église du Saint-Sépulcre, d'une croix faite avec le bois de la vraie croix............... 171

152. — 1108 environ. — Lettre d'Ansel, chantre de l'église du Saint-Sépulcre, confirmant l'envoi au chapitre de Notre-Dame d'un fragment de la vraie croix et annonçant l'envoi d'une croix faite avec la pierre du saint sépulcre 172

153. — 1109 environ. — Institution par Conon, évêque de Palestrina, d'une fête annuelle pour célébrer le jour où un fragment de la vraie croix fut apporté à Paris 173

154. — 1109. — Autorisation, donnée par Louis VI aux serfs de l'abbaye de Sainte-Geneviève, d'être entendus comme témoins et d'être admis au combat judiciaire contre les hommes libres 174

155. — 1110, 10-16 janvier. — Échange, entre le chapitre de Sainte-Geneviève et l'abbaye du Bec, de terres sises à Vernon, pour des biens situés à Auteuil et à Paris 175

155². — 1110, 4 février. — Autorisation, accordée par Louis VI aux serfs de Saint-Martin-des-Champs, de témoigner en justice et de prendre part aux combats judiciaires contre les hommes libres 177

156. — 1110 environ. — Confirmation par Louis VI du droit de voirie de l'évêque de Paris ... 178

*156². — 1110 environ. — Fondation par Louis VI de la foire Saint-Lazare 181

157. — 1111, avant le 12 mars. — Diplôme de Louis VI dispensant les chanoines de Sainte-Geneviève de venir en la cour du roi pour répondre aux actions intentées contre eux 182

158. — 1111, avant le 3 août. — Confirmation par le roi Louis VI des biens et privilèges de Saint-Martin-des-Champs 182

159. — 1111, 31 décembre. — Exemption de tous droits accordée par Louis VI au four que Barthélemy de Fourqueux possédait à Paris 183

160. — 1112. — Jugement de Louis VI attestant que Henri le Lorrain est de condition libre ... 184

161. — 1112. — Confirmation par Louis VI de toutes les possessions de Henri le Lorrain à Paris et aux environs 185

*162. — 1113, 24 janvier. — Confirmation par le pape Pascal II du privilège, accordé par le roi Louis VI aux serfs de l'église de Paris, de pouvoir porter témoignage et combattre en justice contre les hommes libres 186

163. — 1113. — Fondation de l'abbaye de Saint-Victor 187

*164. — 1114, 1ᵉʳ décembre. — Confirmation par le pape Pascal II de la fondation de l'abbaye de Saint-Victor 190

165. — 1114, après le 3 août. — Exemption de corvée, de taille, de voirie et autres droits, accordée par Louis VI au prieuré de Saint-Éloi 190

166. — 1114, après le 3 août. — Affranchissement par le roi Louis VI d'une serve nommée Sanceline 191

*167. — 1114. — Lettre de Galon, évêque de Paris, en faveur du chapitre de Saint-Marcel 192

168. — 1115. — Concession par Louis VI, aux chanoines de Saint-Denis-de-la-Châtre, de ses droits sur le cloître de cette église 192

169. — 1115. — Notice par laquelle le doyen Bernier et le chapitre de Notre-Dame constatent la réparation faite par le roi Louis VI, le jour de son mariage, pour avoir fait démolir la maison d'un chanoine 193

170. — 1115. — Abandon par Louis VI, aux moines de Notre-Dame-des-Champs, d'une rente de six sous qu'ils lui devaient annuellement 194

171. — 1115 environ. — Inféodation par Thibaud, prieur de Saint-Martin-des-Champs, à Ansel, dit Payen, d'une terre sise à Sainte-Geneviève 195

172. — 1115 environ. — Renonciation par Louis VI à tout droit sur un serf de Saint-Martin-des-Champs nommé Galon, qui avait épousé une serve du roi 195

173.	1116, 13 novembre. — Bulle par laquelle le pape Pascal II prend l'abbaye de Saint-Magloire sous la protection du Saint-Siège.....................	196
174.	1117. — Échange de deux serfs entre le chapitre de Paris et l'abbaye de Saint-Germain-des-Prés...	197
175.	1117, 25 mars-3 août. — Diplôme de Louis VI réglant ce que l'abbaye de Saint-Magloire doit fournir pour la subsistance des desservants de la chapelle Saint-Georges, et confirmant des biens donnés à la même chapelle par Henri le Lorrain..	198
176.	1117. — Donation par Louis VI, à Saint-Martin-des-Champs, d'un serf nommé Ansold.	200
177.	1117 environ. — Accord entre Saint-Martin-des-Champs et Manassès, petit-fils d'Ève, au sujet de deux pressoirs et de vignes que celle-ci avait donnés aux moines...	201
178.	1117 environ. — Confirmation par Manassès des donations faites au prieuré de Saint-Martin-des-Champs par Ève, sa grand'mère..........................	201
179.	1118. — Échange de deux serves entre le chapitre de Sainte-Geneviève et le chapitre de Notre-Dame...	202
180.	1118. — Confirmation par Louis VI d'un échange de serves entre les chanoines de Sainte-Geneviève et le chapitre de Notre-Dame..	202
*181.	1118. — Autorisation donnée par Louis VI à Étienne, doyen de Sainte-Geneviève, et aux chanoines résidant dans cette abbaye, de faire tout ce qui leur semblerait utile pour cette église sans consulter les chanoines demeurant au dehors.......	203
182.	1119, 1er avril. — Girbert, évêque de Paris, affranchit l'église Saint-Germain-l'Auxerrois d'une redevance annuelle de deux muids d'avoine et d'un cheval pour l'armée du roi..	203
183.	1119. — Exemption de tout péage et de toute redevance accordée par le roi Louis VI aux gens employés au commerce par l'église de Paris.......................	204
184.	1119, 27 novembre. — Bulle du pape Calixte II plaçant le monastère de Saint-Martin-des-Champs sous la protection du Saint-Siège et confirmant ses biens et privilèges...	206
185.	1120, avant le 18 avril. — Confirmation par Louis VI de l'immunité accordée par ses prédécesseurs au cloître Notre-Dame.................................	209
186.	1120, avant le 18 avril. — Abandon par Louis VI, au chapitre de Notre-Dame, de tous les droits auxquels il prétendait sur une famille de serfs..................	210
187.	1120, après le 3 août. — Cession par Louis VI, au chapitre de Notre-Dame, d'un serf nommé Ermond...	211
188.	1120. — Don à l'abbaye de Notre-Dame de Longpont, par Étienne de Vitry, de la moitié de l'église Saint-Julien-le-Pauvre..	211
189.	1120 environ. — Don par Hugues de Monteler, à l'abbaye de Notre-Dame de Longpont, de l'église Saint-Julien-le-Pauvre..	212
190.	1120 environ. — Contrat de métayage entre le chapitre de Notre-Dame et Jean Trian pour l'exploitation des vignes du chapitre à Ivry........................	212
*191.	1121, avril. — Diplôme de Louis VI réservant la connaissance des causes intéressant l'abbaye de Tiron au Parlement de Paris..............................	213
192.	1121, après le 3 août. — Abandon par Louis VI, en faveur des marchands de Paris, d'un droit de 60 sous par bateau de vin qu'il percevait au temps des vendanges.	213
193.	1122. — Diplôme de Louis VI en faveur de l'abbaye de Saint-Denis, portant, entre autres dispositions, défense de construire entre Saint-Denis et l'église Saint-Laurent sans permission de l'abbaye.. ...	214

194. — 1122. — Confirmation par Girbert, évêque de Paris, d'une donation de moulins et de rente annuelle faite par son prédécesseur Galon à l'abbaye de Saint-Victor... 215

195. — 1122. — Confirmation par Girbert, évêque de Paris, de la fondation de l'église Saint-Denis-de-la-Châtre.. 216

*196. — 1123, 28 mars. — Bulle du pape Calixte II ordonnant au clergé parisien d'obéir à l'évêque Girbert et décidant que tout chanoine promu à l'épiscopat devra renoncer à son canonicat.. 217

*197. — 1123, avant le 3 août. — Diplôme de Louis VI concédant au chapitre de Notre-Dame une vigne, un pressoir et une maison situés à Ivry, qui avaient appartenu à l'évêque Girbert, ainsi que la chapelle de cet évêque et toutes les chapes et ornements sacerdotaux de l'église Notre-Dame...................... 217

198. — 1123, après le 3 août. — Diplôme de Louis VI autorisant le chapitre de Notre-Dame à prélever annuellement une somme de dix livres sur les revenus de l'évêché pour subvenir à la couverture de la cathédrale....................... 218

199. — 1123, après le 3 août. — Confirmation par Louis VI de l'inféodation d'une partie du tonlieu du pain de Paris, faite par Philippe Ier à Étienne le Maréchal........... 219

200. — 1123 environ. — Girbert, évêque de Paris, partage le canonicat de l'archidiacre Étienne (de Garlande) en deux prébendes et en affecte les revenus à deux nouveaux chanoines.. 219

201. — 1124 environ. — Confirmation par Étienne, évêque de Paris, du partage du canonicat de l'archidiacre Étienne (de Garlande) en deux prébendes.................. 221

202. — 1124, avant le 3 août. — Confirmation par Louis VI d'une coutume pour le mariage des serfs de Sainte-Geneviève à Villeneuve et à Chaillot...................... 221

203. — 1124. — Donation par Étienne, évêque de Paris, aux chanoines de Saint-Victor, des anniversaires qui se célébraient dans l'église Saint-Jean...................... 222

*204. — 1124. — Charte d'Étienne, évêque de Paris, confirmant la concession, faite aux chanoines de Saint-Victor, des anniversaires qui se célébraient dans l'église Saint-Jean, et déterminant les circonstances dans lesquelles l'abbaye de Saint-Victor pourrait jouir des prébendes vacantes dans les chapitres de Notre-Dame, de Saint-Marcel et de Saint-Germain-l'Auxerrois...................... 223

205. — 1125. — Confirmation par Étienne, évêque de Paris, d'un accord conclu entre le prieur de Saint-Martin-des-Champs et Bouchard de Montmorency touchant les possessions du prieuré.. 224

206. — 1124, après le 3 août. — Louis VI confirme la donation d'une rente de vin et de froment faite par son sénéchal Guillaume de Garlande aux Lépreux de Paris....... 226

207. — 1124 environ. — Confirmation, par le doyen du chapitre de Notre-Dame, de la cession par le chanoine Fulbert, à l'abbaye de Marmoutier, d'une vigne située sur le territoire de Notre-Dame-des-Champs...................... 227

208. — 1125, 3 février. — Confirmation par le pape Honorius II des possessions de l'abbaye de Saint-Victor.. 228

*209. — 1126. — Concession, faite par Louis VI à l'église de Saint-Victor, des annates de onze prébendes dans les églises de Château-Landon, Melun, Étampes, Dreux, Mantes, Poissy, Pontoise, Montlhéry, Corbeil et Paris.................. 230

*210. — 1126 environ, 12 mars. — Confirmation par le pape Honorius II de la concession des annates des diverses prébendes faite à l'abbaye de Saint-Victor par Henri, archevêque de Sens, Geoffroy, évêque de Chartres, et Étienne, évêque de Paris.. 230

*211. — 1126 environ. — Lettre d'Étienne, évêque de Paris, à Henri, archevêque de Sens, pour protester contre la citation de Galon, maître de l'école épiscopale de Paris, devant le tribunal métropolitain...................... 230

TABLE CHRONOLOGIQUE. 543

*212. — 1126 environ. — Lettre par laquelle Étienne, évêque de Paris, refuse de lever l'excommunication qu'il a prononcée contre Galon, et promet de se rendre à Rome pour soumettre l'affaire au jugement du pape............................. 231

*213. — 1126. — Concession par Étienne, évêque de Paris, au roi Louis VI, d'une partie du fossé de Champeaux... 231

*214. — 1127, après le 3 août. — Confirmation par le roi Louis VI des privilèges du chapitre de Notre-Dame de Paris...................................... 231

*215. — 1127 environ. — Lettre du clergé parisien au pape Honorius II, exposant les causes du différend survenu entre l'évêque Étienne et l'archidiacre Thibaud......... 231

*216. — 1127. — Règlement, par les soins de Mathieu, évêque d'Albano, de Jean, cardinal du titre de Saint-Chrysogone, et de Pierre, cardinal du titre de Saint-Calixte, des difficultés survenues entre l'évêque de Paris, Étienne, et l'archidiacre Thibaud... 232

*217. — 1127. — Attestation par Geoffroy, évêque de Chartres, et Bouchard, évêque de Meaux, de l'accord établi entre l'évêque Étienne et l'archidiacre Thibaud par les soins de l'évêque d'Albano et des cardinaux Jean et Pierre.................. 232

*218. — 1127 environ. — Lettre de Henri, archevêque de Sens, à Étienne, évêque de Paris, citant celui-ci à comparaître devant lui à Provins, pour s'expliquer sur son différend avec l'archidiacre Étienne de Garlande..................... 232

*219. — 1127 environ. — Lettre par laquelle l'évêque Étienne refuse de se rendre à Provins pour répondre devant son métropolitain aux plaintes portées contre lui par l'archidiacre Étienne... 232

*220. — 1127. — Accord entre Étienne, évêque de Paris, et le chapitre de Notre-Dame, ménagé par Suger, abbé de Saint-Denis, Gilduin, abbé, et Thomas, prieur de Saint-Victor.. 233

221. — 1128, avant le 3 août. — Partage de biens entre le médecin Obizon et Gente, sa femme. 233
222. — 1128, avant le 3 août. — Concession par Louis VI de plusieurs privilèges au prieuré de Saint-Martin-des-Champs.. 234

*223. — 1128. — Le doyen Bernier et le chapitre de Notre-Dame s'engagent par serment à poursuivre en justice quiconque oserait attaquer les personnes ou les propriétés du chapitre.. 235

*224. — 1129, 2 mars. — Lettre du pape Honorius II au chapitre de Paris, interdisant toute innovation dans les anciennes coutumes dudit chapitre................... 235

225. — 1129, avant le 3 août. — Concession par le roi Louis VI, à l'abbaye de Saint-Magloire, d'un droit de pêche dans la Seine.............................. 235

*226. — 1130, 3 novembre. — Bulle d'Innocent II confirmant les biens et privilèges de Saint-Germain-des-Prés....................................... 236

*227. — 1130 environ. — Donation par le chanoine Henri, au chapitre de Notre-Dame, de trois arpents de vignes...................................... 236

*228. — 1130 environ. — Lettre de Geoffroy, évêque de Chartres, à Étienne, évêque de Paris, lui offrant, au nom d'Étienne de Garlande, de soumettre le différend que ce dernier avait avec lui au jugement de saint Bernard..................... 237

*229. — 1130 environ. — Lettre d'un anonyme à Étienne, évêque de Paris, le mettant en garde contre l'hostilité que le roi et la reine lui témoignaient................. 237

*230. — 1130 environ. — Lettre d'un anonyme à Étienne, évêque de Paris, l'avertissant qu'il était menacé de mort.. 237

*231. — 1130 environ. — Lettre d'Étienne, abbé de Cîteaux, au roi Louis VI, pour protester contre les vexations qu'il faisait subir à l'évêque de Paris................ 237

*232. — 1130 environ. — Lettre de Geoffroy, évêque de Chartres, au pape Honorius II, au sujet des vexations que le roi faisait subir à l'évêque de Paris................ 238

*233. — 1130 environ. — Lettre du pape Innocent II sommant Étienne, évêque de Paris, de lever l'interdit sur les églises dépendant de l'abbaye de Sainte-Geneviève........ 238

*234. — 1130 environ. — Lettre de Geoffroy, évêque de Chartres, à Étienne, évêque de Paris, lui indiquant à quelles conditions il pourrait faire sa paix avec le roi....... 238

235. — 1131. — Confirmation par Louis VI de toutes les possessions de l'abbaye de Saint-Magloire... 238

236. — 1131 environ. — Fondation par Louis VI de la foire Saint-Lazare................. 240

237. — 1132, 15 mars. — Confirmation par le pape Innocent II des possessions et privilèges de l'abbaye de Saint-Victor.. 241

*238. — 1132. — Donation par le roi Louis VI, au chapitre de l'église de Paris, d'une terre et de vignes situées près de l'église Notre-Dame-des-Champs................ 243

239. — 1133. — Concession par Étienne, évêque de Paris, au prieuré de Saint-Martin-des-Champs, de l'église Saint-Denis-de-la-Châtre.................................. 243

240. — 1133. — Cession au roi Louis VI par Thibaud, prieur de Saint-Martin-des-Champs, de l'église de Montmartre, en échange de l'église de Saint-Denis-de-la-Châtre..... 244

241. — 1133, après le 22 août. — Confirmation par Pierre, abbé de Cluny, de l'échange, fait entre le roi et le prieur de Saint-Martin-des-Champs, de l'église de Montmartre contre celle de Saint-Denis-de-la-Châtre............................. 245

*242. — 1133 environ. — Lettre du pape Innocent II invitant l'évêque Étienne et le chapitre de Notre-Dame à attribuer une prébende aux chanoines de Saint-Victor....... 246

243. — 1133 environ. — Donation par l'évêque Étienne, à l'abbaye de Saint-Victor, de diverses prébendes dans les églises de Saint-Marcel, Saint-Cloud, Saint-Germain-l'Auxerrois et Saint-Martin de Champeaux................................ 246

*244. — 1133. — Sentence d'excommunication lancée par l'évêque Étienne contre les meurtriers de Thomas, prieur de Saint-Victor.................................. 248

*245. — 1133. — Lettre d'Étienne, évêque de Paris, à Geoffroy, évêque de Chartres, racontant le meurtre de Thomas, prieur de Saint-Victor.......................... 248

*246. — 1133. — Lettre d'Étienne, évêque de Paris, au pape Innocent II au sujet du meurtre de Thomas, prieur de Saint-Victor.................................. 248

*247. — 1133. — Lettre de saint Bernard au pape Innocent II au sujet du meurtre de Thomas, prieur de Saint-Victor.. 249

*248. — 1133. — Lettre de Pierre, abbé de Cluny, au pape Innocent II, au sujet du meurtre de Thomas, prieur de Saint-Victor.................................. 249

*249. — 1133. — Lettres de Hugues, évêque de Grenoble, aux évêques réunis en synode à Jouarre, au sujet du meurtre de Thomas, prieur de Saint-Victor................. 249

*250. — 1133. — Lettre du pape Innocent II aux évêques réunis à Jouarre, portant confirmation de l'interdit prononcé par eux à l'occasion du meurtre de Thomas, prieur de Saint-Victor.. 249

251. — 1133, 16 novembre. — Lettre du pape Innocent II aux archevêques de Reims et de Sens et à leurs suffragants, les blâmant de n'avoir pas plus tôt excommunié les meurtriers de Thomas, prieur de Saint-Victor.......................... 250

252. — 1133-1140. — Vente par Gilduin, abbé de Saint-Victor, à Aubert d'Étampes, chanoine de Notre-Dame, de vignes situées à Savies............................ 250

253. — 1134, 3 août-25 octobre. — Cession du prieuré de Saint-Éloi à l'abbaye de Saint-Maur-des-Fossés par Étienne, évêque de Paris................................ 251

TABLE CHRONOLOGIQUE.

254. — 1134, 3 août-25 octobre. — Privilège de Louis VI accordant aux bourgeois de Paris le droit de faire saisir les biens de leurs débiteurs.................... 253

255. — 1134, 3 août-25 octobre. — Confirmation par Louis VI des biens de l'abbaye de Montmartre.. 254

*256. — 1134, après le 3 août. — Confirmation par Louis VI du don de trois prébendes fait par l'évêque de Paris à l'abbaye de Saint-Victor................. 256

257. — 1134, après le 3 août. — Cession, faite par Louis VI au chapitre de Notre-Dame de Paris, des terres d'Étienne de Garlande, moyennant dix-huit deniers de cens... 256

*258. — 1135, 20 juillet. — Confirmation par le pape Innocent II des biens et privilèges de Saint-Martin-des-Champs.............................. 257

259. — 1135, 3 août-24 octobre. — Échange de serfs entre l'abbaye de Sainte-Geneviève et le chapitre de Notre-Dame.............................. 257

*260. — 1136, 20 février. — Bulle d'Innocent II confirmant les possessions et privilèges de l'abbaye de Saint-Maur-des-Fossés........................ 258

*261. — 1136, 28 mai. — Confirmation par le pape Innocent II des biens et privilèges de l'abbaye de Saint-Victor....................................... 259

*262. — 1136, 28 mai. — Confirmation par le pape Innocent II de toutes les possessions de l'abbaye de Saint-Victor.................................. 259

*263. — 1136, 1er octobre. — Confirmation par le pape Innocent II des privilèges de l'abbaye de Montmartre.. 259

264. — 1137, 1er janvier-11 avril. — Acte de partage du fossé de Champeaux entre le roi Louis VI et l'évêque de Paris, Étienne.................... 260

*265. — 1137, 1er août-24 octobre. — Confirmation par Louis VII des biens de l'abbaye de Saint-Victor... 261

266. — 1137, 1er août-24 octobre. — Confirmation par Louis VII des donations faites par son père à l'abbaye de Montmartre.......................... 261

267. — 1137, 1er août-janvier 1138. — Exemption de tous droits accordée par Louis VII à une femme nommée Gente, pour une maison et un four qu'elle avait fait construire à Champeaux.. 263

268. — 1137, 1er août-2 avril 1138. — Acte de Louis VII relatif à l'hôtel de la Rapée, aux Halles.. 264

269. — 1137, 1er août-2 avril 1138. — Fondation par Louis VII d'une foire qui se tiendra à Saint-Lazare le lendemain de la Toussaint et les huit jours suivants........ 264

270. — 1137, 1er août-9 juin 1147. — Donation aux Templiers de Paris, par une femme nommée Gente, d'un moulin sous le Grand Pont.................... 265

*271. — 1138, janvier-2 avril. — Confirmation par le roi Louis VII des donations faites par ses prédécesseurs au prieuré de Saint-Martin-des-Champs............... 265

*272. — 1138, 26 mars. — Confirmation par le pape Innocent II des biens et privilèges de l'église de Paris et de l'accord conclu entre le roi Louis VII et l'évêque Étienne au sujet du lieu de Champeaux.................................. 267

*273. — 1138 environ, 26 mars. — Confirmation par Innocent II de la donation, faite à l'abbaye de Saint-Victor, d'une prébende à Saint-Marcel et d'une autre à Sainte-Geneviève.. 267

274. — 1138, 3 avril-31 juillet. — Confirmation par Louis VII des biens que l'abbaye de Saint-Victor avait reçus du roi Louis VI et d'Étienne, évêque de Paris........ 267

275. — 1138, 3 avril-31 juillet. — Remise faite par Louis VII d'un cens qui lui était dû pour une terre appartenant à l'église Saint-Benoît...................... 268

Cartul. — I.

276. — 1138, 3 avril-31 juillet. — Amortissement par Louis VII d'une terre donnée aux moines de Tiron par Anselin de Groslay.................................... 269

277. — 1138-1140, 2 juin. — Confirmation par le pape Innocent II des donations faites à l'abbaye de Saint-Victor par le médecin Obizon........................ 270

*278. — 1138-1142 environ. — Révocation par Étienne, évêque de Paris, de l'une des clauses de la donation, par lui faite à Saint-Victor, des annates ou vacances des prébendes de Notre-Dame, de Saint-Marcel, de Saint-Germain-l'Auxerrois, etc.. 271

*279. — 1138-1142, 17 avril. — Confirmation par le pape Innocent II du droit d'annate accordé à l'abbaye de Saint-Victor par l'évêque Étienne sur les prébendes du chapitre de Notre-Dame... 271

280. — 1139, 1er août-6 avril 1140. — Confirmation par Louis VII d'un accord conclu entre son père et l'abbaye de Saint-Magloire pour le partage des enfants nés d'un serf de l'abbaye et d'une serve du roi....................................... 271

281. — 1140, 7 avril-novembre. — Confirmation par Louis VII du don, fait par Barthélemy de Fourqueux aux moines de Notre-Dame-des-Champs, d'un four situé rue des Juifs... 272

282. — 1140, 7 avril-29 mars 1141. — Fondation par Geoffroi, chanoine de Sainte-Geneviève, d'une chapellenie à l'autel de Notre-Dame, dans la crypte de l'église Sainte-Geneviève... 273

283. — 1140, 1er août-29 mars 1141. — Concession par Louis VII à l'abbaye de Chaalis d'une rente de 40 sous sur le Marché Neuf de Paris........................ 274

*284. — 1141, janvier-29 mars. — Confirmation par Louis VII des possessions du monastère de Saint-Éloi.. 275

*285. — 1141, 30 mars-18 avril 1142. — Donation par Galeran, comte de Meulan, au chapitre de Saint-Nicaise de Meulan, des églises Saint-Gervais et Saint-Jean-en-Grève de Paris.. 275

286. — 1141, 1er août-18 avril 1142. — Donation à Saint-Lazare, par Gautier Pinçon, d'une fenêtre de changeur sur le Grand Pont, de quatre étaux pour la vente du pain, etc... 275

287. — 1141, 1er août-18 avril 1142. — Louis VII fait remise à Dultien, médecin, du tiers d'un cens qu'il lui devait pour sa maison du Grand Pont.................. 276

288. — 1141, 1er août-18 avril 1142. — Louis VII décide que le change se tiendra toujours sur le Grand Pont, et fixe à 20 sous la redevance annuelle que les changeurs devront payer pour ouvrir boutique en cet endroit......................... 277

289. — 1141, 1er août-18 avril 1142. — Vente par Louis VII, aux bourgeois de la Grève et du Monceau Saint-Gervais, d'une place appelée la Grève, pour le prix de soixante-dix livres... 277

290. — 1142 environ. — Confirmation par Étienne, évêque de Paris, de diverses donations faites à l'abbaye de Saint-Victor.. 277

291. — 1142 environ. — Confirmation, par le doyen du chapitre de Notre-Dame, de la donation, faite par le médecin Obizon à l'abbaye de Saint-Victor, de terrains situés près de l'église Saint-Christophe...................................... 280

292. — 1142 au plus tard. — Galeran, comte de Meulan, donne à l'abbaye de Saint-Victor une rente annuelle de quarante sous sur un cens qu'il prélevait au Monceau Saint-Gervais... 281

293. — 1142 au plus tard. — Confirmation par Étienne, évêque de Paris, de divers dons faits à l'abbaye de Saint-Victor.. 282

294. — Milieu du xiie siècle. — Galeran, comte de Meulan, mande à ses prévôts de Paris de payer chaque année aux chanoines de Saint-Victor une rente de quarante sous.... 283

TABLE CHRONOLOGIQUE. 547

295. — Milieu du xii° siècle. — Galeran, comte de Meulan, fait remise aux frères de Saint-Lazare d'un cens qu'ils lui devaient................................... 284

*296. — Milieu du xii° siècle. — Ordre donné par Galeran, comte de Meulan, à ses prévôts et officiers de Paris, de délivrer chaque année treize deniers de rente à l'église Sainte-Geneviève sur ses revenus de Paris........................ 284

297. — 1142 environ. — Confirmation par le légat du pape, Albéric, évêque d'Ostie, des décisions prises par les évêques Girbert et Étienne au sujet du testament d'Étienne, archidiacre de Paris.. 284

*298. — 1143, 23 mars. — Confirmation par Innocent II des possessions de Saint-Martin-des-Champs.. 285

*299. — 1143. — Lettre de saint Bernard à Étienne, évêque de Palestrina, relative aux souffrances de l'Église, et notamment de l'église de Paris........................ 286

*300. — 1143, 1ᵉʳ août-25 mars 1144. — Donation par Louis VII, aux religieuses d'Yerres, de la dîme du pain qui se consommait à la cour, quand elle séjournait à Paris.... 286

*301. — 1143, 1ᵉʳ août-25 mars 1144. — Confirmation par Louis VII des privilèges et possessions de l'abbaye de Saint-Denis... 286

302. — 1143, 1ᵉʳ août-25 mars 1144. — Renonciation par Louis VII au droit, que s'étaient arrogé ses prédécesseurs, de s'approprier les meubles trouvés dans les maisons des évêques de Paris au moment de leur décès........................... 287

303. — 1143, 1ᵉʳ août-25 mars 1144. — Donation par Louis VII, aux Templiers de Paris, d'une rente annuelle de 17 livres...................................... 288

304. — 1144, 1ᵉʳ août-25 mars. — Exemption de taille accordée par Louis VII à deux bourgeois de Paris qu'il consacre au service des frères de Saint-Lazare............ 288

*305. — 1144, 9 janvier. — Bulle de Célestin II en faveur des Templiers, promettant des indulgences à ceux qui subviendront aux besoins de l'ordre.................. 289

*306. — 1144, 3 février. — Confirmation par Célestin II des possessions de l'abbaye de Saint-Victor... 289

*307. — 1144, 3 février. — Confirmation par Célestin II de toutes les prébendes appartenant à l'abbaye de Saint-Victor dans diverses églises....................... 290

*308. — 1144, 28 mars. — Confirmation par Lucius II des privilèges et possessions de l'abbaye de Saint-Germain-des-Prés... 290

*309. — 1144, 13 avril. — Confirmation par Lucius II de la fondation, des privilèges et des possessions de l'abbaye de Montmartre...................................... 290

*310. — 1144, 24 mai. — Bulle de Lucius II au sujet de la prébende accordée aux chanoines de Saint-Victor par l'abbaye de Sainte-Geneviève.......................... 290

311. — 1144, 1ᵉʳ août-8 avril 1145. — Confirmation par Louis VII d'une transaction conclue entre Jean de Clamart et la maison de Saint-Lazare touchant les possessions de celle-ci à Fontenay.. 291

312. — 1144. — Sentence de Hugues, évêque d'Auxerre, et de Bernard, abbé de Clairvaux, fixant le droit à payer à l'abbaye de Saint-Victor par le prieuré de Saint-Martin-des-Champs, en échange d'une prébende accordée à ce prieuré dans l'église Notre-Dame... 292

313. — 1144. — Thibaud, évêque de Paris, donne aux religieux de Saint-Martin une prébende à Notre-Dame de Paris, à condition qu'ils payeront une redevance annuelle de dix sous à l'abbaye de Saint-Victor.................................. 292

*314. — 1144, 20 septembre. — Concession à l'abbaye de Saint-Victor par Eudes, prieur de Saint-Martin-des-Champs, d'une rente annuelle de dix sous, en échange du droit d'annote que cette abbaye avait sur une prébende de Notre-Dame donnée au prieuré de Saint-Martin par Thibaud, évêque de Paris......... 293

*315. — 1144, 3 décembre. — Confirmation par le pape Lucius II de la sentence arbitrale rendue par Hugues, évêque d'Auxerre, et Bernard, abbé de Clairvaux, fixant le droit annuel dû par les moines de Saint-Martin-des-Champs aux religieux de Saint-Victor, sur une prébende de Notre-Dame.................................... 294

*316. — 1144, 5 décembre. — Confirmation par le pape Lucius II des biens et privilèges de l'église Notre-Dame de Paris, et spécialement de l'abandon, fait par le roi Louis VII, du droit qu'avaient les rois de France de s'approprier le mobilier des évêques de Paris, quand ceux-ci venaient à mourir................................ 294

*317. — 1144, 5 décembre. — Confirmation par le pape Lucius II des possessions de Saint-Martin-des-Champs... 294

*318. — 1144. — Exemption de toutes coutumes accordée par Louis VII aux habitants des trois chambres de Saint-Denis-de-la-Châtre..................................... 295

319. — 1145, 15 avril-30 mars 1146. — Règlement, par le doyen Barthélemy et le chapitre de Paris, des revenus et des fonctions du vicaire chargé de desservir une prébende possédée à Notre-Dame par l'abbaye de Saint-Victor.................. 295

320. — 1145 environ. — Concession à l'abbaye de Saint-Germain-des-Prés par Eudes, prieur de Saint-Martin-des-Champs, d'un cens de cinq deniers, en échange d'un autre cens que cette abbaye possédait sur un terrain employé à la construction de l'église Saint-Jacques.. 297

321. — 1145 environ. — Donation aux Templiers, par le doyen Barthélemy et le chapitre de Notre-Dame de Paris, de soixante sous à prendre sur le change........... 297

*322. — 1146, 8 janvier. — Bulle d'Eugène III portant confirmation de tous les biens et privilèges de l'abbaye de Saint-Germain-des-Prés.. 298

*323. — 1146, après le 31 mars. — Règlement, par le doyen Barthélemy et le chapitre de Paris, des revenus et des fonctions du vicaire chargé de desservir une prébende possédée à Notre-Dame par le prieuré de Saint-Martin-des-Champs.......... 298

*324. — 1146, 31 mars-19 avril 1147. — Donation aux Templiers de Paris par Simon, évêque de Noyon, de l'église de Tracy-le-Val................................... 299

325. — 1146, 31 mars-19 avril 1147. — Confirmation par le chapitre de Notre-Dame de dons faits à l'abbaye de Saint-Victor par les évêques et le chapitre de Paris..... 299

*326. — 1146, 31 mars-19 avril 1147. — Confirmation par Thibaud, évêque de Paris, des donations faites par ses prédécesseurs à l'abbaye de Saint-Victor.............. 301

327. — 1146, 31 mars-19 avril 1147. — Autorisation, donnée par le chapitre de Paris à Richard de Saint-Marcel, d'entrer à Saint-Victor........................ 302

328. — 1146, après le 31 mars. — Bail à cens d'une maison appartenant à l'abbaye de Montmartre.. 303

329. — 1146, 1ᵉʳ août-18 avril 1147. — Don par Louis VII, aux Lépreux de Paris, d'une rente de viande et de vin... 303

330. — 1146 environ. — Confirmation par Louis VII du bail du moulin de Mibray fait par le chapitre de Notre-Dame.. 304

331. — 1147, 20 avril-4 juin. — Renonciation par le roi Louis VII aux droits que ses prédécesseurs avaient coutume de prélever sur les possessions de l'évêché de Paris à la mort de chaque évêque... 305

332. — 1147, 20 avril-8 juin. — Donation par Louis VII, aux Lépreux de Paris, d'une rente de dix muids de vin sur son cellier de Paris................................ 306

*333. — 1147, après le 20 avril. — Lettre de Geoffroy de Clairvaux à Albinus, évêque d'Albano, contenant le récit de la condamnation de Gilbert de la Porrée, au concile tenu à Paris le jour de Pâques 1147..................................... 307

TABLE CHRONOLOGIQUE. 549

334. — 1147, 28 avril. — Donation aux Templiers par Bernard de Bailleul................. 307

*335. — 1147, 2 mai. — Confirmation par le pape Eugène III des biens et privilèges de l'abbaye de Saint-Victor... 308

*336. — 1147, 30 mai. — Confirmation par le pape Eugène III des possessions et privilèges de Saint-Lazare.. 308

*337. — 1147, 3 juin. — Confirmation par le pape Eugène III des biens et privilèges de Saint-Martin-des-Champs.. 308

*338. — 1147, 5 juin. — Confirmation par le pape Eugène III des biens et privilèges de l'église de Paris... 309

*339. — 1147, 5 juin. — Confirmation par le pape Eugène III de l'accord établi entre l'évêque Étienne et l'archidiacre Thibaud pour déterminer les droits des archidiacres de Paris... 309

*340. — 1147, 7 juin. — Confirmation par le pape Eugène III des biens et privilèges de l'abbaye de Montmartre... 309

341. — 1147, 13 juin. — Indulgences accordées par le pape Eugène III en commémoration de la consécration de l'église abbatiale de Montmartre............................. 309

*342. — 1147. — Lettre de Suger, abbé de Saint-Denis, au pape Eugène III, lui signalant la façon dont a été élu le doyen du chapitre de Paris, Clément, et les démêlés qui se sont élevés entre ce doyen et le chantre de Notre-Dame................... 310

*343. — 1148, 11 avril-2 avril 1149. — Donation par Simon de Poissy, à l'église Saint-Denis-du-Pas, d'une somme de trente livres pour l'entretien d'un chapelain........ 310

344. — 1148, 29 avril. — Lettre du pape Eugène III, chargeant Suger, abbé de Saint-Denis, de réformer l'abbaye de Sainte-Geneviève.. 311

*345. — 1148, 29 avril. — Lettre du pape Eugène III ordonnant aux chanoines de Sainte-Geneviève de recevoir avec déférence les moines de Saint-Martin-des-Champs, qu'il envoie pour les réformer.. 311

*346. — 1148. — Lettre de saint Bernard félicitant Suger, abbé de Saint-Denis, d'avoir entrepris la réforme de l'abbaye de Sainte-Geneviève.................................. 312

*347. — 1148, 16 juin. — Lettre d'Eugène III à Suger, abbé de Saint-Denis, lui ordonnant de recourir à des chanoines réguliers, à la place des moines, pour la réforme de l'abbaye de Sainte-Geneviève.. 312

348. — 1148, après le 24 août. — Lettre de Suger rendant compte au pape de la réforme de l'abbaye de Sainte-Geneviève... 312

*349. — 1148 environ. — Lettre d'Eugène III à Suger, abbé de Saint-Denis, lui ordonnant de faire remettre entre les mains du nouvel abbé de Sainte-Geneviève le trésor que détenaient les chanoines qui ne s'étaient pas soumis à la réforme de cette abbaye.. 315

350. — 1148 environ. — Lettre de Suger faisant savoir au pape Eugène III que les chanoines de Sainte-Geneviève ont refusé de lui livrer les reliques et les objets du trésor qu'il était chargé de leur réclamer... 315

*351. — 1148-1153. — Confirmation par Thibaud, évêque de Paris, des possessions du prieuré de Saint-Martin-des-Champs... 317

352. — 1148-1154. — Accord entre les abbés de Sainte-Geneviève et de Saint-Victor touchant la prise d'eau de la Bièvre.. 317

353. — 1148-1154. — Bernard, abbé de Clairvaux, atteste qu'Eudes, abbé de Sainte-Geneviève, a concédé aux religieux de Saint-Victor une prise d'eau dans la Bièvre... 318

354. — 1148-1154. — Accord conclu entre l'abbaye de Saint-Victor et l'abbaye de Sainte-Geneviève touchant le cours de la Bièvre................................. 319

355. — 1149, novembre-15 avril 1150. — Confirmation par le roi Louis VII de la réforme de l'abbaye de Sainte-Geneviève................................. 320

*356. — 1150 ou 1153, 8 janvier. — Bulle du pape Eugène III réglant les droits respectifs de l'évêque et de l'abbaye de Sainte-Geneviève sur l'église Saint-Jean......... 321

*357. — 1150, 28 avril. — Lettre du pape Eugène III à Suger, abbé de Saint-Denis, lui ordonnant de faire rentrer à Sainte-Geneviève les pièces du trésor qui avaient été mises en gages................................. 321

*358. — 1150, 17 décembre. — Confirmation par le pape Eugène III des privilèges de l'abbaye de Sainte-Geneviève................................. 322

359. — 1150. — Décision de l'évêque Thibaud attribuant la chèvecerie de Sainte-Opportune aux chanoines de cette église................................. 322

360. — 1150. — Thibaud, évêque de Paris, investit le chapitre de Saint-Marcel des biens laissés par Guy le Chanoine et en réserve l'usufruit à Pierre, fils de celui-ci....... 323

361. — 1150. — Accord ménagé par Thibaud, évêque de Paris, entre les chanoines de Saint-Marcel et Pierre, fils de Guy le Chanoine, touchant la possession de certaines terres et maisons................................. 324

*362. — 1150. — Confirmation par Thibaud, évêque de Paris, des biens du prieuré de Longpont................................. 325

*363. — xiie siècle. — Lettre de saint Bernard à Gilduin, abbé de Saint-Victor, pour lui recommander Pierre Lombard, venu à Paris pour ses études................. 325

*364. — 1150 environ. — Charte d'affranchissement accordée par le chapitre de Saint-Germain-l'Auxerrois à une serve nommée Geneviève, dans le but de lui permettre d'épouser un serf de Notre-Dame................................. 325

365. — 1150 environ. — Baudouin, abbé de Saint-Magloire, donne à cens à Thibaud de Brie un arpent de vigne à Charonne................................. 325

366. — 1150 environ. — Abandon par Thomas, fils d'Oger, à l'église de Saint-Victor, de tous ses droits sur une place et une maison sises à Paris................. 326

367. — 1150 environ. — Règlement par Garnier, abbé de Marmoutier, des revenus qui devront être affectés à l'office de la sacristie de Notre-Dame................. 327

368. — 1150 environ. — Confirmation par Thibaud, évêque de Paris, de la vente d'un four et de ses dépendances, faite à Évrard le Convers par Gérôme, curé des Saints-Innocents................................. 327

369. — 1150 environ. — Confirmation par Thibaud, évêque de Paris, d'une donation de revenus en faveur des frères de Saint-Lazare................................. 329

370. — 1150 environ. — Acensement par Gilduin, abbé de Saint-Victor, à Garnier, neveu d'Herluin, d'une maison et d'un verger situés à Saint-Martin-des-Champs et précédemment donnés à l'abbaye par ledit Herluin................. 330

371. — 1151, 8 avril-29 mars 1152. — Confirmation par Louis VII de la vente d'une terre sise à Saint-Laurent, faite par Étienne de Meung à la maison de Saint-Lazare... 331

372. — 1151-1152, 10 juillet. — Accord entre les églises de Saint-Marcel et de Notre-Dame-des-Champs touchant la possession de trois maisons, une vigne, un jardin et trois arpents de terre................................. 332

*373. — 1152, 21 février. — Confirmation par Eugène III des biens et privilèges du prieuré de Notre-Dame de Longpont................................. 332

374. — 1152, 30 mars-16 avril 1153. — Donation aux Templiers par Mathieu, comte de Beaumont, d'une maison et d'un four situés à Paris................. 333

TABLE CHRONOLOGIQUE. 551

375. — 1152, 14 octobre-18 avril 1153. — Partage de quatre serves entre le roi Louis VII et l'abbaye de Saint-Magloire.................................... 333

376. — 1152, 14 octobre-18 avril 1153. — Vente par Gervais de Torote à la maison de Saint-Lazare d'un cens de trente sous à Saint-Laurent...................... 334

377. — 1152 environ. — Thibaud, évêque de Paris, garantit aux Lépreux de Saint-Lazare la vente de trente sous de cens à Saint-Laurent, que leur a faite Gervais de Torote.. 335

378. — 1153, après le 23 mars. — Autorisation donnée par Thibaud, évêque de Paris, aux chanoines de Sainte-Opportune, de mettre en culture le marais qu'ils possédaient au nord de Paris...................................... 335

379. — 1143, 1ᵉʳ août-3 avril 1145. — Cession par Louis VII, au chapitre de Notre-Dame, d'une serve nommée Ledvise, fille d'Hubert Sallembien et d'Adélaïde, qui avait épousé un serf du chapitre nommé Renaud, fils de Robert Lecomte........ 337

380. — 1153, 1ᵉʳ août-3 avril 1154. — Concession par Louis VII, à l'abbaye de Montmartre, d'une rente de trente sous sur le tonlieu de la boucherie de Paris........ 337

*381. — 1154, 1ᵉʳ janvier. — Confirmation par le pape Anastase IV de plusieurs droits de l'abbaye de Saint-Victor, et en particulier de la concession de l'eau de la Bièvre qu'elle avait obtenue des chanoines de Sainte-Geneviève.................... 338

*382. — 1154, 3 janvier. — Confirmation par le pape Anastase IV de divers biens appartenant à l'abbaye de Saint-Victor, notamment des prébendes qu'elle possédait à Saint-Marcel et à Sainte-Geneviève...................................... 338

*383. — 1154, 31 janvier. — Confirmation par le pape Anastase IV des privilèges de l'abbaye de Saint-Germain-des-Prés.. 338

384. — 1154, 4 avril-26 mars 1155. — Concession par Adèle, abbesse de Montmartre, aux marchands de poisson de Paris, d'un emplacement près du Châtelet, moyennant un cens annuel de soixante sous.................................. 339

385. — 1154, 1ᵉʳ août-24 novembre. — Louis VII donne son assentiment à la mise en culture de la moitié des marais, situés au nord de Paris, appartenant au chapitre de Sainte-Opportune.. 340

386. — 1154, 1ᵉʳ août-26 mars 1155. — Fondation par Louis VII, dans son palais à Paris, d'un oratoire dédié à la Vierge.. 341

*387. — 1154, 16 décembre. — Confirmation par le pape Adrien IV des droits de l'évêque de Paris sur les églises appartenant à l'abbaye de Sainte-Geneviève............. 342

388. — 1154 environ. — Notice d'un duel judiciaire ordonné par le roi Louis VII pour terminer un différend survenu entre l'abbaye de Saint-Germain-des-Prés et Étienne de Massy.. 342

389. — 1154-1157 environ. — Charte de Barthélemy, prieur de Saint-Martin-des-Champs, réglant les conditions d'un emprunt fait par un moine nommé Eudes pour la réparation de sa maison.. 343

390. — 1155, 9 février-26 mars. — Confirmation par Louis VII du don de Barbery, fait à l'abbaye de Montmartre par la reine Adélaïde, sa mère................... 344

391. — 1155, 27 mars-14 avril 1156. — Confirmation par Louis VII de la redevance due par les bouchers de Paris à l'abbaye de Montmartre......................... 345

392. — 1155 environ. — Décision du chapitre de Paris touchant la confiscation des biens des meurtriers dans son ressort.. 346

393. — 1156, 15 avril-30 mars 1157. — Confirmation par Louis VII de la donation, faite à la maison de Saint-Lazare par deux femmes atteintes de la lèpre, de leurs personnes et de leurs biens... 346

394. — 1156, 15 avril-30 mars 1157. — Confirmation par le chapitre de Paris du don d'une terre fait par les chanoines de Saint-Merry à l'abbaye de Saint-Magloire..... 347

*395. — 1156-1158, 1ᵉʳ novembre. — Lettre du pape Adrien IV invitant l'évêque Thibaud à réserver à Hugues, chancelier de France, le premier office qui serait vacant dans l'église de Paris... 348

*396. — 1156-1158, 23 décembre. — Permission, accordée par le pape Adrien IV aux chanoines de Saint-Victor, de recevoir dans leur monastère et d'y retenir tous clercs ou laïques libres... 348

397. — 1157-1158. — Vente par Guillaume, prieur de Saint-Martin-des-Champs, à un prêtre nommé Gautier, de la maison de Garnier de Saint-Marcel.................. 348

398. — 1157-1159, 18 janvier. — Défense faite par le pape Adrien IV de bâtir aucune église ou chapelle sur le territoire de Saint-Marcel sans le consentement du chapitre de cette église et de l'évêque de Paris..................................... 349

*399. — 1157-1159, 18 février. — Bulle du pape Adrien IV invitant l'abbaye de Sainte-Geneviève à payer aux chanoines de Saint-Victor les revenus de la prébende qu'ils possédaient à Sainte-Geneviève.. 350

*400. — 1157, 31 mars-19 avril 1158. — Renonciation par le roi Louis VII au droit de gîte sur les terres de l'église Notre-Dame.. 350

401. — 1157, 31 mars-19 avril 1158. — Donation par Louis VII, à l'Hôtel-Dieu, d'une censive située près de la porte Baudoyer, à charge d'une redevance annuelle de trois deniers, payable au roi.. 350

*402. — 1157-1159, 11 mai. — Lettre du pape Adrien IV invitant le chapitre de Notre-Dame à réserver à Hugues, chancelier de France, la première prévôté qui serait vacante dans l'église de Paris, ainsi qu'une maison dans le cloître............ 351

403. — 1157-1159 environ. — Legs par Heudiard, sœur converse, de tous ses biens au prieuré de Saint-Martin-des-Champs....................................... 351

404. — 1158, 20 avril-11 avril 1159. — Concession par Louis VII, à l'abbaye de Montmartre, d'une charretée de bois mort à prendre chaque jour dans le bois de Vincennes... 352

405. — 1158, 26 juin. — Confirmation par le pape Adrien IV des privilèges et possessions du chapitre de Saint-Marcel... 352

*406. — 1159, 4 mars. — Confirmation par le pape Adrien IV des biens et privilèges de l'abbaye de Saint-Magloire... 355

*407. — 1159, 7 mars. — Confirmation par le pape Adrien IV des biens et privilèges de l'abbaye de Saint-Germain-des-Prés, et particulièrement du droit de nomination aux cures... 355

*408. — 1159, 12 mai. — Confirmation par le pape Adrien IV des biens du chapitre de Sainte-Opportune.. 355

*409. — 1159, décembre-26 mars 1160. — Confirmation par le roi Louis VII des biens et privilèges de l'abbaye de Saint-Magloire....................................... 356

410. — 1159-1160. — Pierre Lombard, évêque de Paris, reconnaît que l'office de chévecier de Saint-Germain-l'Auxerrois appartient au doyen de cette église........... 357

411. — 1159-1180. — Confirmation par le pape Alexandre III de tous les biens et privilèges de la maison de Saint-Lazare... 358

412. — 1160, 1ᵉʳ février. — Confirmation par le pape Alexandre III du dédoublement des prébendes de l'église Sainte-Opportune, pour accroître le nombre des chanoines... 360

413. — 1160, 27 mars-15 avril 1161. — Confirmation par le chapitre de Notre-Dame du don, jadis fait à la maison de Saint-Lazare, d'une rente d'un muid de froment... 361

TABLE CHRONOLOGIQUE. 553

414. — 1160-1176, 4 juin. — Confiscation par le pape Alexandre III des biens que les Hospitaliers possédaient à Paris.. 361

415. — 1160, avant le 22 juillet. — Notification par Pierre Lombard, évêque de Paris, d'un don fait à la maison de Saint-Lazare par Robert, fils de Mathieu de Saint-Merry... 362

*416. — 1160, après le 1ᵉʳ août. — Confirmation par Louis VII d'un don fait à la maison de Saint-Lazare par Robert, fils de Mathieu de Saint-Merry................ 363

417. — 1160, 1ᵉʳ août-15 avril 1161. — Concession par Louis VII à Thèce, femme d'Yves Lacohe, de la propriété des cinq métiers de tanneurs, baudroyeurs, sueurs, mégissiers et boursiers de Paris.................................... 363

418. — 1160, 1ᵉʳ août-15 avril 1161. — Assignation par Louis VII de divers revenus au chapelain de Saint-Nicolas-du-Palais................................ 364

419. — 1160 environ. — Sentence de Maurice de Sully, évêque de Paris, en faveur du prieuré de Notre-Dame-des-Champs, au sujet de la moitié d'un four situé rue des Juifs, dont Robert, fils de Mathieu de Saint-Merry, contestait la propriété audit prieuré.. 365

420. — 1160 environ. — Abandon, par les fils de Jean des Barres, de tous les droits qu'ils pouvaient avoir sur une maison et des vignes situées à Belleville, qu'un chevalier nommé Burdin avait données à Saint-Victor............................ 366

421. — 1161, après le 27 mars. — Louis VII signifie au prieur de Saint-Victor que l'abbé Achard, ayant été promu évêque d'Avranches, devra désormais s'abstenir de tout acte d'administration dans l'abbaye.......................... 367

*422. — 1161, 16 avril-7 avril 1162. — Donation par Louis VII à la léproserie de la Saussaye, près Villejuif, de la dîme du vin amené au cellier royal à Paris pour le service du roi ou celui de la reine.......................... 367

423. — 1161, 16 avril-7 avril 1162. — Don par Louis VII, aux religieuses d'Yerres, des revenus de la chèvecerie de l'église de Paris, pendant la vacance du siège épiscopal. 367

424. — 1161, 29 mai. — Lettre par laquelle le pape Alexandre III demande au chapitre de Paris de donner l'hospitalité dans le cloître de Notre-Dame à trois de ses neveux, venus à Paris pour étudier................................ 368

*425. — 1161, 27 juin. — Lettre adressée par le pape Alexandre III au chapitre de Saint-Victor, pour lui recommander un diacre de l'église romaine, nommé Alexis, pourvu d'un canonicat dans cette abbaye.................................. 369

426. — 1161-1168 environ. — Charte de Thibaud III, prieur de Saint-Martin-des-Champs, rappelant les donations faites par Aubert, chantre de l'église de Paris, au prieuré de Saint-Martin.. 369

*427. — 1162, 7 juillet. — Confirmation, accordée à l'abbé Thibaud par le pape Alexandre III, des privilèges et possessions de l'abbaye de Saint-Germain-des-Prés, et spécialement du droit de patronage sur les cures.......................... 370

428. — 1162, 1ᵉʳ août-23 mars 1163. — Rétablissement par Louis VII des anciens privilèges de la corporation des bouchers de Paris.............................. 370

*429. — 1162 ou 1163 environ. — Lettre adressée au roi Louis VII par Guy, fils de Mainfroy, et Mainfroy, fils de Pizo, pour lui recommander un de leurs parents......... 371

*430. — 1162 ou 1163 environ. — Lettre adressée à Louis VII par un landgrave, pour lui recommander ses deux fils qu'il envoie étudier à Paris..................... 372

431. — 1162-1172. — Lettre d'Eudes, cardinal légat, à Ernis, abbé de Saint-Victor, au sujet d'une chapelle d'orfèvrerie qu'il avait chargé un de ses serviteurs de lui acheter à Paris.. 372

432. — 1162-1172. — Lettres d'Eudes, cardinal légat, à Ernis, abbé de Saint-Victor, touchant divers objets d'orfèvrerie qu'il avait fait acheter à Paris.................. 372

*433. — 1163, 24 mars-31 juillet. — Donation par Louis VII à la léproserie de la Saussaye, près Villejuif, d'une rente annuelle de trois livres dix-huit sous, à prendre sur le péage du Petit Pont, moitié à la Mi-Carême et moitié à la Toussaint... 373

434. — 1163, 24 mars-novembre. — Don, par Grimaud et sa femme, à la maison de Saint-Lazare, d'une boutique de change sur le Grand Pont que Pétronille, leur sœur, recluse de ladite maison, leur avait achetée.................. 373

435. — 1163, 24 mars-11 avril 1164. — Don par le chapitre de Paris, à Henri Lionel et à sa femme, de deux maisons en échange de la leur, qu'ils avaient cédée au chapitre pour l'ouverture d'une rue en face du parvis Notre-Dame......... 374

436. — 1163, 21 avril. — Charte de l'abbé Hugues relatant la consécration de l'église de Saint-Germain-des-Prés par le pape Alexandre III.................. 375

*437. — 1163, 22 avril. — Bulle du pape Alexandre III accordant diverses indulgences, à l'occasion de la dédicace de l'église Saint-Germain-des-Prés.................. 377

*438. — 1163, 24 avril. — Confirmation par le pape Alexandre III des biens de l'abbaye de Sainte-Geneviève.................. 377

439. — 1163, 1er juin. — Confirmation par le pape Alexandre III du privilège en vertu duquel l'abbaye de Saint-Germain-des-Prés était exemptée de la juridiction de l'évêque de Paris et ne relevait que du Saint-Siège.................. 378

440. — 1163, 20 septembre-19 septembre 1164. — Concession par le pape Alexandre III, à l'abbé de Saint-Germain-des-Prés, du droit de porter la dalmatique et de conférer les ordres mineurs aux moines de l'abbaye.................. 378

*441. — 1163, 29 novembre-18 août 1164. — Lettre adressée par Louis VII aux religieux de Sainte-Geneviève, pour leur recommander d'éviter tout désordre pendant la vacance du siège abbatial.................. 378

*442. — 1163 ou 1164, 19 décembre. — Lettre du pape Alexandre III au roi Louis VII, le priant d'empêcher le bouteiller Guy de percevoir sur l'abbaye de Sainte-Geneviève des redevances auxquelles elle n'était point tenue.................. 379

*443. — 1163 ou 1164 environ. — Lettre de Louis VII à l'évêque Maurice de Sully, l'invitant à pourvoir d'un bénéfice le clerc Barbedor.................. 379

444. — 1164, 4 janvier. — Lettre adressée au roi Louis VII par le sénat de Rome pour lui recommander un clerc venu à Paris pour ses études.................. 379

*445. — 1164 environ. — Lettre adressée à Louis VII par Jourdain Pierleone, consul de Rome, pour lui recommander Jean Felici, clerc romain, venu à Paris pour étudier.. 380

*446. — 1164 environ. — Autre lettre des consuls de Rome au roi Louis VII pour recommander à sa bienveillance un clerc italien venu à Paris pour étudier.................. 380

*447. — 1164, 9 janvier. — Confirmation par le pape Alexandre III des privilèges et possessions de l'abbaye de Saint-Germain-des-Prés.................. 380

*448. — 1164, 9 janvier. — Confirmation par le pape Alexandre III des possessions de l'abbaye de Saint-Maur-des-Fossés et du prieuré de Saint-Éloi de Paris.......... 381

*449. — 1164, 27 janvier. — Confirmation par le pape Alexandre III des privilèges et des possessions de l'abbaye de Montmartre.................. 381

450. — 1164, 12 avril-1er août. — Notice des avantages accordés par le chapitre de Notre-Dame aux deux chapelains établis par Simon et Osmond de Poissy en l'église Saint-Denis-du-Pas.................. 381

451. — 1164, 12 avril-3 avril 1165. — Confirmation, par Maurice de Sully, du don d'un emplacement près l'église Saint-Christophe, fait par le chapitre de Notre-Dame à Henri Lionel en échange de deux maisons sur le parvis Notre-Dame, cédées par ce dernier pour l'ouverture d'une rue.................. 382

TABLE CHRONOLOGIQUE. 555

452. — 1164, 3 juillet. — Confirmation par le pape Alexandre III du don d'une maison voisine de l'église Saint-Jacques-la-Boucherie, fait par Thioul, archiprêtre de l'église de Paris, à un clerc nommé Nicolas............................... 383

*453. — 1164, 26 juillet. — Lettre de recommandation du pape Alexandre III à Hugues, évêque de Soissons, en faveur de Renaud, archidiacre de Salisbury, qui voulait aller étudier à Paris... 384

454. — 1164, 18 août. — Mandement du pape Alexandre III ordonnant aux abbés de Saint-Victor et de Saint-Germain-des-Prés de faire une enquête sur les mauvais traitements infligés au chanoine Guillaume par l'abbé de Sainte-Geneviève.. 384

*455. — 1165, 1er mars. — Confirmation par le pape Alexandre III de l'accord établi jadis entre Étienne, évêque de Paris, et l'archidiacre Thibaud, par les soins de Mathieu, évêque d'Albano, de Jean, cardinal du titre de Saint-Chrysogone, et de Pierre, cardinal du titre de Saint-Calixte............................... 385

456. — 1165, 4 avril-23 avril 1166. — Abolition par Louis VII de la coutume en vertu de laquelle les officiers royaux enlevaient, lorsque le roi venait à Paris, les matelas, coussins et oreillers des maisons où il avait droit de gîte........... 385

457. — 1165, 20 avril. — Confirmation par le pape Alexandre III des biens et privilèges du chapitre de l'église de Paris... 386

*458. — 1165, 21 avril. — Lettre du pape Alexandre III à l'évêque Maurice de Sully, pour le prier d'engager le chapitre de Saint-Marcel à se mettre d'accord pour l'élection d'un doyen.. 389

*459. — 1166-1179, 10 avril. — Exemption de dîme accordée par le pape Alexandre III à l'abbaye de Saint-Germain-des-Prés pour les novales qu'elle faisait cultiver et pour le pâturage de ses troupeaux................................... 389

460. — 1166, 24 avril-31 juillet. — Fondation par Louis VII d'une foire qui se tiendra à Saint-Lazare pendant quinze jours à dater du lendemain de la Saint-Martin...... 389

461. — 1166, 24 avril-8 avril 1167. — Sentence rendue par Maurice de Sully, évêque de Paris, sur un différend existant, au sujet d'une maison, entre le chanoine Hugues de Novare, et Aleaume et son fils Pierre............................. 390

462. — 1166, 24 avril-8 avril 1167. — Confirmation par Hugues, abbé de Saint-Germain-des-Prés, en faveur de Hugues de Novare, de la propriété d'une maison sise dans la juridiction de Saint-Germain-des-Prés............................ 391

463. — 1166-1187. — Guy III de Senlis, bouteiller de France, confirme la donation d'un étal à la Boucherie de Paris, faite par son frère Hugues le Loup à l'abbaye de Montmartre.. 392

464. — 1167, 9 avril-novembre. — Confirmation par Maurice de Sully, évêque de Paris, du don de vingt sous de rente sur un four situé rue des Juifs, fait par Guillaume de Garlande à la maison de Saint-Lazare.............................. 392

465. — 1167, 9 avril-30 mars 1168. — Confirmation par Louis VII de la vente, par Baudouin de Courcelles à Barbedor, clerc du roi, de diverses maisons situées à Paris devant la porte du cloître Notre-Dame................................. 393

*466. — 1167-1169, 9 novembre. — Confirmation par le pape Alexandre III des possessions de l'abbaye de Sainte-Geneviève... 394

467. — 1168, 31 mars-19 avril 1169. — Engagement pris par le doyen et les chanoines de l'église de Paris de laisser leur lit à l'Hôtel-Dieu, à leur mort ou lorsqu'ils renonceraient à leur prébende..................................... 394

*468. — 1168-1169, 20 juillet. — Lettre d'Alexandre III enjoignant au chapitre de Paris d'admettre Philippe, neveu de l'évêque de Meaux........................... 395

*469. — 1168-1176. — Confirmation par Guillaume, archevêque de Sens, du droit qu'avait le chapitre de Saint-Nicaise de Meulan, de présenter aux bénéfices des églises de Saint-Gervais-en-Grève, de Saint-Pierre des Mureaux et de Saint-Martin de Fresnes... 395

470. — 1168-1177. — Abandon par Gautier, prieur de Saint-Martin-des-Champs, de tous ses droits sur une maison voisine des Thermes que le chantre Aubert avait donnée à l'église Notre-Dame... 396

471. — 1168-1180. — Échange de terres entre Gautier, prieur de Saint-Martin-des-Champs, et Dreux le boucher... 396

472. — 1168-1180. — Bail à cens d'une maison fait à Gérard le maçon par Gautier, prieur de Saint-Martin-des-Champs.. 397

473. — 1169, 20 avril-4 avril 1170. — Cession par l'abbaye de Saint-Maur-des-Fossés, à l'abbaye de Saint-Victor, de six arpents de vignes situés à Belleville et à Neuilly...... 397

474. — 1169, 20 avril-4 avril 1170. — Concession par Louis VII à Henri, fils de Prielle, du poids du roi à Paris... 398

*475. — 1169, 20 avril-4 avril 1170. — Renonciation par Raoul, comte de Clermont, aux droits qu'il prétendait avoir sur la prébende que possédait Pierre de Moucy dans l'église Notre-Dame.. 399

*476. — 1169, 30 septembre. — Mandement du pape Alexandre III ordonnant à Guillaume, archevêque de Sens, et à Eudes, abbé d'Ourscamps, de réformer l'abbaye de Saint-Victor.. 399

477. — 1170, 5 avril-novembre. — Vente de diverses terres faite à l'abbaye de Saint-Victor, en présence de l'évêque Maurice de Sully, par Guy d'Aubervilliers, Guillaume Maussion, son frère Thomas et sa mère Hersent................................. 400

478. — 1170, 5 avril-novembre. — Confirmation par Guy de Garlande et Anseau, son fils, d'une vente de bois et du don de deux arpents de terre, faits à l'abbaye de Saint-Victor par Guillaume Maussion, Thomas, son frère, et Guy d'Aubervilliers... 402

479. — 1170, 5 avril-27 mars 1171. — Donation par Mathieu, fils de Thibert, à l'église Notre-Dame-des-Champs, d'une terre sise entre la chapelle Sainte-Geneviève et Saint-Denis-de-la-Châtre... 403

480. — 1170, 5 avril-27 mars 1171. — Confirmation par Louis VII des coutumes de la marchandise de l'eau de Paris... 404

*481. — 1170, 5 avril-27 mars 1171. — Notification par Guillaume, archevêque de Sens, de l'accord conclu entre l'évêque Maurice de Sully et le chapitre de Notre-Dame, au sujet des revenus du doyenné pendant la vacance................................... 405

482. — 1170, 5 avril-27 mars 1171. — Donation par Agnès, comtesse de Meulan, à l'église Sainte-Geneviève, d'un serf et de sa femme, en exécution d'un vœu fait par Galeran, comte de Meulan.. 405

*483. — 1170, 13 mai. — Lettre d'Alexandre III recommandant au prieur Robert et au chapitre de Saint-Victor d'assister l'abbé Ernis..................................... 406

484. — 1170, 28 mai. — Lettre du pape Alexandre III, à Guillaume, archevêque de Sens, lui ordonnant de convoquer tous ses suffragants à Paris, pour condamner une erreur théologique de l'évêque Pierre Lombard................................. 406

*485. — 1170 environ. — Lettre de Geoffroy de Sainte-Barbe à Jean, abbé de Beaugerais, mentionnant un concile tenu à Paris.. 407

*486. — 1170-1172, 12 décembre. — Confirmation par le pape Alexandre III du règlement du chapitre de Paris relatif à la résidence des chanoines.......................... 407

TABLE CHRONOLOGIQUE. 557

487. — 1170 environ. — Don d'une maison fait par Anseau, chanoine de Paris, à ses deux neveux Foulques et Hugues... 407

488. — 1170 environ. — Amortissement, par le chapitre de Paris, d'un moulin sous le Grand Pont donné aux Templiers par une femme nommée Gente............... 408

489. — 1170 environ. — Charte d'affranchissement octroyée par Hugues, abbé de Saint-Germain-des-Prés, aux habitants du bourg Saint-Germain...................... 409

490. — 1170-1180 environ. — Don par Thibaud, abbé de Saint-Maur-des-Fossés, au prieuré de Saint-Éloi, de tout ce que l'abbaye de Saint-Maur possédait à Paris dans la juridiction de Saint-Martin-des-Champs, etc.......................... 410

*491. — 1171-1172, 1er février. — Mandement du pape Alexandre III ordonnant à l'archevêque de Sens, à l'évêque de Meaux et à l'abbé de Val-Secret de réformer l'abbaye de Saint-Victor... 411

*492. — 1171-1172, 1er février. — Lettre d'Alexandre III notifiant aux chanoines de Saint-Victor le mandat par lui donné à l'archevêque de Sens pour la réforme de leur monastère... 411

*493. — 1171-1172, 1er février. — Lettre du pape Alexandre III au roi Louis VII au sujet du relâchement de la discipline monastique dans l'abbaye de Saint-Victor...... 412

*494. — 1171 ou 1172 environ. — Lettre de Guillaume, archevêque de Sens, annonçant aux chanoines de Saint-Victor qu'il viendra prochainement visiter leur monastère. 412

495. — 1171, 28 mars-novembre. — Acte de partage passé par-devant l'évêque Maurice de Sully, par Gautier, maréchal de Saint-Denis, et son frère Pierre, curé de Saint-Denis-du-Pas.. 412

496. — 1171, 28 mars-novembre. — Sentence rendue par Maurice de Sully, évêque de Paris, sur un différend existant entre l'abbaye de Saint-Victor et Ferry de Gentilly au sujet d'un cens à Saint-Marcel et à Ivry............................. 413

497. — 1171, 28 mars-novembre. — Notice dressée par Maurice de Sully, évêque de Paris, des donations faites à l'infirmerie de l'abbaye de Montmartre par l'abbesse Ada et par Constance, comtesse de Toulouse, sœur du roi...................... 414

498. — 1171, 28 mars-15 avril 1172. — Accord établi par Guillaume de Sens entre les Hospitaliers de Jérusalem et les chapitres de Notre-Dame et de Saint-Benoît, au sujet d'un oratoire que les Hospitaliers possédaient dans la censive de Saint-Benoît.. 415

499. — 1171, 28 mars-15 avril 1172. — Abandon par Ferry de Paris, chevalier, en faveur de l'abbaye de Saint-Victor, d'un cens de six deniers qu'il avait sur une maison appartenant à cette abbaye..................................... 417

500. — 1171, 28 mars-15 avril 1172. — Affranchissement de cens octroyé par le comte Robert, frère de Louis VII, à l'hôpital Saint-Gervais de Paris................. 417

501. — 1171-1172, 26 juillet. — Lettre du pape Alexandre III à Henri, archevêque de Reims, lui donnant mandat de terminer le différend existant entre Eudes de Saint-Denis et Payen Langlois, au sujet de la possession d'une fenêtre sur le Grand-Pont... 418

502. — 1171-1180, 3 août. — Permission, accordée par le pape Alexandre III à l'abbé de Saint-Germain-des-Prés, de faire usage de la mitre et de l'anneau.............. 419

503. — 1171, novembre-15 avril 1172. — Vente, par le curé et les paroissiens de Saint-Landry, d'une vigne appartenant au presbytère de ladite église................. 419

504. — 1172, 11 avril. — Lettre du pape Alexandre III aux chanoines de Saint-Victor pour leur recommander la soumission à leur nouvel abbé, Guérin, successeur d'Ernis... 420

*505. — 1172, 11 avril. — Lettre du pape Alexandre III à Guérin, abbé de Saint-Victor, pour le féliciter de son élection... 421

506. — 1172, 16 avril-7 avril 1173. — Accord conclu devant Gautier, prieur de Saint-Martin-des-Champs, entre Adam de Brie et son fils Thibaud, au sujet de diverses propriétés situées à Paris.. 421

507. — 1172, 16 avril-7 avril 1173. — Donation aux Templiers par Constance, sœur du roi Louis VII, d'une maison située aux Champeaux..................... 422

508. — 1172, 16 avril-7 avril 1173. — Échange de serves entre le roi Louis VII et l'abbaye de Sainte-Geneviève... 423

*509. — 1172-1180, 7 octobre. — Bulle d'Alexandre III autorisant l'abbaye de Saint-Victor à racheter les dîmes qui lui étaient dues par des laïques, et confirmant ses autres privilèges.. 424

*510. — 1172 environ. — Défense faite par le pape Alexandre III à Simon, archidiacre de Paris, de rien exiger pour l'intronisation de l'abbé de Saint-Victor............. 424

*511. — 1172 environ. — Lettre de félicitations adressée par les cardinaux-légats Albert et Théodin à Guérin, abbé de Saint-Victor, à propos de son élection.............. 425

*512. — 1172 environ. — Lettres des cardinaux-légats Albert et Théodin à Guillaume, archevêque de Sens, pour l'inviter à contraindre l'ancien abbé de Saint-Victor, Ernis, à abandonner une propriété de l'abbaye qu'il détenait................... 425

513. — 1172 environ. — Lettre de Guillaume, archevêque de Sens, à Maurice, évêque de Paris, l'invitant à faire rechercher et à rendre aux chanoines de Saint-Victor le trésor de cette abbaye, que l'ancien abbé, Ernis, cherchait à cacher............. 425

*514. — 1172 environ. — Lettre de Maurice de Sully, évêque de Paris, à Guillaume, archevêque de Sens, le priant de venir en personne à Saint-Victor, pour faire restituer à l'abbé Guérin le trésor que cherchait à cacher l'ancien abbé Ernis............ 426

515. — 1173, 8 avril-novembre. — Ratification par Maurice évêque de Paris, de la donation de trois maisons faite à l'église Saint-Victor par Henri Lionel et Pétronille, sa femme.. 426

516. — 1173, 8 avril-23 mars 1174. — Sentence arbitrale de Guillaume, archevêque de Sens, et de Maurice, évêque de Paris, délégués par le pape pour régler le différend existant entre l'Hôtel-Dieu et les officiers du roi, au sujet de la censive de la porte Baudoyer... 427

*517. — 1173, 6 mai. — Bulle d'Alexandre III réglementant l'intronisation de l'abbé de Saint-Victor... 428

*518. — 1173-1176, 10 août. — Bulle du pape Alexandre III renouvelant la permission accordée aux chanoines de Saint-Victor d'inhumer dans leur église les personnes qui l'auraient demandé par testament................................... 428

519. — 1173-1179. — Sentence rendue par le légat du pape, Pierre, cardinal du titre de Saint-Chrysogone, et réglant la condition de Thibaud et Odon, hommes de Sainte-Geneviève.. 429

520. — 1174-1178, 12 janvier. — Le pape Alexandre III accorde à l'abbaye de Saint-Germain-des-Prés le privilège de ne pouvoir être frappée d'excommunication ou d'interdit que par le souverain pontife lui-même ou par ses légats............ 430

521. — 1174, 21 mars. — Affranchissement accordé par le chapitre de Paris à la fille de Raoul Bourdon, marguillier de Notre-Dame.................................. 430

522. — 1174, 24 mars-12 avril 1175. — Donation à l'abbaye de Montmartre par Mathilde, châtelaine de Douai, de sept arpents et demi de vignes situés à Belleville.... 431

523. — 1174, 24 mars-12 avril 1175. — Confirmation par Louis VII du don de sept arpents et demi de vignes situés à Belleville, fait par Mathilde, châtelaine de Douai, à l'abbaye de Montmartre.. 431

TABLE CHRONOLOGIQUE. 559

*524. — 1174, 28 octobre. — Le pape Alexandre III confirme les libertés de l'église de Paris et décide que le chapitre ne pourra être contraint d'admettre au titre de chanoine les personnes pourvues des prébendes dont jouissent certains monastères dans l'église de Paris 432

*525. — 1174, 28 octobre. — Lettre du pape Alexandre III au chapitre de Paris, décidant que les allocations supplémentaires accordées à Robert de Belloy, vicaire de Saint-Maur-des-Fossés, et à maître Mainier, pourvu de la prébende appartenant à l'abbaye de Sainte-Geneviève, devront disparaître à la mort de ces deux clercs. 432

526. — 1174, 29 octobre. — Lettre du pape Alexandre III au légat Pierre, cardinal du titre de Saint-Chrysogone, au sujet de l'Université de Paris................. 433

*527. — 1175, 13 avril-novembre. — Confirmation par Maurice de Sully, évêque de Paris, des possessions et privilèges du prieuré de Saint-Martin-des-Champs.......... 433

528. — 1175, 13 avril-3 avril 1176. — Déclaration par Isembard, prieur de Saint-Éloi, au sujet des biens que possédaient les Templiers dans la censive de Saint-Éloi.. 434

529. — 1175, 13 avril-3 avril 1176. — Diplôme de Louis VII fixant à soixante le nombre des religieuses de Montmartre.. 434

530. — 1175, 13 avril-3 avril 1176. — Don par le roi Louis VII, à l'abbaye de Clairvaux, de trente livres de rente à prendre sur le change installé à Paris sur le Grand Pont... 435

531. — 1175, 28 juillet. — Confirmation par le pape Alexandre III de la donation, faite par Guérin le maçon aux frères de l'aumônerie Saint-Gervais, d'une maison située sur le parvis de Saint-Gervais... 436

*532. — 1175-1176, 6 novembre. — Lettre du pape Alexandre III à Pierre, cardinal du titre de Saint-Chrysogone, légat du Saint-Siège, au sujet de la nomination d'un archidiacre de Paris, faite par l'évêque Maurice de Sully contrairement aux instructions du pape... 436

533. — 1175 environ. — Donation à Robert Amicle par Gautier de Barut, maître du Temple en France, et Eustache, commandeur du Temple à Paris, de la moitié d'une maison qui leur était commune avec l'Hôtel-Dieu........................ 437

534. — 1175 environ. — Confirmation par Bouchard de Montmorency du don fait par Mathieu, son père, à la maison de Saint-Lazare, d'un jardin sis à Saint-Laurent..... 437

535. — 1175 environ. — Lettre de Gui de Bazoches à un de ses amis, contenant l'éloge de la ville de Paris... 438

536. — 1175-1192. — Échange de cens entre les abbayes de Saint-Victor et de Saint-Germain-des-Prés.. 441

537. — 1176, 4 avril-novembre. — Donation par Étienne de Meudon, aux Hospitaliers de Saint-Jean-de-Jérusalem, de cinquante sous de rente sur une maison située près du Petit Pont et de plusieurs pièces de vignes................................ 442

538. — 1176, 4 avril-novembre. — Confirmation par Maurice, évêque de Paris, de la mise en culture par les chanoines de Sainte-Opportune d'un marais situé entre Paris et Montmartre... 443

539. — 1176, 4 avril-23 avril 1177. — Lettres de Guillaume, archevêque de Sens, approuvant la mise en culture des marais de Sainte-Opportune et déterminant l'emploi qui devra être fait des revenus qui en proviendront...................... 444

*540. — 1176, 4 avril-23 avril 1177. — Approbation par Guillaume, archevêque de Sens, de la mise en culture par les chanoines de Sainte-Opportune d'un marais situé entre Montmartre et Paris.. 445

541. — 1176, 4 avril-23 avril 1177. — Ratification par Louis VII de la mise en culture par les chanoines de Sainte-Opportune d'un marais situé entre Montmartre et Paris... 445

*542. — 1176, 4 avril-23 avril 1177. — Confirmation par Guillaume, archevêque de Sens, des possessions et privilèges de Saint-Martin-des-Champs.................. 446

543. — 1176, 4 avril-23 avril 1177. — Acceptation par Louis VII de la donation, qui lui avait été faite par les religieux de Saint-Germain-des-Prés, de la moitié du revenu de leur foire....................................... 446

544. — 1176, 4 avril-23 avril 1177. — Diplôme de Louis VII fixant à vingt livres la somme à percevoir par les officiers royaux sur la foire Saint-Lazare.............. 447

*545. — 1176, 20 juillet. — Confirmation des privilèges de l'abbaye de Saint-Germain-des-Prés accordée à l'abbé Hugues, par le pape Alexandre III................. 448

*546. — 1176, 15 novembre. — Confirmation de toutes les possessions de l'abbaye de Saint-Germain-des-Prés accordée à l'abbé Hugues par le pape Alexandre III......... 448

*547. — 1176, 30 décembre. — Lettre d'Alexandre III à Pierre, cardinal du titre de Saint-Chrysogone, légat du Saint-Siège, lui enjoignant de prendre sous sa protection l'abbaye de Saint-Magloire.................................. 449

548. — 1177, 4 janvier. — Bulle du pape Alexandre III confiant au doyen de l'église de Paris et à l'abbé de Saint-Germain-des-Prés le soin d'examiner un différend survenu entre le chapitre de Sainte-Opportune et celui de Saint-Germain-l'Auxerrois...... 449

549. — 1177, 24 avril-8 avril 1178.— Échange entre les Hospitaliers de Jérusalem et Hameline, fille d'Yves le Prêtre, d'une maison sise à Paris et d'une vigne située près de Montreuil..................................... 450

550. — 1177, 24 avril-8 avril 1178. — Vente par Yves de Conflans, à Simon de Saint-Denis, de domaines situés à Auteuil et à Belleville........................ 451

551. — 1177, novembre-8 avril 1178. — Donation par Pierre de Villeneuve, chanoine de Sainte-Geneviève, à l'église Saint-Victor, d'une maison sise rue Chevruchon, à condition que ladite église payera quinze livres à chacun des deux neveux du donateur.. 451

552. — 1177-1191. — Lettre d'Étienne de Tournay, abbé de Sainte-Geneviève, au roi de Hongrie, touchant un jeune Hongrois mort à Paris..................... 452

*553. — 1178-1179, 4 avril. — Réduction, par le pape Alexandre III, des religieuses de l'abbaye de Montmartre au nombre de soixante........................ 453

554. — 1178, 9 avril-31 mars 1179. — Vente à la maison de Saint-Lazare par Ogier, cuisinier de Saint-Martin-des-Champs, et Soline, veuve de Gilbert Herbod, du droit d'établir un aqueduc à travers leurs vignes..................... 453

555. — 1178, 9 avril-31 mars 1179. — Don par le chapitre de Sainte-Opportune, à la maison de Saint-Lazare, de cinq arpents de pré moins un quartier.............. 454

556. — 1178, 9 avril-31 mars 1179. — Charte de Philippe, archidiacre de Paris, réglant un différend entre le prieur de Saint-Lazare, de Paris, et Lisiard et Élisabeth, sa femme....................................... 455

*557. — 1178, 10 juillet. — Bulle du pape Alexandre III confirmant les privilèges accordés par ses prédécesseurs à l'abbaye de Sainte-Geneviève................... 455

*558. — 1178, 23 juillet-31 mars 1179. — Permission accordée par Hugues, abbé de Saint-Germain-des-Prés, à Adam, fils de Durand le Charpentier, de Montreuil, serf de l'abbaye, de se marier avec Gille, fille d'Hervé, serve de Notre-Dame de Paris, à condition que les enfants à naître appartiendront par moitié à l'abbaye de Saint-Germain-des-Prés et au chapitre........................... 456

559. — 1178, avant le 1ᵉʳ août. — Notice des donations faites par Simon de Poissy et Simon de Saint-Denis pour l'entretien des chapelains de Saint-Denis-du-Pas....... 456

*560. — 1178, 1ᵉʳ octobre. — Confirmation par le pape Alexandre III de toutes les possessions du chapitre de Sainte-Opportune de Paris....................... 458

TABLE CHRONOLOGIQUE. 561

561. — 1178 ou 1180. — Acensement d'une maison située devant Saint-Pierre-aux-Bœufs, fait par Isembard, prieur de Saint-Éloi, au profit de l'Hôtel-Dieu............ 458

562. — 1179, 1ᵉʳ avril-19 avril 1180. — Affranchissement de cens octroyé par Gautier, chambrier du roi Louis VII, à l'hôpital Saint-Gervais de Paris................ 459

563. — 1179, 1ᵉʳ avril-19 avril 1180. — Don par Gautier, chambrier de Louis VII, aux ermites du bois de Vincennes, d'un moulin sis à Paris, près du Grand Pont....... 459

564. — 1179, 1ᵉʳ avril-19 avril 1180. — Accord entre la maison de Saint-Lazare et le prieuré de Saint-Éloi au sujet d'une censive................................. 460

565. — 1179, 1ᵉʳ avril-19 avril 1180. — Accord entre l'Hôtel-Dieu et les religieux de Sainte-Geneviève, au sujet d'une place située devant la chapelle Sainte-Geneviève, d'une ruelle contiguë à cette place et de deux maisons..................... 461

566. — 1179, 1ᵉʳ avril-19 avril 1180. — Concession par Élisabeth, abbesse de Montmartre, à Nicolas de Neuilly, d'un terrain situé près de la porte de Paris........... 462

567. — 1179 environ. — Charte de Hugues, abbé de Saint-Germain-des-Prés, instituant un charpentier de l'abbaye et réglant ses gages............................ 463

568. — 1179, 1ᵉʳ avril-19 avril 1180. — Bail à cens de la vigne de Laas fait par Hugues, abbé de Saint-Germain-des-Prés....................................... 464

*569. — 1179, 25 avril. — Confirmation par le pape Alexandre III de la donation faite à Saint-Denis-du-Pas par Simon de Saint-Denis, chanoine de Paris, pour y entretenir deux prêtres.. 464

570. — 1179, novembre-19 avril 1180. — Vente par Asseline, abbesse de Chelles, au chapitre de Saint-Benoît, de trois quartiers de vignes sis au mont Saint-Hilaire..... 465

571. — 1179, novembre-19 avril 1180. — Transaction conclue entre Alard, prieur de Notre-Dame-des-Champs, et Thibaud le fournier, au sujet du four qui avait appartenu à Barthélemy de Fourqueux.................................... 465

*572. — 1180, 28 mars. — Confirmation par Alexandre III des privilèges de Saint-Germain-des-Prés... 466

573. — 1180, 20 avril-4 avril 1181. — Amortissement par Maurice, évêque de Paris, de quelques parcelles de propriété situées près de Saint-Germain-l'Auxerrois et d'une maison près de Saint-Landry donnée à l'Hôtel-Dieu par une femme nommée Lucienne... 466

574. — 1180, 20 avril-4 avril 1181. — Acte de fondation du collège des Dix-huit........ 467

575. — 1180, 20 avril-4 avril 1181. — Accord conclu entre l'abbaye de Sainte-Geneviève et les frères de Saint-Lazare, pour exempter de cens les biens de Saint-Lazare situés sur le territoire de Sainte-Geneviève, et faire recevoir à Saint-Lazare les lépreux de Sainte-Geneviève.. 468

576. — 1180, 12 juillet. — Mandement du pape Alexandre III à l'abbé de Sainte-Geneviève et à l'archidiacre de Paris, pour contraindre les chanoines de Sainte-Opportune à appliquer aux besoins de leur église les revenus provenant des marais qu'ils ont donnés à cultiver.. 469

577. — 1180, 13 juillet. — Mandement du pape Alexandre III ordonnant à l'abbé de Sainte-Geneviève et à Philippe, archidiacre de Paris, de juger un différend entre les chanoines de Sainte-Opportune et ceux de Saint-Germain-l'Auxerrois, touchant les dîmes de leurs marais.. 470

578. — 1180, 18 septembre-4 avril 1181. — Donation par Constance, comtesse de Saint-Gilles, aux Hospitaliers de Jérusalem, d'une maison située à Paris, sur le Grand Pont.. 470

579. — 1180, 25 novembre. — Bulle d'Alexandre III annulant la confirmation par lui accordée au chapitre de Sainte-Opportune antérieurement au règlement du différend qui existait entre cette église et celle de Saint-Germain-l'Auxerrois........ 471

580. — 1180 environ. — Bail à cens par Imbert, prieur de Saint-Lazare, d'un terrain sis à Saint-Martin-des-Champs.................................. 472

581. — 1180 environ. — Confirmation par Maurice, évêque de Paris, des biens donnés par ses prédécesseurs et divers particuliers à l'abbaye de Saint-Victor............ 473

582. — 1180 environ. — Accord entre le prieuré de Saint-Éloi et l'abbaye de Saint-Victor au sujet d'un arpent et demi de vignes situé à Savies........................ 475

583. — 1180 environ. — Charte de Hugues de Monceaux, abbé de Saint-Germain-des-Prés, énumérant les fondations par lui faites pour la célébration de son anniversaire.. 476

584. — xii° siècle. — Concession à Guinerand par Hugues, abbé de Saint-Germain-des-Prés, de la moitié du four banal du bourg Saint-Germain, à charge par le concessionnaire de servir une pitance aux religieux le jour anniversaire de la mort dudit abbé.. 478

585. — xii° siècle. — État des cens possédés dans le bourg Saint-Germain par l'abbaye de Saint-Germain-des-Prés........................ 479

ADDITIONS ET CORRECTIONS.

Page 8, ligne 4. — Saint-Germain-de-Paris, *lisez* : Saint-Germain-des-Prés.

Page 9, ligne 27. — *Supprimez* : vir inluster.

Page 10, n° 7. — D'après les recherches chronologiques de M. Krusch, publiées dans les *Forschungen zur deutschen Geschichte*, t. XXII (1882), p. 449-490, le règne de Dagobert Ier aurait commencé en mars 623, au lieu de 622, comme on l'admet généralement; notre pièce n° 7 serait donc du 30 juillet 630.

Page 11. — C'est ici que devrait prendre place le précepte de Dagobert Ier, *De fugitivis*, que nous avons cité dans la note de la page 60.

Page 11, n° 8. — D'après les calculs de M. Krusch, cette pièce serait du 29 juillet 632.

Page 15, n° 11. — Le commencement du règne de Clovis II doit être placé, d'après M. Krusch, en janvier 639 et non 638; cette pièce est donc du 22 juin 654.

Page 15, ligne 14. — vir inluster, *lisez* : viris inlustribus.

Page 17, n° 12. — D'après M. Krusch, Thierry III commença à régner à la fin de l'année 675, et non en 673; notre pièce n° 12 appartiendrait donc au plus tôt à la fin de l'an 691 ou mieux à l'an 692.

Page 18, ligne 9. — Supprimez la virgule après Domne Vicente, et de même après Oxma (ligne 11).

Page 22, ligne 5. — vir inluster, *lisez* : viris inlustribus.

Page 22, ligne 26. — vir inluster, *lisez* : viris inlustribus.

Page 24, ligne 19. — vir inluster, *lisez* : viris inlustribus.

Page 25, note 1, ligne 1. — Le mot *acte* est impropre, car on possède un capitulaire de Clotaire II daté de Paris; nous l'avons signalé dans l'Introduction, p. xiii, note 2.

Page 25, ligne 25. — Thierry III, *lisez* : Thierry IV, ou Thierry de Chelles.

Page 48, ligne 9. — cella, *lisez* : Cella.

Page 52, ligne 5. — nim, *lisez* : enim.

Page 55, ligne 2. — Supprimez la virgule après episcopus.

Page 65, note 1. — *Ajoutez* : que le roi Robert confirma en 1006 la donation faite par Énée, et que l'on possède encore l'original de cette confirmation (Arch. nat., K. 18, n° 2²). Il est donc vraisemblable que l'acte d'Énée repose sur des données authentiques, quoiqu'il nous soit parvenu sous une forme très suspecte.

Page 72, ligne 12. — Adolfredus, *lisez* : Adalfredus.

Page 75, note 2, ligne 8. — xiie siècle, *lisez* : xie; car si les chartes ne donnent point de preuve certaine de l'existence de l'église de Créteil avant le xiie siècle, on en a la preuve matérielle dans le vieux clocher qui s'élève encore en avant de cette église et qui remonte certainement au xie siècle.

Page 84, note 8. — Faire passer dans le texte la variante *Hervei*, qui est la bonne leçon, et rejeter en note la forme *Henrici*.

Page 86, ligne 14. — Vassus, *lisez* : vassus.

Page 87, ligne 21. — Saucias, *lisez* : Savcias.

Page 87, ligne 25. — Grandis campus, *lisez* : Grandis Campus.

Page 93, ligne 23. — Fulciacum, *lisez* : Sulciacum.

Page 93, ligne 28. — Cleriacum, *lisez* : Eleriacum.

Page 96, ligne 15. — Marmoutiers, *lisez* : Marmoutier.

Page 99, ligne 7. — Venua, *lisez* : Venva.

Page 99, ligne 11. — Murcinctus, *lisez* : Murcinctus.

Page 112, note 6. — Notre savant ami et confrère M. Longnon explique d'une façon très ingénieuse les différentes formes du nom de l'évêque Azelin. Le véritable nom de ce personnage devait être *Adalbertus*, dont *Albertus* n'est qu'une contraction. Quant à *Ascelinus*, c'est une forme familière de ce même nom, analogue à la forme *Roscelinus*, dérivée de *Robertus*.

Page 116, ligne 1. — Petrosum vadum, *lisez* : Petrosum Vadum.

Page 129, ligne 32. — Christianitate, *lisez* : christianitate.

Page 133, ligne 9. — unum servum, etc., *ponctuez ainsi* : unum servum cum tota substantia sua apud Parisius, et etc.

Page 154, ligne 24. — Soror, *lisez* : soror.

Page 169, note 2. — *Cartul. archiep. Paris.*, lisez : *Cartul. episc. Paris.*

Page 175, note 2, ligne 7. — n° 154, *lisez* : n° 152 bis.

Page 186, lignes 7 et 8. — Montesvillam, *lisez* : Montes villam.

Page 195, ligne 8. — Thibaut, abbé de Saint-Martin, *lisez* : Thibaud, prieur de Saint-Martin.

Page 209, note 1, ligne 7. — style de Pâques, *ajoutez* : ou de l'Annonciation.

Page 211, ligne 21. — l'abbaye de Longpont, *lisez* : le prieuré de Longpont.

Page 211, note 1. — Rétablissez ainsi les quatre dernières lignes : ..... nos deux chartes. Ces deux documents appartiennent donc au premier quart du xii° siècle, mais plutôt à la fin qu'au commencement de cette période.

Page 212, ligne 11. — l'abbaye de Longpont, *lisez* : le prieuré de Longpont.

Page 240, ligne 17. — ministeriale nostris, *lisez* : ministeriales nostri.

Page 330, n° 370. — Nous avons déjà dit dans l'Introduction que cette pièce aurait dû être placée entre nos n°˚ 350 et 351.

Page 337, ligne 24. — *Adelaudis*, on peut aussi bien lire : *Adelandis*.

Page 466, ligne 28. — 5 avril 1181, *lisez* : 4 avril 1181.

Page 467, ligne 12. — juin 1872, *lisez* : juin 1272.

HISTOIRE GÉNÉRALE DE PARIS.
COLLECTION DE DOCUMENTS ORIGINAUX.

(Géologie, topographie, numismatique, héraldique, métiers et corporations, bibliothèques, épitaphiers, études d'histoire communale, registres municipaux, etc.)

— DERNIERS OUVRAGES PARUS :

La Seine. — Le bassin parisien aux âges antéhistoriques, par E. BELGRAND, membre de l'Institut, inspecteur général des ponts et chaussées, directeur du service des eaux et égouts de la ville de Paris; deux volumes avec de nombreuses planches sur bois, en chromolithographie et en héliogravure.

(Deuxième édition) .... 100 fr.

Topographie historique du vieux Paris :

    I et II. Région du Louvre et des Tuileries, par A. BERTY; deux volumes avec 61 planches sur acier, 21 bois gravés, deux héliographies et deux feuilles d'un plan général de restitution. (Deuxième édition.) .... 100 fr.

    III. Région du bourg Saint-Germain; un volume avec 47 planches hors texte et 12 bois gravés .... 50 fr.

    IV. Région du faubourg Saint-Germain; un volume avec 34 planches hors texte, 5 bois gravés et 3 feuilles de plan .... 50 fr.

    V. Région occidentale de l'Université; un volume avec 26 planches hors texte, 35 bois gravés et une feuille de plan .... 50 fr.

Les Jetons de l'Échevinage parisien. Histoire numismatique de la Prévôté des Marchands, par D'AFFRY DE LA MONNOYE; un volume avec 750 bois gravés, présentant la succession et l'explication des pièces frappées par l'ancien Corps municipal. .... 40 fr.

Étienne Marcel. Prévôt des Marchands (1354-1358), par F.-T. PERRENS, lauréat de l'Institut, inspecteur de l'Académie de Paris; un volume. .... 30 fr.

Le Livre des Métiers, d'ÉTIENNE BOILEAU (XIIIe siècle), publié par René DE LESPINASSE et François BONNARDOT, anciens élèves de l'École des Chartes, accompagné d'une introduction historique et d'un glossaire; un volume enrichi de fac-similés en chromolithographie. .... 40 fr.

Les Métiers et Corporations de la ville de Paris, recueil de statuts, règlements et autres dispositions ayant régi l'industrie parisienne depuis le XIIIe siècle jusqu'à la fin du XVIIIe siècle, par René DE LESPINASSE, ancien élève de l'École des Chartes. (Suite du *Livre des Métiers*.)

    Tome I. ORDONNANCES GÉNÉRALES. — MÉTIERS DE L'ALIMENTATION; un volume avec 84 bois gravés. .... 30 fr.

Registres du Bureau de la Ville, RECUEIL DES DÉLIBÉRATIONS DE L'ANCIENNE MUNICIPALITÉ PARISIENNE :

    Tome I, 1499-1526. (Texte édité et annoté par F. BONNARDOT, ancien élève de l'École des Chartes.) .... 30 fr.

    Tome II, 1527-1539. (Texte édité et annoté par Alexandre TUETEY, sous-chef de section aux Archives nationales.) .... 30 fr.

    Tome III, 1539-1552. (Texte édité et annoté par Paul GUÉRIN, archiviste aux Archives nationales.) .... 30 fr.

Le Cartulaire général de Paris, RECUEIL DE DOCUMENTS RELATIFS À L'HISTOIRE ET À LA TOPOGRAPHIE DE PARIS, par Robert DE LASTEYRIE, professeur à l'École des Chartes.

    Tome I, Chartes de 528 à 1180; un volume avec un bois gravé et 5 planches en héliogravure coloriées.. 40 fr.

SOUS PRESSE :

Registres du Bureau de la Ville, tomes IV, V et VI.

Épitaphier du vieux Paris, recueil des inscriptions funéraires des anciennes églises, chapelles, charniers et cimetières, depuis le moyen âge jusqu'à la fin du XVIIIe siècle, par Émile RAUNIÉ, ancien élève de l'École des Chartes.

EN PRÉPARATION :

Le Cartulaire général de Paris, tomes II et III.

Registres du Bureau de la Ville, suite de l'ouvrage, à partir du tome VII.

Les Métiers et Corporations de la ville de Paris, tome II.

Topographie historique du vieux Paris, tome VI.

Les Petites Écoles de Paris, par GRÉARD, membre de l'Institut, vice-recteur de l'Académie de Paris.

DÉPÔT CENTRAL DES PUBLICATIONS HISTORIQUES DE LA VILLE DE PARIS :

H. CHAMPION, libraire, quai Voltaire, 9.

www.ingramcontent.com/pod-product-compliance
Lightning Source LLC
Chambersburg PA
CBHW051321230426
43668CB00010B/1104